Archiv für Sozialgeschichte
Beiheft 16

Herausgegeben von der Friedrich-Ebert-Stiftung
in Verbindung mit dem
Institut für Sozialgeschichte Braunschweig/Bonn

Redaktion: Hermann Beckstein (Schriftleitung),
Dieter Dowe, Hans Pelger

Andreas Malycha

Auf dem Weg zur SED

Die Sozialdemokratie und die Bildung
einer Einheitspartei in den Ländern der SBZ

Eine Quellenedition

Verlag J.H.W Dietz Nachfolger · Bonn

ISBN 3-8012-4052-5
Copyright © 1995 by Verlag J. H. W. Dietz Nachfolger GmbH
In der Raste 2, D-53129 Bonn
Abbildungen: Archiv der sozialen Demokratie der Friedrich-Ebert-Stiftung
Gesamtherstellung: satz+druck gmbh, Düsseldorf
Alle Rechte vorbehalten
Printed in Germany 1995

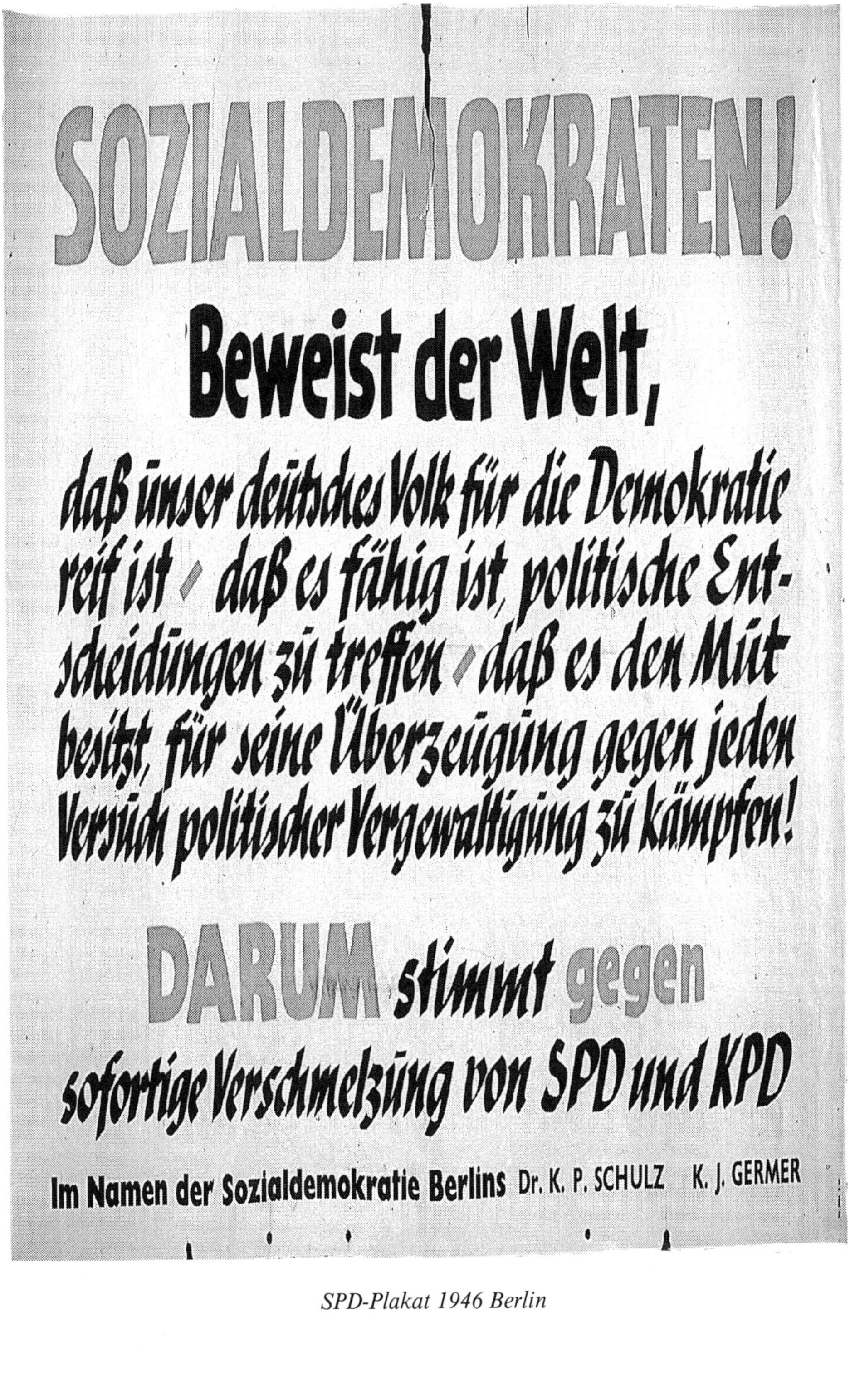

SPD-Plakat 1946 Berlin

KPD-Plakat 1946 Berlin

Inhaltsverzeichnis

Abkürzungsverzeichnis	VIII
Einleitung	XI
1. Stand und Probleme der Forschung	XI
2. Die Quellenlage	XXI
3. Zu dieser Edition	XXIV
4. Die Haltung von Sozialdemokraten zur KPD sowie zur Bildung einer Einheitspartei und die Rolle der Besatzungsmacht vor und während des Verschmelzungsprozesses	XXVI
4.1 Legalisierung, Reorganisation und Ausbau der Sozialdemokratischen Partei in den Ländern und Provinzen der sowjetischen Besatzungszone und erste Erfahrungen mit den Kommunisten (April bis September 1945)	XXVI
Mecklenburg-Vorpommern	XXXI
Brandenburg	XXXV
Sachsen-Anhalt	XXXVIII
Sachsen	XLIII
Thüringen	LIII
4.2 Die Kampagne der KPD für die Bildung einer Einheitspartei, die Einflußnahme der SMA und die Reaktion der Sozialdemokraten (Oktober 1945 bis Januar 1946)	LXIV
4.2.1 Sozialdemokratisches Selbstbewußtsein, Zunahme der Spannungen und Abwehr kommunistischer Vereinnahmungsbestrebungen (Oktober bis Mitte Dezember 1945)	LXIV
4.2.2 Die Reaktion von Sozialdemokraten auf die gemeinsame Entschließung des Zentralausschusses der SPD und des Zentralkomitees der KPD vom 21. Dezember 1945, die Offensive der KPD für eine organisatorische Verschmelzung und die Verzögerungstaktik der Sozialdemokratie (Mitte Dezember 1945 bis Januar 1946)	LXXXV
4.3 Intentionen der Sozialdemokraten während der Phase der organisatorischen Verschmelzung (Februar bis April 1946)	XCVI
Verzeichnis der Dokumente	CX
Dokumente	1
Quellen- und Literaturverzeichnis	456
Personenregister	471
Ortsregister	479
Der Bearbeiter	483

Abkürzungsverzeichnis

Abg.	Abgeordnete/Abgeordneter
Abt.	Abteilung
Abtltr.	Abteilungsleiter
ADAV	Allgemeiner Deutscher Arbeiterverein
ADGB	Allgemeiner Deutscher Gewerkschaftsbund
AdsD	Archiv der sozialen Demokratie der Friedrich-Ebert-Stiftung
AfA	Allgemeiner freier Angestelltenbund
AfS	Archiv für Sozialgeschichte
Anl.	Anlage
Anm.	Anmerkung(en)
Antifa	Antifaschismus, antifaschistisch
Aufl.	Auflage
Bd.,Bde.	Band, Bände
BDO	Bund Deutscher Offiziere
BdS	Bund demokratischer Sozialisten
Betr., betr.	Betreff, betrifft
BL	Bezirksleitung
BM	Bürgermeister
BPA	Bezirksparteiarchiv (der SED)
BV	Bezirksvorstand
BVW	Bezirksverwaltung
BzG	Beiträge zur Geschichte der Arbeiterbewegung
CDU	Christlich-Demokratische Union Deutschlands
CSR	Ceskoslovenska Republika/Tschechoslowakische Republik
DAK	Deutsche Akademie der Künste
DDP	Deutsche Demokratische Partei
DDR	Deutsche Demokratische Republik
DFD	Demokratischer Frauenbund Deutschlands
d. h.	das heißt
Dir.	Direktor
DNVP	Deutschnationale Volkspartei
Dok.	Dokument(e)
DRK	Deutsches Rotes Kreuz
DVP	Deutsche Volkspartei
DVW	Deutsche Verwaltung
DWK	Deutsche Wirtschaftskommission
DZW	Deutsche Zentralverwaltung
EA	Erinnerungsakte
ebd.	ebenda
EKKI	Exekutivkomitee der Kommunistischen Internationale
FDGB	Freier Deutscher Gewerkschaftsbund
FDJ	Freie Deutsche Jugend
FDP	Freie Demokratische Partei Deutschlands
geb.	geboren
gest.	gestorben
Gestapo	Geheime Staatspolizei
HJ	Hitlerjugend
Hrsg., hrsg.	Herausgeber, herausgegeben

i. A.	im Auftrag
IG	Industriegewerkschaft
IHK	Industrie- und Handelskammer
IML	Institut für Marxismus-Leninismus beim ZK der SED
ISK	Internationaler Sozialistischer Kampfbund
IWK	Internationale wissenschaftliche Korrespondenz zur Geschichte der deutschen Arbeiterbewegung
KAPD	Kommunistische Arbeiter-Partei Deutschlands
KB	Kulturbund zur demokratischen Erneuerung Deutschlands
KG	Konsumgenossenschaften
Kdt.	Kommandantur
KJVD	Kommunistischer Jugendverband Deutschlands
KL	Kreisleitung
KP	Kommunistische Partei
KPD	Kommunistische Partei Deutschlands
KPdSU	Kommunistische Partei der Sowjetunion
KPO	Kommunistische Partei – Opposition
KPÖ	Kommunistische Partei Österreichs
Krs.	Kreis
KV	Kreisvorstand
KVP	Kasernierte Volkspolizei
KZ	NS-Konzentrationslager
LDP	Liberal-Demokratische Partei Deutschlands
LPKK	Landesparteikontrollkommission
LR	Landrat
lt.	laut
Ltg.	Leitung
Ltr.	Leiter
LV	Landesvorstand
LVW	Landesverwaltung
MdB	Mitglied des Bundestages
MdL	Mitglied des Landtages
MdR	Mitglied des Reichstages
MdVK	Mitglied der Volkskammer
ms.	maschinenschriftlich
MWD	Ministerstwo wnutrennych del/Ministerium für Inneres
MinDir.	Ministerialdirektor
MinRat	Ministerialrat
NB	Neu Beginnen
NKFD	Nationalkomitee Freies Deutschland
NKGB	Narodnyi komissariat gosudarstwennoi bezopassnosti/Volkskommissariat für Staatssicherheit
NKWD	Narodnyi komissariat wnutrenych del/Volkskommissariat des Innern
NL	Nachlaß
Nr.	Nummer
NS	Nationalsozialismus, nationalsozialistisch
NSDAP	Nationalsozialistische Deutsche Arbeiterpartei
NVA	Nationale Volksarmee
OB	Oberbürgermeister
partl.	parteilos

PB	Politisches Büro (Politbüro)
Pg.	Parteigenosse (Mitglied der NSDAP)
Präs.	Präsident
PV	Parteivorstand
PVW	Provinzialverwaltung
RegRat	Regierungsrat
RFB	Roter Frontkämpferbund
RGO	Revolutionäre Gewerkschaftsopposition
RM	Reichsmark
SA	Sturmabteilung der NSDAP
SAJ	Sozialistische Arbeiterjugend
SAP	Sozialistische Arbeiterpartei Deutschlands
SAPMO BArch	Stiftung Archiv der Parteien und Massenorganisationen der DDR im Bundesarchiv
SBZ	Sowjetische Besatzungszone Deutschlands
SD	Sicherheitsdienst
SDAP	Sozialdemokratische Arbeiterpartei
SDAPR	Sozialdemokratische Arbeiterpartei Rußlands
SED	Sozialistische Einheitspartei Deutschlands
Sekr.	Sekretär
SMA	Sowjetische Militäradministration (in einem Land oder einer Provinz)
SMAD	Sowjetische Militäradministration in Deutschland
Sopade	Sozialdemokratische Partei Deutschlands (im Exil)
SPD	Sozialdemokratische Partei Deutschlands
SPÖ	Sozialistische Partei Österreichs
SS	Schutzstaffel der NSDAP
Stellv., stellv.	Stellvertreter, stellvertretende(r)
TH	Technische Hochschule
UB	Unterbezirk
UBL	Unterbezirksleitung
UdSSR	Union der Sozialistischen Sowjetrepubliken
Univ.	Universität
UNO	United Nations Organization/Organisation der Vereinten Nationen
USPD	Unabhängige Sozialdemokratische Partei Deutschlands
u.a.	und andere, unter anderem
v.	von
VdgB	Vereinigung der gegenseitigen Bauernhilfe
VfZ	Vierteljahrshefte für Zeitgeschichte
vgl.	vergleiche
VO	Verordnung
Vors.	Vorsitzende/Vorsitzender
WGB	Weltgewerkschaftsbund
ZA	Zentralausschuß
ZdA	Zentralverband der Angestellten
ZfG	Zeitschrift für Geschichtswissenschaft
ZK	Zentralkomitee
ZPA	Zentrales Parteiarchiv
ZPKK	Zentrale Parteikontrollkommission
ZS	Zentralsekretariat

Einleitung

1. STAND UND PROBLEME DER FORSCHUNG

Trotz oder gerade wegen der Fülle der Literatur sowie der Erinnerungen vieler Zeitzeugen über die Herausbildung der SED ist unser Wissen über die Vorgänge um die Bildung der SED in der Forschung in West und Ost erstaunlicherweise noch immer erheblich lückenhaft. Bei den Untersuchungen zur Nachkriegsentwicklung der SPD in der sowjetischen Zone hat die Geschichtsschreibung in Ost und West viele Fragen nicht behandelt. In den Darstellungen der DDR ist die SPD äußerst selten als eigenständiges Forschungsobjekt betrachtet worden. Die große politische Bedeutung, die dem Forschungsfeld durch die SED-Führung beigemessen wurde, sowie auch der nicht ausreichende Zugang zu den eigentlichen Quellen verhinderten alternative Betrachtungen.

Die Tatsache, daß ein an den Quellen orientiertes Bild über die SED-Gründung in den Arbeiten westdeutscher Historiker nur in Ansätzen vorhanden war, hatte seine Gründe: Einerseits hatte die von verständlichen Emotionen geprägte Bewertung wohl dazu beigetragen, daß eine intensivere Beschäftigung mit der Entstehungsgeschichte der Einheitspartei erst Anfang der 70er Jahre in der Bundesrepublik einsetzte.[1] Dabei ist zu berücksichtigen, daß engagierte Zeitzeugen nicht primär wissenschaftlich analysieren, sondern politisch mahnen und aufrütteln wollten.

Andererseits trägt nicht in erster Linie die Politisierung der Forschung Schuld an dem mangelhaften Wissen um die damaligen Ereignisse. Die Hauptschuld lag bei den Quellen. Die entscheidenden Informationen befanden sich in der DDR und waren für westliche Forscher nahezu unzugänglich. Jene Materialien, die in den Westen gelangten, erhellten zwar die Vorgänge im Zentralausschuß der SPD einigermaßen. Doch die Ereignisse in den Ländern und Provinzen der sowjetischen Zone oder im Ostsektor Berlins verblieben im Reich der Spekulation. Versuche von Historikern der Bundesrepublik und von Autoren des westlichen Auslandes, eindimensionale Betrachtungsweisen zu überwinden, mußten lange unvollständig bleiben, weil ihnen der Zugriff zu den Beständen des Zentralen Parteiarchivs der SED sowie der Bezirksarchive verwehrt blieb. Auch für ostdeutsche Forscher waren die Archive der SED nur eingeschränkt zugänglich, und sie bekamen – mit wenigen Ausnahmen – keine Einsicht in die wirklich entscheidenden Materialien.

Die Politisierung der Forschung erfolgte zweifellos in sehr unterschiedlicher Weise. Die Unterschiede sind – was im folgenden zu zeigen sein wird – funktionaler Art. Das hatte eine konträre Art der Betrachtung zur Folge, und die Konsequenzen für die wissenschaftliche Forschung waren gravierend.

In der DDR bekam die Geschichtsschreibung eine parteipolitische und legitimatorische Funktion zugewiesen. In der Geschichtsschreibung der DDR galt es, aus politischen Motiven heraus eine Kontinuität von KPD und SED nachzuweisen. In der Regel dominierten daher Darstellungen, die der SPD keine selbständige Rolle zuwiesen und sie als Bündnispartner der KPD bzw. als »schwankenden« Partner beschrieben, der die von der KPD formulierte Strategie und Taktik übernahm und damit Einsicht in die »historischen Notwendigkeiten« zeigte. Eine fundierte Politik- und Organisationsgeschichte der SPD aus der

---

[1] Vgl. *Dietrich Staritz,* Zur Gründung der SED. Forschungsstand, Kontroversen, offene Fragen, in: Einheitsfront/Einheitspartei. Kommunisten und Sozialdemokraten in Ost- und Westeuropa 1944–1948, hrsg. v. *Dietrich Staritz* und *Hermann Weber* u. Mitwirkung v. *Manfred Koch*, Köln 1989, S. 38–75.

DDR liegt also nicht vor. Teilstudien zur Organisations- und Programmgeschichte, die Einblicke in die internen Diskussionsprozesse des Zentralausschusses der SPD und in die Mitgliederbewegung sowie die Organisationsstruktur gestatteten, blieben dem politischen Grundmuster untergeordnet, alle Entscheidungen der SPD an der als »richtig« definierten Strategie der KPD zu messen.[2]

Kaum Informationen zur SPD 1945/46 und keine Hinweise auf Quellen lieferten die von Heinz Voßke verfaßten Biographien über Otto Grotewohl und Friedrich Ebert jun.[3] Dies trifft auch auf die Biographie über Otto Buchwitz von Fritz Zimmermann zu.[4] Ebensowenig gestatten sie Einblicke in die Meinungsbildungsprozesse in der SPD. Gleiches gilt für die Studie von Ulla Plener über die SPD, deren Grundkonzept sehr durch die These von den »zwei Klassenlinien« in der deutschen Sozialdemokratie geprägt ist, die es auch in der ostzonalen Sozialdemokratie nachzuweisen galt. Zudem wurde hier die Sozialdemokratie der sowjetischen Zone wesentlich vernachlässigt.[5]

In der DDR dauerte es lange, bis sich eine differenzierte Sicht auf die SPD wenigstens annähernd anzubahnen schien. Erst 1991 wurde das Verhältnis zwischen dem Berliner Zentralausschuß und Kurt Schumacher einer sachlich abwägenden Betrachtung unterzogen und die Isolierung des Zentralausschusses nun auch – ähnlich der Einschätzung westlicher Kollegen[6] – als das wesentliche Motiv für seine Bereitschaft zum Zusammenschluß mit der KPD im Osten gesehen.[7] Nach langem Zögern wurde 1990 das Protokoll der ersten Sechziger-Konferenz in der DDR veröffentlicht, das durch eine westliche Publikation bereits bekannt war.[8] Die von Hans-Joachim Krusch und Andreas Malycha herausgegebene Dokumentation enthielt darüber hinaus das Protokoll der zweiten Sechziger-Konferenz sowie dafür vorbereitete Materialien beider Parteien, so daß der Kenntnisstand über den Meinungsbildungsprozeß in KPD und SPD doch erweitert werden konnte.[9] Schließlich wurde 1992 die in der DDR im Wortlaut nicht bekannte Rede Otto Grotewohls vom 11. Novem-

---

2 Vgl. *Andreas Malycha*, Die Sozialdemokratische Partei Deutschlands (SPD) im Jahre 1945. Zu Rolle und Wirksamkeit des Zentralausschusses (ZA) im Ringen um antifaschistische Umgestaltungen in der Etappe der Aktionseinheit von KPD und SPD (Mai 1945 bis Dezember 1945), Dissertation, Berlin (Ost) 1988; *ders.*, Der Aufruf des Zentralausschusses der SPD vom 15. Juni 1945. Entstehung und historische Bedeutung, in: Beiträge zur Geschichte der Arbeiterbewegung (BzG), Heft 5, 1988, S. 606–619; *ders.*, Der Zentralausschuß der SPD und der gesellschaftliche Neubeginn im Nachkriegsdeutschland, in: Zeitschrift für Geschichtswissenschaft (ZfG), Heft 7, 1990, S. 581–595; *Ulla Plener*, Zum ideologisch-politischen Klärungsprozeß in der SPD der sowjetischen Besatzungszone 1945, in: BzG, Heft 1, 1972, S. 35–59.
3 Vgl. *Heinz Voßke*, Otto Grotewohl. Biographischer Abriß, Berlin (Ost) 1979; *ders.*, Friedrich Ebert. Ein Lebensbild, Berlin (Ost) 1987.
4 Vgl. *Fritz Zimmermann*, Otto Buchwitz. Ein Lebensbild, Berlin (Ost) 1984.
5 Vgl. *Ulla Plener*, SPD 1945–1949. Politische Konzeption und Praxis – Ergebnisse und Ursachen, Berlin (Ost) 1979.
6 Vgl. *Klaus Sühl*, Arbeiterbewegung, SPD und deutsche Einheit 1945/46, in: *Rolf Ebbighausen/ Friedrich Tiemann* (Hrsg.), Das Ende der Arbeiterbewegung in Deutschland? Ein Diskussionsband zum sechzigsten Geburtstag von Theo Pirker, Opladen 1984, S. 274–300; *ders.*, Schumacher und die Westzonen-SPD im Vereinigungsprozeß, in: Einheitsfront/Einheitspartei, S. 108–128; *Lucio Caracciolo*, Alba di Guerra Fredda. All'origine delle due Germanie, Rom 1986.
7 Vgl. *Andreas Malycha*, Der Zentralausschuß, Kurt Schumacher und die Einheit der SPD, in: BzG, Heft 2, 1991, S. 182–193.
8 Vgl. *Gert Gruner/Manfred Wilke* (Hrsg.), Sozialdemokraten im Kampf um die Freiheit. Die Auseinandersetzungen zwischen SPD und KPD in Berlin 1945/46, München 1981.
9 Vgl. *Hans-Joachim Krusch/Andreas Malycha* (Hrsg.), Einheitsdrang oder Zwangsvereinigung? Die Sechziger-Konferenzen von KPD und SPD 1945 und 1946, Berlin 1990.

ber 1945 veröffentlicht[10], die in der Bundesrepublik zwar nicht publiziert, in wissenschaftlichen Arbeiten allerdings mehrfach kommentiert worden war.[11] Das selbstbewußte Auftreten Grotewohls im Herbst 1945 paßte wohl nicht so recht ins Bild über ihn als »Kämpfer für die Einheit der Arbeiterklasse« und gehörte deshalb lange Zeit zu den gut gehüteten Geheimnissen der SED-Geschichtsschreibung. Doch reichten die »nachholenden« Veröffentlichungen nicht aus, die bis dahin vorherrschenden eindimensionalen Darstellungen nachhaltig zu korrigieren.

In der vielfältigen Regional- und Lokalliteratur zur Vorgeschichte der SED-Gründung findet man einige Details zur Haltung sozialdemokratischer Parteiführer und Führungsgremien, manchen wertvollen Hinweis und vor allem Verweise auf Dokumente.[12] Den Auseinandersetzungen um die Vereinigung von KPD und SPD widmete sich vorwiegend die regionalgeschichtliche Literatur, aus der die Studien von Heinz Voßke über Mecklenburg-Vorpommern und die von Siegfried Thomas über Berlin aufgrund ihres Materialreichtums herausragen, zumal sie wertvolle Quellenhinweise geben.[13] Zu den Darstellungen, die auf breiterem Quellenmaterial fußen, gehört auch die von Manfred Bensing über die Ereignisse in Leipzig.[14] In diesen Regional- und Lokalstudien[15] schlug mitunter die tatsächliche Widersprüchlichkeit der Vorgänge durch. Doch auch sie hatten der zentralen Vorgabe zu folgen, wonach die Vereinigung von KPD und SPD das »gesetzmäßige Ergebnis des jahrzehntelangen Kampfes der Arbeiterklasse« darstelle.

In der Historiographie der DDR wurde die Entwicklung der KPD im Zeitraum 1945/46 vorwiegend in der Aktionseinheit mit der SPD untersucht und dargestellt. Erst die Arbeit von Günter Benser beschäftigte sich mit der spezifischen Entwicklung der KPD im Jahre 1945. Von Benser wurde 1985 eine differenzierte Studie veröffentlicht, die sich vor allem durch die Materialfülle von anderen wesentlich unterscheidet.[16] Ungeachtet des Fehlens eines kritischen Blicks auf die KPD, ihrer Parteilichkeit und des nicht zu übersehenden Rechtfertigungsauftrages trug die Arbeit von Benser wesentlich dazu bei, wichtige Aspekte der Programm-, Organisations- und Politikgeschichte der KPD herauszuarbeiten, die für

---

10 Vgl. »Hier stehe ich, ich kann nicht anders!« Die Rede Otto Grotewohls am 11. November 1945. Dokumentiert von *Andreas Malycha*, in: BzG, Heft 2, 1992, S. 167-184.
11 Vgl. *Lucio Caracciolo*, Grotewohls Positionen im Vereinigungsprozeß (1945-1946), in: Einheitsfront/Einheitspartei, S. 76-107.
12 Vgl. Die Kommissionen zur Erforschung der örtlichen Geschichte bei den Bezirksleitungen der SED (jeweils Hrsg.), Geschichte der Landesparteiorganisation Brandenburg der SED 1945–1952, Potsdam 1985; Zur Geschichte der Bezirksparteiorganisation Gera der SED, Gera 1986; Zur Geschichte der Bezirksparteiorganisation Karl-Marx-Stadt der SED (1945–1961), Karl-Marx-Stadt 1986; Geschichte der Landesparteiorganisation der SED Mecklenburg 1945-1952, Rostock 1986; Vereint auf dem Weg zum Sozialismus. Geschichte der Landesparteiorganisation Sachsen-Anhalt der SED 1945–1952, Halle/Magdeburg 1986.
13 Vgl. *Heinz Voßke*, Die Vereinigung der KPD und der SPD zur SED in Mecklenburg/Vorpommern. Mai 1945 bis April 1946, Rostock 1966; *Siegfried Thomas*, Entscheidung in Berlin. Zur Entstehungsgeschichte der SED in der deutschen Hauptstadt 1945/1946, Berlin (Ost) 1967.
14 Vgl. *Manfred Bensing*, Im revolutionären Kampf geschmiedet. Über das Ringen um die Aktionseinheit der Arbeiterklasse und die Vereinigung von KPD und SPD zur Sozialistischen Einheitspartei Deutschlands in Leipzig 1945/46, Leipzig 1978.
15 Vgl. *Karl Urban/Joachim Schulz*, Die Vereinigung von KPD und SPD zur Sozialistischen Einheitspartei Deutschlands in der Provinz Brandenburg. Der Beginn der antifaschistisch-demokratischen Umwälzung 1945–1946, Potsdam 1985; *Änne Anweiler*, Zur Geschichte der Vereinigung von KPD und SPD in Thüringen 1945–1946. Beiträge zur Geschichte Thüringens, Erfurt 1971.
16 Vgl. *Günter Benser*, Die KPD im Jahre der Befreiung. Vorbereitung und Aufbau der legalen kommunistischen Massenpartei (Jahreswende 1944/45 bis Herbst 1945), Berlin (Ost) 1985.

eine Beschreibung der gesamten Vereinigungsgeschichte relevant sind. Weitere Arbeiten von Benser beschäftigten sich mit gesellschaftspolitischen Brüchen des Jahres 1945[17], nunmehr auch verbunden mit der Überprüfung alter Sichtweisen.[18]

Ein jüngerer Aufsatz zur KPD-Politik 1945/46 vermittelte wenig neue Fakten[19], so daß die wirklichen Ursachen der Wendung des KPD-Kurses zur Einheitspartei seit September/Oktober 1945 noch immer nicht plausibel gemacht werden konnten. Insgesamt ist die Nachkriegsentwicklung der KPD aber im Vergleich zur SPD relativ intensiv erforscht worden.

Selten wurden in der DDR Quellen publiziert, die die Diskussionen innerhalb der KPD vor der Legalisierung nachvollziehbar machten, so die von Horst Laschitza kommentierten Programmpapiere der KPD der Jahre 1944/45.[20] Darüber hinaus wurden mehrfach programmatische Arbeiten der KPD zur Vorbereitung der SED vorgestellt, die als herausragende Leistungen der Kommunisten zur Weiterentwicklung des »Marxismus-Leninismus« gewürdigt wurden.[21] Inzwischen gibt es energische Bemühungen, das Bedürfnis nach Lektüre authentischen Materials zu befriedigen.[22] Die Fragen nach den handlungsleitenden politischen Motiven der KPD bzw. nach deren Abhängigkeiten von den Einschätzungen der sowjetischen Führung blieben dennoch bis zuletzt unbeantwortet. Nur sehr selten Erwähnung fanden die damaligen internationalen Zusammenhänge, insbesondere jene zwischen den von der KPD verkündeten programmatischen Losungen und den deutschlandpolitischen Intentionen der Sowjetunion. Auch die jüngste Veröffentlichung der Protokolle des Sekretariats des Zentralkomitees der KPD gestattet kaum Einblicke in die Diskussionen und Entscheidungsfindungsprozesse der engeren KPD-Führung und läßt den Fragenkomplex des Verhältnisses zwischen KPD und KPdSU bzw. Besatzungsmacht unbeantwortet.[23] Die Sekretariatsprotokolle vermitteln jedoch eine außerordentliche Fülle von Detailinformationen, insbesondere auch über die Parteientwicklung und »Kaderfragen«.

1991 wurden von Rolf Badstübner Notizen Wilhelm Piecks aus den Jahren 1945/46 abgedruckt[24], die kurz zuvor bereits von Dietrich Staritz ausgewertet worden waren.[25] Nun-

---

17 Vgl. *ders.*, Das Jahr 1945, in: ZfG, Heft 4, 1980, S. 311-323; *ders.*, Zur historischen Bedeutung des Aufrufs des Zentralkomitees der KPD vom 11. Juni 1945, in: ZfG, Heft 4, 1985, S. 302-315.

18 Vgl. *ders.*, Das Jahr 1945 und das Heute. Brüche – Rückgriffe – Übergänge, in: Krise – Umbruch – Neubeginn. Eine kritische und selbstkritische Dokumentation der DDR-Geschichtswissenschaft 1989/1990, hrsg. v. *Rainer Eckert/Wolfgang Küttler/Gustav Seeber*, Stuttgart 1992, S. 68-73.

19 Vgl. *Hans-Joachim Krusch*, Neuansatz und widersprüchliches Erbe. Zur KPD 1945/1946, in: BzG, Heft 5, 1991, S. 615-627.

20 Vgl. *Horst Laschitza*, Kämpferische Demokratie gegen den Faschismus. Die programmatische Vorbereitung auf die antifaschistisch-demokratische Umwälzung in Deutschland durch die Parteiführung der KPD, Berlin (Ost) 1969.

21 Vgl. *Hans-Joachim Krusch*, Von der Dezemberkonferenz 1945 zur Februarkonferenz 1946. Programmatische Arbeit der KPD vor der Gründung der SED, in: BzG, Heft 1, 1986, S. 16-28; *ders.*, Die Reichskonferenz der KPD am 2. und 3. März 1946, in: Ebd., Heft 2, 1986, S. 178-191.

22 Vgl. *Gerhard Keiderling* (Hrsg.), »Gruppe Ulbricht« in Berlin. April bis Juni 1945, Berlin 1992; *Horst Laude/Peter Erler/Manfred Wilke* (Hrsg.), »Nach Hitler kommen wir«. Dokumente zur Programmatik der Moskauer KPD-Führung 1944/45 für Nachkriegsdeutschland, Berlin 1994.

23 Vgl. *Günter Benser/Hans-Joachim Krusch* (Hrsg.), Dokumente zur Geschichte der kommunistischen Bewegung in Deutschland. Reihe 1945/46. Bd. I: Protokolle des Sekretariats des Zentralkomitees der KPD Juli 1945 bis April 1946, München 1993.

24 Vgl. *Rolf Badstübner*, »Beratungen« bei J. W. Stalin. Neue Dokumente, in: Utopie kreativ, Heft 7, März 1991, S. 99-116.

25 Vgl. *Dietrich Staritz*, Die SED, Stalin und die Gründung der DDR. Aus Akten des Zentralen Parteiarchivs, in: Aus Politik und Zeitgeschichte, Beilage zur Wochenzeitung Das Parlament, B 5/91, 25. Januar 1991, S. 3-16.

mehr sind die Aufzeichnungen, die Pieck von den Gesprächen der KPD- bzw. SED-Führung mit Stalin sowie Vertretern der Sowjetischen Militäradministration in Deutschland (SMAD) und der Sowjetischen Kontrollkommission (SKK) angefertigt hat, vollständig veröffentlicht.[26] Für die Problematik der Einheitspartei sind dabei die Aufzeichnungen von Bedeutung, die Wilhelm Pieck am 6. Februar 1946 angefertigt hat, als ihn Walter Ulbricht über die Ergebnisse seines Aufenthaltes in Moskau informierte. Badstübner deutete die Notizen in der Weise, daß Stalin die nach Moskau gereisten KPD-Vertreter Ulbricht und Fred Oelßner auf eine Forcierung der Fusion drängte. Tatsächlich ist denn auch seit Februar 1946 eine Verstärkung der sowjetischen Beeinflussung der immer noch zögernden Sozialdemokraten zu registrieren. Möglich erscheint, daß die Sowjetunion vor Beginn der Pariser Außenministerkonferenz am 25. April 1946 in ihrer Besatzungszone deutschlandpolitische Weichen stellen wollte und auch deshalb darauf drängte, die Fusion vor dem 1. Mai 1946 zu vollziehen; so vermutete jedenfalls Dietrich Staritz.[27] Dies bleibt jedoch Spekulation, solange die sowjetischen Quellen nicht vollständig eingesehen werden können.

Gegen manche Zuordnungen und Ausdeutungen Badstübners im Kommentar zu den abgedruckten Quellen brachte Benser Einwände.[28] Diese sollten für weitere Arbeiten Anlaß sein, nicht so sehr nach den enthüllenden Formulierungen als nach den Strukturen, Handlungszusammenhängen und Wechselwirkungen zu fragen.

Das Bild über die Herausbildung der SED wurde auch durch biographische Studien über Kommunisten (Wilhelm Pieck, Walter Ulbricht, Hermann Matern), die die SED-Gründung maßgeblich mit vorbereitet hatten, kaum klarer.[29] Ebensowenig trugen die in der DDR erschienenen Erinnerungen ehemals Beteiligter zu einem authentischen Bild über die damaligen Vorgänge bei.[30] Sie standen, wie alle ostdeutschen Forschungen zu dieser Problematik, unter dem Legitimationsdruck, die Berechtigung und die historische Notwendigkeit der SED-Gründung zu beweisen und die angeblich demokratischen Grundlagen dieser Ereignisse hervorzuheben. Insgesamt fehlte in der DDR eine auf die Gesamtproblematik der SED-Gründung bezogene Studie.

In der Bundesrepublik liegen erst seit Beginn der 70er Jahre Arbeiten vor, die die reale Vielschichtigkeit der damaligen Vorgänge widerspiegeln. Von den früheren Arbeiten ist jene von Carola Stern eine Studie, die in verschiedenen Aussagen immer noch Gültigkeit besitzt.[31] Doch rückte Stern die Überlegungen und die Politik der KPD in den Mittelpunkt ihrer Untersuchung über die Parteienverschmelzung, so daß die Probleme, vor denen die Sozialdemokraten in der sowjetischen Zone standen, nicht beleuchtet werden konnten. Die 1955 und 1965 erschienenen Arbeiten von Klaus-Peter Schulz über den Widerstand in Ber-

---

26 Vgl. *Rolf Badstübner/Wilfried Loth* (Hrsg.), Wilhelm Pieck – Aufzeichnungen zur Deutschlandpolitik 1945–1953, Berlin 1994.
27 Vgl. *Staritz*, Zur Gründung der SED, in: Einheitsfront/Einheitspartei, S. 62.
28 Vgl. *Günter Benser*, Quellenveröffentlichungen ja, doch so präzis wie möglich. Einwände gegen Interpretationen von »Stalins Direktiven an KPD und SED«, in: Utopie kreativ, Heft 11, 1991, S. 101–107.
29 Vgl. *Heinz Voßke/Gerhard Nitzsche*, Wilhelm Pieck. Biographischer Abriß, Berlin (Ost) 1975; *Heinz Voßke*, Walter Ulbricht. Biographischer Abriß, Berlin (Ost) 1984; *Lya Rothe/Erich Woitinas*, Hermann Matern. Aus seinem Leben und Wirken, Berlin (Ost) 1981.
30 Vgl. Vereint sind wir alles. Erinnerungen an die Gründung der SED, Berlin (Ost) 1971; *Werner Eggerath*, Die fröhliche Beichte. Ein Jahr meines Lebens, Berlin (Ost) 1981; *Werner Bruschke*, Für das Recht der Klasse – für die Macht der Arbeiter und Bauern, Halle 1981; *Otto Buchwitz*, Brüder in eins nun die Hände, Berlin (Ost) 1956.
31 Vgl. *Carola Stern*, Porträt einer bolschewistischen Partei. Entwicklung, Funktion und Situation der SED, Köln 1957.

lin stellten vor allem Situationsbeschreibungen eines engagierten Zeitzeugen dar.[32] Insbesondere die Erinnerungen der Berliner Sozialdemokraten und die traumatischen Erfahrungen jener SPD-Mitglieder in der sowjetischen Zone, die den Zusammenschluß mit vollzogen, von denen aber viele bald intensiver Verfolgung ausgesetzt waren, festigten den allgemeinen Eindruck über den Gesamtprozeß ausschließlich als eine Zwangsvereinigung.[33]

Einigermaßen verläßliche Informationen über die Hintergründe so mancher Entscheidungen des Zentralausschusses lieferten die 1966 veröffentlichten Erinnerungen Erich W. Gniffkes[34], wobei die Richtigkeit seiner Rekonstruktion der historischen Details kritisch bewertet werden muß. Für die folgenschwere Entscheidung des Zentralausschusses am 11. Februar 1946, über die Vereinigung lediglich auf einem Parteitag der sowjetischen Zone und nicht auf einem Reichsparteitag zu beschließen, lieferte der bereits 1946 verfaßte Bericht Gustav Dahrendorfs wertvolles Material.[35] Zuweilen brachten die Überlieferungen Gniffkes und Dahrendorfs allerdings auch gegenteilige Darstellungen in die Diskussion, die auch nicht durch die Untersuchungen von Harold Hurwitz geklärt werden konnten.[36]

Eine intensivere und quellenkritischere Beschäftigung mit der Entstehungsgeschichte der Einheitspartei begann in der Bundesrepublik erst zu einem Zeitpunkt, zu dem nur noch wenige Zeitzeugen zu befragen waren. Im Rahmen eines größeren Projektes der Friedrich-Ebert-Stiftung über das »politische Profil und die Entwicklung der Sozialdemokratischen Partei in der Sowjetischen Besatzungszone«, das in der ersten Hälfte der 70er Jahre durchgeführt wurde, bot sich für Beatrix W. Bouvier und Horst-Peter Schulz sozusagen im letzten Augenblick die Möglichkeit, Mitglieder der SPD bzw. Funktionäre der mittleren und unteren Ebene aus der ehemaligen sowjetischen Zone zu interviewen. So entstanden außerordentlich wichtige Quellen. Die 1991 publizierte Auswahl von 14 Zeitzeugen-Berichten trug wesentlich dazu bei, dem Bild über die Geschichte der deutschen Sozialdemokratie auf dem Gebiet der sowjetischen Zone schärfere Konturen zu verleihen.[37]

Mit der Arbeit von Albrecht Kaden aus dem Jahre 1965 über die Wiedergründung der SPD 1945/46, die auch die organisationspolitischen Bestrebungen der ostzonalen Sozialdemokratie berücksichtigte, begannen die empirischen Forschungen bei der Beschäftigung

---

32 Vgl. *Klaus-Peter Schulz*, Sorge um die deutsche Linke. Eine kritische Analyse der SPD-Politik seit 1945, Köln 1955; *ders.*, Auftakt zum Kalten Krieg. Der Freiheitskampf der SPD in Berlin 1945/46, Berlin 1965.
33 Vgl. *Hermann Brill*, Gegen den Strom (= Wege zum Sozialismus, Heft 1), Offenbach 1946; *Karl J. Germer*, Von Grotewohl bis Brandt. Ein dokumentarischer Bericht über die SPD in den ersten Nachkriegsjahren, Landshut 1974; *Ernst Thape*, Von Rot zu Schwarz-Rot-Gold. Lebensweg eines Sozialdemokraten, Hannover 1969; *Willi Brundert*, Es begann im Theater. . . »Volksjustiz« hinter dem Eisernen Vorhang, Berlin/Hannover 1958; *ders.*, Spiegelbild eines deutschen Schicksals. Ein Lebensweg, Hannover 1964.
34 Vgl. *Erich Gniffke*, Jahre mit Ulbricht, Köln 1966, Neuaufl. 1990.
35 Vgl. *Gustav Dahrendorf*, Die Zwangsvereinigung der Kommunistischen und der Sozialdemokratischen Partei in der russischen Zone, in: *Ders.*, Der Mensch, das Maß aller Dinge. Reden und Schriften zur deutschen Politik 1945–1954, hrsg. u. eingel. v. *Ralph Dahrendorf*, Hamburg 1955, S. 89-124.
36 So z. B. beim Ablauf der Zentralausschuß-Sitzung am 10./11. Februar 1946. Vgl. *Harold Hurwitz*, Demokratie und Antikommunismus in Berlin nach 1945, Bd. 4, Teil 2: Die Anfänge des Widerstands, Köln 1990, S. 852–858. Die nicht veröffentlichten Erinnerungen von Heinrich Hoffmann als einem der Organisatoren des Ultimatums, vor den der Zentralausschuß gestellt wurde, trugen ebensowenig zur Klärung des Ereignisses bei.
37 Vgl. *Beatrix W. Bouvier/Horst-Peter Schulz* (Hrsg.), ». . . die SPD aber aufgehört hat zu existieren«. Sozialdemokraten unter sowjetischer Besatzung, Bonn 1991.

mit der Entstehungsgeschichte der SED in den Vordergrund zu rücken.[38] In der Bundesrepublik analysierte zuerst Frank Moraw 1973 im größeren Kontext die Entwicklung der SPD mit dem deutlichen Schwerpunkt auf der Untersuchung des Zentralausschusses in Berlin.[39] Moraw konzentrierte sich auf konzeptions- und programmgeschichtliche Aspekte und stützte sich dabei auf das im Westen vorhandene, bis dahin aber nicht ausgewertete Quellenmaterial, insbesondere die Nachlässe von Erich W. Gniffke, Gustav Klingelhöfer, Hermann Brill und Gustav Dahrendorf. Die Studie trug sehr zur Versachlichung der historischen Beurteilung der Entstehungsgeschichte der SED sowie ihrer Entwicklung zur sogenannten »Partei neuen Typs« bei und blieb in ihren Grundaussagen bis heute gültig. Moraw problematisierte auch erstmals die sogenannte »Ostorientierung" des Zentralausschusses, die gleichfalls Henry Krisch in seiner Beurteilung von Grenzen und Möglichkeiten deutscher Politik unter sowjetischer Verwaltung in deutschland- und weltpolitische Zusammenhänge stellte.[40] Ähnlich wie Moraw wandte sich Arnold Sywottek 1973 den gesellschafts- und außenpolitischen Problemstellungen bei der Beschäftigung mit sozialdemokratischer Politikgeschichte zu.[41] Gleichermaßen trifft dies auf eine Publikation von Dietrich Staritz zu, die zwei Jahre später die Programmatik der KPD in die Betrachtung mit einschloß.[42] Hermann Weber thematisierte unter anderem die Einbindung der Parteien der sowjetischen Besatzungszone in die deutschlandpolitischen Intentionen der Sowjetunion[43] und stellte die Gründung der SED in den Kontext gesamtgesellschaftlicher Entwicklungen in der SBZ.[44]

Regionale Unterschiede in der SPD-Politik gegenüber der KPD bzw. lokale Unterschiede des Umgangs von KPD- und SPD-Mitgliedern miteinander sowie Formen der Ablehnung der Kooperation wurden in einer speziellen Untersuchung von Beatrix W. Bouvier Mitte der 70er Jahre herausgearbeitet.[45] Bouvier stellte auf der Grundlage von ihr sorgfältig ausgewerteter lokalgeschichtlicher Studien sowie von Interviews mit ehemaligen sozialdemokratischen Funktionsträgern erstmals den Organisationsaufbau der SPD in den Ländern und Provinzen der sowjetischen Zone dar. Eine neuere Untersuchung zum Aufbau

---

38 Vgl. *Albrecht Kaden*, Einheit oder Freiheit. Die Wiedergründung der SPD 1945/46, Hannover 1964, 3. Aufl. 1990.
39 Vgl. *Frank Moraw*, Die Parole der »Einheit« und die Sozialdemokratie. Zur parteiorganisatorischen und gesellschaftspolitischen Orientierung der SPD in der Periode der Illegalität und in der ersten Phase der Nachkriegszeit 1933–1948, Bonn-Bad Godesberg 1973, Neuaufl. 1990.
40 Vgl. *Henry Krisch*, German Politics under Soviet Occupation, New York/London 1974.
41 Vgl. *Arnold Sywottek*, Die »fünfte Zone«. Zur gesellschafts- und außenpolitischen Orientierung und Funktion sozialdemokratischer Politik in Berlin 1945–1948, in: Archiv für Sozialgeschichte, Bd. XIII, 1973, S. 53–129.
42 Vgl. *Dietrich Staritz*, Sozialismus in einem halben Land. Zur Programmatik und Politik der KPD/SED in der Phase der antifaschistisch-demokratischen Umwälzung, Berlin 1976; *ders*., Die Gründung der DDR. Von der sowjetischen Besatzungsherrschaft zum sozialistischen Staat, München 1984.
43 Vgl. *Hermann Weber* (Hrsg.), Parteiensystem zwischen Demokratie und Volksdemokratie. Dokumente und Materialien zum Funktionswandel der Parteien und Massenorganisationen in der SBZ/DDR 1945–1950, Köln 1982; *ders*., Die Sozialistische Einheitspartei Deutschlands, 1946–1971, Hannover 1971; *ders*., Gab es eine demokratische Vorgeschichte der DDR?, in: Gewerkschaftliche Monatshefte, Heft 4/5, 1992, S. 272–280.
44 Vgl. *ders*., Geschichte der DDR, 3. Aufl., München 1989; *ders*., Aufbau und Fall einer Diktatur. Kritische Beiträge zur Geschichte der DDR, Köln 1991.
45 Vgl. *Beatrix W. Bouvier*, Antifaschistische Zusammenarbeit, Selbständigkeitsanspruch und Vereinigungstendenz. Die Rolle der Sozialdemokratie beim administrativen und parteipolitischen Aufbau in der sowjetischen Besatzungszone 1945 auf regionaler und lokaler Ebene, in: Archiv für Sozialgeschichte, Bd. XVI, 1976, S. 417–468.

der sozialdemokratischen Parteiorganisation und zu den Auseinandersetzungen um die Vereinigung in Berlin legte Ditmar Staffelt vor.[46] Staffelt beschrieb anschaulich das Organisationsleben in den mittleren und unteren Parteieinheiten, wogegen bei der Analyse der Berliner Auseinandersetzungen wenig neues Quellenmaterial ausgewertet wurde. Darüber hinaus liegt eine erste breitere Lokalstudie von Werner Müller zur Haltung der SPD in der Auseinandersetzung um die Einheitspartei in Leipzig vor.[47] Über die in vieler Hinsicht eigenwillige Art der Entwicklung der Thüringer Sozialdemokratie, die durch das Wirken Hermann Brills geprägt war, gibt es von Manfred Overesch neben einer Studie aus den 70er Jahren[48] jetzt auch zwei neuere Arbeiten über Hermann Brill und die Vorgänge in Thüringen, die erstmals die Archivbestände des ehemaligen SED-Archivs in Erfurt einbeziehen.[49] 1993 erschien ferner eine Lokalstudie über die SPD in Sachsen und Thüringen[50], die sich auf örtliche Archivbestände stützt.

Einen Überblick über die Entwicklung der SPD in der sowjetischen Zone gaben in jüngerer Zeit zwei größere Zeitschriftenaufsätze. Werner Müller analysierte die organisatorische und politische Entwicklung der SPD im Jahre 1945 und den Prozeß der Anpassung an äußere Umstände.[51] Lucio Caracciolo untersuchte die Ursachen für das Scheitern Otto Grotewohls und seine Rolle im politischen Kräftespiel der Besatzungsmächte.[52] Wesentlich hierbei war, daß Caracciolo britische und amerikanische Archivbestände sowie erstmalig Materialien aus SPD-Provenienzen des Zentralen Parteiarchivs der SED auswertete.

Mitte der 80er Jahre wurde in der Bundesrepublik der Begriff der Zwangsvereinigung einerseits kritisch hinterfragt und andererseits zunehmend inhaltlich differenziert. Für Dietrich Staritz reichte der Zwang als Erklärungsmuster für die damaligen Vorgänge nicht mehr aus. Er fragte nach den Faktoren des Meinungsklimas und der Meinungsbeeinflussung sowie nach den handlungsleitenden Motiven der Sozialdemokraten in der sowjetischen Zone.[53] Auf diese Weise entstand eine Position des »sowohl als auch«, die von Staritz auf folgenden Nenner gebracht wurde: Es war nicht allein ein Gemisch von politischem Druck und kalkulierter physisch-psychischer Pression gegen einheitsunwillige Sozialdemokraten, das den Fusionsprozeß in Gang brachte. Neben allen Differenzen und trotz allen Drucks war die Vereinigung auch getragen von einem offenkundig immer noch lebendigen Einheitsstreben in der SPD-Mitgliedschaft. Hermann Weber blieb wie auch Werner Müller[54]

---

46 Vgl. *Ditmar Staffelt*, Der Wiederaufbau der Berliner Sozialdemokratie 1945/46 und die Einheitsfrage, Frankfurt/Main etc. 1986.
47 Vgl. *Werner Müller*, Sozialdemokratie und Einheitspartei. Eine Fallstudie zur Nachkriegsentwicklung in Leipzig, in: Einheitsfront, Einheitspartei, S. 129–166.
48 Vgl. *Manfred Overesch*, Hermann Brill und die Neuansätze deutscher Politik in Thüringen 1945, in: Vierteljahrshefte für Zeitgeschichte (VfZ), Heft 4, 1979, S. 524–569.
49 Vgl. *ders.*, Hermann Brill in Thüringen 1895–1946. Ein Kämpfer gegen Hitler und Ulbricht, Bonn 1992; *ders.*, Machtergreifung von links. Thüringen 1945/46, Hildesheim 1993.
50 Vgl. *Franz Walter/Tobias Dürr/Klaus Schmidtke*, Die SPD in Sachsen und Thüringen zwischen Hochburg und Diaspora. Untersuchungen auf lokaler Ebene vom Kaiserreich bis zur Gegenwart, Bonn 1993.
51 Vgl. *Werner Müller*, Sozialdemokratische Politik unter sowjetischer Militärverwaltung. Chancen und Grenzen der SPD in der sowjetischen Besatzungszone zwischen Kriegsende und SED-Gründung, in: Internationale wissenschaftliche Korrespondenz zur Geschichte der deutschen Arbeiterbewegung (IWK), Heft 2, 1987, S. 170–206.
52 Vgl. *Lucio Caracciolo*, Der Untergang der Sozialdemokratie in der sowjetischen Besatzungszone, in: VfZ, Heft 2, 1988, S. 281–318.
53 Vgl. *Staritz*, Zur Gründung der SED, in: Einheitsfront/Einheitspartei, S. 38–75.
54 Vgl. *Werner Müller*, SED-Gründung unter Zwang – Ein Streit ohne Ende? Plädoyer für den Begriff »Zwangsvereinigung«, in: Deutschland Archiv, Heft 1, 1991, S. 52–58.

stets ein Verfechter des Begriffs der »Zwangsvereinigung«.[55] Sie hoben auf die politische Dimension des Widerstandes von Sozialdemokraten gegen die Vereinnahmungsversuche der Kommunisten ab.

Harold Hurwitz' auf mehrere Bände angelegte Analyse über die Formung politischer Einstellungen und Mentalitäten in Berlin schloß neue Quellenhorizonte auf. Dies gilt insbesondere für die Verarbeitung von Beständen der amerikanischen und britischen Nationalarchive aus der Nachkriegszeit. Herangezogen wurden auch andere alliierte Quellen, u. a. Geheimdienstberichte und Meinungsumfragen, Korrespondenzen sozialdemokratischer Emigranten (vor allem von Mitgliedern von »Neu Beginnen«) mit Berliner Sozialdemokraten während des Fusionskampfes u. a.

Während Hurwitz in Band 1 seiner Darstellung zunächst die Rahmenbedingungen, also machtpolitische, demographische und ökonomische Voraussetzungen, klärte[56], wandte er sich in Band 2 der Sozialdemokratie zu. Harold Hurwitz und Klaus Sühl brachten die festgefahrene Diskussion der Problematik voran, indem sie das Gewicht der Parteitradition und vor allem soziostrukturelle Determinanten in der Berliner SPD im Vorfeld der Auseinandersetzungen mit den Kommunisten im Jahre 1945 analysierten.[57] So formulierten Hurwitz und Sühl dann ihre These, daß der Fusionskampf 1945/46 nicht einfach ein Reflex auf antikommunistische Stimmungen der Bevölkerungsmehrheit war, sondern nur in Zusammenhang mit der längerfristigen Entwicklung der sozialdemokratischen Arbeiterbewegung in Berlin, ihren zentralen Normen und Werten zu verstehen sei. Die Sozialdemokratie wird dabei als Subkultur verstanden, deren innere Gesetze sich in Einstellungen widerspiegeln. In Band 2 wurde anhand von penibel ausgewertetem Material (Mitgliederaufnahmebögen, Befragungen, Selbstauskünfte) am Beispiel mehrerer Berliner Bezirke die Rekonstruktionsphase der SPD sehr konkret beschrieben. Im dritten Band liegt der Schwerpunkt auf dem Verhalten der Westmächte.[58] Hurwitz gelangte auf der Basis umfangreicher Quellenstudien zu dem Ergebnis, die Westmächte hätten 1945/46 allzulange um der Kooperation mit dem sowjetischen Partner willen auf eine effektive Unterstützung des Kampfes der Sozialdemokraten gegen die KPD/SED verzichtet. Demonstriert wurde dies an der Haltung amerikanischer Besatzungsoffiziere »traditionellen Typs«.

Die beiden Teilbände von Band 4 enthalten eine fast chronologische Darstellung der Geschichte der Berliner Sozialdemokratie vom Kriegsende bis zur SED-Gründung.[59] Eine wichtige These, die das traditionelle Links/Rechts-Raster der Forschung in Ost und West aufbricht, lautet: »Nicht die Position, die man bisher am Links-Rechts-Kontinuum eingenommen hatte, weder die relative Deprivation noch die Verteidigung eigener sozialer Identität, noch eine Tendenz, sich eher von Erneuerungseinsichten oder eher von der Sehnsucht nach Traditionsverbundenheit motivieren zu lassen, reicht für sich allein als Erklärung aus, weshalb demokratisch gesinnte Sozialisten sich am Ende für oder gegen die sofortige Gründung einer Einheitspartei entschieden. In beiden Lagern sollten sich links- und rechts-

---

55 *Hermann Weber*, Sozialdemokraten und Kommunisten. Die Haltung der Sozialdemokraten, in: Deutschland Archiv, Heft 7, 1973, S. 706–712; *ders.*, Zwangsvereinigung oder freiwilliger Zusammenschluß? Zur Gründung der SED vor 40 Jahren, in: Die Neue Gesellschaft/Frankfurter Hefte, Heft 1, 1986, S. 26–31.
56 Vgl. *Harold Hurwitz*, Demokratie und Antikommunismus in Berlin nach 1945, Bd. 1: Die politische Kultur der Bevölkerung und der Neubeginn konservativer Politik, Köln 1983.
57 Vgl. *Harold Hurwitz/Klaus Sühl*, Autoritäre Tradierung und Demokratiepotential in der sozialdemokratischen Arbeiterbewegung, Köln 1984.
58 Vgl. *Harold Hurwitz*, Die Eintracht der Siegermächte und die Orientierungsnot der Deutschen 1945–1946, Köln 1984.
59 Vgl. *ders.*, Die Anfänge des Widerstands. Teil 1: Führungsanspruch und Isolation der Sozialdemokraten; Teil 2: Zwischen Selbsttäuschung und Zivilcourage: Der Fusionskampf, Köln 1990.

stehende Sozialisten, Aufsteiger und beruflich Zurückgesetzte, Kritiker und Verteidiger sozialdemokratischer Identität gegenüberstehen.« Hurwitz hat die Einheitsgegner, von denen sich viele ursprünglich für ein Zusammengehen mit den Kommunisten einsetzten, wie auch die Einheitsbefürworter, von denen nicht wenige im Frühjahr 1945 eigentlich Gegner der Einheit mit der KPD gewesen waren, mit ihren Motivationen und Überzeugungen, Schwächen und Fehlern, Motivveränderungen und ihren Widersprüchen gezeigt.

Auf die eigentliche Kardinalfrage der in diesem Band beschriebenen Vorgänge konnte allerdings auch Hurwitz keine schlüssige Antwort geben: Was waren die wirklichen Motive und Erwartungen auf seiten der Sowjetunion für eine schnelle Vereinigung der Kommunistischen und Sozialdemokratischen Partei im Osten Deutschlands am Jahresende 1945? Unstrittig scheint zu sein, daß die Sowjetunion für die Durchsetzung ihrer Deutschlandpolitik einen starken und kooperativen deutschen Bündnispartner, eine Partei oder Bewegung brauchte, die sowohl ihre Rolle in der sowjetischen Zone legitimierte als auch in der Lage war, ihre Politik in ganz Deutschland zu vertreten. Auch für Dietrich Staritz ist offen, ob die KPdSU seinerzeit davon ausging, bei der Durchsetzung ihrer Sicherheits- und Wiedergutmachungsinteressen auf ganz Deutschland angewiesen zu sein, oder ob sie meinte, sich auf die sowjetische Zone beschränken zu können.[60] Zu Recht konstatierte Staritz, daß für beide Optionen die Einheitspartei von hohem Rang war.

Das Faktum der weiteren Verstärkung der sowjetischen Einflußnahme auf eine schnelle Fusion seit Februar 1946 ist freilich schon von Sergej Tjulpanow, einem seinerzeit sehr einflußreichen sowjetischen Besatzungsoffizier, ausdrücklich bestätigt worden[61]; aber in der Regel gewährt die sowjetische Memoiren-Literatur keine Einblicke in das taktische Kalkül der sowjetischen Führung und enthält kaum Informationen über die wirkliche Beeinflussung der sozialdemokratischen Funktionäre.[62]

Einen informativen Einblick in die Struktur, Aufgaben, Befehlsorganisation und das Verlags- und Pressewesen der SMAD geben das von Hermann Weber und Martin Broszat herausgegebene SBZ-Handbuch[63] sowie zwei Aufsätze von Jan Foitzik.[64] Das SBZ-Handbuch enthält auch relevante Informationen über Parteiaufbau und Struktur von SPD und KPD. Zur Einschätzung deutscher sozialdemokratischer Politiker durch den amerikanischen Geheimdienst wurden von Ulrich Borsdorf und Lutz Niethammer aufschlußreiche Dokumente ediert.[65]

Schon wegen des fehlenden Zugangs zu den Quellen nahm sich die Forschung in der Bundesrepublik der KPD-Geschichte in den Jahren 1945/46 nur in Ausnahmefällen an. Bereits

---

60 Vgl. *Staritz*, Zur Gründung der SED, in: Einheitsfront/Einheitspartei, S. 60 ff.
61 Vgl. *Sergej I. Tjulpanow*, Deutschland nach dem Kriege (1945–1949). Erinnerungen eines Offiziers der Sowjetarmee, Berlin (Ost) 1986.
62 *Iwan S. Kolesnitschenko*, Im gemeinsamen Kampf für das neue antifaschistisch-demokratische Deutschland entwickelte und festigte sich unsere unverbrüchliche Freundschaft. Beiträge zur Geschichte Thüringens, Erfurt 1985; *Georgi K. Schukow*, Erinnerungen und Gedanken, Bd. 2, Berlin (Ost) 1969.
63 Vgl. *Martin Broszat/Hermann Weber* (Hrsg.), SBZ-Handbuch. Staatliche Verwaltungen, Parteien, gesellschaftliche Organisationen und ihre Führungskräfte in der Sowjetischen Besatzungszone Deutschlands 1945–1949, München 1990.
64 Vgl. *Jan Foitzik*, Die Sowjetische Militäradministration in Deutschland. Organisation und Wirkungsfelder in der SBZ 1945-1949, in: Aus Politik und Zeitgeschichte, Beilage zur Wochenzeitung Das Parlament, B11/1990, 9. März 1990, S. 43–51; *ders.* Befehls- und Kommandostrukturen der Sowjetischen Militäradministration in Deutschland (SMAD), in: *Klaus Schönhoven/Dietrich Staritz* (Hrsg.), Sozialismus und Kommunismus im Wandel. Hermann Weber zum 65. Geburtstag, Köln 1993 S. 324–351.
65 Vgl. *Ulrich Borsdorf/Lutz Niethammer* (Hrsg.), Zwischen Befreiung und Besetzung. Analyse des US-Geheimdienstes über Positionen und Strukturen deutscher Politik 1945, Wuppertal 1976.

1971 legte Arnold Sywottek eine umfangreiche Analyse der KPD-Programmatik in den Jahren 1935 bis 1946 vor.[66] Werner Müller untersuchte den gescheiterten Versuch der KPD, die SED in den westlichen Besatzungszonen zu bilden.[67] Dietrich Staritz analysierte den »besonderen deutschen Weg zum Sozialismus« und ordnete diese von Anton Ackermann propagierte KPD-Taktik in die Strategie der von den Interessen der Sowjetunion beherrschten kommunistischen Weltbewegung ein.[68]

Für die Deutung der kommunistischen Taktik unter westalliierter Besatzung waren die von Lutz Niethammer, Ulrich Borsdorf und Peter Brandt vorgestellten Forschungsergebnisse eines größeren Kreises westdeutscher Autoren über die antifaschistischen Ausschüsse und die Reorganisation der Arbeiterbewegung im Jahre 1945 von erheblicher Bedeutung.[69] Sie interpretierten die Abkehr der KPD von den spontan entstandenen antifaschistischen Ausschüssen als Angst vor einer nicht kommunistisch kontrollierbaren antifaschistischen Massenbewegung. Demgegenüber folgten einschlägige DDR-Darstellungen bei der Bewertung dieser Bewegung und der Ursachen ihres Abbruchs in vielem der zeitgenössischen Argumentation.[70]

Die einzige authentische Quelle eines engagierten Zeitzeugen blieben die bereits 1955 in der Bundesrepublik erschienenen Erinnerungen Wolfgang Leonhards, der seinerzeit mit der »Initiativgruppe Ulbricht« die organisationspolitischen Vorbereitungen für die Legalisierung der KPD betrieben hatte.[71] Eine auf der Grundlage persönlicher Quellennachforschungen fußende Ergänzung liegt nun vor.[72]

2. Die Quellenlage

In den alten Bundesländern ist ein beachtlicher Umfang an Quellenmaterial zur SPD der sowjetischen Zone zugänglich. Dazu zählen vor allem die Nachlässe von Erich W. Gniffke, Erich Lübbe, Erich Schilling, Hermann Brill und neuerdings auch von Stanislaw Trabalski sowie Akten des Ostbüros der SPD im Archiv der sozialen Demokratie der Friedrich-Ebert-Stiftung in Bonn, ferner die Sammlungen beim Zentralinstitut für sozialwissenschaftliche Forschung der Freien Universität Berlin. Nicht veröffentlichte Niederschriften von Zeitzeugen-Befragungen fanden sich im Archiv der sozialen Demokratie.

Hauptsächlich wurden für die vorliegende Edition jedoch die Materialien des Zentralen Parteiarchivs der SED in Berlin – seit 1992 Bestandteil der Stiftung Archiv der Parteien und Massenorganisationen der DDR im Bundesarchiv – und sehr intensiv die Bezirksparteiarchive in den neuen Bundesländern ausgewertet. Die Bestände der ehemaligen Bezirksparteiarchive der SED stehen seit 1993 unter der Obhut der jeweiligen Landesarchive und

---

66 Vgl. *Arnold Sywottek*, Deutsche Volksdemokratie. Studien zur politischen Konzeption der KPD 1935–1946, Düsseldorf 1971.
67 Vgl. *Werner Müller*, Die KPD und die »Einheit der Arbeiterklasse«, Frankfurt/Main etc. 1979.
68 Vgl. *Dietrich Staritz*, Ein »besonderer« deutscher Weg zum Sozialismus? in: Ziele, Formen und Grenzen der »besonderen« Wege zum Sozialismus. Zur Analyse der Transformationskonzepte europäischer Parteien in den Jahren 1944/45 und 1948. Wissenschaftliche Fachtagung in Mannheim vom 29. 9.–1. 10. 1982, Mannheim 1984.
69 Vgl. *Lutz Niethammer/Ulrich Borsdorf/Peter Brandt* (Hrsg.), Arbeiterinitiative 1945. Antifaschistische Ausschüsse und Reorganisation der Arbeiterbewegung in Deutschland, Wuppertal 1976.
70 Vgl. *Günter Benser*, Antifa-Ausschüsse – Staatsorgane – Parteiorganisaton. Überlegungen zu Ausmaß, Rolle und Grenzen der antifaschistischen Bewegung am Ende des Zweiten Weltkrieges, in: ZfG, Heft 9, 1978, S. 785–802.
71 Vgl. *Wolfgang Leonhard*, Die Revolution entläßt ihre Kinder, Köln/Berlin 1955, Neuaufl. 1990.
72 Vgl. *ders.*, Spurensuche. 40 Jahre nach »Die Revolution entläßt ihre Kinder«, Köln 1992.

deren Zweigstellen. Sie sind nicht die einzige, jedoch die wichtigste Quelle für die vorliegende Edition über die SPD im sowjetischen Besatzungsgebiet vor und während des Prozesses ihrer Vereinigung mit der KPD zur SED.

Seit Auflösung der Länder in der DDR im Jahre 1952 wurden die Materialien von KPD und SPD in den 15 verschiedenen Bezirken gesammelt und gelagert. Die Bestandsstrukturen – insbesondere die Aufgliederung nach Bezirken – blieben bis heute weitgehend unverändert. Die nach einheitlichen Richtlinien strukturierten Bestände der ehemaligen Bezirksarchive der SED erfassen Provenienzen der SPD, der KPD sowie jeweils einen Teilbestand »Aktionseinheit«. Die für die Edition am meisten relevanten Materialien befinden sich in den jeweiligen Beständen »Bezirksvorstand« bzw. »Landesvorstand« der SPD. Wesentliche Informationen zur Entwicklung der SPD und zur Vereinigungskampagne sind aber auch in bestimmten Provenienzen der KPD enthalten. Dies ist darauf zurückzuführen, daß die jeweiligen Orts-, Kreis- bzw. Bezirksleitungen der KPD recht genaue Beobachtungen der Tätigkeit von Sozialdemokraten dokumentiert haben. Die Bezirks- bzw. Kreisleitungen forderten zum Teil wöchentliche Informationen über die Diskussionen in den sozialdemokratischen Ortsvereinen. Ein erheblicher Teil der überlieferten Protokolle der SPD-Versammlungen stammt aus der Feder kommunistischer Zuhörer, was bei ihrer Interpretation zu beachten ist.

Die Überlieferung in den einzelnen Bezirksarchiven ist sehr unterschiedlich. In Mecklenburg ist die Quellenlage sowohl von der Quantität als auch der Qualität der Dokumente außerordentlich günstig. Die Bestände des Magdeburger und Chemnitzer Archivs sind demgegenüber stark gelichtet, was den Zeitraum 1945/46 betrifft. Über die Ursachen dieser im Vergleich zu anderen Archiven auffälligen Überlieferungslücken kann nur spekuliert werden. Wahrscheinlich wurden bedeutsame Unterlagen dem Archiv nicht übergeben. Zu vermuten ist außerdem, daß in Magdeburg und Chemnitz brisante Materialien von den Beteiligten aus persönlichen Sicherheitsgründen vernichtet worden sind. Die 1947 einsetzenden Repressalien gegen ehemalige Sozialdemokraten in der SED ließen es seinerzeit ratsam erscheinen, mögliches Belastungsmaterial aus den Jahren 1945/46 zu vernichten. In Chemnitz sprechen einige Indizien für eine in den 50er oder 60er Jahren stattgefundene Aktensäuberungsaktion.

Das archivalische Material ist äußerst disparat, sein Aussagewert unterschiedlich. Die Landesvorstandsprotokolle – sie liegen unvollständig für die Länder Mecklenburg-Vorpommern, Thüringen, Sachsen und Sachsen-Anhalt vor – geben ein einigermaßen klares Bild von den Diskussionen und Problemen auf Landesebene. Den spezifischen Entscheidungsprozeß für oder gegen die Einheitspartei im Februar/März 1946 können sie allerdings nicht vollends erleuchten, da den Landesvorstand von außen beeinflussende Zwänge auf den Vorstandssitzungen nicht ausreichend thematisiert wurden. Zudem wurden oft mehrstündige Debatten auf wenigen Manuskriptseiten zusammengefaßt, so daß ihr kontroverser Gehalt kaum wiedergegeben werden konnte. In Kombination mit Diskussionen in den Ortsvereinen, aber auch in den gemeinsamen Aktionsausschüssen auf den verschiedenen Ebenen können der Entscheidungsfindungsprozeß sowie die die Sozialdemokraten treibenden Motive dennoch ziemlich exakt nachvollzogen werden, zumal man zusätzlich auf Rundschreiben des Landesvorstandes an die Kreis- bzw. Ortsverbände zurückgreifen kann, die Aufschluß über die Orientierungen des Landesvorstandes geben. Die Probleme der alltäglichen Zusammenarbeit zwischen Sozialdemokraten und Kommunisten auf unterer Ebene reflektiert der Schriftwechsel zwischen sozialdemokratischen und kommunistischen Funktionsträgern bzw. Amtsinhabern auf lokaler Ebene. Etwa ein Drittel des gesamten Bestandes der SPD ist vom Schriftverkehr mit verschiedenen Stellen der örtlichen Verwaltungen gefüllt, in dem es fast immer um Beschwerden über Bürgermeister, Landräte oder andere Beamte des Verwaltungsapparates geht.

Protokolle von Mitgliederversammlungen, vor allem aber die Protokolle der Kreiskonferenzen der SPD im Februar und März 1946 spiegeln den Diskussionsstand in der Mitgliedschaft sowie unter den Funktionären wider. Wortprotokolle, die Rückschlüsse auf den Inhalt des sozialdemokratischen Versammlungslebens und der Kontroversen in der Einheitsdebatte zulassen, bilden allgemein die Ausnahme. Dennoch bieten die vorhandenen Belege die Möglichkeit, von einem bestimmten Verhalten einzelner sozialdemokratischer Mitglieder und Funktionäre zu verallgemeinernden Aussagen über das Verhaltensmuster von Sozialdemokraten insgesamt in der Konfliktsituation am Anfang des Jahres 1946 zu gelangen.

Die KPD-Bestände der Bezirksarchive enthalten zumeist einzelne Sekretariatsprotokolle der KPD-Bezirksleitungen, die jedoch kaum Aussagekraft besitzen, da sie in Form von Beschlußprotokollen abgefaßt worden sind. In den überlieferten Reden von einzelnen Bezirksleitungsmitgliedern der KPD wird jedoch die Strategie der KPD zur Überrumpelung der Sozialdemokraten deutlich, die durch einen ganz bewußt erzeugten Zeitdruck in eine verhängnisvolle Entscheidungssituation gerieten. Die Rundschreiben und Orientierungen der Bezirksleitung der KPD bringen recht unverhüllt die Intentionen der KPD zur Herbeiführung der Entscheidung für die Einheitspartei zum Ausdruck. Die KPD-Strategie ist in ihrem Selbstaussagewert insofern von Bedeutung, weil nur vor ihrem Hintergrund die Haltung der Sozialdemokratie zur Problematik der Einheitspartei plausibel erklärt werden kann. Einen beträchtlichen Raum in den KPD-Beständen nehmen Informationsberichte zur Stimmung in der Bevölkerung, zu Übergriffen der sowjetischen Besatzungsmacht und vor allem zu den Aktivitäten und Diskussionen in den sozialdemokratischen Ortsvereinen ein. In den meisten kommunistischen Berichten wird über die vermeintlichen Erfolge in der Einheitskampagne berichtet, Verweigerung von Sozialdemokraten nur in Ausnahmefällen vermerkt. In diesen Fällen wird vom Auftreten »rechter Sozialdemokraten« geschrieben und ihre »Isolierung« empfohlen. Mitunter gibt es diffamierende und in der Sache falsche Charakteristiken von Sozialdemokraten, die sich angeblich der Einheitspartei verweigert hätten. Das Problem, daß Sozialdemokraten grundsätzlich der Einheitspartei positiv gegenüberstanden, aber dennoch gegen die Art und Weise sowie das Tempo erhebliche Vorbehalte hatten, wurde von Kommunisten in den überlieferten Berichten nirgends erfaßt. Aus diesem Grunde sind die kommunistischen Informationsberichte und auch die Berichte über die sozialdemokratische Versammlungstätigkeit mit äußerster Vorsicht zu interpretieren. Mitunter geben aber auch kommunistische Versammlungsberichte ein plastisches Bild von den Auseinandersetzungen nicht nur über das Problem der Einheitspartei.

Die Bestände »Aktionseinheit« bilden den dritten großen Komplex des Materials, das es auszuwerten galt. In ihnen befinden sich Protokolle von Aktionsausschüssen und Arbeitsgemeinschaften von SPD und KPD auf den verschiedenen administrativen Ebenen. In den meisten Fällen handelt es sich um Beschlußprotokolle, die den Diskussionsverlauf nicht widerspiegeln. Sie geben aber die Haltung von Sozialdemokraten zu den verschiedenen Sachfragen wieder, wie z. B. zur Bodenreform, Schulreform, Besetzung von Verwaltungsposten, Ernteeinbringung, Ernährungsfragen, Wohnungspolitik u. a. Die Probleme der Tagespolitik sind anhand dieser Protokolle recht gut nachvollziehbar. Ab Februar 1946 kommen dann die Protokolle der Organisationsausschüsse dazu, die nur die technischen Fragen der Vorbereitung der Einheitspartei behandeln.

Die Bestände »Aktionseinheit« enthalten oftmals verschiedene Wortprotokolle von gemeinsamen Kreiskonferenzen der KPD und SPD im Februar/März 1946. Für die Edition waren vor allem jene Konferenzen von Relevanz, auf denen Meinungsverschiedenheiten offen ausgetragen wurden. Hierzu gibt es im Land Mecklenburg einige Wortprotokolle. Das Land Mecklenburg bildet insofern eine Ausnahme, als in den anderen Ländern offen ausgetragene Meinungsverschiedenheiten zwischen Kommunisten und Sozialdemokraten kaum protokolliert wurden. Es dominierten die nach einer vorbereiteten Regie ablaufenden Kreiskonferenzen, die kaum Platz für eine freie Diskussion ließen. Für die Deutung dieser Materialien ist insgesamt in Rechnung zu stellen, daß derartige Konferenzen in einer Atmosphäre stattfanden, in der eine öffentliche Artikulation von Kritik an dem von der KPD vorgegebenen Weg zur Einheitspartei kaum mehr möglich war.

Schließlich sind die Bestände »Aktionseinheit« mit den von der KPD initiierten Resolutionen für die Einheitspartei angefüllt, die für die Edition auf den ersten Blick nur von geringem Wert waren, da sie – in der Zahl in die Tausende gehend – jeweils fast den gleichen Wortlaut und den gleichen Inhalt haben. Erst bei genauerer Betrachtung dieser Resolutionen sind jedoch Differenzierungen im Inhalt nicht zu übersehen. Gerade in Mecklenburg gibt es eine ganze Reihe von Resolutionen, die formal zwar die Einheitspartei befürworten, ansonsten aber nur ziemlich unverbindliche Formulierungen enthalten, in denen insbesondere jeder Hinweis auf einen bestimmten Vereinigungstermin fehlt. Als einzige Ausnahme sind in Mecklenburg (Wismar) mehrere Fassungen einer Resolution zur Einheitspartei überliefert, die interessante Schlüsse auf deren Verfasser zulassen. Im allgemeinen kann der Anteil der Sozialdemokraten am Zustandekommen der Einheitsresolutionen nicht rekonstruiert werden, zumal die kommunistische Diktion dieser Entschließungen kaum zu übersehen ist.

Kompliziert gestaltet sich die Materiallage über das Verhältnis der Sozialdemokraten zu den SMA der Länder und Provinzen bzw. zu den sowjetischen Kommandanturen. Es gibt Gesprächsnotizen, Hinweise in Vorstandssitzungen und vereinzelte andere Mitteilungen über die Einflußnahme der örtlichen Kommandanturen auf den Entscheidungsprozeß der Sozialdemokraten in der Einheitsfrage. Vereinzelt sind Beschwerden von sozialdemokratischen Ortsvereinen über Verhaftungen von Sozialdemokraten überliefert, die an die örtlichen Kommandanturen der SMAD geschickt wurden. Ferner gibt es dokumentarische Hinweise auf Behinderungen, aber auch auf wohlwollende Duldung, mitunter auch auf Unterstützung des sozialdemokratischen Parteilebens durch die sowjetischen Kommandanturen. Allgegenwärtig ist die Pflicht zur detaillierten Berichterstattung über den Mitgliederstand, die soziale Zusammensetzung und das Organisations- und Versammlungsleben der SPD. Ein abschließendes Urteil über die generelle Stellung der Sozialdemokratie bzw. ihre Haltung zu bestimmten Forderungen der Besatzungsmacht ist auf der Grundlage des vorhandenen Materials nur bedingt möglich. So kann auch nur punktuell belegt werden, mit welchen Methoden die Beeinflussung des Verschmelzungsprozesses auf Landes-, Kreis- und Ortsebene erfolgte. Gleichwohl lassen sich die überlieferten Dokumente in der Weise deuten, daß die Erfahrungen von Sozialdemokraten mit den SMA der Länder und Provinzen sowie mit den örtlichen Kommandanten im Frühjahr und Sommer 1945 die Entscheidungen im Februar/März 1946 wesentlich geprägt haben.

3. Zu dieser Edition

Seit die überlieferten Akten zur Geschichte von SPD und KPD in den Jahren 1945/46 der Forschung uneingeschränkt zur Verfügung stehen, besteht die Chance, die historischen Vorgänge der Verschmelzung von SPD und KPD im Osten Deutschlands auf der Grundlage authentischen Materials fern aller parteipolitischen Zweckmäßigkeiten und Einbindungen zu rekonstruieren. Die vorliegende Edition trägt dazu bei, bestehende Lücken zu schließen und eine präzisere Einschätzung der damaligen Ereignisse vorzunehmen. Die Auswahl von kontrastierenden Dokumenten ermöglicht verallgemeinernde Aussagen über Entscheidungsmotive, zeitgeschichtliche Hintergründe, Widersprüche und Überzeugungen von Sozialdemokraten.

Die Dokumente aus der Zeit des einjährigen Bestehens der SPD in den Ländern und Provinzen der sowjetischen Besatzungszone machen in regionaler Differenzierung die Vorstellungen der Sozialdemokraten über die Möglichkeit der Bildung einer Einheitspartei mit den Kommunisten im Mai und Juni 1945, die Auseinandersetzungen zwischen Sozialdemokraten und Kommunisten um die Formen der Zusammenarbeit im Frühjahr, Sommer und Herbst 1945 sowie die frühen Formen der Beeinflussung und Einmischung der jeweiligen Dienststellen der SMA in den unmittelbaren Verschmelzungsprozeß plastisch. Sie geben unabhängig davon, wie sie im einzelnen interpretiert werden, authentisch darüber Auskunft, wann die Auseinandersetzungen um die Verschmelzung begannen, in welchen Formen diese ausgetragen wurden und wann sowie aus welchen Motiven der Widerstand gegen die Vereinigung gebrochen wurde.

Von besonderem Interesse waren die zeitgenössischen Argumentationsmuster für oder gegen die Bildung der Einheitspartei, die politischen Motive der damals handelnden Akteure, das spezifische Verhalten von Sozialdemokraten in der damaligen Entscheidungs- und Zwangssituation, das Verhältnis der Funktionäre zu den Mitgliedern in der Einheitsfrage und die Taktik der Kommunisten für die Realisierung ihrer Vorstellungen über die Art und Weise der Bildung sowie die konkrete Form der Einheitspartei. Insbesondere stand auch die Rolle der SMA in der Aufbau- und Konsolidierungsphase der SPD sowie im Verschmelzungsprozeß selbst im Mittelpunkt der Untersuchung. Das Verhältnis der ostzonalen Sozialdemokratie zur KPD primär zu dokumentieren erwies sich als notwendig, da die Initiative zur SED-Gründung eindeutig bei der KPD lag.

Die öffentliche Nutzbarmachung von Dokumenten aus den Jahren 1945 und 1946 bildet eine nicht unwesentliche Voraussetzung für die Erweiterung des Wissens und für die Beurteilung der damaligen Vorgänge ebenso wie für die Fortführung der wissenschaftlichen Diskussion. Die vorliegende Dokumentenauswahl kann die Grundlage für eine tiefere und differenziertere Einschätzung der damaligen Vorgänge liefern.

Für die Veröffentlichung eines Teils der zusammengetragenen Dokumente konnte eine Auswahl aus der Fülle des Materials nicht vermieden werden. Insofern handelt es sich hier nicht um die Präsentation eines geschlossenen Aktenbestandes. Das unterscheidet diese Edition wesentlich von anderen und birgt verschiedene Gefahren – besonders die Auswahlkriterien betreffend – in sich. Vorrang hatten in der Regel jene Dokumente, in denen die handelnden Akteure ungefiltert zu Wort kommen und der Selbstaussagewert des Materials relativ hoch war. Um die wesentlichen Aussagen zur Thematik in den jeweiligen Dokumenten darbieten zu können, war ferner eine Kürzung der Texte unvermeidlich. Den Kürzungen fielen zumeist jene Passagen zum Opfer, die im weiteren Sinne nichts mit dem gewählten Thema zu tun hatten. Damit verloren einzelne Dokumente zwar an Dokumentationswert, die Aussagekraft der gesamten Edition konnte dadurch aber gesteigert werden.

Die Dokumente werden textlich im wesentlichen unverändert wiedergegeben. Einzelne offensichtlich falsche Wörter oder Zahlen wurden im Text durch die sinngemäß richtigen ersetzt und der ursprüngliche Wortlaut angemerkt. Zusätze oder Ergänzungen von in der Vorlage dem Sinn nach fehlenden Wörtern, Buchstaben oder Zahlen wurden durch eckige Klammern gekennzeichnet, nicht geläufige Abkürzungen aufgelöst. Offensichtliche Druck- und Schreibfehler wurden stillschweigend korrigiert, abweichende Namensschreibungen richtiggestellt und auf diese Weise vereinheitlicht. Um die Lesbarkeit der Dokumente zu verbessern, wurden die Texte, insbesondere die Zeichensetzung, der heutigen Rechtschreibung weitgehend angepaßt. Da die Vorlagen alle in Maschinenschrift – es handelt sich bei ihnen um keine Originale, sondern immer um Durchschriften – geschrieben sind, traten keine Schwierigkeiten bei der Festlegung des Wortlautes auf, lediglich bei der Entzifferung einiger handschriftlicher Unterschriften tauchten Probleme auf, die angemerkt wurden. Eventuell vorhandene handschriftliche Zusätze wurden durch Fußnoten kenntlich gemacht.

Für das Verständnis der Texte wichtige Zusammenhänge, Sachverhalte und Ereignisse wurden kommentiert. Bei ihrer ersten Nennung wurden zu Personen, wo dies irgend möglich war, biographische Angaben gemacht. Durchgängig versucht wurde das bei Mitgliedern der Landes- und Bezirksleitungen der SPD und KPD, soweit biographische Angaben zur Verfügung standen.

Für das Editionsprojekt sind von Prof. Dr. Gert-Joachim Glaeßner und Prof. Dr. Harold Hurwitz bei der Friedrich-Ebert-Stiftung Fördermittel beantragt und bewilligt worden. Die Friedrich-Ebert-Stiftung hat somit die finanziellen Voraussetzungen für das Projekt geschaffen, ferner hat das dortige Forschungsinstitut die gesamten Arbeiten unterstützend begleitet. Dr. Dieter Dowe und Dr. Hermann Beckstein haben in dankenswerter Weise wertvolle Manuskripthinweise gegeben. Die Drucklegung dieses Buches ist durch ein Herbert-Wehner-Stipendium der Friedrich-Ebert-Stiftung gefördert worden. Das Zentralinstitut für sozialwissenschaftliche Forschung der Freien Universität Berlin hat die notwendigen Arbeitsmöglichkeiten zur Verfügung gestellt. Für die erwiesene Unterstützung und Förderung gilt an dieser Stelle mein Dank. Ganz besonders möchte ich jedoch Prof. Harold Hurwitz dafür danken, daß er mit fachlichen Hinweisen, präzisen Ratschlägen und wissenschaftsorganisatorischen Hilfestellungen zum Gelingen des gesamten Unternehmens wesentlich beigetragen hat. Ohne die vielfältige Unterstützung in den verschiedenen Archiven hätte ebenfalls diese Edition nicht entstehen können.

4. DIE HALTUNG VON SOZIALDEMOKRATEN ZUR KPD SOWIE ZUR BILDUNG EINER EINHEITSPARTEI UND DIE ROLLE DER BESATZUNGSMACHT VOR UND WÄHREND DES VERSCHMELZUNGSPROZESSES

4.1 Legalisierung, Reorganisation und Ausbau der Sozialdemokratischen Partei in den Ländern und Provinzen der sowjetischen Besatzungszone und erste Erfahrungen mit den Kommunisten (April bis September 1945)

Die zwölf Jahre der nationalsozialistischen Diktatur in Deutschland hatten die deutsche Sozialdemokratie weder als politische Bewegung auslöschen können, noch war es dem Nationalsozialismus gelungen, sozialdemokratisches Ideengut innerhalb der deutschen Arbeiterbewegung auszurotten. Jedoch hatten die organisatorische Zersplitterung im Ausland und die aus den nationalsozialistischen Repressivmaßnahmen resultierende Isolierung der in Deutschland illegal wirkenden sozialdemokratischen Gruppen die Fixierung programmatischer Grundlagen für die Nachkriegszeit fast unmöglich gemacht. Die konzeptionellen Ansätze für die Arbeit der Sozialdemokratie gestalteten sich aus diesem Grunde vielschichtig.

Charakteristisch für die Phase des Wiederaufbaus der sozialdemokratischen Parteiorganisationen waren einerseits der erklärte Wille für einen politischen und konzeptionellen Neuansatz und die bewußte Distanzierung von der Politik der SPD in der Weimarer Zeit, andererseits die betonte Hinwendung zur sozialdemokratischen Parteitradition, insbesondere zum Meinungspluralismus während der Bebel-Zeit.[1] Trotz der mancherorts geäußerten Kritik an der früheren Politik der SPD bildete die Bindung an die Parteitradition das wichtigste konstitutive Element in der Wiederaufbauphase. Unter Sozialdemokraten, die während der Zeit des Nationalsozialismus in Widerstandszirkeln aktiv gewesen waren

---

[1] Vgl. *Kaden*, Einheit oder Freiheit; *Hurwitz/Sühl*, Autoritäre Tradierung und Demokratiepotential in der sozialdemokratischen Arbeiterbewegung; *Staffelt*, Der Wiederaufbau der Berliner Sozialdemokratie 1945/46 und die Einheitsfrage.

oder Kontakte zu anderen Sozialdemokraten aufrechterhalten hatten, dominierte das Bewußtsein, daß die SPD nie aufgehört hatte zu existieren.[2]

Dadurch, daß die einzelnen Besatzungsmächte mit der praktischen Ausübung ihrer Besatzungs- und Verwaltungsfunktion als oberstes gesetzgebendes Organ fungierten, wurde gleichzeitig der Rahmen abgesteckt, in dem sich die politischen Kräfte entfalten konnten. Damit war zunächst auch der Wirkungsbereich sozialdemokratischer Politik vorgegeben. In der sowjetischen Besatzungszone erlangten die Länder und Provinzen besondere Bedeutung. Sie waren die oberste Ebene, auf der eine gemäß den Direktiven der Besatzungsmacht handelnde deutsche Selbstverwaltung gestattet wurde. Das führte zu einer gewissen Regionalisierung sozialdemokratischer Politik. Selbst innerhalb der einzelnen Länder und Provinzen war eine erhebliche regionale Differenziertheit spürbar, was für den Wiederaufbau der Sozialdemokratischen Partei gravierende Folgen hatte. Die Sammlung ehemaliger Mitglieder und die Herausbildung fester organisatorischer Strukturen wurden ferner durch das fast völlige Fehlen überregionaler Verkehrsverbindungen beeinflußt. Dementsprechend vollzog sich der Wiederaufbau der SPD auf der kommunalen und regionalen Ebene eigenständig, ohne zentrale Steuerung und nicht selten ohne Kenntnis voneinander. In der Phase des Parteiaufbaus fehlten vor allem die notwendigen Kommunikationsmittel. Die Verbindung zwischen den Ortsvereinen sowie zwischen Ortsvereinen und Kreisvorstand funktionierte zumeist nur aufgrund persönlicher Beziehungen. Weitergehende Kontakte kamen häufig zufällig zustande. Auf dem Hintergrund dieser Tatsachen ist die weitere organisatorisch-programmatische Eigenständigkeit der sozialdemokratischen Organisationen auf Länder- bzw. Provinzialebene zu erklären. Das deutlich spürbare Informations- und Kommunikationsdefizit sowie fehlende zentrale Orientierungen führten teilweise zu Orientierungslosigkeit.

Der Wiederaufbau der SPD wurde maßgeblich von Funktionären vorangetrieben, die bereits vor 1933 der SPD angehört oder eine Funktion in ihr ausgeübt hatten.[3] Bei den lokalen Wiedergründungen spielten ehemalige Funktionäre der Weimarer Zeit eine besondere Rolle, die 1945 neben ihrer Funktion in der SPD häufig ein Amt in den öffentlichen Verwaltungen übernahmen. Diese Funktionäre verfügten kaum über politische Erfahrungen außerhalb des lokalen Bereichs und knüpften konzeptionell weitgehend an die Weimarer Traditionen an, ohne einen parteiorganisatorischen oder -theoretischen Neubeginn in Erwägung zu ziehen.[4] Auf Landesebene gab es in sozialdemokratischen Gründerkreisen nach Kriegsende allerdings auch Bestrebungen, nicht die alte Organisationstradition fortzusetzen. Prägnantes Beispiel hierfür ist der Versuch des Thüringer Sozialdemokraten Hermann Brill, mit dem »Bund demokratischer Sozialisten« einen konzeptionellen und organisatorischen Neuanfang zu wagen.[5]

Obwohl im Frühjahr 1945 kaum Zeit zu längeren politisch-inhaltlichen Diskussionen blieb, gab es ein breites Spektrum theoretischer Positionsbestimmungen. Insbesondere gestalteten sich die Konsequenzen, die Sozialdemokraten aus ihren kritisch beurteilten Erfahrungen der Weimarer Periode sowie der Zeit des Nationalsozialismus zogen, sehr unterschiedlich. Die vorgenommene Auswahl der Dokumente belegt, daß es nicht wenige Sozi-

---

2 Vgl. *Helga Grebing/Christoph Kleßmann/Klaus Schönhoven/Hermann Weber*, Zur Situation der Sozialdemokratie in der SBZ/DDR im Zeitraum zwischen 1945 und dem Beginn der 50er Jahre. Gutachten für die Sozialdemokratische Partei Deutschlands, Marburg 1992. Vgl. Dokument Nr. 1.
3 Vgl. *Bouvier*, Antifaschistische Zusammenarbeit, S. 466.
4 Vgl. ebd.
5 Vgl. hierzu das Manifest des Bundes demokratischer Sozialisten sowie die Rede Hermann Brills auf der ersten Landeskonferenz des Bundes demokratischer Sozialisten am 8. Juli 1945. Vgl. *Overesch*, Hermann Brill in Thüringen, S. 339 ff.

aldemokraten gab, die eine Sozialdemokratische Partei nicht wieder gründen wollten. Ein quantitativ nicht meßbarer Teil ehemaliger sozialdemokratischer Mitglieder und Funktionäre schloß sich vor und unmittelbar nach der Zulassung der Parteien im Mai/Juni 1945 der KPD an oder war – wie in Köthen[6] – an der Gründung von lokalen Einheitsparteien beteiligt.[7] Bei den Gründungen der Einheitsparteien im Mai/Juni 1945 handelte es sich in den meisten Fällen um Übertritte von Sozialdemokraten, die vor 1933 der parteioffiziellen Politik kritisch gegenübergestanden hatten, zur KPD. Oft gehörten Mitglieder der ehemaligen SAP, des ISK oder der KPD(O) zu den Initiatoren von Einheitsparteigründungen. Enttäuscht von der Haltung der damaligen Führungen von KPD und SPD, suchten sie eine neue politische Heimat. In vielen Fällen firmierte die Ortsgruppe der KPD als Einheitspartei, so beispielsweise in Riesa.[8]

Hinweise auf organisierte Übertritte von Sozialdemokraten zur KPD zum Zwecke der Bildung einer Einheitspartei existieren in allen Ländern der sowjetischen Zone, doch mit Sicherheit ist anzunehmen, daß die Bereitschaft zur sofortigen organisatorischen Vereinigung nur bei einer Minderheit der Sozialdemokraten ausgeprägt war. In den Orten, wo eine Einheitspartei entstand, hielt sich der größte Teil der Sozialdemokraten zurück und verhielt sich abwartend. In Potsdam machte beispielsweise der Gründerkreis um Georg Spiegel zwar den Kommunisten das Angebot zur Bildung einer Einheitspartei, traf aber gleichzeitig Vorbereitungen zur Wiedergründung der SPD.[9] Aus den für die damalige Zeit typischen Vorgängen in Potsdam sprechen eine im Mai/Juni 1945 unter Sozialdemokraten herrschende Unsicherheit über die Möglichkeiten der legalen politischen Betätigung und das Bestreben, sich alle Optionen offen zu halten. Die konzeptionelle Zielsetzung von Hermann Brill, mit einem raschen Zusammenschluß die Kommunisten in eine Einheitspartei einzubinden und zu majorisieren, hatten wohl nur wenige.[10] Der überwiegende Teil der Sozialdemokraten beteiligte sich nicht an den örtlichen Zusammenschlüssen und wollte auf den Aufbau der traditionsreichen Organisation nicht verzichten. Auffällig ist, daß sich in vielen Orten, wo die ersten Zusammenschlüsse im Mai/Juni 1945 vollzogen wurden, ab Herbst 1945 die Zusammenarbeit zwischen den Ortsgruppen der KPD und SPD schwierig gestaltete.

Unter Kommunisten waren Tendenzen vorhanden, politische Konzepte aus der Weimarer Zeit unter veränderten Bedingungen zu verwirklichen, die darauf hinausliefen, Sozialdemokraten zum Eintritt in die Kommunistische Partei zu veranlassen. Für derartige Bestrebungen steht beispielhaft ein Bericht von Sozialdemokraten aus Glienicke vom 13. August 1945.[11] Ähnliches wird in einem Protokoll über die Vorgeschichte der Neugründung der SPD in Gadebusch berichtet.[12] Mitunter gab es – wie in Zittau[13] – extreme Fälle, die Zulassung einer Sozialdemokratischen Partei, deren Zusammensetzung und die Mitglieder der Leitung von der Zustimmung der örtlichen KPD abhängig zu machen, also eine völlige Kontrolle des SPD-Ortsvereins vorzunehmen. Sicherlich bildete diese extreme Form der Einflußnahme auf die Bildung der SPD eine Ausnahme. Relativ häufig ist allerdings die Beauftragung von Sozialdemokraten, die sich eigentlich schon bei der Kommunistischen

---

6 Vgl. Dokument Nr. 21.
7 Vgl. *Benser*, Die KPD im Jahre der Befreiung, S. 119 ff.
8 Vgl. Sächsisches Hauptstaatsarchiv Dresden, SED-BPA Dresden, I/B/035.
9 Vgl. Dokument Nr. 10.
10 Vgl. die Rede Hermann Brills auf der ersten Landeskonferenz des Bundes demokratischer Sozialisten am 8. Juli 1945 in Weimar.
11 Vgl. Dokument Nr. 12.
12 Vgl. Dokument Nr. 2.
13 Vgl. Dokument Nr. 29.

Partei angemeldet hatten, in der sich bildenden Ortsgruppe der SPD für eine »revolutionäre Linie« zu sorgen.[14]

Einen wesentlichen Bestandteil des politischen Neuanfangs bildete die Bereitschaft, zur KPD ein neues Verhältnis zu finden, das sich deutlich von der scharfen Konfrontation der Weimarer Zeit abheben sollte. Sowohl für die Zielsetzungen der lokalen Gründerkreise der SPD wie auch für die konkrete Tagespolitik auf allen Ebenen wurde das Verhältnis zur KPD im allgemeinen und zu den örtlichen kommunistischen Funktionären im besonderen ein bestimmender Einflußfaktor. Die Konflikte, die sich aus der Zusammenarbeit mit den Kommunisten ergaben, und die Erörterung des Problems der Einheitspartei prägten in weiten Teilen das innerparteiliche Leben der sozialdemokratischen Ortsvereine.

In den sich bildenden Ortsvereinen, Kreis- und Bezirksvorständen der SPD war die Notwendigkeit einer Zusammenarbeit mit den Kommunisten zunächst kaum umstritten. Die als »antifaschistische Einheit« firmierende Zusammenarbeit sollte allerdings auf der völligen Selbständigkeit und Gleichberechtigung der Parteien beruhen und sich auf die Probleme der Tagespolitik beziehen. Hierzu wurden nach zentralem Vorbild Ausschüsse von KPD und SPD auf allen Ebenen geschaffen. Am 19. Juni 1945 hatte sich in Berlin ein »Arbeitsausschuß« aus je 5 Vertretern beider Parteien konstituiert, der die Schaffung ähnlicher Gremien in den Ländern der sowjetischen Zone empfahl. Die sich auf Landesebene bildenden Arbeitsausschüsse orientierten sich in der Aufgabenstellung formell an den zentralen Vorgaben. Der am 8. August 1945 gegründete Arbeitsausschuß für Thüringen beispielsweise wollte alles tun, »um auf den Wegen dieser Zusammenarbeit in allen Fragen des antifaschistischen Kampfes und des Wiederaufbaus die Voraussetzung für die politische Einheit des werktätigen Volkes zu schaffen«.[15] Für das Land Sachsen unterzeichneten Vertreter der Bezirksleitung der KPD und des Landesvorstandes der SPD am 3. Juli ein an die Berliner Vereinbarung angelehntes Abkommen über die Bildung eines Arbeitsausschusses.[16]

Die Bildung dieser »Arbeitsgemeinschaften« oder »Einheitsausschüsse« verzögerte sich in einigen Ländern sowie auch in Berlin erheblich, in einigen Orten kam sie bis April 1946 nicht zustande. Der Einheitsausschuß für die Provinz Brandenburg nahm am 1. September 1945 mit einem Aufruf an die Brandenburger Bevölkerung feste Gestalt an.[17] In Mecklenburg-Vorpommern konstituierte sich ein Landesarbeitsausschuß erst am 5. Oktober 1945. Die »Landesarbeitsgemeinschaft« forderte »die Organisationen beider Parteien auf, in allen Orten und Kreisen zusammenzutreten, um ebenfalls und überall entsprechende Orts- und Bezirksarbeitsgemeinschaften zu schaffen.«[18] In Sachsen-Anhalt blieben Einheitsausschüsse die Ausnahme, obwohl der Bezirksvorstand Halle-Merseburg in seinem Rundschreiben Nummer 8 vom 26. Oktober 1945 erwähnte, daß »das Beispiel unserer Berliner Genossen, in allen wichtigen wirtschaftlichen, politischen und kulturellen Fragen Arbeitsgemeinschaften mit den Genossen der KPD zu bilden«, angeblich lebhaften Widerhall gefunden habe.[19] Eine Magdeburger Entschließung einer gemeinsamen Konferenz von SPD und KPD am 1. Dezember 1945 stellte die Bildung der Ausschüsse erst in Aussicht.[20]

---

14 So schrieb die Zittauer Ortsgruppe der KPD am 16. Juli 1945 an die Sozialdemokratische Partei: »Wie vereinbart werden auch einige frühere Genossen der SPD, die zur Kommunistischen Partei gestoßen sind, zur Sicherung einer tatsächlich revolutionären Tätigkeit der neuen Sozialdemokratischen Partei zur Verfügung gestellt.« Sächsisches Hauptstaatsarchiv Dresden, BPA Dresden, III/013/4.
15 Thüringisches Staatsarchiv Meiningen, BPA der SED Suhl, II/3/07.
16 Vgl. *Benser*, Die KPD im Jahre der Befreiung, S. 241.
17 Vgl. ebd., S. 244.
18 Mecklenburgisches Landeshauptarchiv Schwerin, BPA Schwerin, I/2.
19 Landesarchiv Merseburg, BPA Halle, II/404/1. Vgl. Dokument Nr. 73.
20 Landesarchiv Magdeburg – Landeshauptarchiv, BPA Magdeburg, I/2.

Die in den Arbeitsgemeinschaften erörterten Themen hingen von den örtlichen Gegebenheiten ab. In den ländlichen Gebieten überwogen naturgemäß die Probleme der Landwirtschaft, insbesondere die Auswirkungen der Bodenreform. Wo ein Arbeitsausschuß funktionierte, d. h. die Zusammenkunft sich nicht in endlosen gegenseitigen Beschuldigungen erschöpfte, wurden dann auch gemeinsame Vorschläge zur Durchführung gebracht. Oft wurden die Sozialdemokraten in den Ausschüssen, wie bei der Bodenreform, vor vollendete Tatsachen gestellt oder sollten innerhalb weniger Stunden den sorgfältig vorbereiteten Entschließungen der KPD ihre Zustimmung geben. Auf diese Weise blieben so manche Ausschüsse Legitimierungsgremien für Beschlüsse der Orts- und Kreisleitungen der KPD. In den seltensten Fällen geben die überlieferten Sitzungsprotokolle – sicherlich regional abgestuft – ein Bild der harmonischen Zusammenarbeit. In der Regel überwog dennoch das Bemühen, die lokalen Probleme im Interesse der ansässigen Bevölkerung in einer für Kommunisten und Sozialdemokraten akzeptablen Form zu lösen. Ein völliges und grundsätzliches Fehlen einer Bereitschaft zur Zusammenarbeit mit den Kommunisten, wie in Leipzig, bildete für Sozialdemokraten in der Anfangsphase die Ausnahme.

Nach der mit Befehl Nr. 2 der Sowjetischen Militäradministration (SMAD) vom 10. Juni 1945 verbundenen Zulassung der SPD auf zonaler Ebene konstituierten sich Mitte bzw. Ende Juni 1945 die ersten legalen Ortsvereine der SPD auf teilweise öffentlichen Gründungsversammlungen. Die organisatorischen Anstrengungen beschränkten sich zunächst auf eine quantitative Verbreiterung der Mitgliederbasis durch Aktivierung möglichst großer Teile der ehemaligen Mitglieder. Nach Zulassung der Partei kam es im wesentlichen darauf an, die Institutionalisierung des Parteilebens voranzutreiben. Dazu gehörten die Durchführung eines geregelten Versammlungslebens, die personelle Vervollkommnung der spontan gebildeten Leitungen, die materielle und personelle Ausgestaltung von Geschäftsstellen und Parteibüros, die Vorbereitung der Herausgabe eines Presseorgans und anderer Druckerzeugnisse, die Herstellung von Werbematerialien und ähnliches. Ende Juni/Anfang Juli 1945 begannen sich feste organisatorische Strukturen auf Kreis- und Bezirksebene herauszubilden, etablierten sich Kreis-, Bezirks- und Landesvorstände. In den Monaten Juli, August und September vollzog sich der Prozeß der Gründung von Ortsvereinen. Mit der Durchführung von Landes- und Bezirksparteitagen der SPD im Oktober und November 1945 fand die erste Phase des Wiederaufbaus der Partei einen gewissen Abschluß.

Anfang Juli 1945 war die verwaltungstechnische Übergangszeit in der sowjetischen Besatzungszone vorläufig abgeschlossen. Zu diesem Zeitpunkt übernahm die sowjetische Besatzungsmacht die zuvor von den westlichen Alliierten verwalteten Gebiete Thüringens, Sachsen-Anhalts und Mecklenburgs. Nunmehr gab es eine zentrale sowjetische Verwaltung für die gesamte Zone (SMAD), sowjetische Länderverwaltungen (SMA), Kreis- und Ortskommandanturen sowie deutsche Länder-, Provinzial- und Kommunalverwaltungen.[21] Mit der verwaltungstechnischen Gliederung der sowjetischen Besatzungszone nach Ländern und Provinzen verband sich für die SPD die Notwendigkeit einer Anpassung an die administrativen Gegebenheiten. Sie gliederte sich demzufolge in die Landesverbände Mecklenburg-Vorpommern, Provinz Mark Brandenburg, Sachsen, Provinz Sachsen und Thüringen. Der Landesverband Sachsen gliederte sich in die Bezirksverbände Dresden (Ostsachsen), Leipzig, Chemnitz-Erzgebirge, Zwickau und Görlitz; der Landesverband Provinz Sachsen in die Bezirksverbände Magdeburg, Halle-Merseburg und Dessau. Der Landesverband Mecklenburg-Vorpommern strukturierte sich zunächst parteiintern in die Bezirke Westmecklenburg, Ostmecklenburg und Pommern. Die SMA Mecklenburgs ge-

---

21 Vgl. SBZ-Handbuch, S. 7–189; Errichtung des Arbeiter- und Bauern Staates der DDR, 1945–1949, Autorenkoll. u. Ltg. v. *Karl-Heinz Schöneburg*, Berlin (Ost) 1983.

nehmigte jedoch die Bildung von Bezirksverbänden der SPD nicht, obwohl der Landesvorstand auch nach der Registrierung Vorstöße zu deren Bildung unternahm. Thüringen und Brandenburg waren nicht in Bezirke unterteilt. Die Brandenburger SPD führte bis Anfang 1946 die Bezeichnung Bezirk und hatte Unterbezirke gebildet. Berlin stellte einen Bezirksverband dar.

Über die Bildung von Landesverbänden herrschte im Sommer 1945 einige Verwirrung. Sie entsprachen im Gegensatz zu den Bezirksverbänden nicht den Traditionen der SPD und waren auch statutarisch nirgends fixiert. Häufig findet sich im Schriftverkehr eine Gleichsetzung von Landes- und Bezirksverband. Die Thüringer Sozialdemokraten konstituierten sich im Juli als Landesverband, führten aber im August eine Bezirkskonferenz und im Oktober 1945 einen Bezirksparteitag durch, veranstalteten im April 1946 wieder einen Landesparteitag. Zudem blieb die Bildung und Kompetenz von Landesvorständen der SPD lange Zeit umstritten. So erachtete der Leipziger Bezirksvorstand die Bildung eines Landesvorstandes als überflüssig und erkannte seine Entscheidungskompetenzen nicht an. Die umstrittene Bildung des Landesvorstandes spielte dann in den Auseinandersetzungen um die Bildung einer Einheitspartei eine erhebliche Rolle, als es darum ging, daß die Leipziger Organisation die zwischen den Landesleitungen von SPD und KPD getroffenen Vereinbarungen nicht anerkennen wollte. In der Provinz Sachsen ergaben sich ähnlich gelagerte Probleme. Die Bezirksvorstände Halle, Magdeburg und Dessau beharrten anfangs hartnäckig auf ihrer organisatorischen Selbständigkeit gegenüber dem Provinzialvorstand. Der Machtkampf zwischen Bezirks- und Landesvorständen wurde in der Regel durch die jeweiligen SMA zugunsten der Landesvorstände entschieden, da die SMA in ihren Ländern den zentralistischen Organisationsgedanken durchzusetzen bemüht waren.

Die Landes-, Bezirks- und Ortsverbände der SPD hatten zunächst keinen Kontakt zum Zentralausschuß der SPD, der sich am 11. Juni 1945 in Berlin gebildet hatte und mit einem Aufruf am 15. Juni 1945 an die Öffentlichkeit getreten war. Andererseits hatte der Berliner Zentralausschuß anfangs keine Kenntnis über die im Aufbau befindlichen Organisationen in der sowjetischen Zone. Nur sporadisch gelangten Informationen durch Sozialdemokraten, die sich – wie Hermann Brill – für kurze Zeit in Berlin aufhielten, an den Zentralausschuß. Erst Ende August 1945 bekam Otto Grotewohl die Gelegenheit, in Leipzig und Weimar genauere Mitteilungen über die Lage in den Ländern zu erhalten und die Intentionen der Berliner Führung zu erläutern. Im September unternahm Erich Gniffke eine größere Reise durch die Bezirke. Für die sozialdemokratischen Funktionäre auf der mittleren und unteren Ebene verblieben in der Regel die Kommunisten als wichtigste Informationsquelle, die durch ihre Leitungen weit schneller und besser informiert waren. Der fehlende Kontakt zu übergeordneten Leitungen und der Mangel an Informationen wird in den Dokumenten oft beklagt.[22]

Mecklenburg-Vorpommern

Mecklenburg hatte in der Weimarer Republik aus den beiden Freistaaten Mecklenburg-Schwerin und Mecklenburg-Strelitz bestanden, die aus den gleichnamigen Großherzogtümern bzw. Herzogtümern hervorgegangen waren und auf eine lange gemeinsame Geschichte zurückblickten. Anfang Juli 1945 wurde Mecklenburg zusammen mit dem ehemals preußischen Vorpommern und der Insel Rügen zu einem Land unter sowjetischer Be-

---

22 Vgl. Dokument Nr. 4; Dokument Nr. 5.

satzung zusammengefaßt.[23] Westmecklenburg war bis zum 1. Juli 1945 anglo-kanadisch besetzt. Schwerin wurde zur Hauptstadt des Landes und zum Sitz der SMA Mecklenburgs.

Das Land Mecklenburg-Vorpommern gehörte zu den am geringsten besiedelten deutschen Territorien. Es trug ausgesprochenen agrarischen Charakter und zählte in der Weimarer Republik nicht zu den Hochburgen der Arbeiterbewegung. Bis 1933 war der Einfluß der SPD unter den Landarbeitern im Gegensatz zur KPD relativ groß. Erschwerend für die Lage nach Beendigung des Krieges war der schnelle Bevölkerungszuwachs durch die Umsiedlungen aus dem Osten.

Wie in anderen Regionen der sowjetischen Besatzungszone kam es auch in Mecklenburg-Vorpommern nach dem Einmarsch der Roten Armee zur Bildung sogenannter »Antifa-Ausschüsse«, deren parteipolitische und zahlenmäßige Zusammensetzung eher zufällig war.[24] Derartige Ausschüsse bildeten sich u. a. in Rostock, Stettin[25], Stralsund und Güstrow.[26] Sie entstanden zu einer Zeit, da die Möglichkeit zentraler Einflußnahmen, vor allem seitens der KPD-Führung, nur sehr gering waren. Das bildete einen wesentlichen Grund, warum die KPD-Führung ab Mai/Juni 1945 die Vorrangigkeit von Verwaltungsorganen betonte und der Auflösung der spontan gebildeten Ausschüsse durch die SMA zustimmte.[27] Die »Antifa-Ausschüsse« bildeten allerdings eine gewisse Vorstufe einer neuen lokalen Verwaltung, deren personelle Zusammensetzung sie mitbestimmten. Parallel zu dem von den Kommunisten gut vorbereiteten Aufbau der örtlichen Verwaltungen konstituierte sich die Landesverwaltung in Schwerin.

Für das Frühjahr 1945 geben zahlreiche Materialien über die verschiedenartigen Gründungsaktivitäten von Sozialdemokraten in Mecklenburg Auskunft. Mitte/Ende Juni 1945 konstituierten sich die ersten Ortsvereine vor allem in den größeren Städten (Greifswald, Stralsund), ohne über stabile Verbindungen untereinander zu verfügen.[28] Im südwestlichen Mecklenburg konnte der Aufbau von Ortsvereinen erst nach der Übernahme durch die SMA ab 1. Juli anlaufen. Bis Mitte Juli 1945 hatten sich in allen Städten Mecklenburgs Ortsvereine der SPD gebildet, die von den örtlichen Kommandanturen genehmigt waren.[29] Am 8. Juli 1945 fand die erste Mitgliederversammlung der SPD-Ortsgruppe Schwerin statt, auf der Carl Moltmann referierte.[30]

Die Bildung des Landesvorstandes der SPD war mit erheblichen Schwierigkeiten verbunden und zog sich noch bis in die zweite Hälfte des Monats August hin. Am 4. Juli beantragten Carl Moltmann und Xaver Karl die Zulassung der SPD für das Land Mecklenburg-Vorpommern bei der örtlichen sowjetischen Militärkommandantur in Schwerin.[31] Die Zulassung verzögerte sich, weil die Kommandantur Rostock nicht als Sitz des Landesvorstan-

---

23 Vgl. Deutsche Geschichte, Band 9: Die antifaschistisch-demokratische Umwälzung, der Kampf gegen die Spaltung Deutschlands und die Entstehung der DDR von 1945 bis 1949, Autorenkoll. u. Ltg. v. *Rolf Badstübner*, Berlin (Ost), 1989, S. 73.
24 Vgl. *Benser*, Die KPD im Jahre der Befreiung, S. 107 ff.
25 Die besatzungsrechtliche Lage von Stettin wurde bis zum Herbst 1945 im Hinblick auf die alliierten Verhandlungen offen gehalten. Stettin unterlag nach Kriegsende zunächst einer provisorischen polnischen Militärverwaltung sowie einer deutschen Zivilverwaltung. Die Stettiner Ortsgruppen von KPD und SPD fühlten sich den jeweiligen Landesleitungen in Schwerin zugehörig.
26 Vgl. *Bouvier*, Antifaschistische Zusammenarbeit, S. 438 f.
27 Vgl. *Niethammer/Borsdorf/Brandt*, Arbeiterinitiative 1945, S. 699 ff.; *Sywottek*, Deutsche Volksdemokratie, S. 199.
28 Vgl. *Voßke*, Die Vereinigung der KPD und der SPD zur SED in Mecklenburg/Vorpommern, S. 40.
29 Vgl. Mecklenburgisches Landeshauptarchiv Schwerin, BPA Schwerin, II/2.
30 Vgl. Mecklenburgisches Landeshauptarchiv Schwerin, BPA Schwerin, II/1. Vgl. Dokument Nr. 3.
31 Vgl. *Xaver Karl*, Auf dem Wege zur Einheit im ehemaligen Land der Junker und Gutsbesitzer, in: Vereint sind wir alles, S. 635.

des anerkennen wollte. Die Rostocker Gründerkreise um den ehemaligen Reichsbannerfunktionär Albert Schulz waren jedoch nicht bereit, auf Rostock als Sitz des Landesvorstandes zu verzichten, weil der ehemalige SPD-Bezirksvorstand vor 1933 seinen Sitz in Rostock gehabt hatte. So konnte die KPD-Bezirksleitung fast einen Monat in Mecklenburg und Vorpommern allein das Feld behaupten.

Am 20. Juli fand dann eine Zusammenkunft der Ortsvereinsvorsitzenden von Mecklenburg-Vorpommern in Schwerin statt, die den Landesvorstand in folgender Zusammensetzung wählte: Albert Schulz als 1. Vorsitzender, Carl Moltmann als 2. Vorsitzender, Karl Moritz, Xaver Karl, Franz Höppner, Herbert Säverin, Alfred Starosson, Rudolf Bohse, Paul Wöhl, Otto Heynemann und Gerhard Raatz als Beisitzer des Landesvorstandes.[32] Der Sitz des Landesvorstandes sollte Rostock sein. Es ist also eine Legende der SED-Geschichtsschreibung, daß am 20. Juli 1945 Carl Moltmann zum 1. Vorsitzenden des Landesvorstandes gewählt wurde.[33]

Die Liste der Vorstandsmitglieder wurde am 27. Juli der SMA übergeben.[34] Wie aus einem Bericht von Xaver Karl an den Parteivorstand der SED vom 15. Februar 1947 hervorgeht, wurden die Ergebnisse der Vorstandswahl und die Festlegung von Rostock als Sitz des Landesvorstandes von der SMA nicht anerkannt.[35]

Die am 4. August 1945 erneut eingereichte Vorstandsliste wurde von der SMA erst Ende August bestätigt und sah wie folgt aus: 1. Vorsitzender Carl Moltmann; 2. Vorsitzender Xaver Karl; Geschäftsführer Hermann Lüdemann; Beisitzer Albert Schulz, Alfred Starosson, Karl Moritz, Herbert Säverin, Otto Heynemann, Hermann Krüger, Paul Wöhl.[36]

Auf einer Sitzung des Landesvorstandes am 7. Oktober 1945 wurde Willy Jesse, der Anfang Oktober aus dem Exil zurückgekehrt war, zum 2. Vorsitzenden des Landesvorstandes gewählt.[37] Im Dezember 1945 schied Hermann Lüdemann als Geschäftsführer und Sekretär nach der Zunahme von Meinungsverschiedenheiten mit Carl Moltmann aus dem Landesvorstand aus.

Auf seiner ersten Sitzung am 26. August 1945 hatte der Landesvorstand die Einteilung des Landesverbandes in drei Bezirke beschlossen.[38] Die Bezirkseinteilung in die Bezirke westliches Mecklenburg, östliches Mecklenburg und Pommern wurde von der SMA jedoch nicht genehmigt. Obwohl im Herbst noch einmal ein Vorstoß unternommen wurde, blieb es bei der Unterteilung in Kreise, für die jeweils ein Sekretär eingestellt werden sollte.

Obwohl die KPD jegliche Unterstützung der örtlichen Kommandanturen genoß und über einen zeitlichen Vorsprung bei ihrer Reorganisation verfügte, machte der sozialdemokratische Organisationsaufbau in Mecklenburg-Vorpommern rasche Fortschritte, und die Mitgliederstärke der SPD in den Städten – etwa in Rostock – überflügelte die der KPD. Auf einer Beratung des Landesvorstandes der SPD am 7. Oktober 1945 berichtete Hermann

---

32 Vgl. Mecklenburgisches Landeshauptarchiv Schwerin, BPA Schwerin, II/2.
33 Vgl. Geschichte der Landesparteiorganisation der SED Mecklenburg, S. 95. An dieser Legende habe ich freilich selbst mitgewirkt; vgl. *Andreas Malycha*, Die Sozialdemokratische Partei Deutschlands in der Sowjetischen Besatzungszone Deutschlands im Jahre 1945. Zu Rolle und Wirksamkeit des Zentralausschusses im Ringen um antifaschistisch-demokratische Umgestaltungen in der Etappe der Aktionseinheit von KPD und SPD (Mai 1945 bis Dezember 1945), Dissertation A, Berlin 1988, S. 82.
34 Vgl. Mecklenburgisches Landeshauptarchiv Schwerin, BPA Schwerin, II/2.
35 Vgl. ebd., IV/1/1/1.
36 Vgl. ebd., II/2.
37 Vgl. Stiftung Archiv der Parteien und Massenorganisationen der DDR im Bundesarchiv, Zentrales Parteiarchiv (SAPMO-BArch, ZPA), II/3/3/1. Vgl. Dokument Nr. 51.
38 Vgl. das Rundschreiben des Landesvorstandes der SPD Mecklenburg-Vorpommern vom 31. August 1945. Mecklenburgisches Landeshauptarchiv Schwerin, BPA Schwerin, II/1.

Lüdemann über die Existenz von 139 Ortsvereinen und 24 Stützpunkten mit annähernd 20 000 Mitgliedern.[39] Einen Landesparteitag gab es im Zeitraum zwischen Juni 1945 und März 1946 nicht.

Als problematisch erwies sich die Herausgabe einer Parteizeitung für Mecklenburg-Vorpommern. Am 26. Juli 1945 wurde vom Landesvorstand die Herausgabe einer Zeitung für den Landesverband beantragt.[40] Sie sollte den Namen »Mecklenburgische Volksstimme« tragen und von Albert Schulz als Chefredakteur geleitet werden. Die Herausgabe der Landeszeitung wurde wie in allen Ländern von der SMA verzögert. Erst am 7. September 1945 erschien die erste Nummer der »Volksstimme« als Landeszeitung der SPD für Mecklenburg-Vorpommern; von da an einmal wöchentlich mit einem Umfang von 6 Seiten und einer Auflage von 30 000 Stück.

Seit Ende August/Anfang September bemühten sich Sozialdemokraten in Mecklenburg-Vorpommern um eine stärkere öffentliche Präsenz und gaben ihre bis dahin geübte Zurückhaltung auf. Dies war Ausdruck eines gewachsenen Selbstbewußtseins, das wiederum auf dem Mitgliederzuwachs basierte. Das Bestreben, der KPD in der Öffentlichkeit nicht das Feld zu überlassen, demonstrierte deutlich die sich verschärfende Konkurrenz um Einflüsse in der Bevölkerung und um die Gewinnung potentieller neuer Mitglieder. Dies spiegelt beispielsweise ein Schreiben des SPD-Vorsitzenden von Rerik an Karl Moritz vom 21. August 1945 wider.[41]

Der Zwang zur Kooperation zwischen Sozialdemokraten und Kommunisten entsprang im Frühjahr 1945 aus der allgemeinen Not und dem Wunsch nach Wiederaufbau des Landes. Institutionelle Formen der Zusammenarbeit hatte es zunächst nur in den größeren Städten Mecklenburgs, kaum auf dem Land gegeben. Aus diesem Grund wies der Landesvorstand in einem Rundschreiben vom 30. August 1945 auf die »ernste Pflicht« hin, »antifaschistische Ausschüsse zu bilden und nach besten Kräften für ihre gute Funktion zu sorgen«.[42] Dieser Aufforderung der Landesleitung wurde in der Regel Folge geleistet, denn im ländlichen Mecklenburg war das Bedürfnis nach klaren Vorgaben des Landesvorstandes relativ stark ausgepägt.[43]

Für die Beziehungen zwischen Sozialdemokraten und Kommunisten in Mecklenburg-Vorpommern war die Bodenreform von erheblicher Bedeutung. Am 22. August 1945 hatte das Sekretariat des ZK der KPD den Bezirkssekretären Richtlinien zur Bodenreform übergeben.[44] Die KPD forderte eine entschädigungslose Enteignung des Landbesitzes über 100 Hektar und die Aufteilung des Bodens in 5 bis 10 Hektar große selbständige Bauernstellen.[45] Unter Sozialdemokraten dominierte hingegen der Gedanke der Verstaatlichung des Grund und Bodens und der Bildung von Genossenschaften. So erklärte ein Sozialdemokrat auf einer gemeinsamen Versammlung der SPD- und KPD-Ortsgruppen von Stavenhagen, Kreis Malchin, daß er mit der Frage der Aufteilung der Güter nicht einverstanden sei. Er vertrete die Ansicht, man solle die Güter verstaatlichen und bewirtschaften.[46] Insbesondere hielten Sozialdemokraten die neu zu bildenden Bauernstellen mit 5 Hektar für nicht

---

39 Vgl. SAPMO-BArch, ZPA, II/3/3/1. Vgl. Dokument Nr. 51.
40 Vgl. Mecklenburgisches Landeshauptarchiv Schwerin, BPA Schwerin, II/2.
41 Vgl. Dokument Nr. 5.
42 Mecklenburgisches Landeshauptarchiv Schwerin, BPA Schwerin, II/1. Vgl. Dokument Nr. 6.
43 Vgl. *Bouvier/Schulz*, »... die SPD aber aufgehört hat zu existieren, S. 305.
44 Vgl. Geschichte der Landesparteiorganisation der SED Mecklenburg, S. 118.
45 Vgl. *Rolf Stöckigt*, Der Kampf der KPD um die demokratische Bodenreform, Mai 1945 bis April 1946, Berlin (Ost) 1964; *Joachim Piskol/Christel Nehrig/Paul Trixa*, Antifaschistisch-demokratische Umwälzung auf dem Lande (1945–1949), Berlin (Ost) 1984.
46 Vgl. Mecklenburgisches Landeshauptarchiv Schwerin, BPA Schwerin, I/17. Vgl. Dokument Nr. 8.

überlebensfähig.⁴⁷ Eine Debatte über die Bodenreform während einer Sitzung des Blocks der antifaschistisch-demokratischen Parteien von Usedom am 22. September 1945 veranschaulicht den damaligen Diskussionsstand.⁴⁸

Der Streit um die Größe der aufzuteilenden Wirtschaften wurde dann nicht zuletzt mit der Autorität der Besatzungsmacht zugunsten der KPD entschieden. Für die Sozialdemokraten verblieb nach der Kampagne der KPD für die Bodenreform die Erfahrung, in einer für die sozialökonomische Entwicklung folgenreichen Entscheidung von den Kommunisten überfahren worden zu sein.

Der eingangs geschilderte Eingriff der SMA Mecklenburgs in innerparteiliche Personalentscheidungen hatte die Sozialdemokraten von Anfang an stark verunsichert. Sozialdemokraten konnten sich nur zögernd an die Besatzungssituation gewöhnen, die sie, anders als die KPD, als schnell vorübergehende Belastung betrachteten. Dies kam unter anderem in den Schwierigkeiten zum Ausdruck, die aus der Durchführung von der Kommandantur nicht genehmigter Versammlungen erwuchsen. Mit Verboten reagierten die Kommandanturen, wenn entsprechende Weisungen nicht befolgt wurden oder das bestehende Besatzungsregime öffentlich einer kritischen Betrachtung unterzogen wurde, so geschehen auf einer Kundgebung des SPD-Ortsvereins Rerik Anfang September 1945.⁴⁹ Mit diesem und ähnlich gelagerten Vorfällen bekamen Sozialdemokraten in der sowjetischen Besatzungszone sehr schnell die Grenzen des politischen Handlungsspielraumes aufgezeigt. Der damit einhergehende Einschüchterungseffekt blieb im Hinblick auf die später folgende Einheitskampagne der KPD nicht ohne Wirkung.

Brandenburg

Die Provinz Mark Brandenburg zählte zum Kernland des preußischen Staates und war eng mit der Geschichte und den kulturellen Traditionen Preußens verbunden. Den Intentionen der Siegermächte entsprechend, sollte ein Land Preußen als Bestandteil eines neuen deutschen Staatsgebildes nicht wieder entstehen. Von der ehemaligen preußischen Provinz unterschied sich die Provinz Mark Brandenburg in ihrem territorialen Bestand durch die Abtrennung der östlich der Oder gelegenen Kreise. Obwohl allgemein zu den relativ gering besiedelten agrarischen Gebieten zählend, besaß die Provinz Mark Brandenburg auch industrielle Schwerpunkte, vor allem rund um Berlin und an der Oder.⁵⁰

»Antifaschistische Komitees« und »Volksausschüsse«, die in den letzten Kriegstagen oder nach der Besetzung der Städte und Dörfer durch sowjetische Truppen in der Provinz Brandenburg spontan entstanden waren, bildeten den Rahmen für erste Erfahrungen in der örtlichen Zusammenarbeit mit den Kommunisten nach Kriegsende. Von den Vorgängen in Potsdam-Babelsberg gibt ein Bericht von Georg Spiegel über die Gründung der SPD in Potsdam recht anschaulich Aufschluß.⁵¹ Demnach wurden am 3. Mai 1945 in Potsdam-Babelsberg ein »antifaschistischer Vollzugsrat« und am 7. Mai 1945 in Potsdam ein »Revolutionärer Vollzugsausschuß« konstituiert, in dem je 5 Sozialdemokraten und Kommunisten vertreten waren. »Beabsichtigt war die neue Front zwischen Kommunisten und So-

---

47 Damit befanden sie sich noch im Sommer mit den Kommunisten in Mecklenburg bis zu jenem Zeitpunkt in Übereinstimmung, als die KPD-Führung ihre Aufteilungsvariante von 5 Hektar gegen den Willen der kommunistischen Mitglieder durchsetzte.
48 Vgl. Dokument Nr. 9.
49 Vgl. Dokument Nr. 7.
50 Vgl. Deutsche Geschichte, Bd. 9, S. 73.
51 Vgl. Dokument Nr. 10.

zialdemokraten vorzubereiten, was in den nachfolgenden Tagen daran scheiterte, daß die Kommunisten eine eigene Organisation aufzogen [...]«[52] Der Aufbau der sozialdemokratischen Parteiorganisationen in der Provinz Brandenburg vollzog sich in den Monaten Juni und Juli 1945 ausschließlich auf örtlicher Ebene.[53] Die Initiative zur Bildung von Ortsvereinen lag in den Händen von Funktionären, die sich bereits vor 1933 stark für die SPD engagiert hatten. Noch während der letzten Kriegstage organisierten Georg Spiegel, der spätere Bezirksvorsitzende, und Arno Neumann die Sammlung ehemaliger Mitglieder und Funktionäre in Potsdam-Babelsberg in einem Gründerkreis, den sie »Orga« nannten.[54] Dieser unternahm bis Mitte Juni kaum etwas, um den Organisationsaufbau voranzutreiben, da einige Gründungsmitglieder die Idee einer Einheitspartei favorisierten. Zudem waren jene Tage »restlos vom frühen Morgen bis zum späten Abend mit Aussprachen, Besprechungen, Sitzungen und Konferenzen ausgefüllt, die sich um so schwieriger gestalteten, als die russische Kommandantur Grundlagen für den Aufbau von Parteien und Gewerkschaften noch nicht geregelt hat[te].«[55]

Ein Bericht über die Anfänge parteipolitischer Tätigkeit in Storkow dokumentiert die Hoffnung so mancher Kommunisten, die KPD-Ortsgruppe aus dem traditionellen sozialdemokratischen Milieu rekrutieren zu können.[56]

Nach der Absage der KPD an eine Einheitspartei und dem Bekanntwerden der Legalisierungsmodalitäten begann der systematische Aufbau der Ortsvereine der SPD Ende Juni/Anfang Juli in den Kreisstädten, wie z. B. in Brandenburg (Havel), Cottbus, Eberswalde, Frankfurt (Oder), Luckau, Potsdam und Spremberg.[57] Erste Mitgliederversammlungen fanden in Brandenburg am 14. Juni und in Potsdam am 26. Juni 1945 statt.[58] Eine erste öffentliche Versammlung veranstaltete die SPD am 19. Juni 1945 in Brandenburg.[59] In den ersten Versammlungen bildete die Frage nach der Kooperation mit den Kommunisten ein Thema unter vielen. So wie die Versammlung des SPD-Ortvereins Hennigsdorf dürften die meisten ersten legalen Zusammenkünfte von Sozialdemokraten nach Wiederzulassung der Partei vonstatten gegangen sein.[60]

Eine Leitung des Organisationsaufbaus für die Provinz Brandenburg sowie eine Verbindung des Potsdamer Gründerkreises zum Zentralausschuß in Berlin existierten zunächst nicht. Am 3. Juli 1945 fanden die ersten Gespräche des Kreises um Georg Spiegel mit dem Zentralausschuß statt.[61] In der zweiten Julihälfte erfolgte in der Behrenstraße eine Absprache zwischen Friedrich Ebert und Mitgliedern des Zentralausschusses über die personelle Besetzung der Leitung des Bezirksverbandes Brandenburg der SPD.[62] Es wurde vereinbart, daß Friedrich Ebert als politischer Sekretär und Georg Spiegel als Vorsitzender des Bezirksverbandes den Aufbau der SPD in der Provinz Brandenburg leiten sollten.[63] Seit August versuchten Spiegel und Ebert die Parteiarbeit in der Provinz Brandenburg zu koordi-

---

52 SAPMO-BArch, ZPA, II/3/2/2.
53 Vgl. *Urban/Schulz*, Die Vereinigung von KPD und SPD zur Sozialistischen Einheitspartei in der Provinz Brandenburg, S. 45.
54 Vgl. Dokument Nr. 10.
55 SAPMO-BArchiv, ZPA, II/3/2/2.
56 Vgl. Dokument Nr. 13.
57 Vgl. *Urban/Schulz*, Die Vereinigung von KPD und SPD, S. 45.
58 Vgl. SAPMO-BArch, ZPA, II/3/2/2.
59 Vgl. ebd., EA 1318.
60 Vgl. Dokument Nr. 11.
61 Vgl. SAPMO-BArch, ZPA, II/3/2/2.
62 Vgl. *Voßke*, Friedrich Ebert, S. 91 f.
63 Bis zu seiner Verhaftung am 17. Oktober 1945 übte Franz Büchel die Funktion des zweiten Vorsitzenden des Bezirksverbandes der SPD Brandenburg aus.

nieren. Sie hatten ihren Sitz bis November 1945 im Haus des Zentralausschusses in der Behrenstraße, danach in Potsdam.

Auch ohne direkte Unterstützung der provisorischen Leitung für die Provinz Brandenburg machte der Parteiaufbau rasche Fortschritte. Ende Juli existierten in ganz Brandenburg 99 Ortsvereine.[64] Der Aufbau der Kreisverbände orientierte sich an der Verwaltungsstruktur. Die Kreisvorstände der SPD etablierten sich überwiegend erst Ende des Jahres 1945. Eine der Ausnahmen stellte der Kreis Teltow dar, wo sich der Kreisvorstand bereits im Juli 1945 konstituierte.[65]

Der erste Bezirksparteitag der SPD Brandenburgs fand am 3. und 4. November 1945 in Potsdam statt.[66] Der von Friedrich Ebert gegebene Tätigkeitsbericht nannte die Zahl von 421 Ortsvereinen mit insgesamt 32 650 Mitgliedern.[67] Damit hatte die Mitgliederzahl der SPD noch nicht ganz den Stand von 36 650 Mitgliedern des Jahres 1932 auf vergleichbarem Territorium erreicht. Am 4. November 1945 wurde der Bezirksvorstand gewählt. Ihm gehörten an: Georg Spiegel als erster Vorsitzender, Otto Schwarz als zweiter Vorsitzender, Friedrich Ebert als politischer Sekretär, Richard Küter als Organisationsleiter, Emil Schröder als Presseverantwortlicher und Else Bauer als Frauenleiterin.[68]

Obwohl der Potsdamer Gründerkreis um Georg Spiegel Anfang Juli 1945 Verhandlungen um die Herausgabe einer Tageszeitung für Potsdam aufgenommen hatte, konnte erst am 20. Oktober 1945 die erste Nummer der sozialdemokratischen Zeitung für die Provinz Brandenburg »Der Märker« in einer Auflage von 50 000 Exemplaren erscheinen, ab November betrug die Auflage 100 000 Stück.

Seit Anfang September 1945 verstärkten die Sozialdemokraten in Brandenburg ihre Bemühungen, mit Kundgebungen an die Öffentlichkeit zu treten. Am 5. September 1945 referierte Friedrich Ebert auf einer öffentlichen Versammlung der SPD in Potsdam.[69] Ebert sah die Möglichkeit zur Zusammenarbeit mit der KPD vor allem deshalb gegeben, »weil sie heute der Überzeugung ist, daß es falsch wäre, dem deutschen Volke das Sowjetsystem aufzuzwingen«.[70] Den Verweis auf die entsprechende Passage des Aufrufs der KPD vom 11. Juni 1945 findet man sehr häufig bei Sozialdemokraten. Das aus dem kommunistischen Aufruf oft wörtlich übernommene Zitat, daß es falsch sei, »Deutschland das Sowjetsystem aufzuzwingen [...], denn dieser Weg entspricht nicht den gegenwärtigen Entwicklungsbedingungen in Deutschland«[71], schien eine sozialdemokratische Annahme zu begründen, daß sich einige grundsätzliche Positionen der KPD im Vergleich zur Weimarer Zeit verändert hätten. Dies erleichterte es den Sozialdemokraten, gemeinsamen Vereinbarungen zuzustimmen.

In den meisten Städten Brandenburgs beschränkte sich die Kooperation zwischen Sozialdemokraten und Kommunisten auf die örtlichen antifaschistischen Ausschüsse. Die Mitglieder beider Parteien waren zumeist persönlich bekannt geworden, aber keine politischen Freunde.[72] Die überlieferten Dokumente bieten nur sehr selten ein Bild der Harmonie.

---

64 Vgl. *Urban/Schulz*, Die Vereinigung von KPD und SPD, S. 45.
65 Vgl. *Bouvier*, Antifaschistische Zusammenarbeit, S. 430.
66 Vgl. Das Volk. Tageszeitung der Sozialdemokratischen Partei Deutschlands, Berlin, 6. November 1945.
67 SAPMO-BArch, ZPA, II/3/2/1.
68 Vgl. ebd.
69 Vgl. Dokument Nr. 14.
70 Vgl. Brandenburgisches Landeshauptarchiv, Rep. 331, II/2/14.
71 Dokumente und Materialien zur Geschichte der deutschen Arbeiterbewegung, Reihe III, Bd. 1, S. 18.
72 Vgl. *Bouvier*, Antifaschistische Zusammenarbeit, S. 433.

Sehr oft dominierten persönliche Reibereien und Streit, gegenseitige Beschuldigungen, Vorwürfe aus der Weimarer Zeit, parteipolitische Intrigen und der Kampf um die Ämter – häufig auch innerhalb einer Partei.[73] Zu diesen Angelegenheiten, die Sozialdemokraten wie Kommunisten gleichermaßen stark beschäftigt haben müssen, sei an dieser Stelle ein Schriftwechsel zwischen der Arbeitsgebietsleitung der KPD Niederbarnim/Süd und der SPD-Ortsgruppe Werlsee angeführt, der sich in ähnlicher Form auch in anderen Orten der sowjetischen Zone finden läßt.[74] Die in mehreren Dokumenten beschriebenen Unstimmigkeiten kristallisierten sich auch in anderen Gemeinden und Städten immer dann heraus, wenn die Sozialdemokraten den alleinigen Machtanspruch der Kommunisten bestritten und ihrerseits machtpolitische Ansprüche stellten sowie eine über die alte sozialdemokratische Mitgliedschaft hinausgehende Mitgliederwerbung betrieben. Auf einer höheren kommunalen Ebene gestattet ein Bericht Friedrich Eberts Einblicke in die Vorgänge um die Neubesetzung des Oberbürgermeisterpostens in Brandenburg/Havel.[75]

Sachsen-Anhalt

In Anlehnung an die frühere preußische Provinz wurde nach Kriegsende die Provinz Sachsen konstituiert. Sie umfaßte die ehemaligen Regierungsbezirke Halle-Merseburg, Magdeburg, den ehemaligen Freistaat Anhalt sowie zwei braunschweigische Enklaven. Die Provinz zählte zu den dichtbesiedeltsten Gebieten der sowjetischen Zone und schloß sowohl die ertragreiche Landwirtschaft der Börde als auch die industriellen Ballungsgebiete im Raum Halle-Merseburg ein.[76]

Die westlich der Elbe gelegenen 35 Kreise der Provinz Sachsen wurden im April/Mai 1945 von amerikanischen und britischen Truppen besetzt, wogegen die 5 Kreise östlich der Elbe – darunter der östliche Teil von Magdeburg – von sowjetischen Besatzungstruppen verwaltet wurde. Die amerikanischen und britischen Militärregierungen übten in den westlichen Kreisen bis Anfang Juli 1945 die Regierungsgewalt aus.

Der Provinzialverband (später Landesverband Sachsen-Anhalt) Sachsen der SPD untergliederte sich in die Bezirke Halle-Merseburg, Magdeburg und Dessau. Obwohl die amerikanischen bzw. britischen Militärregierungen eine parteipolitische Betätigung offiziell nicht gestatteten, begannen Ende April/Anfang Mai die Vorbereitungen für den organisatorischen Aufbau der Partei. Der Aufbau der Bezirksorganisationen wurde in Dessau von Fritz Jungmann und Rudolf Eberhard, in Magdeburg von Gustav Schmidt, Ernst Thape, Hermann Prübenau und Werner Bruschke, in Halle von Bruno Böttge, Walter Ölschläger und Otto Kunze geleitet.[77]

In Halle berieten am 23. April 1945 Sozialdemokraten über die nächsten Schritte beim Parteiaufbau.[78] Hier gab es die ersten Kontakte mit Kommunisten, um gemeinsam die Neugründung von Gewerkschaften in Angriff zu nehmen. So konstituierte sich am 25. April 1945 in Halle ein Gewerkschaftsausschuß mit jeweils 3 Mitgliedern von SPD und

---

73 Mit einer gewissen Ernüchterung mußte ich beim Durchsehen der archivalischen Dokumente feststellen, daß es sich bei der übergroßen Mehrheit des schriftlichen Materials aus jener Zeit um gegenseitige persönliche Beschuldigungen, Denunziationen, Ämterstreit und um sehr viele kleinliche und triviale Dinge handelt. Aus dem dazu vorliegenden archivalischen Angebot sind nur sehr wenige Dokumente ausgewählt worden, da ihre Veröffentlichung kaum nutzbringend erscheint.
74 Vgl. Dokument Nr. 15; Dokument Nr. 16.
75 Vgl. Dokument Nr. 17.
76 Vgl. Deutsche Geschichte, Bd. 9, S. 73 f.
77 Vgl. Geschichte der Landesparteiorganisation Sachsen-Anhalt der SED, S. 87.
78 Vgl. ebd., S. 31.

KPD.[79] Obwohl die SPD offiziell nicht legalisiert war, veranstaltete die Partei in Halle am 1. Mai 1945 eine erste größere Zusammenkunft, auf der Otto Kunze über »die politischen Grundsätze der SPD« referierte und ein provisorischer Vorstand gewählt wurde.[80] Die Parteien agierten in Halle bis zum Besatzungswechsel Anfang Juli zumeist in »freigewerkschaftlichen Ausschüssen«.

In Weißenfels, Bezirk Halle-Merseburg, gründeten nach dem Einmarsch der Amerikaner u. a. Paul Saupe und Fritz Drescher gemeinsam mit Kommunisten Ende April 1945 eine »Antifaschistische Front«, die sich in einem Schreiben am 21. April an die Militärregierung zwecks Legalisierung ihrer Tätigkeit wandte.[81]

Die Gründung der »Antifaschistischen Front« war durch Motive inspiriert, die auch beim spontanen Entstehen anderer antifaschistischer Ausschüsse unmittelbar nach Kriegsende dominierten. Fritz Drescher umschrieb diese wie folgt: »Bei der Bildung des Antifa-Ausschusses spielte bei mir selbst der Gedanke eine Rolle, daß wir uns nach den Erfahrungen der Hitlerzeit und der letzten Jahre der Weimarer Republik den Luxus eines mörderischen Bruderkampfes nicht mehr leisten könnten. Ich war der Überzeugung geworden, allein schon aufgrund meiner Erfahrungen aus der illegalen Zeit nach 1933, daß eine geeinte Arbeiterbewegung, eine sozialistische Arbeiterbewegung vor 1933 mit einer an Sicherheit grenzenden Wahrscheinlichkeit in der Lage gewesen wäre, das Hitlerdeutschland zu verhindern.«[82]

Nach dem Besatzungswechsel spielte die »Antifaschistische Front«, dann auch »Antifa-Ausschuß« genannt, bei der personellen Umbesetzung der Verwaltungen eine wesentliche Rolle. In seiner politischen Funktion wurde die »Antifaschistische Front« als die einzige Möglichkeit einer vorläufigen organisatorischen Zusammenfassung all jener Kräfte akzeptiert, die für den demokratischen Neuaufbau prädestiniert schienen.[83]

Wie in Weißenfels so war auch in Magdeburg ein »Volksfrontausschuß« der Ausdruck erster politischer Aktivitäten. Am 13. Juni 1945 kam es in Magdeburg im Ergebnis »einer Besprechung zur Vorbereitung der Zusammenarbeit in einem Volksfrontausschuß« zwischen dem Beauftragten der KPD für den Bezirk Magdeburg Ernst Brandt und Ernst Thape zu einer Vereinbarung, in der in 6 Punkten Grundlagen für die Zusammenarbeit gelegt wurden.[84] Auf der Grundlage dieser Vereinbarung fand am 17. Juni 1945 die erste Zusammenkunft des Volksfrontausschusses statt, an der 5 Sozialdemokraten und 5 Kommunisten teilnahmen. Sie sollte Klarheit darüber bringen, welche Aufgaben gemeinsam gelöst werden könnten.[85] Dieser »Zehner-Ausschuß« verstand sich als »Ersatz für die noch nicht vorhandene Sozialistische Einheitspartei« und strebte die »unmittelbare Einflußnahme auf die politischen Verwaltungsstellen des Bezirkes Magdeburg-Anhalt« an.

Unter britischer Besetzung begann der Parteiaufbau in Magdeburg unter Nutzung der Kontakte auf der Gewerkschaftsebene. Von hier aus knüpften Sozialdemokraten Verbindungen untereinander, so daß neben den Gewerkschaften Organisationsstrukturen der Partei entstanden.[86] Der britische Militärkommandant von Magdeburg, der den US-Gouverneur abgelöst hatte, stimmte Mitte Mai 1945 dem Ausbau der Gewerkschaften und der

---

79 Vgl. ebd.
80 Vgl. ebd., S. 33.
81 Vgl. Landesarchiv Merseburg, BPA Halle, I/422/29. Vgl. Dokument Nr. 18.
82 Interview mit Fritz Drescher am 18. Oktober 1973, in: »...die SPD aber aufgehört hat zu existieren", S. 148.
83 Vgl. *Bouvier*, Antifaschistische Zusammenarbeit, S. 462.
84 Vgl. Landesarchiv Magdeburg – Landeshauptarchiv, BPA Magdeburg, I/2. Vgl. Dokument Nr. 19.
85 Vgl. ebd., Vgl. Dokument Nr. 20.
86 Vgl. *Bouvier*, Antifaschistische Zusammenarbeit, S. 464.

Bildung eines sozialdemokratischen Ortsvereins zu.[87] Nach der Parteienzulassung im Juli 1945 bestanden auf örtlicher Ebene mehrheitlich kaum Zweifel über das Ziel, sofort die SPD wieder zu gründen und bei der sowjetischen Kommandantur anzumelden.

Für den Bezirk Dessau ist ein »Bericht über die Gründung von KPD und SPD in Köthen« aufschlußreich.[88] Bereits unter amerikanischer Besatzung gab es im Bezirk Dessau vereinzelt Bemühungen, die Tätigkeit der SPD zu legalisieren. So richtete beispielsweise der Sozialdemokrat Otto Dorn am 12. Mai 1945 an die amerikanische Militärregierung in Bernburg die Frage, »ob ich oder einer meiner früheren Parteifreunde die ehemaligen Parteimitglieder der SPD mittels Zirkular zu Versammlungen in geschlossenen Lokalen einladen kann, und zwar a) in Bernburg, b) in den ländlichen Ortschaften des Kreises Bernburg«.[89] Eine Antwort hierauf ist nicht überliefert. In der gesamten Provinz Sachsen sind unter britischer und amerikanischer Besatzung Bemühungen zum Aufbau von Organisationsstrukturen sowie von bezirklichen Leitungen nachweisbar, wobei von einem regulären Parteileben noch nicht gesprochen werden kann. Für die Sozialdemokraten auf Ortsebene war es wichtig, die Partei mit den verfügbaren Kräften wiedergründen zu können.[90]

Die allgemeine Gründung von Ortsvereinen der SPD sowie der offizielle Aufbau von Bezirksverbänden begannen in der Provinz Sachsen im wesentlichen erst seit Anfang/Mitte Juli nach dem Besatzungswechsel. Ortsvereinsgründungen fanden am 8. Juli in Merseburg, am 14. Juli in Eisleben und am 27. Juli 1945 in Schkeuditz statt.[91] Nach einer Darstellung von Werner Bruschke vollzog sich der Aufbau der Ortsvereine fast im Selbstlauf ohne bezirkliche Orientierungen auf Initiative jener Sozialdemokraten, die schon vor 1933 Funktionäre der Partei gewesen waren.[92] Die Besetzung der Parteifunktionen auf der lokalen Ebene war vielfach dem Zufall überlassen.[93] Bei den Ortsvereinsgründungen kam es mitunter zu Komplikationen, da einige sowjetische Kommandanturen die Zulassung des Ortsvereins von der Anwesenheit eines legitimierten Vertreters des Bezirksvorstandes abhängig machten.[94] Im allgemeinen scheint die Zulassung der Partei in der Provinz Sachsen keine großen Schwierigkeiten bereitet zu haben.

Ein Provinzialvorstand der SPD für die Provinz Sachsen konstituierte sich am 10. August 1945 in Halle. Dem Vorstand gehörten an Bruno Böttge, Werner Bruschke, Walter Ölschläger, Fritz Jungmann und Ernst Thape. Werner Bruschke übernahm noch bis zum Herbst – er wurde dann in die Provinzialverwaltung berufen – die Funktion des Sekretärs des Provinzialvorstandes.[95] Wie Bruschke berichtete, gab es gegen die Bildung des Provinzialvorstandes und eines Provinzialsekretariats von seiten der Parteibezirke erhebliche Widerstände. Die drei Bezirksverbände nahmen gegenüber der Provinzialleitung eine völlige organisatorische Selbständigkeit in Anspruch.[96] Bruschke erklärte die Schaffung provinzieller Leitungsstrukturen auf der zweiten Vorstandssitzung am 16. August 1945 damit, nicht »um den Bezirken auf organisatorischem Gebiete irgendwelche Richtlinien zu geben, sondern der eigentliche Sinn sei die Ausrichtung in politischer Beziehung. Eine Zusam-

---

87 Vgl. Geschichte der Landesparteiorganisation Sachsen-Anhalt der SED, S. 51.
88 Vgl. Landesarchiv Merseburg, BPA Halle, V/6/7/1. Vgl. Dokument Nr. 21.
89 Landesarchiv Merseburg, BPA Halle, II/403/6.
90 Vgl. Interview mit Rudolf Dux am 28. November 1973, in: ». . .die SPD aber aufgehört hat zu existieren, S. 109.
91 Vgl. Geschichte der Landesparteiorganisation Sachsen-Anhalt der SED, S. 87.
92 Vgl. SAPMO-BArch, ZPA, EA 1319/2.
93 Vgl. *Bouvier*, Antifaschistische Zusammenarbeit, S. 464.
94 Vgl. Dokument Nr. 23.
95 Vgl. Geschichte der Landesparteiorganisation Sachsen-Anhalt der SED, S. 88.
96 Vgl. SAPMO-BArch, ZPA, EA 1319/2; *Werner Bruschke*, Die Fehler von 1918 durften sich nicht wiederholen, in: Vereint sind wir alles, S. 386.

menfassung der Nachrichten aus den Bezirken und Ortsvereinen sei unbedingt erforderlich, um an zentraler Stelle einen Überblick über das gesamte Arbeitsgebiet der Parteifunktionäre in der Provinz zu haben.«[97] Als zusätzlich komplizierend für den Provinzialvorstand erwies sich die Tatsache, daß er »mehr von oben herab als von unten herauf organisiert«[98] war und demzufolge kaum Kontakte zu den Parteieinheiten in den Orten hatte und zunächst auch über keine Verbindung zum Zentralausschuß in Berlin verfügte.

Der Aufbau der Bezirksverbände fand mit der Durchführung von Bezirksparteitagen einen gewissen Abschluß. Am 6. und 7. Oktober 1945 tagte der Parteitag des Bezirkes Halle-Merseburg.[99] Die den Parteitag abschließenden Wahlen ergaben folgende Zusammensetzung des Bezirksvorstandes: Bruno Böttge (Vors.), Walter Ölschläger, Paul Peters, Paul Schmidt und Otto Kunze. Entsprechend dem Geschäftsbericht des Parteitages waren bis Ende September 1945 rund 22 000 Mitglieder in 282 Ortsvereinen organisiert.[100]

Der Bezirksparteitag für den Bezirk Magdeburg wurde am 20. und 21. Oktober 1945 veranstaltet. In den Bezirksvorstand wurden gewählt: Gustav Schmidt (Vors.), Walter Weigelt, Albert Deutel (Sekretär), Otto Paul und Reinhold Bormann.[101] Der Bezirk Magdeburg konnte zu diesem Zeitpunkt auf 34 654 Mitglieder, der Bezirk Dessau auf 23 336 Mitglieder verweisen. In der gesamten Provinz Sachsen waren bis zum 30. Oktober 77 990 Sozialdemokraten registriert.[102] Damit erreichte der Provinzialverband Sachsen annähernd die Mitgliederstärke der ehemaligen sozialdemokratischen Hochburgen in Magdeburg und Anhalt während der Zeit der Weimarer Republik und wurde hinter dem Landesverband Sachsen die zweitstärkste Landesorganisation der SPD in der sowjetischen Besatzungszone.

Ab 6. September 1945 erschien die Tageszeitung der SPD für die Provinz Sachsen »Volksblatt«.

Die ersten Erfahrungen von Sozialdemokraten in der Provinz Sachsen bei der Zusammenarbeit mit den Kommunisten hatte es in den größeren Städten im Rahmen der Gewerkschaft, die beispielsweise in Magdeburg noch vor der Parteienzulassung gegründet worden war, gegeben. Zu den strittigen Fragen zählten neben den Differenzen beim Gewerkschaftsaufbau[103] die leidigen Probleme bei der Besetzung der Oberbürgermeister-, Stadtrats- und Landratsposten. Dazu gibt es einen intensiven Schriftwechsel zwischen dem Magdeburger SPD-Bezirksvorsitzenden Gustav Schmidt und dem Bezirksleiter der KPD-Magdeburg Ernst Brandt.[104] In Magdeburg gab es vor dem Hintergrund der sozialdemokratischen Beschwerden zwischen den Bezirksleitungen von SPD und KPD eine Vereinbarung, sämtliche Verwaltungsposten im Regierungsbezirk Magdeburg paritätisch zu besetzen.

---

97 Landesarchiv Merseburg, BPA Halle, Halle, II/2/1/1. Vgl. Dokument Nr. 22.
98 Interview mit Rudolf Dux am 28. November 1973, in: ». . .aber die SPD aufgehört hat zu existieren«, S. 110.
99 Vgl. SAPMO-BArch, ZPA, II/3/6/1.
100 Vgl. Volksblatt. Tageszeitung der Sozialdemokratischen Partei Deutschlands für die Provinz Sachsen, Halle, 8. Oktober 1945.
101 Vgl. SAPMO-BArch, ZPA, II/3/7/1; Das Volk, 28. Oktober 1945.
102 Vgl. SAPMO-BArch, ZPA, NL 102/12.
103 Zu größeren Diskussionen war es beim Gewerkschaftsaufbau in Halle und Magdeburg über die politische Funktion und die organisatorische Struktur der Gewerkschaften gekommen. Das Berliner Modell, wonach der Charakter des Betriebes über die Zugehörigkeit der Beschäftigten zu einer Gewerkschaft entscheiden sollte, fand bei Sozialdemokraten ebensowenig ungeteilte Zustimmung wie die Forderung kommunistischer Gewerkschafter, daß die Gewerkschaften »am politischen Kampf gegen Imperialismus, Militarismus und Faschismus« teilzunehmen hätten.
104 Vgl. Landesarchiv Magdeburg – Landeshauptarchiv –, BPA Magdeburg, II/1. Vgl. Dokumente Nr. 24.

Über die Verwicklungen im Verhältnis zu den Kommunisten im Bezirk Magdeburg informierte der Bezirksvorstand am 15. September 1945 in einem Bericht an den Zentralausschuß.[105] Im Parteibüro des Unterbezirks Magdeburg hätten sich, so hieß es im Bericht, die Klagen über die unerfreuliche Zusammenarbeit mit den Kommunisten gehäuft, die wieder auf die Methoden der Weimarer Zeit zurückgreifen würden.[106] Der gleichermaßen in anderen Orten der sowjetischen Zone zu beobachtende Anspruch der Kommunisten, die politische Tätigkeit der anderen Parteien kontrollieren zu müssen, resultierte aus ihrem Machtverständnis, entsprang aber auch in vielen Fällen einem direkten Auftrag der örtlichen Kommandantur, der wiederum den Ruf der KPD als »Russenpartei« förderte. Ein nicht geringer Teil von Sozialdemokraten sah die Voraussetzungen für eine gleichberechtigte Zusammenarbeit bei einem solchen kommunistischen Anspruch nicht gegeben.

Nach den Berichten über Unstimmigkeiten mit der KPD empfand der Provinzialvorstand die seiner Meinung nach klaren Worte Otto Grotewohls zur Einheitsfrage als äußerst wohltuend. Grotewohl hatte am 14. September 1945 vor Funktionären in Berlin die »kleinliche Eigenbrötelei und Eifersüchtelei« in beiden Parteien kritisiert und die Voraussetzungen für eine Vereinigung von der Herstellung eines echten kameradschaftlichen Verhältnisses abhängig gemacht.[107] Auf einer Sitzung des Provinzialvorstandes am 18. September 1945 verlas Werner Bruschke jene Passagen aus dem Manuskript der Rede Grotewohls, die das Thema der Einheitspartei behandelten.[108] Grotewohl schien mit seiner Rede die Stimmungslage der sozialdemokratischen Mitgliedschaft getroffen zu haben, denn Ernst Thape war so beeindruckt, daß er in Grotewohl den Mann gefunden zu haben glaubte, »den die Sozialdemokratische Partei als Führer braucht. Er ist eine ganz große politische Persönlichkeit.«[109] Grotewohl hatte am 15. September 1945 auf einer Kundgebung in Magdeburg noch einmal den Wortlaut seiner Berliner Rede vorgetragen. Im Anschluß daran kam es am 16. September 1945 zu einer Besprechung mit Magdeburger Funktionären, »in welcher gemeinsam mit dem Gen[ossen] Grotewohl Parteifragen besprochen wurden«. Bruschke gab Grotewohl zum Schluß der Sitzung im »Namen der Magdeburger, Hallenser und Dessauer Partei die Versicherung« ab, daß er mit seinen Worten »das Einverständnis der gesamten Partei finden würde.«[110]

Bei der Bodenreform erging es den Sozialdemokraten in der Provinz Sachsen ebenso wie den SPD-Mitgliedern in Mecklenburg-Vorpommern. Obwohl sie der Bodenreform positiv gegenüberstanden, stieß die Art und Weise, wie die KPD ihr Konzept durchsetzen wollte, auf Ablehnung.[111] Für die Magdeburger KPD-Bezirksleitung gab es ohnehin nichts mehr zu diskutieren. Die »Anweisung des ZK der KPD an die Bezirks- und Kreisleitungen über die Durchführung der Bodenreform im sowjetisch besetzten Gebiet«, die am 28. August 1945 vom Leiter der Landwirtschaftsabteilung beim Zentralkomitee der KPD Rudolf Reutter der Bezirksleitung erläutert wurde, mußte schnellstens realisiert werden.[112] Reutter ließ die Bezirksleitung auch wissen, »daß Genosse Walter Ulbricht dem Zentralkomitee vorgeschlagen habe, in der Provinz Sachsen durch das Präsidium der Provinzialverwal-

---

105 Vgl. Dokument Nr. 25.
106 Vgl. Archiv der sozialen Demokratie der Friedrich-Ebert-Stiftung (AdsD). Ostbüro, 0301/I.
107 Vgl. *Otto Grotewohl*, Wo stehen wir, wohin gehen wir? Der historische Auftrag der SPD. Rede des Vorsitzenden der Sozialdemokratischen Partei Deutschlands, Otto Grotewohl, am 14. September 1945 vor den Funktionären der Partei in der »Neuen Welt«, Berlin 1945, S. 32.
108 Vgl. Dokument Nr. 26.
109 Vgl. Landesarchiv Merseburg, BPA Halle, II/2/1/1.
110 Vgl. ebd.
111 Vgl. Dokument Nr. 26.
112 Vgl. Geschichte der Landesparteiorganisation Sachsen-Anhalt der SED, S. 132.

tung in den ersten Septembertagen eine entsprechende Verordnung beschließen zu lassen.«[113]

So geschah es denn auch. Am 3. September 1945 verabschiedete das Präsidium der Provinzialverwaltung trotz der Gegenstimme des liberaldemokratischen Präsidenten Erhard Hübener als erste Landesverwaltung eine entsprechende Verordnung über die Bodenreform.[114] Ernst Thape hatte zugestimmt, obwohl er noch Ende August die Aufteilung der Güter abgelehnt und die Bildung großer landwirtschaftlicher Güter empfohlen hatte.[115] So verblieb ihm auf einer Vorstandstagung am 18. September 1945 lediglich die lapidare Aufforderung, »daß die Bodenreform so schnell wie möglich durchgeführt werden müsse. Es ist sehr bedauerlich, wenn unsere Funktionäre sich nicht entscheidend einschalten.«[116]

Sachsen

Das ehemalige Königreich Sachsen bzw. der spätere Freistaat Sachsen war nach seiner Fläche der fünftgrößte Staat des früheren Deutschen Reiches gewesen. Das nach 1945 entstandene Land Sachsen, jetzt durch drei ehemals schlesische Kreise erweitert, galt als das am dichtesten besiedelte Gebiet der sowjetischen Zone und war am stärksten industrialisiert. Zugleich verfügte es über eine für damalige Verhältnisse intensive Land- und Forstwirtschaft und die am besten entwickelte Infrastruktur.[117]

Der Aufbau der SPD in Sachsen – insbesondere in den beiden dominierenden Städten Leipzig und Dresden – wurde stark von der unterschiedlichen Besatzungssituation geprägt. Amerikanische Truppen hatten am 18. April 1945 Leipzig eingenommen und rückten bis zur Mulde vor, die sowjetischen Truppen besetzten Dresden. Die Mulde bildete die Demarkationslinie zwischen sowjetischen und amerikanischen Besatzungstruppen bis Anfang Juli 1945. In den sofort von den sowjetischen Truppen besetzten Gebieten Ostsachsens (Dresden) begann der parteipolitische Wiederaufbau verhältnismäßig früh. Im amerikanisch besetzten Westsachsen (Leipzig) entstanden zwar wie überall antifaschistische Komitees und Ausschüsse, denen die Besatzungsmacht allerdings nur einen geringen Spielraum zur Durchsetzung von politischen Zielen einräumte. Organisationspolitische Aktivitäten ließ die Besatzungsmacht aber nicht zu.[118]

In Dresden fanden nach dem Bekanntwerden des Befehls Nr. 2 der SMAD eine Reihe von Zusammenkünften sozialdemokratischer Funktionäre statt, in denen die Wiedergründung der SPD eine zentrale Rolle spielte[119], beispielsweise in der Dresdner Wohnung des Oberbürgermeisters Rudolf Friedrichs, wo sich u. a. die späteren Mitglieder des Landesvorstandes Otto Seiffert, Clemens Dölitzsch und Gerhard Förster einfanden.[120] Es waren überwiegend Sozialdemokraten, die in der Dresdner Stadtverwaltung hauptamtlich Beschäftigung fanden. Zu diesem Dresdner Kreis stieß Ende Juni 1945 der frühere schlesische Funktionär Otto Buchwitz, der dann regelmäßig an den Besprechungen des Gründerkreises im Dresdner Stadthaus teilnahm.[121] Auf Initiative von Clemens Dölitzsch wurde

---

113 Ebd.
114 Vgl. ebd, S. 135.
115 Vgl. ebd., S. 134.
116 Vgl. Landesarchiv Merseburg, BPA Halle, II/2/1/1. Vgl. Dokument Nr. 26.
117 Vgl. Deutsche Geschichte, Bd. 9, S. 72.
118 Vgl. *Bouvier*, Antifaschistische Zusammenarbeit, S. 453.
119 Vgl. *Walter Löscher*, Zur Geschichte des Vereinigungsprozesses von KPD und SPD zur SED im heutigen Bezirk Dresden (1945-1946), Dresden 1976, S. 9 ff.
120 Vgl. SAPMO-BArch, ZPA, II/3/4/1.
121 Vgl. *Buchwitz*, Brüder, in eins nun die Hände, S. 32; *Zimmermann*, Otto Buchwitz, S. 109.

ein »Vorbereitender Ausschuß« zum Wiederaufbau der SPD gebildet, der auf seiner letzten Sitzung am 25. Juni 1945 die öffentliche Konstituierung der SPD in Dresden vorbereitete.[122]

Der »Vorbereitende Ausschuß« berief zum 26. Juni 1945 eine Gründungsversammlung der SPD für Sachsen ein, die an diesem Tage in der Dresdener Tonhalle stattfand.[123] Die Gründungsversammlung billigte den Aufruf an die sächsische Bevölkerung und bestätigte einen engeren Ausschuß in folgender Zusammensetzung: Otto Buchwitz, Paul Gärtner, Clemens Dölitzsch, Felix Kaden, Hugo Klare, Walter Leipert und Helmut Schneider.[124] Der engere Ausschuß, dann auch Landesausschuß genannt, bemühte sich, die Bildung neuer Ortsvereine voranzutreiben, gab Richtlinien für die Aufnahme neuer Mitglieder heraus und legte Beitragssätze fest.

Nach offizieller Zulassung der SPD für das Land Sachsen Anfang Juli durch die SMA in Dresden konstituierte sich am 9. Juli 1945 der »Vorbereitende Landesausschuß« zum Landesvorstand der SPD für Sachsen.[125] Die Bildung eines Landesverbandes erfolgte auf nachdrücklichen Wunsch der SMA zusätzlich zur traditionellen Bezirksstruktur. Der Landesvorstand wählte am 9. Juli 1945 Otto Buchwitz zum Landesvorsitzenden und gleichzeitig zum politischen Sekretär. Als weitere Sekretäre des Landesvorstandes wurden Felix Kaden und Walter Leipert bestätigt. Dem Landesvorstand gehörten weiterhin an: Clemens Dölitzsch, Hugo Klare, Richard Woldt, Rudolf Bergner, Fritz Heinicke (Protokollführer), Gerhard Förster und Albert Meier.[126] Am 21. Juli 1945 wurde Arno Haufe als Vorsitzender des Bezirksverbandes Dresden (Ostsachsen) Mitglied des Landesvorstandes.[127] Der Sitz des Landesvorstandes befand sich analog dem der Landesverwaltung und dem der SMA in Dresden.

Ende August 1945 knüpfte der Zentralausschuß in Berlin persönliche Kontakte zum Landesvorstand in Dresden. Im Rahmen einer Rundreise durch die 5 sächsischen Parteibezirke (Dresden bzw. Ostsachsen, Leipzig, Chemnitz, Zwickau, Görlitz) kam es am 27. August 1945 zu einem ersten Gespräch zwischen den Mitgliedern des Landesvorstandes und Otto Grotewohl im Dresdener Parteibüro.[128]

Die Erfahrungen in der Zusammenarbeit mit den Kommunisten im Landesmaßstab glichen im Spätsommer denen der in anderen Ländern der sowjetischen Zone. In einem Rundschreiben an die Bezirksvorstände verwies Otto Buchwitz am 30. August 1945 auf entstandene Unzulänglichkeiten, vor allem in der Personalpolitik der kommunalen Verwaltungen sowie in der Landesverwaltung.[129] Die von Buchwitz in dem Rundschreiben erwähnte Vereinbarung mit dem Bezirksleiter der KPD Hermann Matern, »daß in allen diesen Verwaltungskörpern die Besetzung der Posten möglichst paritätisch vorgenommen werden«, erwies sich in der Praxis allerdings als wenig hilfreich. Der Ämterstreit ging unvermindert weiter. Auch die Hoffnung von Buchwitz, daß »keine Partei dem Gefühl unterworfen« sein dürfe, »nur fünftes Rad am Wagen zu sein«, erfüllte sich nicht.

---

122 Vgl. Sächsisches Hauptstaatsarchiv Dresden, SED-BPA Dresden, II/A/1.002/1. Vgl. Dokument Nr. 28.
123 Vgl. Antifaschistischer Widerstandskampf, Befreiung und demokratischer Neubeginn in Ostsachsen, Dresden 1985, S. 69.
124 Vgl. ebd.
125 Vgl. *Zimmermann*, Otto Buchwitz, S. 114.
126 Vgl. SAPMO-BArch, ZPA, II/3/4/1.
127 Vgl. ebd.
128 Vgl. SAPMO-BArch, ZPA, NL 90/276.
129 Vgl. Sächsisches Hauptstaatsarchiv Dresden, SED-BPA Dresden, III/006. Vgl. Dokument Nr. 35.

Die sich anhäufenden Unstimmigkeiten in den Beziehungen beider Parteien waren Gegenstand mehrerer Sitzungen des Landesvorstandes der SPD. Otto Buchwitz forderte zwar stets als heftiger Befürworter einer schnellen Verschmelzung ein kameradschaftliches Zusammenarbeiten mit den Kommunisten ein, fühlte sich jedoch wie die anderen Vorstandsmitglieder gleichermaßen durch die Berichte aus den Parteibezirken über das Verhalten der KPD betroffen. Seinem Unmut machte er in einem Brief an Otto Grotewohl vom 23. September 1945 Luft.[130] Buchwitz kündigte in dem Brief auch seine Absicht an, in ähnlicher Weise wie Grotewohl am 14. September 1945 vor Funktionären in Berlin auf einem bevorstehenden Landesparteitag »deutlich über Dinge zu reden, die langsam untragbar geworden sind. Nur andeutungsweise in der Frage der Wiedergutmachung, der Schuldfrage und Vorkommnisse, die auf dem Gebiet der Personalpolitik liegen.«[131] Zu den angekündigten Themenbereichen sprach dann Buchwitz am 6. Oktober 1945 auf dem Landesparteitag tatsächlich nur andeutungsweise.[132]

Der Landesparteitag der SPD Sachsens fand am 6. und 7. Oktober 1945 in Freital (bei Dresden) statt. Laut Geschäftsbericht bestand der Landesverband zu diesem Zeipunkt aus 766 Ortsvereinen mit insgesamt 66 790 Mitgliedern. Im Landesverband existierten 28 Unterbezirksorganisationen.[133] Die Delegierten des Landesparteitages wählten am 7. Oktober 1945 den Landesvorstand, bestehend aus einem geschäftsführenden, einem engeren und einem erweiterten Vorstand. In den geschäftsführenden Vorstand wurden gewählt: Otto Buchwitz als Landesvorsitzender, Arno Haufe als sein Stellvertreter, Walter Leipert als Kassierer, Clemens Dölitzsch und Felix Kaden als Sekretäre; dazu in den engeren Vorstand: Arno Hennig, Gerhard Förster, Paul Gärtner. Zum erweiterten Vorstand gehörten außer den Mitgliedern des engeren Vorstandes je zwei Vertreter aus den Bezirken.[134]

Der Aufbau des Bezirksverbandes Dresden (Ostsachsen) vollzog sich in enger Zusammenarbeit mit dem Landesvorstand. Der am 23. September 1945 tagende erste Bezirksparteitag konstatierte ein rasches Anwachsen der Ortsvereine und Mitgliederzahlen in Ostsachsen vor allem im Monat August. Es wurde eine Zahl von 128 Ortsvereinen mit 14 658 Mitgliedern genannt.[135] Vor 1933 hatte es in Ostsachsen 425 Ortsvereine der SPD mit rund 50 000 Mitgliedern gegeben. Die Tatsache berücksichtigend, daß hier der Prozeß der Bildung von SPD-Ortsvereinen erst in den Monaten August und September in vollem Umfange einsetzte, konnte die Mitgliederzahl von etwa 25 000 Sozialdemokraten Mitte Oktober 1945 als Erfolg gewertet werden. Der Bezirksparteitag der Dresdener Sozialdemokraten wählte einen aus 7 Mitgliedern bestehenden Bezirksvorstand: Albert Meier, Rudolf Bergner, Walter Leipert, Hugo Klare, Heinrich Linden, Ludwig Hoch, Rohde.[136]

Der Leipziger Bezirksverband entwickelte sich im Gegensatz zum ostsächsischen Verband vollkommen eigenständig und in bewußter Abgrenzung zum Landesvorstand. Im Leipziger Bezirksverband blieb die Anerkennung von Entscheidungskompetenzen des Landesvorstandes bis zum April 1946 heftig umstritten. Die Leipziger Bezirksorganisation

---

130 Vgl. Dokument Nr. 41.
131 Sächsisches Hauptstaatsarchiv Dresden, SED-BPA Dresden, II/A/1.002/1.
132 Vgl. Stenographischer Bericht über die Verhandlungen des Landes-Parteitages, abgehalten am 7., 8. und 9. Oktober 1945 in Dresden (Freital), Dresden o. J. Die Datumsangabe im gedruckten Bericht ist irreführend, denn tatsächlich fand der Parteitag am 6. und 7. Oktober 1945 statt.
133 Vgl. ebd., S. 18.
134 Vgl. ebd., S. 130.
135 Vgl. Sächsisches Staatsarchiv Leipzig, BPA Leipzig, II/2/9.
136 Vgl. ebd.

versuchte sich lange Zeit mit Erfolg der Einbindung in die sächsische Landesorganisation sowie auch der Einflußnahme des Berliner Zentralausschusses zu entziehen.[137]

Die Reorganisation der Leipziger SPD stützte sich sehr stark auf ihren alten, traditionsbewußten Funktionärsstamm. Die Leipziger Sozialdemokraten sahen keine Veranlassung, parteiorganisatorische oder gesellschaftspolitische Grundsätze der SPD von vor 1933 radikal zu revidieren.[138] Praktisch unter Beibehaltung der traditionellen Konfrontation zwischen den Leipziger Kommunisten und Sozialdemokraten baute Fritz Selbmann die KPD in Leipzig auf, so daß, noch bevor beide Parteiführungen von Dresden bzw. von Berlin aus Einfluß nehmen konnten[139], die alte parteipolitische Situation wiederhergestellt war.[140] In Leipzig dominierten von Anfang an beiderseitige Vorbehalte, die durch die Erfahrungen in den ersten Wochen und Monaten nach der Reorganisation der Parteien noch verstärkt wurden.

Unter amerikanischer Besatzung stehend, hatte sich am 27. Mai 1945 in Leipzig unter Vorsitz von Stanislaw Trabalski ein 17 sozialdemokratische Funktionäre umfassender Arbeitsausschuß zur Vorbereitung der Parteigründung gebildet.[141] Nachdem die amerikanische Besatzungsmacht zu erkennen gegeben hatte, weder ein sozialdemokratisches noch ein kommunistisches Parteileben zu dulden, beschränkten sich die organisatorischen Initiativen des »17er Ausschusses« auf die karteimäßige Erfassung ehemaliger Mitglieder und die Aufrechterhaltung der Verbindungen zu in den einzelnen Stadtteilen agierenden Kontaktpersonen.

Eine rege politische Tätigkeit entfaltete in Leipzig unter amerikanischer Besatzung das »Nationalkomitee Freies Deutschland«, dem auch Sozialdemokraten angehörten.[142] Die Bereitschaft der kommunistischen Mitglieder des NKFD zur gleichberechtigten Zusammenarbeit mit antifaschistischen Nichtkommunisten war gleichwohl begrenzt. »Das NKFD verstand sich letztlich als einzige antifaschistische Instanz auf deutscher Seite, als Volksfrontorganisation unter kommunistischer Leitung.«[143] Die amerikanische Militärregierung verbot nach wenigen Tagen das Komitee und ordnete die Schließung seiner Büros an.

Nach dem Verbot des NKFD bildete sich im Mai unter der Führung des Kommunisten Fritz Selbmann ein »Antifaschistischer Block«, in dessen Leitung mit Erich Zeigner nur ein einziger prominenter Sozialdemokrat vertreten war.[144] Die vom »Block" betriebene Propaganda gegen die von den Amerikanern eingesetzte Stadtverwaltung und den sozialdemokratischen Polizeipräsidenten Heinrich Fleißner trübte nachhaltig das Verhältnis der Leipziger Sozialdemokraten zu den Kommunisten. Die kommunalpolitischen Gegensätze zwischen Sozialdemokraten und Kommunisten hielten das Verhältnis zwischen beiden Parteien in Leipzig bis zum April 1946 in ständiger Spannung.

---

137 Ausführlich zu den Leipziger Vorgängen: *Werner Müller*, Sozialdemokratie und Einheitspartei. Eine Fallstudie zur Nachkriegsentwicklung in Leipzig, in: Einheitsfront/Einheitspartei, S. 129–166.
138 Vgl. *Moraw*, Die Parole der »Einheit" und die Sozialdemokratie, S. 117.
139 Fritz Selbmann wurde im August 1945 von Ernst Lohagen als Kreisleiter bzw. Unterbezirksleiter abgelöst, der die bündnispolitische Linie des Zentralkomitees der KPD besser zu vertreten schien.
140 Vgl. *Moraw*, Die Parole der »Einheit« und die Sozialdemokratie, S. 118.
141 Vgl. *Bensing*, Im revolutionären Kampf geschmiedet, S. 41.
142 Vgl. *Fritz Selbmann*, Alternative, Bilanz, Credo. Versuch einer Selbstdarstellung, Halle 1969, S. 395 ff.
143 Zitiert in: *Müller*, Sozialdemokratie und Einheitspartei, S. 135. Zum Bezirkskomitee Freies Deutschland in Leipzig vgl. *Niethammer/Borsdorf/Brandt*, Arbeiterinitiative 1945, S. 219–251.
144 Vgl. *Müller,* Sozialdemokratie und Einheitspartei, S. 137.

Die Hoffnungen einiger sozialdemokratischer Gewerkschafter, daß die amerikanische Besatzungsmacht eher eine Legalisierung der Gewerkschaften als der Parteien zugestehen werde, erfüllten sich nicht. Dennoch nahm der frühere Leipziger ADGB-Vorsitzende und ehemalige Buchenwaldhäftling Erich Schilling Verbindungen zu alten Gewerkschaftern mit dem Ziel eines Neuaufbaus auf.[145] Seit Ende Mai 1945 betrieb Schilling mit einem Kreis früherer Gewerkschaftsfunktionäre den Neuaufbau in freigewerkschaftlichen Traditionen unter Ausschluß der Kommunisten. Damit befand sich dieser Strang gewerkschaftspolitischer Aktivitäten auch von Anfang an in Konfrontation mit den Intentionen der Kommunisten, die eine kommunistisch gesteuerte Einheitsgewerkschaft anstrebten.

Zuvor hatte der kommunistische Gewerkschafter Kurt Kühn einen eigenen Organisationsaufbau ohne »Reformisten« betrieben. Bereits am 25. April 1945 konstituierte sich unter dem Dach des NKFD ein »provisorischer Gewerkschaftsausschuß«.[146] Eine Verständigung mit Funktionären des früheren Leipziger Ortskartells des ADGB kam zunächst nicht zustande, da die Sozialdemokraten eine kommunistische Dominanz innerhalb der Gewerkschaften nicht akzeptierten. Am 28./29. Mai 1945 kam es dann in Leipzig zur Bildung eines gemeinsamen Ausschusses, »Neuenerausschuß« genannt. In diesem blieben die Kommunisten in der Minderheit.[147]

Die Auseinandersetzungen um den Aufbau der Gewerkschaften prägten in starkem Maße das spätere Verhältnis sowohl von Kommunisten und Sozialdemokraten im Bezirk Leipzig als auch die Beziehungen zwischen sozialdemokratischen und kommunistischen Gewerkschaftern in der Einheitsgewerkschaft. Die Differenzen vom Frühjahr 1945 bildeten den eigentlichen Hintergrund für die heftigen Kontroversen im Herbst und den »Wahlkampf« um die Delegiertenmandate bei der Leipziger Gewerkschaftswahl. Die Gewerkschaftswahlen Anfang 1946 zeigten dann gerade in Leipzig noch einmal deutlich, wo SPD und KPD ihre politischen Prioritäten setzten: auf die Gewinnung von Masseneinfluß.

Eine einigermaßen repräsentative Form der Zusammenarbeit zwischen Sozialdemokraten und Kommunisten kam unter amerikanischer Besatzung nicht zustande. Zwar wurde der »Antifaschistische Block« am 14. Juni 1945 in einen aus 70 Mitgliedern bestehenden »Provisorischen Zentralausschuß« umgebildet, jedoch arbeitete in dessen Präsidium lediglich Erich Zeigner, unter sowjetischer Besatzung zum Oberbürgermeister ernannt[148], als prominentes Mitglied mit.[149] Am 9. Juli 1945 fand die erste offizielle Beratung zwischen Vertretern des SPD-Bezirksvorstandes und der KPD-Unterbezirksleitung statt, die mit der Unterzeichnung einer an die Berliner Vereinbarung angelehnten Erklärung endete.[150]

Dennoch blieb das Verhältnis zwischen beiden Parteien problembelastet. Die hauptsächlichen Reibungspunkte boten die personelle Zusammensetzung der Leipziger Stadtverwaltung und die personalpolitischen Entscheidungen in den Gewerkschaften. Auf beiden Feldern gab es nach dem Besatzungswechsel sogleich schwere Belastungen: Zum einen wurde der sozialdemokratische Polizeipräsident Heinrich Fleißner durch den Kommunisten Karl Wagner ersetzt, zum anderen wurde sowohl der von Erich Schilling bei der Leipziger Stadtverwaltung initiierte »Sozialpolitische Ausschuß« auf Intervention der SMA aufgelöst als auch der gewerkschaftliche Gründungsausschuß, der »Neuenerausschuß«, umgebildet, wodurch die KPD die geforderte Parität erreichte. Da Erich Schilling weiterhin an

---

145 Vgl. ebd., S. 138.
146 Vgl. *Bensing*, Im revolutionären Kampf geschmiedet, S. 62.
147 Vgl. ebd., S. 72.
148 Am 16. Juli 1945 setzte der sowjetische Stadtkommandant Trufanow Erich Zeigner als Oberbürgermeister und den Kommunisten Kurt Roßberg als ersten Stellvertreter ein. Vgl. Erich Zeigner. Eine biographische Skizze, Leipzig o. J., S.34.
149 Vgl. *Bensing*, Im revolutionären Kampf geschmiedet, S. 40.
150 Vgl. ebd., S. 83.

der Spitze der nun gegründeten Einheitsgewerkschaft blieb, betrieb die KPD energisch seine Ablösung.[151] Die Gewerkschaften bildeten auch in der Folgezeit den Ausgangspunkt tiefgehender Differenzen zwischen SPD und KPD.[152]

Der »17er Ausschuß« der Leipziger SPD konstituierte sich nach dem Einmarsch der Roten Armee auf seiner Sitzung am 3. Juli 1945 als erweiterter Bezirksvorstand der SPD des Bezirkes Leipzig.[153] Der erweiterte Bezirksvorstand bestimmte einen engeren Vorstand, dem Stanislaw Trabalski, Rudolf Rothe, Ernst Schönfeld, Bernhard Dietz und Ernst Utrott angehörten.[154] Der engere Vorstand erhielt den Auftrag, die offizielle Zulassung der Partei in Leipzig bei der örtlichen Kommandantur zu beantragen. Die Vorgänge, die sich dann während des langwierigen Prozesses um die Zulassung der Partei abspielten, begründeten das von Anbeginn an gespannte Verhältnis der Leipziger Sozialdemokraten zur sowjetischen Besatzungsmacht.

In einem Rundschreiben vom 11. Juli 1945 teilte der Bezirksvorstand mit, daß »wir bis zur erfolgten Genehmigung nicht in der Lage [sind], Mitgliederversammlungen und Zusammenkünfte durchzuführen, da ein ausdrückliches Verbot besteht. Der Stadtkommandant hat uns gewarnt, dieses Verbot zu übertreten.«[155] Stanislaw Trabalski und Rudolf Rothe beantragten dann am 12. Juli 1945 beim sowjetischen Stadtkommandanten Generalmajor Trufanow die Registrierung der SPD für den Bezirk Leipzig.[156] Der sowjetische Stadtkommandant verzögerte jedoch die Registrierung, wie aus einem Rundschreiben des Bezirksvorstandes vom 17. Juli 1945 hervorgeht.[157] Der Wechsel der Besatzungsmacht brachte der Leipziger SPD also zunächst nicht die Legalisierung der Organisation, während die KPD unmittelbar nach dem Einmarsch der Roten Armee am 5. Juli 1945 ihre erste Konferenz und in der Folgezeit eine beträchtliche Zahl von Versammlungen abhalten konnte.

Die Zulassung der Leipziger SPD wurde auch in den nächsten Wochen aus formal-bürokratischen Gründen behindert. Der Bezirksvorstand berichtete darüber in einem Schreiben vom 19. Juli 1945 an den Landesvorstand in Dresden, den er zugleich um Unterstützung bat.[158] Dieser Vorstoß blieb offensichtlich erfolglos, denn am 27. Juli 1945 bat der Bezirksvorstand den Zentralausschuß in Berlin in einem Schreiben um die Zusendung der erforderlichen Unterlagen, da der sowjetische Stadtkommandant die Registrierung von folgenden Voraussetzungen abhängig machte: »Die Zentralinstanzen in Berlin haben uns die Statuten, das Aktionsprogramm, die Bestätigung der Bezirksvorstandsmitglieder in Deutsch und Russisch für uns in Leipzig einzureichen.«[159] Ferner verwies die Leipziger Kommandantur auf die Zuständigkeit der SMAD in Berlin-Karlshorst. Dieses Vorgehen war im Vergleich zu den Zulassungsmodalitäten in Mecklenburg-Vorpommern, Sachsen-Anhalt und das Land Sachsen unüblich.

Die Verzögerungstaktik um die Zulassung ging Anfang August in der Weise weiter, daß die SMAD in Karlshorst sich mit dem Hinweis, daß die Partei ja schon genehmigt sei, nicht zuständig zeigte. Erst nach Intervention des Zentralausschusses erhielt die SPD Mitte Au-

---

151 Am 15. November 1945 wurde der zur Führung der Vorstandsgeschäfte berufene »Zehner-Ausschuß« von der sowjetischen Kommandantur aufgelöst und Schilling als Vorsitzender des FDGB Leipzig abgesetzt.
152 Vgl. Dokument Nr. 81.
153 Vgl. Sächsisches Staatsarchiv Leipzig, BPA Leipzig, II/2/8.
154 Vgl. ebd., II/2/3.
155 Sächsisches Staatsarchiv Leipzig, BPA Leipzig, II/2/07.
156 Vgl. ebd., II/2/16. Vgl. Dokument Nr. 30.
157 Sächsisches Staatsarchiv Leipzig, BPA Leipzig, II/2/07.
158 Vgl. ebd., II/1/02. Vgl. Dokument Nr. 31.
159 Sächsisches Staatsarchiv Leipzig, BPA Leipzig, II/2/03. Vgl. Dokument Nr. 32.

gust die Zulassung und die Möglichkeit, Versammlungen durchzuführen. Die organisatorischen Vorbereitungen zum Aufbau der Partei hatten zu diesem Zeitpunkt allerdings schon einen Stand erreicht, der den Leipziger Vorstand in die Lage versetzte, am 26. August 1945 eine erste öffentliche Kundgebung und einen Bezirksparteitag abzuhalten.[160]

Der eigentliche Hintergrund für die Behinderung der Organisationstätigkeit der Leipziger Sozialdemokraten dürfte ihre Ablehnung eines Landesverbandes sowie die Weigerung des Bezirksvorstandes gewesen sein, den Dresdener Landesvorstand anzuerkennen. »Hinsichtlich der Frage einer Landesorganisation der Partei beriefen wir Leipziger uns auf den Münchener Parteitag 1902, wonach es keine Landesverbände geben sollte. Deswegen lehnten wir auch von Anfang an den Landesvorstand ab.«[161] In einer Sitzung des erweiterten Bezirksvorstandes am 21. August 1945 unterstrichen die Leipziger ihren Standpunkt: »Entsprechend seiner alten Sonderstellung will Leipzig auch in der neuen Parteiorganisation selbständiger Bezirk bleiben und lehnt die von Dresden vorgeschlagene Eingliederung ab.«[162] Die von der Leipziger SPD geforderte Autonomie gegenüber dem Landesvorstand in Dresden hat dann in der Folgezeit immer wieder zu heftigen Auseinandersetzungen geführt. Den Kulminationspunkt dieser Kontroversen bildete die Frage der Anerkennung der Beschlüsse des Landesvorstandes in der Einheitsfrage.[163]

Schließlich wurde die Verzögerungstaktik der Leipziger Kommandantur durch das selbstbewußte Auftreten der Leipziger Parteiorganisation gegenüber dem Berliner Zentralausschuß motiviert. Der Leipziger Bezirksverband hatte einen eigenen programmatischen Aufruf und eigene Statuten erarbeitet und hegte Zweifel an der Führungskompetenz des Zentralausschusses. Die Kommandantur akzeptierte aber nur eine zentralistisch aufgebaute Organisation. Zudem waren im Leipziger Vorstand zu viele Personen vertreten, die von der Kommandantur als »rechte Sozialdemokraten« angesehen wurden.[164] Wie Trabalski später berichtete, konnte man den Vorstand im Verhältnis zur Kommandantur nicht gerade als kooperationswillig bezeichnen[165], was natürlich mit den ersten Erfahrungen Anfang Juli zusammenhing. Die Beziehungen der Leipziger Sozialdemokraten zur sowjetischen Kommandantur blieben bis zum April 1946 äußerst gespannt. Generell fiel es dem sowjetischen Stadtkommandanten außerordentlich schwer, politische Differenzen zwischen ihm und dem Leipziger Vorstand zurückzustellen.

Im Gegensatz dazu unterlag der Aufbau der Parteiorganisation im Dresdener Raum nicht den Schwierigkeiten, die die Leipziger mit der Kommandantur hatten. Offenbar hing auch sehr viel vom persönlichen Verhältnis des Landes- bzw. Bezirksvorsitzenden zum jeweiligen Kommandanten ab. Die Erinnerungen von Otto Buchwitz[166] weisen auf das gute Verhältnis zwischen ihm und General Dubrowski, dem Chef der SMA in Sachsen, hin. Buchwitz entsprach mit seiner betont distanzierten Sicht auf die Sozialdemokratie der Weimarer Republik mehr den Vorstellungen, die die sowjetischen Offiziere über einen Sozialdemokraten des Jahres 1945 hatten. Anderen Vorstandsmitgliedern gegenüber, wie Arno Haufe und Arno Wend, verhielten sie sich abwartend und mißtrauisch. Das Verhältnis des Sächsischen Landesvorstandes insgesamt zur Dresdener Kommandantur blieb bis zur Vereinigung gespannt, wie die Protokolle des Landesvorstandes belegen.

---

160 SAPMO-BArch, ZPA, NL 90/125.
161 Interview mit Stanislaw Trabalski, in: ».. .die SPD aber aufgehört hat zu existieren«, S.205.
162 AdsD, Ostbüro. Vgl. Dokument Nr. 34.
163 Vgl. hierzu die Tagung der Landes- bzw. Bezirksvorstände Sachsens von SPD und KDP am 28. Januar 1946: Dokument Nr. 136.
164 Vgl. *Nikolai I. Trufanow*, Auf dem Posten des Militärkommandanten der Messestadt, in: Leipzig. Aus Vergangenheit und Gegenwart (= Beiträge zur Stadtgeschichte, Teil 1), Leipzig 1981, S. 87 ff.
165 Vgl. Interview mit Stanislaw Trabalski, ».. .die SPD aber aufgehört hat zu existieren«, S. 205.
166 Vgl. *Buchwitz*, Brüder, in eins nun die Hände, S. 53 ff.

Auf dem Hintergrund der Annahme, die Besatzungssituation würde nicht von langer Dauer sein, ist die einige Zeit von den Leipziger Sozialdemokraten praktizierte Verweigerungshaltung zu sehen. Der Bezirksvorstand war anfangs nicht gewillt, die bürokratischen Auflagen der Kommandantur – Mitgliederstatistiken über Wachstum und soziale Zusammensetzung – zu erfüllen.[167] Diese Haltung wurde im Spätherbst aufgegeben, als der Leipziger Vorstand die realen Machtverhältnisse erkannte, sich auf eine längere sowjetische Besatzungszeit einzurichten begann und zu der Einschätzung gelangte, daß die bisherigen politischen Prämissen eine Fortexistenz der Sozialdemokratie unter sowjetischer Verwaltung nicht mehr garantieren würden. In der Praxis der Versammlungsgenehmigung deutete sich seit September 1945 eine Erleichterung an. Künftig war für die Durchführung von Mitgliederversammlungen in den Stadtbezirken Leipzigs nur noch eine Meldung statt wie bisher eine schriftliche Genehmigung erforderlich. Vorstands- und Funktionärssitzungen brauchten nun auch nicht mehr gemeldet zu werden. Öffentliche Versammlungen unterlagen dagegen weiterhin der Genehmigungspflicht.

Der erste Leipziger Bezirksparteitag wählte am 26. August 1945 einen engeren Vorstand in folgender Zusammensetzung: Stanislaw Trabalski als Vorsitzender, Rudolf Rothe, Ernst Schönfeld, Bernhard Dietz, Ernst Utrott, Eduard Amborn und Heinrich Fleißner.[168] Im Bezirksverband Leipzig waren bis zum 1. September 6 620 Mitglieder registriert. Bis zum 30. Oktober steigerte sich die Mitgliederzahl auf rund 13 000.[169] Damit lag die Mitgliederstärke weit unter dem Stand von 44 552 Mitgliedern Ende 1932, was sicherlich auch als ein Ergebnis der organisationspolitischen Behinderungen zu werten ist.

Noch bevor Otto Grotewohl und Otto Meier am 26. August 1945 als einen der ersten Parteibezirke Leipzig besuchten, führte Stanislaw Trabalski Mitte August 1945 in Berlin mit Mitgliedern des Zentralausschusses Gespräche über die Leipziger Probleme, worüber er auf einer Sitzung des »17er Ausschusses« am 21. August einen Bericht gab.[170] Von den in Leipzig angestauten Schwierigkeiten, insbesondere in der Gewerkschaftsfrage, erhielt dann der Zentralausschuß der SPD durch den Aufenthalt Erich Gniffkes im Rahmen einer Rundreise durch die Parteibezirke in Leipzig vom 10. bis 13. September 1945 ausführlich Mitteilung. Über die in Leipzig mit dem Bezirksvorstand, Vertretern der KPD-Unterbezirksleitung sowie der Kommandantur geführten Unterredungen fertigte Gniffke einen anschaulichen Bericht an.[171]

Die Gespräche, die Gniffke – am 12. September 1945 kam Gustav Dahrendorf hinzu – in Leipzig führte, machten auch die Existenz unterschiedlicher Auffassungen zwischen dem Zentralausschuß und dem Leipziger Bezirksvorstand sichtbar. Im Sommer 1945 waren innerhalb des Zentralausschusses Überlegungen über eine stärkere wirtschafts- und handelspolitische Kooperation zwischen Deutschland und der Sowjetunion gereift, die fortan in das Konzept der »Ostorientierung« einmündeten.[172] Dieses Konzept des Zentralausschus-

---

167 Curt Kaulfuß brachte von einer Besprechung bei der sowjetischen Kommandantur am 3. September 1945 neue Auflagen für die zugelassenen Parteien mit. »Major B[uchanow] verlangte bis Mittwoch den 5. die Vorlage der Mitgliederlisten in deutsch unter Angabe von Namen, Geburtstag, Wohnung, Beruf und Funktion in der Parteiorganisation. Weiter den Zeitpunkt des Parteieintritts.« Sächsisches Staatsarchiv Leipzig, BPA Leipzig, II/2/16. Vgl. Dokument Nr. 37. Derartige statistische Berichte forderten die Kommandanturen von allen zugelassenen Parteien in der sowjetischen Zone, wobei auf deren monatliche Vorlage peinlicher Wert gelegt wurde.
168 Vgl. SAPMO-BArch, ZPA, II/3/4/1.
169 Vgl. Sächsisches Staatsarchiv Leipzig, BPA Leipzig, II/2/9.
170 Vgl. AdsD, Ostbüro. Vgl. Dokument Nr. 34.
171 Vgl. AdsD, Nachlaß Erich Gniffke. Vgl. Dokument Nr. 40.
172 Vgl. *Moraw*, Die Parole der »Einheit« und die Sozialdemokratie, S. 96 ff.; *Krisch*, German Politics under Soviet Occupation, S.93; *Hurwitz*, Demokratie und Antikommunismus in Berlin nach 1945, Bd. IV, Teil 1, S. 333 ff.

ses[173] trug Gustav Dahrendorf dem erweiterten Bezirksvorstand am 12. September 1945 vor. Die Reaktion der Leipziger Vorstandsmitglieder machte deutlich, daß das Ostorientierungskonzept dort mehrheitlich abgelehnt wurde.

Bereits Mitte April 1945 hatten amerikanische Truppen die westlichen Teile des Bezirkes Chemnitz[175] besetzt, aus denen sie sich Mitte Juni zurückzogen. Bis Anfang Juli 1945 bildeten dann die Zwickauer Mulde und der Autobahnabschnitt Zwickau-Chemnitz die Trennlinien zwischen amerikanisch und sowjetisch besetztem Territorium. Bis in die zweite Junihälfte 1945 waren die Gebiete Schwarzenberg, Aue und Stollberg sowie Teile der Gebiete Zwickau-Land und Chemnitz-Land weder von sowjetischen noch von amerikanischen Truppen besetzt. Mit dem Einzug der Roten Armee Mitte Juni 1945 endete dort die besatzungslose Zeit.[176]

Die Sozialdemokraten in der sowjetisch verwalteten Stadt Chemnitz agierten wie fast überall zunächst in einer am 27. Mai 1945 gebildeten »Antifaschistischen Front«, deren Präsidium 12 Kommunisten, 10 Sozialdemokraten und 7 bürgerliche Demokraten angehörten.[177] Wenige Tage nach der offiziellen Parteizulassung wurde am 18. Juni 1945 die SPD in Chemnitz gegründet.[178] Der ehemalige Bezirksvorsitzende August Friedel übernahm den Vorsitz. Mitglieder des Bezirksvorstandes waren ferner: Gerhard Börner (stellv. Vorsitzender), Walter Hedrich, Fritz Buchwald, Moritz Nestler, Karl Rudolph. Ende Juni nahm der provisorische Bezirksvorstand Verbindung mit der Landesleitung in Dresden auf. Mit einer ersten Versammlung trat die Chemnitzer Parteiorganisation am 6. Juli 1945 in Chemnitz-Altendorf an die Öffentlichkeit.[179]

Anfang August 1945 waren im Bezirk Chemnitz 4 490 Mitglieder registriert, bis 1. September 1945 stieg die Mitgliederzahl auf 9 170.[180] Damit stellte der Chemnitzer Bezirksverband bis zu diesem Zeitpunkt nach Dresden die zweitstärkste Bezirksorganisation Sachsens dar.

Der am 9. September 1945 tagende erste Bezirksparteitag der Chemnitzer SPD bestätigte August Friedel als Vorsitzenden und wählte Gerhard Börner zum stellvertretenden Bezirksvorsitzenden.[181]

---

173 Im Ergebnis der Erwägungen in der Berliner Führung kam es am 20. August 1945 zu einer internen, nicht für die Öffentlichkeit bestimmten Standortbestimmung des Zentralausschusses, die mit »Stellungnahme und Beschluß des Zentralausschusses der SPD vom 20. August 1945 über die Frage der Ostorientierung« überschrieben war. Auf der Grundlage einer Analyse der Situation Deutschlands im Jahre 1945 sowie der außenpolitischen Bedingungen und einer speziellen Untersuchung der gesellschaftlichen Systeme Frankreichs, Großbritanniens, der USA und der Sowjetunion wurde auf die Frage nach der Orientierung auf die Sowjetunion eine positive Antwort gegeben: SAPMO-BArch, ZPA, II/2/1.
174 Vgl. AdsD, Ostbüro. Vgl. Dokument Nr. 39.
175 Über die frühen Vorgänge im Bezirksverband Chemnitz, insbesondere über die Konstituierungsphase von SPD und KPD, gibt es so gut wie kein Archivmaterial. Auch die späteren Geschehnisse um die Bildung der Einheitspartei sind kaum dokumentiert. Die unzureichende archivalische Überlieferung und die Zufälligkeit der vorhandenen Dokumente sind Indizien für eine in den 50er oder 60er Jahren stattgefundene Aktensäuberungsaktion.
176 Vgl. Zur Geschichte der Bezirksorganisation Karl-Marx-Stadt der SED (1945–1961), Karl-Marx-Stadt, o. J., S. 19 ff.
177 Vgl. ebd., S. 20.
178 Vgl. ebd., S. 22.
179 Vgl. Die Gründung der Sozialistischen Einheitspartei Deutschlands in Chemnitz, Karl-Marx-Stadt o. J., S. 32.
180 Vgl. SAPMO-BArch, ZPA, II/3/4/1.
181 Vgl. Zur Geschichte der Bezirksorganisation Karl-Marx-Stadt der SED, S. 26.

Nach der Wiederaufnahme der politischen Tätigkeit der Parteien in Chemnitz entwikkelte sich das offizielle Verhältnis zwischen SPD und KPD auf der organisatorischen Ebene entsprechend den jeweiligen Vereinbarungen der Parteiführungen in Berlin.[182] Folgerichtig wurde auch in Chemnitz am 26. Juni 1945 eine Arbeitsgemeinschaft zwischen SPD und KPD nach Berliner Vorbild gebildet.

Im Bezirk Zwickau fanden sich ab Anfang Juli 1945 Sozialdemokraten zu regelmäßigen Beratungen über den Aufbau der Organisation zusammen. Eine erste Besprechung ist für den 3. Juli 1945 in Zwickau nachzuweisen.[183] Am 15. Juli 1945 erfolgte die offizielle Gründung des Ortsvereins Zwickau im Rahmen einer Mitgliederversammlung[184], und am 27. Juli 1945 konstituierte sich der Bezirksvorstand mit Karl Kautzsch und Richard Hentsch an der Spitze.[185] Am 29. Juli 1945 tagte ein Parteitag für den Unterbezirk Zwickau-Stadt.[186]

Offensichtlich hatte die Zwickauer SPD weniger Schwierigkeiten mit der sowjetischen Kommandantur als die Leipziger Sozialdemokraten. Darauf deutet eine Aussprache der Mitglieder des Bezirksvorstandes der SPD mit dem sowjetischen Stadtkommandanten am 12. Juli 1945 in Zwickau hin.[187] Der Kommandant versicherte, sich nicht in die Entwicklung und Arbeit der Sozialdemokratischen Partei einzumischen, »da in der Tatsache, daß Vertreter der Sozialdemokratischen Partei in hohen Verwaltungsstellen zu finden sind, das Vertrauen des Volkes zu ihnen zum Ausdruck komme.« Er erwarte aber, »daß die Sozialdemokratische Partei im engsten Kontakt mit der Kommunistischen Partei schöpferisch an der Formung eines neuen politischen Antlitzes unseres Volkes arbeitet.«[188]

Auf dem ersten Bezirksparteitag Anfang September 1945 wählten die Delegierten Karl Kautzsch zum ersten Vorsitzenden. Ferner gehörten dem Bezirksvorstand an: Richard Hentsch, Gertrud Hentsch, Harry Breslauer, Willy Klug, Johannes Franke, Reinhard Kammer, Kurt Breslauer, Willy Sachers.[189] Bis zum 1. September 1945 waren im Bezirk Zwickau 4 730 Mitglieder organisiert.[190] Ihre Zahl erhöhte sich bis zum 30. Oktober 1945 auf rund 9 000. Ende 1932 hatte der Bezirk 12 296 Mitglieder umfaßt. Der alte Mitgliederstand war demnach noch nicht wieder erreicht.

Der Bezirk Görlitz wurde aus den ehemaligen schlesischen Kreisen Görlitz-Stadt, Weißwasser und Hoyerswerda gebildet, die später dann als Unterbezirke der SPD firmierten. Die Gründungsversammlung der SPD-Ortsgruppe Görlitz datiert vom 23. Juni 1945.[191] Die ersten Ortsvereine im Bezirk Görlitz wurden Anfang Juli 1945 gegründet, doch blieb der Stand des Aufbaus der Organisation hier hinter der organisationspolitischen Entwicklung der SPD in den anderen Bezirken Sachsens in den ersten Monaten nach Kriegsende erheblich zurück. Das bestätigt auch die Mitgliederstatistik. Anfang August 1945 waren im gesamten Bezirk Görlitz 660 Mitglieder registriert, ihre Zahl erhöhte sich bis zum 1. September auf 1 900.[192]

---

182 Vgl. *Bouvier*, Antifaschistische Zusammenarbeit, S. 458.
183 Vgl. SAPMO-BArch, ZPA, II/3/4/1.
184 Vgl. ebd.
185 Vgl. Sächsisches Staatsarchiv Leipzig, BPA Leipzig, II/2/8.
186 Vgl. ebd.
187 Vgl. Dokument Nr. 33.
188 Vgl. Sächsisches Hauptstaatsarchiv, Zweigstelle Chemnitz, BPA Chemnitz, II/2/016.
189 Vgl. Sächsisches Staatsarchiv Leipzig, BPA Leipzig, II/2/8.
190 Vgl. ebd.
191 Vgl. Sächsisches Hauptstaatsarchiv Dresden, SED-BPA Dresden, II/B/3.008. Vgl. Dokument Nr. 27.
192 Vgl. SAPMO-BArch, ZPA, II/3/4/1.

Im September 1945 konstituierte sich unter dem Vorsitz von Max Rausch ein Bezirksvorstand. Eine am 1. und 2. Dezember 1945 tagende Bezirkskonferenz wählte Richard Ressel zum 1. Vorsitzenden und Max Rausch zum Sekretär des Bezirksvorstandes. Die Wahl des engeren Bezirksvorstandes führte zu folgender Zusammensetzung: Richard Ressel, Max Rausch, Frieda Noack, Gustav Mayer, Paul Sommer, Karl Dietrich, Wilhelm Baumgart, Georg Noak, Franz Kleinert.

In der Zeitungsfrage spielte in Sachsen die parteipolitische Konkurrenz zwischen dem Leipziger Bezirksvorstand und dem Dresdener Landesvorstand eine Rolle. Das Vorhaben, in Fortsetzung der traditionsreichen sozialdemokratischen »Leipziger Volkszeitung« für Leipzig eine eigene Bezirkszeitung herauszubringen, konnte bei der SMA nicht durchgesetzt werden. Statt dessen erschien ab 11. September 1945 »Die Volksstimme« als Landeszeitung der SPD für ganz Sachsen in einer Auflage von anfangs 50 000, später 160 000 Exemplaren.[193] Die Landeszeitung konnte ab Oktober 1945 mit 5 Kopfblättern für die jeweiligen Bezirke herausgebracht werden.

Thüringen

Das Land Thüringen war erst zu Beginn der 20er Jahre entstanden durch Zusammenlegung thüringischer Kleinstaaten zum Freistaat Thüringen. Mit der faktischen Auflösung Preußens nach dem Ende des Zweiten Weltkrieges wurde der ehemals preußische Regierungsbezirk Erfurt angegliedert. Zwischen dem 6. und 16. April 1945 wurde Thüringen von amerikanischen Truppen besetzt.[194]

In Thüringen hatte sich in den Tagen nach der Befreiung des Konzentrationslagers Buchenwald am 11. April 1945[195] aus Mitgliedern der SPD und einigen Sozialdemokraten westeuropäischer Länder ein »Komitee der demokratischen Sozialisten des ehemaligen Konzentrationslagers Buchenwald« gebildet, aus dem einige Zeit später der »Bund demokratischer Sozialisten« hervorging. Es konstituierte sich ein provisorischer Vorstand des Bundes für Thüringen mit Hermann Brill, Rudolf Jungmann und Curt Böhme[196], dessen Tätigkeit unter amerikanischer Besatzung auf Weimar beschränkt blieb.

Seit Ende April 1945 trafen sich in Erfurt Sozialdemokraten in regelmäßigen illegalen Zusammenkünften, um den Aufbau der SPD zunächst in Erfurt vorzubereiten. Zu diesem Kreis gehörten Heinrich Hoffmann, Max Lüdecke, Julius Dittforth und Gustav Brack.[197] Ab Anfang Mai 1945 kann von einem fest organisierten Gründerkreis der Erfurter Sozialdemokraten gesprochen werden, dem überwiegend ältere Funktionäre angehörten, die vor 1933 entweder in der Erfurter Kommunalpolitik oder in der Gewerkschaftsbewegung führend tätig gewesen waren.

---

193 Vgl. *Zimmermann*, Otto Buchwitz, S. 117.
194 Vgl. *Anweiler*, Zur Geschichte der Vereinigung von KPD und SPD in Thüringen, S. 14.
195 Manfred Overesch geht davon aus, daß die Vorgänge um die Befreiung des Konzentrationslagers Buchenwald am 11. April 1945 nicht als ein Akt der Selbstbefreiung interpretiert werden können. Vgl. *Overesch*, Hermann Brill in Thüringen, S. 292 f. In DDR-Darstellungen, fußend auf Erinnerungsberichten, ist die Selbstbefreiungsversion beschrieben worden. Vgl. *Klaus Drobisch*, Widerstand in Buchenwald, Berlin (Ost) 1985, S. 105 ff.
196 So schildert dies Hermann Brill in den von ihm verfaßten »Richtlinien des Bundes demokratischer Sozialisten«. Vgl. SAPMO-BArch, ZPA, NL 90/279.
197 Vgl. SAPMO-BArch, ZPA, EA 1365/1.

Während der amerikanischen Besatzung hatten sich auch in Thüringen antifaschistische Ausschüsse gebildet[198], so ein »antifaschistisches Volkskomitee« am 21. Mai in Bad Salzungen[199], ein »antifaschistischer Zehnerausschuß« am 12. Mai in Zella Mehlis[200], ein »Volksausschuß für Wiederaufbau und Freiheit« Mitte Mai in Pößneck[201] ein »antifaschistisches Komitee« am 18. April 1945 in Gera.[202] Diese Ausschüsse bedeuteten faktisch die erste Kontaktaufnahme zwischen Sozialdemokraten und Kommunisten. Als ihren wichtigsten Auftrag betrachteten sie die Reorganisation der Kommunalverwaltung. Die amerikanische Militärregierung tolerierte die Arbeit der antifaschistischen Ausschüsse, reagierte aber auf dessen Vorschläge – insbesondere die Personalvorschläge für die Verwaltungsposten – häufig nicht. Größere Differenzen zwischen Sozialdemokraten und Kommunisten scheint es in den Ausschüssen nicht gegeben zu haben, zumal in dieser Zeit parteitaktische Gesichtspunkte nur eine untergeordnete Rolle spielten.

Nach dem Besatzungswechsel Anfang Juli wurde das Verhältnis zwischen Sozialdemokraten und Kommunisten immer problematischer, weil die Thüringer Kommunisten sich nunmehr den parteitaktischen Richtlinien der KPD-Führung unterzuordnen hatten. Da die Thüringer Bezirksleitung sich nicht reibungslos in das taktische Kalkül der Berliner KPD-Führung einpassen wollte, erhielt seit Mitte Juli 1945 Georg Schneider anstelle von Ernst Busse den Auftrag, als Bezirksleiter den politischen Machtanspruch der Kommunisten in Thüringen besser durchzusetzen, als dies sein Vorgänger getan hatte. Schneider versuchte, sein an die Weimarer Einheitsfrontpolitik der KPD anknüpfendes Konzept umzusetzen, indem er »rechte Sozialdemokraten« wie Hermann Brill isolieren und ausschalten wollte.

Über den lokalen Bereich hinausgehend, wirkte das im Konzentrationslager Buchenwald gebildete »Thüringen Komitee", das in enger Verbindung mit der in Buchenwald tätigen Bezirksleitung der KPD zu sehen ist.[203] Anfang Juni 1945 hatten sich ehemalige Mitglieder von SPD, KPD, DDP und Zentrum als »Thüringen-Ausschuß des Anti-Nazi-Komitees« unter dem Vorsitz des Kommunisten Johannes Brumme in Weimar konstituiert.[204] Die erste Sitzung des »Thüringen-Ausschusses« fand am 8. Juni 1945 im Weimarer Rentamt statt.[205] Der »Thüringen-Ausschuß« sollte u. a. die eingereichten Personalvorschläge für die Besetzung der Landesämter diskutieren.

Für die programmatische Orientierung der Thüringer Sozialdemokraten während der Konstituierungsphase hatte das »Manifest der demokratischen Sozialisten des ehemaligen Konzentrationslagers Buchenwald« vom 13. April 1945 erhebliche Relevanz.[206] Das Bu-

---

198 Vgl. *L. Fuchs*, Die Besetzung Thüringens durch die amerikanischen Truppen. Die Behinderung des Kampfes der KPD um die Neuformierung ihrer Reihen und um die Entwicklung einer breiten antifaschistischen Bewegung zur Herstellung antifaschistisch-demokratischer Verhältnisse (April–Juli 1945) (= Beiträge zur Geschichte Thüringens), Erfurt 1968; *Manfred Overesch*, Machtergreifung von links. Thüringen 1945/46, Hildesheim 1993, S. 85 ff.
199 Vgl. Chronik zur Geschichte der SED im Kreis Meiningen, Teil I: 1945 bis 1955, Meiningen o. J., S. 5.
200 Vgl. Chronik zur Geschichte der SED im Kreis Suhl, Teil I: 1945 bis 1954, Suhl o. J., S. 5.
201 Vgl. Zur Geschichte der Bezirksparteiorganisation Gera der SED, S. 198.
202 Vgl. ebd., S. 197.
203 Vgl. Chronik zur Geschichte der Arbeiterbewegung in Thüringen 1945 bis 1952, Erfurt 1975, S. 10.
204 Vgl. *Overesch*, Hermann Brill in Thüringen, S. 325.
205 Vgl. Thüringisches Hauptstaatsarchiv Weimar, BPA der SED Erfurt, V/6/6/16.
206 Buchenwalder Manifest für Frieden, Freiheit, Sozialismus, zuerst abgedruckt in: *Hermann Brill*, Gegen den Strom (= Wege zum Sozialismus, Heft 1), Offenbach 1946. Hermann Brill hatte wesentlichen Anteil an der Abfassung des Manifestes.

chenwalder Manifest bildete zunächst die programmatische Grundlage des im Konzentrationslager Buchenwald gebildeten »Bundes demokratischer Sozialisten«.[207] Nach einer Darstellung von Heinrich Hoffmann wurde es später im Auftrag von Karl Buchmann aus Erfurt in 2 000 Exemplaren gedruckt, ab 9. Juli 1945, also unmittelbar nach dem Besatzungswechsel, in ganz Thüringen verbreitet und fand unter sozialdemokratischen Arbeitern, insbesondere in Erfurt, Weimar, Gera, Saalfeld, Stadtroda und Rudolstadt, breite Akzeptanz.[208]

Ohne Zweifel war die organisatorische und politisch-konzeptionelle Entwicklung der Thüringer Sozialdemokratie bis zum Ende des Jahres 1945 mit der Person Hermann Brills eng verbunden. Brill verzichtete in den ersten drei Monaten nach Kriegsende darauf, die SPD in alter Form zu organisieren. Handlungsgrundlage hierfür bildete sein im Buchenwalder Manifest formulierter Einheitsgedanke, der nicht unwesentlich vom Organisationsmodell der britischen Labour Party beeinflußt schien. Doch schon die ersten organisatorischen Bemühungen der Kommunisten in Buchenwald nach der Befreiung machten deutlich, daß sie auf den Aufbau der eigenen Organisation um keinen Preis verzichten wollten und im Verhältnis zu den Sozialdemokraten an die alte »Einheitsfrontstrategie« der Weimarer Zeit anknüpften. Die auf einer Mitgliederversammlung am 14. April 1945 in Buchenwald gewählte KPD-Bezirksleitung[209] stimulierte die Bildung kommunistischer Betriebszellen, um so Einfluß auf neu zu bildende kommunale Leitungsorgane zu erhalten. Die Amerikaner verboten daraufhin am 26. April 1945 die Tätigkeit jeglicher politischer Parteien.[210]

Da die KPD in Thüringen nach dem Einzug der Roten Armee begonnen hatte, die Partei durch Mitgliederwerbung im sozialdemokratischen Milieu als Massenpartei zu reorganisieren, entstand für den Bund demokratischer Sozialisten Handlungsbedarf. Zu einer offiziellen Gründung des Weimarer Ortsvereins des Bundes demokratischer Sozialisten kam es am 3. Juli 1945.[211] Die Versammlung wählte einen fünfköpfigen Vorstand mit dem ehemaligen Vorsitzenden des Thüringischen Staatsministeriums August Frölich an der Spitze und erklärte, »daß der Bund demokratischer Sozialisten der tatsächliche und rechtliche Nachfolger der früheren Sozialdemokratischen Partei Deutschlands ist«.[212]

Die erste Landeskonferenz des Bundes demokratischer Sozialisten Thüringens wählte am 8. Juli 1945 den Landesvorstand in folgender Zusammensetzung: Hermann Brill als erster Vorsitzender, Heinrich Hoffmann als zweiter Vorsitzender, Walter Federbusch als Schriftführer, Karl Buchmann als Kassierer und Gustav Brack, Otto Steinbrück, Curt Böhme, Ida Karthäuser, Otto Kästner, Marie Carnarius als Beisitzer.[213] Adolf Bremer wurde kurze Zeit danach Organisationssekretär und Cäsar Thierfelder als Vorsitzender der Pressekommission Mitglied des Landesvorstandes.

Obgleich der Organisationsaufbau seit Anfang Juli 1945 vorangetrieben wurde, hielt Brill an dem Gedanken einer politischen Aktionsgemeinschaft der deutschen Arbeiterschaft fest. Auf der 1. Landeskonferenz des Bundes demokratischer Sozialisten modifi-

---

207 Vgl. *Moraw*, Die Parole der »Einheit« und die Sozialdemokratie, S. 112 f; *Thape*, Von Rot zu Schwarz-Rot-Gold, S. 181 ff.
208 Vgl. SAPMO-BArch, ZPA, EA 1365/1; Zur Geschichte der Bezirksorganisation Gera der SED, S. 199.
209 Vgl. *Benser*, Die KPD im Jahre der Befreiung, S. 79. Der in Buchenwald konstituierten Bezirksleitung gehörten Johannes Brumme, Richard Eyermann, Hermann Geißler, Otto Trillitzsch, Walter Wolf und Willy Zimmermann an.
210 Vgl. *Overesch*, Hermann Brill in Thüringen, S. 302.
211 Vgl. Dokument Nr. 42.
212 AdsD, Nachlaß Hermann Brill.
213 Vgl. SAPMO-BArch, ZPA, II/3/8/1.

zierte Brill sein Konzept für eine einheitliche Arbeiterpartei, in der nunmehr die Sozialdemokratie als Organisation eine Autonomie erhalten sollte. Die in Berlin getroffenen Vereinbarungen über gemeinsame Arbeitsausschüsse waren für Brill nicht ausreichend und viel zu allgemein; »es stecken mir darin viel zu viele Gefahren, die ein Sonderdasein der KPD ermöglichen. [...] Darum meine ich, überall in den Städten und in allen Kreisen soll eine politische Arbeitsgemeinschaft aus den berufenen autorisierten Vertretern der Kommunisten und unserer Partei gegründet werden.«[214]

In einem Schreiben an den Bezirkssekretär der KPD Thüringens Ernst Busse vom 10. Juli 1945 unterbreitete Brill dann praktische Vorschläge zur Zusammenarbeit, die er am 8. Juli 1945 auf der Landeskonferenz des Bundes demokratischer Sozialisten vorgetragen hatte. Er schlug vor, »daß alsbald konkret auf eine völlige Verschmelzung der sozialistischen Arbeiterbewegung hingearbeitet wird.«[215] Die gemeinsame Basis hierfür sollten die Grundgedanken des Buchenwalder Manifestes bilden. Die KPD-Bezirksleitung reagierte auf diese Vorschläge zunächst ausweichend und lehnte sie schließlich am 21. Juli 1945 in einem Antwortschreiben an den Landesvorstand ab.[216] Gleichzeitig beschrieb die Bezirksleitung der KPD die hauptsächlichen Differenzen mit dem Landesvorstand des Bundes demokratischer Sozialisten, die in der Idee des Buchenwalder Manifestes begründet seien, den Sozialismus als eine Aufgabe der Gegenwart zu betrachten.

Zweifelsohne setzte die Offerte Brills und des Landesvorstandes bei der KPD ein hohes Maß an Selbständigkeit einer Bezirksleitung voraus. Diese Selbständigkeit konnte aufgrund der inneren Struktur der KPD nicht vorhanden sein. Die Thüringer Bezirksleitung hatte sich an die zentralen Vorgaben der Berliner KPD-Führung zu halten, wogegen Brill die Existenz des Zentralausschusses zwar zur Kenntnis nahm, den Aufruf vom 15. Juni 1945 und das Buchenwalder Manifest vom 13. April 1945 jedoch auf einem Reichsparteitag in einem einheitlichen Programm zusammengefaßt sehen wollte.[217] Ein wesentlicher Grund zur Ablehnung der Vorschläge für eine einheitliche Arbeiterpartei bestand für die KPD in der Erwägung, sich nicht in eine sozialdemokratisch dominierten Einheitspartei einbinden und majorisieren zu lassen. Für die KPD waren die strukturellen und kaderpolitischen Voraussetzungen noch nicht geschaffen, um in einer Einheitspartei die »politische Linie« zu bestimmen. Brill und andere Befürworter einer schnellen Vereinheitlichung der organisierten Arbeiterbewegung sahen im Frühjar 1945 die einzige Chance, mit einem aus dem Widerstand legitimierten politischen Selbstbewußtsein sozialdemokratisches Ideengut und konzeptionelle Neuorientierungen in einer Einheitspartei gleichermaßen zur Entfaltung zu bringen.[218]

Die Thüringer Sozialdemokraten standen nach dem Besatzungswechsel bei der Anmeldung der Partei vor mancherlei Problemen, die einen bürokratischen Anlaß, zumeist jedoch einen inhaltlichen Hintergrund hatten. Sie hatten mit dem Manifest des Bundes demokratischer Sozialisten eine programmatische Grundlage gewählt, die in mehrfacher Hinsicht den Richtlinien der sowjetischen Führung für den Aufbau eines Parteiensystems widersprachen. Das betraf vor allem die Orientierung auf eine Einheitspartei und das dem Manifest zugrundeliegende Demokratiekonzept. Zudem schien die Thüringer Führung um Hermann Brill nicht bereit, den Berliner Zentralausschuß anzuerkennen, der sich ihrer Meinung nach »außerhalb der Statuten der Partei gebildet hat.«[219] Obwohl die SPD in

---

214 Thüringisches Hauptstaatsarchiv Weimar, BPA der SED Erfurt, II/1001.
215 Thüringisches Staatsarchiv Meiningen, BPA der SED Suhl, II/3/07. Vgl. Dokument Nr. 43.
216 Vgl. Dokument Nr. 43.
217 Vgl. Schreiben Brills an die Bezirksleitung der KPD vom 10. Juli 1945. Vgl. Dokument Nr. 43.
218 Vgl. *Overesch*, Hermann Brill in Thüringen, S. 351.
219 Thüringisches Staatsarchiv Meiningen, BPA der SED Suhl, II/3/07.

Thüringen zum Zeitpunkt des Besatzungswechsels Anfang Juli 1945 schon über relativ feste organisatorische Strukturen verfügte, wurde die Partei in Thüringen erst nach längeren, quälenden Verhandlungen, in die sich auch der Zentralausschuß in Berlin einschaltete, Ende August offiziell zugelassen.

Über die aus dem Buchenwalder Manifest resultierenden Irritationen der sowjetischen Besatzungsbehörden gibt ein Gesprächsprotokoll des stellvertretenden Landesvorsitzenden Heinrich Hoffmann Auskunft, das er nach einer Vorladung beim Stellvertreter für Zivilangelegenheiten des Chefs der SMA Thüringens Generalmajor Kolesnitschenko am 24. Juli 1945 anfertigte.[220] Die Zulassung der Partei in Thüringen machte Kolesnitschenko von der Anerkennung des Aufrufs des Zentralausschusses und vom Fallenlassen des Buchenwalder Manifestes abhängig. Am 27. Juli 1945 wurde Hermann Brill in der gleichen Angelegenheit zur sowjetischen Kommandantur bestellt.[221] Die Spannungen zwischen dem Landesvorstand und der SMA, die nunmehr definitiv die Ablegung des Namens Bund demokratischer Sozialisten forderte, konnten in den folgenden Wochen nicht abgebaut werden. Insbesondere entwickelte sich zwischen Brill und Kolesnitschenko ein sehr gespanntes Verhältnis[222], das zur zeitweiligen Verhaftung Brills führte.[223]

Anfang August 1945 erhielt Brill die Erlaubnis zu einer Fahrt nach Berlin, um mit Mitgliedern des Zentralausschusses die Modalitäten der Parteizulassung in Thüringen zu besprechen. Brill berichtete dem Landesvorstand am 6. August 1945 über die Beratung mit Otto Grotewohl, Max Fechner, Erich Gniffke und anderen Mitgliedern des Zentralausschusses, die ihrerseits die Legitimität des neuen Führungsgremiums erläuterten, die zuvor von Brill in Frage gestellt worden war.[224] Vom Zentralausschuß wurde vor allem die Bezeichnung Bund demokratischer Sozialisten kritisiert. Hermann Brill wurde vom Zentralausschuß im Anschluß an die Unterredung bevollmächtigt, in dessen Namen die organisatorischen Vorbereitungen zum Aufbau der SPD in Thüringen zu treffen.[225]

Nach einer weiteren Unterredung mit einem Vertreter der sowjetischen Kommandantur in Weimar betrachtete der Thüringer Landesvorstand das Buchenwalder Manifest nunmehr lediglich als »historisches Dokument« und erklärte sich als Landesverband der SPD, nachdem die Bezeichnung Bund demokratischer Sozialisten formell verboten worden war.[226] Gleichzeitig akzeptierte man den Berliner Zentralausschuß als Führung für die sowjetische Zone, da die SMA die Anerkennung zentraler Parteibeschlüsse zur Voraussetzung für die Lizenzierung machte. Damit war der Weg frei für die Durchführung einer weiteren Landeskonferenz am 11. August 1945, die allerdings als Bezirkskonferenz firmierte. Heinrich Hoffmann schilderte auf der Konferenz die Vorgänge um die Lizenzierung der Partei und erläuterte die weiteren Zulassungsmodalitäten.[227]

Die Zulassung der Partei verzögerte sich jedoch noch weiter, weil die SMA in Thüringen mit Unterstützung der KPD-Bezirksleitung offenbar darauf bestand, Hermann Brill als

---

220 Vgl. AdsD, Nachlaß Hermann Brill. Vgl. Dokument Nr. 44.
221 Vgl. Thüringisches Hauptstaatsarchiv Weimar, BPA der SED Erfurt, II/2003.
222 Vgl. *Kolesnitschenko*, Im gemeinsamen Kampf, S. 30 f.
223 Brill teilte den Mitgliedern des Landesvorstandes auf einer Sitzung am 6. August 1945 mit, daß er am 4. August für mehrere Stunden verhaftet worden sei. Vgl. Thüringisches Hauptstaatsarchiv Weimar, BPA der SED Erfurt, II/2-003.
224 Vgl. Thüringisches Hauptstaatsarchiv Weimar, BPA der SED Erfurt, II/2-003.
225 Vgl. Protokoll zur Bezirkskonferenz der Sozialdemokratischen Partei Deutschlands am 11. August 1945 im Volkshaus zu Weimar. Vgl. Dokument Nr. 46.
226 Vgl. den Bericht Hermann Brills auf der Sitzung des Landesvorstandes am 6. August 1945: Thüringisches Hauptstaatsarchiv Weimar, BPA der SED Erfurt, II/2-003.
227 Vgl. Dokument Nr. 46.

Landesvorsitzenden zurückzuziehen.[228] Auch für den Zentralausschuß erwies sich der selbstbewußte Landesvorsitzende als unbequemer Partner und möglicher Konkurrent, der als Widerstandskämpfer und Buchenwaldhäftling Autorität unter Sozialdemokraten genoß. Die von Brill betriebene Gründung des Bundes demokratischer Sozialisten hatte praktisch eine Kampfansage an die in Berlin im Juni von Grotewohl, Dahrendorf und anderen organisierte alte SPD dargestellt. Das mag den Zentralausschuß bewogen haben, nicht Hermann Brill, sondern Heinrich Hoffmann am 22. August 1945 eine Vollmacht zu übergeben, mit der er ermächtigt wurde, die offizielle Registrierung der Partei in Thüringen zu beantragen.[229]

Der Landesvorsitz in Thüringen blieb ein Problem, das sich zunehmend als Belastungsprobe zwischen der SMA und dem Thüringer Landesvorstand gestaltete. Eine mögliche Verhaftung Hermann Brills befürchtend, faßte der Landesvorstand am 3. September 1945 den Beschluß, »den Genossen Dr. Brill bis auf weiteres von der Führung der Geschäfte des 1. Vorsitzenden zu beurlauben.«[230] Eine außerordentliche Landesvorstandssitzung am 30. September 1945, an der auch Erich Gniffke vom Zentralausschuß teilnahm, sprach sich dann uneingeschränkt für Brill als Landesvorsitzenden aus.[231] Um die leidige Angelegenheit um den Landesvorsitz zum Abschluß zu bringen, wurde beschlossen, »daß der Genosse Gniffke und ein Vertreter der Partei am Montag, den 1. Oktober [1945] beim hiesigen Kommandanten vorstellig werden und ihm die Frage vorlegen, ob und was für Bedenken noch gegen den Genossen Brill bestehen und ob er weiterhin bereit ist, vertrauensvoll mit dem Genossen Brill in seiner Eigenschaft als 1. Landesvorsitzender der SPD zusammenzuarbeiten.«[232] Die SMA konnte es sich nach ihrer Verzögerungstaktik um die Zulassung der Partei in Thüringen nicht mehr leisten, Brill als Landesvorsitzenden nicht zu bestätigen. Die Spannungen hauptsächlich mit Kolesnitschenko blieben aber bestehen und nahmen im November/Dezember 1945 immer dramatischere Formen an. Der offene Konflikt endete schließlich mit dem erzwungenen Rücktritt Brills um die Jahreswende 1945/46.

Die Verwicklungen um die Zulassung der SPD in Thüringen zeigten, daß die sowjetische Besatzungsmacht ein organisationspolitisches und programmatisches Eigenleben der Sozialdemokratie in den Ländern nicht zu tolerieren bereit war. Die organisationspolitischen Abschottungsbestrebungen der Thüringer Sozialdemokraten kollidierten mit dem zentralistischen Parteimodell der sowjetischen Kommandanturen. Zudem schien eine von Berlin aus gesteuerte Personalpolitik die stärkere politische Kontrolle der Sozialdemokratischen Partei zu garantieren, was sich allerdings angesichts der Struktur der SPD als völlige Illusion erwies. Auf der anderen Seite wurde in der Anfangszeit demonstriert, daß der Konfrontationskurs Brills, die Demonstration eigener Stärke, auf die Besatzungsmacht nicht den gewünschten Eindruck machte. Indem die Kooperation mit der Besatzungsmacht von personalpolitischen Entscheidungen der Kommandanturen abhängig gemacht wurde, verstärkte sich das beiderseitige Mißtrauen, so daß Konflikte nicht ausbleiben konnten. Sozialdemokraten waren immer dann desillusioniert, wenn sie nicht die aufgrund ihrer traditionellen Bedeutung und Stärke zustehende Beachtung und Verwendung fanden.

Noch ein weiterer Vorgang sorgte für erhebliche Mißstimmung in den Beziehungen zur SMA sowie auch zur Bezirksleitung der KPD: Nach dem Abzug der amerikanischen Trup-

---

228 Eine mögliche Absetzung Brills und seine Versetzung an die Berliner Humboldt-Universität im Sommer 1945 deutet Kolesnitschenko in seinen Erinnerungen an, die jedoch allgemein kaum zuverlässig sind. *Kolesnitschenko,* Im gemeinsamen Kampf, S. 31 f.
229 Vgl. SAPMO-BArch, ZPA, NL 90/276.
230 Thüringisches Hauptstaatsarchiv Weimar, BPA der SED Erfurt, II/2003.
231 Vgl. Thüringisches Hauptstaatsarchiv Weimar, BPA der SED Erfurt, II/2-003.
232 Ebd.

pen aus Thüringen Anfang Juli 1945 wurde am 16. Juli 1945 der parteilose Rudolf Paul anstelle von Hermann Brill zum neuen Landespräsidenten ernannt. Die Ernennung Pauls, der vor 1933 die ostthüringische DDP geleitet hatte, paßte besser in die von SMAD und KPD verfolgte Bündnispolitik und schien außerdem geeignet, die anfangs führende Position der SPD in der Landesverwaltung zu schwächen.[233] Nach der Entlassung Brills als Regierungspräsident in Thüringen wurde außerdem der bisher vom Sozialdemokraten Buchwald verwaltete Posten des Landesdirektors des Innern dem kommunistischen Vizepräsidenten Ernst Busse übertragen. Das bedeutete einen doppelten Machtverlust der SPD und war für den Landesvorstand nicht hinnehmbar. Die neue Zusammensetzung der Landesregierung bildete während der Vorstandssitzungen im Juli und August 1945 einen ständigen Tagesordnungs- und Diskussionspunkt.[234] Der Landesvorstand machte die weiteren Beziehungen zur KPD-Bezirksleitung direkt von Kompromissen der KPD in der Frage der Regierungsbeteiligung abhängig. Die KPD lenkte ein: Am 18. August 1945 wurde Curt Böhme als Landesdirektor des Innern eingesetzt und Heinrich Hoffmann eine Referentenstelle im Landesamt des Innern in Aussicht gestellt. Die KPD erreichte jedoch, daß ihr Kompetenzverlust durch eine Reihe von administrativen Umstellungen ausgeglichen wurde, indem dem Landesamt des Innern eine Reihe wichtiger Funktionen entzogen und dem kommunistischen Vizepräsidenten Busse zugeteilt wurden.[235]

Die Diskussion um die Verteilung von Ämtern in der Landesverwaltung flammte erneut auf, als der Posten des Leiters des Landesamtes für Arbeit neu besetzt werden mußte, die SPD ihren Anspruch geltend machte und auf einer Sitzung des gemeinsamen Arbeitsausschusses am 17. September 1945 Gustav Brack in Vorschlag brachte.[236] Das Amt eines Leiters des Landesarbeitsamtes war in allen Ländern der sowjetischen Zone heftig umstritten, da von hier aus weitreichende Personalentscheidungen vorbereitet werden konnten.

Die Auseinandersetzungen auf der kommunalen Verwaltungsebene lassen sich nicht nur in Thüringen mehr als Kampf um machtpolitische Positionen denn als Postengerangel deuten. Sie weisen eben nicht auf ein harmonisches Nebeneinander bei der Lösung anstehender Probleme, sondern auf Konkurrenz um Einflußsphären in kommunalen Bereichen hin, die zu Recht von Sozialdemokraten und Kommunisten gleichermaßen als Weichenstellungen für künftige machtpolitische Entscheidungen betrachtet wurden. Aus diesem Grunde bedeutete der Postenverlust eben auch Machtverlust, wobei die eigene materielle Existenzsicherung gerade in jener Zeit eine nicht unwesentliche Rolle spielte. Der relativ große Einfluß der Sozialdemokraten in der Kommunalpolitik führte oft zu eigenen Fehleinschätzungen über das tatsächliche Kräfteverhältnis. Die Sozialdemokraten hatten zwar entscheidenden Anteil bei der Besetzung von unteren und mittleren Verwaltungsstellen, deren Funktionieren sie nicht selten durch ihre Sachkompetenz garantierten, doch waren es die Kommunisten, die durch Besetzung der strategisch wichtigen Positionen die politischen Entscheidungen herbeiführten.

Die offizielle Zulassung des Landesverbandes der SPD Ende August 1945 stabilisierte den Organisationsaufbau in Thüringen. Im Landesverband Thüringen waren bis zum 30. Oktober 35 000 Mitglieder organisiert.[237] Damit war der Stand von 42 552 Mitgliedern Ende 1932 noch nicht wieder erreicht. Der erste Parteitag der SPD des Landesverbandes Thüringen fand am 27. und 28. Oktober 1945 in Weimar statt. Dieser wählte einen neuen

---

233 Vgl. *Sywottek*, Deutsche Volksdemokratie, S. 198.
234 Vgl. Dokument Nr. 45.
235 Vgl. SBZ-Handbuch, S. 175.
236 Vgl. Thüringisches Hauptstaatsarchiv Weimar, BPA der SED Erfurt, III/1-001. Vgl. Dokument Nr. 50.
237 Vgl. SAPMO-BArch, ZPA, NL 101/12.

Landesvorstand. Neben dem Vorsitzenden Hermann Brill gehörten zum geschäftsführenden Landesvorstand: Heinrich Hoffmann, Curt Böhme, Gustav Brack, Hugo Hose, Elisabeth Zajak-Frölich und Marie Carnarius. Weiterhin wählten die Delegierten die Mitglieder der Satzungs-, Presse- und Kontrollkommission, die zusammen mit den Kreisvorsitzenden den erweiterten Vorstand bildeten.[238]

Die seit Juli 1945 bei der Kommandantur geführten Gespräche um die Herausgabe einer sozialdemokratischen Landeszeitung für Thüringen blieben lange Zeit erfolglos. Ab 15. September 1945 konnte die »Tribüne« dreimal wöchentlich erscheinen.

Als generelles, alle Bezirks- und Landesverbände betreffendes Problem erwiesen sich die mangelhafte überregionale Kommunikation und das Informationsdefizit der örtlichen Vorstände. Der Kontakt der Bezirks- bzw. Landesvorstände zum Zentralausschuß, der seine Aktivität in den ersten Wochen seines Bestehens auf Berlin und die Randbezirke begrenzte, gelang allgemein erst Ende August/Anfang September 1945. Die Verbindungen nach Berlin blieben auch in der Folgezeit sehr lose. Von den Vorgängen in den Ländern und Provinzen hatte der Zentralausschuß in Berlin relativ wenig Kenntnis. Verläßliche Informationen erhielt er anfangs lediglich durch Aufenthalte von Landes- und Bezirksfunktionären in Berlin sowie durch sporadische Rundreisen von Zentralausschußmitgliedern durch die Parteibezirke. Andererseits bekamen die Bezirksverbände, über vereinzelte Rundschreiben hinausgehend, kaum Mitteilungen über die Intentionen der Berliner Führung.

Erich Gniffke nahm im Rahmen seiner Rundreise durch die Parteibezirke während der vom 28. bis 30. September 1945 stattfindenden Schulungstage der Thüringer Sozialdemokraten in Probstzella die Gelegenheit wahr, wie schon Gustav Dahrendorf in Leipzig nun hier in Thüringen die Politik des Zentralausschusses zu vertreten. Das Referat Gniffkes ließ erkennen, daß die Berichte aus Sachsen und Sachsen-Anhalt nicht ohne Einfluß auf den Zentralausschuß geblieben waren. Gniffke konstatierte die Benachteiligung der SPD bei der Besetzung von Verwaltungsstellen, die Behinderung bei der Bildung sozialdemokratischer Ortsvereine sowie Eingriffe in die Personalpolitik der Partei, die zu Mißstimmungen gegenüber der KPD geführt hätten.[239]

Die Gespräche, die Erich Gniffke mit Funktionären in den Ländern und Provinzen der sowjetischen Zone im September 1945 geführt und in denen diese über die Probleme in der Zusammenarbeit mit der KPD auf der mittleren und unteren Organisationsebene geklagt hatten, faßte er in seinem »Bericht betr. die Vorbereitung einer Organisationseinheit mit der KPD« vom 3. Oktober 1945 zusammen.[240] Die in den archivalischen Dokumenten enthaltenen Aussagen und Beobachtungen decken sich weitgehend mit dem Bericht Gniffkes, in dem er auf die von ihm beobachteten wachsenden Mißstimmungen in der Mitgliedschaft hinwies, die alle Einigungsbestrebungen behindern würden und auf Fehler der KPD zurückzuführen seien. Aus seiner Einschätzung des Standes der Zusammenarbeit schlußfolgerte Gniffke, daß die Voraussetzungen für eine Vereinigung noch nicht gegeben seien, ja vielfach sogar die Voraussetzungen für eine vertrauensvolle Zusammenarbeit fehlen würden.

Gniffke warnte zugleich vor einer fatalen Fehleinschätzung des realen Kräfteverhältnisses zwischen SPD und KPD, die besonders unter Sozialdemokraten in Leipzig und Thüringen zu beobachten war. Gniffke und sicherlich auch andere Mitglieder des Zentralausschusses begannen zu erkennen, daß es unter sowjetischen Besatzungsbedingungen nicht primär auf die Sympathie der Bevölkerung oder auf die Mitgliederzahlen ankam. Deshalb

---

238 Vgl. ebd., II/3/8/4.
239 Vgl. AdsD, Nachlaß Erich Gniffke.
240 Vgl. SAPMO-BArch, ZPA, NL 90/281.

verwies er in seinem Bericht auf die Versäumnisse beim Aufbau des eigenen Parteiapparates und den vielfach stärkeren hauptamtlichen Apparat der Kommunisten, was zu einem Organisationsmißverhältnis zwischen SPD und KPD geführt habe. Dieses Mißverhältnis sei darauf zurückzuführen, daß bei der SPD das ehrenamtlich tätige Element im Funktionärskörper überwiege, während bei den Kommunisten selbst im kleinsten Ort der Parteiapparat großzügig aufgebaut sei.[241] Damit hing die größere Aktivität und Mobilität der Kommunisten sowie die Überforderung so manches SPD-Ortsvereins bei der Verarbeitung kommunistischer Vorschläge zusammen. Das von Gniffke beschriebene Organisationsmißverhältnis konnte bis zum April 1946 nicht wesentlich abgebaut werden, so daß sich bei der SED-Gründung zwei verschieden große Organisationsapparate gegenüberstanden. Dieser Umstand begünstigte wesentlich die kommunistische Dominanz in der Einheitspartei, schien aber den Zentralausschuß in seiner Entscheidung für den Zusammenschluß nicht sonderlich irritiert zu haben.

Für die Phase vom April bis zum September 1945 läßt sich zusammenfassend feststellen, daß der Aufbau der Sozialdemokratischen Partei in den Ländern und Provinzen der sowjetischen Besatzungszone bis zum Herbst 1945 ohne zentrale Beeinflussung entsprechend der traditionellen Gliederung recht erfolgreich verlief. In den traditionsreichen sozialdemokratischen Zentren wie Sachsen, Thüringen und in der Provinz Sachsen erreichte die SPD spätestens bis Ende 1945 die Stärke der Weimarer Zeit.[242] Dies geschah in der Anfangszeit durch die Reorganisierung der alten Mitgliedschaft. Der Zustrom neuer und vor allem junger Mitglieder setzte erst im Spätherbst und verstärkt Anfang des Jahres 1946 ein. Das im Vergleich zur KPD stark ausgeprägte organisatorische Eigenleben der Bezirks- und Landesverbände der SPD war zum Teil durch die besondere Stellung der Länder und Provinzen in der territorialen Struktur der sowjetischen Zone bedingt, andererseits wesentlich der sozialdemokratischen Tradition geschuldet. Dies ermöglichte bis zum Ende des Jahres 1945 einen breiten Entscheidungsspielraum in der örtlichen Zusammenarbeit mit der KPD bzw. bei der konkreten Ausformung der Beziehungen zwischen Sozialdemokraten und Kommunisten auf lokaler Ebene. Innerhalb der Bezirke war mit der uneingeschränkten Autorität der Bezirksvorstände eine relativ starke bezirkliche Zentralisation verbunden. Auffällig sind die politisch-programmatisch motivierten Abgrenzungsabsichten der Thüringer und Leipziger Sozialdemokraten gegenüber dem Zentralausschuß in Berlin.

---

241 Vgl. ebd.
242 Der Mitgliederstand sah am 31. Dezember 1945 wie folgt aus:

Berlin:	58 000
Brandenburg:	43 000
Mecklenburg/Vorpommern:	40 288
Magdeburg:	40 000
Halle/Merseburg:	35 000
Dessau:	25 000
Chemnitz:	27 204
Zwickau:	13 969
Leipzig:	27 802
Görlitz:	6 917
Dresden/Ostsachsen:	45 443
Thüringen:	45 000
Gesamt:	407 623

Die gerundeten Zahlen weisen darauf hin, daß nicht überall ein exakter Überblick vorhanden war: SAPMO-BArch, ZPA, II/1/2; II/2/16; II/3/4/1; NL 101/12.

Die Rückgriffe auf historische Traditionen, die Zurückweisung der Kritik an der Politik der Weimarer SPD und das Vertrauen auf die zahlenmäßige Stärke und Überlegenheit weisen darauf hin, daß ein nicht geringer Teil der Sozialdemokraten – insbesondere die Funktionäre auf der mittleren und unteren Organisationsebene – den gesellschaftspolitischen Veränderungsvorstellungen sowie den außenpolitischen Orientierungen des Zentralausschusses[243] nicht folgte. Gniffke und Dahrendorf waren auf die fest verankerte Überzeugung der Sozialdemokraten gestoßen, für den Aufbau einer sozialen Demokratie genüge das traditionelle Instrumentarium des Parlamentarismus, wie es vor allem in der Weimarer Verfassung festgeschrieben worden war.[244]

Die ersten Erfahrungen in der Zusammenarbeit mit den Kommunisten gestalteten sich regional sehr unterschiedlich, und man wird genügend Belege für die eine oder andere Deutung finden können. Dennoch läßt sich eine gewisse Tendenz ausmachen, die, auf die jeweiligen Länder bezogen, als dominant bezeichnet werden kann. Der anfänglichen Bereitschaft der Sozialdemokraten zur Kooperation mit der KPD, die Ausdruck der gemeinsam erlittenen Vergangenheit und der daraus gezogenen Konsequenzen sowie des emotionalen Bedürfnisses nach einer einheitlichen Arbeiterbewegung war, folgte sehr bald die Ernüchterung und Desillusionierung. Den Kernpunkt des überall anzutreffenden sozialdemokratischen Unmuts bildete das Verhalten der Kommunisten. Die im Zuge der administrativen Säuberung des Verwaltungsapparates notwendige Umgestaltung der lokalen Bürokratie betrachtete die KPD von Anfang an als ein Kampffeld, um den eigenen parteipolitischen Einfluß geltend zu machen. Der hier und auf fast allen Bereichen des gesellschaftlichen Lebens betonte Hegemonieanspruch der Kommunisten wurde in einer Weise durchgesetzt, die das Selbstwertgefühl der Sozialdemokraten entscheidend verletzte und sie abstieß. Die Anmeldung berechtigt erscheinender Ansprüche der Sozialdemokraten auf eine Gleichstellung im Herbst 1945 blieben wirkungslos, da die SPD allgemein mehr reagierte als agierte. Vor allem aber fiel die Unterstützung der KPD durch die Besatzungsmacht schwer ins Gewicht.

Für die seit Jahren existierende Vermutung, daß die SMA der Länder und Provinzen den Gründungsprozeß der SPD in den Bezirken teilweise stark behinderten und sich die Dienststellen der Besatzungsmacht wiederholt in die innerparteiliche Willensbildung eingeschaltet hätten[245], gibt es nunmehr die bereits geschilderten archivalischen Belege. Dennoch sind hier regionale Unterschiede zu berücksichtigen. Besondere Probleme, die Partei bei der Kommandantur zu legalisieren und die personellen Leitungsvorschläge genehmigt zu bekommen, gab es, wie beschrieben, in Mecklenburg-Vorpommern, Thüringen und in Leipzig. Weniger Probleme hatten der Landesvorstand in Dresden und der Provinzialvorstand in Halle. Die Landesfunktionäre Otto Buchwitz, Ernst Thape und Bruno Böttge sowie auch der Mecklenburger Carl Moltmann hatten sich im Gegensatz zu Hermann Brill in Thüringen und Stanislaw Trabalski in Leipzig von Anfang an darum bemüht, unter Zurückstellung persönlicher Vorbehalte eine Art Vertrauensbasis zur Besatzungsmacht zu finden. Zumeist mußte erst das Mißtrauen der Besatzungsmacht, das den sozialdemokratischen Funktionären entgegenschlug, abgebaut werden, bevor es möglich war, als poli-

---

243 Vgl. *Malycha*, Der Zentralausschuß der SPD und der gesellschaftspolitische Neubeginn im Nachkriegsdeutschland, in: ZfG, Heft 7, 1990, S. 581–595; *ders.*, Der Zentralausschuß der SPD im Jahre 1945 und seine Stellung zur Sowjetunion, in: BzG, Heft 2, 1986, S. 236–247.

244 Vgl. *Bouvier*, Antifaschistische Zusammenarbeit, S. 468; *Moraw*, Die Parole der »Einheit« und die Sozialdemokratie, S. 117 f.

245 Vgl. *Müller*, Sozialdemokratische Politik unter sowjetischer Militärverwaltung, in: IWK, Heft 2, 1987, S. 191.

tischer Funktionär anerkannt zu werden. Dieses Mißtrauen, das die Sozialdemokraten ständig umgab, war besonders in der ersten Zeit bei den Sprachschwierigkeiten, die oft zu großen Mißverständnissen führten, ein ernstes Problem.

Bruno Böttge und Ernst Thape in Sachsen-Anhalt, Arno Hennig und Arno Haufe in Sachsen, aber auch Willy Jesse in Mecklenburg haben später die Vereinigung trotz persönlicher Vorbehalte befürwortet, weil sie glaubten, daß auf der Grundlage der Einheitspartei das Mißtrauen der Besatzungsmacht gegen die Sozialdemokraten leichter zu überwinden sein werde. Dieses Konzept ist bekanntlich nicht aufgegangen, weil die von den Stalinschen Prämissen geprägte sowjetische Besatzungspolitik die Sozialdemokratie als eine der Hauptstützen der »imperialistischen Herrschaft« betrachtete. Dies schloß andererseits ein freundschaftliches Verhältnis zwischen einzelnen Sozialdemokraten und örtlichen Kommandanten – wie im Falle Otto Buchwitz' und Heinrich Hoffmanns – nicht aus. Oft handelte es sich aber um Sozialdemokraten, die sich bereits vor der Vereinigung in einigen wesentlichen Fragen die geistig-politische Argumentation der Kommunisten angeeignet hatten. Generell schien es den sowjetischen Offizieren unmöglich, ihr von den Stalinschen Kriterien geprägtes Bild über die Sozialdemokratie zu revidieren oder in Gesprächen mit SPD-Vertretern wenigstens zurückzustellen.

Als besonders einschneidend im Verhältnis zur SMAD wurde von den Sozialdemokraten die offensichtliche Benachteiligung gegenüber den Kommunisten empfunden. Zumeist wurden die Personalentscheidungen der sowjetischen Offiziere auf allen Ebenen kritisiert. In der Regel ging es um die Besetzung der Bürgermeisterposten, Landratsämter oder der Stellen in den Landesverwaltungen bzw. der Industrie- und Handelskammern. Die Beschwerden über die Absetzung sozialdemokratischer Bürgermeister bzw. die Nichtberücksichtigung von Sozialdemokraten bei der Besetzung von Verwaltungsstellen bestimmte die ganze Zeit über das Verhältnis zur SMAD wesentlich. Einen entsprechenden Schriftverkehr hierzu gibt es in allen Ländern. Auch in den Ortsvereinen war dieser Schwerpunkt diskussionsbestimmend.

Ein problemloser Umgang mit deutschen Sozialdemokraten konnte von den in der Ideologie des Marxismus-Leninismus geschulten Vertretern der SMA nicht erwartet werden. Auf Grund der ideologischen Verbundenheit mit den deutschen Kommunisten mußte es zu einer Bevorteilung der KPD kommen, die ihrerseits schon in den ersten Nachkriegstagen bemüht war, enge Kontakte zu den örtlichen Kommandanturen herzustellen. Die von den Sozialdemokraten vorgetragene Kritik an den Formen und Erscheinungen der Bevorzugung der Kommunisten bestärkte so manchen Kommunisten in seiner Auffassung, daß man die Sozialdemokraten eher als Gegner, denn als Partner betrachten müsse. Mitunter wurden Sozialdemokraten wegen kritischer Äußerungen gegenüber der Besatzungsmacht von der örtlichen KPD-Gruppe beim sowjetischen Kommandanten denunziert.

Die erste Phase, die Zeit zwischen April/Mai und September 1945, kann somit als problembelastetes Ringen um den Aufbau der sozialdemokratischen Organisation und das Ausgestalten des sozialdemokratischen Versammlungslebens umschrieben werden, wobei sich die Erfahrungen beim Ausloten der für den Aufbau der Organisation erforderlichen Modalitäten bei den Kommandanturen auf lokaler Ebene sehr unterschiedlich gestalteten. Als für das weitere Verhalten prägende Erfahrung mußten Sozialdemokraten erkennen, daß eine offene Konfrontation mit der Besatzungsmacht den Handlungsspielraum der Partei arg einengte.

Die Vorgänge vor dem Beginn der eigentlichen Vereinigungskampagne, also die Monate von April bis Oktober 1945, wurden in der Forschung oft vernachlässigt. Das war aber gerade die Zeit, in der die Auseinandersetzungen zwischen Kommunisten und Sozialdemokraten auf lokaler Ebene sehr heftig geführt wurden, wichtige Vorentscheidungen fielen und die Sozialdemokraten noch über ein gewisses Maß an Entscheidungsspielraum verfügten.

4.2 Die Kampagne der KPD für die Bildung einer Einheitspartei, die Einflußnahme der SMA und die Reaktion der Sozialdemokraten (Oktober 1945 bis Januar 1946)

4.2.1 Sozialdemokratisches Selbstbewußtsein, Zunahme der Spannungen und Abwehr kommunistischer Vereinnahmungsbestrebungen (Oktober bis Mitte Dezember 1945)

Die Stimmungslage im Herbst 1945

Im Zuge der erfolgreichen Mitgliederwerbung und der organisatorischen Konsolidierung der SPD verlor das von der KPD zunächst in weite Ferne gerückte Ziel der Einheitspartei im September/Oktober 1945 für Sozialdemokraten erheblich an Attraktivität. Die lokalen Konflikte nahmen an Schärfe zu, und es hatten »sich unhaltbare Zustände zwischen SPD und KPD herausgebildet«, wie im Protokoll der Thüringer Landesvorstandssitzung vom 5. November 1945 vermerkt wurde.[246] »Die Sozialdemokratische Partei würde in der nächsten Zeit sehr stark mit Schmutz beworfen werden«, vermutete Friedrich Ebert auf einer SPD-Versammlung im Oktober 1945 in Neuruppin.[247] Dem Bezirksvorstand Brandenburg gingen einer Mitteilung Eberts vom 8. November 1945 zufolge täglich aus allen Teilen der Provinz Berichte über die in den Landgemeinden anzutreffenden Unzuträglichkeiten zu, die sich aus dem Verhalten der KPD ergäben.[248]

Der vielerorts anzutreffende Unmut über das Verhalten der Kommunisten war Gegenstand zahlreicher Erörterungen in den Landesvorständen und zeigte auch bei jenen Vorstandsmitgliedern Wirkung, die sich bislang für eine enge Kooperation mit der KPD eingesetzt hatten und einige Monate später zu den energischsten Befürwortern einer Einheitspartei zählen sollten. Carl Moltmann bezeichnete auf einer Sitzung des Landesvorstandes der SPD Mecklenburg-Vorpommern am 7. Oktober 1945 die politische Arbeit als »sehr schwierig, insbesondere sei die richtige Zusammenarbeit mit der KPD noch nicht gefunden.«[249] »In vielen Orten leidet die Zusammenarbeit mit den Genossen der KPD unter mannigfaltigen Schwierigkeiten«, teilte auch Otto Buchwitz den Ortsgruppen der SPD in einem Rundschreiben vom 19. Oktober 1945 mit.[250] Buchwitz und andere Landesfunktionäre hofften, durch Gespräche mit der kommunistischen Bezirksleitung eine Besserung der Zustände zu erreichen.

Doch änderte sich an den beklagten Verhältnissen kaum etwas. Auf der Sitzung des engeren Landesvorstandes der SPD Sachsens am 14. November 1945 wurde mit einer gewissen Resignation protokollarisch festgehalten, daß in letzter Zeit »sehr viel Beschwerden und Klagen unserer Partei vorgetragen« worden seien, »die die Einheitspartei, also den Zusammenschluß beider Arbeiterparteien in weite Ferne rücken lassen. Die Differenzen in vielen Gemeinden häufen sich immer mehr und spitzen sich erschreckend zu. [. . .] Im allgemeinen scheint die Stimmung im Lande so zu sein, daß die Einheit der zwei Arbeiterparteien im Moment nicht so sehr gewünscht wird. Es steht fest, daß die KPD in allen Fragen einen gewaltigen Vorsprung hat, daß sie bei allen Besprechungen und Entscheidungen gerufen wird und anwesend ist, während die SPD vor vollendete Tatsachen gestellt wird.«[251]

---

246 Thüringisches Hauptstaatsarchiv Weimar, BPA der SED Erfurt, II/2003.
247 Brandenburgisches Landeshauptarchiv, Rep. 330, I/2/15. Vgl. Dokument Nr. 61.
248 Vgl. Brandenburgisches Landeshauptarchiv, Rep. 331, II/2/13. Vgl. Dokument Nr. 65.
249 Mecklenburgisches Landeshauptarchiv Schwerin, BPA Schwerin, II/2. Vgl. Dokument Nr. 51.
250 Sächsisches Hauptstaatsarchiv Dresden, SED-BPA Dresden, II/A/1.004.
251 Ebd., BPA Dresden, II/A/1.001. Vgl. Dokument Nr. 80.

Vollendete Tatsachen wurden insbesondere durch die Art und Weise geschaffen, wie die KPD in der Frage der Bodenreform die Vorstellungen der Sozialdemokraten über das genossenschaftliche Siedlungswesen[252] vom Tisch wischte und ihre Konzeption der Schaffung von Kleineigentümern durchdrückte. So erwies sich die konkrete Ausformung der Bodenreform eben nicht »als Kitt zur Einheitsfront«.[253] Viele sozialdemokratische Funktionäre – auch auf Landesebene – fühlten sich von der KPD »an die Wand gedrückt«.

Die Zuspitzungen hatten im November 1945 offenbar ein solches Maß erreicht, das selbst Otto Buchwitz mit dem Gedanken spielen ließ, zurückzutreten.[254] Der Vorstand wandte sich gegen die Rücktrittsabsichten von Buchwitz. »Auf keinen Fall jetzt eine Krise innerhalb der Partei! Wir haben in nächster Zeit allerhand zu erwarten, und deshalb brauchen wir eine starke, innerhalb gefestigte Partei und Parteiführung.«[255] Die Dresdener Sozialdemokraten vermuteten ganz richtig, »daß die Frage der Einheitspartei von Sachsen aus vorwärts getrieben werden soll.« Für die meisten Vorstandsmitglieder mußte das Ziel einer Einheitspartei »immer im Auge behalten werden. Wir als SPD müssen die Initiative zur Behandlung dieser Frage ergreifen.«

Für die Ergreifung sozialdemokratischer Initiativen standen die Chancen in der sowjetischen Besatzungszone auf Grund der allgemeinen Dominanz der KPD im Herbst 1945 jedoch relativ schlecht. Heinrich Hoffmann charakterisierte die Politik der KPD seit dem Frühjahr 1945 auf einer Sitzung des Gesamtvorstandes der SPD Thüringens am 26. November 1945 als Strategie, »die Macht im werdenden Staate zu erlangen. Diese Politik hat sie von Anfang an sehr folgerichtig betrieben. [. . .] Die KPD hat also praktisch alle Machtpositionen im Lande in der Hand.«[256] Die von Hoffmann zutreffend beschriebene Situation führte aber bei Sozialdemokraten zu unterschiedlichen Schlußfolgerungen. Während der Landesvorsitzende Hermann Brill und auch andere Funktionäre auf Landes- und Bezirksebene es auf einen Machtkampf mit den Kommunisten ankommen lassen wollten, handelte es sich bei Heinrich Hoffmann in Zukunft um die Frage, »ob Leben oder Untergang der SPD. Denn, Genossen, seien wir uns doch darüber klar: Würden wir einen Kampf gegen die KPD entfesseln, dann würde das bedeuten, daß wir einen Kampf gegen die Besatzungsmacht auszutragen haben. Können wir uns das leisten? [. . .] Kurz und gut, Genossen, ich bin der Auffassung, daß wir unser Verhalten gegenüber der KPD so einstellen sollen, daß wir sie als eine Bruderpartei betrachten, mit der es keinen Machtkampf gibt, sondern mit der es eine Bündnispolitik zu betreiben gilt.«[257] Hoffmann empfahl, die Gegensätze durch die Zusammenarbeit in den einzelnen Orten und in den Aktionsausschüssen abzuschleifen.

Ein solcher Ansatz ist in vielen Orten versucht worden. Nicht selten kamen die Streitpunkte auf gemeinsamen Beratungen der Ortsvorstände oder auf Aktionsausschußsitzun-

---

252 Die Überführung des enteigneten Grund und Bodens in Staatseigentum forderten die Vertreter des Zentralausschusses auf einer Sitzung des zentralen Arbeitsausschusses von KPD und SPD am 30. August 1945. Vgl. SAPMO-BArch, ZPA, NL 36/631; NL 36/633. Auf dem Hintergrund der feststehenden Position der KPD stimmte der Zentralausschuß dann der beschleunigten Durchführung der Aufteilung des Bodens in lebensfähige Kleinbauernbetriebe zu. Gestritten wurde zunächst noch um die Größe der zu bildenden Neubauernwirtschaften. Auch in dieser Frage schwenkte der Zentralausschuß auf die Vorgabe der KPD ein, wonach die Größe des Bodens zwischen 5 und 12 Hektar liegen sollte.
253 Zitiert in: *Benser*, Die KPD im Jahre der Befreiung, S. 320.
254 Sächsisches Hauptstaatsarchiv Dresden, SED-BPA Dresden, II/A/1.001. Vgl. Dokument Nr. 80.
255 Ebd.
256 Thüringisches Hauptstaatsarchiv Weimar, BPA der SED Erfurt, II/1001. Vgl. Dokument Nr. 92.
257 Ebd.

gen zur Sprache, so beispielsweise am 1. November 1945 in Brandenburg.[258] Sozialdemokraten betrachteten die Aktionsausschüsse vor allem als vorläufigen Ersatz einer parlamentarischen Mitwirkung und als Möglichkeit, bei allen Entscheidungen innerhalb der Gemeinden beteiligt zu werden. So jedenfalls sah dies der SPD-Kreisvorsitzende von Luckenwalde in einen Schreiben an den Ortsverein Jüterbog vom 2. November 1945.[259] Nach einer gewissen Anfangseuphorie im Frühjahr 1945 führte so mancher Aktionsausschuß allerdings nur noch ein Schattendasein. Die Zusammenarbeit zwischen den Ortsgruppen beider Parteien beschränkte sich zumeist auf deren Leitungen und auf die Vorbereitung von gemeinsamen Kundgebungen sowie die Verständigung über Entschließungen allgemein politischen Charakters. Verschiedene Arbeitsausschüsse führten überhaupt keine Sitzungen mehr durch. Die Absagen von Ortsvereinen der SPD auf Einladungen der KPD zu gemeinsamen Besprechungen der Funktionäre – so beispielsweise in Luckenwalde[260] – häuften sich.

Den hauptsächlichen Streitpunkt in den Arbeitsausschüssen bildete nach wie vor die Postenfrage. In Thüringen und Mecklenburg-Vorpommern konzentrierten sich die Auseinandersetzungen auf die Besetzung der Arbeitsämter. Ein Kommunist aus Wismar erläuterte auf einer Besprechung mit sozialdemokratischen Vertretern der SPD Wismars am 19. November 1945 in seltener Offenheit die eigentlichen Motive für den Streit um die Verwaltungsposten: »Wir als Kommunisten legen Wert darauf, die Machtpositionen, worunter auch das Arbeitsamt fällt, auf unserer Seite zu haben.«[261] Da auch die Sozialdemokraten die Besetzung des Arbeitsamtes in Wismar nicht »als eine personelle Fragen, sondern als eine Angelegenheit unserer Partei«[262] betrachteten und eine Einigung nicht zustande kam, entschied die örtliche Kommandantur zugunsten des KPD-Vertreters.

Gleichlaufend dazu glaubten im September/Oktober 1945 viele Sozialdemokraten nach wie vor an den Sinn einer Einheitspartei, auch jene, die, wie der mecklenburgische Landessekretär Hermann Lüdemann, zum Ende des Jahres zu den hartnäckigsten Kritikern der Einheitspartei zählen sollten. Auf einer Landesvorstandssitzung am 7. Oktober 1945 wollte er darauf hinarbeiten, »daß eines Tages eine sozialistische Einigungspartei entstehe.«[263] Der Ortsverein Güstrow der SPD benannte in einer Entschließung vom 15. Oktober 1945 als das Ziel der Wiederaufbauarbeit »die Bildung einer einheitlichen deutschen Arbeiterpartei«.[264] Dennoch wird in dem archivalisch überlieferten Schriftverkehr zwischen sozialdemokratischen und kommunistischen Ortsgruppen bzw. Vorständen der verschiedenen Ebenen eine wachsende Tendenz unter Sozialdemokraten spürbar, von der beiderseitigen Kooperation abzurücken und sich in öffentlicher Abgrenzung zur KPD zu profilieren.

Sozialdemokratisches Selbstbewußtsein und Führungsanspruch der SPD

In seinem Referat während der Schulungstage der Thüringer Sozialdemokraten vom 28. bis 30. September 1945 in Probstzella forderte Erich Gniffke dazu auf, den Kampf mit dem kommunistischen Partner so zu führen, »daß wir im Augenblick des Eintritts der revolutio-

---

258 Vgl. Dokument Nr. 63.
259 Brandenburgisches Landeshauptarchiv, Rep. 331, II/4/35. Vgl. Dokument Nr. 62.
260 Vgl. Dokument Nr. 60.
261 Vorpommersches Landesarchiv Greifswald, BPA Rostock, I/3/27. Vgl. Dokument Nr. 56.
262 Ebd.
263 Mecklenburgisches Landeshauptarchiv Schwerin, BPA Schwerin, II/2. Vgl. Dokument Nr. 51.
264 Ebd., BPA Schwerin, II/5. Vgl. Dokument Nr. 52.

nären Situation die für alle Welt erkennbare unbestreitbare geistige und politische Führung in der Öffentlichkeit und bei den Massen in der Hand haben.«[265] Gniffke, der sich mit diesen Aussagen auf interne Ausarbeitungen von Gustav Klingelhöfer, Wirtschaftsexperte des Zentralausschusses, stützte, ließ offen, was mit der revolutionären Situation nun konkret gemeint war und wann er diese für möglich hielt. Doch unmißverständlich war der von der SPD erhobene Führungsanspruch, den schon Otto Grotewohl am 14. September 1945 vor Funktionären in Berlin erhob.[266] Das selbstbewußte Auftreten Gniffkes korrespondierte mit den Bemühungen der Sozialdemokraten in den Bezirken, die SPD als eigenständige politische Kraft zu profilieren und ihr Gewicht im gesellschaftlichen Leben weiter zu erhöhen. Dies leitete sich aus den stetig wachsenden Mitgliederzahlen ab, die trotz längerer Anlaufzeit weit höher als die der KPD lagen. Der hohe Mitgliederstand, der Ende Oktober bei 301 033 lag[267], schien auf die unbestreitbare Sympathie für die SPD in der Bevölkerung hinzuweisen. Das im Ergebnis der organisatorischen Erfolge der Partei gewachsene sozialdemokratische Selbstbewußtsein war unverkennbar mit Bestrebungen verknüpft, sich öffentlich sichtbarer von der KPD abzugrenzen und zu distanzieren.

Den offensichtlich steigenden Sympathievorsprung[268], den die Sozialdemokraten aus ihrem Mitgliederwachstum ableiteten, versuchten Funktionäre auf Landes- und Bezirksebene in ein nach außen gekehrtes Selbstbewußtsein umzuwandeln. Der Bezirksparteitag der SPD Brandenburgs am 3. und 4. November 1945 demonstrierte dieses Selbstbewußtsein anschaulich.[269] Ein kommunistischer Berichterstatter vermerkte über eine Versammlungskampagne der SPD im Kreis Ruppin Ende Oktober 1945: »In Rheinsberg und Gransee konnte sich Ebert nicht verkneifen, den sensationellen Wahlerfolg von Berlin-Wedding[270] hervorzuheben und die Sozialdemokratie als die älteste und stärkste Partei des deutschen Volkes hinzustellen.«[271] Der mecklenburgische Landessekretär Hermann Lüdemann nutzte eine Kreistagung der SPD am 4. November 1945 in Torgelow, aufgrund der gewachsenen Stärke der Partei eine Veränderung in der Zusammensetzung der Verwaltungen zu fordern. »Als die stärkste Partei haben wir ein Recht darauf.«[272]

Der Drang nach Profilierung und Verselbständigung machte sich in der SPD überall bemerkbar. Der Optimismus, der aus der Wahrnehmung wachsender Sympathie in der Bevölkerung erwuchs, führte zu der verbreiteten Annahme, den Wettstreit mit der KPD gewinnen zu können. Von den Ergebnissen bevorstehender Wahlkämpfe erwarteten Sozial-

---

265 AdsD, NL Erich Gniffke.
266 Aus dem insgesamt gestiegenen politischen Einfluß der SPD leitete Otto Grotewohl den Führungsanspruch der Sozialdemokratie ab: »Wenn heute ein neuer Staat in Deutschland aufzubauen ist, so ist die deutsche Arbeiterklasse und in ihr die Sozialdemokratische Partei Deutschlands zuerst dazu berufen, diesen neuen Staat zu errichten.« *Grotewohl*, Wo stehen wir, wohin gehen wir? Der historische Auftrag der SPD, S. 43.
267 SAPMO-BArch, ZPA, NL 101/12. Eine verläßliche Mitgliederzahl für die gesamte sowjetische Zone existiert erst ab Oktober 1945, da die Angaben für Sachsen-Anhalt bis dahin große Lücken aufweisen.
268 Harold Hurwitz schätzt die Situation für Berlin, die sich in den Ländern der sowjetischen Zone nicht grundsätzlich anders dargestellt haben dürfte, wie folgt ein: »Die Ende Oktober zum Abschluß gebrachte erste Repräsentativumfrage der Amerikaner in Berlin zeigte zwar, daß 40 vH der Bevölkerung keine Parteipräferenz bzw. Ablehnung aller Parteien äußerten, aber im übrigen zeigt diese Umfrage mehr Sympathieäußerungen für die SPD als für alle anderen Parteien zusammen, und das schien auch im Sowjetsektor der Fall zu sein.« *Hurwitz*, Demokratie und Antikommunismus in Berlin nach 1945, Bd. 4, Teil 1, S. 472.
269 Vgl. Dokument Nr. 64.
270 Gemeint waren die Betriebsrätewahlen.
271 Brandenburgisches Landeshauptarchiv, Rep. 330, I/2/15. Vgl. Dokument Nr. 61.
272 Mecklenburgisches Landeshauptarchiv Schwerin, BPA Schwerin, I/31. Vgl. Dokument Nr. 55.

demokraten ihre Chance. Sie gingen von der Annahme aus, im Block der antifaschistisch-demokratischen Parteien, in den Arbeitsgemeinschaften mit der KPD, in den Gewerkschaften und später auch in der künftigen Einheitspartei die Führung erobern und die Kommunisten auf die Regeln einer neuen parlamentarischen Demokratie verpflichten zu können.

Die organisationspolitischen Erfolge der Partei ließen allerdings auch den Mangel an theoretisch-programmatischer Profilierung der SPD spürbarer werden. Von den internen Theorieüberlegungen in und um den Zentralausschuß[273] ahnten die Mitglieder der Ortsvereine kaum etwas, so wie auch dessen Aufruf vom 15. Juni 1945 im Herbst offenbar immer noch nicht in allen Ortsgruppen bekannt war. Unweigerlich folgten Forderungen nach einer stärkeren programmatischen Orientierung, wie sie der Vorstand der Ortsgruppe Güstrow am 15. Oktober 1945 erhob.[274] Im Verlauf der Monate September, Oktober und November wurden dann im Zentralausschuß Strategiepapiere erarbeitet und Richtlinien verabschiedet, die auf gesellschaftspolitische Veränderungen zielten und den Bezirksverbänden in Form von Rundschreiben zugesandt wurden.[275] Das Bedürfnis nach einer programmatischen Standortbestimmung ergab sich einerseits aus der Notwendigkeit, auf sich ändernde gesellschaftliche Bedingungen zu reagieren und der KPD nicht völlig die Initiative zu überlassen, andererseits aus innerparteilichen Entwicklungsprozessen, die mit der politisch-theoretischen Selbstverständigung unter sozialdemokratischen Funktionären einhergingen. Diese wiederum basierten zu einem nicht geringen Teil auf der im Herbst 1945, also mit erheblichem Zeitverlust, geleisteten Analyse der politischen, ökonomischen und geistigen Situation im Nachkriegsdeutschland.

Der Kurswechsel der KPD und die kommunistische Taktik

Das beginnende Abrücken der SPD von einer engen Zusammenarbeit, die Betonung ihres Selbstbewußtseins als Ergebnis der Organisationserfolge und vor allem die Betonung eines Führungsanspruchs der SPD veranlaßte die KPD zu einem radikalen Kurswechsel. Die KPD-Führung setzte nunmehr die Bildung einer Einheitspartei auf die politische Tagesordnung. Zu diesem Zweck forderte das Sekretariat des Zentralkomitees der KPD auf seiner Tagung am 28. September 1945 eine »neue Offensive« der politisch-ideologischen Arbeit der KPD, in deren Mittelpunkt es die Frage der Einheit von KPD und SPD rückte.[276] Die Initiative ging von der KPD-Führung aus, die sich insbesondere durch das unübersehbare Abgrenzungsbedürfnis der Sozialdemokraten zu diesem Schritt genötigt sah. Auf dem Hintergrund des Tempoverlustes gegenüber der SPD bei der Aufnahme neuer Mitglieder mußte die KPD-Führung eine weitere Abkopplung und die zunehmende selbständige Entwicklung der SPD als bedrohlich empfinden. Bereits am 19. September 1945 hatte Wilhelm Pieck als direkte Reaktion auf die provozierende Grotewohl-Rede auf einer Kundgebung der KPD in Berlin dazu aufgerufen, die einheitliche Arbeiterpartei zu schaffen.[277]

Gleichzeitig appellierte Pieck an die sozialdemokratischen Arbeiter, sie sollten nicht zulassen, daß »solche Gestalten wie Noske, Severing, Stampfer und ähnliche« die SPD wieder

---

273 Vgl. *Hurwitz*, Demokratie und Antikommunismus in Berlin nach 1945, Bd. 4, Teil 1, S. 322 ff.
274 Vgl. Dokument Nr. 52.
275 Vgl. *Malycha*, Der Zentralausschuß der SPD und der gesellschaftspolitische Neubeginn im Nachkriegsdeutschland, S. 581 ff.
276 Vgl. *Hans-Joachim Krusch*, Für eine neue Offensive, in: BzG, Heft 3, 1980, Heft 3, S. 351.
277 Vgl. *Wilhelm Pieck*, Reden und Aufsätze. Auswahl aus den Jahren 1908–1950, Bd. II, Berlin 1951, S. 27.

zu einer einheitsfeindlichen Politik führten.[278] Mit der Differenzierung in Führung und Mitgliedschaft sowie in rechte und linke Führer knüpfte Pieck an die alte Einheitsfronttaktik der KPD an. Pieck hatte auch durchblicken lassen, daß die jeweilige Einstellung zur Vereinigung mit der KPD nunmehr den alleinigen Maßstab für die Einteilung in »linke« und »rechte« Sozialdemokraten bildete. Auf dieser Basis war eine sachliche Diskussion des Für und Wider von vornherein zum Scheitern verurteilt, was den Handlungsspielraum der Sozialdemokraten auf allen Ebenen stark einengte. Jede Kritik am Vereinigungskurs der KPD hatte mit einem Bekenntnis zur Einheit zu beginnen, wollte man nicht als »Rechter« und »Reaktionär« abqualifiziert werden.

Die neue Offensive gegen angebliche »rechte Sozialdemokraten" sollte vor allem in jenen Bezirksverbänden beginnen, in denen von sozialdemokratischen Landes- oder Bezirksvorsitzenden Widerstand gegen die kommunistische Einheitsoffensive erwartet werden mußte. Dies war in erster Linie in Thüringen der Fall, wo auch nach den mehrfachen KPD-Führungswechseln Busse/Schneider/Eggerath die Spannungen zwischen der KPD-Bezirksleitung und dem Landesvorstand der SPD nicht nachlassen wollten. Zu diesem Zweck sprachen Wilhelm Pieck am 13. Oktober 1945 auf einer Kundgebung in Erfurt und Anton Ackermann am gleichen Tag in Gera.[279] Die Rede Piecks in Erfurt, die sich inhaltlich nicht wesentlich von der Berliner Rede am 19. September 1945 unterschied, sowie die Darlegungen Ackermanns in Gera bildeten den Anlaß für ein Rundschreiben Hermann Brills an die Kreis- und Ortsvorsitzenden der SPD, in dem er auf die offensichtliche Rückkehr der KPD zur alten Einheitsfronttaktik aufmerksam machte.[280]

Brill übersah allerdings in seiner Beobachtung den wesentlichen Wandel, der sich in der KPD-Taktik vollzogen hatte. Für die KPD kam es eben nicht mehr vordergründig darauf an, sozialdemokratische Arbeiter für den Eintritt in die KPD zu bewegen. Sie rekrutierte ihre Mitglieder im wesentlichen nicht aus dem traditionellen sozialdemokratischen Milieu[281], auch wenn es im Frühjahr 1945 Übertritte von Sozialdemokraten zur KPD gegeben hatte[282] und im Herbst einzelne KPD-Ortsgruppen den Sozialdemokraten den Eintritt in die KPD nahelegten.[283] Zudem konnte die KPD ihren Mitgliederrückstand gegenüber der

---

278 Diese Äußerung Piecks rief in sehr vielen Ortsverein der SPD Aufregung und Empörung hervor. Ein Angriff auf ehemals führende Personen der Partei war für die Mitgliedschaft trotz der kritischen Distanz zur ehemaligen Führung nicht hinnehmbar und verletzte das Ehrgefühl der Sozialdemokraten beträchtlich. Erregte Debatten darüber lassen sich in fast allen überlieferten Versammlungsprotokollen aus dieser Zeit finden, mitunter ist das Pieck-Zitat noch unmittelbar vor der Verschmelzung im April auf Versammlungen verlesen worden. Erich Gniffke beschreibt die Reaktion in seinem »Bericht betr. Vorbereitung einer Organisationseinheit mit der KPD« vom 3. Oktober 1945 wie folgt: »In diese Verärgerung ist die Rede des Genossen Ulbricht in Halle und die des Genossen Pieck in Berlin hineingeplatzt. Erreicht ist durch die Reden des Genossen Ulbricht und Pieck das Gegenteil von dem, was beabsichtigt worden ist. Unsere Genossen beziehen eine Abwehrstellung, sogar zu Gunsten Noskes.« SAPMO-BArch, ZPA, NL 90/281.
279 Vgl. Zur Geschichte der Bezirksparteiorganisation Gera der SED, S. 215.
280 Vgl. Thüringisches Hauptstaatsarchiv Meiningen, BPA der SED Suhl, II/3/07. Vgl. Dokument Nr. 89.
281 Vgl. *Benser*, Die KPD im Jahre der Befreiung, S. 279.
282 Günter Benser schreibt über den Übertritt von einer nach Tausenden, »wenn nicht Zehntausenden zählenden Schar von Sozialdemokraten zur KPD«; vgl. *Benser*, Die KPD im Jahre der Befreiung, S. 281. Die Zahl der Übertritte von Sozialdemokraten zur KPD ist wohl tatsächlich nie exakt zu ermitteln.
283 Darüber berichtet Brill im Rundschreiben Nr. 18 vom 6. November 1945. Vgl. Dokument Nr. 89. Solche Vorfälle gab es auch in anderen Ländern, jedoch bildeten sie extreme Ausnahmen und stellten ein Ärgernis für die KPD-Führung in der Umsetzung ihrer taktischen Vorgaben dar.

SPD durch die Gewinnung neuer, bislang nicht parteilich organisierter Mitglieder[284] bis zum Vereinigungsparteitag einigermaßen wettmachen.[285] Für das Zentralkomitee war es vielmehr bedeutsam, »klassenbewußte« Sozialdemokraten in den Ortsvereinen der SPD und deren Vorständen zu wissen, um die Einheitsbereitschaft der sozialdemokratischen Basis zu stärken. Innerparteilichen Widerstand gegen den kommunistischen Fusionskurs galt es zurückzudrängen und kritische Funktionäre zu isolieren, um eine Zustimmung der gesamten SPD-Basis zum Zusammenschluß zu erreichen.

Über die Beschaffenheit der kommunistischen Wahrnehmungen gibt ein »Bericht über die Rolle der SPD-Leitung für die Provinz Brandenburg« vom 4. Oktober 1945 Aufschluß, in dem der KPD-Bezirksleiter Willy Sägebrecht die Politik des Brandenburger Vorstandes der SPD als »Verteidigung der alten arbeiterfeindlichen profaschistischen Politik« charakterisierte.[286] Die Beobachtung Sägebrechts, daß die SPD öffentlich auf Distanz ging, ist sicherlich zutreffend: »In Verhandlungen mit der KPD-Bezirksleitung führt die SPD-Leitung weiter einen guten Ton und macht kameradschaftliche Gesten. In ihren Mitglieder- und öffentlichen Versammlungen macht sie das Gegenteil.«[287]

Die Reaktion der Sozialdemokraten

Die Sozialdemokraten reagierten auf den Kurswechsel der KPD-Führung, der zu diesem Zeitpunkt noch nicht von der KPD-Basis getragen wurde, äußerst zurückhaltend und hielten sich an die Aussagen der Grotewohl-Rede vom 14. September 1945. Die Mitglieder des Provinzialvorstandes der SPD Sachsen-Anhalt beispielsweise waren auf ihrer Sitzung am 2. Oktober 1945 »der Ansicht, daß der Zeitpunkt zur Bildung der Einheitsfront noch nicht gekommen ist. Die Berliner Rede des Genossen Grotewohl zeigt die Voraussetzungen dafür ganz klar und eindeutig auf.«[288] Symptomatisch ist der Verweis auf die übergeordnete Ebene, wie er sich in dem Rundschreiben Nr. 8 des Bezirksvorstandes der SPD Halle-Merseburg vom 26. Oktober 1945 findet: »Der Zeitpunkt, wann die organisatorische Vereinigung beider Arbeiterparteien Tatsache werden wird, wird vom Zentralausschuß der SPD und dem Zentralkomitee der KPD in Berlin in kameradschaftlicher Weise festgelegt werden, weil nur dort ein Gesamtüberblick über die allgemeine Lage in Deutschland möglich ist.«[289] Der Görlitzer Bezirksvorstand wollte sich durch übereilte Schritte der Ortsvereine nicht die Initiative aus der Hand nehmen lassen und mahnte deshalb in einem Rundschreiben vom 18. Oktober 1945 zur Parteidisziplin: »Die Frage der Einheitspartei ist eine Zukunftsangelegenheit, für die wir arbeiten, und unser Landesvorstand wird rechtzeitig die Anweisung zur Verwirklichung dieses Erfolges geben. Bis dahin bitte ich um strenge Parteidisziplin.«[290]

---

284 Hermann Weber schätzte, daß »die SPD praktisch ihren traditionellen Mitgliederstand wieder herstellte«, während die KPD »eine Partei mit neuen Mitglieder« sei. *Hermann Weber*, Die deutschen Kommunisten 1945 in der SBZ, in: Aus Politik und Zeitgeschichte, B 31/78 vom 5. August 1978; S. 24–31.
285 Von September bis Dezember 1945 wuchs die Zahl der KPD-Mitglieder in der Ostzone von 179 000 auf über 372 000. Die Zahl der SPD-Mitglieder stieg bis Dezember 1945 auf fast 420 000. Vgl. *Benser*, Die KPD im Jahre der Befreiung, S. 276.
286 Brandenburgisches Landeshauptarchiv, Rep. 330, I/2/5.
287 Ebd.
288 Landesarchiv Merseburg, BPA Halle, II/2/1/1.
289 Ebd., II/401/1. Vgl. Dokument Nr. 73.
290 Sächsisches Hauptstaatsarchiv Dresden, SED-BPA Dresden, II/B/3.007.

Auch der Thüringer Landesvorstand verlangte von »allen Funktionären mehr als jemals die Wahrung der Parteidisziplin.«[291] Ziel sei die Einigung »im Landesmaßstab von Zentralinstanz zu Zentralinstanz durch gemeinsame Beschlüsse der Parteitage«. Gegen Quertreiber drohte der Landesvorsitzende Brill schon einmal Abstrafungen an: Wer sich an Zusammenschlüssen in einzelnen Ländern oder gar in einzelnen Gemeinden beteilige, »verstößt gegen die Parteidisziplin und muß gewärtigen, daß mit den Mitteln der Aufrechterhaltung der Parteidisziplin gegen ihn vorgegangen werden wird.«[292]

Ein beträchtlicher Teil der Sozialdemokraten stand trotz aller auftretenden Probleme der Einheitspartei noch immer positiv gegenüber, stellte aber an deren Bildung ganz bestimmte Bedingungen und wollte sie nicht um jeden Preis. Die moralisch fundierte Verpflichtung, aus der Niederlage von 1933 die Schlußfolgerung zu ziehen, war noch nicht verblaßt, obwohl kaum ein Sozialdemokrat präzise Vorstellungen über die konkrete Gestalt einer möglichen Einheitspartei besaß. Die grundsätzliche Bejahung der Idee der Einheit, so verschwommen sie auch gewesen sein mag, wurde oft mit schwerwiegenden Bedenken hinsichtlich der Möglichkeiten ihrer Umsetzung und Mißtrauen gegenüber den Kommunisten verbunden. Diesen für Sozialdemokraten zum damaligen Zeitpunkt typischen Standpunkt drückte der sozialdemokratische Landrat Waldemar Kirbach in einem Brief am 15. Oktober 1945 aus, indem er die unterschiedlichen Demokratieauffassungen zwischen Sozialdemokraten und Kommunisten herausstellte und die Einheit davon abhängig machte, inwiefern die Kommunisten bereit seien, »Garantien für die Erfüllung des demokratischen Prinzips zu geben«.[293] Wie sehr einige Bezirksfunktionäre trotz aller Vorbehalte im Banne der Einheitsparole standen und die Selbstzweifel bzw. die Zweifel vieler Mitglieder an der Aufrichtigkeit der Kommunisten zu zerstreuen suchten, belegt das Schlußwort Friedrich Eberts auf dem Bezirksparteitag der SPD Brandenburgs am 3./4. November 1945.[294]

Die Hoffnung auf die Akzeptanz demokratischer Grundsätze durch die Kommunisten bei der Bildung einer Einheitspartei wurde allerdings öffentlich zu einem Zeitpunkt – Anfang November 1945 – vorgetragen, da von einer zonalen Verschmelzung der Parteien noch nicht die Rede war, also der Zusammenschluß im »Reichsmaßstab" absolute Priorität genoß. Die Attraktivität des Einheitsgedankens hing für Sozialdemokraten eben vor allem von ihrer gesamtdeutschen Dimension ab. Im allgemeinen registrierten die SPD-Vorstände der mittleren und unteren Ebene einen deutlichen Abwärtstrend in der Einheitsbereitschaft der sozialdemokratischen Mitglieder.

Die Forcierung der Einheitskampagne

Ab Ende November 1945 wurde die Einheitskampagne der KPD beschleunigt und intensiviert. Die Voraussetzungen dafür schuf der nunmehr möglich gewordene koordinierte Einsatz des Kaderapparates der KPD, der bis Mitte November in Gang gekommen war. Für den Beginn und die Intensivierung der Einheitsagitation war es nicht unerheblich, daß die KPD-Führung inzwischen einen verläßlichen, auf ihre bündnispolitische Linie eingeschworenen Apparat etabliert hatte.[295] »Linkssektiererische« altkommunistische Bezirks- bzw. Kreisfunktionäre in Thüringen und Leipzig waren durch Leiter ersetzt worden, die

---

291 Thüringisches Staatsarchiv Meiningen, BPA der SED Suhl, II/3/07. Vgl. Dokument Nr. 89.
292 Ebd.
293 AdsD, Ostbüro. Vgl. Dokument Nr. 78.
294 Vgl. Dokument Nr. 64.
295 Vgl. *Moraw*, Die Parole der »Einheit« und die Sozialdemokratie, S. 130; *Sywottek*, Deutsche Volksdemokratie, S. 207 ff.

die bündnispolitische Konzeption der Führung besser umzusetzen versprachen. Zwei Ereignisse waren für die Beschleunigung der Kampagne im November/Dezember 1945 mitverantwortlich: die Rede Grotewohls anläßlich des Jahrestages der Novemberrevolution am 11. November 1945 in Berlin und die Ergebnisse der am gleichen Tag stattfindenden Parlamentswahlen in Ungarn, die eine absolute Mehrheit für die Partei der kleinen Landwirte brachten. Am 25. November 1945 kam die Niederlage der Kommunisten bei den Parlamentswahlen in Österreich hinzu: 85 Sitze für die ÖVP, 76 Sitze für die SPÖ und nur 4 Sitze für die KPÖ.[296]

Die Veranstaltung zum Jahrestag der Novemberrevolution bildete nach der außerordentlich erfolgreichen Funktionärsversammlung am 14. September 1945 die zweite bedeutende selbständige Aktion der Berliner SPD-Führung in der Öffentlichkeit. Den Vorschlag des Zentralkomitees der KPD zur Durchführung einer gemeinsamen Revolutionsfeier hatte der Zentralausschuß abgelehnt. Der Zentralausschuß legte Wert auf eine eigene Revolutionsfeier, um seine Unabhängigkeit von der KPD zu demonstrieren und einer als Bevormundung empfundenen Haltung der Kommunisten zu begegnen.

Die Rede Otto Grotewohls auf der SPD-Veranstaltung am 11. November 1945 machte sichtbar, daß auf dem Hintergrund der Berichte aus den Bezirken die Bildung einer Einheitspartei für den Zentralausschuß deutlich an Anziehungskraft verloren hatte.[297] Sich grundsätzlich für die organisatorische Einheit der Arbeiterbewegung einsetzend, zeigte er Wege auf, wie diese Einheit seiner Meinung nach zu schmieden sei: Die Einheit könne erstens kein Beschluß von Instanzen sein, sondern nur das Ergebnis des eindeutigen und überzeugten Willens aller deutschen Klassengenossen. Zweitens könne die Einheit unmöglich ein Ergebnis eines äußeren Drucks oder eines indirekten Zwangs sein. Es dürfe keine Partei geben, die mit Ansprüchen eines Erstgeburtsrechts an die Frage der Einigung herangehe. Drittens könne die Einigung der deutschen Arbeiterbewegung nur das Werk und das Ergebnis des sozialistischen und demokratischen Aufbaus sein. Die ideologische Klärung würde zwar nützlich sein, könne aber nichts entscheiden. Viertens stelle die Schaffung einheitlicher Reichsparteien der deutschen Arbeiterklasse eine Voraussetzung für die Einheit dar. Eine zonenmäßige Vereinigung würde vermutlich die Vereinigung im Reichsmaßstab nicht fördern, sondern nur erschweren und vielleicht das Reich zerbrechen. Mit dieser Rede[298] hatte sich Grotewohl, wenn auch vorsichtig, so doch unüberhörbar, vom beschleunigten Kurs der KPD für die Vereinigung distanziert.

Die SPD-Kundgebung am 11. November 1945 wurde nicht nur von der KPD, sondern auch von der sowjetischen Besatzungsmacht als Affront und als Gefährdung ihrer wesentlichen politischen Zielsetzungen interpretiert. Grotewohl hatte mit der Grenzziehung und der Demontagepolitik Themen angerissen, die bei SMAD und auch bei KPD den Verdacht auf »reaktionäre Einstellungen« aufkommen ließen. Für sie galt Grotewohl seither als »rechter Sozialdemokrat«. Erich Gniffke bekam während einer Versammlungsreise durch Sachsen-Anhalt, Sachsen und Thüringen in der zweiten Novemberhälfte zu spüren, wie groß der Argwohn der Kommandanturen gegenüber der Sozialdemokratie, insbesondere gegenüber solchen »Rechtssozialisten« wie Grotewohl, geworden war. In einem Bericht Gniffkes über eine Unterredung mit dem Leiter der Militärverwaltung in Sachsen-Anhalt General Kotikow hieß es: »General Kotikow wies daraufhin, daß sich in der SPD die Rechtsbestrebungen immer mehr bemerkbar machen. Die Rechtssozialisten gewännen

---

296 Vgl. *Hurwitz*, Demokratie und Antikommunismus in Berlin nach 1945, Bd. 4, Teil 1, S. 468.
297 Vgl. *Malycha*, »Hier stehe ich, ich kann nicht anders!«, in: BzG, Heft 2, 1992, S. 167-184.
298 Die Veröffentlichung der Rede Grotewohls vom 11. November 1945 in der SPD-Tageszeitung »Das Volk« wurde von der SMAD unterbunden, nachdem die Ausgabe der Zeitung mit der Rede schon gedruckt war.

größeren Einfluß und entfalteten eine große Aktivität. Er habe festgestellt, daß der Kurswechsel eingetreten sei, nachdem Genosse Grotewohl in Magdeburg gesprochen habe. Überhaupt habe sich der Genosse Grotewohl nach rechts entwickelt. Durch seine Rede am 11. November [1945] entstünden auch der Sowjet-Regierung Schwierigkeiten.«[299] Hatten sich die SMA der Länder bislang noch weitgehend zurückgehalten und lediglich formell an die Pflicht von Sozialdemokraten und Kommunisten zur sachlichen Zusammenarbeit appelliert, so beantworteten sie ihrerseits die Profilierungsabsichten der Sozialdemokraten mit einer intensiven Unterstützung der KPD-Offensive zum Zusammenschluß.

Es erscheint also durchaus gerechtfertigt, die Rede Grotewohls am 11. November 1945 in mehrfacher Hinsicht als einen gewissen Wendepunkt zu betrachten: Dies gilt für das Ausmaß der Einheitsagitation und das Drängen der Kommunisten nach gemeinsamen Mitgliederversammlungen, für das Verhalten der Besatzungsmacht und für die Reaktionsweise der Sozialdemokraten gleichermaßen.

Die Dokumente aus den ehemaligen SED-Bezirksarchiven zeigen ganz eindeutig, wie die KPD-Leitungen in den Ländern und etwas später in den Kreisen ab Ende November/Anfang Dezember 1945 die Frage der organisatorischen Vereinigung als Schicksalsfrage des antifaschistischen Aufbaus in die Diskussion einbrachten. Das Einheitsproblem wurde auf die Frage reduziert, ob Deutschland in Zukunft eine demokratische Entwicklung oder einen Weg in die Verhältnisse von Weimar nehmen werde. Hierbei wurden in erster Linie das angebliche Erstarken der Reaktion und vermeintliche Umtriebe der Faschisten als Argumente bevorzugt. Aus dieser Fragestellung heraus wurden die Etiketten »Sozialist« und »Reaktionär« abgeleitet. Wer gegen die Einheitspartei auftrat, setzte sich somit von vornherein der Gefahr aus, als Reaktionär bezeichnet zu werden. Prominente Beispiele sind hier Friedrich Ebert in Brandenburg, Hermann Lüdemann in Mecklenburg, Rudolf Rothe in Leipzig und Hermann Brill in Thüringen.

Als besonders geeignet, den Vereinigungskurs gegenüber den Sozialdemokraten durchzusetzen, erschien der KPD der Versuch, auf die Auseinandersetzungen innerhalb der sozialdemokratischen Vorstände und in der gesamten Organisation Einfluß zu nehmen. Sehr häufig versuchten die örtlichen KPD-Leitungen, die SPD-Ortsvereinsvorstände zur Verabschiedung von Beschlüssen zu veranlassen, die sie in Konflikte mit dem Bezirksvorstand brachten. Vor der Praxis, auf diese Weise Bezirksvorstand und Ortsvereinsvorstände gegeneinander auszuspielen, warnte der Magdeburger Bezirkssekretär Albert Deutel die Vorsitzenden der Ortsvereine am 12. Oktober 1945 in einem Rundschreiben.[300] Für die kommunistische Taktik sowie die Beobachtungen des Verhaltens der Sozialdemokraten, zwischen denen es wechselseitige Beeinflussungen gab, gewährt die Sekretariatssitzung der KPD-Bezirksleitung Brandenburg vom 12. Dezember 1945 interessante Einblicke, die sonst in nur wenigen Dokumenten aus dieser Zeit in dieser Deutlichkeit zu finden sind.[301]

Die von Willy Sägebrecht, KPD-Bezirksleiter für Brandenburg, auf dieser Sitzung geforderte Pressekampagne für den organisatorischen Zusammenschluß lief schon bald in allen Ländern auf vollen Touren. Im allgemeinen unterlagen die vom Vereinigungskurs der KPD abweichenden Meinungen durch entsprechende Stellungnahmen und Berichte in der zentralen wie der Landespresse der KPD einer öffentlichen Verurteilung. Die auch in der Anfangsphase der Vereinigungskampagne der KPD seit September 1945 ganz bewußt gesteuerten Pressemitteilungen über das Einheitsstreben beeinflußten das Meinungsklima nachhaltig. In dieser Atmosphäre gelang es der Opposition kaum, grundsätzliche Ablehnung zu artikulieren.

---

299 AdsD, NL Erich Gniffke.
300 Vgl. Landesarchiv Magdeburg – Landeshauptarchiv, BPA Magdeburg, II/3. Vgl. Dokument Nr. 72.
301 Vgl. Dokument Nr. 68.

Die Verzögerungstaktik der Sozialdemokraten

Die Sozialdemokraten standen den zentral verordneten Initiativen der Kommunisten auf unterer Ebene relativ hilflos gegenüber. Sie beteuerten wiederholt ihre grundsätzliche Bereitschaft, mit den Kommunisten gemeinsam die Alltagsprobleme lösen und eine Einheitspartei bilden zu wollen, verwiesen jedoch immer wieder auf bestehende örtliche Schwierigkeiten in der konkreten Zusammenarbeit und vor allem, dies blieb bis zum Schluß markant, auf fehlende Direktiven der oberen Leitungen. Auf diese Weise konnten die von der KPD geforderten gemeinsamen Mitglieder- und Funktionärsversammlungen lange Zeit verhindert werden. Kennzeichnend für das damalige Verhalten von Sozialdemokraten ist die Debatte der Vorstandsmitglieder des Ortsvereins Zella-Mehlis der SPD am 22. Oktober 1945.[302] In der Aussprache einigte man sich darauf, daß man nach den KPD-Angeboten »taktisch sehr klug vorgehen müsse, um auf der einen Seite dem Wunsch der KPD nach einem Zusammenschluß Rechnung zu tragen, aber zugleich auch unsere politische Selbständigkeit vorläufig zu behalten, bis ein zentraler Zusammenschluß von beiden Parteizentralen gutgeheißen wird.«[303] Praktisch wurde in vielen Ortsvereinen der SPD so wie in Neustadt (Orla) verfahren. Hier schrieb der Vorsitzende an den Thüringer Landesvorstand am 14. November 1945 über die Reaktion des Ortsvereins: »Hier habe ich erklärt, daß sich die KPD ein- und für alle Male merken möchte, daß wir

1. unseren Leitungen das größte Vertrauen entgegenbringen,
2. prinzipiell zu deren Richtlinien stehen und
3. grundsätzlich ablehnen, einer den Zentralen vorbehaltenen Maßnahme entgegenzuarbeiten oder vorzugreifen.«[304]

Die Orientierung auf Führungsentscheidungen stellte gewissermaßen einen Selbstschutz der Sozialdemokraten gegenüber der laufenden Einheitskampagne der KPD dar. Sie schuf keine klaren Verhältnisse und garantierte lediglich Zeitgewinn. Ein grundsätzliches Nein schien den meisten Sozialdemokraten auf Grund ihrer emotionalen Bereitschaft, den Weg in die Einheitspartei zu gehen, sowie angesichts der spezifischen Besatzungssituation nicht möglich. Der Zeitgewinn sollte für die Schaffung jener Voraussetzungen genutzt werden, die Sozialdemokraten für eine Einheitspartei als unumgänglich betrachteten und die noch nicht garantiert schienen. Die SPD-Ortsvereine begaben sich damit zugleich in ein Abhängigkeitsverhältnis von zentralen Entschlüssen, die von mancherlei Unwägbarkeiten beeinflußt werden konnten. Die Berufung auf zentrale Entscheidungen machte deutlich, welches Vertrauen Sozialdemokraten ihrer Führung entgegenbrachten und wie fest der Glaube an die Richtigkeit zentral gefaßter Beschlüsse war, was auch mit Führungsgläubigkeit umschrieben werden könnte. Das Klammern an Führungsbeschlüsse stellte sich für die Sozialdemokraten in den Ortsvereinen vor allem aber als Alternative dar, um dem Dilemma aus grundsätzlicher Befürwortung der Einheitspartei und Ablehnung des kommunistisch bereiteten Weges zum Zusammenschluß zu entfliehen.

In diesem Zusammenhang darf auch das Problem des sogenannten Reichsparteitages nicht unerwähnt bleiben. Otto Grotewohl hatte mit seiner Rede am 11. November 1945 schwerwiegende Bedenken gegen die nun von den Kommunisten ins Spiel gebrachte Vereinigung in einer Besatzungszone in die Diskussion um die Einheitspartei gebracht, die in der Forderung gipfelten, daß nur ein Reichsparteitag über die Verschmelzung entscheiden könne. Mit der Ablehnung einer zonalen Vereinigung verbanden Grotewohl und der Zen-

---
302 Vgl. Dokument Nr. 88.
303 Thüringisches Staatsarchiv Meiningen, BPA der SED Suhl, II/3/6.
304 Thüringisches Staatsarchiv Rudolstadt, BPA der SED Gera, II/2/1. Vgl. Dokument Nr. 90.

tralausschuß Hoffnungen auf Wiederherstellung einer einheitlichen sozialdemokratischen Parteiorganisation. Der SPD war es seit dem Frühjahr 1945 im Unterschied zur KPD nicht gelungen, die organisationspolitischen Aktivitäten in den einzelnen Besatzungszonen zu koordinieren und in einer den Umständen entsprechenden Art und Weise irgendwie zusammenzuführen.

Die Hoffnungen Grotewohls und gleichzeitig damit die Führungsansprüche der ostzonalen Sozialdemokraten hatten einen erheblichen Dämpfer von Kurt Schumacher erhalten.[305] Auf der Konferenz von Wennigsen am 5. und 6. Oktober 1945 war der Versuch Grotewohls gescheitert, erste Schritte zum Zusammenführen von west- und ostzonaler Sozialdemokratie zu gehen.[306] Es war weder gelungen, verbindliche Richtlinien für eine gesamtdeutsche sozialdemokratische Politik festzulegen, noch eine zentrale Leitung der SPD für ganz Deutschland zu installieren. Statt dessen wurden provisorisch – bis zu einem angestrebten Parteitag in ganz Deutschland – die Kompetenzen zwischen dem Zentralausschuß in Berlin einerseits und Kurt Schumacher andererseits abgesteckt. Da ein solcher gesamtdeutscher Parteitag (Reichsparteitag) von der politischen Entwicklung unmöglich gemacht wurde, deutete sich hier die Spaltung der SPD in eine West- und Sowjetzonen-Organisation an. Zugleich schwanden die Hoffnungen der Berliner Führung, in absehbarer Zeit als gesamtdeutsche Führung der SPD in die Verhandlungen mit der KPD zu gehen.

Ein möglicher gesamtdeutscher Anspruch hatte auch für Hermann Brill einen zentralen Stellenwert. Auf der Sitzung des Gesamtvorstandes der SPD Thüringens am 26. November 1945 bezeichnete er es als die »vordringlichste, rein parteipolitische Aufgabe«, eine wirkliche »Reichsorganisation unserer Partei« zu schaffen, eine »Organisation, die über die Zonen hinweggeht und die Partei im Ganzen vertritt und im Ganzen führt. Alles andere hat gegenüber dieser Aufgabe in den Hintergrund zu treten.«[307] Die so zusammengefaßte Partei sei die wichtigste Voraussetzung für die Herstellung der Reichseinheit und damit für die Lösung aller proletarischen Lebensfragen. Eine Lösung der Einigungsfrage durch die Vereinigung von Ortsvereinen, Kreisverbänden oder Landesverbänden würde die Spaltungstendenzen nicht beseitigen, sondern nur vertiefen. Auf eine gesamtdeutsche Lösung der Vereinigungsfrage orientierte gleichfalls Friedrich Ebert auf einem Unterbezirksparteitag der SPD am 2. Dezember 1945 in Eberswalde.[308]

Zur zentralen Losung der SPD wurde somit seit dem Spätherbst die Forderung nach einem Reichsparteitag, mit der Sozialdemokraten sehr unterschiedliche Motive verbanden. Den einen ging es darum, die Entscheidung zu verzögern und auf einen nicht fixierbaren Zeitpunkt in ferner Zukunft zu vertagen, die anderen hofften mit Unterstützung der westzonalen Sozialdemokratie die Bedingungen für den Zusammenschluß eindeutiger definieren zu können, und noch andere wollten ganz einfach eine gesamtdeutsche Lösung des Problems, weil sie die Gefahren einer zonalen Verschmelzung erkannten. Die Unterschiedlichkeit der Motive ist dabei am konkreten Beispiel nur schwerlich nachzuweisen. Übereinstimmung herrschte freilich in dem Glauben, mit einer starken Sozialdemokratischen Par-

---

305 Vgl. *Klaus Sühl*, Schumacher und die Westzonen-SPD im Vereinigungsprozeß, in: Einheitsfront-Einheitspartei, S. 108 ff.
306 Vgl. *Kaden*, Einheit oder Freiheit, Kap. 7.; *Moraw*, Die Parole der »Einheit« und die Sozialdemokratie, S. 120 ff.; *Borsdorf/Niethammer*, Zwischen Befreiung und Besatzung, S. 210 ff.; *Malycha*, Der Zentralausschuß, Kurt Schumacher und die Einheit der SPD, in: BzG, Heft 2, 1991, S. 182 ff.; *Willy Albrecht* (Hrsg.), Kurt Schumacher. Reden, Schriften, Korrespondenzen 1945-1952, Bonn 1985, S. 301 ff.; Die Wiedergeburt der deutschen Sozialdemokratie. Bericht über Vorgeschichte und Verlauf der sozialdemokratischen Parteikonferenz vom 5. bis 7. Oktober 1945, London o. J.
307 Thüringisches Hauptstaatsarchiv Weimar, BPA der SED Erfurt, II/1001. Vgl. Dokument Nr. 92.
308 Vgl. Brandenburgisches Landeshauptarchiv, Rep. 330, I/2/15.

tei die Unabhängigkeit und die Ausgestaltung des Parteilebens einer vereinigten Partei entscheidend bestimmen zu können.

Die Sitzung des Gesamtvorstandes der thüringischen SPD am 26. November 1945, an der sämtliche Kreisvorsitzende der Partei aus Thüringen teilnahmen, vermittelt ein ungeschminktes Bild der sozialdemokratischen Stimmungslage in den Kreisverbänden.[309] Eine solch freimütige Diskussion hat es angesichts des offensichtlichen Fehlens sowjetischer Beobachter während dieser Veranstaltung in Thüringen später nie wieder und in den anderen Ländern höchst selten gegeben. All die in den vergangenen Monaten angestauten Sorgen und Nöte sowie die Verärgerungen über die Beziehungen zu den Kommunisten und zur Besatzungsmacht kamen zur Sprache. Etwas überraschend ist schon die Schärfe der Formulierungen, mit denen die KPD attackiert und ihre Einheitsagitation zurückgewiesen wurde. Wiederholt wurden der Führungsanspruch der Sozialdemokratie und das Vertrauen auf die Mitgliederstärke der Partei betont, die ihr auch in der Einheitspartei die Führung sichern werde.

Ablehnung von Einheitslisten

Die Hoffnungen der Sozialdemokraten, den stillschweigenden Wettstreit mit der KPD gewinnen zu können, erhielten neuen Auftrieb, als Pläne der Amerikaner bekannt wurden, bereits im Januar 1946 Gemeindewahlen in der amerikanischen Zone abhalten zu wollen.[310] Konfrontiert mit der Eventualität, daß die Frage der Wahlen auch für sie in absehbarer Zeit aktuell werden könne, entstand bei der KPD sofort das Bedürfnis, die SPD in künftigen Wahlkämpfen auf gemeinsame Kandidatenlisten und Programme zu verpflichten. Fortan sahen sich die Sozialdemokraten in allen Ländern und Provinzen der kommunistischen Forderung gegenübergestellt, sich vor kommenden Wahlen mit der KPD über gemeinsame Kandidatenlisten zu verständigen. Wie so oft, beriefen sich die SPD-Ortsvorstände auch diesmal auf die fehlenden Anweisungen der übergeordneten Leitungen und empörten sich über die Art und Weise, in welcher derartig schwerwiegende Entscheidungen von der KPD in die Diskussion gebracht wurden. Ein Schreiben des SPD-Ortsvereins Luckenwalde an die Kreisleitung der KPD Luckenwalde vom 9. November 1945 ist für dieses Verhalten beispielhaft.[311]

Der Zentralausschuß selbst war im zentralen Arbeitsausschuß von KPD und SPD Mitte Oktober mit einem von der KPD vorgelegten Entwurf einer Vereinbarung über das »gemeinsame Auftreten der beiden Parteien bei den Gemeindewahlen in der amerikanischen Zone« konfrontiert worden.[312] Er wies am 22. Oktober 1945 die Forderung nach gemeinsamen Kandidatenlisten zurück.[313] August Karsten erklärte auf einer außerordentlichen Sitzung des Landesvorstandes der SPD Thüringens am 16. November 1945, daß »der Zentral-

---

309 Vgl. Dokument Nr. 92.
310 Vgl. *Hurwitz*, Demokratie und Antikommunismus in Berlin nach 1945, Bd. 4, Teil 1, S. 477.
311 Vgl. Dokument Nr. 66.
312 Gemeinsame Wahllisten wurden auch von der SMAD gefordert. Über eine Besprechung bei Oberst Tjulpanow am 5. Dezember 1945, an der Max Fechner, Bernhard Göring, Walter Ulbricht und Franz Dahlem teilnahmen, wurde notiert: »Die Russen wünschen hinsichtlich der Kommunalwahlen gemeinsame Listen und Wahlarbeit mit der KPD, auch in der westlichen Zone. Da die Wahlen für Mitte Januar 1946 geplant sind, müßten die Beratungen und Vorarbeiten dazu beschleunigt werden.« SAPMO-BArch, Zentralarchiv des FDGB, Büro Bernhard Göring.
313 Vgl. *Hurwitz*, Demokratie und Antikommunismus in Berlin nach 1945, Bd. 4, Teil 1, S. 478.

ausschuß und die Bezirke, die er bisher auf seiner Reise berührt habe, gemeinsame Listen ablehnen.«[314]

Als der Stellvertreter des amerikanischen Militärgouverneurs General Lucius D. Clay für Januar 1946 Gemeindewahlen in der amerikanischen Zone ankündigen ließ[315], gaben sich immer mehr Sozialdemokraten der Hoffnung hin, daß die Westmächte im Alliierten Kontrollrat für freie Wahlen in allen Zonen sorgen würden. Sie erkannten in freien Wahlen die Möglichkeit, sich vom Einheitskurs der KPD abzukoppeln und die städtischen Verwaltungen der Kontrolle der KPD zu entziehen. Von diesen Stimmungen blieben selbst der Einheitspartei positiv gegenüberstehende Funktionäre nicht unbeeinflußt, wie das Protokoll der Sächsischen Landesvorstandssitzung am 18. Dezember 1945 über die Haltung von Otto Buchwitz vermerkte: »Im Frühjahr sollen Wahlen angeordnet werden. Wenn Wahlen kommen, will Buchwitz stolz darauf sein, wenn wir, die SPD, die stärkste Partei wären, er würde aber keine Freude empfinden, wenn die KPD hierbei gar zu schlecht abschnitte. Auf uns als Partei darf der Vorwurf auf keinen Fall zurückfallen, daß wir daran schuld sind, daß es zu einer Einigung beider Arbeiterparteien nicht kommt.«[316]

Betriebsgruppen der SPD

Unruhe machte sich auch in den großen Betrieben breit. Mit der verstärkten Bildung von KPD-Betriebsgruppen im Herbst 1945 sahen viele Sozialdemokraten die Auseinandersetzungen in die Betriebe getragen. Zudem berührte die Gründung von Betriebsgruppen der KPD das Gewerkschaftsverständnis der Sozialdemokraten und zog organisationspolitische Konsequenzen nach sich. Da man der KPD weder in den Betrieben noch in den Gewerkschaften kampflos das Feld überlassen wollte, faßte der Zentralausschuß am 27. November 1945 einen Beschluß über die Bildung von Betriebsgruppen der SPD in jedem Betrieb.[317] Mit der Bildung von sozialdemokratischen Betriebsgruppen wollte die SPD ein Gegengewicht zu dem von den Kommunisten praktizierten Betriebsorganisationsprinzip schaffen und ihre Stellung in den Gewerkschaften festigen, die durch die KPD-Initiative gefährdet schien.

Der Beschluß des Zentralausschusses entsprach durchaus den Überlegungen und Reaktionen der Sozialdemokraten auf Bezirksebene. Auch hier herrschte die traditionelle sozialdemokratische Auffassung vor, Gewerkschaften und Betriebsräte seien die politischen Entscheidungs- und Betätigungsfelder im Betrieb und die Parteien hätten hier organisationspolitische Zurückhaltung zu üben. Dementsprechend empfanden die Sozialdemokraten den Aufbau von kommunistischen Betriebszellen als eine Gefährdung der Rolle der Gewerkschaften und Betriebsräte als Interessenvertretung der Arbeiter in den Betrieben, worauf von sozialdemokratischer Seite reagiert werden müsse. In dieser Weise orientierte der Leipziger Bezirksvorstand in seinem Rundschreiben vom 26. November 1945 an die Ortsvorstände und forderte zur Gründung von SPD-Betriebsgruppen auf.[318]

Organisatorisch waren die Betriebsgruppen der SPD den Kreisverbänden angeschlossen. Die Verantwortung für die Bildung von Betriebsgruppen und ihre Tätigkeit lag zumeist in den Händen der Kreisvorstände. In der SPD wurde der Aufbau der Betriebsorganisation nicht als eine Abkehr der Partei vom Ortsverein als dem grundlegenden Prinzip

---

314 Thüringisches Hauptstaatsarchiv Weimar, BPA der SED Erfurt, II/2003. Vgl. Dokument Nr. 91.
315 Vgl. *Hurwitz*, Demokratie und Antikommunismus in Berlin nach 1945, Bd. 4, Teil 1, S. 474.
316 Sächsisches Hauptstaatsarchiv Dresden, SED-BPA Dresden, II/A/1.001. Vgl. Dokument Nr. 87.
317 Vgl. SAPMO-BArch, ZPA, II/2/1.
318 Vgl. Sächsisches Staatsarchiv Leipzig, BPA Leipzig, II/3/5/2.

der Struktur der Organisation, sondern als zweckgebundene Ergänzung zum traditionellen Organisationsaufbau verstanden. Die Bildung von sozialdemokratischen Betriebsgruppen vollzog sich bis Ende des Jahres 1945 äußerst schleppend, vielfach herrschten Zweifel an und Vorbehalte gegenüber deren Notwendigkeit. Häufig beschränkte man sich auf die Wahl eines Betriebsgruppenobmanns, der gelegentlich zu Beratungen des jeweiligen Kreisvorstandes zu Betriebsangelegenheiten geladen wurde. Seit Januar 1946 sahen sich dann die sozialdemokratischen Betriebsgruppen von den KPD-Betriebsgruppen in die Rolle gedrängt, den kommunistisch verfaßten Resolutionen für eine Einheitspartei ihre Zustimmung zu geben, um auf die bezirklichen und zentralen Leitungen Druck auszuüben. In diesem Sinne wurden sie zu einer zentralen Größe in der KPD-Taktik zum schnellen Zusammenschluß.

Eine weitere Ursache der beständigen Differenzen zwischen SPD und KPD in den Betrieben bildete die Rivalität in den Gewerkschaften. Hier spitzte sich die Situation besonders in Leipzig dramatisch zu. In mehreren Sitzungen der Leitung der Leipziger Gewerkschaften sowie im gemeinsamen Arbeitsausschuß hatte es erhebliche Kontroversen um die Gewerkschaftsführung gegeben. Die KPD schlug dem SPD-Bezirksvorstand vor, den von Erich Schilling geleiteten »Zehnerausschuß« der Gewerkschaften aufzulösen und auf der Grundlage der Parität einen neuen Ausschuß aus jeweils 5 Sozialdemokraten und 5 Kommunisten ohne die »Reformisten« Erich Schilling und Max Müller zu bilden. Ein Schreiben von Otto Schön an Hermann Matern demonstriert, wie ernst die Kommunisten den Machtkampf innerhalb der Gewerkschaften führten und mit welchen Mitteln sie ihn zu gewinnen suchten.[319] Durch eine Auflösung und Umbildung des »Zehner-Ausschusses« versuchte die Leipziger KPD, die personalpolitische Kontrolle über die Gewerkschaften zu erlangen. Nach einer dramatischen Debatte am 15. November 1945 löste der anwesende Vertreter der Kommandantur den »Zehner-Ausschuß« auf.[320] Die Auseinandersetzung endete unter dem Druck des Ultimatums der Kommandantur schließlich mit der Bildung eines Gewerkschaftsausschusses, der sich paritätisch aus Vertretern der KPD und der SPD zusammensetzte und von dem Sozialdemokraten Kurt Pohling geleitet wurde, der vor 1933 in Breslau Gewerkschaftssekretär gewesen war.

Im Gegensatz zum Leipziger Bezirksvorstand wollte es der Landesvorstand der SPD Sachsens nicht auf eine Kraftprobe ankommen lassen. Otto Buchwitz nahm die Leipziger Vorgänge zum Anlaß, vor Zuspitzungen zu warnen und an den Leipziger Bezirksvorstand zu appellieren, den Konfrontationskurs aufzugeben und einvernehmliche Lösungen anzustreben. Am 19. November 1945 schrieb er an Stanislaw Trabalski über seine Befürchtung, daß »wir eines Tages vor dem Trümmerhaufen unserer gesamten Aufbauarbeit stehen. [...] Viele Genossen vergessen, daß wir nicht frei in unserem Handeln sind und uns in vielen Dingen beschränken müssen.«[321]

Wie schon Heinrich Hoffmann am 26. November 1945 das Verhältnis zur KPD und zur Besatzungsmacht insgesamt als eine Frage »ob Leben oder Untergang der SPD«[322] bezeichnete hatte, verband auch Otto Buchwitz das politische Schicksal der Sozialdemokraten in der sowjetischen Zone mit der Notwendigkeit, sich mit allen daraus ergebenden Konsequenzen auf die Besatzungssituation einzustellen. Dies hieß für ihn vor allem, mit den Besatzungsoffizieren loyal zusammenzuarbeiten sowie auf ihre Foderungen einzugehen und die Zusammenarbeit mit den Kommunisten zu suchen. Bei jenen Landesfunktionären, die

---
319 Vgl. Dokument Nr. 82.
320 Vgl. Dokument Nr. 81.
321 Sächsisches Staatsarchiv Leipzig, BPA Leipzig, II/2/10. Vgl. Dokument Nr. 83.
322 Vgl. Dokument Nr. 92.

sich wie Otto Buchwitz, Heinrich Hoffmann und Carl Moltmann[323] dann ab Januar 1946 vehement für die Einheitspartei einsetzten, war nicht nur ihre hinlänglich bekannte innere Bereitschaft zur Vereinigung ausschlaggebend. Die Hinweise in den Sitzungsprotokollen der Landesvorstände und in anderen Dokumenten weisen darauf hin, daß ihre Entscheidung von der Befürchtung beeinflußt war, langfristig werde sich die Existenz der SPD nicht sicherstellen lassen.

Die Lage im November/Dezember 1945

Ende November/Anfang Dezember 1945 war eine Mitgliedermehrheit gegen das Ziel der Einheitspartei vermutlich ebenso unwahrscheinlich wie eine Mehrheit für den Zusammenschluß. Funktionäre auf Kreis- und Bezirksebene wichen der Forderung der KPD nach gemeinsamen Mitgliederversammlungen und gemeinsamer Schulung aus, verzögerten die Entscheidung zur Abhaltung gemeinsamer öffentlicher Veranstaltungen und Kundgebungen und beklagten sich bei den übergeordneten Leitungen über die Untaten der Kommunisten. »Aus den Ortsgruppen kommen noch recht oft Klagen über ein unerfreuliches und teilweise herausforderndes Verhalten der örtlichen kommunistischen Parteileitungen«, konstatierte Carl Moltmann auf der Mecklenburgischen Landesvorstandssitzung am 9. Dezember 1945.[324]

Ein Bericht der Kreisleitung Chemnitz der KPD vom 13. Dezember 1945, der sich durch seine Realitätsnähe wesentlich von anderen Erfolgsberichten der KPD in der Einheitsfrage unterschied, listete genau jene Problemfelder auf, zu denen es in allen Ländern und Provinzen der sowjetischen Besatzungszone heftige Auseinandersetzungen gab und die die Erfahrungsbilanz der Sozialdemokraten trotz guten Willens negativ erscheinen ließ: »Rein äußerlich gibt es wenige ideologische Unklarheiten über grundsätzliche Fragen. Nur in der Behandlung gegenwärtiger Probleme, wie die Kriegsschuld, der Wiedergutmachung, der Demontage, der Bodenreform, der Entlassung der Lehrer, des freien Marktes, in der Jugendfrage und vor allem in der Besetzung der Posten sind teils stärkere, teils schwächere Differenzen vorhanden.«[325] Seitdem die KPD das Thema der Einheitspartei mit großem propagandistischen Aufwand in die Debatte gebracht hatte, wurde über mögliche theoretisch-programmatische Grundsätze einer vereinigten Partei überhaupt nicht diskutiert. Das bedeutete jedoch nicht, daß es dazu keine unterschiedlichen Auffassungen gegeben hätte.

Über die Situation im Land Sachsen, die sich nicht wesentlich von der in anderen Ländern unterschied, bietet das Protokoll über die Sitzung des erweiterten Landesvorstandes der SPD Sachsens am 18. Dezember 1945 interessante Einblicke.[326] Die von Otto Buchwitz beobachtete Entspannung im Verhältnis zur KPD und SMAD konnte von den Vertertern der Bezirke nicht bestätigt werden. Der Chemnitzer Bezirkssekretär Richard Engelmann glaubte »im Moment noch nicht an ein Entgegenkommen von Seiten der Russen,

---

323 Äußerst aufschlußreich ist in dieser Beziehung das Auftreten Carl Moltmanns auf der Berliner Konferenz sozialdemokratischer Funktionäre am 1. März 1946, in der er nach tumultartigen Szenen auf die Zwischenrufe in ähnlicher Weise wie Buchwitz und Hoffmann mit dem Hinweis auf die besatzungsrechtliche Situation in der Ostzone reagierte. Diese Äußerungen Moltmanns liegen allerdings lediglich in Form eines Tonbandmitschnittes im ehemaligen Rundfunkarchiv der DDR vor, den Manfred Rexin auf einer Fachtagung der Friedrich-Ebert-Stiftung am 12. April 1991 in Berlin erstmals der Öffentlichkeit präsentierte.
324 Mecklenburgisches Landeshauptarchiv Schwerin, BPA Schwerin, II/2. Vgl. Dokument Nr. 57.
325 Sächsisches Hauptstaatsarchiv Dresden, SED-BPA Dresden, I/A/001. Vgl. Dokument Nr. 85.
326 Vgl. Dokument Nr. 87.

denn gerade in letzter Zeit ist die Zusammenarbeit sehr erschwert worden. Die Schwierigkeiten mit der KPD sind nicht geringer geworden.« Der Zwickauer Bezirksvorsitzende Karl Kautzsch sprach von der »Empfindung, je mehr wir von der Einigung sprechen, desto mehr sinkt die Frage bei unseren Mitgliedern im Kurs. [. . .] Trotz Ablehnung im Land, darf die Einigung nicht versanden. Wir müssen unsere Forderungen stellen und versuchen, die Führung in die Hand zu bekommen.« Der Görlitzer Vorsitzende Max Rausch unterstützte die von Buchwitz geäußerte grundsätzliche Bereitschaft zur Bildung der Einheitspartei, betrachtete dies aber als »eine Angelegenheit des gesamten deutschen Reiches«. Der Freitaler Oberbürgermeister Arno Hennig hatte die Erfahrung gemacht, »daß bei einer evtl. Vereinigung beider Arbeiterparteien innerhalb dieser neuen Partei nicht viel von Demokratie zu erwarten sei. [. . .] Gemeinsame Aktionen müssen erst beweisen, daß beide Arbeiterparteien zusammengehörten. Bis dahin sei er für ein getrenntes Marschieren.«[327]

Die Diskussion im erweiterten Sächsischen Landesvorstand am 18. Dezember 1945 hatte wie schon die Debatte während der Sitzung des Gesamtvorstandes der SPD Thüringens am 26. November 1945 deutlich gemacht, daß die Anziehungskraft einer vereinigten Partei weiter im Sinken begriffen war. Zugleich konnte und wollte sich ein beträchtlicher Teil der Sozialdemokraten nicht von der Idee der Einheitspartei lösen und glaubte an die Möglichkeit gleichberechtigter Zusammenarbeit.

Im November traten die örtlichen KPD-Leitungen, einer zentralen KPD-Direktive folgend, an die Vorstände der SPD mit dem Anliegen heran, die Jahrestage der russischen Oktoberrevolution und der deutschen Novemberrevolution in Form von gemeinsamen Revolutionsfeiern zu würdigen. Die Landesarbeitsgemeinschaften beschlossen daraufhin, gemeinsame Feiern zum 27. Jahrestag der Novemberrevolution zu veranstalten. Der weitergehende Vorschlag der KPD, auch den 28. Jahrestag der russischen Oktoberrevolution gemeinsam zu begehen, wurde größtenteils abgelehnt.[328] Dennoch gelang es der KPD, auf der Grundlage gemeinsamer Beschlüsse regionaler Parteiorganisationen, in einigen Orten Sozialdemokraten für eine Veranstaltung aus Anlaß des 28. Jahrestages der Oktoberrevolution zu mobilisieren.[329]

Die KPD nutzte die Kundgebungen, um ihre Einheitsagitation zu forcieren. Sie beabsichtigte, durch eine Gegenüberstellung der beiden Revolutionen die Vorbildrolle der russischen Revolution und indirekt die Modellfunktion des russischen Weges insgesamt herauszustellen, womit die »ideologische Klärung« zur Vorbereitung der Einheitspartei gefördert werden sollte. Den russischen Weg hielten die meisten Sozialdemokraten nicht für erstrebenswert. Sie betrachteten die Fortführung des ihrer Meinung nach am 9. November 1918 begonnenen und später abgebrochenen Weges für eine lohnenswerte Zielsetzung. Hermann Lüdemann notierte einen derartigen Gedanken in seinen »Anregungen, Erklärungen, Erkenntnissen«, die als Anhang dem Rundschreiben Nr. 20 des mecklenburgischen Landesvorstandes vom 31. Oktober 1945 beigefügt waren.[330]

Anfang Dezember 1945 modifizierte die KPD ihre Einheitskampagne in der Weise, daß die zentralen Instanzen der SPD von der untersten Ebene her unter Druck gesetzt werden sollten. Hierfür wirkten die Kommunisten in den Orts- und vor allem den Betriebsgruppen darauf hin, Resolutionen verabschieden zu lassen, die einen baldigen Zusammenschluß forderten. Dieses Vorgehen machte dem Zentralausschuß augenfällig seine eigenen Ver-

---

327 Sächsisches Hauptstaatsarchiv Dresden, SED-BPA Dresden, II/A/1.001.
328 Vgl. das Rundschreiben Nr. 20 des Landesvorstandes der SPD Mecklenburg-Vorpommern vom 31. Oktober 1945. Dokument Nr. 53.
329 Vgl. *Hans-Joachim Krusch*, Oktoberjubiläum in unserem Lande im Jahr der Befreiung vom Faschismus, in: BzG, Heft 5, 1977, S. 869 f.
330 Vgl. Dokument Nr. 54.

säumnisse bei der Zusammenarbeit mit den Funktionären auf Landes- und Bezirksebene und das Fehlen organisatorischer Maßnahmen zum Widerstand der SPD gegen die kommunistische Offensive bewußt. Angesichts der kommunistischen Vereinigungsbemühungen von unten und des Erkennens bisheriger Versäumnisse trat am 4. Dezember 1945 zum erstenmal der Zentralausschuß in Berlin mit Vertretern der Landes- und Bezirksvorstände der SPD der sowjetischen Zone zu einer gemeinsamen Beratung zusammen.[331]

Otto Grotewohl hatte sich einer Mitteilung von Willy Jesse zufolge auf der Beratung mit den zahlreichen Klagen in der Frage der Zusammenarbeit zwischen SPD und KPD beschäftigt. »Es finden sich in manchen Orten kaum noch Genossen, die bereit sind, mitzuarbeiten angesichts der großen Schwierigkeiten und Hemmungen. Die Sozialdemokratische Partei habe in hohem Maße ihre Bewegungsfreiheit verloren. Die Funktionäre sind zum Teil mutlos.«[332] In der darauffolgenden Aussprache, so berichtete Jesse weiter, hätten sich die von Grotewohl geschilderten Schwierigkeiten durch neue Berichte, besonders aus Magdeburg, Thüringen und Sachsen, noch vermehrt. Die weitere Entwicklung werde von den meisten Rednern pessimistisch beurteilt und die Frage aufgeworfen, ob eine Weiterexistenz der Partei angesichts dieser Situation noch zu verantworten sei. Die Frage der Selbstauflösung der SPD stand offensichtlich für einige Funktionäre bereits Anfang Dezember 1945 im Raum.

Die Teilnehmer der Beratung am 4. Dezember 1945 konstituierten sich als Parteiausschuß der SPD. Dieser setzte sich somit aus den Mitgliedern des Zentralausschusses und den Landes- und Bezirksvorsitzenden unter Hinzuziehung weiterer Vertreter der Landes- und Bezirksvorstände zusammen.

Unterschiedliche Erfahrungen mit der Besatzungsmacht

Die Zeit von Oktober bis Mitte November 1945 war von einer im Vergleich zu den Behinderungen in der Konstituierungsphase relativ störungsfreien Entfaltung des sozialdemokratischen Organisationslebens geprägt, in der die SPD sehr rasch an Mitgliedern gewann.[333] Erstmalig konnten neben der sozialdemokratischen Tageszeitung »Das Volk« Landeszeitungen mit Kopfblättern für verschiedene Bezirke erscheinen. Aber auch diesbezüglich dominierten spezifische Probleme. Zum einen waren die Sozialdemokraten nicht mit der genehmigten Auflagenhöhe einverstanden, die deutlich unter der der kommunistischen Landespresse lag. Zum anderen klagten die Redakteure über das restriktive Verhalten der sowjetischen Zensur, das mitunter groteske Formen annahm. Sozialdemokraten konnten sich nur zögernd an die Besatzungssituation gewöhnen, die sie als einen Zustand betrachteten, der durch die Überwindung der Zonengrenzen und die Installierung einer gesamtdeutschen Regierung unter Viermächte-Kontrolle möglichst schnell aufgehoben werden würde.

---

331 Auf der Vorstandssitzung des Landesvorstandes der SPD Mecklenburg-Vorpommern am 9. Dezember 1945 gab Willy Jesse einen zusammenfassenden Bericht. Vgl. Dokument Nr. 57.
332 Mecklenburgisches Landeshauptarchiv Schwerin, BPA Schwerin, II/2. Vgl. Dokument Nr. 57.
333 Im Selbstverständnis der Sozialdemokraten blieb der organisationspolitische Handlungsspielraum freilich unbefriedigend. Otto Buchwitz sprach auf der ersten Sechzigerkonferenz davon, »daß wir von der sowjetischen Administration bei unserer freien Entfaltung zurückgesetzt sind. [...] Ich führe z. B. folgendes an. Wir haben unsere Zeitung im Oktober gehabt, haben aber heute noch keine Genehmigung, Propagandamittel und Broschüren drucken zu können. Das verletzt unser Selbstbewußtsein.« SAPMO-BArch, ZPA, I/2/2/19.

Verärgerung entstand immer dann, wenn örtliche Kommandanturen beantragte sozialdemokratische Versammlungen nicht genehmigten, Werbemaßnahmen der SPD unterbanden oder, zu diesem Zeitpunkt nur vereinzelt, Funktionäre verhaftet wurden. Auf der Sitzung des Landesvorstandes der SPD Mecklenburg am 7. Oktober 1945 wurden derartige Vorfälle bekanntgegeben.[334] Die Verhaftungen sozialdemokratischer Funktionäre führten schon zu diesem Zeitpunkt auf Orts- und Kreisebene zu einem Einschüchterungseffekt. Vereinzelt fehlte es auch nicht an direkten Einschüchterungen und Verunsicherungen von sozialdemokratischen Funktionären. Ein Großteil der Verhaftungen erfolgte auf Grund von Denunziationen, wobei die eigentlichen Haftgründe meistens im Dunkeln blieben. Der SPD-Ortsvorsitzende von Schwerin Xaver Karl, gleichzeitig Mitglied des Landesvorstandes der SPD Mecklenburg, schilderte in einem Schreiben an den Stadtkommandanten von Schwerin am 19. Dezember 1945 einen solchen Vorfall und bat um Freilassung der betreffenden Person.[335]

Die Praxis auf örtlicher Ebene konnte sich allerdings sehr unterschiedlich gestalten. Friedrich Ebert schätzte auf dem Bezirksparteitag der SPD Brandenburg am 3./4. November 1945, daß von der Administration der sowjetischen Besatzungsmacht der Partei jede erdenkliche Hilfe erwiesen werde, »und wenn dem Generalmajor Scharow berechtigte Klagen vorgetragen werden, setze er sich auch dafür ein, daß die vorhandenen Mängel überprüft und behoben werden. Es komme darauf an, daß die Zusammenarbeit auch draußen in der Provinz mit den Kommandostellen der Roten Armee gut sei.«[336] Sicherlich zählte der Chef der SMA der Provinz Brandenburg, Generalmajor Scharow, zu den Offizieren, die bereit waren, das organisationspolitische Eigenleben der SPD zu tolerieren. Andere ihm unterstellte Offiziere griffen demgegenüber häufig in das sozialdemokratische Organisationsleben ein.

Mitte November 1945 erfolgte auch bereits eine Einschränkung des sozialdemokratischen Versammlungslebens. Während bis dahin für verschiedene Veranstaltungen und reguläre Mitgliederversammlungen lediglich eine Genehmigung benötigt wurde, verlangten die Kommandanten nunmehr die biographischen Daten des jeweiligen Redners und das Redemanuskript einige Tage vor Beginn der Veranstaltung. Bei Verstößen gegen diese Auflage wurden Mitgliederversammlungen verboten. Gegen ein solches Verbot beschwerte sich der SPD-Ortsverein Königs Wusterhausen in einem Schreiben an den sowjetischen Stadtkommandanten vom 11. November 1945.[337] Seit dieser Zeit war eine erhebliche Einschränkung der Meinungsäußerungen von Versammlungsteilnehmern deutlich spürbar, wie auch insgesamt die Angst vor Restriktionen der Besatzungsmacht zunahm.

Seit Anfang Dezember 1945 ist nachweisbar, wie die örtlichen Kommandanturen sich in die Auseinandersetzungen um die Einheitspartei einschalteten. Die Kommandanten gaben zunächst unmißverständlich zu verstehen, daß sie von den Ortsvereinen eine positive Stellungnahme zum Zusammenschluß erwarteten. Darüber berichtete beispielsweise die SPD-Ortsgruppe Kühlungsborn am 14. Dezember 1945.[338] Es folgten dann in der Regel Unterredungen mit den Ortsvorsitzenden, die bei den Sozialdemokraten häufig den Eindruck hinterließen, notfalls würde der Kommandant eine entsprechende Anordnung zur Bildung der Einheitspartei erlassen. Auf diese Weise verfügten die Sozialdemokraten in den Ortsvereinen kaum noch über Handlungsspielraum. In letzter Konsequenz half nur noch der Hinweis auf fehlende Direktiven der übergeordneten Leitungen, wenn ein Hinauszögern der Entscheidung nicht mehr sinnvoll erklärt werden konnte.

---

334 Vgl. Dokument Nr. 51.
335 Vgl. Dokument Nr. 59.
336 Brandenburgisches Landeshauptarchiv, Rep. 331, II/1/1. Vgl. Dokument Nr. 64.
337 Vgl. Dokument Nr. 67.
338 Vgl. Dokument Nr. 58.

Ein Brief von Bruno Böttge an Otto Grotewohl vom 29. November 1945 macht auf ein Problem aufmerksam, das sich für den Erfolg der Einheitskampage und für das Verhalten der Besatzungsoffiziere den Sozialdemokraten gegenüber als bedeutsam erweisen sollte.[339] Der in dem Schreiben geschilderte Verlauf eines Gespräches zwischen General Kotikow, dem Leiter der Militärverwaltung in Sachsen-Anhalt, Otto Grotewohl, Bruno Böttge und Paul Verdieck am 28. November 1945 hatte gezeigt, daß der Zentralausschuß den Landes- und Bezirksvertretern gegenüber nicht mit offenen Karten spielte und sich in Geheimnistuerei übte. Während des Gesprächs forderte Grotewohl plötzlich Böttge und Verdieck auf, das Zimmer zu verlassen, um mit dem General allein zu sprechen. Die Desavouierung der Bezirksvertreter vor dem General signalisierte der Administration, daß sie bei der SPD nicht mit einer inneren Geschlossenheit zu rechnen hatte. Dies erleichterte die Möglichkeit, nicht nur einzelne Zentralausschuß-Mitglieder, sondern auch Zentralausschuß und Bezirksfunktionäre gegeneinander auszuspielen. Böttge wies zu Recht auf die dadurch entstandene Schwächung der Verhandlungsposition gegenüber der SMA hin.

Aus den vorhandenen Dokumenten kann eine Zunahme der direkten Bedrohung und Beeinflussung sozialdemokratischer Funktionäre seit Mitte Dezember geschlußfolgert werden. Ein solche Deutung läßt ein »Bericht über Vorkommnisse anläßlich einer Versammlung in Oranienbaum bei Dessau« zu, der von August Karsten am 17. Dezember 1945 verfaßt wurde.[340] Nach einer Versammlung in Oranienbaum am 15. Dezember 1945, auf der August Karsten ein Referat hielt[341] und die bereits durch einen anwesenden sowjetischen Offizier mehrmals unterbrochen wurde, wurde Karsten zusammen mit dem Bürgermeister, dem SPD-Ortsvorsitzenden und dem Dessauer Bezirkssekretär Paul Verdieck zur Kommandantur bestellt. Karsten, schon während der Versammlung öffentlich zur Rede gestellt, wurde auf der Kommandantur bis 4 Uhr morgens verhört und mehrmals »als Faschist, als Kriegshetzer und als ein vom Golde Bestochener bezeichnet. [. . .] Ich habe mich zu all den Vorwürfen dann nicht mehr geäußert und auf eine konkrete Frage zum Schluß lediglich erklärt, daß ich soviel Beleidigungen wie in dieser Nacht noch nie in meinem Leben habe einstecken müssen. [. . .] Ähnlich wie man mit mir umgegangen ist, ist man auch mit den anderen Genossen verfahren.«[342] Obwohl derartige Berichte nur sehr selten überliefert sind, stellen sie sicherlich keine Ausnahmen dar. Heinrich Hoffmann und August Frölich hatten, was noch zu zeigen sein wird, in Thüringen ganz ähnliche Erfahrungen gemacht.

In Sachsen-Anhalt sind noch weitere gleichartige Vorfälle dokumentiert, womit sich die Anzeichen verdichteten, daß »rechte Sozialdemokraten« in den Vorständen isoliert und ihre Funktionsenthebung vorbereitet werden sollte. Verschiedene Berichte aus Sachsen-Anhalt lassen kaum Zweifel darüber aufkommen, daß es der SMA der Provinz bei ihrer Einschüchterungspolitik in erster Linie um die Einheitsfrage ging. In Dessau spitzte sich die Situation nach den Ereignissen in Oranienbaum dramatisch zu. Der Angriff der Administration richtete sich besonders auf den Dessauer Bezirksfunktionär Fritz Jungmann, zugleich Mitglied des Provinzialvorstandes. Auf einer Sitzung des Provinzialvorstandes am 17. Dezember 1945 berichtete Paul Verdieck über eine Besprechung zwischen Vertre-

---

339 Vgl. Dokument Nr. 74.
340 Vgl. Dokument Nr. 75.
341 Dem Bericht zufolge hatte Karsten zum Thema der Einheitspartei folgendes ausgeführt: »Im Verhältnis der SPD zur KPD erklärte ich, daß aus außenpolitischen Gründen eine organisatorische Vereinigung im östlichen Sektor nicht wünschenswert sei, weil dadurch neue internationale Spannungen entstehen könnten. Im übrigen sei die organisatorische Vereinigung reif, wenn das Verhältnis unter den beiden Parteien so freundschaftlich gestaltet ist wie etwa unter Brautleuten, die vor der Heirat sich auch erst lieben müssen.« Landesarchiv Merseburg, BPA Halle, II/2/1/1.
342 Ebd.

LXXXIII

tern der SPD, KPD und General Kotikow in Desssau, auf der Kotikow zum Ausdruck brachte, »daß ihm die Verhältnisse in Anhalt in bezug auf die Sozialdemokratische Partei nicht gefallen. Er beschuldigte Gen[ossen] Jungmann in einer Art, die sehr beleidigend wirkte. Die Frage wurde angeschnitten, warum es zu keiner Zusammenarbeit zwischen SPD und KPD käme. Die Schuld wurde einzig und allein der SPD zugesprochen. [...] Der General bezeichnete Jungmann als Spalter, als entwurzelten Bourgeois. Jungmann war nicht in der Lage, sich zu rechtfertigen, da der General ihm das Wort verbot.«[343]

Der SMA gelang es jedoch nicht, Jungmann zu isolieren, da sich der Provinzialvorstand hinter den Dessauer Funktionär stellte. Auch Grotewohl solidarisierte sich in diesem Fall mit Jungmann. »Er entschied ebenfalls darüber, daß Jungmann unter allen Umständen weiter arbeiten soll.«[344] Zu diesem Zeitpunkt gab sich der Provinzialvorstand noch kämpferisch, obgleich nicht zu übersehen war, daß die Schilderung derartiger Vorfälle zu Verbitterung und Resignation führte.

Die geschilderten Zwischenfälle in Oranienbaum und in Dessau bewogen Ernst Thape dazu, Generalmajor Kotikow in einem Brief vom 19. Dezember 1945 seine ganzen bisherigen Beobachtungen über die Beziehungen zwischen der SPD und der Besatzungsmacht mitzuteilen.[345] Thape mußte resigniert feststellen, daß die SPD im Unterschied zur KPD immer als eine verkappte kleinbürgerliche Partei verdächtigt werde. »Jeder Sozialdemokrat stößt immer bei der ersten Begegnung mit einem Vertreter der SMA erst einmal auf Mißtrauen und fühlt sich als Angeklagter, der seine Unschuld zu beweisen hat.« Er habe geglaubt, »daß es durch die Zusammenarbeit mit der Besatzungsbehörde und den Genossen der KPD gelingen werde, dieses Mißtrauen gegen die Sozialdemokratische Partei, das überall wie eine Wand vor uns steht, zu beseitigen. Jetzt beginne auch ich zu zweifeln. [...] Ich weiß nicht, wie das Mißtrauen und das Vorurteil gegen die Sozialdemokraten zu überwinden ist; denn mehr als das, was getan wurde, um die Vertrauenswürdigkeit zu beweisen, kann nicht mehr geschehen.«

Für Thape und andere Funktionäre blieb letztlich nur noch die Möglichkeit, auf das Experiment der Einheitspartei einzugehen, um auf der Grundlage der vereinigten Partei das Mißtrauen der Besatzungsmacht gegen die Sozialdemokraten dann leichter überwinden zu können. Hinzu kam die Vorstellung, daß die Nötigung von Sozialdemokraten, in welcher Form auch immer, in der Einheitspartei aufhören würde und daß Forderungen an die SMAD, wie die Einstellung der Demontagen, dann endlich befriedigt werden könnten.

Der Zentralausschuß war zu diesem Zeitpunkt bemüht, den Landes- und Bezirksfunktionären Selbstbewußtsein zu vermitteln, und forcierte damit den Prozeß der Selbsttäuschung, indem er sich der trügerischen Illusion hingab, das Verhalten der Besatzungsmacht in irgendeiner Weise beeinflussen zu können. Die Berichte aus den Bezirken nahm der Zentralausschuß zum Anlaß, bei der SMAD in Karlshorst auf eine Gleichbehandlung der SPD hinzuwirken. Auf der engeren Sitzung des Sächsischen Landesvorstandes der SPD am 12. Dezember 1945 teilte Otto Buchwitz mit, daß Otto Grotewohl die Beschwerden der SPD in Karlshorst vorgetragen und »eine ganz klare Stellungnahme von den Russen verlangt« habe. Der Zentralausschuß sei nicht mehr gewillt, mit anzusehen, daß die SPD sich dauernd bevormunden bzw. gängeln lassen müsse. Die SMAD habe versprochen, diesen Dingen nachzugehen und Abhilfe zu schaffen. »Gen[osse] Grotewohl hat den Eindruck, als prüften die Russen im Moment, ob die SPD ein besseres Objekt sei als die andere Arbeiterpartei. Je stärker wir als Partei sind, desto mehr Einfluß werden wir selbstverständlich bei

---

343 Ebd. Vgl. Dokument Nr. 76.
344 Ebd.
345 Vgl. Dokument Nr. 77.
346 Landesarchiv Merseburg, BPA Halle, II/2/1/1.

der russischen Administation auch haben.«[347] Anfang des Jahres 1946 mußte der Zentralausschuß dann erkennen, daß er bei der Formulierung derartiger Erwartungen von völlig falschen Prämissen ausgegangen war.

4.2.2 Die Reaktion von Sozialdemokraten auf die gemeinsame Entschließung des Zentralausschusses der SPD und des Zentralkomitees der KPD vom 21. Dezember 1945, die Offensive der KPD für eine organisatorische Verschmelzung und die Verzögerungstaktik der Sozialdemokratie (Mitte Dezember 1945 bis Januar 1946)

Die am 20. Dezember 1945 begonnene Beratung des Zentralausschusses der SPD und des Zentralkomitees der KPD mit Vertretern der Bezirks- und Landesverbände führte am 21. Dezember 1945 zur Unterzeichnung einer Entschließung, die erstmals allgemeine Prinzipien einer zu bildenden Einheitspartei fixierte.[348] Der verabschiedeten Entschließung lag der KPD-Entwurf zugrunde, aus dem diejenigen Passagen gestrichen wurden, denen die Sozialdemokraten nicht zustimmen wollten. Der Passus über die Aufstellung gemeinsamer Kandidaten für die kommenden Wahlen wurde gestrichen, ebenso die Aufforderung, in gemeinsamen Mitgliederversammlungen und Funktionärsberatungen zur Frage der Einheitspartei Stellung zu nehmen und Beschlüsse zu fassen. Desgleichen wurde auf die Forderung verzichtet, die Vereinigung der Organisationen im Landes- bzw. Provinzialmaßstab zu vollziehen, wenn bestimmte Voraussetzungen dafür erfüllt waren. Auch ein konkreter Zeitpunkt der Vereinigung, auf dem die KPD insistierte, wurde nicht genannt. So waren mit der Entschließung zwar allgemeine Ziele, Wesen und Charakter einer Einheitspartei in groben Zügen umrissen, doch blieb vor allem unklar, wie der Zusammenschluß vollzogen werden sollte. Der Zentralausschuß und auch die sozialdemokratischen Bezirks- bzw. Landesvertreter betrachteten weiterhin Reichsparteitage der SPD und KPD als den Entscheidungsrahmen, in dem in der Einheitsfrage Beschlüsse gefaßt werden sollten.

Allerdings hatten es die SPD-Vertreter versäumt, die konträren Standpunkte in der Frage des zonalen Zusammenschlusses und des Vorgehens bei bevorstehenden Gemeindewahlen kenntlich zu machen. Auf diese Weise entstand bei den nachgeordneten Parteiinstanzen der Eindruck, die Parteiführungen befänden sich in vollem Einvernehmen.[349] So wurden die Sozialdemokraten in den Bezirken und Kreisen häufig von der Entschließung überrascht.[350]

---

347 Sächsisches Hauptstaatsarchiv Dresden, SED-BPA Dresden, II/A/1.001. Vgl. Dokument Nr. 84.
348 Zu Vorbereitung, Verlauf und Ergebnissen der Konferenz vgl. *Hurwitz*, Demokratie und Antikommunismus in Berlin nach 1945, Bd. IV, Teil 2, S. 659 ff.; *Gniffke*, Jahre mit Ulbricht, S. 117 ff.; *Krusch/Malycha*, Einheitsdrang oder Zwangsvereinigung?
349 Otto Buchwitz schrieb an Otto Grotewohl am 23. Januar 1946 über den Eindruck, den die Entschließung hinterließ: »In der Entschließung vom 21. Dez[ember 1945] hatten unsere Genossen vom Zentralausschuß die ursprüngliche Forderung, daß nur ein Reichsparteitag die Vereinigung beschließen könne, fallen gelassen. Sie kommt in der gemeinsamen Entschließung nicht mehr zum Ausdruck. Es mußte also die Auffassung gerechtfertigt erscheinen, daß bereits auf eine Vereinigung im Sowjetsektor hingearbeitet wird.« Dokument Nr. 133.
350 Die Versäumnisse des Zentralausschusses und die Reaktion des Berliner Bezirksvorstandes beschrieb Gustav Klingelhöfer in einem Brief an Otto Grotewohl vom 3. Januar 1946: »Es waren zwei Regiefehler gemacht worden. Erstens war die 60er Konferenz in der Zeitung nicht angekündigt worden, wodurch die Entschließung völlig überraschend kam. Zweitens stand in der Entschließung, und leider auch in Deinem eigenen Artikel, so gut wie nichts von dem vielen Positiven, das unsere Partei gegenüber den Kommunisten erreicht hatte (nichts vor allem von den Reichsparteitagen als entscheidende Instanz). Dadurch wirkte die Entschließung, zumal ihr Text

Die Landes- bzw. Bezirksvorstände informierten die Vorstände der Ortsvereine über die Ergebnisse der Beratung am 20./21. Dezember 1945 in der Regel in Form von Rundschreiben. Fast ausnahmslos wurde, wie im Rundschreiben des Mecklenburgischen Landesvorstandes vom 30. Dezember 1945, das Weiterbestehen der organisatorischen Selbständigkeit der SPD hervorgehoben.[351] Der Bezirksvorstand der SPD Halle-Merseburg kommentierte in einem Rundschreiben vom 22. Dezember 1945 einige Punkte der Entschließung, »damit Sonderaktionen in den einzelnen Orten bzw. Kreisen vermieden werden.«[352] Der Leipziger Bezirksvorstand bat in seinem Rundschreiben vom 25. Januar 1946 »unsere Genossen und Genossinnen, sich mit dem Inhalt der Berliner Entschließungen auf das genaueste vertraut zu machen. Im Interesse der Förderung der Einheitsbestrebungen der Arbeiterschaft ist es dringend erforderlich, daß alle Anweisungen unserer Zentralorganisation abzuwarten sind, ehe irgendwelche Maßnahmen von Unterbezirken und Ortsgruppen erfolgen.«[353]

Der Magdeburger Bezirksvorstand vermittelte in seinem Rundschreiben vom 30. Dezember 1945 hingegen den Eindruck, als hätte es in Berlin überhaupt keine Vereinbarung gegeben. Das Jahr 1946 sollte seinen Wünschen entsprechend »ein Jahr des Blühens und des Wachsens« des Ortsvereins und der ganzen Organisation sein, »auf daß wir erfolgreich schreiten auf dem Wege des Sozialismus«.[354]

Für die Masse der Mitglieder, die über die Landespresse vom Inhalt der Berliner Vereinbarungen Kenntnis erhielten, blieb das Zustandekommen der Entschließung ein Rätsel. Lediglich Hermann Brill erwähnte in seinem Artikelentwurf für die Thüringer Landeszeitung der SPD »Tribüne«, der dann nicht gedruckt werden durfte, das Festhalten an der Forderung nach einem Reichsparteitag und arbeitete jene Passagen des ursprünglichen KPD-Entwurfes heraus, die auf Wunsch der Sozialdemokraten gestrichen worden waren.[355] Auf Grund von Forderungen aus den Ländern, zu »Unklarheiten« des Textes Stellung zu nehmen und »Differenzen über die Auslegung« zu beseitigen, bemühte sich der Zentralausschuß erstmals Anfang Januar 1946 um die Behebung von Mißverständnissen. In einem Schreiben an den Thüringer Landesvorstand vom 4. Januar 1946 stellte er heraus, »daß wir mit den Kommunisten darüber eine Verständigung erzielt haben, eine regionale Vereinigung nicht herbeizuführen«. Er bekräftigte noch einmal seinen Standpunkt, »daß die Frage der organisatorischen Einheit der Entscheidung eines Reichsparteitages vorbehalten bleiben muß. Jede andere Haltung würde die Reichseinheit der Partei, vielleicht sogar die Entwicklung zur Reichseinheit gefährden.«[356]

Mitte Januar 1946 versuchte der Zentralausschuß die unklare Situation in den unteren Gliederungen der Partei zu bereinigen, indem er an die Bezirksverbände eine »Zusammenfassung über Inhalt und Sinn der Entschließung vom 21. 12. 1945« in Form von Rundschreiben versandte. Den Rundschreiben war eine Entschließung des Zentralausschusses vom 15. Januar 1946 beigefügt, in dem die Berliner Führung nun das nachholte, was in dem Dokument vom 21. Dezember 1945 versäumt worden war. In vier Punkten wurden die

---

als kommunistisch für jeden erkennbar war, als volle Kapitulation vor einem kommunistischen Angriff. Die Depression war ungeheuer stark, das Mißtrauen gegenüber dem Z[entral/] A[usschuß] und die Empörung, nicht gefragt worden zu sein, waren noch größer.« Landesarchiv Berlin, NL Gustav Klingelhöfer.
351 Vgl. Dokument Nr. 93.
352 Landesarchiv Merseburg, BPA Halle, II/2/1/1. Vgl. Dokument Nr. 117.
353 Sächsisches Staatsarchiv Leipzig, BPA Leipzig, II/2/07. Vgl. Dokument Nr. 134.
354 Landesarchiv Magdeburg – Landeshauptarchiv, BPA Magdeburg, II/1. Vgl. Dokument Nr. 118.
355 Vgl. Dokument Nr. 138.
356 SAPMO-BArch, ZPA, II/3/8/2.

hauptsächlichen Differenzpunkte mit den Kommunisten konkretisiert. Der Kernpunkt lautete: »Keine organisatorische Vereinigung beider Arbeiterparteien im Bereich von Bezirken, Provinzen, Ländern oder einer Besatzungszone.«[357]

Mit den Rundschreiben der Bezirksvorstände über die Berliner Vorgänge begann gleichzeitig der Prozeß der Disziplinierung jener Mitglieder, die mit dem Vorgehen ihrer Leitungen nicht einverstanden waren. Der Görlitzer Bezirksvorstand drohte in seinem Rundschreiben vom 28. Dezember 1945 mit Disziplinarmaßnahmen: »Wer sich den in dieser Entschließung festgelegten Grundsätzen nicht fügen kann oder will, stellt sich außerhalb der Partei und muß mit entsprechenden Maßnahmen der Parteileitung rechnen.«[358] Jedes Mitglied habe, von dieser Entschließung ausgehend, seine politische Haltung einzurichten.

Die Resonanz auf die Dezemberkonferenz fiel mithin sehr unterschiedlich aus. In von der KPD initiierten Hunderten von Stellungnahmen begrüßten Betriebsräte und Gewerkschaftsausschüsse, oft ganze Belegschaften von Betrieben die Vereinbarungen. Diese können jedoch kaum als Stimmungsbarometer für die sozialdemokratische Mitgliedschaft gewertet werden, da nicht zu ermitteln ist, wie hoch der wirkliche Anteil der Sozialdemokraten am Zustandekommen derartiger Entschließungen gewesen ist. In den überlieferten Stellungnahmen wurde die Einheitspartei geradezu zum Allheilmittel verklärt. Sie erschien als notwendige und hinreichende Bedingung für die Lösung fast aller Probleme, von der Eingliederung der Flüchtlinge und der Steigerung der Industrieproduktion bis hin zur Überwindung der separatistischen Gefahr in Bayern, wobei diffus blieb, was darunter verstanden wurde.[359] Häufig wurde pauschal vor den »dunklen Mächten der Reaktion, des Militarismus und Faschismus« gewarnt. Die KPD versuchte auf diese Art, gestützt auf die Betriebsgruppen, von unten eine breite Bewegung für die baldige Vereinigung zu organisieren und Einfluß auf den weiteren Kurs der SPD zu nehmen. Dazu diente die Anfang 1946 beginnende Versammlungskampagne, über deren Sinn ein Rundschreiben der Bezirksleitung der KPD Sachsen vom 3. Januar 1946 recht anschaulich informiert.[360] Insgesamt waren die Sozialdemokraten in der sowjetischen Zone einem von der KPD ausgehenden »Gleichschaltungsdruck« ausgesetzt.[361]

Die Sozialdemokraten in den Ortsvereinen reagierten teils zustimmend, teils ablehnend, überwiegend unsicher. Offizielle Stellungnahmen für oder gegen die Berliner Entschließung lassen sich aus allen Ländern der sowjetischen Zone anführen. Das archivalische Material stützt im wesentlichen jene Aussage von Klaus-Peter Schulz, daß sich in den parteiinternen Debatten nach der Dezemberkonferenz drei Lager abzeichneten: Die Sozialdemokraten, die bereit waren, trotz aller Vorbehalte die Verschmelzung mit der KPD als einen Dienst am Sozialismus konsequent und rasch zu verwirklichen sowie diejenigen, die die Vereinigung bedingungslos ablehnten, bildeten eine Minderheit. Die große Mehrheit der Mitglieder wie auch die mittleren und unteren Funktionäre lehnten die Entschließung »weniger des Inhalts als der Form wegen ab«.[362] Unklar blieb vor allem, wie man sich nun gegenüber den Kommunisten verhalten sollte. Die Sozialdemokraten sahen sich in den vergangenen Monaten allzu oft in dem Verdacht bestätigt, daß die Kommunisten keineswegs zu Demokraten geworden waren.

Die am 31. Dezember 1945 tagende Funktionärsversammlung des Ortsvereins Boizenburg nahm »mit Entrüstung Kenntnis« von der Entschließung und betrachtete »das Fallen

---

357 Ebd., II/2/1.
358 Sächsisches Hauptstaatsarchiv Dresden, SED-BPA Dresden, II/B/3.007. Vgl. Dokument Nr. 121.
359 Vgl. *Moraw*, Die Parole der »Einheit« und die Sozialdemokratie, S. 140.
360 Vgl. Dokument Nr. 122.
361 Vgl. *Hurwitz*, Demokratie und Antikommunismus in Berlin nach 1945, Bd. IV, Teil 2, S. 714.
362 Vgl. *Schulz*, Auftakt zum Kalten Krieg, S. 63.

der zonenmäßigen Verwaltung Deutschlands« als Voraussetzung, um über den Zusammenschluß zu verhandeln.[363] Funktionäre aus Wismar wollten am 5. Januar 1946 die Berliner Vereinbarungen lediglich »zur Kenntnis nehmen«[364] und forderten eine Urabstimmung[365], konnten sich mit ihrer Resolutionsvorlage gegenüber den kommunistischen Funktionären jedoch nicht durchsetzen. Die Mitgliederversammlung des Ortsvereins Rostock brachte am 6. Januar 1946 zum Ausdruck, daß die Verschmelzung der Arbeiterparteien nicht das Werk von Vorständen, Ausschüssen oder anderen Instanzen sein könne, »da in einer demokratischen Partei der Wille der Mitglieder oberstes Gebot sein muß. Deshalb muß eine durch Urabstimmung festgestellte Mehrheitsentscheidung der gesamten Parteimitgliedschaft Voraussetzung für eine wirkliche Einigung sein.«[366]

Ebenso betrachtete eine Unterbezirkskonferenz der SPD Dresden am 20. Januar 1946 die Urabstimmung als Handlungsrahmen, um in der Frage der Vereinigung Stellung zu nehmen.[367] Ein Bericht über gemeinsame Kreiskonferenzen der Funktionäre in Sachsen-Anhalt vermerkte: »Aus allen Referaten klang heraus, daß erst die Einheit des Reiches hergestellt sein müsse, um auf einem Reichsparteitag Beschlüsse zur organisatorischen Vereinigung fassen zu können. Der Referent Dux ging sogar so weit, in Genthin und Haldensleben zu erklären, man muß vielleicht eine Urabstimmung machen, um jedes einzelne Mitglied nach seiner Meinung zu fragen.«[368] Der Gedanke einer Urabstimmung fiel somit in fast allen Ländern der sowjetischen Zone auf fruchtbaren Boden.

»Mit tiefstem Befremden, ja mit Bestürzung« nahm der Vorstand des Ortsvereins Stahnsdorf am 29. Dezember 1945 von den Beschlüssen der Dezemberkonferenz Kenntnis. Diese würden weit über die Kompetenzen des Zentralausschusses hinausgehen. Der Vorstand beantragte deshalb »die sofortige Einberufung eines Reichsparteitages und die Außerkraftsetzung des Berliner Beschlusses bis zur Entscheidung dieses Parteitages«[369]

Zustimmung signalisierte die am 3. Januar 1946 tagende Versammlung sozialdemokratischer Funktionäre aus Güstrow, die sie aber mit der ausdrücklichen Bejahung des von Max Fechner in der »Täglichen Rundschau«[370] formulierten Weges zur Einheitspartei koppelten.[371] Die Generalmitgliederversammlung des Ortsvereins Wahren begrüßte am 7. Ja-

---

363 Mecklenburgisches Landeshauptarchiv Schwerin, BPA Schwerin, II/4. Vgl. Dokument Nr. 94.
364 Ebd., III/1. Vgl. Dokument Nr. 97.
365 Vergleichbar reagierte der erweiterte Berliner Bezirksvorstand am 29. Dezember 1945 mit seiner Entschließung Nr. 1: »Die Berliner Organisation steht grundsätzlich auf dem Standpunkt der Einigung. Sie erblickt in dem Aufruf der 60 Genossen zunächst nur eine brauchbare Diskussionsgrundlage. Er verpflichtet zu keinerlei organisatorischen Bindungen. Wir hoffen, daß dieser Aufruf die Plattform zur Vorbereitung einer einheitlichen deutschen Arbeiterbewegung sein wird. Vor jeder neuen grundsätzlichen Entscheidung ist auf Grund unserer demokratischen Einstellung die Mitgliedschaft durch Urabstimmung zu befragen, sofern die Abhaltung eines Reichsparteitages nicht möglich ist.« SAPMO-BArch, ZPA, NL 36/634.
366 SAPMO-BArch, ZPA, II/2/11. Vgl. Dokument 98.
367 Vgl. Dokument Nr. 129.
368 Landesarchiv Merseburg, BPA Halle, I/2/3/3. Vgl. Dokument Nr. 167.
369 Brandenburgisches Landeshauptarchiv, Rep. 331, II/2/15. Vgl. Dokument Nr. 106.
370 Fechner hatte in der »Täglichen Rundschau« vom 1. Januar 1946 in seinem mit »Um die Einheit der Schaffenden« überschriebenen Artikel u. a. formuliert, daß die Einheitspartei auf einer wahrhaften und innerparteilichen Demokratie beruhen solle und deshalb ein Einheitsbeschluß nur für die Gesamtpartei im deutschen Raum gefaßt werden könne. »Ein solcher Beschluß kann nur nach Bestätigung durch den Parteitag der gesamten deutschen Sozialdemokratie verwirklicht werden, nötigenfalls sogar durch eine Urabstimmung bei der Mitgliedschaft.« Der Artikel von Fechner wurde dann in der Nummer 5 der Parteizeitung der SPD »Das Volk« vom 8. Januar 1946 nachgedruckt.
371 Vgl. Dokument Nr. 96.

nuar 1946 die Berliner Entschließung »auf das Wärmste« und forderte vom Bezirksvorstand, »daß er Maßnahmen ergreift, die ein Zusammengehen der unteren Einheiten der beiden Parteien ermöglicht«.[372] Am 18. Januar 1946 standen die Görlitzer Funktionäre »geschlossen hinter der Entschließung der Berliner Konferenz. Die in dieser Entschließung niedergelegten Grundsätze und Forderungen sind die Grundlage, auf der die neue Partei entstehen soll.«[373]

Die öffentlichen Bekenntnisse zur Vereinigung mit der KPD stellten als »Flucht nach vorn«[374] eine Möglichkeit dar, dem von KPD und SMAD ausgehenden Gleichschaltungsdruck und der inneren Zerrissenheit zwischen Bejahung und Protest bzw. Ablehnung auszuweichen. So kann auch die Vermutung von Harold Hurwitz untermauert werden, »daß die öffentlichen und parteiinternen Bekenntnisse zur Vereinigung mit der KPD häufig die Zweifel derjenigen Sozialdemokraten überdeckten, die für sich selbst Formulierungen suchten, die öffentlich wirksam und selbstrechtfertigend waren, Antworten, die helfen konnten, die kognitive Dissonanz, die für Sozialdemokraten eine subjektive Bedrängnis war, zu reduzieren oder, noch besser, ihr zu entkommen.«[375]

Über die Reaktion und die Haltung örtlicher und bezirklicher Funktionäre geben eine Reihe überlieferter Protokolle von sozialdemokratischen sowie auch von gemeinsamen KPD/SPD-Versammlungen Auskunft. Zumeist wollten die Funktionäre erst die Probleme in den Ortsgruppen geklärt wissen, um eine spätere Vereinigung durchführen zu können.[376] Häufig referierten Landesvorstandsmitglieder zu den Konsequenzen, die sich aus der Berliner Entschließung ergaben. Auf derartigen Veranstaltungen forderten die Referenten, so wie Karl Moritz am 5. Januar 1946 in Wismar, die Entscheidungsfreiheit der Parteibasis ein: »Es kann deshalb nicht die Aufgabe des Zentralausschusses oder des Zentralkomitees sein, von oben eine Partei zu schaffen, die nur formal als einige Partei dasteht, aber unten die Kraft nicht so groß und so gewaltig ist, daß diese Partei bei dem ersten Anprall wie eine Seifenblase auseinanderplatzt.«[377] Für Sozialdemokraten hatte der Zusammenschluß nur dann eine zuverlässige Grundlage, »wenn jedem einzelnen Mitglied das Recht gegeben wird, selbst über sein Schicksal zu bestimmen«.[378] Auch Albert Schulz wollte auf der Landesvorstandssitzung am 14. Januar 1946 den Mitgliedern in Mecklenburg »die Gelegenheit zu einer freien und ungehinderten Aussprache und auch Entscheidung geben. Das ist alter sozialdemokratischer Grundsatz und demokratisches Recht.«[379] Friedrich Ebert deutete die Berliner Entschließung auf einer Arbeitstagung am 4. Januar 1946 in Potsdam in der Weise, daß »von allen verantwortlichen Führern beider Arbeiterparteien« die Verwirk-

---

372 Sächsisches Staatsarchiv Leipzig, BPA Leipzig, III/05. Vgl. Dokument Nr. 126.
373 Sächsisches Hauptstaatsarchiv Dresden, SED-BPA Dresden, II/B/3.008. Vgl. Dokument Nr. 131. Eine am 18. Januar 1946 in Görlitz eingebrachte Resolution, wonach die Partei eine Probeabstimmung in den Stadtbezirken veranstalten sollte, fand keine Mehrheit. Der Mitgliedschaft sollten zwei Fragen vorgelegt werden:
a) Sind Sie für eine Verschmelzung der SPD und der KPD?
b) Werden Sie im Falle der Verschmelzung ohne Rücksicht auf Ihre persönliche Einstellung der Einheitspartei weiter angehören? Vgl. Dokument Nr. 130.
374 *Hurwitz*, Demokratie und Antikommunismus in Berlin nach 1945, Bd. IV, Teil 2, S. 715.
375 Ebd.
376 Vgl. die Funktionärsbesprechung am 31. Dezember 1945 in Woltersdorf: Dokument Nr. 107. Hier hatte ein KPD-Vertreter den nicht unbegründeten Verdacht, »daß es sich hier wieder um eine bewußte Verschleppung« von gemeinsamen Regelungen handele.
377 Mecklenburgisches Landeshauptarchiv Schwerin, BPA Schwerin, III/1. Vgl. Dokument Nr. 97.
378 Ebd.
379 Ebd., II/1. Vgl. Dokument Nr. 100.

lichung »des Einheitswillens auf demokratischen Wegen durch den freien Willen der Mitglieder« nunmehr schriftlich anerkannt worden sei.[380]

Während der im Januar 1946 stattfindenden Beratungen der Funktionäre knüpften die sozialdemokratischen Referenten an die Bereitschaft zum Zusammenschluß ganz bestimmte Voraussetzungen und Erwartungen. Georg Spiegel wies auf einer Beratung der Potsdamer Funktionäre von SPD und KPD am 10. Januar 1946 auf die strukturellen Unterschiede zwischen beiden Parteien hin, die einem Zusammenschluß ernsthafte Hindernisse in den Weg legen würden. Die SPD sei von Anfang an demokratisch aufgebaut. »Die Kommunistische Partei ist aber zentralistisch aufgebaut. Unsere Mitglieder fragen da, werden bei einer Verschmelzung nicht unsere demokratischen Voraussetzungen aufgehoben werden?«[381] Spiegel wollte in der vereinigten Partei einen »gewissen Demokratismus« gesichert sehen. »Wir wollen ein offenes und freies Wort sprechen dürfen und sicher sein, daß uns nichts krumm genommen wird, wenn wir einmal eine andere Meinung haben als die Mehrheit.« In internen Gesprächen wurde die Abhaltung von Wahlen als Vorbedingung formuliert, um das Stärkeverhältnis zwischen den Parteien vor einem Zusammenschluß feststellen zu können. »Die KPD soll erst einmal zeigen, was sie hinter sich hat.«[382]

Der Rostocker Albert Schulz drückte dann auf einer Kreiskonferenz von SPD und KPD am 20. Januar 1946 in Waren (Müritz) die Hoffnung all jener Sozialdemokraten aus, die nach wie vor an den Sinn eines Zusammenschlusses glaubten, als er davon sprach, daß in einer Einheitspartei weder SPD noch KPD »gleichgeschaltet« werden sollten. Es möge ein Zusammenschluß von gleichberechtigten Mitarbeitern erfolgen, »von denen jeder anerkennt, daß er das Beste für die deutsche Arbeiterklasse gewollt und daß man wieder gemeinsam an einem Strang zieht«.[383]

Auf der Ebene der Landesvorstände gab es eine Zustimmung zu den Berliner Vereinbarungen, die jedoch an bestimmte Vorbehalte und Bedingungen geknüpft war. Der erweiterte Landesvorstand Sachsen verband mit seiner Unterstützung der Berliner Entschließung die Forderung, jede Möglichkeit der Vereinigung der Parteien im Reichsmaßstab bis auf »das letzte« auszuschöpfen. »Jedem Versuch, den organisatorischen Zusammenhang der SPD in den Bezirken, Unterbezirken, Ortsgruppen und Betriebsgruppen durch lokale Aktionen der Verschmelzung zu schwächen, ist entgegenzutreten.«[384] Der Sächsische Landesvorstand wollte den Mitgliedern die Gelegenheit geben, »in Urabstimmung zur Frage der Vereinigung Stellung zu nehmen«. Otto Buchwitz, der an der Beratung am 21. Januar 1946 nicht teilnehmen konnte, begründete dagegen in einem Schreiben an Otto Grotewohl vom 23. Januar 1946, warum er eine Urabstimmung nicht für sinnvoll hielt.[385] Zugleich distanzierte er sich von der Forderung, daß nur ein Reichsparteitag entscheiden solle, denn dies würde bedeuten, »die Einigung kommt nicht. Denn auch Du wirst nicht annehmen, daß in diesem oder kommenden Jahr ein Reichsparteitag möglich sein wird«.[386]

Der am 5. Januar 1946 tagende erweiterte Landesvorstand der SPD Thüringen stellte sich »voll und ganz auf den Boden dieser Berliner Vereinbarungen« und verwies auf die »epochale Bedeutung«, die ihnen zukomme.[387] »Bei genauer Betrachtung der Berliner Ver-

---

380 Brandenburgisches Landeshauptarchiv, Rep. 331, II/2/15. Vgl. Dokument Nr. 109.
381 Ebd., Rep. 330, I/2/14. Vgl. Dokument Nr. 110.
382 Ebd., Vgl. Dokument Nr. 111.
383 Mecklenburgisches Landeshauptarchiv Schwerin, BPA Neubrandenburg, III/3/14/1. Vgl. Dokument Nr. 105.
384 AdsD, Ostbüro, SPD-Ortsverein Mulda.
385 Vgl. Dokument Nr. 133.
386 SAPMO-BArch, ZPA, NL 95/56.
387 AdsD, NL Hermann Brill. Vgl. Dokument Nr. 144.

einbarungen ergeben sich zu einigen wichtigen Punkten jedoch noch Unklarheiten, die der Landesvorstand erst nach Fühlungnahme mit dem Zentralausschuß in Berlin klären muß. Deshalb beschließt der erweiterte Landesvorstand, zunächst nur informatorische Besprechungen mit den Vertretern der KPD abzuhalten und keinerlei bindende Abmachungen zu treffen, bevor die in den Berliner Vereinbarungen angekündigten organisatorischen Anweisungen des Zentralausschusses vorliegen.«

Der Landesvorstand der SPD Mecklenburg ging noch einen Schritt weiter. Er forderte am 14. Januar 1946 nach kontroverser Diskussion, in der vor allem Albert Schulz eine freie und ungehinderte Aussprache nach demokratischen Grundsätzen gesichert sehen wollte, vom Zentralausschuß die Einberufung eines sozialdemokratischen Parteitages für das Gebiet der sowjetischen Besatzungszone für den Fall, »daß der Zusammentritt eines Reichsparteitages vor einer endgültigen Entscheidung über die Frage der Verschmelzung der beiden Arbeiterparteien nicht möglich sein sollte.«[388] Somit deutete sich bereits Mitte Januar 1946 an, daß die Landesvorstände bei der Zustimmung zur zonalen Vereinigungsvariante eine entscheidende Rolle spielen würden, was wiederum einen weiteren Widerstand der Berliner Führung gegen die Vereinigung aussichtslos erscheinen ließ. Der Zentralausschuß wurde mehr und mehr isoliert.

Die in allen Ländern Anfang Januar 1946 tagenden Landesarbeitsausschüsse von SPD und KPD begrüßten ausnahmslos die Berliner Beschlüsse und forderten die Kreisvorstände beider Parteien auf, Kreiskonferenzen – bislang noch getrennt – durchzuführen, auf denen »der Weg zur Einheit« besprochen werden sollte. Seit Mitte Januar 1946 verpflichteten die Landesarbeitsausschüsse ihre Ortsgruppen auf der Grundlage von Vereinbarungen auf Landesebene zur Durchführung von gemeinsamen Mitgliederversammlungen sowie gemeinsamen Schulungsveranstaltungen für Mitglieder beider Parteien.[389] Nicht selten versuchten sozialdemokratische Ortsvereine, sich diesen Verpflichtungen zu entziehen, so beispielsweise in Forst, wo sich die Kreisleitung der KPD in einem Schreiben an die Bezirksleitung darüber beschwerte, daß »sich innerhalb der SPD starke Widerstände gegen diese gemeinsame Mitgliederversammlung und darüberhinaus überhaupt gegen jegliches Zusammenarbeiten mit uns erneut entwickeln.«[390] Der SPD-Vorsitzende von Zehdenick hatte eine gemeinsame Mitgliederversammlung abgesagt, weil »formale Fehler begangen« wurden »bei der Festlegung des Themas«.[391] Der Leipziger Bezirksvorstand weigerte sich, eine für den 15. Januar 1946 geplante gemeinsame Konferenz in Dresden zu beschicken[392], weil eine Leipziger Vorständekonferenz am 5. Januar 1946 die Teilnahme an der Veranstaltung mit der Begründung ablehnte, die Einladung zu dieser Konferenz erfolge ohne Anweisung des Zentralausschusses und widerspreche demzufolge den Berliner Entschließungen.[393]

Einen sehr plastischen Eindruck über die vorherrschenden Streitpunkte sowie die Atmosphäre der Auseinandersetzungen zwischen Sozialdemokraten und Kommunisten Ende Januar/Anfang Februar 1946 vermittelt ein Protokoll über die gemeinsame Sitzung der Landes- und Bezirksleitungen der SPD und KPD des Landes Sachsen am 28. Januar 1946.[394] Hier trugen die sozialdemokratischen Vertreter, insbesondere des Leipziger Be-

---

388 Mecklenburgisches Landeshauptarchiv Schwerin, BPA Schwerin, II/1. Vgl. Dokument Nr. 100.
389 Vgl. das gemeinsame Rundschreiben des Provinzialverbandes der SPD und der Bezirksleitung der KPD der Provinz Sachsen vom Januar 1946: Dokument Nr. 119.
390 Brandenburgisches Landeshauptarchiv, Rep. 330, I/2/14. Vgl. Dokument Nr. 114.
391 Ebd.
392 Vgl. das Schreiben des Bezirksvorstandes der SPD Leipzigs an die Unterbezirksleitung der KPD Leipzigs vom 9. Januar 1946: Dokument Nr. 124.
393 Vgl. Sächsisches Staatsarchiv Leipzig, BPA Leipzig, II/2/07.
394 Vgl. Dokument Nr. 136.

zirksvorstandes, ihre seit Monaten gewachsenen Vorbehalte gegen den schnellen Zusammenschluß in einer Weise vor, die sich in den überlieferten Dokumenten nur sehr selten findet. Dementsprechend fiel die Reaktion der Kommunisten aus. Hermann Matern bezeichnete in der Debatte erregt die Mitglieder des Leipziger Vorstandes als »Saboteure« und »Feinde der Einheit«, was erneut auf die kommunistische Methode hinwies, jegliche Kritik am Vorgehen der KPD pauschal zu diffamieren. Die Debatte machte auch sichtbar, daß die Forderung nach einem Reichsparteitag und nach einer Urabstimmung nicht die Zustimmung aller sozialdemokratischen Landes- bzw. Bezirksvertreter fand. Otto Buchwitz, der Präsident der Landesverwaltung Sachsen Rudolf Friedrichs, der Görlitzer Bezirksvorsitzende Max Rausch sowie der Chemnitzer Bezirksvorsitzende August Friedel lagen praktisch schon auf der kommunistischen Argumentationslinie, mit der Verschmelzung in der sowjetischen Zone ein Beispiel für die anderen Zonen zu schaffen.

Dem Leipziger Bezirksvorstand blieb dann nur noch die Möglichkeit, die Verbindlichkeit von Beschlüssen des Landesvorstandes für die Bezirke anzuzweifeln, wollte er an seinem Verweigerungskurs festhalten. In einem Schreiben an den Zentralausschuß vom 30. Januar 1946 wiederholte der Vorstand seinen seit Frühjahr 1945 vertretenen Standpunkt, daß die Landesleitung kein Organ sein könne, welches als Zwischenglied den Bezirksverbänden vorgeordnet sei. Beschlüsse der Landesleitung hätten ohne Zustimmung der Bezirke keine Bindekraft.[395]

Eine wirkliche inhaltliche Aussprache ohne den von der KPD vorgegebenen Zeitdruck gab es in der Vereinigungsfrage nach den Dezemberbeschlüssen kaum. Eine öffentliche Artikulation von Gegenpositionen war in den Ländern und Bezirken zu keinem Zeitpunkt möglich. In verschiedenen schriftlichen Stellungnahmen spiegelten sich die Motive jener Sozialdemokraten wie Hermann Brill und Hermann Lüdemann wider, für die schon frühzeitig die Art und Weise der Vorbereitung der SED-Gründung selbst als Zeugnis für die Ziele und Methoden kommunistischer und sowjetischer Politik galten.[396]

Einen Eindruck von der Verzweiflung und Bedrängnis von Sozialdemokraten in den Ländern und Provinzen vermitteln die handschriftlichen Notizen von Bernhard Göring über die Beratung des Parteiausschusses am 25. Januar 1946 in Berlin.[397] Willy Jesse sprach davon, daß die Sozialdemokraten ihre »Bewegungsfreiheit« verloren hätten. Er könne den Mitgliedern nicht sagen, was nötig sei, da jedes Rundschreiben der Administration vorgelegt werden müsse. Heinrich Hoffmann berichtete über Unterredungen mit General Kolesnitschenko und dessen Aufforderung, in Thüringen mit der Vereinigung »voranzugehen«. Nach den Beobachtungen von Stanislaw Trabalski stünden in sämtlichen Leipziger Unterbezirken »unsere Leute unter Druck«. Er deutete Verhaftungen und ein drohendes Parteiverbot an. Leipzig sei aber bisher »fest geblieben«, obwohl die »Schikanen« begonnen hätten. Man erwarte in Leipzig Richtlinien vom Zentralausschuß. Gustav Schmidt beklagte, daß die Parteipresse Sachsen-Anhalts »nichts mehr schreiben« dürfe. »Wenn wir nichts bringen dürfen, was unsere Sozialdemokratie angeht, dann eigene Zeitung nicht nötig.« Die Debatte der Landes- und Bezirksfunktionäre am 25. Januar 1946 wies ausdrücklich auf einen Umstand hin, der für die Wahrnehmung eines zunehmenden Gleichschaltungsdrucks wesentlich erschien: Seit Mitte bzw. Ende Januar 1946 schalteten sich die SMA der Länder nun intensiver in den Vereinigungsprozeß ein und drängten darauf, die Fusion auf Länderbasis bis zum 1. Mai 1946 zu vollziehen.

---

395 Vgl. Dokument Nr. 137.
396 Vgl. das Schreiben Hermann Lüdemanns an Max Fechner vom 17. Januar 1946: Dokument Nr. 101.
397 Vgl. SAPMO-BArch, Zentralarchiv des FDGB, Büro Bernhard Göring.

Einzelne Berichte, Notizen oder andere Mitteilungen von Sozialdemokraten aus den Bezirken weisen auf eine prägende Beeinflussung der örtlichen Kommandanturen auf die Haltung zur Vereinigungsfrage auf Landes-, Kreis- und Ortsebene hin. Das Faktum der verstärkten Einflußnahme entstand immer dann, wenn örtliche Kommandanturen beantragte sozialdemokratische Versammlungen nicht genehmigten, Werbemaßnahmen der SPD unterbanden, die veröffentlichte Meinung kontrollierten und Funktionäre unter Druck gesetzt, eingeschüchtert oder verhaftet wurden. Auf verschiedenen Sitzungen der Landesvorstände der SPD, besonders in Mecklenburg, wurden wiederholt derartige Vorfälle besprochen. Landes- und Kreisvorstände baten in mehreren Schreiben an die örtliche Kommandantur oder direkt an den Vertreter des NKWD um die Freilassung betroffener Personen, wie z. B. am 12. Januar 1946 um die Entlassung des Bürgermeisters von Ahlbeck[398] oder am 26. Januar 1946 um die Haftentlassung des Vorsitzenden des Kreisabschnittes Gadebusch.[399] Die Verhaftungen sollten in der Regel abschreckende Wirkung erzielen und einschüchtern.

Auch ohne exakte Zahlen über die von der SMAD gemaßregelten und inhaftierten Sozialdemokraten geben zeitgenössische Dokumente nunmehr Aufschluß darüber, daß in nicht wenigen Orten erst psychischer Druck der Besatzungsoffiziere die Vereinigung möglich machte. Selbst wenn sowjetische Offiziere überzeugen oder wenigstens überreden wollten, setzten sie im Konfliktfall ihre Macht ein oder drohten diese an. Das Stellen eines Ultimatums, wie dies die Bornaer Ortskommandantur den Mitgliedern des Unterbezirksvorstandes der SPD Borna gegenüber[400] sowie die Altenburger Kommandantur praktizierten[401], dürften keine Einzelfälle gewesen sein. Der Kreiskommandant von Suhl machte dem SPD-Kreisvorsitzenden Vorhaltungen, weil die sozialdemokratischen Ortsvereine keine gemeinsamen Versammlungen mit der KPD durchführten.[402] Er ließ keinen Zweifel darüber aufkommen, daß »die Einheit auf alle Fälle hergestellt werden müsse und jeder wilde Radikalismus verschwinden werde, der den vereinbarten Richtlinien entgegenarbeite.«[403] Auch der Sinn einer Vorladung eines sozialdemokratischen Funktionärs aus Schmalkalden zur Kommandantur am 4. Februar 1946 bestand nach Meinung des Berichterstatters darin, auf den örtlichen Zusammenschluß der SPD und KPD im Ort zu drängen.[404] Die in diesen Dokumenten zum Ausdruck kommende psychologische Beeinflussung kann ohne Zweifel als eine Form der Nötigung beschrieben werden.

Natürlich waren nicht alle SPD-Funktionäre persönlich einer direkten Nötigung ausgesetzt. In der Regel aber waren für Sozialdemokraten die Gängelung, Absetzung, vorübergehende Festnahme oder gar das Verschwinden von Funktionären, die gegen eine sofortige Verschmelzung auftraten, unmittelbar wahrnehmbar. Unter dem Eindruck einer subjektiv empfundenen Bedrängnis erschien dann der Weg in die Einheitspartei als eine noch erträgliche Variante, wenn schon die ungestörte Fortexistenz der SPD nicht mehr gewährleistet werden konnte. Hinzu kam der Wunsch nach mehr Freiräumen in dem Sinne, daß die Nötigung von Sozialdemokraten in der SED aufhören würde.

Seit Januar 1946 arbeiteten die örtlichen Kommandanturen mit Verboten sozialdemokratischer Mitgliederversammlungen oder knüpften an ihre Durchführung bislang nicht gekannte Auflagen. So schilderte Friedrich Ebert in einem Schreiben an die SMA Branden-

---

398 Vgl. Dokument Nr. 102.
399 Vgl. Dokument Nr. 103.
400 Vgl. Dokument Nr. 127; Dokument Nr. 135.
401 Vgl. Dokument Nr. 140.
402 Vgl. Dokument Nr. 143.
403 Thüringisches Staatsarchiv Meiningen, BPA der SED Suhl, II/3/6.
404 Vgl. Dokument Nr. 176.

burg am 11. Januar 1946 derartige Fälle.[405] Der Militärkommandant des Kreises Wismar reagierte auf die Durchführung einer angeblich nicht genehmigten SPD-Versammlung in Neubukow mit einer beträchtlichen Verschärfung der Genehmigungspraxis für alle künftigen Veranstaltungen im gesamten Kreis.[406]

Sicherlich ist bei den Offizieren der SMA in den Ländern eine unterschiedliche Herangehensweise zu beobachten, wofür auch einige in dieser Edition veröffentlichte Dokumente sprechen. Aus dem Bericht Friedrich Eberts über eine Unterredung bei der SMA Brandenburg am 5. Februar 1946 kann geschlußfolgert werden, daß Generalmajor Scharow, Chef der SMA der Provinz Brandenburg, sich für ein relativ ungehindertes Organisationsleben der Sozialdemokratie einsetzte.[407] Scharow vertrat im Zusammenhang mit den von den Kreiskommandanten in Cottbus, Potsdam und im Kreis Niederbarnim verhängten Verboten von Versammlungen und Kundgebungen der SPD die Auffassung, daß »die Veranstaltung« von Versammlungen Angelegenheit der Parteien und nicht der Administration« sei.[408] Ferner sah er in der »Vereinigung der beiden Arbeiterparteien eine Frage der Entwicklung und nicht eine Angelegenheit von Terminen«. Das entbinde die Funktionäre von SPD und KPD jedoch nicht, »die Entwicklung mit aller Kraft und unter Ausnutzung aller Möglichkeiten zu fördern«.

Die konkrete Politik gestalteten allerdings seine Untergebenen, die administrative Eingriffe in die Entscheidungen der SPD sowie politischen und psychischen Druck als gerechtfertigte Mittel zur Herbeiführung der Einheit ansahen. In einer Beratung am 29. Januar 1946 wurde beispielsweise der Provinzialleitung der SPD vorgeworfen, sie rede in der Frage der Einheit mit allgemeinen Sätzen und Redensarten um das Problem herum, ohne jedoch konkrete Vorschläge für die praktische Durchführung der Einheit zu machen.[409] Die Provinzialleitung der SPD wurde aufgefordert, eine »schärfere Beleuchtung der Einheitsfrage« vorzunehmen und an den Gegnern der Einheit mehr Kritik zu üben.[410] Am 30. Januar 1946 gaben Vertreter der SMA Friedrich Ebert zu verstehen, daß man es gerne sähe, wenn er sich vom Beschluß des Zentralausschusses der SPD vom 15. Januar 1945 distanzieren würde.[411] Ebert erklärte jedoch, daß dieser Beschluß für ihn bindend sei, »daß ich verpflichtet und auch aus meiner Überzeugung entschlossen sei, alles zu tun, was notwendig ist, um die organisatorische Einheit der deutschen Arbeiterbewegung wieder herzustellen, daß ich aber unter allen Umständen ablehnen müsse, etwa entgegen den getroffenen Vereinbarungen einer Sonderregelung für die Mark Brandenburg zuzustimmen.«[412]

Dieser verstärkte politische Druck ging ebenso von der SMA Thüringen aus, wie die Gesprächsnotizen von Heinrich Hoffmann und August Frölich ausweisen. Im Ergebnis einer Vorladung zur SMA am 31. Dezember 1945 erhielt Heinrich Hoffmann den Auftrag, eine Resolution zu verfassen, »die eine Zustimmung zu den Berliner Beschlüssen, eine Widerrufung des Rundschreibens Nr. 18, eine Verurteilung des Verhaltens Dr. Brills« und die »Bereitschaft zur engsten Zusammenarbeit mit der KPD enthalten müsse.«[413] Ferner sollte Hoffmann für die Landeszeitung »Tribüne« einen Artikel verfassen, in dem er Brill »als Saboteur der Einheitsbestrebungen demaskieren« sowie »die Notwendigkeit einer baldigen

---

405 Vgl. Dokument Nr. 112.
406 Vgl. den Befehl des Militärkommandanten des Kreises Wismar vom 17. Januar 1946: Dokument Nr. 104.
407 Vgl. Dokument Nr. 157.
408 Brandenburgisches Landeshauptarchiv, Rep. 331, II/2/5.
409 Vgl. Dokument Nr. 115.
410 Vgl. Brandenburgisches Landeshauptarchiv, Rep. 331, II/2/5.
411 Vgl. Dokument Nr. 116.
412 Brandenburgisches Landeshauptarchiv, Rep. 331, II/2/5.
413 AdsD, NL Hermann Brill. Vgl. Dokument Nr. 141.

organisatorischen Vereinigung von SPD und KPD wegen des Kampfes gegen den Faschismus begründen solle«. Ähnliche Erfahrungen machte August Frölich drei Stunden später.[414]

Gleichzeitig hatte der Chef der SMA Thüringen General Kolesnitschenko einen schwerwiegenden Eingriff in die Personalentscheidungen des Landesvorstandes vorgenommen. Entsprechend einer Entscheidung des Thüringer Landesvorstandes hatte August Frölich für den am 29. Dezember 1945 von seiner Funktion zurückgetretenen Hermann Brill den Landesvorsitz übernommen.[415] Kolesnitschenko und seine Untergebenen gaben in den Besprechungen mit Hoffmann und Frölich unmißverständlich zu erkennen, daß sie nur Heinrich Hoffmann als Landesvorsitzenden akzeptieren würden, der dann schließlich die Geschäfte als Vorsitzender bis zum Parteitag übernahm. Mit Heinrich Hoffmann als Landesvorsitzenden wuchs die Bereitschaft des Landesvorstandes, seine abwartende Haltung aufzugeben und auf den von der KPD vorgegebenen Einheitskurs einzuschwenken.

Als Mitte Januar 1946 der Zentralausschuß noch immer an seiner These festhielt, daß Reichsparteitage über die Verschmelzung zu entscheiden hätten, waren es die SMA der Länder, die mit vollendeten Tatsachen diese Position auszuhebeln versuchten. Am 23. Januar 1946 gab General Kolesnitschenko August Frölich den »Ratschlag«, nicht mehr länger auf Entscheidungen des Zentralausschusses zu warten.[416] »In Thüringen sei die Voraussetzung für den Zusammenschluß gegeben. Politisch sei alles und nicht schlecht vorbereitet. Thüringen müsse das Beispiel geben, dann würden die anderen Teile und auch in den anderen Zonen folgen.«[417] Kolesnitschenko zeigte auch den Weg, wie seiner Meinung nach weiter vorgegangen werden müsse: »Versammlungen für die Einheit von unten, Kreiskonferenzen, Bezirkskonferenzen seien jetzt notwendig [. . .] Vortragende für Vereinigung seien zu bestimmen [. . .] Wenn jemand gegen die Einheit was getan, beseitigen [. . .] Gegen Elemente, die nicht mitgehen, die die Einheit der Arbeiterklasse sabotieren, habe die Presse vorzugehen.«

Die Auffassung, die Kolesnitschenko in dem Gespräch am 23. Januar 1946 mit Frölich und Eggerath über die Rolle der Parteipresse vertrat, beleuchtet das Vorgehen der Besatzungsmacht. Einen sehr wesentlichen Bestandteil der Einflußnahme der sowjetischen Besatzungsmacht auf den Entscheidungsprozeß in der Einheitsfrage, insbesondere ab Januar 1946, bildete die Steuerung des öffentlichen Meinungsklimas. Eine breite Zustimmung zu den Einheitsbeschlüssen der SPD und KPD am 21. Dezember 1945 und damit den breiten Willen zur Einheit vermittelten die in der sowjetischen Besatzungszone erscheinenden sozialdemokratischen Tageszeitungen. Sie können wegen der strikten Vorzensur der Militärbehörden nicht als Forum der innerparteilichen Meinungs- und Willensbildung in der SPD betrachtet werden. So durften vom Vereinigungskurs der KPD abweichende Meinungen von SPD-Organisationen nicht veröffentlicht werden. Eine der wenigen Ausnahmen bildeten eine Mitteilung in der Schweriner »Volksstimme« über die Rostocker Entschließung für eine Urabstimmung[418] und der Bericht der Dresdener »Volksstimme« vom 22. Januar 1946 über einen Beschluß des Unterbezirks Dresden, der sich an der Rostocker Resolution für eine Urabstimmung in der Mitgliedschaft zur Einheitsfrage orientierte.

Zumeist folgten die SPD-Zeitungen jedoch den Anweisungen der zuständigen SMA-Offiziere, über alle Einheitsbewegungen in den Ländern positiv und ausführlich zu berichten.

---

414 Vgl. Dokument Nr. 142.
415 Vgl. Dokument Nr. 139.
416 Vgl. Dokument Nr. 145.
417 AdsD, NL Hermann Brill.
418 Die SPD-Zeitung »Das Volk« informierte in Nr. 10 vom 13. Januar 1946 über die Rostocker Entschließung.

Über derartige Weisungen informiert ein Bericht über eine Besprechung der Chefredakteure der Brandenburger Landeszeitungen »Der Märker« und »Volkswille« bei der SMA Brandenburg am 29. Januar 1946.[419] Ein SMA-Vertreter rügte insbesondere die SPD-Landeszeitung »Der Märker«, weil in der Zeitung die Frage der Einheit bislang ungenügend berührt und die Gegner der Einheit zu schwach »entlarvt« worden seien. Anschließend wurde vorgeführt, wie künftig in der Presse zu verfahren sei: »Man müsse in beiden Zeitungen die besten Reden der Vertreter der Einheit in beiden Parteien veröffentlichen, ebenso die besten Artikel zu dieser Frage aus den Berliner Zeitungen. Man müsse an den Gegnern der Einheit mehr Kritik üben und ihre Behauptungen mit Argumenten entkräften. Die Zeitungen müssen Informationen über den Sieg der Anhänger der Einheit bei den Gewerkschaftswahlen bringen.«[420] Ferner sollte gegen die Haltung der westlichen Zonen[421], vor allen Dingen gegen Kurt Schumacher polemisiert werden.

Zuvor hatte schon Max Fechner in der zentralen SPD-Zeitung »Das Volk« mit seinem Artikel »Gegen die Brunnenvergifter« demonstriert, wie dieser Auftrag umzusetzen war. Fechner machte gegen jene Sozialdemokraten Front, die hinter den Bekundungen der Kommunisten zu innerparteilicher Demokratie lediglich ein Lippenbekenntnis vermuteten und die demokratischen Grundsätze gewahrt sehen wollten.[422] Insgesamt verfügten die SMAD in Karlshorst sowie auch die SMA in den Ländern und Provinzen der sowjetischen Besatzungszone über ein lückenloses Medienmonopol, welches sie ganz bewußt einsetzten, um den Vereinigungsprozeß zu beschleunigen. Unter diesem Gesichtspunkt konnte von der Freiheit der Entscheidung nach demokratischen Grundsätzen, wie dies noch unmittelbar nach der Dezemberkonferenz gefordert wurde, nicht die Rede sein.

Zu fragen wäre nunmehr, ob es ausreicht, die Rolle des nicht nur von der SMAD ausgeübten psychologischen und existentiellen Druckes bloß als eine unter mehreren Determinanten eines komplexen Vorganges einzuschätzen, oder ob der Faktor »Angst« und Nötigung in der Regel auch dann wahrnehmbar war, wenn keine persönliche Betroffenheit vorlag.

4.3 Intentionen der Sozialdemokraten während der Phase der organisatorischen Verschmelzung (Februar bis April 1946)

Seit Anfang Februar 1946 nahmen die Auseinandersetzungen um die Bildung einer Einheitspartei an Schärfe zu. Für die Argumentation der Befürworter einer raschen Fusion ist kennzeichnend, daß sie die Bildung der Einheitspartei als die einzig zwingende Voraussetzung für die Überwindung der Folgen von Faschismus und Krieg herausstellten, wobei stereotyp die Gefahr angeblicher separatistischer Umtriebe in Bayern und der scheinbare Vormarsch der Reaktion an die Wand gemalt wurden.[423] Eine tiefergehende inhaltliche Be-

---

419 Vgl. Dokument Nr. 115.
420 Brandenburgisches Landeshauptarchiv, Rep. 331, II/2/5.
421 Sozialdemokratische Funktionärskonferenzen in der britischen Zone in Hannover am 3./4. Januar 1946 und in der amerikanischen Zone in Frankfurt/Main am 6. Januar 1946 erklärten in ihren Entschließungen, daß – solange ein einheitliches deutsches Reich nicht bestehe – die organisatorische Einheit der SPD nicht gegeben sei und demnach Abmachungen und Beschlüsse der Partei in der östlichen Zone »nicht bindend oder richtungweisend« für die SPD in den westlichen Zonen seien. Vgl. *Albrecht*, Kurt Schumacher, S. 327 f.
422 Vgl. Das Volk, Nr. 9 vom 12. Januar 1946.
423 Als reaktionär und separatistisch galten für Kommunisten und Sozialdemokraten in der sowjetischen Zone damals die im Oktober 1945 gebildete und bald von den Amerikanern wieder verbotene Heimat- und Königspartei sowie, mit bestimmten Einschränkungen, die am 13. Oktober 1945 gegründete Christlich-Soziale Union in Bayern (CSU).

fragung dieser Argumente blockten ihre Protagonisten permanent ab. Die Kritiker einer organisatorischen Verschmelzung - dies betraf sowohl die Kritik am Tempo und den Methoden als auch eine grundsätzliche Ablehnung – gingen in ihrer Beurteilung von völlig anderen außen- und innenpolitischen Prämissen aus und erachteten demzufolge eine Zusammenarbeit zwischen Sozialdemokraten und Kommunisten für die Lösung der anstehenden Probleme als ausreichend.

Seit Ende Januar/Anfang Februar begannen einige sozialdemokratische Landesfunktionäre der kommunistischen Argumentation zu folgen, mit dem Zusammenschluß in der Ostzone ein Beispiel für die anderen Zonen zu schaffen, und unterliefen damit die taktische Linie der Berliner Führung. Sozialdemokraten, die wie Otto Buchwitz und Heinrich Hoffmann noch immer an einen tieferen Sinn der Verschmelzung glaubten, gaben sich der Hoffnung hin, in der SED eigene Traditionen und Ziele bewahren zu können. Das in diese Hoffnung eingebundene scheinbare Vertrauen auf die eigene Kraft, den Kurs der SED als unabhängige und demokratische Partei entscheidend mitgestalten zu können, wurde eines der entscheidenden Motive für Sozialdemokraten, der SED beizutreten.[424] Ein prinzipienloses Aufgehen der Sozialdemokratie in einer Einheitspartei wurde von vielen mit Identitätsverlust verbunden.

Sowohl die innerparteiliche Debatte zwischen Gegnern und Befürwortern einer raschen Fusion mit den Kommunisten als auch die Zwangslage und das Dilemma, in dem sich Sozialdemokraten in der sowjetischen Zone Anfang Februar 1946 befanden, reflektiert die Niederschrift über die Sitzung des erweiterten Landesvorstandes der SPD Sachsen am 4. Februar 1946.[425] Otto Buchwitz vertrat seinen bereits mehrfach geäußerten Standpunkt, »daß, wenn alle Verhandlungen mit dem Westen scheitern sollten, die Vereinigung wenigstens in Sachsen durchgeführt wird«, worauf ihm entgegengehalten wurde: »Wenn wir uns in Sachsen vereinigen, dann können wir noch lange nicht die Reaktion in Bayern schlagen.«[426] Der Zwickauer Bezirksvorsitzende Karl Kautzsch sah den sozialdemokratischen Widerstand nicht gegen die Einigung an sich, sondern gegen die Methoden gerichtet. Er glaube nicht, »daß eine vorzeitige Einigung der beiden Parteien im östlichen Sektor zur Einigung Deutschlands beitragen wird«. Nach Ansicht von Arno Hennig wäre die von den Kommunisten vorgebene Art der Vereinigung »der Eintritt der SPD in die KPD«. In der Frage der Vereinigung hätte sich der Mitglieder eine gewisse Verzweiflung bemächtigt. »Sie befürchten, daß von einer Demokratie und einer freien Willensäußerung innerhalb der neuen Partei auf Grund der bisher gemachten Erfahrungen nicht die Rede sein kann.« Ein Vorstandsmitglied empfand es als tragisch, »daß uns die Entscheidung aufgezwungen werden wird«, und fragte, warum die Russen so plötzlich die Vereinigung wollten. Der Chemnitzer Bezirksvorsitzende August Friedel vermutete: »Wenn die Vereinigung von uns nicht bald vorgenommen wird, dann werden wir zwangsweise zusammengeschoben.« Da sich in der Debatte der Vorstandsmitglieder zunehmend der Eindruck verstärkte, ein Zusammenschluß sei nunmehr unvermeidlich geworden, wollte man unter allen Umständen die »Organisation in Takt halten« (Arno Wend) sowie wenigstens »die Bedingungen zu der Einheitsfrage« stellen (August Friedel).

Die Bedingungen stellten jedoch die Kommunisten. Die Stoßrichtung der seit Januar 1946 mit erhöhter Intensität laufenden massiven Einheitskampagne der KPD ist – unabhängig von der Wertung – in Form zentraler Orientierungen sowie ihrer örtlichen Umsetzung zahlreich dokumentiert. Sie zielte darauf, die SPD-Basis durch eine Reaktivierung

---

424 Vgl. *Staritz*, Zur Gründung der SED, in: Einheitsfront/Einheitspartei, S. 58; *Sywottek*, Deutsche Volksdemokratie, S. 207 ff.
425 Vgl. Dokument Nr. 171.
426 Sächsisches Hauptstaatsarchiv Dresden, SED-BPA Dresden, II/A/1.001.

der örtlichen, regionalen und betrieblichen Aktionsausschüsse zu mobilisieren und die SPD-Vorstände aller Ebenen unter Druck zu setzen. Hermann Matern sprach auf einer Zusammenkunft sächsischer KPD-Funktionäre am 7. Januar 1946 Klartext, als er »eine große Mobilisierungskampagne für die Einheit von unten«, den »Kampf gegen die Feinde der Einheit als die Träger der Ideologie des deutschen Imperialismus« und »in steigendem Maße Resolutionen von gemeinsamen Versammlungen, Konferenzen und Sitzungen für die Einheitspartei« forderte. »Wir wollen von oben bis unten in den gemeinsamen Leitungen und gemeinsamen Ausschüssen die Aufgaben diskutieren und festlegen, insbesondere in den Betrieben, so daß die Vereinigung, wenn sie spruchreif ist, nur noch ein Akt ist, einen bereits bestehenden Zustand zu sanktionieren.«[427]

Matern redete auch einige Wochen später über die eigentlichen Motive der Einheitskampagne der KPD, die öffentlich so nirgends thematisiert werden durften. Auf einer Konferenz sächsischer Sekretäre am 14. Februar 1946 in Dresden stellte er das Vorgehen der russischen Kommunisten in der Zeit vom Februar bis Oktober 1917 als Vorbild heraus. In jener Zeit nämlich sei der Einfluß des "Reformismus" und »Paktiertertums mit der Bourgeoisie" aus der Arbeiterklasse Rußlands ausgeschaltet worden. »Unser Weg ist etwas anders, aber im Wesen derselbe. Unser Weg ist die Einheit der Arbeiterklasse herzustellen durch die Vereinigung von zwei Arbeiterparteien, um auf diesem Weg den reformistischen, opportunistischen und Paktiereinfluß in der Arbeiterklasse auszuschalten. Aber, Genossen, das müssen wir verstehen, das ist ein Prozeß, der sich auch nach der Vereinigung fortsetzt. Ich weiß nicht, ob ihr mich verstanden habt, Genossen?«

Während die kommunistischen Funktionäre den Sinn der von Matern erläuterten längerfristigen Zielsetzungen durchaus verstanden hatten, strapazierten Sozialdemokraten an der Parteibasis noch immer, so wie am 8. Februar 1946 in Woltersdorf, das Argument fehlender zentraler Richtlinien, um dem Drängen der Kommunisten auszuweichen. »Wir von seiten der SPD üben in jedem Falle Parteidisziplin und warten, was die organisatorische Einheit betrifft, die Richtlinien ab, die uns in dieser Hinsicht vom Zentralausschuß der SPD zugehen werden.«[428]

Nachdem der Zentralausschuß auf der Dezemberkonferenz einen Vorstoß der KPD zum Zusammenschluß auf örtlicher Basis noch abwehren konnte, bereiteten die kommunistischen Bezirksleitungen seit Anfang Februar 1946 nunmehr die Vereinigung auf Länderebene unmittelbar vor. Zu Zentren ihrer Bemühungen, entscheidende Einbrüche in die sozialdemokratische Organisation zu erzielen, entwickelten sich die Landesvorstände. Von hier aus konnten die Zentren sozialdemokratischen Selbstbehauptungswillens, die Großstädte wie etwa Leipzig, Chemnitz, Magdeburg oder Rostock, mit dem Verweis auf die Verbindlichkeit der Landesbeschlüsse relativ leicht ausgeschaltet werden.

Eine erste solche Initiative entwickelte die Thüringer Bezirksleitung der KPD bereits auf ihrer Sekretariatssitzung am 24. Januar 1946, auf der Werner Eggerath die »unmittelbare und sofortige Vereinigung« in Thüringen forderte.[429] Im Ergebnis dieser Sekretariatssitzung wurde ein Brief an den Landesvorstand der SPD formuliert, in dem die KPD-Bezirksleitung die Einberufung einer gemeinsamen Sitzung der beiden Landesleitungen vorschlug, auf der ein »Beschluß über die Vereinigung der beiden Parteien in Thüringen« gefaßt werden sollte.[430] So geschah es denn auch. Der sozialdemokratische Landesvorstand

---

427 SAPMO-BArch, ZPA, NL 182/876.
428 Brandenburgisches Landeshauptarchiv, Rep. 330, I/2/14. Vgl. Dokument Nr. 159.
429 Thüringisches Hauptstaatsarchiv Weimar, BPA der SED Erfurt, I/2-002. Vgl. Dokument Nr. 146.
430 Vgl. Thüringisches Hauptstaatsarchiv Weimar, BPA der SED Erfurt, III/1-001. Vgl. Dokument Nr. 147.

sah sich auf Grund des Berichtes von August Frölich über eine Unterredung mit General Kolesnitschenko am 23. Januar 1946[431] genötigt, sich in das scheinbar Unvermeidliche zu fügen. Die Landesleitungen der SPD und KPD Thüringens vereinbarten auf einer gemeinsamen Sitzung am 5. Februar 1946, für den 6. April 1946 gesonderte Landeskonferenzen von SPD und KPD einzuberufen und am folgenden Tag auf einem gemeinsamen Parteitag den Zusammenschluß in Thüringen zu vollziehen. Damit wurde zum erstenmal ein konkreter Termin für die Abhaltung eines Vereinigungsparteitages auf Landesebene genannt. Seitdem versuchten die Kommunisten nicht nur in Thüringen, mit örtlichen Beschlüssen zum Zusammenschluß vollendete Tatsachen zu schaffen.

Die Reaktion der SPD-Basis auf die Vorstöße der KPD ist anhand der Dokumente nachvollziehbar. Sie reichte von strikter Ablehnung, gleichgültiger Duldung bis zur hoffnungsvollen Unterstützung. Ein kommunistischer Berichterstatter schätzte die Situation in der Berliner Sozialdemokratie am 18. Februar 1946 sehr zutreffend ein, indem er drei Gruppen innerhalb der SPD zu erkennen glaubte: »1. die ehrlichen Anhänger der Einheit (20–25 % der Mitgliedschaft); 2. die bewußten Gegner der Einheit, die wahrscheinlich in gleicher Stärke vorhanden sind; 3. die weitaus stärkste Gruppe der Besorgten, die mit großen Vorbehalten, schärfster Kritik und organisatorischen Widerständen an die Frage der Einheit herangehen.«[432] Diese Einschätzung kann nicht nur für Berlin, sondern auch für die Länder und Provinzen der sowjetischen Besatzungszone gelten. In dem Bericht wurde deshalb empfohlen, die Hauptanstrengung »auf die große Masse der Besorgten und Schwankenden« zu richten, »die sehr schnell die eigentliche Entscheidung herbeiführen können.«[433]

Zu berücksichtigen ist, daß die KPD die Betriebe zum Schwerpunkt ihrer Einheitskampagne entwickelte. Von dort kamen immer wieder neue Einheitsresolutionen, in denen beständig der gemeinsame Aufbauwille beschworen wurde. In diesem Zusammenhang sind die Gewerkschaftswahlen in der sowjetischen Zone als Verstärker der Einheitskampagne zu sehen. Am 18. Januar 1946 wurde in dem zentralen KPD-Organ »Deutsche Volkszeitung« ein Wahlaufruf mit der Überschrift »Wählt nur Anhänger der Einheit« veröffentlicht, der deutlich den Versuch der KPD dokumentierte, bei diesen Wahlen auf den verschiedenen Delegiertenstufen Mehrheiten für die Einheitspartei zustandezubringen. Da dies mit Hilfe von Manipulationen gelang, konnten auf Länderebene immer wieder Einheitsresolutionen verabschiedet werden.

SPD und KPD faßten die Wahlen der Delegierten für den vom 9. bis 11. Februar 1946 in Berlin tagenden ersten zonalen FDGB-Kongreß sowie auch sämtliche Wahlen für die Gewerkschaftsausschüsse als Kampfwahlen um den bestimmenden Einfluß in den Betrieben auf. Dementsprechend wurden vor allem von der KPD alle Mittel, vom Wortbruch, psychischen Terror bis hin zur Wahlfälschung[434], eingesetzt, um sozialdemokratische Mehrheiten in den Betrieben zu verhindern.[435] Häufig einigten sich sozialdemokratische und

---

431 Vgl. Dokument Nr. 145.
432 SAPMO-BArch, ZPA, NL 36/634.
433 Ebd.
434 Auf einer erweiterten Landesvorstandssitzung der Sächsischen SPD am 4. Februar 1946 wurde beispielsweise über die Wahl der Landesleitung des FDGB in Sachsen folgendes mitgeteilt: »Obwohl der größte Teil der Delegierten der SPD angehörte, ist eine Mehrheit der KPD zustande gekommen. Nicht nur, daß man die Reihenfolge der Kandidaten umgestellt hat, sondern man hat ohne weiteres 50 der aktivsten SPD-Genossen von der Liste der gemeinsamen Wahlvorschläge gestrichen.« Vgl. Dokument Nr. 171.
435 Eine Reihe derartiger Fälle beschreibt *Moraw*, Die Parole der »Einheit« und die Sozialdemokratie, S. 146 ff.; ebenso *Hurwitz*, Demokratie und Antikommunismus in Berlin nach 1945, Bd. IV, Teil 2, S. 764–792.

kommunistische Betriebsgruppen auf eine paritätisch gemischte Kandidatenliste. Den unmittelbaren Anlaß für Auseinandersetzungen nach erfolgter Wahl bildete der Verstoß gegen eine auf Forderungen der Alliierten basierende zentrale Abmachung, die Parteizugehörigkeit der Kandidaten auf den Stimmzetteln nicht direkt zu vermerken. Nicht selten griff die SMA ein, wenn die Wahl eine sozialdemokratische Dominanz erbracht hatte, um die Ergebnisse zu korrigieren oder die Wahl wiederholen zu lassen.[436] Über eine derartige Praxis informiert ein »Tätigkeitsbericht« des Unterbezirks der SPD Oschersleben.[437] Auf diese Weise gelang es den Kommunisten, bei den Delegiertenwahlen für den zonalen FDGB-Kongreß eine Mehrheit der Delegierten zu erringen, die während der Tagung für die Einheitspartei agitierten.

Die KPD hatte mit ihrer Resolutionskampagne denn auch eines ihrer Hauptziele erreicht: den Berliner Zentralausschuß unter Handlungszwang zu setzen. Der Zentralausschuß selbst hatte unter dem Eindruck einer allgemeinen Isolierung seine Handlungsfähigkeit längst eingebüßt, wie Erich Gniffke am 10. Februar 1946 in einem Brief an den geschäftsführenden Vorstand einschätzte.[438] Der Druck von KPD und SMAD auf die sozialdemokratischen Organisationen in den Ländern, sich auf eine sofortige Verschmelzung festzulegen, machte die vom Zentralausschuß verfolgte Politik des Zeitgewinns nunmehr unhaltbar. Gleichzeitig war die Losung des Reichsparteitages nicht mehr plausibel erklärbar, da ein Fallen der Zonengrenzen durch die Zunahme von Spannungen zwischen den Alliierten immer unwahrscheinlicher wurde und es auch zwischen den SPD-Führungen in Hannover und Berlin zu keiner Verständigung gekommen war.[439] In der damit gegebenen Zwangslage stand der Zentralausschuß vor der Alternative, entweder dem Drängen der KPD und SMAD nachzugeben und in der Einheitspartei mit allen Kräften die wesentlichen sozialdemokratischen Prinzipien durchzusetzen versuchen oder die Auflösung der SPD zu vollziehen[440], wobei völlig unklar bleiben mußte, ob sich die sozialdemokratischen Organisationen in den Bezirken und Kreisen einfach auflösen ließen.

Unter dem Eindruck des Ultimatums einiger Landesvertreter, die auf einer Beratung des Zentralausschusses am 10./11. Februar 1946 erklärten[441], daß unabhängig von der Haltung des Zentralausschusses in den Ländern und Provinzen der sowjetischen Zone in jedem Fall die Vereinigung vollzogen werde[442], beschloß der Zentralausschuß am 11. Februar 1946

---

436 Vgl. den Bericht des Magdeburger Bezirksvorstandes der SPD an den Zentralausschuß der SPD vom 1. Februar 1946, in: *Dahrendorf*, Die Zwangsvereinigung der Kommunistischen und der Sozialdemokratischen Partei in der russischen Zone, S. 6 f.
437 Vgl. Dokument Nr. 120.
438 Vgl. AdsD, NL Erich Gniffke.
439 Am 8. Februar 1946 fand in Braunschweig eine Besprechung zwischen Gustav Dahrendorf, Otto Grotewohl und Kurt Schumacher statt, auf der Schumacher den Vertretern des Zentralausschusses vorschlug, die SPD in der sowjetischen Zone aufzulösen. Grotewohl und Dahrendorf »wiesen darauf hin, daß sich in jedem Falle die Funktionäre und der kontrollierbare Teil der Massen für die Vereinigung aussprechen würden, auch wenn der Z[entral] A[usschuß] selbst ablehnen würde«. Zitiert in: *Moraw*, Die Parole der »Einheit« und die Sozialdemokratie, S. 150.
440 Vgl. ebd., S. 155.
441 Über den Verlauf der Beratung existieren unterschiedliche, teils voneinander abweichende Darstellungen, die persönlich gefärbt sind. Vgl. *Dahrendorf*, Die Zwangsvereinigung der Kommunistischen und der Sozialdemokratischen Partei in der russischen Zone, S. 8 f.; *Gniffke*, Jahre mit Ulbricht, S. 139 f.; *Fechner*, Zentralausschuß der SPD und Zentralkomitee der KPD gingen zusammen, in: Vereint sind wir alles, S. 55 f. sowie die unveröffentlichen Erinnerungen von Heinrich Hoffmann, in: SAPMO-BArch, ZPA, EA 1365/1.
442 So jedenfalls die Version von Heinrich Hoffmann, die auch durch andere Darstellungen gestützt wird. SAPMO-BArch, SED, EA 1365/1.

die Einberufung eines Parteitages der SPD der sowjetischen Zone.[443] Dieser sollte über eine Vereinigung der beiden Parteien entscheiden.[444] Am 19. Februar 1946 bestätigte der Parteiausschuß der SPD die Entschließung des Zentralausschusses, einen Parteitagsbeschluß in der sowjetischen Zone herbeiführen zu lassen. Damit war die Entscheidung für den Zusammenschluß gefallen, obwohl formal der Anschein gewahrt wurde, die Kompetenz eines Parteitages zu respektieren. Denn praktisch war die Freiheit sowohl der Bewegung als auch der Entscheidung der SPD in der sowjetischen Zone, ihrer Landes- und Bezirksverbände sowie auch ihrer Funktionäre und Mitglieder, zu diesem Zeitpunkt aufgehoben. Die von KPD und den SMA der Länder und Provinzen angewandten Methoden ließen keinen Spielraum mehr für eine freie politische Entscheidung.

Die Annahme, von denen sich die Befürworter eines zonalen Parteitagsbeschlusses möglicherweise leiten ließen, mit dieser Entschließung zu einer Entlastung der Bezirks- und Kreisverbände beitragen zu können, erwies sich als Fehleinschätzung. Einerseits schien man an der Parteibasis erleichtert zu sein, nach dem langen Schweigen des Zentralausschusses endlich eine offizielle Orientierung zu erhalten, die sich anderseits jedoch nicht als eine Argumentationshilfe den Kommunisten gegenüber erwies. Einem Schreiben von Sozialdemokraten aus Oranienburg an Otto Grotewohl vom 20. Februar 1946 zufolge hatte die Erklärung vom 11. Februar 1946 »bei dem größten Teil unserer Mitgliedschaft stärkste Verwunderung und Verärgerung hervorgerufen«, nachdem noch am 15. Januar 1946 eine Verschmelzung auf zonaler Basis abgelehnt worden war.[445]

Das Verhalten der sozialdemokratischen Landesfunktionäre nach der in Berlin unter dramatischen Umständen gefallenen Entscheidung widerspiegelt einigermaßen repräsentativ der Verlauf der engeren Vorstandssitzung des Sächsischen Landesvorstandes am 13. Februar 1946, auf der Otto Buchwitz einen Bericht über die Sitzung des Zentralausschusses vom 11. Februar 1946 gab.[446] Buchwitz vermittelte Zuversicht, indem er den Mangel an Selbstbewußtsein als Grund ausmachte, »wenn man der Ansicht zuneigt, überfahren zu werden. Auch in der neuen Partei wird es Kämpfe geben, und wir müssen auch in der neuen Partei fest zusammenhalten.«[447] Arno Hennig hielt den Gedanken der Selbstauflösung für unmöglich. »Ein Großteil unserer Genossen würde zur KPD laufen.« Seiner Meinung nach müsse eine Übergangszeit gewonnen werden, »um uns für die Vereinigung so vorzubereiten, daß wir in jeder Beziehung gewappnet sind.« Deshalb müßten der Parteiapparat ausgebaut und die besten Kräfte mobilisiert werden. Auf Grund der veränderten Verhältnisse dürften »die Segel nicht gestrichen werden«. Für Arno Wend ging es immer vor allem darum, ein Herausbrechen einzelner Bezirke oder Länder zu verhindern und die Partei als ganzen Block in die neue Partei einzubringen. In der neuen Partei müsse »mehr Haltung, Rückgrat, Selbstbewußtsein und Aktivität von unseren Genossen gezeigt werden.« Da nunmehr die Entscheidung gefallen sei, gelte die Zeit der Hemmung als abgeschlossen.

Die Äußerungen der Sächsischen Vorstandsmitglieder lassen den Schluß zu, daß nicht wenige Funktionäre unter den gegebenen Umständen von den Erfolgschancen des vom Zentralausschuß vorgezeichneten Weges, möglichst alle Energien der SPD-Anhänger zu aktivieren und in die neue Partei einzubringen, überzeugt schienen. Man trat nunmehr die Flucht nach vorn an. Anderseits gab es aus der Mitgliedschaft nicht wenige Indizien dafür,

---

443 Für eine Sitzung des Zentralausschusses am 13. Februar 1946 notierte Gniffke, daß diese Entschließung unter dem Druck der auswärtigen Genossen zustande gekommen sei. Vgl. AdsD, NL Erich Gniffke.
444 Vgl. Dokumente und Materialien zur Geschichte der deutschen Arbeiterbewegung, Reihe III, Bd. 1, S. 480 f.
445 SAPMO-BArch, ZPA, II/2/10. Vgl. Dokument Nr. 161.
446 Vgl. Dokument Nr. 172.
447 Sächsisches Hauptstaatsarchiv Dresden, SED-BPA Dresden, II/A/1.001.

daß – mit Ausnahme einiger Berliner Kreisverbände – nicht der Selbstbehauptungswille, sondern Resignation und politische Apathie in den Ortsvereinen vorherrschten.

Seit Anfang Februar 1946 wurden wiederum auf Inititative der Kommunisten Einheitsbüros und Organisationskomitees gebildet, die für die organisationstechnische Durchführung des Zusammenschlusses verantwortlich sein sollten. Nicht selten versuchten Sozialdemokraten die Bildung derartiger Ausschüsse und Komitees zu verzögern. Auf einer Sitzung des Brandenburger Arbeitsausschusses am 5. Februar 1946 reagierte der SPD-Kreisvorsitzende Paul Voigt auf das Ansinnen der Kommunisten, ein Organisationsbüro zu schaffen, mit der Bemerkung, »die Schaffung eines Büros stehe noch nicht zur Debatte, die Schaffung sei zu voreilig«.[448] Die Mitglieder, die darüber zu entscheiden hätten, seien noch nicht genügend auf die Verschmelzung eingestellt. Auf die gleiche Weise versuchten sich Sozialdemokraten auf einer gemeinsamen Sitzung in Waren am 4. Februar 1946, dem Drängen der Kommunisten zu entziehen. »Daß man uns drängt, ist verkehrt. Etwas mehr Geduld, so kommen wir weiter, nicht zu stürmisch. Wir wollen mithelfen, aber das Tempo ist zu scharf.«[449] Ein Sozialdemokrat aus Waren gab gleichzeitig zu verstehen, warum eine freie Meinungsäußerung kaum möglich sei: »Hier wird eine Niederschrift aufgenommen und morgen hält der Kommandant unseren Leuten vor, ihr seid westlich orientiert [...] jeder hat Angst vor seinem eigenen Wort. Am nächsten Tag ist es bei der richtigen Stelle. Wir haben es in der letzten Zeit erlebt, da sind wir gehalten, leider zu schweigen.«[450] Das Warener Protokoll vom 4. Februar 1946 belegt zugleich, daß die Sozialdemokraten an der Parteibasis der Argumentation von der Notwendigkeit eines Reichsparteitags folgten.

Im Protokoll einer Mitgliederversammlung des Ortsvereins Neubuckow vom 10. Februar 1946 finden wir ein typisches Verhaltensmuster, nämlich wie relativ nüchtern Mitglieder von Ortsvereinen der Bildung der Einheitspartei entgegensahen und von welchen Prämissen aus sie ihre Haltung dazu entwickelten.[451] Für die meisten stand außer Zweifel, daß die Gründung der KPD im Jahre 1919 den Akt der Spaltung der Arbeiterbewegung verkörperte, weil sich die »Minderheit von der Mehrheit« abgesondert hatte. »Wenn nun diese Minderheit andere Punkte vertrat als wir, so bestand das darin, daß wir seit 80 Jahren die Demokratie vertreten, während die andere Seite die Diktatur auf die Fahne geschrieben hatte und jetzt wieder zur Demokratie zurückgekehrt ist. Wenn sich jemand in einem Irrtum befindet, so steht es ihm gut an, sich aus diesem Irrtum wieder zu lösen, denn er gibt damit zu, daß er heute klüger ist wie gestern.«[452] Unter diesem Blickwinkel schien man bereit, der Rückkehr des »reuigen Sünders« zur »Mutterpartei« wohlwollend entgegenzusehen. Auf diese Weise erschien vielen Mitgliedern der Zusammenschluß als eine Wiederherstellung des Zustandes von vor 1914.

Nicht akzeptiert wurde in Neubuckow – und nicht nur hier – der sich deutlich abzeichnende Vorgang, »daß dieses über den Kopf der Mitgliederversammlung hinweg von der Spitze erfolgt.« Die Einheit dürfe den Mitgliedern nicht aufgezwungen werden. »Es kann nicht Sache einer Parteibehörde sein, diese ›Einheitsbestrebungen‹ zu diktieren, sondern beide Parteien müssen das Gefühl haben, als gleichberechtigte Partner zusammenzukommen.« Es gehe »keiner gerne eine Zwangsehe ein«. Die Debatte am 10. Februar 1946 mündete dann in eine Entschließung, in der erneut eine »Urabstimmung aller Mitglieder der

---

448 Brandenburgisches Landeshauptarchiv, Rep. III/3/3. Vgl. Dokument Nr. 155.
449 Mecklenburgisches Landeshauptarchiv Schwerin, BPA Neubrandenburg, III/3/14/1. Vgl. Dokument Nr. 148.
450 Ebd.
451 Vgl. Dokument Nr. 149.
452 Vorpommersches Landesarchiv Greifswald, BPA Rostock, II/3/21.

Sozialdemokratischen Partei im ganzen Reich« und eine Vereinigung, die »den demokratischen Grundsätzen der Sozialdemokratie entspricht«, gefordert wurde.[453]

Von den gleichen Voraussetzungen für den Zusammenschluß gingen eine Entschließung des erweiterten Kreisvorstandes Belzig vom 2. Februar 1946[454], eine Resolution des Ortsvereins Zehdenick vom 10. Februar 1946[455] sowie eine Entschließung des Kreisvorstandes Potsdam vom 5. Februar 1946[456] aus, die alle an einer Urabstimmung festhielten. Der Potsdamer Vorstand konstatierte zudem in letzter Zeit einen »starken Druck von außen auf die Partei«, der zum Ziel habe, »die Vereinigung der beiden Parteien unter allen Umständen noch vor den Wahlen und ohne Befragung der Mitglieder durchzuführen.«[457] Eine Entschließung der gemeinsamen Mitgliederversammlung am 21. Februar 1946 in Birkenwerder dokumentiert den seltenen Vorgang, wo offensichtlich Kommunisten einer Urabstimmung zustimmten.[458]

Von den Sozialdemokraten wurden insbesondere die schon im Sommer 1945 als mangelhaft empfundenen organisatorischen Verbindungen zu den jeweiligen Bezirks- bzw. Landesvorständen und vor allem zum Zentralausschuß in Berlin kritisiert. Ein Funktionär des Kreises Osthavelland schrieb an den Teltower Unterbezirkssekretär am 7. März 1946: »Was wir aber immer wieder vermissen, ist die Unterstützung und Zusammenarbeit seitens und mit der Bezirksleitung und den Berliner Dienststellen. Wir lavieren uns mit viel Diplomatie über die Zeit. [...] Informationen müssen wir uns grundsätzlich bei der KPD holen, denn deren B[ezirks]l[eitung] arbeitet vorzüglich. [...] dauernd die Neuigkeiten aus dem Parteileben von der KPD erfahren zu müssen, sind deprimierende Zustände.«[459] Die eher föderative Organisationsstruktur der ostzonalen Sozialdemokratie erwies sich gegenüber der straff organisierten kommunistischen Einheitskampagne als nicht zu kompensierender Nachteil. Die kommunistischen Kreis- und Ortsleitungen erwiesen sich in der Regel als besser über zentrale Diskussionen und Vereinbarungen informiert als die sozialdemokratischen Vorstände. Diesen Informationsvorsprung brachten die Kommunisten ganz bewußt ins Spiel, indem die völlige Übereinstimmung der Haltung beider Parteiführungen simuliert wurde. Auf diese Weise verfingen sich die Sozialdemokraten in ihrer Argumentation, auf Grund fehlender Direktiven der oberen Leitungen weitergehende Schritte in Richtung Einheitspartei nicht gehen zu können.

Das überlieferte Archivmaterial weist auf den Umstand hin, daß bei den Sozialdemokraten traditionelle Parteidisziplin und Führungsgläubigkeit in ihren Entscheidungen für oder gegen die Einheitspartei eine große Rolle spielten. In der Regel orientierten sich die sozialdemokratischen Mitglieder eines Ortsvereins an der Haltung des Ortsvorsitzenden oder der des Kreisvorsitzenden. Dies kam bei der Abfassung der Einheitsresolutionen ganz deutlich zum Ausdruck. Wenn der jeweilige Kreisvorsitzende in einer Kreiskonferenz Vorbehalte gegenüber der Einheitspartei geltend machte, so fanden sich entsprechende Passagen in der verabschiedeten Einheitsresolution wieder. Kritikloses Wiederholen der kommunistischen Einheitsparolen wurde zumeist mit der Verabschiedung des üblichen Resolutionsmusters quittiert. Kommunistische Berichterstatter sahen mit Recht immer dort Probleme in der Einheitsfrage, wo die Kreis- und Ortsfunktionäre kritische Bedenken anmeldeten. Die Mitgliedschaft verhielt sich dann auch immer analog ihrer Führung. Die Be-

---

453 Ebd.
454 Vgl. Dokument Nr. 154.
455 Vgl. Dokument Nr. 158.
456 Vgl. Dokument Nr. 156.
457 SAPMO-BArch, ZPA, II/2/11.
458 Vgl. Dokument Nr. 162.
459 Brandenburgisches Landeshauptarchiv, Rep. 331, II/3/23. Vgl. Dokument Nr. 164.

einflussung von KPD und SMAD konzentrierte sich eben deshalb auf die jeweiligen Führungen. Von den Entscheidungen der Orts-, Kreis-, Bezirks- und Landesvorsitzenden hing das Votum der Mitgliedschaft in sehr hohem Maße ab.

In den verschiedenen Diskussionen wurden die Vorbehalte gegenüber der Einheitspartei recht deutlich artikuliert. Es sind die gleichen Vorbehalte, die die Berliner Sozialdemokraten veranlaßt hatten, gegen eine sofortige Vereinigung zu votieren. Zumeist überwog das Mißtrauen gegenüber dem Bekenntnis der KPD zur parlamentarischen Demokratie und zur innerparteilichen Demokratie, wie dies ein Sozialdemokrat auf einer gemeinsamen Mitgliederversammlung am 8. Februar 1946 in Woltersdorf zum Ausdruck brachte. »Die KPD hat bisher die Diktatur des Proletariats auf ihre Fahne geschrieben und will nunmehr eine Demokratie. Das ist etwas, was immerhin befremdet.«[460] Die Erfahrungen mit der Form der Einheitskampagne der KPD vom Spätherbst hatte das Mißtrauen nur vergrößert. Es wurde befürchtet, die Sozialdemokraten würden in der Einheitspartei nur noch eine untergeordnete Rolle spielen. Die Formulierung »an die Wand drücken« findet sich in nahezu allen Debatten in den Ländern.

Nachdem die zentrale Entscheidung am 11. Februar 1946 gefallen war, trug ein scheinbares Selbstbewußtsein ganz offenkundig dazu bei, daß die gravierenden Vorbehalte bei persönlichen Entscheidungen zurücktraten, wobei die Möglichkeiten der Entscheidung durch die vorgegebenen Rahmenbedingungen sehr eingeschränkt waren. Da die Sozialdemokraten in der Einheitspartei quantitativ weit mehr als die Hälfte ausmachten und die weitaus größere Zahl erfahrener Funktionäre mitbrachten, konnte es für viele Sozialdemokraten nur eine Frage der Zeit sein, wann sie sich in der Einheitspartei durchgesetzt haben würden.[461] Hierbei glaubten sie vor allem an die Mechanismen einer innerparteilichen Demokratie. Daß diese Rechnung nicht aufgehen konnte, erkannten Sozialdemokraten in der SED relativ spät, wie Ernst Thape in einem Brief an den Landesverband Sachsen-Anhalt vom November 1948 mitteilte.[462] Ernst Thape, Stanislaw Trabalski, August Frölich oder Willy Jesse hingen offenbar der Illusion nach, daß die Besatzungsmacht nicht ihren ganzen Einfluß ausüben würde, um den Kommunisten in der neuen Partei die Führung zu verschaffen. Andere Funktionäre, wie der Sekretär des Kreises Osthavelland, hatten diese Illusion nicht. In einem Schreiben an den Teltower Unterbezirkssekretär notierte er am 7. März 1946 die Befürchtung, daß die Sozialdemokraten auf Grund des besseren und größeren hauptamtlichen Apparates der KPD »zwangsläufig den kürzeren ziehen«.[463] Die Entscheidung, wer von den zwei gleichberechtigten Vorsitzenden der Stärkere und Überlegenere sein werde, hänge von der Frage ab, »wie weit die K[ommandantur] ihre Finger dazwischen steckt und ob der oder jene laute Sprecher für die Ziele der wahren Demokr[atie] evtl. einige Nackenschläge bekommt und damit die Lust an der Arbeit für die Ziele der Demokratie verliert.«

Ein »Bericht über das Verhältnis der SPD zur KPD in der Stadtverwaltung Rostock im Hinblick auf die bevorstehende Einheitspartei« vom März 1946 beschreibt die von Kommunisten beobachteten Veränderungen im Verhalten von jenen Sozialdemokraten einige Wochen vor dem Zusammenschluß, die noch bis Februar 1946 eine Entscheidung zu verzögern gesucht hatten.[464] Dem Bericht zufolge arbeiteten die Rostocker Funktionäre Al-

---

460 Ebd., Rep. 330, I/2/14. Vgl. Dokument Nr. 159.
461 Vgl. die Rede von Paul Verdieck auf einer Funktionärsberatung am 1. März 1946 in Köthen: Dokument Nr. 169.
462 Vgl. Sozialdemokraten in der SED: Der »Fall« Ernst Thape. Austrittserklärung von Ernst Thape vom 29. November 1948, in: BzG, Heft 3, 1993, S. 77–90.
463 Brandenburgisches Landeshauptarchiv, Rep. 331, II/3/23. Vgl. Dokument Nr. 164.
464 Vgl. Dokument Nr. 150.

bert Schulz und Alfred Starosson »nicht mehr offen oder versteckt gegen die Einigung«, weil sie sich damit abgefunden hätten, »daß die Einheitspartei unvermeidlich ist. [...] sie haben ihre Taktik dahin geändert, daß sie unter allen Umständen vor der Einigung soviel wichtige Positionen in der Hand haben wollen, daß die Führung in der neuen Einheitspartei zwangsläufig ihnen zufallen muß.«[465] Zweifelsohne entsprach dies der seit Mitte Februar von Otto Grotewohl vertretenen taktischen Linie, »nun das Steuer herumzuwerfen und, da die Vereinigung unvermeidlich sei, mit vollen Segeln in die neue Partei hineinzugehen und selbst die Initiative an sich zu reißen.«[466] Die KPD hatte allerdings mit dem Ausbau und der Verstärkung ihres hautpamtlichen Apparates frühzeitig Sorge dafür getragen, daß bei einem Zusammenschluß die entscheidenden Machtpositionen in kommunistischer Hand verblieben.

Ein Protokoll über die gemeinsame Mitgliederversammlung in Woltersdorf am 21. Februar 1946 ermöglicht einen anschaulichen Überblick über das Verhalten von Sozialdemokraten, die einen gewissen Selbstbehauptungswillen noch nicht aufgegeben hatten und die Verschmelzung mit Argumenten zu verzögern suchten, die bis Ende Januar/Anfang Februar 1946 in den meisten Ortsvereinen zu finden waren: Im Grundsatz sei man für die Einheitspartei, eine von den Kommunisten geforderte Forcierung des Tempos sei sachlich nicht zu begründen; die Voraussetzungen für einen organisatorischen Zusammenschluß seien erst dann gegeben, wenn alle Reibungspunkte zwischen den sozialdemokratischen und kommunistischen Ortsgruppen behoben seien; bis dahin müsse der Zustand einer aufrichtigen Zusammenarbeit hergestellt werden; eine erzwungene Einheit werde nicht lange von Bestand sein; eine zonale Vereinigung werde die Spaltung der Arbeiterbewegung nur noch vertiefen.[467]

Die KPD-Vertreter reagierten auf die sozialdemokratischen Vorbehalte in gewohnter Weise: Die Ortsgruppen der SPD, die der Vereinigung hinderlich im Wege stünden, seien »Saboteure der Einheit«, »Handlanger der Reaktion«, »Schumacher-Jünger« und »Söldlinge des Kapitals«. Typisch war auch der Hinweis eines Kommunisten, in der Frage der Einheit solle man nicht so viel reden, »es wäre ein unnötiger Kalorienverbrauch«.[468] Jede Diskussion sei überflüssig, konkrete Vorarbeiten für die Verschmelzung seien dagegen notwendig. In allen Ländern mußten Sozialdemokraten die Erfahrung machen, daß nur sehr wenige Kommunisten bereit waren, eine wirklich offene und sachliche Aussprache zu tolerieren.

Unterdessen waren auf zentraler Ebene Entscheidungen über die programmatische Grundlage und die Art und Weise der Verschmelzung gefallen. Nachdem Walter Ulbricht und Fred Oelßner während ihres Moskau-Besuchs vom 28. Januar bis 6. Februar 1946 von Stalin grünes Licht für eine Forcierung der Fusion erhalten hatten[469], sollten nunmehr unumkehrbare Tatsachen geschaffen werden. Die im Ergebnis von Vereinbarungen der Dezemberkonferenz mehrfach tagende gemeinsame Studienkommission von SPD und KPD legte in der zweiten Februarhälfte die »Grundsätze und Ziele der Sozialistischen Einheitspartei Deutschlands« vor, die auf einem kommunistischen Entwurf basierten und mehrfach überarbeitet worden waren. Eine »zweite Sechziger-Konferenz« billigte am 26. Februar 1946 den Entwurf der Grundsätze und Ziele und bestätigte einen von der Studienkommission erarbeiteten »Organisationsbeschluß«. Er sah vor, den Zusammenschluß von unten nach oben, auf Kreis-, Bezirks- und Landesparteitagen, beschließen zu lassen. Au-

---

465 Vorpommersches Landesarchiv Greifswald, BPA Rostock, I/1.
466 *Moraw*, Die Parole der »Einheit« und die Sozialdemokratie, S. 152.
467 Vgl. Dokument Nr. 160.
468 Brandenburgisches Landeshauptarchiv, Rep. 333, III/2/1.
469 Vgl. *Badstübner/Loth* (Hrsg.), Wilhelm Pieck – Aufzeichnungen zur Deutschlandpolitik, S. 68 f.

ßerdem sollten auf allen Stufen die gewählten Vorstände der Einheitspartei paritätisch aus Mitgliedern der SPD und KPD zusammengesetzt sein. Mit dem Organisationsbeschluß sollte der Eindruck vermittelt werden, die Gründung der Einheitspartei vollziehe sich auf demokratischer Grundlage.

Bei genauerer Betrachtung der Art und Weise der Verschmelzung konnte von einer demokratischen Grundlage jedoch nicht die Rede sein, denn die Einhaltung der formalen Parteitagsregeln überdeckte die Tatsache, daß die Delegiertengremien lediglich einen bestehenden Zustand zu legitimieren hatten, wie dies bereits Hermann Matern auf der Beratung sächsischer Sekretäre am 7. Januar in Dresden angekündigt hatte. Die den Parteitagen vorausgegangenen Konferenzen von SPD und KPD, so die Konferenzen auf Landesebene am 15. Januar 1946 in Dresden, am 19./20. Januar 1946 in Jena, am 23./24. Februar 1946 in Schwerin, verabschiedeten Einheitsresolutionen, obwohl sie in der Einheitsfrage über kein explizites Mandat ihrer Organisationen verfügten. Diese Einheitsresolutionen erzeugten Konformitäts- und Gleichschaltungsdruck und präjudizierten die Entscheidung der im März gewählten Parteitagsdelegierten.[470] Zudem nahm die im Anschluß an die Kreiskonferenzen erfolgte Gründung der SED auf Kreisebene im März das vorweg, was eigentlich die Delegierten der später veranstalteten Bezirks- und Landesparteitage erst beschließen sollten. Da vor dem Zusammentritt der Landesparteitage die Verschmelzung in den regionalen Untergliederungen bereits vollzogen war, blieb den Delegierten im wesentlichen nichts weiter übrig, als das zu beurkunden, was auf Kreisebene seit Ende März faktisch existierte. Dem Parteitag der SPD für die gesamte sowjetische Zone kam demnach überhaupt keine entscheidungsmäßige Bedeutung in der Zusammenschlußfrage zu. Somit kann die als demokratisch firmierende Parteitagsregie kaum als Indiz für den demokratischen Charakter des Zusammenschlusses, sondern eher als ein wirkungsvolles taktisches Instrument für die Gewährleistung der nunmehr sowohl von der KPD- als auch von der SPD-Führung gewünschten Einmütigkeit gewertet werden.[471]

Die seit der Dezemberkonferenz ständig praktizierte Vorverlagerung und Vorwegnahme von Entscheidungen ist von Sozialdemokraten wahrgenommen und beklagt worden, so beispielsweise auf einer Sitzung des Organisationsausschusses der SPD und KPD Wismars am 1. April 1946, als die kommunistischen Vertreter mit Vehemenz eine organisatorische Verschmelzung der beiden Kreisverbände forderten. Herbert Säverin, Landesvorstandsmitglied in Mecklenburg, sprach aus, was viele langjährige Mitglieder dazu dachten: »Meine Partei hat beschlossen, am 20./21. April [1946] findet der Parteitag statt, also bin ich bis dahin Sozialdemokrat. Ich würde mich meines Rechtes begeben, am 6./7. April an dem Landesparteitag teilzunehmen, denn bei einer Vereinigung bin ich nicht mehr Sozialdemokrat oder Kommunist, sondern Einheitsparteiler. Als Einheitsparteiler habe ich auf dem Parteitag, sei es für Mecklenburg oder für die ganze Zone, nichts mehr zu suchen.«[472] Auch der Wismarer Kreisvorsitzende Karl Moritz wollte den Parteitag abwarten und »den anderen Mist« nicht mitmachen, »ob es politisch richtig oder falsch ist, ist mir gleich. Ich habe ein Ehrgefühl, meine Mitglieder sind keine Hasen, ich habe das gegenüber meinen Mitgliedern zu verantworten.«[473] Die Weigerung, eine Vereinigung im Kreis Wismar vor dem Zonenparteitag zu vollziehen, war allerdings nicht mehr effektiv, da die meisten Kreise in Mecklenburg und in den anderen Ländern einen derartigen Schritt schon getan hatten.

Auf welche Weise die Kreiskonferenzen abliefen und mit welchen Aufträgen die Delegierten aus der Veranstaltung gingen, vermittelt ein Protokoll einer SPD-Kreiskonferenz

---

470 Vgl. *Staritz*, Zur Gründung der SED, in: Einheitsfront/Einheitspartei, S. 57.
471 Vgl. ebd.
472 Vorpommersches Landesarchiv Greifswald, BPA Rostock, III/8. Vgl. Dokument Nr. 153.
473 Ebd.

am 24. März 1946 in Schönberg.[474] Der Referent gab den Delegierten mit auf den Weg, daß mit der Beschlußfassung über die Vereinigung jegliche Diskussion »draußen« zu unterbleiben habe. Von nun an gelte es »überall dort, wohin ihr gestellt seid, den Standpunkt der neuen Einheitspartei zu vertreten. Jegliche Kritik, auch unter den Mitgliedern, muß unterbleiben.«[475] Damit wurde verdeutlicht, welche geringe Bedeutung für viele SPD-Delegierte die Landesparteitage und schließlich der Zonenparteitag dann noch haben mußten. Im allgemeinen war die Atmosphäre auf den Kreiskonferenzen keineswegs von einer freien Aussprache geprägt. Ein Sozialdemokrat äußerte während einer Versammlung am 30. März 1946 bei Stolzenburg auch deshalb Zweifel am Sinn der Konferenzen, »wenn diese Delegierten keine handgreiflichen Ergebnisse der politischen Stimmung und Meinung ihrer Ortsvereine in Form von Abstimmungsresultaten mitbringen können oder dürfen«.[476]

Mitunter klangen beim formalen Bekenntnis zur Vereinigung noch einmal leise Zweifel an, wenn, wie auf dem Dessauer Bezirksparteitag am 30. März 1946, ein Delegierter von den Kommunisten »absolute Ehrlichkeit und Sauberkeit des Wollens und des Handelns« einforderte. »Und das haben wir, die draußen im täglichen Leben stehen, nicht immer feststellen können, daß dieser ehrliche Wille vorhanden ist, und wir können aus der Praxis reden und nicht vom grünen Tisch.«[477]

Auf die Bewahrung des eigenen Einflusses und der sozialdemokratischen Identität zielten die Diskussionen über die Statuten der vereinigten Partei auf den Landesparteitagen. Überall kritisierten Delegierte den von der Studienkommission vorgelegten Statutenentwurf, der Orts- und Betriebsgruppen zu Grundeinheiten der neuen Partei erklärte. Friedrich Ebert stimmte auf dem Brandenburger Vereinigungsparteitag am 7. April 1946 dem »Gedanken der Betriebsgruppen« im allgemeinen zu. »Nur können wir uns nicht mit dem Gedanken befreunden, daß diese Betriebsgruppe auch – sagen wir einmal – politische Autorität besitzen sollen.«[478] In diesem Punkt stießen traditionelle sozialdemokratische Parteiauffassungen über die Rolle des Ortsvereins als politischer Entscheidungsträger und Positionen der Kommunisten aufeinander, die in den Betriebsgruppen die entscheidende Organisationsform an der Basis erblickten. Die formale Gleichstellung beider Organisationsformen drohte die politische Bedeutung der Ortsvereine zugunsten der Betriebsgruppen zu minimieren.

Auf dem Hintergrund dieser Befürchtungen wurden auf fast allen Kreis-, Bezirks- und Landesparteitagen der SPD Abänderungsvorschläge zum Statutenentwurf beschlossen, insbesondere zu den Paragraphen 8, 9 und 10, die sich mit der Organisationsstruktur befaßten. Auf dem Dessauer Bezirksparteitag der SPD am 30. März 1946 wurde gegen einen Vorstoß, den Kommunisten in der Frage der Betriebsorganisation entgegenzukommen, »Sturm gelaufen«.[479] Der Sächsische Landesparteitag der SPD verabschiedete einen Organisationsbeschluß, der zahlreiche Abänderungsanträge »zur Weiterleitung an den Reichsparteitag und an die Studienkommission« enthielt. Den Kernpunkt bildete der Antrag zum Paragraphen 9: »Die Ortsgruppe ist die organisatorische Grundeinheit und die zuständige unterste Willensträgerin der Partei.«[480] Die Flut von Abänderungsanträgen zum Parteistatut zwang dann zwar noch einmal zu Neuverhandlungen in der Studienkommission, die zu einer Neufassung des Paragraphen 9 geführt hatten, der Zuständigkeitsbereich der Betriebsgruppen wurde allerdings nicht wesentlich eingegrenzt.

---

474 Vgl. Dokument Nr. 151.
475 Mecklenburgisches Landeshauptarchiv Schwerin, BPA Schwerin, II/2.
476 Vorpommersches Landesarchiv Greifswald, BPA Rostock, II/3/1. Vgl. Dokument Nr. 152.
477 Landesarchiv Merseburg, BPA Halle, II/2/3/1. Vgl. Dokument Nr. 170.
478 Brandenburgisches Landeshauptarchiv, Rep. 332, L IV/1/1. Vgl. Dokument Nr. 166.
479 Vgl. Dokument Nr. 170.
480 Sächsisches Hauptstaatsarchiv Dresden, SED-BPA Dresden, III/005.

Die engagierte Mehrheit der Sozialdemokraten für die Beibehaltung des Ortsvereins als der ausschlaggebenden Grundeinheit der neuen Partei artikulierte sich noch einmal vehement auf dem SPD-Parteitag am Vorabend der Verschmelzung. Die SPD-Delegierten sahen als Folge der Verabschiedung des Statutenentwurfs in der vorliegenden Form die Gefahr, daß die Ortsgruppe als Organ der politischen Willensbildung früher oder später nicht mehr lebens- und funktionsfähig bleiben könnte.[481] Der Parteitag billigte deshalb entgegen der Vorlage des Zentralausschusses den Antrag des Sächsischen Landesparteitages, daß alle politischen Entscheidungen von der Ortsgruppe auszugehen hätten.[482] Nach nochmaligen Beratungen der gemischten Statuten-Kommission wurde die Bedeutung der Ortsgruppe dann noch einmal etwas aufgewertet, doch die Wohnbezirks- und Betriebsgruppen blieben als Grundeinheiten der Partei formal gleichgestellt. Der Unmut über diese Regelung zeigte sich dann auf dem Vereinigungsparteitag, als 21 Delegierte gegen das ausgehandelte Statut stimmten und 4 Delegierte sich der Stimme enthielten.

Friedrich Ebert wies am 7. April 1946 auch auf ein anderes Organisationsproblem hin, über das nicht nur in Brandenburg »bis zur letzten Minute gestritten und gekämpft« wurde.[483] Es war zu entscheiden, ob nach kommunistischem Vorbild die Vorsitzenden zugleich leitende und besoldete Sekretäre oder entsprechend sozialdemokratischer Tradition ehrenamtliche Aufsichtsinstanzen gegenüber den Sekretären werden sollten. Über die Rolle und Funktion der Vorsitzenden und besoldeten Sekretäre gab es auch auf der Sitzung des Sächsischen Landesvorstandes eine lebhafte Debatte.[484] Neben anderen sprach sich Arno Hennig für die Beibehaltung der ehrenamtlichen Vorsitzenden aus, »da diese gleichzeitig Kontroll- und Aufsichtsorgan darstellen sollen. Es soll dadurch verhindert werden, daß die Sekretäre allein die gesamte Politik innerhalb der Partei machen.« Auch Karl Kautzsch warnte vor »einer Diktatur des Parteisekretariats«.[485] Es setzte sich schließlich die Auffassung der Kommunisten durch, daß die Vorsitzenden hauptamtlich tätig sein sollten. Insgesamt hatte die KPD im Verlauf der Verhandlungen um das Parteistatut so gut wie alle Strukturprinzipien durchgesetzt, die ihr wesentlich erschienen. Das Statut der SED war grundsätzlich auf eine autoritäre Führung der Partei festgelegt.

Der Ablauf der Kreis-, Bezirks- und Landesparteitage machte insgesamt folgendes evident, was auch für eine generalisierende Beurteilung der Dokumente wesentlich erscheint: Eine autonome, sich auf reifliche Überlegung und breite innerparteiliche Diskussion stützende Entscheidung über die Alternative, sich mit den Kommunisten zu vereinigen oder selbständig zu bleiben, konnte es auf Grund der äußeren Rahmenbedingungen für die Sozialdemokraten nicht geben. Hans Hermsdorf, Mitglied des Chemnitzer Bezirksvorstandes, beschrieb den Zustand zutreffend, als er am 31. März 1946 an den Vorsitzenden August Friedel seine Wahrnehmung mitteilte, daß die Einheit unter Mißachtung der elementarsten demokratischen Grundregeln verfügt und vollzogen werde, »ohne der Mitgliedschaft das Recht der freien Entscheidung zu gewähren, denn die Abstimmung per Akklamation ist doch Theater, wie es früher im Sportpalast vollzogen wurde«.[486] Der Zustand der Nötigung engte den Raum für eine freie Entscheidungsfindung wesentlich ein. Auf dem Hintergrund des von der SMAD ausgeübten psychologischen und existentiellen Zwanges kann deshalb das Für und Wider von Sozialdemokraten im Entscheidungsprozeß nicht als quasi mathematische Addition und Subtraktion von Faktoren verstanden werden. Vielmehr scheint es methodisch und theoretisch angebracht, sozialpsychologisch relevante Indikatoren zu su-

---

481 Vgl. *Moraw*, Die Parole der »Einheit« und die Sozialdemokratie, S. 172.
482 Vgl. 40. Parteitag der Sozialdemokratischen Partei Deutschlands am 19. und 20. April 1946 in Berlin, Berlin 1946, S. 120 f.
483 Brandenburgisches Landeshauptarchiv, Rep. 332, L IV/1/1. Vgl. Dokument Nr. 166.
484 Vgl. Dokument Nr. 174.
485 Sächsisches Hauptstaatsarchiv Dresden, SED-BPA Dresden, II/A/1.001.
486 Vgl. Dokument Nr. 175.

chen, um Antworten zu finden. Diese Arbeit kann die vorliegende Edition allerdings nicht leisten; sie bleibt weitergehenden Forschungen überlassen.[487]

Die sehr aufschlußreiche Rede eines Sozialdemokraten am 30. März 1946 bei Stolzenburg wirft ein Licht auf die besatzungsrechtlichen Zwänge, aus denen heraus Sozialdemokraten ihre Einsicht in das scheinbar Unvermeidliche ableiteten: »Wir sind als Parteien gesehen so und so der Spielball der fremden Mächte und ihrer politischen Struktur. [...] Unsere gegenwärtige politische Aufgabe ist es, der politischen Struktur und dem politischen Willen der Besatzungsmächte entsprechend die Einheit der beiden Arbeiterparteien herzustellen und zu versuchen, sauber und echt den Anordnungen der Besatzungsmacht zu entsprechen, auf diesem Wege ein Vertrauen zu erwerben und einen Aufbau sozialistischer Geschäfts- und sozialistischer Gesellschaftsordnung im russischen Sinne tatkräftig zu unternehmen.«[488] Deshalb trete der Ortsverein Katzow aus »politischer Abwägung der Machtverhältnisse und der uns bedrängenden lebenswichtigen Aufbauaufgaben« für die Vereinigung der beiden Arbeiterparteien ein.

Die Illusion, durch eine Einwilligung in eine sofortige Verschmelzung mit der KPD – also in das, was Sowjetoffiziere von ihnen verlangten – gegenwärtiger und künftiger Nötigung in der SED zu entkommen, reflektiert ein Referat des Dessauer Funktionärs Paul Verdieck am 1. März 1946 in Köthen, in dem er die Einwände mancher Funktionäre mit der Bemerkung entkräften wollte: »Vom obersten Stabe der SMA liege eine Zusage vor, in die innere Pateiorganisation nicht einzugreifen, und das sei wichtig.«[489] Offenbar hatte Otto Grotewohl am 14. Februar 1946, zwei Tage nach dem heftigen Streit im Zentralausschuß, von Marschall Schukow eine Zusicherung erhalten, daß die Eingriffe örtlicher Sowjetoffiziere von nun an aufhören würden. In einem Brief an General Bokow vom 6. März 1946 mahnte Grotewohl die Einhaltung von Schukows Versprechen an.[490]

Für jene Sozialdemokraten, die ihre persönlichen Vorbehalte zurücksetzten, kam ein weiteres Motiv hinzu. Um die Interessen der deutschen Bevölkerung zu vertreten, schien es ihnen nötig, von Anfang an eine Vertrauensbasis zur Besatzungsmacht zu finden und ohne Vorbehalte mit den Vertretern der SMA zusammenzuarbeiten. Einige Funktionäre verbanden dann mit dem Zusammenschluß die Erwartung, in einer Einheitspartei doch noch etwas für die Bevölkerung in der sowjetischen Zone tun zu können. Mitunter knüpfte man an den Zusammenschluß die Hoffnung, daß die Besatzungsmacht dann schneller abziehen würde, und sah zugleich eine Möglichkeit, »als erste den Russen und der russischen Besatzung den Beweis zu liefern, daß wir tatsächlich gewillt sind, mit den Resten des Krieges und dem Nazismus aufzuräumen.«[491]

Wie stark die Entscheidungen der Sozialdemokraten von dem Glauben an eine Einheitspartei mit freiheitlich-demokratischem Charakter unter sozialdemokratischem Einfluß auch immer beeinflußt waren, reale Bedingungen zur Umsetzung derartiger Zielvorstellungen existierten aufgrund der stalinistischen Vorprägungen der SED nicht. So bildeten die Selbsttäuschung führender Funktionäre, das Profil der Einheitspartei maßgebend gestalten zu können, und die damit einhergehende Täuschung der Mitglieder ein Ergebnis der Zwangslage, in der sie sich während der Verschmelzungskampagne der KPD befanden. Die Frage, wie prägend die Vorstellung jener Sozialdemokraten konkret war, mit der Einheitspartei eine demokratisch-sozialistische Erneuerung der deutschen Arbeiterbewegung auf den Weg bringen zu können, muß späteren Untersuchungen zur Beantwortung überlassen bleiben.

---

487 Harold Hurwitz hat auf derartige Fragen Antworten versucht; vgl. *Hurwitz*, Demokratie und Antikommunismus in Berlin nach 1945, Bd. IV.
488 Vorpommersches Landesarchiv Greifswald, BPA Rostock, II/3/1. Vgl. Dokument Nr. 152.
489 Landesarchiv Merseburg, BPA Halle, II/411/1. Vgl. Dokument Nr. 169.
490 Vgl. SAPMO-BArch, ZPA, NL 90/314.
491 Landesarchiv Merseburg, BPA Halle, II/411/1. Vgl. Dokument Nr. 169.

Verzeichnis der Dokumente

| 1. | | Legalisierung, Reorganisation und Ausbau der Sozialdemokratischen Partei in den Ländern und Provinzen der sowjetischen Besatzungszone und erste Erfahrungen mit den Kommunisten (April 1945 bis September 1945)............................ | 3 |

Mecklenburg-Vorpommern

1.	23. 6. 1945	Schreiben von Max Fank an den sowjetischen Kommandanten von Stralsund..	3
2.	7. 1947	Bericht über die Gründung des SPD-Ortsvereins Gadebusch ..	5
3.	8. 7. 1945	Aus dem Protokoll der Mitgliederversammlung des SPD-Ortsvereins Schwerin................................	6
4.	3. 8. 1945	Schreiben des SPD-Ortsvereins Torgelow an den Landesvorstand der SPD Mecklenburg-Vorpommern................	9
5.	21. 8. 1945	Schreiben des Ortsvorsitzenden der SPD Rerik an Karl Moritz.	9
6.	30. 8. 1945	Aus dem Rundschreiben Nr. 10 des Landesvorstandes der SPD Mecklenburg-Vorpommern............................	11
7.	2. 9. 1945	Schreiben des Ortsvorsitzenden der SPD Rerik an den Landrat des Kreises Wismar Robert Brinkmann...................	13
8.	4. 9. 1945	Bericht über eine gemeinsame Versammlung von SPD und KPD in Stavenhagen (Kreis Malchin).....................	14
9.	22. 9. 1945	Bericht über die Sitzung des Blocks der antifaschistisch-demokratischen Parteien in Usedom	16

Brandenburg

10.	10. 6. 1945	Aus der Niederschrift von Georg Spiegel über die Gründung der SPD in Potsdam.......................................	19
11.	5. 8. 1945	Aus dem Bericht über die erste Mitgliederversammlung des SPD-Ortsvereins Hennigsdorf...........................	22
12.	13. 8. 1945	Aus einem Schreiben des SPD-Ortsvereins Glienicke an den Zentralausschuß der SPD	25
13.	2. 9. 1945	Schreiben des Bürgermeisters von Storkow Franz Becker an das Zentralkomitee der KPD................................	27
14.	5. 9. 1945	Bericht über die öffentliche SPD-Versammlung in Potsdam ...	29

15.	14. 9. 1945	Schreiben der Ortsgruppe Werlsee (Niederbarnim-Süd) der KPD an den Vorstand des SPD-Ortsvereins Werlsee.........	33
16.	20. 9 1945	Schreiben des SPD-Ortsvereins Werlsee an den Vorstand der Ortsgruppe der KPD Werlsee	35
17.	27. 9. 1945	Bericht Friedrich Eberts über die Neubesetzung des Oberbürgermeisteramtes in Brandenburg.......................	37

Sachsen-Anhalt

18.	21. 4. 1945	Schreiben von Paul Saupe an die amerikanische Militärregierung...	40
19.	13. 6. 1945	Protokoll einer Besprechung zur Vorbereitung der Zusammenarbeit in einem Volksfrontausschuß	41
20.	17. 6. 1945	Protokoll einer Beratung des Magdeburger Volksfrontausschusses	42
21.	21. 7. 1945	Bericht über die Gründung von KPD und SPD in Köthen.....	44
22.	16. 8. 1945	Aus dem Protokoll über die Sitzung des SPD-Vorstandes der Provinz Sachsen	45
23.	25. 8. 1945	Schreiben des SPD-Ortsvereins Bad Schmiedeberg an den Kreisvorstand der SPD Wittenberg......................	47
24.	4. 9. 1945	Schreiben des Bezirksvorsitzenden der SPD Magdeburg Gustav Schmidt an den Bezirkssekretär der KPD Magdeburg Ernst Brandt..	48
25.	15. 9. 1945	Bericht des Bezirksvorstandes der SPD Magdeburg an den Zentralausschuß der SPD über das Verhältnis zur Kommunistischen Partei..	50
26.	18. 9. 1945	Aus dem Protokoll über die Sitzung des SPD-Vorstandes der Provinz Sachsen	51

Sachsen

27.	23. 6. 1947	Protokoll über die Gründung des SPD-Ortsvereins Görlitz....	53
28.	25. 6. 1945	Protokoll über die Beratung eines Vorbereitenden Ausschusses zum Aufbau der SPD Sachsen in Dresden	54
29.	13. 7. 1945	Schreiben des Leiters der KPD-Ortsgruppe Zittau an den Ortsverein der SPD Zittau	56
30.	12. 7. 1945	Schreiben des Bezirksvorstandes der SPD Leipzig an den sowjetischen Stadtkommandanten von Leipzig Generalmajor Trufanow	57

31.	19. 7. 1945	Schreiben des Bezirksvorstandes der SPD Leipzig an den Landesvorstand der SPD Sachsen	58
32.	27. 7. 1945	Schreiben des Bezirksvorstandes der SPD Leipzig an den Zentralausschuß der SPD.	61
33.	12. 7. 1945	Protokoll über die Aussprache von Vertretern des Bezirksvorstandes der SPD Zwickau mit Oberstleutnant Beljejew in der Kommandantur Zwickau	62
34.	21. 8. 1945	Aus dem Bericht über die Sitzung des »17er-Ausschusses« der SPD Leipzig...................................	64
35.	30. 8. 1945	Rundschreiben des Landesvorstandes der SPD Sachsen	66
36.	4. 9. 1945	Schreiben des Bürgermeisters der Stadt Niesky an die Ortsgruppe der SPD Niesky	68
37.	3. 9. 1945	Niederschrift von Curt Kaulfuß über eine Besprechung in der sowjetischen Kommandantur der Stadt Leipzig	69
38.	12. 9. 1945	Protokoll über die Sitzung des Arbeitsausschusses von SPD und KPD des Bezirkes Leipzig	70
39.	12. 9. 1945	Protokoll über die Sitzung des erweiterten Bezirksvorstandes der SPD Leipzig...................................	76
40.	15. 9. 1945	Aus dem Bericht von Erich Gniffke über seinen Aufenthalt in Leipzig...................................	80
41.	23. 9. 1945	Schreiben von Otto Buchwitz an Otto Grotewohl	86

Thüringen

42.	3. 7. 1945	Protokoll über die Gründung eines Ortsvereins des Bundes demokratischer Sozialisten in Weimar	89
43.	7. 1945	Rundschreiben Nr. 3 des Landesvorstandes des Bundes demokratischer Sozialisten (SPD) Thüringen.	91
44.	24. 7. 1945	Niederschrift von Heinrich Hoffmann über die Unterredung mit dem Stellvertreter für Zivilangelegenheiten des Chefs der SMA Thüringen Generalmajor Kolesnitschenko.	98
45.	30. 7. 1945	Aus dem Protokoll über die Sitzung des Landesvorstandes des Bundes demokratischer Sozialisten (SPD) Thüringen in Weimar	102
46.	11. 8. 1945	Aus dem Protokoll über die Landeskonferenz der SPD Thüringen in Weimar..	104

47.	16. 8. 1945	Rundschreiben Nr. 5 des Landesvorstandes der SPD Thüringen	107
48.	3. 9. 1945	Schreiben des Vorstandes des SPD-Ortsvereins Neustadt am Rennsteig an den Landesvorstand der SPD Thüringen	111
49.	6. 9. 1945	Protokoll über die Sitzung des Blockausschusses der antifaschistisch-demokratischen Parteien des Landes Thüringen	112
50.	17. 9. 1945	Aktenvermerk über die Sitzung des Aktionsausschusses von SPD und KPD des Landes Thüringen	114
2.		**Die Kampagne der KPD für die Bildung einer Einheitspartei, die Einflußnahme der SMA und die Reaktion der Sozialdemokraten (Oktober 1945 bis Januar 1946)**	**117**
2.1		**Sozialdemokratisches Selbstbewußtsein, Zunahme der Spannungen und Abwehr kommunistischer Vereinnahmungsbestrebungen (Oktober/Mitte Dezember 1945)**	**117**

Mecklenburg-Vorpommern

51.	7. 10. 1945	Protokoll über die Sitzung des Landesvorstandes der SPD Mecklenburg-Vorpommern	117
52.	15. 10. 1945	Antrag der Ortsgruppe der SPD Güstrow zur Einberufung eines Landesparteitages	122
53.	31. 10. 1945	Rundschreiben Nr. 20 des Landesvorstandes der SPD Mecklenburg-Vorpommern	123
54.	10. 1945	Niederschrift von Hermann Lüdemann	125
55.	4. 11. 1945	Schreiben der KPD-Ortsgruppe Torgelow an die Kreisleitung der KPD Ueckermünde	126
56.	19. 11. 1945	Protokoll über die Besprechung zwischen SPD und KPD zur Vorbereitung einer Ausschußsitzung des Blocks der antifaschistisch-demokratischen Parteien in Wismar	128
57.	9. 12. 1945	Aus dem Protokoll über die Sitzung des Landesvorstandes der SPD Mecklenburg-Vorpommern	129
58.	14. 12. 1945	Schreiben der SPD-Ortsgruppe Kühlungsborn an den Kreisvorstand der SPD Rostock	132
59.	19. 12. 1945	Schreiben des Kreisvorstandes der SPD Schwerin an den sowjetischen Stadtkommandanten der Stadt Schwerin	133

Brandenburg

60.	30. 10. 1945	Schreiben des SPD-Ortsvereins Luckenwalde an die Ortsleitung der KPD Luckenwalde 134
61.	22. 10. 1945	Schreiben der KPD-Kreisleitung Ruppin an die Bezirksleitung der KPD Brandenburg 135
62.	2. 11. 1945	Schreiben des Kreisvorsitzenden der SPD Luckenwalde an den SPD-Ortsverein Jüterbog 136
63.	1. 11. 1945	Bericht über die Sitzung des Aktionsausschusses der SPD und KPD der Stadt Brandenburg 137
64.	3./4. 11. 1945	Aus dem Bericht über den Bezirksparteitag der SPD der Provinz Mark Brandenburg in Potsdam 138
65.	8. 11. 1945	Schreiben von Friedrich Ebert an Max Porazik aus Potsdam-Babelsberg 142
66.	9. 11. 1945	Schreiben des SPD-Ortsvereins Luckenwalde an die Kreisleitung der KPD Luckenwalde 143
67.	11. 11. 1945	Schreiben des SPD-Ortsvereins Königs Wusterhausen an den sowjetischen Kommandanten der Stadt Königs Wusterhausen. 144
68.	12. 12. 1945	Protokoll über die Sitzung des Sekretariats der Bezirksleitung der KPD Brandenburg 145
69.	13. 12. 1945	Bericht der Kreisleitung Beeskow der KPD über die Zusammenarbeit mit der SPD 148
70.	16. 12. 1945	Bericht über die Unterbezirkskonferenz der SPD Brandenburg in Brandenburg 149
71.	16. 12. 1945	Aus der Rede von Friedrich Ebert auf dem Parteitag der SPD des Unterbezirks Brandenburg 150

Sachsen-Anhalt

72.	12. 10. 1945	Aus dem Rundschreiben des Bezirksvorstandes der SPD Magdeburg an die Vorsitzenden der SPD-Ortsvereine 153
73.	26. 10. 1945	Aus dem Rundschreiben Nr. 8 des Bezirksvorstandes der SPD Halle-Merseburg 154
74.	29. 11. 1945	Schreiben von Bruno Böttge an Otto Grotewohl 154
75.	17. 12. 1945	Bericht von August Karsten über eine Versammlung der SPD in Oranienbaum bei Dessau 156

76.	17. 12. 1945	Protokoll über die Sitzung des SPD-Vorstandes der Provinz Sachsen 158
77.	19. 12. 1945	Schreiben von Ernst Thape an den Stellvertreter für Zivilangelegenheiten des Chefs der SMA der Provinz Sachsen Generalmajor Alexander G. Kotikow......................... 161

Sachsen

78.	15. 10. 1945	Schreiben von Waldemar Kirbach an Werner Thalheim in Leipzig 165
79.	18. 10. 1945	Rundschreiben des Bezirksvorstandes der SPD Görlitz an die Unterbezirke und Ortsgruppen 167
80.	14. 11. 1945	Aus dem Protokoll über die Sitzung des engeren Landesvorstandes der SPD Sachsen 169
81.	15. 11. 1945	Aus dem Protokoll über die Sitzung des Zehner-Ausschusses der Leipziger Gewerkschaften 171
82.	11. 1945	Schreiben von Otto Schön an den Bezirksleiter der KPD Sachsen Hermann Matern 174
83.	19. 11. 1945	Schreiben von Otto Buchwitz an den Bezirksvorstand der SPD Leipzig 176
84.	12. 12. 1945	Aus der Niederschrift über die Sitzung des Landesvorstandes der SPD Sachsen 177
85.	13. 12. 1945	Bericht der Kreisleitung der KPD Chemnitz über die Zusammenarbeit mit der SPD 180
86.	16. 12. 1945	Resolution der Unterbezirkskonferenz der SPD Borna bei Leipzig 181
87.	18. 12. 1945	Aus der Niederschrift über die Sitzung des erweiterten Landesvorstandes der SPD Sachsen 181

Thüringen

88.	22. 10. 1945	Aus dem Protokoll über die Sitzung des Vorstandes des Ortsvereins der SPD Zella-Mehlis 186
89.	6. 11. 1945	Rundschreiben Nr. 18 des Landesvorstandes der SPD Thüringen 187
90.	14. 11. 1945	Aus dem Schreiben der SPD-Ortsgruppe Neustadt (Orla) an den Landesvorstand der SPD Thüringen 190
91.	16. 11. 1945	Aus dem Protokoll über die Sitzung des Landesvorstandes der SPD Thüringen 192

92.	26. 11. 1945	Aus dem Protokoll über die Tagung des Gesamtvorstandes der SPD Thüringen in Weimar 194

2.2   **Die Reaktion von Sozialdemokraten auf die gemeinsame Entschließung des Zentralausschusses der SPD und des Zentralkomitees der KPD vom 21. Dezember 1945, die Offensive der KPD für eine organisatorische Verschmelzung und die Verzögerungstaktik der Sozialdemokratie (Mitte Dezember 1945/Januar 1946)... 244**

Mecklenburg-Vorpommern

93.	30. 12. 1945	Rundschreiben Nr. 30 des Landesvorstandes der SPD Mecklenburg-Vorpommern 244
94.	31. 12. 1945	Resolution der Versammlung von Funktionären der SPD Boizenburg 246
95.	31. 12. 1945	Schreiben von Hermann Lüdemann an den Zentralausschuß der SPD 247
96.	3. 1. 1946	Entschließung der Versammlung von Funktionären der Ortsgruppe der SPD Güstrow 249
97.	5. 1. 1946	Aus dem Bericht über die Besprechung der Funktionäre der SPD und KPD des Kreises Wismar 250
98.	6. 1. 1946	Entschließung der Mitgliederversammlung der Ortsgruppe der SPD Rostock 255
99.	9. 1. 1946	Bericht über ein Gespräch mit Carl Moltmann und Willy Jesse . 256
100.	14. 1. 1946	Protokoll über die Sitzung des Landesvorstandes der SPD Mecklenburg-Vorpommern............................. 257
101.	17. 1. 1946	Schreiben von Hermann Lüdemann an Max Fechner 260
102.	12. 1. 1946	Schreiben des SPD-Kreisvorstandes Usedom an den Vertreter des NKWD von Heringsdorf 263
103.	26. 1. 1946	Schreiben des Landesvorstandes der SPD Mecklenburg-Vorpommern an den Präsidenten der Landesverwaltung Mecklenburg-Vorpommern Wilhelm Höcker..................... 263
104.	17. 1. 1946	Befehl des sowjetischen Militärkommandanten des Kreises Wismar 264
105.	20. 1. 1946	Aus der Rede von Albert Schulz auf der Kreiskonferenz der SPD und KPD in Waren (Müritz) 265

Brandenburg

106.	29. 12. 1945	Stellungnahme des Vorstandes des SPD-Ortsvereins Stahnsdorf	268
107.	31. 12. 1945	Protokoll über die Besprechung der Funktionäre der Ortsgruppen der SPD und KPD Woltersdorf	271
108.	7. 1. 1945	Offener Brief der SPD-Ortsgruppe Glienicke an die Ortsgruppe der KPD Glienicke	274
109.	9. 1. 1946	Schreiben von Friedrich Ebert an den Ortsverein der SPD Stahnsdorf	276
110.	10. 1. 1946	Aus der Rede von Georg Spiegel auf der gemeinsamen Sitzung von Funktionären der SPD und KPD in Potsdam	277
111.	10. 1. 1946	Schreiben von Wilhelm Freytag an den Politischen Leiter der KPD-Ortsgruppe Potsdam	279
112.	11. 1. 1946	Schreiben von Friedrich Ebert an die SMA der Provinz Brandenburg in Potsdam	280
113.	19. 1. 1946	Schreiben der SPD-Ortsgruppe Woltersdorf an den Zentralausschuß der SPD, den Provinzialvorstand Brandenburg und den Ortsverein der SPD Erkner	281
114.	26. 1. 1946	Schreiben der KPD-Kreisleitung Forst an die Bezirksleitung der KPD Brandenburg	283
115.	29. 1. 1946	Bericht von Emil Schröder über eine Besprechung bei der SMA der Provinz Brandenburg in Potsdam	284
116.	30. 1. 1946	Bericht von Friedrich Ebert über eine Besprechung bei der SMA der Provinz Brandenburg in Potsdam	286

Sachsen-Anhalt

117.	22. 12. 1945	Rundschreiben des Bezirksvorstandes der SPD Halle-Merseburg an die Ortsvereine, Kreisvorstände und Unterbezirke	288
118.	30. 12. 1945	Rundschreiben des Bezirksvorstandes der SPD Magdeburg an die Ortsvereine	289
119.	1. 1946	Gemeinsames Rundschreiben des Provinzialvorstandes der SPD und der Bezirksleitung der KPD Sachsen-Anhalt	290
120.	Ende 1./1946	Bericht des Unterbezirks der SPD Oschersleben	293

Sachsen

121.	28. 12. 1945	Rundschreiben Nr. 8 des Bezirksvorstandes der SPD Görlitz	295

122.	3. 1. 1946	Rundschreiben Nr. 1 der Bezirksleitung der KPD Sachsen	296
123.	8. 1. 1946	Schreiben der KPD-Unterbezirksleitung Leipzig an den Bezirksvorstand der SPD Leipzig	298
124.	9. 1. 1946	Schreiben des SPD-Bezirksvorstandes Leipzig an die Unterbezirksleitung der KPD Leipzig.	300
125.	5. 1. 1946	Bericht über die Generalversammlung des Ortsvereins der SPD Probstheida	301
126.	7. 1. 1946	Resolution der Generalversammlung des SPD-Ortsvereins Wahren	302
127.	16. 1. 1946	Protokoll über die Unterredung der Bornaer Ortskommandantur mit dem Unterbezirksvorstand der SPD Borna	302
128.	16. 1. 1946	Rundschreiben Nr. 20 des Landesvorstandes der SPD Sachsen.	304
129.	20. 1. 1946	Entschließung der Unterbezirkskonferenz der SPD Dresden ..	305
130.	18. 1. 1946	Resolutionsentwurf der Versammlung von Funktionären der SPD des Bezirkes Görlitz.............................	306
131.	18. 1. 1946	Resolution der Versammlung von Funktionären der SPD des Bezirkes Görlitz.....................................	306
132.	22. 1. 1946	Aus dem Schreiben von Otto Seiffert an Otto Buchwitz.......	307
133.	23. 1. 1946	Schreiben von Otto Buchwitz an Otto Grotewohl	310
134.	25. 1. 1946	Aus dem Rundschreiben Nr. 3 des Bezirksvorstandes der SPD Leipzig an die Vorsitzenden der Ortsvereine	312
135.	24. 1. 1946	Bericht über die Vorladung des Sekretärs und des Vorsitzenden des SPD-Unterbezirks Borna zur sowjetischen Kommandantur	314
136.	28. 6. 1946	Aus dem Protokoll über die gemeinsame Sitzung der Landes- und Bezirksleitungen Sachsens der KPD und SPD	315
137.	30. 1. 1946	Aus dem Schreiben des Bezirksvorstandes der SPD Leipzig an den Zentralausschuß der SPD	344

Thüringen

138.	Ende 12./1945	Artikelentwurf von Hermann Brill zu den Ergebnissen der Dezemberkonferenz für die Thüringer SPD-Zeitung »Tribüne« ..	346
139.	29. 12. 1947	Aus dem Protokoll über die Sitzung des Landesvorstandes der SPD Thüringen	349

140.	29. 12. 1945	Schreiben von Oskar Thieme aus Altenburg an den Landesvorstand der SPD Thüringen	352
141.	31. 12. 1945	Niederschrift von Heinrich Hoffmann über eine Unterredung mit Mitarbeitern der SMA Thüringen	353
142.	31. 12. 1945	Niederschrift von August Frölich über eine Unterredung mit einem Mitarbeiter der SMA Thüringen	356
143.	4. 1. 1946	Aus dem Protokoll über die Vorstandssitzung des SPD-Ortsvereins Zella-Mehlis	357
144.	5. 1. 1946	Resolution des Landesvorstandes der SPD Thüringen	358
145.	23. 1. 1946	Bericht von August Frölich über eine Besprechung beim Stellvertreter für Zivilangelegenheiten des Chefs der SMA Thüringen, Generalmajor Iwan S. Kolesnitschenko	359
146.	24. 1. 1946	Protokoll über die Sitzung des Sekretariats der Bezirksleitung der KPD Thüringen	363
147.	24. 1. 1946	Schreiben der Bezirksleitung der KPD Thüringen an den Landesvorstand der SPD Thüringen	365
3.		**Intentionen der Sozialdemokraten während der Phase der organisatorischen Verschmelzung (Februar bis April 1946)**	**367**

Mecklenburg-Vorpommern

148.	4. 2. 1946	Aus dem Protokoll über die gemeinsame Fraktionssitzung von SPD und KPD der Stadt Waren	367
149.	10. 2. 1946	Aus dem Protokoll über die Mitgliederversammlung des SPD-Ortsvereins Neubukow	371
150.	3. 1946	Aus einem Bericht über das Verhältnis der SPD zur KPD in der Stadtverwaltung Rostock	375
151.	24. 3. 1946	Aus dem Protokoll über die Konferenz der SPD des Kreises Schönberg	376
152.	30. 3. 1946	Rede des SPD-Ortsvorsitzenden von Katzow auf einer Versammlung von SPD und KPD bei Stolzenburg	379
153.	1. 4. 1946	Protokoll über die Sitzung des Organisationsausschusses der SPD und KPD Wismar	384

Brandenburg

154.	2. 4. 1946	Entschließung des Kreisvorstandes Belzig der SPD	393
155.	5. 2. 1946	Aus dem Protokoll über die Sitzung des Aktionsausschusses der SPD und KPD Brandenburg	393

156.	5. 2. 1946	Entschließung des erweiterten Vorstandes des Kreises Potsdam der SPD	395
157.	5. 2. 1946	Bericht von Friedrich Ebert über eine Besprechung bei der SMA der Provinz Mark Brandenburg.	396
158.	10. 2. 1946	Resolution des Ortsvereins der SPD Zehdenick.	398
159.	8. 2. 1946	Aus dem Bericht über die gemeinsame Mitgliederversammlung der KPD und SPD Woltersdorf	399
160.	21. 2. 1946	Protokoll über die gemeinsame Mitgliederversammlung der KPD und SPD Woltersdorf	401
161.	20. 2. 1946	Schreiben der Ortsgruppe der SPD Oranienburg an Otto Grotewohl.	409
162.	21. 2. 1946	Entschließung der gemeinsamen Mitgliederversammlung der SPD und KPD Birkenwerder.	411
163.	4. 3. 1946	Schreiben von Friedrich Ebert an den 1. Vizepräsidenten der Provinzialverwaltung Mark Brandenburg Bernhard Bechler. . .	412
164.	7. 3. 1946	Aus dem Schreiben von Gerhard Hoffmann an den Sekretär des Unterbezirks der SPD Teltow	414
165.	25. 3. 1946	Schreiben des Kreisvorstandes der SPD Osthavelland an den Zentralausschuß der SPD	416
166.	7. 4. 1946	Aus der Rede von Friedrich Ebert auf dem Vereinigungsparteitag der SPD und KPD der Provinz Mark Brandenburg	417

Sachsen-Anhalt

167.	4. 2. 1946	Aus dem Bericht über die Vorbereitung der Vereinigung von SPD und KPD im Unterbezirk Magdeburg	421
168.	18. 2. 1946	Aus dem Protokoll über die außerordentliche Sitzung des Vorstandes des Ortsvereins Köthen der SPD.	423
169.	1. 36. 1946	Aus dem Protokoll über die Sitzung der Funktionäre der SPD Köthens.	424
170.	30./31. 3. 1946	Aus dem Bericht über den Parteitag des Bezirksverbandes Dessau der SPD	428

Sachsen

171.	4. 2. 1946	Aus der Niederschrift über die Sitzung des erweiterten Landesvorstandes der SPD Sachsen	433

172.	13. 2. 1946	Niederschrift über die Sitzung des engeren Landesvorstandes der SPD Sachsen 439
173.	18. 2. 1946	Schreiben von Arno Wend an Otto Buchwitz und Arno Haufe. . 443
174.	25. 3. 1946	Niederschrift über die Sitzung des Landesvorstandes Sachsen der SPD mit den Bezirks- und Unterbezirkssekretären 444
175.	31. 3. 1946	Schreiben von Hans Hermsdorf an den Bezirksvorsitzenden der SPD Chemnitz August Friedel......................... 447

Thüringen

176.	4. 2. 1946	Bericht über eine Unterredung mit einem Offizier der sowjetischen Kreiskommandantur Schmalkalden 449
177.	4. 2. 1946	Aus dem Protokoll über die Sitzung des Landesvorstandes Thüringen der SPD..................................... 452
178.	4. 3. 1946	Aktennotiz des Sekretärs des Landesvorstandes der SPD Thüringen Adolf Bremer 453

Dokumente

1. Abschnitt

Legalisierung, Reorganisation und Ausbau der Sozialdemokratischen Partei in den Ländern und Provinzen der sowjetischen Besatzungszone und erste Erfahrungen mit den Kommunisten (April 1945 bis September 1945)

Mecklenburg-Vorpommern

Nr. 1
Schreiben von Max Fank[1] an den sowjetischen Kommandanten von Stralsund vom 23. Juni 1945[2]

Stralsund, den 23. 6. 1945

An den Herrn Militärkommandanten
Stralsund

1. Aufgrund des Befehls Nr. 2 des Obersten Chefs der Sowjetischen Militärischen Administration vom 10. 6. [19]45[3] werden unter laufender Nummer 5 alle faschistischen Beschlüsse, Befehle, Verordnungen, Instruktionen usw., die sich auf die Tätigkeit der antifaschistischen politischen Parteien und freien Gewerkschaften beziehen und gegen die demokratischen Freiheiten, bürgerlichen Rechte und Interessen des deutschen Volkes gerichtet sind, aufgehoben. Damit lebt automatisch die frühere Sozialdemokratische Partei Deutschlands wieder auf.
Auf der mit Genehmigung des Herrn Ortskommandanten einberufenen Besprechung am 22. 6. [19]45 der während des Hitlerregimes illegal in Verbindung gebliebenen alten Genossen der SPD wurde der Endunterzeichnete zum Vorsitzenden der Ortsgruppe bestimmt.

---

1 Max Fank, geb. 1899. Beruf: Fischer. Seit 1921 SPD. Juni 1945 bis April 1946 Vors. SPD Stralsund. April 1946 bis September 1947 PV SED. April 1946 bis März 1949 Vors. KV SED Stralsund. 1949 Verhaftung, Verurteilung zu 25 Jahren Zuchthaus. 1954 Entlassung, Übersiedlung in die Bundesrepublik.
2 Archiv der sozialen Demokratie, Ostbüro, 0301/I.
3 Am 10. Juni 1945 erließ die SMAD ihren Befehl Nr. 2, der die Tätigkeit antifaschistischer Parteien auf dem Territorium der sowjetischen Besatzungszone erlaubte, »die sich die endgültige Ausrottung der Überreste des Faschismus und die Festigung der Grundlage der Demokratie und der bürgerlichen Freiheiten in Deutschland und die Entwicklung der Initiative und Selbstbetätigung der breiten Massen der Bevölkerung in dieser Richtung zum Ziel setzen«. Ferner wurde »der werktätigen Bevölkerung der Sowjetischen Besatzungszone in Deutschland« das »Recht zur Vereinigung in freien Gewerkschaften und Organisationen zum Zweck der Wahrung der Interessen und Rechte der Werktätigen« gewährt. Weitere Punkte dieses Befehls regelten das Zulassungsverfahren und die Kontrolltätigkeit der SMAD. Zugleich wurden alle Gesetze aus der NS-Zeit, Beschlüsse, Befehle, Verordnungen und Instruktionen aufgehoben, die der Betätigung antifaschistischer Parteien und freier Gewerkschaften und der Gewährung der bürgerlichen Freiheiten entgegenstanden. Vgl. Um ein antifaschistisches Deutschland. Dokumente aus den Jahren 1945-1949, Berlin 1968, S.54 f.

Die Ortsgruppe nennt sich in Anlehnung an den alten Namen »Sozialdemokratische Partei Stralsund«. Es soll damit zum Ausdruck gebracht werden, daß weder die Taktik, noch das Heidelberger Programm von 1928 übernommen wird, weil das geschichtliche Geschehen vor und nach 1933 deren Versagen in vielen Punkten bewiesen hat.

2. Eine Möglichkeit der Fühlungnahme über den Rahmen der Stadtgemeinde Stralsund hinaus besteht zur Zeit nicht. Sie gibt sich deshalb folgendes Aktionsprogramm:

a) Vollinhaltliche Übernahme des Aufrufes der Kommunistischen Partei Deutschlands vom 11. 6. [19]45.[4]

b) Entschiedenste Einstellung gegen den noch im deutschen Volke fortwirkenden Faschismus.

c) Darüber hinaus Anstreben eines organisatorischen Zusammenschlusses der marxistischen Arbeiter- und Bauernbewegung und

d) diesen örtlich vorbereitend, ist schon jetzt organisatorisch mit der örtlichen KPD zusammenzuwirken, um nach außen geschlossen aufzutreten und nach innen alle Gegensätze auszuschalten.

3. Die Statuten sind vorzubereiten.

Hiermit ist der provisorische Vorstand beauftragt. Dieser besteht

a) Vorsitzender: Max Fank, Stralsund, Fährhofstr[aße] 23.
b)   ”   : Wilhelm Kindt, Stralsund, Großlüdershäger Weg 17.
c) Kassierer: Ernst Paesel, Stralsund, Wulflam Ufer 11.
d) Schriftführer: Paul Hildebrandt, Stralsund, Gartenstr[aße] 3.
e) Beisitzer: Hermann Heinze, Stralsund, An den Bleichen 43.
     Walter Born, Stralsund, Sastrowstr[aße] 1.
     Wilhelm Prehn, Stralsund, Smiterlowerstr[aße] 5.

Anhand der alten Mitgliederlisten von 1932 sind die eingehenden Anträge auf der Belassung in der Partei zu prüfen. Hierbei ist der allerschärfste Maßstab anzulegen. Der später einzuberufenen Mitgliederversammlung ist von dem provisorischen Vorstand über seine Tätigkeit zu berichten. Sie hat über das vorzulegende Statut abzustimmen und einen Vorstand zu wählen.

gez. Max Fank

---

4 Im Original: 12. 6. [19]45. Am 11. Juni 1945 veröffentlichte die KPD einen Aufruf ihres Zentralkomitees, der als programmatische Grundlage der Partei für die unmittelbare Nachkriegszeit für ganz Deutschland konzipiert war. Der Aufruf brach formal mit den Programmtraditionen der KPD aus den Jahren vor 1933, indem es das Zentralkomitee nunmehr als unzeitgemäß betrachtete, »Deutschland das Sowjetsystem aufzuzwingen«. Es propagierte »den Weg der Aufrichtung eines antifaschistischen, demokratischen Regimes einer parlamentarisch-demokratischen Republik mit allen demokratischen Rechten und Freiheiten für das Volk«. Dokumente und Materialien zur Geschichte der deutschen Arbeiterbewegung, Reihe III, Bd. 1, S. 16 ff. Der Aufruf verdeutlicht die Konzeption der KPD-Führung, die Partei zum aktiven Integrations- und Sammlungsfaktor des wiederentstehenden deutschen Parteiensystems umzugestalten, ohne allerdings ihren Grundcharakter als kommunistische Partei und damit auch die grundsätzliche Orientierung am sowjetischen Vorbild infrage zu stellen. Er wurde in der ersten Nummer des Zentralorgans der KPD »Deutsche Volkszeitung« vom 13. Juni 1945 abgedruckt, wodurch sich die KPD einen publizistischen Vorsprung schuf. Vgl. *Günter Benser*, Die KPD im Jahre der Befreiung. Vorbereitung und Aufbau der legalen kommunistischen Massenpartei (Jahreswende 1944/45 bis Herbst 1945), Berlin (Ost) 1985, S. 128 ff.; *ders.*, Zur historischen Bedeutung des Aufrufs des Zentralkomitees der KPD vom 11. Juni 1945, in: ZfG, Heft 4, 1985, S. 302–315.

Nr. 2
Bericht über die Gründung des SPD-Ortsvereins Gadebusch vom Juli 1945[1]

Sozialdemokratische Partei Deutschlands
Vorgeschichte zu der Neugründung der SPD in Gadebusch

Nach dem Einmarsch der amerikanischen Truppen am 2. Mai [1945] in unser Gebiet[2] und dem damit verbundenen Zusammenbruch des Naziregimes haben sich einige beherzte Antifaschisten der amer[ikanischen] Militärregierung zur Verfügung gestellt und die Verwaltung der Stadt Gadebusch übernommen. Es sind besonders die beiden Genossen Karl Brincker [KPD], der die Bürgermeistergeschäfte, und Max Meyer [SPD], der die Ernährungsverwaltung übernahm, zu nennen.

Im Mai [1945] wurde dann der Antifaschistische Kampfbund gegündet[3], dem jeder, der Antifaschist war, beitreten konnte. Die Zusammenarbeit der Stadtverwaltung mit dem Antifa[schistischen] Kampfbund war zwar nicht immer demokratisch, jedoch erträglich.

Die amerikanischen Besatzungstruppen wurden später von den engl[ischen] Truppen abgelöst. Der Antifa[schistische] Kampfbund wurde auch von der engl[ischen] Militärregierung anerkannt.

Nachdem bekannt wurde, daß am 1. Juli [1945] das restliche Mecklenburg von der Roten Armee besetzt werden sollte, wurden alle Mitglieder und Freunde des Antifa[schistischen] Kampfbundes am Abend des 30. Juni [1945] zum Rathaus gerufen, um beim Einmarsch der Roten Armee für Ordnung zu sorgen, soweit dies erforderlich sein sollte.

An diesem Abend wurden von Bürgermeister Karl Brincker und seiner Sekretärin Mitgliedskarten der Kommunistischen Partei an alle Kampfbundmitglieder verteilt. Einige wenige Genossen hatten den Mut, die Annahme abzulehnen. Später wurde in einer Kampfbundsitzung der gesamte Kampfbund vom Genossen Brincker als Kommunistische Partei erklärt. Der Genosse Max Meyer war der erste, der dagegen Einspruch erhob.

Am 7. Juli [1945] wurde eine öffentliche Versammlung angesetzt, in der vom pol[itischen] Kommandanten, Hauptmann Czichanow, und von Bürgermeister Brincker der Aufruf erlassen wurde, mit der Gründung der Parteien zu beginnen. Am 8. Juli [1945] be-

---

1 Mecklenburgisches Landeshauptarchiv, BPA der SED Schwerin, II/3.
2 Das spätere Land Mecklenburg-Vorpommern war unmittelbar nach Kriegsende unterschiedlich besetzt. Vorpommern und die östlichen Gebiete Mecklenburgs standen seit Ende April 1945 unter sowjetischer Militärverwaltung. Westmecklenburg, darunter Gadebusch, war bis zum 1. Juli 1945 anglo-kanadisch besetzt. Nach dem Abzug der Amerikaner Anfang Juli 1945 wurde Mecklenburg zusammen mit dem ehemals preußischen Vorpommern und der Insel Rügen zu einem Land unter sowjetischer Besatzung zusammengefaßt. Vgl. Deutsche Geschichte, Bd. 9: Die antifaschistisch-demokratische Umwälzung, der Kampf gegen die Spaltung Deutschlands und die Entstehung der DDR von 1945-1949, Berlin (Ost) 1989, S. 71 ff.
3 Diese Form der spontan gebildeten antifaschistischen Ausschüsse bildete in den von westalliierten Truppen besetzten Gebieten im Mai und Juni 1945 den organisatorischen Rahmen für die politische Tätigkeit von Antifaschisten. Hier sammelten Sozialdemokraten erste Erfahrungen in der Zusammenarbeit mit Kommunisten. Vgl. *Beatrix Bouvier*, Antifaschistische Zusammenarbeit, Selbständigkeitsanspruch und Vereinigungstendenz. Die Rolle der Sozialdemokratie beim administrativen und parteipolitischen Aufbau in der sowjetischen Besatzungszone 1945 auf regionaler und lokaler Ebene, in: Archiv für Sozialgeschichte, Bd. XVI, 1976, S. 417-468; *Günter Benser*, Antifa-Ausschüsse – Staatsorgane - Parteiorganisation. Überlegungen zu Ausmaß, Rolle und Grenzen der antifaschistischen Bewegung am Ende des Zweiten Weltkrieges, in: ZfG, Heft 9, 1978, S. 785-802.

gannen die Genossen Max Meyer und Andreas Knorr nach alten Wählerlisten die Namen derjenigen festzustellen, die vor 1933 der Sozialdemokratischen Partei angehörten. Diese Namen wurden in einer Liste zusammengestellt, die der Bürgermeister Brincker sich am 10. Juli 1945 vom Genossen Meyer aushändigen ließ. Meyer wird sofort aus seinem Amt als Ernährungsverwalter entlassen. Zu der von Brincker angesetzten Auseinandersetzung zwischen ihm u[nd] Meyer fordert Meyer die beiden Genossen H. Evert und H. Hr. Ehmcke auf, dieser Unterredung als Zeugen beizuwohnen. Zugegen waren etwa 15–20 Mitglieder der inzwischen gegründeten KPD. Die beiden Zeugen von Genossen Meyer wurden nicht zugelassen.

In dieser Sitzung wurden dem Genossen Meyer Vorwürfe gemacht wegen der Gründung der SPD und wegen seines selbständigen Handelns in seinem Amt. Trotzdem wird von Meyer am 13. Juli 1945 ein Flugblatt entworfen und dem pol[itischen] Kommandanten vorgelegt, der es als gut bezeichnet, vom Bürgermeister aber beanstandet wird. Um Streit mit dem Bürgermeister zu verhindern, wird das Flugblatt abgeändert und wiederum dem pol[itischen] Kom[mandanten] vorgelegt, sowie dem Bürgermeister Brincker. Der pol[itische] Kommandant findet es wiederum gut, während der Bürgermeister es rundweg verbietet.

Die KPD wirbt unterdessen Mitglieder und macht für sich als im Augenblick einzige Partei große Propaganda. Die vier Genossen, die die Gründung der SPD vornehmen wollten, kommen zu dem Entschluß, von der Gründung abzusehen und teilen dies dem Bürgerm[eister] am Abend des 13. Juli 1945 in einer Unterredung mit, an der wiederum Mitglieder der Kommunistischen Partei und auch der Hauptmann Czichanow teilnehmen.

Auf Bitten des Bürgermeisters wird von den vier SPD-Männern die Gründung zugesichert. Das Werbematerial wird jetzt erst vom Bürgermeister Karl Brincker ausgeliefert. Der Druck des Werbematerials wurde am 14. Juli 1945 vorgenommen und die Verteilung begann am 15. Juli 1945.

Nr. 3

Aus dem Protokoll der Mitgliederversammlung des SPD-Ortsvereins Schwerin am 8. Juli 1945[1]

Genosse [Carl] *Moltmann*[2] als früherer Vorsitzender der Ortsgruppe Schwerin eröffnete um 16 Uhr 30 die Versammlung und führte unter anderem dabei aus:
Schon in den letzten Wochen sind wiederholt Parteifreunde an mich und den Genossen [Xaver] Karl[3] zwecks Wiedereröffnung der Partei herangetreten. Dies war bis jetzt nicht möglich, weil sowohl die amerikanische wie auch die englische Besatzung Gründung von

---

1 Mecklenburgisches Landeshauptarchiv, BPA der SED Schwerin, II/2.
2 Carl Moltmann, geb. am 23. September 1884 in Brütz bei Goldberg (Mecklenburg). Beruf: Tischler. Seit 1903 SPD. 1928 bis 1933 Dir. Arbeitsamt Schwerin. 1919 bis 1933 MdL Mecklenburg-Schwerin. 1932/33 MdR. 1944 Haft. Juni 1945 Ltr. Landesarbeitsamt. Juli 1945 bis Oktober 1946 Ltr. Abt. Arbeit und Sozialfürsorge LVW Mecklenburg. Juli 1945 bis April 1946 Vors. LV SPD MecklenburgVorpommern. April 1946 Vors. u. Sekr. LV SED Mecklenburg. April 1946 PV SED. 1950 MdV. 1951 Rücktritt als Sekr. LV SED Mecklenburg. 1952 Vors. DRK. 1950 bis 1960 ZK SED. 1960 gest.
3 Xaver Karl, geb. am 24. Oktober 1892 in Bogen (Niederbayern). Beruf: Klempner und Installateur. Seit 1913 SPD. 1921 bis 1933 Gewerkschaftssekr. 1929 bis 1933 MdL Mecklenburg-Schwerin.

Parteien noch nicht zugelassen hatte. Durch den Einmarsch der russischen Truppen haben die Kommunisten sofort ihre Partei eröffnet und uns mitgeteilt, daß auch wir unsererseits auf Grund des Erlasses der russischen Besatzungsbehörden in Berlin die SPD eröffnen könnten.[4]

Daraufhin wurde sofort in der Schloßstr[aße] in meinem früheren Zigarrengeschäft ein Parteibüro eröffnet und Aufnahme getätigt. Die Zahl der bisher Aufgenommenen zeigt bis heute ein sehr gutes Ergebnis. Die russ[ische] Besatzungsbehörde hat jedoch ihrerseits jetzt von uns die Weiterführung der Partei davon abhängig gemacht, daß selbige erst beim Stadtkommandanten angemeldet und der Oberbürgermeister der Stadt Schwerin davon in Kenntnis gesetzt werden muß. Die örtlich leitenden Personen und die Richtlinien, nach denen die Partei zu arbeiten gedenkt, müßten ebenfalls sofort eingereicht werden. Diesen Aufforderungen ist nachgekommen. Als Person des Vorstandes wurden der Militärregierung als Vorsitzender [Carl] Moltmann, zweiter Vorsitzender [Xaver] Karl und Beisitzer [Carl] Schneeberg[5] genannt.

Um den Anordnungen der russ[ischen] Besatzungsbehörde und auch insbesondere zur völligen Reinhaltung der neugegründeten Partei ist es notwendig, daß bei den Aufnahmen noch viel vorsichtiger wie bisher verfahren wird und die bereits getätigten Aufnahmen auf das gründlichste nochmals untersucht werden, um so zu vermeiden, daß sich ehemalige Angehörige der NSDAP oder Anhänger der Nazipartei einschleichen. Wir wollen schon von Anfang an dafür sorgen, daß unsere wiedererstandene Partei rein und sauber bleibt. Selbst bei unseren früheren langjährigen Mitgliedern ist genau zu prüfen, ob sie sich in den 12 Jahren der Nazidiktatur so verhalten haben, daß sie würdig sind, in die Partei einzutreten.

Zur allgemeinen politischen und wirtschaftlichen Lage gebe ich noch bekannt, daß durch die Einsetzung einer Meckl[enburgischen] Regierung[6], an deren Seite unser Parteifreund [Wilhelm] Höcker[7], Güstrow, steht, die Möglichkeit zum besseren Wiederaufbau gewährleistet ist. Gewiß sind noch eine ganze Menge Schwierigkeiten zu überwinden, und es bedarf der Mitarbeit aller, aber auch aller Parteifreunde, wenn wir über die schwierige Zeit hinwegkommen wollen. Sie alle, die Sie heute hier sind, müssen dabei mithelfen, uns geeignete Vorschläge zur Bekämpfung der Nazis, die absolut noch nicht ausgerottet sind, oder Vorschläge zum wirtschaftlichen Aufbau zu geben. Ich bin der Auffassung, daß die russische Besatzungsbehörde, ganz besonders in ihrer Spitze, den besten Willen hat, gemeinsam

---

1944/45 Haft. Juni 1945 bis März 1946 stellv. bzw. Ltr. Arbeitsamt Schwerin. Juli 1945 bis April 1946 2. Vors. LV SPD Mecklenburg-Vorpommern. April 1946 Sekr. LV SED Mecklenburg. 1952 bis 1974 BL SED Schwerin. 1952 bis 1958 stellv. Vors. Rat des Bezirkes Schwerin. 1980 gest.

4 Gemeint ist der Befehl Nr. 2 der SMAD vom 10. Juni 1945.

5 Über Karl Schneeberg konnten keine weiteren Angaben ermittelt werden.

6 Am 29. Juni 1945 erhielt der Sozialdemokrat Wilhelm Höcker vom Ersten Stellvertreter des Obersten Chefs der SMAD, Armeegeneral Sokolowski, den schriftlichen Auftrag zur Bildung der Landesverwaltung. Am 4. Juli 1945 berief der Oberste Chef der SMAD, Marschall Schukow, das Präsidium der Landesverwaltung in folgender Zusammensetzung: Wilhelm Höcker (SPD) als Präsident, Hans Warnke (KPD) als 1. Vizepräsident und Gottfried Grünberg (KPD) sowie Otto Möller als weitere Vizepräsidenten. Vgl. *Martin Broszat/Hermann Weber* (Hrsg.), SBZ-Handbuch. Staatliche Verwaltungen, Parteien, gesellschaftliche Organisationen und ihre Führungskräfte in der Sowjetischen Besatzungszone Deutschlands 1945–1949, München 1990, S. 109.

7 Wilhelm Höcker, geb. am 20. Juni 1886 in Holzendorf (Stargard). Beruf: Kaufmann. Seit 1911 SPD. 1920 bis 1932 Amtshauptmann Krs. Güstrow, MdL Mecklenburg-Schwerin. August 1944 Haft. Mai 1945 stellv. OB Güstrow. Juli 1945 bis Oktober 1946 Präs. LVW Mecklenburg-Vorpommern. November 1946 bis 1951 Ministerpräs. Mecklenburg. April 1946 bis 1951 Sekr. LV SED Mecklenburg. 1949 MdV. 1955 gest.

mit uns zusammen die noch vorhandenen Mißstände so schnell wie nur möglich zu verbessern. Die dringendste Aufgabe ist, die Flüchtlinge aus Schwerin in ihre Heimat bzw. in Ansiedlungen auf dem platten Lande abzuberufen. Solange diese Aufgabe nicht gelöst ist, wird es in der Ernährungsfrage noch größere Einschränkungen geben. Die Unsicherheit, die bedauerlicherweise in einem recht starken Umfange in der Stadt, sowohl auch ganz besonders in den Landgebieten, vorhanden ist, kann ebenfalls nicht beseitigt werden, solange die Frage der Flüchtlinge nicht geregelt ist. Es sind nicht nur Russen und russische Staatsangehörige und noch viel weniger die russischen Soldaten als vielmehr ein größter Teil dieser Flüchtlinge, die plündern, ja selbst Schweriner Bevölkerung konnte man bereits feststellen, die sich den Unholden anschließen und das Straßenleben unsicher machen. Es ist ganz besonders unsere Aufgabe, Schweriner Einwohner, die in der Form an die Russen herantreten, in diesem oder jenem Haus, in dieser oder jener Straße sei noch etwas zu holen und somit die Veranlassung zu den Überfällen geben, so schnell wie möglich zu stellen. Wir, denen Ihr früher das Vertrauen geschenkt habt und jetzt wieder in verantwortlicher Stellung stehen, werden unsere ganze Kraft aufbringen, mit Eurer Hilfe zusammen Deutschland einer besseren und wieder gesicherten Zukunft entgegenzuführen.

[...]

Nachdem sich noch eine ganze Reihe Genossen über die einzelnen Fragen aussprachen, und auch Beschwerde über unliebsame Überfälle usw. führten, gab der Genosse [Carl] Moltmann bekannt, daß er täglich einen Bericht über die Stimmung der Schweriner Bevölkerung zu den heutigen Besatzungsbehörden beim Kommandanten einreichen müsse. Genosse Moltmann forderte die anwesenden Mitglieder auf, alle unliebsamen Vorkommnisse ihm sofort schriftlich zu melden.

Genosse Moltmann bat zum Schluß, Vorschläge für den neuen Parteivorstand zu machen. Es wurden gewählt:

1. Vorsitzender	Carl Moltmann
2. Vorsitzender	Xaver Karl
Kassierer	Emil Winkler
Schriftführer	Paul Lübbe
1. Beisitzer	Carl Schneeberg
2. Beisitzer	Rudi Echse

Schwerin, den 8. 7. [19]45[8]

---

8 Datum handschriftlich.

Nr. 4
Schreiben des SPD-Ortsvereins Torgelow an den Landesvorstand der SPD Mecklenburg-Vorpommern vom 3. August 1945[1]

Ortsgruppe Torgelow
d[er] Soz[ialdemokratischen] Partei
Torgelow, Langer Kamp 1

Torgelow, den 3. 8. 1945

An den
Landesverband Mecklenburg-Vorpommern d[er]
Soz[ialdemokratischen] Partei Deutschlands
Schwerin

1. Am 1. Juli 1945 haben wir wieder in Torgelow eine Ortsgruppe der SPD gegründet. Die Mehrzahl der alten Genossen hat sich uns schon wieder angeschlossen. Vorsitzender der Ortsgruppe ist der Genosse Wilhelm Großkopf, Torgelow, Langer Kamp, vor 1933 Mitglied im Kreisvorstand der Partei.
  Da die KPD schon seit einiger Zeit mit ihrer Landesgruppe Verbindung hat, bei uns diese mit Ihnen aber noch fehlt, möchten wir gern auf diesem Wege die Verbindung herstellen. Wir bitten dringend um nähere Anweisung, Werbematerial und regelmäßige Übersendung von Zeitungen.
2. Gleichzeitig fügen wir ein Schreiben in einer persönlichen Angelegenheit eines Genossen bei[2] um deren Erledigung wir dringend bitten.

Die Parteileitung
Wilhelm Großkopf[3]

---
1 Mecklenburgisches Landeshauptarchiv, BPA der SED Schwerin, II/2.
2 Dieses Schreiben ist im Schweriner Archiv nicht überliefert.
3 Unterschrift handschriftlich.

Nr. 5
Schreiben des Ortsvorsitzenden der SPD Rerik an Karl Moritz vom 21. August 1945[1]

Rerik, den 21. August 1945

Herrn
Stadtrat [Karl] Moritz[2]
Seestadt Wismar

Lieber Genosse [Karl] Moritz!
  Veranlassung zu diesem Schreiben gibt das dringende Bedürfnis, daß so bald wie möglich hier in Rerik eine Massenkundgebung unserer Partei stattfinden muß. Es ist unbedingt

---
1 Vorpommersches Landesarchiv, BPA der SED Rostock, II/3/21.
2 Karl Moritz, geb. am 25. Mai 1892 in Eigenfeldt. Beruf: Schmied/Schlosser. Seit 1919 SPD. 1928 bis 1933 Geschäftsführer im Deutschen Metallarbeiterverband in Wismar. 1945 Stadtrat in Wismar. 1945/46 LV SPD Mecklenburg-Vorpommern. 1946 bis 1949 LV SED Mecklenburg. 1949 Verhaftung.

wichtig, daß auch wir aktiv tätig sind, denn die KPD hat nun schon verschiedene Male Redner hier gehabt, die im überfüllten Kino gesprochen haben. Und so ganz ohne Erfolg wird es dann für die die Versammlung veranstaltende Partei – in diesem Falle die KPD – ja wohl nicht gewesen sein. Ich möchte Sie also bitten, uns tatkräftig unter die Arme zu greifen, damit wir propagandistisch nicht hintenan stehen. Wie wäre es, wenn Sie im Laufe der kommenden Woche an einem von Ihnen zu bestimmenden Abend hier im Reriker Kino sprechen würden? Vor allen Dingen böte sich dadurch auch die Gelegenheit, mal in einer »Privataudienz in meiner Wohnung« wichtige, uns sehr am Herzen gelegene Angelegenheiten zu besprechen. Man sitzt doch manches Mal derartig in der Klemme bei irgendwelcher Entscheidung, da wir bislang noch keine Gelegenheit hatten, uns mit Ihnen und ihren maßgebenden politischen Sachbearbeitern über die allgemeine augenblickliche politische Lage und sonstige damit in engster Verbindung stehenden Fragen zu unterhalten.

Ich selbst betätige mich aktiv als Bezirksredner – d. h. also ich rede in politischen Versammlungen im Bezirk Rerik in den zu diesem gehörigen Ortschaften. Zur Zeit wird die Anberaumung einer politischen Versammlung in irgendeinem Dorf vom Block der antifaschistischen Parteien (Ausschuß)[3] vorgenommen. Dort spricht zuerst der Redner der KPD, der Spitzenorganisation, wie hier der Bürgermeister Wilken immer laut und vernehmbar umherposaunt, dann trete ich auf an zweiter Stelle. Aber was macht das schon?

Am Sonntag fand eine derartige Versammlung in Biendorf statt, die bei überfülltem Saal einen guten Verlauf nahm. Ich setze schon jetzt voraus, daß der Erfolg für unsere Partei auch bei uns im Bezirk nicht ausbleiben wird, wir werden alles dransetzen, daß eine Ortsgruppe nach der anderen entstehen wird. Am Donnerstag dieser Woche spreche ich in Wichmannsdorf und am Sonnabend in Wischuer. Sie sehen also, daß wir auch im »von der Welt abgeschnittenen« Rerik unseren Mann stehen. An Sie aber möchte ich die Bitte richten, uns ständig auf dem Laufenden zu halten, damit wir wissen, über wieviel »Ellenbogenfreiheit« in puncto Reden und Vortrag man jeweils verfügen darf. Na, ich denke doch, daß unsere demnächst stattfindende mündliche Aussprache von großem Nutzen für uns hier in Rerik sein wird.

Telefonisch bin ich unter Rerik 141, Apparat 707, während der Dienststunden zu erreichen, meinen Privatanschluß, der in den nächsten Tagen gelegt wird, teile ich Ihnen im nächsten Schreiben mit.

Alles andere hoffentlich recht bald mündlich!
Ich schließe mit besten Grüßen an Sie und bekannte Genossen
Ihr

[Bertholdt H.] Christiansen[4]

---

3 Am 14. Juli 1945 unterzeichneten Vertreter der SPD, KPD, LDP und CDU in Berlin ein Kommunique zur Bildung eines »Blocks der antifaschistisch-demokratischen Parteien« (zunächst wurde statt »Block« der Begriff »Einheitsfront« verwandt) und empfahlen, sich in den Ländern, Bezirken, Kreisen und Orten in gleicher Weise zur gemeinsamen Aufbauarbeit zusammenzufinden. Vgl. *Siegfried Suckut* (Hrsg.), Blockpolitik in der SBZ/DDR. Sitzungsprotokolle des zentralen Einheitsfront-Ausschusses, Köln 1986. Bereits am 10. Juli 1945 konstituierte sich der Block der antifaschistisch-demokratischen Parteien aus SPD, KPD und CDU in Mecklenburg-Vorpommern als erster in einem Land der sowjetischen Zone. Nach dessen Vorbild bildeten sich in verschiedenen Orten Mecklenburgs derartige Blockausschüsse. Vgl. *Benser*, Die KPD im Jahre der Befreiung, S. 254.
4 Unterschrift handschriftlich.

Nr. 6
Aus dem Rundschreiben Nr. 10 des Landesvorstandes der SPD Mecklenburg-Vorpommern[1] vom 30. August 1945[2]

Sozialdemokratische Partei
Mecklenburg-Pommern
Geschäftestelle Schwerin, Karl-Marxstr[aße] 19, I

30. August 1945

Rundschreiben Nr. 10

[...] 5. Antifaschistische Front.
Der Bundesvorstand[3] macht es den Ortsgruppenvorständen und örtlichen Vertrauenspersonen zur ernsten Pflicht, Antifaschistische Ausschüsse zu bilden und nach besten Kräften für ihre gute Funktion zu sorgen.[4] Als Teilnehmer kommen für uns in erster Linie die Kommunisten infrage, in einzelnen Städten auch Demokraten.
In der Regel wird jede Partei drei Vertreter in den Ausschuß entsenden. Diese werden nicht gewählt, sondern von jeder Partei selbständig bestimmt. Letzteres gilt auch für die Namhaftmachung von Rednern, Gemeindevertretern usw.
Die Antifaschistischen Ausschüsse haben drei Aufgabengebiete:

a) gegenseitige Hilfe und Förderung, Schutz und Ausbau gemeinsamer Rechte, namentlich der Versammlungsfreiheit;
b) einheitliche Vertretung der zugelassenen Parteien bei den Militärbehörden und den Organen der öffentlichen Verwaltung, Aufbau der Selbstverwaltung (im besonderen Entsendung von Vertretern in gemeindliche Ausschüsse, Vorschläge von leitenden Beamten usw.);
c) Bearbeitung und Pflege gemeinsamer politischer und sozialer Aufgaben und Einrichtungen.

---

1 Die Bildung eines Landesvorstandes war mit erheblichen Schwierigkeiten verbunden und verzögerte sich durch die Auflagen der SMA in Schwerin. Am 20. Juli 1945 fand eine Zusammenkunft der Ortsvorsitzenden von Mecklenburg-Vorpommern in Schwerin statt, die den Landesvorstand in folgender Zusammensetzung wählte: Albert Schulz als 1. Vorsitzender, Carl Moltmann als 2. Vorsitzender, Karl Moritz, Xaver Karl, Franz Höppner, Herbert Säverin, Alfred Starosson, Rudolf Bohse, Paul Wöhl, Otto Heynemann und Gerhard Raatz als Beisitzer des Landesvorstandes. Die Liste der Vorstandsmitglieder wurde am 27. Juli der SMA Mecklenburg-Vorpommerns übergeben, von dieser aber nicht anerkannt. Die am 4. August in veränderter Form eingereichte Vorstandsliste wurde von der SMA erst Ende August 1945 bestätigt und sah wie folgt aus: 1. Vorsitzender Carl Moltmann; 2. Vorsitzender Xaver Karl; Geschäftsführer Hermann Lüdemann; Beisitzer Albert Schulz, Alfred Starosson, Karl Moritz, Herbert Säverin, Otto Heynemann, Hermann Krüger, Paul Wöhl. Der Landesvorstand trat am 26. August 1945 zu seiner ersten Sitzung in Schwerin zusammen. Vgl. Mecklenburgisches Landeshauptarchiv, BPA der SED Schwerin, II/1.
2 Mecklenburgisches Landeshauptarchiv, BPA der SED Schwerin, II/1.
3 Gemeint ist der Zentralausschuß der SPD.
4 Es handelt sich hier um die aus Sozialdemokraten, Kommunisten, Liberaldemokraten und Christdemokraten bestehenden Ausschüsse des Blocks der antifaschistisch-demokratischen Parteien. Da LDP und CDU nicht in allen Orten und Städten vertreten waren, reduzierte sich die Zusammensetzung der Blockausschüsse mitunter auf Sozialdemokraten und Kommunisten.

Einzelheiten sind im Rundschreiben Nr. 3[5], Punkt 5 genannt.

Die Antifaschistischen Ausschüsse sollen die politische Arbeit der Parteien weder ersetzen noch beschränken, sie vielmehr wirkungsvoller zu gestalten. D[as] h[eißt] also: Die Parteien bleiben in ihrer Selbständigkeit bestehen, sie schließen sich nur zu einer Arbeitsgemeinschaft zusammen, um wichtige, gemeinsame Aufgaben durch gemeinsames Vorgehen besser und gründlicher lösen zu können: die Befreiung Deutschlands von jeglichem faschistischen Wesen im Handeln und Denken. Deshalb soll auch der Vorsitz (in und zwischen den Sitzungen) abwechselnd geführt werden. Ferner ist anzustreben, daß bei neu gegründeten Ortsgruppen vor dem öffentlichen Hervortreten des Antifaschistischen Blocks durch eine selbständige sozialdemokratische Kundgebung die Öffentlichkeit über die Eigen-Existenz unserer Partei unterrichtet wird. Öffentliche Kundgebungen der Antifaschistischen Ausschüsse sollten immer einem bestimmten Zwecke dienen (z. B. der Förderung der Erntearbeit, Aufnahme von Flüchtlingen, Aufbau der Wirtschaft).

gez. [Hermann] Lüdemann[6]

---

5 In dem Rundschreiben Nr. 3 des Landesvorstandes vom 20. August 1945 wurde unter Punkt 5 folgendes vermerkt: »Nach erfolgter Gründung der Ortsgruppe ist der Zusammenschluß mit den anderen am Ort vertretenen Parteien zu einem Antifaschistischen Block eine wichtige Aufgabe. Das Arbeitsprogramm sollte mindestens folgende Punkte enthalten:
1. Beseitigung der Faschisten und Ausrottung der faschistischen Ideologie.
2. Aufbau der Wirtschaft; Sicherung der Volksernährung; Beschaffung von Arbeit und Brot für die neuen Volksgenossen (Flüchtlinge).
3. Schutz der Jugend vor nationalistischen Einflüssen, Propagierung einer friedlichen und fortschrittlichen Lebensauffassung.
4. Praktische soziale Arbeit zum Schutze der Notleidenden.
5. Gegenseitige Unterstützung und Veranstaltung gemeinsamer Kundgebungen.

Aus dieser Aufzählung der Aufgaben ergibt sich unsere Bereitwilligkeit zur Veranstaltung gemeinsamer öffentlicher Kundgebungen. Voraussetzung hierfür ist jedoch, daß einige Zeit vorher eine eigene öffentliche Kundgebung unserer Partei stattgefunden hat.« Mecklenburgisches Landeshauptarchiv, BPA der SED Schwerin, II/1.

6 Hermann Lüdemann, geb. am 5. August 1880 in Lübeck. Beruf: Maschinenbauer. Vor 1933 SPD. 1920/21 Preußischer Staats- und Finanzminister. 1927/28 Regierungspräs. in Lüneburg. 1928 bis 1932 Oberpräs. Nieder-Schlesien in Breslau. 1933/35 Schutzhaft bzw. KZ. Juli bis Dezember 1945 Landesgeschäftsführer LV SPD Mecklenburg-Vorpommern. 1946 Minister des Innern Schleswig-Holstein. 1947/49 Ministerpräs. Schleswig-Holstein. 1959 gest.

Nr. 7
Schreiben des Ortsvorsitzenden der SPD Rerik an den Landrat des Kreises Wismar Robert Brinkmann vom 2. September 1945[1]

Bertholdt H. Christiansen
Rerik-West (Meckl[enburg])
Postfach 2

Rerik, d[en] 2. Sept[ember] 1945

Herrn
Landrat [Robert] Brinkmann[2]
Seestadt Wismar

Lieber Genosse [Robert] Brinkmann!
    Verschiedene Gründe veranlassen mich, diese Zeilen zu schreiben, und zwar bin ich beauftragt, Ihnen im Namen aller Mitglieder unseren herzlichsten Dank für Ihr Kommen und Ihre hervorragenden Vorträge auf unserer ersten Kundgebung auszusprechen. Wir alten Ansässigen des Kreises Wismar waren wohl keineswegs voreingenommen, wenn wir durch Ihren Besuch hier in Rerik ein völlig überfülltes Kino voraussahen. Ca. 600 Personen nahmen an der Kundgebung teil. Die Kundgebung ist von der Bevölkerung ganz begeistert aufgenommen [worden] und bildet noch überall das Tagesgespräch. Ja, vielen schäumt der Mund über und machen ihrem Herzen Luft durch Aussprüche wie z. B.: »Der Landrat hat ja ganz groß gesprochen und redet, wie ein Deutscher denken muß. Er hat nicht vergessen, daß wir Deutsche sind« oder »Wenigstens einer von denen, die nicht hinter den anderen – gemeint sind die Russen – herkriechen.« Ganz besonderen Eindruck hat in Ihrer Rede die »Verwahrung gegen die Kriegsschuld aller Deutschen« gemacht, ferner Ihr Ausspruch von dem »Abzug der Russen lieber heute als morgen«. Auch die Rede des Genossen [Karl] Moritz ist mit größter Aufmerksamkeit aufgenommen worden und wird ebenfalls in der Bevölkerung noch heute besprochen. Also alles in allem: Für uns ein großer Erfolg, dessen Auswirkungen in puncto weiteres Steigen der Mitgliederzahl nicht ausbleiben wird.
    Nun kommt aber auch noch die Kehrseite: Die KPD und in erster Linie der russische politische Kapitän haben Anstoß genommen an folgendem Ihrer Rede:[3]

1. Ihre Verwahrung gegen die Kriegsschuld aller Deutschen;
2. Abzug der Russen lieber heute als morgen;
3. Daß die Russen noch früher abziehen werden aus dieser Besatzungszone als die Engländer und Amerikaner aus ihrer;
4. Ihre Ausführungen über die eingefrorenen Banknoten in der russischen Besatzungszone.

Sie werden sich wohl leicht vorstellen können, was nun für ein Hallo beim politischen Kommissar war. Aber unser Genosse Olhorn[4] hat sich nicht die Butter vom Brot nehmen lassen und den Vorwurf des politischen Kapitäns, daß in der Sozialdemokratischen Partei wohl Faschisten seien und vielleicht sogar der Faschismus dort Boden zu gewinnen versu-

---
1 Vorpommersches Landesarchiv, BPA der SED Rostock, II/3/21.
2 Robert Brinkmann, geb. 1889. Beruf: Verwaltungsbeamter. Seit 1912 SPD. Vor 1933 LR (Amtshauptmann) Krs. Wismar. 1945 LR Krs. Wismar. April 1946 SED. 1947 Abtltr. im Ministerium für Arbeit und Sozialfürsorge Mecklenburg. 1952 Ltr. Altersheim in Güstrow.
3 Die erwähnte Rede ist im Rostocker Archiv nicht überliefert.
4 Angaben über die erwähnte Person konnten nicht ermittelt werden.

che, schärfstens zurückgewiesen. Jedenfalls ist das Ergebnis der politischen Auseinandersetzung, daß auf Grund Ihrer Rede und der dadurch hervorgerufenen Beanstandungen seitens des politischen Kapitäns und der Spitzen der KPD vom politischen Kapitän der Stadtkommandantur Rerik das einstweilige Kundgebungs-Verbot der SPD-Ortsgruppe Rerik u[nd] Umgebung heute vormittag (2. 9. [19]45 – 10 Uhr) verfügt wurde.

Uns hat dies nicht weiter aus der Fassung gebracht, sondern wir vertreten die Ansicht, daß diese Maßnahme gerade das Gegenteil des von dem politischen Kapitän und den Kommunisten »gewollten Zieles«(?)[5] auslösen wird. Ich brauche hier wohl weiter nichts zu erläutern.

Wie sollen wir uns nun verhalten? Wie können wir sofortige Aufhebung des Kundgebungs-Verbotes erwirken? Ein sofortiger Einspruch von dort (Kreisgruppe) wäre m[eines] E[rachtens] doch wohl das Richtigste.[6]

In der Hoffnung, von Ihnen oder dem Genossen [Karl] Moritz, dem ich eine Kopie dieses Schreibens mit gleicher Post zugehen lasse, schnellstens diesbezügliche Anweisungen zu erhalten, verbleibe ich mit den besten Grüßen
Ihr
[gez. Bertholdt H. Christiansen]

Lieber Genosse [Karl] Moritz!

Die Kopie des an Genossen [Robert] Brinkmann gerichteten Briefes sagt Ihnen alles. Weitere Ausführungen meinerseits dazu erübrigen sich wohl.

Bei dieser Gelegenheit kann ich nicht umhin, auch Ihnen den herzlichsten Dank im Namen aller Reriker Mitglieder für Ihr Kommen und Ihren hervorragenden Vortrag zu übermitteln. Sie dürfen überzeugt sein, daß Ihre und des Gen[ossen] Brinkmann Anwesenheit hier in Rerik dazu beitragen wird, unsere Ortsgruppe noch um ein Erhebliches zu vergrößern.

Was unser Kundgebungs-Verbot anbetrifft, werden wir sicher schnellstens von Ihnen hören.

Mit besten Grüßen bin ich
Ihr [Berthold] Christiansen[7]

---

5 Das in Klammern gesetzte Fragezeichen steht so im Text des Schreibens.
6 Robert Brinkmann bemühte sich in einem Schreiben vom 5. September 1945 an die Militärkommandantur in Rerik um eine Richtigstellung seiner Ausführungen und bat um die Aufhebung des ausgesprochenen Versammlungsverbots. Eine Antwort auf das Schreiben ist nicht überliefert.
7 Unterschrift handschriftlich.

Nr. 8
Bericht über eine gemeinsame Versammlung von SPD und KPD in Stavenhagen (Kreis Malchin) am 4. September 1945[1]

Am Dienstag, den 4. 9. [19]45 fand eine gemeinsame Versammlung der Mitglieder der KPD und SPD statt.

Genosse *Rungenhagen* [KPD] eröffnete die Versammlung und begrüßte die Genossen der SPD, er forderte sie zur tatkräftigen Zusammenarbeit auf.

Punkt I: Einberufung einer Bauernversammlung in Stavenhagen.

---

1 Mecklenburgisches Landeshauptarchiv, BPA der SED Schwerin, I/17.

Lebhafte Aussprache über die Aufteilung der Güter.[2] Gen[osse] *Rungenhagen* führte u. a. aus, daß die Güter der Gemeinschaft gehören müssen und dadurch eine Basis zur Ausgleichung der Ernährung geschaffen werden muß. Er trat mit der Frage an die Versammlung heran, ob die F[irma] Gebr[üder] Kaiser als Getreidehändler nicht ihren Lebensunterhalt verdient und deshalb ihr Land an Bauern abgeben kann, damit diese lebensfähiger sind.

Genosse *Magedanz* [SPD] dankte dem Genossen Rungenhagen für die Begrüßung und erklärte, daß auch die SPD den Willen hat, gemeinsam mit der KPD zusammenzuarbeiten. Mit der Frage der Aufteilung der Güter ist Magedanz nicht ganz einverstanden. Seine Ansicht wäre, die Güter zu verstaatlichen und zu bewirtschaften.

Genosse *Angermann* [KPD] spricht für die Aufteilung der Güter, damit die Bauern mehr Land erhalten, um eine bessere Existenz zu haben. Nur dann können die Bauern einen größeren Ertrag erzielen und mehr abliefern.

Punkt II: Aufnahmen

Genosse *Rungenhagen* machte auch die SPD darauf aufmerksam, daß nicht ein jeder in die Partei aufgenommen werden kann, wenn nicht der Nachweis erbracht werden kann, daß er aktiv mitarbeiten will. Mitglieder der NSDAP oder deren Organisationen dürfen nicht aufgenommen werden! Dieses ist Prinzip der KPD und wäre auch von der SPD erwünscht. Jeder aufrichtige Mensch, auch aus der Gruppe der Intelligenten, ist gern gesehen, vorausgesetzt, daß er die Mitgliedschaft nicht als Mittel zum Zweck benutzen will, sondern den ehrlichen Willen hat, im demokratischen Sinne mitzuarbeiten.

Gen[osse] *Magedanz*: Der politisch interessierte Mensch kann heute mitreden und mitregieren, ein Unpolitischer wird regiert.

Punkt Verschiedenes

Hier gab Genosse *Rungenhagen* einen kurzen Bericht über die Arbeiten der KPD, Wiederaufbau der ausgeschlachteten Sägewerke, Organisierung und Aufbau der ganzen Verwaltung, Wiederaufbau holzverarbeitender Betriebe (Drechslerei, Pantoffelmacherei usw.) Die schwierige Arbeit des Bürgermeisters wurde betont.

Als Pol[itischer] Leiter der KPD sprach Genosse *Walter*. Er machte der SPD den Vorwurf, daß sie bis jetzt die Arbeit der KPD überlassen hat. Er hätte vom Vorstand der SPD erwartet, daß sie als demokratische Partei sofort in den Wiederaufbau eingegriffen hätte. Die KPD hofft aber, daß nach dieser Aussprache aktiv gearbeitet wird. Dann wies Gen[osse] Walter auf die 10 Punkte des Parteiprogrammes hin und führte u. a. aus: Nur gemeinsame Arbeit kann zum Ziele führen, alles Alte muß fallengelassen werden. Alle Kraft muß auf das Land geführt werden, denn Aufklärung der Landesbevölkerung ist dringend notwendig.

---

2 Am 22. August 1945 hatte das Sekretariat des ZK der KPD den Bezirkssekretären Richtlinien zur Bodenreform übergeben. Die KPD forderte eine entschädigungslose Enteignung des Landbesitzes über 100 Hektar und die Aufteilung des Bodens in 5 bis 12 Hektar große selbständige Bauernstellen. Unter Sozialdemokraten dominierte hingegen der Gedanke der Verstaatlichung des Grund und Bodens und der Bildung von Genossenschaften. Insbesondere hielten Sozialdemokraten die neu zu bildenden Bauernstellen mit 5 Hektar für nicht überlebensfähig. Der Streit um die Größe der aufzuteilenden Wirtschaften wurde dann nicht zuletzt mit der Autorität der Besatzungsmacht zugunsten der KPD entschieden. Bis Mitte November 1945 waren in Mecklenburg-Vorpommern 2007 von 2199 Gütern über 100 Hektar enteignet und den Bodenfonds zugeführt worden. Hauptsächlich erhielten Landarbeiter, landlose Bauern und Flüchtlinge Land. Vgl. Geschichte der Landesparteiorganisation der SED Mecklenburg 1945–1952, Rostock 1986, S. 118 ff.; *Joachim Piskol/Christel Nehrig/Paul Trixa*, Antifaschistisch-demokratische Umwälzung auf dem Lande (1945–1949), Berlin 1984.

Gen[osse] Walter brachte zum Vorschlag, einen Arbeitsausschuß, bestehend aus 3 Mitgliedern der SPD und 3 Mitgliedern der KPD zu wählen, der alle Fragen der Bevölkerung von Stadt und Land zu bearbeiten und in den Versammlungen zur Debatte zu bringen hat.

Genosse *Magedanz* führte u. a. aus: Die alte Führung der SPD hat versagt. Es müssen alle Mittel und Wege gesucht werden, um eine brüderliche Zusammenarbeit zu führen. Auch bürgerliche Elemente, soweit sie sozialistische Interessen vertreten, sind uns willkommen. Wir erkennen die 10 Punkte der KPD voll an.[3]

Für den Ausschuß wurde in Vorschlag gebracht:
Müller, Bendig, Ahsmann – KPD
Mamerow, Lau, Rhode – SPD.
Dieser Ausschuß tritt jeden Mittwoch zusammen.

Als Abschluß wurde das Lied: »Brüder zur Sonne zur Freiheit« gesungen.

Der Pol[itische] Leiter Walter[4]

---

3 Das Zentralkomitee der KPD hatte in seinem Aufruf vom 11. Juni 1945 die »unmittelbarsten und dringendsten Aufgaben« in zehn Punkten zusammengefaßt. Gefordert wurden u. a. Maßnahmen zur vollständigen Liquidierung aller Überreste des Hitlerregimes, wie restlose Säuberung aller öffentlichen Ämter, Bestrafung der Kriegsverbrecher und jener Nazis, die sich persönlich schuldig gemacht hatten; Maßnahmen zur Lösung der dringlichsten Lebensfragen der Bevölkerung, wie Kampf gegen Hunger, Arbeitslosigkeit und Obdachlosigkeit, Ingangsetzen der Produktion, Wiederaufbau der Schulen, Wohn- und Arbeitsstätten, Einbringung der Ernte, Kampf gegen Spekulanten. Vgl. Dokumente und Materialien zur Geschichte der deutschen Arbeiterbewegung, Reihe III, Bd. 1, S. 18 f.
4 Unterschrift handschriftlich.

Nr. 9
Bericht über die Sitzung des Blocks der antifaschistisch-demokratischen Parteien in Usedom am 22. September 1945[1]

Anwesend als Vertreter der SPD waren:
Herr Semmler, Vorsitzender;
Herr Farbowski;
Herr Hümer;
Herr Böttcher;

Christlich-Demokratische Union:
Herr Jöhren, Vorsitzender;
Herr Zaremba;
Herr Bartelt;

KPD:
Genosse Stephan, Greifswald;
Genosse Fink;
Genosse Döring;
Genosse Finster;
Genosse Döring II.

---

1 Mecklenburgisches Landeshauptarchiv, BPA der SED Schwerin, I/32.

Der Genosse *Stephan* [KPD] stellte die Frage der Durchführung der Bodenreform. Er wies darauf hin, daß in unserem Kreise die bisherige mangelhafte Durchführung der gestellten Fragen in der nicht voll zum Einsatz gekommenen Kraft der drei antifaschistischen Parteien zu Grunde liegt. Genosse Stephan führte noch einmal mit aller Klarheit die Notwendigkeit zur Durchführung der Bodenreform, ihre Begründung und Ursachen an.

In der darauffolgenden Diskussion entstand ein lebhafter Meinungsaustausch zwischen dem SPD-Kollegen Farbowski und dem Vertreter der Christlich-Demokratischen Union, Herrn Jöhren. Der SPD-Kollege Farbowski zeigte eine starke Tendenz in der Richtung, die Bodenaufteilung sei an sich verfrüht, vertrat ferner die Meinung, die Aufteilung des Bodens in kleine Wirtschaften biete nicht die Garantie für die Ernährung des Volkes, die vielmehr seines Erachtens nach durch Belassung einer größeren Gutsbewirtschaftung (Genossenschaft) gegeben wäre.[2] Ferner führte Farbowski die Tatsache an, daß die nach seiner Auffassung [durch die] vorläufige Leitung der SPD [vorgenommene] Anerkennung des Aktionsprogramms der Kommunistischen Partei wohl noch nicht absolut bindend sei[3], da die Anerkennung hierzu ohne Befragung der schon bestehenden Mitgliedschaft der SPD gegeben wurde. Er begründete dies damit, daß sie als SPD-Mitglieder im Kreise Usedom-Wollin bisher ohne jede Verbindung mit der oberen Leitung der SPD seien.

Farbowski wurde dann von dem Vorsitzenden der Christlich-Demokratischen Union, Herrn Jöhren, scharf angegriffen. Herr *Jöhren* zeigte klar und deutlich unter vollster Bekennung zum Aktionsprogramm der Kommunistischen Partei die Notwendigkeit der Bodenaufteilung auf.[4] Jöhren wies darauf hin, daß Abweichungen und Schwankungen irgendwelcher Art von Seiten einzelner alter SPD-Kollegen sich sehr nachteilig und gefährlich für den

---

2 Die Überführung des enteigneten Grund und Bodens in Staatseigentum forderten die Vertreter des Zentralausschusses auf einer Sitzung des zentralen Arbeitsausschusses von KPD und SPD am 30. August 1945. Vgl. SAPMO-BArch, ZPA, NL 36/631; NL 36/633. Auf dem Hintergrund der feststehenden Position der KPD rückte der Zentralausschuß Anfang September von dieser Forderung ab und stimmte der beschleunigten Durchführung der Aufteilung des Bodens in lebensfähige Kleinbauernbetriebe zu. Auch im Streit um die Größe der zu bildenden Neubauernwirtschaften schwenkte der Zentralausschuß auf die Vorgabe der KPD ein, wonach die Größe des Bodens zwischen 5 und 12 Hektar liegen und der bäuerliche Betrieb ohne Nebenerwerb existieren sollte. Am 4. September 1945 vereinbarten dann die beiden zentralen Führungen die Durchführung gemeinsamer Funktionärsversammlungen mit dem Thema »Die Bodenreform, die dringendste Aufgabe der demokratischen Kräfte«. Am 13. September 1945 verabschiedete der zentrale Ausschuß des »Blocks der antifaschistisch-demokratischen Parteien« eine Erklärung zur Bodenreform, die am 15. September veröffentlicht wurde. Vgl. Dokumente und Materialien zur Geschichte der deutschen Arbeiterbewegung, Reihe III, Bd. 1, S. 157 f.; *Piskol/Nehrig/Trixa*, Antifaschistisch-demokratische Umwälzung auf dem Lande.
3 Im Aufruf des Zentralausschusses der SPD vom 15. Juni 1945 lautete die entsprechende Passage hierzu wie folgt: »Wir sind bereit und entschlossen, hierbei mit allen gleichgesinnten Menschen und Parteien zusammenzuarbeiten. Wir begrüßen daher auf das wärmste den Aufruf des Zentralkomitees der Kommunistischen Partei Deutschlands vom 11. Juni 1945, der zutreffend davon ausgeht, daß der Weg für den Neubau Deutschlands von den gegenwärtigen Entwicklungsbedingungen Deutschlands abhängig ist und daß die entscheidenden Interessen des deutschen Volkes in der gegenwärtigen Lage die Aufrichtung eines antifaschistischen, demokratischen Regimes und einer parlamentarisch-demokratischen Republik mit allen demokratischen Rechten und Freiheiten für das Volk erfordern.« Dokumente und Materialien zur Geschichte der deutschen Arbeiterbewegung, Reihe III, Bd. 1, S. 28 f.
4 Bei diesem Satz habe ich eine Umstellung einzelner Wörter vorgenommen, da der Satz ansonsten keinen Sinn gegeben hätte.

so notwendigen einheitlichen Aufbau des demokratischen Deutschlands auswirken könnten und scharf zurückgewiesen werden müßten.[5]

Farbowski gab in seiner Erwiderung zu verstehen, daß auch er an sich völlig die Notwendigkeit der engsten Zusammenarbeit der antifaschistisch-demokratischen Parteien begrüße und anerkenne, seine gemachten Einwürfe lediglich auf die bisher mangelnde Verbindung und Orientierung zu seiner Parteileitung zurückzuführen seien.

Alle Anwesenden beschlossen dann, sich sofort aktiv für die Durchführung der Bodenreform einzusetzen.

gez. Fink[6]

---

5 Die Führung der CDU in Berlin stand auf völlig anderen Positionen. Der erste Vorsitzende Andreas Hermes hatte zwar am 13. September 1945 eine Resolution des zentralen Aussschusses des Blocks der antifaschistisch-demokratischen Parteien mitunterzeichnet, die die Bodenreform vorbehaltlos begrüßte, das Problem einer Entschädigung aber nicht anschnitt. Die CDU verweigerte als einzige Partei ihre Zustimmung zur entschädigungslosen Enteignung und verhinderte schließlich Anfang Dezember 1945 einen entsprechenden Beschluß des zentralen Blockausschusses zur Neubauernhilfe. Da sich die CDU-Führung damit angeblich zu einem »Hort der Reaktion« entwickelt hatte, wurden Mitte Dezember 1945 die bisherigen ersten Vorsitzenden Andreas Hermes und Walther Schreiber durch die SMAD ihrer Funktionen enthoben. Die bisherigen dritten und vierten Vorsitzenden, Jakob Kaiser und Ernst Lemmer, rückten an die Parteispitze. Vgl. *Peter Hermes*, Die Christlich-Demokratische Union und die Bodenreform in der Sowjetischen Besatzungszone Deutschlands im Jahre 1945, Saarbrücken 1963; *Siegfried Suckut*, Zum Wandel von Rolle und Funktion der Christlich-Demokratischen Union Deutschlands (CDUD) im Parteiensystem der SBZ/DDR (1945–1952), in: *Hermann Weber* (Hrsg.), Parteiensystem zwischen Demokratie und Volksdemokratie, Köln 1982, S. 117–178.

6 Unterschrift handschriftlich.

Brandenburg

Nr. 10

Aus der Niederschrift von Georg Spiegel[1] über die Gründung der SPD in Potsdam vom 10. August 1945[2]

Sozialdemokratische Partei
Groß-Potsdam

10. August 1945

Protokoll

[...] Noch während der letzten Kriegstage sammelten sich die Genossen innerhalb Potsdams, um die Partei neu zu gründen. Die Genossen [Georg] Spiegel und [Arno] Neumann versuchten eine Organisationsreise von Babelsberg nach Potsdam zu unternehmen, konnten jedoch die Lange Brücke nicht passieren. In Babelsberg wurde sofort mit der Aufstellung des Funktionärapparates »Orga« begonnen. Babelsberg hatte sich kampflos ergeben, Potsdam konnte erst am 3. Mai [1945] von [Georg] Spiegel und [Arno] Neumann betreten werden. Die Verbindung wurde in einem Fußmarsch, der einen ganzen Tag dauerte, mit allen führenden Genossen sofort aufgenommen.

Nachmittags fand in Potsdam die Bildung eines antifaschistischen Vollzugsrates statt, in die die Genossen Hans Bauer, [Alfons] Bommel, [Arno] Neumann und [Georg] Spiegel eintraten.[3] Daneben wurde als 5. Mann der Genosse [Fritz] Brösicke – Bornstedt – gewählt, der später dann wieder austrat. Der Vollzugsausschuß bestand aus 10 Mann.[4] Beabsichtigt

---

1 Georg Spiegel, geb. 1895. Vor 1933 Redakteur in mehreren regionalen SPD-Zeitungen. 1933 bis 1945 illegale Arbeit, Haft bzw. KZ. 1945/46 BM Potsdam. 1945/46 Vors. SPD Mark Brandenburg. 1946/47 Sekr. LV SED Brandenburg. 1947/48 stellv. Abtltr. Landesregierung Brandenburg. 1949 Geschäftsführer der KG Potsdam. 1960 gest.
2 SAPMO-BArch, ZPA, II/3/2/2.
3 Der Potsdamer Vollzugsausschuß zählte zu den in vielen Orten und Städten im Frühjahr und Sommer 1945 gebildeten antifaschistischen Ausschüssen. Viele dieser Ausschüsse bildeten sich in den letzten Tagen der nationalsozialistischen Herrschaft sowie unmittelbar zum Zeitpunkt der Besetzung der jeweiligen Städte und Gemeinden. In diesen Ausschüssen setzten sich vor allem deutsche Antifaschisten für die Entfernung nationalsozialistischer Verwaltungsbeamter aus öffentlichen Ämtern und aus der Wirtschaft ein und versuchten, sich einen Zugang zu den Verwaltungen zu verschaffen, die Übernahme von Funktionen – beispielsweise als Bürgermeister oder Landrat – zu erreichen sowie Einfluß auf die Besetzung der Verwaltungsstellen auszuüben. Da die Tätigkeit in den antifaschistischen Ausschüssen kaum zentral zu kontrollieren war und der Taktik der KPD-Führung seit der Etablierung der Kommunisten in den Verwaltungsorganen und vor allem seit Zulassung antifaschistischer Parteien entgegenlief, betrieb die KPD ihre Auflösung. Vgl. *Lutz Niethammer/Ulrich Borsdorf/Peter Brandt* (Hrsg.), Arbeiterinitiative 1945. Antifaschistische Ausschüsse und Reorganisation der Arbeiterbewegung in Deutschland, Wuppertal 1976; *Benser*, Antifa-Ausschüsse – Staatsorgane – Parteiorganisation, in: ZfG, Heft 9, 1978, S. 785–802; *ders.*, 1945–1989: Zwei Niederlagen von Basisdemokratie, in: *Eberhard Fromm/Hans-Jürgen Mende* (Hrsg.), Vom Beitritt zur Vereinigung. Schwierigkeiten beim Umgang mit deutsch-deutscher Geschichte. Akademische Tage des Luisenstädtischen Bildungsvereins e.V. vom 21. bis 27. Oktober 1993. Protokoll, Berlin 1993, S. 34–45.
4 Dem Vollzugsausschuß gehörten an: Karl Kauschke (KPD), Georg Spiegel (SPD), Arno Neumann (SPD), Hans Bauer (SPD), Wilhelm Vahle (KPD), Walter Zietlow (KPD), Adolf Haussmann (KPD), Alfons Bommel (SPD), Reiser (KPD), Lehnert (KPD), Fritz Brösicke (SPD).

war die neue Front zwischen Kommunisten und Sozialdemokraten vorzubereiten, was in den nachfolgenden Tagen daran scheiterte, daß die Kommunisten eine eigene Organisation aufzogen und gleichzeitig eine Geschäftsstelle in der »Alten Wache« im Geschäftslokal des Vollzugsausschusses errichteten.
[...]
Am Mittwoch, dem 9. Mai [1945] fand eine arbeitsreiche Sitzung des Vollzugsausschusses in Potsdam statt. Es werden Vorschläge zur Besetzung der Stadtverwaltung eingereicht. Dem Kreiskommandanten wird vorgeschlagen, zu bestätigen: Als Oberbürgermeister [Karl] Kauschke, KPD, als 1. Vize [Georg] Spiegel, SPD, als 2. Rieba, KPD, als 3. Heese, KPD. Als Bezirksbürgermeister sollen fungieren: [Arno] Neumann, Hans Bauer, [Adolf] Hausmann, Bredow, [Wilhelm] Vahle, [Fritz] Brösicke, [Walter] Zietlow.[5]

Diese Vorschläge wurden vom Kommandanten einige Tage später über den Haufen geworfen und nach dem Dazwischendrängen eines gewissen Dr. Zahn umgestaltet mit eben diesem Dr. Zahn an der Spitze. Wie sich später herausstellte, war Zahn kriminell vorbestraft und hatte den Dr.-Titel nie erworben. Er konnte seine Position immerhin dank der Protektion der Kommunisten einige Wochen halten. [...]

Der 11. Mai [1945] läßt dem Revolutionären Vollzugsausschuß noch keine Übersicht zu über die Entscheidung des Stadtkommandanten wegen der Besetzung der Stadtverwaltung.[...] Die KPD macht heute anschließend an unsere Sitzung eine Fraktionssitzung. Die SPD hat noch nichts unternommen, die Organisation wieder flott zu machen, jedoch steht das Gerippe so bereit, daß die Organisation schnellstens errichtet werden kann. Die KPD erklärt auf unseren Einwand, daß wir ja dasselbe tun könnten. Wir machen deswegen zunächst einmal ebenfalls eine Fraktionssitzung. Nachmittags wird durch [Georg] Spiegel Bericht an die Babelsberger »Orga« gerichtet. Max Schröder wendet sich gegen Fraktionssitzung und will die Vereinheitlichung der Arbeiterbewegung. Es wird ihm richtig erwidert, daß wir von links her vor vollendete Tatsache gestellt seien.
[...]
Am Freitag, dem 18. Mai [1945] Antifa-Konferenz. Ein vorbereitender Aufruf darf nach dem Einspruch der Kommandantur nicht veröffentlicht werden. Es soll zuerst alles Material, Waffen usw. erfaßt und abgeliefert werden. [...] Die Tage waren bisher restlos vom frühen Morgen bis zum späten Abend mit Aussprachen, Besprechungen, Sitzungen und Konferenzen ausgefüllt, die sich um so schwieriger gestalteten, als die russische Kommandantur Grundlagen für den Aufbau von Parteien und Gewerkschaften noch nicht geregelt hat.

Am Sonntag, dem 10. Juni [1945] werden jedoch Parteien und Gewerkschaften freigegeben. Zur Verschmelzung der Arbeiterparteien war es nicht gekommen und so werden sofort die Sozialdemokratische Partei, die Gewerkschaften, die Konsumgenossenschaften und die Gewoba[6], von uns wieder errichtet. In Potsdam hat sich neben dem Revolutionären Vollzugsausschuß, der aus 5 Sozialdemokraten und 5 Kommunisten besteht, ein weiterer Fünferausschuß der Kommunisten aufgetan, der nun in die Polizeidinge hineinregiert und dank seiner Verbindung mit der russischen Kommandantur auch mehr Einfluß hat als der Zehnerausschuß.

Am 14. Juni [1945] findet eine Abteilungsversammlung der SPD in der Brandenburger Vorstadt statt. Referent [Gerog] Spiegel.

---

5 Es handelt sich bei diesen Personalvorschlägen im wesentlichen um die Mitglieder des »Revolutionären Vollzugsausschusses«.
6 Abkürzung für: Gemeinnützige Wohnungsbaugenossenschaft.

Am Sonntag, dem 17. Juni [1945] – Funktionärkonferenz in Berlin.[7] Etwa 2 000 Funktionäre beschlossen, die SPD wieder zu gründen. Die Potsdamer SPD wird von nun an planmäßig durchorganisiert.
Am Dienstag, dem 26. Juni [1945] findet eine sehr gut besuchte Versammlung der Abteilung Stadtmitte in Potsdam statt.
Am 3. Juli [1945] werden die ersten Verhandlungen mit dem Parteivorstand in Berlin und am 6. Juli [1945] Verhandlungen wegen einer Tages-Zeitung für Potsdam in Berlin aufgenommen. Unterdessen fand eine glänzend besuchte und verlaufende Gründungsversammlung der Babelsberger Genossen in Babelsberg statt. Zwischen dem 9. und 14. Juli [1945] wird über eine Neubesetzung der Stadtverwaltung Potsdam beraten. Von sozialdemokratischer Seite wird [Georg] Spiegel, von kommunistischer Seite Laub (Schlesien) als Oberbürgermeister vorgeschlagen.
Die Verhandlungen werden durch die Kommandantur unterbrochen, und diese bestimmt, daß Bürgermeister Paul, Babelsberg, Oberbürgermeister von Potsdam wird. Die Kommandantur ist der Meinung, daß, nachdem der Oberpräsident Sozialdemokrat ist, ein sozialdemokratischer Oberbürgermeister in Potsdam nicht geduldet werden könne. Die Hauptgründe waren jedoch wohl die, alle Schlüsselstellungen in die Hände der Kommunisten zu spielen. Dasselbe wiederholt sich bei der Besetzung des nunmehr freigewordenen Bürgermeisterpostens in Babelsberg. Von uns wird Genosse Max Schröder zum Bürgermeister vorgeschlagen, eine Klärung durch die Kommandantur jedoch wird ihm versagt.
Am 18. Juli [1945] treten Oberbürgermeister Paul und Bürgermeister Spiegel ihre Ämter in der Stadtverwaltung Potsdam an. Zum Nachfolger im Pressedezernat wird [Fritz] Springer bestimmt. Die Fahrbereitschaft für Groß-Potsdam erhält Genosse Albert Böhm, außerdem sind ohne Änderung noch tätig: Im Bauamt Stadtbaurat [Arno] Neumann und im Wohnungsamt Genosse Hans Bauer. Gemessen an der Gesamtzahl von 26 Dezernenten, eine wirklich kläglich schwache Beteiligung von Sozialdemokraten in solch großer Gemeinde.
Anfang August wird der Vorstand der Parteileitung Spiegel zur Kommandantur gerufen, wo er mit Kapitän Eichwald verhandelt. Es wird ihm eröffnet, daß Herr Eichwald in Zukunft an den Veranstaltungen der SPD in Potsdam teilnimmt.[...]
Beim Abschluß dieser Niederschrift steht die Sozialdemokratische Partei Potsdams ebenso wie die Provinz- und die Landesorganisation wieder, die Gewerkschaften und die Genossenschaften sind gegründet, die Stadtverwaltung ist im Rohbau fertig.
Zum Schluß sei noch eine Übersicht gegeben über die Besetzung der wichtigsten Funktionärstellen:

---

7 Der Zentralausschuß der SPD hatte zum 17. Juni 1945 eine Funktionärskonferenz in den Deutschen Hof in der Luckauer Straße in Berlin-Kreuzberg einberufen, an der vermutlich – die überlieferten Teilnehmerzahlen schwanken beträchtlich – über 1 000 sozialdemokratische Funktionäre überwiegend aus Berlin und Umgebung teilnahmen. Otto Grotewohl erläuterte in einem Referat die Grundgedanken des Aufrufs des Zentralausschusses vom 15. Juni 1945. Die Konferenz bestätigte den Zentralausschuß in seiner personellen Zusammensetzung und billige den Aufruf vom 15. Juni 1945 sowie den vom Zentralausschuß erarbeiteten Statutenentwurf. Der Zentralausschuß wurde beauftragt, seinen Kreis durch die Aufnahme von drei Frauen zu erweitern und sich seinen Vorsitzenden selbst zu wählen. Am 19. Juni 1945 wurden dann Otto Grotewohl, Max Fechner und Erich W. Gniffke zu gleichberechtigten Vorsitzenden des geschäftsführenden Vorstandes gewählt. Vgl. *Frank Moraw*, Die Parole der »Einheit« und die Sozialdemokratie. Zur parteiorganisatorischen und gesellschaftspolitischen Orientierung der SPD in der Periode der Illegalität und in der ersten Phase der Nachkriegszeit 1933–1948, Bonn-Bad Godesberg 1973 (Neuauflage 1990), S. 84 ff.

Vorsitzender des Bezirks Mark Brandenburg der SPD ist der Genosse [Georg] Spiegel, Potsdam. Sekretäre sind Friedrich Ebert[8], und der Genosse [Richard] Küter[9], Berlin[10]. Die Parteileitung der Sozialdemokratischen Partei Potsdams besteht aus:
Vorsitzender: [Georg] Spiegel; 2. Vorsitzender: [Arno] Neumann; Kassierer: [Fritz] Springer; Agitation: [Alfons] Bommel; Schriftleiter: Else Bauer.[11]
In der Stadtverwaltung sind tätig:
Als Bürgermeister, Georg Spiegel; als Stadtbaurat, Arno Neumann; als Dezernent für die Presse, Fritz Springer; als Dezernent für die Verwaltungspolizei, [Alfons] Bommel; als Dezernent für das Wohnungsamt, Hans Bauer; ferner gehört dem Magistrat noch an, Max Schröder als unbesoldener Stadtrat. Auf dem Rathaus Babelsberg sind über ein Dutzend Referenten tätig, die alle der Sozialdemokratischen Partei entstammen.

Potsdam, den 10. August 1945   gez. [Georg] Spiegel[12]

---

8 Friedrich Ebert, ältester Sohn des gleichnamigen ersten Reichspräs. der Weimarer Republik, geb. 1894. Beruf: Buchdrucker. Seit 1913 SPD. 1919 bis 1925 Redakteur »Vorwärts«. 1928 bis 1933 MdR. 1933 Haft. 1945/46 Sekr. BV SPD Mark Brandenburg. April 1946 PV SED. September 1947 ZS SED. 1946/48 Vors. u. Sekr. LV SED Brandenburg. 1948 bis 1967 OB Ostberlin. 1949 PB SED. 1949 MdV. 1979 gest.
9 Richard Küter, SPD. 1945/46 Organisationssekr. BV SPD Mark Brandenburg. April 1946 SED. 1946 Hauptreferent im ZS SED.
10 Der provisorische Vorstand der SPD für die Provinz Mark Brandenburg hatte seinen Sitz bis November 1945 im Haus des Zentralausschusses in der Behrenstraße, erst danach in Potsdam. Der Bezirksparteitag der SPD der Provinz Brandenburg wählte am 4. November 1945 den Bezirksvorstand in folgender Zusammensetzung: Georg Spiegel als erster Vorsitzender, Otto Schwarz als zweiter Vorsitzender, Friedrich Ebert als politischer Sekretär, Richard Küter als Organisationsleiter, Emil Schröder als Presseverantwortlicher und Else Bauer als Frauenleiterin. Vgl. *Karl Urban/ Joachim Schulz*, Die Vereinigung von KPD und SPD zur Sozialistischen Einheitspartei Deutschlands in der Provinz Brandenburg. Der Beginn der antifaschistisch-demokratischen Umwälzung 1945–1946, Potsdam 1985, S. 45.
11 Else Bauer, geb. 1893. Beruf: kaufmännische Angestellte. Seit 1917 SPD. 1928 bis 1932 Stadtverordnete in Potsdam. 1946 BV SPD Mark Brandenburg. April 1946 LV SED Brandenburg. 1947 Sekr. LV SED Brandenburg. 1950 gestorben.
12 Unterschrift handschriftlich.

Nr. 11
Aus dem Bericht über die erste Mitgliederversammlung des SPD-Ortsvereins Hennigsdorf vom 5. August 1945[1]

5. 8. 1945

Einleitend erklärte Gen[osse] *Jobke*, er betrachte es als gutes Omen, daß er sowohl die letzte, wie auch diese erste Versammlung der Ortsgruppe leiten dürfe. Nur wenn jeder seine persönlichen Wünsche hintenanstelle, können die Folgen des Nazi-Regimes überwunden werden. Nach Bekanntgabe der Tagesordnung
    I.   Warum Sozialdemokratie
    II.   Lagebericht

---

1 Brandenburgisches Landeshauptarchiv, Rep. 331, II/4/28.

III. Wahlen
IV. Verschiedenes
erteilte er dem Gen[ossen] *Kreutlein* das Wort zu seinem Referat.
Der Redner zeigt in aufmunternden Worten auf:
Die Kriegsfolgen sind diesmal viel schlimmer als 1918. Während damals eine völlig intakte Wirtschaft nur eines Anstoßes bedurfte, sind nicht nur die Städte zu Bauschutt, sondern die gesamte Wirtschaft ist ein Schutthaufen geworden, der den Aufbau sehr schwierig gestaltet. Jedenfalls müssen wir andere Methoden als 1918 anwenden. Durch die Teilung in SPD und KPD darf die einheitliche Linie nicht gestört werden, die Kräfte dürfen nicht für den Bruderkrieg aufgebraucht werden. Auch die Neunmalklugen melden sich schon wieder, obwohl sie völlig verkennen, daß nur äußerst geringe Mittel für den Aufbau zur Verfügung stehen. Der Umstand, daß 4 Parteien zugelassen sind[2], läßt erkennen, daß es nicht ohne gewisse Reibung gehen wird. Das Entscheidende an den Dingen ist, daß die SPD an ihrem Programm nichts zu ändern brauchte.

Jetzt, da das amtliche Kommunique vorliege[3], könne man etwas klarer sehen, wir können anfangen, zu arbeiten, Wahlen vorbereiten. Aufpassen müssen wir allerdings, daß keine Partei der Sammelpunkt reaktionärer Elemente wird. Die Weimarer Republik war eben zu demokratisch, so daß sie zum Mantel für die Umstürzler wurde. Wer von Demokratie redet, ist noch lange kein Demokrat, das betrifft auch unsere Mitglieder. Bekennen sich alle zur lebendigen Demokratie, so kann auch der Schutthaufen durch unsere Mitarbeit beseitigt werden. Wir haben keine Zeit zum Warten. Frisch gewagt, ist halb gewonnen. Die für die Aufklärungsarbeit berechtigten Wünsche an Zeitungen können leider nicht erfüllt werden.[4] Erschwerend ist, daß heute jeder Kreis beinahe autark ist. Ausdrücklich er-

---

2 Nach der Gründung der KPD (Aufruf vom 11. Juni 1945) und der SPD (Aufruf vom 15. Juni 1945) hatte die SMAD auch zwei »bürgerliche« Parteien zugelassen: CDU und LDP. Am 26. Juni 1945 trat die Christlich-Demokratische Union Deutschlands mit einem Gründungsaufruf an die Öffentlichkeit. Als vierte Partei konstituierte sich am 5. Juli 1945 in Berlin die Liberal-Demokratische Partei Deutschlands. Vgl. *Siegfried Suckut*, Zum Wandel von Rolle und Funktion der Christlich-Demokratischen Union Deutschlands, S. 129–131; *Brigitte Itzerott*, Die Liberal-Demokratische Partei Deutschlands (LDPD), in: Parteiensystem zwischen Demokratie und Volksdemokratie, S. 185 f.; *Hermann Weber*, DDR. Grundriß der Geschichte 1945–1990, Hannover 1991, S. 25 ff.
3 Bei dem erwähnten Kommunique handelt es sich um die üblicherweise als Potsdamer Abkommen (Potsdamer Konferenz vom 17. Juli bis 2. August 1945) bezeichneten »Mitteilungen über die Berliner Konferenz der drei Mächte«, in denen die UdSSR, die USA und Großbritannien völkerrechtliche Vereinbarungen zu weitreichenden internationalen Fragen trafen. In den politischen Grundsätzen des Abkommens waren die Zulassung demokratischer politischer Parteien und Gewerkschaften und, sobald es gerechtfertigt sein würde, die Abhaltung von Wahlen zu den lokalen und regionalen Vertretungen in allen Besatzungszonen in Aussicht gestellt worden. Vgl. *Ernst Deuerlein*, Potsdam 1945. Quellen zur Konferenz der »Großen Drei«. München 1963; *ders.*, Deklamation oder Ersatzfrieden? Die Konferenz von Potsdam 1945, Stuttgart 1970; *Alexander Fischer* (Hrsg.) Teheran, Jalta, Potsdam. Die sowjetischen Protokolle von den Kriegskonferenzen der »Großen Drei«, Köln 1972; *Josef Foschepoth* (Hrsg.), Deutschland in der Nachkriegspolitik der Alliierten, Stuttgart 1984.
4 Die Herausgabe einer sozialdemokratischen Tageszeitung war mit erheblichen Schwierigkeiten verbunden, die erst nach wochenlangen Verhandlungen mit der SMAD behoben werden konnten. Die erste Nummer der sozialdemokratischen Tageszeitung »Das Volk« erschien am 7. Juli 1945 in einer Auflage von 102 000 Exemplaren. Die Zeitung kam täglich außer Montag in einem Umfang von 4 Seiten heraus. Die Nummern 4 bis 42 erschienen jeweils in einer Auflage von 100 000 Stück, ab Nummer 43 vom 23. August 1945 erhöhte sich die Auflage schrittweise bis auf 165 000 Stück Ende September 1945.

klärt die Alliierte Militärbehörde[5], Deutschland werde als ein Ganzes betrachtet, und wir wollen hoffen, daß die Basis für unsere Lebensfähigkeit in Wirklichkeit nicht nur auf dem Papier besteht. Die vernünftige Anwendung der Artikel des Kommunique in Verbindung mit unserer intensiven Mitarbeit wird bestimmen, ob die Frist für unseren Wiederaufbau lang oder kurz sein wird.[6]

Dem Bauern muß klar gemacht werden, was er darf und was nicht. Ausreichende Sozialversicherung ist die beste Garantie für die Durchführung unserer Arbeiten. Sozialismus bedeutet nicht Streik oder Sabotage, sondern Aufbau. Unlauteren Elementen muß das Handwerk gelegt werden, einzig und allein die Gesamtheit, nicht der Einzelne, darf berücksichtigt werden. Die Denunzianten wollen wir zur Verantwortung ziehen, jeden uns zu Ohren kommenden Fall beleuchten. Ehrlich und offen soll die Sozialdemokratie der treibende Keil sein. Gemeinsame Arbeit mit den anderen Parteien, nicht nur Lippenbekenntnis – führende Trägerin der Demokratie – deshalb Sozialdemokratie. [. . .]

---

5 Für die »Deutschland als Ganzes betreffenden Angelegenheiten« war der Alliierte Kontrollrat gebildet worden, der sich aus den vier Militärgouverneuren/Oberbefehlshabern der Besatzungszonen zusammensetzte. Der Alliierte Kontrollrat konstituierte sich am 30. Juli 1945 in einer Sitzung der vier Oberbefehlshaber der Besatzungsstreitkräfte. Vgl. *Hermann Graml*, Die Alliierten und die Teilung Deutschlands. Konflikte und Entscheidungen 1941–1948, Frankfurt/Main 1985; *Josef Foschepoth* (Hrsg.), Kalter Krieg und Deutsche Frage. Deutschland im Widerstreit der Mächte 1945-1952, Göttingen/Zürich 1985; *Theodor Eschenburg*, Jahre der Besatzung 1945-1949. Geschichte der Bundesrepublik Deutschland, Bd. 1, Stuttgart/Wiesbaden 1983.

6 Im Potsdamer Abkommen wollten die Alliierten »dem deutschen Volk die Möglichkeit geben, sich darauf vorzubereiten, sein Leben im weiteren auf einer demokratischen und friedlichen Grundlage wiederaufzubauen«. Die Sowjetunion auf internationalen Konferenzen während des Großen Vaterländischen Krieges 1941–1945. Dokumentensammlung, Bd. 6, Moskau/Berlin 1986, S. 403.

Nr. 12
Aus einem Schreiben der SPD-Ortsgruppe Glienicke an den Zentralausschuß der SPD[1] vom 13. August 1945[2]

Glienicke (N[ordbahn]), den 13. 8. 1945

An den
Vorstand der Sozialdemokratischen
Partei Deutschlands
Berlin
Behrenstr[aße] 35

Nachdem alle Bemühungen unsererseits, gemäß den Abmachungen der beiden Parteileitungen (SPD und KPD)[3] eine erträgliche Zusammenarbeit auf paritätischer Grundlage herzustellen, restlos gescheitert sind, wenden wir uns nunmehr an die Parteileitung mit der Bitte, mit der KPD-Zentrale über die hier im Ort tätige KPD Beschwerde zu führen.

Im nachfolgenden Schriftsatz seien einige Ausschnitte festgelegt, aus denen ersichtlich ist, wie ein Zusammenarbeiten von seiten der KPD sabotiert wird:

»Am 13. Juni [1945], also 3 Tage nach Verkündigung des Befehls No. 2, meldeten wir bei dem Bürgermeister unsere Ortsgruppe an. [Der] Bürgermeister, Otto Weimann mit Namen, zur Zeit des Einmarsches der Roten Armee parteilos, fuhr uns aufbrausend an und erklärte uns, daß, solange er Bürgermeister sei, es in Glienicke nur eine Partei gäbe, und zwar die KPD. Er wies uns an den politischen Leiter der KPD und empfahl uns den Eintritt dort selbst. Wir lehnten das natürlich ab und nach vielem Hin und Her erhielten wir sogar eine Bestätigung von ihm über die Anmeldung der Partei. Er genehmigte uns auch eine Mitgliederversammlung im Lokal Hartung.

Andern Tages verbot er der Wirtin die Öffnung des Lokals und übersandte uns gleichzeitig eine Vorladung für den 15. Juni [1945]. Im Gemeinde-Sitzungssaal waren wir mit den

---

1 Nachdem die SMAD ihren Befehl Nr. 2 erlassen hatte, konstituierten sich am Vormittag des 11. Juni 1945 verschiedene Berliner Gründerkreise als »provisorischer Zentralausschuß der Sozialdemokratischen Partei«. Der Zentralausschuß verstand sich zunächst als provisorisches Leitungsorgan der Partei für Berlin und einige Zeit später für die gesamte sowjetisch besetzte Zone. Diesem Anspruch stand die Tatsache entgegen, daß sich die Kreis- und Bezirksverbände in den ersten Monaten organisatorisch eigenständig entwickelten und die Berliner Führung anfangs über keine Verbindungen zu den im Aufbau befindlichen Parteiorganisationen in der sowjetischen Zone verfügte. Mitglieder des Zentralausschusses wurden Otto Grotewohl, Max Fechner, Erich W. Gniffke, Gustav Dahrendorf, Karl Germer jun., Bernhard Göring, Hermann Harnisch, Helmut Lehmann, Karl Litke, Otto Meier, Fritz Neubecker, Josef Orlopp, Hermann Schlimme, Richard Weimann und August Karsten. Hinzu kamen etwas später noch Katharina Kern, Annedore Leber und Antonie Wohlgemuth. Vgl. *Moraw*, Die Parole der »Einheit« und die Sozialdemokratie, S. 80 ff.
2 Archiv der sozialen Demokratie, Ostbüro, OV Glienicke (Nordbahn).
3 Gemeint ist die von je fünf Vertretern der SPD und KPD am 19. Juni 1945 in Berlin getroffene Vereinbarung über die Bildung eines gemeinsamen Arbeitsausschusses beider Parteien. Der Arbeitsausschuß stellte sich u. a. die Aufgaben, »bei der Durchführung der gemeinsam beschlossenen dringlichen Aktionsaufgaben zur Liquidierung der Überreste des Nazismus und zum Wiederaufbau des Landes auf sicherer Grundlage« zusammenzuarbeiten, die »Interessen des schaffenden Volkes in Stadt und Land« gemeinsam zu vertreten, gemeinsame Veranstaltungen beider Parteien durchzuführen und »zur Klärung ideologischer Fragen« gemeinsam zu beraten. Dokumente und Materialien zur Geschichte der deutschen Arbeiterbewegung, Reihe III, Bd. 1, S. 41.

13 Genossen, die das Gründungsprotokoll mit unterzeichnet hatten, erschienen. Nach einleitenden Worten des Bürgermeisters sprach dann der KPD-Führer Schütz und legte uns nahe, die Anmeldung der SPD doch zu unterlassen, da die KPD sehr stark sei und außerdem die Rote Armee hinter sich habe, und es nicht anginge, daß zwei sozialistische Parteien in einem so kleinen Ort existieren. Im nächsten Satz empfahl er uns aber, da wir sein Ansinnen ablehnten, dann wenigstens am Sonntag, dem 17. Juni [1945] in die neue antifaschistische Partei einzutreten.[4] Wir konnten darüber ja nur herzhaft lachen und haben die gebührende Antwort darauf gegeben. Hierauf sprang der Bürgermeister auf und brüllte: ›Wir sehen aus eurem Verhalten, daß ihr nicht mit uns zusammenarbeiten wollt. Ihr seid somit gegen uns, und wir werden euch so zusammenhauen wie die Nazis.‹

Wir erhoben schärfsten Protest gegen diese gemeine Entgleisung und nahmen Gelegenheit, den anwesenden KPD- und Gemeindemitgliedern eine Fülle Unregelmäßigkeiten vorzuhalten. Schütz bedeutete uns, daß dies alles nur Lappalien seien. Für uns sind diese es aber nicht, wenn z. B. ein Hilfspolizist 25 Pf[un]d Margarine verschwinden läßt oder ein anderer dieser KPD-Ordnungshüter bei der Gastwirtin Hartung ca. 700 Zigaretten beschlagnahmt. Die Liste der Verfehlungen läßt sich beliebig erweitern. Das soll aber zu gegebener Zeit erst durchgearbeitet werden.[. . .]

Wir wollen nun das Bild abrunden und eine Abschrift No. 3 beifügen[5], aus der die ganze Schmutzigkeit der hiesigen Drahtzieher der KPD erkennbar ist. Leider haben wir hier im Ort russische GPU[6] mit Gefängnis liegen. Die führenden Männer der KPD verkehren auch dort. Da wir nur unseren geraden Weg gehen und nur für ehrliche Arbeit eintreten, haben wir von Seiten der russischen Besatzung hier selbst nichts zu fürchten.«

Wir bitten die Parteileitung, das vorliegende Material in geeigneter Weise zu verwenden.

gez. A. Dahms[7]

---

4 Offensichtlich ist damit eine erst noch zu gründende Form einer Einheitspartei gemeint.
5 Die erwähnte Abschrift ist nicht überliefert.
6 Im Sprachgebrauch hier: sowjetische Geheimpolizei in der sowjetischen Besatzungszone. Neben dem engeren fachlich und regional gegliederten SMAD-Apparat standen die separaten Einrichtungen des sowjetischen Volkskommissariats/Ministeriums für Staatssicherheit (NKGB/MGB), des Volkskommissariats/Ministeriums des Innern (NKWD/MWD), des Kriegsrates der SMAD, das Sowjetische Nachrichtenbüro (SNB) und andere Sondereinrichtungen, die zusammen als Organe der Besatzungsmacht fungierten. Vgl. *Jan Foitzik*, Sowjetische Militäradministration in Deutschland (SMAD), in: SBZ-Handbuch, S. 7–70.
7 Unterschriften handschriftlich. Die zweite Unterschrift ist unleserlich.

Nr. 13

Schreiben des Bürgermeisters von Storkow Franz Becker an das Zentralkomitee der KPD vom 2. September 1945[1]

Franz Becker
Gartenstr[aße] 4

Storkow/M[ar]k, den 2.9.1945

An die
Kommunistische Partei Deutschlands
Berlin
Wallstraße

Gleich nach meiner Ernennung zum Bürgermeister habe ich einen Vertrauensausschuß gebildet, der sich ausschließlich aus Arbeitern zusammensetzt. Die KPD war vor 1933 hier sehr schwach, und die verbliebenen Genossen waren alle alt und ohne Interesse. Die Mitglieder des Vertrauensausschusses gehörten alle früher der SPD an. In den ersten Wochen nach Einstellung der Kampfhandlungen haben sie mir wertvolle Dienste geleistet und haben alle meine Vorschläge und Anträge unterstützt. Ich konnte mit Sicherheit annehmen, daß alle diese SPD-Arbeiter, die größtenteils einige Wochen 1933 durch die Konzentrationslager gegangen sind, nunmehr KPD-Genossen werden. Ich hatte berechtigte Hoffnung, daß dieser Vertrauensausschuß gleichzeitig der Anfang der Partei war.

So habe ich nach der Genehmigung zur Bildung politischer Parteien auch den Vertrauensausschuß aufgefordert, mir einen Mitarbeiter zu nennen, der die moralischen Qualitäten und das notwendige Ansehen bei der Storkower Bevölkerung besitzt. Spontan wurde mir der Genosse Hesselbarth genannt, und der Arbeiter Miethke empfahl, daß der Vertrauensausschuß geschlossen in die KPD eintritt. Ich hätte diese Situation ausnutzen können, tat es aber nicht, da ich kein Rattenfänger bin. Vielmehr forderte ich den Vertrauensausschuß auf, in das Parteibüro zu gehen und dort die Aufnahme zu beantragen. Das geschah nicht. Inzwischen war die Begeisterung (wohl) verflogen und die Arbeit einiger SPD-Aristokraten setzte ein.

Darüber hinaus hat sich jetzt folgendes ereignet:
Jatzlau, Dezernent für die Milchwirtschaft; Kallenbach, Dezernent für das Wohnungswesen, beides frühere SPD-Mitglieder und jetzige Angehörige des Vertrauensausschusses, haben sich im Arbeitsraum des Frisörs und zu den Arbeitern der Ölmühle wie folgt geäußert:
»Die Russen haben uns den Kommunismus so richtig gezeigt. Wer jetzt noch nicht die Schnauze voll hat, kriegt sie überhaupt nicht voll.«
Ich sehe hierin nicht nur eine strafbare Äußerung über die Rote Armee, sondern auch eine Sabotage der Einheitsfront. Wir haben in Storkow zwei gut besuchte Versammlungen gehabt. In beiden Versammlungen ist auf die Pflicht zur Wiedergutmachung eingehend und klar hingewiesen worden. Zeitungen kommen ebenfalls an 5 Stellen zum Aushang.[2] Unkenntnis ist also keine glaubhafte Ausrede. Nach Rücksprache mit dem Genossen För-

---

1 Brandenburgisches Landeshauptarchiv, Rep. 330, I/2/12.
2 Neben den Parteizeitungen »Das Volk« (SPD) und »Deutsche Volkszeitung« (KPD) erschien in Berlin seit dem 15. Mai 1945 die »Tägliche Rundschau« als Tageszeitung des Kommandos der Roten Armee für die deutsche Bevölkerung.

ster soll gegen die beiden Genannten vorgegangen werden. Bei dem Mangel an geeigneten Leuten ist es schwierig, die beiden zu ersetzen, doch ist ihre Entfernung im Interesse der Sauberhaltung der Magistratsmitglieder notwendig. Die Entfernung der beiden Genannten muß wegen der Rückwirkung auf den Vertrauensausschuß und auf die Bevölkerung genauestens erwogen werden. Es sind mehrere Wege möglich:

1. Als Bürgermeister kann ich die Entfernung befehlen. Dieses Verfahren würde jedoch dem demokratischen Prinzip widersprechen.
2. Ich unterbreite die Angelegenheit dem Vertrauensausschuß und stelle den Antrag auf Entfernung der beiden Genannten. Da der Vertrauensausschuß aus SPD-Mitgliedern besteht, kommt höchstwahrscheinlich nur eine Verwarnung dabei heraus, und mein Antrag auf Entfernung wird abgelehnt.
3. Ich melde die Angelegenheit dem NKWD.[3] Hierbei ist mir die Möglichkeit gegeben, nach Entlassung der beiden oder nach deren Verhör durch das NKWD ihnen mein Bedauern auszusprechen, daß ich nunmehr nicht mehr mit ihnen zusammenarbeiten kann. Bei diesem Weg ist zu erwägen, wer die Meldung an das NKWD vornehmen soll. Der Bürgermeister oder die Partei. Es muß hierbei auch an die Rückwirkung auf die Bevölkerung gedacht werden.

Ich bitte um die Stellungnahme der Partei.[4]

Mit kommunistischem Gruß
gez. Franz Becker[5]

---

3 Abkürzung für: Narodni kommissariat wnutrenych del = Volkskommissariat des Innern der UdSSR. Nach der Besetzung des Territoriums der sowjetischen Zone wurde das NKWD als Teil der Sicherheitsapparate der UdSSR sowie als separates Organ der Besatzungsmacht tätig. Vgl. *Foitzik*, Sowjetische Militäradministration in Deutschland, S. 28 f.
4 Eine Antwort auf dieses Schreiben ist nicht überliefert.
5 Unterschrift handschriftlich.

Nr. 14
Bericht über die öffentliche SPD-Versammlung in Potsdam am 5. September 1945[1]

Bei vollem Saal und nach vorausgehender Orchestermusik eröffnete der SPD-Genosse [Georg] Spiegel in Anwesenheit der SPD-Genossen [Friedrich] Ebert, [Fritz] Springer, [Alfons] Bommel u. a. die erste öffentliche Kundgebung der SPD in Potsdam.
 Er gibt bekannt, daß seine Partei jetzt 1 000 Mitglieder in Groß-Potsdam zählt, während 7 600 Anwärter noch unerledigt sind. Diese erste Versammlung, der 30 Mitgliederversammlungen vorausgegangen sind, mußte ohne Plakatierungsmöglichkeiten fast erst seit heute Mittag 12 Uhr von Mund zu Mund bekanntgemacht werden.[2]
 Nach Schilderung der durch den Befehl [Nummer] 2 des Marschall Schukow[3] geschaffenen politischen Situation kommt es zu der Feststellung:»Das Volk ist zu 90 % antikapitalistisch. Das Volk will den Sozialismus. Der Weg dahin führt durch ein Chaos, aber es gibt Wege aus dem Chaos, die uns der älteste Sohn des ehemaligen Reichspräsidenten [Friedrich] Ebert in seiner nun folgenden Rede aufzeigen wird.«
 Der SPD-Genosse [Friedrich] Ebert beginnt seine Rede mit der Erinnerung, daß Potsdam nicht nur berühmt war durch den hier entstandenen preußischen Militarismus, nicht nur durch Fridericus[4], sondern durch das Glockenspiel:»Üb immer Treu und Redlichkeit bis an Dein kühles Grab«. Diese dem Nationalsozialismus gegenüber geübte Treue und Redlichkeit führte zu dem Ergebnis: Trümmer! Der Weg aus diesem, von den Nationalsozialisten nicht nur für Deutschland, sondern ganz Europa herbeigeführten Elend kann und darf nur Wiedergutmachung und Wiederaufbau heißen!
 Er bemerkt dann, daß er auf der letzten öffentlichen Versammlung in Potsdam, ebenso wie heute auf der ersten, als Redner aufgetreten ist. Er spricht dann von der Gefahr einer Wiederauflebung der Dolchstoßlegende[5] und empfiehlt dagegen eine klare, harte und unmißverständliche Sprache als konsequent notwendig und ohne Rücksicht auf Gefühle irgendwelcher Menschen. Dies darf kein Lippenbekenntnis bleiben, sondern muß Tat, Tat heißen, sonst keine Rettung!
 In einer folgenden Stellungnahme zur NSDAP-Zugehörigkeit weist er auf Frechheiten und Tarnungen solcher Elemente ausführlich hin. – 10 Jahre lang hätten die SPD-Parolen gelautet:

---
1 Brandenburgisches Landeshauptarchiv, Rep. 331, II/2/14.
2 Die Dienststellen der SMA verzögerten nicht selten das öffentliche Auftreten der SPD: Versammlungen wurden häufig spät und oft kurzfristig erlaubt, gelegentlich forderten Kommandanten die Anwesenheit von Vertretern des Zentralausschusses, technische Hilfsmittel standen der SPD in sehr geringem Umfang zur Verfügung. Vgl. *Werner Müller*, Sozialdemokratische Politik unter sowjetischer Militärverwaltung. Chancen und Grenzen der SPD in der sowjetischen Besatzungszone zwischen Kriegsende und SED-Gründung, in: IWK, Heft 2, 1987, S. 170–206.
3 Von Juni 1945 bis März 1946 war Georgi K. Schukow Oberbefehlshaber der sowjetischen Besatzungstruppen in Deutschland und Oberster Chef der SMAD.
4 Gemeint ist der König Friedrich II. von Preußen.
5 Spätere Bezeichnung für die Behauptung, daß das deutsche Heer im ersten Weltkrieg nicht militärisch überwunden, sondern »von hinten erdolcht« worden sei und der »Dolchstoß der Heimat«, u. a. die Novemberrevolution, für die nationale Katastrophe die Verantwortung trage. Vgl. *Joachim D. Petzold*, Die Dolchstoßlegende, Berlin 1963; *Ulrich Heinemann*, Die Last der Vergangenheit. Zur politischen Bedeutung der Kriegsschuld- und Dolchstoßdiskussion, in: *Karl Dietrich Bracher/Manfred Funke/Hans-Adolf Jocobsen* (Hrsg.), Die Weimarer Republik 1918–1933. Politik. Wirtschaft. Gesellschaft, Bonn 1987, S. 371–386.

»Hitler bedeutet wirtschaftliche Versklavung!«;
»Hitler bedeutet Tod aller Kultur!«;
»Hitler bedeutet Tod aller Persönlichkeit!«;
und das wurde mit allen verfügbaren Mitteln so laut und häufig gesagt, daß es jeder hörte. Aber man glaubte es nicht, und Hitler beanspruchte seinerseits Glauben, aber: »Wer glaubt, der weiß nichts; und wer weiß, der braucht nicht glauben!«

Wir Sozialdemokraten haben Ihnen, meine Damen, das Wahlrecht gegeben und gemeint, Ihnen damit eine Waffe, das Bajonett gegen alle Reaktionen, Militarismus usw. zu geben.[6] Sie haben uns enttäuscht. In der Folge des nunmehr breit geschilderten Geschehens ständen die Frauen jetzt nicht nur vor den zertrümmerten Glocken der Garnisonskirche mit ihrem »Üb immer Treu und Redlichkeit«, sondern vor den Trümmern all ihres Guten, weil sie denen und nicht uns glaubten. Das allerdings entbindet uns nicht von der unabweislichen Pflicht am Wiederaufbau.

[In diesem] Zusammenhang zitiert er die Richtlinien der Siegermächte in der Potsdamer Konferenz: »Ausrottung des Militarismus! Ausrottung des Nationalsozialismus!«[7] Dazu Einheitsfront nicht nur in Deutschland, sondern der Welt nötig! Er empfiehlt sehr: Junker und Industrie nicht zu vergessen, in Sonderheit die Junker Brandenburgs. [Er] weist auf die Forderung [Georg] Spiegels in heutiger Presse hin: Enteignung des Großgrundbesitzes über 100 ha betreffend.[8]

Er macht darauf aufmerksam, daß [die] Hitlerprophezeihung: »Es würde keinen 9. November mehr geben«[9] tatsächlich eingetroffen ist. Darum haben wir also keine Regierung; was von ihm als fundamentaler Unterschied zwischen 1918 und 1945 herausgestellt wird. Er fordert, daraus folgernd, Gerechtigkeit. Gerechtigkeit gegenüber der geleisteten Verwaltungsarbeit unter der derzeitigen Staatsgewalt der alliierten Siegerstaaten. «Wir sind Kummer gewohnt! Aber kein Kummer, noch so schwer und tragisch, kann uns jemals, wie auch immer geartet, abhalten, unsere Pflicht Deutschland gegenüber zu tun bis in den Tod!« (Beifall)

Er gibt dann ein[en] Kommentar zu den Reparationen laut Potsdamer Beschluß.[10] Eiserne Grundlage wäre mittlerer Lebensstandard, mittlere Lebenshaltung. Vor 1933 höhe-

---

6 Das Frauenwahlrecht ist ein Ergebnis der Novemberrevolution. Erstmals wählten Frauen am 19. Januar 1919 die Abgeordneten der Nationalversammlung. Vgl. *Eberhard Schanbacher*, Parlamentarische Wahlen und Wahlsystem in der Weimarer Republik. Wahlgesetzgebung und Wahlreform im Reich und in den Ländern, Düsseldorf 1982.

7 Im Potsdamer Abkommen war als Ziel alliierter Politik formuliert: »Der deutsche Militarismus und Nazismus werden ausgerottet, und die Alliierten werden in Übereinstimmung miteinander in der Gegenwart und Zukunft auch andere Maßnahmen treffen, die notwendig sind, damit Deutschland nie wieder seine Nachbarn oder die Erhaltung des Friedens in der ganzen Welt bedrohen kann.« Die Sowjetunion auf internationalen Konferenzen, Bd. 6, S. 403.

8 In der sozialdemokratischen Tageszeitung »Das Volk« erschien am 5. September 1945 eine Mitteilung über einen Aufruf der antifaschistischen Parteien und Gewerkschaften der Provinz Mark Brandenburg für die Durchführung einer Bodenreform, der am 3. September 1945 beschlossen worden war. Hierin wurde die Liquidierung des Großgrundbesitzes als wichtige Voraussetzung für die Beseitigung des preußischen Militarismus und als ein Akt der historischen und sozialen Gerechtigkeit gegenüber den Bauern und Landarbeitern bezeichnet. Für die SPD hatte Georg Spiegel den Aufruf unterschrieben.

9 Die Ereignisse der Novemberrevolution hatten am 9. November 1918 die Reichshauptstadt Berlin erreicht. Von einem Fenster des Reichstagsgebäudes rief der Sozialdemokrat Philipp Scheidemann die »Deutsche Republik« aus. Vgl. *Ernst-Wolfgang Böckenförde*, Der Zusammenbruch der Monarchie und die Entstehung der Weimarer Republik, in: Die Weimarer Republik 1918-1933, S. 17–43.

10 Die sowjetischen Reparationsansprüche gehörten zu strittigen Punkten während der Potsdamer Konferenz. Im Potsdamer Abkommen wurde formal dem deutschen Volk die Verpflichtung auferlegt, durch Reparationen einen Teil der durch Deutschland verursachten Schäden wiedergutzu-

rer Lebensstandard, dank ihrer sozialistischen Arbeit. Der durchschnittliche Standard, der von uns unter allen Umständen gehalten werden muß, wurde errechnet unter Ausschluß der hohen englischen sowie unter Einschluß des tiefen Balkanstandards![11] »Und das verdanken wir unserem Führer!« Unser Schicksal [ist] gerecht und selbstverständlich, niemand darf grollen und schimpfen, denn jeder von Ihnen wußte, und fast alle jubelten. Ostarbeiterbehandlung! Wir können froh sein, wenn die Buße nicht schwerer wird. Reparationen nicht in Geld, sondern in Sachwerten. Nach dem soll so viel verbleiben, daß Existenz des deutschen Volkes gewährleistet ist.

Für alle Aufbaumaßnahmen gilt in unserer Konsequenz: Keinerlei politische Zielsetzung; auch für SPD: Keine sozialistische Zielsetzung. »Es geht nicht um meine Partei, es geht um das deutsche Volk jetzt und nur um das, als höchsten Wert, den wir haben.« (Bravorufe, Beifall). 12 Mill[ionen] Flüchtlinge, bei Wegfall der Überschußgebiete, erfordern konsequentestes Zusammenrücken, auch der Landbevölkerung. Hoppegarten – Beispiel: SPD-Arbeit![12] Notwendigste Maßnahmen: Materialbeschaffung, Behebung der Verkehrsschwierigkeiten usw. Miete, Überschußabführung, durchaus im Zuge alter sozialdemokratischer Forderung: Kein arbeitsloses Einkommen! Die soziale Maßnahme zum Wiederaufbau.

Zum 1. Aufruf der KPD [ver]weist der Redner nach Erinnerung an die alten Parolen: Diktatur des Proletariats u. a., als besonders bemerkenswert auf die wesentlich anders lautenden Wege und Parolen zur Demokratie infolge Unreife des deutschen Volkes usw. hin. Wörtlich:[13] »Ich habe wirklich Phantasie! Aber meine Phantasie reicht nicht aus: Wenn diese Parole nicht erst in Nummer 1 [der] 1945 erschienenen ›Deutschen Volkszeitung‹, sondern in Nummer 1 der 1918 erschienenen ›Roten Fahne‹ zu lesen gewesen wäre – nicht auszudenken, nicht annähernd zu errechnen, was uns alles erspart worden wäre! Wahrscheinlich Alles!« (Lebhafter Beifall)

Ebert kommt dann auf die grundsätzliche sozialdemokratische Haltung in gegenwärtiger Situation zu sprechen und stellt heraus, daß sie weder Villen in Besitz nähmen, noch Schin-

---

machen. Hierbei wurde der vorrangige Anspruch der Sowjetunion auf Wiedergutmachungsleistungen im Abkommen festgeschrieben, eine Reparationssumme jedoch nicht genannt. Auch das Verlangen der Sowjetunion, ihre Reparationsansprüche durch Entnahmen aus der laufenden deutschen Industrieprodukion zu befriedigen, lehnten die westlichen Alliierten ab. Vgl. *Alexander Fischer*, Sowjetische Deutschlandpolitik im zweiten Weltkrieg 1941–1945, Stuttgart 1975; *Josef Foschepoth*, Britische Deutschlandpolitik zwischen Jalta und Potsdam, in: VfZ, Heft 30, 1982, S. 675–714; *Hermann Graml*, Zwischen Jalta und Potsdam. Zur amerikanischen Deutschlandplanung im Frühjahr 1945, in: VfZ, Heft 24, 1976, S. 308–323; *Andreas Hillgruber*, Der Zweite Weltkrieg 1939–1945, Stuttgart 1982.

11 Im Potsdamer Abkommen wurde eine alliierte Kontrolle über das deutsche Wirtschaftsleben in den Grenzen angekündigt, die notwendig »sind für die Erhaltung eines mittleren Lebensstandards in Deutschland, der den mittleren Lebensstandard der europäischen Länder nicht übersteigt (Europäische Länder in diesem Sinne sind alle europäischen Länder mit Ausnahme des Vereinigten Königreichs und der Sowjetunion) [. . .]«. Die Sowjetunion auf internationalen Konferenzen, Bd. 6, S. 404.

12 Am 4. September 1945 berichtete die sozialdemokratische Zeitung »Das Volk« über das »Beispiel Hoppegarten«. Entsprechend einem SPD-Vorschlag sei der Grund und Boden des Union-Clubs in Hoppegarten bei Berlin der Stadt zur landwirtschaftlichen Nutzung übergeben worden, womit ein erster Schritt zur deutschen Agrarreform getan worden sei.

13 Ebert bezieht sich hierbei auf eine entsprechende Passage im Aufruf des Zentralkomitees der KPD vom 11. Juni 1945: »Wir sind der Auffassung, daß der Weg, Deutschland das Sowjetsystem aufzuzwingen, falsch wäre, denn dieser Weg entspricht nicht den gegenwärtigen Entwicklungsbedingungen in Deutschland.« Dokumente und Materialien zur Geschichte der deutschen Arbeiterbewegung, Reihe III, Bd. 1, S. 18.

ken beschlagnahmen [würden] u[nd] dergl[eichen], keine Bevorrechtung Einzelner. Bekämpfung von Klassenprivilegien lediglich zugunsten der Volksprivilegien.

Er stellt dann nachdrücklich an die Alliierten die Forderung: »Achtung vor unserer großen Geschichte!« Überleitend zum Thema Ernährung: »Wir sind auf dem Weg zum Massentod der Säuglinge, der Greise und schließlich auch der Männer und Frauen mittleren Alters!« Ernährung ist das Wichtigste, aber auch das Schwierigste. Bei Verlust von 75 % und 80 % Ackergeräten und dergl[eichen] kam es zu 50 % bis 60 % Anbau und Ernte. Von unserem Tun hängen Brot, aber auch Achtung unserer Sieger für alle Zukunft ab. Wir leben in tiefer Nacht, aber nicht ohne Flammenzeichen des nahenden Morgens: Englische Wahlergebnisse, erstmalige absolute Mehrheit der Sozialdemokraten![14] Er verbreitet sich dann über den vor zwei Tagen durch Japans endgültige Niederlage eingetretenen Weltfrieden[15] und gedenkt feierlich der militärischen Toten, Opfer dieses Krieges, sowie der bedauernswerten Krüppel und Hinterbliebenen (Die Versammelten erheben sich von ihren Plätzen.)

Indem er ein Willkommen allen denen zuruft, die von einer Mitgliedschaft in der SPD keine Vorteile erwarten, sondern arbeiten wollen am Wiederaufbau für das deutsche Volk, beendet er seine Rede.

Der Versammlungsleiter [Georg] Spiegel läßt die wichtigsten Punkte der Rede [Friedrich] Eberts Revue passieren, fordert die Versammelten zu einem dreimaligen Hoch auf die Sozialdemokratische Partei auf und erklärt die Versammlung nach Beendigung [des] abschließenden Orchester-Konzerts für geschlossen.

Gen[osse] Simon von der Gruppe Provinzialverwaltung berichtet noch folgendes aus Eberts Rede:

Wir setzen uns mit der KPD an einen Tisch, weil sie heute der Überzeugung ist, daß es falsch wäre, dem deutschen Volke das Sowjetsystem aufzuzwingen.

---

14 Die britischen Parlamentswahlen vom 5. Juli 1945 hatten der Labour Party mit 397 Sitzen im Unterhaus gegenüber 213 Sitzen der Konservativen die absolute Mehrheit gebracht. Vgl. *Rolf Steininger*, Deutsche Geschichte 1945–1961. Darstellung und Dokumente in zwei Bänden, Bd. 1, Frankfurt/Main 1983, S. 62 f.
15 An Bord des amerikanischen Schlachtschiffes »Missouri« nahmen die Alliierten, vertreten durch Australien, China, Frankreich, Großbritannien, Kanada, Neuseeland, die Niederlande, die UdSSR und die USA, am 2. September 1945 die japanische Kapitulation entgegen.

Nr. 15
Schreiben der Ortsgruppe Werlsee (Niederbarnim-Süd) der KPD an den Vorstand des SPD-Ortsvereins Werlsee vom 14. September 1945[1]

Kommunistische Partei Deutschlands
Parteileitung des Arbeitsgebietes
Kreis Niederbarnim Süd
[Ortsgruppe Werlsee]

Grünheide, den 14. Sept[ember] 1945

An den
Vorstand der Sozialdemokratischen
Partei Deutschlands
Ortsgruppe Werlsee
z[u] H[än]d[en] Herrn Walter Noack
Grünheide
Waldeck 7

Am 13. 9. [1945] erhielten wir ein Schreiben, betreffend Einbau in den Verwaltungskörper.[2] Wir empfinden Euer Schreiben als eine Verdrehung der tatsächlichen Dinge. Wir haben nicht die Absicht, mit irgendwelchen diplomatischen oder politischen Kunstkniffen der Vergangenheit Gegenwartsfragen zu lösen. Wir werden mit aller Eindeutigkeit zu Eurer Frage Stellung nehmen, und zwar wie folgt:
Wir bejahen jede Zusammenarbeit, die sich mit positiven Dingen der Gegenwart befaßt, wir lehnen es aber ab, irgendwelche persönlichen Dinge aus Ortsgesprächen heraus zum Gegenstand einer Umbesetzung in der Gemeindeverwaltung zu machen. Wir wiederholen, wir haben die Sitzung abgebrochen, weil in der Sitzung persönliche Beleidigungen von Seiten Eures ersten Vorsitzenden ausgesprochen worden sind, die zu erhärten, noch nichts Eurerseits unternommen wurde.[3] Wenn Ihr also gewillt seid, positiv zu arbeiten, so gibt es jeden Tag Tausende von Möglichkeiten dazu, uns zu beweisen, daß das Wort Demokratie oder Sozialismus nicht nur Lippenbekenntnis ist. Wir haben Positionen nicht besetzt, um Unterkommen zu finden, sondern um eine politische Aufgabe zu erfüllen. Eine Aufgabe zu erfüllen, die uns im Interesse des Volksganzen wichtiger ist, als [uns] mit Dingen, die von bösen Zungen verbreitet werden, zu befassen.
Bis zum heutigen Tage haben wir, außer der Tatsache, daß dieselben Mitglieder Eures Vorstandes die Polizei damals mitwählten, als sie noch bei uns waren, nichts Positives feststellen können. Wir haben den Trümmerhaufen angefaßt und behaupten, ordnungsgemäß gearbeitet zu haben und zumindest die Grundlage für eine Neugestaltung somit zu schaffen. Ihr habt dagegen am 2. September [1945] durch den Referenten Büchner[4] in einer Art und Weise zu den Dingen Stellung nehmen lassen, die klar erkennen läßt, daß Ihr um die Vormacht kämpft.[5] Die Frage der Vormachtstellung ist für uns nebensächlich. Wir betonen

---
1 Brandenburgisches Landeshauptarchiv, Rep. 333, II/2/1.
2 Das erwähnte Schreiben ist im Potsdamer Archiv nicht überliefert.
3 Es handelt sich offensichtlich um den Abbruch einer Sitzung des gemeinsamen Arbeitsausschusses beider Parteien.
4 Bei dem Referenten handelt es sich um Franz Büchel, Vors. des SPD-Ortsvereins Erkner.
5 Der erwähnte Vorgang läßt sich kaum mehr rekonstruieren. Wesentlich erscheinen auch nicht die konkreten Details der örtlichen Begebenheiten, sondern der Stil, wie Sozialdemokraten und Kom-

hier ausdrücklich, daß wir uns nicht schwächer fühlen, aber mit solchen Argumenten nicht ins Feld ziehen. Wir wollen arbeiten mit Euch, und wenn Ihr diese Anrempeleien nicht unterlassen könnt, dann werden wir ohne Euch antifaschistische Arbeit leisten, wie wir es bisher getan haben. Unser Kampf geht nicht um bezahlte Positionen, sondern uns geht es aufrichtig um die Demokratie. Beweise dafür dürfen Eurem Parteivorstand zur Genüge gegeben worden sein, zu einer Zeit, als er noch bemüht war, ein Häuflein Mitglieder um sich zu scharen.

Wir lehnen es aber ab, uns Eurer Denkweise und Handlungsweise anzupassen und Referenten anzufordern, die genau im alten reformistischen Fahrwasser mit Demagogie und Spitzfindigkeiten, die sich bis in die Versammlungsleitung hinein erstrecken, Versammlungen aufzuziehen, in denen von Demokratie und Einheitsfront nichts zu verspüren ist. Wir haben die Zeit nicht nutzlos verstreichen lassen, sondern haben

1. praktisch gearbeitet,
2. Feststellungen getroffen, die darauf hinweisen, daß Ihr Euch nur in persönlichem Kleinkram ergeht.

Unsere Feststellungen gehen dahin, daß die Denkungsweise Eurer Genossen am Ort und die Einstellung zur Kommunistischen Partei und der Roten Armee folgende ist:
Wird jemandem ein Fahrrad geklaut = Schuld die KPD.

Werden jemandem die Scheiben eingeschmissen, Kartoffeln geklaut, eine Ziege gestohlen, Frauen überfallen usw. usw. = Das ist der Kommunismus. Das ist die Tendenz, die in Euren Köpfen vertreten ist. Wir stellen fest, daß von Euch hier am Ort nichts getan wird, diese Dinge den Mitgliedern in einem wahren Licht hinzustellen.

Der Referent hat in seinem Referat Behauptungen aufgestellt, die er schwer beweisen könnte und die den Schluß zulassen, daß er nichts zugelernt hat und daß er den alten Parteiladen wieder aufziehen möchte.[6] Wir lehnen diesen Parteiladen bei Euch und in unserer eigenen Partei total ab. Der Referent erklärt in demagogischer Art und Weise, die Russen haben keine Kultur usw. usw. Die Steppenhorden sind über die Provinz Brandenburg dahingebraust. Aber wohlweislich hat er, um bei der Kriminalistik zu bleiben, bei der sonst der »große Unbekannte« eine Rolle spielt, hier die Aussage einiger nur ihm im Vorbeigehen bekannter russischer Offiziere zu Grunde gelegt. Sehr schön das, wenn das in einem Referat geschieht, in dem auf der Tagesordnung stehen müßte: »Einheitsfrontpolitik«.

Wir würden es begrüßen, wenn Eure Parteiverwaltungsstellen sich in die Ortsangelegenheiten einmengen würden. Vielleicht könnte das dem wahren Einheitsgedanken zum Siege verhelfen. Unser Standpunkt ist und bleibt: Zur Mitarbeit ist alles Erforderliche gegeben. Wir haben Euch Möglichkeiten geboten, die abzulehnen oder anzunehmen in Eurer Hand liegen. Wir werden mit allen Mitteln für Sauberkeit in unseren eigenen Reihen sorgen. Wir fordern Euch aber auf, die Gegenwartsfragen, die brennend sind, in Angriff zu nehmen, ohne irgendwelche persönlichen Mätzchen oder Klatschereien als Grundlage zu nehmen.

---

munisten in vielen Orten und Städten miteinander umgegangen sind. Die in diesem und im folgenden Dokument anklingende Umgangsform kann als einigermaßen repräsentativ für die sowjetische Besatzungszone gelten.

6 Die Art der Veranstaltung sowie der Inhalt des Referates konnten nicht ermittelt werden. Entsprechend einer späteren Mitteilung von Franz Büchel handelte es sich um eine SPD-Versammlung am 2. September 1945 in Woltersdorf, auf der er kritisch zur Oder-Neiße-Linie als neue Ostgrenze Stellung nahm und die Vergewaltigungen und Plünderungen durch sowjetische Soldaten verurteilte. Als direkte Folge dieser Rede wurde Büchel am 17. Oktober 1945 verhaftet und blieb bis zum 19. Januar 1950 in Haft, zuletzt im Internierungslager Buchenwald bei Weimar. Nach eigenen Angaben übte Franz Büchel bis zu seiner Verhaftung die Funktion des zweiten Vorsitzenden des Provinzialverbandes der SPD Brandenburg aus.

Wir arbeiten mit Euch sehr gern zusammen und würden es begrüßen, wenn sich Eure Partei am Ort mit positiven Dingen und nicht mit Angriffen gegen die Kommunistische Partei befaßt.

Wir erwarten von Euch, daß weitere Arbeitsausschußsitzungen sich mit Arbeitsproblemen befassen, und sind sofort zur Mitarbeit bereit.

Mit kommunistischem Gruß!
Kommunistische Partei Deutschlands
Parteileitung des Arbeitsgebiets
Kreis Niederbarnim Süd

Nr. 16
Schreiben des SPD-Ortsvereins Werlsee an den Vorstand der Ortsgruppe der KPD Werlsee vom 20. September 1945[1]

Sozialdemokratische Partei Deutschlands
Ortsgruppe Werlsee

Grünheide, den 20. 9. [19]45

An den
Vorstand der Kommunistischen
Partei Deutschlands
Ortsgruppe Werlsee
z[u] H[än]d[en] Herrn Max Paatz
Grünheide, Waldeck 12

In Erwiderung des Schreibens vom 19.[2] d[es] M[onats] teilen wir Euch folgendes mit:

Die von Euch gegebene Darstellung sowie auch Eure zum Ausdruck gebrachte Ansicht über die Dinge, die nun schon seit geraumer Zeit Streitobjekt der Ortsgruppen-Vorstände beider Parteien sind, werden von uns abgelehnt und können auch nicht als Verhandlungsbasis für eine örtliche gütliche Beilegung des Zwistes angesehen werden. Weshalb wir diesen Standpunkt einnehmen, das bitten wir aus den nachfolgenden Ausführungen zu entnehmen.

Es ist Eure Ansicht, daß Ihr befugt seid, uns mit aller »Eindeutigkeit« sagen zu müssen, daß wir nicht die Zeitgenossen sind, denen die praktische positive Arbeit im Interesse des Volksganzen näher liegt als kleinlicher persönlicher Tratsch, oder die Behandlung von unliebsamen Dingen, die lediglich von bösen Zungen verbreitet werden. Ihr behauptet weiterhin, daß wir diese persönlichen Sachen zum Anlaß nehmen, um Umbesetzungen in der Gemeindeverwaltung zu fordern, sprecht von Beleidigungen, die der Unterzeichnete als Vorsitzender in der Arbeitsausschuß-Sitzung ausgesprochen haben soll, haltet uns für Leute, denen die Worte Demokratie und Sozialismus nur ein Lippenbekenntnis bedeuten, dichtet uns Demagogie und Spitzfindigkeiten an, und damit an schlechten Eigenschaften nichts fehle, vermerkt Ihr, daß in unseren Köpfen nur eine niedrige, einfältige Denkweise und Tendenz vorherrscht.

---

1 Brandenburgisches Landeshauptarchiv, Rep. 333, III/2/1.
2 Das Schreiben der KPD-Ortsgruppe Werlsee trägt das Datum des 14. September 1945. Hier liegt offensichtlich ein Schreibfehler des Verfassers vor.

Eure Charakterisierung unseres Versammlungs-Redners ist eine Sache für sich. Es ist also alles in allem genommen reichlich viel Priem, und wir stellen uns vor, daß Ihr verdammt stolz darauf sein werdet, uns so tüchtig die »Wahrheit« gesagt zu haben. – Diese angeführten Tatsachen sind leider so beschämend für eine Arbeiterbewegung, daß man nur wünschen kann, daß solcherlei Geschehnisse durch Beseitigung der Fehlerquellen schnellstens in Vergessenheit kommen.

Wenn wir nun auf Eure Anschuldigungen eingehen, so geschieht das nicht, um uns zu rechtfertigen, sondern um Dinge richtigzustellen, die von Euch falsch ausgelegt und gedeutet wurden. Niemals wird es uns einfallen, die uneigennützige, positive Leistung Eurer Parteikräfte zu verkennen oder gar herabzumindern. So zum Beispiel gibt der Unterzeichnete gern zu, daß er in seinen damaligen Bemühungen zur Aufrichtung der Ortsgruppe von Eurem Vorstand unterstützt wurde. Gern erinnert er sich so mancher Unterredung, die Positives aufzeigte, und er wäre froh, wenn die weitere Entwicklung das gute Einvernehmen verstärkt, anstatt vermindert hätte. Was geschah dann aber weiter? Ich stelle fest:

Verärgert durch die Tatsache, daß der neugeschaffenen Ortsgruppe Mitglieder beitraten, die Ihr glaubtet, fest in Eure Reihen eingeschlossen zu haben, sowie durch den Umstand, daß aus dem Mitgliederkreise und dem Bevölkerungskreise heraus Beschwerden an den Vorstand herangetragen wurden, die unmöglich übergangen werden konnten, zeigtet Ihr uns sogleich die Kehrseite der Medaille, und Eure Haltung uns gegenüber wurde reserviert, ja sogar unfreundlich. Als wir dann den bereits von mir zuvor schon angemeldeten Anspruch auf Einbau einiger Parteimitglieder in die Gemeindeverwaltung erhoben, war es dann restlos mit Eurer Einsicht und verständigem Entgegenkommen aus. Was daraus resultierte, zeigten die vergangenen Wochen und ist auf Eurem Konto zu verbuchen.

Es ist schade, daß die von Euch selbst so sehr hervorgehobene Erkenntnis für sachliches positives Wirken noch nicht fertig brachte, Euch die Augen zu öffnen und das Falsche Eurer Handlungsweise erkennbar zu machen. Es bleibt bedauerlich, daß durch Eure Haltung der Gedanke einer Einheitsfront Schaden nimmt und mithin an Popularität verliert. Wenn Ihr in Eurem Briefe ebenfalls von der Einheitsfront sprecht, diese aber erst durch die Ausführungen unseres Versammlungs-Redners gefährdet glaubt, dann verweisen wir Euch auf das bestimmteste darauf, daß Ihr bereits vor der Versammlung Mittel anwendetet, die niemals dem hohen Gedanken förderlich sein konnten. Auch bemerken wir hierbei sogleich, daß Ihr entweder der Rede des Genossen [Franz] Büchel nicht richtig gefolgt seid, oder aber Ihr verdreht absichtlich seine Ausführungen. Auf welcher Seite somit die Demagogie liegt, braucht nicht erraten zu werden.

Es ist überhaupt interessant, festzustellen, daß Ihr wohl zugebt, daß Fahrräder geklaut, viele andere Dinge gestohlen, Zerstörungen vorgenommen und Frauen vergewaltigt wurden, um kurz danach Entrüstung zu äußern, wenn in einer Rede in bedachtsamer Form das Wort Steppenhorden Anwendung findet. Es erscheint uns auch ganz nützlich, darauf hinzuweisen, daß selbst die Genossen Paatz und Manzke kürzlich einem Schreiben ihre Unterschrift gaben, das einem Notschrei gleichkam. Wenn also in der Öffentlichkeit diese Geschehnisse mal recht verständig angesprochen werden, dann liegt wirklich kein Grund vor, von »demagogischer Art und Weise« zu faseln.

Auf die uns sonst noch gesagten Liebenswürdigkeiten geben wir Euch folgende Antwort:

1. Positive Arbeit im Interesse des Volksganzen zu leisten, wird immer unser Bestreben sein. Dazu gehört u. E. auch die Fürsorge für eine auf Ordnung und Sauberkeit achtende Gemeindeverwaltung.
2. Hinsichtlich des Vermerks über die angeblich ausgesprochene Beleidigung verweisen wir auf die Ausführungen in unserem Briefe vom 1. 9. [19]45.[3]

---

3 Der Brief war nicht auffindbar.

3. Demokratie und Sozialismus sind für unsere Parteiorganisationen anerkannte und verpflichtende Grundbegriffe, die wir seit der Geburtsstunde der Partei als erstrebenswerte Grundlage für ein friedliches und segensreiches Gemeinschaftsleben der Völker herausstellten und wegen deren Verfechtung wir uns jahrelang als »Volksverräter«, »Arbeiterfeind« usw., usw. beschimpfen lassen mußten. Man komme uns also nicht damit, daß wir erst beweisen müßten, daß die herausgestellten Worte für uns mehr als ein Lippenbekenntnis bedeuten.
4. Im Punkte »Demagogie« und »Spitzfindigkeiten« lassen wir uns erst gar nicht in einen Wettstreit ein, denn hierbei wäre unsere Position von vornherein hoffnungslos.
5. Was unsere »Denkweise und Tendenz« betrifft, so geben wir uns der berechtigten Hoffnung hin, daß uns zur gegebenen Zeit seitens der Volksgemeinschaft ein objektives Zeugnis ausgestellt werden wird.

Das wäre wohl so in der Hauptsache alles, was zu dem Inhalt Eures Briefes vom 19. 9. [1945] zu sagen, resp[ektive] richtigzustellen wäre.

Auf den Vermerk hin, daß der Unterzeichnete auf eine entsprechende Anfrage geantwortet haben soll, daß Arbeitsausschuß-Sitzungen erst von der SPD akzeptiert werden, wenn die bekannten Plätze in der Verwaltung von unseren Genossen besetzt wären, erkläre ich, daß meine Antwort anders lautete. »Als Voraussetzung für neue Sitzungen fordere ich die Bereinigung der Atmosphäre, damit endlich eine Grundlage für gedeihliches Zusammenarbeiten geschaffen ist«. – so etwa lautete die Antwort von mir. Den Weg aufzuzeigen, der gegangen werden kann, dazu kam ich nicht mehr, denn sofort kam Gen[osse] Paatz mit dem Einwand, daß er somit bestätigt bekommen habe, daß der Arbeitsausschuß geplatzt sei.

Nun gut, obendrein wünscht Ihr sogar ein Eingreifen unserer oberen Parteistellen und erwartet davon allgemeinen Nutzen. Wir auch, das dürfen wir wohl sagen. Es werden nun von uns die Wege beschritten werden, die u[nseres] E[rachtens] die kürzesten zur Erreichung unseres Zieles: prinzipielle Anerkennung erlassener Verordnungen bezüglich demokratischer Zusammensetzung der Selbstverwaltungskörperschaften, sein werden.

Wir hoffen zuversichtlich, daß in der Zwischenzeit eine weitere Verschlechterung der Beziehungen der beiden Partei-Ortsgruppen vermieden wird.

Mit sozialistischem Gruß!
gez. W[alter] Noack
Sozialdemokratische Partei Deutschlands
Ortsgruppe Werlsee

Nr. 17
Bericht Friedrich Eberts über die Neubesetzung des Oberbürgermeisteramtes in Brandenburg vom 27. September 1945[1]

Berlin, den 27. 9. 1945
Bericht

Seit Wochen steht in Brandenburg an der Havel die Neubesetzung des Oberbürgermeisterpostens zur Debatte.[2] Der bisherige kommunistische Inhaber des Amtes, Max Herm[3], ist

---

1 Brandenburgisches Landeshauptarchiv, Rep. 331, II/2/3.
2 In der Stadt Brandenburg wurde der Kommunist Max Herm am 22. Mai 1945 von der sowjetischen Kommandantur als erster Bürgermeister eingesetzt.
3 Max Herm, geb. 1899. Beruf: Elektromonteur. Seit 1918 KPD. 1933 bis 1945 illegale Arbeit, Haft

nach Berlin berufen worden. Nach Ablehnung der von den Kommunisten genannten örtlichen Kandidaten, die wegen ihrer »Fähigkeiten« von der Provinzialverwaltung abgelehnt wurden, machten wir den Vorschlag, unseren altbewährten Genossen Eichler zum Oberbürgermeister zu ernennen. Darüber haben Verhandlungen zwischen den örtlichen Instanzen in Brandenburg/H., zwischen den beiden Bezirksleitungen in Berlin und mit der Provinzialverwaltung stattgefunden.

Es kam schließlich zu einer vom 1. Vizepräsidenten der Provinzialverwaltung, Dr. [Bernhard] Bechler[4], gebilligten Einigung, wonach Genosse Eichler den Posten des Oberbürgermeisters übernehme, die Stelle des Bürgermeisters einem Kommunisten übertragen und die Stelle des 2. Bürgermeisters eingespart werden sollte. Nach einem Bericht unseres Unterbezirksvorsitzenden [Paul] Voigt haben unsere Brandenburger Genossen sogar beim ZK der KPD den Genossen [Walter] Ulbricht[5], gesprochen, der diesem Vorschlag zustimmte. Wider Erwarten ist nun ohne jede weitere Mitteilung der KPD oder der Provinzialverwaltung der Kommunist Lang Oberbürgermeister von Brandenburg/H. und unser Genosse Eichler 1. Bürgermeister geworden.

Wir haben daraufhin heute um eine Unterredung beim 1. Vizepräsidenten der Provinzialverwaltung, Dr. [Bernhard] Bechler, nachgesucht und ihn um Aufklärung gebeten. Er versuchte zunächst, sich auf die Stellungnahme des örtlichen Kommandanten von Brandenburg herauszureden, gab dann aber zu meinem Erstaunen zu, daß die Provinzialverwaltung unseren Genossen Eichler nicht für fähig halte, diesen Posten auszufüllen.

Genosse Eichler war schon vor 1933 lange Jahre besoldeter Stadtrat in Brandenburg. Er hat in der Nazizeit mehr durchgemacht als mancher andere, der sich heute berufen fühlt, über ihn zu urteilen. Selbst Herr [Bernhard] Bechler mußte rückhaltlos die Fähigkeiten und moralischen Qualitäten des Genossen Eichler zugeben. Aber, so meinte [Bernhard] Bechler, er und der Präsident der Provinzialverwaltung, Genosse [Carl] Steinhoff[6], seien der Meinung, Eichler sei nicht stark genug für dieses Amt. Zugegeben, daß Genosse Eichler eine sehr sensible Natur ist, der Korrektheit über alles geht, so ist das nach unserer Auffassung noch lange kein Grund, uns auch in dieser wichtigen Angelegenheit derart zu behandeln.

Ich habe Herrn Dr. [Bernhard] Bechler keinen Zweifel darüber gelassen, daß es wenig loyal ist, uns und den Genossen Eichler derartig zu behandeln. Wir seien immerhin, auch in der Provinz Brandenburg, die stärkste Partei und müßten uns ein für alle Mal ausbitten, daß bei einer nach Meinung der Provinzialverwaltung notwendigen Abänderung vorher getroffener Vereinbarungen wir zum mindesten unterrichtet sein müssen. Man hätte uns

---

sowie KZ Buchenwald u. Sachsenhausen. Mai 1945 OB Brandenburg. Juni 1945 bis April 1946 BL KPD Mark Brandenburg. September 1945 bis März 1948 zweiter Vizepräs. DZW für Arbeit und Sozialfürsorge. März 1948 DWK bzw. Abtltr. ZK SED. 1957 OB Brandenburg. 1982 gest.

4 Bernhard Bechler, geb. 1911. Beruf: Offizier. 1943 Mitbegründer NKFD u. BDO. 1944 Zentrale Antifa-Schule Krasnogorsk. April 1945 KPD. 1945/46 1. Vizepräs. PVW Mark Brandenburg. 1946 bis 1949 Minister des Innern Brandenburg. April 1946 SED. 1949/50 sowjetische Militärakademie. 1950 Chefinspektor VP. 1952 Stabschef KVP. 1956 bis 1970 Offizier NVA.

5 Walter Ulbricht, geb. am 30. Juni 1893 in Leipzig. Beruf: Möbeltischler. Seit 1912 SPD, 1919 KPD. 1923 Zentrale bzw. ZK, 1929 PB KPD. 1928 bis 1933 MdR. 1933 bis 1945 Emigration Westeuropa u. Sowjetunion. April bis Juni 1945 Ltr. «Initiativgruppe des ZK der KPD» (Gruppe Ulbricht) in Berlin. Juni 1945 bis April 1946 Sekr. ZK KPD. April 1946 PV u. ZS SED. Januar 1949 PB SED. Oktober 1949 stellv. Ministerpräs. DDR. 1950 bis 1971 Generalsekr. bzw. Erster Sekr. PB SED. 1960 bis 1973 Vors. Staatsrat DDR. 1973 gest.

6 Carl Steinhoff, geb. 1892. Beruf: Verwaltungsjurist. Seit 1923 SPD. 1926/28 LR Krs. Zeitz. 1928 bis 1932 stellv. Oberpräs. Ostpreußen. Juni 1945 Präs. PVW Mark Brandenburg. 1946 SED. Oktober 1946 bis Oktober 1949 Ministerpräs. Brandenburg. 1949 MdV. 1949/50 Kandidat PB SED. 1949 bis 1952 Minister des Innern DDR. 1950 bis 1954 ZK SED. 1981 gest.

sagen sollen, daß Genosse Eichler, der – wie ausdrücklich betont wird – vorher ohne jede Einschränkung als der geeignetste Kandidat anerkannt wurde, nun plötzlich nicht mehr die Unterstützung der Provinzialverwaltung genießt.

Wir werden bei der nächsten Sitzung des Arbeitsausschusses für die Provinz Mark Brandenburg der kommunistischen Bezirksleitung rückhaltlos unsere Empörung über dieses Verhalten zum Ausdruck bringen und uns im Wiederholungsfalle alle weiteren Schritte vorbehalten.[7] Dem Zentralausschuß geben wir von diesem Vorfall mit der Bitte Kenntnis, beim ZK mit aller Entschiedenheit dahin zu wirken, daß wir endlich als das respektiert werden, was wir sind, nämlich die größte Partei Deutschlands, die von ihren politischen Partnern nichts anderes als eine ehrliche und gleichberechtigte Behandlung wünscht.

gez. [Friedrich] Ebert[8]

---

7 Der Arbeitsausschuß von SPD und KPD der Provinz Mark Brandenburg wurde am 1. September 1945 in folgender Zusammensetzung gebildet:
SPD: Georg Spiegel, Franz Büchel, Friedrich Ebert, Richard Küter, Else Bauer;
KPD: Willy Sägebrecht, Bruno Brockhoff, Gerda Sucker, Willi Seeger, Kurt Seibt.
8 Unterschrift handschriftlich.

Sachsen-Anhalt

Nr. 18
Schreiben von Paul Saupe an die amerikanische Militärregierung vom 21. April 1945[1]

Weißenfels, den 21. April 1945
An die Militärregierung[2]

Die Antifaschistische Front, vertreten durch die bereits mehrfach beim Kommandanten vorstellig gewordenen
Herren
Paul Saupe [SPD][3], Weißenfels, Kl[eine] Burgstr[aße] 1, Fritz Drescher [SPD][4], Weißenfels, Schlachthofstr[aße] 16, Paul Schwager [KPD], Weißenfels, Bei Beuditz 5,
haben die Absicht, in Weißenfels in den Räumen der Kreisleitung der Nationalsozialistischen Partei Klosterstraße – Saalstraße ein Büro zu eröffnen, daß folgende Zwecke erfüllen soll:
1. Engste Zusammenarbeit mit der alliierten Besatzungsbehörde.
2. Sammlung der antifaschistischen Kräfte aller Bevölkerungskreise, unter sorgfältiger Prüfung ihres Verhaltens während des Bestehens des nationalsozialistischen Regimes.
3. Überwachung aller nationalistischen Bestrebungen, die gegen den Bestand der alliierten Militärregierung gerichtet sein könnten (Werwolf).
4. Bekanntgabe von Nachrichten an die Bevölkerung aus Rundfunksendungen der Alliierten, insbesondere über die militärische Lage und die vorgefundenen Zustände in den durch die Alliierten besetzten Konzentrationslagern – durch Aushang am Büro der Antifaschistischen Front.

Wir bitten die Militärregierung um die Genehmigung hierzu.

Paul Saupe[5]
Kl[eine] Burgstr[aße] 1

---

1 Landesarchiv Merseburg, KPD-Kreisleitung Weißenfels, I/422/29.
2 Die westlich der Elbe gelegenen 35 Kreise der Provinz Sachsen, darunter der Kreis Weißenfels, wurden im April/Mai 1945 von amerikanischen und britischen Truppen besetzt, wogegen die 5 Kreise östlich der Elbe – darunter der östliche Teil von Magdeburg – von sowjetischen Besatzungstruppen verwaltet wurde. Die amerikanischen und britischen Militärregierungen übten in den westlichen Kreisen bis Anfang Juli 1945 die Regierungsgewalt aus. Vgl. Deutsche Geschichte, Bd. 9, S. 71 f.
3 Paul Saupe, geb. am 10. April 1894. Vor 1933 SPD. 1924 bis 1933 Sekr. SPD Krs. Weißenfels. 1923 bis 1933 BV SPD Halle-Merseburg. 1933/34 KZ. 1945/46 Landesorganisationsbüros KG Provinz Sachsen. April 1946 SED. 1946 bis 1950 Vorstand KG Sachsen-Anhalt.
4 Fritz Drescher, geb. am 30. März 1904 in Dresden. Beruf: Kaufmann. Seit 1921 SPD. 1933 bis 1945 illegale Arbeit u. Haft. Juni 1945 Vizepräs. BVW Merseburg bzw. MinDir. 1945 Vors. SPD Weißenfels. 1945/46 BV SPD Halle-Merseburg. April 1946 bis Juni 1947 BV SED Halle-Merseburg. Juli 1947 Ltr. Landesforstverwaltung Sachsen-Anhalt. September 1948 Verhaftung. Juni 1949 Verurteilung zu 25 Jahren Zwangsarbeit. Oktober 1955 Entlassung aus einem sibirischen Zwangsarbeitslager, anschließend Übersiedlung nach Hannover.
5 Unterschrift handschriftlich.

Nr. 19
Protokoll einer Besprechung zur Vorbereitung der Zusammenarbeit in einem Volksfrontausschuß[1] am 13. Juni 1945[2]

Ernst Brandt[3], Magdeburg, als Bevollmächtigter der KPD für den Bezirk Magdeburg-Anhalt und Ernst Thape[4], Magdeburg, als Bevollmächtigter der SPD für den Bezirk Magdeburg-Anhalt sind nach gründlicher Aussprache zu folgender Feststellung gekommen:

1. Es ist nicht möglich, durch die Gewerkschaften zugleich neben ihren wirtschaftlichen Aufgaben auch die politischen Aufgaben zu lösen.[5] Zur Erledigung der politischen Probleme und der politischen Tagesfragen sind besondere Einrichtungen nötig.
2. Im Interesse der Arbeiterschaft muß eine Einheitspartei angestrebt werden. Es besteht aber beiderseits Einigkeit darüber, daß die Schaffung einer solchen Partei erst möglich ist, wenn einige wesentliche grundsätzliche Fragen genügend geklärt sind.
3. In ihrem Kampfwillen gegen das Nazitum und in dem Willen, die Naziideologie restlos zu beseitigen, sind sich beide Gruppen völlig einig. Aus diesem Grunde ist es notwendig, sofort unbekümmert um die Lösung der Zukunftsfrage, betreffend Einheitspartei, auf der Grundlage der früheren Anhängerschaft gemeinsam zu handeln.
4. Es besteht Einigkeit über die Notwendigkeit der Einflußnahme auf die politischen Verwaltungsstellen. Zu diesem Zwecke ist es notwendig, sich gemeinsam über Verwaltungsprobleme zu beraten und die beiderseitigen Interessen in dieser Beziehung aufeinander abzustimmen.
5. Die Bildung eines Antifaschistischen Komitees ist notwendig.
6. In einer gemeinsamen Aussprache, an der von jeder Seite fünf Personen teilnehmen sollen, ist sobald als möglich Klarheit zu schaffen über das Aufgabengebiet, das beide Parteien gemeinsam klären wollen.

gez. Ernst Brandt   gez. Ernst Thape

---

1 Wie in fast allen von westalliierten Truppen bis Anfang Juli 1945 besetzten Gebieten der späteren sowjetischen Zone war auch in Magdeburg ein »Volksfrontausschuß« der Ausdruck erster politischer Aktivitäten, da antifaschistische Parteien hier offiziell noch nicht zugelassen wurden. In ihrer politischen Funktion wurden die antifaschistischen Ausschüsse als die einzige Möglichkeit einer vorläufigen organisatorischen Zusammenfassung alljener Kräfte akzeptiert, die für den demokratischen Neuaufbau prädestiniert schienen. Vgl. *Bouvier*, Antifaschistische Zusammenarbeit, Selbständigkeitsanspruch und Vereinigungstendenz, S. 417–468.
2 Landesarchiv Magdeburg – Landeshauptarchiv, KPD-Unterbezirk Magdeburg, I/2.
3 Ernst Brandt, geb. am 19. November 1896 in Magdeburg. Beruf: Schlosser. Seit 1920 USPD/KPD. 1928 bis 1931 Sekr. BL KPD Magdeburg-Anhalt. 1931/33 Sekr. RGO. 1932/33 MdR. 1933 bis 1945 illegale Arbeit u. Zuchthaus bzw. KZ. 1945/46 Ltr. KPD Bezirk Magdeburg. April 1946 bis Juni 1948 LV SED Sachsen-Anhalt u. bis Januar 1947 Vors. BV SED Magdeburg. September 1947 bis Juli 1948 Sekr. LV SED Sachsen-Anhalt. 1948 bis 1950 Minister für Land- und Forstwirtschaft Sachsen-Anhalt. 1949/50 MdV. Juli 1951 Verhaftung. 1952 bis 1956 Werkleiter im VEB Maschinenfabrik Halle. 1956 gest.
4 Ernst Thape, geb. am 29. Mai 1892 in Klein-Aga (Thüringen). Beruf: Maschinenschlosser. Vor 1933 SPD. 1922 bis 1933 Redakteur »Volksstimme« in Magdeburg. 1933 bis 1945 illegale Arbeit u. KZ Buchenwald. Juli 1945 Vizepräs. PVW Sachsen. Dezember 1946 Minister für Volksbildung Sachsen-Anhalt. Juli 1945 BV SPD Magdeburg. August 1945 Vorstand SPD Provinz Sachsen. April 1946 LV SED Sachsen-Anhalt. November 1948 Flucht nach Westberlin bzw. Hannover.
5 In Magdeburg gab es in den Monaten Mai und Juni 1945 eine rege freigewerkschaftliche Tätigkeit. Der britische Militärkommandant von Magdeburg, der den US-Gouverneur abgelöst hatte, stimmte Mitte Mai 1945 dem Ausbau der Gewerkschaften zu.

Nr. 20
Protokoll einer Beratung des Magdeburger Volksfrontausschusses am 17. Juni 1945[1]

Protokoll
1. Sitzung des Zehner-Ausschusses am 17. Juni 1945

Die Grundlage der Sitzung waren die 6 Punkte, die in der Vorbesprechung zwischen Ernst Brandt und Ernst Thape am 13. 6. [19]45 festgelegt wurden und dessen Punkt 6 durch diese erste Zusammenkunft schon erfüllt war.[2]
Anwesend waren:
[Ernst] Brandt, [Albert] Wildt, [Erich] Besser, Hahn, [Walter] Bobe von der KPD; [Ernst] Thape, [Otto] Wolf, [Walter] Schrader, [Gustav] Schmidt, [Hermann] Mielius von der SPD.
Zur Geschäftsordnung wurde festgelegt, daß der Ausschuß zwei Vorsitzende mit gleichen Rechten hat, die sich in der Leitung der Verhandlung von Sitzung zu Sitzung abwechseln. Die beiden Vorsitzenden sind die Genossen [Ernst] Brandt und [Ernst] Thape. Als erster übernahm [Ernst] Thape die Leitung.
Beide Parteien haben das Recht, zu jeder neuen Sitzung neue Personen zu delegieren; selbstverständlich bleibt die Zahl von fünf Personen für jede Partei immer dieselbe. Zwei Genossen aus Schönebeck, die während der Sitzung erschienen und zuzuhören wünschten, wurden zugelassen. Es soll in Zukunft erlaubt sein, auswärtige Genossen in gleicher Weise an den Sitzungen teilnehmen zu lassen, wobei nach Möglichkeit auch unter diesen Zuhörern beide Parteien vertreten sein sollen, aber das paritätische Verhältnis nicht Bedingung ist. Es dürfen selbstverständlich nicht mehr Zuhörer als Mitglieder anwesend sein, und die Zuhörer haben nicht das Recht, an der Beratung teilzunehmen.
Die Beschlüsse des Ausschusses sind für beide Parteien verbindlich, unbekümmert darum, ob die Personen im Ausschuß wechseln oder nicht.
In der Verhandlung wurden die fünf übrig bleibenden der sechs Punkte einstimmig gutgeheißen und ohne Diskussion zur Arbeitsgrundlage des Ausschusses erklärt.
Das zu bildende antifaschistische Komitee erhielt nach kurzer Aussprache, in der auf die Schwierigkeiten der Namensgebung durch die verschiedenen Vorstellungen aus der Vergangenheit hingewiesen wurde, den Namen: Anti-Nazi-Komitee.
Die Aufgabe dieses Komitees ist es, die Führung der Bekämpfung des Nationalsozialismus zu übernehmen und durch sein Einwirken erstens wieder eine öffentliche Meinung zu schaffen und zweitens die öffentliche Meinung zu lenken im antifaschistischen Sinne. Alle bisher schon irgendwie gebildeten Ausschüsse ähnlicher Art sollen nach Möglichkeit zu Unterausschüssen des Anti-NaziKomitees werden. Das Anti-Nazi-Komitee soll die Zentrale des Kampfes gegen die Nazis sein. Es kann natürlich keine Exekutive haben, sondern hat nur Material zu sammeln und dieses Material zu verwerten.
Das Anti-Nazi-Komitee soll aus neun Personen bestehen, und zwar aus je drei Vertretern der KPD, SPD und des Bürgertums.
Neben dem Anti-Nazi-Komitee besteht der Zehner-Ausschuß, der als Ersatz für die noch nicht vorhandene Sozialistische Einheitspartei die unmittelbare Einflußnahme auf die politischen Verwaltungsstellen des Bezirkes Magdeburg-Anhalt anstrebt. Der Ausschuß

---
1 Landesarchiv Magdeburg – Landeshauptarchiv, KPD-Unterbezirk Magdeburg, I/2.
2 Vgl. Dokument Nr. 19.

spricht in seinem Namen nur nach vorhergehender Beratung und vertritt in seinen Beschlüssen dann immer den zusammengefaßten einheitlichen Willen beider Parteien.

Die Beratung der Gegenwartsaufgaben führte zu folgenden einstimmig angenommenen Forderungen, die in der morgigen Sitzung der Gewerkschaft mit dem Oberbürgermeister[3] als die Forderungen der Gewerkschaften vertreten werden sollen:

1. Eine Körperschaft ist zu bilden, die ähnliche Funktionen zu erfüllen hat wie früher der Magistrat; sie ist zusammenzusetzen aus den Bürgermeistern und den Dezernenten. Der Magistrat soll – um die Körperschaft so klein wie möglich zu machen – folgendermaßen zusammengesetzt sein:

I	Oberbürgermeister
II	Bürgermeister
III	Stadtbaurat
IV	Wirtschaft, Ernährung, Arbeitsamt, Statistik
V	Schulrat
VI	Soziale Fürsorge und Gesundheitsamt
VII	Wohnungsbau, Wohnungsamt, Liegenschaften
VIII	Städtische Betriebe, Straßenbahn, Garten- und Friedhofsverwaltung, Straßenreinigung.

Die KPD beansprucht Nr. VI mit Richard Weiss und Nr. VIII mit Walter Kassner. Wenn ein 2. Bürgermeister wieder besetzt wird, beansprucht ihn die KPD für [Walter] Kassner, der dann die beiden Ämter verbindet.

Die SPD übernimmt Nr. IV und Nr. VII mit [Otto] Wolf und [Willi] Plubohm, aber diese Personennennung ist noch nicht verbindlich. Um Nr. V ist noch zu verhandeln; das Amt steht der SPD zu. Vorgesehen dafür ist Linke. Mit der jetzigen Besetzung ist die Partei nicht einverstanden.

Die bürgerlichen Parteien sind durch Nr. I und Nr. III hinreichend vertreten.

2. Es ist ein »Stadt-Ausschuß« zu bilden, in dem alle politischen Parteien ohne Nazi-Parteien vertreten sind. Die Größe dieses Ausschusses soll heute noch nicht erörtert werden. Er soll eine Ersatzkörperschaft für die Stadtverordnetenversammlung sein. Natürlich kann der Stadt-Ausschuß unter den obwaltenden Umständen nur eine beratende Körperschaft sein.

Der Brief der Gewerkschaften an die Militärregierung[4], in dem die Bildung einer Regierung vorgeschlagen wird und für den Regierungspräsidenten Dr. Hans Braun und für den Landeshauptmann Dr. Weisser (beide SPD) vorgeschlagen werden, erhielt die ausdrückliche Zustimmung beider Parteien.[5] Es wurde seitens der KPD als selbstverständlich vorausgesetzt, daß die nachgeordneten politischen Ämter in der Regierung entsprechend mit KPD-Funktionären besetzt werden.

In den Land- und Stadtkreisen des Bezirkes Magdeburg soll, soweit das unter den jetzigen Verkehrsschwierigkeiten schon möglich ist, von beiden Parteien in gleicher Weise Ein-

---

3 Die amerikanische Militärregierung hatte den Sozialdemokraten Otto Baer als Oberbürgermeister in Magdeburg eingesetzt.
4 Der Brief war nicht auffindbar.
5 Provinzial- und Bezirksverwaltungen wurden erst im Verlaufe des Monats Juli 1945 nach Übernahme der westlich der Elbe gelegenen 35 Kreise der Provinz Sachsen durch die sowjetische Besatzungsmacht gebildet. In Magdeburg wurde Otto Baer (SPD) Bezirkspräsident, Georg Heidler (KPD) erster und Arno Roßberg (LDP) zweiter Vizepräsident. Vgl. Vereint auf dem Weg zum Sozialismus. Geschichte der Landesparteiorganisation Sachsen-Anhalt der SED 1945-1952, Halle/Magdeburg 1986, S. 103 ff.

fluß ausgeübt werden wie in der heutigen Sitzung auf die Magdeburger und die Regierungs-Verhältnisse.

Abschließend wurde festgestellt, daß der Zehner-Ausschuß mit seiner Arbeit sehr fruchtbringend und positiv wirken kann, weil durch seine Initiative politische Kräfte zusammengefaßt werden, die ohne sein Wirken nachteilige partikularistische Tendenzen haben. Wenn es beiden Parteien gelingt, im Bezirk jede für sich einen gut funktionierenden, zentral gesteuerten Apparat aufzubauen, dann wird gerade durch diese Zweigleisigkeit großer Nutzen für alle Werktätigen geschaffen, weil nur durch dieses gesonderte Wirken der Anschluß an die große politische Tradition und die großen politischen Erfahrungen der in jahrzehntelangem Klassenkampf geschulten Arbeiterschaft gefunden werden kann. Wir leisten hier wertbeständige politische Arbeit, weil wir als einzige in dieser partikularistischen Inflation einen übergeordneten Apparat bilden, der zum Nutzen des ganzen Volkes lokales politisches Wollen aufeinander abstimmt.

gez. Ernst Brandt
gez. Ernst Thape

Nr. 21
Bericht über die Gründung von KPD und SPD in Köthen in den Monaten April, Mai, Juni und Juli 1945[1]

Nach der Besetzung Mitte April [1945] durch die Amerikaner entstand eine lose Fühlungnahme ehemaliger Mitglieder der Links- und demokrat[ischen] Parteien, zwecks Besetzung des Behördenapparates. Im Ergebnis wurde an die Spitze des Landratsamtes der Demokrat Osberg gestellt, als sein Stellvertreter und Gendarmeriehauptmann der Sozialist [Emil] Barthling. Im städt[ischen] Magistrat wurde der Sozialist [Franz] Elstermann Oberbürgermeister, die Sozialisten [Karl] Pfeil und [Wilhelm] Theuerjahr sowie der Demokrat Hohle Stadträte, die alte Polizei, einschließlich Kripo, wurde völlig umbesetzt.

Da eine Parteienbildung noch untersagt war, erfolgte illegal eine rege Zusammenarbeit zwischen früheren Funktionären u[nd] Mitgliedern der SPD u[nd] KPD, die sich unter Ablehnung der früher bestehenden und durch die politischen Ereignisse belasteten Linksparteien zu einer einzigen vereinigten Linkspartei bekannten, deren Name SAP, d. h. Sozialistische Arbeiterpartei, sein sollte, in Klammern (frühere KPD und SPD). In wenigen Tagen waren ihr im Geheimen ca. 300 Mitglieder zugeströmt, zum größten Teil vormalige SPD-Anhänger. Eine Änderung trat ein, als nach Ablauf der ersten Juli-Woche die Amerikaner durch russische Besatzungstruppen abgelöst wurden.[2]

---
1 Landesarchiv Merseburg, Nachlaß Ernst Bichtler, V/6/7/1.
2 Bis Anfang Juli 1945 standen amerikanische und britische Truppen in den westlichen Teilen der sowjetischen Besatzungszone, in die sie im Ergebnis der Kampfhandlungen gegen die deutsche Wehrmacht eingerückt waren. Entsprechend alliierten Vereinbarungen verließen sie Thüringen, den westlichen Teil Mecklenburgs sowie große Teile des Landes Sachsen und der Provinz Sachsen. Diese Gebiete wurden im Verlaufe der ersten Juliwoche von Einheiten der Roten Armee besetzt und unter die administrative Verantwortung der SMAD gestellt. Damit gliederte sich die sowjetische Besatzungszone ab Juli 1945 in die Länder Sachsen mit der Landeshauptstadt Dresden, Thüringen mit der Landeshauptstadt Weimar, Mecklenburg-Vorpommern mit der Landeshauptstadt Schwerin sowie in die Provinzen Mark Brandenburg mit der Provinzhauptstadt Potsdam und Sachsen mit der Provinzhauptstadt Halle. Vgl. Deutsche Geschichte, Bd. 9, S. 71 ff.

Den KPD-Anhängern wurde am ehesten bekannt, daß in Berlin eine Bildung der früheren Parteispitzen, insbesondere der KPD, vorgegangen war[3], und [sie] versuchte[n] nun rasch, in Köthen einer solchen Entwicklung vorzugreifen. Unter dem Vorwand einer bloßen Namensänderung der SAP und unter Zuhilfenahme ihrer schnell ins Leben gerufenen Bernburger Unterbezirksleitung wurde eine Überrumpelung inszeniert, um aus der geeinten SAP eine Ortsgruppe der KPD mit starker Anhängerschaft zu machen. In einer gut besuchten Funktionär-Versammlung im Felsenkeller am 14. 7. [19]45 erfolgte tatsächlich ein solcher Beschluß, dem auch einige SPD-Funktionäre wie [Wilhelm] Theuerjahr, [Emil] Barthling und Kalusa zustimmten. Der Hauptbetreiber dieser Überführung war der KPD-Gen[osse] Bär, der inzwischen zum Stadtrat gemacht wurde und der vorher ein eifriger Verfechter der Einheitspartei, also der SAP, war.

Die Masse der SPD-Funktionäre kam in der Folgezeit zur Besinnung und sprach sich, da die KPD wieder in ihr Eigenleben zurückgetreten war, für eine Neugründung der SPD in Köthen aus. In zwei Sitzungen am 16. 7. [1945] war darüber volle Klarheit geschaffen. In einer weiteren Sitzung mit dem Gen[ossen] Bär wurde schon von diesem Vorhaben Kenntnis gegeben und eine freundschaftl[iche] Zusammenarbeit mit der schon bestehenden KPD angeboten. Nach heftigem Sträuben fügte er sich schließlich der geschaffenen Tatsache. Darauf erfolgte anderentags die konstituierende Versammlung der SPD in Köthen.

gez. E[rnst] Bichtler

---

3 Nach dem Befehl Nr. 2 der SMAD vom 10. Juni 1945 hatten sich in Berlin die provisorischen Führungsgremien von KPD, SPD, LDP und CDU konstituiert. Vgl. *Weber*, DDR, S. 25.

Nr. 22
Aus dem Protokoll über die Sitzung des SPD-Vorstandes der Provinz Sachsen am 16. August 1945[1]

Am 16. August [1945] fand die zweite Sitzung des Provinzialvorstandes im Parteigebäude statt.[2] Anwesend waren die Genossen:

---

1 Landesarchiv Merseburg, SPD-Provinzialleitung Sachsen-Anhalt, II/2/1/1.
2 Ein Provinzialvorstand der SPD für die Provinz Sachsen konstituierte sich am 10. August 1945 in Halle. Dem Vorstand gehörten an: Bruno Böttge, Werner Bruschke, Walter Ölschläger, Fritz Jungmann und Ernst Thape. Werner Bruschke übernahm noch bis zum November 1945 – er wurde dann in die Provinzialverwaltung berufen – die Funktion des Sekretärs des Provinzialvorstandes. Am 23. Oktober 1945 legte Walter Ölschläger seine Funktion als Mitglied des Provinzialvorstandes nieder. Für ihn kam Paul Schmidt in den Vorstand.

[Walter] Ölschläger[3], [Bruno] Böttge[4], [Werner] Bruschke[5], [Fritz] Jungmann.[6]
Der Genosse [Ernst] Thape ließ sich entschuldigen, da er durch eine Präsidialsitzung verhindert war.[7]

[Walter] Ölschläger eröffnete die Sitzung, und [Werner] Bruschke verlas dann folgende Tagesordnung:
1. Arbeitsbereich und Sinn des Provinzialsekretariats.
2. Gewerkschaften.
3. Besoldung der Funktionäre.

[1.] [Werner] *Bruschke* erläuterte die Aufgaben und Arbeitsgebiete des Provinzialsekretariates. Es sei nicht geschaffen, um den Bezirken[8] auf organisatorischem Gebiete irgendwelche Richtlinien zu geben, sondern der eigentliche Sinn sei die Ausrichtung in politischer Beziehung. Eine Zusammenfassung der Nachrichten aus den Bezirken und Ortsvereinen sei unbedingt erforderlich, um an zentraler Stelle einen Überblick über das gesamte Arbeitsgebiet der Parteifunktionäre in der Provinz zu haben. Die Zusammenarbeit und Fühlungnahme mit der KPD muß unbedingt noch stärker gefördert werden, wie das Beispiel der Gewerkschaften gezeigt hat. Ebenso sei eine einheitliche Ausrichtung der Personalpolitik in der Provinz unbedingt erforderlich.

Es müsse eine Liste geschaffen werden, aus der Name, Parteizugehörigkeit, Wohnung der Bezirksregierung und ihrer Dezernenten hervorgeht. Das Gleiche bei den Landräten, Bürgermeistern, bei den Vorsitzenden der Ortsvereine und Unterbezirke in der ganzen Provinz.

Von den Unterbezirken müssen ständige Berichte über die Arbeit im Antifaschistischen Block, über die Arbeit mit der KPD usw. eigesandt werden.

[Walter] *Ölschläger* erklärte sich im allgemeinen mit den Ausführungen des Genossen [Werner] Bruschke einverstanden. Er berichtete dann über eine Sitzung des Antifaschistischen Ausschusses in Halle, in der die Bildung eines Antifaschistischen Ausschusses für die gesamte Provinz gefordert wurde.[9]

---

3 Walter Ölschläger, geb. 1899. Beruf: Handelsgehilfe. Vor 1933 SPD. Mai/Juni 1945 stellv. OB Halle. Juli 1945 BV SPD Halle-Merseburg. August bis Oktober 1945 Vorstand SPD Provinz Sachsen.
4 Bruno Böttge, geb. am 29. August 1891 in Halle. Beruf: Metallarbeiter. Seit 1908 SPD, 1919 USPD, 1922 SPD. 1924 bis 1933 BM Eisleben. 1933/35 KZ. Juli 1945 bis April 1946 Vors. BV SPD Halle-Merseburg. 1945/46 Vorstand SPD Provinz Sachsen. April 1946 bis September 1948 Vors. u. Sekr. LV SED Sachsen-Anhalt. September 1948 zur Aufgabe sämtlicher Funktionen gezwungen, danach Verhaftung. 1967 gest.
5 Werner Bruschke, geb. am 18. August 1898 in Magdeburg. Beruf: Schlosser. Seit 1916 SPD. 1927 bis 1933 Sekr. SPD Bezirk Magdeburg/Anhalt. Januar 1939 Verhaftung u. 1942 KZ Sachsenhausen u. Dachau. August 1945 bis April 1946 (bis Oktober Sekr.) Vorstand SPD Provinz Sachsen. Dezember 1945 Vizepräs. PVW Sachsen. Januar bis Dezmber 1946 Präs. BVW Magdeburg. April 1946 Sekr. LV SED Sachsen-Anhalt. Dezember 1946 Finanzminister Sachsen-Anhalt. 1948 Vors. LV SED Sachsen-Anhalt. 1949 bis 1952 Ministerpräs. Sachsen-Anhalt. 1949 MdV. 1950 bis 1954 ZK SED.
6 Fritz Jungmann, geb. am 13. November 1894. Beruf: Installateur. Seit 1913 SPD. 1923 Sekr. SPD Anhalt. 1933 bis 1945 illegale Arbeit. Juli 1945 bis April 1946 BV SPD Dessau. 1945/46 Vorstand SPD Provinz Sachsen. April 1946 bis 1950 PV SED. 1946 bis 1950 Sekr. LV SED Sachsen-Anhalt. 1946 bis 1950 Präs. Landeshandwerkskammer Sachsen-Anhalt. 1950 Bundesrepublik.
7 Gemeint ist eine Sitzung des Präsidiums der Provinzialverwaltung Sachsen, deren Mitglied Ernst Thape war.
8 Der Verband der SPD der Provinz Sachsen untergliederte sich in die Bezirke Halle-Merseburg, Magdeburg und Dessau.
9 In der Provinz Sachsen blieb die Bildung gemeinsamer Arbeitsausschüsse die Ausnahme. Auf Provinzialebene kam es nicht zur Bildung eines Arbeitsausschusses, jedoch im Januar 1946 zur Bildung eines gemeinsamen Organisationsbüros zur Vorbereitung der Verschmelzung.

In der darauf folgenden Aussprache einigte man sich dahingehend, daß es genügen würde, in diesen Ausschuß Genossen aus Halle zu nehmen, zumal der Genosse [Werner] Bruschke gleichzeitig als Magdeburger dabei in Frage käme. Da [Ernst] Thape wegen seiner Inanspruchnahme wahrscheinlich keinen Wert darauf legen würde, mit in den Ausschuß zu kommen, wurden bis zu einer endgültigen Rücksprache mit dem Genossen [Ernst] Thape die Genossen [Werner] Bruschke, [Bruno] Böttge und [Walter] Ölschläger als sozialdemokratische Vertreter für den Antifaschistischen Provinzialausschuß bestimmt.[10]

2. Einleitend gab [Werner] *Bruschke* einen kurzen Überblick über die Entwicklung der Neubildung der Gewerkschaften in Magdeburg, über die Initiativausschüsse und die Fahrt des Bezirks-Initiativausschusses nach Berlin.[11] Er legte dann die unbedingte Notwendigkeit einer Zusammenarbeit mit der KPD dar, um die zum Teil etwas aus dem Rahmen fallenden KPD-Gewerkschaftler wieder an die ursprünglichen Abmachungen zu gemahnen.

Nachdem [Walter] *Ölschläger* über die hallischen Gewerkschaften einen kurzen Überblick gegeben hatte, einigte man sich in einer anschließenden Aussprache dahingehend, daß so schnell wie möglich eine Zusammenkunft zwischen KPD und SPD stattfinden müsse, um die strittigen Fragen eingehend zu klären. Es wurde während der Sitzung durch ein Telefongespräch mit der Kommunistischen Partei, mit der vorher [Werner] Bruschke schon verhandelt hatte, der 17. 8. [19]45 dafür festgelegt und mit den Kommunisten dahingehende Vereinbarungen getroffen. An dieser Sitzung sollen die Leiter der beiden Parteien aus den drei Bezirken der Provinzen teilnehmen.
[...]

gez. [Bruno] Böttge[12]
gez. [Werner] Bruschke[13]

---

10 Zur Bildung eines derartigen Ausschusses ist es nicht gekommen.
11 Am 5. August 1945 fand in Magdeburg die erste von Sozialdemokraten und Kommunisten veranstaltete Bezirkskonferenz der freien Gewerkschaften statt, auf der ein Initiativausschuß zur Gründung einer Bezirksorganisation des FDGB gebildet wurde.
12 Unterschrift handschriftlich.
13 Unterschrift handschriftlich.

Nr. 23
Schreiben des SPD-Ortsvereins Bad Schmiedeberg an den Kreisvorstand der SPD Wittenberg vom 25. August 1945[1]

Sozialdemokratische Partei Deutschlands
Ortsverein Bad Schmiedeberg
Hermann Meske
Leipzigerstr[aße]

Bad-Schmiedeberg, den 25. Aug[ust] 1945

An die Sozialdemokratische Partei Deutschlands
Stadt-[und] Landkreis Wittenberg
Wittenberg
Kurfürstenstr[aße] 15

Werter Genosse Keller!
Unter Bezugnahme auf die mit Gen[ossen] Spiegel gehabte Unterredung über die Gründung des hiesigen Ortsvereins der Partei wäre es doch durchaus wünschenswert, wenn in

---

1 Landesarchiv Merseburg, SPD-Ortsverein Bad Schmiedeberg, II/423/3/5.

möglichst naher Zeit ein bevollmächtigtes Mitglied des Bezirksvorstandes hier erscheinen würde, um die Schwierigkeiten zu beseitigen, die einer endgültigen Gründung des Ortsvereins noch im Wege stehen. Der politische Offizier der hiesigen Kommandantur besteht nun einmal auf diese Formalität, um die wir nach Lage der Dinge nicht herumkommen.[2] Ich bitte, den betreffenden Genossen, der nach hier kommen sollte, sich vor der Besprechung auf der Kommandantur mit mir ins Benehmen zu setzen.

Mit Parteigruß!

gez. [Hermann] Meske[3]

---

2 Die Zulassung von sozialdemokratischen Ortsvereinen ist in der sowjetischen Besatzungszone von den jeweiligen Kommandanten unterschiedlich gehandhabt worden. In der Regel genügte ein schriftlicher Antrag an den Ortskommandanten, wenn der Bezirksvorstand die Zulassung der Partei auf Bezirksebene erteilt bekommen hatte. Sehr viele Kommandanten machten jedoch die Legalisierung, d. h. die legale Durchführung von Mitgliederversammlungen, von der Anwesenheit eines Bezirksvorstandsmitgliedes oder eines autorisierten Mitgliedes des Zentralausschusses abhängig. Damit verzögerten sich die Möglichkeit zur Durchführung eines geregelten Organisationslebens sowie auch die Möglichkeiten zur offiziellen Mitgliederwerbung beträchtlich. Vgl. *Müller*, Sozialdemokratische Politik unter sowjetischer Militärverwaltung, S. 170–206.
3 Unterschrift handschriftlich.

Nr. 24
Schreiben des Bezirksvorsitzenden der SPD Magdeburg Gustav Schmidt[1] an den Bezirkssekretär der KPD Magdeburg Ernst Brandt vom 4. September 1945[2]

Sozialdemokratische Partei Deutschlands
Bezirksverband Magdeburg

Magdeburg, den 4. 9. 1945
Jordanstr[aße] 17

An die
Bezirksleitung der
Kommunistischen Partei Deutschlands
z. Hd. von Herrn Ernst Brandt
Magdeburg
Westendstr[aße] 36

Lieber Ernst Brandt!

Nachdem ich mehrere Male persönlich versucht habe, Dich zu sprechen, muß ich jetzt zur schriftlichen Benachrichtigung kommen. Es sind nach meiner Auffassung so viele strittige Fragen zu klären, daß es unbedingt erforderlich ist, uns persönlich darüber auseinan-

---

1 Gustav Schmidt(-Küster), geb. am 25. März 1902. Beruf: Buchhändler. Vor 1933 SPD. Juli 1945 bis Februar 1946 Vors. BV SPD Magdeburg. April 1946 SED. Dezember 1946 Verhaftung. 1947 Übersiedlung nach Hannover.
2 Landesarchiv Magdeburg – Landeshauptarchiv, SPD-Bezirksverband Magdeburg, II/1.

derzusetzen. Darüber hinaus bin ich der Auffassung, daß zu all den Fragen der 10-Ausschuß in Kürze Stellung nehmen muß.³

1. Die Wohnungsangelegenheit wird in den einzelnen Stadtteilen Magdeburgs von den Unterausschüssen des Antifaschistischen Blockes überall selbständig geregelt, ohne daß bisher im Zentralausschuß dazu Stellung genommen wurde.⁴ Ich halte das nicht für angebracht, sondern bin der Auffassung, daß vorher dazu gemeinsame Richtlinien besprochen werden müßten.
2. Die Bodenreform wird von Euch jetzt im Bezirk vorangetrieben, ohne daß wir uns auch hierüber verständigt haben.⁵
3. Außerdem habe ich feststellen müssen, daß unsere Abmachungen über die paritätische Besetzung der Verwaltungsposten von Euch in den Orten Osterburg und Burg nicht beachtet wurden, sondern sämtliche Posten von Euch allein besetzt wurden. Der Vollständigkeit halber muß ich registrieren, daß die Neubesetzung des Polizeipräsidenten in Magdeburg und Landgerichtspräsidenten auch ohne vorherige Verständigung vor sich ging.
4. Ebenso glaube ich, daß wir uns über die Frage der Jugendausschüsse noch einmal grundsätzlich unterhalten müssen.⁶ Bitte sag mir, wann wir uns über all diese Punkte einmal unterhalten können und wann die nächste 10-Ausschuß-Sitzung stattfinden kann.

gez. [Gustav] Schmidt⁷

---

3 Gemeint ist der am 17. Juni 1945 aus je fünf Mitgliedern beider Parteien gebildete Magdeburger »Volksausschuß«, auch «Zehner-Ausschuß» genannt. Vgl. Dokument Nr. 20.
4 Welcher Ausschuß damit gemeint sein könnte, ist nicht ganz eindeutig. Der Magdeburger »Volksfrontausschuß« hatte zur Bewältigung der vielgestaltigen Aufgaben Unterausschüsse gebildet, die sich u. a. mit Wohnungsfragen beschäftigten. Ein Ausschuß des Blocks der antifaschistisch-demokratischen Parteien nach Berliner Vorbild existierte im Juli/August 1945 für Magdeburg nicht. Am 29. August 1945 konstituierte sich ein »Politischer Ausschuß der vier antifaschistisch-demokratischen Parteien« für die Provinz Sachsen mit Sitz in Halle. Vgl. *Benser*, Die KPD im Jahre der Befreiung, S. 254.
5 Am 3. September 1945 verabschiedete das Präsidium der Provinzialverwaltung trotz der Gegenstimme des liberaldemokratischen Präsidenten Erhard Hübener als erste Landesverwaltung eine entsprechende Verordnung über die Bodenreform. Ernst Thape hatte zugestimmt, obwohl er noch Ende August die Aufteilung der Güter ablehnte und die Bildung großer landwirtschaftlicher Genossenschaften empfahl. Die Verordnung vom 3. September diente als Muster für analoge Bestimmungen, die bis zum 10. September in den übrigen Ländern und Provinzen erlassen wurden. Vgl. SBZ-Handbuch, S. 158 f.
6 Die Bildung von Jugendorganisationen der einzelnen zugelassenen Parteien wurde von der SMAD nicht gestattet. Am 31. Juli 1945 veröffentlichte das KPD-Organ »Deutsche Volkszeitung« eine Bekanntmachung der SMAD zur Bildung überparteilicher Jugendausschüsse, wonach die Schaffung von »antifaschistischen Jugendkomitees« bei den Bürgermeistereien der großen und mittleren Städte gestattet wurde. Am 7. September 1945 erließ die Provinzialverwaltung eine Verordnung über die Bildung von »antifaschistischen Jugendausschüssen«. Vgl. Geschichte der Landesparteiorganisation Sachsen-Anhalt der SED, S. 100.
7 Unterschrift handschriftlich.

Nr. 25
Bericht des Bezirksvorstandes der SPD Magdeburg an den Zentralausschuß der SPD über das Verhältnis zur Kommunistischen Partei vom 15. September 1945[1]

Magdeburg, den 15. 9. [19]45

Im Parteibüro des Unterbezirks Magdeburg häufen sich die Klagen über unerfreuliche Zusammenarbeit mit den Kommunisten. Es hat den Anschein, als hätten sich die Kommunisten immer noch [nicht] der Methoden und ihrer Begründungen zu entwöhnen vermocht, die 1933 bei ihnen Mode waren. Sie gehen dabei von der Voraussetzung aus, daß wir auch, genauso wenig wie scheinbar sie, aus den Erfahrungen der letzten 12 Jahre gelernt hätten.

Als typisches Beispiel möchten wir aus einer Antifa-Ausschuß-Sitzung berichten[2], in welcher die Kommunisten das Ansinnen an uns stellten, unsere Parteiveranstaltungen, Versammlungen, Funktionärsitzungen usw. zwecks Kontrolle bei ihnen anzumelden. Sie begründeten dieses Verlangen mit dem Vorwand, sie seien den russischen Militärbehörden für die antifaschistische Ausrichtung der Bevölkerung verantwortlich. Auf unseren Einspruch, der unter Hinweis auf die in Deutschland proklamierte demokratische Verfassung erfolgte[3], machte man uns den Vorwurf, daß die Zeit vor 1933 zur Genüge bewiesen habe, daß wir keine Antifaschisten seien und nur sie ihren Antifaschismus unter Beweis gestellt hätten.

Wenn wir diesen Fall überhaupt erwähnen, so deswegen, weil er an sich kein Einzelfall ist und der scheinbar überall vorherrschenden Einstellung der Kommunisten entspricht. (Die Genossen [Reinold] Borrmann[4] und [Rudolf] Dux[5], sind zu näheren Auskünften über diesen Fall bereit).

Unsere Behauptung läßt sich durch folgende Tatsachen erhärten. Von den in unserem Bezirk vorhandenen kreisfreien Städten ist nur eine mit einem sozialdemokratischen Bürgermeister besetzt, von 14 vorhandenen Landratsämtern werden 3 von Sozialdemokraten verwaltet. Alle übrigen befinden sich in Händen von Kommunisten.[6]

---

1 Archiv der sozialen Demokratie, Ostbüro, 0301/I.
2 Um welche Sitzung es sich dabei handelt, konnte ich nicht ermitteln.
3 Ob damit auf die 1919 verabschiedete Verfassung der Weimarer Republik angespielt wurde, ist nicht eindeutig.
4 Reinhold Borrmann, geb. am 30. November 1898 in Magdeburg. Vor 1933 SPD. Oktober 1945 bis April 1946 BV SPD Magdeburg. April 1946 Sekr. BV SED Magdeburg.
5 Rudolf Dux, geb. am 25. November 1908 in Groß-Ottersleben bei Magdeburg. Beruf: Former. Seit 1928 SPD. 1933 bis 1945 illegale Arbeit u. Zuchthaus. Juli 1945 Sekr. BV SPD Magdeburg. Februar 1946 Übersiedlung nach Hannover, danach Sozialdemokratischer Pressedienst Bonn. 1979 gest.
6 Das Dokument ist nicht unterzeichnet.

Nr. 26
Aus dem Protokoll über die Sitzung des SPD-Vorstandes der Provinz Sachsen am 18. September 1945[1]

Am 18. 9. [1945] fand die 6. Sitzung des Provinzialvorstandes statt.
Anwesend waren folgende Genossen:
[Ernst] Thape, [Werner] Bruschke, [Walter] Ölschläger, [Fritz] Jungmann, [Paul] Verdieck[2], etwas später erschienen noch die Genossen [Bruno] Böttge, Wielepp[3] und [Paul] Peters.[4]
Gen[osse] [Ernst] Thape hatte den Vorsitz übernommen.
Folgende Tagesordnung wurde verlesen:

1. Zeitung
2. Gewerkschaften
3. Bodenreform
4. Einheitspartei (Rede Grotewohl)
5. Verschiedenes
[...]

Zum Tagesordnungspunkt 4. (Einheitspartei) gab Gen[osse] [Ernst] *Thape* einen eingehenden Bericht über das Zustandekommen der großen Berliner Funktionärversammlung der SPD in der »Neuen Welt«[5], in der der erste Vorsitzende der SPD, Genosse [Otto] Grotewohl[6], das Hauptreferat hielt. Anwesend waren in dieser Versammlung der 1. Vorsitzende der KPD, [Wilhelm] Pieck[7], Vertreter der gesamten alliierten Besatzungsbehörden, der in- und ausländischen Presse und sämtlicher Verwaltungsbehörden.

Gen[osse] [Otto] Grotewohl nahm in dieser plötzlich einberufenen Funktionärversammlung in einer programmatischen Rede zu allen wichtigen Fragen Stellung. Nach die-

---
1 Landesarchiv Merseburg, SPD-Provinzialleitung Sachsen-Anhalt, II/2/1/1.
2 Paul Verdieck, geb. am 17. November 1893 in Kiel. Beruf: Maurer. Seit 1913 SPD. 1925 Sekr. BV SPD Schleswig-Holstein. 1945/46 Sekr. BV SPD Dessau. April 1946 Sekr. LV SED Sachsen-Anhalt. 1952 bis 1954 Ltr. Deutsche Handelszentrale Pharmazie u. Krankenhausbedarf.
3 Zeitweiliger Chefredakteur der seit dem 6. September 1945 in Halle erscheinenden sozialdemokratischen Tageszeitung »Volksblatt« für die Provinz Sachsen. Nachfolger wurde Hugo Saupe.
4 Paul Peters, SPD, 1945/46 BV SPD Halle-Merseburg. April 1946 LV SED Sachsen-Anhalt. 1947 Geschäftsführer einer Druckerei.
5 Otto Grotewohl hatte am 14. September 1945 vor Funktionären in Berlin die »kleinliche Eigenbrötelei und Eifersüchtelei« in beiden Parteien kritisiert und die Voraussetzungen für eine Vereinigung von der Herstellung eines echten kameradschaftlichen Verhältnisses abhängig gemacht. Gleichzeitig erhob Grotewohl einen Führungsanspruch für die SPD. Vgl. *Otto Grotewohl*, Wo stehen wir, wohin gehen wir? Der historische Auftrag der SPD. Rede des Vorsitzenden der Sozialdemokratischen Partei Deutschlands Otto Grotewohl am 14. September 1945 vor den Funktionären der Partei in der »Neuen Welt«, Berlin 1945.
6 Otto Grotewohl, geb. am 11. März 1894 in Braunschweig. Beruf: Buchdrucker. Seit 1912 SPD, 1918 USPD, 1922 SPD. 1921 Innen- und Volksbildungsminister Braunschweig, 1923 Justizminister. 1925 bis 1933 MdR. 1933 bis 1945 illegale Arbeit, Haft. Juni 1945 bis April 1946 Vors. ZA SPD. April 1946 bis 1964 PV bzw. ZK SED. April 1946 bis 1964 ZS bzw. PB SED. April 1946 bis 1954 Vors. SED. 1949 Ministerpräs. bzw. Vorsitzender Ministerrat DDR. 1964 gest.
7 Wilhelm Pieck, geb. am 3. Januar 1876 in Guben. Beruf: Tischler. Seit 1895 SPD, 1918 KPD. November 1926 PB KPD. 1928 bis 1933 MdR. 1933 bis 1945 Emigration Westeuropa u. Sowjetunion. Juni 1945 bis April 1946 Vors. u. Sekr. ZK KPD. April 1946 bis 1960 PV bzw. ZK SED. April 1946 bis 1960 ZS bzw. PB SED. April 1946 bis 1954 Vors. SED. 1949 Präs. DDR. 1960 gest.

ser so ungeheuer wichtigen Rede, so stellte [Ernst] Thape fest, kam man allgemein zu der Überzeugung, in [Otto] Grotewohl den Mann gefunden zu haben, den die Sozialdemokratische Partei als Führer braucht. Er ist eine ganz große politische Persönlichkeit.

Gen[osse] [Werner] *Bruschke* berichtete anschließend über die am 15. 9. 1945 in Magdeburg stattgefundene Groß-Kundgebung der SPD, in der [Otto] Grotewohl inhaltlich dasselbe Referat wie vor den Berliner Funktionären hielt. Er gab einen kleinen Stimmungsbericht von der Veranstaltung. Am Sonntag darauf, dem 16. 9. 1945, vormittags fand dann eine Sitzung des engeren Funktionärkörpers statt, in welcher gemeinsam mit dem Gen[ossen] [Otto] Grotewohl Parteifragen besprochen wurden. Gen[osse] [Otto] Grotewohl erstattete in dieser Sitzung selbst Bericht von der plötzlichen Einberufung der Berliner Funktionärversammlung, die gleichzeitig zu einer wuchtigen Parteiveranstaltung geworden ist.

Gen[osse] [Werner] Bruschke gab inhaltlich die Unterredung mit [Otto] Grotewohl wieder und wies darauf hin, wie wichtig diese Tat war, die Gen[osse] [Otto] Grotewohl und der Zentralausschuß im richtigen Moment vollbracht haben. Er hatte ihm zum Schluß der Sitzung im Namen der Magdeburger, Hallenser und Dessauer Partei die Versicherung gegeben, daß er damit das Einverständnis der gesamten Partei finden würde. Dies wurde auch von den anwesenden Vorstandsmitgliedern bestätigt.[8]

Gen[osse] [Werner] Bruschke las alsdann aus dem Manuskript der Rede [Otto] Grotewohls die Abhandlung über die Bildung der Einheitspartei vor, worin [Otto] Grotewohl betonte, daß der Zeitpunkt zur Bildung einer organisatorischen Einheit der arbeitenden Klasse noch nicht gekommen ist, daß man aber versuchen muß, eine politische Einheit zu erzielen. Diese kann nur erreicht werden, wenn die kommunistischen Arbeiter die sozialdemokratischen Kameraden nicht mehr als Verräter ansehen, und wenn die sozialdemokratischen Arbeiter immer kameradschaftlich mit den kommunistischen zusammenarbeiten. Es darf keine Außerachtlassung der Parität, kein Rangablaufen und keine Eifersüchteleien unter den Sozialdemokraten und Kommunisten geben. Nur dann werden die Voraussetzungen für eine Einheit nicht gefährdet. [Otto] Grotewohl setzte sich energisch dafür ein, daß vor allem eine einheitliche Sozialdemokratische Partei in ganz Deutschland gebildet wird.

[Werner] Bruschke teilte den Vorstandsmitgliedern noch mit, daß das Referat in Broschürenform erscheint. Zunächst wird das Manuskript vervielfältigt.

In der Aussprache betonte Gen[osse] [Fritz] *Jungmann*, daß die SPD, die gegebenen Richtlinien die Zusammenarbeit mit der KPD betreffend, immer eingehalten habe.

Im weiteren Verlauf der Sitzung wurde von [den] Gen[ossen] [Walter] *Ölschläger* und [Ernst] *Thape* die einheitliche Arbeit in der Arbeiterbewegung und das Verhältnis zum Bürgertum angesprochen.

[...]

gez. [Bruno] Böttge
gez. [Werner] Bruschke[9]

---

8 Otto Grotewohl schien mit seiner Absage an den schnellen Vereinigungskurs der KPD die Stimmungslage der sozialdemokratischen Mitgliedschaft getroffen zu haben. Nach den im Provinzialvorstand eingehenden Berichten über Unstimmigkeiten mit der KPD empfanden die Vorstandsmitglieder die Äußerungen Grotewohls zur Einheitsfrage als äußerst wohltuend.
9 Beide Unterschriften handschriftlich.

Sachsen

Nr. 27
Protokoll über die Gründung des SPD-Ortsvereins Görlitz am 23. Juni 1945[1]

Versammlungs-Bericht

Am Sonnabend, den 23. 6. [19]45 waren die Genossen der Görlitzer SPD im Lokal »Deutsche Bierstuben« zusammengekommen, um die Wiederherstellung der Sozialdemokratischen Partei für Görlitz und Umgebung zu beschließen.

Im Auftrage des vorbereitenden Ausschusses gedachte einleitend der Genosse *Richard Ressel*[2] in ehrender Weise all der Opfer, die im Kampfe gegen den Nazi-Faschismus ihr Leben ließen.

Als Vertreter der KPD waren einige Genossinnen und Genossen anwesend, u. a. der Genosse Bürgermeister Hofmann, sowie eine Genossin von der Ortskommandantur der Roten Armee. Dies wurde von den Versammelten freudigst begrüßt, weil dadurch der Wille zur gemeinsamen Arbeit der Sozialdemokraten und Kommunisten klar zum Ausdruck gebracht wurde.

Genosse [Richard] Ressel betonte in seinen Ausführungen, daß die Freude über die Befreiung vom Nazijoch dadurch getrübt werde, daß es den deutschen Antifaschisten nicht gelungen sei, aus eigener Kraft die Naziherrschaft zu beseitigen. Das deutsche Volk verdanke einzig und allein seine Befreiung vom Faschismus den alliierten Truppen und insbesondere der Roten Armee, die große Opfer für die Befreiung Deutschlands gebracht haben. Dies dürfen alle Antifaschisten und besonders die deutsche Arbeiterklasse nicht vergessen. Nie wieder darf eine Spaltung der Arbeiterschaft eintreten. Nie wieder darf der Bruderkampf entbrennen.

Bis zu dem so lang ersehnten organisatorischen Zusammenschluß der SPD und KPD müssen und werden die Genossen beider Parteien unter Einschluß aller antifaschistischen Kräfte den rücksichtslosesten Kampf bis zur restlosen Vernichtung des Faschismus, Militarismus und Reaktion in voller Einmütigkeit führen. Den Willen dazu bekunden die Versammelten durch nachfolgenden einstimmigen Beschluß:

»In der Überzeugung, daß der Kampf für den Aufbau eines neuen, freien Deutschlands in erster Linie nur durch die geeinte Kraft der Arbeiterschaft und im weiteren durch Zusammenschluß aller antifaschistischen Kräfte erfolgreich sein kann, stimmt die Versammlung rückhaltlos dem Aufruf der Kommunistischen Partei Deutschlands vom 11. 6. [19]45 sowie auch dem Aufruf der Sozialdemokratischen Partei Deutschlands vom 17. 6. [19]45[3] zu und beschließt gleichzeitig für Görlitz und Umgebung die Wiederherstellung der Sozialdemokratischen Partei. Der vorbereitende Ausschuß, bestehend aus den Genossen Richard Ressel, Karl Dietrich, Wilhelm Baumgart, Franz Kleinert und Frau Frieda Noack, wird mit der Ausführung der erforderlichen Arbeiten beauftragt.«

Durch diesen einmütigen Beschluß besteht für Görlitz und Umgebung wieder die SPD.

---

1 Sächsisches Hauptstaatsarchiv Dresden, SED-BPA Dresden, II/B/3.008.
2 Richard Ressel, geb. 1885. Beruf: Dreher. Vor 1933 SPD. 1920 Angestellter im Deutschen Metallarbeiter-Verband Görlitz. Dezember 1945 bis April 1946 Vors. BV SPD Görlitz.
3 Der Aufruf des Zentralausschusses der SPD trägt das Datum des 15. Juni 1945.

Die Genossen werden aufgefordert, ihre ganze Kraft dafür einzusetzen, den Faschismus bis zur Wurzel auszurotten; je schneller dies geschieht, um so früher wird ein neues freies demokratisches Deutschland erstehen.

Der vorbereitende Ausschuß erklärt, daß alle wichtigen organisatorischen Fragen in gemeinsamer Beratung mit den Genossen der KPD geregelt werden.

Für den vorbereitenden Ausschuß
der SPD – Bezirk Görlitz[4]

gez. [Richard] Ressel
gez. [Karl] Dietrich[5]

---

4 Erst im September 1945 konstituierte sich unter dem Vorsitz von Max Rausch ein Bezirksvorstand. Eine am 1. und 2. Dezember 1945 tagende Bezirkskonferenz wählte Richard Ressel zum 1. Vorsitzenden und Max Rausch zum Sekretär des Bezirksvorstandes. Die Wahl des engeren Bezirksvorstandes führte zu folgender Zusammensetzung: Richard Ressel, Max Rausch, Frieda Noack, Gustav Mayer, Paul Sommer, Karl Dietrich, Wilhelm Baumgart, Georg Noack, Franz Kleinert.
5 Beide Unterschriften handschriftlich.

Nr. 28
Protokoll über die Beratung eines Vorbereitenden Ausschusses zum Aufbau der SPD Sachsen in Dresden am 25. Juni 1945[1]

Nach mehrmaligen kurzen Vorbesprechungen zwischen den einzelnen Genossen untereinander erhielt Gen[osse] Prof. Richard Woldt[2] den Auftrag von Herrn Oberbürgermeister [Rudolf] Friedrichs[3], alle Vorbereitungen zwecks Gründung der SPD zu treffen, insbesondere geeignete Genossen mit dieser Aufgabe zu betrauen, einen Aufruf auszuarbeiten und die ersten Sitzungen einzuberufen und zu leiten. Gen[osse] Gerhard Förster[4] wurde mit der Fassung des Aufrufes beauftragt.

Die von Prof. [Richard] Woldt bestimmten und auserwählten Genossen traten heute offiziell zu ihrer ersten Sitzung als vorbereitender Ausschuß zum Neuaufbau der SPD zusammen. Es waren anwesend:

[Clemens] Dölitzsch[5], [Otto] Buchwitz[6], [Hugo] Klare[7], Wirth, [Albert] Meier[8], Hoch,

---

1 Sächsisches Hauptstaatsarchiv Dresden, SED-BPA Dresden, II/A/1.002/1.
2 Richard Woldt, geb. 1878. Beruf: Ingenieur, Hochschullehrer. Vor 1933 SPD. Bis 1933 MinRat im Preußischen Kultusministerium. Juli bis Oktober 1945 LV SPD Sachsen. Juli bis September 1945 Vizepräs. LVW Sachsen. Nach 1945 Hochschullehrer TH Dresden. 1952 gest.
3 Rudolf Friedrichs, geb. 1892. Beruf: Jurist. Seit 1922 SPD. 1927 bis 1933 Stadtrat in Dresden bzw. RegRat im Innenministerium Sachsen. Juni 1945 OB Dresden. Juli 1945 bis Dezember 1946 Präs. LVW Sachsen. Dezember 1946 Ministerpräs. Sachsen. April 1946 SED. 1947 gest.
4 Gerhard Förster, geb. 1895. Beruf: Kaufmann. Vor 1933 SPD. Juni 1945 bis April 1946 LV SPD Sachsen. April 1946 LV SED Sachsen.
5 Clemens Dölitzsch, SPD. 1945/46 Stadtrat in Dresden. Juli 1945 bis April 1946 LV SPD Sachsen. April 1946 bis September 1947 LV SED Sachsen.
6 Otto Buchwitz, geb. am 27. April 1879 in Breslau. Beruf: Metalldrücker. Seit 1898 SPD. 1924 bis 1933 MdR. 1933 Emigration Dänemark. 1940 bis 1945 Zuchthaus. Juli 1945 bis April 1946 Vors. LV SPD Sachsen. April 1946 bis Dezember 1948 Vors. u. Sekr. LV SED Sachsen. April 1946 bis 1964 PV bzw. ZK SED. 1948/50 Vors. ZPKK SED. 1949 bis 1964 MdV. 1964 gest.
7 Hugo Klare, SPD. Juli bis Oktober 1945 LV SPD Sachsen.
8 Albert Meier, SPD. Juli bis Oktober 1945 LV SPD Sachsen. Juli 1945 bis April 1946 BV SPD Dres-

[Rudolf] Bergner[9], [Gerhard] Förster, [Fritz] Heinicke[10], zum Schluß Prof. [Richard] Woldt. Den Vorsitz führte Genosse [Clemens] Dölitzsch.

Im Zentralorgan der Kommunistischen Partei Deutschlands erging ein Aufruf der SPD[11], der leider nicht im Wortlaut, sondern nur auszugsweise wiedergegeben wurde. Da es wahrscheinlich nicht möglich ist, den Aufruf durch Plakate für ganz Deutschland zu erlassen, stehen wir als Sachsen bzw. als Dresdener vor der Frage und der Entscheidung, selbst mit einem Aufruf an die Öffentlichkeit zu treten. Allgemein ist man der Meinung, daß ein Aufruf in Sachsen bzw. Dresden nur unter engster Anlehnung an den Berliner Aufruf erlassen werden könne. Nach längerer Aussprache wird der ausgearbeitete Entwurf, der den Wortlaut des Aufrufes der SPD in Berlin mit enthält, von allen Beteiligten anerkannt.

Den sächsischen Aufruf werden als vorbereitender Ausschuß folgende Genossen unterzeichnen:

Clemens Dölitzsch, Gerhard Förster, Albert Meier, Prof. Dr. Rich[ard] Woldt, Otto Buchwitz, Rudolf Bergner, Fritz Heinicke.

Es wird versucht werden, Herrn Oberbürgermeister [Rudolf] Friedrichs zur Unterschrift zu gewinnen. In den engeren Ausschuß werden bestimmt:

Otto Buchwitz, Albert Meier, Felix Kaden[12], Hugo Klare[13], Paul Gärtner[14], Rudolf Bergner, Fritz Heinicke.

Dem erweiterten Ausschuß gehören vorläufig noch an: Clemens Dölitzsch, Gerhard Förster, Hugo Klare.

Der erweiterte Ausschuß muß noch ergänzt werden. Der engere Ausschuß bzw. die Genossen, die den Aufruf unterzeichnen, sind von Herrn Oberbürgermeister [Rudolf] Friedrichs noch zu bestätigen und anzuerkennen.

Der Wortlaut des Aufrufes wird in russischer Sprache dem Stadtkommandanten zur Genehmigung vorgelegt.

Für Dienstag, den 26. Juni 1945 ist die Gründung der SPD in der Tonhalle, Glacisstraße, vorgesehen.[15] Einladungen an frühere Funktionäre der SPD sowie an die hierfür interessierten Kreise sind ergangen.

Sitzungsdauer: 11.00–13.00 Uhr.

Dresden N, den 26. 6. 1945.
gez. [Fritz] Heinicke[16]

---

den (Ostsachsen). April 1946 bis September 1947 PV SED. April 1946 LV, 1947 Sekr. LV SED Sachsen. Flucht in die Bundesrepublik.

9 Rudolf Bergner, SPD. Juli bis Oktober 1945 LV SPD Sachsen. Juli 1945 bis April 1946 BV SPD Dresden (Ostsachsen). April 1946 SED. 1951/52 LV SED Sachsen. 1952 Sekr. BL SED Chemnitz.

10 Fritz Heinicke, SPD. Juli 1945 bis April 1946 LV SPD Sachsen. April 1946 LV SED Sachsen.

11 Der Aufruf des Zentralausschusses der SPD vom 15. Juni 1945 wurde zuerst in der Nummer 6 der »Deutschen Volkszeitung« am 19. Juni 1945 auszugsweise und am 7. Juli 1945 in der ersten Nummer der sozialdemokratischen Tageszeitung »Das Volk« in vollem Wortlaut veröffentlicht.

12 Felix Kaden, geb. 1892. Beruf: Schriftsetzer. Seit 1910 SPD. Juli 1945 bis April 1946 Sekr. LV SPD Sachsen. 1946 bis 1948 Sekr. LV SED Sachsen. 1950 MinDir. im Ministerium für Land- und Forstwirtschaft Sachsen. April bis Oktober 1950 Minister für Land- und Forstwirtschaft Sachsen. 1964 gest.

13 Dieser Name wurde handschriftlich eingefügt.

14 Paul Gärtner, geb. 1893. Beruf: Glasmacher. Vor 1933 SPD. Juli 1945 bis April 1946 LV SPD Sachsen. April 1946 bis Juni 1951 LV SED Sachsen.

15 Die angekündigte Gründungsversammlung der SPD für das Land Sachsen fand dann auch am 26. Juni 1945 in der Dresdener Tonhalle statt. Die Gründungsversammlung billigte den Aufruf an die Sächsische Bevölkerung und bestätigte einen engeren Ausschuß in folgender Zusammensetzung: Otto Buchwitz, Paul Gärtner, Clemens Dölitzsch, Felix Kaden, Hugo Klare, Walter Leipert und Helmut Schneider.

16 Unterschrift handschriftlich.

Nr. 29

Schreiben des Leiters der KPD-Ortsgruppe Zittau an den Ortsverein der SPD Zittau vom 13. Juli 1945[1]

Kommunistische Partei Deutschlands
Ortsgruppe Zittau

Zittau, den 13. Juli 1945

An die
Sozialdemokratische Partei Deutschlands
Ortsgruppe Zittau
zu Hd. des Genossen Willy Lohde
Zittau
Wettiner Str[aße] 4

Werte Genossen!

Euer Schreiben vom 5. Juli 1945 über die Gründung der Sozialdemokratischen Partei Deutschlands, Ortsgruppe Zittau, habe ich zur Kenntnis genommen.[2] Die Richtlinien, nach denen sich die Sozialdemokratische Partei bilden kann, sind ja bereits in der Versammlung am 8. Juli 1945 bekanntgegeben worden. Ich habe nun heute wegen der Gründung der Sozialdemokratischen Partei Deutschlands, Ortsgruppe Zittau, auf der Stadtkommandantur wieder eine Aussprache gehabt und die allgemeinen Richtlinien lauten so:

1. Die Sozialdemokratische Partei Deutschlands, Ortsgruppe Zittau, wird von der Kommunistischen Partei gebildet, d.h. die politische Überwachung über die Sozialdemokratische Partei Deutschlands, Ortsgruppe Zittau, unterliegt der KPD.

2. Die Kommunistische Partei, und zwar das politische Sekretariat, muß unterrichtet werden, welche Mitglieder in die SPD aufgenommen werden. Damit keine faschistischen Elemente in der Sozialdemokratischen Partei Unterschlupf finden, ist es notwendig, daß für die Aufnahme bestimmte Richtlinien festgesetzt werden. Diese Richtlinien ergeben sich aus dem beifolgenden Fragebogen.[3] Neben dem Fragebogen und der eidesstattlichen Erklärung haben die Bewerber für ihren Eintritt in die Sozialdemokratische Partei noch einen Lebenslauf beizufügen.

3. Nach der Gründungsversammlung und der Vorarbeit der Fragebogen und Lebensläufe sind diese dem politischen Sekretariat der KPD vorzulegen, damit ich diese überprüfen kann und dadurch auch dem Stadtkommandanten Bericht erstatten kann, daß die Sozialdemokratische Partei den Anweisungen des Befehls Nr. 2 entsprechend aufgebaut ist und sich weiter aufbauen wird.[4]

Es ist selbstverständlich, daß die Kommunistische Partei in brüderlicher Zusammenarbeit mit den Antifaschisten, die sich in der Sozialdemokratischen Partei zusammenfinden, verkehren wird. Sobald die Gründungsversammlung beendet ist, wollt Ihr deshalb der

---

1 Sächsisches Hauptstaatsarchiv Dresden, SED-BPA Dresden, III/013/4.
2 Das erwähnte Schreiben ist im Dresdener Archiv nicht überliefert.
3 Dieser Fragebogen war nicht auffindbar.
4 Es handelt sich um den Befehl Nr. 2 der SMAD vom 10. Juni 1945 über die Zulassung antifaschistischer Parteien und Gewerkschaften.

Kommunistischen Partei Euren Vollzugsausschuß bekanntgeben, damit baldmöglichst eine gemeinsame Aktionsgrundlage und Zusammenarbeit geschaffen werden kann.

Rot Front!
Kommunistische Partei Deutschlands
Ortsgruppe Zittau

Nr. 30
Schreiben des Bezirksvorstandes der SPD Leipzig an den sowjetischen Stadtkommandanten von Leipzig Generalmajor Trufanow vom 12. Juli 1945[1]

Sozialdemokratische Partei Deutschlands
– Bezirk Leipzig –

Leipzig, 12. 7. 1945

An den
Militär-Kommandanten der Stadt Leipzig
Herrn Generalmajor Trufanow
Leipzig C1
Auenstr[aße] 14

Betr[ifft]: Registrierung der Sozialdemokratischen Partei Deutschlands im Bezirk Leipzig.

Auf Grund des Befehls Nr. 2 des Obersten Chefs der Sowjetischen Militärischen Administration, Marschall der Sowjetunion G[eorgi] K[onstantinowitsch] Schukow, vom 10. 6. 1945 beantragen die Unterzeichneten als ordentliche und anerkannte Vertreter des Bezirksvorstandes[2], die Sozialdemokratische Partei Deutschlands im Regierungsbezirk Leipzig zu registrieren. Die Mitglieder der führenden Organe sind in den beigefügten Listen ordentlich aufgeführt.[3]

Die Statuten und das Parteiprogramm hat der Parteivorstand in Berlin bei der Registrierung vorgelegt, so daß dieses auch für uns bindend ist. Wir bitten uns die erfolgte Registrierung unserer Parteiorganisation schriftlich zu bestätigen.

---

1 Sächsisches Staatsarchiv Leipzig, SED-BPA Leipzig, II/2/16.
2 Unter amerikanischer Besatzung stehend, hatte sich am 27. Mai 1945 in Leipzig unter Vorsitz von Stanislaw Trabalski ein 17 sozialdemokratische Funktionäre umfassender Arbeitsausschuß zur Vorbereitung der Parteigründung gebildet. Der »17er Ausschuß« der Leipziger SPD konstituierte sich nach dem Einmarsch der Roten Armee auf seiner Sitzung am 3. Juli 1945 als erweiterter Bezirksvorstand der SPD des Bezirkes Leipzig. Ihm gehörten an: Rudolf Rothe, Ernst Schönfeld, Bernhard Dietz, Ernst Utrott, Karl Krüger, Kurt Held, Friedrich Prietzel, Willi Eilers, Albert Wolf, Franz Lorius, August Kroneberg, Richard Günther, Richard Herzog, Stanislaw Trabalski, Karl Reichel, Max Dohlus, Karl Holzborn. Vgl. *Werner Müller*, Sozialdemokratie und Einheitspartei. Eine Fallstudie zur Nachkriegsentwicklung in Leipzig, in: Einheitsfront, Einheitspartei, S. 129–166.
3 Diese Listen sind im Leipziger Archiv nicht überliefert.

Wir versichern Ihnen, stets im antifaschistischen Sinne tätig zu sein und auch Ihre Anweisungen loyal zu befolgen.

Mit größter Hochachtung
Sozialdemokratische Partei Deutschlands
Bezirksvorstand Leipzig

gez. Stanislaw Trabalski[4]
gez. Rudolf Rothe[5]

---

4 Stanislaw Trabalski, geb. am 25. Oktober 1896 in Leipzig. Beruf: Feinmechaniker. 1914 SPD, 1917 USPD, 1922 SPD. 1933 bis 1945 illegale Arbeit u. Haft. Juli 1945 bis April 1946 (seit August Vors.) BV SPD Leipzig. April 1946 bis September 1947 PV SED. April 1946 bis Januar 1947 Vors. u. Sekr. BV SED Westsachsen. 1947 Vors. u. Sekr. KV SED Leipzig. April 1947 bis Oktober 1948 Sekr. LV SED Sachsen. Oktober 1948 Verhaftung. Januar 1949 Entlassung. August 1949 erneute Verhaftung u. Verurteilung zu 8 Jahren Zuchthaus. April 1956 Entlassung. Mai bis August 1960 erneute Verhaftung. Lebte bis zu seinem Tode 1984 in Leipzig.
5 Rudolf Rothe, geb. 1897. Beruf: Schlosser. Vor 1933 SPD. 1933 bis 1945 illegale Arbeit, Haft u. KZ Buchenwald. Juli 1945 bis April 1946 BV SPD Leipzig. April 1946 bis Januar 1947 BV SED Westsachsen. 1947 Übersiedlung in die Westzonen. 1969 gest.

Nr. 31
Schreiben des Bezirksvorstandes der SPD Leipzig an den Landesvorstand der SPD Sachsen vom 19. Juli 1945[1]

Sozialdemokratische Partei Deutschlands
– Bezirk Leipzig –

An den
Landesvorstand Sachsen der
Sozialdemokratischen Partei Deutschlands
Dresden
Königsbrücker Str[aße]

Leipzig, am 19. 7. 1945

Liebe Genossen!

Hiermit gestatten wir uns, Euch einen kurzen Bericht über unsere Tätigkeit seit 1933 bis zum heutigen Tage zu übermitteln.

Unsere Organisation führte illegal der verstorbene Genosse Richard Lipinski bis zu seinem Tode am 18. 4. 1936.[2] Im Anschluß daran übernahm diese Tätigkeit der linksunterzeichnete Genosse.[3] Unsere hauptsächlichste Aufgabe bestand darin, die Verbindung mit

---

1 Sächsisches Staatsarchiv Leipzig, SED-BPA Leipzig, II/1/02.
2 Richard Lipinski, vor 1933 BV SPD Leipzig.
3 Gemeint ist Stanislaw Trabalski.

allen unseren Genossen und Genossinnen in Stadt und Land aufrecht zu erhalten. Diese Tätigkeit, an der sich alle mitunterzeichneten Genossen führend und darüber hinaus ein sehr großer Teil unserer Parteimitglieder beteiligten, wurde zwar des öfteren durch wiederholte Verhaftungen, Haussuchungen usw. unliebsam unterbrochen. Doch glücklicherweise konnten die notwendigsten Verbindungen mit den vielen illegalen Gruppen weiter aufrecht erhalten werden. Die Tätigkeit in den letzten Monaten wurde leichter, da die Gestapo ihre größte Aufmerksamkeit auf die in Deutschland lebenden Ausländer ausüben mußte.

Nach dem Einmarsch der Amerikaner am 18. 4. 1945 haben wir sämtliche Gruppen unseres Bezirkes zusammengefaßt, und der neue Aufbau unserer Organisation geht mit guten Schritten vorwärts. Selbstverständlich haben wir uns den Besatzungsbehörden sofort zur Mitarbeit zur Verfügung gestellt. Ein großer Teil der in unserem Bezirk liegenden Stadt- und Landgemeinden steht unter unserer Führung.

Auf Grund des Befehls [Nr.] 2 des russischen Marschall Schukow haben wir die Registrierung unserer Parteiorganisation für den Regierungsbezirk Leipzig am 10. und 12. 7. beantragt.[4] Bei den vorher stattgefundenen Besprechungen wurde die Einreichung eines Statutes und Aktionsprogramms nicht verlangt mit der Bemerkung, daß bereits die Registrierung der Partei in Berlin erfolgt sei. Ebenso wurde eine Anerkennung unserer Organisation durch den Parteivorstand[5] als nicht notwendig befunden, da in den nächsten Tagen ein Vertreter des Parteivorstandes nach Leipzig kommen sollte.[6]

Am 17. 7. [19]45 bekamen wir die telefonische Mitteilung, daß wir das Aktionsprogramm sowie eine Bestätigung unserer Organisation in Leipzig durch den Parteivorstand in Berlin bei der Militärregierung in Leipzig nachreichen möchten und im Übrigen uns dann sofort die Erlaubnis ausgehändigt würde.[7] Eine Möglichkeit, mit dem Parteivorstand in Berlin in Verbindung zu kommen, besteht nicht, und es werden uns auch keine Pässe zu einer Fahrt nach Berlin ausgestellt.

Wir wären Euch sehr verbunden, wenn wir in dieser Angelegenheit mit Eurer Mithilfe rechnen könnten. Da unser Parteigebäude durch Luftangriff beschädigt wurde, haben wir bis zur Wiederinstandsetzung dieses Gebäudes einige Räume in Leipzig C 1, Augustusplatz 7, Europahaus 2. Stock gemietet. Eine Liste unserer engeren Mitarbeiter fügen wir als An-

---

4 In einem Rundschreiben vom 17. Juli 1945 teilte der Bezirksvorstand den Ortsvereinen mit: »Nach wiederholten Vorbesprechungen haben wir bei der russischen Militärregierung die Registrierung unserer Parteiorganisation im Regierungsbezirk Leipzig beantragt. Eine schriftliche Bestätigung liegt uns bis heute noch nicht vor. Zur Zeit dürfen wir nur kleinere Zusammenkünfte durchführen. Größere Veranstaltungen, Plakatierungen und Verteilung von Handzetteln sind vorläufig verboten. Die Vorsitzenden der Ortsvereine verpflichten wir, nach diesen gegebenen Richtlinien zu handeln, aber ohne daß die Zusammenarbeit und der Zusammenhalt leidet.« Sächsisches Staatsarchiv Leipzig, BPA Leipzig, II/2/07.
5 Ein Parteivorstand der SPD existierte 1945/46 in der sowjetischen Besatzungszone nicht. Mit der Bezeichnung Parteivorstand ist der Zentralausschuß der SPD in Berlin gemeint.
6 Der angekündigte Besuch von Mitgliedern des Zentralausschusses kam im Juli 1945 nicht zustande. Noch bevor Otto Grotewohl und Otto Meier am 26. August 1945 als einen der ersten Parteibezirke Leipzig besuchten, führte Stanislaw Trabalski Mitte August 1945 in Berlin mit Mitgliedern des Zentralausschusses Gespräche über die Leipziger Probleme.
7 Die Einreichung eines Aktionsprogramms und eine Bestätigung durch den Zentralausschuß waren normalerweise nicht üblich. Die Sächsischen und Mecklenburgischen Landesvorstände unterlagen nicht diesen Auflagen. Die SMAD-Chefs der Länder und die sowjetischen Stadtkommandanten regelten die Zulassung der Bezirks- und Landesverbände allerdings unterschiedlich. Der Thüringer Landesvorstand wurde mit ähnlichen Restriktionen konfrontiert. Die Verwehrung der Zulassung hatte einen bürokratischen Anlaß, zumeist aber einen inhaltlichen Hintergrund, der mit dem selbstbewußten Auftreten der sozialdemokratischen Funktionäre in Verbindung stand.

lage bei.[8] Ein großer Teil dieser Mitarbeiter gehörte dem früheren Bezirks- bzw. Unterbezirksvorstand an.

Der größte Teil der früheren Ortsvereine arbeitet wieder. Leider haben wir keine gute Verbindung mehr mit den Ortsvereinen, die ostwärts der Mulde unseres Arbeitsgebietes liegen.[9] Wir hoffen, daß in der nächsten Zeit eine bessere Verbindung mit diesen, zu unserem Bezirk gehörenden Gebieten möglich sein wird. Hierbei wäre zu prüfen, wie weit Ihr uns darin unterstützen könntet. An unsere Mitglieder haben wir verschiedene Rundschreiben, die sich mit dem Organisationsaufbau beschäftigen, sowie die bisher erschienenen Aufrufe des Parteivorstandes,

1. Vom Chaos zur Ordnung[10],
2. Sichert die Ernährung[11],
3. Die 5 Punkte der Zusammenarbeit mit der KPD[12],

verteilt. Über die Herausgabe einer Tageszeitung in Leipzig schweben zur Zeit noch Verhandlungen.

Unsere Zusammenarbeit mit der KPD

Wir waren für eine einheitliche Organisation der Arbeiterschaft eingenommen. Leider hat die Kommunistische Partei ihre Selbständigkeit nach außen vertreten, so daß wir nach dem ersten Aufruf der KPD uns entschlossen haben[13], unsere eigene Organisation um so stärker auszubauen. Wir haben die Zusammenarbeit mit der KPD gesucht und teilweise in vernünftiger Aussprache zufriedenstellende Ergebnisse erzielt. Auf Grund der zwischen der SPD und KPD vereinbarten 5 Punkte über die gemeinsame Zusammenarbeit haben wir der KPD Bezirk Leipzig vorgeschlagen, vierzehntäglich gemeinsame Beratungen durchzuführen.[14] Insbesondere ist in den letzten gemeinsamen Zusammenkünften folgendes besprochen worden: Zusammensetzung, Stadtverwaltung, Landrat, Gemeindevertretungen, Antifaschistischer Block und vieles andere. Durch diese Besprechungen haben wir Gelegenheit gehabt, großen Einfluß auf den Antifaschistischen Block auszuüben.[15] Zentra-

---

8 Diese Anlage ist im Leipziger Archiv nicht überliefert.
9 Die östlich der Mulde gelegenen Gebiete waren seit Mitte/Ende April 1945 durch sowjetische Truppen besetzt.
10 So war der Aufruf des Zentralausschusses der SPD vom 15. Juni 1945 überschrieben.
11 Am 6. Juli 1945 beschloß der Zentralausschuß der SPD einen Aufruf zur Sicherung der Ernährung, in dem er »alle unsere Genossen und Freunde, alle Arbeiter und Bürger« dazu aufforderte, »sich für die Einbringung der Ernte einzusetzen«. Dokumente und Materialien zur Geschichte der deutschen Arbeiterbewegung, Reihe III, Bd. 1, S. 52.
12 Das sind die 5 Punkte der am 19. Juni 1945 zwischen Vertretern des Zentralausschusses der SPD und des Zentralkomitees der KPD getroffenen Vereinbarung über die Bildung eines gemeinsamen Arbeitsausschusses. Vgl. *Benser*, Die KPD im Jahre der Befreiung, S. 172 ff.
13 Aufruf des Zentralkomitees der KPD vom 11. Juni 1945.
14 Am 9. Juli 1945 fand die erste offizielle Beratung zwischen Vertretern des SPD-Bezirksvorstandes und der KPD-Unterbezirksleitung statt, die mit der Unterzeichnung einer an die Berliner Vereinbarung angelehnten Erklärung endete. Vgl. *Manfred Bensing*, Im revolutionären Kampf geschmiedet. Über das Ringen um die Aktionseinheit der Arbeiterklasse und die Vereinigung von KPD und SPD zur Sozialistischen Einheitspartei Deutschlands im Leipzig 1945/46, Leipzig 1978, S. 83.
15 Im Mai 1945 entstand unter amerikanischer Besatzung ein »Antifaschistischer Block« als repräsentative Form der Zusammenarbeit zwischen Sozialdemokraten, Kommunisten und bürgerlichen Demokraten, der dann am 14. Juni in einen aus 70 Mitgliedern bestehenden »Provisorischen Zentralausschuß« umgebildet wurde. Jedoch arbeitete in dessen Präsidium lediglich Erich Zeigner als prominentes sozialdemokratisches Mitglied mit. Vgl. *Bensing*, Im revolutionären Kampf geschmiedet, S. 37 ff.

lausschuß und Komitees sind paritätisch besetzt von der SPD, KPD und Vertretern des Bürgertums, so daß für die Zukunft eine engere Zusammenarbeit möglich sein wird. Die 12 Punkte über die Zusammenarbeit mit dem Antifaschistischen Block fügen wir mit bei.[16]

Wir werden, sobald sich die Verkehrsbedingungen bessern, die persönliche Verbindung mit den weiter entfernt liegenden Bezirken unserer Parteiorganisation noch besser ausbauen, damit in unserer Organisation überall eine einheitliche Linie gewahrt wird. Begrüßenswert wäre es, wenn wir mit Euch in regelmäßige Verbindung kommen und wir dadurch über Eure geplante Arbeit informiert würden.

Wir schließen diesen kurzen Bericht mit dem Wunsch auf gute und gedeihliche Zusammenarbeit zum Wohle des deutschen Volkes.

Mit sozialistischen Grüßen
Sozialdemokratische Partei Deutschlands
Bezirk Leipzig[17]

---

16 Welche 12 Punkte damit gemeint gewesen sein könnten, ist nicht eindeutig. Das Präsidium des »Antifaschistischen Blocks« hatte im Juni 1945 politische Ziele in Form von 11 Punkten formuliert. Eine Plenartagung des Blocks bestätigte am 7. Juli 1945 im »Capitol« eine Programmerklärung.
17 Das Dokument ist ohne Unterschrift.

Nr. 32
Schreiben des Bezirksvorstandes der SPD Leipzig an den Zentralausschuß der SPD vom 27. Juli 1945[1]

Sozialdemokratische Partei Deutschlands
– Bezirk Leipzig –

An den Parteivorstand[2]
der
Sozialdemokratischen Partei Deutschlands
Berlin

Leipzig, den 27. Juli 1945
Augustusplatz 7, Europahaus II. St.

Betr[ifft]: Registrierung unserer Parteiorganisation im Regierungsbezirk Leipzig.

Heute wurde mir durch den Polizeipräsident Leipzig, unseren Genossen Heinrich Fleißner[3], folgendes mitgeteilt:
Die Registrierung unserer Sozialdemokratischen Partei Deutschlands für den Regie-

---

1 Sächsisches Staatsarchiv Leipzig, SED-BPA Leipzig, II/2/03.
2 Damit ist der Zentralausschuß der SPD in Berlin gemeint.
3 Heinrich Fleißner, geb. 1888. Beruf: Glaser. Vor 1933 SPD. 1919 Sekr. SPD Leipzig u. Redakteur »Leipziger Volkszeitung«. 1923 bis 1933 Polizeipräs. Leipzig. 1933 bis 1945 illegale Arbeit, Haft u. KZ Sachsenhausen. April 1945 bis August 1945 Polizeipräs. Leipzig. 1959 gestorben.

rungsbezirk Leipzig sowie für die freien Gewerkschaften im Regierungsbezirk Leipzig wird von folgenden Voraussetzungen abhängig gemacht.

Die Zentralinstanzen in Berlin haben uns die Statuten, das Aktionsprogramm, die Bestätigung der Bezirksvorstandsmitglieder in deutsch und russisch für uns in Leipzig einzureichen.[4] Mit diesem Wunsch will der Generalleutnant Trufanow[5] vermeiden, daß sich in jedem kleinen Orte die Parteiorganisation um die Registrierung bemüht. Es soll damit eine einheitliche Linie bewahrt werden.

Wir wären Euch zu Dank verpflichtet, wenn Ihr mir durch den Genossen Först diese notwendigen Unterlagen zusenden könntet.

Mit sozialistischem Gruß![6]

---

4 Eine derartige Zulassungspraxis habe ich in keinem anderen Land oder Bezirk der sowjetischen Besatzungszone registrieren können.
5 Nikolai I. Trufanow, Juli 1945 bis Ende 1946 Stadtkommandant von Leipzig.
6 Das Dokument ist ohne Unterschrift.

Nr. 33
Protokoll über die Aussprache von Vertretern des Bezirksvorstandes der SPD Zwickau mit Oberstleutnant Beljejew in der Kommandantur Zwickau am 12. Juli 1945[1]

Teilnehmer:
Richard Hentsch[2], 2. Vorsitzender des Bezirksvorstandes[3], Willy Klug[4], 2. Schriftführer; Reinhard Kammer[5], Beisitzer; Olga Kade, Dolmetscherin.

Nach Erledigung der Vorstellungsformalitäten stellt der Herr Oberstleutnant verschiedene Fragen über den gegenwärtigen Stand der Tätigkeit der Sozialdemokratischen Partei, über eigenen Grundbesitz und eine etwaige Zeitung. Es wurden die entsprechenden Angaben gemacht.

Aus der weiteren Unterhaltung, die in angenehmer Form geführt wird, geht hervor, daß der Herr Oberstleutnant eigentlich die Vorstellung von einem sozialdemokratischen Klub-

---

1 Sächsisches Hauptstaatsarchiv, Zweigstelle Chemnitz, SED-BPA Chemnitz, II/2/016.
2 Richard Hentsch, geb. 1878. Beruf: Maschinenschlosser. Vor 1933 SPD. 1933 bis 1945 illegale Arbeit, Haft und Konzentrationslager. Juli 1945 bis April 1946 BV SPD Zwickau. Oktober 1945 bis April 1946 LV SPD Sachsen. April 1946 bis 1947 LV SED Sachsen. April 1946 bis Januar 1947 Vors. BV SED Zwickau.
3 Am 15. Juli 1945 erfolgte die offizielle Gründung des Ortsvereins Zwickau im Rahmen einer Mitgliederversammlung und am 27. Juli konstituierte sich der Bezirksvorstand mit Karl Kautzsch und Richard Hentsch an der Spitze. Auf dem ersten Bezirksparteitag Anfang September 1945 wählten die Delegierten Karl Kautzsch zum ersten Vorsitzenden. Ferner gehörten dem Bezirksvorstand an: Richard Hentsch, Gertrud Hentsch, Harry Breslauer, Willy Klug, Johannes Franke, Reinhard Kammer, Kurt Breslauer, Willy Sachers.
4 Willy Klug, SPD. Juli 1945 bis April 1946 BV SPD Zwickau.
5 Reinhard Kammer, SPD. Juli 1945 bis April 1946 BV SPD Zwickau.

gebäude – er gebraucht das Wort »Klub« – hat, in dem unsere Versammlungen usw. abgehalten werden. Wie es schien, konnte er sich nicht gut vorstellen, wo sonst Versammlungen abgehalten werden könnten. Daß wir Säle mieten müßten, schien er nicht richtig zu verstehen. Von Gen[ossen] [Willy] Klug wurde in diesem Zusammenhang das Ringkaffee genannt. Aus den Ausführungen des Herrn Oberstleutnant konnte man entnehmen, daß wir vielleicht auf Unterstützung bei [dem] Erwerb eines Grundstücks zu derartigen Zwecken rechnen könnten.

In Bezug auf unsere ehemalige Zeitungsdruckerei wurde von Herrn Oberstleutnant ausgeführt, daß der Druck der Zeitung nach einer Zensur durchgeführt werden könnte.[6] Alle schriftlichen Erzeugnisse müßten ihm vorgelegt werden. In jedem Falle wollte er Rat und Hilfe gewähren, auch würde er uns bei Besorgung des nötigen Papiers behilflich sein.

Darauf teilte er mit, daß er die Sozialdemokratische Partei ordnungsgemäß registriert hat. Nachdem er sich erkundigt hat, welche Ämter in Sachsen und Zwickau von Sozialdemokraten besetzt sind, erklärte er, daß die Vertreter der Sozialdemokratischen Partei sein volles Vertrauen genießen werden und die politische Tätigkeit der Partei von ihm in jeder Form unterstützt werden wird.

Er wird sich nicht in die Entwicklung und Arbeit der Sozialdemokratischen Partei mischen, da in der Tatsache, daß Vertreter der Sozialdemokratischen Partei in hohen Verwaltungsstellen zu finden sind, das Vertrauen des Volkes zu ihnen zum Ausdruck komme. Er erwartet aber, daß die Sozialdemokratische Partei im engsten Kontakt mit der Kommunistischen Partei schöpferisch an der Formung eines neuen politischen Antlitzes unseres Volkes arbeitet. Zwei Bedingungen müssen allerdings unter allen Umständen erfüllt werden:

1. Die Möglichkeit einer neuen Auseinandersetzung auf dem Weg eines Krieges muß für alle Zeiten ausgeschaltet werden.
2. Die Sicherheit der Besatzung muß gewährleistet sein und werden.

Wenn diese Forderungen durch die Arbeit der Sozialdemokratischen Partei gewährleistet würden, könnte sie auf der Gewährung völliger Freiheit in ihrer politischen Tätigkeit rechnen.

Da die unterzeichnete Dolmetscherin gleich von Anfang an eine gute Verständigung zwischen dem Herrn Oberstleutnant und den sozialdemokratischen Funktionären herstellen konnte, fühlte sich Herr Oberstleutnant nicht veranlaßt, seine eigene, mitanwesende Dolmetscherin einzuschalten. Am Schluß der Unterredung dankten die Teilnehmer für das entgegengebrachte Vertrauen und wurden mit Handschlag in höflichster Form entlassen.

gez. Olga Kade
Dolmetscherin

---

6 Zur Herausgabe von Bezirkszeitungen ist es dennoch nicht gekommen. Ab 11. September 1945 erschien die »Volksstimme« als Landeszeitung der SPD für Sachsen mit einer Auflage von 50 000, sie wurde im November 1945 auf 160 000 erhöht. Die »Volksstimme« gab verschiedene Kopfseiten für Bautzen, Chemnitz, Freiberg, Zwickau und Leipzig heraus.

Nr. 34
Aus dem Bericht über die Sitzung des »17er-Ausschusses« der SPD Leipzig am 21. August 1945[1]

Beginn 18.45 Uhr
Anwesend waren die Genossen:
[Max] Dohlus, [Franz] Lorius, Klein, [Arthur] Dittrich, [Richard] Herzog, [Walter] Riehl, [Stanislaw] Trabalski, [Kurt] Held, [Friedrich] Prietzel, [Curt] Kaulfuß, [Richard] Günther, [Ernst] Frenzel, [Willi] Eilers, [Ernst] Schönfeld, [Valentin] Hartig, [Alfred] Späther, [Ernst] Utrott, [August] Kroneberg.

Gen[osse] [Stanislaw] *Trabalski* eröffnete die Sitzung und gab zunächst einen eingehenden und in verschiedenen Teilen streng vertraulichen Bericht über seine Berliner Reise und die dabei gehabten Besprechungen.

Er konnte dabei die Mitteilung machen, daß die Genossen des Parteivorstandes in Berlin[2] nach seinen Darlegungen über den Stand der Organisation in Leipzig sehr überrascht und erfreut über unsere Fortschritte waren. In dem sich anknüpfenden Erfahrungsaustausch konnte festgestellt werden, daß sich überall dieselben Schwierigkeiten bieten und entgegenstellen. In der Öffentlichkeit dringe die KPD auf engste Zusammenarbeit mit uns, da sie fühlt, daß das Vertrauen der Bevölkerung zu ihrer Organisation immer mehr im Schwinden begriffen ist. Sie ist deshalb bestrebt, auch im Interesse der Besatzungsarmee, der sie sich auf Gedeih und Verderb verschworen hat, ihre Basis zu verbreitern.

Um dieses Ziel leichter zu erreichen und uns dafür gefügig zu machen, bereitet man uns auf dem Wege über die Kommandanturen der Roten Armee fortgesetzt Hemmnisse. Angefangen bei der Registrierung der Berliner Parteiorganisation, die bei allen damals bestehenden Bezirkskommandanten, damals rd. 60 mit dauernd wechselnden Kommandanten, angemeldet werden mußte, und dann in der Auflagenbeschränkung unseres Parteiorgans »Das Volk« auf eine Ziffer von 100 000, während die KPD-Zeitungen ziemlich unbeschränkt erscheinen können; ferner in Nichtgenehmigung von Artikeln, Plakaten usw. Erst nach dem Einrücken der anderen drei Alliierten in Berlin haben die Schikanen in dieser Beziehung etwas nachgelassen.[3]

---

1 Archiv der sozialen Demokratie, Ostbüro, SPD-Leipzig.
2 Stanislaw Trabalksi führte Mitte August 1945 Gespräche mit Mitgliedern und Mitarbeitern des Zentralausschusses der SPD in der Behrenstraße.
3 Der Bericht über die Berliner Verhältnisse ist etwas ungewöhnlich. Bei allen – auch parteiinternen – damaligen Einschätzungen des Zentralausschusses über die Zulassungsmodalitäten der SPD in Berlin ist von Schikanen nicht die Rede. Die Zulassung der SPD in Berlin ist nicht von der Zustimmung jedes einzelnen Bezirkskommandanten abhängig gemacht worden. Entsprechend den damaligen Gepflogenheiten hatten allerdings die jeweiligen Kreisvorstände in den Stadtbezirken beim zuständigen Kommandanten die SPD registrieren zu lassen. Vgl. *Ditmar Staffelt*, Der Wiederaufbau der Berliner Sozialdemokratie 1945/46 und die Einheitsfrage, Frankfurt/Main etc. 1986; *Harold Hurwitz*, Demokratie und Antikommunismus in Berlin nach 1945, Band IV: Die Anfänge des Widerstands, Teil 1: Führungsanspruch und Isolation der Sozialdemokraten, Köln 1990. Auch die Gniffke-Memoiren berichten nicht über derartige Schwierigkeiten im Mai/Juni, um eine Zulassung der Partei in Berlin zu erreichen. Vgl. *Erich Gniffke*, Jahre mit Ulbricht, Köln 1966 (Neuauflage 1990). Die Benachteiligung der SPD in der Zeitungsfrage und bei der Herausgabe von Werbematerialien sowie anderen Druckerzeugnissen ist dagegen schon mehrfach beschrieben worden. Vgl. *Müller*, Sozialdemokratische Politik unter sowjetischer Militärverwaltung, S. 187; *Moraw*, Die Parole der »Einheit« und die Sozialdemokratie, S. 103; *Albrecht Kaden*, Einheit oder Freiheit. Die Wiedergründung der SPD 1945/46, Hannover 1964.

Die Genossen [Fritz] Schreiber[4] und [Max] Fechner[5], mit denen in der Hauptsache verhandelt wurde, präzisierten in Übereinstimmung mit unserem Genossen [Stanislaw] Trabalski den Standpunkt der Partei in [der] Frage der Zusammenarbeit mit der KPD folgendermaßen:
Verstärkter Ausbau der eigenen Organisation, gemeinsame Manifestationen mit der Kommunistischen Partei in Fragen des antifaschistischen Kampfes, aber Ablehnung jedes engeren Zusammengehens oder gar Verschmelzung beider Organisationen. Diese Auffassung wird auch von den englischen Genossen geteilt, mit denen während der Potsdamer Konferenz gesprochen werden konnte.[6]

[...] Nochmals auf die Frage der Einheitsfront zurückkommend, teilte Genosse [Stanislaw] Trabalski mit, daß die von Harry Kuhn[7] auf der Unterbezirksleiterkonferenz der KPD in Leipzig gemachte Mitteilung, daß im Nordbezirk in Zukunft gemeinsame Funktionärsitzungen stattfinden würden, nicht der Wahrheit entspricht. Alle Verhandlungen mit der KPD über diese Frage können und dürfen nur über den Bezirksvorstand geführt werden.

Gleichzeitig wurde die uns besonders interessierende Zeitungsfrage mit gestreift und dabei festgestellt, daß die für Berlin erwähnten Umstände auch in Leipzig zutreffen. Während die »Volkszeitung«[8] in unbegrenzter Auflage erscheinen kann, ist die Auflagenhöhe unseres für ganz Sachsen einschließlich der noch dazugeschlagenen Bezirke von Görlitz-Senftenberg herauskommenden Blattes auf 120 000 beschränkt worden.[9] [...]

Entsprechend seiner alten Sonderstellung will Leipzig auch in der neuen Parteiorganisation selbständiger Bezirk bleiben und lehnt die von Dresden vorgeschlagene Eingliederung ab.[10] [...]

Als interessanten Abschluß des ersten Abends in Berlin konnte [Stanislaw] Trabalksi noch über ein zufälliges Zusammentreffen mit amerikanischer [Militär]polizei berichten. Als Extrakt dieser Besprechung erzählte er, daß diese Leute genau über die Vorgänge, die sich in der russisch besetzten Zone und besonders auch in Leipzig abspielen, ganz genau unterrichtet sind. Es wurde von ihnen empfohlen, Zurückhaltung zu üben, Einheitsfrontverhandlungen mit der KPD hinauszuschieben und vielmehr nach den Richtlinien der englischen Arbeiterpartei zu handeln. Die nächste Friedenskonferenz, die stattfinden würde,

---

4 Fritz Schreiber, geb. am 5. Februar 1905 in Eisleben. Beruf: Klempner. Seit 1921 SPD. 1929 bis 1933 Referent Hauptvorstand Arbeiterwohlfahrt. Juni 1945 bis April 1946 Sekr. ZA SPD. April 1946 bis September 1948 Sekr. ZS SED. September 1948 Flucht in die Westzonen.
5 Max Fechner, geb. 1892. Beruf: Werkzeugmacher. 1910 SPD, 1917 USPD, 1922 SPD. Vor 1933 Geschäftsführer kommunalpol. Zentralstelle SPD. Juni 1945 bis April 1946 ZA SPD. April 1946 PV u. ZS SED. 1948/49 Präs. DZW für Justiz. 1949 bis 1953 Minister für Justiz DDR. Juni 1953 Amtsenthebung, Ausschluß SED u. Verhaftung. 1956 Entlassung u. Wiederaufnahme SED.
6 Um welche Gespräche es sich dabei konkret handelte, war nicht zu ermitteln. Harold Hurwitz schätzte ein, daß es trotz der dringenden Bedürfnisse des Zentralausschusses im Juli/August 1945 keine direkten Gespräche mit Vertretern der British Labour Party gegeben hatte. Erst am 5. Oktober 1945 kam die Erziehungsministerin Ellen Wilkinson als erste führende Repräsentantin der Labour Party auch nach Berlin, um sich mit sozialdemokratischen Partei- und Gewerkschaftsführern – u. a. mit Otto Grotewohl – zu treffen. Vgl. *Hurwitz*, Demokratie und Antikommunismus in Berlin nach 1945, Bd. IV, Teil 1, S. 317 f.
7 Harry Kuhn, geb. 1900. Beruf: Redakteur. Seit 1923 KPD. 1933 bis 1945 illegale Arbeit, Haft u. KZ Buchenwald. April 1945 bis April 1946 UBL KPD Leipzig. April 1946 SED.
8 Ab 10. Juli 1945 erschien die »Volkszeitung. Organ der Kommunistischen Partei Deutschlands, Bezirk Sachsen« (ab 2. Oktober unter dem Titel »Sächsische Volkszeitung«).
9 Ab 11. September 1945 erschien die »Volksstimme« als Landeszeitung der SPD Sachsens.
10 Der Leipziger Bezirksverband erkannte den auf Betreiben der SMA in Dresden gebildeten Landesvorstand nicht und forderte eine organisationspolitische Autonomie gegenüber dem Landesvorstand.

hätte ganz besonders Deutschland zum Thema und wird wahrscheinlich einen Wegfall der Demarkationslinien der verschiedenen Besatzungen und dafür die Einrichtung einer internationalen Polizei bringen.[...]

Leipzig, den 25. August 1945　　　　　　　　　　　　　　　gez. [Richard] Günther[11]

---

11 Unterschrift handschriftlich.

Nr. 35
Rundschreiben des Landesvorstandes der SPD Sachsen vom 30. August 1945[1]

Sozialdemokratische Partei
Deutschlands
– Landesgruppe Sachsen –

Dresden, am 30. 8. 1945

An die
Bezirksleitungen der SPD
Leipzig, Chemnitz, Zwickau, Ostsachsen, Görlitz;
die Unterbezirksleitungen;
die Ortsgruppenleitungen!
Vertraulich

Rundschreiben

Werte Genossen!

Aus vielen Orten gehen uns Nachrichten zu, daß die Zusammenarbeit zwischen SPD und KPD nicht so reibungslos vonstatten geht, wie es sein muß. Vor allen Dingen zeigen sich starke Unzuträglichkeiten in der Personalpolitik der kommunalen Verwaltung, sowie in den Verwaltungen der Organe der Landesverwaltung. Da sich die Mitteilungen über diese Fragen in der letzten Zeit häuften, haben heute wir mit dem Genossen [Hermann] Matern von der KPD[2], dem Landesleiter der KPD, diese Fragen besprochen. Auf ausdrücklichen Vorschlag des Genosen Matern haben wir vereinbart:
Bei Besetzung aller wichtigen Posten in der kommunalen Verwaltung wie in den Organen der Landesverwaltung setzen sich die Genossen der KPD und SPD zusammen, einigen sich in kameradschaftlicher Aussprache über die Besetzung der einzelnen Posten. Erst nach dieser Einigung der Vertreter der beiden Arbeiterparteien kann man diese Fragen inner-

---

1 Sächsisches Hauptstaatsarchiv Dresden, SED-BPA Dresden, III/006.
2 Hermann Matern, geb. 1893. Beruf: Gerber. Seit 1911 SPD, 1919 KPD. 1927 bis 1931 Pol. Ltr. BL KPD Magdeburg-Anhalt, 1931 bis 1933 KPD Ostpreußen. 1933/34 illegale Arbeit u. Haft. 1941 bis 1945 Emigration UdSSR. Mai/Juni 1945 Initiativgruppe ZK KPD Sachsen («Gruppe Ackermann»). Juni 1945 bis April 1946 Pol. Ltr. BL KPD Sachsen. April 1946 bis 1971 PV bzw. ZK SED u. ZS bzw. PB SED. April 1946 bis Oktober 1948 Vors. u. Sekr. SED Berlin. Oktober 1948 Vors. ZPKK. 1949 MdV. 1971 gest.

halb des antifaschistischen Blocks unterbreiten. In der Besprechung dieser Fragen innerhalb des antifaschistischen Blockes müssen die Genossen der KPD und SPD einheitlich zusammenstehen.

Es ist ferner vereinbart, daß in allen diesen Verwaltungskörpern die Besetzung der Posten möglichst paritätisch vorgenommen werden.[3] Dabei braucht kein Streit zu entstehen, ob in dieser oder jener Verwaltung ein Genosse der KPD oder SPD mehr vertreten ist, wohl aber muß ein hoher Grad von Gerechtigkeit bei der Besetzung von Posten zutage treten. Wir, sowohl wie der Genosse [Hermann] Matern und seine Freunde von der Landesleitung der KPD, arbeiten in freundschaftlichster und verständnisvollster Weise zusammen. Auf beiden Seiten ist der feste und ehrliche Wille vorhanden, über gemeinsame Verantwortung und Arbeit in möglichst schneller Zeit zu einer Einheitspartei der Arbeiterklasse zu kommen.

Dieses Ziel wird erschwert, wenn es Menschen gibt, ganz gleich welcher Partei sie angehören, welche sich an diese Vereinbarung nicht halten. Wir bitten unsere Genossen, sich unter jeden Umständen an diese Vereinbarung zu halten.

Wo Unzulänglichkeiten auf diesen Gebieten entstehen, bitten wir, daß unsere Genossen sich zuerst zur Bereinigung dieser Fragen an ihren Unterbezirksvorstand wenden, und wenn es diesen nicht gelingt, die Frage zu bereinigen, die Bezirksleitung zu veranlassen, helfend einzugreifen. Erst dann oder in besonders wichtigen und schwierigen Fällen wende man sich an uns. Wir werden alsdann in jedem Falle mit dem Genossen [Hermann] Matern verhandeln und eingreifen. Unsere Genossen finden in jedem Fall unsere vollste Unterstützung, wenn sie sich an die Vereinbarung halten. Beruft Euch bei etwaigen Differenzen, die noch entstehen, auf die am heutigen Tage, mit dem Genossen [Hermann] Matern getroffene Vereinbarung. Um zum Ziel einer Einheitspartei zu kommen, ist unbedingt erforderlich, daß keine Partei dem Gefühl unterworfen ist, nur fünftes Rad am Wagen zu sein.

Mit Parteigruß!
Euer
gez. Otto Buchwitz
Vorsitzender und Landessekretär

---

3 In der Sächsischen Landesverwaltung scheint diese Vereinbarung quantitativ eingehalten worden zu sein. Am 1. Dezember 1945 gehörten von den 1 650 Angestellten und Arbeitern der engeren Landesverwaltung 362 der SPD, 347 der KPD, 79 der LDP und 57 der CDU an (SBZ-Handbuch, S. 136). Bei der Besetzung leitender Stellen hatte die KPD hingegen ein Übergewicht. Ganz anders sahen die Verhältnisse aber in den Sächsischen Kommunen und Landratsämtern aus. Hier baute die KPD ihre Führungsrolle vom Sommer 1945 noch weiter schrittweise aus.

Nr. 36
Schreiben des Bürgermeisters der Stadt Niesky an die Ortsgruppe der SPD Niesky vom 4. September 1945[1]

Niesky, O[ber]L[ausitz], den 4. 9. 1945

An die Ortsgruppe der SPD
z. Hd. des Herrn Paul May
Niesky, O[ber]L[ausitz]

Betrifft: Ihren Antrag vom 1. September 1945, wonach Sie für die SPD folgende Sitze in der Stadtverwaltung beanspruchen.[2]

a) 1. Bürgermeister
b) 1., 3. und 5. Stadtrat
c) Leiter des Ernährungsamtes
d) Leiter des Wohnungsamtes
e) Leiter des Gesundheitsamtes
f) Vorstandsmitglied des Arbeitsausschusses.

Auf diesen Antrag erwidern wir Folgendes:
1. a) Die KPD ist für die führende Rolle in Deutschland und in der Landesverwaltung Sachsen, damit auch in der Stadt Niesky, O[Ober]L[ausitz]. Wir sind überzeugt, daß bei einer jetzt vorgenommenen Abstimmung mindestens 60 % der abgegebenen Stimmen der KPD zufallen würden.

b) Die jetzt von der KPD besetzten Stellen wurden bereits besetzt, als die jetzt darauf Anspruch erhebenden Mitglieder der SPD es überhaupt noch nicht für nötig hielten, nach Niesky zurückzukehren und auch in Niesky noch keine Ortsgruppe der SPD vorhanden war. Mithin war es die KPD, welche die größten Schmutzarbeiten leistete und die ersten schwierigen Aufbauarbeiten übernommen hat. Mithin bleiben auch die bereits von der KPD besetzten Stellen der Stadtverwaltung von dieser weiter besetzt.

c) Die Stadtverwaltung kann nur Männer gebrauchen, die von früh bis abends produktive Arbeit leisten; Nörgler, Miesmacher und Nichtstuer sind für uns nicht tragbar.

Aus diesen Gründen lehnen wir Ihren Antrag vom 1. 9. 1945 ab, halten aber dagegen unsern Ihnen in der Besprechung am 28. 8. [19]45 gemachten Vorschlag aufrecht, wonach bei der Neueinrichtung von weiteren Stadtratstellen zwei der SPD zur Besetzung anzubieten sind. Darüber hinaus zu gehen, lehnen wir ab. Im übrigen ist die Verordnung der Landesverwaltung Sachsen vom 17. 8. [19]45 zu beachten.[3]
Der Aktionsausschuß hat, soweit uns bekannt ist, überhaupt keinen Beschluß gefaßt.

Bezirks- und Stadtbürgermeister
Stellvertr[etender] Bezirks- und II. Stadtbürgermeister[4]

---

1 Sächsisches Hauptstaatsarchiv Dresden, SED-BPA Dresden, II/B/3.006.
2 Der erwähnte Antrag ist im Dresdener Archiv nicht überliefert.
3 Um welche Verordnung es sich hierbei handelt, konnte nicht ermittelt werden.
4 Die Unterschriften fehlen auf dem Dokument.

Nr. 37
Niederschrift von Curt Kaulfuß[1] über eine Besprechung in der sowjetischen Kommandantur der Stadt Leipzig vom 3. September 1945[2]

Leipzig, den 3. 9. 1945

In einer Besprechung am heutigen Tage, vorm[ittag] 9 Uhr, hatte Major Buchanow von der russischen Militärkommandantur 2. und 4. Bezirk die Ortsgruppenvorsitzenden der Sozialdemokratischen und Kommunistischen und [Liberal-]Demokratischen Partei geladen.
Major B[uchanow] verlangte bis Mittwoch, den 5. [September 1945] die Vorlage der Mitgliederlisten in deutsch unter Angabe von Namen, Geburtstag, Wohnung, Beruf und Funktion in der Parteiorganisation, weiter den Zeitpunkt des Parteieintritts; bei alten Parteimitgliedern, die jetzt wieder Mitglieder wurden, Mitteilung, seit welchem Jahre sie in der SPD organisiert sind. Bei den Russen gilt die Parteimitgliedschaft nicht ab 1933 als unterbrochen. Die Mitgliederlisten, in russisch übersetzt, müssen bis Montag, den 10. [September 1945] bei derselben Stelle eingereicht sein.
Anwesend waren in der Besprechung die Ortsgruppenvorsitzenden der SPD (7), der KPD (14). [Liberal-] Demokraten waren nicht vertreten. Interessant ist, daß der gesamte Südbezirk der KPD nur 118 eingeschriebene Mitglieder gemeldet hat.[3]
Major B[uchanow] trat sehr für ein Zusammenarbeiten mit den Parteien ein. Unbedingt müsse die Autorität der Parteiorganisation sichergestellt werden. Er wundert sich, daß unter den Parteimitgliedern der SPD und KPD (anwesend waren auch die Kommunisten Hutschenreuther und Sonntag, die in dem Einspruchsausschuß arbeiten)[4] noch so viele Arbeitslose vorhanden sind, während die Nazis noch in Lohn und Brot sind. Er befahl weiter, daß die Parteigeschäftsstellen sofort Telefon gelegt bekommen.
Über die Versammlungsgenehmigung äußerte er sich folgendermaßen. Genehmigungen über Versammlungen in seinem Bezirk sind nur noch bei ihm einzureichen. Vorstands- und Funktionärsitzungen brauchen nicht gemeldet werden.
Mitgliederversammlungen und Gruppenversammlungen von Frauen usw. wünscht er nur gemeldet zu wissen. Öffentliche Versammlungen dagegen unterliegen der Genehmigungspflicht.
Die Ortsgruppenvorsitzenden müssen in Zukunft Ausweise der Kommandobehörde haben. Um Genehmigung ist nachzusuchen. Herr Major B[uchanow] wünscht weiter, daß ihm in Zukunft Meldungen gemacht werden, die vom Abmarsch der Russen sprechen[5],

---

1 Curt Kaulfuß, SPD. 1945/46 BV (November 1945 bis April 1946 Sekr.) SPD Leipzig. April 1946 SED.
2 Sächsisches Staatsarchiv Leipzig, SED-BPA Leipzig, II/2/16.
3 Die SPD gliederte ihren Unterbezirk Leipzig-Stadt in folgende 8 Stadtverwaltungsbezirke: Alt-Leipzig, Ost-Bezirk, Äußerer Ost-Bezirk, Süd-Bezirk, Südost-Bezirk, West-Bezirk, Äußerer West-Bezirk, Nord-Bezirk.
4 Es ist nicht ganz eindeutig, was mit dem Einspruchsausschuß gemeint sein könnte. Denkbar wäre ein Ausschuß von KPD, SPD, CDU und LDP, um gegenseitige Beschuldigungen von Mitgliedern zu überprüfen, sie seien Mitglied in der NSDAP gewesen. Bei Bestätigung dieses Verdachts ist dann vom Ausschuß Einspruch gegen die Mitgliedschaft in einer der vier Blockparteien erhoben worden. Solche Ausschüsse existierten in vielen Städten der sowjetischen Besatzungszone.
5 Seit dem Herbst 1945 hielten sich in vielen Gebieten der sowjetischen Besatzungszone unter der Bevölkerung Vermutungen, die sowjetische Besatzungsmacht werde bald abziehen und durch westalliierte Truppen ersetzt.

weiter sofortige Meldung bei jeder Plünderung.[6] Mitglieder von Parteiorganisationen dürfen sich keinerlei Amtsgewalt anmaßen[7], in jedem Falle ist die Polizei bei Beschlagnahmungen und ähnlichen Amtshandlungen in Anspruch zu nehmen. Bei Plünderung ist sofort Anruf 61 531 Frau Strobel (Dolmetscherin) zu unterrichten.

Der Kommandeur Major B[uchanow] selbst ist unter Nummer 60 761 fernmündlich zu erreichen.

Dieser Bericht stellt Meldungen von Ortsgruppenvorsitzenden dar, die an dieser Besprechung teilnahmen.

gez. [Curt] Kaulfuß

---

6 In diesem Fall sind von Soldaten und Offizieren der Roten Armee vorgenommene Plünderungen gemeint.
7 Im Frühjahr und Sommer 1945 kam es vorwiegend durch KPD-Ortsorganisationen zu willkürlichen Beschlagnahmungen des Eigentums (häufig Wohnungseinrichtungen und Bekleidung) von Mitgliedern oder von vermeintlichen Mitgliedern der NSDAP, an denen sich mitunter auch Sozialdemokraten beteiligten.

Nr. 38
Protokoll über die Sitzung des Arbeitsausschusses von SPD und KPD des Bezirkes Leipzig am 12. September 1945[1]

[Ernst] *Lohagen* [KPD][2] Wir müssen unbedingt zur einheitlichen Auffassung in der Gewerkschaftsfrage kommen. Wir schlagen vor, daß Gen[osse] [Kurt] Kühn[3] das Referat hält, da wir die Sache aufgefaßt [haben] und der Gen[osse] [Erich] Schilling[4] als Referent der SPD spricht.[5] Der Vorschlag wird angenommen.

[Kurt *Kühn*] [KPD]: Wir haben eine formale Einheit, aber noch keine einheitliche Auffassung. Die Sozialdemokraten stehen immer noch da, wo sie 1933 aufhörten, an gewerkschaftlichen Aufbau ist nicht zu denken.

Die Parität ist der erste Punkt. Uns wurde entgegengehalten, ihr seid klein, habt also keine Parität zu beanspruchen. Im Neuner-Ausschuß waren wir nur zwei Genossen, wir

---

1 Sächsisches Staatsarchiv Leipzig, SED-BPA Leipzig, III/01
2 Ernst Lohagen, geb. am 12. Mai 1897. Seit 1919 KPD. 1924 Pol. Ltr. BL KPD Hessen/Waldeck. 1933 bis 1945 Zuchthaus u. KZ. August 1945 bis April 1946 UBL KPD Leipzig. April 1946 bis Januar 1947 Vors. u. Sekr. BV SED Westsachsen. April 1946 bis 1952 LV, Dezember 1948 Vors. LV SED Sachsen. April 1946 bis 1952 PV bzw. ZK SED. 1952 von allen Funktionen entbunden. 1971 gest.
3 Kurt Kühn, geb. 1898. Beruf: Elektromonteur. Seit 1919 SPD, 1923 KPD. 1924 bis 1933 BL KPD Halle-Merseburg. 1933 bis 1945 illegale Arbeit, Zuchthaus u. KZ Sachsenhausen. 1945 Mitbegründer FDGB Leipzig. 1947/48 2. Vors., Oktober 1948 1. Vors. FDGB Sachsen. 1952 bis 1955 Sekr. Bundesvorstand FDGB. 1963 gest.
4 Erich Schilling, geb. 1882. Vor 1933 SPD. Vor 1933 Gewerkschaftsfunktionär in Leipzig. 1939 bis Mai 1945 KZ Buchenwald. Juli bis November 1945 Vors. FDGB Leipzig. April 1946 SED. November 1948 Verhaftung u. Ausschluß SED. 1962 gest.
5 Hier könnte es sich um die Vorbereitung einer Gewerkschaftsveranstaltung handeln.

setzten aber die Parität durch.⁶ Der Beschluß wurde wieder umgestoßen durch Errichtung des Zwölfer-Ausschusses. In der Aussprache bei [Oberst] Morosow⁷ forderte [Erich] Schilling auch die Parität für die Bürgerlichen. Sie sind klein, aber auch klassenmäßig nicht mit uns verbunden. Wer soll jetzt führend sein? Woher habt ihr euer Mandat, wurde gefragt. [Erich] Schillings Auffassung war, wer nicht belastet ist in den letzten 12 Jahren, nur alle Sekretäre, die 1933 gemaßregelt worden sind, können in der Verwaltung untergebracht werden.

Es wurde bei einer Aussprache die alte Politik berührt. Die allgemeine Linie war nach unserer Auffassung falsch, sie führte zum 1. Mai [1933], der ein Schandfleck ist.⁸ [Erich] Schilling legte dar, unter welchen Umständen wir damals zu diesen Dingen kamen, dies ist nach unserer Auffassung falsch. Dann wurde die Frage gestellt, was wollen denn die Gewerkschaften heute sein? Sie haben andere Aufgaben als früher. Bis zur Gründung gab es nur einen Wettlauf zwischen der KPD und der SPD. Bei der Straßenbahn z. B. war keine Parität möglich, jetzt hat sich dies etwas gebessert, bei der Eisenbahn und Post ist es genauso. Der Aufbau der KPD erfolgt auf den Betrieben, es ist also kein Gegensatz zu den Gewerkschaften.

Die Frage der politischen Neutralität. Der Gewerkschaftsfunktionär darf nicht Mitglied einer politischen Partei sein, diese Auffassung wurde in einem Briefe vertreten.⁹ [Erich] Schilling hat in der Gründungsversammlung erklärt, die Lehre von [Karl] Marx ist versteinert.¹⁰

Es wurde zum Ausdruck gebracht, daß das Verhältnis der beiden Arbeiterparteien geklärt werden müsse. Da wurde uns gesagt, das habe mit den Gewerkschaften nichts zu tun. Das ist eine unmögliche Auffassung. Die Probleme der Parteien sind die Probleme der Ge-

---

6 Die organisationspolitische Entwicklung der Gewerkschaften erfolgte in Leipzig von zwei Zentren aus. Seit Ende Mai 1945 betrieb der Sozialdemokrat Erich Schilling mit einem Kreis früherer Gewerkschaftsfunktionäre den Neuaufbau in freigewerkschaftlichen Traditionen unter Ausschluß der Kommunisten. Zuvor hatte der kommunistische Gewerkschafter Kurt Kühn einen eigenen Organisationsaufbau ohne »Reformisten« betrieben. Am 28./29. Mai 1945 kam es dann in Leipzig zur Bildung eines gemeinsamen Ausschusses, »Neunerausschuß« genannt. In diesem blieben die Kommunisten in der Minderheit. Mitte Juli 1945 befahl der sowjetische Stadtkommandant Generalleutnant Trufanow die Umbildung des »Neunerausschusses« der Gewerkschaften und seine paritätische Zusammensetzung. Der Vorschlag Erich Schillings, die beiden bürgerlichen Gewerkschaftsverbände in die Parität einzubeziehen und einen »Zwölferausschuß« zu installieren, wurde abgelehnt. So kam es am 25. Juli 1945 zur Bildung eines »Zehnerausschusses« aus 4 Sozialdemokraten, 4 Kommunisten und 2 Vertretern der ehemaligen christlichen bzw. Hirsch-Dunckerschen Gewerkschaften. Erich Schilling blieb weiterhin an der Spitze der nun gegründeten Einheitsgewerkschaft. Vgl. *Müller*, Sozialdemokratie und Einheitspartei, S. 129–166; *Bensing*, Im revolutionären Kampf geschmiedet, S. 62 ff.
7 Offizier der sowjetischen Stadtverwaltung, Mitarbeiter des sowjetischen Stadtkommandanten Generalleutnant Trufanow.
8 Der 1. Mai 1933 stand bei kommunistischen Gewerkschaftern nach 1945 besonders intensiv im Zentrum der Kritik. Bei der Gründung des FDGB in Berlin bestanden sie auf seiner Erwähnung im Aufruf des vorbereitenden Gewerkschaftsausschusses vom 15. Juni 1945: »Der 1. Mai 1933 war der schwärzeste Tag in der Geschichte der Arbeiterbewegung. Hitler kam zu ungehemmter Macht.« Geschichte des Freien Deutschen Gewerkschaftsbundes, Berlin 1982, S. 171.
9 Es konnte nicht ermittelt werden, welcher Brief hier gemeint ist.
10 Am 19. August 1945 trat im »Capitol« die Gründungsversammlung der Einheitsgewerkschaften Leipzigs zusammen. Erich Schilling, Kurt Kühn und Paul Nowak hielten Ansprachen. Der Inhalt der Ansprache Erich Schillings ist nicht überliefert. Die Delegierten der Gründungsversammlung verabschiedeten eine Entschließung, in der die Forderung verankert war, daß die deutsche Einheitsgewerkschaft parteipolitisch und religiös neutral zu sein habe. Vgl. *Bensing*, Im revolutionären Kampf geschmiedet, S. 123.

werkschaften. Zum Sozialpol[itischen] Ausschuß braucht nichts gesagt zu werden.[11] Ich erwarte von der Konferenz eine Klärung.

[Erich] *Schilling* [SPD]: Es war recht dürftig, was der Gen[osse] [Kurt] Kühn vorbrachte, es wird wohl auch nach seiner Meinung das Wichtigste gewesen sein. Aber diese Dinge sind doch alle behandelt worden und klargestellt. Wir haben die Grundsätze des Weltgewerkschaftsbundes zur Richtlinie gemacht, diese Grundsätze sind auch von den Russen anerkannt.[12] Da sagt man, das ist Amsterdam[13], obwohl sich Amerika zurückgezogen hatte.[14] Dort steht, daß die Gewerkschaften parteipolitisch, religiös und rassenmäßig neutral sind. Wir müssen versuchen, ein Eingliedern in den Weltgewerkschaftsbund zu ermöglichen. Das ist etwas anderes als politisch neutral. Ich habe gesagt, daß die Gewerkschaften ein politisches Interesse haben.

Gen[osse] [Kurt] Kühn kennt die Dinge sehr wenig. Als Leiter der Gewerkschaftszeitung wurde mir vorgeworfen, ich wolle eine Gewerkschaftspartei gründen.[15] Es kommt nicht darauf an, ob man 1933 etwas getan hat oder nicht, sondern ob es heute noch vertretbar ist. Der »versteinerte Marx« beweist das schlechte Gehör von Kühn. Im Nachrichtendienst der Pressestelle [steht] gerade das Gegenteil von dem, was Kühn sagt. Warum Zwölfer-Ausschuß?[16] Wir wollten den Gruppen der Künstler, Intellektuellen usw. eine Vertretung si-

---

11 Erich Schilling initiierte im Mai 1945 die Bildung eines »Sozialpolitischen Ausschusses« bei der Leipziger Stadtverwaltung, von dessen Mitarbeit die Kommunisten ganz bewußt ausgeschlossen wurden. Dieser Ausschuß stellte als Reaktion auf die Bildung des kommunistisch dominierten »Wiedergutmachungswerks« eine kommunale Instanz dar, die gleichzeitig sozial- wie parteipolitischen Interessen dienen konnte. Im Juli 1945 wurde der Sozialpolitische Ausschuß von der SMA aufgelöst. Am 2. August 1945 unterbreitete der Gewerkschaftsaussschuß gegen die Stimmen der Kommunisten der Leipziger Stadtverwaltung den Antrag, den Sozialpolitischen Ausschuß wieder zuzulassen. Der Leipziger Stadtkommandant entschied dann am 1. September 1945 endgültig, das Verbot des Sozialpolitischen Ausschusses nicht aufzuheben. Vgl. *Müller*, Sozialdemokratie und Einheitspartei, S. 138 u. 145.

12 Zur Gründung eines Weltgewerkschaftsbundes tagte am 6. Februar 1945 in London eine Vorbereitungskonferenz. Diese hatte die Grundlagen einer Gewerkschaftscharta über die Gewerkschaftsrechte und ihre unmittelbaren Forderungen formuliert. Am 4. Mai 1945 wurde ein Entwurf der Statuten angenommen. Vom 25. September bis 8. Oktober 1945 fand dann in Paris eine Weltkonferenz der Gewerkschaften statt, die sich am 3. Oktober 1945 offiziell zum I. Weltgewerkschaftskongreß konstituierte. Der Kongreß nahm die Statuten des Weltgewerkschaftsbundes (WGB) und eine Reihe von Resolutionen an, in denen die Hauptziele der Organisation postuliert wurden. Der Zentralrat der Gewerkschaften der UdSSR war Gründungsmitglied des WGB. Der FDGB wurde erst im Jahre 1949 Mitglied des WGB. Vgl. *Horst Lademacher* u. a., Der Weltgewerkschaftsbund im Spannungsfeld des Ost-West-Konflikts, in: Archiv für Sozialgeschichte, Bd. XVIII, 1978, S. 119–216; *Werner Müller*, Zur Entwicklung des FDGB in der sowjetischen Besatzungszone nach 1945, in: *Erich Matthias/Klaus Schönhoven* (Hrsg.), Solidarität und Menschenwürde. Etappen der deutschen Gewerkschaftsgeschichte von den Anfängen bis zur Gegenwart, Bonn 1984, S. 325–347.

13 Im Jahre 1919 konstituierte sich in Amsterdam der sozialdemokratisch geführte Internationale Gewerkschaftsbund (Amsterdamer Internationale).

14 Die »American Federation of Labor« (AFL) gehörte nicht zu den Gründungsmitgliedern des WGB. Vgl. *Horst Lademacher* (Hrsg.), Gewerkschaften im Ost-West-Konflikt. Die Politik der American Federation of Labor im Europa der Nachkriegszeit, Melsungen 1982.

15 Offensichtlich ist seit Frühjahr/Sommer 1945 eine Gewerkschaftszeitung für Leipzig erschienen, deren Namen nicht zu ermitteln war. In Berlin erschien ab Oktober 1945 die zentrale Gewerkschaftszeitung »Die freie Gewerkschaft«.

16 Damit ist der letztlich abgelehnte Vorschlag von Erich Schilling vom Juli 1945 gemeint, den Gewerkschaftsausschuß künftig aus Vertretern mehrerer gewerkschaftlicher Richtungen zusammensetzen zu lassen.

chern. Ich habe eine Zuschrift der »Freien Arbeiter-Union«[17] erhalten, die ihre Bereitwilligkeit zur Mitarbeit erklären.

Bei einer früheren Aussprache ergab sich eine erfreuliche Übereinstimmung. Bin ich nun Anarchist oder sie Gewerkschaftsreformisten? Aber wichtig ist, daß sich hier Leute zu gemeinsamer Arbeit zusammenfinden. Auch aus dem Bürgertum kommen Proletarier, die eingereiht werden wollen in die sozialistische Front. Wir verlangen von jedem Betrieb, daß er die einstellt, die gemaßregelt worden sind und sich in den zwölf Jahren einwandfrei gehalten haben. Diese Grundsätze wollen wir nicht in unserer Organisation gelten lassen? Wir haben diese Grundsätze. Bei uns sind bis jetzt angestellt: 3 KPD, 1 Hirsch Dunckerscher, 1 Christlicher[18] und 1 SPD. Ein weiterer Antrag von dem KPD-Mann liegt vor, den ich befürwortet habe.

Ich habe mich überzeugen müssen, daß allzuviele an 1933 festhalten. In Buchenwald[19] waren alle der Meinung, eine Gewerkschaft, eine Organisation. Was sehe ich? Es ist alles wieder wie 1933. Die Wortführer sind nicht nur Reformisten. Ich werde mich immer einer demokratischen Verfassung fügen. Es ist bedauerlich, daß kein Fortschritt zu verzeichnen ist. Eine Gewerkschaft, die antifaschistisch ist, ist demokratisch, Faschismus und Demokratie schließen sich aus.

Der 1. Mai [1933] eine Schande, jawohl, aber wer ist denn mitmarschiert? Sind es die Bonzen gewesen oder die Masse? Wie ist der Aufruf zustandegekommen?[20] Alle Betriebe beschlossen, wir beteiligen uns am 1. Mai. Die besten Funktionäre konnten nichts dagegen tun. Das war der tatsächliche Zusammenbruch, konnten wir das so offen zugeben?

Vielleicht werden wir einmal den Spieß umdrehen und zurückschlagen, ob das der Einheit dient, lasse ich dahingestellt. Der Sozialpol[itische] Ausschuß ist ohne mein Zutun entstanden. Wir sollten Beamte werden usw. Schilling schildert die Entwicklung des Ausschusses.

---

17 Gemeint ist entweder die »Freie Arbeiter-Union (Syndikalisten)« oder die »Freie Arbeiter-Union (Richtung Gelsenkirchen)« – ein kommunistisch geprägter Gewerkschaftsverband, der 1921 im Verband der Hand- und Kopfarbeiter aufging, sich 1925, auf Beschluß der KPD, auflöste. Seine Mitglieder traten den Freien Gewerkschaften bei, verselbständigten sich 1929 aufs neue in der Revolutionären Gewerkschaftsopposition. Vgl. *Hans Manfred Bock*, Syndikalismus und Linkskommunismus von 1918–1923. Zur Geschichte und Soziologie der Freien Arbeiter-Union Deutschlands (Syndikalisten), der Allgemeinen Arbeiter-Union Deutschlands und der Kommunistischen Arbeiter-Partei Deutschlands, Meisenheim a. Glan 1969; *Michael Schneider*, Höhen, Krisen und Tiefen. Die Gewerkschaften in der Weimarer Republik 1918–1933, in: *Ulrich Borsdorf* (Hrsg.), Geschichte der deutschen Gewerkschaften von den Anfängen bis 1945, Köln 1987, S. 279–446.
18 Der Verband der Deutschen Gewerkvereine (Hirsch-Duncker) und der Gesamtverband der Christlichen Gewerkschaften gehörten bis zum Verbot im Jahre 1933 zu den größeren Gewerkschaftsorganisationen in Deutschland. Vgl. *Michael Schneider*, Die Christlichen Gewerkschaften 1894–1933, Bonn 1982; *ders.*, Zwischen Machtanspruch und Integrationsbereitschaft: Gewerkschaften und Politik 1918–1933, in: Die Weimarer Republik 1918–1933, S. 179–196; *Klaus Schönhoven*, Die deutschen Gewerkschaften, Frankfurt/Main 1987.
19 Konzentrationslager Buchenwald.
20 Die Haltung der Gewerkschaftsführung im Jahre 1933 ist bei sämtlichen gewerkschaftlichen Neugründungen den Sozialdemokraten vorgehalten worden, von denen ein Schuldbekenntnis erwartet wurde. Die damalige Führung des ADGB hatte am 19. April 1933 dazu aufgerufen, sich an dem von der Hitler-Regierung zum »Feiertag der nationalen Arbeit« erklärten 1. Mai zu beteiligen. Vgl. *Schneider*, Zwischen Machtanspruch und Integrationsbereitschaft, S. 195; *Heinrich Potthoff*, Freie Gewerkschaften 1918–1933. Der Allgemeine Deutsche Gewerkschaftsbund in der Weimarer Republik, Düsseldorf 1987.

[Gerhard] *Ellrodt* [KPD]:[21] Wer waren die anonymen Kräfte, die in dem Aufruf des Ausschusses gemeint waren?[22]

[Max] *Müller* [SPD]:[23] Die Notwendigkeit der Schaffung von Betriebsvertretungen ergab sich aus der damaligen Situation. Es gab keine gesetzliche Grundlage, deshalb eine Vereinbarung mit der Wirtschaftskammer. Streitfälle entschied der Ausschuß. Auch die Dreierausschüsse sind anerkannt worden.[24]

[Kurt] *Kühn* [KPD]: bringt Kleinigkeiten aus dem Ausschuß zur Sprache.

[Hermann] *Schäfer* [SPD]: Wie weit hat eine Uneinigkeit innerhalb des Ausschusses bestanden? [Kurt] Kühn oder [Erich] Schilling stand die Frage. Wenn dies nicht gewesen wäre, dann wären die Dinge anders. [Kurt] Kühn selbst hat erklärt, Du oder ich? Wenn [Kurt] Kühn nicht gewesen war, dann gab es ruhige Arbeit. Der Kampf geht gegen [Erich] Schilling. Beim Ausschuß ist man nicht auf seine Kosten gekommen, jetzt kommt der 1. Mai [1933] an die Reihe. Der Ausschuß hat wertvolle Arbeit für die Arbeiter geleistet, da die Gewerkschaften noch nicht da waren. Beginge [Erich] Schilling etwas Unrechtes, dann wäre ich der erste, der sich gegen ihn wenden würde.

Unter meinen Kollegen besteht der feste Wille, die Beschlüsse in Bezug auf die Weltgewerkschaftskonferenz durchzuführen. Die Arbeit der KPD in den Betrieben muß zu Reibereien mit den Betriebsvertretungen führen. Die Vertreter kommen heute und erklären, entweder ihr oder wir, nebeneinander gibt es nicht. Wir wollen uns nicht hinsetzen, Gegensätze zu suchen, sondern arbeiten.

[Karl] *Plesse* [KPD]: [Kurt] Kühn – [Erich] Schilling [ist] keine persönliche, sondern [eine] politische Angelegenheit, eine Frage für die Zukunft der Gewerkschaften. Eine Neutralität, wie sie [Erich] Schilling versteht, lehnen wir ab. Es hat uns mißtrauisch gemacht, daß ihr die Parität nie gewahrt habt. Es ist etwas anderes, ob ein kleiner Arbeiter strauchelt oder ob ein führender Mann strauchelt. Die KPD wird nie einen solchen Mann an die führende Stelle setzen. Deine Ausführungen beweisen keine Revidierung. [Erich] Schilling ist politisch untragbar für uns, das ist die Frage für uns, die zu entscheiden ist. Ein Gehalt von RM 900,– ist in der Arbeiterbewegung nicht tragbar.

[Curt] *Kaulfuß* [SPD]: Aussprechen, was ist. Nicht Amsterdam – Moskau, sondern die Einheit der Arbeiterbewegung. Wir sind stolz auf die Arbeit der Gewerkschaftsbewegung. Die Arbeiterschaft will einfach keine Haarspaltereien, sie will die Einheit.

Die Herausstellung der Gehaltsfrage im Ausschuß ist weniger schön, damit ist ein billiger Erfolg zu erzielen. Es ist ein systematisches Geschehen, Sozialdemokraten abzuwürgen. Auch darüber wird und muß offen gesprochen werden.

[Otto] *Schön* [KPD][25]: Wir dürfen auf keinen Fall in unseren Arbeitsausschüssen um die Dinge herumreden. Parteipolitische Neutralität bedeutet, daß die Parteien keine Kontrolle haben. Die Arbeit in den Leipziger Gewerkschaften ist nach unseren Wünschen und nicht der der Arbeiter. In anonymen Betriebsvertretungen bestand die Aktivität der Arbeiter-

---

21 Gerhard Ellrodt, geb. 1909. Seit 1930 KPD. Juli 1945 bis April 1946 Sekr. UBL KPD Leipzig. April 1946 bis Januar 1947 Sekr. BV SED Westsachsen SED. 1947/49 Sekr. LV SED Sachsen. 1949 gest.

22 Hier wird auf eine entsprechende Passage in der Entschließung der Delegierten der Gründungsversammlung der Leipziger Einheitsgewerkschaft vom 19. August 1945 bezug genommen, die mir im Wortlaut jedoch nicht zur Verfügung steht.

23 Max Müller, SPD. Mai bis November 1945 Leipziger Gewerkschaftsausschuß (Neuner- bzw. Zehnerausschuß des FDGB Leipzig).

24 Kommunistische Gewerkschaftsinitiative im Mai/Juni 1945.

25 Otto Schön, geb. 1905. Seit 1925 KPD. 1945/46 Organisationssekr. UBL KPD Leipzig. 1947 LV SED Sachsen. 1950 ZK SED. 1968 gest.

schaft. Wir haben als KPD und SPD die politische Verantwortung für die Entwicklung in Deutschland. Wir stützen uns nicht auf die Bajonette.

[Max] *Müller* [SPD]: weist die Anwürfe von [Kurt] Kühn in Bezug auf den Ausschuß zurück. Auf parteipolitischer Neutralität steht ihr ja selbst, denn ihr sprecht auch nur von Kontrolle. Ein Beschluß der Bezirksleitung der SPD, durchgeführt von den Gewerkschaften, würde ganz natürlich euren Widerspruch hervorrufen. [Kurt] Kühn hat ja selbst ein Schreiben von der parteipolitischen Neutralität unterzeichnet.[26]

Ist die Frage des 1. Mai [1933] wert, so behandelt zu werden? Statt zu vergessen, gräbt man die Dinge aus, so ist keine Einheit zu schaffen. Die Polemik ist unerträglich für die Arbeitnehmer. Auch nach der Aussprache muß die KPD zur gemeinsamen Aussprache mit uns kommen.

[Rudolf] *Jahn* [KPD][27]: In der gegenwärtigen Situation besteht die Gefahr einer einseitigen parteipolitischen Beeinflussung überhaupt nicht.

[Rudolf] *Rothe* [SPD]: Ich bin erstaunt über die Aufziehung des 1. Mai [1933]. Die Massen haben sich damals dem Naziterror gebeugt. Bei der Straßenbahn zogen ganze 42 Mann nicht mit, und das war eine KPD-Hochburg. Wir sind mißtrauisch gegen Euch aus den Erfahrungen der letzten Wochen. Ihr wollt uns erst als gute Genossen anerkennen, wenn wir ein Schuldbekenntnis ablegen. Das werden und können wir nicht tun. Durch Euren Artikel ist die Diskussion in die Arbeiter getragen.

[Ernst] *Schönfeld* [SPD][28]: Die Frage [Erich] Schilling – [Kurt] Kühn ist klar, die Frage der Dreier-Ausschüsse unfruchtbar. Erklärt doch, daß es KPD-Genossen waren. Was hinter uns steht, wird ein gewichtiges Wort mitsprechen, überschätzt euch nicht. Wir hätten Veranlassung, draußen unsere Arbeit zu tun, die Not der Massen zu lindern. Die Arbeiterschaft würde uns zum Teufel jagen, wenn sie dies hier sehen würde.

[Erich] *Schilling* [SPD]: Der Aufruf zum 1. Mai [1933] stammt vom ADGB, aber ein anderer Aufruf ist der, da die Übernahme der Gewerkschaften gefeiert wurde, da hat mancher beiseite gestanden und sich gewundert, wer da alles mitmarschierte.[29]

Parteipolitische Neutralität ist ein Grundsatz der Weltgewerkschaften, aufgestellt in London[30], keine Leipziger Erfindung. Ich habe die moralische Verpflichtung gefühlt, mit meinen Erfahrungen und Kenntnissen der deutschen Arbeiterschaft zu dienen. Wenn [Erich] Schilling fällt, dann mit fliegenden Fahnen. Der Mann kann fallen, wenn das Banner nur steht.

[Ernst] *Lohagen* [KPD]: Die heutige Aussprache geht nicht um Personen, sondern um tiefere Dinge. Es handelt sich doch nur darum, Fehler der Vergangenheit nicht mit in die

---

26 Dieses Schreiben ist nicht eindeutig identifizierbar. Am 2. Mai 1945 hatte Kurt Kühn einen »Offenen Brief des Provisorischen Gewerkschaftsausschusses Leipzig an die Kollegen der ehemaligen Gewerkschaftsführung und ehemaligen Vertrauensmännerkörperschaft in Leipzig« mitunterzeichnet, der zur Bildung eines paritätisch aus je 5 sozialdemokratischen und kommunistischen Kollegen zusammengesetzten Gewerkschaftsausschusses aufgefordert hatte.
27 Rudolf Jahn, geb. 1906. Seit 1927 KPD. 1933 bis 1945 illegale Arbeit, Zuchthaus Waldheim u. KZ Buchenwald. 1945/46 UBL KPD Leipzig. 1946 LV FDGB Sachsen, 1947 1. Vors. FDGB Brandenburg. 1949 bis 1952 Ministerpräs. Brandenburg.
28 Ernst Schönfeld, SPD. Juli 1945 bis April 1946 BV SPD Leipzig. April 1946 bis Januar 1947 BV SED Westsachsen.
29 Das Eigentum sowie das gesamte Vermögen des ADGB und der ihm angeschlossenen Verbände war im April/Mai 1933 in die nationalsozialistische »Deutsche Arbeitsfront« überführt worden. Vgl. *Martin Broszat*, Die Machtergreifung. Der Aufstieg der NSDAP und die Zerstörung der Weimarer Republik, München 1984.
30 Hier ist die vom 6.–17. Februar 1945 in London tagende Vorbereitungskonferenz zur Gründung eines Weltgewerkschaftsbundes gemeint. Vgl. *Lademacher*, Der Weltgewerkschaftsbund im Spannungsfeld des Ost-West-Konflikts, S. 119–215.

Zukunft zu nehmen. Ist es schlimm, eine Erklärung abzugeben, daß ein Fehler gemacht worden ist. Wir tragen die ganze Verantwortung für die Zukunft. Es kommen in der Sozialdemokratie Strömungen zum Ausdruck, die entgegengesetzt der Politik des Zentralausschusses sind und eine Westorientierung verfolgen, so besonders in Leipzig. Es liegt eine bestimmte politische Linie in dieser Auffassung. Es sind im Westen Kräfte am Werk, die den Gewerkschaften ein bestimmtes Gesicht geben wollen. Hier liegt die Gefahr.

Es kommt bestimmt nicht darauf an, ob dieser oder jener Sekretär sprechen wird. Gen[osse] Oelkers erklärt, ich spreche als Eisenbahner, nicht als Vertreter der Gewerkschaften. Es kann nicht sein, daß ein Reichsbahnrat Vertreter der Gewerkschaften sein kann. Wenn es um persönliche Dinge geht, dann werde ich der erste sein, der dagegen einschreitet.

Wir schlagen vor, daß ein Ausschuß von je zwei Mann ein Arbeitsprogramm für die gemeinsame Arbeit der Gewerkschaften ausarbeitet.

[Die] SPD kann den Vorschlag nicht annehmen ohne [einen] Beschluß des Bezirksvorstandes.[31].

---

31 Im Ergebnis der Aussprache im Arbeitsausschuß verabschiedete die Unterbezirksleitung der KPD Leipzig einen Tag später, am 13. September 1945 ein »Memorandum zur Gewerkschaftsfrage«, in der sie sich gegen die Neutralität der Gewerkschaften wandte und die Gewerkschaften als »Schulen des Klassenkampfes« bezeichnete.

Nr. 39
Protokoll über die Sitzung des erweiterten Bezirksvorstandes der SPD Leipzig am 12. September 1945[1]

[Gustav] Dahrendorf[2]: Die politische Situation der Partei.

Es ist außerordentlich schwierig, sich über die Situation der Partei Gedanken zu machen. In vielen Gebieten ist es dunkel, wir müssen es aber trotzdem tun. Ich komme als Beauftragter des Zentralausschusses, es ist deshalb unvermeidlich, daß ich grundsätzliche Fragen berühre.

Wir wollen die Aufhebung des Privateigentums an den Produktionsmitteln. Der Weg zum Sozialismus ist der der Demokratie. Was haben wir geerbt? Die Hälfte der technischen Mittel der Industrie ist zerstört. 1/6 der deutschen Industrie ist durch sogenannte Entnahme verloren[3], wir besitzen nur noch ein Drittel des Bestandes von 1933. 1/3 bis 1/4 des deutschen Gebietes ist verloren.[4] Die Bevölkerung entspricht dem Stande von 1933, etwa 60 bis 65 Millionen. Die industriellen Reserven sind völlig erschöpft, eine ungeheure Unterer-

---

1 Archiv der sozialen Demokratie, Ostbüro, SPD-Leipzig.
2 Gustav Dahrendorf, geb. 1901. Beruf: kaufmännischer Angestellter. Vor 1933 SPD. 1924 bis 1933 Redakteur »Hamburger Echo«. 1932/33 MdR. 1933 bis 1945 illegale Arbeit, KZ u. Zuchthaus. Juni 1945 bis Februar 1946 ZA der SPD. August 1945 bis Januar 1946 1. Vizepräs. DZV für Brennstoffindustrie. Februar 1946 Rücktritt von allen Funktionen und Übersiedlung nach Hamburg.
3 Damit wurden die Demontagen von Industriebetrieben in der sowjetischen Zone durch die Sowjetunion als Form der Reparationsleistungen angesprochen. Vgl. *Jörg Fisch*, Reparationen nach dem Zweiten Weltkrieg, München 1992; *Rainer Karlsch*, Allein bezahlt? Die Reparationsleistungen der SBZ/DDR, Berlin 1993.
4 Damit waren die ehemals östlich der Oder und Neiße gelegenen Gebiete gemeint.

nährung besteht, die übrige Ernährung ist völlig unzureichend, die Finanzlage ungeklärt. Das sind die Tatbestände.

Das Flüchtlingselend steht nicht weit vor der Katastrophe. In weiten Gebieten wird es unmöglich sein, die Bevölkerung vor Frost und Kälte zu schützen. In Berlin wird kein Haushalt mit Brennstoff versorgt werden können. Der Ruhrbergbau hat nur 15-20 Prozent der Normalförderung. Wir stehen vor schweren sozialen, sogar politischen Entscheidungen. Welchen Sinn hat es in dieser Situation, von Demokratie zu sprechen? Ist die Demokratie überhaupt eine tragbare Grundlage? Es fehlen uns alle Voraussetzungen für eine funktionelle Demokratie: moralisch, politisch, geistig.

Die Kommunisten werden heute für vieles verantwortlich gemacht, aber es ist dies ein Zeichen für die undemokratische Haltung des deutschen Volkes. Das englische Volk hat durch seine jahrhundertealte Tradition eine große politische Reife. Das deutsche Volk ist nicht reif für eine formelle Demokratie. Wir müssen los von alten formaldemokratischen Formen, neue Formen müssen gefunden werden. Wir stehen mitten drin in einer sozialen Revolution, einer Umwandlung der Besitzverhältnisse. Sie vollzieht sich in verschiedenen Formen, überkommene Besitz- und Lebensverhältnisse ändern sich.

Wir sind kein souveräner Staat mehr, keiner hilft uns. Vor allen Dingen England und Amerika nicht, wenn England in der englischen Besatzungszone, dann ist dies nur ein humanitärer Gradunterschied. Es entsteht die Gretchenfrage für die Partei. Entscheidet sich die Partei westlich, dann für kapitalistische Ausbeutung. Sie läßt sich da von bürgerlichen Lebensanschauungen leiten. Unsere Orientierung kann und darf nicht westlich sein.[5] Die Sowjetunion ist mit ungeheuren Kriegslasten belastet, dies findet seinen Ausdruck in der Wegnahme unserer Maschinen. Die S[owjet]U[nion] ist nicht zerstörend, sondern aufbauend, sozialistisch orientiert. Die S[owjet]U[nion] hat nicht das gleiche Interesse, Deutschland auf ein niedriges Niveau zu bringen wie England und Amerika, sie hält sich schadlos für die Verluste, die es erlitten hat. Wir sind der Meinung, daß wir Hilfe nur von [der] S[owjet]U[nion] erhalten können, nie von England und Amerika. Wenn nicht, dann liegt unsere Zukunft im Dunkel.

Wir wollen den föderativen Zusammenschluß sozialistischer Republiken, nicht nur Deutschlands. Der Machtfaktor liegt augenblicklich bei Rußland, das wird nicht immer so bleiben. Die Ostorientierung ergibt sich für uns aus der machtpolitischen Situation. Nur diese Erkenntnis sichert ihr[6] die Führung der deutschen Arbeiterklasse. Wenn wir diese

---

5 Im Sommer 1945 waren innerhalb des Zentralausschusses Überlegungen über eine stärkere wirtschafts- und handelspolitische Kooperation zwischen Deutschland und der Sowjetunion gereift. In zwei Denkschriften vom August 1945 begründete der wirtschaftspolitische Experte des Zentralausschusses Gustav Klingelhöfer die Notwendigkeit einer künftigen »Ostorientierung«, das heißt die Bereitschaft zur außen- und wirtschaftspolitischen Ausrichtung nach der Sowjetunion, mit der katastrophalen wirtschaftlichen Lage Deutschlands. Gustav Dahrendorf, der ähnlichen Intentionen folgte, setzte sich als Mitglied im Zentralausschuß am energischsten für eine außenpolitische Annäherung an die Sowjetunion ein. Im Ergebnis der Erwägungen in der Berliner Führung kam es am 20. August 1945 zu einer internen, nicht für die Öffentlichkeit bestimmten Standortbestimmung des Zentralausschusses, die mit »Stellungnahme und Beschluß des Zentralausschusses der SPD vom 20. August 1945 über die Frage der Ostorientierung« überschrieben war. Auf die Frage nach der Orientierung auf die Sowjetunion wurde darin eine positive Antwort gegeben. Vgl. *Andreas Malycha*, Der Zentralausschuß der SPD im Jahre 1945 und seine Stellung zur Sowjetunion, in: BzG, Heft 2, 1986, S. 236-247; *Moraw*, Die Parole der »Einheit« und die Sozialdemokratie, S. 96 ff.; *Hurwitz*, Demokratie und Antikommunismus in Berlin nach 1945, Bd. IV, Teil 1, S. 333 ff.; *Henry Krisch*, German Politics under Soviet Occupation, New York/London 1974, S. 93; *Arnold Sywottek*, Die »fünfte Zone«. Zur gesellschafts- und außenpolitischen Orientierung und Funktion sozialdemokratischer Politik in Berlin 1945-1948, in: Archiv für Sozialgeschichte, Bd. XIII, 1973, S. 53-129.

6 Gemeint ist hier die Sozialdemokratie.

Stellung nicht beziehen, dann kommen wir in die Rolle der Menschewisten.[7] Auf dieser Gesamtlinie muß sich die SPD entwickeln, wenn sie den Führungsanspruch wiedergewinnen und behaupten will.[8] Es ergab sich nach Monaten die Tatsache, daß die Russen diese Entwicklung bei uns vermuteten. Leider hat sich dies geändert, dies beruht auf kommunistischen Praktiken. Wir haben einen wesentlichen Beitrag zu leisten, nicht da weiter zu machen, wo wir 1933 abbrachen. Die Kommunisten sind aktiver, wir müssen es mehr werden. Wir sind nicht am Abschluß, sondern am Beginn einer neuen Entwicklung.

[Ernst] *Schönfeld*: Es handelt sich um die politische Selbständigkeit, die wird uns von Rußland nicht garantiert.

[Curt] *Kaulfuß*: Wir brauchen uns der Politik vor 1933 durchaus nicht zu schämen, trotz mancher Fehler. Rußland unterscheidet sich in seinen imperialistischen Zielen durchaus nicht von den westlichen Ländern. Wenn wir den Boden der Demokratie verlassen, bedeutet das den Tod der Sozialdemokratie. Genosse [Rudolf] Friedrichs ist ein Strohmann, wie mancher andere auch.

[Alfred] *Späther*: Es ist die Tatsache zu verzeichnen, daß früher ein Parteivorstandsmitglied dem revolutionären Leipzig entgegentreten mußte, während es heute umgekehrt ist. Wir müssen sozialdemokratische Politik treiben, dazu gehört eine starke Partei. Bisher haben wir diese Politik nicht gemacht. Wir müssen die Führung beanspruchen und behaupten. Wir müssen die KPD durch unsere Stärke zu einer anderen Politik bringen.

[Erich] *Gniffke*[9] zur Geschäftsordnung: Die Leipziger Verhältnisse sollen später gesondert behandelt werden, jetzt über die Ost- oder Westorientierung. Antrag wird angenommen.

[Erich] *Schilling*: Die Theorie [Gustav] Dahrendorfs ist stark beeinflußt von den augenblicklichen Besatzungsverhältnissen. Alle unsere geistigen Vorstellungen sind westwärts orientiert. Wir haben zwar auch Beziehungen zur Ostkultur, die aber verankert waren in der deutschen Bevölkerung und Arbeiterschaft. Die Russen selbst sind ja westlich orientiert nach den Errungenschaften des Westens und seiner Kultur. Die Fragestellung ist falsch. Bei unserer Lage bleibt uns eine Ostorientierung in wirtschaftlicher Hinsicht unvermeidlich. Wenn keine Bajonette mehr maßgebend sind, dann wird sich aus Ost- und Westorientierung ein neues ergeben. Die große Zukunft gehört demokratischen und sozialistischen Zielen.

[Erich] *Zeigner*[10]: Der Gegensatz zwischen West- und Ostorientierung ist, was ist bürger-

---

7 Die russische Sozialdemokratie (SDAPR) spaltete sich auf ihrem II. Parteitag im Jahre 1903 in Bolschewisten (Mehrheit) und Menschewisten (Minderheit).

8 In spezieller Weise faßte Klingelhöfer die innerparteiliche Diskussion in einer weiteren Niederschrift vom September 1945 zusammen, die den Titel »Ostorientierung« trug. Klingelhöfer verband in dieser Niederschrift die »Ostorientierung« mit einer Stärkung des sozialdemokratischen Selbstbewußtseins. Mit Hilfe der »Ostorientierung« werde sich auch der Führungsanspruch der SPD durchsetzen lassen. Gleichzeitig sollte das Konzept als Verhandlungsobjekt für einen Abbau des Mißtrauens der Besatzungsmacht und für eine bessere Behandlung der SPD durch die SMAD eingebracht werden. Der Inhalt der Denkschrift war den Mitgliedern des geschäftsführenden Vorstandes des Zentralausschusses bekannt und wurde von ihnen gebilligt, denn in der Einführung zu ihr heißt es: »Der führende Kreis unserer Partei hat die Niederschrift gelesen und sich zu eigen gemacht. [...]Ihr Inhalt ist die Auffassung des Vorstandes des Zentralausschusses.« SAPMO-BArch, ZPA, NL 90/281. Die Niederschrift ist Mitte November 1945 von Grotewohl an Vertreter der SMAD in Karlshorst übergeben worden. Vgl. *Hurwitz*, Demokratie und Antikommunismus in Berlin nach 1945, Bd. IV, Teil 1, S. 341.

9 Erich Walter Gniffke, geb. 1895. Beruf: Kaufmann. Seit 1913 SPD. 1933 bis 1945 illegale Arbeit u. Haft. Juni 1945 bis April 1946 Vors. ZA SPD. April 1946 bis Oktober 1948 PV u. ZS SED. Oktober 1948 Flucht in die Westzonen. 1964 gest.

10 Erich Zeigner, geb. am 17. Februar 1886 in Erfurt. Beruf: Jurist. Seit 1919 SPD. 1921 bis 1923 Ju-

lich, was sozialistisch. Man will sich in den allgemeinen unsicheren Verhältnissen sichern in Besitz und Eigentum, deshalb eine Flucht in diese, auch bei sozialistischen Genossen. Wir müssen uns lösen von überkommenen Eigentums- und Besitzvorstellungen. Nicht Ost- oder Westorientierung, sondern Orientierung zum Sozialismus, das heißt eben Ostorientierung. Wie wir die Ostorientierung vornehmen, unterscheiden wir uns von den Kommunisten.

[Heinrich] *Fleißner*: Auch die bürgerliche Gesellschaft in England und Amerika wird von diesem Krieg nicht unberührt bleiben. Die Bankensperre ist keine sozialistische Maßnahme, sondern es ist damit nur ausgesprochen, was ist.[11] Die Frage Ost- oder Westorientierung ist viel zu zeitig gestellt, sie darf auch nicht mit oder gestellt werden, sondern mit und, auch aus ökonomischen Gründen. Der Güteraustausch mit England und Frankreich war schon immer größer als der mit Rußland. Rußland wird durch Bevölkerungszuwachs keinen Güter- und Lebensmittelaustausch vornehmen können. Aber auch die Transportverhältnisse sind in Rußland noch keineswegs gelöst. Wir können weder das eine noch das andere. Sozialismus bedeutet noch lange nicht östlich. Die Kommunisten sagen Demokratie und meinen etwas ganz anderes. Es gilt, den Sozialismus auf demokratischer Grundlage [aufzubauen]. Eine starke Partei durch sozialistische Politik und [wird] nicht behindert durch [die] augenblickliche Stimmung.

[Arthur] *Dittrich*: Antrag auf Schluß der Debatte wird abgelehnt.

[Rudolf] *Rothe*: Die Kriegslasten in England und Amerika werden die Arbeiterschaft zu sozialistischen Forderungen treiben. Wir werden die Brücke zwischen Ost und West bilden. Wir müssen als Sozialdemokraten eine sozialistische Politik treiben. Wir müssen die Interessen des deutschen Proletariats vertreten.

[Gustav] *Dahrendorf*: Grundsätzlich unterscheide ich mich nur von dem Genossen [Curt] Kaulfuß. Wir wollen sozialistische Politik nach deutschen, nicht nach russischen Gesichtspunkten.

[Erich] *Gniffke*: berichtet über die Leipziger Verhältnisse, die nach seiner Meinung in der mangelnden Aktivität der Genossen liegen. Er geht auf die in den letzten Tagen behandelten und vorgebrachten Fälle nicht ein, berührt nur den Fall [Heinrich] Fleißner.[12] Von den Kommunisten hat er die angebliche Begründung der Entlassung [Heinrich] Fleißners erhalten.

[Heinrich] *Fleißner*: Er weist die einzelnen Anschuldigungen hinsichtlich der Weiterbeschäftigung von Nazis zurück. Soweit sie erfolgt ist, dann auf Verlangen der Amerikaner oder der Russen. Leute, die von den Kommunisten benannt worden sind und als Nazis weiterbeschäftigt werden und weshalb Fleißner entlassen worden ist, sind noch heute im Amt.

Hennig: Ich ersuche den Parteivorstand, bei [Marschall] Schukow dahin zu wirken, daß unsere Genossen bei der Polizei nicht schutzlos den kommunistischen Verdächtigungen ausgesetzt sind. In der Situation läßt sich keine Arbeit leisten.

Die Sitzung ist geschlossen.

---

stizminister Sachsen. 1923 Ministerpräs. Sachsen. 1924 Verurteilung zu 3 Jahren Gefängnis. 1933 bis 1945 mehrfach inhaftiert. Juli 1945 bis 1949 OB Leipzig. April 1946 SED. 1949 gest.

11 Bis zum Sommer 1945 waren alle Kreditinstitute in der sowjetischen Besatzungszone geschlossen sowie die Konten der privaten Einleger gesperrt. Die im August 1945 von den Landes- und Provinzialverwaltungen eröffneten Landes- und Provinzialbanken begründeten das staatliche Bankmonopol. Vgl. *Horst Barthel*, Die wirtschaftlichen Ausgangsbedingungen der DDR. Zur Wirtschaftsentwicklung auf dem Gebiet der DDR 1945–1949/50, Berlin (Ost) 1979; *Wolfgang Zank*, Wirtschaft und Arbeit in Ostdeutschland 1945–1949. Probleme des Wiederaufbaus in der Sowjetischen Besatzungszone Deutschlands, München 1987.

12 Im Juli 1945 wurde der sozialdemokratische Polizeipräsident Heinrich Fleißner durch eine SMA-Anordnung entlassen und durch den Kommunisten Kurt Wagner ersetzt. Als Begründung wurde angeführt, Fleißner habe ehemalige NSDAP-Mitglieder in der Polizei belassen.

Nr. 40
Aus dem Bericht von Erich Gniffke über seinen Aufenthalt in Leipzig vom 15. September 1945[1]

Bevor ich nach Leipzig weiterfuhr[2], hatte ich noch eine Unterredung in Dresden mit dem Genossen [Hermann] Matern von der KPD. Der Genosse [Hermann] Matern wies darauf hin, daß die Zusammenarbeit zwischen SPD und KPD in Leipzig nicht klappen will. Seitens der KPD-Landesleitung hat man bei der Bezirksleitung der KPD in Leipzig eine Auswechselung vorgenommen, indem der Genosse [Fritz] Selbmann[3] entfernt und an seine Stelle der Genosse [Ernst] Lohagen gesetzt worden ist. Der Genosse [Ernst] Lohagen, den ich sicher in Leipzig kennenlernen werde, bietet die Gewähr für gute Zusammenarbeit. Wenn es also noch immer nicht klappen wolle, müsse die Fehlerquelle bei der SPD in Leipzig liegen.

1. Ich bin am Montag, den 10. September[4] [1945] in Leipzig eingetroffen. Im Parteihaus traf ich die Genossen [Stanislaw] Trabalski, [Rudolf] Rothe und [Curt] Kaulfuß. [Rudolf] Rothe führte das Wort:

»Die Kommunisten wollen uns überall überfahren, überall werden unsere Genossen rausgeworfen, mit den Kommunisten gibt es keine Zusammenarbeit. Die Kommunisten sehen, daß sie keine Anhänger haben, sie wollen deshalb über Hintertreppen unsere Mitglieder abspenstig machen.«

(Er wies auf einen Bericht [Otto] Grotewohls hin[5], wonach ein strittiger Punkt der sein soll, daß der uns persönlich gut bekannte ehemalige Organisationssekretär des ADGB, der jetzige Stadtrat Erich Schilling, einen »Sozialpolitischen Ausschuß« unter Ausschluß von Kommunisten gebildet hat.)

[Curt] Kaulfuß erklärte:

»Die Hetze gegen [Erich] Schilling und den Sozialpolitischen Ausschuß kommt nur daher, daß die Kommunisten im Sozialpolitischen Ausschuß nichts zu sagen haben.«

2. Am Nachmittag nahm ich an der Sitzung im engeren Bezirksvorstand mit teil. Genosse [Max] Dohlus (der als Verlagsleiter vorgesehen ist) berichtete über seine Bemühungen, für Leipzig eine Parteizeitung zu schaffen. Er gab Bericht über Verhandlungen, die er in Dresden und in Karlshorst geführt hat. Er vertrat die Auffassung, daß alle seine Verhandlungen von Dresden, insbesondere von dem Genossen [Otto] Buchwitz, sabotiert worden sind. Al-

---

1 Archiv der sozialen Demokratie, Nachlaß Erich Gniffke, Kassette 23. Der Bericht enthält zahlreiche handschriftliche Einfügungen und Korrekturen, die nachträglich von Erich Gniffke vorgenommen wurden. Dokumentiert wird hier die maschinenschriftliche Fassung. Für die Verständlichkeit des Dokuments wesentliche Einfügungen Gniffkes erscheinen in runden Klammern.
2 Erich Gniffke hatte im September 1945 eine Informationsreise durch alle Parteibezirke unternommen. In Sachsen führte er die ersten Gespräche mit dem Dresdener Landesvorstand sowie auch mit Vertretern der kommunistischen Bezirksleitung. Für die meisten Landes- und Bezirksvorsitzenden war es der erste Kontakt mit einem Vertreter des Berliner Zentralausschusses.
3 Fritz Selbmann, geb. 1899. Beruf: Bergarbeiter. Nach 1917 USPD, 1922 KPD. 1931/33 Polit. Ltr. BL KPD Sachsen. 1934 bis 1945 Haft. Mai bis August 1945 Polit. Ltr. UBL KPD Leipzig. 1945/46 Präs. Landesarbeitsamt u. Vizepräs. LVW Sachsen. 1946 bis 1948 Minister für Wirtschaft u. Wirtschaftsplanung Sachsen. 1948/49 stellv. Vors. DWK. 1949 bis 1955 Minister für Industrie der DDR. 1954 bis 1958 ZK SED. 1956/58 stellv. Vors. Ministerrat DDR. 1975 gest.
4 Erich Gniffke hielt sich vom 10. bis 13. September 1945 in Leipzig auf.
5 Der Inhalt des Berichtes ist mir nicht bekannt.

les unter dem Gesichtspunkt, daß Dresden und nicht Leipzig eine Zeitung bekommen soll.

Ich klärte die Genossen dahin auf, daß wir vom Zentralausschuß (für eine) gleiche Behandlung (zunächst je 25 000 Auflage für Dresden und Leipzig) eingetreten sind. Enscheidung Karlshorst: 50 000 Auflage zunächst für Dresden. (Der Grund für diese Entscheidung dürfte u. a. darin zu suchen sein, daß bei der SMAD der Eindruck entstanden sei, als wolle die Leipziger Bezirksorganisation sich weder mit dem Zentralausschuß noch mit dem Landesvorstand koordinieren.)

Ich erläuterte (in diesem Zusammenhang) den Standpunkt des Zentralausschusses bezüglich der zu bildenden Konzentration AG.[6] Genosse [Max] Dohlus lehnte entschieden (eine) Einmischung durch die Konzentration ab. Die anderen Genossen unterstützten ihn (bei dieser Ablehnung).

3. Hauptmann Popow (mein Reisebegleiter) überbrachte mir eine Einladung des stellvertretenden Kommandanten, Oberst Morosow, zur Besprechung am Abend.
Oberst Morosow:

a) Landrat Dr. Kirbach, jetzt SPD, soll Mitglied der NSDAP gewesen sein und vor (dem) Russeneinmarsch wichtige Papiere vernichtet haben.[7]
b) [Stanislaw] Trabalski soll angeblich Mitglied der NSDAP gewesen sein.[8]
c) (Die Gewerkschaftsführer) [Erich] Schilling und [Max] Müller sollen bei den Amerikanern (während der amerikanischen Besetzung einen) »Sozialpolitischen Ausschuß« gegründet haben. Es sollen Sammlungen bei Fabrikanten für (eine neu gegründete) »Arbeiterwohlfahrt« durchgeführt worden sein. Mit [Erich] Schilling sei (die) Schließung des Sozialpolitischen Ausschusses vereinbart worden. Diese Vereinbarung sei von [Erich] Schilling nicht gehalten.
d) [Rudolf] Rothe habe bei ihm [um eine] Versammlungsgenehmigung nachgesucht mit dem Thema: »Der Wahlsieg der englischen Arbeiterpartei und Folgerungen daraus für die SPD.«
e) Oberst Morosow empfiehlt, mit dem KPD-Sekretär [Ernst] Lohagen zu sprechen.
f) (Da ich diese Mitteilungen nur zur Kenntnis nehmen konnte, wurde eine) weitere Unterredung für Mittwoch um 12 Uhr angesetzt.

4. Dienstag, den 11. 9. 1945 (hatte ich) eine Unterredung mit dem Genossen [Ernst] Lohagen von der KPD.
Lohagen:

Die Zusammenarbeit mit der SPD ist unbefriedigend. Die SPD sperrt sich grundsätzlich. Mit [Max] Dohlus und [Stanislaw] Trabalski ist das Einvernehmen (etwas) besser

---

6 Unter dem Dach der »Konzentration-Aktiengesellschaft« sollte das gesamte Eigentum der Partei in der sowjetischen Zone, insbesondere die parteieigenen Verlage und Druckereien, zusammengefaßt werden. Die Gründung dieser Aktiengesellschaft ist im Herbst 1945 realisiert worden.
7 Diese Art von Denunziation war in der gesamten sowjetischen Besatzungszone ein verbreitetes Mittel, um Personen von Verwaltungsposten zu entfernen oder Funktionäre von Parteien zu diffamieren. Dies trifft auf Kommunisten und Sozialdemokraten gleichermaßen zu. Dem Verdacht, Mitglied der NSDAP gewesen zu sein, war nur schwer entgegenzutreten. Tatsächlich wurden sowohl in der SPD als auch in der KPD ehemalige Mitglieder der NSDAP aufgenommen. Diese machten in der Gesamtmitgliedschaft allerdings einen sehr geringen Prozentsatz aus.
8 Nach einer Mitteilung von Werner Müller trat Stanislaw Trabalksi nach dem 20. Juli 1944 auf Druck der Gestapo in die NSDAP ein, um eine Zerschlagung einer Gruppe von Sozialdemokraten in der früheren Konsum-Genossenschaft in Leipzig zu verhindern. Vgl. *Müller*, Sozialdemokratie und Einheitspartei, Anm. 52. Die Leipziger KPD benutzte dies, um Trabalksi und den Bezirksvorstand unter Druck zu setzen. Eine Kommission, der u. a. Otto Buchwitz und Arno Haufe angehörten, entlastete Trabalski von den Vorwürfen.

geworden (jedoch nicht mit [Curt] Kaulfuß und [Rudolf] Rothe). [Heinrich] Fleißner mußte abgesetzt werden, weil er in der Polizei nicht durchgegriffen hat. In der Einheitsgewerkschaft sind die Gegensätze sehr groß. [Erich] Schilling hat den Sozialpolitischen Ausschuß aufgezogen, um die Mitarbeit der KPD auszuschalten. (Die) Gewerkschaft soll von [Erich] Schilling entpolitisiert werden. Er hat den Gewerkschaftsapparat fast nur mit alten Gewerkschaftsbeamten besetzt, (er) thront und herrscht.

5. Unterredung mit dem Genossen [Heinrich] Fleißner.
Genosse [Heinrich] Fleißner:

Obwohl die Erklärung des Kommandanten Generalleutnant Trufanow vorlag, daß er sein Vertrauen besitze, wurde er plötzlich aus dem Amt enfernt.[9] [Kurt] Wagner (KPD) aus Chemnitz wurde (sein) Nachfolger und hielt bei der Amtsübernahme eine Rede, wonach angeblich die Polizei bisher von den Faschisten nicht gesäubert sei. [Heinrich] Fleißner hat darum widersprochen. Er konnte darauf hinweisen, daß durch die Unterstützung der KPD Leute sehr zweifelhaften Rufes ins Amt gekommen sind.[...]

6. Unterredung mit dem Genossen Dr. [Waldemar] Kirbach.

[Waldemar] Kirbach war bis 1931 als Regierungsrat bei der Landesregierung in Dresden. Er wurde von den Nazis nicht abgebaut, jedoch auch nicht befördert, sondern später zum Verwaltungsgericht abgeschoben. [Waldemar] Kirbach bestreitet entschieden, der NSDAP Konzessionen gemacht zu haben. Er bestreitet ebenfalls, Papiere vor dem Einmarsch der Roten Armee vernichtet zu haben. Es muß eine Verwechselung vorliegen: Zimmermann, sein Nazi-Vorgänger, hat – wie überall – vor Einmarsch der Amerikaner alle Geheimsachen vernichtet.

7. Unterredung mit dem Genossen [Erich] Schilling.
[...] [Erich] Schilling erklärte, daß gleich nach der amerikanischen Besetzung die Gewerkschaftsbildung abgelehnt wurde. Der Magistrat beschloß darum, sich ein Amt für soziale Betriebsbetreuung anzugliedern und als Leiter (Stadtrat) [Erich] Schilling zu bestellen. Weil der Amtsname zu nazistisch klang, wählte man dann einen anderen, nämlich: Sozialpolitischer Ausschuß. »Die KPD konnte hier nicht reinreden.«

Nach der Russenbesetzung wurde dem Kommandanten, Herrn Generalleutnant Trufanow, Vortrag über die Errichtung dieses Amtes gehalten, der jedoch keine Vorstellung über die Funktion dieses Amtes gewinnen konnte und sich nur wunderte, daß dieser Ausschuß keine Mitglieder haben soll. Der Sozialpolitische Ausschuß unterstand [Erich] Schilling und [Erich] Schilling direkt dem Oberbürgermeister.

Bürgermeister [Kurt] Roßberg (KPD) hat am 24. August [1945] mitgeteilt, daß der Sozialpolitische Ausschuß aufgelöst werden soll. [Erich] Schilling hat die Weisung des Oberbürgermeisters abgewartet, da diese nicht kam, haben [Erich] Schilling und [Max] Müller die Geschäfte des Ausschusses weitergeführt.

Es ist dies wohl eine Prestigefrage für die KPD. Sie hat daher wohl kriminalpolizeiliche Schließung beantragt. Die Kriminalpolizei hat Material beschlagnahmt. Die KPD hat es vervielfältigt und veröffentlicht.

[Erich] Schilling:

»Wir lehnen Diktum KPD oder SPD ab. Wollte sich ein SPD-Sekretär in unsere Gewerkschaftskompetenzen einmischen, schmeiße ich ihn die Treppe hinunter.«

8. Mittags Besuch in der Genossenschaft[...]

---

9 Heinrich Fleißner wurde Mitte Juli 1945 als Polizeipräsident entlassen.

9. Nachmittags Fraktionssitzung der SPD-Sekretäre zusammen mit den SPD-Vorstandskollegen der sogenannten »Einheitsgewerkschaft«.

[Erich] *Schilling*: gab (einen) Bericht über (die) Differenzen mit der KPD wegen des Sozialpolitischen Ausschusses.

[Stanislaw] *Trabalski*: [Hermann] Matern ist extra nach Leipzig gekommen, um hier die Angelegenheit zu schlichten. [Erich] Schilling war von Leipzig abwesend. [Stanislaw] Trabalski hat dann vorgeschlagen, [Erich] Schilling möchte einmal mitkommen nach Dresden, wo eine Aussprache mit dem Genossen [Hermann] Matern stattfinden könne. [Erich] Schilling hat jedoch eine solche Verhandlung abgelehnt.

[Ernst] *Schönfeld*: Wie kann man nur den Versuch machen (wollen), mit den Kommunisten »in Güte« zu verhandeln.

[Hermann] *Schäfer*: Die KPD hat sich seit 1932 keinen Jota geändert. Es gibt nur eines: klaren Trennungsstrich – nicht nachgeben – anders mache ich auch nicht mit. Wenn Wahlen kommen, wird die kommunistische Niederlage klar erkennbar.

[Rudolf] *Rothe*: Unsere Position baut sich auf die gute, sichere Politik der SPD vor 1933 auf. Wir brauchen uns dieser Politik nicht zu schämen. Heute wird die Stellung der Gewerkschaften durch die Gewerkschafts-Internationale[10] und durch die interalliierte Militärregierung vorgezeichnet.[11]

[Max] *Müller*: Die KPD intrigierte gegen den Sozialpolitischen Ausschuß, weil sie merkte, daß sie da nicht zum Zuge kommt. In der morgigen Sitzung mit der KPD muß unser Standpunkt sehr deutlich zum Ausdruck gebracht werden.[12] (Die KPD ist dabei, bei der Eisenbahn eine Fraktionssitzung zu organisieren.)

10. Am Spätnachmittag hatte ich eine Unterredung mit dem Genossen [Ernst] Lohagen (KPD) und dem jetzigen Polizeipräsidenten [Kurt] Wagner [KPD]:

a) (Er übergab mir eine) Fotokopie des NSDAP-Personalbogens betr[effs] Gen[ossen] [Stanislaw] Trabalski.

b) (Ich fragte ihn nach den Gründen der Entlassung seines Vorgängers [Heinrich] Fleißner. Er behauptete), [Heinrich] Fleißner hat ehemalige NSDAP-Mitglieder wieder in

---

10 Bezug auf die Bemühungen seit der Londoner Weltgewerkschaftskonferenz vom Februar 1945, einen weltweiten, ideologische Gegensätze überbrückenden Gewerkschaftsbund zu schaffen. Dies wurde mit dem im September/Oktober 1945 in Paris gegründeten Weltgewerkschaftsbund allerdings nicht erreicht. Vgl. *Lademacher*, Der Weltgewerkschaftsbund im Spannungsfeld des Ost-West-Konflikts, S. 119–216.
11 Mit der »Erklärung in Anbetracht der Niederlage Deutschlands und der Übernahme der obersten Regierungsgewalt hinsichtlich Deutschlands durch die Regierungen des Vereinigten Königreiches, der Vereinigten Staaten von Amerika und der Union der Sozialistischen Sowjet-Republiken und durch die Provisorische Regierung der Französischen Republik« vom 5. Juni 1945 traten die von den Alliierten getroffenen Vereinbarungen über die Besetzung und Verwaltung Deutschlands in Kraft. Am 30. Juli 1945 nahm der Alliierte Kontrollrat seine Tätigkeit auf. Vgl. *Hermann Graml*, Die Alliierten und die Teilung Deutschlands. Konflikte und Entscheidungen 1941–1948, Frankfurt/Main 1985.
12 Am 12. September 1945 fand eine Sitzung des Leipziger Arbeitsausschusses von SPD und KPD statt, auf der die Gewerkschaftsfrage erörtert wurde. Vgl. Dokument Nr. 38.

die Kriminalpolizei geholt, darunter einige, die bei dem SD[13] in Berlin tätig gewesen sind.[...][14]

11. Abends Sitzung des erweiterten Bezirksvorstandes:
Punkt 1 der Tagesordnung: Erörterung der Zeitungsfrage.

[Max] *Dohlus*: Genosse [Erich] Gniffke will uns die Konzentration [-Aktiengesellschaft] schmackhaft machen. Wir Leipziger können uns darauf unter keinen Umständen einlassen.

[Rudolf] *Rothe*: Die Genossen in Berlin wollen uns in das Schlepptau der KPD bringen.

[Heinrich] *Fleißner*: In der Zeitungsfrage können wir auch heute nur den Standpunkt einnehmen, den Leipzig schon vor 1933 mit Erfolg vertreten hat, keinen Anschluß an die Konzentration.[15] Der Parteivorstand in Berlin ist eine Zufallserscheinung, mit gleichem Recht könnte Leipzig, und historisch gesehen Leipzig sogar mit mehr Recht, Parteivorstandsansprüche stellen.

[Curt] *Kaulfuß*: Leipzig darf sich nicht die Richtung von Berlin vorschreiben lassen. Es muß angestrebt werden, daß über verschiedene Richtungen innerhalb der Partei auch offen in der (Partei-)Presse diskutiert werden kann.

[Max] *Dohlus*: Wenn (das) Zeitungserscheinen in Leipzig davon abhängig sein sollte, daß Anschluß an die Konzentration erfolgt, dann soll man lieber für Leipzig auf eine Zeitung verzichten.

12. Am Mittwoch, den 12. 9. 1945, erneute Unterredung mit dem Herrn Oberst Morosow. An dieser Unterredung haben teilgenommen der Polizeipräsident [Kurt] Wagner und der Genosse Feurich von der KPD. Ich ließ Oberst Morosow sagen, daß ich in meiner Gesamtbeurteilung noch zu keinem Abschluß gekommen bin. Gen[osse] [Otto] Grotewohl ([Gustav] Dahrendorf)[16] wird heute mittag erwartet. Wir wollen uns alsdann gemeinsam beraten.

Ich nahm jedoch die Gelegenheit, darauf hinzuweisen, daß der Gen[osse] [Waldemar] Kirbach kein Mitglied der NSDAP gewesen ist. Feurich wies darauf hin, daß die Absetzung Dr. [Waldemar] Kirbachs gemeinsam von der SPD und KPD verlangt worden sei.[17] Dieses Moment war mir neu. Ich behielt mir daher Stellungnahme vor.

---

13 Der Sicherheitsdienst (SD) der SS war – wie die Gestapo – Teil des Apparates zur Bespitzelung und Kontrolle der Mitglieder der nationalsozialistischen Organisationen sowie der Verfolgung von politischen Gegnern. Er war maßgeblich beteiligt an der Durchsetzung des totalitären Machtanspruchs und der rassenpolitischen Ziele des NS-Staates. Vgl. *Heinz Boberach* (Hrsg.), Meldungen aus dem Reich. Die geheimen Lageberichte des Sicherheitsdienstes der SS 1938–1945, 18 Bde., Herrsching 1984 ff.; *ders.*, Chancen eines Umsturzes im Spiegel der Berichte des Sicherheitsdienstes, in: *Jürgen Schmädeke/Peter Steinbach* (Hrsg.), Der Widerstand gegen den Nationalsozialismus. Die deutsche Gesellschaft und der Widerstand gegen Hitler, München/Zürich 1994, S. 813–821.

14 Angesichts der Biographie Heinrich Fleißners sowie seiner beschränkten Handlungsspielräume unter amerikanischer Besatzung kann der ihm gegenüber erhobene Vorwurf, die Polizei ungenügend von Nationalsozialisten gesäubert zu haben, nur als durchsichtiger Vorwand der KPD zur Erreichung ihrer machtpolitischen Ziele interpretiert werden.

15 Das Fehlen einer eigenen Parteizeitung in Leipzig empfand der Bezirksvorstand als besonders schmerzlich. Die Weigerung des Vorstandes, die ehemaligen sozialdemokratischen Leipziger Druckereien und Verlage nicht in die zentrale Vermögensverwaltung der SPD einbringen zu wollen, vertiefte die Differenzen zum Berliner Zentralausschuß.

16 Geplant war offensichtlich, daß Otto Grotewohl nach Leipzig kommt. Statt Grotewohl ist dann Dahrendorf nach Leipzig gefahren.

17 Waldemar Kirbach wurde als Landrat in Grimma abgesetzt.

Zum Schluß machte mich Oberst Morosow noch auf die Bildung und Schließung der Arbeiterwohlfahrt aufmerksam. Weiter teilte er mir noch mit, daß er sich leider nicht mit dem Genossen [Erich] Schilling verständigen könne. [Erich] Schilling habe erklärt, daß er wohl bereit sei, Befehle entgegenzunehmen und diese auch auszuführen. Sein Standpunkt sei aber der, daß dies keine Demokratie sei. Auch hierzu gab ich keine Erklärung ab, sondern behielt mir Stellungnahme für später vor.
Nächste Sitzung wurde für Donnerstag, mittags 12 Uhr vereinbart.

13. Ich fuhr jetzt zu dem Genossen Dr. [Erich] Zeigner und hatte mit diesem und seinem engeren Mitarbeiter, dem Genossen [Erich] Ott (früher Stettin), eine Besprechung.

Genosse Dr. [Erich] Zeigner beklagte sich sehr über den Mangel der Zusammenarbeit mit der Parteileitung. Er ist nicht in der Lage, Dispositionen im engen Einvernehmen mit der Parteileitung zu treffen. Eine Verbindung fehle vollkommen. Notgedrungen muß er sich bei schnellen Entschlüssen auf die Genossen von der KPD oder auf die Demokraten[18] stützen.

Mit dem Genossen [Erich] Ott habe ich (ab)gesprochen, daß seinerseits veranlaßt wird, eine der größten Druckereien für die SPD zu beschlagnahmen. Die mündliche Zusicherung von Oberst Morosow liegt bereits vor.

14. Für Mittwochabend hatte ich veranlaßt, daß der erweiterte Bezirksvorstand zusammentritt und daß noch einige andere Leipziger Funktionäre zu dieser Sitzung hinzugezogen werden. Vor allem hatte ich auch den Genossen Dr. [Erich] Zeigner gebeten, bei dieser Sitzung zu erscheinen. Es ist nämlich festzustellen, daß in Leipzig eine Anzahl von Genossen vorhanden sind, die leider nicht in Erscheinung treten können, die es aber verdienen, in den Bezirksvorstand zu gelangen, weil dadurch die Gewähr gegeben ist, daß die Zusammenarbeit mit dem Zentralausschuß fruchtbarer wird.[...]

Am Nachmittag traf Gen[osse] [Gustav] Dahrendorf in Leipzig ein, mit dem ich abends zusammen die Verhandlungen durchführte. Ich habe den Genossen [Gustav] Dahrendorf gebeten, hierüber einen ergänzenden Bericht zu geben.[19]

15. Am Donnerstagvormittag haben wir noch eine Bezirksvorstandssitzung durchgeführt, um den Leipziger Genossen eine abschließende Stellungnahme zu geben. Wir haben den Genossen folgendes gesagt:

a) Die Parteiarbeit ist vollkommen ungenügend. Die wenigen Sekretäre können unmöglich die Arbeit bewältigen. Es ist deshalb sogleich dafür zu sorgen, daß der Parteiapparat ausgebaut wird.
b) Der Genosse [Stanislaw] Trabalski muß den Bezirksvorsitz niederlegen.[20]
c) Die Zusammenarbeit in den paritätischen Ausschüssen mit der KPD muß aktiv werden.
d) Zur Bereinigung der gewerkschaftlichen Streitpunkte, insbesondere soweit die Person des Genossen [Erich] Schilling in Frage kommt, ist ein paritätischer Ausschuß zu bilden, bestehend aus 2 Genossen von der KPD und 2 Genossen von der SPD.
e) Abschließend ist meinerseits noch zu sagen, daß der Genosse [Curt] Kaulfuß unter allen Umständen ausscheiden muß.[21] Solange der Genosse [Curt] Kaulfuß als Sekretär tätig

---

18 Damit ist die LDP gemeint.
19 Vgl. Dokument Nr. 39. Ob dieser Bericht tatsächlich von Gustav Dahrendorf verfaßt wurde, ist nicht ganz eindeutig.
20 Stanislaw Trabalski blieb bis April 1946 Bezirksvorsitzender in Leipzig, da eine vom Landesvorstand eingesetzte Kommission die Vorwürfe gegen ihn zurückwies.
21 Curt Kaulfuß blieb bis zum April 1946 Sekretär im Leipziger Bezirksvorstand. Die Nichtbeach-

ist, kann es nie zu einer Zusammenarbeit mit der KPD kommen, weil er grundsätzlich alles ablehnt, was seitens der KPD an uns herangebracht wird.

Es ist weiterhin notwendig, von hier aus einen Bezirkssekretär nach Leipzig zu senden. Ich würde vorschlagen, daß der Genosse [Hugo] Saupe[22] von uns aus als Bezirkssekretär für Leipzig angestellt wird.

Bevor wir Leipzig verließen, hatten wir eine abschließende Besprechung mit dem Herrn Oberst Morosow. Wir haben Oberst Morosow versprechen müssen, uns in 14 Tagen wieder über den Stand der Leipziger Fragen persönlich zu unterrichten und ihm dann erneut Bericht zu erstatten.

Berlin, den 15. September 1945 gez. [Erich] Gniffke

---

tung der personellen Veränderungsvorschläge Erich Gniffkes macht deutlich, daß der Zentralausschuß kaum über personalpolitische Entscheidungskompetenz in den Parteibezirken verfügte.
22 Hugo Saupe, geb. 1883. Vor 1933 SPD. 1924 bis 1933 MdR. Oktober 1945 bis April 1946 Chefredakteur SPD-Landeszeitung Provinz Sachsen »Volksblatt«.

Nr. 41
Schreiben von Otto Buchwitz an Otto Grotewohl vom 23. September 1945[1]

Dresden, den 23. September 1945

An Herrn
Otto Grotewohl
Berlin W 8
Behrenstraße 35–39
Zentralausschuß der SPD

Lieber Genosse Grotewohl!

Deinen Brief vom 14. d[es] M[onats] hat mir der Genosse [Otto] Eichler[2] überbracht.[3] Das Expose Deiner letzten großen Rede will mir [Otto] Eichler morgen geben, und ich freue mich darauf.[4] Leider können wir unseren Parteitag nicht verlegen, die Vorbereitungen sind zu weit gediehen.[5] Ich bitte Euch aber, wenn Du nicht selber kommen kannst, daß bestimmt einer Eurer Genossen hier erscheint.

Ich habe die Absicht, auf unserem Parteitag in ähnlicher Art wie Du deutlich über Dinge

---

1 Sächsisches Hauptstaatsarchiv Dresden, SED-BPA Dresden, II/A/1.002/1.
2 Otto Eichler, SPD. 1945/46 Vorstand FDGB.
3 Dieser Brief war nicht auffindbar.
4 Damit war die Rede Otto Grotewohls am 14. September 1945 vor Funktionären in Berlin gemeint.
5 Ein Landesparteitag der SPD Sachsens fand am 6. und 7. Oktober 1945 statt.

zu reden, die langsam untragbar geworden sind.⁶ Nur andeutungsweise in der Frage der Wiedergutmachung, der Schuldfrage und Vorkommnisse, die auf dem Gebiet der Personalpolitik liegen. Ich werde bemüht sein, dabei die erforderliche Vorsicht walten zu lassen, damit uns nicht allzu große Schwierigkeiten entstehen.⁷ Aber was die Situation und die Zukunft des deutschen Volkes erfordert, kann ich nicht verschweigen. Deutschland muß leben. Wir müssen die Bahn freimachen, um zu einer besseren Zeit zu gelangen. Auch um der Wiedergutmachung gerecht zu werden, was wir ja wollen, darf man uns die Lebensadern nicht durchschneiden.

Die Zusammenarbeit mit der Landesleitung der KPD, besonders mit den Genossen [Hermann] Matern und [Arthur] Schliebs⁸ ist recht gut. Wir sind direkt persönliche Freunde geworden. Jetzt droht sich aber eine ernste Auseinandersetzung mit den Kommunisten notwendig zu machen. Die Personalpolitik in Sachsen ist bald nicht mehr tragbar. Eine ganze Menge unserer Genossen in leitenden Stellungen in größeren und mittleren Städten sind von den russ[ischen] Kommandanten abgesetzt und durch Kommunisten ersetzt worden. Aus der Polizei werden fortlaufend unsere Leute entfernt und Kommunisten eingesetzt. Diese und andere Fragen mache ich demnächst zu einer Aussprache mit den Kommunisten.

Ich gehöre wirklich zu den ganz ehrlichen Verfechtern des Zieles, zu einer Einheitspartei mit den Kommunisten zu kommen. Das kann aber nur geschehen unter völliger Gleichberechtigung. Wir wollen unter keinen Umständen 5. Rad am Wagen werden. Es kommt hinzu, daß sich an die Rockschöße der Kommunistischen Partei recht viel zweifelhafte Elemente gehangen haben. Dafür will ich die Leitung der Partei nicht verantwortlich machen. Es ist wohl zu allen Zeiten bei solchen großen Umwälzungen gewesen, daß dunkle Elemente sich der ihnen am radikalsten erscheinenden Partei angehangen haben und dort ihr dunkles Handwerk betreiben. Wenn es mir nicht ehrlich wäre mit der ersehnten Verschmelzung, müßte man sich freuen über diesen Zustand, denn die KPD wird dadurch immer verhaßter im Volke. Mir tut es wirklich leid, weil ich, wie schon erwähnt, mit der Landesleitung der KPD ein wirklich gutes Zusammenarbeiten habe. Wir müssen sehen, ob diese Dinge noch zu reparieren sind.

Nun komme ich mit einer anderen Angelegenheit. Hier war bis vor kurzem Chef des städt[ischen], später des Landesnachrichtenamtes ein Walter Oehme. Er dürfte auch Euch bekannt sein. Jetzt hat er nach harten Kämpfen hinter den Kulissen erreicht, daß er Oberbürgermeister von Görlitz wurde. Wir haben auf diesen Posten reflektiert, wurde uns schon 3 mal zugesagt, selbst vom Präsidenten [Rudolf] Friedrichs, wir haben eine Niederlage er-

---

6 Grotewohl hatte u. a. über Probleme geredet, die vorwiegend, wenn nicht ausschließlich, den Besatzungsmächten im allgemeinen und der sowjetischen Besatzungsmacht im besonderen zur Last gelegt werden konnten: die Grenzziehung im Osten, die Flüchtlingsproblematik, die Begrenzung deutscher Industrieproduktion und die Unmöglichkeit, unter derartigen Voraussetzungen einen mittleren Lebensstandard europäischen Niveaus jemals aus eigener Kraft zu erreichen. Vgl. *Otto Grotewohl*, Wo stehen wir, wohin gehen wir? Der historische Auftrag der SPD. Rede des Vorsitzenden der Sozialdemokratischen Partei Deutschlands, Otto Grotewohl, am 14. September 1945 vor den Funktionären der Partei in der »Neuen Welt«, Berlin 1945.
7 Zu den angekündigten Themenbereichen sprach dann Otto Buchwitz am 6. Oktober 1945 auf dem Landesparteitag tatsächlich nur andeutungsweise. Vgl. Stenographischer Bericht über die Verhandlungen des Landes-Parteitages, abgehalten am 7., 8. und 9. Oktober 1945 in Dresden (Freital), Dresden o. J. Über die abweichenden Datierungen im gedruckten Protokoll gibt es keine schlüssige Erklärung. Der Parteitag fand am 6. und 7. Oktober 1945 statt.
8 Arthur Schliebs, geb. am 25. Januar 1899. 1919 USPD, 1920 KPD. 1933 bis 1945 illegale Arbeit u. mehrjährige Haft. Juni 1945 bis April 1946 Sekr. BL KPD Sachsen. April 1946 bis November 1951 Sekr. LV SED Sachsen. November 1951 Ausschluß SED.

litten. [Walter] Oehme ist ein hinterhältiger Intrigant. Er hat sich bei der KPD als Mitglied angemeldet vor einigen Monaten. [Hermann] Matern sagt mir zwar, man habe seine Anmeldung auf Eis gelegt und ihn noch nicht aufgenommen. Auch dort hat man großes Mißtrauen gegen [Walter] Oehme. [Walter] Oehme muß in Berlin in Journalistenkreisen eine Rolle gespielt haben. Ich bitte Euch, verschafft mir Material über [Walter] Oehme. Ich habe keine Beweise dafür, doch mir wurde verschiedentlich angedeutet, [Walter] Oehme habe in der verflossenen Zeit für die Nazis gearbeitet, sei in deren Auftrage in Holland und England gewesen. Eure Verbindungen ermöglichen Euch vielleicht, Näheres zu erfahren. Ich kann nicht eher mehr ruhig schlafen, bevor ich nicht Klarheit über diesen Mann habe. Ich glaube, wir erweisen sogar der KPD einen großen Dienst, wenn das Dunkel über diesen Mann erleuchtet wird.

Nu seid alle recht herzlich gegrüßt von   Eurem
                                                                        gez. Otto Buchwitz

P.S. Lieber Otto Grotewohl! Bisher haben wir uns verfehlt, wie ich in Berlin war, warst Du nicht zu treffen. Du warst in Dresden und trafst mich nicht. Auch ich hätte Dir gern einmal nach so langer schwerer Zeit einmal die Hand gedrückt und mit Dir geplaudert über Vergangenheit und Gegenwart. Vielleicht ist es in der nächsten Zukunft möglich.
                                                                        D[ein] O[tto]

Soeben wird mir noch beiliegendes Gesuch unterbreitet.[9] Ich bitte Euch, tut dem alten Genossen Frank den Gefallen und leitet das Gesuch an die zuständige Stelle weiter.

---

9 Worum es sich dabei handelt, konnte nicht ermittelt werden.

Thüringen

Nr. 42
Protokoll über die Gründung eines Ortsvereins des Bundes demokratischer Sozialisten in Weimar am 3. Juli 1945[1]

Bund demokratischer Sozialisten

Am Dienstag, den 3. Juli 1945, 17 Uhr, fand im Sitzungssaal des Regierungspräsidiums in Weimar eine Zusammenkunft der nachfolgend aufgeführten Mitglieder der ehemaligen Sozialdemokratischen Partei Deutschlands statt:
Regierungspräsident Dr. Hermann Brill[2], Oberregierungsrat Curt Böhme[3], Regierungsrat Heinrich Hoffmann[4], Regierungsrat Dr. [Karl] Schultes[5], Regierungsdirektor Dr. [Georg] Appell[6], Regierungsrat Heilmann, Regierungsrat Känsche, Oberregierungsrat Dr. Kemeter, Oberregierungsrat Gustav Brack[7], Oberregierungsrat [Cäsar] Thierfelder[8], Oberbürgermeister [Paul] Fleisch[9], Elisabeth Zajak-Frölich[10], Staatsminister August Frölich[11],

---

1 Archiv der sozialen Demokratie, Nachlaß Hermann Brill, Kassette I/2.
2 Hermann Brill, geb. am 9. Februar 1895 in Gräfenroda (Thüringen). Beruf: Lehrer. 1918 USPD, 1920 SPD. 1919 bis 1931 MdL Thüringen. 1932/33 MdR. 1923 MinDir. im Thüringer Ministerium des Innern u. bis 1933 im Thüringer Staatsdienst tätig. Nach 1933 illegale Arbeit, 1938 bis 1945 Zuchthaus u. KZ Buchenwald. Mai bzw. Juni/Juli 1945 RegPräs. Thüringen. Mai bis Dezember 1945 Vors. BdS bzw. SPD Thüringen. Juli 1946 bis Juli 1949 Staatssekr. u. Chef Staatskanzlei Staatsministerium Hessen. 1949 Pensionierung. 1949 bis 1953 MdB. 1959 gest.
3 Curt Böhme, geb. am 17. Juli 1889 in Sayda (Erzgebirge). Beruf: Feinmechaniker. Seit 1910 SPD. 1924 bis 1931 MdL Thüringen. 1944/45 KZ Buchenwald. 1945/46 LV SPD Thüringen. April 1946 bis 1951 LV (bis 1949 Sekr.) SED Thüringen. 1946 bis 1948 Abtltr. im Ministerium des Innern Thüringen. 1948 bis 1956 OB Gera. 1968 gest.
4 Heinrich Hoffmann, geb. am 8. Januar 1899. Beruf: Friseur. Seit 1920 SPD. 1927 Redakteur »Das Volk« in Jena. Juli 1945 bis April 1946 LV, Januar bis April 1946 Vors. SPD Thüringen. April 1946 bis Dezember 1949 Vors. u. Sekr. LV SED Thüringen. April 1946 bis Juni 1950 PV bzw. ZK SED. 1949 MdV. 1949 Generalstaatsanwalt in Mecklenburg.
5 Karl Schultes, geb. 1909. Beruf: Jurist. 1928 SPD, 1932 SAPD, 1945 SPD. Mai/Juni 1945 Ltr. Präsidialkanzlei Regierungspräsidium Thüringen. April 1946 SED. 1946 bis 1950 Abtltr. im Landesamt für Justiz bzw. Ministerium für Justiz Thüringen. 1950 Flucht nach Westberlin. 1982 gest.
6 Georg Appell, geb. 1901. Beruf: Rechtsanwalt. 1919 DDP, 1945 SPD. Juni 1945 bis Dezember 1946 LVW Thüringen. April 1946 SED. Dezember 1946 bis Oktober 1947 Minister für Wirtschaft, Arbeit und Verkehr, Oktober 1947 bis Juni 1949 Minister für Arbeit und Sozialwesen Thüringen. 1970 gest.
7 Gustav Brack, geb. am 1. Dezember 1892 in Angerburg (Ostpreußen). Beruf: Kaufmann. Seit 1921 SPD. Bis 1933 Gauleiter ZdA Thüringen. 1933 bis 1945 illegale Arbeit, Haft bzw. KZ Sachsenhausen. 1945/46 LV SPD Thüringen. September 1945 LVW Thüringen. 1946 Präs. DZW für Arbeit u. Sozialfürsorge. 1946/47 Sekr. LV SED Thüringen. 1948 Ltr. Hauptverwaltung Arbeit und Sozialfürsorge DWK. 1953 gest.
8 Cäsar Thierfelder, SPD. 1945/46 LV SPD Thüringen. 1946 SED. 1946/47 Geschäftsführer Verlag »Thüringer Volk«.
9 Paul Fleisch, SPD. Mai/Juni 1945 stellv. OB Weimar.
10 Elisabeth Zajak-Frölich, SPD. 1945/46 LV SPD Thüringen.
11 August Frölich, geb. am 31. Dezember 1877 in Sippersfeld/Rheinpfalz. Beruf: Schlosser. Seit 1900 SPD. 1920 Minister Thüringen. 1921 bis 1924 Vors. Thüringer Staatsministerium. 1924 bis 1933 MdR. 1933 bis 1945 mehrmalige Verhaftung. Januar 1946 LV SPD Thüringen. 1946 bis 1952 Sekr. LV SED Thüringen. 1950 Vizepräs. Länderkammer DDR. 1966 gest.

Handwerkskammerpräsident [Heinz] Baumeister[12], Kriminalinspektor Ernst Braun[13], Kriminalinspektor Bruno Treyße, Hildebrandt, Pohle, Rudolf Heusinger, Frau [Marie] Carnarius[14], Grete Soback.

Unter dem Vorsitz des Genossen Heinrich Hoffmann, Erfurt, führte Genosse Dr. *Hermann Brill* aus, daß es eine aus der gegenwärtigen Entwicklung heraus gebotene Notwendigkeit sei, sofort zur Gründung einer Ortsgruppe des Bundes demokratischer Sozialisten – SPD – zu schreiten. Er begründete dies aus der Tatsache, daß die von dem Genossen [Heinz] Baumeister in der Handwerkskammer in Weimar einberufene Versammlung verschiedener Genossen nicht zu einem positiven Ergebnis gekommen ist.

Nach einer kurzen Debatte, an der sich die Genossen [August] Frölich, [Heinz] Baumeister, [Cäsar] Thierfelder, [Heinrich] Hoffmann, [Curt] Böhme und [Bruno] Treyße beteiligten, wurde einstimmig beschlossen, die Ortsgruppe Weimar des Bundes demokratischer Sozialisten zu gründen. Als provisorischer Vorstand wurden auf Zuruf die Genossen [August] Frölich, [Heinz] Baumeister, [Cäsar] Thierfelder, Hildebrandt, [Marie] Carnarius gewählt.

Anschließend wurde beschlossen, dem Anti-Nazi-Komitee Weimar[15] von der vollzogenen Gründung des Bundes demokratischer Sozialisten – SPD – und von der Tatsache Kenntnis zu geben, daß der Bund demokratischer Sozialisten der tatsächliche und rechtliche Nachfolger der früheren Sozialdemokratischen Partei Deutschlands ist.

Ferner wurde beschlossen, sobald als möglich ein Bezirkssekretariat einzurichten. Die Anwesenden sind aufgefordert worden, entsprechende Vorschläge einzureichen. Auch soll möglichst bald eine Zusammenkunft der früheren Sozialdemokraten aus dem Lande zu einer Bezirkskonferenz herbeigeführt werden.

Schließlich wurde noch beschlossen, noch in diesem Monat eine Mitgliederversammlung der Ortsgruppe Weimar des Bundes demokratischer Sozialisten einzuberufen, in der dann durch Urwahl der endgültige Vorstand gewählt werden soll.

gez. Heinrich Hoffmann[16]

---

12 Heinz Baumeister, geb. 1902. Vor 1933 SPD. 1933 bis 1945 illegale Arbeit u. KZ Buchenwald. 1945 Präs. Handwerkskammer Thüringen. April 1946 SED. Flucht nach Westdeutschland.
13 Ernst Braun, geb. 1909. Vor 1933 SPD. 1933 bis 1945 illegale Arbeit, Haft u. KZ Buchenwald. April 1946 SED.
14 Marie Carnarius, SPD. 1945/46 LV SPD Thüringen.
15 Anfang Juni 1945 hatten sich ehemalige Mitglieder von SPD, KPD, DDP und Zentrum als »Thüringen-Ausschuß des Anti-Nazi-Komitees« unter dem Vorsitz des Kommunisten Johannes Brumme in Weimar konstituiert.
16 Unterschrift handschriflich.

Nr. 43
Rundschreiben Nr. 3 des Landesvorstandes des Bundes demokratischer Sozialisten (SPD) Thüringen vom Juli 1945[1]

Sozialdemokratische Partei Deutschlands
Landesverband Thüringen
Weimar

Weimar, im Juli 1945

Rundschreiben Nr. 3
An die Kreis- und Ortsvereinsvorstände!

Werte Genossinnen und Genossen!
Zur politischen Lage in Thüringen

1. Besprechung mit der KPD über gemeinsame Aktionen und organisatorische Maßnahmen

Im Anschluß an unsere 1. Landeskonferenz am 8. Juli 1945 und in Ausführung der vom 1. Landesvorsitzenden, Genossen Dr. Hermann L. Brill[2], in seinem Referat über die politische Lage dargelegten Grundsätze fanden mit Vertretern der Bezirksleitung Thüringen der KPD einige Vorbesprechungen über eine Zusammenarbeit statt. Das Ergebnis dieser Vorbesprechungen war der von allen Beteiligten einstimmig gefaßte Beschluß, durch Anschlag von 3 000 Plakaten in ganz Thüringen folgendes bekanntzugeben:

»An das werktätige Volk Thüringens!
Die Landesleitungen Thüringen der Sozialdemokratischen Partei und der Kommunistischen Partei haben in einer Sitzung am 9. Juli 1945 in Weimar, in der von jeder Partei 6 Vertreter anwesend waren, vorbereitende Maßnahmen zur Schaffung eines gemeinsamen Aktionsprogramms und organisatorischer Maßnahmen zur Herstellung einer politischen Einheit des werktätigen Volkes beraten. Der aus je 6 Vertretern beider Parteien geschaffene Arbeitsausschuß wird das Aktionsprogramm sowie die organisatorischen Maßnahmen in Kürze dem werktätigen Volk Thüringens unterbreiten. Diese Vereinbarung[en] der Landesleitungen zu engster Zusammenarbeit gelten für die Ortsgruppen beider Parteien in allen Stadt- und Landkreisen Thüringens.
Für die Sozialdemokratische Partei
Hermann Brill   Marie Carnarius
Gustav Brack   Curt Böhme
Cäsar Thierfelder   Heinrich Hoffmann

---

1 Thüringisches Hauptstaatsarchiv Meiningen, BPA der SED Suhl, II/3/07.
2 Die erste Landeskonferenz des Bundes demokratischer Sozialisten Thüringens wählte am 8. Juli 1945 den Landesvorstand in folgender Zusammensetzung: Hermann Brill als erster Vorsitzender, Heinrich Hoffmann als zweiter Vorsitzender, Walter Federbusch als Schriftführer, Karl Buchmann als Kassierer und Gustav Brack, Otto Steinbrück, Curt Böhme, Ida Karthäuser, Otto Kästner, Marie Carnarius als Beisitzer. Adolf Bremer wurde kurze Zeit danach Organisationssekretär und Cäsar Thierfelder als Vorsitzender der Pressekommission Mitglied des Landesvorstandes. Zum Verlauf der Landeskonferenz am 8. Juli vgl. *Manfred Overesch,* Hermann Brill in Thüringen 1895–1946. Ein Kämpfer gegen Hitler und Ulbricht, Bonn 1992, S. 344 ff.

Für die Kommunistische Partei
Ernst Busse³   *Hans Brumme⁴*
Walter Wolf⁵   *Stefan Heymann⁶*
Otto Trillitsch⁷   *Hugo Günther⁸*

Leider konnte die Plakatierung nicht vorgenommen werden. Die Gründe hierfür sind aus folgendem Schriftwechsel ersichtlich:

»Kommunistische Partei – Landesleitung Thüringens

Weimar, 12. 7. [19]45
An den Herrn Regierungspräsidenten Dr. [Hermann] Brill, Weimar

Werter Genosse [Hermann] Brill!
Wir haben aus Gründen der Papierersparnis statt 5 000 nur 3 000 Plakate drucken lassen. Von diesen 3 000 Exemplaren, die in Erfurt gedruckt wurden, sind bereits 400 Stück in Erfurt für den Stadt- und Landkreis Erfurt abgenommen worden.
Mit antifaschistischem Gruß!
gez. Otto Trillitzsch.«

»Kommunistische Partei – Bezirksleitung Thüringen

Weimar, 14. 7. [19]45

An die Landesleitung der Sozialdemokratischen Partei, Weimar z[u] H[än]d[en] d[es] Genossen [Heinrich] Hoffmann

Werter Genosse [Heinrich] Hoffmann!
Da ich heute morgen leider vergeblich versucht habe, Dich telefonisch zu erreichen, muß ich Dir auf diesem Wege mitteilen, daß die Kommandantur die Herausgabe des von uns be-

---

3 Ernst Busse, geb. am 24. November 1897 in Solingen. Beruf: Schleifer. Seit 1919 KPD. 1933 Verhaftung u. bis 1945 Zuchthaus Kassel-Wehlheiden, KZ Lichtenburg u. Buchenwald. April 1945 bis April 1946 (bis Juli 1945 Ltr.) BL KPD Thüringen. Juni/Juli 1945 Ltr. Landesarbeitsamt. Juli 1945 bis Dezember 1946 Erster Vizepräs. LVW Thüringen. April 1946 Sekr. LV SED Thüringen. Dezember 1946 bis März 1947 Minister des Innern Thüringen. 1948 Vierter Vizepräs. DVW für Land- und Forstwirtschaft. 1950 Verhaftung. Gest. im Lager Workuta.
4 Johannes Brumme, geb. am 6. August 1909 in Heukenwalde (Kreis Gera). Beruf: Volksschullehrer. Vor 1933 KPD. 1933 bis 1945 illegale Arbeit u. KZ Buchenwald. 1945 Abtltr. im Landesamt für Volksbildung Thüringen. April 1945 bis April 1946 BL KPD Thüringen. April 1946 SED. 1946 Dozent Universität Jena.
5 Walter Wolf, geb. 1907. Beruf: Lehrer. Seit 1930 KPD. 1933 bis 1945 illegale Arbeit u. KZ Buchenwald. April 1945 bis April 1946 BL KPD Thüringen. 1946/47 Sekr. LV SED Thüringen. Juni 1945 bis Dezember 1946 LVW Thüringen. Dezember 1946 bis Mai 1947 Minister für Volksbildung Thüringen. 1947/49 Hochschullehrer Universität Jena. 1949 Hochschullehrer Leipzig u. Potsdam. 1977 gest.
6 Stefan Heymann, geb. am 14. März 1896 in Mannheim. Beruf: kaufmännischer Angestellter. Seit 1919 KPD. 1933 bis 1945 Haft u. KZ Buchenwald bzw. Auschwitz. Juli 1945 bis April 1946 BL KPD Thüringen u. Chefredakteur »Thüringer Volkszeitung«. 1946 bis 1949 Abtltr. LV SED Thüringen. 1949 Abtltr. im Ministerium für Volksbildung Thüringen. 1949/50 Abtltr. ZS SED. 1950 bis 1953 Botschafter in Ungarn, bis 1957 Botschafter in Polen.
7 Otto Trillitzsch, geb. 1898. Seit 1920 KPD. 1933 bis 1945 illegale Arbeit u. KZ. April 1945 bis April 1946 BL KPD Thüringen. April 1946 SED.
8 Hugo Günther, KPD. 1933 bis 1945 illegale Arbeit u. KZ Buchenwald. Juli 1945 bis April 1946 BL KPD Thüringen. September 1947 LV SED Thüringen.

schlossenen Plakates verboten hat, da dieses Plakat vor der Drucklegung ihr nicht vorgelegt wurde.
Ich bitte Dich daher, die Versendung des Plakates zu unterbinden bzw. die Stellen, die das Plakat schon erhalten haben, zu verständigen, daß es nicht ausgehändigt werden darf.
Mit sozialistischem Gruß!
gez. Stefan Heymann.«

»*Sozialdemokratische Partei Deutschlands
Landesverband Thüringen.*

Weimar, den 16. 7. [19]45

An die Bezirksleitung Thüringen der Kommunistischen Partei Deutschlands, Weimar

Werte Genossen!
Besten Dank für Euer Schreiben vom 14. 7. [19]45, das wir mit Bedauern zur Kenntnis genommen haben. Es gelang uns noch in letzter Minute, den Versand der Plakate abzustoppen. Wir nehmen aber an, daß es Euren Bemühungen gelingen wird, das Verbot wieder rückgängig zu machen, und erwarten Euren Bescheid, sobald die Veröffentlichung und Plakatierung wieder möglich ist.
Mit sozialistischem Gruß!
Der Landesvorstand
gez. [Heinrich] Hoffmann, 2. Vorsitzender.«

Um die Beratungen möglichst schnell zu einem positiven Ergebnis zu bringen, richtete unser Landesvorsitzender, Genosse Dr. [Hermann] Brill, folgendes Schreiben an die Bezirksleitung der Kommunistischen Partei Deutschlands:

»*Weimar, den 10. 7. [19]45*
Werter Genosse [Ernst] Busse!

In Bestätigung meiner gestern mündlich vorgetragenen Ausführungen[9] *teile ich Dir als Stellungnahme des Landesvorstandes und der Landeskonferenz der Sozialdemokratischen Partei für Thüringen auf Eure Vorschläge über die Organisation einer politischen Zusammenarbeit folgendes mit:*
1. Wir halten es für die wichtigste Frage, daß alsbald konkret auf eine völlige Verschmelzung der sozialistischen Arbeiterbewegung hingearbeitet wird. Deshalb kommt es im Augenblick darauf an, daß alle Maßnahmen, die im einzelnen getroffen werden sollen, auf dieses Ziel ausgerichtet sind. Das Bedürfnis nach einer Überwindung der parteipolitischen Spaltung der sozialistischen Arbeiterbewegung ist so tief und elementar, daß nichts erfolgen darf, was dieses Gefühl in der Arbeiterklasse verletzen könnte. Wir werden deshalb bei dem Zentralausschuß der Sozialdemokratischen Partei Deutschlands, der sich außerhalb der Statuten der

---

9 Der Landesvorstand des Bundes demokratischer Sozialisten – SPD und die Bezirksleitung der KPD trafen sich am 9. Juli, um Schritte für eine künftige Zusammenarbeit zu erörtern. Ein Protokoll existiert dazu nicht, jedoch eine am 10. Juli von Brill verfaßte und der Bezirksleitung der KPD zugeleitete Zusammenfassung der Beratungen. Vgl. SAPMO-BArch, ZPA, II/3/8/5. Demnach erläuterte Brill am 9. Juli sein politisches Konzept, das auch konkrete Angebote an die KPD enthielt. Vgl. *Overesch*, Hermann Brill in Thüringen, S. 349.

Partei gebildet hat[10] *und den wir deshalb vorläufig nur bedingt anerkennen, anregen, daß alsbald ein Reichsparteitag, wenn das nicht möglich ist, eine Reichskonferenz einberufen wird, der in der Frage der sozialistischen Einheit der Arbeiterklasse weitgehende Beschlüsse zu fassen hätte. Unter diesen Gesichtspunkten und Plänen scheinen uns Eure Vorschläge weder praktisch noch organisatorisch für ausreichend.*

2. Praktisch schlagen wir vor, daß durch eine Vereinbarung, deren Formulierung eine untergeordnete Frage ist, im Sinne unseres Buchenwalder Manifestes gearbeitet wird.[11] *Die Hauptgedanken dieses Manifestes sind:*
Vernichtung des Faschismus, Aufbau der Volksrepublik, Befreiung der Arbeit, Sozialisierung der Wirtschaft, Friede und Recht, Neue Humanität, Einheit des Sozialismus.

Die von Euch vorgelegten Grundlagen nehmen wir zur Kenntnis und werden versuchen, unter Benutzung der Materialien, die das Buchenwalder Manifest bietet, eine Vereinheitlichung unserer in der Hauptsache ja wohl weitgehend übereinstimmenden Gedankengänge herbeizuführen.

3. Die Einheit durch Aktionen muß durch die Einheit mit organisatorischen Mitteln ergänzt werden. Schon jetzt lassen sich vor der völligen Verschmelzung der Parteien eine Reihe von organisatorischen Maßnahmen durchführen, die einer Rationalisierung von Kräften und Finanzen entsprechen.

a) Wir schlagen vor, daß nicht nur in der Provinz, sondern auch in allen Stadt- und Landkreisen und Gemeinden Arbeitsgemeinschaftsräte von SPD und KPD organisiert werden, die in der Art von Fraktionsgemeinschaften alle politischen Fragen gemeinsam besprechen, gemeinsame Regelungen herbeiführen und, sofern eine Übereinstimmung nicht erzielt werden kann, an die höhere Organisationsinstanz berichten; diese würde die Funktion haben, eine Vermittlung herbeizuführen.

b) Außerdem schlagen wir 2 Gebiete vor, auf denen von vornherein organisatorisch einheitlich gearbeitet wird.

aa) das erste Gebiet ist die Sportbewegung. Wir verlangen, daß nicht nur auf dem Gebiete der Sportbewegung seitens der SPD und KPD jede Fraktionsarbeit unterlassen wird, sondern auch die Betätigung innerhalb des Sports eine materielle Ausweitung auf alle Sportarten erfährt.

bb) Wir regen weiter an, daß die frühere Arbeiterwohlfahrt, die frühere Internationale Arbeiterhilfe und Rote Hilfe[12] *sofort zu einer einheitlichen Organisation zusammengelegt werden und dieser Organisation außer den bisherigen Aufgaben der Mitwirkung und der beschlossenen freien Fürsorge auch die Arbeit der Rechtshilfe für alle durch den Nazismus Geschädigten übertragen werden soll.*

---

10 Hermann Brill ging offensichtlich von dem auf dem Magdeburger Parteitag 1929 beschlossenen und formell noch gültigen Organisationsstatut aus, welches ein Organisationsgebilde wie den Zentralausschuß nicht vorsah. Vgl. Protokoll des Sozialdemokratischen Parteitages vom 26. bis 31. Mai 1929 in Magdeburg, Berlin 1929, S. 290 ff.

11 Für die programmatische Orientierung der Thüringer Sozialdemokraten während der Konstituierungsphase hatte das hauptsächlich von Hermann Brill entworfene »Manifest der demokratischen Sozialisten des ehemaligen Konzentrationslagers Buchenwald« vom 13. April 1945 erhebliche Relevanz. Das Manifest bildete zunächst die programmatische Grundlage des im Konzentrationslager Buchenwald gebildeten »Bundes demokratischer Sozialisten«. Vgl. Buchenwalder Manifest für Frieden, Freiheit, Sozialismus, zuerst abgedruckt in: *Hermann Brill*, Gegen den Strom, in: Wege zum Sozialismus, Heft 1, Offenbach 1946, S. 96 ff.

12 Hier handelt es sich um sozialdemokratische bzw. kommunistische Hilfs- und Unterstützungsorganisationen für Arbeiter vor 1933. Vgl. *Klaus Schönhoven*, Reformismus und Radikalismus. Gespaltene Arbeiterbewegung im Weimarer Sozialstaat, München 1989.

Außerdem meinen wir, daß es zu einer ganz aktuellen Gegenwartsaufgabe gehört, das Deutsche Rote Kreuz durch die Zuführung der Kräfte, die in der früheren Arbeiter-Samariter-Kolonnen-Organisation tätig gewesen sind, restlos zu entmilitarisieren und das Rote Kreuz der fürsorgerischen Tätigkeit auf der internationalen Basis des Internationalen Roten Kreuzes zuzuführen.

c) Weiter verlangen wir einen weiteren offiziellen Verzicht auf jede Fraktionsarbeit in der neuen Gewerkschaftsorganisation. Wir erklären uns ausdrücklich mit der Ausweitung der gewerkschaftlichen Tätigkeit auf das Gebiet der Kulturbildung einverstanden und wünschen auf's Dringendste, daß in der Gewerkschaftsarbeit die Kräfte unmittelbar aus den Betrieben gezogen werden sollen.

d) Auch auf dem Gebiete der freien weltanschaulichen Erziehung des deutschen Volkes wünschen wir dieselbe Zusammenarbeit. Gegenüber den Bestrebungen des Katholizismus und anderer kirchlich gebundener Kreise erscheint es uns außerordentlich notwendig, daß sowohl die rein naturwissenschaftliche Bildung und die Philosophie wie auch die betont atheistische oder freireligiöse Weltanschauung zu ihrem Recht kommen. Die intellektuellen Kräfte, die uns dafür zur Verfügung stehen, sind außerordentlich gering, äußerste Rationalisierung eine unbedingte Notwendigkeit. Die weltanschauliche Betätigung ist auch vom Standpunkt der aktuellen politischen Arbeit in Gesetzgebung, Verwaltung und Rechtspflege irrelevant. Aus diesem Grunde muß auf dem Gebiete der Weltanschauung die größte Freiheit der Meinungen bestehen. Schon das ermöglicht, daß die politischen Parteien von sich aus auf jeden Einfluß auf das weltanschauliche Denken und Fühlen verzichten sollten.

e) Schließlich schlagen wir vor, daß auf dem Gebiete der Verwaltungspolitik sofort eine gemeinsame Organisation geschaffen werden soll. Früher ist nur die Kommunalpolitik von uns geleitet worden. Mit der Ausdehnung der Verwaltungstätigkeit auf die Provinz und Verwaltungszweige, die sich der Kommunalpolitik bisher entzogen, ist es notwendig, überall sozialdemokratische und kommunistische Genossen zur Stützung der Behördenarbeit zusammenzufassen. Nicht nur in den Gemeinden, sondern auch in den Behörden der Provinz sollen deshalb Arbeitsgemeinschaften organisiert werden, die sich zum Ziele stellen, die Verwaltungsarbeit in jeder nur erdenklichen Weise zu fördern. Das ist selbstverständlich nur dann möglich, wenn allein die Gesetze, Verordnungen, Verfügungen usw., die für die praktische Verwaltungsarbeit maßgebend sind, die Grundlage der gemeinschaftlichen Betätigung sozialistischer und kommunistischer Genossen bilden.

Wir glauben, daß es durchaus möglich ist, auch ohne die Zentralinstanzen schon jetzt in Thüringen praktisch in dieser Beziehung zu handeln. Solltet Ihr das aber bei der zentralisierten Organisation der KPD nicht machen können, so sind wir auch damit einverstanden, daß unsere Vorschläge über die organisatorischen Mittel zur Herbeiführung der Partei-Einheit durch einen gemeinsamen gleichlautenden Bericht von uns aus an das Zentralkomitee der Kommunistischen Partei Deutschlands und den Zentralausschuß der Sozialdemokratischen Partei Deutschlands in Berlin vorgelegt werden und von dort aus eine zentrale Regelung erfolgt.

Mit sozialistischem Gruß!
gez. Dr. Hermann Brill.«

Weitere Verhandlungen haben bis zum Augenblick dieser Niederschrift nicht stattgefunden.

2. Die plötzliche Umbildung der Regierung in Thüringen
   Am Dienstag, den 10. Juli 1945, wurden wir durch Besprechungen, die der Komman-

deur der Sowjetischen Besatzungstruppen für Thüringen mit Vertretern der Kommunistischen Partei, der Sozialdemokratischen Partei und der Demokratischen Partei führte, vor neue Tatsachen gestellt[13], die uns veranlaßten, in der am Nachmittag des 10. Juli 1945 stattfindenden Sitzung des Landesvorstandes der SPD folgenden Beschluß zu fassen:

Der Landesvorstand beschließt, der Landesleitung der Kommunistischen Partei mitzuteilen, daß nach seinem Wunsche Genosse [Hermann] Brill die Leitung der Regierungsgeschäfte in Thüringen behalten soll. Sollte die russische Besatzungsbehörde damit nicht einverstanden sein und wünschen, daß die Sozialdemokratische Partei weiter das Regierungspräsidium in Thüringen inne hat, so wird seitens der Sozialdemokratischen Partei der Genosse [Georg] Appell dafür in Vorschlag gebracht. Der Landesvorstand bittet, die Landesleitung zu unterstützen.

Dieser Beschluß ist der Bezirksleitung Thüringen der Kommunistischen Partei Deutschlands noch am gleichen Tage zwischen 19 und 20 Uhr zugestellt worden.

Am 16. Juli 1945 wurde in Weimar folgende Bekanntmachung plakatiert:

An die Bürger des Landes Thüringen!
Hiermit bringe ich allen Bürgern des Landes Thüringen zur Kenntnis, daß auf Befehl des Marschalls der Sowjetunion, Schukow, Hauptchef der Sowjet-Militär-Administration, Oberkommandierender der Sowjetbesatzungstruppen in Deutschland, für folgende Ämter ernannt wurde:

1. Als Präsidenten des Landes Thüringen Herrn Dr. Rudolf Paul[14] aus Gera, Vorsitzender der Demokratischen Partei Ostthüringen,
2. Als 1. Vizepräsidenten des Landes Thüringen Herrn Ernst Busse aus Erfurt, Bezirksleiter der Kommunistischen Partei Deutschlands Bezirk Thüringen, Mitglied des Reichstages,
3. Als 2. Vizepräsidenten des Landes Thüringen Herrn Dr. Max Kolter[15] aus Weimar, Mitglied der Zentrumspartei und Sekretär der Christlichen Bergarbeitergewerkschaft.[16]

Die Gesetze und Anordnungen der Landesverwaltungen, an deren Spitze Herr Dr. [Rudolf] Paul steht, müssen von allen Behörden im Lande Thüringen unbedingt befolgt werden.

---

13 Unter amerikanischer Besatzung wurde Hermann Brill, der zunächst als Berater der amerikanischen Militärregierung fungierte, am 9. Juni 1945 zum vorläufigen Regierungspräsidenten der Provinz Thüringen ernannt und ermächtigt, die Regierungsbildung vorzunehmen. Nach dem Einzug der sowjetischen Truppen in Thüringen Anfang Juli 1945 wurde am 16. Juli 1945 der parteilose Rudolf Paul anstelle von Hermann Brill zum neuen Landespräsidenten ernannt. Die Ernennung Pauls, der vor 1933 die ostthüringer DDP geleitet hatte, paßte besser in die von SMAD und KPD verfolgte Bündnispolitik und schien außerdem geeignet, die anfangs führende Position der SPD in der Landesverwaltung zu schwächen. Nach der Abberufung Brills wurde außerdem der bisher vom Sozialdemokraten Buchwald verwaltete Posten des Landesdirektors des Innern dem kommunistischen Vizepräsidenten Ernst Busse übertragen. Das bedeutete einen doppelten Machtverlust der SPD und war für den Landesvorstand nicht hinnehmbar. Vgl. *Overesch*, Hermann Brill in Thüringen, S. 305 ff.
14 Rudolf Paul, geb. 1893. Beruf: Jurist. 1922 DDP. 1925 bis 1933 Vors. DDP Thüringen. 1945 OB Gera. Juli 1945 bis Dezember 1946 Präs. LVW Thüringen. Dezember 1946 bis September 1947 Ministerpräsident Thüringen. April 1946 SED. September 1947 Flucht nach Westberlin.
15 Max Kolter, geb. 1900. Beruf: Jurist. 1926 Zentrumspartei, 1945 CDU. 1945 LV CDU Thüringen. Juli bis November 1945 3. Vizepräs. LVW Thüringen.
16 Die tatsächliche Zusammensetzung des Präsidiums der Thüringer Landesverwaltung sah dann doch etwas anders aus: Rudolf Paul (ehemals DDP) wurde Präsident der Landesverwaltung, Ernst Busse (KPD) 1. Vizepräsident, Georg Appell (SPD) 2. Vizepräsident, Max Kolter (ehemals Zentrum) 3. Vizepräsident.

Weimar, den 16. Juli 1945   *Chef der Sowjetischen Militär-Administration*
              des Landes Thüringen
           gez. [Wassili I.] Tschuikow, Gardegeneraloberst

Die Stellungnahme des Landesvorstandes hierzu geht aus folgendem Schreiben hervor:

An den Russischen Kommandanten
für das Land Thüringen, Weimar
                 Weimar, den 12. Juli [19]45

      Herr Kommandant!
Auftragsgemäß haben wir die Ehre, Ihnen, Herr Kommandant, von dem nachstehenden Beschluß des Landesvorstandes Thüringen der SPD ergebendst Kenntnis zu geben:
 (Text siehe oben)
 Dieser Beschluß ist der Bezirksleitung Thüringen der Kommunistischen Partei Deutschlands noch am 10. Juli zwischen 19 und 20 Uhr zugestellt worden.
 Die Sozialdemokratische Partei erzielte bei den Wahlen 1928 in Thüringen eine Stimmenzahl von 368 885, die Kommunistische Partei von 138 046. Bei der Wahl 1932, in der Tiefe einer Depression, erzielte die SPD 231 231 und die KPD 159 233 Stimmen. Daraus ergibt sich, daß die Sozialdemokraten und Kommunisten einen psychologisch unerschütterten Kern selbst in der tiefen ökonomischen Depression der Thüringer Bevölkerung dargestellt haben. Das läßt den weiteren Schluß zu, daß sie auch heute noch das Ferment der politischen Willensbildung sind.
 Diese Tatsachen sind die sachliche Begründung für unseren Wunsch, unseren Genossen [Hermann] Brill weiterhin die Leitung der Regierungsgeschäfte in Thüringen übertragen zu wollen. Wir geben uns gern der Hoffnung hin, daß Sie, Herr Kommandant, unserer Bitte entsprechen werden.
                 Der Landesvorstand:
                 gez. Hermann Brill
                 gez. Heinrich Hoffmann

Welche Weiterungen sich auch in der nächsten Zeit ergeben sollten, wir werden unabhängig davon bemüht bleiben, unsere Organisation aufzubauen und zu stärken, der neuen Regierung gegenüber uns loyal und korrekt verhalten und unsere Bestrebungen zur Herstellung einer sozialistischen Einheit des werktätigen Volkes fortsetzen.
               Mit sozialistischem Gruß!
               Der Landesvorstand
               gez. Hermann Brill
               gez. Heinrich Hoffmann

Nr. 44

Niederschrift von Heinrich Hoffmann über die Unterredung mit dem Stellvertreter für Zivilangelegenheiten des Chefs der SMA Thüringen Generalmajor Kolesnitschenko am 24. Juli 1945[1]

Niederschrift[2]

über die Unterredung des Unterzeichneten mit Herrn Garde-Generalmajor Kolesnitschenko, die am Dienstag, den 24. 7. 1945, vormittags 11 Uhr, in Weimar, Ärztehaus, Kurthstraße, in Anwesenheit von zwei Obersten und zwei weiteren sowjetischen Offizieren und dem Dolmetscher der Thüringer Landesregierung, Herrn Peters, stattfand.

Auf Grund der Eingabe des Landesvorstandes wegen Genehmigung eines Landesorganes unter dem Titel »Freiheit« vom 18. 7. 1945[3] erhielt ich am 23. 7. 1945, abends 20 Uhr, den Befehl, am 24. 7. 1945, abends 20 Uhr, zu einer Unterredung ins Stabsquartier der russischen Militäradministration zum Garde-Generalmajor [Iwan S.] Kolesnitschenko zu kommen. Dieser Befehl wurde später dahin abgeändert, daß der Zeitpunkt auf Dienstag, den 24. 7. 1945, vormittags 11 Uhr, festgelegt wurde. Unter Mitnahme des Dolmetschers der Thüringer Landesregierung, Herrn Peters, war ich pünktlich zur Stelle und wurde sofort in das Zimmer des Herrn Garde-Generalmajors Kolesnitschenko geführt.

Ich mußte mich mit Herrn Peters an den Schreibtisch des Genannten, und zwar ihm direkt gegenüber, setzen, während die anderen Offiziere sich um uns gruppierten. Der jüngste Offizier hielt sich an einem besonderen Tisch hinter mir auf. Es erfolgte eine kurze förmliche Begrüßung ohne Handschlag. Nachdem alle Platz genommen hatten, stellte Generalmajor Kolesnitschenko an mich die Frage, ob ich der Unterzeichnete des Antrages sei und ob ich mich zum Buchenwalder Manifest bekenne. Beide Fragen habe ich mit einem kurzen »Ja« beantwortet.

---

1 Archiv der sozialen Demokratie, Nachlaß Hermann Brill, Kassette I/2.
2 Die Niederschrift wurde in der Forschung bislang stets Hermann Brill zugeordnet, zuletzt auch durch den außerordentlichen Sachkenner Manfred Overesch: *Overesch*, Hermann Brill in Thüringen, S. 360. Sie ist tatsächlich aber von Heinrich Hoffmann verfaßt. Vgl. hierzu das Protokoll der Vorstandssitzung vom 30. Juli 1945 (Dokument Nr. 45). Hier heißt es: »Wegen der Herausgabe unserer Zeitung war Gen[osse] Hoffmann zum russischen Kommandanten bestellt, wo er fast zwei Stunden verhört wurde.« Aus dieser Vorstandssitzung geht hervor, daß Hermann Brill erst am 27. Juli 1945 zu einer Unterredung mit Kolesnitschenko geladen wurde: »Am Freitag vergangener Woche wurde in der gleichen Angelegenheit Gen[osse] Brill zu Generalmajor Kolesnitschenko befohlen«. Über deren Verlauf liegen jedoch keine Aufzeichnungen vor. Heinrich Hoffmann zeigte in diesem Verhör eine ihm von Historikern bislang nicht zugetraute Zivilcourage, auch wenn man berücksichtigt, daß Hoffmann als Verfasser des Berichtes nicht als Befehlsempfänger der Kommandantur erscheinen wollte. Für das Verständnis dieser und anderer Protokollnotizen ist die inquisitorische Art und Weise der »Besprechungen« bei allen Kommandanturen in der sowjetischen Besatzungszone in Betracht zu ziehen. Für die Durchsetzung parteipolitischer Absichten gegen die Intentionen der SMA bestanden wohl nirgends Spielräume. Vgl. dazu auch die Notizen von Heinrich Hoffmann und August Frölich über die »Besprechungen« bei der Kommandantur vom 31. 12. 1945 (Dokument Nr. 141, 142).
3 Diese Eingabe habe ich nicht finden können. Der Landesvorstand bemühte sich im Sommer 1945 vergebens um die Herausgabe einer sozialdemokratischen Tageszeitung. Erfolg hatte dagegen die KPD: Am 3. Juli 1945 wurde die erste Nummer der »Thüringer Volkszeitung. Organ der Kommunistischen Partei Deutschlands, Bezirk Großthüringen« herausgegeben. Die erste Ausgabe der sozialdemokratischen Landeszeitung »Tribüne« erschien am 15. September 1945.

Vor ihm lag eine russische Übersetzung des Buchenwalder Manifestes, mit dessen Verlesung er sofort begann. Während er die ersten drei Programmpunkte flüchtig überflog, entspann sich zum Punkt 4 »Sozialisierung der Wirtschaft« eine längere Diskussion[4], an der sich auch die anderen Offiziere beteiligten.

Der Generalmajor fragte mich:
Wie ich mir die Sozialisierung der Wirtschaft vorstelle.
Meine Antwort:
In ähnlicher Weise, wie dies von Lenin 1917 in Rußland geschehen wäre.
Der Generalmajor: Ein Vergleich mit Rußland sei nicht möglich, weil es in Deutschland keine Zentralregierung gäbe und das deutsche Volk keine Machtmittel habe, um die Sozialisierung verwirklichen zu können. Das alles aber habe Lenin gehabt.
Meine Antwort:
Das Buchenwalder Manifest ist am 13. 4. 1945 veröffentlicht und zum einem Zeitpunkt verbreitet worden, als noch nicht zu übersehen war, daß es in Deutschland keine zentrale Regierungsgewalt mehr geben würde und Deutschland in Besatzungszonen zerfiel.
Der Generalmajor bzw. einer seiner Offiziere:
Ob wir glaubten, die Sozialisierung in einem kleinen Lande wie Thüringen in Angriff nehmen zu können.
Meine Antwort:
Vorbereitungen hierfür wären meines Erachtens möglich.
Der Generalmajor:
Ich möchte hierfür konkrete Beispiele anführen.
Meine Antwort:
Der Großgrundbesitz wie z. B. die Güter und Forsten des Herzogs von Gotha, Ernst von Altenburg und sonstige große Güter sowie großindustrielle Betriebe, z. B. Gustloff-Werke, Heinrichs-Werk Suhl, Vogel-Verlag Pößneck, Mauxion-Saalfeld, Bayerische Werke Eisenach und ähnliche Betriebe.
Der General und mehrere andere Offiziere verwiesen darauf, daß es unmöglich sei, in einem kleinen Lande die Sozialisierung in Angriff zu nehmen. Überhaupt könne die Sozialisierung nach einem verlorenen Kriege und eine ohne Selbständigkeit in ihren Entschlüssen unabhängige Regierung nicht durchgeführt werden.
Er verwies auf den Aufruf des Zentralkomitees der Kommunistischen Partei Deutschlands und den Aufruf des Zentralausschusses der Sozialdemokratischen Partei Deutschlands in Berlin. Zwischen dem Buchenwalder Manifest und den genannten Dokumenten sei ein erheblicher Widerspruch.
Meine Antwort:
Innerhalb der Sozialdemokratischen Partei hat es immer verschiedene Geistesströmungen gegeben. Eine Klärung kann nur auf einem Reichsparteitag stattfinden.
Der Generalmajor:
Er könne nicht zulassen, daß durch verschiedene Programme und Auffassungen, die im deutschen Volk vorhanden sind, die geistige Verwirrung noch vermehrt würde. Das deutsche Volk müsse geistig erst wieder gesunden und sich vom nationalsozialistischen Gedankengut freimachen.

---

[4] Unter diesem Punkt forderte das Manifest, »daß den Gesellschaftskrisen durch eine sozialistische Wirtschaft ein absolutes Ende gesetzt« und Deutschland »ökonomisch nur auf sozialistischer Grundlage wieder aufgebaut« werde. Zur Erreichung dieses Ziels sollte eine sofortige Sozialisierung der Banken, Versicherungsanstalten, Bergwerke, der gesamten Energieerzeugung, der Schwerindustrie und des Verkehrswesens in Angriff genommen werden. Vgl. *Brill*, Gegen den Strom, S. 96 ff.

Meine Antwort:
Dazu wollen wir gerade beitragen. Wir brauchen dazu Rede- und Versammlungsfreiheit und eine freie Presse.
Der Generalmajor:
Nein, erst müsse die geistige Klärung erfolgen, bevor unsere Ideen zur Diskussion gestellt werden könnten. Wir müßten erkennen, daß die Forderung nach einer Sozialisierung im gegenwärtigen Augenblick verfehlt wäre.
Meine Antwort:
Auch Plechanow[5] hat lange vor 1905 und zu einem Zeitpunkt die Forderung des Sozialismus erhoben, als nicht zu übersehen war, ob und wann jemals das Zarentum gestürzt werden könnte.
Der Gerneralmajor und mehrere Offiziere:
Das wüßten sie, Karl Marx habe ja noch viel früher den Sozialismus gegründet. Wir aber betrachten diese Frage als eine Gegenwartsaufgabe und befinden uns insofern auf einem Irrwege.
Meine Anwort:
Ich könnte das nicht einsehen, weil es [eine] Gefährdung der neu im Entstehen begriffenen Volksrepublik darstellen würde, wenn die Großgrundbesitzer und Großindustriellen weiterhin die Besitzer der Produktionsmittel bleiben würden und dadurch die Möglichkeit haben, ihre wirtschaftliche Macht zur Finanzierung neuer faschistischer Gruppen zu benutzen.
Der Generalmajor:
Die Besatzungsarmee wird dafür sorgen, daß der Faschismus nicht wieder auferstehen kann. Die deutsche Volkswirtschaft kann aber nur wieder auferstehen, wenn die private Unternehmerinitiative wieder freien Spielraum hat. Das wäre auch von dem Zentralkomitee der Kommunistischen Partei anerkannt.[6]
Meine Antwort:
Wir können vom Buchenwalder Manifest, das zwar in einem Teil schon die Bedeutung eines historischen Dokumentes erhalten habe, nicht abweichen, bekennen uns aber zugleich zum Aufruf des Berliner Zentralausschusses der Sozialdemokratischen Partei Deutschlands.
Der Generalmajor:
Eben das kann er nicht für gut heißen, weil zwischen diesem Aufruf und dem Buchenwalder Manifest so erhebliche Widersprüche bestehen.
Er ging dann von der Sozialisierungsfrage ab und kam auf Punkt 2 »Aufbau der Volksrepublik« zurück.[7] Auch in diesem Punkt bestand nach seiner Meinung erheblicher Widerspruch zwischen [dem] Buchenwalder Manifest und dem Aufruf des Zentralausschusses

---

5 Georgi W. Plechanow, russischer Marxist. Mitbegründer der russischen marxistischen Organisation »Befreiung der Arbeit« (1883). Gehörte nach dem II. Parteitag der SDAPR 1903 zu den Menschewiki.

6 Im Aufruf des ZK der KPD vom 11. Juni 1945 hieß es dazu im Zehn-Punkte-Katalog: »Völlig ungehinderte Entfaltung des freien Handels und der privaten Unternehmerinitiative auf der Grundlage des Privateigentums.« Dokumente und Materialien zur Geschichte der deutschen Arbeiterbewegung, Reihe III, Bd. 1, S. 18.

7 In dieser Volksrepublik sollte ein neuer Typ der Demokratie angestrebt werden, »die sich nicht in einem leeren, formelhaften Parlamentarismus erschöpft, sondern den breiten Massen in Stadt und Land eine effektive Betätigung in Politik und Verwaltung ermöglicht.« Es sollte die Bildung von sog. antifaschistischen Volksausschüssen in allen Orten angestrebt werden, aus denen für Deutschland ein »Deutscher Volkskongreß« zu berufen sei, der eine Volksregierung einzusetzen und eine Volksvertretung zu wählen habe. Vgl. *Brill,* Gegen den Strom, S. 96 ff.

der Sozialdemokratischen Partei Deutschlands und dem Aufruf des Zentralkomitees der Kommunistischen Partei Deutschlands. Er unterstellte, daß unsere Forderung eine Rückkehr zum parlamentarisch-demokratischen System der Weimarer Republik bedeute und somit die Voraussetzung für die Neuformierung der faschistischen Kräfte.
Meine Antwort:
Das Gegenteil sei der Fall. Wir verlangen gerade einen neuen Typ der Demokratie, der die Mitwirkung der breiten Masse in Politik und Verwaltung ermöglicht und jede Neuentstehung des Faschismus unmöglich machen soll.
Der Generalmajor:
Der Aufruf des Zentralausschusses der Sozialdemokratischen Partei Deutschlands habe sich in dieser Frage weniger klar ausgesprochen.[8] Er kann eine Wiederentstehung des parlamentarisch-demokratischen Systems nicht zulassen.
Meine Antwort:
In der Sozialdemokratischen Partei Deutschlands vor 1918, wo verschiedene geistige Strömungen wie z. B. [Karl] Radek, [Eugen] Varga, Klara Zetkin, Rosa Luxemburg, Paul Levi, August Bebel, [Carl] Severing, Otto Braun und Hermann Müller vorhanden waren, so daß es auch heute verständlich wäre, wenn verschiedene Auffassungen in unserer Partei bestünden und miteinander ringen. Erst ein Reichsparteitag oder mindestens eine Reichskonferenz kann Klärung und Festlegung auf ein einheitliches Programm bringen.
Der Generalmajor:
Er kann nicht dulden, da ein Erlangen dieser Klärung nicht erfolgt sei, ein Volk, daß sich noch in geistiger Verwirrung befindet, an einem Klärungsprozeß teilnehmen zu lassen.
Meine Antwort:
Wir brauchen zur Klärung einer geistigen Situation eine Zeitung und die Möglichkeit, in den Versammlungen unsere Auffassung darzulegen. Unsere Verhandlungen mit der Bezirksleitung der Kommunistischen Partei Deutschlands verfolgten den Zweck, durch eine Klärung der Ideen zu einem gemeinsamen Aktionsprogramm für die Durchführung der Gegenwartsaufgaben zu kommen.
Der Generalmajor sagte zu, die Stadtkommandanten anzuweisen, unsere Mitgliederversammlungen zu genehmigen. Er bedauerte, jedoch die Genehmigung einer Zeitungsherausgabe von der Entscheidung seiner vorgesetzten Dienststelle in Berlin abhängig zu machen.

Damit fand die Besprechung gegen 12.40 Uhr ihren Abschluß.[9]

---

8 Im Aufruf des Zentralausschusses der SPD vom 15. Juni 1945 hieß es dazu: »Wir begrüßen daher auf das wärmste den Aufruf des Zentralkomitees der Kommunistischen Partei Deutschlands vom 11. Juni 1945, der zutreffend davon ausgeht, daß der Weg für den Neubau Deutschlands von den gegenwärtigen Entwicklungsbedingungen Deutschlands abhängig ist und daß die entscheidenden Interessen des deutschen Volkes in der gegenwärtigen Lage die Aufrichtung eines antifaschistischen, demokratischen Regimes und einer parlamentarisch-demokratischen Republik mit allen demokratischen Rechten und Freiheiten für das Volk erfordern.« Dokumente und Materialien zur Geschichte der deutschen Arbeiterbewegung, Reihe III, Bd. 1. S. 29.
9 Das Dokument ist ohne Unterschrift.

Nr. 45
Aus dem Protokoll über die Sitzung des Landesvorstandes des Bundes demokratischer Sozialisten (SPD) Thüringen in Weimar am 30. Juli 1945[1]

Anwesend waren die Genossen:

Dr. Hermann Brill	Weimar
Heinrich Hoffmann	Erfurt
Curt Böhme	Jena
Otto Steinbrück[2]	Arnstadt
Karl Buchmann[3]	Erfurt
Walter Federbusch[4]	Jena
Otto Kästner[5]	Altenburg
Ida Karthäuser[6]	Weimar
Marie Carnarius	Weimar
Gustav Brack	Weimar
Cäsar Thierfelder	Weimar
Adolf Bremer[7]	Weimar

Auf der Tagesordnung stand:

1. Bericht zur politischen Lage und Beschlußfassung über:
   a) Zusammenarbeit mit der KPD
   b) Mitarbeit im Antifaschistischen Block
   c) Reform des Thür[ingen]-Ausschusses
   d) Stellungnahme zur Wirtschaftspolitik der Thür[inger] Regierung
2. Bericht der Pressekommission
3. Bericht der Satzungskommission
4. Allgem[eine] Organisationsfragen
5. Parteihausangelegenheit
6. Jugendbewegung
7. Frauenbewegung
8. Erfassung fach- und sachkundiger Mitarbeiter.

Genosse [Hermann] Brill eröffnete die Sitzung und wies darauf hin, daß die Einberufung der Sitzung auf Grund der veränderten politischen Verhältnisse notwendig geworden ist. Es bestehen bestimmte Schwierigkeiten in der Frage der Einheitsfront sowie in der Frage der Zusammenarbeit mit den russischen Besatzungsbehörden.

---
1 Thüringisches Hauptstaatsarchiv Weimar, BPA der SED Erfurt, II/2003.
2 Otto Steinbrück, geb. am 17. September 1892. Vor 1933 SPD. Juli bis Oktober 1945 LV SPD Thüringen. 1976 gest.
3 Karl Buchmann, SPD. Juli 1945 LV SPD Thüringen.
4 Walter Federbusch, SPD. Juli bis Oktober 1945 LV SPD Thüringen.
5 Otto Kästner, SPD. Juli bis Oktober 1945 LV SPD Thüringen.
6 Ida Karthäuser, SPD. Juli bis Oktober 1945 LV SPD Thüringen.
7 Adolf Bremer, SPD. Juli 1945 bis Februar 1946 Sekr. LV SPD Thüringen. Februar 1946 Übersiedlung nach Westberlin.

Zur politischen Lage wies Gen[osse] Brill darauf hin, daß der Landesvorstand zuletzt beschlossen hatte, die Verantwortung an der Regierungsumbildung abzulehnen. Von einer Veröffentlichung dieses Beschlusses war abgesehen worden.

Wegen der Herausgabe unserer Zeitung war Gen[osse] [Heinrich] Hoffmann zum russischen Kommandanten bestellt, wo er fast zwei Stunden verhört wurde. Die zuständigen russischen Stellen vertreten den Standpunkt, daß zentralistisch gearbeitet werden muß. Sie verlangen von uns eine Erklärung, daß wir uns auf den Boden des Aufrufs des Zentralausschusses vom 15. 6. [1945] stellen und das Buchenwalder Manifest fallen lassen. Besonders die Frage, ob der Sozialismus eine Gegenwartsforderung sei, wurde von den Russen für unmöglich gehalten.

Am Freitag vergangener Woche wurde in der gleichen Angelegenheit Gen[osse] [Hermann] Brill zu Generalmajor Kolesnitschenko befohlen. Gen[osse] [Hermann] Brill machte u.a. darauf aufmerksam, daß sich unser Parteivorstand im Ausland befindet.[8] Der Zentralausschuß ist nur zuständig für die russische Besatzungszone und für diese wird er von uns auch anerkannt. Dies sei jedoch eine intime Parteiangelegenheit, die auf einem Parteitag oder auf einer Konferenz zu klären wäre. [General] Kolesnitschenko stellte die Frage, ob man in Thüringen überhaupt von einer Sozialdemokratischen Partei sprechen könne. Gen[osse] [Hermann] Brill mußte ihm dazu berichten, daß die Partei überraschende Fortschritte macht. Er erklärte dem General unsere Bereitwilligkeit, nach den von Berlin aus ergangenen Richtlinien zu arbeiten. Er erwirkte außerdem die Genehmigung zu einer Reise nach Berlin.[9] Wegen der Zeitung soll ein neuer Antrag gestellt werden.

Zur Unterstützung der Regierung soll ein antifaschistischer Block gebildet werden, wir sind bereit, diesem Block beizutreten.[10] Der Landesvorstand beschloß, der Kommunistischen Partei mitzuteilen, daß wir an unserer Erklärung vom Juli [1945] festhalten[11], daß wir es aber für überflüssig halten, für Thüringen ein besonderes Aktionsprogramm aufzustellen. Wir schlagen vielmehr vor, daß die Vereinbarungen, die zwischen dem Zentralausschuß der SPD und dem Zentralkomitee der KPD in Berlin getroffen worden sind, zur Grundlage unserer Arbeit in Thüringen gemacht werden. Auf die Frage der Blockbildung erklären wir unsere Bereitwilligkeit zur Mitwirkung, die Formulierung der 5 Punkte vom

---

8 Der 1933 emigrierte Parteivorstand der SPD (Sopade) hatte seinen Sitz bis 1938 in Prag gehabt und verlegte ihn nach dem Münchener Abkommen vom September 1938 nach Paris, nach der militärischen Besetzung Frankreichs durch das nationalsozialistische Deutschland im September 1940 nach London. Vgl. *Marlis Buchholz/Bernd Rother*, Der Parteivorstand der SPD im Exil. Protokolle der Sopade 1933–1940 (= Archiv für Sozialgeschichte, Beiheft 15), Bonn 1994. Hans Vogel, der Nachfolger des verstorbenen Otto Wels als Vorsitzender, und Erich Ollenhauer konstituierten zusammen mit anderen linken Exilgruppen im März 1941 die Union deutscher sozialistischer Organisationen in Großbritannien. Vgl. *Susanne Miller/Heinrich Potthoff*, Kleine Geschichte der SPD, Bonn 1983, S. 155 ff. u. 173 ff.

9 Anfang August 1945 führte Hermann Brill in Berlin Gespräche mit Mitgliedern des Zentralausschusses.

10 Am 17. August 1945 konstituierte sich der antifaschistische Block für Thüringen, bestehend aus Vertretern der SPD, KPD, LDP und CDU.

11 Im Ergebnis der Besprechung der Landesleitungen von SPD und KPD am 9. Juli 1945 war in einer Erklärung »An das werktätige Volk Thüringens!« die Bildung eines Arbeitsausschusses beider Parteien vereinbart worden, der ein Aktionsprogramm für Thüringen erarbeiten sollte. Offiziell konstituierte sich der Landesarbeitsausschuß jedoch erst am 8. August 1945.

14. Juli [1945] soll übernommen werden.¹² Durch die Blockbildung dürfte die Tätigkeit des Thüringen-Ausschusses beendet sein.¹³

Die Festlegung der Zuständigkeit dieses Blocks gegenüber dem Präsidenten des Landes und dem 3. Vizepräsidenten muß so erfolgen, daß einige Befugnisse des Thüringen-Ausschußes auf den Block übergehen.¹⁴ Vom Präsidenten ist eine Erklärung abzuverlangen, welche Funktionen der Block gegenüber der Regierung haben soll.[...]

Die nächste ordentliche Vorstandssitzung findet am 6. August 1945 vormittags 10 Uhr statt.

Weimar, den 31. Juli 1945   gez. M[arie] Carnarius
                                                                                                         gez. [Heinrich] Hoffmann

---

12 Am 14. Juli 1945 vereinbarten die Mitglieder des zentralen Ausschusses des Blocks der antifaschistisch-demokratischen Parteien in Berlin in fünf Punkten Aufgaben der künftigen Zusammenarbeit. Vgl. *Benser*, Die KPD im Jahre der Befreiung, S. 246 ff.
13 Anfang Juni 1945 hatten sich ehemalige Mitglieder von SPD, KPD, DDP und Zentrum als »Thüringen-Ausschuß des Anti-Nazi-Komitees« unter dem Vorsitz des Kommunisten Johannes Brumme in Weimar konstituiert. Die erste Sitzung des »Thüringen-Ausschusses« fand am 8. Juni 1945 im Weimarer Rentamt statt. Vgl. *Overesch*, Hermann Brill in Thüringen, S. 318 ff.
14 Der »Thüringen-Ausschuß« sollte die eingereichten Personalvorschläge für die Besetzung der Landesämter diskutieren.

Nr. 46
Aus dem Protokoll über die Landeskonferenz der SPD Thüringen in Weimar am 11. August 1945¹

Mit einstündiger Verspätung eröffnete Genosse [Heinrich] Hoffmann anstelle des verhinderten 1. Vorsitzenden Genosse [Hermann] Brill die Tagung. Die Einladung war an alle Vorsitzenden der Orts- und Kreisvereine ergangen, da es sich um eine ausgesprochene Arbeitstagung handelte mit folgender Tagesordnung:

1. Bericht über die organisatorische Lage der Partei
2. Bericht der Satzungskommission
3. Stellungnahme zur Gewerkschaftsfrage
4. Bericht der Pressekommission
5. Bericht zur Bildungsfrage

Zu Punkt 1. der Tagesordnung berichtete Genosse [Heinrich] *Hoffmann*.

Bald nach unserer 1. Landeskonferenz² fand eine Umbildung der Thüringer Regierung statt, die völlig ohne Zutun der Sozialdemokratischen Partei durchgeführt wurde und die keineswegs den Entschlüssen und Wünschen der Partei gerecht wurde. Genosse [Heinrich] Hoffmann gab den gegenwärtigen Stand und die Zusammensetzung der Thüringer Regierung bekannt.

---

1 Thüringisches Hauptstaatsarchiv Weimar, BPA der SED Erfurt, II/1001.
2 Gemeint ist die Landeskonferenz des Bundes demokratischer Sozialisten am 8. Juli 1945.

Auf Grund des Beschlusses der 1. Landeskonferenz sind die Verhandlungen bei der russischen Militäradministration wegen Herausgabe einer Tageszeitung aufgenommen worden. Der Name »Bund demokratischer Sozialisten« findet bei der russischen Militäradministration keine Anerkennung. Es ist deshalb erforderlich, daß dieser Name sofort von allen Briefbögen, Druckschriften und dergl[eichen] gestrichen werden muß, damit bei Versammlungen, Drucksachengenehmigungen usw. keinerlei Schwierigkeiten entstehen. Auch Genosse [Hermann] Brill wurde in der gleichen Frage von dem russischen Generalmajor Kolesnitschenko vernommen. Nur eine zentrale Regelung wird von der russischen Militäradministration anerkannt.

Genosse [Hermann] Brill hat nun inzwischen auch Verbindung mit dem Zentralausschuß der Sozialdemokratischen Partei Deutschlands in Berlin aufgenommen. Der Zentralausschuß der SPD ist von Marschall Schukow als alleinige Vertretung der SPD anerkannt worden. Infolgedessen kann es keinen Bund demokratischer Sozialisten geben. Das Buchenwalder Manifest gilt nunmehr als ein historisches Dokument, an dem bekannte Männer des internationalen Sozialismus mitgewirkt haben. Genosse [Hermann] Brill ist vom Zentralausschuß bevollmächtigt worden, in dessen Namen die organisatorische Vorbereitung zum Aufbau unserer Partei im Lande Thüringen zu treffen. Nur wer vom Zentralausschuß anerkannt ist, hat das Recht, in den Bezirken für die Partei zu wirken. Diese Vollmacht muß dem russischen Kommandanten vorgelegt werden. Die Vorsitzenden der Orts- und Kreisvereine müssen entsprechende Vollmachten des Bezirksvorstandes erhalten, die gleichfalls den jeweiligen Kommandanten vorzulegen sind. Wir müssen uns an alle Vorschriften strengstens halten, die uns von der russischen Militäradministration auferlegt werden. Der Bezirksvorstand wird versuchen, die Schwierigkeiten nach Möglichkeit zu beseitigen, braucht dazu aber schriftliche Unterlagen der einzelnen Ortsvereine.

Wir müssen versuchen, recht bald zu einer Reichskonferenz oder einem Reichsparteitag zu kommen, um ein einheitliches Programm für unsere Partei aufzustellen. Bisher hat der Zentralausschuß nur isoliert arbeiten können, da er mit den einzelnen Bezirken noch keine Verbindung hat. Entgegen unserer Annahme, daß der Zentralausschuß sich außerhalb der Satzung gebildet hatte, wurde in den Verhandlungen in Berlin klargestellt, daß der Zentralausschuß der rechtmäßige Nachfolger des 1933 in die Emigration gegangenen Parteivorstandes ist.[3] Damals hinterließ der Parteivorstand 12 Mitglieder zur Weiterarbeit, von denen nur noch zwei, die Genossen [Max] Fechner und [Richard] Weimann, am Leben sind.[4]

---

3 Der im Juni 1945 in Berlin konstituierte Zentralausschuß der SPD war nicht der formalrechtliche Nachfolger des 1933 emigrierten Parteivorstandes der SPD. In den Gründungsdokumenten vom Frühjahr 1945 (Aufruf vom 15. Juni, provisorisches Organisationsstatut) findet sich auch kein Hinweis für eine derartige Legitimation. Das Selbstverständnis der meisten Berliner Gründungsmitglieder, unter denen sich kein ehemaliges Parteivorstandsmitglied befand, zielte klar auf Abgrenzung zum 1933 emigrierten Vorstand. Hans Vogel, der Nachfolger von Otto Wels, hielt für die Londoner an dem 1933 erteilten Mandat des Exilparteivorstandes fest, das er aber einem Parteitag der Gesamtpartei zurückzugeben bereit war. Vgl. *Albrecht Kaden*, Einheit oder Freiheit. Die Wiedergründung der SPD 1945/46, Bonn 1990, S. 28 f. u. S. 87–107.
4 Diese Version ist nur von Max Fechner – wahrscheinlich auch in dem Gespräch mit Hermann Brill in Berlin – für die Legitimation des Zentralausschusses verbreitet worden. Demnach wäre am 21. Juni 1933 ein »Zentraler Kampfausschuß« aus zwölf Funktionären eingesetzt worden, der für den Fall weiterer Behinderungen und Verhaftungen ein Minimum an organisatorischer und informatorischer Tätigkeit ermöglichen sollte. Vgl. *Max Fechner*, Zentralausschuß der SPD und Zentralkomitee der KPD gingen zusammen, in: Vereint sind wir alles. Erinnerungen an die Gründung der SED, Berlin 1971, S. 40. Ein Mandat des letzten, 1933 gewählten Parteivorstandes, auf das sich Fechner berief, ist tatsächlich jedoch nirgends nachweisbar. Richard Weimann und Friedrich Stampfer haben die Existenz dieses Mandats bestritten. Vgl. *Kaden*, Einheit oder Freiheit, S. 87–107.

Diese zwei sind wieder auf 12 Mann ergänzt worden und bilden jetzt den Zentralausschuß. Auch der Zentralausschuß steht auf dem Standpunkt, daß die Einheit der Arbeiterbewegung unbedingt erstrebt und der Sozialismus verwirklicht werden muß.

Soweit noch nicht geschehen, müssen die Ortsgruppen schriftlichen Antrag wegen Registrierung sofort bei den Militärkommandanten und den Oberbürgermeistern bzw. Landräten einreichen. Die Vorstandsmitglieder sind namentlich aufzuführen und nachzuweisen, daß keines der Vorstandsmitglieder Mitglied der NSDAP gewesen ist. Über die erfolgte Registrierung ist dem Bezirksvorstand umgehend zu berichten. Nach der erfolgten Registrierung brauchen Versammlungen nur noch angemeldet zu werden. Druckschriften und dergl[eichen] müssen erst dem Bezirksvorstand zur Genehmigung vorgelegt werden.

Genosse [Heinrich] Hoffmann teilte mit, daß die Verhandlungen mit der Kommunistischen Partei wieder aufgenommen worden sind[5] und in der vergangenen Woche eine Vereinbarung zwischen den Vertretern der beiden Parteien getroffen wurde zur Bildung einer Arbeitsgemeinschaft.[6] Auch für die Bildung des antifaschistischen Blocks sind die Vorbereitungen im Gange. Dieser Block wird praktische Politik zu leisten haben und im engsten Einvernehmen mit der Regierung zusammenarbeiten, um gemeinsam die Nöte und Sorgen des Volkes zu lindern helfen.

Eine rege Aussprache unterstrich die Ausführungen des Genossen [Heinrich] Hoffmann und ergänzte diese in einigen Punkten.[. . .]

Genosse [Heinrich] Hoffmann betonte in seinem Schlußwort, die Partei soll uns nicht Selbstzweck sein, wir wollen vielmehr dazu beitragen, die Lage der arbeitenden Klasse in Deutschland zu heben. In diesem Zusammenhang kommt der gewerkschaftlichen Tätigkeit eine überragende Bedeutung zu. Aber auch die Bildungsfrage darf hinter der organisatorischen Arbeit nicht zurückstehen.

Wenn das Buchenwalder Manifest auch als ein historisches Dokument gilt, wollen wir trotzdem in seinem Sinne weiter wirken für Friede, Freiheit, Sozialismus!

Damit fand die Bezirkskonfernz ihren Abschluß.

Weimar, den 13. August 1945   gez. Marie Carnarius

---

5 Der Landesvorstand hatte nach der von den Kommunisten forcierten und schließlich von der SMA vorgenommenen Regierungsumbildung die Kontakte zur Bezirkleitung der KPD abgebrochen.
6 Am 8. August 1945 wurde in Weimar ein gemeinsamer Arbeitsausschuß aus je 6 Vertretern beider Parteien gebildet. Vertreten waren von der SPD Heinrich Hoffmann, Curt Böhme, Gustav Brack, Adolf Bremer, Marie Carnarius und Cäsar Thierfelder; von der KPD Ernst Busse, Richard Eyermann, Hanna Melzer, Stefan Heymann, Georg Schneider und Walter Wolf. Die vereinbarten Aufgaben orientierten sich an den zentralen Vorgaben des ZA der SPD und des ZK der KPD. Vgl. Overtesch, Hermann Brill in Thüringen, S. 363 f.

Nr. 47

Rundschreiben Nr. 5 des Landesvorstandes der SPD Thüringen vom 16. August 1945[1]

> Weimar, den 16. August 1945
> Bernhardstr[aße] 3
> Tel.: 127 (Handwerkskammer)

Sozialdemokratische Partei Deutschlands
Landesverband Thüringen
Weimar

> Rundschreiben Nr. 5
> An die Kreis- und Ortsvereinsvorstände!

> Werte Genossinnen und Genossen!

Besprechung mit der KPD über gemeinsame Aktionen und organisatorische Maßnahmen
Unter Hinweis auf unsere Ausführungen im Rundschreiben Nr. 3[2] teilen wir Euch heute mit, daß die zeitweilig durch die Regierungsumbildung unterbrochenen Besprechungen mit der Bezirksleitung der KPD inzwischen wieder aufgenommen worden sind. Unter dem 18. Juli 1945 richtete der Landesvorstand an die Bezirksleitung Thüringen der KPD ein Schreiben, in welchem um Angabe der Gründe gebeten wurde, aus denen die Bezirksleitung der KPD unseren Vorschlag zur Regierungsumbildung bei der Sowjet-Russischen Militäradministration für das Land Thüringen nicht unterstützt habe. Wir bemerkten dazu, daß unseres Wissens die Demokratische und die Zentrums-Partei[3] unserem Vorschlag beigetreten waren.
Am gleichen Tage hatte die Bezirksleitung Thüringen der KPD an uns das Ersuchen gerichtet, die begonnenen Besprechungen über ein gemeinsames Aktionsprogramm sowie über evtl. andere gemeinsame Maßnahmen fortzusetzen. Hierauf erwiderte der Landesvorstand, daß er in seinem Brief vom 10. 7. [19]45 eine Reihe von praktischen Vorschlägen für die Zusammenarbeit mitgeteilt habe, auf die wir bisher ohne Antwort geblieben seien. Ohne die Beantwortung unserer Vorschläge sei die von der KPD vorgesehene Sitzung nach unserer Meinung nicht genügend vorbereitet, so daß wir darum bitten müßten, uns die Stellungnahme der KPD zu unseren Vorschlägen baldmöglichst zu übermitteln. Unter dem Gesichtspunkt praktischer Ergebnisse hielten wir es auch für notwendig, daß uns das Programm der neuen Regierung mitgeteilt würde. Wir baten darum, dies zu vermitteln. Wir bemerkten ausdrücklich, daß uns sehr viel daran liegt, über eine Politik von Erklärungen und Aufrufen hinaus zur praktischen Arbeit zu kommen.
Unter dem 21. 7. [19]45 nahm die Bezirksleitung der KPD zu unseren Schreiben vom 10. 7. [19]45 und 19. 7. [19]45 ausführlich Stellung. Wir entnehmen daraus folgende Punkte:
1. Die grundlegende Differenz in unseren Auffassungen scheint darin zu liegen, daß die SPD die Einführung des Sozialismus als Gegenwartsaufgabe betrachtet, während die KPD Deutschland z. Zt. nicht reif für den Sozialismus hält. Die KPD glaubt, daß zuerst eine geduldige, mehr oder weniger lange Erziehungsarbeit am werktätigen Volke Deutschlands ge-

---

1 Thüringisches Staatsarchiv Meiningen, BPA der SED Suhl, II/3/07.
2 Vgl. Dokument Nr. 43.
3 Es handelt sich hierbei um die LDP und die CDU.

leistet werden muß, um die Massen zum Kampf für den Sozialismus zu gewinnen. Es sei daher notwendig, daß an den bestehenden wirtschaftlichen Verhältnissen nur insoweit Änderungen eintreten dürfen, als sie durch die Beschlagnahme-Aktionen gegen die Nazis bedingt seien, während sonst die freie Wirtschaft auch in kapitalistischem Sinne wieder hergestellt werden muß. Ebenso steht es – nach Auffassung der KPD – mit der Errichtung der parlamentarisch-demokratischen Republik.

Nach Auffassung der KPD kann die Schaffung einer einheitlichen Arbeiterpartei daher nicht die primäre Aufgabe sein, weil eine solche Partei nur Bestand haben würde, wenn sie aus dem gemeinsamen Kampf heraus erwächst. Sie stimmt aber unserer Auffassung, daß man heute schon Vorbereitungen zu einer späteren organisatorischen Einheit treffen kann, vollkommen bei, weil dadurch eine solche Entwicklung erleichtert würde. Sie stimmt deshalb auch unserem Vorschlag, in allen Ortsvereinen Arbeitsgemeinschaften zu bilden, zu.

Zu unserer Forderung in Bezug auf die Sport- und die Jugendbewegung hält die KPD es für unzweckmäßig, eine Formulierung festzulegen, solange noch keine endgültigen Beschlüsse der Militär-Regierung vorliegen. Grundsätzlich ist die KPD mit uns übereinstimmend der Meinung, daß beide Bewegungen nur einheitliche und antifaschistische sein können.

Unsere Anregung, die beiderseitigen Wohlfahrtsorganisationen (Arbeiterwohlfahrt, Rote Hilfe etc.) zu liquidieren, entspricht auch der Ansicht der KPD. Nur glaubt die KPD, daß es nicht nötig sein wird, eine neue Organisation zu schaffen, weil neben den kommunalen Wohlfahrtseinrichtungen in allen Orten Betreuungsstellen für die Opfer des Faschismus eingerichtet werden, die alle Aufgaben der von uns vorgeschlagenen Art übernehmen könnten. Mit unserem Vorschlag, das Rote Kreuz betreffend, geht die KPD einig.

Die Anregung des Landesvorstandes der SPD, die Einheit der freien deutschen Gewerkschaftsbewegung dadurch zu gewährleisten, daß auf jede Fraktionsbildung innerhalb der Gewerkschaften verzichtet wird, beantwortet die KPD mit folgendem Satz:

»*Im übrigen dürfte es wohl nicht angängig sein, daß eine Partei der anderen irgendwelche Vorschriften organisatorischer Art macht.*«

Unsere Auffassung, daß »*die politischen Parteien von sich aus für jeden Einfluß auf das weltanschauliche Denken und Fühlen verzichten sollen*«, entspricht nach Ansicht der KPD nicht den Grundsätzen des Marxismus. Die KPD ist der Auffassung, daß die weltanschauliche Erziehung nach wie vor eine Frage der Parteien sein muß und daß die Eindämmung des Katholizismus durch die Schaffung einer einheitlichen antifaschistischen demokratischen Jugendbewegung erreicht werden kann.

Zu den Aktionsaufgaben hat die KPD dann noch folgende Ergänzungsvorschläge eingereicht:

»*Sicherung der Arbeiter vor Unternehmerwillkür durch eine entsprechende Arbeitsgerichtsbarkeit*«;

»*Umbau des Roten Kreuzes zu einer einheitlichen antifaschistischen Organisation der sanitären Hilfe*«;

»*Sicherstellung der bürgerlichen Freiheiten der Person, der Rede und Schrift, des Glaubens, der Freizügigkeit und des Koalitionsrechtes.*«

Zum Schluß betont die Bezirksleitung der KPD ihren Wunsch, endlich zur gemeinsamen Arbeit mit uns zu kommen und mit den anderen antifaschistischen Parteien die Verbindung aufzunehmen, um für Thüringen einen festen Block der antifaschistischen demokratischen Parteien zu bilden.

Am 23. Juli 1945 teilte der [SPD-]Landesvorstand der KPD mit, daß er in seiner nächsten Sitzung zu dem Schreiben der KPD Stellung nehmen würde und dankbar wäre, wenn ihm bis dahin auch eine Antwort auf seine Schreiben vom 10. und 19. 7. [19]45 (betr. die Regierungsumbildung) zugestellt würde. Diesem Wunsche hat die Bezirksleitung der KPD jedoch bis heute noch nicht entsprochen.

Unter dem 27. Juli [1945] hat die Bezirksleitung Thüringen der KPD die Vorstände der SPD, der Demokratischen Partei und der Zentrums-Partei zu einer gemeinsamen Besprechung zur Schaffung eines antifaschistischen Blocks für den 31. 7. [19]45 eingeladen. Der Landesvorstand hat diese Einladung nicht nur angenommen, sondern auch noch wie folgt dazu Stellung genommen:

»Um schnell zu einem Ergebnis zu kommen, schlagen wir vor, daß die Grundlage der Arbeit dieses Blocks die 5 Punkte sein sollen, die am 14. Juli 1945 zwischen der Kommunistischen Partei, der Sozialdemokratischen Partei, der Christlich-Demokratischen Union und der Liberal-Demokratischen Partei Deutschlands in Berlin vereinbart worden sind.«

Die Besprechung der 4 antifaschistischen Parteien am 31. Juli [1945] konnte leider noch nicht zu dem von uns gewünschten Ergebnis führen, weil der Bezirksleiter der KPD, Genosse Ernst Busse, verhindert war, an der Besprechung teilzunehmen. Immerhin wurde wenigstens beschlossen, einen Ausschuß zur Klärung der Frage über die Aufnahme ehemaliger Mitglieder der NSDAP in die zugelassenen Parteien einzusetzen.

Der Landesvorstand hat den Genossen Gustav Brack (OberReg[ierungs]Rat im Landesarbeitsamt), Erfurt, Roonstr[aße] 65, in diesen Ausschuß delegiert.

Am 1. Aug[ust] 1945 teilte die Bezirksleitung der KPD unserem Landesvorstand mit, daß sie zu einer neuen Besprechung mit uns auf der von uns aufgeführten Grundlage bereit sind. Um nun endlich in der außerordentlich wichtigen Angelegenheit der Zusammenarbeit der beiden Arbeiterparteien vorwärts und zu praktischen Ergebnissen zu kommen, entschloß sich der Landesvorstand, nicht noch länger auf die Beantwortung seiner Schreiben vom 10. und 19. 7. [19]45 zu warten und einer gemeinsamen Besprechung mit der KPD zuzustimmen. Diese hat am 8. 8. [19]45 unter Teilnahme folgender Genossinnen und Genossen stattgefunden:

Von der SPD:	von der KPD:
Curt Böhme	Ernst Busse
Gustav Brack	Walter Wolf
Cäsar Thierfelder	Georg Schneider[4]
Marie Carnarius	Stefan Heymann
Adolf Bremer	Richard Eyermann[5]

Aus dem Protokoll dieser Konferenz entnehmen wir:

Unter dem Vorsitz unseres Genossen [Curt] Böhme wurde zu den Entwürfen über Vereinbarungen zwischen der SPD und KPD und über ein Abkommen der 4 demokratischen Parteien Stellung genommen. Genosse [Curt] Böhme verliest zunächst den Entwurf der Vereinbarungen zwischen der SPD und KPD und erklärt, daß die Punkte der Berliner Vereinbarung vom Juni d[es] J[ahres] zwischen den Zentralinstanzen der beiden Parteien entsprechen. Der Genosse [Stefan] Heymann (KPD) regt an, daß ein Viererausschuß aus zwei Vertretern beider Parteien eine Beratung über die konkreten Aktionsaufgaben abhalten und die Beschlüsse hierüber beiden Parteien zur Genehmigung vorlegen soll. Ferner, daß baldigst gemeinsame Kundgebungen in den größeren Orten des Landes stattfinden möchten. Dem Vorschlag [Stefan] Heymanns wird zugestimmt.

---

4 Georg Schneider, geb. am 25. März 1909 in Saarbrücken. Beruf: Volksschullehrer. Seit 1930 KPD. 1931 bis 1945 Emigration Sowjetunion. Juli/August 1945 bis April 1946 (bis Oktober 1945 Ltr.) BL KPD Thüringen. Mai 1946 bis Oktober 1947 Lehrer Parteihochschule SED. Oktober 1947 Hochschullehrer Universität Jena. 1950 MdV. 1952 BL SED Gera.

5 Richard Eyermann, geb. 1898. Beruf: Metallarbeiter. USPD, 1920 KPD. 1933 bis 1945 illegale Arbeit u. KZ. April 1945 bis April 1946 BL KPD Thüringen. April 1946 bis 1948 Sekr. LV SED Thüringen. 1952 BL SED Magdeburg. 1971 gest.

Gen[osse] [Curt] Böhme stellte dann fest:
Da keinerlei Einwendungen gegen die vorgeschlagene Vereinbarung gemacht werden, ist die Vereinbarung zwischen der SPD und der KPD einstimmig angenommen. Die Vereinbarung liegt diesem Rundschreiben als Anlage bei.[6]
Übereinstimmend wurde anschließend von den Genossen [Stefan] Heymann, [Walter] Wolf und [Gustav] Brack betont:
»*Nachdem wir völlige Einheit erzielt haben, wollen wir diese besonders auch in allen künftigen Verhandlungen mit bürgerlichen Parteien aufrechterhalten. Unsere proletarische Einheit geht über alles. Wir wollen uns gemeinsam verpflichten, an unsere Unterorgane Anweisungen zur gemeinsamen Arbeit herauszugeben, damit eine kameradschaftliche Zusammenarbeit stattfindet.*«
Genosse Curt Böhme (SPD) eröffnet sodann mit der Verlesung des Entwurfs für die programmatische Erklärung des Viererblocks der antifaschistischen Parteien die Verhandlung zu diesem Punkt der Tagesordnung. Nach einer eingehenden Diskussion, an der sich die Genossen [Cäsar] Thierfelder, [Gustav] Brack und [Curt] Böhme von der SPD und die Genossen [Georg] Schneider, [Walter] Wolf und [Ernst] Busse von der KPD beteiligten, konnte Gen[osse] [Curt] Böhme die Sitzung schließen mit der Feststellung, daß nunmehr auch die gemeinsame Grundlage zum Auftreten im Viererblock durch die einstimmige Annahme der neuen Formulierung des Abkommens geschaffen worden sei.
Am Freitag, den 17. 8. [19]45 wird in Weimar eine Konferenz der Vertreter der KPD, der SPD, der Christlich-Demokratischen Partei und der Liberal-Demokratischen Partei stattfinden, um über die Zusammenarbeit dieser 4 Parteien in Form der Schaffung eines antifaschistischen Blocks zu beraten. Über das Ergebnis dieser Konferenz werden wir noch berichten.
Die Vorstände unserer Kreis- und Ortsvereine werden hierdurch ersucht, nunmehr auch ihrerseits Verhandlungen mit den örtlichen Instanzen zunächst der KPD und alsdann anschließend mit den Vertretern der beiden bürgerlichen Parteien aufzunehmen und entsprechende Vereinbarungen über die örtliche Zusammenarbeit auf der Grundlage der oben wiedergegebenen Vereinbarungen der Landesleitungen der Parteien zu treffen. Selbstverständlich sind dabei die Grundsätze der paritätischen Zusammenarbeit der Ortsausschüsse und der kameradschaftlichen Zusammenarbeit mit den Vertretern der KPD strengstens zu beachten.
Wir hoffen und wünschen, daß uns kein Fall aus dem Lande bekannt wird, in dem gegen

---

6 Die Anlage zum Rundschreiben enthält den Wortlaut der Vereinbarung vom 8. August 1945, in der die Aufgaben des Landesarbeitsausschusses wie folgt formuliert wurden:
»1. Enge Zusammenarbeit bei der Durchführung der gemeinsamen beschlossenen dringlichen Aktionsaufgaben zur Liquidierung der Überreste des Nazismus und zum Wiederaufbau des Landes auf sicheren Grundlagen. Als Voraussetzungen hierzu wird der Aufbau einer antifaschistischen demokratischen parlamentarischen Republik betrachtet, die die Fehler und Schwächen der Vergangenheit vermeidet und dem schaffenden Volke alle demokratischen Rechte und Freiheiten sichert.
2. Sofortige Aufnahme von Verhandlungen mit den anderen antifaschistischen demokratischen Parteien zur Bildung eines festen antifaschistischen Blockes.
3. Gemeinsame Vertretung der Interessen des schaffenden Volkes in Stadt und Land in der Form von Arbeitsgemeinschaften.
4. Durchführung gemeinsamer Veranstaltungen beider Parteien.
5. Gemeinsame Beratung zur Klärung ideologischer Fragen.« Thüringisches Landeshauptarchiv Meiningen, BPA der SED Suhl, II/3/07.2

die gemeinsam gefaßten Beschlüsse der Landesinstanzen der beiden proletarischen Parteien verstoßen wird.

Es lebe die Einheit der sozialistischen Arbeiterbewegung!

Der Landesvorstand
gez. [Heinrich] Hoffmann
2. Landesvorsitzender

Nr. 48
Schreiben des Vorstandes des SPD-Ortsvereins Neustadt am Rennsteig an den Landesvorstand der SPD Thüringen vom 3. September 1945[1]

SPD-Ortsverein Neustadt/R[enn]st[ei]g
Der Vorstand
Neustadt a[m] R[enn]st[ei]g, den 3. 9. [19]45
Dem Landesverband
der Sozialdemokratischen Partei
Weimar

Betr[ifft]: Zusammenarbeit mit der hiesigen KPD

Aufgrund des Beschlusses der beiden Parteien – SPD und KPD – vom 8. 8. [19]45 in Weimar[2] fand hier die erste Zusammenkunft der beiden hiesigen politischen Gruppen am 31. 8. [19]45 zwecks Aufstellung eines gemeinsamen Aktionsprogramms für Neustadt statt.

Entgegen der vorherigen Vereinbarung mit dem Vorsitzenden der KPD, Genosse Heunemann, eine paritätische Zusammensetzung von 4–5 Mann herbeizuführen, erschien die KPD in Ortsgruppenstärke. Von unserer Partei waren 5 Mann anwesend. Genosse Heunemann (KPD) begrüßte die Anwesenden und kam auf den Sinn der Zusammenkunft zu sprechen. U. a. waren seitens der KPD anwesend: der bisherige Bürgermeister und einige Antifaschisten (ehemalige NSDAP-Angehörige).[3]

Auf die sich stets wiederholenden Fragen des Bürgermeisters, warum in Neustadt eine SPD-Ortsgruppe gegründet worden ist, wo vor 1933 auch keine bestanden habe, erklärte unser Genosse Schumann, unterstützt von den Vertretern der SPD, daß die Partei von der alliierten Besatzung nicht nur erlaubt, sondern sogar unterstützt werden soll. Im übrigen habe er als ältestes früheres Mitglied der SPD vom Landesverband den Auftrag und die hierzu erforderlichen Vollmachten erhalten. Diese Begründung erschien der KPD nicht ausreichend, was eine weitere Diskussion unsererseits jedoch nicht erforderte.

---

1 Thüringisches Staatsarchiv Meiningen, BPA der SED Suhl, II/3/5.
2 In dem Beschluß zur Bildung eines Landesarbeitsausschusses für Thüringen vom 8. August 1945 hatten die Landesleitungen beider Parteien alle Organisationen in den Kreisen und Gemeinden dazu aufgefordert, »ebenfalls gemeinsame Arbeitsausschüsse zu schaffen und in derselben Weise, wie es für das ganze Land geschieht, zusammenzuarbeiten«. *Änne Anweiler*, Zur Geschichte der Vereinigung von KPD und SPD in Thüringen 1945–1946. Beiträge zur Geschichte Thüringens, Erfurt 1971, S. 64 f.
3 Offensichtlich eine Anspielung auf die Annahme, daß sich in der KPD-Ortsgruppe ehemalige Mitglieder der NSDAP befanden, die sich nun als NS-Gegner ausgaben.

Auf dieser Basis nicht zu der gewünschten Sprengung der Zusammenkunft gekommen, begannen sich seitens der KPD allseitige Diskussionen über persönliche und durchsichtig-hinterhältige Vorwürfe gegen unsere Genossen anzuspinnen, die in dem Ausdruck gegen unseren Ortsverein als faschistische imperialistische Zusammensetzung gipfelte. Als Begründung wurde u. a. vorgebracht, daß unser erster Vorsitzender, Gen[osse] Schumann, nicht nur alter Faschist sei, sondern auch während der Ortskämpfe um Neustadt den Werwolf[4] mitgegründet habe. Der 2. Vorsitzende habe unberechtigter Weise das Hakenkreuz getragen und in seinem Betrieb auf die Durchführung des deutschen Grußes besonderen Wert gelegt.

Unsere sachlichen Widerlegungen fanden bei den Genossen der KPD weder Beachtung noch Anerkennung. Wir forderten für diese Vorwürfe gegen unsere Genossen Zeugen, jedoch wurde als einziger Zeuge der Anklage ein einziger Name genannt. Es wurde seitens des Bürgermeisters zugesagt, eine Untersuchung sachlich zu führen. Es scheint aber der Fall zu sein, als ob die Untersuchung hinausgezögert oder gar verhindert werden soll. Auf Drängen unserer Genossen, zu einer sachlichen Zusammenarbeit nunmehr zu kommen, brachte der Ortsgruppenleiter der KPD den Beschluß seiner Partei zum Ausdruck, wonach sie gewillt sei, in eine Arbeitsgemeinschaft einzutreten, falls der 1. Vorsitzende unserer Partei, Gen[osse] Schumann, aus der Sitzung ausgeschlossen werde und als früheres Parteimitglied der NSDAP aus dem Vorstand des Ortsvereins ausscheide. Die Gründe für die Zugehörigkeit unseres Genossen Schumann zu der NSDAP sind[5] der KPD bekannt.

Auf Antrag unseres Genossen Geyer wurde die Sitzung zwecks Beschlußfassung unserer Vertretung unterbrochen. Nach der Pause gab Genosse Witter den Beschluß unserer Parteivertreter bekannt: Der Vorstand kann über den Beschluß des Landesverbandes der SPD – Weimar – nicht hinweg und muß aus diesem Grunde die Sitzung als erfolglos beendet ansehen.

Eine Entscheidung über die hängenden Fragen soll bei der Landesleitung eingeholt werden, um in die Verhandlungen mit der KPD wieder eintreten zu können.

i. A. gez. Walter Geyer
der Schriftführer

---

4 Unter dem Stichwort »Werwolf« wurde im Frühjahr 1945 zum Kampf gegen die Alliierten auch unter Besatzungsbedingungen aufgerufen. Es handelte sich bei den »Werwölfen« allerdings um ein maßlos überschätztes Phänomen.
5 Im Original: ist.

Nr. 49
Protokoll über die Sitzung des Blockausschusses der antifaschistisch-demokratischen Parteien des Landes Thüringen am 6. September 1945[1]

Vertreten sind sämtliche Parteien des Antifaschistischen Blocks.
Stellungnahme zur Bodenreform

Genosse [Georg] *Schneider* von der KPD eröffnet die Sitzung und begründet die plötzliche Einberufung mit der Tatsache, daß schnellstens zur Frage der Bodenreform Stellung ge-

---

1 Thüringisches Hauptstaatsarchiv Weimar, BPA der SED Erfurt, V/6/2/1.

nommen werden müßte. Eine entsprechende Entschließung wird zur Beratung zur Verfügung gestellt.

Landesdirektor [Curt] *Böhme*, SPD, befürwortet die Stellungnahme unter dem Gesichtswinkel, daß die Flüchtlinge aus bäuerlichen Gegenden angesiedelt werden müssen und die SPD prinzipiell mit der Inangriffnahme der Bodenreform einverstanden ist.

Landesbankpräsident Dr. [Alphons] *Gaertner* [LDP][2] weist darauf hin, daß die Bodenreform eine historische Tatsache sei und durch die Jahrhunderte der Vergangenheit nie eine zweckmäßige Lösung gefunden hat. Eine Reihe von Fragen entstehen dabei, u. a. sind [bei der] vorgesehenen 100 ha optimale Größe in der Enteignung auch der Besitz des Staates eingeschlossen? Die Begründung des Vorredners halte ich für beachtlich.

Landesdirektor [Leonhard] *Moog*[3], [Liberal-]Demokratische Partei: Es ist erwünscht, daß solche Entschließungen mindestens 1 Tag vorher den Parteien überreicht werden, um in ihren Kreisen dazu Stellung zu nehmen. Grundsätzlich bin ich kein Gegner, aber eine gewisse Bedenkzeit ist unerläßlich.

Ob[er]r[e]g[ierungs]rat [Bruno] *Bieligk*, SPD: Die Frage der Bodenreform ist nicht neu. Zur Ansiedlung von neuen Menschen gehören aber Inventar, Wirtschaftsgebäude, Vieh, Saatgetreide und a. m. Eine weitere Frage ist, ob auch sofort der Boden bearbeitet wird, denn in der Ernährung darf unter keinen Umständen eine Stockung eintreten. Wir wünschen aber keine neuen Besitzer. Wenn schon enteignet wird – und das halten wir für richtig – dann ist der gewonnene Boden auf genossenschaftlicher Grundlage oder in Erbpacht zu vergeben.

Vizepräsident [Ernst] *Busse*, KPD: In dieser Frage sind wir nicht unerfahren, aber wir sind an die Zeit gebunden. Der Großgrundbesitz ist nachweislich der Hort des Faschismus.

Herr [Paul] *Riedel*[4], Christ[lich-]Demokratische Union: Dieses politische Problem ist mit dem Ost-Problem stark verbunden. Man kann ohne Unterlagen der Entschließung nicht ohne weiteres zustimmen. Die Bodenreform muß sinngemäß in Angriff genommen werden, und dazu ist Zeit notwendig.

Ob[er]r[e]g[ierungs]rat [Gustav] *Brack*, SPD: Die Begründung meines Parteifreundes [Curt] Böhme erkenne ich ohne weiteres an. Nicht einverstanden bin ich, an Stelle der bisherigen Besitzer neue zu schaffen, deren politische Zuverlässigkeit völlig unbekannt ist. Ich erinnere an die Landbund-Agitation eines Herrn Höfer[5], der der Vorläufer nazistischer Organisationen gewesen ist und dem die Bauern in Scharen zugelaufen sind. 5 ha sind für thüringische Verhältnisse völlig ungenügend. Selbst in landwirtschaftlich fruchtbaren Gegenden, aus denen ich selbst stamme, ist der Kleinbauer von 20 Morgen ein Prolet in seinem Stande, daher schlage ich vor, eine kleine Kommission zu bestimmen, die eine entsprechende Entschließung auszuarbeiten hat.

Herr [Felix] *Zumhasch*, [Liberal-]Demokratische Partei: Es gibt eine Reihe von guten Antifaschisten, die 100 ha und mehr Land besitzen. Diese zu enteignen, wäre betrüblich.

---

2 Alphons Gaertner, geb. 1892. Beruf: Volkswirt. 1919 DDP, 1945 LDP. 1945 bis 1948 Präs. Landesbank Thüringen. 1945 bis 1948 stellv. Vors. LDP Thüringen. Juli 1946 bis Juli 1948 Zentralvorstand LDP. 1948 Flucht nach Westdeutschland. 1949 gest.

3 Leonhard Moog, geb. 1882. Beruf: Kaufmann. Vor 1933 DDP, 1945 LDP. Juli 1945 bis Dezember 1946 Dir. Landesamt für Finanzen LVW Thüringen. Dezember 1946 bis Januar 1950 Minister für Finanzen Thüringen. 1945 bis 1949 1. Vors. LDP Thüringen. 1945 bis 1950 Zentralvorstand LDP. Januar 1950 Bundesrepublik. 1962 gest.

4 Paul Riedel, CDU. September 1945 bis Januar 1946 Beisitzer LV u. Landesgeschäftsführer CDU Thüringen.

5 Ernst Höfer, in der Zeit der Weimarer Republik Repräsentant des Thüringischen Landbundes. Vgl. *Jens Flemming*, Landwirtschaftliche Interessen und Demokratie. Ländliche Gesellschaft, Agrarverbände und Staat 1890–1925, Bonn 1978, S. 183, S. 235.

Ich bin dafür, daß die überschießende Besitzhöhe über 100 ha in obigen Fällen zur Verfügung gestellt wird, aber der Gesamtbesitz nicht angetastet wird.

Es wird beschlossen, für Sonnabend, den 8. d[es] M[onats] eine Kommission aus je einem Vertreter der anwesenden Parteien zu benennen, die mit der redaktionellen Fassung einer Entschließung beauftragt wird.[6]

Schluß der Sitzung 20 Uhr.
Weimar, den 8. 9. 1945
gez. [Gustav] Brack[7]

---

6 Ob es zum Zusammentritt dieser Kommission kam, ist unklar. Manfred Overesch stellt dar, daß Georg Schneider nach der offensichtlichen Weigerung der CDU im Blockausschuß, dem Bodenreformkonzept der KPD zuzustimmen, dennoch am Abend des 6. September 1945 unter Druck die Zustimmung der CDU erpreßte. Gemeinsam hätten alle anwesenden 20 Vertreter der Thüringischen Blockparteien in der Nacht vom 6. auf den 7. September 1945 einen Aufruf »An das Thüringer Landvolk!« unterzeichnet, welcher die Bodenreform unterstützte. Vgl. *Overesch*, Hermann Brill in Thüringen, S. 369. Bei dieser Version bleiben einige Fragen offen, denn die Sitzung des Blockausschusses endete offiziell um 20 Uhr. Am 10. September 1945 wurde die Verordnung der Landesregierung Thüringen über die Bodenreform veröffentlicht. Vgl. SBZ-Handbuch, S. 181.
7 Unterschrift handschriftlich.

Nr. 50
Aktenvermerk über die Sitzung des Aktionssausschusses von SPD und KPD des Landes Thüringen am 17. September 1945[1]

Anwesend von der KPD die Genossen [Ernst] Busse, [Georg] Schneider, [Stefan] Heymann, Hanna Melzer und ein Genosse, dessen Namen mir nicht bekannt ist;
von der SPD die Genossen [Curt] Böhme, [Cäsar] Thierfelder, [Gustav] Brack, [Franz] Lepinski[2], [Marie] Carnarius.

Als Tagesordnungspunkt war vorgesehen: *Gemeinsame Stellungnahme zur Personalpolitik*
Genosse [Ernst] *Busse*, KPD, eröffnete die Sitzung mit folgenden Darlegungen:
Durch den Eintritt des Landesdirektors [Willi] Albrecht[3] in den Freien Deutschen Gewerkschaftsbund ist das Landesamt für Arbeit frei geworden. Es ist richtig, daß der Sozialdemokratischen Partei der Anspruch auf ein 3. Amt zusteht.[4] Entsprechend den Staatsse-

---

1 Thüringisches Hauptstaatsarchiv Weimar, BPA der SED Erfurt, III/1-001.
2 Franz Lepinski, geb. am 19. Juli 1896. Vor 1933 SPD. 1945/46 Landesamt für Arbeit LVW Thüringen. 1946 bis 1950 Stadtrat in Erfurt. 1945/46 Kulturausschuß der SPD. 1946/47 LV SED Thüringen. 1950 Ausschluß SED. März 1950 Übersiedlung nach Westberlin.
3 Willi Albrecht, geb. 1896. Beruf: Bauschlosser. 1918 USPD, 1920 KPD. 1933 bis 1945 illegale Arbeit, Haft u. KZ Buchenwald. Juli bis September 1945 Dir. Landesamt für Arbeit LVW Thüringen. August 1945 bis 1950 1. Vors. FDGB Thüringen. Februar 1946 bis 1963 Bundesvorstand FDGB. 1969 gest.
4 Die SPD hatte bis zu diesem Zeitpunkt Georg Appell als Leiter des Landesamtes für Verkehr und Erich Drechsler als Leiter des aus dem Landesamt des Innern ausgegliederten Landesgesundheitsamtes.

kretariaten in Berlin[5] müssen auch in Thüringen Landesämter umgebaut werden, und daher wird das Amt für Sozialwesen in das Landesamt für Arbeit wieder eingegliedert. Ein neues Amt für Handel und Versorgung wird errichtet, und die KPD stellt der SPD anheim, dieses Amt zu besetzen. Das Landesamt für Arbeit möchte die KPD behalten und schlägt dazu den bisherigen Leiter des Zentralbüros, den Genossen [Ernst] Frommhold[6] vor. Dieser hat sich mit dem Genossen [Gustav] Brack verständigt, daß er die neue Leitung der Abteilung »Arbeitsgerichtsbarkeit« übernehmen solle. Wir haben dem Genossen [Ernst] Frommhold entsprechende Zusage gemacht, und es würde wie ein Mißtrauen gegen ihn aussehen, wenn er nicht berücksichtigt werden könnte, zumal er schon seit dem Bestehen des Amtes das Zentralbüro geleitet hat und dementsprechend wohl auch in der Lage sei, dem Amt vorzustehen.

Genosse [Curt] *Böhme*, SPD, weist darauf hin, daß unter mehrfachen Absprachen unser Anspruch auf das Landesamt für Arbeit geltend gemacht worden ist.[7] Wenn durch die Neuerrichtung des Landesamtes für Handel und Versorgung eine neue Situation eingetreten ist, so ändert dies wenig an dem von uns geltend gemachten Anspruch. Wir haben für das Landesamt für Arbeit den Genossen [Gustav] Brack vorgeschlagen und sind der Meinung, daß nur ein Mann aus der Gewerkschaftsbewegung für die Besetzung infrage kommen könnte. Der Genosse [Ernst] Frommhold hätte ja mit der Amtsleitung schon beim vormaligen Wechsel berücksichtigt werden können, und seine Position ist ja auch durch den Leitungswechsel nicht gefährdet. Im übrigen wären wir damit einverstanden, daß die KPD das Landesamt für Handel und Versorgung für sich in Anspruch nimmt.

Genosse [Cäsar] *Thierfelder*, SPD: Seit Weggang des Genossen [Ernst] Busse vom Landesamt für Arbeit vermissen wir die gewohnte Zusammenarbeit mit der Amtsleitung. Abteilungsleiterbesprechungen haben nicht mehr stattgefunden. Infolgedessen ist der Zusammenhang im Amt nur sehr lockerer Art. Wir haben gegen den Genossen [Ernst] Frommhold in seiner Person nichts einzuwenden, jedoch berührt dies den Anspruch der SPD auf das Landesamt nicht. Wir müssen deshalb schon bitten, daß hinter unserer berechtigten Forderung die KPD zurücktritt.

Genosse [Franz] *Lepinski*, SPD: Ich möchte darauf verweisen, daß ich den Genossen [Gustav] Brack seit mehr als 20 Jahren kenne, da ich in der Hauptverwaltung des ZdA[8] tätig war, während er als Gauleiter den Gau Thüringen[9] geführt hat. Er ist nach meiner Über-

---

5 In Berlin gab es zu diesem Zeitpunkt keine Staatssekretariate. Gemeint waren sicherlich die Deutschen Zentralverwaltungen. Diese wurden zu verschiedenen Sachgebieten im Sommer 1945 gebildet. Vgl. SBZ-Handbuch, S. 201–290; Errichtung des Arbeiter- und Bauern-Staates der DDR, 1945–1949, Autorenkoll. u. Ltg. v. *Karl-Heinz Schöneburg*, Berlin (Ost) 1983.
6 Ernst Frommhold, KPD. 1933 bis 1945 illegale Arbeit, Haft u. KZ Buchenwald. März bis Dezember 1946 Dir. Landesamt für Wirtschaft LVW Thüringen. Dezember 1946 Abtltr. im Ministerium für Wirtschaft Thüringen.
7 Der Landesvorstand hatte auf seiner Sitzung am 11. August 1945 den Anspruch der SPD auf drei Landesämter bekräftigt und folgenden Beschluß gefaßt: »Auf der Grundlage paritätischer Verteilung der Landesämter unter die blockbildenden demokratischen Parteien steht der Partei ein Anspruch auf 3 Landesämter zu. Der Bezirksvorstand beauftragt die Genossen Hoffmann und Böhme, diesen Anspruch gegenüber dem Genossen Busse als dem Bezirksleiter der KPD zu vertreten. Der Bezirksvorstand billigt weiterhin, daß der Genosse Böhme die Leitung des Landesamtes des Innern übernimmt unter der Voraussetzung, daß seitens der KPD der Anspruch auf 3 Landesämter nicht bestritten wird. Die Übernahme des Landesamtes des Innern durch einen Vertreter der Partei setzt selbstverständlich voraus, daß der Leiter des Landesamtes des Innern mit derselben eigenen Zuständigkeit in seinem Verwaltungsbereich wirken kann wie die Landesdirektoren der anderen Landesämter.« Thüringisches Hauptstaatsarchiv Weimar, BPA der SED Erfurt, II/2-003.
8 Zentralverband der Angestellten.
9 Gustav Brack war bis 1933 Gauleiter des Zentralverbandes der Angestellten für Thüringen.

zeugung für die neue Amtsleitung der Mann, den wir uns wünschen können, und er verfügt infolge seiner langjährigen Organisationstätigkeit über die Kenntnisse, die im Landesamt für Arbeit zwingend erforderlich sind.

Genosse [Gustav] *Brack*, SPD: Zur Personenfrage habe ich nichts zu sagen, sondern nur darauf hinzuweisen, daß die mir angebotene Tätigkeit für die Arbeitsgerichtsbarkeit von 2 Fragen abhängt:

1. Müßte eine Verfügung des Präsidenten erwirkt werden, daß für die Arbeitsgerichtsbarkeit als oberste Verwaltungsbehörde das Landesamt für Arbeit bestimmt wird. Landespräsident Dr. [Rudolf] Paul ist Jurist, und es ist mit größter Wahrscheinlichkeit anzunehmen, daß er eine solche Maßnahme nicht verfügen wird.
2. Müßte das Landesamt für Arbeit auch über eine Vollstreckungsbehörde verfügen, denn ohne eine solche untere Instanz wäre die oben genannte Verfügung wirkungslos. Aus Sparsamkeitsgründen ist dies aber nicht angängig.

Daher sehe ich in dem Angebot des Genossen [Ernst] Frommhold keine dauernde Tätigkeit, sondern lediglich eine organisatorische Aufgabe, die wiederum in wenigen Wochen erledigt ist.

Es sprachen dazu noch die Genossen [Georg] Schneider, KPD; [Curt] Böhme, SPD; [Ernst] Busse, KPD; und [Stefan] Heymann, KPD.

Es wird folgendes beschlossen:

Beide Parteien behalten sich vor, die gesamten Fragen noch einmal zu überlegen, und der Genosse [Curt] Böhme übernimmt die Verpflichtung, am 19. d[es] M[onats] mit dem Genossen [Ernst] Busse darüber zu verhandeln. Er weist aber bereits darauf hin, daß mit einer Änderung der Stellungnahme der SPD nicht zu rechnen wäre.

Genossen [Stefan] *Heymann*, KPD, schneidet eine andere Frage an: Gemeinsame Funktionärsitzungen mit 2 Referenten jeder Fraktion stattfinden zu lassen. Politische Tagesfragen, wie z. B. die Bodenreform, das Betriebsrätegesetz usw. sollen gemeinsam behandelt werden. Das würde eine gewisse ideologische Klärung innerhalb der beiden Parteien mit sich bringen und Reibungsflächen, die sich hier und da noch zeigen, beseitigen. Grundsätzlich sind beide Parteien damit einverstanden.

Genosse [Curt] *Böhme*, SPD, weist darauf hin, daß die Meinung auftaucht, daß in vielen Orten von mehr als 2 000 Einwohnern unsere Genossen, die dort Bürgermeister sind, abberufen werden und durch Genossen der KPD ersetzt werden. Er bittet darum, daß die KPD ihren Gliederungen Anweisung gäbe, von solchen Maßnahmen Abstand zu nehmen, da diese zweifelsohne zu dem Verdacht führen müßte, daß die Genossen der SPD abgehängt werden.

Genosse [Georg] *Schneider*, KPD, erklärt, daß solche Abberufungen vielfach entgegen dem Willen der KPD von den Russen vorgenommen würden und es läge gar nicht im Interesse der KPD, diese Funktionen zu besetzen. Aber sie seien vielfach nicht in der Lage, dagegen etwas zu unternehmen. Er hoffe, daß sich die Verhältnisse etwas konsolidieren würden, und was die KPD dazu beitragen könne, wolle sie gern tun.

Schluß der Sitzung 20.15 Uhr[10]

---

10 Die Unterschrift des Protokollanten ist nicht zu entziffern.

2. Abschnitt

Die Kampagne der KPD für die Bildung einer Einheitspartei, die Einflußnahme der SMA und die Reaktion der Sozialdemokraten (Oktober 1945 bis Januar 1946)

2.1. Sozialdemokratisches Selbstbewußtsein, Zunahme der Spannungen und Abwehr kommunistischer Vereinnahmungsbestrebungen (Oktober/Mitte Dezember 1945)

Mecklenburg-Vorpommern

Nr. 51

Protokoll über die Sitzung des Landesvorstandes der SPD Mecklenburg-Vorpommern am 7. Oktober 1945[1]

Anwesend: Gen[osse] [Carl] Moltmann, Schwerin;
Gen[osse] [Hermann] Lüdemann, Schwerin;
Gen[osse] [Xaver] Karl, Schwerin;
Gen[osse] [Albert] Schulz[2], Rostock;
Gen[osse] [Herbert] Säverin[3], Wismar;
Gen[osse] [Paul] Wöhl[4], Güstrow;
Gen[osse] [Hermann] Krüger[5], Greifswald;
außerdem [Heinz Albert] Pohlmeyer[6] und Blank von der Presse, ferner Willy Jesse.[7]

Eröffnung: 10.10 Uhr durch Genossen [Carl] Moltmann.

---

1 Mecklenburgisches Landeshauptarchiv, BPA der SED Schwerin, II/2.
2 Albert Schulz, geb. am 11. Oktober 1895 in Rostock. Beruf: Maschinenbauer. Seit 1913 SPD. 1926 bis 1933 Redakteur »Mecklenburgische Volkszeitung«. 1930 bis 1933 BV SPD Rostock. 1932 MdR. 1945/46 LV SPD Mecklenburg-Vorpommern. 1946 bis 1949 OB Rostock. April 1946 LV SED Mecklenburg. 1949 Übersiedlung nach Lüneburg bzw. Kiel.
3 Herbert Säverin, geb. am 23. September 1906 in Zapel (Mecklenburg). Seit 1922 SPD. 1923 bis 1933 Stadtverwaltung Wismar. Juli 1945 Stadtverwaltung Wismar. 1945/46 LV SPD Mecklenburg-Vorpommern. April 1946 LV SED Mecklenburg.
4 Paul Wöhl, geb. am 4. Oktober 1898 in Stralendorf (Kreis Schwerin). Beruf: Tischler. Seit 1920 SPD. Mai 1945 BM u. Stadtrat in Güstrow. 1945/46 LV SPD Mecklenburg-Vorpommern.
5 Hermann Krüger, geb. am 1. Mai 1888 in Niesdorf (Brandenburg). Beruf: Schlosser. Seit 1912 SPD. 1945 Ltr. Arbeitsamt Greifswald. 1945/46 LV SPD Mecklenburg-Vorpommern.
6 Heinz Albert Pohlmeyer, geb. 1893. Beruf: Redakteur. Vor 1933 SPD. September 1945 bis April 1946 Chefredakteur SPD-Landeszeitung »Volksstimme«. April 1946 Chefredakteur SED-Landesorgan »Landes-Zeitung«. September 1947 LV SED Mecklenburg.
7 Willy Jesse, geb. am 14. Dezember 1897 in Rostock. Seit 1912 SPD. 1931 Sekr. BV SPD Mecklenburg-Lübeck. September 1944 Flucht nach Schweden. November 1945 bis April 1946 Geschäftsführer LV SPD Mecklenburg-Vorpommern. April bis Juli 1946 PV SED u. Sekr. LV SED Mecklenburg. Juli 1946 Verhaftung u. bis 1954 Haft Sowjetunion. September 1954 Entlassung, Bundesrepublik. Januar 1955 bis 1964 Abtltr. PV SPD in Bonn. 1971 gest.

Tagesordnung:
1. Politik
2. Antifa und Arbeitsgemeinschaften
3. Presse
4. Organisation

Zum Schriftführer wurde Genosse [Herbert] Säverin bestimmt.
Durch Abstimmung wurden einstimmig gewählt:

zum 1. Vorsitzenden: Genosse [Carl] Moltmann
zum 2. Vorsitzenden: Genosse [Willy] Jesse

Punkt 1 und 2 der Tagesordnung wurden zusammengefaßt.
 Genosse [Carl] *Moltmann* gibt eine Übersicht über die augenblickliche politische Arbeit. Diese sei sehr schwierig, insbesondere sei die richtige Zusammenarbeit mit der KPD noch nicht gefunden. Die Bodenreform sei für das ganze Land von ausschlaggebender Bedeutung. Die Größe der einzelnen Siedlungen sei teilweise unbefriedigend, sie könne mit Rücksicht auf die große Zahl der Anzusiedelnden jedoch nicht größer sein. Insbesondere müsse die Partei Wert darauf legen, daß in erster Linie die einheimischen Landarbeiter untergebracht würden. Diese könnten zu einem großen Teil sowohl lebendiges als auch totes Inventar mitbringen. Vor allem würde durch ihre Ansiedlung der Neubau von Wohn- und Wirtschaftsraum eingespart.
 Die Absetzung des Genossen [Karl] Moritz als Leiter des Arbeitsamtes Wismar sei Gegenstand längerer Besprechungen mit der KPD gewesen.[8] Die gegen [Karl] Moritz erhobenen Anschuldigungen hätten sich als unhaltbar erwiesen; insbesondere wurden von der KPD mehrere Unterlassungen zugegeben. Es sei jedoch beschlossen worden, zur endgültigen Klärung der Angelegenheit die Untersuchung an Ort und Stelle weiterzuführen.
 [Paul] *Wöhl*, Güstrow, berichtet über ein sehr gutes Arbeitsverhältnis zwischen der SPD und KPD am Orte.
 Genosse [Karl] *Moritz*, Wismar, legt noch einmal sein Verhalten in allen Einzelheiten dar.
 [Xaver] *Karl*, Schwerin, berichtet über die Gründung der Landesarbeitsgemeinschaft mit der KPD.[9] In den ersten beiden Sitzungen sei zunächst die Bodenreform behandelt worden, sodann seien außer dem Fall [Karl] Moritz noch die Angelegenheit Krüger, Boltenhagen,[10] und der Angriff des Genossen [Gustav] Sobottka[11] von der KPD auf den frühe-

---

8 Auffällig ist, daß um die Besetzung der Leiter der Arbeitsämter harte Auseinandersetzungen geführt wurden. Der Kampf der Thüringer Sozialdemokraten um die Besetzung des Leiters des Landesarbeitsamtes ist, wie an den Mecklenburger Vorgängen deutlich wird, kein Einzelfall. Der Einfluß auf personalpolitische Entscheidungen schien Kommunisten und Sozialdemokraten gleichermaßen wichtig.
9 Am 3. und 5. Oktober 1945 hatten sich die Landesleitung der KPD und der Landesvorstand der SPD in Schwerin auf ein Aktionsabkommen im Landesmaßstab geeinigt. Vgl. Geschichte der Landesparteiorganisation der SED Mecklenburg, S. 138.
10 Worum es sich bei dem »Fall Krüger« handelte, konnte nicht ermittelt werden.
11 Gustav Sobottka, geb. 1886. Beruf: Bergmann. 1910 SPD, 1918 USPD, 1920 KPD. 1933/35 Emigration Frankreich. 1936 bis 1945 Emigration UdSSR. 1943 Mitbegründer NKFD. Mai 1945 Ltr. »Initiativgruppe« ZK KPD für Mecklenburg. Juni bis November 1945 Ltr. BL KPD Mecklenburg-Vorpommern. Dezember 1945 bis 1947 2. Vizepräs., 1947 Präs. DZW für Brennstoffindustrie. 1948/49 Abtltr. DWK. 1949 bis 1951 Ministerium für Schwerindustrie DDR. 1953 gest.

ren preußischen Innenminister [Carl] Severing zur Sprache gekommen.[12] Die Anschuldigungen gegen den Letzteren seien von unserer Partei entschieden zurückgewiesen worden.

[Albert] *Schulz*, Rostock, gibt einen Bericht über die Zusammenarbeit mit der KPD im östlichen Mecklenburg. Der Vorsitzende in Kröpelin, Genosse Hamann, sei verhaftet, in Malchow ein von der SPD herausgegebenes Plakat beschlagnahmt worden. In Dierhagen sei eine Ortsgruppe der SPD trotz Genehmigung seitens der zuständigen russischen Kommandantur von dem kommunistischen Polizeichef aufgelöst [worden]. Wir müßten die einzelnen Fälle sorgfältig behandeln, um zu einer ersprießlichen Zusammenarbeit mit der KPD zu kommen.

[Herbert] *Säverin*, Wismar, legt noch einmal den Fall [Karl] Moritz dar. Der Landesvorstand müsse feststellen, wie die Verteilung der politischen Ämter in der Verwaltung zwischen den einzelnen Parteien vorgenommen worden sei.

[Hermann] *Lüdemann*, Schwerin: Wir müßten die Einigung zwischen den Parteien anstreben. Aus diesem Grunde sei es zweckmäßig, an jedem Ort eine Arbeitsgemeinschaft zwischen den beiden Parteien ins Leben zu rufen.[13] In der Landesarbeitsgemeinschaft sei von uns vorgeschlagen worden, daß die Genossen [Hermann] Lüdemann und [Gustav] Sobottka beim General[14] die Wiedereinsetzung des Genossen Moritz als Arbeitsamtsleiter beantragen sollten. Dies sei jedoch von der Gegenseite abgelehnt worden.

[Willy] *Jesse*, Rostock: Der Genosse Hörnig, Rostock, sei verhaftet worden, weil bei einer Haussuchung in seiner Bibliothek nazistische und antisowjetische Literatur gefunden worden sei. Es müsse geklärt werden, inwieweit solche Literatur im Besitz von führenden und agitatorisch tätigen Männern der Bewegung sein dürfe.

[Carl] *Moltmann*, Schwerin, faßt das Ergebnis der Aussprache zusammen:

In allen Orten seien unverzüglich neben den Arbeitsausschüssen der Blöcke der antifaschistisch-demokratischen Parteien Arbeitsgemeinschaften zwischen SPD und KPD ins Leben zu rufen.

Punkt 3: Presse

Blank, Schwerin, berichtet über die Schwierigkeiten, denen die Herausgabe der Zeitung begegnet. Infolge [des] Ausbaus der Eberhardt'schen Druckerei in Wismar bestehe z. Zt. keine Möglichkeit für das regelmäßige Erscheinen der Parteizeitung. Für die Übergangszeit von etwa 4–5 Wochen solle versucht werden, wöchentlich einmal die Zeitung mit etwa 6 Seiten und einer etwas größeren Auflage bei der Druckerei der Volkszeitung[15] herauszugeben. Sobald geeignete Monteure vorhanden seien, könne der Abtransport der Maschinen aus der früheren Parteidruckerei in Stralsund erfolgen. Nach den vorläufigen Berechnungen sei für die Aufstellung ein Betrag von etwa 50 000 Mark erforderlich.

[Herbert] *Säverin*, Wismar, erklärt, daß ev[en]t[uel]l für diese Übergangszeit die Möglichkeit bestehe, in der früheren Druckerei der F[irm]a Dernehl in Warin unsere Zeitung zu drucken.

---

12 Am 19. September 1945 appellierte Wilhelm Pieck auf einer Kundgebung der KPD in Berlin an die sozialdemokratischen Arbeiter, sie sollten nicht zulassen, daß »solche Gestalten wie Noske, Severing, Stampfer und ähnliche« die SPD wieder zu einer einheitsfeindlichen Politik führten. Offensichtlich hatte Gustav Sobottka die Pieck-Äußerungen in irgendeiner Weise wiederholt. Vgl. *Wilhelm Pieck*, Reden und Aufsätze. Auswahl aus den Jahren 1908–1950, Bd.II, Berlin 1951, S. 27.
13 In Mecklenburg-Vorpommern kam es erst im Herbst 1945 zur Bildung örtlicher Arbeitsgemeinschaften zwischen Kommunisten und Sozialdemokraten.
14 Gemeint ist der Chef der Verwaltung der SMAD für das Land Mecklenburg Generaloberst Iwan I. Fedjuninski.
15 Das KPD-Landesorgan für Mecklenburg-Vorpommern »Volkszeitung« erschien seit dem 13. Juli 1945.

Punkt 4: Organisation

[Hermann] *Lüdemann*, Schwerin, gibt einen Bericht über die Entwicklung der Partei in den letzten Wochen. Es bestehen 139 Ortsgruppen und 24 Stützpunkte, insgesamt also 163 Verwaltungsstellen. Die Berichterstattung sei sehr unbefriedigend. Über den September hätten erst 40 Ortsgruppen berichtet. Von den Landkreisen seien nur etwa 3 ausreichend entwickelt, und zwar Schönberg, Wismar und Rostock. Der Kreis Schwerin hinke noch nach. Vergleichsweise am besten organisiert sei der Westen Mecklenburgs mit 9 000 Mitgliedern; der Osten zählt nur 5 000 Mitglieder und Pommern gar nur 3 000 Mitglieder. Erstaunlich sei die Entwicklung auf der Insel Rügen, wo wir 1 000 Mitglieder hätten.

Im ganzen sei der Stand unserer Organisation unbefriedigend, woran die schlechten Verkehrsverhältnisse die Schuld trügen. Eine eigentliche Werbung sei überhaupt noch nicht erfolgt. Es müßten neue Menschen gesucht und geschult werden, um so eine genügende Anzahl Funktionäre heranzubilden. Das auf der letzten Vorstandssitzung beschlossene Programm sei noch nicht in Angriff genommen worden.[16] Die Presse müsse kräftig gefördert werden, dürfe aber nicht auf Kosten des Organisationsaufbaus gefüttert werden. Es sei unbedingt daran festzuhalten, daß für unser Land 20 Kreis- und 6 Bezirkssekretäre hauptamtlich angestellt werden. Der Genosse [Willy] Jesse werde heute als Landessekretär einzusetzen sein, außerdem möglichst auch der Genosse Albert Schulz. Für die Hauptverwaltung seien mindestens 3 Sekretäre erforderlich, für Jugend-, Kommunal- und Agrarfragen und ein besonderer Sekretär für das Schulungswesen. Die Partei sei zu passiv. Sie müsse verjüngt werden. Wir müßten darauf hinarbeiten, daß eines Tages eine sozialistische Einigungspartei entstehe.

Genosse [Carl] *Moltmann* bezeichnet den Bestand von annähernd 20 000 Mitgliedern als gutes Ergebnis. Grundsatz müsse bleiben, daß nur unbedingt zuverlässige Leute als Mitglieder aufgenommen werden. Für den Landesvorstand stünden monatlich 8 000 Mark zur Verfügung. Von diesem Betrage sei auszugehen, um einen Parteiapparat aufzubauen, denn dieser Apparat könne nur aufgebaut werden auf Grund regelmäßig eingehender Mitgliedsbeiträge und nicht auf schwankenden Sammlungsbeträgen.

Für Schwerin sei die Hausfrage sehr schwierig. Die Ortsgruppe könne in nächster Zeit in dem früheren Zeitungsgebäude untergebracht werden, für die Landesleitung müsse einstweilen eine Übergangslösung gefunden werden. Kreissekretäre könn[t]e[n] z. Zt. nur dort eingesetzt werden, wo die Organisation bereits entsprechend entwickelt ist. Nach seinen Informationen würden sie in Zukunft von Berlin aus angestellt. Die Zahl von 30 Kreissekretären sei für die Partei untragbar. Es sei unzweckmäßig, dies in den Vorstandssitzungen festzulegen.

Die Genossen [Hermann] Lüdemann und [Willy] Jesse sollen den sich aus der Parteiarbeit ergebenden Erfordernissen entsprechend selbständig handeln. Die Geldbeschaffung für die Zeitung sei im Augenblick das Wichtigste.

[Albert] *Schulz*: Wir können Mecklenburg heute in zwei Teile teilen, und zwar östlich bzw. westlich einer gedachten Linie Rostock/Güstrow. Im östlichen Teil ist die Arbeit für die Partei bedeutend schwieriger, weil die Leute noch alle unter den Depressionen der

---

16 Auf der Landesvorstandssitzung am 26. August 1945 wurden Zielsetzungen für die Mitgliederwerbung fixiert. Im Vorstandsprotokoll heißt es: »Besser ist es wohl, so zu verfahren, daß ein bestimmtes Ziel aufgestellt wird, dessen Erreichung die Aufgabe unserer Propaganda würde. Vielleicht kann man als erreichbares Ziel einen Mitgliederbestand von 30 000 am 31. Dezember 1945 annehmen und für das Jahr 1946 mit einer durchschnittlichen Mitgliederzahl von 50 000 rechnen«. Mecklenburgisches Landeshauptarchiv, BPA der SED Schwerin, II/2.

Kriegsereignisse leiden. Dort ist die Verkehrsfrage bedeutend schwieriger. Unser Parteiapparat ist im Augenblick zu klein. Es ließe sich z. Zt. verantworten, daß wir etwas über unseren Etat leben, da wir erst vor einer Aufwärtsentwicklung stünden. Die Beitragsverteilung wirke sich für die Ortsvereine sehr ungünstig aus. Für den Rostocker Bezirk sei angestrebt, jede Ortsgruppe mit einem Fernsprecher zu versehen, damit erforderliche Unterlagen schnellstens beschafft werden könnten.

Auf eine Frage des Genossen [Paul] Wöhl berichtet Genosse [Karl] *Moritz* über die Richtlinien, die für die Aufnahme von Mitgliedern bestehen.[17]

[Hermann] *Krüger*: In Pommern sei alles bedeutend schlechter. Der Verkehr liege völlig lahm; die Eisenbahnen seien größtenteils ausgebaut. Es sei unbedingt erforderlich, sofort einen Parteisekretär nach Greifswald zu schicken, und zwar für die Kreise Greifswald und Anklam. Stralsund sollte man ein Mitglied in den Landesvorstand entsenden lassen.

[Carl] *Moltmann*: Im Osten des Landes sieht es besonders schlecht aus. Neu einzustellende Parteisekretäre seien erst auf Herz und Nieren zu prüfen. Am besten sei es, wenn sie sich aus den Kreisen selbst entwickeln würden.

[Hermann] *Lüdemann* ist der Meinung, daß nach Pommern sofort mindestens 3 Sekretäre geschickt werden müßten. Am zweckmäßigsten wäre es, wenn der Genosse Albert Schulz auf 6 bis 8 Wochen nach Greifswald gehen würde, um dort mit Hilfe von 2–3 Anlernlingen die Partei aufzubauen.

[Herbert] *Säverin*: Die Partei solle vorhandenes Geld in erster Linie in Kraftwagen stekken. Die Partei solle vor allem Kraftwagen kaufen. Die sind die Voraussetzung für eine fruchtbare Parteiarbeit und deshalb im Augenblick wichtiger als ein Haufen Sekretäre. Außerdem sei wichtig für uns die Schulung der Funktionäre. Wenn Berlin z. Zt. noch kein Schulungsmaterial schicken könne, müßten wir es uns selbst beschaffen. Zu begrüßen sei, daß alle Jugendlichen, die seinerzeit zwangsweise in HJ[18] und BDM[19] organisiert und automatisch in die Partei [NSDAP] überführt wurden, nicht mehr als Nationalsozialisten angesehen werden sollen. Gerade diese Jugendlichen heranzuziehen und mit dem Gedankengut des Sozialismus bekannt zu machen, sei eine große Aufgabe der Partei. Im übrigen sei es zweckmäßig, die Wünsche des Genossen [Hermann] Lüdemann mit den Wünschen des Genossen [Carl] Moltmann in Einklang zu bringen. Es dürfte zweckmäßig sein, den Genossen [Hermann] Lüdemann und [Willy] Jesse die Vollmacht zu geben, die Organisation so aufzubauen, wie sie die Parteiarbeit erfordert.

---

17 Richtlinien des Zentralausschusses für die Aufnahme neuer Mitglieder existierten zunächst nicht. Die Regelung der Aufnahmemodalitäten blieb den jeweiligen Ortsvereinen überlassen. Erst ab Oktober gab der Zentralausschuß für alle Bezirks- und Landesverbände verbindliche Aufnahmeanträge heraus, in denen entsprechende Angaben über die Mitgliedschaft in der NSDAP und ihren Gliederungen verlangt wurden. Landes- und Bezirksvorstände versuchten, mit eigenen Richtlinien und Rundschreiben Einfluß auf die Aufnahmepraxis in den Ortsvereinen zu nehmen, was ihnen jedoch nur teilweise gelang. Dies betraf insbesondere die Aufnahmen von ehemaligen Mitgliedern der NSDAP. Generell sprachen sich zwar die Landes- und Bezirksvorstände der SPD – so auch in Mecklenburg – dagegen aus, dies wurde allerdings in den Ortsvereinen in Einzelfällen umgangen. Vereinzelte Aufnahmen von ehemaligen Mitgliedern der NSDAP hatte es auch in den KPD-Ortsgruppen gegeben. Aufgrund wechselseitiger Beschuldigungen wurden ab Oktober in einigen Landesverbänden der SPD und in Bezirksorganisationen der KPD Prüfungsausschüsse gebildet, die über den Verbleib oder den Ausschluß der aufgenommenen ehemaligen Mitglieder der NSDAP entschieden.
18 Hitler-Jugend.
19 Bund deutscher Mädel.

[Carl] *Moltmann* faßt das Ergebnis zusammen: [Hermann] Lüdemann und [Willy] Jesse sind berechtigt, Kräfte für die Parteiarbeit von sich aus einzustellen, soweit der Aufbau der Parteiorganisation dies erfordert.

Ende der Besprechung: 17 Uhr[20] gez. [Herbert] Säverin

---

20 Mit der Nennung des Endes der Sitzung des Landesvorstandes wird die begrenzte Aussagekraft derartiger Protokolle deutlich: Eine siebenstündige Diskussion wird in einem sechsseitigen Protokoll zusammengefaßt. Die Probleme, vor denen der Landesverband stand, sowie die Verschiedenartigkeit der Lösungsansätze im Vorstand kommen nur andeutungsweise zum Vorschein. Interessanterweise brachte laut Protokoll nur Hermann Lüdemann die Notwendigkeit der Bildung einer Einheitspartei zur Sprache. Eine Reaktion der anderen Vorstandsmitglieder wurde nicht protokolliert. Sehr deutlich wird allerdings der schwelende Konflikt zwischen Moltmann und Lüdemann, der sich in den folgenden Wochen zu einem grundsätzlichen ausformen und zum Ausscheiden Lüdemanns führen sollte.

Nr. 52
Antrag der Ortsgruppe der SPD Güstrow zur Einberufung eines Landesparteitages vom 15. Oktober 1945[1]

Der Vorstand der Ortsgruppe Güstrow der SPD beantragt einstimmig die schleunige Einberufung eines Landesparteitages.[2] Als Tagesordnung wird vorgeschlagen:

1. Aufbau eines Aktionsprogramms
2. Zusammenarbeit mit der KPD
3. Wahl des Landesvorstandes

Begründung:

Zu 1. Die Sozialdemokratische Partei als eine der Hauptträgerinnen der Politik des deutschen Volkes entbehrt bisher noch eines Programms. Dieser Mangel macht sich nicht nur bei der Mitgliederwerbung sehr störend bemerkbar, er verhindert auch eine klare und einheitliche Stellungnahme unserer Funktionäre in Wirtschaft, Sozialpolitik und Verwaltung. Wenn es auch noch verfrüht sein mag, ein bis ins einzelne ausgearbeitetes Programm wie das Erfurter[3] oder Heidelberger[4] auszuarbeiten, so ist es doch möglich und dringend erforderlich, zu mindestens ein Aktionsprogramm aufzustellen, das auf den alten ideologischen Grundlagen der Partei aufbauend zu den wichtigsten Gegenwartsfragen eindeutig Stellung

---

1 Mecklenburgisches Landeshauptarchiv, BPA der SED Schwerin, II/5.
2 In Mecklenburg fand im Gegensatz zu allen anderen Ländern der sowjetischen Zone trotz dieses Antrages bis Anfang April 1946 kein Parteitag mehr statt. Am 24. März 1946 tagten in den 20 Kreisen Kreiskonferenzen der SPD, die über die Vereinigung beschließen sollten. Am 6. April 1946 wurde ein Landesparteitag veranstaltet, auf dem die 750 Delegierten nach fünfstündiger Beratung einstimmig den sofortigen Zusammenschluß mit der KPD beschlossen.
3 Erfurter Programm der Sozialdemokratischen Partei Deutschlands von 1891. Vgl. *Dieter Dowe/ Kurt Klotzbach* (Hrsg.), Programmatische Dokumente der deutschen Sozialdemokratie, Bonn 1990, S. 185–189.
4 Das auf dem SPD-Parteitag in Heidelberg im Jahre 1925 beschlossene Programm. Vgl. *ebd.*, S. 211–220.

nimmt. Dies ist um so mehr erforderlich, als unsere Bruderpartei, die Kommunistische Partei, sich ein solches Aktionsprogramm bereits vor vielen Monaten geschaffen hat.[5] Besonders dringend ist vor allem die Klarstellung der Frage, wieweit innerhalb der SPD noch Raum ist für eine reformistische Richtung, die für den Zusammenbruch von 1933 weitgehend mit verantwortlich ist. Für den Reformismus darf nach einmütiger Ansicht des unterzeichneten Vorstandes in der SPD kein Raum mehr sein.

Zu 2. Der Wiederaufbau Deutschlands ist weitgehend von einer engen und vertrauensvollen Zusammenarbeit zwischen der KPD und SPD abhängig. Dieser von den zentralen Parteiinstanzen ausgesprochene Grundsatz muß auch in der täglichen praktischen Arbeit Richtschnur werden. Ziel dieser Arbeit ist die Bildung einer einheitlichen deutschen Arbeiterpartei. Wie diese enge Zusammenarbeit am besten und zweckmäßigsten in der täglichen politischen Arbeit erreicht werden kann, ist ein besonders wichtiger Gegenstand der Aussprache auf einem Landesparteitag.

Zu 3. Aus der Diskussion über die beiden ersten Punkte wird sich ergeben, welche Parteimitglieder am geeignetsten sind, als Parteivorstand diese Grundsätze in die politische Arbeit umzusetzen. Daß dieses keine reformistisch gesinnten Parteimitglieder sein können, muß besonders betont werden. Ebenso muß im Rahmen des Möglichen eine Verjüngung des Landesvorstandes anzustreben sein.

Güstrow, den 15. Oktober 1945[6]

---

5 Der Aufruf des Zentralausschusses der SPD vom 15. Juni 1945 ist offensichtlich als Aktionsprogramm nicht anerkannt worden oder in Güstrow nicht bekannt geworden.
6 Es folgen handschriftliche Unterschriften, von denen jedoch nur die von Paul Wöhl als Mitglied des Landesvorstandes eindeutig entziffert werden konnte.

Nr. 53
Rundschreiben Nr. 20 des Landesvorstandes der SPD Mecklenburg-Vorpommern vom 31. Oktober 1945[1]

Sozialdemokratische Partei Deutschlands
Mecklenburg-Pommern
Geschäftsstelle Schwerin, Alexandrinenstraße 19
Fernruf 3 3 8 1

Schwerin, 31. Oktober 1945

Rundschreiben Nr. 20

35.[2] Die Lehren des 9. November [1918].
Wichtiger denn je zuvor ist es in diesem Jahre, die Gedanken unserer Mitglieder und der breiten Volksmassen auf die im November 1918 vollzogene Staatsumwälzung zu lenken und aus der späteren Entwicklung die Folgerungen für die Gegenwart zu ziehen. Zu diesem

---

1 Mecklenburgisches Landeshauptarchiv, BPA der SED Schwerin, II/1.
2 Die in den Rundschreiben verwendeten Punkte wurden über längere Zeit fortlaufend numeriert.

Zweck sollen überall Veranstaltungen der Blockparteien stattfinden.[3] Hierfür kommt in erster Linie der 9. November infrage, der nach der Tradition als deutscher Revolutionstag gilt, außerdem der 8. November als Vorabend. Zur weiteren Ausnutzung der verfügbaren Redner können in diesem Jahre aber auch die beiden nachfolgenden Tage Sonnabend, der 10. und Sonntag, der 11. November, verwendet werden.

Das Thema soll überall lauten: »*Die Lehren des 9. November [1918]*«. Anhaltspunkte für die Reden sind diesem Rundschreiben in Form einer Stichwortsammlung beigefügt.[4] Die gegebene Form der Veranstaltung ist die öffentliche Kundgebung. Kundgebungen sind Versammlungen mit Vorträgen ohne Aussprache. Deshalb kann bei Kundgebungen die Annahme einer Entschließung nur ausnahmsweise dann infrage kommen, wenn die einmütige Zustimmung aller Anwesenden von vornherein gesichert ist. Im übrigen ist es Sache der örtlichen Antifaschistischen Ausschüsse, den Veranstaltungen durch Ausschmücken der Straßen, Häuser und Säle sowie durch Musik, Gesang- und Gedichtvorträge einen würdigen Rahmen zu geben.

Die Sorge für das gute Gelingen dieser Veranstaltungen ist eine besondere Ehrenpflicht unserer Partei; denn im November 1918 hat das deutsche Volk den Ersatz des Obrigkeitsstaates durch eine demokratische Republik gefordert, und in diesem Rahmen unsere sozialistischen Ziele zu verwirklichen, war von jeher das Bestreben der Sozialdemokratischen Partei. Wir bitten deshalb, die Vorbereitungen sofort in Angriff zu nehmen und mit größtem Nachdruck zu betreiben.

In manchen Orten wird dadurch, daß die Christlich-Demokratische Union vertreten ist, die geplante Veranstaltung im Zeichen unserer Arbeitsgemeinschaft mit der KPD stehen und dadurch vielleicht einen intimeren Charakter bekommen. Dies wäre durchaus zu begrüßen; wir bitten jedoch, bei allen Maßnahmen die Selbständigkeit unserer Partei zu wahren und sich an Initiative und Tatkraft nicht von den Vertretern der KPD übertreffen zu lassen.

gez. [Hermann] Lüdemann

---

3 Im November traten die örtlichen KPD-Leitungen, einer zentralen KPD-Direktive folgend, an die Vorstände der SPD mit dem Anliegen heran, die Jahrestage der russischen Oktoberrevolution und der deutschen Novemberrevolution in Form von gemeinsamen Revolutionsfeiern zu würdigen. Die Landesarbeitsgemeinschaften beschlossen daraufhin, gemeinsame Feiern zum 27. Jahrestag der Novemberrevolution zu veranstalten. Der weitergehende Vorschlag der KPD, auch den 28. Jahrestag der russischen Oktoberrevolution gemeinsam zu begehen, wurde größtenteils abgelehnt. Hermann Lüdemann hatte dies in der Landesarbeitsgemeinschaft Mecklenburg-Vorpommerns mit dem Argument getan, solche Feiern seien »Angelegenheit der Russen«. Vgl. Geschichte der Landesparteiorganisation der SED Mecklenburg, S. 157.

4 Vgl. Dokument Nr. 54.

Nr. 54
Niederschrift von Hermann Lüdemann vom November 1945[1]

Anregungen, Erklärungen, Erkenntnisse
1. Zwei Gedenktage

Eng benachbart und doch grundverschieden sind die beiden Gedenktage: der 7. November [1917] und der 9. November [1918].

Nach dem Zusammenbruch der Zarenherrschaft im Jahre 1917 hat das russische Volk die Macht an sich gerissen, die großfürstliche Feudalmacht liquidiert, die Bauern befreit und den Kapitalismus beseitigt. Als Gedenktag für dieses große Geschehen gilt dem russischen Volke der 7. November 1917, an dem die Bolschewisten unter Lenin die Führung übernommen haben.

Am 9. November 1918 übernahm Friedrich Ebert die deutsche Reichskanzlerschaft, Philipp Scheidemann rief die deutsche Republik aus, der letzte Hohenzollernkaiser dankte ab und floh nach Holland. Deshalb ist der 9. November für das deutsche Volk der Revolutionstag.

Diese Gegenüberstellung besagt nichts über die historische Bedeutung der beiden Tage, gemessen am gesamten Weltgeschehen.[2] Die Umwälzung, die sich in Rußland im Anschluß an die Oktoberrevolution vollzogen hat, befreite das russische Volk von feudaler und kapitalistischer Bedrückung und verwirklichte einen großen Teil der alten Menschheitsziele, proklamiert durch die französische Revolution im Jahre 1789/93. Damit wurde die russische Oktober-Revolution zu einem geschichtlichen Höhepunkt für die gesamte schaffende Welt.

Am 8. November wurde in Deutschland zwar eine Republik geschaffen und am 11. August 1919 eine von großen Gedanken erfüllte demokratische Verfassung verkündet, aber die Verwirklichung der Gedanken des 9. November blieb infolge der politischen Wirrnisse der nachfolgenden Jahre und der Zersplitterung innerhalb der Arbeiterklasse in ihren Anfängen stecken. Die junge Republik wurde zu einem Spielball politischer Gegensätze und zum Tummelplatz reaktionärer Kräfte, die dann schließlich im Hitlerfaschismus zur Macht kamen. Seine Vernichtung war das Werk fremder Mächte, vor allem der siegreichen Roten Armee Sowjet-Rußlands.

---

1 Vorpommersches Landesarchiv, BPA der SED Rostock, II/3/20. Die Niederschrift Hermann Lüdemanns ging als Anlage zum Rundschreiben Nr. 20 vom 31. Oktober 1945 an die Kreisvorstände der SPD.
2 Die KPD beabsichtigte, durch eine Gegenüberstellung der beiden Revolutionen die Vorbildrolle der russischen Revolution und indirekt die Modellfunktion des russischen Weges insgesamt herauszustellen, womit die »ideologische Klärung« zur Vorbereitung der Einheitspartei gefördert werden sollte. Einige der sozialdemokratischen Funktionäre auf Landes- und Bezirksebene hatten sich im Gegensatz zu Hermann Lüdemann das kommunistische Argumentationsmuster angeeignet, was der Chefredakteur der sozialdemokratischen Landeszeitung für Sachsen-Anhalt Hugo Saupe auf einer Kundgebung der KPD und SPD am 7. November 1945 in Halle überzeugend demonstrierte. In seiner Rede über die Lehren der Novemberrevolution 1918 verwies er auf die prinzipielle Richtigkeit der Leninschen Auffassungen bei der Beantwortung der Frage, ob es möglich sei, im Rahmen der bürgerlichen Demokratie ohne revolutionäre Veränderungen den Sozialismus zu errichten: »Heute ist es bereits ein Menschenalter, das seit jenem welthistorischen Vorgang in Rußland am 25. Oktober 1917 hinter uns liegt. Heute hat die Geschichte gesprochen, und wir müssen uns diesem Urteil bedingungslos unterwerfen, das dahin geht, daß der russische Weg der richtige war.« Deutsche Volkszeitung, 11. November 1945.

Aufgabe der neuen antifaschistischen Parteien ist es, Deutschland jetzt zu einem wahren demokratischen Volksstaat zu machen und in ihm die hohen Ziele zu verwirklichen, mit denen das deutsche Volk am 9. November 1918 seinen ersten Aufbruch begonnen hat.

Eine besondere Verantwortung für das Gelingen dieser großen Aufgabe ruht auf der Sozialdemokratischen Partei, die die älteste und größte demokratische Organisation Deutschlands ist. Daraus ergibt sich für uns die Verpflichtung zur Anteilnahme an der Verantwortung, zur tatkräftigen Mitwirkung am Aufbau, zur Übernahme jedes Amtes, durch das die Schaffung eines neuen Deutschlands gefördert und beeinflußt wird.

gez. H[ermann] L[üdemann]

Nr. 55
Schreiben der KPD-Ortsgruppe Torgelow an die Kreisleitung der KPD Ueckermünde vom 4. November 1945[1]

KPD
Ortsgruppe Torgelow

Torgelow, den 4. Nov[ember] 1945

An die
Kreisleitung der KPD
in Ueckermünde

Im Auftrage unseres Pol[itischen] Leiters nahm ich heute an der Kreistagung der SPD, die hier im Orte abgehalten wurde und zu der unsere Partei eingeladen war, teil. Auf dieser Tagung hielt der Geschäftsführer der Landesleitung der SPD, [Hermann] Lüdemann, Schwerin, ein Referat. Da derselbe bei der Eröffnung der Tagung nicht zugegen war, war es ihm wohl unbekannt, daß Gäste anwesend waren. Außer uns war je ein Vertreter der Stadtverwaltung, von der Gewerkschaft (beides Gen[ossen] von uns) und von der Christlich-Demokratischen Union anwesend. Da er annahm, nur eigene Genossen vor sich zu haben, machte er aus seinem Herzen keine Mördergrube und zog gegen die KPD vom Leder.

Wir hörten uns seine Verunglimpfungen bis zu einem gewissen Grade an, und ich verließ dann mit dem Genossen von der Stadtverwaltung demonstrativ den Sitzungssaal. Dadurch aufmerksam geworden, erkundigte er sich nach der Ursache, und es wurde ihm berichtet, wer wir waren. Hermann Lüdemann drückte sein Erstaunen darüber aus, daß auf einer Arbeitstagung Gäste anwesend waren. Er meinte jedoch, er hielt das Gesagte vollinhaltlich aufrecht. Natürlich hätte er andere Worte gebrauchen können. Hierauf verließen auch die beiden anderen Vertreter den Sitzungssaal. Sie waren es auch, die uns das, was in unserer Abwesenheit gesprochen ist, berichteten.

Nun will ich kurz sinngemäß und teils wörtlich berichten, was er über uns gesagt hat. Seine Ausführungen gingen los mit 1918. Daß damals durch die Spaltpilze[2] USPD u[nd] Spartakusbund, spätere KPD, es überhaupt nicht möglich war, eine sozialistische Mehrheit in der Nationalversammlung zu erzielen. Sie mußten sich auf die Demokraten und auf das Zentrum stützen, um überhaupt eine Mehrheit zu erlangen. Er betonte ausdrücklich, daß die Weimarer Verfassung gut, ja sogar sehr gut war. Dadurch, daß sie sich auf die bürger-

---
1 Mecklenburgisches Landeshauptarchiv, BPA der SED Schwerin, I/31.
2 Im Original: Spaltspitze.

lichen Parteien stützen mußten, das war schon eine Schwäche für sie. Ein zweiter Schwächemoment war der, daß eine dauernde Opposition von links kam und diese linke Opposition sich mit der rechten verband und dadurch war ein Hitler möglich.

Dann ging [Hermann] Lüdemann zur Jetztzeit über. Er betonte, daß sie in der Landesregierung viel zu wenig beteiligt seien. Sie hätten zwar ihren Präsidenten [Wilhelm] Höcker, aber der stehe ganz allein und könne nichts machen. Es wären auch drei Vizepräsidenten da, einer davon wäre ein sogenannter Demokrat und natürlich zwei Kommunisten.[3] Das wären unhaltbare Zustände, rief er aus, wir müßten mindestens noch drei Sitze in der Landesregierung haben.

Dann führte er weiter aus, wir arbeiten ja mit dem Russen zusammen, teils gut, teils aber auch sehr schlecht, so wie hier im Kreise Ueckermünde. In Stralsund machten ihnen die Russen viel Schwierigkeiten bei der Aufnahme neuer Mitglieder. Es dauert mitunter zwei Tage, bis sie die Genehmigung für ein neues Mitglied haben. Darauf kam der Zuruf, hier auch. Darauf meinte er, nun ja, es sind eben Kommunisten.

Weiter sagte er, daß sie von den 20 Landräten, die in Mecklenburg-Vorpommern sind, nur 6 oder 7 mit ihren Leuten besetzt hätten. Von den 8 kreisfreien[4] Städten wäre nicht ein Bürgermeister SPD-Mann. Außerdem hätten die Kommunisten alle Schlüsselstellungen wie Polizei usw. besetzt, und auch die Stadträte wären zum größten Teil kommunistisch. Das sind unerträgliche Zustände, sagte er, und wir müssen alles tun, um unseren Einfluß zu vergrößern. Als die stärkste Partei haben wir ein Recht darauf. Aber er meinte, wir sind keine Kommunisten, wir sind ehrliche Sozialisten und besitzen nicht die kommunistische Dreistigkeit. Hierauf verließen wir den Saal. Denn diese Worte entsprechen u[nseres] E[rachtens] wohl nicht ganz den Gedanken der Arbeitsgemeinschaft, die von uns doch gefördert wird und augenscheinlich doch auch von der SPD. Oder nur scheinbar?

Gebt uns bitte Nachricht, wie Ihr über diese Angelegenheit denkt.

Mit kommunistischem Gruß
gez. Zimmermann
Schriftführer

Durch unsere Anwesenheit bei der Tagung bestätigen wir vollinhaltlich vorstehenden Bericht.

gez. Busack
gez. Mhetten

---

3 Das Präsidium der Landesverwaltung Mecklenburg-Vorpommern bestand in folgender Zusammensetzung: Wilhelm Höcker (SPD) als Präsident, Hans Warnke (KPD) als 1. Vizepräsident und Gottfried Grünberg (KPD) sowie Otto Möller (parteilos, später CDU) als weitere Vizepräsidenten. Vgl. SBZ-Handbuch, S. 108 f.

4 Im Original: reichsfreien.

Nr. 56

Protokoll über die Besprechung zwischen SPD und KPD zur Vorbereitung einer Ausschußsitzung des Blocks der antifaschistisch-demokratischen Parteien in Wismar am 19. November 1945[1]

Seestadt Wismar, den 21. November 1945
Vorbesprechung des antifa[schistischen] Blocks
am 19. 11. [19]45 um 17.30 Uhr

Vorsitz: Genosse [Herbert] Säverin.
An der Sitzung nahmen teil: Vertreter der KPD und SPD.
In dieser Vorbesprechung sollte die Angelegenheit wegen Neubesetzung des Arbeitsamtes durch den Genossen Blumentritt besprochen werden.[2] Der Genosse [Herbert] *Säverin* [SPD] erklärte hierzu: »Die Besetzung des Arbeitsamtes betrachten wir nicht als eine personelle Frage, sondern als eine Angelegenheit unserer Partei. Warum sollen wir als Partei auf die Stelle beim Arbeitsamt verzichten, wenn auf Veranlassung des Kommandanten die Person [Karl] Moritz damals abgesetzt wurde?«
Genosse [Hermann] *Willbrandt* [KPD][3] erklärte hierzu: »Ich glaube, daß wir so nicht zu einem Beschluß kommen. Wir als Kommunisten legen Wert darauf, die Machtpositionen, worunter auch das Arbeitsamt fällt, auf unserer Seite zu haben.[4] Ich schlage vor, wir führen in der Sitzung einen Beschluß herbei, daß der Genosse Blumentritt als Leiter des Arbeitsamtes anerkannt wird. Kommt der Beschluß nicht zustande, so wird vielleicht von einer anderen Stelle darüber entschieden.[5]
Genosse [August] *Wilke* [KPD][6]: »Wenn beide Parteien sich heute politisch nicht verstehen, so wird es schwerlich zu einer gewünschten Einigung kommen. Beim Einmarsch der Roten Armee hatte die SPD die Machtposition in der Hand, nach dem Einmarsch ist es

---

1 Vorpommersches Landesarchiv, BPA der SED Rostock, I/3/27.
2 Der Sozialdemokrat Karl Moritz ist im September 1945 von seinem Posten als Leiter des Landesarbeitsamtes enthoben worden. In einer Mitteilung der KPD-Kreisleitung Wismar vom 19. September 1945 heißt es: »In Angelegenheit K[arl] Moritz, der durch Anordnung einer höheren Dienststelle der sowj[etischen] Administration seines Amtes als Leiter des Arbeitsamtes enthoben wurde, was unser Oberbürgermeister durchführte, teile ich mit, daß wir heute unseren Genossen Blumentritt als Nachfolger des Herrn Moritz ins Arbeitsamt einsetzen wollen.« Vorpommersches Landesarchiv, BPA der SED Rostock, I/3/27. Mit großer Wahrscheinlichkeit kann angenommen werden, daß diese Entlassung auf Betreiben der Wismarer KPD erfolgte.
3 Hermann Willbrandt, geb. 1900. Beruf: Stellmacher. Seit 1929 KPD. 1945/46 BM Wismar. 1945/46 KL KPD Wismar.
4 Eine derartige Betonung der eigentlichen Motive für den Streit um die Verwaltungsposten und die Entfernung von Sozialdemokraten aus Schlüsselpositionen findet sich in dieser Klarheit sonst in keinem anderen Dokument. Im allgemeinen besetzte die KPD jene Posten mit ihren Vertretern, in denen Einfluß auf Personalentscheidungen genommen werden konnte. In der Zusammensetzung der Landesverwaltungen wird dieses Vorgehen am deutlichsten. Bei der Gründung der SED wiederholte sich dieses Vorgehen, indem die Personalpolitischen Abteilungen der Landesvorstände in der Mehrzahl von Kommunisten geleitet wurden.
5 Diese Drohung, im Konfliktfall die Autorität der SMA oder der örtlichen Kommandanten ins Spiel zu bringen, war typisch für das damalige Verhalten der Kommunisten in Situationen, in denen Sozialdemokraten ihre Ansprüche verteidigten.
6 August Wilke, KPD. Mai 1945 stellv. LR Krs. Wismar.

eben etwas anders geworden. Ich schlage vor: Der 1. Vorsitzende des Arbeitsamtes wird von der KPD, der 2. Vorsitzende von der SPD gestellt.

Genosse [Karl] *Moritz* [SPD]: »Über diesen Vorschlag wird der Vorstand der SPD beschließen. Wenn wir diesem Vorschlag zustimmen, dann jedoch unter der Bedingung, daß der 2. Vorsitzende des Arbeitsamtes anderweitig untergebracht wird. Weiter darf ein Austausch der z[ur] Z[ei]t im Arbeitsamt beschäftigten Angestellten aus politischen Gründen nicht vorgenommen werden.«

Genosse [Wolf] *Reichardt* [KPD][7] erklärte hierzu, daß der Vorschlag des Genossen Wilke und [Karl] Moritz annehmbar sei. Es bestände die Möglichkeit, den 2. Vorsitzenden des Arbeitsamtes, den Genossen Breuer, beim Landratsamt unterzubringen.

Genosse *Blumentritt* [KPD]: »Hier wird dauernd über den Posten als Leiter des Arbeitsamtes herumgeritten. Ich persönlich habe kein Interesse an diesem Posten. Für mich ist hier nur die Partei entscheidend.«

Schluß der Sitzung: 18.40 Uhr

gez. [Wilhelm] Buchholtz[8]
Protokollführer[9]

---

7 Wolf Reichardt, geb. am 29. Februar 1919. Beruf: Kaufmännischer Angestellter. KPD. 1945/46 Sekr. KL KPD Wismar.
8 Wilhelm Buchholtz, geb. am 1. Dezember 1902 in Kirchdorf (Insel Poel). Seit 1932 SPD. 1945/46 KV SPD Wismar.
9 Unterschrift handschriftlich.

Nr. 57
Aus dem Protokoll über die Sitzung des Landesvorstandes der SPD Mecklenburg-Vorpommern am 9. Dezember 1945[1]

Es nahmen an der Sitzung folgende Genossen Teil:

Genosse [Carl] Moltmann, Schwerin;
Genosse [Willy] Jesse, Schwerin;
Genosse [Xaver] Karl, Schwerin;
Genosse [Karl] Moritz, Wismar;
Genosse [Herbert] Säverin, Wismar;
Genosse [Albert] Schulz, Rostock;
Genosse [Alfred] Starosson[2], Rostock;
Genosse [Hermann] Krüger, Greifswald;
Genosse [Otto] Heynemann, Neustrelitz;
Genosse [Paul] Wöhl, Güstrow;
Genosse Blank, Schwerin, von der Presse;

---

1 Mecklenburgisches Landeshauptarchiv, BPA der SED Schwerin, II/2.
2 Alfred Starosson, geb. am 26. November 1898 in Rostock. Beruf: Schriftsetzer. Seit 1916 SPD. 1933 bis 1945 illegale Arbeit u. Haft. 1945/46 Vors. KV SPD Rostock. Juli 1945 bis April 1946 LV SPD Mecklenburg-Vorpommern. April 1946 LV SED Mecklenburg. 1946 bis 1950 Minister für Handel und Versorgung Mecklenburg. Bis 1956 Präs. IHK Bezirk Schwerin. 1957 gestorben.

Genosse [Heinz Albert] Pohlmeyer, Schwerin, von der Presse.
Als Gast: Genosse Präsident Wilhelm[3] Höcker, Schwerin.

Tagesordnung:
1. Die politische und wirtschaftliche Lage im Lande
   a) Bericht von der Parteiausschußsitzung in Berlin
2. Kassenfragen
3. Presse
4. Landesparteitag

Gen[osse] [Carl] Moltmann eröffnete die Sitzung um 11 Uhr und begrüßte die erschienenen Mitglieder des Landesvorstandes. Besonders herzlich begrüßte er den Genossen Landespräsident Wilhelm[4] Höcker, der als Gast an der Besprechung teilnahm. Zum 1. Punkt der Tagesordnung gab der Gen[osse] [Carl] *Moltmann* einen umfassenden Bericht über die wirtschaftliche und politische Lage im Lande. [...]

Politisch sei leider die Zusammenarbeit mit den Kommunisten noch nicht überall zufriedenstellend. Aus den Ortsgruppen kommen noch recht oft Klagen über ein unfreundliches und teilweise herausforderndes Verhalten der örtlichen kommunistischen Parteileitungen. Diese Differenzen müssen aber auch im Interesse einer guten Zusammenarbeit durch Verhandlungen beigelegt werden. Das sei auch vielerorts möglich gewesen.

Gen[osse] [Carl] Moltmann beschäftigte sich weiter mit der Besetzung der leitenden Positionen in der Verwaltung und beanspruchte für die Partei eine ihrer Größe und Bedeutung entsprechenden Vertretung.

Anschließend an diesen Bericht nahm der Genosse [Willy] *Jesse* das Wort und gab einen Bericht über die Partei-Ausschußsitzung in Berlin.[5] Gen[osse] Jesse führte aus, daß der Genosse [Max] Fechner zunächst einen Überblick über den organisatorischen Stand der Bewegung gab. Der organisatorische Aufbau des Zentralausschusses ist zum Abschluß gekommen. 70 Personen werden dort beschäftigt. Es wurden Spezialreferate geschaffen für Gewerkschaftsangelegenheiten, Frauenfragen, ein Jugendsekretariat, ein kommunalpolitisches Referat u. a.

Die Mitgliederzahl betrug in der sowjetischen Besatzungszone 371 000. Das entspricht ungefähr dem Stand von 1933. Eine Frauenzeitschrift soll herausgegeben werden mit einer Auflage von 500 000. Die Redaktion wird wahrscheinlich die Genossin Annedore Leber[6] übernehmen.

---

3 Im Original: Willy.
4 Im Original: Willy.
5 Am 4. Dezember 1945 trat erstmalig der Zentralausschuß in Berlin mit Vertretern der Landes- und Bezirksvorstände der SPD der sowjetischen Zone zu einer gemeinsamen Beratung zusammen. Die Teilnehmer der Beratung am 4. Dezember 1945 konstituierten sich als Parteiausschuß der SPD. Er setzte sich somit aus den Mitgliedern des Zentralausschusses und den Landes- und Bezirksvorsitzenden unter Hinzuziehung weiterer Vertreter der Landes- und Bezirksvorstände zusammen. Der Parteiausschuß, welcher im Organisationsstatut vom Juni 1945 nicht vorgesehen war, fungierte ab diesem Zeitpunkt als oberste Instanz der ostzonalen SPD zwischen den Parteitagen. Er sollte über wichtige, die Partei insgesamt berührende politische Fragen, über die Einrichtung zentraler Parteiinstitutionen und über die Tagesordnung des Parteitages beraten und grundsätzlich entscheiden. Der Parteiausschuß sollte monatlich zu einer Sitzung zusammentreten.
6 Annedore Leber, geb. 1904, Frau des 1945 wegen Vorbereitung des 20. Juli 1944 hingerichteten Sozialdemokraten Julius Leber. Beruf: Schneidermeisterin. Seit 1927 SPD. Juni 1945 bis Februar 1946 ZA SPD. Oktober 1945 bis Februar 1946 Ltr. Frauensekretariat ZA SPD. 1946 bis 1950 SPD-Abg. im Berliner Abgeordnetenhaus. 1968 gest.

Dann nahm der Gen[osse] [Otto] Grotewohl das Wort, der zunächst über die Konferenz in Hannover Bericht erstattete.[7] Dort ist es nach vielen Schwierigkeiten zu einer Verständigung gekommen. Der Zentralausschuß wird von den Genossen im Westen anerkannt.[8] Er soll die Möglichkeit zur politischen Arbeit auch in den westlichen Gebieten bekommen. Einig war man sich in Hannover, daß folgende politische Aufgaben vordringlich gelöst werden müssen: Die Errichtung der staatlichen Einheit Deutschlands, die Herstellung der ökonomischen Einheit und die Schaffung reichseinheitlicher Arbeiter-Parteien.

Eingehend befaßte sich der Gen[osse] [Otto] Grotewohl mit der organisatorischen Einheit der Arbeiterbewegung (Vereinigung zwischen SPD und KPD). Diese Frage soll einem 5-köpfigen Ausschuß unterbreitet werden, der unseren Standpunkt in kurzen und klaren Thesen formuliert. Weiter beschäftigte sich der Gen[osse] [Otto] Grotewohl mit den zahlreichen Klagen in der Frage der Zusammenarbeit zwischen SPD und KPD. Die Schwierigkeiten sind unerhört groß. Es finden sich in manchen Orten kaum noch Genossen, die bereit sind, mitzuarbeiten angesichts der großen Schwierigkeiten und Hemmungen. Die Sozialdemokratische Partei habe in hohem Maße ihre Bewegungsfreiheit verloren. Die Funktionäre sind zum Teil mutlos.[9]

In der darauffolgenden Aussprache wurden diese Schwierigkeiten durch neue Berichte, besonders aus Magdeburg, Thüringen und Sachsen, noch vermehrt. Die weitere Entwicklung wurde von den meisten Rednern pessimistisch beurteilt und die Frage aufgeworfen, ob eine Weiterexistenz der Partei angesichts dieser Situation noch zu verantworten wäre.

Dann folgte der Kassenbericht des Genossen [August] Karsten[10] und der Bericht des Gen[osse] [Otto] Grotewohl über den Stand unserer Parteipresse in der Besatzungszone.

Der Bericht des Genossen Jesse wurde lebhaft diskutiert. Es sprachen die Genossen [Karl] Moritz, [Herbert] Säverin, [Albert] Schulz, [Carl] Moltmann und [Paul] Wöhl. Alle Redner waren einig darüber, daß die im Lande bestehenden Schwierigkeiten in Verhand-

---

7 Vom 5. bis 7. Oktober 1945 fand in Wennigsen bei Hannover eine Konferenz sozialdemokratischer Funktionäre der britischen, amerikanischen und französischen Zone statt, zu der auch drei Mitglieder des Berliner Zentralausschusses (Otto Grotewohl, Gustav Dahrendorf, Max Fechner) geladen waren. Auf der Konferenz wurden keine verbindlichen Richtlinien für eine gesamtdeutsche sozialdemokratische Politik festgelegt und auch keine zentrale Leitung der SPD für ganz Deutschland installiert. Statt dessen wurden provisorisch – bis zu einem angestrebten Parteitag in ganz Deutschland – die Kompetenzen zwischen dem Zentralausschuß in Berlin einerseits und Kurt Schumacher andererseits abgesteckt. Da ein solcher gesamtdeutscher Parteitag (Reichsparteitag) von der politischen Entwicklung unmöglich gemacht wurde, deutete sich hier die Spaltung der SPD in eine West- und Sowjetzonen-Organisation an. Vgl. *Kaden,* Einheit oder Freiheit, Kap. 7.
8 Im Anschluß an die Konferenz von Wennigsen kam es zu einer formellen Abmachung zwischen Kurt Schumacher und Otto Grotewohl. Die Abmachung enthielt drei wesentliche Punkte: Erstens wurde konstatiert, daß es vor der Bildung einer deutschen Reichsregierung keine nationale Parteileitung der SPD geben könne. Zweitens sah die Übereinkunft vor, daß der Zentralausschuß in Berlin als die Führung der SPD in der sowjetischen Zone anerkannt werden sowie Kurt Schumacher als der politische Beauftragte der drei westlichen Besatzungszonen gelten sollten. Drittens wurde eine ständige Aufrechterhaltung der Verbindungen zwischen Schumacher und Grotewohl vereinbart. Vgl. ebd.
9 Über den gesamten Verlauf der konstituierenden Parteiausschuß-Sitzung am 4. Dezember 1945 sowie auch über die Rede Otto Grotewohls existieren keine direkten archivalischen Unterlagen. Falls ein authentisches Protokoll dieser wichtiger Beratung gefunden werden könnte – etwa in Moskauer Archiven –, könnte dies wesentlich zur Aufhellung der Geschichte der ostzonalen Sozialdemokratie beitragen.
10 August Karsten, geb. 1888. 1908 SPD, 1917 USPD, 1922 SPD. 1920 bis 1933 MdR. 1933 bis 1945 illegale Arbeit u. zeitweise Haft. Juni 1945 bis April 1946 Hauptkassierer ZA SPD. April 1946 bis Januar 1949 ZS u. bis Juli 1950 PV SED. 1981 gest.

lungen mit der Schweriner Militär- Administration und mit der Landesleitung der KPD hier geklärt werden müßten. Diese Klärung sei aber im Interesse einer gedeihlichen Zusammenarbeit unbedingt erforderlich.
[...]
Genosse [Carl] *Moltmann* übernimmt das Schlußwort und faßt noch einmal in großen Zügen alle Fragen der heutigen Tagung zusammen. Wir müssen das Volk hochreißen, daß es wieder Freude am Leben empfindet und das Leben wieder lebenswert erscheint.
Damit wurde die Tagung um 18 Uhr geschlossen.

Nr. 58
Schreiben der SPD-Ortsgruppe Kühlungsborn an den Kreisvorstand der SPD Rostock vom 14. Dezember 1945[1]

Sozialdemokratische Partei
Ortsgruppe Kühlungsborn
                                              Kühlungsborn, den 14. 12. [19]45

An die
Sozialdemokratische Partei
Kreis Rostock
Rostock
Doberanerstr[aße] 6
z[u] H[änden] Herrn Albert Schulz

                                      Werter Genosse!

Am Dienstag, den 11. 12. [19]45 hatte der neue Sekretär der KPD eine Unterredung mit dem hiesigen Kommandanten, und dieser stellte die Frage, wie es käme, daß in Kühlungsborn, wo die Parteien im allgemeinen auf der Höhe seien, noch nichts unternommen wurde, um eine Einheitspartei zu gründen. Er müsse sich über Kröpelin wundern, die ja den Zusammenschluß der beiden Parteien in ihrer Sitzung am 2. 12. [19]45 beschlossen haben und dieser Beschluß an ihre Parteileitung weitergegeben worden ist.
Der Sekretär der KPD hat dem Kommandanten erklärt, daß die Landesleitung Mecklenburg-Vorpommern der KPD auf dem Standpunkt stehe, einen Zusammenschluß der beiden Parteien nicht zu befürworten, weil ihres Erachtens nach die Meinungsverschiedenheiten dann nicht so geklärt werden könnten, als wenn in gemeinsamer Aussprache und im guten Geiste der Zusammenarbeit jede Partei ihre Meinung vertreten könne. Diese gemeinsame Arbeit sei der Antriebsmotor für den demokratischen Aufbau, und sie würde alles daran setzen, um [ein] gutes Zusammenarbeiten mit der SPD auf dieser Grundlage herbeizuführen.
Der Kommandant ließ mich dann telefonisch rufen, ich möchte mit unserem Dolmetscher sofort zu dieser Besprechung kommen. Nachdem ich erklärte, daß unser Dolmetscher krank sei und mir kein anderer zur Verfügung stehe, sah er von unserer Beteiligung bei der Besprechung ab.
Ich teile Dir dies mit, denn die Ausführungen des Sekretärs mir gegenüber tragen zur Klärung über die Schaffung einer Einheitspartei bei.

---
1 Vorpommersches Landesarchiv, BPA der SED Rostock, II/3/4.

In der Anlage² eine Abschrift des Landrates an die Herrn Bürgermeister der Städte und Gemeinden des Kreises Rostock. Du wirst Dich entsinnen können, daß in der persönlichen Aussprache mit Dir ich bereits auf diese Dinge hingewiesen habe, und trägt dieses Rundschreiben zur Klarheit für unsere Genossen bei.

Mit bestem Gruß³

---

2 Die erwähnte Anlage ist im Rostocker Archiv nicht überliefert.
3 Das Dokument ist ohne Unterschrift.

Nr. 59
Schreiben des Kreisvorstandes der SPD Schwerin an den sowjetischen Stadtkommandanten der Stadt Schwerin vom 19. Dezember 1945¹

Sozialdemokratische Partei Deutschlands
– Kreis Schwerin/Land –

Schwerin, den 19. Dez[ember] 1945

An den
Herrn Kommandanten des
Stadt- und Landkreises
Schwerin/Meckl[enburg]

Am 7. November 1945 ist unser Parteivorstand Rabe aus Banzkow, Kr[ei]s Schwerin-Land, durch die Besatzungspolizei verhaftet und nach Crivitz gebracht worden. Bisher war es nicht möglich, zu erfahren, aus welchem Grunde die Verhaftung Rabes erfolgte. Wir sind der Auffassung, daß es Faschisten in Banzkow waren, die auf anonymem Wege falsche Anschuldigungen gegen Rabe erhoben.

Beim letzten Besuch, den Frau Rabe ihrem Manne in Crivitz machte, wurde ihr von Rabe erklärt, daß man ihm vorwürfe, die Besatzungstruppen beleidigt zu haben. Rabe ist alter Sozialdemokrat, Kämpfer gegen den Faschismus und froh, daß durch die Besatzungstruppen die Faschisten niedergerungen wurden. Es ist deshalb die Anschuldigung, die man gegen ihn erhebt, vollständig unwahr. Wir befürchten, daß diese Anschuldigungen der Besatzungsbehörde gegenüber von einem gewissen Opeitz und einem Gaschler gemacht worden sind. Diese beiden Personen sind erst seit Juni d[es] J[ahres] in Banzkow, kommen aus Galizien, und es ist nicht genau nachzukontrollieren, ob sie immer Antifaschisten gewesen sind.

Frau Rabe bittet nun den Herrn Kommandanten um Freilassung ihres Mannes, und wir als Sozialdemokratische Partei möchten an den Herrn Kommandanten die gleiche Bitte richten.²

gez.: X[aver] Karl
Vorsitzender

---

1 Mecklenburgisches Landeshauptarchiv, BPA der SED Schwerin, II/1.
2 Das weitere Schicksal dieses Sozialdemokraten konnte nicht eruiert werden.

Brandenburg

Nr. 60

Schreiben des SPD-Ortsvereins Luckenwalde an die Ortsleitung der KPD Luckenwalde vom 30. Oktober 1945[1]

Sozialdemokratische Partei Deutschlands
Ortsverein Luckenwalde

Luckenwalde, den 30. Oktober [19]45

An die
Ortsverwaltung der KPD
Luckenwalde
Haus des Volkes

Der Ordnung halber gestatten wir uns, daran zu erinnern, daß unser Schreiben vom 7. d[es] M[ona]ts[2] betr[effs] Benennung von Mitgliedern des »Einheitsausschusses« beider Parteien bisher leider unbeantwortet geblieben ist.

Auf die baldige und fortan regelmäßige Ingangsetzung dieses Ausschusses, der nach den zentralen Vereinbarungen unserer Parteien für alle Orte vorgesehen ist, legen wir um so mehr Wert, als aus der Praxis des Militärkommandanten in den letzten Tagen mit aller Deutlichkeit zu entnehmen ist, daß die Kommandantur auf die Einschaltung der Parteien in die Verantwortung für die Dinge der öffentlichen Verwaltung unverkennbar Gewicht legt. Wir würden es für bedauerlich halten, wenn wir zur Steuer der Wahrheit in einer solchen Kommandanturbesprechung eine Erklärung abgeben müßten, die den tatsächlichen Verhältnissen in dieser Beziehung entspricht und daher offenbaren müßten, daß wir weder personell noch sachlich die Möglichkeit haben, eine solche Mitverantwortung zu verwirklichen. Es liegt in der Hand der örtlichen Leitung der KPD, in dieser Beziehung Wandel zu schaffen. Wie weit der Kommandant seine unsere Mitwirkung betreffenden Vorstellungen in personeller Hinsicht ausspannt, ist von uns mit größtem Interesse in der Besprechung am 29. Oktober [1945] vermerkt worden.

Im Anschluß an die heutige Besprechung über die Durchführung der Bodenreform bestätigen wir die mit Gen[ossen] [Willi] Mayer[3] getroffene Vereinbarung, daß wir über die Verwendung der Stadt- und Kreisgüter, die gemäß dem Angebot des Kommandanten zu Verfügung gestellt werden können, demnächst weitere Verhandlungen haben werden.

Der Ortsvereinsvorstand
gez. i. A. H[ans] Podeyn[4]

---

1 Brandenburgisches Landeshauptarchiv, Rep. 331, II/4/35.
2 Am 7. Oktober 1945 hatte der SPD-Ortsverein Luckenwalde die KPD-Ortsgruppe in einem Schreiben dazu aufgefordert, ihre Vertreter für einen zu bildenden Arbeitsausschuß beider Parteien zu benennen, um »etwaige schwebende Fragen betr. gemeinsamen und übereinstimmenden Handelns beider Parteien in diesem Gremium baldmöglichst zu besprechen«. Brandenburgisches Landeshauptarchiv, Rep. 331, II/4/35.
3 Willi Mayer war der Politische Sekretär der KPD-Ortsgruppe Luckenwalde.
4 Unterschrift handschriftlich.

Nr. 61
Schreiben der KPD-Kreisleitung Ruppin an die Bezirksleitung der KPD Brandenburg vom 22. Oktober 1945[1]

Kommunistische Partei Deutschlands
Kreisleitung Ruppin

Neuruppin, den 22. Okt[ober] 1945
Friedrich-Wilhelm-Str[aße] 34
Ernst-Thälmann-Haus

An die
Bezirksleitung der KPD
d[er] Mark Brandenburg
Berlin C
Wallstr[aße] 76–79

Betr[eff]: Versammlungskampagne der Sozialdemokratischen Partei Deutschlands im Kreise Ruppin

Zum ersten Mal seit dem Zusammenbruch organisierten die Sozialdemokraten Versammlungen in unserem Kreise. Als Referent erschien Herr [Friedrich] Ebert aus Brandenburg. Es fanden Versammlungen statt in Rheinsberg, Gransee und Neuruppin. In Gransee nahmen ca. 300 Besucher teil, interessanterweise war der größte Teil Mittelständler, also Pg's.[2] In Rheinsberg waren 64 Personen anwesend. In Neuruppin war der Versammlungsraum zu ca. 2/3 besetzt, d. h. es waren ca. 300 Personen erschienen.

In Rheinsberg und Gransee konnte sich [Friedrich] Ebert nicht verkneifen, den sensationellen Wahlerfolg von Berlin-Wedding hervorzuheben[3] und die Sozialdemokraten als die älteste und stärkste Partei des deutschen Volkes hinzustellen. Außerdem stellte er die Frage der Bodenreform auf ganz komische Art. An sich sieht er die Notwendigkeit der Bodenreform ein, aber die Bodenzuteilung wäre zu knapp. 12–15 ha wäre das Erforderliche.

Aufgrund dieser Berichte wollte unsere Kreiskommandantur die angesetzte Versammlung verbieten. Nach langen Verhandlungen konnte ich ihm klarmachen, daß das politisch falsch wäre. Herr [Friedrich] Ebert mußte aber trotzdem vorher zur Kommandantur, leider konnte ich infolge praktischer Bodenreformarbeit nicht dort anwesend sein. Seine Rede jedoch habe ich gehört. Das Referat entsprach den bisher gehörten zentralen Anweisungen. Die Bodenreformfrage streifte er nur und verkündete eine neue Stellungnahme in der sozialdemokratischen Presse demnächst.

Interessant wäre nur noch folgender Ausspruch: Die Sozialdemokratische Partei würde in der nächsten Zeit sehr stark mit Schmutz beworfen werden, aber das kümmere sie weiter nicht, sie würde dies in ihrer Abteilung »Kummer« nur zur Kenntnis nehmen.

Im allgemeinen kann man über sein Referat nur sagen, die alte sozialdemokratische demagogische Stellungnahme zu den verschiedenen Problemen. Interessant wäre noch seine

---

1 Brandenburgisches Landeshauptarchiv, Rep. 330, I/2/15.
2 Abkürzung für Parteigenossen, in diesem Fall Mitglieder der NSDAP.
3 Sozialdemokratische Kandidaten hatten bei den Betriebsrätewahlen in Berlin-Wedding die meisten Stimmen bekommen. Vgl. *Siegfried Suckut*, Die Betriebsrätebewegung in der sowjetisch besetzten Zone Deutschlands (1945–1948). Zur Entwicklung und Bedeutung von Arbeiterinitiative, betrieblicher Mitbestimmung und Selbstbestimmung bis zur Revision des programmatischen Konzepts der KPD/SED vom »besonderen deutschen Weg zum Sozialismus«, Frankfurt/Main 1982.

Stellungnahme in der Schuldfrage am Kriege und das Versagen der deutschen Arbeiterschaft, von innen heraus Widerstand zu leisten. Er begründet es mit dem Argument, jeder Widerstand wäre ja unmöglich gewesen und der beste Beweis wäre ja, daß sogar die Großmächte wie Rußland, England und Amerika 6 Jahre gebraucht hätten, um den Faschismus zu schlagen. Nach meiner Auffassung muß man die Schuldfragestellung der SPD erst unter die Lupe nehmen. Zum Schluß fordert [Friedrich] Ebert auf: »*Unter das siegreiche und ruhmreiche, jetzt neue Banner der Sozialdemokraten sich zu stellen.*«

Kreisleitung der KPD[4]

---

4 Die Unterschrift ist nicht zu entziffern.

Nr. 62
Schreiben des Kreisvorsitzenden der SPD Luckenwalde an den SPD Ortsverein Jüterbog vom 2. November 1945[1]

Luckenwalde, d[en] 2. 11. [19]45

An die
Sozialdemokratische Partei Deutschlands
Ortsverein Jüterbog
Herrn Ziebarth
Jüterbog
Kapellenberg

Werte Genossen!

Anliegend übersende ich Ihnen einen Durchschlag der vom Aktionsausschuß der antifaschistischen Parteien für das Kreisgebiet herausgegebenen Richtlinien über die Errichtung von Aktionsausschüssen in den einzelnen Gemeinden und über deren Tätigkeit.[2] Unter Zugrundelegung dieser Richtlinien wird es sich empfehlen, in allen Orten, in denen dies noch nicht geschehen ist, auch unsererseits auf die Errichtung eines Aktionsausschusses zu dringen und dabei möglichst auch die beiden bürgerlichen Parteien personell zur Mitarbeit heranzuziehen.

Bevor durch Erlaß entsprechender Gesetze oder Verordnungen ständige parlamentarische Einrichtungen auch in sowjetbesetzten Gebieten geschaffen werden, bevor also Wahlen stattfinden, muß der Versuch unternommen werden, die Aktionsausschüsse als einen Ersatz und Vorläufer der parlamentarischen Mitwirkung auszubauen. Es ist dabei auf paritätische Zusammensetzung zu achten. In der Zusammenarbeit mit der KPD bitte ich Wert auf möglichste Einigkeit zu legen. Ein Überstimmen wird in den seltensten Fällen möglich sein. Auf der anderen Seite bedeutet dies nicht, daß die SPD zu allen Vorgängen in der öffentlichen Verwaltung stillschweigt. Es ist über den Aktionsausschuß nachdrücklichst Wert darauf zu legen, daß wir an allen Entscheidungen wichtigerer Art innerhalb der Gemeinden beteiligt werden.

---

1 Brandenburgisches Landeshauptarchiv, Rep. 331, II/4/35.
2 Die erwähnten Richtlinien sind im Potsdamer Archiv nicht überliefert.

Wegen der allgemeinen Bedeutung dieser Angelegenheit lege ich auch im Auftrage der Partei Wert darauf, über alle Vorkommnisse in den einzelnen Gemeinden unterrichtet zu werden. Ich bitte die Ortsvereins-Vorsitzenden, möglichst regelmäßig Berichte, auch über die kommunale Tätigkeit, hierher zu senden und jede Gelegenheit wahrzunehmen, die Berichte in mündlicher Aussprache möglichst eingehend zu gestalten.
Die Mitglieder der Aktionsausschüsse bitte ich, mir umgehend namhaft zu machen.

gez. Hans Podeyn
Kreisbeauftragter

Nr. 63
Bericht über die Sitzung des Aktionsausschusses der SPD und KPD der Stadt Brandenburg am 1. November 1945[1]

Alle Vertreter, an 20 Genossen, waren erschienen; behandelt wurde das Thema: *Einheitsfront.*
In einer Ausführung von 30 Minuten behandelte Gen[osse] [Ernst] *A[ltenkirch]* [KPD][2] die einzelnen Probleme, die zur Einheitsfront stehen, daß es auch notwendig sei, sich auch einmal grundsätzlich mit diesen Fragen zu beschäftigen. Behandelt wurde unsere Stellung zur SPD, die noch weitere enge Zusammenarbeit mit der SPD, die Notwendigkeit von Einheitslisten bei kommenden Wahlen. Gegen die Auffassung der SPD wurde Stellung genommen, daß durch selbständiges Auftreten man die kleinbürgerlichen Schichten gewinnen würde und sie nicht ins Lager der Reaktion triebe. Auch die eigenartige Mittelstellung der SPD wurde behandelt sowie, rein örtlich gesehen, ihre schleppende Haltung in allen Aktionen, die gemeinsam beschlossen wurden. Gegen alle Störenfriede der Einheitsfront – ganz gleich, wo sie herkommen – muß gekämpft werden.
Als Vertreter der SPD sprach Gen[osse] [Paul] *Voigt*[3], der zum Ausdruck brachte, daß irgendwelche Bindungen für einheitliche Zusammenarbeit vorderhand nicht gegeben werden können, daß Beschlüsse eines einheitlichen Vorgehens bei den Wahlen nicht gefaßt werden können, daß die Richtlinien ihrer Bezirksleitung notwendig seien.
Er führte dann Fälle an, die keineswegs ein gedeihliches Zusammenarbeiten zulassen, z. B. [die] Verhaftung des SP[D]-Vorsitzenden in Lehnin, sowie die Besetzung des Oberbürgermeisterpostens und die übrigen Vorfälle mit dem Oberbürgermeister. Er führte aus, daß Übertreibungen und Überspitzungen vorkämen bei der Bodenreform, die in einem viel zu schnellen Tempo durchgeführt wurde und unbillige Härten mit sich gebracht habe; daß vor allem ein Vorauseilen in der Frage der Einheitsfront zur Spaltung der SPD führen könne und das vermieden werden müsse.
Nach eingehender zeitweilig heftiger Diskussion und nach Erklärungen des Gen[ossen] [Max] Herm [KPD][4], der seinen Vorsitz niederlegte und sein Ausscheiden aus dem Aktionsausschuß erklärte mit der Begründung, er könne weiterhin die politische Verantwor-

---
1 Brandenburgisches Landeshauptarchiv, Rep. 333, III/3/3.
2 Ernst Altenkirch, geb. 1903. Beruf: Mechaniker. Seit 1929 KPD. 1935 bis 1945 KZ. Juni 1945 bis April 1946 Sekr. KL KPD Brandenburg. April 1946 bis Januar 1949 Vors. KV SED Brandenburg. Januar 1949 bis Juli 1974 ZPKK SED. 1980 gest.
3 Paul Voigt, SPD. 1945/46 Vors. UB SPD Brandenburg. April 1946 Vors. KV SED Brandenburg.
4 Max Herm wurde im Mai 1945 als Oberbürgermeister von Brandenburg eingesetzt.

tung für die Arbeit in Brandenburg unter den gegebenen Verhältnissen nicht tragen[5], wurden Vorschläge unterbreitet[6], den Oberbürgermeister zu laden, um nochmals Stellung zu nehmen; doch die eingehende Aussprache bewirkte es, daß man davon Abstand nahm und nunmehr erklärte, alle bisherigen Störungen der Einheitsfront als überwunden anzusehen. [Die] Gen[ossen] [Paul] Voigt, [Willi] Weichenhain[7], Stadtrat [Otto] Schwarz[8] stellen sich voll und ganz hinter den Oberbürgermeister und sind weiterhin zu engster Zusammenarbeit mit der KPD bereit.

Durch diese Erklärungen scheinen nunmehr die Störungen und Hemmnisse, die sich in der Einheitsfront gerade in den letzten Wochen zeigten, überwunden zu sein; die politische Arbeit muß es beweisen.

Da der Gen[osse] [Max] Herm als Vorsitzender ausscheidet, wurde Gen[osse] [Ernst] A[ltenkirch] als Vorsitzender eingesetzt.

Eine grundsätzliche Behandlung der Einheitsfront soll weiterhin unter den Funktionären beider Parteien in den Bezirken erfolgen, um dann später dasselbe Thema vor allen Mitgliedern zu behandeln.

Brandenburg, den 6. 11. [19]45

gez. [Ernst] A[ltenkirch][9]

---

5 Im Original endet dieser Satz an dieser Stelle, der so jedoch keinen Sinn gibt. Deshalb wurde er mit dem folgenden verbunden und eine Umstellung der Wörter »Vorschläge« und »wurden« vorgenommen.
6 Im Original heißt es: Vorschläge wurden unterbreitet,
7 Willi Weichenhain, SPD. 1945/46 Vorstand UB SPD Brandenburg.
8 Otto Schwarz, geb. 1895. Beruf: Angestellter. Vor 1933 SPD. 1945/46 BV SPD Mark Brandenburg. 1945 Stadtrat in Brandenburg. April 1946 KV SED Brandenburg.
9 Unterschrift handschriftlich.

Nr. 64
Aus dem Bericht über den Bezirksparteitag der SPD der Provinz Mark Brandenburg in Potsdam am 3. und 4. November 1945[1]

Zum dritten und vierten November war der Bezirksparteitag der SPD nach Potsdam einberufen. Er fand in einem mit rotem Tuch festlich ausgestattetem Saal statt. Von den Wänden grüßten die mahnenden Worte:
In Einigkeit zur Freiheit
Für den Frieden der Völker

Genosse [Georg] *Spiegel* begrüßte die Anwesenden, Delegierten und Gäste im Namen des Bezirksvorstandes und ehrt die Toten der Bewegung, die durch faschistische Henker ermordet wurden. Er zeigt dann auf, daß die faschistische Diktatur das deutsche Volk in die heutige Katastrophe führte und daß sich die aufbauwilligen Kräfte heute »in Abwehrstellung« befänden. Die SPD sei eine Partei des Sozialismus. Sie erstrebe die organisatorische

---

1 Brandenburgisches Landeshauptarchiv, Rep. 331, II/1/1.

Einheit mit der Kommunistischen Partei, die heute zwar noch nicht Wirklichkeit sei, auf die aber hingesteuert werde.

In der Partei stellten die 40 bis 50jährigen den Kern. Die Jugend befände sich, was gar nicht anders sein könnte, noch immer in den Armen der faschistischen Ideologie. Die Partei habe darin ihre vornehmste Aufgabe zu sehen, diese Jugend dieser Ideologie zu entreißen. Es sei immer wieder festzustellen, daß dem deutschen Volke die Initiative fehle. Es gelte, aus Befehlsempfängern selbstdenkende Staatsbürger zu machen.

Die SPD verfüge über eine große und erhabene Tradition, das allein genüge aber nicht, um die vor der Partei und allen Antifaschisten stehenden Probleme zu lösen. Erfreut könnte er dem Parteitag mitteilen, daß die Partei das beste Verhältnis zu den Kommandostellen der Roten Armee habe.

Im Namen der Potsdamer Organisation begrüßte die Genossin Else *Bauer* den Parteitag und stellte fest, daß Potsdam nicht mehr der Hort der Reaktion sei, sondern Stadt einer starken Sozialdemokratie.

Im Namen des Zentralausschusses der SPD begrüßte Genosse [Max] *Fechner* den Parteitag und stellte fest, daß der Faschismus zerschmettert am Boden liege. Jetzt gelte es, eine starke antifaschistische Demokratie aufzubauen, und zwar in engster Zusammenarbeit mit unseren kommunistischen Freunden. Mit ihnen müssen wir bis zur Einheit der Organisation aller Schaffenden kommen, die der Garant dafür sein wird, die schwere, aber auch große Zeit zu meistern. Dem Parteitag wünschte er besten Erfolg.

Namens der Kommunistischen Partei für die Provinz Brandenburg begrüßte Genosse [Willy] Sägebrecht[2] den Parteitag der SPD und stellte fest, daß die Einladung von Vertretern der KPD zum Parteitag der SPD das Verhältnis zwischen den beiden Arbeiterparteien zum Ausdruck bringe. Die gemeinsamen Gegner der Arbeiterklasse dürften nie mehr das Schauspiel der Zersplitterung der Arbeiterbewegung erleben. Jetzt befänden wir uns in der Aufbauarbeit. Dabei gilt es immer zu bedenken, und das habe uns der Faschismus gelehrt, die Einheit der Arbeiterklasse muß unter allen Umständen gewahrt werden. Es gelte, den Faschismus durch gemeinsame Arbeit auszurotten und einen neuen demokratischen Staat zu schaffen, der stark genug ist, mit seinen Feinden fertig zu werden.

In den Konzentrationslagern hätten sich die Genossen der beiden Arbeiterparteien zu gemeinsamer Arbeit zusammengefunden. Dort erkannten sie, was Einheit alles vermag. Unsere gemordeten Genossen mahnten uns immer wieder zur Einheit. Niemals dürfe es in der deutschen Arbeiterbewegung wieder eine antibolschewistische und antisowjetische Hetze geben. Wir müssen immer daran denken, daß wir es der Roten Armee verdanken, daß wir hier tagen können. Gemeinsam werden wir den Faschismus überwinden und gemeinsam ein neues Leben schaffen. Wir haben mehr Gemeinsames als Trennendes, und einstmals werden wir alle Mitglieder der Einheitspartei der Arbeiter sein. (Die Rede wurde mit Beifall aufgenommen.)

Nach der Wahl der Mandatsprüfungskommission erteilte Genosse [Georg] Spiegel dem politischen Sekretär Genossen [Friedrich] *Ebert* das Wort zu seinem Tätigkeitsbericht. Genosse [Friedrich] Ebert ging davon aus, daß der Zusammenbruch Deutschlands durch das faschistische Regime ungeheuer sei. Durch das Verschulden des deutschen Faschismus habe Deutschland viele Gebietsverluste zu verzeichnen. Millionen Flüchtlinge strömten aus diesen Gebieten in das kleiner gewordene Deutschland.

Der Aufbau der Partei wäre aus dem Nichts heraus erfolgt. Jetzt könne die Partei nach anfänglichem Suchen und Tasten schon große Erfolge verbuchen. Sie verfüge über 421

---

2 Willy Sägebrecht, geb. 1904. Vor 1933 KPD. 1933 bis 1945 Haft. Juni 1945 bis April 1946 Sekr. BL KPD Mark Brandenburg. April 1946 PV bzw. ZK SED. 1946 bis 1952 Vors. u. Sekr. LV SED Brandenburg. 1954 KVP bzw. NVA. 1981 gest.

Ortsvereine mit schätzungsweise 32 650 Mitgliedern, die alle auf ihre Würdigkeit, der SPD anzugehören, geprüft seien. Die Partei nehme Mitglieder der Naziformationen grundsätzlich nicht auf. Niemals werde die SPD, wie die NSDAP, eine Versorgungsanstalt für ihre Mitglieder werden. Der Kreis Berlin verfüge über 151 Ortsvereine mit ca. 8 500 Mitgliedern.[3] Der Kreis Brandenburg verfüge als stärkster Kreis über 132 Ortsvereine mit 10 450 Mitgliedern. Über 84 Ortsvereine mit 8 500 Mitgliedern verfüge der Kreis Cottbus, während der Kreis Eberswalde 54 Ortsvereine mit 5 150 Mitgliedern habe. Die Partei stehe auf festem Grund, weil sie von unten gewachsen sei.

Die Wochenzeitung des Bezirkes Brandenburg »Der Märker«[4] habe eine Auflage von 50 000 Stück, was bei den ungeheuren Nachfragen nach Zeitungen zu wenig sei. Man habe bereits Verhandlungen wegen einer Erhöhung dieser Auflage mit der Sowjetischen Administration geführt und hoffe, daß sie von Erfolg sein wird. Die technischen Schwierigkeiten bei der Herausgabe des »Märkers« seien sehr groß gewesen. Die Zeitung werde noch immer im Handsatz hergestellt. Jetzt seien aber auch diese Schwierigkeiten so gut wie behoben.

Der Arbeitsausschuß der SPD und KPD habe sich am 1. September [1945] gebildet, und er könne erfreulicherweise sagen, daß die Zusammenarbeit in diesem Ausschuß hier in Potsdam sehr gut sei. Draußen in der Provinz sei das leider anders. Unsere Forderung hier gehe dahin, eine paritätische Zusammensetzung in den kommunalen Körperschaften zu erreichen. Keine der antifaschistischen Parteien dürfe den alleinigen Führungsanspruch übernehmen wollen. Dabei stellen wir die Forderung nach Parität nicht im Sinne des Rechenschiebers, sondern wir fordern, daß die fähigsten Männer immer an den richtigen Stellen eingesetzt werden.

Über das Verhältnis der Partei zum FDGB sagte der Genosse [Friedrich] Ebert, daß die Zusammenarbeit besser sein könnte. Von der Administration der sowjetischen Besatzungsmacht wird der Partei jede erdenkliche Hilfe erwiesen, und wenn dem Generalmajor Scharow[5] berechtigte Klagen vorgetragen werden, setze er sich auch dafür ein, daß die vorhandenen Mängel überprüft und behoben werden. Es komme darauf an, daß die Zusammenarbeit auch draußen in der Provinz mit den Kommandostellen der Roten Armee gut sei.

Man müsse sich darüber klar sein, daß die vorhandenen Schwierigkeiten ohne die Mithilfe der SPD nicht zu beheben wären. Die jetzt noch bestehenden Schwierigkeiten in der Lebensmittelversorgung würden durch den Befehl von Marschall Schukow sicher weitgehendst gelindert werden[6], aber sie würden für die nächste Zeit dennoch bestehen bleiben.

---

3 Die von Friedrich Ebert genannten Kreise galten in der Brandenburger Organisationsstruktur der SPD eigentlich als Unterbezirke, unterteilt in verschiedene Kreisverbände. Die Brandenburger SPD untergliederte sich in die Unterbezirke Brandenburg (mit den Kreisen Westprignitz, Ostprignitz, Ruppin, Westhavelland, Zauch-Belzig); Berlin (mit den Kreisen Osthavelland, Niederbarnim, Teltow, Beeskow-Storkow); Eberswalde (mit den Kreisen Templin, Prenzlau, Angermünde, Oberbarnim, Lebus); Cottbus (mit den Kreisen Jüterbog-Luckenwalde, Guben, Spremberg, Lübben, Kalau, Luckau, Sorau).

4 Am 20. Oktober 1945 erschien die erste Nummer der sozialdemokratischen Zeitung für die Provinz Brandenburg »Der Märker«. Ab Mitte November 1945 erhöhte sich die Auflage von 50 000 auf 100 000 Exemplare.

5 Wassili M. Scharow, 1945 bis 1949 Stellv. für Zivilangelegenheiten des Chefs der SMA Brandenburg.

6 Auf Befehl des Obersten Chefs der Sowjetischen Militäradministration in Deutschland, Marschall Schukow, wurden für die nicht in der Landwirtschaft tätigen Personen ab 1. November 1945 Lebensmittelrationen in Gramm und pro Tag entsprechend einer Einstufung in Bevölkerungsgruppen festgesetzt.

Die Genossen müßten bedenken, wie groß die Zerstörungen seien und wie verheerend sich die Flüchtlingsfrage auswirke. Es gelte, keine Illusionen beim deutschen Volke zu wecken. Genosse [Friedrich] Ebert forderte dann energische Maßnahmen gegen den Schwarzen Markt und die Hamsterei. Beides störe sehr eine geregelte Versorgung der Bevölkerung mit den Bedarfsgütern.

Besondere Sorge müsse die Partei der deutschen Jugend zuwenden. Sie sei durch den Faschismus verhetzt, verwahrlost und krank. Die Partei müsse ihr Führer in eine neue bessere Zukunft sein. Eine Anordnung der Besatzungsbehörde verbiete parteimäßig gebundene Parteijugendorganisationen. Darum müsse sich die Partei für die Bildung von Jugendausschüssen einsetzen und mit allem Nachdruck die Aufklärung der Jugend im antifaschistischen Sinne betreiben.

In der Partei habe die größtmöglichste Demokratie zu herrschen, weil sie die Voraussetzung dafür ist, daß die Partei die Grundsätze der Demokratie auch außerhalb der Partei wirksam vertreten und fordern kann. Die Aufgabe der Genossen sei es, eine starke Partei aufzubauen, die der Garant für den neuzupackenden[7] antifaschistischen demokratischen Staat sei. Niemals – auch jetzt nicht – habe die Partei vergessen, daß sie für den Sozialismus kämpfe. Heute setze sie alles daran, das Glück der Menschheit zu festigen und einen unzerstörbaren Frieden zu schaffen.

[...]

Schlußwort des Genossen [Friedrich] Ebert

»Der Märker« sei infolge seiner geringen Auflage vorerst lediglich als Informationsorgan für die Parteigenossen gedacht und dürfe daher vorerst auch nur durch Parteiorgane zur Verteilung gelangen.

Einige Genossen hätten von einer mangelhaften Zusammenarbeit mit der KPD gesprochen.[8] Es seien zwar Schwierigkeiten bei den unteren Einheiten vorhanden, aber diese müßten überwunden werden. Unbedingt müsse es zu einer Einheitsorganisation der ganzen Arbeiterklasse kommen. Das sei der Wunsch der gesamten Sozialdemokratischen Partei. Keiner der hier anwesenden Delegierten und kein Parteigenosse draußen in der Provinz dürfe zweifeln an der Ehrlichkeit der Ausführungen des Genossen [Willy] Sägebrecht und des Genossen [Wilhelm] Pieck. Ihre Absichten sind ebenso ehrlich wie die des Genossen [Georg] Spiegel oder meine. Die Kommunisten wollen die Einheit der Arbeiterklasse. Über diese Einheit der Arbeiterklasse muß es zu einer solchen aller Antifaschisten kommen. Sie müßten einen festen Block bilden, in dem auf keinen Fall die Macht einer Partei herrschen dürfe, sondern in der die Macht aller Parteien zum Schaden der Gegner vorhanden sein müsse. Die SPD sei ganz durchdrungen von dem Willen zur Macht. In den K[on]-z[entrationslagern] wäre die Gemeinschaft mit den Kommunisten geboren worden. Sie hochzuhalten ist heiligste Pflicht zum Wohle Deutschlands und der ganzen Welt.

Die Mandatsprüfungskommission gab durch den Genossen Kühler bekannt, daß 87 Stimmberechtigte Delegierte zum Parteitag beordert sind, von denen 6 bis zu diesem Zeitpunkt noch nicht eingetroffen waren. Er beantragt die Gültigkeitserklärung der Mandate. Sein Antrag wird angenommen. Außer den Delegierten seien 260 Gäste anwesend.

Genosse [Georg] Spiegel verlas einen Antrag, der einen zehnprozentigen Sekretariatszuschlag zum Wohle der Ortsgruppen zu den Beiträgen fordert. Auf Vorschlag von [Georg] Spiegel wird der Antrag dem Bezirksvorstand zur Prüfung überwiesen.

Damit fand die Parteitagstagung für den ersten Verhandlungstag ihren Abschluß.

---

7 »Neuzupackenden« wurde handschriftlich in »neuaufzubauenden« verändert.
8 Die Diskussion zum Geschäftsbericht wurde sehr unvollständig protokolliert (es wurden nur drei Diskussionsredner angeführt) und spiegelt diese Schwierigkeiten nicht wieder. Auf ihren Abdruck wurde deshalb verzichtet.

Nr. 65
Schreiben von Friedrich Ebert an Max Porazik aus Potsdam Babelsberg vom 8. November 1945[1]

Herrn
Max Porazik
Potsdam-Babelsberg

8. 11. 1945

Werte Genossen!

Ihren Bericht über die in den Landgemeinden anzutreffenden Unzuträglichkeiten[2], die sich aus dem Verhalten der KPD ergeben, haben wir erhalten. Er deckt sich vollinhaltlich mit den Berichten, die dem Bezirksvorstand täglich aus allen Teilen der Provinz zugehen, und in meinem Tätigkeitsbericht auf dem Bezirksparteitag ihren Niederschlag gefunden haben. Wir sind selbstverständlich auch weiter bestrebt, zu einem guten Einvernehmen mit der KPD auch auf dem Lande zu kommen und werden daher alles anfallende Material an die zuständigen politischen Stellen weiterleiten.

Ihre Zuschrift, betreffend den »Märker«, haben wir zuständigkeitshalber dem Genossen [Emil] Schröder[3] weitergegeben.

Mit Parteigruß!
gez. [Friedrich] Ebert[4]
Bezirkssekretär

---

1 Brandenburgisches Landeshauptarchiv, Rep. 331, II/2/13.
2 Am 5. November 1945 hatte Max Porazik aus Potsdam-Babelsberg in einem Schreiben an Friedrich Ebert auf »verschiedene Unzuträglichkeiten in den Landgemeinden« hingewiesen. Dies betraf unfaire Werbemethoden der KPD, die Postenverteilung sowie die Art und Weise der Landaufteilung. Um einen Wandel zu schaffen, riet Porazik, »daß unsere führenden Männer mit denen der KPD Rücksprache nehmen und auf diese Mißstände hinweisen«. Brandenburgisches Landeshauptarchiv, Rep. 331, II/2/13.
3 Emil Schröder, SPD. November 1945 bis April 1946 BV SPD Mark Brandenburg. Oktober 1945 bis April 1946 Chefredakteur SPD-Zeitung für Mark Brandenburg »Der Märker«.
4 Unterschrift handschriftlich.

Nr. 66
Schreiben des SPD-Ortsvereins Luckenwalde an die Kreisleitung der KPD Luckenwalde vom 9. November 1945[1]

Sozialdemokratische Partei Deutschlands
Ortsverein Luckenwalde

Luckenwalde, den 9. November 1945

An die
Kreisleitung der KPD
Luckenwalde

Werte Genossen!

Veranlaßt durch die Ausführungen des Gen[ossen] W[illi] Mayer[2] über die Aufstellung von Einheitslisten für Wahlen, halten wir es im Interesse der gemeinsamen Arbeit für notwendig und zweckmäßig, darauf hinzuweisen, daß die Ortsvereine der SPD für eine Entscheidung über diese Frage nicht zuständig sind. Diese Mitteilung entspricht nicht nur der schuldigen Rücksichtnahme auf die Zuständigkeit des Zentralausschusses in Fragen von allgemein-politischer und außenpolitischer Bedeutung, sie ist zugleich der Ausdruck für die Überzeugung des Ortsvereinsvorstandes, daß das gegenwärtige Verhältnis der örtlichen Parteistellen zueinander die Klärung einer Reihe von Fragen als vordringlicher erscheinen läßt.

Wir stehen nicht an zu erklären, daß es unter den bestehenden Umständen für uns befremdlich war und uns auch als unzweckmäßig erscheint, im Rahmen einer Feierstunde ausgerechnet die Frage der Einheitslisten aufzuwerfen, für die die Möglichkeit einer befriedigenden und klärenden Diskussion nicht gegeben ist. Wir können nicht umhin, festzustellen, daß nach unseren Eindrücken das Verfahren des Gen[ossen] W[illi] Mayer der gemeinsamen Sache und dem Willen zur Einheit in den Reihen der Arbeiterschaft eher abträglich als nützlich gewesen ist, eher Verwirrung als Klarheit geschaffen hat. Wir müssen die Verantwortung dafür ablehnen, wenn unter etwaiger Wiederholung derartiger Methoden die Sache der Einheit der Arbeiterbewegung nicht die Förderung erfährt, die wir dringend wünschen. Dürfen wir zum mindesten nun erwarten, daß derart diffizile Dinge einer gehörigen Vorbesprechung und Beratung unterworfen werden, ehe sie einem größeren Forum unterbreitet werden?

Mit Parteigruß
Der Ortsvereinsvorstand
gez. Hans Podeyn[3]

---

1 Brandenburgisches Landeshauptarchiv, Rep. 331, II/4/35.
2 Der KPD-Ortsgruppenleiter Willi Mayer sprach am 7. November 1945 auf einer Kundgebung zum Jahrestag der russischen Revolution im Stadttheater Luckenwalde über den Fortgang der Zusammenarbeit zwischen Kommunisten und Sozialdemokraten.
3 Beide Unterschriften handschriftlich. Die zweite Unterschrift ist nicht zu entziffern.

Nr. 67
Schreiben des SPD-Ortsvereins Königs Wusterhausen an den sowjetischen Kommandanten der Stadt Königs Wusterhausen vom 11. November 1945[1]

Sozialdemokratische Partei Deutschlands
Ortsgruppe K[öni]gs Wusterhausen

K[öni]gs Wusterhausen, den 11. 11. [19]45

An den
Herrn Kommandanten der
Stadt Königs Wusterhausen
in K[öni]gs Wusterhausen

Eingabe der Sozialdemokratischen Partei,
Ortsgruppe K[öni]g[s] Wusterhausen

Für Sonnabend, den 10. 11. [19]45 war von der Ortsgruppenleitung der Sozialdemokratischen Partei Deutschlands eine Mitgliederversammlung angesetzt worden. Die Tagesordnung wurde anordnungsgemäß am Morgen des betreffenden Tages dem Herrn Major Fissow[2] zur Kenntnisnahme vorgelegt. Sie enthielt folgende Punkte:

1. Kassieren der Beiträge
2. Verlesen des Protokolls
3. Referat des Genossen Kluge über die »Kriegsschuldlüge«
4. Verschiedenes

Die Abhaltung dieser Mitgliederversammlung wurde nicht genehmigt, da der Text des Referats nicht im Wortlaut vorlag.

Gegen diesen Entscheid, den wir als einen Fehlentscheid ansehen, erhebt die Ortsgruppenleitung der Sozialdemokratischen Partei Deutschlands *Einspruch*, da diese Maßnahme eine starke Beschränkung der uns durch Verordnung Nr. [2][3] des Herrn[4] Marschall Schukow, der den 4 antifaschistischen Parteien volle Versammlungsfreiheit zubilligt, darstellt.

Die Mitglieder der Ortsgruppenleitung sind alle langjährige Sozialisten, die zum größten Teil schon vor 1933 durch Erdulden von Freiheitsstrafen ihre sozialistische Einstellung unter Beweis gestellt haben. Der Vorstand haftet in und mit seiner Person dafür, daß bei den Mitgliederversammlungen keine Referate gehalten werden, die auch nur den Anschein einer nationalsozialistischen Propaganda haben.

Wir bitten, Herrn Oberstleutnant zu entscheiden, ob die getroffene Maßnahme des Herrn Major Fissow[5] zurecht besteht. Wir sind im bejahenden Falle verpflichtet, die Entscheidung der Kreiskommandantur zu erwirken.[6]

---

1 Archiv der sozialen Demokratie, Ostbüro, Ortsverein Königs Wusterhausen.
2 Der Name wurde handschriftlich eingefügt.
3 Die Nummer des Befehls fehlt. Gemeint ist sicherlich der Befehl Nr. 2 der SMAD vom 10. Juni 1945.
4 »Herrn« wurde handschriftlich eingefügt.
5 »Herrn« sowie der Name wurden handschriftlich hinzugefügt.
6 Das Dokument ist ohne Unterschrift.

Nr. 68
Protokoll über die Sitzung des Sekretariats der Bezirksleitung der KPD Brandenburg am 12. Dezember 1945[1]

Auf der Tagesordnung steht: *Unser Verhältnis zur SPD.*
Am 20. 12. [1945] findet in Berlin eine Tagung von je 30 Vertretern der Parteien statt. Dazu sind der Bezirkssekretär eingeladen und der Sekretär des zweitstärksten Ortes. Das wäre Brandenburg, Genosse [Ernst] Altenkirch. Das Z[entral]k[omitee] möchte vor dieser Sitzung einen Bericht haben über unser Verhältnis zur SPD im Bezirk. Es ist nicht klar gesagt, ob es sich um eine Reichstagung handelt, aber es ist anzunehmen.
Gen[osse] [Bruno] *Brockhoff*:[2] Was wir bisher festgestellt haben, war, daß sich immer ein erfreuliches Bild in der zentralen Zusammenarbeit mit der SPD ergab, das im Widerspruch zu dem stand, was sich oftmals in der Provinz ergab. Dieselben Leute, die im Bezirksausschuß[3] unseren Aufrufen zustimmten, sagten und taten in der Provinz etwas anderes. Man muß ihr Auftreten unter dem Gesichtswinkel einschätzen, daß in der Sowjetzone die KPD ein Plus hat, man ihr entgegenkommen muß, aber in den Kreisen, wo man weniger unter Kontrolle steht, versucht man sich abzugrenzen, mehr oder weniger versteckt das Gesicht einer Oppositionspartei hervorzukehren. Das zeigte sich bei der Bodenreform besonders deutlich von Seiten [Friedrich] Eberts.
Die SPD scheint sich nicht ganz klar zu sein über die Dauer der Besetzung, daraus entspringt ihr Verhalten, das ein gewisses Hemmnis für unsere Arbeit bedeutet.
Gen[osse] [Willy] *Sägebrecht*: Das ist richtig und man muß hier [Friedrich] Ebert mit [Friedrich] Ebert schlagen und ihr widerspruchsvolles Verhalten insofern in der Presse herausstellen, als wir ihre früheren Aussprüche, die positiver waren, hervorheben. Wir müssen ihnen die Rolle der Befürworter der Einheit aufdrängen. Wenn SPD-Leute in der Provinz in negativem Sinne auftreten, müssen unsere Genossen ihnen die positiven Aussprüche entgegenhalten können.
Gen[osse] [Kurt] *Seibt*:[4] Ich habe mit [Georg] Spiegel gesprochen, nachdem sie unseren gemeinsamen Aufruf zu den Gewerkschaftswahlen abgelehnt hatten.[5] Hier sollte zum ersten Male das gemeinsame Auftreten der Arbeiterklasse zum Ausdruck kommen, und hier

---
1 Brandenburgisches Landeshauptarchiv, Rep.330, I/2/2.
2 Bruno Brockhoff, geb. 1903. Beruf: Bauarbeiter. 1919 USPD, 1924 bis 1932 SPD, 1932 KPD. 1934 bis 1936 KZ. 1944 Antifa-Schule UdSSR. 1945/46 Sekr. BL KPD Mark Brandenburg. April 1946 SED. 1946 bis 1949 Abtltr. LV SED Brandenburg. 1949 gest.
3 Gemeint ist der gemeinsame Arbeitsausschuß der SPD und KPD für die Provinz Mark Brandenburg.
4 Kurt Seibt, geb. 1908. Beruf: Metallarbeiter. Seit 1931 KPD. 1933 BL KPD Berlin-Brandenburg. Nach 1933 illegale Arbeit, 1939 bis 1945 Zuchthaus. Juni 1945 bis April 1946 BL KPD Mark Brandenburg. April 1946 bis August 1952 Sekr. LV SED Brandenburg. 1950 bis 1954 Kandidat, 1954 ZK SED. 1953 bis 1967 MdV. 1952 bis 1964 1. Sekr. BL SED Potsdam.
5 Am 21. November 1945 vereinbarten Vertreter der Landes- und Provinzialausschüsse des FDGB die Einberufung einer Gewerkschaftsdelegiertenkonferenz für die sowjetische Besatzungszone. Die Wahl der Delegierten sollte nach demokratischen Grundsätzen in geheimer Abstimmung mittels Stimmzettel durchgeführt werden. Die Initiative dazu war vom Provinzialausschuß des FDGB Brandenburg ausgegangen. Die KPD-Bezirksleitung Brandenburg hatte daraufhin eine Erklärung ausgearbeitet, die die Einberufung der Delegiertentagung des FGDB begrüßte. Vgl. *Werner Müller*, Freier Deutscher Gewerkschaftsbund (FDGB), in: SBZ-Handbuch, S. 633; *Urban/Schulz*, Die Vereinigung von KPD und SPD zur Sozialistischen Einheitspartei Deutschlands in der Provinz Brandenburg, S. 134 ff.

wichen sie zurück. [Friedrich] Ebert erklärte, wir wollen uns in gewerkschaftliche Angelegenheiten nicht einmischen, während [Georg] Spiegel erklärte, er sei mit uns einverstanden, aber es seien die verschiedensten Strömungen, die gegeneinander stehen. [Friedrich] Ebert steht rechts und hat wahrscheinlich Verbindung mit rechten Gewerkschaftern in Berlin.

In den unteren Einheiten sind wir über Streitigkeiten um Stellenbesetzungen in der Zusammenarbeit noch nicht weit hinaus gekommen. Jetzt bei der Vorbereitung zu den Gewerkschaftswahlen müssen unsere Genossen mehr über das Zusammengehen der beiden Parteien mit den Sozialdemokraten diskutieren. Vielleicht kann man nun unten erreichen, was wir oben nicht durchsetzten: Erklärungen über gemeinsames Vorgehen, so daß ein Druck von unten kommt.

Gen[osse] [Franz] *Brüning*:[6] Die Sozialdemokraten erkennen an, daß die Kommunisten nach dem Zusammenbruch die Initiative hatten und [in] vielen Fällen die SPD regelrecht aus der Taufe gehoben haben. Aber jetzt ist die SPD gewachsen und setzt sich ein Ziel. Und sie meinen, sie sind die Partei, ohne die nicht regiert werden kann, im Westen nicht und auch nicht im Osten, wo die Kommunisten sie gleichfalls brauchen gegenüber der Roten Armee. Daraus ergibt sich ihre Taktik, zentral mit uns zu gehen und in den Kreisen gegen uns. Je mehr die Entwicklung fortschreitet, werden sie eine doppelseitige Politik treiben, wenn es uns nicht gelingt, sie von unten konkret vor die Frage der Einheit zu stellen durch die Betriebsarbeiter[...][7]

Ich habe mir zum Prinzip gemacht, jeden Bericht kritisch zu beantworten.

Gen[osse] [Walter] *Franze*:[8] Die SPD macht eine äußerst gute Gewerkschaftsarbeit, und wenn wir verstehen, die SPD an Betriebsfragen heranzuführen, dann können sie uns hier nicht ausweichen. Wir müssen unser Hauptaugenmerk auf die Arbeit in den Betrieben richten, da hier auch die SPD-Funktionäre am weitesten ideologisch für die Einheit zugänglich sind. Die verschiedenen Strömungen in der SPD sind eine Folge dessen, daß sie die Fragen nicht so wie wir diskutieren. Gemeinsame Schulungsabende bedeuten deswegen einen gewichtigen Fortschritt.

Gen[osse] [Georg] *Leps*:[9] Wie schon hervorgehoben wurde und wie ich selbst von der U[nter]b[ezirks]-Konferenz der SPD aus Eberswalde berichtete, spielt [Friedrich] Ebert eine Doppelrolle. Deshalb ist es notwendig, die Einheit von unten zu schmieden. Abgesehen von den gemeinsamen Schulungsabenden, die [Friedrich] Ebert ablehnte, war großer Beifall, als über die Einheit in der Praxis gesprochen wurde. Die Gewerkschaftswahlen geben die Möglichkeit dazu. Auch in Eberswalde gab [Friedrich] Ebert dem Druck der Delegierten nach.

Gen[osse] [Bruno] *Brockhoff:* Die ganze Schwäche der Betriebsarbeit liegt darin, daß unsere Genossen in der Verwaltung sind. Bei der SPD ist das etwas anderes. Aber das übermäßige Gewicht der Verwaltungsarbeit wird sich in absehbarer Zeit nach den Betrieben hin verschieben, und die systematische Schulung unserer jungen Genossen wird uns dann in

---

6 Franz Brüning, geb. 1896. Beruf: Maurer. 1919 USPD, 1920 KPD. 1925 bis 1932 BL KPD Berlin-Brandenburg. 1932/33 Sekr. UBL KPD Lausitz. 1933 bis 1945 illegale Arbeit u. Haft. 1945 BM Strausberg u. stellv. LR Krs. Niederbarnim. 1945/46 BL KPD Mark Brandenburg. April 1946 bis September 1948 Sekr. LV SED Brandenburg. 1948 gest.
7 Der Schluß dieses Satzes ist vollkommen unleserlich.
8 Walter Franze, geb. 1903. Beruf: Klempner. Vor 1933 KPD. 1945 Chefredakteur KPD-Zeitung für Mark Brandenburg »Volkswille«. April 1946 Chefredakteur SED-Landeszeitung für Brandenburg »Märkische Volksstimme«
9 Georg Leps, geb. 1892. Beruf: Klempner. 1910 SPD, 1918 USPD, 1920 KPD. 1933 bis 1945 illegale Arbeit u. zeitweilig KZ. 1945/46 BL KPD Mark Brandenburg. 1946 bis 1952 LV SED Brandenburg. 1961 gest.

die Lage versetzen, all die Kader zu stellen, die wir brauchen. Dabei muß man die Betriebe im Auge behalten.

Gen[osse] [Kurt] *Seibt:* Die Gewerkschaftsarbeit der SPD kann nicht besonders gut sein. [Georg] Spiegel sagte zu mir, daß die SPD neben den Gewerkschaften steht. Dort sind wahrscheinlich die rechtesten Elemente, die wieder versuchen, die Gewerkschaften über die Parteien zu stellen.[10] Aus diesen Kreisen hat [Friedrich] Ebert sicherlich seine Informationen.

Gen[osse] [Willy] *Sägebrecht:* Als wir die Zusammenarbeit mit der SPD begannen, haben wir geglaubt, daß wir mit Elementen zusammenkommen, die ehrlich aus ihren Fehlern gelernt haben. Aber wir haben schnell gespürt, daß es z. B. bei [Friedrich] Ebert nicht so war. Die Einheitsfront mit uns hat ihnen Auftrieb gegeben. Das schadet auch nichts, da sie doch Kreise erfassen, an die wir noch nicht herankommen.

Es zeigte sich, daß die sozialdemokratischen Funktionäre uns bei jeder neuen Frage gegenüberstanden, ohne antworten zu können. Meistens sagten sie nur ja. Aber acht Tage später kamen sie mit Einwänden, die zeigten, daß hier Einflüsse von bestimmter Seite vorlagen. Es zeigt sich, daß wir zu wenig mit den Sozialdemokraten zusammenkommen. Es gibt bestimmt mehr ehrliche Anhänger der Einheit als [Georg] Spiegel und [Richard] Küter. Wir müssen mit unseren Fragen diese Funktionäre auch von oben festlegen, nicht nur von unten, und wir müssen engsten Kontakt mit ihnen, aber auch persönlicher Natur, suchen.

[Friedrich] Ebert hat noch einen gewissen Anhang als Sohn des 1. Reichspräsidenten.[11] Er hat seine Angriffe etwas gedämpft, aber in der letzten Zeit sucht er sich wieder stärker zu distanzieren, besonders versucht er jetzt die Gewerkschaften vorzuschieben. Das sind dieselben Elemente in den Gewerkschaften, die uns auch früher Schwierigkeiten machten. Hier liegt eine wichtige Aufgabe für unsere Presse, die immer wieder darauf bezug nehmen muß, was [Friedrich] Ebert früher Positives zur Einheitsfront gesagt hat. Wir sollten so wie Sachsen Plakate herausgeben mit Aussprüchen von [Friedrich] Ebert und [Georg] Spiegel auf der einen Seite und von [Anton] Ackermann[12], [Wilhelm] Pieck usw. auf der anderen Seite. In der nächsten Arbeitsausschußsitzung werden wir außerdem wieder auf die zentrale Vereinbarung zurückkommen und kameradschaftlich mit ihnen sprechen.[13] Wenn sie jetzt die Vereinbarung ablehnen, so fällt die Verantwortung auf sie, wenn irgendwelche

---

10 Auf der Sekretariatssitzung am 24. November 1945 forderte der KPD-Bezirksleiter Willy Sägebrecht dazu auf, bei den im Dezember 1945 beginnenden Gewerkschaftswahlen zu versuchen, »die rechten Elemente hinauszuwählen«. Brandenburgisches Landeshauptarchiv, Rep. 330, I/2/2.
11 Friedrich Ebert, der Vater von Friedrich Ebert junior, war von 1919 bis zu seinem Tode im Jahre 1925 erster Reichspräsident der Weimarer Republik.
12 Anton Ackermann, geb. 1905. Seit 1926 KPD. 1935 ZK u. Kandidat PB KPD. 1933 bis 1945 Emigration UdSSR. Mai/Juni 1945 Ltr. Initiativgruppe ZK KPD («Gruppe Ackermann«) für Sachsen. Juni 1945 bis April 1946 Sekr. ZK KPD. April 1946 ZS u. PV SED. Januar 1949 Kandidat PB SED. 1949 bis 1953 Staatssekretär Außenministerium DDR. 1953 aller Ämter enthoben. 1973 gest.
13 Am 10. Dezember 1945 verabschiedeten der Zentralausschuß der SPD und das Zentralkomitee der KPD eine Erklärung zu den bevorstehenden Gewerkschaftswahlen, in der sie die Mitglieder beider Parteien dazu aufforderten, den FDGB bei der Vorbereitung der Gewerkschaftsdelegiertenkonferenz für die sowjetische Besatzungszone zu unterstützen. Es wurde empfohlen, »sich bei der Aufstellung der Kandidatenlisten zu verständigen. Es soll gesichert sein, daß die besten Antifaschisten, darunter auch solche, die keiner Partei angehören, als Kandidaten aufgestellt werden.« Dokumente und Materialien zur Geschichte der deutschen Arbeiterbewegung, Reihe III, Bd.1, S. 324 f.

Verletzungen der Gewerkschaftsdemokratie vorkommen oder wenn sie sich sonst irgendwie nachher benachteiligt fühlen.[14]

---

14 Georg Spiegel und Friedrich Ebert unterzeichneten dann am 15. Dezember 1945 doch noch eine »Erklärung des Arbeitsausschusses der KPD und SPD für die Mark Brandenburg zur Gewerkschaftsdelegiertenkonferenz«. In ihr wurden »unsere Anhänger und alle Arbeiter in den Betrieben« dazu aufgerufen, »auch die Wahlen der Gewerkschaftsdelegierten in dem Willen zu der Einheit vorzubereiten, die allein dem deutschen Volke neues Unheil ersparen kann«. *Urban/Schulz*, Die Vereinigung von KPD und SPD zur Sozialistischen Einheitspartei Deutschlands in der Provinz Brandenburg, S. 134 f.

Nr. 69
Bericht der Kreisleitung Beeskow der KPD über die Zusammenarbeit mit der SPD vom 13. Dezember 1945[1]

Stimmungsbericht

Im gesamten Kreis ist die Zusammenarbeit mit der SPD nur mit einzelnen Genossen festzustellen. Der Widerstand unserer Genossen gegen die SPD ist darauf zurückzuführen, weil die SPD offen gegen uns arbeitet. In fast allen unseren Versammlungen wurde die SPD zur gemeinsamen Veranstaltung aufgefordert. Ich konnte nicht feststellen, daß die SPD uns aufgefordert hat. In einigen gemeinsam abgehaltenen Versammlungen wurde auch von den SPD-Rednern auf den Zusammenschluß beider Parteien hingewiesen, insbesondere in Ketschendorf.

In der gemeinsam abgehaltenen Revolutions-Feier zum 7. 11. [19]45[2] wurde von [Willi] Drügemüller – Kreisleiter der SPD – die Meinung vertreten, daß die Durchführung der Weimarer Republik als erstrebenswertes Ziel der Arbeiterschaft anzuerkennen sei. Leider sei der Aufbau dieser Regierungsform durch das Nichtverständnis eines Teiles der Arbeiterschaft nicht möglich gewesen.

In der zuletzt stattgefundenen SPD-Mitgliederversammlung in Beeskow soll nach Bericht eines SPD-Genossen [Willi] Drügemüller gesagt haben, die KPD hat früher nichts getaugt und jetzt erst recht nicht.

Sehr oft sind die Widerstände unter den Genossen auf persönliche Reibereien zurückzuführen. Befürchtungen der Genossen von beiden Seiten sind, daß die eine oder die andere Partei in der anderen aufgehen soll und keiner dann weiß, welche Position er dann einnehmen wird.

Bei unseren Genossen ist eine aktive Kampfstimmung festzustellen, entweder Kampf gegen die SPD oder aber gegen die Nazis. Ein[en] Kampf gegen die Nazis würde[n] sie gemeinsam mit der SPD durchführen.

13. 12. [19]45   Agitprop[3]

---

1 Brandenburgisches Landeshauptarchiv, Rep 330, I/2/13.
2 Hatte der Zentralausschuß die Durchführung einer zentralen Gedenkveranstaltung von SPD und KPD anläßlich der Jahrestage der beiden Revolutionen abgelehnt, so wurden in vielen Städten der sowjetischen Zone gemeinsame Kundgebungen durchgeführt, in deren Mittelpunkt die deutsche Revolution von 1918/19 stand. Darüber hinaus gelang es der KPD, auf der Grundlage gemeinsamer Beschlüsse regionaler Parteiorganisationen, Sozialdemokraten für eine Veranstaltung aus Anlaß des 28. Jahrestages der Oktoberrevolution zu mobilisieren.
3 Die Unterschrift ist unleserlich.

Nr. 70
Bericht über die Unterbezirkskonferenz der SPD Brandenburg in Brandenburg am 16. Dezember 1945[1]

Anwesend 200 Personen, darunter 114 Delegierte.
[Die] Konferenz war gut organisiert. Ausgestaltet in der Gedankenwelt der SPD, [August-]Bebel-Bild und [Friedrich-]Ebert-Büste.
3 für die SPD-Mitglieder bekannte Referenten, wie [Bernhard] Göring[2], [Friedrich] Ebert und [Paul] Szillat[3],sprachen. [Die] Stellung der SPD wurde hervorgehoben, jedoch die organisatorische Einigung für spätere Zeit vorbehalten.
In der Diskussion scharfe Stellung gegen die KPD, daß diese in der Theorie für die Einheitsfront sei, aber praktisch gegen die SPD arbeite. Zeitweilig eine Stimmung, die durch den Zwischenruf kennzeichnend ist »mit Knüppeln werden wir den Kommunisten die Einheitsfront beibringen«, so daß man sich in die Zeit von vor 1932 zurückversetzt fühlte. Man hatte den Eindruck, daß dem Bezirksvorstand, der sich aus 5 Vertretern, wie [Friedrich] Ebert, [Georg] Spiegel usw. zusammensetzte, diese Situation nicht unangenehm sei.
Einige Redner sprachen sich für die Zusammenarbeit aus. Die Einheitsfront wurde teilweise so verstanden: »Wir sind die starke SPD, wenn Ihr Kommunisten Einheitsfront wollt, kommt zu uns«. 2 Vertreter der Stadtkreisleitung der KPD Brandenburg sprachen unter diesen besonderen Verhältnissen zweimal in der Diskussion. Die Ausführungen des Mickin in Fragen des Oberlandratsamtes wurden mit Widerspruch aufgenommen. Günstig war es, daß nach dem Schlußreferat [Friedrich] Eberts der Vertreter der Stadtkreisleitung, Gen[osse] [Ernst] Altenkirch, noch einmal über Einheitsfront sprechen konnte und die Zustimmung der Anwesenden erlangte.
Was zeigt uns diese Unterbezirkskonferenz?

1. Die SPD hat organisatorisch gesehen in vielen Orten einen Vorsprung erreicht (Brandenburg KPD 1 100, SPD 2 080 Mitglieder).

2. Der Aufbau der SPD-Organisation im Oberlandratsgebiet ist als gut zu bezeichnen. Die KPD hinkt in dieser Beziehung hinterher. Die SPD hat für das Oberlandratsgebiet in Brandenburg ihre Unterbezirksleitung, während für uns solche Leitung fehlt. Ein Hauptsekretär ist vorhanden, der seine Arbeit bisher noch nicht in vollem Umfange aufnehmen konnte. Weiter hat man den Eindruck, daß die SPD Nutznießerin einer Oppositionsstellung ist, die sie in den verschiedensten Orten einnimmt. Die stärkere Besetzung der einzelnen Positionen durch die KPD in den Verwaltungsstellen entspricht nicht immer dem Einfluß [in den][4] Massen.

---

1 Brandenburgisches Landeshauptarchiv, Rep. 330, I/2/15. Der Bericht, der mit der Überschrift »Beurteilung« versehen ist, wurde von einem kommunistischem Zuhörer verfaßt.
2 Bernhard Göring, geb. am 21. November 1897 in Berlin. Beruf: kaufmännischer Angestellter. Seit 1916 SPD. 1922 Sekr. ZdA. 1922 bis 1933 Geschäftsführer u. Prokurist AfA. 1933 bis 1945 illegale Arbeit u. mehrmalige Verhaftung. Juni 1945 bis April 1946 ZA SPD. Juni 1945 Vorbereitender Ausschuß FDGB. Februar 1946 2. Vors. Bundesvorstand FDGB. April 1946 bis Dezember 1949 PV SED. 1949 MdV. 1949 gest.
3 Paul Szillat, geb. am 30. Oktober 1888 in Berlin. Beruf: Feinmechaniker. 1932/33 OB Rathenow. 1933 KZ Oranienburg. 1945 stellv. LR Krs. Westhavelland. Januar 1946 OB Rathenow. April 1946 PV SED. Juni 1950 Verhaftung. November 1950 Parteiausschluß. April 1956 Haftentlassung. 1958 gest.
4 Im Original: der.

Die Vertreter der Roten Armee der Stadt- und Kreiskommandantur, die dieser Tagung beiwohnten, waren stark von der Stimmung dieser Konferenz beeindruckt.

Brandenburg, den 17. 12. 1945[5]

---

5 Das Dokument ist ohne Unterschrift.

Nr. 71
Aus der Rede von Friedrich Ebert auf dem Parteitag der SPD des Unterbezirks Brandenburg am 16. Dezember 1945[1]

[...]
Zu einem häufig sehr heftigen und in einem Fall leider auch recht unparlamentarischen Zwischenruf betr[effend] die Einheit der Parteien möchte ich folgendes sagen: Diejenigen antifaschistischen Parteien, die meinen, sie können auf ein vermeintliches Erstgeburtsrecht nicht verzichten, sie müssen gegen die Ermittlung des Volkswillens durch eine Wahl Einspruch erheben und dürfen deshalb andere Parteien übersehen, diese Partei würde nur und wird nur bewirken, daß die Demokratie nicht Herzenssache des Volkes wird, sondern eine Form bleibt, und daß letzten Endes über uns wieder die finsteren Mächte der Reaktion des Faschismus als lachende Sieger über uns triumphieren. (Beif[all]) Wir müssen heute von allen kleinlichen Dingen absehen, und wir in der Provinz Brandenburg können höheren Instanzen ein Vorbild sein. Wir müssen gerade in dieser gefahrvollen Zeit zusammenstehen und uns nicht um kleinliche Dinge streiten. Fest zusammenstehen müssen wir, dann haben wir auch die Macht, alle Schwierigkeiten zu meistern und zum Glück und Wohl des deutschen Volkes beizutragen.

Die Einigkeit der antifaschistischen Parteien muß allen Schwierigkeiten zum Trotz nicht nur erhalten, sondern auch ständig gestärkt werden. Dazu ist manches noch notwendig. Und wir wollen uns darüber bei jeder Gelegenheit sachlich und in kameradschaftlicher Offenheit aussprechen. Es gibt hier in diesem Saal, es gibt in der Sozialdemokratischen Partei niemanden, der nicht mit ganzem Herzen die Einheit des arbeitenden Volkes wollte.

Nicht umsonst hängt das Bild August Bebels hier. Er war der letzte Führer der deutschen Sozialdemokraten, der deutschen Einheitspartei, der deutschen Arbeiterklasse. Er hat bis zu seinem Lebensabend, bis zu seinem Tode, das arbeitende Volk Deutschlands zusammengehalten, zu einem Faktor werden lassen. Der Krieg hat die Einheit zerbrochen. Laßt uns im Geiste dieses alten und unvergeßlichen Meisters an die Arbeit gehen. Aber, Genossen, niemand wird einst bestreiten können, daß wir Sozialdemokraten es schon vor Erlaß des Befehls Nr. 2 waren, die der kommunistischen Führung am 28. April [1945] die Frage schriftlich vorgelegt hat, wozu erst 2 Arbeiterparteien.[2] Die kommunistische Führung war

---

1 Brandenburgisches Landeshauptarchiv, Rep. 331, II/2/15.
2 Innerhalb des Zentralausschusses spielten die Diskussionen um die sofortige Schaffung einer einheitlichen Partei im Mai/Juni 1945 eine nicht unwesentliche Rolle. Zum Sprecher dieser Bestrebungen machten sich vor allem Gustav Dahrendorf und Max Fechner. Fechner schrieb in einem Brief, der das Datum des 28. April 1945 trägt, an Walter Ulbricht u. a.: »Meine politischen Freunde und ich stehen auf dem Standpunkt, daß bei der ersten Möglichkeit, sich wieder politisch betätigen zu können, über alle Vergangenheit hinweg, der neu zu beschreitende Weg ein gemeinsamer sein muß zwischen KPD und SPD. Ich möchte sagen, daß es bei Beginn der politischen Tätigkeit leichter sein wird, die Einheit zu schaffen, als wenn wir erst bei den Nachwirkungen der Kriegshandlungen

es damals gewesen, die uns geantwortet hat und uns überzeugt hat davon, daß es zu dieser Vereinigung noch zu früh und eine Klärung der beiden Parteien als Vorbereitung notwendig ist.³ Und die Richtigkeit dieser Voraussicht hat sich bestätigt. Bemühen wir uns erst einmal, die geistigen Gegensätze in der Kulturarbeit zu überwinden. Solange diese Gemeinsamkeit der Arbeit nur beim Zentralausschuß und nur bei den Bezirksleitungen liegt, ist die Stunde der organisatorischen Einheit noch nicht gekommen.

Also, wir müssen da zusammenwachsen, und ich kann feststellen, daß sich diese Dinge in der letzten Zeit wesentlich geändert haben. Genossen, es gibt auch für uns aufgrund unserer selbstgeschaffenen politischen Macht jetzt Möglichkeiten, weiter und tiefer zu wirken als noch vor einiger Zeit. Darum, Genossen, mein Wunsch an Euch, verallgemeinert Einzelfälle nicht.

Richtschnur bleibt, mit allen antifaschistischen Parteien, in erster Linie mit der Kommunistischen Partei, zusammenzuarbeiten. Ergeben sich daraus Schwierigkeiten, die am Orte nicht beseitigt werden können, dann ist die direkte konkrete Mitteilung an uns zu richten, und wir haben Möglichkeiten, uns mit unserem Nachbar in der Spandauer Straße⁴, aber auch mit der Neuen Königstr[aße] in Potsdam⁵ in Verbindung zu setzen und dafür zu sorgen, daß diese absichtlich gewollten Schwierigkeiten aus dem Wege geräumt werden. Das gilt auch in bezug auf die Schwierigkeiten, die noch mit einzelnen Kommandanten auftreten.

Vor 14 Tagen hat eine Konferenz stattgefunden.⁶ Zum ersten Mal sind aus der sowjetischen Zone alle Bezirksvertreter zusammengekommen. Es ist auch über diese Dinge gesprochen worden. Und Genossen, diese Aussprache hat nach allen Seiten seine Auswirkung gehabt. Ich bitte, das mit herauszunehmen, wir Sozialdemokraten sind von allen dazu berufenen Stellen als absolut gleichberechtigte Partei anerkannt und werden auch hierauf nicht mehr verzichten. (Starker Beifall)

Genossen und Genossinnen, die Bodenreform ist nur eine der vielen Fragen. Aber alles das, was wir inzwischen geändert haben, kommt auf das Konto der antifaschistischen Parteien in ihrer Gesamtheit. Diese Einheit muß von unten her wachsen. Und dahin wollen wir wirken.

---

angelangt sind.« SAPMO-BArch, ZPA, NL 101/15. Dieses Einheitsangebot spielte in der sozialdemokratischen Argumentation ab Dezember 1945 eine zentrale Rolle, um – in Abwehr kommunistischer Vorwürfe – die SPD als eigentliche Initiativgeberin für die Einheitspartei herauszustellen. Das Datum des Briefes konnte bislang in der Forschung noch nicht hinreichend erklärt werden, da sich Ulbricht zu diesem Zeitpunkt noch nicht in Berlin befand. Ulbricht selbst behauptete auf der ersten »Sechziger-Konferenz«, den Brief nie empfangen zu haben.

3 Während der ersten offiziellen Besprechung von Vertretern des Zentralausschusses der SPD und des Zentralkomitees der KPD am 19. Juni 1945 in Berlin brachte Gustav Dahrendorf das Problem der organisatorischen Vereinigung zur Sprache, woraufhin Walter Ulbricht die Beweggründe der KPD vortrug, sich zunächst auf die Aktionseinheit zwischen beiden Parteien zu orientieren. Als einen wesentlichen Grund führte Ulbricht an, daß vor einem organisatorischen Zusammenschluß erst eine ideologische Klärung unter den Mitgliedern beider Parteien erfolgen müsse. Die Sozialdemokraten hatten diesen Standpunkt schließlich akzeptiert. Vgl. *Benser*, Die KPD im Jahre der Befreiung, S. 177 f. Offen muß bleiben, wie ernst derartige Angebote an die KPD gemeint waren, denn Dahrendorf stand im Zentralausschuß mit seiner konsequenten Forderung nach Einheit im Juni/Juli 1945 fast allein.

4 In der Spandauer Straße in Potsdam befand sich der Sitz der Bezirksleitung der KPD Brandenburg.

5 Die Vermutung liegt nahe, daß damit der Sitz der SMA Brandenburgs gemeint sein könnte.

6 Damit wurde von Friedrich Ebert die erste Beratung des Zentralausschusses mit Vertretern der Landes- und Provinzialverbände der SPD am 4. Dezember 1945 in Berlin angesprochen, als deren Ergebnis ein Parteiausschuß konstituiert worden war.

Genosse [Bernhard] Göring hat Ihnen auseinandergesetzt, daß die reichseinheitliche Partei Voraussetzung ist.[7] Die Parteien im Westen formen sich organisatorisch anders als wir. Wir müssen uns über die sowjetische Zone hinaus mit den Parteien des westlichen Gebietes vereinigen, denn sonst würde die Einheit der gesamten deutschen Arbeiterschaft nicht gefördert, sondern möglicherweise nur noch geschwächt werden und vielleicht sogar das Reich zerbrechen lassen. Die Erhaltung der Reichseinheit aber ist eines unserer höchsten Ziele, und solange wir nicht die Möglichkeit haben, reichseinheitliche Parteien zu schaffen, laßt uns bleiben, was wir sind: Selbständige Organisationen, die von dem Willen beseelt sind, sich gegenseitig ganz verstehen zu lernen und durch gemeinsame Arbeit die Voraussetzung für die organisatorische Form zu schaffen, die dem ganzen arbeitenden Volk in Deutschland dazu gereichen soll.

Denkt daran. Denkt daran, daß die große Revolution, die das Ende dieses Krieges ausgelöst hat, durch sie weiterbetrieben werden muß. Wir können sie nur vollenden, wenn wir sie selbst ändern. Wir müssen uns selbst revolutionieren, Genossen. Wir müssen uns fähig machen, in die neue sozialistische Gesellschaft hineinzuwachsen. Laßt uns also alle ganz selbstlose und hingebungsvolle Sozialisten nicht des Wortes, sondern der Tat werden. Das ist für beide Teile die wichtigste Voraussetzung zur Erfüllung unseres Wunsches, einer einheitlichen deutschen Arbeiterklasse.

Genossinnen und Genossen, das wollte ich Ihnen in der Diskussion zu dem Tätigkeitsbericht und zu den Referaten als Richtschnur politischer Art mit auf den Weg geben. Handeln Sie so, wie Sie bisher gehandelt haben, dann werden wir unseren Weg vollenden, und dann wird einstmals die deutsche Geschichte die deutsche Sozialdemokratie als die Retterin von Volk und Vaterland bezeichnen.

---

7 Bernhard Göring hatte als Vertreter des Zentralausschusses auf dem Parteitag eines der Hauptreferate gehalten.

Sachsen-Anhalt

Nr. 72
Aus dem Rundschreiben des Bezirksvorstandes der SPD Magdeburg an die Vorsitzenden der SPD-Ortsvereine vom 12. Oktober 1945[1]

Sozialdemokratische Partei
Deutschlands
Bezirksverband Magdeburg

Magdeburg, den 12. 10. 1945
Walter-Rathenaustr[aße] 33b

An alle
Vorsitzenden der Ortsvereine

Mit der Bezirksleitung der KPD ist über alle zu besetzenden Stellen

in der Gemeinde,
in den antifaschistischen Komitees,
in den Wohnungskommissionen,
in den Schulkommissionen usw.

unbedingte Parität vereinbart worden. Wir bemühen uns, in ein gutes Verhältnis zu den übrigen Blockparteien zu kommen, und achten in jedem Fall die Meinung der anderen. Trotzdem müssen natürlich unsere Genossen ihren eigenen Standpunkt unbedingt vertreten. Es darf nicht vorkommen, daß unsere Genossen in Unkenntnis der Dinge etwas beschließen, ohne vorher mit der Unterbezirks- oder Bezirksleitung in Verbindung getreten zu sein. Es gibt eben noch »Demokraten«, die die sogenannte Überrumpelungstaktik anwenden. Am anderen Tage erscheinen dann unsere Genossen im Büro und klagen sich selbst an.

Bei den wichtigen zur Entscheidung kommenden Fragen, bei denen unsere Genossen nicht 100%ig im Bilde sind, ist unbedingt die Bezirksleitung vorher zu verständigen bzw. ihre Entscheidung einzuholen. Es darf sich heute niemand mehr einschüchtern lassen. Unsere Parteiarbeit geschieht im engsten Einvernehmen mit der russischen Administration, so daß unsere Genossen in jedem Fall in Ausführung einer Funktion von uns gedeckt sind. Die meisten unserer Parteiarbeiter sind ja alte Praktiker; sie müssen auch dem jüngsten Funktionär den Rücken steifen.
[...]

gez. Albert Deutel[2]

---

1 Landesarchiv Magdeburg – Landeshauptarchiv, SPD-Bezirksverband Magdeburg, II/3.
2 Albert Deutel, geb. 1905. Vor 1933 SPD. Juli 1945 bis April 1946 Sekr. BV SPD Magdeburg. April 1946 SED. 1948 Flucht in die Westzonen.

Nr. 73

Aus dem Rundschreiben Nr. 8 des Bezirksvorstandes der SPD Halle-Merseburg vom 26. Oktober 1945[1]

Sozialdemokratische Partei Deutschlands
Bezirksverband Halle

Halle (Saale), 26. Oktober 1945
Waisenhausring 1b

Rundschreiben Nr. 8

[...]

2. Arbeitsgemeinschaft SPD – KPD

Das Beispiel unserer Berliner Genossen, in allen wichtigen wirtschaftlichen, politischen und kulturellen Fragen Arbeitsgemeinschaften mit den Genossen der KPD zu bilden, hat auch in unserem Bezirk lebhaften Widerhall gefunden.[2] Die Bezirksleitung hofft, daß sich solche Arbeitsgemeinschaften bis in die kleinsten Ortsvereine ermöglichen lassen, weil sie notwendig sind und der Entwicklung der Gesamtlage entsprechen.[3]

Irgendwelche Fragen der organisatorischen Einheit werden dadurch nicht berührt. Der Zeitpunkt, wann die organisatorische Vereinigung beider Arbeiterparteien Tatsache werden wird, wird vom Zentralausschuß der SPD und dem Zentralkomitee der KPD in Berlin in kameradschaftlicher Weise festgelegt werden, weil nur dort ein Gesamtüberblick über die allgemeine Lage in Deutschland möglich ist.
[...]

gez. Bruno Böttge

---

1 Landesarchiv Merseburg, SPD-Ortsverein Bitterfeld, II/404/1.
2 Spezielle Arbeitsgemeinschaften zu einzelnen Sachgebieten existierten in Berlin nicht. Der zentrale Arbeitsausschuß von SPD und KPD in Berlin beschäftigte sich sowohl mit wirtschaftlichen, politischen als auch mit kulturellen Fragen.
3 Gemeinsame Arbeitsgemeinschaften stellten in Sachsen-Anhalt zu diesem Zeitpunkt die Ausnahme dar.

Nr. 74

Schreiben von Bruno Böttge an Otto Grotewohl vom 29. November 1945[1]

29. November 1945

Lieber Genosse [Otto] Grotewohl!

Die Beantwortung einiger Fragen bist Du wohl auf Grund Deines Vorgehens bei General Kotikow[2] am 18. 11. [19]45[3] schuldig.

---

1 Landesarchiv Merseburg, SPD-Provinzialleitung Sachsen-Anhalt, II/2/1/1.
2 Alexander G. Kotikow, Juni 1945 bis April 1946 Stellv. des Chefs der SMA Sachsen-Anhalt für Zivilangelegenheiten.
3 Bei dem im Dokument genannten Datum des Gesprächs mit General Kotikow muß es sich um

Zunächst folgendes: Am Sonnabend, dem 24. November 1945 wurde ich plötzlich gegen 16.00 Uhr durch Anruf zur Administration bestellt und es wurde mir dort eröffnet, daß General Kotikow Dich vor Deiner Dessauer Rede unbedingt sprechen wolle.[4] Ich wurde gebeten, alles zu versuchen, Dir diese Nachricht zu übermitteln. Was ich darauf veranlaßt habe, ist Dir bekannt. Nachdem General Kotikow ungeduldig im Laufe des Mittwochs[5] auf Dein Kommen wartete, kam hier gegen 17.40 Uhr endlich der Anruf von dem Gen[ossen] [Fritz] Jungmann, daß Du mit [Paul] Verdieck von Dessau nach Halle unterwegs seiest und ich möchte die Besprechung bei General Kotikow vorbereiten. Das habe ich getan.

An der Unterredung mit General Kotikow nahmen auf russischer Seite teil: Major Demidow, Hauptmann Hamjakow und Leutnant Cassel. Außer Dir und mir war der Gen[osse] [Paul] Verdieck anwesend. Nachdem General Kotikow die mir bereits bekannten Vorwürfe über Magdeburg und Dessau und andere Orte wiederholt hatte und Du darauf erklärtest, nur ganz oberflächlich davon Kenntnis zu besitzen, weil Du 14 Tage im amerikanischen Gebiet gewesen seiest[6], verlangtest Du auf einmal, daß der Gen[osse] [Paul] Verdieck und ich das Zimmer verlassen sollten, da Du mit dem General allein sprechen wolltest.

Ich habe schon hin und her überlegt und eine Begründung für Dein unbegreifliches Vorgehen gesucht. Ich kann mir nicht vorstellen, daß Du Dir klar darüber bist, welche Tragweite Deine Handlungsweise eigentlich hat. Was sind denn eigentlich die Bezirkssekretäre in Deinen Augen? Bist Du der Auffassung, daß die Zeit schon wieder gekommen ist, daß man in der Partei unterscheidet zwischen den Genossen des Zentralausschusses als erstrangige und den Genossen in der Provinz, die man als zweitrangig betrachtet? Oder bist Du der Meinung, daß die Bezirkssekretäre nur Befehlsempfänger sind, mit denen man in der Art, wie Du es am 28. 11. [1945] bei General Kotikow getan hast, einfach exerzieren kann. Wenn Du dieser Auffassung bist, dann aber ohne mich.

Was die Russen sich dabei gedacht haben, entzieht sich meiner Kenntnis. Möglich ist aber auch und sogar sehr wahrscheinlich, daß Du den politischen Kredit, den ich mir bei der Administration geschaffen hatte, untergraben hast. Wie soll ich nach diesem Vorgang mit der Administration überhaupt verhandeln, wenn mir nicht bekannt ist, was zwischen einem Mitglied des Zentralausschusses meiner Partei und den Russen hinter meinem Rücken besprochen [worden] ist. Welches Mandat berechtigt Dich überhaupt, geheime Verhandlungen mit den Russen zu führen, die so schwerwiegend sein müssen, daß Du Dich scheust, in Gegenwart der für ihre Bezirke politisch verantwortlichen Genossen zu sprechen?

Das sind Fragen, die wohl wichtig genug sind, von Dir beantwortet zu werden. Ich für meine Person lehne es jedenfalls ab, als Parteigenosse zweiten Ranges von Euch behandelt zu werden.

Mit Parteigruß![7]

---

einen Schreibfehler handeln. Die Unterredung bei General Kotikow fand am 28. November 1945 statt.

4 Otto Grotewohl besuchte Mitte/Ende Dezember 1945 einige Parteibezirke, darunter Dessau, weil sich hier schwerwiegende Konflikte des Dessauer Bezirksvorstandes mit der Dessauer Kommandantur sowie der SMA Sachsen-Anhalts entwickelt hatten.

5 Mittwoch war der 28. November 1945.

6 Vom 17. bis 26. November 1945 hatten Otto Grotewohl und Gustav Dahrendorf eine Reise durch die amerikanische Zone unternommen, während der sie Frankfurt/Main, Stuttgart, München und Regensburg besuchten. Vgl. *Hurwitz*, Führungsanspruch und Isolation der Sozialdemokraten, S. 541.

7 Das Dokument ist ohne Unterschrift.

Nr. 75
Bericht von August Karsten über eine Versammlung der SPD in Oranienbaum bei Dessau vom 17. Dezember 1945[1]

Berlin, den 17. Dezember 1945
Bericht über Vorkommnisse anläßlich einer Versammlung
in Oranienbaum bei Dessau

Mit der Bezirksleitung des Bezirkes Dessau der Sozialdemokratischen Partei Deutschlands habe ich anläßlich einer Berliner Besprechung mündlich vereinbart, am 14. und 15. Dezember [1945] dem Bezirk für 2 Versammlungen zur Verfügung zu stehen. Ich habe am 14. 12. [1945] eine öffentliche Versammlung in Boppau bei Dessau abgehalten, die ordnungsgemäß verlaufen ist, und am anderen Tage war eine Versammlung für Oranienbaum vorgesehen.

Ich kam abends um 1/2 7 [Uhr] in Oranienbaum an, ging zum Gen[ossen] [Paul] Watzel[2], dem Bürgermeister in Oranienbaum. Wir fuhren dann kurz vor 8 Uhr zum Versammlungssaal. Ich wurde hier gewahr, daß es sich um eine Mitgliederversammlung handelte, zu der nur Mitglieder Zutritt hatten, weil man neben meinem Referat gleichzeitig eine Reihe organisatorische Fragen besprechen wollte. Der Saal war etwa mit 500 Mitgliedern besetzt.

Ich hielt mein Referat – Thema: *Die Aufgaben der Sozialdemokratischen Partei*. Ich ging in dem Referat besonders auf die Folgen der 12 Jahre Hitlerherrschaft ein, besprach die schwierige Wirtschafts- und Finanzlage, übte Kritik an dem Verhalten des deutschen Volkes vor 1933, bejahte die Schuld des deutschen Volkes an den Kriegsereignissen. Ich ging auch auf die internationalen Fragen ein und betonte dabei, daß auch von unserer Seite alles getan werden müsse, um die politischen und wirtschaftlichen Spannungen in der Welt zu beseitigen, damit ein neuer Krieg nicht mehr eintreten könne. Die Sozialdemokratische Partei habe die Aufgabe, das Vertrauen in der Welt wiederzugewinnen, für Ordnung in Staat und Verwaltung und für saubere und korrekte Pflichterfüllung zu arbeiten, insbesondere müssen wir, soweit unsere Machtbefugnisse ausreichen, mit den früheren Nationalsozialisten und mit ihrer ideologischen Hinterlassenschaft aufräumen, damit wir Achtung und Ansehen in der Welt wiedergewinnen. Wir müssen alles tun, um die Wirtschaft wieder in Gang zu bringen. Dazu sei erforderlich, daß Deutschland wieder ein einheitliches Staatsgebiet wird.

Im Verhältnis der SPD zur KPD erklärte ich, daß aus außenpolitischen Gründen eine organisatorische Vereinigung im östlichen Sektor nicht wünschenswert sei, weil dadurch neue internationale Spannungen entstehen könnten. Im übrigen sei die organisatorische Vereinigung reif, wenn das Verhältnis unter den beiden Parteien so freundschaftlich gestaltet ist wie etwa unter Brautleuten, die vor der Heirat sich auch erst lieben müssen. Solange die Vereinigung noch nicht spruchreif ist, müssen wir wie gute Arbeitskameraden nebeneinanderstehen und miteinander arbeiten, damit es in Deutschland wieder vorwärts geht.

Nach Beendigung meines Referats erschien der politische Leiter, ein Major von der Kommandantur, mit einem Dolmetscher. Er ergriff das Wort in der Versammlung und behauptete, daß eine illegale Versammlung tage. Die Versammlung sei der Kommandantur

---
1 Landesarchiv Merseburg, SPD-Provinzialleitung Sachsen-Anhalt, II/2/1/1. Der Bericht ist nicht unterzeichnet, jedoch mit großer Wahrscheinlichkeit von August Karsten verfaßt worden (vgl. Dokument Nr. 76).
2 Paul Watzel, geb. am 16. Juni 1899. Beruf: Zigarrenmacher. Seit 1920 SPD. 1945 BM Oranienbaum. April 1946 SED.

nicht gemeldet. Er verlangte von mir, ich solle sagen, was ich geredet hätte und wie ich zu den Nationalsozialisten stände.

Ich habe dann erklärt, daß in meiner Rede u. a. die Wendung gefallen sei: Wenn wir frei über das Schicksal der früheren Pgs.[3] entscheiden könnten, dann würde der Traum von ungezählten Sozialisten, die unter der Hitlerherrschaft gelitten haben, in Erfüllung gehen, dann hätten die Laternenpfähle nicht ausgereicht, um unsere Peiniger aufzuhängen.

Der Major unterbrach mich dann und redete weiter. Er behauptete, ich sei Faschist, ich sei vom Golde bestochen und ich hätte für den Krieg Propaganda gemacht. Ich wäre ein heimlicher Agitator für das Kapital und für die Faschisten und ich hätte mir den stillen Ort Oranienbaum ausgesucht, um hier Propaganda für diese Zwecke zu machen.

Inzwischen war auch der Kommandant des Ortes erschienen. Er tat dann auch sehr böse und hat auch noch einige Zeit gesprochen. Es wurde immer wieder hin- und hergeredet und immer die alten Behauptungen von illegaler Versammlung wiederholt. Der Vorsitzende der Versammlung erklärte, daß er die Versammlung beim Bürgermeister angemeldet habe, wie es seine Pflicht war. Der Bürgermeister erklärte in der Versammlung, daß er auf Grund der an ihn ergangenen Anordnungen die Versammlungsanmeldung der Kommandantur nicht habe weitergeben müssen.[4]

Nach dieser Aussprache wurde die Tagesordnung fortgesetzt. Der polit[itische] Kommandant[5] verlangte, daß ein auf der Tagesordnung stehendes und von unserem Gen[ossen] [Paul] Watzel vorgesehenes Projekt über den Kauf eines Volkshauses von der SPD und KPD, in dem wir unsere Versammlung abhielten, zum Preise von 40 000,- RM nicht stattfinden soll, weil der Inhaber des Lokals ein Nationalsozialist sei und das Haus nicht gekauft werden brauche. Dabei war das Projekt allseitig besprochen worden, und die in den Räumen untergebrachten Soldaten der Roten Armee sollten mit Genehmigung der Kommandantur in einem anderen Restaurant untergebracht werden, das zu dem Zweck von der Gemeinde hergerichtet werden soll.

Weiter verlangte der polit[ische] Major in der Aussprache zu der Wahl von Frauenausschüssen der KPD und SPD[6], daß nicht die Zahl maßgebend sein soll, sondern die Qualität. Es brauchen nicht von jeder Seite 5 zu sein, sondern lediglich soviel, wie an intelligenten Frauen vorhanden seien.

Bei der Aussprache über eine Weihnachtsveranstaltung verlangte der polit[ische] Major, daß zu dieser Veranstaltung für Erwachsene ein Eintrittsgeld von 2,- RM nicht erhoben werden soll. Es sei etwas anderes, wenn wir für ein Konzert oder eine Kinoaufführung 2,- RM erheben würden. Die Versammlung hatte erst gegen 12 Uhr ihr Ende erreicht.

Vom Kommandanten wurde dann der Bürgermeister [Paul] Watzel, der Ortsvereinsleiter der SPD, der Gen[osse] [Paul] Schmidt, der anwesende Bezirkssekretär Gen[osse]

---

3 Abkürzung für Parteigenossen, in diesem Fall Mitglieder der NSDAP.
4 In der Regel mußten alle Versammlungen der zugelassenen Parteien bei der örtlichen Kommandantur angemeldet werden.
5 In der Organisationsstruktur der SMAD, der SMA der Länder und Provinzen sowie der örtlichen Kommandanturen gab es jeweils einen Stellvertreter für politische Fragen, der eine herausgehobene Position einnahm. Der jeweilige Kommandant einer Stadt oder eines Kreises hatte mindestens drei Stellvertreter, die gleichzeitig Chefs der Abteilungen Wirtschaft, Politik und Propaganda waren. Vgl. *Jan Foitzik*, Befehls- und Kommandostrukturen der Sowjetischen Militäradministration in Deutschland (SMAD), in: *Klaus Schönhoven/Dietrich Staritz* (Hrsg.), Sozialismus und Kommunismus im Wandel. Hermann Weber zum 65. Geburtstag, Köln 1993, S. 324-351.
6 Am 30. Oktober 1945 genehmigte die SMAD mit ihrem Befehl Nr. 80 antifaschistische Frauenausschüsse bei den Stadtverwaltungen. Daraufhin trat der Zentrale Frauenausschuß beim Magistrat der Stadt Berlin am 9. November 1945 mit einem Aufruf an die Öffentlichkeit. Seit November 1945 konstituierten sich dann in vielen Orten der sowjetischen Besatzungszone antifaschistische Frauenausschüsse, die nicht selten von KPD-Frauen dominiert wurden.

[Paul] Verdieck aus Dessau und ich zur Kommandantur bestellt. In der Kommandantur wurden wir dann bis etwa kurz vor 4 Uhr morgens verhört und uns dauernd wieder die heftigsten Vorwürfe gemacht. Ich wurde immer wieder als Faschist, als Kriegshetzer und als ein vom Golde Bestochener bezeichnet. Mein vorgelegter Ausweis, daß ich Mitglied des Zentralausschusses der Sozialdemokratischen Partei und gleichzeitig geschäftsführendes Vorstandsmitglied der SPD bin, wurde mit dem Bemerken abgetan, daß dieser Ausweis gefälscht sein könne.

Ich habe mich zu all den Vorwürfen dann nicht mehr geäußert und auf eine konkrete Frage zum Schluß lediglich erklärt, daß ich soviel Beleidigungen wie in dieser Nacht noch nie in meinem Leben habe einstecken müssen. Ich könne mich weiter zu den Sachen nicht mehr äußern.

Ähnlich wie man mit mir umgegangen ist, ist man auch mit den anderen Genossen verfahren. Der Kommandant fühlte sich zurückgesetzt, weil er von der Versammlung nicht benachrichtigt worden sei. Ich habe ihm erklärt, ich sei unschuldig, denn ich habe mit der Einberufung der Versammlung nichts zu tun. Mir wäre es sogar lieb gewesen, wenn der Kommandant von Anfang an in der Versammlung gewesen sei. Dann hätten solche Zwischenfälle jedenfalls nicht eintreten können.

Ich halte es für meine Pflicht, es der Sowjetischen Militär-Administration zu melden, weil es unter solchen Erschwernissen einfach unmöglich ist, daß unsere Organisation in ordnungsgemäßer Weise ihre Arbeiten und ihre politischen Aufklärungen verrichten kann.[7]

---

7 Das Dokument trägt keine Unterschrift.

Nr. 76
Protokoll über die Sitzung des SPD-Vorstandes der Provinz Sachsen am 17. Dezember 1945[1]

Die 18. Vorstandssitzung des Provinzialverbandes fand am 17. 12. [19]45 in Halle statt. Anwesend waren die Genossen [Bruno] Böttge, [Fritz] Jungmann, [Paul] Verdieck, [Werner] Bruschke, [Gustav] Schmidt, [Hermann] Prübenau[2], [Rosa] Worlitz, [Paul] Peters.

Den Vorsitz übernahm der Gen[osse] [Fritz] Jungmann. Er verlas die Tagesordnung wie folgt:

1. Bericht über die Vorgänge in Dessau
2. Bericht über die Zeitungsbeilagen
3. Berliner Tagung am 20. 12. [19]45
4. Delegation des Provinzial-Vorstandes in den Parteiausschuß

Zu Punkt 1. der Tagesordnung sollte der Gen[osse] [Ernst] Thape sprechen. Da Gen[osse] [Ernst] Thape nicht anwesend war, erhielt Gen[osse] [Paul] *Verdieck* das Wort.

In Dessau fand eine Besprechung zwischen den Vertretern der SPD, der KPD und dem General Kotikow statt. Der General äußerte sich, daß ihm die Verhältnisse in Anhalt in be-

---

1 Landesarchiv Merseburg, SPD-Provinzialleitung Sachsen-Anhalt, II/2/1/1.
2 Hermann Prübenau, geb. am 6. November 1901 in Magdeburg. Beruf: Schriftsetzer. 1918 USPD, 1922 SPD. Juli 1945 bis April 1946 BV, Februar 1946 Vors. BV SPD Magdeburg. April 1946 bis 1950 PV SED u. Vors. BV SED Magdeburg. 1950/51 Abtltr. LV SED Sachsen-Anhalt. 1979 gest.

zug auf die Sozialdemokratische Partei nicht gefallen. Er beschuldigte Gen[ossen] [Fritz] Jungmann in einer Art, die sehr beleidigend wirkte.

Die Frage wurde angeschnitten, warum es zu keiner Zusammenarbeit zwischen der SPD und KPD käme. Die Schuld wurde einzig und allein der SPD zugesprochen. Über die Presse sprach sich der General aus, daß die kommunistische eine weit bessere sei als die der Sozialdemokratischen Partei. Der General bezeichnete [Fritz] Jungmann als Spalter, als entwurzelten Bourgeois. [Fritz] Jungmann war nicht in der Lage, sich zu rechtfertigen, da der General ihm das Wort verbot.

Zum Schluß der Verhandlung sprach Gen[osse] [Ernst] Thape ein paar kurze Worte in einer Form, die gegen [Fritz] Jungmann und somit gegen die SPD gingen. Diese Worte riefen allgemeine Empörung bei den SPD-Funktionären hervor. [Ernst] Thape wurde noch um eine Unterredung gebeten, die aber infolge Zeitmangels nicht erfolgen konnte.

[Fritz] Jungmann äußerte nach der Verhandlung, daß er sein Amt niederlegen wolle[3], worauf der Gen[osse] [Paul] Verdieck erwiderte, daß er dazu kein Recht hätte. Die Genossen wurden gebeten, sich zu äußern, worauf eine einstimmige Erklärung erfolgte, daß [Fritz] Jungmann sein Amt weiterführen sollte.

Anläßlich eines telefonischen Anrufes konnte der Gen[osse] Otto Grotewohl von diesen Vorgängen unterrichtet werden. Er entschied ebenfalls darüber, daß [Fritz] Jungmann unter allen Umständen weiter arbeiten soll. [Otto] Grotewohl bat die Genossen [Fritz] Jungmann und [Paul] Verdieck, nach Berlin zu kommen. In Berlin wurde eine Denkschrift über die Vorkommnisse abgegeben. Diese soll bearbeitet werden zur Weiterleitung an die Administration. Nach Rückkehr der Gen[ossen] [Fritz] Jungmann und [Paul] Verdieck von Berlin ist beschlossen [worden], die Denkschrift auch dem General Kotikow vorzulegen.

Der Genosse [Paul] Verdieck bittet, zu seinen Ausführungen Stellung zu nehmen.

Gen[osse] [Bruno] *Böttge* sagte, daß er von diesen Vorgängen erst durch den Gen[ossen] [Werner] Bruschke erfahren habe. [Ernst] Thape hat [Bruno] Böttge gegenüber kein Wort gesprochen, obwohl sich genügend Gelegenheit geboten hätte. Gen[osse] [Bruno] Böttge fand es bedauerlich, daß gerade das Provinzialbüro von diesen Dingen nicht sofort unterrichtet worden ist.

Gen[osse] [Werner] *Bruschke* äußerte sich wie folgt: Es ist wieder ein typischer Fall, die Bezirke kopflos zu machen. Es wird eben der Kommunistischen Partei die Möglichkeit gegeben, die stärkste Partei zu werden. [Werner] Bruschke führte u. a. als Beispiel an, daß der Gen[osse] [Wilhelm] Korspeter[4] in Magdeburg seines Amtes enthoben ist.[5]

In der Angelegenheit [Wilhelm] Korspeter machte auch der Gen[osse] [Gustav] *Schmidt* seine Ausführungen.

Der Provinzvorstand stimmt der Dessauer Entschließung zu.[6] Diese soll an die SMA weitergegeben werden.

Gen[osse] [Werner] *Bruschke* brachte dann zur Sprache, daß merkwürdigerweise alle die Kandidaten, die wir in Bürgermeistersachen vorgeschlagen haben, abgelehnt werden. Die KPD hat einen regelrechten Fahndungsdienst. Auch wäre es angebracht, bei uns einen solchen Fahndungsdienst einzurichten, um die KPD unter die Lupe zu nehmen. Dieser Vorschlag wurde vom Provinzial-Vorstand angenommen.

Der Gen[osse] [Paul] *Verdieck* erhielt wieder das Wort und führte noch einen Vorgang an, der sich in Oranienbaum abgespielt hat.[7] Zu einer dort stattfindenden Mitgliederver-

---

3 Gemeint war die Funktion als Vorsitzender des Bezirksvorstandes der SPD Dessau.
4 Wilhelm Korspeter, geb. 1897. Vor 1933 SPD. 1945 Stadtrat in Magdeburg. 1946 Flucht in die Westzonen.
5 Wilhelm Korspeter wurde als Stadtrat in Magdeburg entlassen.
6 Diese Entschließung war nicht auffindbar.
7 Vgl. Dokument Nr. 75.

sammlung, die vom Bürgermeister genehmigt worden ist, hat der Gen[osse] [August] Karsten aus Berlin gesprochen. Am Schluß seiner Rede entstand hinten im Saal ein Tumult. Ein politischer Offizier, der für Oranienbaum zuständig war, unterbrach die Versammlung und äußerte, daß diese Versammlung eine faschistische sei und [August] Karsten ein Faschist. Auch hier wurden gegen [August] Karsten große Beleidigungen ausgesprochen. Genosse [August] Karsten wird über den Zentralausschuß eine Beschwerde an Marschall Schukow geben.

Den Tagesordnungspunkt 2. übernahm der Gen[osse] [Bruno] *Böttge*. [Bruno] Böttge sprach über eine Unterredung beim General Kotikow[8] und verlas einen Bericht über die Zeitungsbeilagen. Der General beanstandet die gesamte Presse in der Provinz. Er bringt vor, daß die Redakteure in Dessau und Magdeburg ihre Aufgaben nicht richtig erkennen. An diesen Tagesordnungspunkten schloß sich eine Aussprache.

Punkt 3. der Tagesordnung

In der vorigen Sitzung waren die Mitglieder zu keinem Entschluß gekommen, wer als Delegierter zu der Sitzung nach Berlin fahren soll.[9] Dieses Problem sollte mit Gen[ossen] [Ernst] Thape gelöst werden. Da [Ernst] Thape der Sitzung wieder fernblieb, wurde von den Anwesenden Gen[osse] [Fritz] Jungmann in Vorschlag gebracht.

Beschluß: Zur Tagung am 20. 12. [19]45 fährt der Gen[osse] [Fritz] Jungmann als Delegierter nach Berlin.[10]

Tagesordnungspunkt 4.

Auch dieser Punkt war in der vorigen Sitzung zur Sprache gekommen. Jeder Bezirk muß einen Delegierten für den Parteiausschuß entsenden, und der Provinzial-Verband als solcher muß noch einen vierten Mann benennen. Dieser Beschluß, wer der vierte Mann sein soll, konnte nicht zustande kommen, da Gen[osse] [Ernst] Thape seine Äußerung dazu geben sollte. Von den Hallischen Genossen und Gen[ossen] [Paul] Verdieck wurde Gen[osse] [Fritz] Jungmann gewählt, aufgrund der vorangegangenen Verhältnisse in Dessau. Die Magdeburger Genossen baten, den Beschluß noch nicht zu fassen.

Nach einer kurzen Diskussion wurde beschlossen, den vierten Punkt zu vertagen und am 20. 12. [19]45 in Berlin eine endgültige Entscheidung zu treffen. Die abgegebene Stimme des Gen[ossen] [Paul] Peters gilt in Berlin.

Zum Schluß der Vorstandssitzung gab Genosse [Bruno] *Böttge* noch bekannt, daß für das Kuratorium der Provinz Sachsen die Sozialdemokratische Partei als Mitglieder die Genossin [Rosa] Worlitz und den Gen[ossen] Paul Henze benannt hat.

Ende der Sitzung gegen 17.00 Uhr.

gez. [Bruno] Böttge[11]

---

8 Gemeint ist die Unterredung bei General Kotikow am 28. November 1945. Vgl. Dokument Nr. 74.
9 Zum 20. Dezember 1945 waren die Bezirks,- Landes- und Provinzialverbände der SPD zu einer gemeinsamen Konferenz der Führungsgremien von SPD und KPD mit den Landes- und Bezirksfunktionären beider Parteien geladen worden.
10 Auf der Beratung am 20./21. Dezember 1945 in Berlin waren dann vom Provinzialverband der SPD Sachsen-Anhalt Bruno Böttge, Ernst Thape, Paul Verdieck, Gustav Schmidt und Fritz Jungmann anwesend.
11 Unterschrift handschriftlich.

Nr. 77
Schreiben von Ernst Thape an den Stellvertreter für Zivilangelegenheiten des Chefs der SMA der Provinz Sachsen Generalmajor Alexander G. Kotikow vom 19. Dezember 1945[1]

Ernst Thape
Vorsitzender der Sozialdemokratischen Partei
Provinz Sachsen

Halle/S[aale], den 19. 12. 1945

Herrn
Generalmajor Kotikow
Halle/Saale

Sehr verehrter Genosse Kotikow!

Bevor ich zu der gemeinsamen Konferenz zwischen Kommunistischer und Sozialdemokratischer Partei am 20. Dez[ember] [1945] nach Berlin fahre, möchte ich Sie unterrichten über den Fall [Fritz] Jungmann und die Haltung meiner Partei dazu.[2] Es war mir nicht möglich, Sie zu sprechen, ich muß Ihnen deshalb schreiben.

Sie sagten oft in Besprechungen, daß sich Freunde offen aussprechen dürfen und müssen und daß man die Freundschaft an dieser Offenheit messen kann. Ich will heute im Sinne dieser Freundschaft zu Ihnen sprechen und vorbehaltlos Ihnen meine Ansicht und die meiner Parteigenossen unterbreiten.

Als ich mit Ihnen am 12. 12. [1945] nach Dessau fuhr, wußte ich nicht, daß in Dessau die Oberbürgermeisterfrage schon sehr weit besprochen war. Ich wußte nicht, daß Genosse [Erich] Besser[3] in seiner Eigenschaft als Bezirkspräsident eine amtliche Anfrage an die SPD, KPD und LDP gerichtet hatte, wen sie als neuen Oberbürgermeister vorschlagen. Die Sozialdemokraten nannten daraufhin in einer Vorstandsbesprechung den Genossen [Fritz] Jungmann, der sich erst weigerte, aber sich dann dem Verlangen der Parteigenossen fügte. Die KPD, LDP und auch die CDU erklärten sich sofort mit [Fritz] Jungmann einverstanden. In der Besprechung mit Ihnen und den anderen Genossen in Dessau hätte ich eine andere Haltung eingenommen, wenn mir das bekannt gewesen wäre.[4]

Der Bezirksvorstand Dessau befaßte sich am nachfolgenden Tage (13. 12. [1945]) mit dem Rücktrittsgesuch [Fritz] Jungmanns[5] und erklärte einstimmig, [Fritz] Jungmann hat das Vertrauen des ganzen Bezirkes und darf nicht zurücktreten. Der Vorstand beschloß weiter, [Fritz] Jungmann soll mit [Paul] Verdieck sofort nach Berlin fahren und dem Zentralvorstand berichten. Der Zentralvorstand sagte den Dessauern, daß er ihren Beschluß für richtig hält und [Fritz] Jungmann die Leitung nicht niederlegen soll.

In einer Aussprache am 15. 12. [1945] in Dessau, bei der die Genossen [August] Karsten – Berlin, [Werner] Bruschke und [Ernst] Thape dabei waren, wurde ebenfalls die Stellung

---

1 Landesarchiv Merseburg, SPD-Provinzialleitung Sachsen-Anhalt, II/2/1/1.
2 Vgl. Dokument Nr. 76.
3 Erich Besser, geb. 1890. 1910 SPD, 1920 KPD. 1933 bis 1945 illegale Arbeit u. KZ. 1945 Vizepräs. BVW Dessau. April 1946 SED. 1947 Sekr. LV SED Sachsen-Anhalt. 1950 Parteiausschluß.
4 Ernst Thape hatte sich offenbar gegen Fritz Jungmann ausgesprochen. Vgl. Dokument Nr. 76.
5 Nach der Beschimpfung Fritz Jungmanns durch General Kotikow während der Unterredung am 12. Dezember 1945 hatte Jungmann die Absicht, seine Funktion als Vorsitzender des SPD-Bezirksvorstandes Dessau niederzulegen.

der Dessauer Genossen für richtig erklärt, und am 17. 12. [1945] beschloß der Provinz-Vorstand einstimmig dasselbe.[6] Es wurde bei dieser Sitzung festgestellt, daß [Fritz] Jungmann wie viele andere aufrechte Gegner Hitlers nur darum selbständiger Geschäftsmann geworden war, weil er in jedem Betrieb sofort entlassen wurde, wenn er nicht »Heil Hitler« sagte und die Hand aufhob. Um politisch unabhängig zu sein, wurden in der Nazizeit viele tapfere Antifaschisten zu selbständigen Geschäftsleuten, nicht weil sie ein bourgeoises Ideal hatten.

In den Aussprachen wurde immer wieder festgestellt, daß die Zusammenarbeit mit der KPD nicht ohne Verschulden der russischen Genossen so sehr erschwert wird. Die Besatzungsbehörden behandeln die beiden Parteien fast ohne Ausnahme in der ganzen Provinz nach zweierlei Maß. Die KPD hat unbegrenztes Vertrauen und wird in jeder Weise ohne Ansehen der Person als glaubwürdig und sachverständig angesehen. Die KPD hat immer sofort das Ohr der SMA. Die SPD dagegen ist immer verdächtig als eine verkappte kleinbürgerliche Partei. Jeder Sozialdemokrat stößt immer bei der ersten Begegnung mit einem Vertreter der SMA erst einmal auf Mißtrauen und fühlt sich als Angeklagter, der seine Unschuld zu beweisen hat.

Ich selbst habe schon seit langer Zeit diese Beobachtung gemacht, habe aber geglaubt, daß es durch die Zusammenarbeit mit der Besatzungsbehörde und den Genossen der KPD gelingen werde, dieses Mißtrauen gegen die Sozialdemokratische Partei, das überall wie eine Wand vor uns steht, zu beseitigen. Jetzt beginne auch ich zu zweifeln, weil ich 1. erleben mußte, daß auch mein Freund [Robert] Siewert[7] in einem Artikel über die Bodenreform[8] die SPD ungerecht beleidigte (die Zensur war taktvoller als mein Freund [Robert] Siewert und entfernte diese Stellen) und 2. merkwürdige Vorgänge in Oranienbaum und Köthen mich bedenklich machten. In Oranienbaum ging in einer Mitgliederversammlung der SPD[9], in der Genosse [August] Karsten – Berlin redete, nach dem Referat ein russischer Offizier an das Rednerpult und erklärte, die sozialdemokratischen Führer seien Faschisten. Die Versammlung rief einstimmig dem russischen Redner zu, daß er die Unwahrheit sagt. In Köthen wurde von der Kommandantur eine Konferenz mit Wirtschaftsführern – in der Mehrzahl bürgerliche Leute – abgehalten und erklärt, daß die Sozialdemokraten unglaubwürdig und wertlos seien und nur die Kommunisten ehrliche Friedensfreunde sind.

Die Ursache für diese Schwierigkeiten scheint mir darin zu liegen, daß die Kommunistische Partei in ihrer Führung fast nur aus Emigranten besteht, die durch jahrelangen Aufenthalt in Rußland die Verbindung mit dem deutschen Volk verloren haben. Sie beurteilten die Lage in Deutschland falsch, gaben darum ihren russischen Genossen natürlich auch falsche Informationen über die Bedeutung der Sozialdemokratie in Deutschland und müssen nun sich rechtfertigen. Sie tun das nicht, wie es sich für gute Marxisten gehört, objektiv und nach genauer Analyse der Gesamtstruktur des deutschen Volkes, sondern wie Kleinbürger, die immer in Konkurrenz zu ihrem Nachbar leben und bei Schwierigkeiten, die ihnen begegnen, triebhaft den Nachbar verantwortlich machen. An der Bedeutung der Sozialdemokratie wird sich dadurch nichts ändern, aber die so unbedingt nötige Einheit der Arbeiterbewegung wird dadurch erheblich verzögert.

---

6 Vgl. Dokument Nr. 76.
7 Robert Siewert, geb. am 30. Dezember 1887 in Schwersens (Kreis Posen). Beruf: Maurer. 1906 SPD, 1919 KPD. 1929 Parteiausschluß u. Beitritt KPO. 1935 Zuchthaus, 1938 KZ Buchenwald. Mai 1945 bis April 1946 BL, Mai bis Juli 1945 Ltr. BL KPD Provinz Sachsen. Juli 1945 bis Dezember 1946 1. Vizepräs. PVW Sachsen. Dezember 1946 bis 1950 Minister des Innern Sachsen-Anhalt. April 1946 bis Februar 1950 Sekr. LV SED Sachsen-Anhalt. 1951 aus allen Ämtern entlassen. 1973 gest.
8 Der Inhalt dieses Artikels konnte nicht ermittelt werden.
9 Vgl. den Bericht von August Karsten hierzu: Dokument Nr. 75.

Die russischen Genossen kommen in die Gefahr, die deutschen Verhältnisse völlig falsch zu beurteilen, wenn sie sich nicht innerlich bereit finden, den Sozialdemokraten genau so offen und genau so wohlwollend zu begegnen wie den Kommunisten.

Ein sehr charakteristisches Beispiel dafür ist der Fall Bauer, Landrat in Quedlinburg. Bauer ist ein typisch bürgerlicher Individualist, der sich bei der Sozialdemokratischen Partei vor wenigen Monaten anmeldete, weil er Landrat werden wollte. Wäre es für die Gewinnung des Landratamtes vorteilhafter gewesen, dann hätte er sich ohne Besinnung statt bei der SPD auch bei der CDU oder den Liberalen angemeldet. Von Politik versteht er nichts, eine Gesinnung hat er auch nicht. Was er früher getan hat, weiß niemand, hätte er nicht zufällig einen Juden unter seinen Vorfahren, würde er sicher bei den Nazis eine Rolle gespielt haben. Diesem Mann gelingt es nur deshalb immer wieder, trotz der Entscheidungen und Beschlüsse der Parteien und der höchsten Zivilgewalt und sogar des Präsidenten der Provinz, seinen kleinen persönlichen Willen durchzusetzen, weil er sofort das Ohr der SMA hat, wenn er sagt, die Sozialdemokraten wollen ihn nur deshalb nicht, weil er für die Zusammenarbeit mit der KPD ist, die Sozialdemokraten aber nicht. Einem hemmungslosen egoistischen Kleinbürger, von dem niemand genau weiß, wer er ist, gelingt es, das Ohr der SMA zu bekommen, und die ganze Sozialdemokratische Partei mit ihren beinahe hunderttausend Mitgliedern muß erst beweisen, wie ein Angeklagter vor Gericht, daß sie unschuldig ist und der kleine Spießbürger Bauer schuldig.

Unter solchen Bedingungen ist es sehr schwer, politisch zu arbeiten und die Massen der Arbeiterschaft davon zu überzeugen, daß die russische Besatzungsmacht uns nicht feindlich, sondern wohlwollend und freundschaftlich gegenübersteht. Nicht nur wir in der Leitung, sondern auch die Massen der Arbeiterschaft wollen die Freundschaft mit Rußland, aber sie wollen sie auf ihre Art, sie können sie nicht russisch wollen, sondern nur deutsch, denn sie sind nun einmal Deutsche. Die deutsche Arbeiterschaft ist sich ihrer Tradition sehr bewußt, und sie läßt sich trotz der zwölf Jahre Hitlerregiment nicht gegen ihren Willen in eine bestimmte Form zwingen, die sie nicht begreift.

Wenn die russischen Genossen der Meinung sind, daß es genügt, wenn die deutsche Arbeiterklasse die Führung in Deutschland hat, um den Frieden und die Freundschaft mit Rußland zu sichern, dann ist dieser Friede und diese Freundschaft schon jetzt absolut sicher, wenn die russischen Genossen aber glauben, daß nicht die deutsche Arbeiterklasse, sondern die Kommunistische Partei mit allen Mitteln und unter allen Umständen die Führung in Deutschland haben muß, bevor diese Sicherheit vorhanden ist, dann werden noch viele Schwierigkeiten entstehen, denn die Arbeiterschaft will sich ihre Führung in Deutschland selbst wählen.

Als ich vor fünf Monaten in der ersten Begegnung mit Ihnen, Genosse Kotikow, gefragt wurde, ob ich bereit sei, das Amt eines Vizepräsidenten zu übernehmen, wußte ich genau, daß ich bereit sein mußte, mich selbst zu opfern, denn nach dem furchtbaren Krieg wird die erste Garnitur der Führer nicht nur körperlich, sondern auch moralisch sehr schnell verbraucht. Der Wall von Mißtrauen, der sich in diesem Chaos auftürmt, ist für die Ersten, die sich bemühen, ihn zu überwinden, unübersteigbar, weil das über Menschenkraft geht. Ich habe trotzdem vorbehaltlos «ja» gesagt, weil ich bereit war und auch immer noch bereit bin, jedes Opfer zu bringen für die Sicherung des Friedens, der nur durch die Freundschaft mit dem russischen Volke möglich ist.

In diesen Tagen habe ich oft geglaubt, auch ich sei nun am Ende meiner Kraft; denn das Schicksal [Fritz] Jungmann und [Wilhelm] Korspeter[10], die beide meine Parteigenossen sind, und die nach meiner Meinung beide nicht als Person, sondern als Sozialdemokraten ungerecht behandelt wurden, schien mir ein deutliches Zeichen dafür zu sein. Ich weiß

---

10 Wilhelm Korspeter wurde als sozialdemokratischer Stadtrat in Magdeburg entlassen.

nicht, wie das Mißtrauen und das Vorurteil gegen die Sozialdemokraten zu überwinden ist; denn mehr als das, was getan wurde, um die Vertrauenswürdigkeit zu beweisen, kann nicht mehr geschehen.

Wie die Verhältnisse sich in der nächsten Zeit gestalten werden, weiß ich nicht, denn ich kenne die Zusammenhänge nicht, aber eines weiß ich genau, weil mir die Gesetze des historischen Materialismus bekannt sind: Ein neues Deutschland wird aus diesem Hitlerchaos entstehen, und in diesem neuen Deutschland wird die eine große Arbeiterbewegung führend sein. Die deutsche Arbeiterschaft, die ihre eigene Auffassung von der Demokratie hat, wird der Welt beweisen, daß man durch Arbeit und durch bedingungslose und vorbehaltlose Friedenspolitik mehr erreicht als durch Machtpolitik.

Ich bin überzeugt davon, Genosse Kotikow, Sie werden mir nicht böse sein, daß ich Ihnen offen und ehrlich gesagt habe, was ich denke.

Ihr sehr ergebener
gez. Ernst Thape

Sachsen

Nr. 78
Schreiben von Waldemar Kirbach an Werner Thalheim in Leipzig vom 15. Oktober 1945[1]

Waldemar Kirbach[2]
Leipzig S 3
Scharnhorststr[aße] 7, I, b/Müller

15. 10. [19]45

Herrn
Werner Thalheim
Leipzig C 1
Hohe-Str[aße] 42

Betr[eff]: Referat des Gen[ossen] Dr. [Erich] Zeigner – Jugend – Partei – Einheit

Werter Herr Thalheim!

Ich habe davon abgesehen, in der Diskussion am letzten Sonnabend das Wort zu ergreifen[3], da das Interesse der Zuhörer bereits zu erlahmen begann, als ich es bekommen konnte. Deshalb gestatte ich mir, meine Gedanken schriftlich niederzulegen. Vielleicht bietet sich auf einer der Versammlungen von uns Jungsozialisten die Gelegenheit, diese zur Grundlage einer fruchtbaren Diskussion über das gestellte Thema zu benutzen.

Mein Weg zum Sozialismus führte nicht über eine der ehemaligen Jugendorganisationen, sondern meine Anteilnahme wurde durch eine der bekanntesten kommunistischen Agitatorinnen geweckt. Deshalb stand ich dem Streit der erhitzten Gemüter etwas fern. Logischerweise hatte ich aber dadurch schwerste innere Kämpfe zu bestehen, da sich in mir eine Entwicklung anbahnte, welche gegen den Strom der Zeit lief. Aber gerade dadurch habe ich mir, ganz auf mich allein gestellt, mehr Gedanken um die Idee des wahren Sozialismus gemacht, als es ein Jugendlicher schlechthin tut.

Nach den Ausführungen von Dr. [Erich] Zeigner gab es für mich keinen Zweifel mehr über die Notwendigkeit der Einheitsfront. Wenn ich dieselbe jedoch nur unter gewissen Bedingungen gutheiße, so entspringt diese Einschränkung nicht der Sorge um kleinliche Parteiinteressen, sondern es geht mir dabei um die Idee selbst.

Die Kommunistische Partei war, ist und wird es immer bleiben das Sammelbecken aller radikalen Elemente. Hier liegt aber die Gefahr, denn jeder Radikalismus birgt in sich das Positivum der Aktivität, trägt in sich aber die Gefahr der Überstürzung und des Übereifers. Außerdem besteht aber auch noch die Gefahr bei einem Zusammenschluß, daß wir den Radikalen als Auftrieb dienen, um späterhin dann von ihnen zur Seite gestoßen zu werden, wie es in Rußland 1917 geschah. Hierbei braucht in keinem Falle eine Absicht zu walten, sondern diese Entwicklung liegt in dem geschichtlichen Gang der Dinge begründet. Bei den Kommunisten kann Demokratie die Regierung einiger Weniger zum Wohle der Masse heißen. Wir haben diesen Weg aber bewußt ausgeschaltet, weil bei ihm die Gefahr des Mißbrauchs der heiligen Ziele zu leicht gegeben ist.

---

1 Archiv der sozialen Demokratie, Ostbüro, SPD Leipzig.
2 Waldemar Kirbach, SPD. Frühjahr/Sommer 1945 LR Krs. Grimma.
3 Die erwähnte Veranstaltung, auf der der Leipziger Oberbürgermeister Erich Zeigner referierte, fand am 13. Oktober 1945 statt.

In dem Namen unserer Partei ist es begründet, daß wir ebensoviel Wert auf den Sozialismus wie auf die demokratische Reform legen, das heißt, wir betrachten Demokratie in jedem Falle als Regierungsform der Mehrheit. Diese Verquickung zweier Ideale hat seinen Grund, denn was nützt es, den schönsten Idealen nachzustreben, wenn es für gewissenlose Menschen ein leichtes ist, sie zu mißbrauchen. Wenn dann in ihren Händen die ganze Macht liegt, können wir uns gegen sie ebensowenig wehren wie gegen die nationalsozialistischen Verbrecher. Darum müssen wir gerade nach den bitteren Lehren der Vergangenheit darauf bestehen, daß die ganze Macht in den Händen des Volkes liegt.

Gerade heute tauchen eine Menge unbekannter politischer Größen auf, welche sich erst bewähren müssen. Ich meine dabei nicht die parteipolitische Bewährung, denn diese kann ein geschickter Schauspieler immerhin heucheln, sondern die charakterliche. Für jeden wahren Sozialisten gibt es deshalb heute nur eine Möglichkeit, den Sozialismus herbeizuführen, und das ist die sozialdemokratische Reform.

Machen wir doch einmal das Exempel und fragen wir die Kommunisten, ob sie unter diesen Umständen bereit sind, mit uns zu gehen. Gleichzeitig wollen wir sie doch einmal fragen, inwiefern sie bereit sind, Garantien für die Erfüllung des demokratischen Prinzips zu geben. Wir verlangen dabei nichts, was sie nicht durch ihr Aktionsprogramm zu ihren vornehmsten Pflichten gemacht haben. Aber gerade dieses Aktionsprogramm hat mich zweifeln lassen, ob die Kommunisten in jeder Hinsicht einen fairen Kurs fahren, denn es ist doch ein politischer Unfug, wenn eine sozialistische Partei die Sicherheit des Privatbesitzes garantiert![4] Sie scheidet ja damit aus den Reihen der Vorkämpfer für die sozialistische Idee aus.

Es sollte mich freuen, wenn meine Ausführungen der Anlaß zu einer lebhaften Diskussion an einem der nächsten Versammlungstage werden sollten.

Mit sozialem Gruß
gez. [Waldemar] Kirbach[5]

---

4 Im Aufruf des Zentralkomitees der KPD vom 11. Juni 1945 war unter dem Punkt 2 der »unmittelbarsten und dringendsten Aufgaben« u.a. formuliert worden: »Völlig ungehinderte Entfaltung des freien Handels und der privaten Unternehmerinitiative auf der Grundlage des Privateigentums.« Dokumente und Materialien zur Geschichte der deutschen Arbeiterbewegung, Reihe III, Bd. 1, S. 18.
5 Unterschrift handschriftlich.

Nr. 79
Rundschreiben des Bezirksvorstandes der SPD Görlitz an die Unterbezirke und Ortsgruppen vom 18. Oktober 1945[1]

Sozialdemokratische Partei Deutschlands
Bez[irk] Görlitz u[nd] Umgeb[ung]
Görlitz, Luisenstr[aße] 8

An den Unterbezirk Rothenburg
An den Unterbezirk Hoyerswerda
An alle Ortsgruppen

Görlitz, den 18. 10. 1945

Werte Genossen!

Die Ortsgruppenvorsitzenden müssen in stärkerem Maß als bisher die Interessen der Partei und ihrer Mitglieder bei der Lösung der Gemeindeaufgaben in den Vordergrund stellen. An sehr vielen Orten herrschen von der Roten Armee oder sonstigen Dienststellen eingesetzte Bürgermeister fern jeder demokratischen Regung vollkommen selbstherrlich. Wir müssen uns in viel stärkerem Maß als bisher auf diesem Gebiet behaupten.

Entsprechend des Beschlusses auf dem Parteitag in Dresden wollen wir alles tun, um mit den kommunistischen Genossen in einem guten Einvernehmen zu bleiben.[2] Das ist aber nur möglich, wenn wir in jeder Beziehung gleichberechtigt zur Mitarbeit herangezogen werden.[3] Das entspricht auch den Vereinbarungen zwischen dem Landesvorstand der Sozialdemokratischen Partei und der Kommunistischen Partei.[4] Wo die Genossen der KPD

---

1 Sächsisches Hauptstaatsarchiv Dresden, SED-BPA Dresden, II/B/3.007.
2 Am 6. und 7. Oktober 1945 tagte der Landesparteitag der SPD Sachsens in Dresden-Freital. Die am 7. Oktober 1945 von den Delegierten verabschiedete Entschließung hatte u. a. folgenden Wortlaut: »Der Parteitag erklärt ferner sein grundsätzliches Einverständnis mit der Aufbauarbeit der Landesverwaltung. Er fordert die engste Zusammenarbeit zwischen der Landesverwaltung und den Instanzen der SPD und eine der Stärke der Partei entsprechende Beteiligung an der Verwaltung des Landes, der Gemeinden und aller Körperschaften der öffentlichen Hand, an der Wirtschaft und allen Organisationen und Einrichtungen des geistig-kulturellen Lebens.[...] Der Parteitag stimmt der bisherigen Politik des Berliner Zentralausschusses zu, erwartet engste Verbindung mit den Landesinstanzen, begrüßt die Zusammenarbeit mit den anderen antifaschistischen Parteien und verlangt insbesondere eine vom gegenseitigen Vertrauen getragene Zusammenarbeit mit der KPD, deren Ziel die politische Einheit der Arbeiterklasse und die sozialistische Ordnung der Gesellschaft ist.« Volksstimme, Nr. 23 vom 8. Oktober 1945.
3 Otto Buchwitz kam in seinem Referat auf die in dem Rundschreiben erwähnte Problematik wie folgt zu sprechen: »Wir, die Genossen der SPD, stehen also bereit, ohne jeden Hintergedanken, den Lehren der Vergangenheit Rechnung tragend, die unbedingte Notwendigkeit der Zeit erkennend, die Einheit der Arbeiterklasse herbeizuführen. Gewiß, auf Grund unserer Stärke wollen wir nicht fünftes Rad am Wagen sein, wir wollen gleichberechtigt anerkannt werden. Bei der Lösung aller Fragen wollen wir paritätisch beteiligt sein. Dabei braucht nicht immer mit der Elle gemessen werden. Doch da wir gern unseren Teil der Verantwortung auf uns nehmen wollen, muß Gleichberechtigung die Vorbedingung sein.«: Stenographischer Bericht über die Verhandlungen des Landes-Parteitages, abgehalten am 7., 8. und 9. Oktober 1945 in Dresden (Freital), Dresden o. J., S. 34.
4 Eine solche Vereinbarung läßt sich nicht nachweisen. Zwischen Hermann Matern und Otto Buchwitz gab es jedoch offenbar eine interne Regelung, bei der Neubesetzung von Verwaltungsposten auf eine paritätische Verteilung der Ämter hinzuwirken.

erhebliche Schwierigkeiten machen, bitte ich, mir mit entsprechenden Unterlagen Mitteilung zu geben.

Die Frage der Einheitspartei ist eine Zukunftsangelegenheit, für die wir arbeiten, und unser Landesvorstand wird rechtzeitig die Anweisung zur Verwirklichung dieses Erfolges geben. Bis dahin bitte ich um strenge Parteidisziplin.

Für Eure politische Arbeit sind z. Zt. nur die Anordnungen der Parteileitung maßgeblich. Es erscheinen hin und wieder auf dem Lande Genossen von der KPD, mitunter auch angeblich von der SPD, deren Auftraggeber nicht ganz klar zu erkennen sind, und wollen auch in unsere Arbeit hineinreden. Ich bitte da um besondere Aufmerksamkeit.

Die rechtzeitige Berichterstattung mit den von mir übersandten Formularen ist dringend geboten[5], weil wir die Unterlagen für die Meldung an die russ[ischen] Militärbehörden brauchen.

Von einem regelmäßigen und sicheren Zeitungsvertrieb müssen wir leider z. Zt. wegen der geringen Auflage noch absehen. Wir hoffen aber auf baldige Besserung.

Genossen! Die allgemeine Stimmung für die Sozialdemokratische Partei ist in weiten Kreisen der Öffentlichkeit sehr gut. Ich bitte, das entsprechend auszunützen mit einer regen Werbetätigkeit. Ich hoffe, daß ich Euch in nächster Zeit mit Werbematerial werde unterstützen können. Geht fleißig an die Arbeit! Wir haben eine große Aufgabe zu erfüllen. In unserem Interesse, im Interesse der deutschen Arbeiterbewegung, im Interesse des deutschen Volkes!

Mit Parteigruß!
gez. [Max] Rausch[6]
Parteisekretär

---

5 Diese Formulare sind im Dresdener Archiv nicht überliefert. Es handelt sich dabei um statistische Angaben über die Mitgliederentwicklung.
6 Max Rausch, geb. 1898. Beruf: Schlosser. Seit 1919 SPD. September bis Dezember 1945 Vors. SPD Görlitz u. Dezember 1945 bis April 1946 Sekr. BV SPD Görlitz. 1945/46 LV SPD Sachsen. 1946/47 Vors. KV SED Görlitz. April 1947 bis 1950 Sekr. LV SED Sachsen. 1950 LR.

Nr. 80
Aus dem Protokoll über die Sitzung des engeren Landesvorstandes der SPD Sachsen[1] am 14. November 1945[2]

Sozialdemokratische Partei Deutschlands
Landesgruppe Sachsen
– Verwaltung –
Dresden N 6, den 24. 11. 1945
Königsbrücker Str[aße] 8

Anwesend: [Otto] Buchwitz, [Arno] Haufe[3], [Felix] Kaden, [Albert] Meier, [Gerhard] Förster, [Paul] Gärtner, [Walter] Leipert[4], [Fritz] Heinicke, [Arno] Wend[5], [Arno] Hennig[6], Grunert[7]
[...]

Betr[eff]: Zusammenarbeit mit der KPD

[Otto Buchwitz:] In letzter Zeit sind sehr viel Beschwerden und Klagen unserer Partei vorgetragen worden, die die Einheitspartei, also den Zusammenschluß beider Arbeiterparteien, in weite Ferne rücken lassen.[8] Die Differenzen in vielen Gemeinden häufen sich immer mehr und spitzen sich erschreckend zu. Diese Dinge will Gen[osse] [Otto] Buchwitz mit Gen[ossen] [Hermann] Matern eingehend besprechen und behandeln. Er will dem Gen[ossen] [Hermann] Matern vorschlagen, ein gemeinsames Rundschreiben an alle Funktionäre der SPD und KPD herauszugeben, in welchem zum Ausdruck gebracht werden soll, daß KPD und SPD in den Gemeindeverwaltungen unbedingt zusammenzuarbeiten haben.

---

1 Auf dem Landesparteitag in Dresden-Freital wurde am 7. Oktober 1945 ein geschäftsführender Vorstand gewählt, dem angehörten: Otto Buchwitz, Arno Haufe, Walter Leipert (Kassierer), Clemens Dölitzsch, Felix Kaden (Sekretär mit beratender Stimme); dazu ein engerer Vorstand, dem angehörten: Arno Hennig, Gerhard Förster, Paul Gärtner. Zum erweiterten Vorstand gehörten außer den Mitgliedern des engeren und geschäftsführenden Vorstandes je zwei Vertreter aus den Bezirken.
2 Sächsisches Hauptstaatsarchiv Dresden, SED-BPA Dresden, II/A/1.001.
3 Arno Haufe, geb. 1890. Vor 1933 SPD. Juli 1945 bis April 1946 LV SPD Sachsen. April 1946 bis Mai 1948 Sekr. LV SED Sachsen. Mai 1948 Verhaftung. 1956 Entlassung, Bundesrepublik.
4 Walter Leipert, geb. 1894. Vor 1933 SPD. Juli 1945 bis April 1946 LV SPD Sachsen. Juli 1945 bis April 1946 BV SPD Dresden (Ostsachsen). April 1946 LV SED Sachsen.
5 Arno Wend, geb. am 3. August 1906 in Zittau. Seit 1925 SPD. 1945/46 Sekr. UB SPD Dresden. Oktober 1945 bis April 1946 LV SPD Sachsen. April 1946 bis Januar 1947 Sekr. LV SED Sachsen. Juli 1948 Verhaftung, Verurteilung zu 25 Jahren Zwangsarbeit. Dezember 1955 Entlassung. Januar 1956 Übersiedlung nach Westberlin bzw. Wiesbaden.
6 Arno Hennig, geb. am 24. Januar 1897 in Hainichen. Vor 1933 SPD. 1930 Sekr. SPD Freital bei Dresden. August 1945 OB Freital. Oktober 1945 bis April 1946 LV SPD Sachsen. Februar 1946 Vors. UB SPD Freital. April bis Oktober 1946 LV SED Sachsen. Oktober 1946 Flucht in die Westzonen. 1963 gest.
7 War am Anfang der Beratung anwesend, da er sich um den Posten eines Landessekretärs der SPD Sachsens beworben hatte.
8 Im Rundschreiben vom 19. Oktober 1945 hatte Otto Buchwitz den Unterbezirksvorständen und Ortsvereinen mitgeteilt, daß in vielen Orten die Zusammenarbeit mit der KPD »unter mannigfaltigen Schwierigkeiten« leide. Er bat darum, »kurz und präzise« bestehende Differenzen mitzuteilen, »damit wir mit den Genossen von der Landesleitung der KPD diese besprechen können«: Sächsisches Hauptstaatsarchiv Dresden, SED-BPA Dresden, II/A/1.004.

Die Besetzung von Ämtern und Funktionen in den Gemeinden ist in besonderer kameradschaftlicher Form vorzunehmen. Des weiteren soll mit [Hermann] Matern darüber verhandelt werden, einen Teil der Kommunisten, die als Oberbürgermeister und Bürgermeister in den Gemeinden eingesetzt sind, zurückzuziehen und mit unseren Leuten zu besetzen.

Im allgemeinen scheint die Stimmung im Lande so zu sein, daß die Einheit der zwei Arbeiterparteien im Moment nicht so sehr gewünscht wird. Es steht fest, daß die KPD in allen Fragen einen gewaltigen Vorsprung hat, daß sie bei allen Besprechungen und Entscheidungen gerufen wird und anwesend ist, während die SPD vor vollendete Tatsachen gestellt wird. Der Genosse [Otto] *Buchwitz* stellt diese Angelegenheit zur Debatte und wünscht zu entscheiden, welche Linie die Partei in Zukunft einnehmen soll. Die SPD als eine Großpartei kann es sich auf die Dauer nicht gefallen lassen, in dieser Form behandelt zu werden. Die Arbeitsfreudigkeit des Gen[ossen] [Otto] Buchwitz ist kolossal gehemmt, und er spielt mit dem Gedanken, zurückzutreten.

Genosse [Arno] *Hennig* gibt uns eine Übersicht über die Besetzung der Landräte, Oberbürgermeister und Bürgermeister in Sachsen, wo wir als SPD mehr als kläglich vertreten sind. Gen[osse] [Arno] Hennig verlangt überall und immer die paritätische Zusammensetzung. Wenn dies bei den Verhandlungen mit [Hermann] Matern nicht möglich ist, so wäre es jedoch wünschenswert, sich die Zusicherung geben zu lassen, dieselbe anzustreben und bei weiteren Neu- und Umbesetzungen derartiger Posten die SPD zu berücksichtigen.

Trotz aller Differenzen müsse der grundsätzliche Wille zur Einheitspartei gewahrt und auch weiterhin propagiert werden. Er wendet sich dagegen, daß der Genosse [Otto] Buchwitz deswegen zurücktreten will oder daß die Partei ihre Grundsätze aufgibt. Auf keinen Fall jetzt eine Krise innerhalb der Partei! Wir haben in nächster Zeit allerhand zu erwarten, und deshalb brauchen wir eine starke, innerhalb gefestigte Partei und Parteiführung.

Genosse [Otto] *Buchwitz* vermutet, daß die Frage der Einheitspartei von Sachsen aus vorwärts getrieben werden soll.

Genosse [Gerhard] *Förster*: Jeder Konflikt muß jetzt vermieden werden. Es ist deshalb zu versuchen, durch Verhandlungen mit Genossen [Hermann] Matern ein gemeinsames Rundschreiben herauszugeben, in welchem Verhaltensmaßregeln festgelegt werden über die künftige Zusammenarbeit beider Parteien. Das Ziel einer Einheitspartei muß dabei immer im Auge behalten werden. Wir als SPD müssen die Initiative zur Behandlung dieser Frage ergreifen.

Der Genosse [Arno] *Hennig* hat den Wunsch geäußert, daß unsere maßgebenden Funktionäre auch etwas gesellschaftlich zusammenkommen, um sich zwanglos über schwebende Fragen zu unterhalten. Es wird beschlossen, derartige zwanglose Zusammenkünfte zu arrangieren.

[...]

Jeden Mittwoch Sitzung des engeren Vorstandes im Parteiheim.

gez. Fritz Heinicke

Nr. 81
Aus dem Protokoll über die Sitzung des Zehner-Ausschusses[1] der Leipziger Gewerkschaften am 15. November 1945[2]

[Anwesenheit:] Von der Kommandantur Oberleutnant Krylenko; 10er-Ausschuß;
von der KPD: Genosse [Otto] Schön, Gen[osse] [Hermann] Matern;
[von der] SPD: Genossen [Stanislaw] Trabalski, [Curt] Kaulfuß; Dolmetscher Feurich von der KPD.
Kollege [Erich] *Schilling* [SPD] eröffnet.
Kollege [Kurt] *Kühn* [KPD] nimmt Stellung gegen die bisherige Gewerkschaftsarbeit.
Kollege [Otto] *Schön* [KPD] verlangt Auflösung des 10er-Ausschusses, zum 1. Vorsitzenden den Kollegen [Kurt] Kühn durch eine Wahl der Betriebsräte der großen Betriebe u. a.[3]
Kollege [Hermann] *Schäfer* [SPD] ist der Meinung, daß Gen[osse] [Otto] Schön nur einseitig informiert worden ist und er auch keine Erfahrungen mit den Leipziger Gewerkschaftern haben könne. Die Leipziger Metallarbeiter waren in Deutschland führend tätig.
Kollege [Georg] *Pfefferkorn*[4] [KPD] gibt Bericht – unsere Arbeit war fruchtbringend! Starke Organisation, die sich jederzeit sehen lassen kann. Erst bei der Besetzung der Führungen für die Gewerkschaften begannen die Schwierigkeiten. Es fehlt die straffe Organisation. Es liegt am 10er-Ausschuß. Keine regelmäßigen Arbeitsbesprechungen. Gewerkschafter, die formalistisch arbeiten. Keine gute Zusammenarbeit, die straffe Führung fehlt.
Kollege [Carl] *Strobel* [KPD]: Die Gewerkschaften haben sich beim Aufbau der Stadt nicht aktiv beteiligt. Der 10er-Ausschuß ist nicht sehr lebensfähig. Vorschläge des Kollegen [Kurt] Kühn wurden stets abgelehnt. Er verlangt als 1. Vorsitzenden den Kollegen [Kurt] Kühn. Polemisiert gegen Kollegen Schäfer.

---

1 Seit Ende Mai 1945 betrieb der frühere Leipziger ADGB-Funktionär Erich Schilling mit einem Kreis ehemaliger Gewerkschaftsfunktionäre den Neuaufbau in freigewerkschaftlichen Traditionen unter Ausschluß der Kommunisten. Zuvor hatte der kommunistische Gewerkschafter Kurt Kühn einen eigenen Organisationsaufbau ohne »Reformisten« betrieben. Bereits am 25. April 1945 konstituierte sich unter dem Dach des NKFD ein »provisorischer Gewerkschaftsausschuß«. Die Verständigung mit Funktionären des früheren Leipziger Ortskartells des ADGB kam zunächst nicht zustande, da die Sozialdemokraten eine kommunistische Dominanz innerhalb der Gewerkschaften nicht akzeptierten. Am 28./29. Mai kam es dann in Leipzig zur Bildung eines gemeinsamen Ausschusses, »Neunerausschuß« genannt. In diesem blieben die Kommunisten in der Minderheit. Nach dem Besatzungswechsel Anfang Juli 1945 wurde der gewerkschaftliche Gründungsausschuß, der »Neunerausschuß«, zu einem »Zehnerausschuß« umgebildet, wodurch die KPD die geforderte Parität erreichte. Da Erich Schilling weiterhin an der Spitze der nun gegründeten Einheitsgewerkschaft blieb, betrieb die KPD energisch seine Ablösung. Die Gewerkschaften bildeten auch in der Folgezeit den Ausgangspunkt tiefgehender Differenzen zwischen SPD und KPD in Leipzig. Vgl. *Werner Müller*, Sozialdemokratie und Einheitspartei. Eine Fallstudie zur Nachkriegsentwicklung in Leipzig, in: Einheitsfront, Einheitspartei, S. 129–166.
2 Archiv der sozialen Demokratie, Nachlaß Stanislaw Trabalski.
3 In mehreren Sitzungen der Leitung der Leipziger Gewerkschaften sowie im gemeinsamen Arbeitsausschuß hatte es seit längerer Zeit erhebliche Kontroversen um die Gewerkschaftsführung gegeben. Durch eine Auflösung und Umbildung des »Zehner-Ausschusses« versuchte die Leipziger KPD, die personalpolitische Kontrolle über die Gewerkschaften zu erlangen. Seit Monaten konzentrierten sich die Angiffe auf den Vorsitzenden Erich Schilling, in die sich schließlich auch die Leipziger Kommandantur einschaltete.
4 Georg Pfefferkorn, Carl Strobel und Kurt Kühn gehörten zum kommunistisch initiierten »Provisorischen Gewerkschaftsausschuß« (Dreierausschuß), der sich am 25. April 1945 in Leipzig konstituierte.

Kollege [Max] *Müller* [SPD]: 19. 8. [19]45 Gründung der Gewerkschaften.[5] Alle Leistungen und Tätigkeiten der Gewerkschaften sind aktenmäßig festgelegt. In erster Linie die Produktion steigern. Ernsthafte Zusammenarbeit ist dringend erforderlich. Die Gewerkschaften verlangen politische Neutralität. Alle persönlichen Differenzen haben im Interesse der Gewerkschaften zurückzutreten. Landarbeiterschaft. Bemängelt die Einrichtung bei Arbeitsamt – lohnordnende Abt[eilun]g.[6]
[. . .]
Kollege *Noack* [SPD]: [. . .] Ablehnung etwaiger Einmischung von politischen Parteien. Ablehnung von Hitlermanieren. Nur die fähigsten Menschen und die sittlichsten Menschen haben ein Anrecht auf die Führung in den Gewerkschaften. Heute hört er das erste Mal von Vorwürfen gegen den Kollegen [Erich] Schilling. In der Solidarität werden wir vorbildlich an der Spitze mitwirken. Versäumnisvorwürfe könne man auch nicht ihm machen. Auch die Betriebsräte werden für die Volkssolidarität aktiviert. Bis jetzt wurden alle Plichten erfüllt.
Kollege [Curt] *Kaulfuß* [SPD]: Immer wieder die alten und negativen Vorwürfe. Damit wird die Einheit der Arbeiterschaft nicht gefördert. Solche persönlichen Streitigkeiten stören nur die gemeinsame Arbeit. Kollege [Erich] Schilling genießt das Vertrauen der Leipziger Arbeiterschaft. Er entwickelt eine tatkräftige Tätigkeit. Er bringt alle Voraussetzungen zum Erfolg der Gewerkschaftsbewegung. Die SPD hat volles Vertrauen zum Genossen [Erich] Schilling. Allerdings hat die KPD durch ihre Betriebsgruppenarbeit[7] nur Schwierigkeiten in die Gewerkschaftsbewegung getragen. Der Weg der KPD in den Betrieben ist verhängnisvoll. Um das daraus entstehende Unheil zu vermeiden, hat die SPD jetzt Betriebsgruppen eingeführt.[8] Durch gemeinsame Arbeit soll wenigstens alles Gute erhalten werden. Durch die jetzigen Angriffe besteht die Gefahr, daß die Leipziger Arbeiterschaft zerschlagen wird.
Kollege [Hermann] *Matern* [KPD] stellt fest, daß in Leipzig zwei Gewerkschaftsleitungen bestehen. Also die Schuld liegt am Kollegen [Erich] Schilling. Darum muß die Kommandantur einschreiten. Dies ist eine Schande. Kollege [Erich] Schilling ist ein Feind der Einheit. Der Kollege [Erich] Schilling hat spalterisch in Leipzig gearbeitet. Zieht ihn zurück! Wenn solche Dinge einziehen, dann macht das schlechte Schule. Dies können wir uns nicht leisten.
Kollege [Erich] *Schilling* [SPD] stellt fest, daß Gen[osse] [Hermann] Matern eine falsche Behauptung aufgestellt hat. Kollege [Erich] Schilling gibt dokumentarisch die Widerlegung der Behauptung des Gen[ossen] [Hermann] Matern. Er stellt fest u. a., daß er von 1 700

---

5 Am 19. August 1945 trat im Leipziger »Capitol« die Gründungsversammlung der Leipziger Einheitsgewerkschaften zusammen.
6 Ob es eine solche Abteilung bei den Arbeitsämtern gegeben hatte, konnte nicht ermittelt werden.
7 Kaulfuß spielte auf die verstärkte Gründung von KPD-Betriebsgruppen seit Oktober/November 1945 an. Damit sahen die Sozialdemokraten die Auseinandersetzungen nun auch noch in die Betriebe getragen.
8 In der SPD herrschte die traditionelle sozialdemokratische Auffassung vor, Gewerkschaften und Betriebsräte seien die alleinigen politischen Entscheidungs- und Betätigungsfelder der Arbeiter im Betrieb und die Parteien könnten keine Beschlüsse fassen, die für Gewerkschaften und Betriebsräte bindend seien. Dementsprechend wären Organisationsstrukturen der Parteien in den Betrieben überflüssig. Der Aufbau von kommunistischen Betriebszellen wurde deshalb als Verletzung dieses Prinzips und als Signal zum politischen Machtkampf in den Betrieben empfunden, worauf von sozialdemokratischer Seite reagiert werden müsse. In dieser Weise orientierte der Leipziger Bezirksvorstand in seinem Rundschreiben vom 26. November 1945 an die Ortsvorstände auf die Bildung von SPD-Betriebsgruppen als entsprechende Antwort auf die Initiativen der KPD. Vgl. Sächsisches Staatsarchiv Leipzig, SED-BPA Leipzig, II/3/5/2.

Kollegen als 1. Vorsitzender gewählt worden ist[9] und die Kollegen [Kurt] Kühn und Noack als Stellvertreter. Auch die Gruppenleiter haben diese Auffassung vertreten.[10] Nur durch ordnungsgemäße Wahlen kann eine ordentliche Leitung gewählt werden. Jetzt ein Provisorium durch ein anderes zu ersetzen, lehnen die Gruppenleiter ab. Grundsätzlich werden die Anordnungen der Berliner und Dresdener Führung durchgeführt.

Kollege [Kurt] *Kühn* [KPD]: Personenkampf – Ehrgeiz. Es trifft zu, daß Kollege [Erich] Schilling in seiner autokratischen Manier unmöglich ist. [Erich] Schilling hat zum Beginn das Führungsanrecht der SPD verlangt. Er hat auch die Parität abgelehnt.[...] Er war immer wieder, um die Führung zu behalten, gegen die Parität. Er hat dann, als er der Parität zugestimmt hatte, bereits den Christen und den Hirsch-Dunckerschen auch die Parität gewährt.[11] Nur auf Einwendungen des Oberst Morosow wurde der vorbereitende Zehnerausschuß wie folgt zusammengesetzt:

4 SPD und 4 KPD und 2 Christen-Hirsch-Dunckersche = 10. In dem Sozialpolitischen Ausschuß hat [Erich] Schilling auch nicht richtig gehandelt. Das Verbot dieses Ausschusses hat [Erich] Schilling wiederholt hintertrieben.[12] Der Kollege [Rudolf] Jahn, als er gegen den Kollegen [Erich] Schilling vorging, hat nur im Interesse des Antifaschismus gearbeitet, als er den Auftrag von der Polizei erhielt, die Akten des Sozialpolitischen Ausschusses zu überprüfen.[...]

Kollege [Erich] Schilling soll durch einen anderen sozialdemokratischen Kollegen ersetzt werden. Die Kollegen in den Betrieben müssen begreifen, daß die Leitung verjüngt werden müsse.[...]

Oberleutnant *Krylenko:* 20 Minuten.

Kollege [Max] *Müller* [SPD] [...] polemisiert gegen Kollegen Kühn.[...]

Kollege [Erich] *Schilling* [SPD]: Wir sind auf dem richtigen Wege. Die Leitung muß besser zusammenarbeiten. Er steht ständig allen Kollegen zur Verfügung. Auch die Kollegen [Carl] Strobel und [Georg] Pfefferkorn müssen ihm bestätigen, daß sie sich stets verständigt haben. Wenn alle zusammenkämen, dann wäre es bedeutend besser. Es ist niemals gegen die Rote Armee Stellung genommen worden. Ein proletarischer Staat ist uns stets lieber. Wir sind auch international eingestellt. Falsche Konstruktionen zu stellen, sind fehl am Platze.

Dolmetscher Kollege *Feurich* gibt einen Bericht dem Oberleutnant Krylenko.

Durch den Oberleutnant wird folgendes mitgeteilt:

[...]

Der 10er-Ausschuß arbeitet an der Zerstörung der Gewerkschaftsbewegung. Entgegen der Anweisung des Marschalls Schukow. Zwei Gewerkschaftsbewegungen. Zwei Vorsitzende, die nicht zusammenarbeiten können. Die Leipziger Gewerkschaften haben sich nicht in das Leben der Leipziger Bevölkerung eingeschaltet. Vom 10er-Ausschuß merkt man nichts. Der 10er-Ausschuß [ist] alles Weiberklatsch. Keine Demokratie. Arbeit ist das erste in der Demokratie.

---

9 Die angegebenen Zahlen der Delegierten, die an der Gründungsversammlung am 19. August 1945 im »Capitol« teilnahmen, schwanken zwischen 1 500 und 1 700.

10 Neben dem zentralen Zehner-Ausschuß existierten in den Betrieben Gewerkschaftsgruppen oder Unterausschüsse mit den jeweiligen Leitern.

11 Nachdem Mitte Juli 1945 der sowjetische Stadtkommandant die Umbildung des Gewerkschaftsausschusses und dessen paritätische Zusammensetzung forderte, schlug Erich Schilling vor, die ehemalige christlichen bzw. Hirsch-Dunckerschen Gewerkschaften in die Parität einzubeziehen und einen Zwölfer-Ausschuß zu bilden.

12 Nach dem Besatzungswechsel Anfang Juli 1945 war der von Erich Schilling im Mai 1945 initiierte »Sozialpolitische Ausschuß« bei der Leipziger Stadtverwaltung vom Leipziger Stadtkommandanten aufgelöst worden.

Kollege [Erich] Schilling hat 5 Befehle der Kommandantur nicht durchgeführt. Er hat drei Tage Zeit gehabt. Was geschieht in den Leipziger Schulen? Dort sitzen noch Nazis. Was macht die Gewerkschaft gegen solche Lehrkräfte? Gegen die Kranken u. a. und Hilfe. Theaterfragen: Theater waren zwei Tage geschlossen. Warum weiß [Erich] Schilling nichts? Das Theater arbeitet seit drei Tagen bereits, erst heute gemeldet.

Die Arbeit ist negativ. 4 Stunden vergeblich hier gewesen. Ich löse den 10er-Ausschuß auf. SPD und KPD haben sich über einen Nachfolger für [Erich] Schilling zu verständigen. Dieser Befehl erfolgt, weil SMA-Befehle nicht befolgt worden sind.[13]

---

13 Es ist unklar, welche SMA-Befehle gemeint gewesen sein könnten.

Nr. 82
Schreiben von Otto Schön an den Bezirksleiter der KPD Sachsen Hermann Matern vom November 1945[1]

Werter Genossen [Hermann] Matern!

Ich habe am Sonnabend versucht, Dich telefonisch zu erreichen, um Dich über den Stand der Gewerkschaftsarbeit zu informieren. Trotz mehrfacher Anmeldungen war es mir nicht möglich, ein Telefongespräch zu erhalten.

Der Stand der Angelegenheit ist nun folgender:

Am Freitagabend bekam ich um 19 Uhr von dem Bezirksvorstand der SPD die anliegende Durchschrift ihres Schreibens an die Kommandantur.[2] In diesem Schreiben legen sie ihren Standpunkt dar und erklären nochmals, daß sie auf dem Boden der gewerkschaftlichen Neutralität stehen und die Bereinigung der gewerkschaftlichen Arbeit den Gewerkschaften überlassen.

[Stanislaw] Trabalski rief mich in der Nacht an und sagte mir, daß er den Brief am Sonnabend zur Kommandantur bringen würde. Ich habe ihm erklärt, daß ich über diese Stellungnahme der SPD erstaunt bin, daß ich sie aber im Hinblick auf die weitere Entwicklung der Zusammenarbeit der beiden Parteien für politisch unklug halte. Ich wies ihn auf die Erklärung von [Otto] Grotewohl auf der Berliner Funktionärkonferenz der SPD hin, wo gesagt wird, daß die Frage der organisatorischen Einheit der beiden Arbeiterparteien als die

---

1 Sächsisches Hauptstaatsarchiv Dresden, SED-BPA Dresden, I/A/010. Das Datum des Schreibens ist nicht eindeutig bestimmbar. Es ist während der Zeit der erneuten Auseinandersetzungen um die Leipziger Gewerkschaftsführung, den Zehner-Ausschuß, Mitte November 1945 verfaßt worden.
2 In dem Schreiben des SPD-Bezirksvorstandes an die sowjetische Kommandantur vom 16. November 1945 heißt es u. a.: »In der Streitfrage, die in Leipzig zu diesen Gewerkschaftsfragen auftaucht, glauben wir, daß hier ein Irrtum bestehen muß, der nur durch Ungenauigkeiten in der Übersetzung und durch einseitige Information entstanden sein kann. Die Sozialdemokratische Partei Deutschlands im Bezirk Leipzig vertritt die Auffassung, daß die hier stehende außerordentlich wichtige Frage nur so gelöst werden kann, daß jedes eigenmächtige Hingreifen und Kommandieren seitens einer Parteiorganisation verhindert wird, wie dies auch in den Berliner Richtlinien zum Ausdruck kommt. Die Angelegenheit kann somit nur in engster Zusammenarbeit der Zentralinstanzen des Freien Deutschen Gewerkschaftsbundes gelöst werden. Der engere und erweiterte Bezirksvorstand der Sozialdemokratischen Partei Deutschlands, Bezirk Leipzig, bittet darum für seine grundsätzliche Stellungnahme zu dieser Frage, Verständnis aufbringen zu wollen.« Sächsisches Hauptstaatsarchiv Dresden, SED-BPA Dresden, I/A/010.

wichtigste Aufgabe beider Parteien seien und daß sie kommen wird trotz verschiedener Differenzen und Meinungsverschiedenheiten.[3] Im übrigen aber wird ihre Stellungnahme an dem Befehl der Kommandantur nichts ändern.[4] Es bedeutet nur, daß der Bezirksvorstand zum zweiten Male eine Anordnung der Kommandantur nicht ausführen will.

Am Sonnabendnachmittag war er nochmals bei mir. Ich habe ihn wieder darauf hingewiesen, daß diese Stellungnahme eine politische Unklugheit sei, daß wir uns aber deswegen in der Durchführung der notwendigen Maßnahmen dadurch nicht beirren lassen werden. Wir werden einen Zehnerausschuß zusammensetzen mit Sozialdemokraten, denen die Einheit der Gewerkschaften und der Arbeiterbewegung höher steht als die Meinung des Bezirksvorstandes, alles Betriebsräte aus den Betrieben.

Am späten Nachmittag erfuhr ich, daß die Kommandantur sowohl [Stanislaw] Trabalski wie auch [Curt] Kaulfuß von der SPD erklärte, sie verlange bis zum Montag die Liste mit den Unterschriften beider Parteien.[5] Unterschreibt die SPD nicht, wird sie die Konsequenzen zu tragen haben.

Heute nachmittag erfuhr ich telefonisch von [Stanislaw] Trabalski, daß die SPD auf der Suche nach ihren Vorschlägen unterwegs ist und eine Liste zusammenstellt. Nach den Vorschlägen, die er mir nannte, sind [Erich] Schilling und [Max] Müller nicht dabei. Wir haben eine Liste von je 5 Genossen der KPD und SPD zusammen, mit einem Sozialdemokraten als 1. Vorsitzenden.[6] Diese 5 Sozialdemokraten sind bereit, alle Konsequenzen zu tragen, die sich aus ihrer Haltung ergeben könnten. Am Montag um 8 Uhr tagt der Arbeitsausschuß KPD/SPD und bis um 9 Uhr 30 wird die Liste endgültig fertiggestellt und, mit den Unterschriften der beiden Parteien versehen, der Kommandantur zur Bestätigung vorgelegt.

In der Ausschußsitzung werden wir sehen, ob wir einige ihrer Vorschläge evt. durch einige unserer Vorschläge ersetzen können, wir werden es aber nicht zu einer Kampffrage machen. Entscheidend ist, daß [Erich] Schilling und [Max] Müller nicht dabei sind.

Das ist alles, was jetzt zu berichten ist. Wir starten sofort eine große Kampagne in den Betrieben in der Richtung Deines Referates bei der Hasag[7] und werden die gewerkschaftlichen Wahlen organisieren mit dem Ziel, eine verläßliche positive Mehrheit zu erhalten.

Mit komm[unistischem] Gruß
gez. [Otto] Schön

---

3 Otto Grotewohl sprach auf der Konferenz sozialdemokratischer Funktionäre am 14. September 1945 in Berlin zwar grundsätzlich für die Einheit der Arbeiterparteien, sah aber die Voraussetzungen für die organisatorische Vereinigung der beiden Parteien noch nicht geschaffen. Vgl. Wo stehen wir, wohin gehen wir? Der historische Auftrag der SPD. Rede des Vorsitzenden der Sozialdemokratischen Partei Deutschlands, Otto Grotewohl, am 14. September 1945 vor den Funktionären der Partei in der »Neuen Welt«, Berlin 1945, S. 32 ff.
4 Der sowjetische Stadtkommandant hatte den Zehner-Ausschuß per Befehl auflösen lassen.
5 Es handelt sich um die Liste mit je 5 Mitgliedern von KPD und SPD, die den sogenannten Zehnerausschuß bilden sollten, der seinerseits die in Leipzig angestauten Probleme innerhalb der Gewerkschaften bereinigen helfen sollte. KPD und SMAD hatten die vom Bezirksvorstand der SPD vorgeschlagenen Namen abgelehnt.
6 Dieses Verhalten der Kommunisten ist typisch für ihr Bestreben, durch personalpolitische Einmischung in innerparteiliche Angelegenheiten der SPD ihre Zielsetzungen zu verwirklichen. Ihre Vorschläge für die Besetzung der Landesregierungen sowie anderer Verwaltungen liefen nach dem gleichen Muster ab. In Vorschlag gebracht wurden jeweils Sozialdemokraten, von denen man mit Sicherheit annehmen konnte, gut zusammenarbeiten und eigene Positionen leicht durchsetzen zu können. Da diese Kommunisten in den Bezirksvorständen in der Regel auf Schwierigkeiten stießen, konzentrierten sie sich auf die Sozialdemokraten in den Betrieben. Vgl. *Werner Müller*, Sozialdemokratische Politik unter sowjetischer Militärverwaltung. Chancen und Grenzen der SPD in der sowjetischen Besatzungszone zwischen Kriegsende und SED-Gründung, in: IWK, Heft 2, 1987, S. 170–206.
7 Metallwarenfabrik Hugo Schneider AG.

Nr. 83
Schreiben von Otto Buchwitz an den Bezirksvorstand der SPD Leipzig vom 19. November 1945[1]

Sozialdemokratische Partei Deutschlands
Landesgruppe Sachsen
Parteihaus Dresden N 6
Königsbrücker Str[aße] 8

Dresden, den 19. November 1945

An das
Bezirkssekretariat der SPD
z[u] H[än]den des Genossen [Stanislaw] Trabalski
Leipzig C 1
Karl-Marx-Platz, Europahaus

Lieber Genosse [Stanislaw] Trabalski!

Deinen Bericht vom 16. d[es] M[onats] habe ich bekommen.[2] Ich war bereits von den Vorgängen in Leipzig unterrichtet. Am Sonnabend fand bei uns eine mehrstündige Sitzung zwischen [Hermann] Matern und je zwei Vertretern der Landesleitung, des Gewerkschaftsbundes, also Kommunisten und Sozialdemokraten, statt. Wir haben uns über Unzuträglichkeiten bei der Landesleitung der Gewerkschaften unterhalten und, ich glaube, für alle Teile zufriedenstellend gelöst.

Nach dieser Sitzung gab uns der Genosse [Hermann] Matern Bericht über Leipzig. Dieser Bericht war für uns recht niederschmetternd, daß es so weit in Leipzig kommen konnte. Ich kann von hier aus nicht beurteilen, was von der anderen Seite dem Gen[ossen] [Erich] Schilling alles zur Last gelegt wurde. Wir waren aber hier der Meinung, auch unsere Genossen vom Landesvorstand der Gewerkschaften schlossen sich dem an, daß wegen einer Person nicht unsere gesamte Aufbauarbeit zerstört werden kann. Wir glauben, daß der Gen[osse] [Erich] Schilling hätte zurückgezogen werden müssen, allzumal da ein anderer SPD-Genosse an seine Stelle treten sollte.

Wir sehen bei dieser Entwicklung nur den Anfang, aber nicht das Ende. Ich weiß, wie schwer es vielen unserer Genossen fällt, meinem immer wieder betonten Rat zu folgen, eine Politik der Geduld und auf lange Sicht zu betreiben. Daß ich Recht habe, beweist doch die Zuspitzung der Verhältnisse in Leipzig, wobei wir noch gar nicht wissen, wie sich inzwischen die Dinge bei Euch weiterentwickelt haben und ob nicht diese katastrophale Zuspitzung sich auf andere Teile Sachsens überträgt. Dann könnten wir eines Tages vor dem Trümmerhaufen unserer gesamten Aufbauarbeit stehen. Dann würde gewiß Ratlosigkeit auf Seiten derer zu finden sein, welche z. Zt. die erforderliche Geduld nicht aufbringen. Auch mir fällt diese Geduldsprobe recht schwer, aber ich habe im voraus Entwicklungen wie in Leipzig befürchtet und habe Recht behalten. Viele Genossen vergessen, daß wir nicht frei in unserem Handeln sind und uns in vielen Dingen beschränken müssen.

---

1 Sächsisches Staatsarchiv Leipzig, SED-BPA Leipzig, II/2/10.
2 Der Bericht ist im Leipziger und Dresdener Archiv nicht überliefert. Es handelt sich um die Vorgänge, die zur Auflösung des Zehner-Ausschusses der Leipziger Gewerkschaften geführt hatten.

Nun bitte ich aber dringend, uns weiter auf dem Laufenden zu halten. Hier spricht man schon von einer weitergehenden Zuspitzung der Entwicklung in Leipzig.[3] Ich will mich in diesem Schreiben nicht weiter darüber auslassen, sondern möchte Euren Bericht abwarten. Wir haben am Sonnabend ein dringliches Gespräch mit Euch angemeldet, leider keine Verbindung bekommen.

Für heute zeichnet mit den besten Grüßen

Euer
gez. [Otto] Buchwitz[4]

---

3 Tatsächlich stand die Leipziger Bezirksorganisation der SPD kurz vor einem Verbot durch die Leipziger Kommandantur. Ob die SMA in Dresden einen mäßigenden Einfluß auf die Leipziger Dienststellen ausübte, kann nicht nachgewiesen werden. Vgl. Interview mit Stanislaw Trabalski, in: *Beatrix W. Bouvier/Horst-Peter Schulz (Hrsg.), ». . . die SPD aber aufgehört hat zu existieren«. Sozialdemokraten unter sowjetischer Besatzung*, Bonn 1991, S. 203–226.
4 Unterschrift handschriftlich.

Nr. 84
Aus der Niederschrift über die Sitzung des Landesvorstandes der SPD Sachsen am 12. Dezember 1945[1]

Sozialdemokratische Partei Deutschlands
Landesgruppe Sachsen
– Verwaltung –

Dresden N 6, den 17. 12. 1945
Königsbrücker Str[aße] 8

Anwesend: [Arno] Haufe, [Albert] Meier, [Felix] Kaden, [Fritz] Heinicke, [Gerhard] Förster, [Arno] Hennig, [Clemens] Dölitzsch, Elise Thümmel[2], [Paul] Gärtner, [Walter] Leipert, [Arno] Wend.

Über die Sitzung der Vorsitzenden der Landesgruppen und Bezirksvertreter in Berlin[3], an der die Genossen [Otto] Buchwitz, [Albert] Meier, Elise Thümmel, Klara Noack teilnahmen, berichtet [Albert] Meier eingehend. Neben allgemeinen politischen und organisatorischen Fragen, die dort behandelt wurden, ist vor allem die Wahl eines Parteiausschusses besonders hervorzuheben. Je ein Vertreter der Landesleitung und der Bezirksleitungen stellen in Zukunft den Parteiausschuß dar.

Betreffend Vereinigung der beiden Arbeiterparteien kann als Richtschnur angesehen werden, daß dieselbe nur und erst dann möglich ist, wenn die Einheit des deutschen Reiches endgültig hergestellt ist. Zum Zwecke der Vorbereitung der Vereinigung ist ein fünfgliedriger Ausschuß eingesetzt worden, der die Auffassung der Sozialdemokratischen Par-

---

1 Sächsisches Hauptstaatsarchiv Dresden, SED-BPA Dresden, II/A/1.001.
2 Elise Thümmel, geb. 1885. 1909 SPD, 1917 USPD, 1919 SPD. Vor 1933 BV SPD Ostsachsen. 1944 KZ Ravensbrück. Oktober 1945 Landes-Frauenausschuß, später LV DFD Sachsen. April 1946 LV SED Sachsen. 1976 gest.
3 Gemeint ist die Beratung des Zentralausschusses mit Vertretern der Landes- und Bezirksverbände am 4. Dezember 1945.

tei zur Frage der Einheit der Arbeiterbewegung und der Zusammenarbeit mit der KPD in kurzen und klaren Thesen formuliert.[4] Dieser Ausschuß wird gleichzeitig beauftragt, unsere grundsätzliche Stellungnahme zur Reichseinheit zu formulieren.

Die Differenzen zwischen SPD und KPD in der russisch besetzten Zone sind der russischen Administration bzw. dem Marschall Schukow durch den Genossen [Otto] Grotewohl vorgetragen worden, der eine ganz klare Stellungnahme von den Russen verlangt.[5] Genosse [Otto] Grotewohl bzw. der Zentralausschuß ist nicht mehr gewillt, mit anzusehen, daß die große SPD sich dauernd von der KPD bevormunden bzw. gängeln lassen muß. Die SMA hat versprochen, diesen Dingen nachzugehen und Abhilfe zu schaffen. Genosse [Otto] Grotewohl hat den Eindruck, daß sich mehr und mehr die Erkenntnis bei der Administration in Berlin durchsetzt, daß die SPD eine Partei sei, die nicht so ohne weiteres zu übergehen ist.

Der Zentralausschuß hat beschlossen, schnellstens Verbindung mit den westlichen Besatzungszonen aufzunehmen mit dem Ziel, gemeinsame Zusammenkünfte zu erreichen.[6] Der Genosse [Otto] Buchwitz ist in diesem Ausschuß mit vertreten.

Die Aufnahme in die SPD erfolgt vom 16. Lebensjahr ab.[7] Der Zentralausschuß bemängelte die Sächsischen Kassenverhältnisse. Es wird den Dresdnern vorgeworfen, daß sie die schlechtesten Abrechner gegenüber Berlin seien. Das soll unbedingt anders werden.

Genosse [Otto] *Buchwitz*: Wegen der Konzentration[8] in Berlin sind noch Verhandlungen geplant. Auch die neueren Vorschläge sind für Dresden noch untragbar.

In der westlichen Zone ist man bereit, die SPD nunmehr anzuerkennen.[9] Der frühere

---

4 Der am 4. Dezember 1945 konstituierte Parteiausschuß bestätigte einen von Grotewohl, Dahrendorf und Gniffke eingebrachten Antrag: »Der Zentralausschuß beschließt, einen Ausschuß von fünf Genossen einzusetzen, der die Auffassung der Sozialdemokratie zur Frage der Einheit der Arbeiterbewegung und zur Zusammenarbeit mit der KPD in kurzen und klaren Thesen formuliert. Dieser Ausschuß wird gleichzeitig beauftragt, Thesen zur Frage der Reichseinheit zu formulieren. Das Ergebnis der Ausschußberatung ist dem Zentralausschuß zur endgültigen Beschlußfassung vorzulegen.« SAPMO-BArch, ZPA, II/2/1.
5 Harold Hurwitz gibt an, daß Otto Grotewohl um den 10. Dezember 1945 zweimal nach Karlshorst bestellt wurde. »Grotewohl hoffte immer noch, die SMAD für einen Führungsanspruch der SPD im Reichsmaßstab gewinnen zu können. [...] Diesmal wurden Grotewohl in Karlshorst nicht wieder antisowjetische Äußerungen vorgehalten. Statt dessen hörte er, daß Stalin an der Einigung von SPD und KPD interessiert sei, und Schukow ließ ihn wissen, daß die Vereinigung einen derart entscheidenden Schlag gegen die Reaktion in Deutschland darstellen würde, daß sie wahrscheinlich zur Reduzierung der sowjetischen Streitkräfte auf deutschem Boden führen würde.« *Hurwitz*, Demokratie und Antikommunismus in Berlin nach 1945, Band IV, Teil 1, S. 579.
6 Die Konferenz am 4. Dezember 1945 bestätigte folgenden ebenfalls von Grotewohl, Dahrendorf und Gniffke eingebrachten Vorschlag: »Es ist schnellstens die Verbindung mit führenden Genossen der englischen, amerikanischen und französischen Besatzungszone aufzunehmen, mit dem Ziel, möglichst regelmäßige Zusammenkünfte unter Beteiligung von je 4 Genossen aus jeder Zone zu erreichen. Die erste gemeinsame Besprechung muß möglichst im Laufe des Januar 1946 durchgeführt werden. Zur Teilnahme an dieser Besprechung bestimmt der ZA aus seiner Mitte die Genossen Grotewohl, Fechner, Gniffke und Dahrendorf.« SAPMO-BArch, ZPA, II/2/1.
7 Dies war gleichfalls am 4. Dezember 1945 in Berlin beschlossen worden.
8 In der Konzentration-AG sollten sämtliche Vermögenswerte der SPD, insbesondere die parteieigenen Verlage, zusammengefaßt werden.
9 Von den Militärregierungen der westlichen Besatzungszonen ergingen im Sommer und Herbst 1945 Anordnungen – am 27. August für die amerikanische, am 14. September für die britische und am 13. Dezember 1945 für die französische Zone –, politische Parteien, allerdings zunächst nur bis zur Kreisebene, zu lizenzieren. Vgl. *Rolf Steininger*, Deutsche Geschichte 1945–1961. Darstellung und Dokumente in zwei Bänden, Frankfurt/Main, 1983, Bd. 1, S. 101 ff.

Reichsinnenminister Carl Severing scheint untragbar zu sein. Gegenüber den Emigranten, die in der neuen SPD eine Rolle zu spielen glauben, ist Vorsicht geboten.

Genosse [Otto] Grotewohl, der die Differenzen zwischen KPD und SPD dem Marschall Schukow vortrug, ist beauftragt, Material zu sammeln und es dem Marschall Schukow schnellstens zu überbringen. Gen[osse] [Otto] Grotewohl hat den Eindruck, als prüften die Russen im Moment, ob die SPD ein besseres Objekt sei als die andere Arbeiterpartei. Je stärker wir als Partei sind, desto mehr Einfluß werden wir selbstverständlich bei der russischen Administration auch haben. Es ist deshalb geplant, Anfang des kommenden Jahres eine größere Werbeaktion starten zu lassen, und zwar ungefähr so wie vor 1933: »Wo bleibt der zweite Mann?«

Genosse [Paul] *Gärtner* ist der Meinung, daß bei dieser Werbeaktion vor allem in die Betriebe gegangen werden muß. Die Betriebsräte, die die Aktivisten der Arbeiterbewegung sein sollten, müssen unbedingt organisatorisch erfaßt werden.

Um zur Einheit der beiden Arbeiterparteien auch der Öffentlichkeit gegenüber Stellung nehmen zu können, empfiehlt er, daß der Zentralausschuß in der Presse hierzu Stellung nimmt oder aber zumindest der Genosse [Otto] Buchwitz als Landesvorsitzender in Sachsen. Auch die Reparationszahlungen, die bereits von verschiedenen europäischen und außereuropäischen Staaten angemeldet und gefordert worden sind, müssen einmal in der Presse durch den Zentralausschuß behandelt werden. Als Material für den Genossen [Otto] Grotewohl in Berlin schlägt er den Fall Ulbrich/Dr. Schuster, Bautzen vor.[10]

[...]

Vergangene Woche hat in Dresden eine Funktionärversammlung der Gewerkschaften stattgefunden, in der die Genossen Dr. [Rudolf] Friedrichs, Präsident der Landesverwaltung, und [der] 1. Vizepräsident [Kurt] Fischer[11] sprachen. In dieser Versammlung hat der Gen[osse] [Kurt] Fischer Äußerungen getan, die ganz strikt von uns abzulehnen sind.[12] Es herrscht allgemein der Eindruck vor, daß diese Worte keine Entgleisungen des 1. Vizepräsidenten waren, sondern eine gewollte Kampfansage gegen die Gewerkschaften, die sich auch bereits in den Gewerkschaftskreisen ausgewirkt hat. Dem Genossen [Hermann] Matern ist von Genossen [Otto] Buchwitz Mitteilung gemacht worden, daß wir von derartigen Äußerungen abrücken.

[...]

Genosse [Otto] *Buchwitz* teilt mit, daß auf Grund der Abmachung zwischen [Otto] Buchwitz und [Hermann] Matern bereits verschiedene Personalveränderungen bei der Besetzung von Bürgermeistern und Landräten zu unseren Gunsten vorgenommen wurden. Auch die Umbesetzung des Rates der Stadt Dresden wird in nächster Zeit in Angriff genommen.

[...]

gez. [Fritz] Heinicke

---

10 Worum es sich dabei handelt, konnte nicht ermittelt werden.
11 Kurt Fischer, geb. 1900. Beruf: Lehrer. Seit 1919 KPD. 1928 bis 1932 Studium Militärakademie Frunse/Moskau. 1939 Emigration UdSSR. Mai/Juni 1945 »Initiativgruppe Ackermann« ZK KPD für Sachsen. Juni 1945 BM Dresden. Juli 1945 bis Dezember 1946 1. Vizepräs. LVW Sachsen. 1946 bis 1948 Innenminister Sachsen. April 1946 LV SED Sachsen. 1948/49 Präs. DVW des Innern. 1949/50 Generalinspekteur DVP. 1949 MdV. 1950 gest.
12 Über Zeitpunkt und Verlauf dieser Versammlung können keine Angaben gemacht werden.

Nr. 85
Bericht der Kreisleitung der KPD Chemnitz über die Zusammenarbeit mit der SPD vom 13. Dezember 1945[1]

Kommunistische Partei Deutschlands
Kreisleitung Chemnitz
Agitprop

Chemnitz, den 13. 12. 1945
Erfahrungen über die Zusammenarbeit
zwischen KPD und SPD

Im allgemeinen macht sich der Wille zur Zusammenarbeit der Mitglieder beider Parteien immer stärker bemerkbar. Es wird in den meisten Fällen sehr ernsthaft auf die Bildung einer Einheitspartei hingearbeitet. Doch ist die Entwicklung in dieser Hinsicht sehr unterschiedlich. Fehler werden jedoch auf beiden Seiten begangen. Die Genossen der KPD stellen die der SPD meist vor vollendete Tatsachen und verlangen dann, das Ausgearbeitete anzuerkennen, oder die Genossen der SPD werden dann nicht als Antifaschisten angesehen. Dies hat seine Ursachen aber im wesentlichen darin, daß die Genossen der SPD nicht aktiv genug sind, wodurch unsere Genossen gezwungen werden, den größten Teil der gemeinsamen Arbeit selbst zu erledigen. Sie können nicht immer mit der Ausarbeitung irgendeiner Sache warten, bis es die Genossen der SPD erfaßt und begriffen haben.

Eine Reihe gemeinsam durchgeführter Mitgliederversammlungen hat bereits den Beschluß gefaßt, monatlich ihre Mitgliederversammlungen gemeinsam durchzuführen. Dies kommt auch in den einstimmig gefaßten Resolutionen zum Ausdruck. Das trifft sowohl auf Orts- wie Betriebsgruppen zu.

Rein äußerlich gibt es wenige ideologische Unklarheiten über grundsätzliche Fragen. Nur in der Behandlung gegenwärtiger Probleme, wie die Kriegsschuld, der Wiedergutmachung, der Demontage, der Bodenreform, der Entlassung der Lehrer, des freien Marktes, in der Jugendfrage und vor allem in der Besetzung der Posten sind teils stärkere, teils schwächere Differenzen vorhanden. Diese Fragen entsprechen natürlich grundsätzlichen Unklarheiten, nur werden diese zumeist von den Genossen der SPD in ihrer Grundsätzlichkeit erst dann erkannt, wenn wir zur Klärung übergehen. So benutzen wir diese Fragen, um die ideologische Klärung vorwärtszutreiben.

Viel mehr als unsere Partei ist die SPD durch das rasche Wachstum und die Aufnahme bisher unpolitischer Menschen von Unklarheiten belastet. Die Schulung unserer Genossen beginnt sich auszuwirken. Diesen Zustand wollen wir jetzt ausnützen, um gemeinsame Schulungsabende zu organisieren. Wir werden mit einem entsprechenden Plan, den wir Euch unterbreiten, an die entsprechende U[nter-]B[ezirks-]L[eitung] der SPD herantreten und hoffen, damit einen entscheidenden Schritt zur Schaffung der organisatorischen Einheit beider Parteien zu vollziehen.

Auch in unserem Kreis gibt es mehrere ausgesprochene rechte Flügel innerhalb der SPD, welche sich diesen Bestrebungen energisch widersetzen. Unser Ziel ist es, den linken Flügel gegen den rechten zu stärken, ihm zu helfen, sich durchzusetzen. Wir sind der Auffassung, daß eine ideologische und zahlenmäßig starke Kommunistische Partei das sicherste Fundament für die Einheit der Arbeiterbewegung ist.

gez. Lauter
Kommunistische Partei
U[nter-]B[ezirks-]L[eitung] Chemnitz

---
1 Sächsisches Hauptstaatsarchiv Dresden, SED-BPA Dresden, I/A/001.

Nr. 86
Resolution der Unterbezirkskonferenz der SPD Borna bei Leipzig vom 16. Dezember 1945[1]

Die am Sonntag, den 16. Dezember 1945 in Borna tagende Funktionärkonferenz der Sozialdemokratischen Partei Deutschlands erklärt ihr Einverständnis mit allen von Parteiausschuß und Bezirksvorstand getroffenen Maßnahmen, die unserer Partei einen Einfluß entsprechend[2] unserer Stärke sichern. Nur die Parteiorganisation kann Vorschläge zur Besetzung wichtiger öffentlicher Ämter und Posten machen. Wenn diese nicht angenommen, vielmehr andere Parteigenossen vorgeschlagen werden, so ist dies eine Mißachtung unserer Kraft und Stärke, die einem vertraulichen Zusammenarbeiten der beiden Arbeiterparteien nicht dienlich sind.

Einseitige und übereilte Maßnahmen, wie sie vom Gen[ossen] [Otto] Buchwitz und anderen getroffen werden, dienen nicht der Arbeiterklasse und sozialistischen Arbeiterbewegung. Die Funktionärkonferenz ist gewillt, die Partei in allem zu unterstützen, das die Einheit des Reiches wahrt und verurteilt alle separatistischen Bestrebungen.

---

1 Sächsisches Staatsarchiv Leipzig, SED-BPA Leipzig, II/3/19.
2 Im Original: entsprochen.

Nr. 87
Aus der Niederschrift über die Sitzung des erweiterten Landesvorstandes der SPD Sachsen am 18. Dezember 1945[1]

Sozialdemokratische Partei Deutschlands
Landesgruppe Sachsen
– Verwaltung –

Dresden N 6, den 20. 12. [19]45
Königsbrücker Str[aße] 8

Anwesend: [Otto] Buchwitz; [Kurt] Gentz[2]; Wauer; [Gerhard] Förster; [Arno] Haufe; [Albert] Meier; [Fritz] Heinicke; [Paul] Gärtner; [Otto] Schrenk[3]; [Arno] Wend aus Dresden; [Max] Rausch, Görlitz; [Arthur] Blei und [Karl] Kautzsch[4], Zwickau; [Richard] Engel-

---

1 Sächsisches Hauptstaatsarchiv Dresden, SED-BPA Dresden, II/A/1.001.
2 Kurt Gentz, SPD. November 1945 anstelle von Hans Block Chefredakteur der SPD-Landeszeitung für Sachsen »Volksstimme«. April 1946 LV SED Sachsen.
3 Otto Schrenk, SPD. Juli 1945 Sachverständiger für Pressefragen LV SPD Sachsen. September 1945 Geschäftsführer »Volksstimme«. Oktober 1945 bis Januar 1946 LV SPD Sachsen. Januar 1946 Verhaftung u. Parteiausschluß.
4 Karl Kautzsch, SPD. September 1945 bis April 1946 Vors. BV SPD Zwickau. Oktober 1945 bis April 1946 LV SPD Sachsen. April 1946 bis Januar 1947 Vors. BV SED Zwickau. April 1946 LV SED Sachsen.

mann[5] und [August] Friedel[6], Chemnitz; [Hermann] Neubauer[7], Hoyerswerda; [Hans] Hackebeil[8], Meißen; Dr. [Erich] Schuster[9], Bautzen; [Arno] Hennig, Freital; [Eduard] Amborn[10] und [Walter] Riehl[11], Leipzig.

Genosse [Otto] *Buchwitz* als Vorsitzender der Partei begrüßt die erschienenen Mitglieder des erweiterten Vorstandes zu der ersten Sitzung desselben. In Zukunft sollen die Sitzungen des erweiterten Vorstandes in kürzeren Zeitabständen stattfinden.

Die Tagesordnung lautet:

1. Allgemeiner politischer Bericht, Genosse [Otto] Buchwitz
2. Bericht über Organisation und Agitation, Genosse [Felix] Kaden
3. Bericht über unsere Bildungs-Akademie, Genosse [Arno] Hennig
4. Verschiedenes
5. Volkssolidarität und deren Arbeit, Genosse Wauer

[. . .]

Genosse [Otto] *Buchwitz* gibt einen längeren Bericht über die politische Lage im allgemeinen und über die Partei im besonderen. Der Genosse [Otto] Grotewohl[12], Berlin, hat eine Reise durch die westliche Zone unternommen und feststellen müssen, daß der Aufbau der Partei im westlichen Sektor im Gegensatz zum östlichen Sektor noch sehr weit zurück ist. Leider müsse festgestellt werden, daß gewisse Leute, vor allem aus der Emigration, Ansprüche auf die Führung der Partei erheben, die der Meinung sind, daß die Parteileitung im Westen liegen muß, da die Politik im östlichen Teil zu stark von den Russen beeinflußt werde.

Genosse [Otto] Buchwitz konnte sich erinnern, daß anläßlich einer der letzten Sitzungen des Parteivorstandes 1933 der Genosse [Max] Fechner beauftragt wurde, die Partei wieder neu aufzuziehen.[13] Die Parteileitung ging darauf in die Emigration. Der Genosse [Max]

---

5 Richard Engelmann, geb. 1888. Beruf: Steinmetz. Seit 1906 SPD. 1926 Sekr. BV SPD Chemnitz-Erzgebirge. September 1945 bis April 1946 Sekr. BV SPD Chemnitz-Erzgebirge. Oktober 1945 bis April 1946 LV SPD Sachsen. April 1946 Sekr. BV SED Chemnitz. 1947 LR Krs. Flöha.
6 Augustin Friedel, geb. 1875. Beruf: Schlosser. Seit 1898 SPD. Juli 1945 bis April 1946 Vors. BV SPD Chemnitz-Erzgebirge. April 1946 bis Januar 1947 Vors. BV SED Chemnitz. 1946 bis 1950 PV SED. April 1946 LV, September 1947 bis August 1952 Sekr. LV SED Sachsen. 1956 gest.
7 Hermann Neubauer, SPD. 1945/46 Sekr. UB SPD Hoyerswerda. Oktober 1945 LV SPD Sachsen.
8 Hans Hackebeil, SPD. 1945/46 Sekr. UB SPD Meißen. Oktober 1945 LV SPD Sachsen. April 1946 LV SED Sachsen.
9 Erich Schuster, SPD. 1945/46 Sekr. UB SPD Bautzen. Oktober 1945 LV SPD Sachsen. April 1946 LV SED Sachsen.
10 Eduard Amborn, SPD. August 1945 BV SPD Leipzig. April 1946 LV SED Sachsen.
11 Walter Riehl, SPD. August 1945 »17er-Ausschuß« bzw. BV SPD Leipzig. April 1946 Sekr. KV SED Leipzig.
12 Vom 17. bis 26. November 1945 hatten Otto Grotewohl und Gustav Dahrendorf eine Reise durch die amerikanische Zone unternommen, während der sie Frankfurt/Main, Stuttgart, München und Regensburg besuchten. In einem von Dahrendorf verfaßten Bericht über ihre Reise drückten sie ihre Unzufriedenheit über die Bedingungen des politischen Lebens in der amerikanischen Zone aus. Sie kritisierten die Begrenzung der Parteiaktivitäten auf Kreisebene und das System der Lizenzierung parteiunabhängiger Tageszeitungen statt einer Parteipresse. Vgl. *Hurwitz*, Demokratie und Antikommunismus in Berlin nach 1945, Bd. IV, Teil 1, S. 541.
13 Otto Buchwitz insistiert hier auf den am 21. Juni 1933 eingesetzten »Zentralen Kampfausschuß« aus zwölf Funktionären, der für den Fall organisationspolitischer Behinderungen und Verhaftungen ein Minimum an organisatorischer und informatorischer Tätigkeit habe ermöglichen sollen, was Richard Weimann und Friedrich Stampfer in Abrede stellten. Vgl. *Albrecht Kaden*, Einheit oder Freiheit. Die Wiedergründung der SPD 1945/46, Hannover 1964, S. 28 f. u. S. 87–107. Tatsächlich jedoch bezog der Zentralausschuß im Frühjahr und Sommer 1945 seine Legitimation

Fechner hat seinen Auftrag erfüllt und gemeinsam mit Genossen [Otto] Grotewohl und anderen Genossen den Parteiaufbau begonnen. Der Genosse [Otto] Grotewohl besitzt das Vertrauen weit über die Grenzen Deutschlands hinaus.

Die Spannung zwischen der SPD und der Administration, die durch eine Rede [Otto] Grotewohls entstanden war[14], ist inzwischen behoben worden. Eine Verständigung ist in vielen Dingen erreicht worden, und es scheint der Wille einer besseren Anerkennung unserer Partei vorhanden zu sein. Genosse [Otto] Grotewohl hat der russischen Administration klipp und klar erklärt, daß die Partei auf keinen Fall mehr gewillt sei, immer nur nach außen die Verantwortung zu tragen, während sie auf der anderen Seite weder befragt noch gehört, im Gegenteil vor vollendete Tatsachen gestellt würde. Der ernsthafte Wille zur Mitarbeit und zur Zusammenarbeit ist in unserer Partei vorhanden. Auch die russische Administration hat sich bereit erklärt, in Zukunft enger mit uns Fühlung zu nehmen. Diese Entspannung hat bereits zu verschiedenen Erfolgen geführt.

Ein Parteiausschuß ist gebildet worden, der aus Vertretern der Bundesländer und der Bezirke besteht.[15] Weiter ist ein Ausschuß zur Ausarbeitung von Richtlinien zur Vereinigung beider Arbeiterparteien geschaffen worden. 3 Entwürfe lagen bereits vor, die jedoch keine Anerkennung gefunden haben.[16] Die Ausarbeitungen von Genossen [Otto] Buchwitz sollen als Grundlage für die Richtlinien dienen.

Im Frühjahr [1946] sollen Wahlen angeordnet werden.[17] Wenn Wahlen kommen, will [Otto] Buchwitz stolz darauf sein, wenn wir, die SPD, die stärkste Partei wären, er würde aber keine Freude empfinden, wenn die KPD hierbei gar zu schlecht abschnitte. Auf uns als Partei darf der Vorwurf auf keinen Fall zurückfallen, daß wir daran schuld sind, daß es zu einer Einigung beider Arbeiterparteien nicht kommt. Den Weg, den er bisher gegangen ist, will er weiter gehen, weil er der Meinung ist, daß es der richtige und weil es unsere geschichtliche Aufgabe ist.

Genosse [Kurt] *Gentz*, Dresden: Die Entspannung, die in Berlin erreicht worden ist, scheint aber noch nicht bis nach Dresden durchgedrungen zu sein, denn die Zensur wird hier in Dresden in grober Form durchgeführt. Er führt einige Beispiele an, die mehr als kleinlich sind.

---

    nicht aus diesem Ausschuß. Den Ausschuß brachte Max Fechner erst zu einem Zeitpunkt ins Spiel, als mit Kurt Schumacher um einen möglichen Führungsanspruch in einer gesamtdeutschen Sozialdemokratie gestritten wurde. Vgl. *Frank Moraw*, Die Parole der »Einheit« und die Sozialdemokratie, Bonn-Bad Godesberg 1973 (Neuauflage 1990), S. 80 ff.

14 Gemeint ist die Rede Otto Grotewohls zum Jahrestag der Novemberrevolution am 11. November 1945 in Berlin. Die SPD-Kundgebung am 11. November 1945 wurde von der sowjetischen Besatzungsmacht als Affront und als Gefährdung ihrer wesentlichen politischen Zielsetzungen interpretiert. Grotewohl hatte mit der Grenzziehung und der Demontagepolitik Themen angerissen, die bei SMAD und KPD den Verdacht auf »reaktionäre Einstellungen« aufkommen ließen. Für sie galt Grotewohl seither als »rechter Sozialdemokrat«. Vgl. *Hurwitz*, Demokratie und Antikommunismus in Berlin nach 1945, Bd. IV, Teil 1, S. 527 ff.

15 Der Parteiausschuß war im Ergebnis einer Beratung des Zentralausschusses mit Vertretern der Bezirks- und Landesverbände der SPD am 4. Dezember 1945 gebildet worden.

16 Die erwähnten Entwürfe konnten bislang nicht gefunden werden. Mit einiger Sicherheit kann angenommen werden, daß ein Entwurf von Hermann Brill verfaßt worden ist.

17 Im Oktober 1945 wurden Pläne der Amerikaner bekannt, bereits im Januar 1946 Gemeindewahlen in der amerikanischen Zone abzuhalten. Als der Stellvertreter des amerikanischen Militärgouverneurs General Lucius D. Clay für Januar 1946 Gemeindewahlen in der amerikanischen Zone ankündigen ließ, gaben sich viele Sozialdemokraten der Hoffnung hin, daß die Westmächte im Alliierten Kontrollrat für freie Wahlen in allen Zonen sorgen würden. Sie erkannten in freien Wahlen die Möglichkeit, sich vom Einheitskurs der KPD abzukoppeln und die städtischen Verwaltungen der Kontrolle der KPD zu entziehen. Vgl. *Hurwitz*, Demokratie und Antikommunismus in Berlin nach 1945, Bd. 4, Teil 1, S. 473 ff.

Der Genosse [Richard] *Engelmann*, Chemnitz, glaubt im Moment noch nicht an ein Entgegenkommen von Seiten der Russen, denn gerade in letzter Zeit ist die Zusammenarbeit sehr erschwert worden. Die Schwierigkeiten mit der KPD sind nicht geringer geworden.

Genosse [Karl] *Kautzsch*, Zwickau, hat die Empfindung, je mehr wir von der Einigung sprechen, desto mehr sinkt die Frage bei unseren Mitgliedern im Kurs. Als Grundlage hierfür müsse die Rede [Otto] Grotewohls genommen werden.[18] Trotz Ablehnung im Land darf die Einigung nicht versanden. Wir müssen unsere Forderungen stellen und versuchen, die Führung in die Hand zu bekommen.

Der Genosse [Max] *Rausch*, Görlitz, stimmt grundsätzlich den Ausführungen [von] [Otto] Buchwitz zu, hält es aber für eine Angelegenheit des gesamten deutschen Reiches.

Genosse [Erich] *Schuster*, Bautzen: Trotz des Willens, eine Einigung herbeizuführen, ist die Zeit dafür noch nicht gekommen. Die Massen, die uns als Partei suchen, müssen aufgefangen werden in unserer Partei. Die Masse erwartet von uns Richtlinien in allen politischen und wirtschaftlichen Fragen.

Auch aus Chemnitz kann von kleinlichen Schikanen von Seiten der Zensoren berichtet werden.

Genosse [Arno] *Hennig*, Freital, kann noch nicht so recht an eine gute Zusammenarbeit glauben. Als Beispiel führte er an, daß Präsident Dr. [Rudolf] Friedrichs von seinem letzten Besuch aus Berlin mitgebracht hat, daß Marschall Schukow in der Transportfrage zu helfen die Absicht habe. Die Praxis sei jedoch, daß in den letzten Tagen fast sämtliche Transportmittel in Sachsen beschlagnahmt wurden.

Betreffend Zusammenarbeit mit der KPD sei es Tatsache, daß das Volk durch die Methoden der KPD sehr eingeschüchtert ist, daß man diese Einschüchterung schon als Angst bezeichnen könne. Die Erfahrungen haben gebracht, daß bei einer ev[en]t[uel]l[en] Vereinigung beider Arbeiterparteien innerhalb dieser neuen Partei nicht viel von Demokratie zu erwarten sei. Selbst in den Beamtenkreisen ist Angst und Zurückhaltung zu spüren. Die Sympathie der Massen sei unzweifelhaft auf unserer Seite, weil sie wissen, daß wir Brutalität, Gemeinheiten usw. ablehnen. Gemeinsame Aktionen müssen erst beweisen, daß beide Arbeiterparteien zusammengehören. Bis dahin sei er für ein getrenntes Marschieren.

Genosse [Paul] *Gärtner*, Dresden: Der Abzug von über 2 000 Fahrzeugen innerhalb Dresdens steht im Widerspruch zu den Versprechungen des Präsidenten Dr. [Rudolf] Friedrichs bzw. Marschall Schukows. Wir müssen heute schon feststellen, daß ein Teil der Betriebe wegen Kohlenmangel nicht mehr arbeiten kann. Nicht nur die Kohlenversorgung, sondern auch die Ernährung ist dadurch in Frage gestellt.

Auch in der Behandlung des Befehls Nr. 124 hat die KPD die Führung nicht in der Hand.[19] Die Wirtschaft darf nicht einseitig ausgeplündert werden, sondern man muß den Betrieben die Möglichkeit lassen, sich zu entwickeln.

Die Genossenschaften sind in Sachsen anerkannt, deren Vorsitzender Genosse [Paul] Gärtner ist. Es muß unbedingt versucht werden, in allen Positionen mit vertreten zu sein.

---

18 Gemeint ist die Rede Otto Grotewohls am 14. September 1945 vor Funktionären in Berlin.
19 Am 30. Oktober 1945 erließ der Oberste Chef der SMAD Marschall Schukow den Befehl Nr. 124, in welchem er bestimmte, daß das Eigentum des deutschen Staates, der Amtsleiter der NSDAP, der führenden Mitglieder und einflußreichen Anhänger dieser Partei, der militärischen Behörden und Organisationen, der vom sowjetischen Kommando verbotenen und aufgelösten Gesellschaften, Klubs und Vereinigungen und besonders bezeichneter Personen zu beschlagnahmen und in provisorische Verwaltung der SMAD zu nehmen sei. Die deutschen Verwaltungen wurden angewiesen, die in dem Befehl festgelegten Eigentumskategorien konkret zu erfassen, Standort und Zustand des Eigentums festzuhalten und das Ergebnis ihrer Ermittlungen den zuständigen Militärbehörden zu melden. Vgl. *Hermann Weber*, DDR. Grundriß der Geschichte 1945-1990, Hannover 1991, S. 34.

Genosse [Stanislaw] *Trabalski* bringt den Inhalt einiger Flugblätter, die in Leipzig kursieren, zum Vortrag, aus denen hervorgeht, daß die Nazis noch sehr aktiv sind. In der Personalpolitik müssen wir uns mehr durchsetzen, wenn wir uns nicht blamieren wollen. Es kann nicht dauernd angehen, daß die KPD unsere Vorschläge kritisiert, sondern wir müssen an unseren Vorschlägen festhalten. Wer unser Vertrauen genießt, an dem ist von Seiten der KPD nicht mehr zu rütteln. Die Verwaltung muß nicht nur von Faschisten, sondern auch von allen Nichtskönnern gesäubert werden. In Riesa bei der Genossenschaftsversammlung ist zum Ausdruck gekommen, daß sich die Partei mehr um die Genossenschaften kümmern müsse.
[...]
Genosse [Otto] *Buchwitz* dankt in seinem Schlußwort für die heutige Aussprache und die Anregungen und hofft auf weitere gute Zusammenarbeit.

gez. [Fritz] Heinicke

Thüringen

Nr. 88
Aus dem Protokoll über die Sitzung des Vorstandes des Ortsvereins der SPD Zella-Mehlis am 22. Oktober 1945[1]

Vom Vorstand fehlen die Genossen H[ugo] Büchel und A[lfred] Haseney. Ferner ist unser Oberbürgermeister Genosse [Bernhard] Apel anwesend.
    Der Vorsitzende eröffnet um 20.15 Uhr die Vorstandsitzung. Auf der Tagesordnung stehen folgende Punkte:

1. Gemeinsame Funktionärsitzung der KPD und SPD
2. Frauenversammlung unserer Mitglieder
3. Mitgliederbewegung
4. Zeitung
5. Verschiedenes

Zu Punkt 1. erklärte der Vorsitzende, daß der Vorsitzende der KPD, Genosse Riedler, eine gemeinsame Funktionärsitzung beider marxistischer Parteien für kommenden Freitag nach dem »Weißen Roß« vorgeschlagen habe. Der Kreis soll mindestens 50 Mann betragen. Es kommt zur Sprache, daß die KPD einen Zusammenschluß beider marxistischer Parteien beantragen wird.
    In der Aussprache kommt einhellig zum Ausdruck, daß man hier taktisch sehr klug vorgehen müsse, um auf der einen Seite dem Wunsch der KPD nach einem Zusammenschluß Rechnung zu tragen, aber zugleich auch unsere politische Selbständigkeit vorläufig zu behalten, bis ein zentraler Zusammenschluß von beiden Parteizentralen gutgeheißen wird. Ein Vorschlag unseres Genossen [Bernhard] Apel, daß jede Partei ihre Zentrale von dem Wunsch nach einer Einheitspartei in Kenntnis setzen soll, um damit der KPD-Führung Rechnung zu tragen, wird allgemein für richtig befunden.
    Die Lösung auf dieser Basis soll die Grundhaltung unserer Funktionäre auf der kommenden gemeinsamen Funktionärsitzung, wenn die Frage an uns gestellt wird, bestimmen. Der Gesamtvorstand und alle aktiven Funktionäre sollen daran teilnehmen.
[...]

                                       Der Vorsitzende:
                                    gez. [Alfred] Barthelmes

                                       Der Schriftführer:
                                            gez. Dietz

---
1 Thüringisches Staatsarchiv Meiningen, BPA der SED Suhl, II/3/6.

Nr. 89

Rundschreiben Nr. 18 des Landesvorstandes der SPD Thüringen vom 6. November 1945[1]

Sozialdemokratische Partei Deutschlands
Landesverband Thüringen
Weimar

Weimar, den 6. Nov[ember] 1945
Frauentorstraße 3
Ruf: 292

Rundschreiben Nr. 18
An alle Kreisverbands- und Ortsvereinsvorsitzenden
Betr[eff]: Das Verhältnis SPD und KPD

Werte Genossinnen und Genossen!

Es liegen eine Reihe von Anzeichen vor, die den Schluß zulassen, daß die KPD zu ihrer alten sogenannten »Einheitsfronttaktik« zurückgekehrt ist. Diese »Einheitsfronttaktik« hat immer den Zweck gehabt, die SPD zu zerstören, die KPD zur alleinherrschenden Partei der Arbeiterklasse zu machen und darüber hinaus für den Staat das Einpartei-System herbeizuführen.

Um diesen Zweck zu erreichen, ist stets die Behauptung aufgestellt worden, daß die sogenannten »ehrlichen sozialdemokratischen Arbeiter« mit den sogenannten »reformistischen Führern« nicht einverstanden seien und deshalb für die Massen der Parteimitglieder nur der Eintritt in die KPD in Frage kommen könne. Die KPD will sich durch diese Demagogie eine sogenannte »Massenbasis« verschaffen, die ihr jetzt sichtlich fehlt; denn es ist Tatsache, daß die Massen der klassenbewußten Arbeiter und Angestellten nicht der KPD, sondern der SPD zuströmen und die Sympathie der großen, politisch nichtorganisierten Volksmassen besonders in Thüringen sich unserer Partei zuwendet. Andere Formen der kommunistischen «Einheitsfronttaktik« sind die Versuche, durch die Fraktionsarbeit in den Gewerkschaften Anhang zu gewinnen und durch die Bodenreform die sogenannten Landlosen und Landarmen unter der Fahne der KPD zu vereinigen.

In der letzten Zeit können wir diese »Einheitsfronttaktik« der KPD, die auf eine Zerstörung unserer Partei hinausläuft, genau verfolgen. Der Anfang dieser Aktion waren die Versammlungen von [Wilhelm] Pieck in Erfurt und [Anton] Ackermann in Gera.[2] In beiden Versammlungen, wie auch in der KPD-Presse, wurde die Behauptung aufgestellt, die SPD stehe erneut unter der Führung von [Gustav] Noske, [Friedrich] Stampfer und [Carl] Severing.[3] Daran ist kein Wort wahr. [Gustav] Noske ist ein Mann von 75 Jahren und lebt völlig als Privatmann. [Friedrich] Stampfer ist 73 Jahre alt, befindet sich in New York und

---

1 Thüringisches Staatsarchiv Meiningen, BPA der SED Suhl, II/3/07.
2 Für eine »neue Offensive« bei der Propagierung der kommunistischen Vereinigungsvariante sprachen Wilhelm Pieck am 13. Oktober 1945 auf einer Kundgebung in Erfurt und Anton Ackermann am gleichen Tag in Gera.
3 Am 19. September 1945 hatte Wilhelm Pieck auf einer KPD-Kundgebung in Berlin an die sozialdemokratischen Arbeiter appelliert, sie sollten nicht zulassen, daß »solche Gestalten wie Noske, Severing, Stampfer und ähnliche« die SPD wieder zu einer einheitsfeindlichen Politik führten. *Wilhelm Pieck*, Reden und Aufsätze. Auswahl aus den Jahren 1908–1950, Bd. II, Berlin 1951, S. 27. Die Erfurter Rede am 13. Oktober 1945 dürfte sich vom Inhalt nicht wesentlich von der Berliner Rede unterschieden haben.

denkt nicht an eine Rückkehr nach Deutschland. [Carl] Severing ist Ende 60, lebt in Bielefeld und hat keinerlei Funktionen in unserer Partei.

An die Versammlung schloß sich die Aufforderung zu gemeinsamen Konferenzen. Da wir ein ehrliches Interesse an der Einheit der Arbeiterbewegung haben, stimmten wir diesem Vorschlag mit folgenden Punkten zu:

1. Es finden gemeinsame Tagungen des Landesvorstandes der SPD und der Bezirksleitung der KPD unter Hinzuziehung der Hauptreferenten beider Parteien statt. Aufgabe dieser gemeinsamen Tagungen ist die Klärung ideologischer Fragen.
2. Die Parteien sind berechtigt, durch je 1 Vertreter an den Funktionärsitzungen anderer Parteien teilzunehmen. Aufgabe dieses gegenseitigen Besuches ist, sich kennenzulernen, Informationen über die Art der Parteiarbeit [zu] erlangen.

Die erste dieser Tagungen hat am 16. Oktober [1945] in Erfurt stattgefunden. Es sprachen Genosse Dr. [Georg] Schneider (KPD) über Bodenreform und Genosse Dr. [Hermann] Brill (SPD) über die Frage der Demokratie. Wir können mit dieser Tagung durchaus zufrieden sein, denn sie war ein voller Erfolg für uns. Die KPD hat wahrscheinlich auch aus diesem Grunde kein Interesse an der Fortsetzung dieser gemeinsamen Veranstaltungen.

Unseren mündlich und schriftlich gemachten Vorschlag, auf einer neuen Tagung eine aus der Feder des Unterzeichneten stammende Plattform für die Gewerkschaftsarbeit, die schon vor vier Wochen die Zustimmung unseres Landesvorstandes und der Bezirksleitung der KPD sowie der Landesleitung des FDGB gefunden hat, zu behandeln, hat die KPD ebenso unbeantwortet gelassen, wie sie von dem ursprünglich gefaßten Plan, das Redematerial für die gemeinsamen Veranstaltungen am 8. Nov[ember] [1945][4] in einer Referentenzusammenkunft zu behandeln, abgekommen ist. Zum 8. Nov[ember] [1945] hat die KPD vorgeschlagen, gemeinsame Kundgebungen mit je 1 Redner der SPD und KPD zu veranstalten. Das ist von uns abgelehnt worden, mit dem Hinweis, daß Kundgebungen mit nur je 1 Redner unsere Aktionsmöglichkeit verdoppeln. Wir gingen dabei von der Erwägung aus, daß unsere Redner von einer kommunistischen Hörerschaft nichts zu befürchten haben, es für unsere Partei nur höchst interessant sein wird, einen kommunistischen Redner einmal allein vor unserer Mitgliedschaft und unseren Anhängern zu hören.

Die Kommunistische Partei hat sich an alle diese Abmachungen nicht gehalten. In einer ganzen Reihe von Fällen ist sie an unsere Ortsvereine mit dem Antrag auf gemeinsame Funktionär- und Mitgliederversammlungen herangetreten. In diesen Veranstaltungen bringen die Vertreter der KPD bedeutungslose Entschließungen ein, die nur den Zweck haben können, den organisatorischen Zusammenhalt unserer Partei zu stören.

Weitere Übergriffe der KPD haben sich angeschlossen. Es hat in einem Ort ein Vertreter der KPD fertiggebracht, in einer Mitgliederversammlung unserer Partei zu erklären, die Einigung des Proletariats sei da, der ganze Ortsverein müsse sofort in die KPD eintreten. Er hat sich dabei alle Papiere unseres Vorstandes und einen Kassenbestand von RM 700,– angeeignet.

Der Landesparteitag hat sich am 28. Oktober d[es] J[ahres] klar und deutlich für die Herstellung der sozialistischen Einheit der Arbeiterklasse ausgesprochen. Die Entschließung hat folgenden Wortlaut:

---

4 Zum Jahrestag der deutschen Revolution 1918 und der russischen Revolution 1917 waren für Thüringen gemeinsame Kundgebungen von SPD und KPD geplant. Das Sekretariat des ZK der KPD ließ durch Franz Dahlem einen Thesenentwurf »Zwei Völker – Zwei Wege« erstellen und zu den vorgesehenen gemeinsamen Kundgebungen am 8. November 1945 als Rednermaterial verteilen. Der Thesenentwurf Dahlems lief darauf hinaus, den Vorbildcharakter der russischen Revolution zu unterstreichen. Neben den gemeinsamen Veranstaltungen zum Jahrestag der Revolutionen fanden auch separate SPD-Kundgebungen statt. Vgl. *Overesch*, Hermann Brill in Thüringen, S. 380 f.

»Der erste Sozialdemokratische Parteitag Thüringens bestätigt die Politik, die der Landesvorstand in der Frage der Herstellung der sozialistischen Einheit der deutschen Arbeiterklasse getrieben hat.

In der Erwägung, daß die Entwicklung der gesellschaftlichen Kräfte eine Fortführung der Politik zu neuen Entwicklungsstufen notwendig macht, bezeichnet der Landesparteitag folgende Maßnahmen als unbedingt erforderlich:

1. SPD und KPD müssen dahin wirken, daß die außerhalb beider Parteien der Arbeiterklasse noch bestehenden sogenannten Antifa-Ausschüsse unverzüglich verschwinden und sich die Mitglieder solcher Ausschüsse für eine politische Partei entscheiden.
2. Innerhalb des Blocks antifaschistischer Parteien sollen SPD und KPD überall die Fraktionsgemeinschaften bilden, die einheitlich auftreten.
3. Die gemeinsamen Funktionärsitzungen sind fortzusetzen; der Landes-Aktionsausschuß hat dafür einen Plan aufzustellen.
4. Beide Parteien haben durch gemeinsame Maßnahmen die Verantwortung für die Arbeiten des Freien Deutschen Gewerkschaftsbundes zu übernehmen.

Der Landesparteitag richtet an den Zentralausschuß der SPD in Berlin die Aufforderung, baldigst mit einem für ganz Deutschland geeigneten Aktionsprogramm zur Aufgabe der Herstellung der sozialistischen Einheit der deutschen Arbeiterklasse hervorzutreten und ein Referat darüber als selbständigen Tagesordnungspunkt auf die Tagesordnung des ersten Gesamtparteitages zu setzen.

Weimar, den 28. Okt[ober] 1945   *gez. Dr. Hermann L. Brill.«*[5]

Aus diesem Beschluß ergibt sich, daß andere Bindungen gegenüber der KPD als Fraktionsgemeinschaften bei der öffentlichen politischen Tätigkeit und gemeinsame Funktionärsitzungen nicht zulässig sind. Wir weisen deshalb hiermit alle Kreisverbände und Ortsvereine an, keinerlei andere gemeinsame Veranstaltungen mit der KPD durchzuführen. Sollten Vertreter der KPD mit irgendwelchen Anträgen auf solche Veranstaltungen an unsere Parteiorganisationen herantreten, so ist zunächst bei dem Landesvorstand in Weimar, Frauentorstr[aße] 3, Tel.: 292, anzufragen, ob eine zentrale Vereinbarung für ganz Thüringen vorliegt. Alle unsere Funktionäre dürfen sicher sein, daß Vereinbarungen über gemeinsame Aktionen oder Veranstaltungen von uns rechtzeitig durch Rundschreiben oder durch die Presse bekanntgegeben werden.

Unsere Einstellung zur Frage der sozialistischen Einheit der Arbeiterklasse ist ganz klar. Wir wollen diese Einigung im Reichsmaßstab von Zentralinstanz zu Zentralinstanz durch gemeinsame Beschlüsse der Parteitage. Deshalb können sogenannte Einigungen in einzel-

---

5 Gleichzeitig wurde auf dem Landesparteitag am 28. Oktober 1945 eine von Willi Martin aus Stadtroda eingebrachte Entschließung angenommen, die folgenden Wortlaut hatte:
»Der erste Landesparteitag der Sozialdemokratischen Partei Deutschlands in Thüringen würde es begrüßen, wenn es bald zu einer organisatorischen Vereinigung der proletarischen Parteien käme. Der Landesparteitag beauftragt den Landesvorstand, weitere Verhandlungen mit der Kommunistischen Partei Deutschlands zu pflegen, um die Grundlagen zur Vereinigung weiter zu fördern. Jedoch muß der Landesparteitag der SPD die kommunistischen Genossen in vielen Orten Thüringens auffordern, gegenüber der SPD eine Haltung einzunehmen, die sich offensichtlich von der Haltung der KPD von vor 1933 abhebt. Auch die KPD hat alles zu unterlassen, was die kommende proletarische Einigung schädigen könnte. Dazu gehört vor allem, daß die Mitglieder und Ortsgruppen der KPD jede Intrige und Verunglimpfung von SPD-Genossen unterlassen.
Nur, wenn wirklich gemeinsames, anständiges Zusammenarbeiten stattfindet, kann die proletarische Vereinigung in absehbarer Zeit erreicht werden.« Thüringisches Staatsarchiv Meiningen, BPA der SED Suhl, II/3/07.

nen Ländern oder Provinzen oder gar in einzelnen Gemeinden für uns nicht in Frage kommen.
  Wer sich an solchen Dingen beteiligt, verstößt gegen die Parteidisziplin und muß gewärtigen, daß mit den Mitteln der Aufrechterhaltung der Parteidisziplin gegen ihn vorgegangen wird. In dieser Zeit müssen wir von allen Funktionären mehr als jemals die Wahrung der Parteidisziplin verlangen. Die Partei hat in Thüringen ein Recht dazu, denn alle Parteileitungen vom Landesvorstand bis zum letzten Ortsverein sind von unserer Partei in Thüringen gewählt, nicht von irgendeiner Zentralstelle eingesetzt worden.
  Der geschäftsführende Vorstand des Landesverbandes hat beschlossen, auf der nächsten Sitzung des Gesamtvorstandes (geschäftsführender Vorstand, Vorsitzende der Kreisverbände unter Hinzuziehung aller Sekretäre) die Frage der Herstellung der sozialistischen Einheit der Arbeiterbewegung in einem Referat zu behandeln. Danach werden allen Ortsvereinen Richtlinien politischen Inhalts zu dieser Frage zugehen.

Mit sozialistischem Gruß!
Der Landesvorstand
gez. Dr. Hermann L. Brill
Landesvorsitzender

Nr. 90
Aus dem Schreiben der SPD-Ortsgruppe Neustadt (Orla) an den Landesvorstand der SPD Thüringen vom 14. November 1945[1]

Sozialdemokratische Partei Deutschlands
(Landesverband Thüringen)
Ortsgruppe Neustadt (Orla) und Umgegend

am 14. 11. 1945

Sozialdemokratische Partei Deutschlands
Bezirksverband Thüringen
Weimar
Frauentorstraße 3

Werte Genossen!

[...]
  Zu allen möglichen Anlässen, in Probstzella zu den Schulungsabenden[2], zum Parteitag[3], zur Versammlung in Gera[4], nahmen wir Gelegenheit, den Genossen [Hermann] Brill zu befragen, ob er gewillt wäre, in einer Versammlung in Neustadt zu sprechen. Genosse [Hermann] Brill gab uns anheim, uns in der zweiten Hälfte des Monats November mit dem Sekretariat in Verbindung zu setzen.

---

1 Thüringisches Hauptstaatsarchiv Rudolstadt, BPA der SED Gera, II/2/1.
2 Vom 28. bis 30. September 1945 fanden die ersten Schulungstage der SPD in Probstzella statt, die vom Landesvorstand für Sozialdemokraten aus ganz Thüringen organisiert worden waren. Am 30. September 1945 referierte Hermann Brill in Probstzella über »die Sozialdemokratie im heutigen Deutschland«.
3 Der erste Parteitag der SPD des Landesverbandes Thüringen fand am 27. und 28. Oktober 1945 in Weimar statt.
4 Am 3. November 1945 referierte Hermann Brill auf einer SPD-Versammlung in Gera.

Wir tun es hierdurch und verweisen darauf, daß 1. unsere Genossen immer und immer wieder nach dem Genossen [Hermann] Brill rufen, daß 2. aber auch aus den bürgerlichen Kreisen sehr oft an uns die Frage gerichtet wird, ob nicht einmal eine Versammlung stattfinde, in der ein Redner spreche, dem man große Sach- und Lagekenntnis zutrauen könne, und 3. halte ich es für sehr wünschenswert, weil wir hier einen Kommandanten haben, der immer viel geredet haben möchte und zur Bedingung macht, daß freie Aussprache sein müßte.

Die KPD weiß natürlich von dem Verlangen und stellt sich entsprechend ein. So fand am 13. 11. [1945] eine gemeinschaftliche Sitzung statt, um eine Aussprache über die am 6. 11. [1945] stattgefundene Kundgebung – in welcher der Gen[osse] Jenssen sprach – herbeizuführen. Nachdem ich das Notwendige ausgeführt hatte und darauf verwies, daß die Richtlinien wohl auch der KPD bekannt waren, nach welchen an jedem Ort nur ein Redner mit seinem Referat den Abend ausfüllen sollte[5], hier aber noch ein weiterer (KPD)-Redner die gleiche Zeit wie Genosse Jenssen sprach, wurde schon die alte Taktik angewandt und erklärt, die Forderung, daß eine Einigung der beiden Parteien verlangt würde, müßte jeden Tag 4 und 5 mal in Berlin angebracht werden. Um diese Maßnahmen zu bekräftigen, müßten wir gemeinsame Mitgliederversammlungen abhalten.

Hier habe ich erklärt, daß sich die KPD ein- und für alle Male merken möchte, daß wir

1. unseren Leitungen das größte Vertrauen entgegenbringen,
2. prinzipiell zu deren Richtlinien stehen und
3. grundsätzlich ablehnen, einer den Zentralen vorbehaltenen Maßnahme entgegenzuarbeiten oder vorzugreifen.

Wie Ihr schon aus den kurzen Andeutungen ersehen könnt, versucht man mit allen erdenklichen Mitteln, die Parteiarbeit zu durchkreuzen, und dies mit Hilfe eines aus Berlin zugewanderten Menschen, der angibt, lange Jahre für die KPD gearbeitet zu haben und auch seine Freiheit geopfert habe. Doch scheint nicht alles so zu stimmen.

Um aber dem Wunsch des Herrn politischen Leiters zu entsprechen und auf der anderen Seite diesem »Genossen« einmal etwas Luft aus den Segeln zu nehmen, würden wir es auf[s] herzlichste begrüßen, wenn uns unser Genosse [Hermann] Brill bald einmal zur Verfügung stehen könnte.
[...]

mit sozialistischem Gruß!
E. Blauhöfer[6]

---

5 Anläßlich der Jahrestage der deutschen Novemberrevolution und der russischen Oktoberrevolution fanden landesweit gemeinsame Kundgebungen von SPD und KPD statt, auf denen entweder ein Redner der Sozialdemokratischen Partei oder ein Redner der Kommunistischen Partei sprechen sollte.
6 Unterschrift handschriftlich.

Nr. 91
Aus dem Protokoll über die Sitzung des Landesvorstandes der SPD Thüringen in Weimar am 16. November 1945[1]

Anwesend waren die Genossen: [August] Karsten vom Zentralausschuß, Berlin; Dr. [Hermann] Brill, [Elisabeth] Zajac-Frölich, [Gustav] Brack, [Marie] Carnarius, [Heinrich] Hoffmann, [Hugo] Hose[2], [Adolf] Bremer, [Hans] Freiburg.[3]
Nicht anwesend war Genosse [Curt] Böhme.
Gen[osse] Dr. [Hermann] Brill eröffnete die Sitzung und bat den Gen[ossen] [August] Karsten um einen Bericht über die Lage.
Gen[osse] [August] *Karsten* führte aus, daß die KPD in Berlin an den Zentralausschuß mit dem Ersuchen herangetreten sei, eine Sitzung mit etwa 30 Vertretern von jeder der beiden Parteien abzuhalten wegen der Frage einheitlicher Listen bei den Kommunalwahlen.[4] Der Zentralausschuß lehne zwar, ebenso wie der Landesverband Thüringen, die Aufstellung gemeinsamer Listen für die Kommunalwahlen ab, sei aber der Ansicht, daß der angeregten Sitzung nicht aus dem Wege gegangen werden könne.
Als Vorkonferenz dafür soll in Berlin eine SPD-Tagung stattfinden, zu der aus jedem Parteibezirk einige Genossen delegiert werden.[5] Auf dieser SPD-Konferenz – die Bezeichnung »Reichs«-Konferenz wurde vom Vorstand einstimmig abgelehnt, weil sie zu Irrtümern Anlaß gibt – sollen vor allem die Fragen der Reichseinheit, der Stellung zur KPD, der Politik und der inneren Organisation behandelt werden. Nach Abschluß dieser Tagung kann dann die von der KPD geforderte Konferenz stattfinden.
[...]
In der folgenden Aussprache wurde zur politischen Lage nochmals festgestellt, daß von einer »Reichs«-Konferenz in Berlin nicht die Rede sein dürfe, da wir in der sowjetischen Zone nicht für das gesamte Reich sprechen können, selbst wenn einige Gäste aus dem We-

---

1 Thüringisches Hauptstaatsarchiv Weimar, SED-BPA Erfurt, II/2003.
2 Hugo Hose, SPD. Oktober 1945 bis April 1946 LV SPD Thüringen.
3 Hans Freiburg, SPD. 1945/46 Sekr. LV SPD Thüringen.
4 Als Pläne der Amerikaner bekannt wurden, bereits im Januar 1946 Gemeindewahlen in der amerikanischen Zone abzuhalten, entstand bei der KPD sofort die Notwendigkeit, die SPD in künftigen Wahlkämpfen auf gemeinsame Kandidatenlisten und Programme zu verpflichten. Der Zentralausschuß selbst war im zentralen Arbeitsausschuß von KPD und SPD am 18. Oktober 1945 mit einem von der KPD vorgelegten Entwurf einer Vereinbarung über das »gemeinsame Auftreten der beiden Parteien bei den Gemeindewahlen in der amerikanischen Zone« konfrontiert worden. Gleichzeitig hatten die KPD-Vertreter versucht, den Zentralausschuß für eine Konferenz der Führungsgremien beider Parteien mit Funktionären aus den Ländern und Provinzen der sowjetischen Zone zu gewinnen. Der Zentralausschuß lehnte am 22. Oktober 1945 die Forderung nach gemeinsamen Kandidatenlisten ab und konnte auch die anvisierte Konferenz lange hinauszögern. Vgl. *Hurwitz*, Demokratie und Antikommunismus in Berlin nach 1945, Bd. IV, Teil 2, S. 478.
5 Erst am 10. Dezember 1945 einigten sich Otto Grotewohl und Wilhelm Pieck nach längerer Aussprache über Modalitäten und Zeitpunkt der Durchführung der gemeinsamen Konferenz. Als Termin wurde der 20. Dezember 1945 genannt. Daraufhin lud der Zentralausschuß zum 19. Dezember 1945, 17 Uhr, zu einer außerordentlichen Zentralausschuß-Sitzung ein, an der auch Vertreter der Landes- und Bezirksverbände teilnehmen sollten. Jedoch gilt ihre Teilnahme an der Sitzung am 19. Dezember 1945 als unwahrscheinlich. Zu der hier erwähnten Vorkonferenz der SPD kam es also dann nicht. Am Vormittag des 20. Dezember 1945 berieten die sozialdemokratischen Landes- und Bezirksfunktionäre über einen von der KPD am Abend des 19. Dezember 1945 vorgelegten Entschließungsentwurf.

sten anwesend sein sollten. Es können in Bezug auf konkrete politische Fragen Beschlüsse nur für die sowjetische Besatzungszone gefaßt werden, die dann als einheitliche Weisung des Zentralausschusses von den einzelnen Landes- und Bezirksverbänden zu befolgen sind. Einen besonderen Tagesordnungspunkt müsse die Frage der Einheit der Arbeiterklasse bilden, für die die SPD ein selbständiges Aktionsprogramm aufstellen sollte, das die Richtlinien für die weitere Arbeit gebe.

Nicht nur Referenten, sondern auch ein Ausschuß von Sachverständigen, der der Konferenz diesbezügliche Vorschläge unterbreiten müsse, sollte nach einer Anregung des Gen[ossen] Dr. [Hermann] *Brill* dafür eingesetzt werden. Weiter sei es erforderlich, daß die Partei zur Frage der Erziehung und der Jugend und der Soldaten (Kriegsgefangene, Heimkehrer, Leuten, die eine Charge bekleideten) Stellung nehme.

Zur Frage der Aufstellung gemeinsamer Listen von SPD und KPD für etwaige Kommunalwahlen machte Gen[osse] [Heinrich] *Hoffmann* darauf aufmerksam, daß die Verhältnisse in der englischen und amerikanischen Zone ganz anders für die SPD liegen.

Gen[osse] [August] *Karsten* erklärte, daß der Zentralausschuß und die Bezirke, die er bisher auf seiner Reise berührt habe, gemeinsame Listen ablehnten. Er fügte hinzu, daß in Berlin natürlich nur Beschlüsse für die sowjetische Zone gefaßt werden könnten, betonte aber, daß dies im Hinblick auf eine einheitliche Reichspolitik zu geschehen habe. Der Zentralausschuß fühle sich nur als Provisorium, über allem stehe die Reichseinheit, für die wir in erster Linie kämpfen.

Zur notwendigen Aufstellung von Arbeitsprogrammen für die verschiedenen Gebiete durch die SPD, vor allem zur Herstellung der sozialistischen Einheit der Arbeiterklasse und der Umerziehung des deutschen Volkes, berichtete er, daß eine Stellungnahme zur Agrarreform[6] und den Finanzfragen[7] vom Zentralausschuß bereits ausgearbeitet werde.

Der Vorschlag des Gen[ossen] [Adof] *Bremer*, der Zentralausschuß möge internes Material liefern, wurde als zur Zeit undurchführbar abgelehnt.

Einstimmig wurde festgelegt, daß die Berliner Tagung als Parteikonferenz der Bezirksverbände zu bezeichnen sei, die Fragen zu behandeln habe, die die Partei in ihrer Gesamtheit berühren, aber keine Verpflichtungen der SPD und KPD gegenüber, die über die sowjetische Zone hinausreichen, eingehen dürfe.
[...]

Weimar, den 19. November 1945
gez. Dr. Hermann L. Brill

---

6 Am 14. November 1945 verabschiedete der Zentralausschuß seine »Richtlinien der SPD für die Durchführung der Bodenreform«.
7 Am 6. November 1945 beschloß der Zentralausschuß die »Richtlinien über Wirtschaftsaufbau und Finanzen«.

Nr. 92

Aus dem Protokoll über die Tagung des Gesamtvorstandes der SPD Thüringen in Weimar am 26. November 1945[1]

Referat Hermann Brill: »*Wie kommen wir zur sozialistischen Einheit der deutschen Arbeiterklasse?*«

Ihr alle werdet wohl mit mir darin übereinstimmen, daß die Einigungsfrage zur Zeit die wichtigste taktische Frage ist, vor der wir stehen. Es ist nicht die wichtigste politische Frage: Es gibt eine große Reihe von politischen Fragen von viel größerer Bedeutung als die Einigungsfrage. Aber das Interesse für die politischen Fragen, beispielsweise für die Außenpolitik, ist vorläufig noch sehr gering, und wir müssen das in den Vordergrund rücken, was unseren Genossen und den Massen am nächsten liegt; und das ist zweifellos die Einigungsfrage.

Ihr alle wißt auch – ich kann mich in dieser Beziehung sehr kurz fassen – , daß unsere Partei in Bezug auf diese Frage sich in keiner günstigen Situation befindet. Die Partei hat wieder den Fehler gemacht, an dem sie schon in den Jahren 1919 bis 1932 so unendlich gelitten hat: sich von den Dingen treiben zu lassen, anstatt selber aktiv durch ein eingehendes Programm eine eigene Meinung zu vertreten. So ist heute ein Zustand eingetreten, in dem vor allen Dingen die KPD versucht, gänzlich die Führung an sich zu reißen und uns zu diktieren, was wir politisch und organisatorisch zu tun haben.

Nachdem die Aktionsausschüsse, die im August dieses Jahres gegründet worden sind, bis Mitte Oktober [1945] eine Art Dornröschenschlaf gehabt haben, sind sie von Mitte Oktober [1945] ab mächtig aktiviert worden, und die Ansprüche der KPD auf sogenannte gemeinsame Aktionen – worunter die KPD bis jetzt nichts weiter als gemeinsame Versammlungen verstanden hat – sind sehr groß geworden. Es ist deshalb notwendig, Genossinnen und Genossen, daß wir uns nicht nur darüber aussprechen, wie die Verhältnisse in den einzelnen Kreisverbänden und in den einzelnen Ortsvereinen in besonderen Fällen liegen, sondern daß [wir] vor allen Dingen auch einmal versuchen, von unseren Ideen aus eine feste Anschauung in dieser Sache zu gewinnen, die wir dann vor der Arbeiterklasse und vor dem ganzen Volke vertreten können.

Wenn wir diesen Versuch unternehmen, dann haben wir davon auszugehen, daß im Jahre 1933 tatsächlich die bisherige Arbeiterbewegung zusammengebrochen ist. Es war das nicht nur ein organisatorischer, sondern auch ein geistiger Zusammenbruch. Unsere Theorie und unsere Taktik hatten sich unfähig erwiesen, die Probleme, die die Zeit nach dem ersten Weltkrieg aufgeworfen hatte, zu meistern. Wir sind weder mit dem Problem der Demokratie, noch mit dem Problem des Sozialismus fertig geworden. Und durch eine Zeit ungeheuren Leidens, die ich im einzelnen hier nicht zu schildern brauche, ist es dann zu dem geschichtlichen Versagen und zu der Niederlage gekommen.

Von diesem Standpunkt aus, Genossinnen und Genossen, gibt es auch in Bezug auf die Entwicklung der Partei kein Zurück zu den Verhältnissen von vor 1933, und es darf niemand in der Illusion leben, daß wir es etwa jetzt auch nur in Bezug auf SPD und KPD mit politischen Größen zu tun haben, die den Größen von 1932 gleichzusetzen sind.

Es ist richtig: Es besteht in den Massen ein ungeheures Bedürfnis, eine elementare Sehnsucht nach einer Klärung der Verhältnisse. Aber es ist falsch, wenn man meint, daß diese Klärung der Verhältnisse durch Einigungsverhandlungen zwischen SPD und KPD herbeigeführt werden könne. Denn es liegen meiner Meinung nach eine ganze Reihe von Tatsa-

---

1 Thüringisches Hauptstaatsarchiv Weimar, BPA der SED Erfurt, II/1001. An dieser Tagung nahmen außer den Mitgliedern des Landesvorstandes alle Kreisvorsitzenden der SPD Thüringens teil.

chen vor, die beweisen, daß wir unsere Schwächen und Fehler von früher überhaupt nicht erkannt haben und daß sie auch heute noch nicht vollständig erkannt sind.

Von dieser Stimmung und von dieser Erkenntnis geleitet, Genossinnen und Genossen, haben wir in Thüringen im April, im Mai und Juni dieses Jahres darauf verzichtet, die SPD wieder zu organisieren. Gewiß, es haben überall Fühlungnahmen unter den Genossen stattgefunden. Aber ich glaube sagen zu dürfen, daß die Abneigung, die alte SPD wieder zu errichten, außerordentlich weit verbreitet gewesen ist. Wir waren der Auffassung, daß die Zeit reif dafür sei, durch einige vorbereitende Organisationen Verhältnisse zu schaffen, die nicht sofort, aber doch in einem bestimmten Zeitraum von vielleicht 2 bis 3 Jahren zur Konstituierung einer neuen Arbeiterpartei führen könnten, die sowohl die alte SPD wie auch die alte KPD überwindet.

Genossinnen und Genossen, wir haben uns in dieser Beziehung in Bezug auf die KPD schwer getäuscht. (Sehr richtig! Sehr gut!) Wir haben die Beweise dafür, daß die KPD die Monate, in denen wir uns auf etwas vollkommen Neues vorbereitet haben, dazu benutzt hat, um unter Mithilfe von etwa 400 Buchenwald-Kommunisten die KPD in Thüringen komplett zu organisieren. Die KPD hat in Erfurt eine illegale Bezirksleitung eingerichtet, und sie hat durch sogenannte Antifa-Ausschüsse überall versucht, Boden zu gewinnen. Wir wissen heute, daß dieses Vorgehen auf Grund von Befehlen des Zentralkomitees erfolgt ist.

Diesem Vorgehen liegt eine theoretische Auffassung zugrunde, die theoretische Auffassung nämlich, daß die Sozialdemokratie mit dem Jahre 1945 ihre Massenbasis verloren habe (Lachen) und daß es demgemäß nur einen einzigen Weg zur Einigung der deutschen Arbeiterklasse gäbe: die Neukonstituierung der Arbeiterklasse in der KPD. In einigen Orten in Thüringen ist man auch konsequent so vorgegangen. So hat man beispielsweise in Gera die gesamten früheren sozialdemokratischen Funktionäre zu einer Funktionärversammlung eingeladen, und man hat dort nahezu einstimmig beschlossen, daß die ganze bisherige sozialdemokratische Organisation zur KPD übertritt. Der Präsident Dr. [Rudolf] Paul[2] hat demgemäß auch den Russen gegenüber mit einer wegwerfenden Handbewegung die SPD in Thüringen für erledigt erklärt.

Genossinnen und Genossen, das muß man wissen. Es ist schmerzlich, das zu sagen; aber man muß es wissen. Man darf sich diesen Tatsachen nicht verschließen, wenn man die Situation richtig erkennen will, in der wir uns befinden. Daß in dieser Situation einige Karrieremacher zur KPD übergetreten sind, Genossinnen und Genossen, das braucht uns in diesem größeren Zusammenhang nicht weiter zu interessieren. (Zurufe: Sehr gut!) Denn diese Karrieremacher teilen, wie das immer in der Politik und auch in der Religion gewesen ist, eben das Schicksal von Renegaten und Deserteuren. Während sie in den Monaten Mai und Juni das Maul nicht weit genug aufreißen konnten, sind sie nun vollkommen still geworden, oder sie spielen eine höchst unglückliche Rolle. (Zurufe: Sehr gut!) Daß bei vielen von ihnen das Bedürfnis, schnell einen einträglichen Posten zu bekommen, auch eine Rolle, vielleicht sogar die entscheidende Rolle, gespielt hat, ist auch eine Tatsache; leider eine nur allzu menschliche Tatsache, vor der wir das Auge ebenfalls nicht verschließen dürfen.

Infolgedessen hat die KPD die Anregungen, die wir ihr im Juli dieses Jahres gegeben haben und die darauf hinausliefen, auf eine baldige organisatorische Einigung hinauszuarbeiten – es liegt ja alles schriftlich fest und ist Euch bekannt – und eine Reihe von Organisatio-

---

2 Nach dem Abzug der amerikanischen Truppen aus Thüringen Anfang Juli 1945 wurde am 16. Juli 1945 der parteilose Rudolf Paul anstelle von Hermann Brill zum neuen Landespräsidenten ernannt. Die Ernennung Pauls, der vor 1933 die ostthüringische DDP geleitet hatte, paßte besser in die von SMAD und KPD verfolgte Bündnispolitik und schien außerdem geeignet, die anfangs führende Position der SPD in der Landesverwaltung zu schwächen.

nen, beispielsweise die ganze wohlfahrtspflegerische Arbeit, von vornherein gemeinsam aufzubauen, durch ein Schreiben vom 21. Juli [1945] ohne weit ausholende Begründungen einfach abgelehnt[3], und sie hat es sich sogar verboten, daß wir ihr in Bezug auf die Gewerkschaften den Vorschlag machten, sie solle die fraktionelle Arbeit in den Gewerkschaften aufgeben, sie solle darauf Verzicht leisten, wir würden dann natürlich von uns aus auch nichts unternehmen, was etwa die Bildung von sozialdemokratischen Fraktionen im Freien Gewerkschaftsbund bezwecken könnte.

Daß die Dinge heute nun ganz anders liegen, Genossinnen und Genossen, daß die KPD an Stelle der Aktionseinheit, die man damals proklamierte, die baldige organisatorische Einheit wünscht, daß die KPD in diesem Zusammenhang gemeinsame Listen bei den künftigen Gemeinderatswahlen wünscht (Lachen), daß die KPD sich jetzt auf den Standpunkt stellt: Wahlen im Januar [1946] sind verfrüht (Aha!), während bei dem Einrücken der Truppen der Roten Armee in Thüringen verkündet wurde, daß der Genosse [Walter] Ulbricht die Wahlen zu den Landtagen im Oktober [1945] machen würde, daß die Kommunisten, nachdem sie die gemeinsame wohlfahrtspflegerische Arbeit im Juli [1945] abgelehnt haben, jetzt in der »Thüringen-Aktion gegen Not« die Zusammenfassung aller Kräfte wünschen und propagieren - natürlich wie immer unter kommunistischem Führung.

Ihr habt es ja in Probstzella gehört[4], daß die KPD die Führung in allen diesen Dingen beansprucht, angeblich, weil sie die meisten Opfer gebracht hat; das zeigt, wie sehr sich die politische Situation verändert hat. Ich will da auf Gründe nicht eingehen, aber ich möchte doch das eine sagen: Genossinnen und Genossen, es ist unmöglich, diese Frage aus dem Zusammenhang der großen Politik loszulösen. Es ist unmöglich, über die Frage der Einigung der Arbeiterklasse unter dem Teilthema »Verhältnis von SPD und KPD« zu sprechen, wenn wir nicht zu gleicher Zeit einen Blick auf das Verhältnis der sowjetischen Außenpolitik zur Außenpolitik der angelsächsischen Länder und Frankreichs werfen. Das gehört zusammen. Und je nachdem, wie die Tendenzen auf eine frühere oder spätere Sowjetisierung der russischen Okkupationszone sich verstärken oder sich abschwächen, so schwankt auch die Haltung der KPD in Bezug auf die Frage der Einigung des Proletariats.

Es würde viel zu weit führen, und es würde ein eigenes Referat fordern, wenn man über diese Dinge in aller Klarheit sprechen wollte. Ich beschränke mich deshalb darauf hinzuweisen, daß gestern Abend um 8 Uhr in dem »Kommentar zur Lage«, den der Londoner Rundfunk jede Woche einmal gibt und der bekanntlich die Meinung des britischen Außenministeriums darstellt (Richtig!), gesagt worden ist, daß in der letzten Woche das Verhältnis Sowjetrußlands zu Großbritannien, Kanada und den Vereinigten Staaten sich verschlechtert habe und daß es Großbritannien, wie Genosse [Ernest] Bevin[5] am Donnerstag im Unterhaus erklärt hat, nunmehr ablehnt, Anklagen, die auf haltlosen Verdächtigungen beruhen – das waren die wörtlichen Ausdrücke –, stillschweigend hinzunehmen, sondern

---

3 Die KPD-Bezirksleitung hatte am 21. Juli 1945 an den Landesvorstand der SPD u. a. geschrieben: »Die grundlegende Differenz in unseren Auffassungen scheint uns darin zu liegen, daß Ihr, wie schon in Eurem Buchenwalder Manifest mehrfach betont, die Einführung des Sozialismus als Gegenwartsaufgabe stellt. [...] Wir glauben daher auch, daß die Schaffung einer einheitlichen Arbeiterpartei nicht die primäre Aufgabe sein kann, weil eine solche Partei nur Bestand haben wird, wenn sie aus dem gemeinsamen Kampf heraus erwächst. Wir sind aber vollkommen Eurer Auffassung, daß man heute schon Vorbereitungen zu einer späteren organisatorischen Einheit treffen kann, wodurch eine solche Entwicklung erleichtert wird.« Zitiert in: *Änne Anweiler*, Zur Geschichte der Vereinigung von KPD und SPD in Thüringen 1945–1946, Erfurt 1971, S.62 ff.

4 Vom 28. bis 30. September 1945 waren vom Landesvorstand der SPD die ersten Schulungstage für Sozialdemokraten aus Thüringen in Probstzella organisiert worden. Gemäß einer Absprache mit der KPD sprach dort auch der Direktor des Landesamtes für Volksbildung, der Kommunist Walter Wolf.

5 Ernest Bevin, nach dem Wahlsieg der Labour Party im Juli 1945 Außenminister Großbritanniens.

daß es sie zurückweist; zu gleicher Zeit jedoch bereit ist, wenn die Karten offen auf den Tisch gelegt werden, eine ebenso offene Antwort zu geben, und sogar dazu auffordert, wenn Mißtrauen bestehe, dieses Mißtrauen offen auszusprechen.

So befinden wir uns gerade in diesen Tagen und Wochen in einer besonders schwierigen und vielleicht gefährlichen Lage, in der ein Abwägen aller Umstände und ein vorsichtiges Taktieren mehr als je geboten ist. Man versucht heute, Spaltungstendenzen in die SPD hineinzutragen. Dieser Versuch wird mit bewährten bolschewistischen Methoden unternommen: Man versucht, einzelne Genossen zu isolieren; man versucht, von den Russen oder von der KPD aus Gruppen zusammenzustellen und ausfindig zu machen, die dann mit einer bestimmten Marke: rechter Flügel, versehen werden. Ich verweise darauf, daß in dieser Beziehung ja bereits behauptet worden ist, [Gustav] Noske, [Friedrich] Stampfer und [Carl] Severing spielten wieder eine führende Rolle in der SPD. Unter uns, ich spreche ganz deutlich, Genossinnen und Genossen, und ich habe auch gar keine Angst davor, daß das aus diesem Kreise hinausgetragen wird: eine haltlose Verleumdung, sonst nichts. Man versucht das.

Nachdem dieser Versuch nun mißlungen ist in Bezug auf unsere führenden Genossen – so hat man dem Genossen [Otto] Grotewohl zu erkennen gegeben, daß man ihn künftig als Sozialfaschisten behandeln werde (Lachen); ich war gestern in Leipzig, ich hatte da zu sprechen; da wurde mir von dem Bezirksvorstand mitgeteilt, daß dort das gleiche Manöver unternommen wird –, versucht man, die Landesleitung Sachsen, die bei der Abgabe einer Erklärung etwas zu weit gegangen ist[6] – ich kann mich darüber nicht aussprechen, weil ich diese Erklärung bis jetzt nicht kenne –, gegen die Bezirksleitungen auszuspielen und die Bezirksleitungen, die den Dingen etwas näher stehen als die Genossen, die in Dresden in den Ministerien und den Landesleitungen sitzen, nun als rechten Flügel und als sozialfaschistisch zu diffamieren. So hat man beispielsweise vorgestern unseren Leipziger Bezirksvorsitzenden durch Militärpolizei mit Maschinenpistolen abgeholt, hat ihn zur Administration gebracht und ihn darüber verhört, warum die SPD den Faschismus in Deutschland nicht verhindert habe, warum angeblich mehr Kommunisten als Sozialdemokraten in den Konzentrationslagern gewesen seien usw. usw., und dann hat man ihn wieder entlassen.[7]

Man unternimmt auch hier in Thüringen diese Versuche, beispielsweise den Versuch, den Genossen [Heinrich] Hoffmann gegen mich auszuspielen und auch einen linken Flügel gegen einen rechten Flügel zu konstituieren. Und wie diese Dinge gehen, das wißt Ihr ja alle: Von kleinen Einschüchterungsversuchen, die mit der bloßen Drohung beginnen, bis zur Verhaftung und bis zur Deportation; von einigen Erleichterungen der tatsächlichen Lebenshaltung bis zur Einladung, einen einwöchigen Weihnachtsurlaub in einem Berghotel gemeinsam mit prominenten Kommunisten zu verbringen, werden alle Mittel der Einschüchterung und der Korruption gebraucht, um zum Ziele zu gelangen. Das alles kennen wir, und das alles kann uns nicht erschüttern.

Wenn wir aber die Organisation als Ganzes leiten wollen, und wenn wir an dem Ziele der Herstellung der Einheit der Arbeiterklasse festhalten wollen, dann, Genossen, ist es notwendig, daß wir eine ganz feste Anschauung in dieser Frage und ein eigenes Aktionsprogramm in dieser Frage haben (Sehr richtig!), mit dem wir aufzutreten vermögen. Wir brauchen also eine Parteidisziplin, die eine innere geistige Disziplin ist und bei der organisatorische Mittel, wie Verwarnungen oder Ausschlüsse, unnötig sein sollten. Aber ich sage gleich in diesem Zusammenhang, daß wir, um den Zusammenhalt der Partei zu ermöglichen, auch vor den organisatorischen Mitteln und ihrer Anwendung nicht zurückscheuen dürfen. (Sehr richtig!)

---

6 Welche Erklärung gemeint ist, konnte nicht ermittelt werden.
7 Über den geschilderten Vorfall um Stanislaw Trabalski gibt es darüber hinaus keine eindeutigen Hinweise.

Denn, Genossinnen und Genossen, das, was uns die KPD nach außen hin als Einheit bietet, das ist im Innern der KPD gar keine Einheitlichkeit. (Sehr richtig!) Wir wissen, daß es in der KPD schwere Krisen gibt, und zwar hat es sie nicht erst in den letzten Tagen gegeben[8], sondern schon im Juni [1945]. Wir haben aus Eisenach, Erfurt, Jena, Gera Informationen darüber, wie die kommunistischen Funktionäre gegeneinander stehen (Zurufe: Überall!) und sich weder ideologisch noch praktisch auf eine Linie einigen können. Wenn es die KPD fertigbringt, nach außen hin als ein geschlossenes Ganzes aufzutreten, dann, Genossen, müssen das auch wir fertigbringen. Und ich glaube, es wird möglich sein, diese Einheit ohne alle organisatorischen Mittel zu schaffen, wenn wir über das, was wir an Ideen in dieser Sache zu vertreten haben, wirklich einig sind.

Da möchte ich zunächst eines sagen: Es darf in unseren Kreisen kein Zweifel darüber bestehen, daß die Schaffung der sozialistischen Einheit der deutschen Arbeiterbewegung ein Gebot auf Tod und Leben für uns ist (Zuruf: Jawohl!), und es muß von unserer Seite aus alles, aber auch alles versucht werden, um diese Einheit zu schaffen. Denn, Genossen, wenn es uns nicht gelingt, zu dieser Einheit der Arbeiterbewegung zu kommen, dann werden wir noch mehr als im Jahre 1933 vor der Jugend beweisen, daß wir nicht imstande sind, die geschichtliche Aufgabe zu lösen. Und in fünf Jahren ist es in Deutschland so, daß die Leute – ich habe das schon wiederholt gesagt und muß es immer wiederholen -, die noch niemals politisch aktiv gewesen sind, die Mehrheit der Reichstagswähler bilden; und niemand wird vor allen Dingen die Kriegsgeneration daran hindern können – auch kein Zentralkomitee der KPD wird das vermögen –, sich unter Umständen eine neue eigene Arbeiterbewegung zu gründen mit neuen Inhalten, mit einer neuen Sprache und mit einer neuen Politik.

Ich sage das alles mit vollem Vorsatz, Genossen: mit neuen Inhalten, mit einer neuen Sprache und mit einer neuen Politik. Denn wir dürfen auch in Bezug auf den Gebrauch von bestimmten Theorien – beispielsweise Mehrwerttheorie mit dem Vokabulariun von Produktivkräften und Produktionsverhältnissen usw. – nicht in die Zeit von vor 1933 zurückfallen. Das versteht von den zwanzig Millionen Jugendlichen in Deutschland niemand. Und wir müssen eine Sprache sprechen, die wirklich das ausdrückt, was die Menschen in diesen 12 Jahren und vor allen Dingen in diesen 6 Kriegsjahren erlebt haben. Wir dürfen also nicht weiter in dem alten Parteijargon reden, den wir bis 1932 gewohnt gewesen sind.

Aber, Genossinnen und Genossen, das sind nur Einzelheiten. Es kommt jetzt darauf an, einmal auf die großen gesellschaftlichen Tatsachen hinzuweisen, die wir erkennen müssen und aus denen heraus gehandelt werden muß.

Genossen, man hat oft unsere heutige Aufgabe verglichen mit der Vereinigung von Lassalleanern und Eisenachern.[9] Aber, Genossen, so sehr wie der Krieg von 1870/71[10] ein Schützenfest gegen den ersten Weltkrieg und eine Spielzeugschachtel gegen diesen zweiten Weltkrieg gewesen ist, so sehr unterscheiden sich die Aufgaben des Proletariats heute von dem, was 1875 in Gotha gewesen ist. Ich habe mir die Mühe gemacht, die exakten Zahlen zu ermitteln, die damals an Mitgliedern für die Einigung in Frage kamen. Es waren 15 000 Lassalleaner und 9 000 Eisenacher, die sich damals miteinander vereinigten; und ganz Thüringen wurde damals in Gotha vertreten durch rund 400 organisierter Genossen. Man kann einwenden: Deutschland hatte damals auch nur 36 Millionen Einwohner. Genossen,

---

8 Nachdem im August 1945 Ernst Busse von Georg Schneider als Bezirksleiter der KPD abgelöst worden war, trat nun Ende Oktober 1945 Werner Eggerath, den das Sekretariat des Zentralkomitees der KPD aus der Provinz Sachsen abgezogen und als politischen Sekretär nach Erfurt versetzt hatte, an die Stelle von Georg Schneider.

9 Im Jahre 1875 schlossen sich in Gotha die »Lassalleaner« des Allgemeinen Deutschen Arbeitervereins von 1863 und die Sozialdemokratische Arbeiterpartei von 1869 zur Sozialistischen Arbeiterpartei Deutschlands (SAPD) zusammen.

10 Deutsch-französischer Krieg.

das ist kein Einwand. Denn das Deutschland von damals, die deutsche Gesellschaft von damals war in ihrer ganzen Struktur eine ganz andere, als sie es heute ist.

Wir haben aus der Zeit von vor 1933 die Meinung übernommen, daß die Gewerkschaften und die Sozialdemokratie die natürlichen Vertretungen der Arbeiterklasse sind. Genossen, wenn wir zurückblicken – und wir müssen immer und immer wieder zurückblicken, um zu lernen –, so erweist sich das als eine fehlerhafte ideologische Meinung, die den Klassenkampf der Arbeiterschaft um Verbesserung ihrer Lebenslage begleitet hat, die aber mit den Tatsachen nicht übereinstimmt. Denn, um es vorweg zu nehmen: Die Arbeiterklasse ist viel größer, als die Sozialdemokratie und Gewerkschaften sie jemals erfaßt haben. Und um gleich die richtige Folgerung daraus zu ziehen: Die Aufgabe der Einigung der Arbeiterklasse ist heute viel größer als die der organisatorischen Vereinigung von SPD und KPD. Ich will Euch das beweisen.[11]

[...]

So, ich glaube, ich habe jetzt über die Frage der Parteibildung[12] und über die Frage der Einigung des Proletariats genug gesagt. Ich habe mich bemüht, das mit einer materialistischen und wirklich marxistischen Betrachtung zu tun, und ich habe das alles nur getan, Genossinnen und Genossen, um uns die Größe der Aufgabe zu zeigen, die von uns gelöst werden muß, wenn wir zu einer wirklichen sozialistischen Einheit des Proletariats kommen wollen.

An dieser Aufgabe ist nicht zu rütteln. Und alles – ich betone alles –, was heute geschieht, ob das solche Referate und Diskussionen, wie wir sie heute hier haben, sind oder ob es eine einzelne persönliche Fühlungnahme mit einem Kommunisten oder einem CDU-Mann oder mit einem nichtorganisierten Menschen ist, alles muß unter der Frage stehen: Wie habe ich mich zu verhalten, um das Ziel, die Herbeiführung einer wirklich sozialistischen Einheit des Proletariats, nicht zu gefährden, sondern in solchen Verhandlungen einen Beitrag dazu zu leisten.

Und da sage ich Folgendes, Genossen: Es ist zunächst einmal notwendig, das Negative ganz klar auszusprechen. Das Negative, das ausgesprochen werden muß, ist:

1. Eine Einigung von SPD und KPD ist keine Lösung der Aufgabe, sondern nur eine Teilmaßnahme auf dem Wege zur Lösung der Gesamtaufgabe.
2. Eine Lösung der Einigungsfrage durch die Vereinigung von Ortsvereinen oder Kreisverbänden oder Landesverbänden ist keine Lösung, sondern ein Rückschritt. Denn das bedeutet nur, daß in den betreffenden Fällen sofort neue Organisationen entstehen würden. Es ist nicht zu hoffen, daß da, wo die Mehrheit eines Ortsvereins beschließt, von der SPD zur KPD oder meinetwegen auch umgekehrt überzutreten, die Minderheit nun auf ein eigenes politisches Dasein verzichten wird; sie wird das fortsetzen und dadurch werden die Spaltungstendenzen nicht beseitigt, sondern sie werden vertieft werden.
3. Eine Einigung innerhalb einer Zone ist genauso zu beurteilen; sie ist deshalb abzulehnen.

---

11 Im folgenden gab Hermann Brill eine Strukturanalyse der Gesellschaft und legte seine ökonomischen und soziologischen Überlegungen dar, um die soziale und politische Dimension des Problems der Spaltung der Arbeiterklasse und deren Vereinigung zu umreißen. Für ihn reduzierte sich demzufolge die Einigungsfrage nicht auf die Zusammenführung der sozialdemokratischen und kommunistischen Arbeiter.
12 Hermann Brill äußerte sich zuvor ausführlich zum Parteiensystem in der sowjetischen Besatzungszone. Der Befehl der SMAD, die vier Parteien in der sowjetischen Zone zuzulassen, konnte seiner Meinung nach nur in einem »Emigrantenhirn« geboren worden sein. Die in der sowjetischen Zone bestehende LDP war in seinen Augen eine »politische Jämmerlichkeit«. Für ihn war es unvorstellbar, daß christlich-demokratische Parteistrukturen eine Chance hätten.

4. Eine Einigung so, daß eine Partei für sich beansprucht, allein die Führung zu übernehmen und der anderen Partei vorzuschreiben, was sie organisatorisch machen muß oder was ihr verboten sein soll, wird genau in der gleichen Richtung der Vertiefung der Spaltungstendenzen wirken.

Das ist das Negative.

Das Positive, was vorzuschlagen wäre: Zunächst einmal die vordringlichste, rein parteipolitische Aufgabe, die jetzt gelöst werden muß, ist die Herstellung einer wirklichen Reichsorganisation unserer Partei, einer Organisation, die über die Zonen hinweggeht und die Partei im Ganzen vertritt und im Ganzen führt. Alles andere hat gegenüber dieser Aufgabe in den Hintergrund zu treten. Das ist das Wichtigste, was geschehen muß.

Zweitens: Die so zusammengefaßte Partei, die – auch das gehört zu dem Thema – die wichtigste Voraussetzung für die Herstellung der Reichseinheit und damit für die Lösung aller proletarischen Lebensfragen ist, sollte Organe bilden, die absolutes Vertrauen verdienen. Wir haben in Buchenwald in dem Beschluß vom 13. April [1945][13] und in dem Beschluß vom 8. Juli 1945[14] die Forderung erhoben, daß der alte Parteivorstand – ich bitte, das wohl zu unterscheiden; nicht gegenüber dem Zentralausschuß, denn dieser bestand damals noch nicht – in seiner Gesamtheit zurücktritt und daß ihm mindestens zur Hälfte Genossen angehören müssen, die nachweislich in der Illegalität gearbeitet haben. Im Prinzip müssen wir diesen Gedanken, auch wenn er als politische Forderung, die geschäftsordnungsmäßig zu erledigen wäre, heute bereits überlebt ist, weiter vertreten.

Ja, ich gehe weiter, Genossinnen und Genossen: Meiner Meinung nach gehören in die Vorstände überhaupt nur Genossen hinein, die nachweisen können, daß sie in der Illegalität gearbeitet haben; denn sie sind die einzigen, die, bevor wir nicht zu einer öffentlichen Tätigkeit in den Landtagen und im Reichstag [kommen], die kontrolliert werden kann und durch die neues Vertrauen erworben werden kann, gegenüber all dem Hin und Her Ansehen verdienen und Autorität erwerben können. Ich weiß, daß ich damit sehr weit gehe, aber ich glaube, so wie die Lage sich entwickelt hat, müßte diese Forderung ausgesprochen werden.

Diese Forderung, Genossen, gilt aber auch für unseren Verhandlungspartner. Auch da müssen Leute an die Spitze treten – wir werden diese Forderung nicht erheben, denn wir lehnen es ab, in die parteiinternen Angelegenheiten einzugreifen, so wie man es sich auf der anderen Seite anmaßt; aber wir sollten das ruhig einmal aussprechen –, auch da müssen uns Leute hingestellt werden, die dieses Vertrauen verdienen. Und ich glaube, Genossen, das ist bei unserem Partner bisher nicht der Fall.

Wie es innerhalb der KPD aussieht, was die KPD ist, diese Frage zu beantworten, wollen wir ruhig der Diskussion überlassen. Aber Ihr wißt ja selber, wie die KPD genannt wird: die Partei ohne Mitglieder, die Partei der Funktionäre. In der letzten Woche bekam ich sogar einen Ausdruck zu hören, der außerordentlich prätentiös ist. Die Deutsche Kommunistische Partei wurde da umbenannt in die Deutsche Polizistische Partei. Aber die das gesagt haben, hatten allen Anlaß, diesen Ausdruck zu gebrauchen. Hier in der Bezirksleitung liegt es so, daß wir heute nur noch mit der Hälfte derer verhandeln, mit denen wir im Juli [1945]

---

13 Das »Manifest der demokratischen Sozialisten des ehemaligen Konzentrationslager Buchenwald« (Buchenwalder Manifest) trägt das Datum des 13. April 1945.
14 Auf der Landeskonferenz des Bundes demokratischer Sozialisten am 8. Juli 1945 forderte Hermann Brill die Einberufung einer Reichskonferenz der SPD, »um auf dieser Reichskonferenz eine Klärung des Programms, die Abfassung neuer Statuten, die Einsetzung eines Vorstandes aus Genossen aus dem Reich und die Fortführung der Einigungsverhandlungen mit der Kommunistischen Partei zu verlangen«. Thüringisches Hauptstaatsarchiv Weimar, BPA der SED Erfurt, II/1001.

verhandelt haben. Die Bezirksleitung Thüringen der KPD hat jetzt bereits den dritten politischen Leiter; der erste war [Ernst] Busse, der zweite war [Georg] Schneider, und der dritte ist [Werner] Eggerath. Und keiner von diesen dreien ist irgendwie gewählt worden, sondern sie wurden von dem Zentralkomitee eingesetzt. Das mögen sie unter sich ausmachen nach ihrem Organisationsstatut. Das geht uns nichts an. Aber uns geht an, wie weit wir zu diesen Leuten Vertrauen haben und wie weit wir von diesem Vertrauen aus mit ihnen zusammenkommen.

Wie es im Zentralkomitee in Berlin aussieht, das wißt Ihr alle. Wenn meine Informationen richtig sind, ist dieses Zentralkomitee bis auf eine Person ein Emigrantenkabinett.[15] Alle haben sie bis auf einen – [Ottomar] Geschke,[16] – 12 Jahre und noch länger in der Emigration gelebt. Und ich glaube, wir gehen nicht falsch, wenn wir in Bezug auf die Emigranten uns das zu eigen machen, was der Genosse Urich auf dem Landesparteitag gesagt hat.[17] Es haben in diesem Zentralkomitee einige Leute aus dem sogenannten Nationalkomitee Freies Deutschland[18] mitgewirkt, beispielsweise [Wilhelm] Pieck und [Walter] Ulbricht. Dieses Nationalkomitee Freies Deutschland ist inzwischen aufgelöst worden. Die Herren [Walther] [von] Seydlitz[19] Feldmarschall [Friedrich] Paulus[20], den ich als Hauptmann der Reichswehrexekutive gegen Thüringen hier in der Stadt Weimar sehr gut kennengelernt habe[21], leben inzwischen, wie man sich ausdrückt, »technisch« als Kriegsgefangene in eini-

---

15 Das Zentralkomitee der KPD existierte 1945 nicht als arbeitendes Gremium, sondern lediglich in Gestalt der Unterzeichner des Aufrufs vom 11. Juni 1945. Der Aufruf trug folgende Namen: Wilhelm Pieck, Walter Ulbricht, Franz Dahlem, Anton Ackermann, Gustav Sobottka, Ottomar Geschke, Johannes R. Becher, Edwin Hoernle, Hans Jendretzky, Michael Niederkirchner, Hermann Matern, Irene Gärtner, Bernhard Koenen, Martha Arendsee, Otto Winzer und Hans Mahle. Von den 16 Unterzeichnern des Gründungsaufrufs waren 13 Personen seit 1940 in sowjetischer Emigration gewesen. Nur Ottomar Geschke und Hans Jendretzky hatten die gesamte Zeit der nationalsozialistischen Diktatur in Deutschland verbracht. Die eigentliche Leitung der Partei bildete das Sekretariat des Zentralkomitees, dem folgende Personen angehörten: Wilhelm Pieck, Walter Ulbricht, Franz Dahlem, Anton Ackermann. Zu den engsten Mitarbeitern des Sekretariats, die auch an den meisten Beratungen teilnahmen, gehörten u. a. Gustav Gundelach, Richard Gyptner, Sepp Hahn, Erich Honecker, Alfred Oelßner, Fred Oelßner, Elli Schmidt und Bruno Leuschner. Vgl. *Günter Benser*, Die KPD im Jahre der Befreiung, Berlin 1985, S. 180 ff.
16 Im Original: Meschke. Ottomar Geschke, geb. 1882. Beruf: Monteur. 1910 SPD, 1917 USPD, 1919 KPD. 1924 bis 1933 Zentrale bzw. ZK, 1925 bis 1927 PB KPD. 1933 bis 1945 illegale Arbeit, Haft u. KZ. Juni 1945 bis April 1946 ZK u. Ltr. BL KPD Berlin. 1946 bis 1953 LV bzw. BL SED Berlin. 1957 gest.
17 Über den SPD-Landesparteitag am 27. und 28. Oktober 1945 in Weimar existiert kein Wortprotokoll.
18 Das Nationalkomitee Freies Deutschland wurde am 12./13. Juli 1943 in Krasnogorsk bei Moskau auf Initiative der KPD gegründet. Das auf der Gründungskonferenz beschlossene Manifest rief dazu auf, die Hitlerdiktatur zu stürzen, den Krieg zu beenden und für den Beginn des Aufbaus eines neuen, freien Deutschlands einzutreten. Unter dem Dach des Nationalkomitees bildete sich der Bund Deutscher Offiziere, der vor allem sich in Kriegsgefangenschaft befindliche deutsche Offiziere für eine antifaschistische Antikriegspropaganda gewinnen wollte. Das Nationalkomitee beschloß am 2. November 1945 seine Selbstauflösung.
19 General Walther von Seydlitz, Präs. des am 11. und 12. September 1943 im Kriegsgefangenenlager 20 (Lunjowo bei Moskau) gegründeten BDO. Seydlitz wurde gleichzeitig in das NKFD gewählt.
20 Der ehemalige Oberbefehlshaber der bei Stalingrad zerschlagenen 6. Armee der deutschen Wehrmacht, Generalfeldmarschall Friedrich Paulus, erklärte am 14. August 1944 seinen Beitritt zum BDO.
21 Im Ergebnis grundsätzlicher Konflikte zwischer der SPD/KPD-geführten Landesregierung unter Staatsminister August Frölich und der Reichsregierung unter Reichskanzler Gustav Stresemann war am 8. November 1923 Reichswehr vor den Thüringischen Landtag in Weimar gerückt, um die »verfassungsmäßigen Zustände« wiederherzustellen. *Overesch*, Hermann Brill, S. 147.

gen Villen in der Nähe von Moskau. Genossen, was ist dieses Nationalkomitee gewesen? Die Antwort sollt Ihr Euch selber geben. Und wer bürgt uns dafür, daß es nicht wieder solch ein Komitee gibt? Wie viele solcher Sachen haben wir schon erlebt. Denkt nur an die RGO[22], nicht wahr? Ich sage zu diesem Thema weiter nichts. Ich glaube, es genügt.

Drittens bin ich auf der positiven Seite der Auffassung, daß es notwendig ist, daß ein vorbereitender Ausschuß zum Studium all dieser Fragen eingesetzt wird. Das, was ich gesagt habe, und noch einiges mehr, müßte einmal in aller Öffentlichkeit gesagt werden. Und die Dinge sind so wichtig, und sie sind auch so weitgreifend, daß man dazu die Form eines Berichtes wählen sollte, wie wir diese Methode ja aus der Arbeit der englischen Parteien usw. kennen. Alles das müßte zusammengestellt und müßte mit Material versehen werden, das sich auf das ganze Reichsgebiet bezieht. Übrigens darf ich anmerken: Ich habe das auch in Bezug auf das ganze Reichsgebiet nachgeprüft und bin da keineswegs zu einer Abschwächung meiner Idee gekommen, sondern im Gegenteil, ich habe noch viel mehr und noch viel schwerer wiegende Beweise, beispielsweise in der Statistik gefunden, als hier.

Die Aufgabe dieses vorbereitenden Komitees müßte es dann weiter sein, ein Programm und ein Organisationsstatut zu entwerfen. Es muß dabei meiner Überzeugung nach eine neue Organisationsform gefunden werden, und zwar eine Organisation, die die politische Partei aufbaut auf einer Zusammenfassung aller gewerkschaftlichen, genossenschaftlichen und kulturellen Organisationen der Arbeiterschaft, so, wie wir das in der englischen und in der belgischen Arbeiterpartei haben.

Genossen, ich kann mir nicht denken, wie anders man alle Spaltungstendenzen, die in der proletarischen Masse liegen, überwinden könnte als durch eine solche Zusammenfassung. Eine solche Zusammenfassung ist möglich, wenn sich diese neue Organisationsform einstellt auf die Erledigung der praktischen politischen Aufgaben. Wenn auf jedem Jahreskongreß ein Aktionsprogramm aufgestellt wird, wenn dieses Aktionsprogramm nach bestimmten Terminen ausgeführt wird, wenn wir innerhalb der praktisch arbeitenden Partei die großen theoretischen Auseinandersetzungen über grundsätzliche Fragen uns sparen und diese Auseinandersetzungen den kulturellen und wissenschaftlichen Organisationen überlassen, wenn wir es natürlich auch aufgeben, über eine Richtung zu Gericht zu sitzen und die Meinung der anderen Richtung für die allein selig machende zu erklären, Genossen, dann, glaube ich, haben wir das gefunden, was allein geeignet ist, für die Gesamtlösung der Frage der Einigung brauchbar zu sein.

Wir wollen uns das einmal ganz knapp vorstellen. Es gibt heute in Deutschland einige Fragen, über die sich eigentlich alle einig sein müßten. Da ist die Frage, wie der Wiederaufbau erfolgen soll, ob auf privatkapitalistischer oder auf sozialistischer Grundlage. Das ist ganz einfach. Da muß Farbe bekannt werden. Da gibt es kein Ausweichen. Dann ist die Frage, wie der deutsche Staat aufgebaut werden soll. Soll es insbesondere Zonenpolitik mit Verselbständigung geben, mit ausgesprochener Ost- oder ausgesprochener Westorientierung, oder soll es einen deutschen Einheitsstaat mit einer selbständigen Außenpolitik geben. Da ist die Frage der inneren Organisation, die Frage der Sozialpolitik. Sollen wir selbständige Gewerkschaften, die auch wirklich einen Partner für den Tarifvertrag in Arbeitgeberverbänden haben, schaffen, also ein wirkliches Vertragsrecht begründen, oder wollen wir etwas machen, das von obenher kommandiert wird?

Ein solches Aktionsprogramm läßt sich nach meiner Meinung sehr leicht aufstellen. Und wenn wir notwendig haben, zu lernen, warum sollen wir dann nicht von den Russen und von den Engländern zu gleicher Zeit lernen können: (Sehr gut!) denn sie machen es ja beide so. Der Kongreß der russischen kommunistischen Partei macht genau so wie der Kongreß

---

22 Abkürzung für: Revolutionäre Gewerkschaftsopposition. Von der KPD Ende der 20er Jahre initiierte gewerkschaftliche Opposition in den freigewerkschaftlichen Verbänden.

der englischen Arbeiterpartei ein Aktionsprogramm. Ob das nun in Rußland von der Partei befohlen wird oder ob es in England zunächst ein Wahlprogramm und dann ein parlamentarisches Regierungsprogramm ist, das ist nur bedingt durch die verschiedenen politischen Regierungen und Staatsformen, die wir in diesen Ländern haben.

Wir wollen es uns auch nach der organisatorischen Seite vorstellen. Genossen, wir haben in Thüringen jetzt nach meiner Schätzung etwa 2 1/2 tausend Gemeinden. Wenn wir die bisherige Form der politischen Parteien, gegründet auf die Einzelmitgliedschaft und den Ortsverein, aufrechterhalten, wie viele Gemeinden werden wir dann bestenfalls erfassen können? Ich schätze: ein Drittel; mehr nicht. Wenn wir aber eine wirkliche Demokratie haben wollen, Genossen, dann müssen wir das ganze Land durch die politische Organisation erfassen. Und wir können das Land erfassen, wenn wir die Organisation außer den politischen Vereinen, die sich in ihr ohne weiteres bilden können, aufbauen auf der kollektiven Mitgliedschaft von Gewerkschaften und Genossenschaftsverbänden. Dann werden wir fast in jeder Landgemeinde den Vertrauensmann eines Gewerkschaftsverbandes oder eines Genossenschaftsverbandes haben, und wir können so das ganze Land auf eine Linie ausrichten. Und das ist notwendig.

Dann können wir auch, wenn wir eine politische Mehrheitsbildung haben, einen von der Partei geführten Regierungsapparat aufbauen und können diesen Regierungsapparat der Partei unterstellen. Dann lösen sich auch die gesellschaftlichen Elemente, die ich vorhin genannt habe, so in das Parteibild auf, wie es ihrer natürlichen Stellung entspricht. Dann werden wir nämlich neben der ganz einheitlichen Partei auf demokratischer und sozialistischer Grundlage, die alle unselbständigen Arbeitnehmer einschließlich der Intellektuellen umfaßt, eine bedeutende Bauernpartei, die zugleich eine Partei des Mittelstandes ist, haben können. Und ich leugne es einfach, daß wir es nötig hätten, in Deutschland mehr als zwei Parteien zu besitzen. Dann wird sich je nach Lage der Landesteile ein Zusammenspiel dieser Parteien in Regierung und Opposition ergeben, und es wird sich auch ein Ausgleich innerhalb der Verwaltung ergeben. Es ist also absolut praktisch gedacht, wenn ich diese Skizze eines Organisationsentwurfs hier vor Euch aufstelle.

Genossen, das ist das, was ich in der gebotenen Kürze über die Frage zu sagen hätte, wie wir zu einer eigenen Meinung über diese Dinge kommen könnten, zu einer Meinung, die materialistisch fundiert ist, die sich meiner Meinung nach auch durchsetzen läßt. Es ist zum Schluß nur noch die Frage zu erörtern, ob wir denn überhaupt die Aussicht haben, gegenüber der KPD mit einer solchen Meinung aufzutreten.

Genossen, zunächst einmal ist darauf hinzuweisen, daß in den anderen Zonen Deutschlands nicht vier Parteien obrigkeitlich befohlen sind, sondern daß dort eine freie Parteientwicklung stattfindet.[23] Diese freie Parteientwicklung hat in der britischen und amerikanischen Zone – in der französischen Zone gibt es noch keine Parteien – zu 7 bis 14 Parteien geführt.[24] Ihr seht also, daß da die Frage schon wieder ganz anders steht und daß alles das

---

23 Die amerikanische Besatzungsmacht lizenzierte seit dem 27. August 1945 Parteien auf Kreisebene, auf der Ebene von Ländern ab 23. November 1945 und im Rahmen der gesamten Besatzungszone ab 28. Februar 1946. Die Zulassung von Parteien in der britischen Zone erfolgte auf Kreisebene ab 15. September 1945, auf Länderebene ab 10. Dezember 1945 und auf zonaler Ebene ab Frühjahr 1946. In der französischen Zone wurden Parteien ab 13. Dezember 1945 im Rahmen der Kreise und der Länder zugelassen, eine Genehmigung zonaler Zusammenschlüsse blieb aus. Vgl. *Christoph Kleßmann*, Die doppelte Staatsgründung. Deutsche Geschichte 1945–1955, Bonn 1982; *Wolfgang Benz*, Potsdam 1945. Besatzungsherrschaft und Neuaufbau im Vier-Zonen-Deutschland, München 1986.

24 Neben der Sozialdemokratischen und Kommunistischen Partei existierten im Jahre 1945 u. a. folgende Parteien: Christlich-Demokratische Partei Westfalens, Christlich-Demokratische Partei des Rheinlandes, Zentrumspartei Britische Zone, Niedersächsische Landespartei, Bayerische Arbeiter- und Mittelstandspartei, Wirtschaftliche Aufbauvereinigung, Christlich-Soziale Union in

richtig ist, was ich Euch über die Spaltungstendenzen im Proletariat gesagt habe. Denn was sind denn das für Parteien? 10 davon sind Arbeiterparteien, die von Proletariern gebildet worden sind. Es ist also wirklich notwendig, daß wir die Scheuklappen wegnehmen und über die Sowjetzone hinausblicken. Denn das, was jetzt in der britischen und amerikanischen Zone offen vor sich geht, das passiert auch bei uns, nur daß diese Elemente sich nicht an die Öffentlichkeit wenden, sondern anonym und verborgen betätigen und zusammenfinden. Ich glaube, wenn wir jetzt mit gewissen Schwierigkeiten innerhalb unserer Partei in dieser Frage zu kämpfen haben, dann liegt das eben auch an solchen Elementen, die bestimmte Spaltungstendenzen innerhalb des Proletariats vertreten.

Genossen, die KPD ist eine bolschewistische Partei, und der Bolschewismus hat besondere Ideen über die Parteiorganisation. Diese Ideen lassen sich für deutsche Verhältnisse in das Wort Zentralismus zusammenfassen. Die KPD ist eine durchaus zentralistische, von einem Zentralkomitee geleitete Partei. Die ganze Partei ist diesem Zentralkomitee unterworfen. Es ist deshalb völlig aussichtslos, daß wir etwa in Thüringen durch Verhandlungen mit der Bezirksleitung der KPD irgend etwas ändern könnten, wenn nicht an zentraler Stelle eine Änderung eintritt. Wer dieses Zentralkomitee, auf den politischen Gehalt gesehen, ist, das ist schwer zu sagen. Denn daß die Meinungen in diesem Zentralkomitee schwanken – und sie schwanken manchmal sehr heftig und in sehr kurzen Abständen –, das erklärt sich daraus, daß dieses Zentralkomitee in einem bestimmten Abhängigkeitsverhältnis zu anderen Faktoren steht, über die wir hier nicht sprechen können und auch nicht sprechen wollen. Denn wir alle sind besiegte Deutsche, und es sind deshalb unserem Meinungsaustausch feste Grenzen gezogen, die nicht überschritten werden dürfen.

Das Zentralkomitee leitet die Partei mit dem Anspruch, alle anderen Organisationen auch außerhalb der Kommunistischen Partei der Führung der Partei unterzuordnen. Das fängt bei den Gewerkschaften an, setzt sich über die SPD fort und endet, ich weiß nicht wo, beim Kegelklub oder sonstwo. Für uns in Deutschland ist das etwas, wie soll ich sagen, Komisches; für die Sowjetunion ist es das durch die Natur der Tatsachen Gegebene. Ich stehe auch heute noch auf dem Standpunkt – Ihr wißt, daß ich von dem Anfang meiner politischen Tätigkeit an ein entschiedener Verteidiger der Sowjetunion gewesen bin –, daß in der Sowjetunion etwas anderes nicht möglich war und für absehbare Zeit auch nicht möglich ist.

Genossen, wir stehen vor der Schicksalsfrage, ob es der deutschen Kommunistischen Partei möglich sein wird, etwas an diesem Charakter zu ändern und sich in diese sozialistische Einheit der Arbeiterklasse, wie wir sie für notwendig halten, einzufügen – Manche schütteln mit dem Kopf. Ich halte es trotzdem für möglich. Denn, Genossen, auch die KPD ist bei allen Machtmitteln, die ihr heute zur Verfügung stehen, in der Massenbewegung nur eine kleine organisatorische Minderheit (Sehr richtig!), und die Massen werden ja einmal Gelegenheit haben, über die Politik der Kommunistischen Partei das Urteil zu sprechen, und ich glaube, das Urteil der Massen wird auch für die Führung der KPD maßgebend sein. Ich bin deshalb durchaus nicht hoffnungslos. Im Gegenteil, Genossen, wenn ich mir die ganzen, ich möchte sagen revolutionären, Umgestaltungen unserer deutschen Gesellschaft, ihrer Struktur, vorstelle, wenn ich mir vorstelle, welche neuen Elemente in unserem politischen Leben die junge Generation, die Frauen und auch bestimmte Arbeiterschichten bedeuten, dann, meine ich, liegt in der Auswirkung dieser Elemente der Zwang zu einer solchen Umstellung der KPD. Das im allgemeinen.

Und nun noch einiges im besonderen für Thüringen. Genossen, unser Rundschreiben vom 6. November [1945][25] hat das Mißfallen der hohen Behörde erregt. Das haben wir vor-

---

Bayern, Demokratische Volkspartei, Partei der Freien Demokraten usw. Vgl. *Richard Stöß* (Hrsg.), Die Parteien der Bundesrepublik Deutschland 1945-1980, Bd. 1-4, Opladen 1986.
25 Vgl. Dokument Nr. 89.

ausgesehen, und wir waren deshalb davon nicht überrascht. Wir waren überrascht davon, daß dieser Fall erst so verhältnismäßig spät in Erscheinung trat. Das spricht sehr für unsere Partei. Die Beobachtung unserer Partei scheint doch nicht ganz so exakt zu sein, wie ich das eigentlich erwartet hatte. Ich hatte erwartet, als wir das Rundschreiben vom 6. November hinausgegeben hatten, daß ich am 8. oder 9. November danach verhaftet sein würde, und das ist merkwürdigerweise bisher nicht geschehen.

Wir haben aber am Freitag eine Aussprache gehabt.[26] Da wurde auch erst das Manöver versucht, daß man mich, so wie man es mit dem Genossen [Otto] Grotewohl versucht hat[27], verantwortlich machen wollte. Als die kommunistischen Genossen dann sahen, daß es sich um einen Vorstandsbeschluß handelte, da konstatierten sie, daß dadurch die Lage noch ernster würde. Darauf habe ich ihnen gesagt: Es ist eigentlich noch ernster, denn wir haben eine große Anzahl von Zustimmungserklärungen zu diesem Rundschreiben erhalten in dem Sinne, daß es höchst notwendig war, das einmal zu sagen. Darauf sagten sie, Ja, dann sei es noch ernster als ernst (Lachen), denn dann zeige sich ja jetzt in der Masse der sozialdemokratischen Arbeiter der Widerstand gegen die Einigung.

Es hat dann darüber eine weitere Auseinandersetzung gegeben. Auf parteiinterne Sachen, die vielleicht in einem anderen Rahmen zu erledigen sind, will ich dabei jetzt nicht eingehen. Es wurde uns eine Erklärung vorgelegt, durch die wir uns desavouieren sollten. Diese Erklärung haben wir abgelehnt. Wir sollten nämlich in dieser Erklärung sagen – ich habe sie leider nicht hier –, daß wir vollkommen einig sind und daß alle Anweisungen und Instruktionen, die diese Einigung verhindern, annulliert werden. Das war der Sinn. Der Ausdruck annulliert wurde nicht gebraucht: daß sie ungültig sind, hieß es wohl. Das haben wir abgelehnt.

Aber es ist dabei ein Gedanke herausgekommen, der für unsere heutige Sitzung von großer Bedeutung ist: Die Kommunisten nehmen für sich nach wie vor in Anspruch, daß sie das Recht haben, von sich aus einseitig Versammlungspläne aufzustellen, also die Orte und die Tage der Versammlungen zu bestimmen, die Referenten zu bestimmen und dann von Ortsverein zu Ortsverein zu vereinbaren, welche Referenten von uns sprechen dürfen. (Widerspruch von einer Seite) – Ja, bitte, hier liegt es schriftlich vor: Wir haben ein Schreiben wegen der Schulreform und ein Schreiben wegen der Feier des 125. Geburtstages von Friedrich Engels. In dem Schreiben wegen der Schulreform heißt es, ich lese vor

»Nach dem gemeinsamen Aufruf zur Schulreform[28] haben wir einen Plan zur Durchführung einer Versammlungs-Kampagne. Wir haben unsere unteren Einheiten angewiesen, die Versammlungen mit Eurer Partei gemeinsam durchzuführen und übersenden Euch in der Anlage einen Versammlungsplan. Wir bitten Euch, die Referenten für diese Versammlungen zu benennen.«

Hier ist der Plan. Er beginnt mit dem 15. Dezember und endet mit dem 29. Dezember [1945]. Es stehen sämtliche Orte, und es stehen sämtliche Referenten darin. Und wir sind

---

26 Am 23. November 1945 kam es zu einer Aussprache zwischen dem Landesvorstand der SPD und der Bezirksleitung der KPD. Im Ergebnis der kontroversen Debatte entstand eine von Hermann Brill und Werner Eggerath unterzeichnete Erklärung beider Parteivorstände, um nach außen hin den Willen zur Einheit zu demonstrieren. Vgl. *Overesch*, Hermann Brill, S. 385.
27 Nach der Rede Otto Grotewohls zum Jahrestag der deutschen Novemberrevolution am 11. November 1945 hatten sowohl KPD als auch SMAD versucht, Grotewohl als »rechten Sozialdemokraten« zu isolieren und einzelne Vorstandsmitglieder gegeneinander auszuspielen. Vgl. *Hurwitz*, Demokratie und Antikommunismus in Berlin nach 1945, Bd. IV, Teil 1, S. 532 ff.
28 Analog dem vom Zentralausschuß der SPD und dem Zentralkomitee der KPD am 18. Oktober 1945 beschlossenen Aufruf vereinbarten am 8. November 1945 der Landesvorstand der SPD und die Bezirksleitung der KPD einen gemeinsamen Aufruf zur Durchführung einer demokratischen Schulreform.

nun also gebeten, von uns aus zu bestimmen, an welcher der von den Kommunisten festgelegten Versammlungen wir teilnehmen wollen.

Genossen, das ist unmöglich. Das wirft erstens alle unsere Arbeitspläne über den Haufen, denn Ihr alle habt sicherlich auch schon disponiert. Und wir können uns unser Organisationsleben nicht von den Kommunisten bestimmen lassen und können uns von den Kommunisten nicht vorschreiben lassen, wann und wo mit wem wir Versammlungen abzuhalten haben. Das kann es nicht geben. Solange wir eine selbständige Partei sind, müssen wir uns das verbitten. Wir sind gern bereit, Genossen, mit den Kommunisten uns an einen Tisch zu setzen, mit ihnen gemeinsam einen Plan zu machen, so wie wir das wegen der Revolutionsfeiern ja gemacht haben, und im Wege der Vereinbarung mit ihnen zu diesen Plänen zu kommen. Aber daß es uns von ihnen vorgeschrieben wird, das müssen wir ablehnen.

Ähnlich liegt es mit der 125-jährigen Geburtstagsfeier für Friedrich Engels. Und um es nun recht deutlich herauszustellen, was die Kommunisten da wollen, hatte Stefan Heymann dann auch gesagt, er glaube, daß das der Hauptpunkt der Widersprüche ist: wir meinten, es würde unseren Ortsvereinen nur nicht erlaubt sein, was wir ihnen vom Landesvorstand aus gestatten. Eine völlig falsche Darstellung. Denn in der Vereinbarung vom 8. August [1945][29] steht drin, daß überall örtliche Aktionsausschüsse einzusetzen sind, die natürlich in der örtlichen Politik machen können, was sie wollen und keinerlei Erlaubnis des Landesvorstandes bedürfen. Ich bin kein besonderer Vertreter der Tiefenpsychologie, aber wenn ich es wäre, dann würde ich sagen: Es sucht keiner jemanden hinter einem Busch, der nicht selber dahinter gesessen hat. Wegen des 125. Geburtstages von Friedrich Engels hat man einen Versammlungsplan nicht zuwege gebracht. Aber man beliebt genau die gleiche Methode. Die Kommunisten sind eben der Auffassung, daß von Ortsverein zu Ortsverein die Einigung von unten herauf durchgeführt werden soll (Lachen).

Ich habe den Kommunisten geantwortet, daß wir diese beiden Sachen in der heutigen Sitzung vorlegen würden. Ich bitte sie mit zum Gegenstand der Aussprache zu machen. Wir wollen wegen der Schulreform gern mit den Kommunisten verhandeln. Hinsichtlich der Friedrich-Engels-Feiern brauchen wir, glaube ich, irgend etwas Besonderes heute nicht zu beschließen.

Das ist schon durch unser Rundschreiben festgelegt, was gemacht werden kann und was nicht gemacht werden soll. Hinsichtlich der Schulreform wollen wir verhandeln, und wir wollen zusehen, daß wir ein Aktionsprogramm zustande bringen. Wir haben uns dann auf folgende Erklärung geeinigt, die ich Euch hier vortrage:

Die Vertreter der Bezirksleitung Thüringen der KPD und des Landesvorstandes Thüringen der SPD haben in einer Sitzung am 23. November 1945 zu den Fragen und Aufgaben Stellung genommen, die der Herbeiführung einheitlicher Aktionen beider Parteien dienen sollen.

Dagegen ist nichts zu sagen; denn die Aktionen sollen, wie aus dem Wortlaut hervorgeht, zwischen Bezirksleitung und Landesvorstand herbeigeführt werden.

Da die Zusammenarbeit gemäß den Vereinbarungen vom 8. August 1945 eine durchaus kameradschaftliche gewesen ist – das ist eine höfliche Verbeugung –, *betonen sie ihren entschlossenen Willen, auch weiterhin durch engste Zusammenarbeit aller Instanzen beider Organisationen den Weg zur Schaffung einer einheitlichen deutschen Arbeiterpartei zu bereiten.*

Der Wortlaut ist mit Vorbedacht gewählt. Ich glaube, daß man dem zustimmen kann. (Zuruf: »aller Instanzen« ist ein bißchen weit gegangen!) – Da schließe ich die Ortsgruppen und

---

29 Am 8. August 1945 unterzeichneten der Landesvorstand der SPD und die Bezirksleitung der KPD eine Vereinbarung zur Bildung eines gemeinsamen Arbeitsausschusses.

die Ortsvereine aus. Darüber haben wir unseren Entschluß gefaßt. Also das liegt fest. Also wir sind nicht bereit, direkte Verhandlungen über die Vereinigung zwischen Ortsgruppen und Ortsvereinen zu führen.

Genossen, das ist das, was ich zu diesem sehr ernsten Thema vorzutragen hätte. Ich bitte, dazu Stellung zu nehmen. Ob wir angesichts der Entschließung, die der Landesparteitag schon gefaßt hat und die für uns maßgebend ist, heute noch auf eine besondere Entschließung uns einigen sollten, das möchte ich der Debatte überlassen.[30] Ich persönlich halte es nicht für ratsam. Ich glaube, wir kommen mit den bisher gefaßten Beschlüssen durchaus aus.

Um eines aber möchte ich gebeten haben, Genossinnen und Genossen: Wenn heute die Meinungen in der Debatte geklärt sein werden, dann muß draußen in den Kreisverbänden und in den Ortsvereinen eine einheitliche Linie hergestellt werden, und es muß die Parteidisziplin geschaffen werden, die wir, ohne daß wir organisatorische Zwangsmaßnahmen notwendig haben, aus einer einheitlichen und wirklich marxistischen und materialistischen Auffassung, die ebenso sittlich ernst ist, wie sie wissenschaftlich fundiert ist, uns erzeugen können. (Lebhafter Beifall.)

Wir lassen jetzt eine kurze Pause eintreten, bevor wir die Aussprache eröffnen.

Fortsetzung der Tagung: 11 Uhr 50 Min[uten]

Vorsitzender Dr. [Hermann] *Brill*: Ich eröffne die *Aussprache*. Das Wort hat der Genosse [Otto] Koch[31] – Gotha.

[Otto] *Koch* – Gotha:

Eine Frage hat der Genosse Dr. [Hermann] Brill heute nicht angeschnitten, das ist die Frage, wie weit dem gesamten deutschen Volk die Schuld an dem Krieg aufgebürdet werden kann. Die KPD wird die Dinge natürlich so hinstellen, daß die Hauptschuld am Krieg, den Hitler geführt hat, die SPD trage. Man macht heute schon solche Andeutungen. Wenn man es jetzt noch nicht offen ausspricht, dann wird es nicht lange dauern, und man wird es offen aussprechen. Der alte abgedroschene Ausdruck »Sozialfaschisten« wird in den Auseinandersetzungen schon wieder auf der Tagesordnung erscheinen.

Ich lege Wert darauf, daß in unseren Versammlungen, selbstverständlich auch in den Bezirksversammlungen, die Dinge historisch betrachtet werden. Wir müssen darauf hinweisen, daß das, was der Zarismus in Rußland und der Bonapartismus in Frankreich gewesen ist, der Hitlerismus in Deutschland war. Selbstverständlich ist der Hitlerismus als geballte Macht der deutschen herrschenden Klasse furchtbarer in die Erscheinung getreten als der Bonapartismus in Frankreich. Im ganzen ist es aber das gleiche.

Wir müssen auch darauf hinweisen, daß wir als deutsches Volk nicht allein eine solche geschichtliche Entwicklung über uns haben ergehen lassen müssen, sondern auch die Russen und Franzosen. Wenn die Engländer und Amerikaner nicht in der gleichen Weise davon betroffen worden sind, so liegt das an der geographischen Lage ihrer Länder. Rußland hat unter dem Zarismus vor den gleichen Problemen gestanden wie Deutschland unter dem Hitlerismus. Und wenn der Zarismus nicht beseitigt worden wäre, dann hätten die Russen keine siegreiche Revolution machen können. Wir stehen nun heute in der gleichen Entwicklung, und wir müssen verhindern, daß der Militarismus von neuem auflebt.

In Gotha können wir feststellen, daß der Zugang zu unserer Partei vor allem aus den Kreisen der Jugendlichen kommt. Wir begrüßen das ganz besonders. Wenn wir an die jungen Menschen herantreten, die zum Teil aus dem Felde zurückgekommen sind, dann kön-

---

30 Am 28. Oktober 1945 hatte der Landesparteitag eine von Hermann Brill eingebrachte »Entschließung zur Frage der Herstellung der sozialistischen Einheit der deutschen Arbeiterklasse« bestätigt.
31 Otto Koch, SPD. 1945/46 Vors. KV SPD Gotha. April 1946 SED.

nen wir feststellen, daß bei ihnen absolut keine Neigung für die KPD vorhanden ist. Und das ist ganz gut. Unsere alten Kämpfer werden sowieso zu uns halten, glaube ich, aber die Jugend für unsere Bewegung zu gewinnen, ist besonders notwendig. Man merkt es den jungen Menschen an, daß sie das Demokratische in unserer Partei viel besser verstehen und daß es ihnen sympathischer ist als die Kommandogewalt der kommunistischen Funktionäre in der KPD. Das müssen wir ausnutzen. Wenn es uns gelingt, die Jugendlichen, die aus dem Felde zurückkommen, in unsere Bewegung hineinzuführen, dann wird uns das meiner Meinung nach rasch vorwärts bringen.

In der Gewerkschaftsbewegung sieht es ganz trübe aus. Das, was da von der KPD vertreten wird, ist die niedrigste Form syndikalistischer Anschauung. Man ist erstaunt darüber, daß so etwas in der deutschen Gewerkschaftsbewegung in dieser Form überhaupt in die Erscheinung treten kann und daß es notwendig ist, den Genossen von der KPD gegenüber erst einmal die primitivsten wirtschaftlichen Vorstellungen zu begründen. Ich glaube, es ist mit eine Hauptaufgabe für unsere Funktionäre, die Gewerkschaftsarbeit anzufassen und in dem Durcheinander der Meinungen Ordnung zu schaffen. Man hat jetzt große gewerkschaftliche Organisationen geschaffen. Aber die Teilnehmer an den Versammlungen dieser Gewerkschaften sind primitiv und indifferent; sie wissen nichts von den Gewerkschaften. Wir müssen erstreben, den Enfluß unserer Partei in den Gewerkschaften zu verstärken, daß wir tonangebend sind. Damit wäre auch für die Partei ein großes Stück Arbeit geleistet.

[Alfred] *Schuch*[32] – Suhl:
Auf Grund meiner zweimonatigen Tätigkeit als Sekretär der Partei kann ich feststellen, daß unsere Versammlungen durchweg gut besucht sind und daß auch der Zugang von neuen Mitgliedern ein guter ist, obgleich wir von den 50 Ortsvereinen bisher nur 30 unmittelbar erfaßt haben. Mit weiteren 10 Ortsvereinen stehen wir schon in Verbindung, und mit den übrigen 10 in den ländlichen Orten müssen wir die Verbindung erst noch aufnehmen.

Es wurde vorhin gesagt, daß die ländliche Bevölkerung abseits von unserer Bewegung stehe. Ich muß feststellen, daß ich auf dem Lande durchweg gute Versammlungen gehabt habe. Auch die Kleinbauern sind in den Versammlungen erschienen, und ich habe einen guten Teil Mitglieder aus diesen Kreisen für uns gewonnen.

Auf eine Erscheinung aber will ich aufmerksam machen, die bei uns aufgetreten ist: Wir haben in der letzten Zeit öfter mit der KPD und der Bezirksleitung in die Ortsgruppen hineingehen müssen, um dort die eigenen Genossen der KPD zur Rechenschaft zu ziehen. Es sind Vorkommnisse in den Ortsgruppen zu verzeichnen gewesen, die sehr interessant sind und über die ich hier einmal berichten möchte. In dem einen Fall hatte der Vorsitzende der Ortsgruppe der KPD Wohnungen beschlagnahmt, ohne den sozialdemokratischen Gemeindevorsteher davon in Kenntnis zu setzen. Er hatte unterschrieben: Im Auftrage der KPD. Ihr macht Euch keinen Begriff davon, welchen Spektakel das in dieser Ortsgruppe gegeben hat und welchen Abbruch das den Kommunisten getan hat. Die kommunistischen Unterbezirksleiter machen den kommunistischen Gemeindevorstehern derartige Schwierigkeiten, man droht ihnen mit Verhaftung usw., daß jetzt diese Leute zu uns kommen und sagen: Wenn Ihr jetzt die Sache nicht klärt, bin ich gezwungen, mein Amt niederzulegen. Ich habe mich daraufhin an die Unterbezirksleitung gewandt, und nach langem Hin und Her ist die Sache dann geklärt worden.

Was die Bodenreform anbelangt, so habe ich festgestellt, daß jetzt, nachdem sie in den Kreisen praktisch durchgeführt ist, einfach Versammlungen einberufen wurden und daß

---

32 Alfred Schuch, geb. am 28. April 1900 in Altendambach. Beruf: Waldfacharbeiter. 1918 USPD, KPD, SPD. 1945/46 Vors. KV SPD Suhl. 1946 bis 1948 Vors. KV SED Suhl. 1979 gest.

KPD-Genossen zu den Bauernausschüssen[33] mit herangezogen wurden, die weder politische noch sonstige Vorkenntnisse besaßen. Wir haben da Sachen erlebt, die hanebüchen waren. Da ist einer im Dorfe herumgelaufen und hat erklärt: Ich bin in Weimar in einer Konferenz gewesen, auf der [Ernst] Busse gesprochen hat; wenn Ihr Land braucht, dann braucht Ihr mir das nur mitzuteilen, ich kann Euch 4,5 ha Land zuweisen. Es hat alles gelacht im Dorfe, und der Mann hat eine derartige Abfuhr erlitten, daß man ihn aus der KPD wieder ausschließen mußte, nachdem auch festgestellt wurde, daß er vorbestraft war. Solche Dinge haben wir erlebt.

In manchen Ortsgruppen habe ich 4–5mal mit der Unterbezirksleitung gehen müssen. Wir haben Fälle erlebt, die zeigen, daß die Kommunisten nichts anderes als radikale Spießbürger [sind], die weder von der kommunistischen noch von der sozialistischen Geschichte etwas verstehen. Diese Leute machen in Radikalismus, der Kinderkrankheit ihrer Bewegung. Wir haben schwer mit ihnen zu kämpfen. Während unsere Genossen Disziplin üben und in den Ortsvereinen praktische Arbeit leisten, hört man dort nur Geschrei. Dieser Gegensatz wirkt sich für sie so aus, daß man bestrebt ist, eine Einigung in der Weise herbeizuführen, daß man von unten herauf versucht, die Ortsgruppen miteinander zu verbinden. Ich rate in dieser Beziehung zur Vorsicht.

Ich bin der Auffassung des Genossen Dr. [Hermann] Brill, daß von der Landesleitung die Beschlüsse gefaßt werden, die dann unten in Verbindung mit der Landesleitung streng durchgeführt werden. Nur auf diesem Wege kann das vermieden werden, was im Rundschreiben erwähnt wurde: daß ganze Ortsvereine mit ihrem gesamten Vermögen einfach übernommen, das gesamte Geld kassiert und die Ortsvereine aufgelöst werden. Zu solchen Schritten werden wir uns nicht hinreißen lassen, sondern wir werden in Verbindung mit der Landesleitung auf allen Gebieten unsere praktische Arbeit durchführen.

Vor allen Dingen müssen wir in die Versammlungen gehen, in denen die Gewerkschaftsfrage, die Schulfrage auf der Tagesordnung steht. Da müssen wir aktiv sein, da dürfen wir uns nicht hintenan drücken lassen. Wir müssen ihnen beweisen, daß wir als SPD diese Probleme durchführen. Wir haben das getan, und wir haben in den Gewerkschaftsversammlungen auch über die russische Revolution gesprochen. Wir haben klipp und klar unsere Auffassung über die russische Revolution dargelegt. Wir sind nicht zurückgewichen, sondern haben gesagt, wie wir als Sozialdemokraten zur russischen Revolution stehen; haben darauf hingewiesen, daß die Verhältnisse in Rußland anders liegen als in Deutschland und daß infolgedessen die politischen Verhältnisse in Deutschland anders zu beurteilen sind als die politische Lage Rußlands.

Genauso ist es mit der Schulfrage. Als wir eine Versammlung abhalten wollten, wurde uns von den Kommunisten erklärt, sie legten Wert darauf, daß auch ein Kommunist in dieser Versammlung sprechen dürfe. Ich habe darauf erwidert, daß wir dann auch Gewicht darauf legen müßten, daß in der KPD-Versammlung auch ein Sozialdemokrat sprechen dürfe. Dazu hat man sich dann auch bereit erklärt, und ich habe dann in dieser Versammlung als Sozialdemokrat gesprochen.

Dort, wo wir auf dem Gebiet der Einigung arbeiten, dürfen wir uns nicht hintenan drücken lassen, sondern wir müssen unseren Parteistandpunkt wahren und müssen in Verbindung mit der Landesleitung unsere Arbeit leisten. Wir dürfen örtlich nicht solche Dinge

---

33 Für die Erfassung und Aufteilung der landwirtschaftlichen Güter waren im Herbst 1945 Bodenreformkommissionen und Bauernausschüsse gebildet worden, in denen vorwiegend Sozialdemokraten und Kommunisten mitarbeiteten. Vgl. *Rolf Stöckigt*, Der Kampf der KPD um die demokratische Bodenreform, Mai 1945 bis April 1946, Berlin 1964; *Joachim Piskol/Christel Nehrig/Paul Trixa*, Antifaschistisch-demokratische Umwälzung auf dem Lande (1945–1949), Berlin 1984.

machen, wie sie in dem Rundschreiben erwähnt worden sind.[34] Jene Genossen haben nicht im Interesse der SPD gearbeitet.

Möbus – Saalfeld:
Es ist in der ganzen von den Russen besetzten Zone so, daß die KPD für sich in Anspruch nimmt, daß sie die führende und anerkannte Partei ist und daß die anderen Parteien nur das durchzuführen haben, was den Kommunisten genehm ist. Sie bezeichnen sich als aktiv, während wir als inaktiv bezeichnet werden. Wir müssen den Kommunisten gegenüber klar und deutlich zum Ausdruck bringen, daß das Gegenteil der Fall ist. Wir sind die Massenpartei gegenüber der KPD. Wenn man das der KPD gegenüber zum Ausdruck bringt, wenn man ihr das anhand der Entwicklung und der Tatsachen plausibel macht, dann tritt, wie wir das in der letzten Zeit festgestellt haben, eine gewisse Besinnung ein.
Die Streitigkeiten innerhalb der KPD, das undisziplinierte Verhalten ihrer Funktionäre ist uns bekannt. Es ist das ein Zeichen dafür, daß sie eine Sache übernommen haben, der sie nicht gewachsen sind. Diese Situation nutzen wir aus, ganz sachlich und klug, indem wir erklären, daß eine Zusammenarbeit mit der KPD unter diesen Verhältnissen kaum möglich ist, weil die KPD für sich in Anspruch nimmt, die Initiative zu ergreifen, und dann versucht, uns auszuschalten. In der Frage der Bodenreform haben wir damit den größten Erfolg erzielt. Insoweit die KPD versuchte, die Initiative zu ergreifen, hat sie eine Pleite erlebt. Wir waren in der Lage, den Nachweis zu erbringen, daß die KPD keine praktische Arbeit geleistet hat. Wir haben Erfolge erzielt, und wir werden sie weitestgehend ausnutzen.
Am interessantesten aber in den Ausführungen des Genossen Dr. [Hermann] Brill war die Frage der Organisation in der Zukunft. Wir als alte Funktionäre haben nach dem Zusammenbruch und auch schon vor dem Zusammenbruch, als wir illegal arbeiteten, den Gedanken erwogen, ob es überhaupt möglich sei, die Sozialdemokratische Partei von früher wieder erstehen zu lassen. Wir in Saalfeld sind schon unter dem Zeichen der Amerikaner sofort an die Arbeiten gegangen und haben, obwohl wir noch keine Verbindung mit Weimar hatten, versucht, eine Massenorganisation nach dem Muster der englischen Arbeiterpartei zu begründen. Wir haben dann die SPD wieder ins Leben gerufen.
Es war zunächst ein Zustand einer gewissen Leere, ein etwas sonderbarer Zustand. Durch die Russen unterstützt, hatten die Kommunisten die Möglichkeit, das Manifest herauszubringen.[35] Beauftragte der Roten Armee kamen jederzeit und sagten: Ihr habt kein Programm. Wir mußten uns nahezu an das Manifest der KPD halten. Diesen Zustand mit dem Manifest zu ändern und mit einem neuen Programm der SPD an die Öffentlichkeit zu treten, ist unsere Aufgabe. Wir sind in der Lage, uns zu behaupten, weil die große Masse der Bevölkerung in der von den Russen besetzten Zone zur SPD kommt. Sie erkennen uns noch nicht als Partei an, die einen revolutionären Charakter hat. Aber sie haben durch ihre russischen Geheimagenten erkannt, daß der Zustrom zur SPD sehr stark ist und daß man das beachten muß. Man wird mit Verhaftungen drohen und wird solche Verhaftungen auch durchführen, um die Köpfe zu beseitigen. Aber wir müssen den Beauftragten der Roten Armee in aller Öffentlichkeit sagen, daß in Deutschland für die KPD kein Resonanzboden vorhanden ist.
Es ist wesentlich, daß man den einzelnen Kreisleitungen gegenüber wie auch den Vertretern der Roten Armee gegenüber zum Ausdruck bringt, daß wir uns nicht zu verstecken brauchen. Wir haben aus den Zahlen, die der Genosse Dr. [Hermann] Brill angeführt hat, deutlich erkennen können, daß die Mehrheit den Nationalsozialismus nicht gewählt oder

---

34 In dem Rundschreiben Nr. 18 des Landesvorstandes vom 6. November 1945 wurde ein Vorgang angedeutet, bei dem ein Ortsverein der SPD der KPD-Ortsgruppe beitrat.
35 Möglicherweise handelt es sich um den Aufruf der KPD vom 11. Juni 1945.

geduldet hat. Unter uns können wir zum Ausdruck bringen, daß es nur mit Hilfe der KPD möglich gewesen ist, daß die NSDAP diese Aufwärtsentwicklung genommen hat. Ich bin der festen Überzeugung, daß wir die Zeit gewinnen werden, um die Massen zu organisieren. In jeder Kundgebung, in der ich gesprochen habe, habe ich in aller Öffentlichkeit, auch wenn Vertreter der Roten Armee anwesend waren, erklärt, daß wir bei der künftigen Gestaltung Deutschlands den Ton angeben und daß wir aus dem Zustrom der Massen zur SPD das Recht für uns in Anspruch nehmen, die Linienführung zu bestimmen.

Wir als Vertreter der SPD haben gegenüber den Alliierten unsere Zeche bezahlt. Wir müssen als Gleichberechtigte behandelt werden, und wir haben Anspruch auf die Linienführung, wenn es auch schwer ist, das den Leuten plausibel zu machen. Die Anerkennung bleibt einem schließlich doch nicht versagt, auch wenn man von der Zentralleitung der KPD versucht, mit Hilfe der Roten Armee uns niederzuhalten. Man hat das auch bei uns versucht. Der Hinweis darauf aber, daß wir eine große Mitgliedschaft hinter uns haben, ist auch entscheidend dafür, daß die Rote Armee uns Bewegungsfreiheit läßt.

Auf das persönliche Verhältnis zwischen KPD und SPD will ich nicht eingehen. Es würde zu weit führen. Aber wir haben den Nachweis erbracht, daß wir nicht nur gleichberechtigt sind, sondern daß wir qualitativ viel höher stehen.

Dann die Frage, was aus dem deutschen Volke werden soll. Ich gehe immer davon aus, wenn wir mit der Roten Armee verhandeln, daß wir die gefaßten Beschlüsse der Krimkonferenz[36] und der Potsdamer Konferenz[37] für uns in Anspruch nehmen. Ich erinnere sie daran, was sie auf der Krimkonferenz zum Ausdruck gebracht haben und sage ihnen, daß wir die Mitteilungen des englischen Senders nicht nur gehört, sondern daß wir sie auch in das Volk hinausgetragen haben und daß, wenn wir das nicht getan hätten, die Alliierten sich noch mindestens ein Jahr lang mit dem deutschen Militarismus hätten herumschlagen müssen.

---

36 Vom 4. bis 11. Februar 1945 trafen sich in Jalta Winston Churchill, Franklin D. Roosevelt und Josef W. Stalin. Auf dieser Konferenz wurde u. a. die Aufteilung Deutschlands in Besatzungszonen und die Einrichtung einer alliierten Militärregierung in Deutschland vereinbart. Übereinstimmung wurde in den Fragen der Entmilitarisierung und Entnazifizierung der Deutschen erzielt. Als vorläufige Ostgrenze Polens wurde die sogenannte Curzonlinie festgelegt. Ferner sollte eine Kommission zur Festsetzung der deutschen Reparationen gebildet werden. Vgl. *Alexander Fischer*, Sowjetische Deutschlandpolitik im Zweiten Weltkrieg 1941 bis 1945, Stuttgart 1945; *ders.* (Hrsg.), Teheran, Jalta, Potsdam. Die sowjetischen Protokolle von den Kriegskonferenzen der »Großen Drei«, Köln 1972; Die Krim(Jalta)konferenz der höchsten Repräsentanten der drei alliierten Mächte – UdSSR, USA und Großbritannien (4.–11. Februar 1945). Dokumentensammlung, Moskau/Berlin (Ost) 1986.
37 Vom 17. Juli bis 2. August 1945 fand in Potsdam das letzte Gipeltreffen der Regierungschefs Großbritanniens, der Sowjetunion und der Vereinigten Staaten statt. Im Potsdamer Abkommen vom 2. August 1945 wurden die Rahmenbedingungen für die deutsche Nachkriegsentwicklung gesetzt. Die Gebiete östlich von Oder und (westlicher) Neiße wurden bis auf weiteres, d. h. bis zum Abschluß eines Friedensvertrages mit Deutschland, unter polnische Verwaltung gestellt. Hinsichtlich der Behandlung Deutschlands legte das Abkommen als politischen Grundsatz fest, daß »der deutsche Militarismus und Nazismus« ausgerottet und Maßnahmen getroffen werden, »damit Deutschland niemals mehr seine Nachbarn oder die Erhaltung des Friedens in der ganzen Welt bedrohen kann«. Während die Bundesrepublik im Potsdamer Abkommen nur Vereinbarungen der Siegermächte sah, die einen deutschen Souverän nicht binden könnten, betrachtete die DDR es als völkerrechtlich verbindlich. Vgl. *Ernst Deuerlein*, Potsdam 1945. Quellen zur Konferenz der »Großen Drei«, München 1963; *ders.*, Deklamation oder Ersatzfrieden? Die Konferenz von Potsdam 1945, Stuttgart 1979; Die Potsdamer(Berliner)Konferenz der höchsten Repräsentanten der drei alliierten Mächte – UdSSR, USA und Großbritannien (17. Juli–2. August 1945). Eine Dokumentensammlung, Moskau/Berlin (Ost) 1986.

Zu der Frage, wie wir uns in Zukunft entwickeln werden:

Auf Grund der Zahlen, die der Genosse Dr. [Hermann] Brill genannt hat, besitzen wir die Möglichkeit, die Massen zu konzentrieren in einer Partei, mag sie nun Arbeiterpartei heißen oder Sozialdemokratische Partei. Wir müssen die Gewerkschaften kontrollieren. Ich habe in Saalfeld nach dem Zusammenbruch die freie Gewerkschaft gegründet, und ich habe die Leitung taktisch klug zusammengesetzt. Wir haben keine Schwierigkeiten gehabt. Der Zugang ist lebhaft. Nur ist das Interesse an der Sache nicht gar zu groß. Aber man glaubte vielleicht damals, daß wir die Gewerkschaften benutzen können, weil wir politisch noch nicht klar sahen, daß die Gewerkschaften eine Richtschnur für unsere zukünftige Politik sein könnten. Das ist nicht der Fall. Also werden wir die Partei an die Gewerkschaft binden müssen.

Wir müssen als Sozialdemokraten die Gewerkschaften beeinflussen; das ist selbstverständlich. Wir müssen das Schwergewicht in die Gewerkschaften verlegen. In der Genossenschaftsfrage werden wir aktiv werden müssen. Es wird noch leichter sein als mit den Gewerkschaften, die Genossenschaftler dafür zu interessieren. Diesen Weg möchte ich klar umrissen haben. Wir müssen ihn für die zukünftige Arbeit beschreiten.

Wie wird es möglich sein, die Massenorganisation zustande zu bringen? Wenn man die KPD zur Auflösung zwingen könnte! – Ihr lächelt darüber. Ich sehe da nicht ganz finster. Ich sage nochmals ganz offen: Der Resonanzboden ist nicht vorhanden. Wir haben in Deutschland für eine solche bolschewistische Organisation keinen Boden, und es besteht auch kein Interesse daran. Innerhalb der deutschen Bevölkerung ist das Bedürfnis nach einer weiteren Diktatur sehr negativ. Und wenn man das zum Ausdruck bringt, dann sehe ich nicht gar so dunkel in der Frage, wie weit in Deutschland in der SPD oder in einer neuen Partei eine Einigungspartei der Arbeiterschaft gebildet werden kann.

Es ist die Frage, wie diese neue Bewegung sich orientieren soll, ob wir dabei in erster Linie die Gewerkschaften in Anspruch nehmen können. Solange die KPD noch glaubt, uns niederhalten zu können, wird dieser Weg langweilig und nicht zufriedenstellend sein. Ich vertrete den Standpunkt, daß man da das größere Schwergewicht auf die Genossenschaften legen sollte.

Mein Standpunkt ist folgender: Vorläufig stillschweigend die SPD zu einer Massenorganisation zu gestalten, damit wir dann, von dem Gedanken der Mehrheit ausgehend, bestimmen können, wie die Linie zu führen ist, inwieweit ein Programm entwickelt werden kann und inwieweit solche Genossen, die kommunistisch orientiert sind, in dieser Organisation eine Rolle zu spielen haben.

Noch eine andere Frage möchte ich beantwortet haben, das ist die Frage der ehemaligen Berufssoldaten. Ein großer Teil dieser ehemaligen Berufssoldaten ist in früheren Jahren zum weitaus größten Teile aus wirtschaftlichen Gründen, nicht um Militaristen zu werden, zur Reichswehr gegangen. Sie sind dann in die Wehrmacht überführt worden. Diese Leute stammen zum weitaus größten Teil aus den Reihen der Arbeiterschaft. Es waren meist Arbeiterjungens, keine Angehörigen der reaktionären Kreise. Sie hatten damals keine Beschäftigungsmöglichkeit. Im Laufe der Jahre sind sie dann zum Leutnant oder zum Oberleutnant befördert worden. Sie waren keine Nationalsozialisten. Jetzt kommen sie aus der Gefangenschaft zurück. Wir müssen auch diese Menschen beachten.

Die KPD geht jetzt einfach dazu über, diese aus der Gefangenschaft zurückgekehrten Berufssoldaten als Militaristen zu bezeichnen. Aber sie haben sich rehabilitiert, haben bewiesen, daß sie keine Militaristen und keine aktiven Nationalsozialisten gewesen sind. Sie werden jetzt aus der amerikanischen und englischen Gefangenschaft entlassen und kommen nach der russischen Zone, um mit ihren Angehörigen zusammen zu sein, und in dem guten Glauben, daß sie sich hier eine neue Existenz aufbauen können. Hier nun werden sie als Militaristen bezeichnet und werden zum Teil infolge von Denunziationen verhaftet. Ich meine, die SPD ist nicht nur berechtigt, sondern auch verpflichtet, für diese ehemaligen Berufssoldaten einzutreten und ihnen den Weg in unsere Gemeinschaft zu öffnen. Bisher ist es so gewesen, daß man bei diesen Berufssoldaten, schon beim Feldwebel, kopfscheu wurde, wenn sie sich um Beschäftigung in der öffentlichen Verwaltung beworben hatten, obwohl es klar zutage liegt, daß sie keine Nationalsozialisten sind, sondern nur Berufssoldaten waren. Es ist das ein Sturm im Wasserglas. Es fragt sich, ob wir stark genug sind, daß wir diesen Menschen einen Platz in der Volksgemeinschaft sichern können.

Vorsitzender Dr. [Hermann] *Brill*:
Zu der Frage der Kriegsgefangenen möchte ich sagen: Meiner Meinung nach ist die Neuschaffung einer sozialistischen Partei in Deutschland unmöglich, solange nicht die Massen der Kriegsgefangenen in das gesellschaftliche Leben eingegliedert sind. Es wird meiner Meinung nach 2 bis 3 Jahre dauern.
In der Frage der Berufssoldaten habe ich folgende Praxis geübt: Ich habe hier einen 32jährigen Oberstabsarzt, der bewiesen hat, daß er für uns arbeitete, als Regierungsrat angestellt, ohne die Kommunisten weiter zu befragen. Und wenn der Mann natürlich auch nicht so fest steht, wie wir das vielleicht wünschen, so hat er doch in seiner praktischen Tätigkeit durch die Initiative, die er dabei entwickelt, bewiesen, daß ich die richtige Wahl getroffen habe. Ich glaube, dieses Beispiel spricht für viele. Ich habe schon wiederholt gesagt: Wir müssen gegenüber den ehemaligen Berufssoldaten die Tore unserer Partei ganz weit aufmachen, denn die Leute haben viel mehr erlebt und haben ein viel tragischeres Leben geführt als alle diejenigen, die vielleicht in der Bequemlichkeit eines Kapos in einem Konzentrationslager ein recht sicheres Leben geführt haben. (Sehr gut!)

Zorn – Langensalza:
Wir haben aus den Ausführungen des Genossen Möbus gehört, wo die Massen stehen. Der Besuch der Versammlungen beweist es. Unsere Versammlungen sind stets überfüllt. Der [Friedrich-]Engels-Abend, der von der KPD allein durchgeführt wurde, war mit 60 bis 80 Besuchern dagegen eine völlige Pleite. Also der Zug der KPD ist abgefahren. Die KPD wird nun versuchen, die Versammlungen gemeinsam mit uns durchzuführen, um ihre Häuser zu füllen mit unseren Massen. Wir wünschen, daß die Landesleitung diese gemeinsamen Kundgebungen nicht mehr ansetzt, damit wir nicht gebunden sind. Wir wollen unsere Kundgebungen als SPD gesondert und allein durchführen.

Dr. [Hermann] *Brill*:
Wenn ich unterbrechen darf: In der Versammlung am Donnerstag der vorigen Woche, die von der SPD einberufen wurde, sind mindestens doppelt so viel Menschen gewesen als in der gemeinsam durchgeführten Revolutionsfeier.

Zorn – Langensalza (fortführend):
Die Gewerkschaftsarbeit ist uns am Anfang schwergemacht worden. Die Kommunisten waren aktiver. Sie haben die Gewerkschaften aufgebaut und haben sämtliche Positionen besetzt. Inzwischen haben wir die Leute, die uns nicht paßten, wieder herausgebracht. Im Januar oder Februar [1946] werden wir so weit sein, daß wir die Gewerkschaften wieder gereinigt haben und daß die örtlichen Vorstände von unseren bewährten Genossen besetzt sind.
Nun hat in der letzten Nummer der Thüringer Volkszeitung[38] ein Bericht gestanden über

---

38 In der Nr. 84 der kommunistischen Landeszeitung »Thüringer Volkszeitung« vom 19. November 1945 wurde über eine Kundgebung des FDGB in Langensalza berichtet, in der Betriebsrätevertreter von 31 namentlich genannten Betrieben eine Einheitsliste für die kommenden Betriebsrätewahlen gefordert hätten. Bereits in der Nr. 80 vom 14. November 1945 kommentierte die »Thü-

eine Massenkundgebung des Freien Deutschen Gewerkschaftsbundes in Langensalza für eine Einheitsliste. In Langensalza hat aber überhaupt keine Massenkundgebung stattgefunden (Hört! Hört!). Wir wissen nicht, woher die Thüringer Volkszeitung diese Nachricht hat. In den 31 Betrieben in Langensalza ist auch niemand gefragt worden. Ich möchte auch Klarheit darüber haben, ob wir als Sozialdemokraten in die Betriebe gehen und die Wahlen auf demokratischer Grundlage durchführen sollen.[39] Die Kommunisten sind nicht fähig, für sich allein Listen aufzustellen. Sie kriegen keine zusammen; deshalb drängen sie auf Gemeinschaftslisten.

Die Kreisarbeit ist bei uns ziemlich schwierig, weil unser Kreis unter der Leitung eines kommunistischen Landrats steht. Dieser kann sich auch nicht durchsetzen, weil er nur ein Spielball ist. Wie es früher mit den Kreisleitern der Nazis war, so ist es jetzt mit den Kommunisten. Was dem Landrat diktiert wird, muß er machen.

Wir hatten schon ein paarmal angesetzt, in Seebach einen Ortsverein zu gründen. Jetzt hatten wir Erfolg damit. Vor 14 Tagen ist ein Ortsverein mit 20 bis 22 Genossen gegründet worden. Ich habe den Ortsverein angemeldet, und der Bürgermeister hat die Meldung weitergegeben. Zwei Tage danach rief er mich an und sagte mir: Komm einmal herüber, unser Genosse Schmidt ist verhaftet worden. Ich habe mich sofort mit dem Polizeiinspektor Hausmann in Verbindung gesetzt. Dieser sagte mir: Der bleibt in Haft; es kommen noch zwei dazu; drei werden verhaftet. Ich habe ihm gesagt: Bist Du dazu berechtigt? Die Verhaftungen hat doch nur der Landrat anzuordnen. Wir sind dann vorstellig geworden beim Landrat. Dieser wußte nichts davon. Wir haben es dann erreicht, daß der Genosse aus dem Zuchthaus Gräfentonna wieder entlassen wurde. Die Woche darauf hat sich ein ähnlicher Fall in Klettstedt ereignet.

In Seebach hat man alle möglichen Unterlagen über den Aufbau des Ortsvereins herausgeholt. Der KPD ist es nicht möglich, in diesem Ort Fuß zu fassen. Deshalb versucht man es auf diese Art. Wir sind nach Seebach gefahren und haben mit dem Bürgermeister verhandelt. Er ist ein KZ-Mann und ist 25 Jahre alt. Er besitzt keinerlei politische Erfahrung. Der Bürgermeister erklärte uns, der Ortsverein der SPD in Seebach sei gegründet worden aus Opposition gegen die KPD, deshalb werde er ihn wieder vernichten in seiner Gemeinde. Ich sagte ihm: Da wirst Du auf Granit beißen; wir werden uns da näher kennenlernen.

Die KPD-Kreisleitung hat uns schon öfter zu gemeinsamen Sitzungen eingeladen. Das haben wir abgelehnt. Unser Aktionsausschuß, der erst dreimal zusammengetreten ist, ist seit 8 Wochen nicht mehr zusammengekommen. Wir haben die KPD darauf verwiesen, den Aktionsausschuß wieder einzuberufen. Das hat sie nicht getan. Sie haben zu einer weiteren Versammlung eingeladen. Das haben wir abgelehnt. Jetzt gehen sie in unsere Ortsvereine und laden zu gemeinsamen Versammlungen ein. Da haben wir ihnen jedesmal die entsprechende Antwort gegeben, und wir haben unsere Ortsvereine auch angewiesen, sich sofort mit dem Kreisverband in Verbindung zu setzen und nur auf unsere Anweisung hin Versammlungen mit der KPD durchzuführen, alles andere aber abzulehnen. Wir sind dabei auch gut gefahren.

---

ringer Volkszeitung« eine Entschließung der Betriebsräte-Vollversammlung in Langensalza, in der das von der Landesverwaltung am 10. Oktober 1945 beschlossene neue Betriebsrätegesetz begrüßt wurde. In weiteren Ausgaben, so in der Nr. 78 vom 12. November und in der Nr. 82 vom 16. November 1945, wurden Forderungen von Betriebsräteversammlungen nach Einheitslisten herausgestellt.

39 Im Dezember 1945 begannen in den Betrieben Delegiertenwahlen zu den Kreisdelegiertenversammlungen des FDGB. Zwischen Dezember 1945 und Februar 1946 fanden dann in der sowjetischen Besatzungszone Kreis- und Landeskonferenzen des FDGB statt, die Delegierte für die im Februar 1946 geplante Zonenkonferenz der Gewerkschaften wählten. Vgl. *Werner Müller*, Freier Deutscher Gewerkschaftsbund (FDGB), in: SBZ-Handbuch, S. 626–664.

[Karl] *Niehoff* – Erfurt:
Wir sind uns klar, daß die Nazipartei dank ihrer ungeheuren Propaganda zu dem geworden ist, was sie war. Dieses ungeheure Trommelfeuer der Propaganda wendet jetzt auch die KPD an in Bezug auf die sogenannte Einigung. Und ich frage: Welche Gegenmaßnahmen können wir ergreifen?

Der Genosse Dr. [Hermann] Brill hat schon zum Ausdruck gebracht, daß wir uns in einer nicht nur schwierigen, sondern auch gefährlichen Situation befinden. Ich bin der Meinung, daß unsere Gegenmaßnahmen nicht nur darin bestehen können, von Mund zu Mund das weiterzusagen, was wir hier gehört haben. Wenn wir der Meinung sind, daß es nicht angebracht ist, heute hier Beschlüsse zum Landesparteitag zu fassen, so bin ich doch der Meinung, daß in der Presse der SPD in irgendeiner Form etwas geschrieben werden muß, was diesem Trommelfeuer Einhalt gebietet, oder wenn es ihm nicht Einhalt gebietet, doch in die breiten Massen unserer Mitglieder gelangt.

Wenn es schon richtig ist, daß die KPD durch ihre Maßnahmen selber zum Teil die Abneigung gegen eine Vereinigung großzieht – wir sehen das in unseren Bezirksversammlungen und hören es aus den Berichten, die uns zugehen –, dann bleiben aber immer noch übrig die Gruppen – nicht Einzelpersonen, sondern Gruppen –, die jetzt zu uns stoßen: Beamte, die der NSDAP nicht angehört haben usw. Ich werde morgen abend eine Aussprache mit einigen Ärzten haben, die der SPD sich anschließen wollen, die aber vorher erst einmal das Feld sondieren möchten. Sie sagen uns: Wenn es aber so ist, wie in der Zeitung die Ausführungen Ihres Genossen [Hugo] Saupe in Halle behandelt worden sind, dann sehen wir nicht, daß wir da auf dem richtigen Wege sind.[40] Ich habe den Herren gesagt: Sie werden überhaupt noch viel lesen und lernen müssen, bevor Sie wissen, ob Sie auf dem richtigen Wege sind; das kann ich Ihnen nicht in einer Aussprache plausibel machen, was die SPD ist, was sie bedeutet und wohin sie geht.

Ich bin aber auch der Meinung, daß die Blockarbeit mit der KPD sich nach und nach unersprießlich auswirkt; sie wird nämlich so langsam zu einer Bespitzelung unserer Partei und nichts anderem. Ich sehe es immer wieder, wie die Bleistifte in Bewegung gesetzt werden. Jedes Wort, das irgendeiner von uns sagt, wird notiert. Die praktische Auswirkung ist diese, daß nie etwas von dem, was wir verlangen, realisiert wird. Es wird alles abgelehnt, während auf der anderen Seite wir immer helfend einspringen sollen. Wir sollen immer mit dabei sein. Das haben wir in soundsoviel Fällen abgelehnt.

Wir in Erfurt stehen auf dem Standpunkt, daß es praktisch ein Unsinn ist, mit der KPD eine Blockarbeit zu machen, wenn sie mit einer vorgefaßten Meinung und mit fertigen Plänen zu uns kommt. Es wirkt sich das nach und nach so aus, daß wir schließlich nur noch ein Anhängsel der KPD sind, das man früher oder später in die Tasche stecken will. Das darf nicht geschehen und wird nicht geschehen. Deshalb bin ich der Meinung, daß wir in irgendeiner Form dieser Propaganda entgegentreten müssen. Wir haben an den Plakatsäulen gegenwärtig immer noch den Aufruf der SPD vom Juli 1945.[41] Gut. Aber ich bin der Meinung, es hätte längst schon einmal ein neuer kommen können, eine neue Parole oder eine neue Darstellung der Verhältnisse, wie sie sind – das kann in durchaus geschickter Form geschehen –, um dieses Manifest vom Juli [1945] einmal abzulösen.

---

40 Worum es sich hierbei handelt, konnte nicht ermittelt werden.
41 Im Juli 1945 wurde u. a. in Erfurt ein »Aufruf zum Beitritt in den Bund demokratischer Sozialisten (SPD)« verbreitet, der von Willy Martin, Max Dobenecker und Walter Hopfe unterzeichnet war. Der Aufruf enthielt eine Kurzfassung des Buchenwalder Manifestes. Nicht eindeutig geklärt werden konnte, ob dieser Aufruf auch in Plakatform verbreitet wurde.

Zu der Frage der Betriebsräte-Wahlen.[42] Wir in Erfurt stehen auf dem Standpunkt, daß es untunlich ist, gemeinsame Listen zu machen, selbst auf die Gefahr hin, daß wir da und dort unterliegen sollten (Sehr richtig!). Wir wollen keine gemeinsamen Listen propagieren, sondern wollen sagen: Hier sind die Funktionäre der KPD, und hier sind die Funktionäre der SPD, weil sie es ja so haben wollen in den Gewerkschaften. Diesen Zahn müssen wir ihnen endlich einmal ziehen.

Wir haben, nachdem der Genosse Schiffler verstorben ist, seit Monaten nicht einen SPD-Funktionär in der Ortsleitung der Gewerkschaften in Erfurt; nicht einen. Wir haben ihnen vier gebracht, die auf alle Fälle das können und die noch mehr können als die KPD. Nicht einen haben sie übernommen. Sie denken gar nicht daran, uns irgendwie entgegenzukommen, uns irgendwie hereinzulassen, weil sie meinen, wir könnten dann besser aufpassen als sie selber. Das wünschen sie nicht. Deshalb müssen wir irgendwie eine Gegenbewegung schaffen, um es zu sagen: Wir stehen hier, und Ihr steht dort.

[Max] *Fuchs*[43] – Gera:

In einem sind wir uns wohl alle einig: daß die Sympathien der Arbeitermassen auf unserer Seite liegen. Wenn die Schlußfolgerung, die der Genosse Möbus daraus zieht, richtig wäre: daß diese Entwicklung der KPD erstmals zur Auflösung der KPD führen werde, dann wäre unsere ganze Aussprache über die Einheitsfront unnötig. Dann könnten wir diese Entwicklung ruhig abwarten, bis das letzte Mitglied der KPD zu uns kommt. Aber ich glaube, daß diese Schlußfolgerung falsch ist. Denn diese Entwicklung ist abhängig von den Verhältnissen, über die wir uns eben doch nicht so aussprechen können, wie wir es gerne möchten.

Es stimmt immer noch das, was der Genosse [Heinrich] Hoffmann auf der Konferenz am 11. August [1945] hier gesagt hat[44]: daß wir uns früher in einem Käfig befunden haben, der klein gewesen ist, daß wir uns aber auch jetzt noch in einem Käfig befinden, nur daß dieser Käfig jetzt größer ist. Und von diesem größeren Käfig, Genossen, sind unsere ganzen Maßnahmen abhängig. Wir haben gar keine Möglichkeit, uns zu entfalten, denn daraus entspringen die ganzen Maßnahmen, die ganzen Schikanen der KPD, weil sie wissen, daß die Sympathien der Bevölkerung auf unserer Seite liegen und daß sie verantwortlich gemacht werden für die Dummheiten, die sie auf allen Gebieten begehen.

Die einseitige Handhabung der Gesetze, die im Laufe der Zeit herausgekommen sind:[45] Bereinigung der Wirtschaft, Beschlagnahme der Vermögen, Bodenreform, ich sage: die einseitige Handhabung dieser Gesetze, das alles kommt ja auf das Konto der KPD, weil ja die

---

42 Nach dem Erlaß des Betriebsrätegesetzes vom 10. Oktober 1945 in Thüringen fanden, mitunter parallel zu den im Dezember 1945 beginnenden Gewerkschaftswahlen, Betriebsrätewahlen statt. Vgl. *Siegfried Suckut*, Die Betriebsrätebewegung in der sowjetisch besetzten Zone Deutschlands (1945–1948), Frankfurt/Main 1982.
43 Max Fuchs, SPD. 1945/46 Vors. KV SPD Gera. April 1946 SED.
44 Auf der Landeskonferenz der SPD Thüringens am 11. August 1945 in Weimar hatte Heinrich Hoffmann in Abwesenheit von Hermann Brill den »Bericht über die organisatorische Lage der Partei« gegeben.
45 Mit dem Befehl Nr. 110 der SMAD vom 22. Oktober 1945 wurde den Landes- und Provinzialverwaltungen in der sowjetischen Besatzungszone das Recht eingeräumt, Verordnungen mit Gesetzeskraft zu erlassen. Vgl. Errichtung des Arbeiter- und Bauern-Staates der DDR, 1945–1949, Autorenkoll. u. Ltg. v. *Karl-Heinz Schöneburg*, Berlin (Ost) 1983, S. 132 ff. Die Art und Weise der Umsetzung sowohl von SMAD-Befehlen als auch der Gesetze der Landesverwaltungen, die auf eine radikale Veränderung der Eigentumsverhältnisse in der Industrie und Landwirtschaft zielten, war in der Bevölkerung nicht populär. Vor allem bei der Anwendung der Befehle Nr. 124 der SMAD vom 30. Oktober 1945 und Nr. 126 vom 31. Oktober 1945, in deren Ergebnis das gesamte Eigentum des deutschen Staates, der NSDAP und ihrer Amtsleiter sowie von Einzelpersonen beschlagnahmt wurde, kam es zu Übergriffen und willkürlicher Auslegung der Befehle.

Kommunisten in dieser Beziehung am aktivsten sind. Und weil sie eine breitere Plattform für ihre Entlastung brauchen, deshalb versuchen sie, den Einheitsgedanken durchzuführen und uns die Belastung mit aufzuerlegen. Das ist meines Erachtens der eine Beweggrund der KPD. Sie wollen nicht mehr. Sie wissen genau, daß sie für die Dummheiten, die sie machen, verantwortlich gemacht werden, und deshalb wollen Sie uns in den Kreis der Verantwortung mit hineinziehen. Das dürfen wir unter keinen Umständen dulden. Deshalb wird der Gedanke der Einheitsfront, so schön er ist, von heute auf morgen nicht durchzuführen sein. Wir brauchen ihn durchaus nicht, sondern wir können auf unserem Wege weiter gehen, ganz gleich, welchen Maßnahmen wir ausgesetzt sind und welche Drangsalierungen und welche Schikanen wir noch zu erdulden haben.

Auch in Gera haben wir schon festgestellt, daß in der letzten Zeit die Kontrolle, die über uns steht, eine schärfere geworden ist. Wir müssen uns unter allen Umständen vorsehen, um nicht in noch gefährlichere Situationen zu geraten. Der Genosse Ploss stand vor 14 Tagen auch in der Gefahr, verhaftet zu werden. Es wurde ihm vorgeworfen, daß er zwar die Mitgliederversammlung angemeldet habe, daß er aber den Genehmigungsbescheid nicht abgewartet hatte. Bisher war die Methode bei uns so, daß wir zwar die Mitgliederversammlungen anmeldeten, daß eine Genehmigung aber nicht notwendig war. Die einfache Anmeldung genügte. Jetzt auf einmal genügt die Anmeldung nicht mehr.

Es sollten zwei Versammlungen stattfinden. Am Sonnabend wurde ich angerufen, daß der Genosse Ploss von zwei Polizisten verhaftet werden sollte, weil die beiden Versammlungen zwar angemeldet, aber nicht genehmigt waren. Ich kann das Verhör nicht so wiedergeben. Jedenfalls bestand die Gefahr, daß nicht nur der Geschäftsführer, sondern auch der Vorsitzende verhaftet werden sollte. Durch persönliche Verständigung ist diese Gefahr dann noch beseitigt worden. Wir haben uns darauf geeinigt, daß wir uns den Bestimmungen des Kommandanten unterwerfen und daß wir selbstverständlich alles tun werden, was gefordert wird. (Dr. [Hermann] Brill: Es ist überall das gleiche!)

Wir haben ein sogenanntes Kulturamt der russischen Kommandantur, dem nicht nur die Kontrolle der Partei unterstellt ist, sondern auch die Zensur der Presse. Dieses Kulturamt scheint uns auf diesen Vorfall einige Erleichterungen zu bringen insofern, als der betr[effende] Major sich bereit erklärt hat, an unseren Versammlungen teilzunehmen, soweit er dazu in der Lage ist. Er hat uns erklärt, er wolle uns nicht kontrollieren, sondern er wolle uns helfen. Genossen, wir haben diese Hilfe auch angenommen. Wir haben ihm erklärt, daß wir uns freuen würden, wenn wir ihn in unseren Versammlungen begrüßen könnten. Wenn es so weiter geht, dann haben wir wohl nichts zu befürchten. Und wenn die Kommunisten der russischen Kommandantur zur Seite stehen würden, wäre es durchaus möglich, unter diesen Verhältnissen zu arbeiten. Aber es liegt eben so, daß die Genossen von der KPD sich hinter die russische Kommandantur stecken, gegen uns intrigieren und versuchen, uns schlecht zu machen.

Das Urteil des russischen Kommandanten über unsere Partei ist durchaus nicht schlecht. Die Russen versuchen immer wieder festzustellen, wie die Sympathien der Bevölkerung auf die einzelnen Parteien sich verteilen. Von uns verlangt man immer wieder die Beantwortung der Frage, wie die Mitgliedschaft der SPD über die Bodenreform denkt, welche Meinung sie von den Besatzungstruppen hat, wie sie die Ernährungslage beurteilt usw. Alle diese Fragen lassen erkennen, daß sie wissen, wo die Arbeiterschaft mit ihren Sympathien steht. Und wenn wir ihnen erklären, daß die Mitgliederzahlen der SPD von Woche zu Woche sich erhöhen, daß die Zahl der Abbonenten der sozialdemokratischen Presse von Woche zu Woche sich erhöht und daß die Bevölkerung mehr und mehr zu den Ideen der SPD hinneigt, dann werden wir wahrscheinlich auch dort volles Verständnis finden.

Deshalb, Genossen, können wir heute auch keine bestimmten Beschlüsse fassen. Wir halten uns daran, daß wir uns in der Frage der Einheit uns den Beschlüssen und Vereinbarungen der zentralen Instanz anschließen und daß wir örtliche Abmachungen unter keinen

Umständen dulden. Ich kann vom Kreisverband Gera sagen, daß in den Ortsvereinen derartige Versuche auch nicht gemacht worden sind. Wo sie etwa gemacht werden sollten, werden wir das ohne weiteres unterbinden.

Das ist das, was ich von dem Kreisverband Gera berichten kann. Wir werden jedenfalls alles versuchen, um die Entwicklung zu fördern. Der Bestand von 2 800 Mitgliedern und 30 Ortsvereinen ist der Beweis dafür, daß wir auf dem besten Wege sind. Und es stimmt, was ich gestern auf der Kreiskonferenz gesagt habe: daß die KPD die Posten hat und daß wir die Mitglieder haben. Es stimmt, daß die Kommunisten nach außen hin eine gewisse Aktivität entfalten, die ihnen wahrscheinlich auch eine gewisse Macht gibt, und daß sie ohne weiteres erklären können, die KPD sei die staatserhaltende Partei. Die Sympathien der Bevölkerung, die wir haben, ist der beste Beweis dafür, daß wir auf dem richtigen Wege sind. Wir können die Weiterentwicklung ruhig abwarten, und wir können uns auch zufrieden geben mit dem, was wir bis jetzt erreicht haben. Wir können uns zufrieden geben auch mit dem Weg, den wir gehen, indem wir unsere Parteiarbeit in den Ortsvereinen leisten, indem wir unsere Aktionen gründlich durchführen und indem wir das tun, was unsere Mitglieder von uns fordern.

In der Zusammenarbeit mit der KPD dürfen wir nicht in die Fehler verfallen, die die Genossen von der KPD machen. Je sauberer wir uns halten, je korrekter wir auf dem Boden der Zusammenarbeit stehen, desto besser werden wir unseren Weg gehen können, und je mehr werden wir auch noch Einfluß gewinnen auf diejenigen, die uns noch fern stehen, und wir werden sie für uns gewinnen können.

[Heinrich] *Jentoch*[46] – Eisenach:
Genossen! Durch 12 Jahre hindurch haben sich die Menschen gewandelt in ihrem politischen Denken. Wir wissen, daß wir zurückgekehrt sind zu der Tradition der sozialdemokratischen Politik, wie sie ein August Bebel, der große Organisator, in die Massen hineingetragen hat, und wir haben gesehen, daß wir auf Grund unserer Arbeit, die wir in den Kreisen leisten, Erfolge erzielt haben. Wenn wir hier die Frage anschneiden, ob denn nun auch die KPD diese Wandlung mitgemacht habe, dann müssen wir sagen: Nein! Die KPD arbeitet noch nach den gleichen Methoden, die sie vor 1933 angewendet hat.

Ich habe in den Versammlungen erklärt: Wenn man Genossen, die den reformistischen Gedanken sehr stark vertreten haben, nun als Sündenböcke für die Machtergreifung des Faschismus hinstellt, dann muß man auf der anderen Seite auch die Spaltungsstrategen der KPD öffentlich hinstellen. Wir haben es aus hunderterlei Ausführungen der führenden KPD-Menschen ersehen, daß sie praktisch nichts anderes kannten, sei es in der Gewerkschaftsfrage, sei es in der Parteifrage, als zu spalten. Denkt daran, daß wir allein in der KPD vielerlei Gruppen hatten. Überall spalten und sich einnisten. Diese Menschen sind meines Erachtens genauso unfähig, die heutige Politik zu führen, wie es den sozialdemokratischen Genossen vorgeworfen wird.

An und für sich wird jeder anerkennen, daß die Einheit der Arbeiterschaft herbeigeführt werden muß. Es fragt sich nur: wie. Wollen wir in Deutschland eine Partei, die unabhängig ist von außenpolitischen Einflüssen, oder wollen wir eine Partei, die sich ihre Politik vorschreiben läßt. Wenn wir von diesem Standpunkt aus urteilen, dann müssen wir sagen, daß ein Überwiegen des kommunistischen Einflusses in einer vereinten Partei unbedingt zur Folge hat, daß wir weiter im Schlepptau Moskaus unsere Politik machen müssen. Wenn wir dem vorbeugen wollen, dann kommt es darauf an, daß bei einer Vereinigung der Parteien ganz klare Richtlinien herausgestellt werden, wie das innere Leben dieser Einheitspartei

---

46 Heinrich Jentoch, SPD. 1945/46 Vors. KV SPD Eisenach. April 1946 LV SED Thüringen u. Sekr. FDGB Eisenach.

der Arbeiterklasse gestaltet werden soll. Wollen wir, daß innerhalb der neuen Parteiorganisation auf demokratischer Grundlage gearbeitet werden soll, dann ja. Sollen aber sämtliche Stellenbesetzungen von einem Zentralkomitee aufoktroyiert werden, dann sagen wir: nein.

Es kommt dann darauf an, wie die Satzungen der neuen Partei aussehen werden. Unsere Aufgabe ist es, eine Sozialdemokratie zu schaffen, wie sie noch nie dagestanden hat. Wenn wir uns darauf konzentrieren, dann ist unsere Arbeit nicht umsonst gewesen, mag die Entwicklung so oder so laufen.

Im Moment haben wir die beschämende Feststellung zu treffen, daß eine Partei, die kleiner ist als wir, tatsächlich mehr an politischem Einfluß hat als die SPD. Natürlich kann diese Politik nur deswegen durchgeführt werden, weil sie von der Besatzungsmacht gestützt wird. Ich halte es für die Entwicklung der SPD in gewisser Beziehung sogar für ganz gut, wenn wir uns mit der Politik, wie sie augenblicklich nicht im freien Ermessen der deutschen Parteien liegt, nicht belasten, daß wir diese Belastung den Kommunisten zu tragen geben. In der Bevölkerung haben die Kommunisten das schon zu spüren bekommen.

Die Kommunisten sind nun zu neuen Methoden übergegangen, um die Genossen, die an führender Stelle stehen, mürbe zu machen. Man will sie mürbe machen durch Verhaftungen. Ich habe gemeint, das sei nur bei uns in Eisenach der Fall. Aber ich habe hier mehrere Genossen gesprochen und habe dabei festgestellt, daß es in allen Teilen des Landes so gemacht wird. Darin liegt System. Als unsere vier Genossen eingesperrt worden waren, rief der politische Offizier im Sekretariat an und fragte: Wie viele Mitglieder haben Sie in der SPD? Wir haben ihm die Zahl genannt, und darauf sagte er: So viele? (Heiterkeit) Das ist die Frage, die bezeichnend dafür ist, wohin der Laden überhaupt läuft. Unsere Genossen sind natürlich jetzt wieder heraus. Man wollte sie in einen Korruptionsfall verwickeln. Aber das wird Sie im einzelnen nicht interessieren.

Wenn wir die ganze Parteiorganisation nach neuen Gesichtspunkten aufbauen wollen – wir müssen das nämlich auch tun für den Fall, den ich mir vorstellen könnte, daß eines Tages unsere Presse nicht mehr erscheinen wird –, dann müssen wir das so tun, daß wir allen diesen Fällen vorbeugen. Ich habe unserem Organisationsleiter – das mag vielleicht ein bißchen nach kommunistischer Taktik klingen – aufgetragen, daß jede Meldung innerhalb einer Stunde an jeden einzelnen Parteigenossen gegeben wird, mag es sich um Rundschreiben oder irgend etwas anderes handeln. Wir müssen schon dazu übergehen und müssen die ganze Parteiorganisation in den größeren Städten so aufbauen, daß straßenweise Vertrauensmänner dastehen. Wir dürfen das nicht nur im Großen zusammenfassen, sondern wir müssen die einzelnen Stadtbezirke aufteilen usw. Ich denke, daß wir dann einen Zusammenhalt haben und vor allen Dingen einen Funktionärkörper haben, der wirklich klappt. Es ist bei den Organisationen meistenteils so, daß einzelne Genossen die ganze Arbeit zu tragen haben und daß ein Funktionärkörper, der gut funktioniert, nicht vorhanden ist. Es kommt darauf an, gerade den Funktionärkörper auf die breiteste Grundlage zu stellen.

Dazu gehört auch, daß wir Einfluß in den Betrieben erhalten. Ich habe während meiner gewerkschaftlichen Arbeit mich oft geschämt für die sozialdemokratischen Genossen in den Betrieben. Wenn es sich um die Aufstellung von Listen handelte, ist in den Betriebsgruppen der KPD sehr schnell eine Vorschlagsliste zustande gekommen, in der Kommunisten vorgeschlagen wurden. Und unsere Genossen saßen dabei und brachten es nicht fertig, Genossen von uns vorzuschlagen (Sehr richtig). Das bedingt wieder, daß wir Vertrauensmänner-Körperschaften brauchen, die Betriebsgruppen in den Betrieben einrichten. Wir sind in Eisenach dazu übergegangen, den einzelnen Genossen damit zu beauftragen, sich eine Gruppe von Menschen zu beschaffen und mit diesen Menschen zu arbeiten. Die Kommunisten werden nun wahrscheinlich ein Mordsgeschrei anheben und werden sagen, daß damit die Politik in den Betrieb hineingetragen werde. Aber wir können ihnen ja sagen, daß sie damit angefangen haben.

Dann möchte ich noch etwas sagen zur Frage der Einheitslisten. Genossen, wir können schon Einheitslisten innerhalb der Gewerkschaften durchgehen lassen. Aber auf der anderen Seite müssen wir verlangen, daß die Menschen, die auf dieser Einheitsliste stehen, gewählt werden durch Persönlichkeitswahl, daß jede einzelne Person, die auf der Liste steht, gewählt wird. Das ist praktisch so: Es können 2, 3 auch 4 von ihnen gewählt werden, und es können soundsoviele abgelehnt werden (Zuruf: Nach der Wahlordnung geht das nicht!).[47] Aber in den Gewerkschaftsversammlungen wird genauso wie bei der Vorlage des Betriebsrätegesetzes die Reklametrommel für die Einheitsliste gerührt. Man muß in diesen Einheitsversammlungen immer wieder herausstellen: Wenn schon Einheitslisten, dann auch Persönlichkeitswahlen!

Im großen und ganzen habe ich für die Zukunft der Parteiorganisation keine Sorge. Ich weiß, daß Kräfte zu uns gestoßen sind, die uns sonst fern geblieben wären (Sehr gut!). Es kommt jetzt darauf an, daß wir diese neu zu uns gestoßenen Menschen erfassen und schulen, damit sie tatkräftige Helfer werden für unsere Politik, die wir in der Zukunft zu führen haben.

[Willy] *Schmidt*[48] – Nordhausen:
Ich freue mich, daß die Ausführungen nicht nur des Genossen [Hermann] Brill, sondern auch der bisherigen Diskussionsredner dem entsprechen, was wir im Kreise Nordhausen durchgemacht haben, und auch die Ansicht widerspiegeln, die wir in der Frage der Einheitsfront vertreten haben und in Zukunft auch weiter vertreten müssen.

Wir wissen – wir haben das auch aus den Ausführungen der bisherigen Diskussionsredner gehört –, daß bei den Kommunisten die Sorge um die kommenden Wahlen, die Sorge um die kommenden Betriebsratswahlen vorherrscht und daß man vor allen Dingen Angst hat davor, daß unsere Entwicklung nicht nur in die Breite, sondern langsam auch in die Tiefe führt, und daß wir den Kommunisten heute schon so gegenüberstehen wie der Elefant gegenüber der Maus. Wir wissen, daß das Drängen zur Einheitsfront lediglich aus diesen Gedankengängen heraus geboren ist.

Wenn die sogenannte Aktivität der KPD immer wieder in den Vordergrund geschoben wird, dann müssen wir doch fragen: Worauf beruht diese Aktivität? Und die Antwort darauf kann nur lauten: Auf den Bajonetten der Besatzungstruppen! Weiter ist sie nichts. Eine Aktivität, die aus dem Herzen kommt, die geboren ist aus der Sorge um das Wohl des neuen Menschen, eine solche Aktivität liegt der KPD fern. Das wollen sie nicht. Bei uns in Nordhausen sind alle KPD-Größen Ausländer. Inwieweit sie bestimmte Richtlinien von Moskau haben, wissen wir nicht. Aber aus ihrem ganzen Gebaren ist zu entnehmen, daß sie mit bestimmten Aufgaben betraut sind.

Wir haben mit den Kommunisten vor einigen Wochen eine gemeinsame Funktionärsitzung gehabt, um zunächst einmal eine Plattform zu schaffen. Der Genosse [Hans] Freiburg war seinerzeit bei uns in Nordhausen und hat dazu gesprochen. Die Kommunisten hatten drei Redner gestellt. Das, was sie gesagt haben, war gegenüber den hochstehenden Ausführungen des Genossen [Hans] Freiburg wirklich beschämend. Und einige Wochen darauf, nachdem von der Seite der Kommunisten aus die sogenannte Einmütigkeit versprochen worden war, sahen wir bei der Versammlungswelle am 7. und 8. November [1945], daß selbst die prominenten Redner der KPD sich nicht verkneifen konnten, ihr Holz wieder auf [Carl] Severing und Genossen zu spalten.

---

47 Eine am 21. November 1945 eingesetzte Kommission zur Vorbereitung der FDGB-Zonenkonferenz beschloß eine Wahlordnung für die Wahlen zu den Kreisdelegiertenversammlungen in den Betrieben. Es mußten mehr Kandidaten aufgestellt werden als zu wählen waren, ferner durfte deren Parteizugehörigkeit nicht auf dem Stimmzettel vermerkt werden.
48 Willy Schmidt, SPD. 1945/46 Vors. KV SPD Nordhausen. April 1946 SED. November 1946 Landtagsabg. Thüringen.

Wie es auf dem Lande in Wirklichkeit aussieht, das haben auch wir feststellen können. Man hat auch bei uns versucht, eine Bresche in die Ortsvereine zu schlagen. Man ist in irgendeinem Ort plötzlich hereingekommen in den Ortsverein und hat erklärt: Wir verkünden hier die Einheitsfront. Die Leute haben sich leider bluffen lassen und haben geglaubt, daß das eine Tatsache sei, und der Ortsverein ging dann angeblich geschlossen zur KPD über.

Es ist unbedingt erforderlich, daß einmal festgestellt wird, wie die Kommunisten sich die Einheitsfront denken. Wir stimmen den Ausführungen des Genossen Dr. [Hermann] Brill zu. Wir selbst vertreten auch den Standpunkt, daß die Einheitspartei der Zukunft ein neues Gebilde darstellen muß. Wir dürfen nicht hineingleiten in die KPD. Wir müssen von den Genossen der KPD nun einmal herausholen, was sie sich unter der Einheitspartei vorstellen.

Man hatte uns vorgeschlagen, in nächster Zeit eine gemeinsame Kreiskonferenz zu veranstalten. Das haben wir abgelehnt. Wir haben den Kommunisten gesagt, daß wir zunächst einmal gemeinsam mit den Kreisvorständen zusammenkommen wollen, um all den Schlamm, der noch vor uns liegt, zu beseitigen, das heißt alles das, was in den Ortsvereinen und in den Städten an einseitigen Maßnahmen der KPD, an Theorien der KPD sich gezeigt hat. Das wollten wir einmal unter die Lupe nehmen und wollten dann die Kommunisten fragen, ob sie bereit und gewillt sind, mit uns den Boden zu bereiten, auf dem wir die Einheitspartei aufbauen wollen, und mit uns die Voraussetzungen dafür zu schaffen. Denn diese Voraussetzungen müssen zunächst einmal geschaffen werden. Ich teile vollständig den Standpunkt des Genossen Dr. [Hermann] Brill, daß wir uns zunächst einmal die Zeit nehmen müssen, um die Herzen und die Hirne der Massen, die wir dann doch in der Einheitsfront haben wollen, zunächst einmal zu durchtränken mit dem, was sie zu wissen notwendig haben, damit sie wissen, was die einheitliche Arbeiterpartei der Zukunft will und was sie werden soll. Das ist meiner Meinung nach unbedingt notwendig.

Was die kommenden Betriebsratswahlen anlangt, so stehe auch ich auf dem Standpunkt, daß wir da sehr vorsichtig sein müssen und daß wir auf der Wacht sein müssen. Darin gebe ich meinem Vorredner vollständig recht. Uns werfen sie vor, daß wir die Einheitsfront sabotieren; sie selber aber haben in den Betrieben schon ihre Betriebsgruppen. Und wenn wir da nicht stark auf dem Posten sind und so schnell als möglich unsere eigenen Leute darauf aufmerksam machen, was dort gespielt wird, dann werden wir unter Umständen bei den Wahlen zu den Betriebsräten ein Fiasko erleben.

Wir in Nordhausen sind nicht bange darum. Wir können auch feststellen, daß außer in dem einen Ortsverein sich auch noch andere Fälle ereignet haben, wo die Kommunisten ihre Hand mit im Spiel hatten. Ich bin überzeugt, daß die Ortsvereine, die wir jetzt haben, alles andere wollen als eine Einheitspartei nach dem Schema, wie sie es bis jetzt in ihrer eigenen Entwicklung erlebt haben. Es ist unsere Aufgabe, nicht nur in den Städten durch Unterteilung in Bezirke und Straßenzüge, sondern auch in den Ortsvereinen auf dem Lande die nunmehr erfaßten Mitglieder zu durchtränken mit unserem Willen und mit unseren Absichten, und ihnen deutlich zu machen, wie wir uns die Arbeiterpartei der Zukunft vorstellen. Wenn wir diese Aufgabe in der nächsten Zeit lösen, dann brauchen wir [uns] nicht zu sorgen[49], daß die Kommunisten irgendwie eine Bresche in unsere Ortsvereine schlagen werden. Wir haben gerade in der letzten Zeit eine gute Aufwärtsentwicklung in den Ortsvereinen feststellen können. Wir haben jetzt über 30 Ortsvereine mit rund 4 000 Mitgliedern, und wir hoffen, daß wir diesen 4 000 Mitgliedern unser sozialistisches Wissen vermitteln können.

Wie die Kommunisten gerade der Jugend und den Sportvereinen gegenüber in der Frage der Einheitspartei sich einstellen, das hat sich auch deutlich gezeigt. Wir haben zwei grö-

---

49 Im Original: besorgen.

ßere Kreisorte: Ellrich und Bleicherode. Die Kommunisten haben dort einen kommunistischen Jugendsekretär angestellt, um auf Grund der Richtlinien, die wir gemeinsam herausgegeben haben, parteimäßig einen Laden aufzuziehen, um die Jugend- und Sportgruppen im kommunistischen Stil aufzuziehen. Wir haben bei uns im Amt für Leibesübungen den kommunistischen Vertreter dazu gebracht, daß wir in nächster Zeit einmal hingehen, damit den Kommunisten von ihrem eigenen Vertreter einmal gesagt wird, was im Interesse der einheitlichen Richtlinien notwendig ist.

Wir im Kreis Nordhausen sind um die Einheitspartei, die später einmal kommen muß, gar nicht bange. Aber der Zeitpunkt ist heute noch nicht da, und er wird auch in einem oder zwei Jahren noch nicht da sein. Denn das, was wir bei den Kommunisten vorfinden, ist alles andere als der einheitliche Wille, diesen Weg so, wie wir es wollen, mit uns zu gehen.

Vorsitzender Dr. [Hermann] *Brill*:
Wir haben auf dem Landesparteitag beschlossen, daß der Zentralvorstand ersucht werden soll, auf die Tagesordnung einer der ersten Zusammenkünfte größeren Maßstabes die Einigungsfrage zu setzen.[50] Diese Zusammenkunft findet am 4. Dezember [1945] in Berlin statt. Als Tagesordnung ist uns nur mitgeteilt worden: Die Schaffung eines erweiterten Zentralausschusses.[51] Bei der Bedeutung dieser Angelegenheit, die uns heute beschäftigt hat, habe ich es für richtig gehalten, unseren Antrag, der übrigens gleich nach dem Landesparteitag nach Berlin geschickt wurde, noch einmal zu wiederholen.

([Erich] *Gniffke*: Das ist auch vorgesehen!) Dann benutze ich gleich die Gelegenheit, den Genossen [Erich] Gniffke vom Zentralausschuß hier zu begrüßen. Er ist eben erst eingetroffen; nicht zu unserer Gesamtvorstandssitzung, sondern um Pressefragen zu besprechen. Ich begrüße ihn in unserem Kreise herzlich. Dann werden wir in Berlin also Gelegenheit haben, über die Einigungsfrage zu sprechen, und ich bin gewiß, daß die Berliner Tagung mit der Verkündung eines sozialdemokratischen Aktionsprogramms zur Herbeiführung der Einheit der Arbeiterklasse abschließen wird.[52]

[Theo] *Gundermann*[53] – Sonneberg:
Genossinnen und Genossen! Wenn wir über die Einigung der Arbeiterklasse überhaupt sprechen, dann müssen wir draußen bei unserer Arbeit unterscheiden zwischen der Zusammenarbeit und dem Zusammenschluß. Daß der Zusammenschluß der beiden Arbeiterparteien heute noch nicht möglich ist, das wurde schon festgestellt auf unserer Schulungstagung in Probstzella;[54] es wurde festgestellt auf unserem Landesparteitag, und es ergibt sich nicht zuletzt aus den Ausführungen, die der Genosse Dr. [Hermann] Brill heute hier gemacht hat.

---

50 Die entsprechende Passage in der vom Landesparteitag am 28. Oktober 1945 verabschiedeten Entschließung lautete wie folgt: »Der Landesparteitag richtet an den Zentralausschuß der SPD in Berlin die Aufforderung, baldigst mit einem für ganz Deutschland geeigneten Aktionsprogramm zur Aufgabe der Herstellung der sozialistischen Einheit der deutschen Arbeiterklasse hervorzutreten und ein Referat darüber als selbständigen Tagesordnungspunkt des ersten Gesamt-Parteitages zu setzen.« Thüringisches Staatsarchiv Meiningen, BPA der SED Suhl, II/3/07.
51 Gemeint ist die Bildung eines Parteiausschusses aus den Mitgliedern des Zentralausschusses und Vertretern der Landes- und Bezirksverbände.
52 Zu dem von Hermann Brill erhofften Aktionsprogramm kam es im Ergebnis der Beratungen am 4. Dezember 1945 nicht.
53 Theo Gundermann, SPD. 1945/46 Vors. KV SPD Sonneberg. April 1946 Vors. KV SED Sonneberg u. LV SED Thüringen.
54 Vom 28. bis 30. September 1945 fanden die ersten Schulungstage der Thüringer Sozialdemokraten in Probstzella statt.

Anders steht es mit der Zusammenarbeit. Die Zusammenarbeit ist, wie die Verhältnisse in der sowjetischen Besatzungszone nun einmal liegen, wahrscheinlich doch noch notwendig. Und diesem Umstand müssen wir Rechnung tragen. Wir wissen, daß gerade die jungen Leute, die sich heute infolge der Kriegsverhältnisse und durch den Umsturz der gesamten gesellschaftlichen Verhältnisse vom Bürgertum gelöst haben, eine Zusammenarbeit mit der KPD von vornherein ablehnen. Das ist wohl auch der Grund, weshalb sie zu uns kommen. Wenn nun trotzdem eine Zusammenarbeit heute noch notwendig ist, so muß sie nach einheitlichen Gesichtspunkten zumindest im ganzen Landesverband durchgeführt werden. Hier muß der Landesverband noch viel schärfer als früher dafür sorgen, daß die Kreisverbände rechtzeitig benachrichtigt werden, wenn derartige gemeinsame Aktionen, wie sie letzthin durchgeführt worden sind, gestartet werden.[55]

Es war das letzte Mal tatsächlich so, daß schon vier Tage vorher die KPD bei uns im Kreis Sonneberg an uns herantrat und uns sagte: Damit Ihr es wißt, es ist eine gemeinsame Aktion angesetzt; es spricht einer von Euch, und es spricht einer von uns. Wir haben vergeblich auf eine Anweisung des Landesverbandes gewartet und haben deshalb der KPD weder eine zusagende noch eine ablehnende Antwort erteilt. Der Kreis Sonneberg liegt ja am weitesten südlich; wir erhalten die Presse durchschnittlich zwei Tage später, als Erfurt oder Weimar sie erhält. Deswegen ist es notwendig, daß die Bezirksverbände, zumindest aber der Kreisverband, telephonisch benachrichtigt wird, damit wir die Einstellung gegenüber der KPD feststellen können. Sonst können wir nicht zu einer einheitlichen Arbeit in diesem Maße im ganzen Landesverband kommen.

Ähnlich liegt es mit den Terminen, die vom Landesverband gestellt werden. In dem Rundschreiben vom 19. November [1945] wird von uns gefordert, daß der Kreisverband bis zum 1. Dezember [1945] melden soll, wieviele ehemalige Mitglieder der NSDAP wir aufgenommen haben. Der gleiche Termin wird auch den Ortsvereinen gestellt. Das ist unmöglich. Wenn die Ortsvereine erst zum 1. Dezember [1945] an den Kreisverband berichten, dann kann der Kreisverband nicht schon zum 1. Dezember [1945] an den Landesverband berichten. Das ist unbedingt zu beachten.

Unsere Arbeit draußen in den Kreisen wird natürlich durch die Besatzungsbehörde erschwert. Wir wissen, daß die Besatzungsbehörde der KPD die Bälle zuschickt. Aber wir wissen auch, daß die heutige Besatzung nicht nur Vorteile für die KPD mit sich bringt, sondern daß sie auch eine Belastung der KPD in propagandistischer Hinsicht bedeutet.

Bei uns in unserem Kreisgebiet macht die Kommandantur in der letzten Zeit ziemlich große Auflagen für unsere Kreisarbeit. Sie verlangt, daß jedes Referat schriftlich niedergelegt wird und in russischer Sprache der Kommandantur vorher zur Genehmigung vorgelegt wird. Man muß sich vorstellen, was es an sich schon für eine Arbeit bedeutet, eine zweistündige Rede auf etwa 80 Seiten niederzuschreiben. Und das dann noch sinngemäß ins Russische übersetzen zu lassen, das ist den Kreisverbänden unmöglich. Ich habe schon in meinem letzten Schreiben an den Landesverband die Bitte herangetragen, er möge prüfen, ob hier nicht Schritte unternommen werden können, die uns in den Kreisen draußen die Arbeit erleichtert; etwa in der Art, daß man gedrucktes Referenten-Material, das von der SMA in Weimar schon genehmigt worden ist, in einer größeren Auflage herausgibt, so daß wir dann bei den einzelnen Kommandanturen draußen nur noch die Genehmigung zum Abhalten der Versammlung nachzusuchen hätten. Es muß vom Landesverband etwas getan werden, wenn unsere Arbeit draußen nicht ins Stocken kommen soll.

---

55 Gemeint ist die Vereinbarung zwischen den Landesleitungen von SPD und KPD zur Durchführung gemeinsamer Revolutionsfeiern.

Ich hatte zunächst befürchtet, daß diese Bestimmung der russischen Kommandantur zu einer starken Schematisierung unserer Arbeit führen werde. Das braucht [uns][56] aber nicht zu sorgen.[57] Denn sowohl der Genosse Lärtz wie der Genosse Suffa, die als Referenten im Kreise tätig sind, erklärten uns: Es ist ganz schön, wenn wir ein genehmigtes Material in der Tasche haben, denn reden tun wir doch, was wir wollen, und erfreulicherweise sind wir bisher darin noch nicht überwacht worden. Wir möchten also dem Landesverband nahelegen, Referentenmaterial herauszugeben, das von der SMA Weimar schon genehmigt worden ist und das auch den Stempel trägt. Dann hätten wir draußen manches leichter.

Weiterhin hat die russische Kommandantur in letzter Zeit häufig die Vorsitzenden der einzelnen Parteien zusammengeholt, also der CDU, der [Liberal-]Demokraten, der Kommunisten und der Sozialdemokraten, und hat ihnen dabei bestimmte Auflagen gemacht. So wurde von uns jetzt innerhalb von 3 Tagen ein Bericht verlangt, wieder in die russische Sprache übersetzt, über die Gründung der SPD, ihre Entwicklung, wieviele Ortsvereine, Steigerung der Mitgliederzahlen, Stand der heutigen Mitgliederzahl, gegliedert nach der sozialen Schichtung, Mitarbeit bei den Landräten und bei den einzelnen Bürgermeistern, in der Jugendfrage, in der Gewerkschaftsfrage usw. Wir haben versucht, allen diesen Forderungen nachzukommen. Es fällt uns das natürlich schwer, weil wir in den kleinen Orten wie Steinach und Sonneberg gar nicht die Dolmetscher zur Verfügung haben, die diese Berichte ins Russische übersetzen könnten. Und diese Berichte werden nur anerkannt, wenn sie in russischer Sprache eingereicht werden. Dann wurden wir am Freitag wieder zusammengeholt und erhielten Richtlinien über den Befehl 124, betreffend die Beschlagnahme des nat[ional]soz[ialistischen] Vermögens.[58]

Wir versuchen draußen alles, um diese Schwierigkeiten zu überwinden, und wir werden sie auch überwinden. Auf der anderen Seite müßten wir mehr unterstützt werden durch unsere zentralen Körperschaften und durch die Einrichtungen des Verbandes. Das Zentralkomitee der KPD hat schon eine ganze Reihe von Broschüren herausgegeben. Wir haben bis jetzt außer der kleinen Broschüre »An die Arbeit!« nichts in die Hand bekommen.[59] Die KPD hat eine ganze Reihe von Plakaten herausgebracht, nur wenige Worte enthaltend als Blickfang, während wir nur das eine große Plakat haben, bei dem es notwendig ist, daß der Mann auf der Straße sich eine Viertelstunde davor hinstellt, um es zu lesen. Auch hier müssen wir uns mehr einstellen auf die Bevölkerung, auf die gegebenen Verhältnisse. Wenn wir mit unserer Presse im Rückstand sind, so dürfen wir doch erwarten – wir werden darüber unter Punkt 2 der Tagesordnung Näheres hören –, daß wir in der nächsten Zeit gegenüber der KPD aufholen werden.

Vorsitzender Dr. [Hermann] *Brill*:
Genossen, alle Eure Beschwerden sind völlig berechtigt. Aber es bedarf noch einer ganzen Zeit, ehe wir Abhilfe schaffen können. Bisher sind wir im Landesverband völlig auf uns

---

56 Im Original: wir.
57 Im Original: besorgen.
58 Durch die Befehle Nr. 124 der SMAD vom 30. Oktober 1945 sowie Nr. 126 von 31. Oktober 1945 war das gesamte Eigentum des deutschen Staates, der NSDAP und ihrer Amtsleiter sowie der Wehrmacht beschlagnahmt worden. Einen Teil der betroffenen Betriebe wandelte die SMAD in »Sowjetische Aktiengesellschaften« (SAG) um, die damit in den Besitz der UdSSR übergingen. Andere Teile stellte die SMAD im März 1946 den deutschen Verwaltungsorganen zur Verfügung. Vgl. *Horst Barthel*, Die wirtschaftlichen Ausgangsbedingungen der DDR. Zur Wirtschaftsentwicklung auf dem Gebiet der DDR 1945–1949/50, Berlin (Ost) 1979; *Rainer Karlsch*, Allein bezahlt? Die Reparationsleistungen der SBZ/DDR 1945–1953, Berlin 1993.
59 Diese Broschüre enthielt den Aufruf des Zentralausschusses der SPD vom 15. Juni 1945 sowie den Wortlaut der Rede Otto Grotewohls am 17. Juni 1945 vor Funktionären in Berlin.

selbst gestellt gewesen; wir haben keinerlei Hilfe von Berlin gehabt. Alles, was hier gemacht wird, wird aus Eigenem gemacht. Das gilt für alles Material. Ich kann Euch versichern, daß eine Besserung eintreten wird; aber vor Januar [1946] könnt Ihr darauf nicht hoffen.

Was die Unterrichtung unserer Kreisverbände und Ortsvereine anlangt, so werden wir immer außerstande sein, Euch so rechtzeitig zu unterrichten, daß Ihr unsere Informationen in dem Augenblick besitzt, in dem die Kommunisten dann anfangen zu arbeiten. Denn die Bezirksleitung der KPD arbeitet so, daß sie unseren geschäftsführenden Landesverbandsvorstand nicht früher unterrichtet, als bis die letzte Kreisleitung der KPD und die größeren Ortsvereine bereits ihre Anweisungen haben. Es liegt doch an der Methode, das müßt Ihr verstehen. Es ist doch das Bestreben der KPD, die SPD von innen heraus aufzusprengen. Deshalb kommen wir hier in Weimar bestenfalls dann zu einer Unterhaltung mit der Bezirksleitung der KPD, wenn die Dinge draußen im Lande schon 3 oder 4 Wochen im Gange sind.

Außerdem weist unser technischer Apparat hier noch große Mängel auf. Bei der KPD sitzen nur hauptamtlich tätige Leute: [Werner] Eggerath, [Georg] Schneider, Polzer, [Kurt] Goldstein, [Erich] Kops, [Friedrich] Heilmann, Woytinski, [Gerhard] Schwarz, Stephan, [Stefan] Heymann, Schmidt für die Wohlfahrtspflege und die ganze Redaktion. Das sind schon 10 Personen.[60] Bei uns bin ich vorhanden – ehrenamtlich – und unsere beiden Landessekretäre. Das ist alles, was wir bis jetzt haben. Jetzt haben alle Mitglieder des geschäftsführenden Vorstandes Referate bekommen usw. Die Ausschüsse arbeiten, aber bis das alles sich einläuft, bis alles zusammenkommt und Ergebnisse zeitigt, das dauert einige Zeit. Wir haben bis jetzt noch keinen Vervielfältigungsapparat; wir müssen die Umdrucke anderswo machen lassen.

Wegen der Befehle Nr. 124 und Nr. 126 haben wir am Dienstag eine Besprechung gehabt. Am Donnerstag bereits habe ich das Rundschreiben diktiert. Vergegenwärtigt Euch, daß wir alles aus Eigenem schaffen müssen, daß wir keine Schlösser geschenkt bekommen, daß uns keine 30 000 Mark pro Monat geschenkt werden, daß aber ein sozialdemokratischer Oberbürgermeister die Anweisung erhalten hat, der KPD 250 000 Mark als einmalige Gabe der Roten Armee zu überweisen usw. Das sind die Umstände, mit denen wir rechnen müssen. Aber ich glaube, Genossen: Trotzdem werden wir groß werden.

[Willi] *Martin*[61] – Stadtroda:

Genossen, es ist derselbe Dreh, der gegenwärtig in der deutschen Arbeiterschaft vor sich geht, wie wir ihn 1933 schon gehabt haben. Die Amerikaner waren kaum eingetroffen, da begannen die Kommunisten gegen uns zu stänkern. Und so ist es bis zum heutigen Tage geblieben.

Wir reden von der Einigung der deutschen Arbeiterschaft. Die Kommunisten stellen sich die Einigung so vor – sie haben das schon öfter und deutlich gesagt –, daß wir in der KPD aufgehen sollen. Sie versuchen mit allen Mitteln, uns unmöglich zu machen. In jedem Schreiben an die russische Kommandantur und in jeder öffentlichen Versammlung bringen sie Anwürfe gegen die SPD vor. Wir haben bisher auf diese Dinge nicht geantwortet. Aber es wird langsam Zeit, daß wir von den Kommunisten abrücken. Ich bin gar nicht mehr so wild auf die Einigung und auf die Einigungsbestrebungen, solange diese Personen aus 1933 noch ihre Stänkereien fortsetzen. Weil die Kommunisten keine Mitglieder aus den Kreisen der einheimischen Bevölkerung haben, versuchen sie es mit jedem Evakuierten, ihn als Postenanwärter zu gewinnen, und mit diesem Jahrgang 1945 versuchen sie dann die Posten zu besetzen, und zwar in einer Art zu besetzen, daß es tatsächlich Zeit

---

60 In der Summe dieser Aufzählung werden 11 Personen genannt.
61 Willi Martin, SPD. 1945/46 Vors. KV SPD Jena-Stadtroda.

wird, die Kommunisten und hauptsächlich die 1933er darüber zu belehren, was Demokratie ist.

Ich bin augenblicklich im Landkreis Stadtroda dabei. Ich habe, nachdem SPD-Ortsvereine vorhanden sind, eine ganze Reihe von Bürgermeistern aufgefordert, die Verwaltung umzuformen. Dort, wo ein kommunistischer Bürgermeister sitzt, hat als erster Beigeordneter ein Sozialdemokrat zu wirken. Ebenso ist es in personeller Hinsicht. Es geht nicht an, daß jeder x-beliebige Molkereibesitzer, der evakuiert ist und der jetzt im Jahre 1945 sein Herz für die Kommunisten entdeckt, in solche Verwaltungsstellen gesetzt wird. Diese Leute hätten in normalen Zeiten mit uns sich nicht an einen Tisch gesetzt, hätten uns nicht gekannt. Es wird zwar ein bißchen Krach geben, aber davor fürchten wir uns nicht. Ich habe kommunistischen Dienststellenleitern, die gegen den von den Russen abgesetzten Landrat stänkerten und Briefe an [Ernst] Busse und an die Weimarer Kommandantur geschrieben haben, vor versammelter Mannschaft gesagt: Wenn Sie das Stänkern nicht unterlassen oder wenn Sie gegen mich stänkern würden, dann würde ich Sie glatt durchs Fenster werfen. Ich bin nicht derjenige, der sich von den Kommunisten auf der Nase herumtanzen läßt.

Dringender wäre die Einigungsfrage, wenn wir Aussicht hätten, in der Sozialisierungsfrage vorwärtszukommen. Ich habe aus Anlaß der Bodenreform dem Kreiskommandanten am 1. November [1945] die Meldung gemacht, daß die Bodenreform durchgeführt ist. Ich habe mich einige Stunden mit ihm unterhalten, und ich habe ihm dabei meine sozialdemokratische Meinung ganz unverblümt gesagt. Ich habe ihm gesagt, daß diese Art der Bodenreform unmarxistisch ist, daß die Kleinbauernschaft durch eine solche Bodenreform nicht vorwärtskomme. Ich habe ihm sogar gesagt, daß ich jetzt bedauert habe, daß die deutsche Militärverwaltung in Rußland die Kollektiven zerstört habe, und die Russen machten nun in der augenblicklichen Situation aus den enteigneten Gütern Kollektivwirtschaften. Wenn sie diese Güter nicht als Staatsdomänen bestehen lassen wollen, dann schaffen sie nur reaktionäre Kleinbauern. Die Antwort nach einer stundenlangen Auseinandersetzung war die, daß Deutschland noch nicht reif sei dafür.

Auch was die Befehle Nr. 124 und 126 anlangt, wurde mir zugemutet, daß ich die Geschichte im Landratsamt übernehmen sollte. Ich habe das abgelehnt, und zwar mit der Begründung, daß ich es für ungenügend halte, wenn ein Besitztum aus der Hand des einen Privatmenschen in die Hand eines anderen Privatmenschen gegeben wird. Wenn der Besitz vergesellschaftet wird, wenn aus dem privatwirtschaftlichen Betrieb ein gemeinwirtschaftlicher Betrieb gemacht wird, dann wäre das etwas anderes.[62] Aber die Russen denken gar nicht daran, in Deutschland die Bolschewisierungsform durchzuführen, eine Art Kollektivwirtschaft durchzuführen, wie sie sie in Rußland haben; sie behaupten, daß Deutschland dazu noch nicht reif sei. Wir behalten also die privatwirtschaftliche Produktionsweise, und da sind die Einigungsbestrebungen durchaus nicht dringlich.

Wir werden auch auf die Dauer keine Einigkeit erhalten. Wir müssen mit dem Men-

---

62 Die SMAD übertrug den Landes- und Provinzialverwaltungen das Recht, einen Teil der durch die Befehle Nr. 124 und Nr. 126 sequestrierten Betriebe zu verwalten. Diese wurden im Auftrag der SMAD von Treuhändern geleitet, die durch die Landes- und Provinzialverwaltungen berufen worden waren. Die Treuhänder waren zumeist Sozialdemokraten, Kommunisten oder Gewerkschafter, verschiedentlich auch parteilose Ingenieure und Kaufleute. Vielfach kam es auch zur Enteignung von Gebäuden, Wohnungen u. ä., die den zugelassenen Parteien und Gewerkschaften sowie Einzelpersonen, die sich vor 1945 als Gegner des Nationalsozialismus betätigt hatten, zur Verfügung gestellt wurden. Vgl. *Wolfgang Zank*, Wirtschaft und Arbeit in Ostdeutschland 1945–1949. Probleme des Wiederaufbaus in der Sowjetischen Besatzungszone Deutschlands, München 1987; *Werner Matschke*, Die industrielle Entwicklung in der Sowjetischen Besatzungszone Deutschlands (SBZ) 1945 bis 1948, Berlin 1988.

schenmaterial bei den Kommunisten rechnen, wie es nun einmal ist. Solange diese Menschen von 1933 noch nicht ausgestorben sind, werden wir die zünftigen Stänkerer immer behalten. Es genügt auch nicht, wie der Genosse Dr. [Hermann] Brill mit Recht ausgeführt hat, daß Ortsvereine, Kreisverbände sich vereinigen, wenn dann trotzdem noch die Möglichkeit besteht, daß jeder seine eigene Partei aufmachen kann. Unsere Aufgabe ist es meines Erachtens, den Kommunisten die Rolle zuzuweisen, die sie in England spielen; sie dürfen hinter der großen sozialdemokratischen Partei herlaufen. Das ist unsere historische Aufgabe: daß wir die Kommunisten so reduzieren, wie sie in Wirklichkeit sind, nämlich ein paar Übriggebliebene aus [dem Jahr] 1933 mit etwas Zulauf aus dem Jahrgang 1945, der sich in der Hauptsache aus Evakuierten rekrutiert.

Ich bin von unserem Kreiskommandanten, der öfter einmal das Bedürfnis hat, sich mit mir zu unterhalten, im Beisein des kommunistischen Kreissekretärs über die politische Struktur des Kreises vor 1933 und jetzt befragt worden. Da habe ich ihm meine Meinung klipp und klar gesagt: Die Kommunisten zählten bis 1933 vielleicht 200 Mitglieder, die SPD 6 000 Mitglieder. Ob die Zahl 6 000 genau stimmt, weiß ich nicht (Heiterkeit). Und wie stark ich die KPD jetzt einschätze? Darauf habe ich gesagt, daß es vielleicht 300 KPD-Mitglieder sein werden in unserem Kreis, während die SPD 2 000 Mitglieder zähle. Der kommunistische Kreissekretär hat dem auch nicht widersprochen. Ich habe dem Kreiskommandanten auseinandergesetzt, daß die KPD im Landkreis Stadtroda sich beschränkte auf einzelne Orte und daß unter den 300 Mitgliedern, wenn er sie einmal nachprüfen wolle, viele ehemalige Nationalsozialisten sich befinden. Der kommunistische Kreissekretär hat auch dem nicht widersprochen.

Ich habe dann den Auftrag erhalten, in jedem Ort einen SPD-Ortsverein aufzuziehen. Bisher habe ich nicht den Eindruck gehabt, daß von der Kreiskommandantur unserer Partei Schwierigkeiten gemacht werden. Sie wollen jeden Kram in russischer Sprache haben. Sie haben auch von mir einmal ein Versammlungsreferat in russischer Sprache verlangt. Daraufhin habe ich einige Stichworte aufgeschrieben und habe gesagt, daß das auch für alle zukünftigen Versammlungen gilt. Bisher ist es auch gegangen. Ich habe jetzt wieder 28 Versammlungen für den Kreis Camburg angemeldet. Der Kreiskommandant spricht nicht mehr von einer vorherigen Vorlage des Referats, und ich erwähne auch nichts davon, und dann geht der Kram.

Aber es kann sein, daß dadurch, daß ich in mancher Beziehung meine Meinung offen gesagt habe, [er] eine andere Auffassung von den Kommunisten bekommt. Ich habe ihm am Freitag auch gesagt, daß die deutsche Sozialdemokratie radikaler sei als die russische Militärbesatzung. Das ist ihm etwas in die Nase gefahren, und er fragte, wieso. Ich habe ihm gesagt: Deswegen, weil in den Befehlen Nr. 124 und 126 nichts davon steht, daß das nat[ional]-soz[ialistische] Vermögen und daß die nat[ional]soz[ialistischen] Betriebe vergesellschaftet werden. Darauf erhielt ich, genauso wie vor 3 Wochen, die Antwort, daß das deutsche Volk dazu noch nicht reif genug sei.

Also, Genossen, wir wollen nicht so viel über die Einigungsbestrebungen reden – wir bekommen sie auf Jahre hinaus noch nicht –, sondern wir wollen uns auf den Standpunkt stellen, daß wir unsere Partei so aufziehen, daß die Kommunisten als ein kleines Häuflein hinterherzuspringen haben und uns anbetteln müssen, daß wir sie überhaupt beachten. Im übrigen müssen wir langsam aufhören, mit der Parität zu arbeiten. Die Parität entspricht gar nicht dem richtigen Verhältnis. Es mag in der Übergangszeit notwendig gewesen sein, um ein Stückchen vorwärts zu kommen, daß man den Kommunisten Konzessionen gemacht hat. Aber wir müssen langsam wieder zu den realen Tatsachen zurückfinden. Wir haben so viele Mitglieder, die anderen haben so wenige, und dementsprechend muß auch die Besetzung der öffentlichen Ämter sein. Es muß darauf gedrungen werden, daß wir möglichst bald zu irgendeiner Wahl kommen, damit klare Verhältnisse und die klare Linie weiter ausgearbeitet werden kann.

[Oskar] *Thieme*[63] – Altenburg:

Ich möchte die Debatte nicht verlängern, ich möchte nur darauf hinweisen, daß im Kreis Altenburg die gleichen Verhältnisse vorliegen, wie sie hier von anderen Kreisen geschildert worden sind. Daß der Einigungsrummel von den Kommunisten unter allen Umständen forciert wird, ist klar. Wir arbeiten in einem gemeinsamen Ausschuß schon seit Monaten zusammen. Vor 3 Wochen kam von der KPD wie aus der Pistole geschossen der Antrag: von jetzt an alle Veranstaltungen gemeinsam durchzuführen und in jeder Woche unsere Funktionäre zusammenzunehmen, um sie gemeinsam zu schulen. Das würde natürlich bedeuten, daß wir unser Eigenleben als Partei aufgeben. Deshalb habe ich in der darauffolgenden Sitzung, nachdem ich mit unseren Funktionären gesprochen hatte, den Kommunisten gesagt, daß wir nicht daran denken, unser Eigenleben als Partei aufzugeben. Ich habe ihnen weiter gesagt: Über die Einigungsbestrebungen, mit denen Ihr es jetzt auf einmal so eilig habt, fangen wir an zu reden, wenn Ihr politisch ehrlich geworden seid, eher nicht. Und damit haben wir die Dinge belassen.[64]

Ich habe dann eine Kreiskonferenz einberufen, die gestern stattgefunden hat. Dort haben wir das Gleiche beschlossen: Wir fangen an, über die Einigung zu reden, sofern die KPD anfängt, politisch ehrlich zu werden, und früher nicht. Und dabei, Genossen, wollen wir es auch bewenden lassen.

Fütterer – Erfurt:

Genossen, alle diese Klagen, die hier laut geworden sind, alle die Erfahrungen, die man in den anderen Kreisen gemacht hat, kann ich auch für den Kreis [Erfurt-]Weißensee bestätigen. Aber ich möchte zunächst einmal eine Frage aufwerfen: die Frage der Betriebsorganisation.

Es ist doch so, daß wir auf einer unserer Landeskonferenzen beschlossen hatten, der KPD anheimzustellen, ihre Fraktionsarbeit einzustellen. Das ist aber nicht geschehen. Es hätten dann zumindest vom Landesvorstand aus Gegenmaßnahmen ergriffen werden müssen. Ich habe nichts davon gehört. Nachdem aber überall in den Betrieben die Kommunisten ihre Tätigkeit ausüben, habe ich mich auf den Standpunkt gestellt, daß wir nunmehr auch von uns aus eine sogenannte Parteigruppe im Betriebe aufziehen. Ich habe das in einigen Betrieben versucht und muß feststellen, daß wir damit Erfolge erzielt haben. Ich möchte sogar sagen, daß wir viel verloren haben dadurch, daß wir nicht früher damit begonnen haben. Denn nachdem einige Gruppen dazu übergegangen sind, in allen Abteilungen Vertrauensleute einzusetzen und dort Aktivität zu entwickeln, stellte sich heraus, daß für uns noch ein großes Feld vorhanden ist, das wir beackern können.

Ich bitte, das nicht außer acht zu lassen, und möchte vorschlagen, mindestens in den großen Orten, in den größeren Betrieben solche Organisationen aufzuziehen, daß Genossen

---

63 Oskar Thieme, SPD. 1945/46 Vors. KV SPD Altenburg. April 1946 LV SED Thüringen.
64 Im Original: verlassen.
65 Da man der KPD weder in den Betrieben noch in den Gewerkschaften kampflos das Feld überlassen wollte, faßte der Zentralausschuß am 27. November 1945 einen Beschluß über die Bildung von Betriebsgruppen der SPD in jedem Betrieb. Mit der Bildung von sozialdemokratischen Betriebsgruppen wollte die SPD ein Gegengewicht zu dem von den Kommunisten praktizierten Betriebsorganisationsprinzip schaffen und ihre Stellung in den Gewerkschaften festigen, die durch die KPD-Initiative gefährdet schien. In dieser Weise orientierte auch das Rundschreiben Nr. 1 des Sekretariats »Gewerkschaftspolitik und Genossenschaftswesen« beim Zentralausschuß an die Landes- und Bezirksverbände vom 28. November 1945. Das Rundschreiben forderte dazu auf, in jedem Betrieb eine Betriebsgruppe der SPD zu gründen und regelmäßige Betriebsgruppenversammlungen durchzuführen. Es appellierte an die Landes- und Bezirksverbände, die zu bildenden Betriebsgruppen für die angekündigten Wahlen zum 1. Kongreß des FDGB zu aktivieren, die ein Prüfstein für die Stärke der Partei werden würden. Vgl. SAPMO-BArch, ZPA, II/2/1.

von uns in die Betriebe hineingesetzt und damit beauftragt werden, genauso die Tätigkeit aufzunehmen, wie die KPD es auch macht.[65] Es ist so, daß wir jetzt ohne weiteres in der Lage gewesen wären, das taktische Manöver der KPD zu parieren. Es ist aber so - wir wollen das ruhig eingestehen -, daß wir augenblicklich nicht in der Lage sind, diese Schläge zu parieren, aus dem einfachen Grund, weil wir die Organisation in den Betrieben nicht aufgezogen haben. Das ist ein großer taktischer Fehler gewesen. Wir werden nun – ich sehe das schon voraus – die Dinge hinnehmen müssen und werden uns zufrieden geben müssen damit, daß wir in den Betrieben ein paar Vertreter bekommen, vielleicht die Hälfte. Für die Zukunft aber soll uns das eine Lehre sein, und ich bitte Euch, diese Lehre zu beherzigen.

Und nun noch etwas anderes. Ich stelle in den Kreisen fest, daß der Zustrom zu unseren Versammlungen auf dem Lande sehr groß ist. Dieser starke Zuspruch muß geschickt ausgenutzt werden. Die KPD ist in den Landorten zwar sehr aktiv, aber sie bringt es nicht einmal fertig, öffentliche Versammlungen in den Landgemeinden zu veranstalten. Sie scheuen davor zurück, aus dem einfachen Grund, weil sie keine Leute dazu bekommen.

Ich habe gestern Nachmittag und gestern Abend Versammlungen abgehalten in Landgemeinden, in denen wir früher nie einen großen Resonanzboden gehabt haben. Die Versammlungen waren von 200 bis 300 Leuten besucht, die auch aus den umliegenden Orten gekommen waren, um zu hören, was die SPD ihnen zu sagen habe. Aber es ist noch ein anderes dabei: Die Leute kommen nicht zu uns, weil sie Anhänger der sozialistischen Idee sind – diese Voraussetzung trifft vielleicht nur bei einem Teil von ihnen zu –, sondern um bei uns Schutz zu suchen vor dem kommunistischen Terror. Wir wollen das ruhig einmal aussprechen. Denn die Dinge, wie sie heute auf dem Lande liegen, spotten jeder Beschreibung. Das grenzt schon an Verbrechen. Diese Menschen suchen Schutz bei uns, weil sie sehen, daß wir ehrlich und anständig sind. Ich glaube, daß für die KPD der Resonanzboden auf dem Land für lange, lange Zeit verloren ist. Hier müssen wir einsetzen. Wir dürfen es nicht dabei bewenden lassen, daß die Leute zu uns strömen, sondern wir müssen in die Tiefe gehen. Wir müssen sie davon überzeugen, daß unser Gedankengut und unsere Ansichten die richtigen sind, sonst werden sie uns nach einer gewissen Zeit wieder davonlaufen.

Was die Bestrebungen zur Herstellung der Einheitsfront und das Manöver betrifft, das jetzt losgelassen wird, muß ich folgendes sagen: Es wäre doch angebracht gewesen, wenn der Vorsitzende des Landesverbandes dazu in unserer Zeitung einmal ganz energisch Stellung genommen hätte. Man hätte damit den Massen, die heute zu uns strömen, die Last von den Schultern genommen, die wie ein Alpdruck auf ihnen lastet. Denn sie fragen tagtäglich: Wie ist es eigentlich? Werden wir KPD, oder wird das alles eine Partei oder was sonst?

Weitere Menschenmassen stehen noch abseits, die auch zu uns stoßen wollen; sie warten nur auf das Losungswort. So geht die Richtung. Wir bleiben als eigene Partei bestehen. Das läßt sich nicht allein herumsprechen von Mund zu Mund; sondern das muß einmal in aller Öffentlichkeit ausgesprochen und auch in der Zeitung bekanntgegeben werden. Man kann es etwas geschickt machen, muß es aber so machen, daß die breite Masse es versteht. Man braucht nicht ängstlich zu sein, daß die Kommunisten dann sagen werden, daß wir wieder die Spalter sind. Glaubt es mir, die machen es sowieso; da mögen wir uns winden und drehen, wie wir wollen. Sie sagen sowieso, wir sind die Spalter. Aber von der breiten Masse werden wir heute nicht mehr so beurteilt wie vor 1933; sie wird darüber hinweggehen und wird sagen: Die Sozialdemokratie geht den richtigen Weg, und es werden noch mehr neue Massen zu uns stoßen. Das ist meine Ansicht, und ich hoffe, daß in Zukunft eine einmütige Stellung dazu genommen wird.

Vorsitzender Dr. [Hermann] *Brill*:
Eine Stellungnahme in der Presse ist vollkommen unmöglich. Das läßt die Zensur nicht zu. Ich will Euch folgendes sagen: Ich habe in Probstzella ganz objektiv über die Verwurze-

lung von Sozialdemokraten und Kommunisten im Volk gesprochen. Die meisten von Euch werden das gehört haben. Unser Manuskript von Probstzella hat bei der Administration hier 6 Wochen gelegen. Man hat uns immer vertröstet: »Jawohl, nächstens, nächstens, nächstens.«

Am Montag voriger Woche war ich bei dem Zensurhauptmann Weil. Ich hatte eine freundliche Unterhaltung mit ihm. Er sagte mir: Morgen werden Sie voraussichtlich die Genehmigung zum Druck des Manuskripts von Probstzella bekommen.[66] Inzwischen sahen wir, daß hier in Weimar in den Verkaufsständen für Zeitungen – und das wurde uns auch von Jena berichtet – die Reden von Dr. h.c. [Walter] Wolf und Dr. [Rudolf] Paul als Sonderbroschüren verkauft wurden.[67] Da habe ich mir gesagt: Dann ist unsere Broschüre über Probstzella erledigt. Und richtig: Am Donnerstag bekamen wir die Mitteilung, daß die Broschüre über Probstzella nicht gedruckt werden darf wegen der Ausführungen des Dr. [Hermann] Brill über die KPD.[68]

So liegen die Verhältnisse. Genossen, wenn wir Versammlungs- und Pressefreiheit hätten (Sehr richtig!), dann wären wir in 14 Tagen soweit, wie Willi Martin es gesagt hat, darauf könnt Ihr Euch verlassen. Aber da wir sie nicht haben, müssen wir taktieren, so gut wie möglich, wie wir das mit unserem Rundschreiben vom 6. November [1945] versucht haben.

[Heinrich] *Hoffmann*:

Zwischen dem Genossen [Hermann] Brill und mir besteht eine Meinungsverschiedenheit. Diese Meinungsverschiedenheit ist nicht grundsätzlicher Art, sondern rein taktischer Natur in Bezug auf unser Verhalten in dieser Frage. Dieser Widerspruch zwischen ihm und mir ist genau der gleiche Widerspruch, wie der in seinem Referat zum Ausdruck kam, er liegt sogar in ihm selber. Denn Genosse [Hermann] Brill sagte eingangs seiner Ausführungen, daß die Einigung des Proletariats die größte politische Frage von taktischer Bedeutung sei, aber nicht die größte politische Frage der Gegenwart. Im weiteren Verlauf des Referats hat er aber zum Ausdruck gebracht, daß diese Frage über Tod und Leben der deutschen Arbeiterklasse entscheidet. Und das ist der eigentliche Kern, Genossen. Das ist der Widerspruch, der zwischen uns besteht.

Ich bin der Auffassung – ich habe diese Auffassung immer wieder in den Versammlungen zum Ausdruck gebracht –, daß die Einheit der deutschen Arbeiterklasse kommen muß, wenn wir nicht überhaupt untergehen sollen; nicht nur wir als Arbeiterklasse, sondern das ganze deutsche Volk. Der Wiederaufbau des neuen wirtschaftlichen und politischen und sozialen Lebens in Deutschland ist nur möglich durch eine einheitlich geführte deutsche Arbeiterklasse. Es gibt keinen anderen Weg. Und weil dem so ist, deshalb darf diese Frage nicht vom Standpunkt des Parteiegoismus aus betrachtet werden, sondern sie muß beantwortet werden von dem Verantwortungsbewußtsein gegenüber dem deutschen Volk, vor allem aber von dem Verantwortungsbewußtsein gegenüber der deutschen Arbeiterklasse. Und da müssen wir uns so einstellen, daß wir die KPD nicht als Gegner oder als Feind der SPD betrachten, sondern als zukünftigen oder schon gegenwärtigen Bundesgenossen.

---

66 Gemeint ist die Rede Hermann Brills während der Schulungstage der Thüringer Sozialdemokraten vom 28. bis 30. September 1945 in Probstzella.
67 Walter Wolf und Rudolf Paul hatten ebenso wie Hermann Brill während der Schulungstage in Probstzella Vorträge gehalten.
68 Hermann Brill warf den Kommunisten in Probstzella u. a. Inkompetenz vor, indem er den zuvor von Walter Wolf gehaltenen Vortrag über die Schulreform mit der sozialdemokratischen Schulpolitik der 20er Jahre konfrontierte. Die Zensoren dürfte insbesondere die Parallelisierung der Herrschaftspraktiken zwischen dem Nationalsozialismus und KPD sowie SMA schockiert haben.

(Unruhe. Widerspruch. Zurufe: Unmöglich!) (Vorsitzender Dr. [Hermann] Brill: Ich bitte alle anzuhören!)

Genossen, wenn Ihr das für unmöglich haltet und wenn Ihr es nicht über Euch bringt, die Dinge so zu betrachten, daß die kommunistischen Funktionäre und die kommunistischen Mitglieder in absehbarer Zeit Mitglieder einer Partei sind, mit der wir genossenschaftlich und kameradschaftlich zusammenarbeiten, wie das früher auch zwischen Lassalleanern und Eisenachern für unmöglich gehalten wurde und dann doch zu einer Einigung führte, wie es zwischen USPD und Mehrheits-Sozialdemokraten zunächst für unmöglich gehalten wurde und dann doch zur Einigung führte und dann vertrauensvoll und kameradschaftlich Hand in Hand gearbeitet wurde, genauso muß es in Zukunft werden. Und da muß man sich von vornherein entsprechend einstellen, und da darf man nicht den kommenden Genossen als seinen Feind und Gegner betrachten.

Genossen, wir haben uns in dieser Frage ja bereits entschieden, indem wir am 8. August [1945] den Aktionsausschuß gebildet haben. In diesem Aktionsausschuß ist in mehreren Sitzungen ein Aktionsprogramm beschlossen worden. Wenn dieses Aktionsprogramm von unseren Genossen draußen nach seinem Wortlaut und nach seinem Sinn mehr beachtet worden wäre, wenn mehr danach gearbeitet worden wäre, dann wären manche Schwierigkeiten und Widerstände, die hier und da aufgetreten sind, gar nicht erst aufgekommen. Es liegt vielfach an unseren eigenen Genossen, wenn sie sich gegen einzelne irregeleitete Elemente der KPD, die plötzlich Oberwasser erhalten haben, nicht durchzusetzen vermögen. Die Bezirksleitung der KPD jedenfalls ist ehrlich bemüht, solchen Elementen das Mundwerk zu legen und sie kaltzustellen. Ich habe gestern erst wieder aus Schleiz ein solches Beispiel gehört. Und wir wissen aus dem amtlichen Dienst,[69] daß [Ernst] Busse beispielsweise sehr oft draußen im Lande Remedur schafft, wo wir mit solchen Fragen an ihn herantreten. Und der Genosse [Curt] Böhme[70] und ich, wir haben Beweise dafür, daß mit den Kameraden von der KPD, soweit amtliche Angelegenheiten in Frage kommen, eine durchaus vertrauensvolle Zusammenarbeit besteht.

Wenn wir zu einer Verständigung mit der KPD kommen, daß der Status quo, das gegenwärtige Kräfteverhältnis im Lande aufrechterhalten bleibt, daß dort, wo ein kommunistischer Landrat oder Oberbürgermeister gewesen ist, wieder ein kommunistischer Landrat oder Oberbürgermeister hinkommt und daß dort, wo ein sozialdemokratischer Landrat oder Bürgermeister gewesen ist, wieder ein sozialdemokratischer Landrat oder Oberbürgermeister hinkommt – und genau das gleiche gilt für die Betriebsräte und für die übrigen Posten –, dann wissen die Kommunisten, daß sie uns nicht überfahren können. Das sind Vereinbarungen, die eingehalten werden müssen.

Genossen, die Frage der Einheit setzt eine einheitliche Grundlage voraus, und ich habe auf der ersten Bezirkskonferenz am 11. August [1945] klar und eindeutig zum Ausdruck gebracht, daß ich die SPD nicht als einen Selbstzweck ansehe, sondern als ein Mittel zu dem Zweck, die Lage der arbeitenden Klasse zu heben. Wenn wir von dieser Grunderkenntnis ausgehen, daß die Partei nicht Selbstzweck, sondern ein Mittel zu dem Zweck ist, unser Ziel zu erreichen, dann kommen wir zu der Schlußfolgerung, daß zwischen unserer Grundeinstellung und der Grundeinstellung der Kommunisten im gegenwärtigen Augenblick keine großen Differenzen bestehen. Wir sind in der tatsächlichen Grundeinstellung nicht Gegner, sondern tatsächlich Brüder, wie wir auch Kinder einer Mutter, der alten SPD, sind.

---

69 Heinrich Hoffmann hatte als Referent im Landesamt des Innern dienstlich mit Ernst Busse Kontakt, der seit Juli 1945 die Funktion des Ersten Vizepräsidenten der Landesverwaltung Thüringen ausübte.
70 Seit August 1945 arbeitete Curt Böhme als Landesdirektor des Innern in der Landesverwaltung Thüringen.

Deshalb müssen wir die Frage eindeutig an die KPD stellen und auch an uns richten, ob wir einen Machtkampf wünschen zwischen den beiden Parteien oder ob wir nicht zu einem Bündnis kommen wollen und aus diesem Bündnis heraus schließlich zur Einigung. Was ist Politik? Politik ist letzten Endes Kampf um die Macht. Wir wollen die Macht, nicht für die Partei, sondern für die gesamte deutsche Arbeiterklasse. Anderenfalls kommen wir nicht zum Ziel. Und die Strategie der KPD, Genossen, ist eindeutig darauf gerichtet, die Macht im werdenden Staat zu erlangen. Diese Politik hat sie von Anfang an sehr folgerichtig betrieben.

Genossen, ich habe mir in stiller Stunde einmal Aufzeichnungen darüber gemacht. Das erste nach dem Einmarsch der Amerikaner war es, die Großbetriebe für sich zu gewinnen und die Großbetriebe durch das Einsetzen von antifaschistischen Vertrauensleuten zu beherrschen, die Gewerkschaften zu besetzen, die Zentrale der Gewerkschaften nach Erfurt, der größten Stadt in Thüringen und dem wichtigsten Verkehrsknotenpunkt, zu verlegen. Das ist ihr gelungen. Die KPD konnte das durchführen, weil wir damals keineswegs in der Lage waren, dem entgegenzuwirken.

Zweitens: Die KPD hat von Anfang an versucht, die großen Städte in Thüringen in ihre Hand zu bekommen und die Oberbürgermeisterstellen und die Polizeistellen zu besetzen. Auch das ist ihr gelungen. Erfurt, Gera, Nordhausen sind in der Hand kommunistischer Oberbürgermeister. Alle drei Städte sind wichtige Verkehrsknotenpunkte.

Drittens: Die KPD hat weiter versucht, und sie versucht es heute noch, das Landvolk für sich zu gewinnen durch die Bodenreform, durch die Bildung von Orts- und Kreiskommissionen, durch das Einsetzen von kommunistischen Landräten in rein bäuerlichen Bezirken: [Erfurt-]Weißensee, Langensalza, Saalfeld. Ich stelle Tatsachen fest. Sie hat weiter versucht, die Polizeiorganisation in ihre Hand zu bekommen, die Polizeiinspektionen im ganzen Land mit Kommunisten zu besetzen und einen Polizeiapparat über ganz Thüringen aufzubauen. Die Mehrzahl der Polizeipräsidenten sind Kommunisten. Die KPD stellt den ersten Vizepräsidenten des Landes mit großen Vollmachten[71], und sie ist im Besitze der Präsidialkanzlei. Die KPD hat also praktisch alle Machtpositionen im Land in der Hand. Das sind Tatsachen. Es ist die Frage, ob wir das von dem Standpunkt einer gemeinsamen Politik im Interesse der gesamten Arbeiterklasse als verwerflich betrachten. Ich kann es nicht als verwerflich betrachten, daß eine Partei, die die Interessen der Arbeiterklasse vertritt, auch die Machtpositionen im Staate erwirbt.

Genossen, ich bin der Meinung, das soll uns in unserem Verhalten zur KPD nicht in die Lage versetzen, daß wir uns ins Unrecht setzen, sondern wir müssen unser Verhalten so einrichten, daß, wenn es schon einmal zu ernsthaften Differenzen und zur endgültigen Scheidung der Geister kommen sollte, nicht wir die Verantwortung dafür zu tragen haben. Es muß dann eindeutig und klar vor der Öffentlichkeit und vor der deutschen Arbeiterklasse und vor dem internationalen Proletariat ersichtlich sein, daß das die Schuld der KPD ist und nicht unsere Schuld (Zuruf: Das ist es jetzt schon!).

Nein, Genossen, das ist es nicht! Es handelt sich hier außerdem um eine Frage nicht nur für die Zukunft von Tod und Leben der deutschen Arbeiterbewegung, sondern auch um die Frage, ob Leben oder Untergang der SPD. Denn, Genossen, seien wir uns doch darüber klar: Würden wir einen Kampf gegen die KPD entfesseln, dann würde das bedeuten, daß

---

71 Entsprechend ihrer bündnispolitischen Konzeption verzichtete die KPD in allen Ländern auf die Funktion des Präsidenten der Landesverwaltung. Der Präsident der Landesverwaltung nahm allerdings nur formal die wichtigste Stellung ein. Eine Schlüsselrolle fiel dagegen den ersten Vizepräsidenten und späteren Innenministern zu, die in der Regel Kommunisten waren. Die ersten Vizepräsidenten leiteten die Innenressorts und waren ausnahmslos zuständig für das Personalwesen und die Polizei sowie für eine Reihe anderer wichtiger Ressorts.

wir einen Kampf gegen die Besatzungsmacht auszutragen haben. Können wir uns das leisten?

Das Potsdamer Abkommen schreibt eindeutig vor, daß das politische Leben in Deutschland nach den Richtlinien der Besatzungsmacht sich zu vollziehen hat, nach den politischen Anschauungen der jeweiligen Besatzungsmacht. Das heißt, das politische Leben in der englischen oder in der amerikanischen Besatzungszone kann anders sein und wird anders sein als das politische Leben innerhalb der russischen Besatzungszone.[72] Ich habe auf dem Landesparteitag schon zum Ausdruck gebracht, daß wir erst durch den Befehl des Marschall Schukow vom 10. Juni [1945][73] die Möglichkeit gehabt haben, unser politisches Leben wieder aufzubauen, und ich habe daran anknüpfend die Bemerkung gemacht: Politische Geschenke verpflichten. Das heißt, auch wenn wir uns nicht ohne weiteres unter die Beschlüsse des Potsdamer Abkommens stellen würden, so würden wir doch schon allein auf Grund jenes Befehls moralisch verpflichtet sein, uns durchaus loyal und vertrauensvoll mit der Besatzungsmacht abzufinden und gemeinsam mit ihr zu arbeiten. Darüber hinaus liegen die Beschlüsse der beiden Zentralinstanzen vor, des Zentralkomitees und des Zentralausschusses, an die wir gebunden sind.[74] Unsere Linie ist damit eindeutig klargestellt und festgehalten.

Kurz und gut, Genossen, ich bin der Auffassung, daß wir unser Verhalten gegenüber der KPD so einstellen sollen, daß wir sie als eine Bruderpartei betrachten, mit der es keinen Machtkampf gibt, sondern mit der es eine Bündnispolitik zu betreiben gilt. Und ich unterschreibe durchaus noch das, was ich am 8. August [1945] unterschrieben habe, daß ich mit ihr vertrauensvoll und kameradschaftlich zusammenarbeiten will.

Denn wir dürfen uns nicht von zeitweiligen Stimmungen und Erscheinungen, die im Lande auftreten, leiten lassen, wenn wir den politischen Führungsanspruch erheben. Die Geisteshaltung des Proletariats ändert sich von Tag zu Tag, von Monat zu Monat, und das Bewußtsein folgt immer den zeitlichen Erscheinungen später nach, wenigstens soweit die breite Masse in Frage kommt. Wir erleben die Unterschiede in der geistigen Haltung zwischen dem bäuerlichen Volk und der Bevölkerung der großen Städte. Das bedeutet, daß wir einen Führungsanspruch auf Grund marxistischer Erkenntnis erheben müssen und daß wir daraus die Schlußfolgerung zu ziehen haben, nämlich: erst die Parteivereinigung und dann die Massenvereinigung. Wenn beide Parteien sich erst einmal zusammengefunden haben, bilden sie eine große Masse, daß sie als Magnet auf die vielen indifferenten Menschen wirken und diese an sich heranziehen. Wir haben das Beispiel an der NSDAP. Auch sie ist nicht allein durch Terror so groß geworden, sondern sie ist groß geworden zu einer Zeit schon, als sie den Terror noch nicht ausüben konnte. Sie war damals schon zu einer Millionenpartei geworden, und sie hat ihre Millionenstimmen bei den Wahlen von 1928 und

---

72 Das Potsdamer Abkommen legte in Abschnitt III/A u. a. fest: »1. Entsprechend der Übereinkunft über das Kontrollsystem in Deutschland wird die höchste Regierungsgewalt in Deutschland durch die Oberkommandierenden der Streitkräfte der Union der Sozialistischen Sowjetrepubliken, der Vereinigten Staaten von Amerika, des Vereinigten Königreiches und der Französischen Republik nach den Weisungen ihrer entsprechenden Regierungen ausgeübt, und zwar von jedem in seiner Besatzungszone, sowie gemeinsam in ihrer Eigenschaft als Mitglied des Kontrollrats in den Deutschland als Ganzes betreffenden Fragen. 2. Soweit dieses praktisch durchführbar ist, muß die Behandlung der deutschen Bevölkerung in ganz Deutschland gleich sein.« Zitiert in: *Steininger*, Deutsche Geschichte 1945–1961, S. 75.
73 Im Original: 2. Juni.
74 Gemeint ist die Vereinbarung vom 19. Juni 1945 über die Bildung eines gemeinsamen Arbeitsausschusses.

1933[75] nicht auf Grund von Terrorakten erreicht, sondern weil sie einen entsprechenden Einfluß auf die Massen ausüben konnte durch die magnetischen Verhältnisse, wie ich sie eben dargelegt habe.

Genossen, wir haben nämlich keine Revolution erlebt, aber wir haben noch eine starke Gegenrevolution in unserem Land. Und diese gegenrevolutionären Kräfte sind stimmungsmäßig natürlich geneigt, sich einer Partei anzuschließen, von der sie keinen Schimmer haben. Denn von der SPD und ihrem Wesen wissen die vielen Neuen gar nichts. Sie vermuten nur, daß die Partei »anständiger« ist als die Kommunisten und nicht so revolutionär als die Kommunisten und daß sie die soziale Umwälzung nicht so anstrebt wie die Kommunisten. Das ist doch ein Irrtum, Genossen. Wir wollen die Revolution, wir wollen die soziale Umwälzung und die klassenlose Gesellschaft, und wir sind durchaus nicht weniger radikal als die Kommunisten. Das beanspruche ich wenigstens für mich. Und ich glaube, daß wir einig sein müssen darin, daß wir alles vermeiden müssen, was Gegensätze zwischen den beiden Parteien hervorruft. Wir müssen vielmehr alles versuchen, die Gegensätze abzuschleifen durch Zusammenarbeit in den einzelnen Orten, zwischen den beiden Vorständen und den Aktionsausschüssen. Nur dadurch können die Gegensätze ausgeglichen werden, und nur so kommen wir zum Ziel.

Nicklas – Rudolstadt:
Ich will Ihre Aufmerksamkeit und Ihre Nervenkraft nicht lange beanspruchen. Die Geburtswehen, wie sie hier geschildert worden sind, haben wir auch in Rudolstadt durchgemacht. Nur ein neues Moment in Bezug auf die Betriebsgemeinschaft.

Ich bin Mitglied des Betriebsrates der Thüringer Zellwolle. Kurz vor der Abstimmung sollten diejenigen demokratisch eingestellten Belegschaftsmitglieder sich in eine Liste einzeichnen, die miteinander in einen freundschaftlichen Verkehr, in einen politischen Gedankenaustausch treten wollten. Ich erhielt die stattliche Zahl von 500 Mitgliedern, die sich dazu bereit erklärten. Das gab mir und meinem Mitarbeiterstab sehr zu denken. Wir haben uns dann zusammengesetzt und haben eine Betriebsgemeinschaft ins Leben gerufen. Ich habe die Organisation aufgezogen. Ich bin z[ur] Z[ei]t politischer Leiter. Jede der 25 Abteilungen hat einen Organisationsleiter. Die Sache läuft planmäßig so, wie ich es mir gedacht hatte.

Der Betriebsrat war seinerzeit von dem russischen Kommandanten eingesetzt worden. Er war Kommunist. Als ich vom Volkssturm[76] zurückkam und in den Betrieb eintrat, wurde ich gleich in den Betriebsrat hereingezogen. Die Sache haben wir eine Weile durchgeführt, bis innerhalb der KPD ein elender Krach zustande kam. Die Einigkeit, die innerhalb dieser Genossen herrscht, ist ja schon skizziert worden. Der Krach endete damit, daß

---

75 Am 20. 5. 1928 erhielt die NSDAP bei den Wahlen zum Deutschen Reichstag 809 939 Stimmen (2,6 %), am 14. 9. 1930 6 406 924 Stimmen (18,3 %), am 31. 7. 1932 13 779 017 Stimmen (37,4 %), am 6. 11. 1932 11 737 395 Stimmen (33,1 %), schließlich am 5. 3. 1933, nach der Machtübertragung an Hitler am 30. Januar und der Liquidation des Rechtsstaates durch die Notverordnung »zum Schutz von Volk und Staat« vom 28. Februar, 17 277 328 Stimmen (43,9 %). Vgl. *Heinrich August Winkler*, Arbeiter und Arbeiterbewegung in der Weimarer Republik, Bd. 2: Der Schein der Normalität, 1924 bis 1930, Berlin/Bonn 1985, S. 521 f.; *ders.*, Arbeiter und Arbeiterbewegung in der Weimarer Republik, Bd. 3: Der Weg in die Katastrophe, 1930 bis 1933, Bonn 1990, S. 189, S. 684, S. 774, S. 884.
76 Am 25. 9. 1944 auf Befehl Hitlers geschaffen, umfaßte der »Deutsche Volkssturm« alle nicht bereits zum Heeresdienst eingezogenen 16- bis 60jährigen. Er sollte als letztes Aufgebot die Streitkräfte bei der Verteidigung des Reichsgebietes unterstützen, nachdem die deutschen Vorkriegsgrenzen nun im Osten und Westen vom militärischen Gegner erreicht worden waren. Vgl. *Martin Broszat/Norbert Frei* (Hrsg.), Das Dritte Reich im Überblick, München/Zürich 1989, S. 285.

der Betriebsratsvorsitzende, der seinerzeit eingesetzt worden war, zum Teufel gejagt wurde und daß der russische Kommandant von Rudolstadt diktatorisch einen neuen KPD-Mann einsetzte. Dieser hatte nichts anderes zu tun, als sieben ausgesprochene organisierte KPD-Männer hereinzunehmen, drei SPD-Leute und vier Parteilose.

Mit diesen ist nun Seite an Seite gearbeitet worden, bis eine Betriebsversammlung veranstaltet wurde, in der der Genosse [Willi] Albrecht aus Erfurt gesprochen hat, der von der Belegschaft niedergeschrien und niedergetrampelt wurde, sie wollte ihn nicht hören. Das hatte noch ganz üble Folgen. Auch ich wurde mit dem Betriebsratsvorsitzenden zu den Russen geladen und wurde bis nachts ein Uhr verhört. Es wurde mir mit Einsperren, Verprügeln und mit tausend Strafen gedroht. Es wurde so hingestellt, als ob der Genosse [Willi] Albrecht von faschistischen Elementen niedergebrüllt worden sei. Es war aber nicht der Fall; er war selber daran schuld.

Nachdem ich festgestellt hatte, daß die KPD in unserem Betrieb über eine absolute Mehrheit verfügt, habe ich eine Rundfrage gehalten und erhielt über 500 zusagende Unterschriften. Nachdem ich diese eingesehen hatte, habe ich mich entschlossen, eine Betriebsgemeinschaft der SPD aufzuziehen. Es wird wohl Ihre Zustimmung finden. Ich möchte Sie bitten, in die größeren und kleineren Betriebe zu gehen. Das trägt unbedingt viel bei zum sozialdemokratischen Aufbau. Es wird dann auch der Größenwahnsinn der KPD etwas gedämpft werden. Es darf nicht nur die KPD das Recht haben, in den Betrieben zu arbeiten. Sondern die Betriebsräte müssen paritätisch zusammengesetzt werden. Ich persönlich bin auch nicht dafür, daß wir bei den kommenden Betriebsratswahlen Einheitslisten aufstellen, sondern es müssen Sonderlisten eingereicht werden: SPD, KPD, CDU, [Liberal-]Demokraten.

Nun zu den Ausführungen des Genossen [Heinrich] Hoffmann. Ich muß dem Genossen [Heinrich] Hoffmann zum Teil Recht geben. Auch ich habe in verschiedenen Versammlungen erklärt, daß wir von der SPD uns nicht einbilden, nun allein führend zu sein in der Arbeiterbewegung. Wir suchen uns aus unseren Reihen die intelligentesten und fähigsten Köpfe heraus, und diese sollen führen. Das soll auch die KPD tun. Wenn die Kommunisten fähige Köpfe haben, dann haben wir nichts dagegen, daß wir sie hereinnehmen.

Bei dem ganzen Einigungsrummel, der jetzt durch das Thüringer Land rast, ist dies festzustellen: Die KPD will in den Vordergrund treten, und sie möchte die Führung der Massen an sich reißen. In Wirklichkeit stehen die Massen nicht hinter der KPD. Das sehen wir, wenn wir durch das Land gehen. Aber wir wollen den Kommunisten entgegenkommen und wollen ihnen sagen: Die Einigkeit liegt vollkommen da, ihr braucht nur zuzusagen. Was haben wir zu opfern als Sozialdemokraten? Unser Name muß bleiben. Entweder Demokratische Arbeiterpartei oder Sozialdemokratische Arbeiterpartei. Eine Partei aber hat einen Namen zu verlieren: die Kommunistische Partei. Denn die Vereinigung von Diktatur und Demokratie konnte nur einer fertigbringen, das war Adolf Hitler, der ein Diktator war und gleichzeitig auch Demokrat sein wollte. So etwas aber ist heute nicht mehr möglich.

Ich stehe auf dem Standpunkt: Die Einigung kann jeden Tag vollzogen werden. Und wenn es nicht geschieht, dann müssen die Wählermassen abstimmen: Wenn wir dann die übergroße Mehrheit der Stimmen erhalten, dann gibt es, wie es in England der Fall ist, nur noch eine einzige sozialistische Arbeiterpartei.

[Wilhelm] *Pohle*[77] – Hildburghausen:
Genossen, ich habe nur eine ganz kurze Sache. Gestern hat in einer kommunistischen Versammlung in Hildburghausen der Genosse [Werner] Eggerath[78] gesprochen. Er hat ein

---
77 Wilhelm Pohle, SPD. 1945/46 Vors. KV SPD Hildburghausen. April 1946 LV SED Thüringen.
78 Werner Eggerath, geb. am 16. März 1900 in Elberfeld. Beruf: Schlosser. Seit 1924 KPD. 1933 bis 1945 illegale Arbeit, Zuchthaus Münster u. Strafanstalt Bochum. Juni 1945 Gewerkschaftssekr. in

235

sehr sachliches Referat gehalten. Dann wurde das Referat zur Diskussion gestellt. Ich sagte mir: Über dieses Referat ist nicht zu diskutieren. Nachdem eine Weile verstrichen war, stand einer vom Vorstand auf, der etwas verärgert war. Es war der Verlagsleiter von der Thüringer Volkszeitung.[79] Er fing an, darüber zu schimpfen, daß die Leute vorzeitig den schlecht besuchten Saal verließen. Dann zog er vom Leder über [Carl] Severing, [Gustav] Noske und Genossen. Und dann sagte er, daß es ja auch anständige Genossen von der SPD gäbe, aber diese gehörten zur KPD. Er erklärte dann weiter, daß der Genosse [Werner] Eggerath der Vater der Leitartikel in der Thüringer Volkszeitung sei und daß die Kommunisten überall die ersten gewesen wären, nachdem die Amerikaner eingezogen waren. Als er seine Ausführungen beendet hatte, erteilte der Versammlungsleiter dem Genossen [Werner] Eggerath sofort das Schlußwort.

Ich möchte nur einmal gern die Meinung der Genossen hören, ob es sich empfiehlt, in solchen Versammlungen zur Diskussion zu sprechen. Ich persönlich bin der Meinung, daß der Mann von der KPD durch seine Ausführungen in der Diskussion der KPD mehr geschadet als genutzt hat. Ich bin fest überzeugt: Wenn ich da ein paar passende Worte gesagt hätte, daß ich die Masse sofort auf meiner Seite gehabt hätte. Aber ich habe mir gesagt, ich will nichts tun, was vielleicht nicht im Sinne der Allgemeinheit wäre.

Dann möchte ich weiter Kenntnis geben davon, daß der Genosse Kempf, der Vorsitzende der SPD in Ummerstadt, verhaftet worden ist. Er hat mir einen Kassiber aus dem Gefängnis in die Hände geschmuggelt, in dem er schreibt: Ich bin [von] einem KPD-Mann hereingelegt worden. Ich habe schon verschiedenes unternommen, aber ich habe noch nichts erreichen können. Es ist da unten ein Kommunist, ein abgedankter Lehrer, der wegen Unterschlagung eineinhalb Jahre im Gefängnis gesessen hat, der jetzt furchtbar herumwütet, und ich muß leider sagen, daß er jegliche Unterstützung seitens der Kommandantur erfährt. Auch bei mir ist die Sonderpolizei schon einmal gewesen und hat alles durchsucht. Ich möchte dabei die Frage anschneiden, ob es nicht möglich ist, daß wir Ausweise erhalten, damit wir besser geschützt sind.

[Karl] *Heintz* – Gotha:
Ich glaube, es ist nicht notwendig, daß wir uns noch weiter über dieses Thema unterhalten. Fest steht, daß die Initiative bei den Vorsitzenden der Ortsvereine und der Kreisverbände liegen muß. Wir wissen, daß wir alle Schwierigkeiten haben von Seiten der KPD. Aber ich kann auch feststellen, daß wir in unserem Kreisverband gemeinsam verschiedene schwere Sachen abgebogen haben. In der Angelegenheit Oberhof z. B., wo sie einen Bürgermeister eingesetzt hatten, haben wir uns mit [Ernst] Busse in Verbindung gesetzt, als er in Gotha war, und haben diese Sache klarbekommen.

Wir müssen Mut und Initiative auch der Militäradministration gegenüber aufbringen. Zum Teil liegt es auch an uns, Genossen. Man darf nicht immer warten, bis die Zeitung kommt oder bis man Weisung vom Landesvorstand erhält. Ich war sechsmal in Finsterbergen, und es ist heute noch keine Ortsgruppe gegründet. Es liegt daran, daß wir nicht genügend Zeitungen haben. Dann möchte ich doch bitten, die Worte des Genossen [Heinrich] Hoffmann zu beherzigen. Es ist nicht gesagt, daß wir mit den Kommunisten hundertprozentig durch dick und dünn gehen müssen. Aber es ist notwendig, zu erkennen, daß die

---

Eisleben u. LR Mannsfelder Seekrs. Oktober 1945 bis April 1946 Ltr. BL KPD Thüringen. April 1946 bis 1952 LV, bis September 1947 Vors. LV, bis 1950 Sekr. LV SED Thüringen. 1946/47 PV SED. Mai bis Oktober 1947 Minister des Innern Thüringen. Oktober 1947 bis 1952 Ministerpräs. Thüringen. 1949 MdV. 1952/54 Staatssekr. 1954 bis 1957 Botschafter DDR in Rumänien. 1957 bis 1960 Staatssekr. 1977 gest.

79 Die »Thüringer Volkszeitung« war die Landeszeitung der KPD Thüringen.
80 Karl Heintz, SPD. April 1946 LV SED Thüringen u. Landratsamt Gotha.

kommunistischen Genossen, die wir in den Kreisverbänden kennengelernt haben, versuchen, zu einer bestimmten Einigkeit zu kommen. Wenn wir die anderen Parteien uns ansehen, die Demokraten, die CDU, dann wollen wir doch lieber versuchen, den Kontakt zur KPD herzustellen als zu den [Liberal-]Demokraten oder zur CDU, denn das, was diese Parteien vertreten, ist offene Reaktion, die nicht nur uns als Sozialdemokraten, sondern die beiden Parteien in die Ecke drücken will und alle möglichen Manöver.

Das bitte ich zu beherzigen, daß wir draußen im Land mindestens zuerst mit der anderen proletarischen Partei uns in Verbindung setzen und dann erst an eine Möglichkeit der Verbindung mit den Demokraten denken und nicht umgekehrt, wie wir es in Gotha erlebt haben, was einen schweren Zusammenstoß verursacht und große Schwierigkeiten gemacht hat. Ich bitte nochmals, daß unsere Funktionäre sich einigen und die gegenwärtige Lage verstehen. Denn die Militärverwaltung ist nun leider einmal eine Tatsache.

Vorsitzender Dr. [Hermann] *Brill*:
Es haben von 22 Kreisverbänden 14 zu der Frage sich geäußert, also fast zwei Drittel. Ich glaube, die Aussprache ist so ausgiebig gewesen, daß ich nur wenig noch hinzufügen brauche. Ich habe nicht die Absicht gehabt, in eine Polemik mit dem Genossen [Heinrich] Hoffmann einzutreten, wollte vielmehr durch mein Referat einen positiven Weg zeigen, wie wir zu der sozialistischen Einheit der deutschen Arbeiterklasse kommen können. Es ist gegen meine Vorschläge im Grunde genommen nichts vorgebracht worden. Aber da der Genosse [Heinrich] Hoffmann nun einmal einen Angriff gegen mich gerichtet hat, bin ich natürlich gezwungen, einiges darauf zu sagen.

Damit wir uns über die Verhältnisse in Thüringen ganz klar sind und keinerlei Unklarheiten bestehen bleiben, Genossen, möchte ich zunächst einmal feststellen, daß der Genosse [Heinrich] Hoffmann seit August dieses Jahres der Kandidat der Sowjet-Militäradministration für die Führung der Sozialdemokratischen Partei in Thüringen ist.

([Heinrich] Hoffmann: Das ist mir unbekannt!)
Das braucht uns nicht zu überraschen. Es ist sogar ganz selbstverständlich, daß sich die Russen irgend jemand suchen, mit dem sie zusammenarbeiten möchten. Das ist in der bolschewistischen Partei immer so gewesen. Der Genosse [Heinrich] Hoffmann ist unter Übergehung meiner Person im August [1945] zu politischen Verhandlungen nicht nur einmal, sondern mehrere Male hinzugezogen worden.[81] Ich rede nicht von dem, was der Genosse [Heinrich] Hoffmann getan hat, ich rede nur von dem, was die Russen getan haben.

Genosse [Hans] Freiburg ist in den letzten drei Wochen, nachdem die neue Kampagne angelaufen war, nach dem Landesparteitag, also nachdem wir die Wahl des neuen Landesverbandsvorstandes gemeldet hatten, nachdem Genosse [Otto] Grotewohl die nach unserem Statut gar nicht erforderliche Bestätigung des neuen Vorstandes ausgesprochen hatte, nachdem wir gebeten hatten, von dem Verwaltungsgeneral Kolesnitschenko alle einmal empfangen zu werden – was bis jetzt noch nicht geschehen ist –, ich sage: nach dem allem haben die Russen es für richtig gehalten, den Genossen [Hans] Freiburg zu fragen, warum wir denn einen solch schlechten Vorstand hätten[82], warum er als politischer Sekretär nicht dafür sorge, daß [Heinrich] Hoffmann Vorsitzender werde (Hört!, Hört!).

---

81 Nach einer kurzzeitigen Verhaftung durch die sowjetischen Militärbehörden war Hermann Brill am 6. August 1945 mit seiner Familie aus Sicherheitsgründen nach Masserberg ausgewichen. Offiziell galt er als krank. Die Geschäfte des Landesvorstandes führte in dieser Zeit Heinrich Hoffmann. Auf diese Weise kam Hoffmann in die Rolle des Gesprächspartners der SMA. Erst am 24. September 1945 nahm Brill seine Aufgaben als 1. Landesvorsitzender der SPD Thüringen offiziell wieder wahr.
82 Am 28. Oktober 1945 wurde der geschäftsführende Vorstand in folgender Zusammensetzung gewählt: Hermann Brill als 1. Vorsitzender; Heinrich Hoffmann als 2. Vorsitzender; Walter Feder-

Und am Sonnabend spät abends wurde ich in meiner Wohnung angerufen von dem Telegraphenbeamten hier in Weimar. Es wurde mir mitgeteilt, daß ich einen besonderen Fernsprecher für den Fernverkehr bekäme, der auf das Sonderamt hier geschaltet wird und auf dem es möglich ist, unter Umgehung des Postamtes jederzeit mit sämtlichen Oberbürgermeistern und Landräten zu sprechen. Es wurde mir bei dieser Gelegenheit mitgeteilt, daß der Oberstleutnant Sosnow befohlen habe, daß auch Herr [Heinrich] Hoffmann – so drückte er sich aus; es ist nicht mein Ausdruck – einen solchen Fernsprecher für den direkten Verkehr erhalte. So also liegen die Verhältnisse, Genossen. Das sage ich nicht gegen den Genossen [Heinrich] Hoffmann – ich betone das noch einmal –, sondern ich sage es, um die ganze Situation zu kennzeichnen, in der wir uns hier befinden.

Und nun einiges zu dem, was Heinrich Hoffmann hier gesagt hat. Genossen, ich halte es für eine grobe und verhängnisvolle Täuschung, wenn wir unser Verhältnis zu der heutigen KPD dahin kennzeichnen, daß wir doch alle eine Mutter hätten, nämlich die SPD. Die heutige KPD hat bis in die personelle Besetzung der Bezirksleitung in Thüringen hinein mit der ehemaligen SPD fast nichts mehr zu tun, sondern sie ist in der Praxis des politischen Lebens eine vollständig neue Erscheinung von Elementen, die niemals durch die Sozialdemokratische Partei gegangen sind und die ideologisch sogar in scharfem Gegensatz zu der Auffassung des Marxismus stehen, der in der SPD bis heute vertreten wird. Das müssen wir uns klar machen.

Es ist ein neues Element, das aufgetreten ist, und zwar ist es ein Element, das geschaffen worden ist – ich glaube auf dem vierten Weltkongreß ist es gewesen – durch die sogenannte Bolschewisierung der Arbeiterbewegung[83], ein Programm, durch das ja die Ausmerzung der spezifisch sozialdemokratischen Elemente aus der Arbeiterbewegung verlangt und die Durchsetzung der Arbeiterbewegung mit spezifisch bolschewistischen Elementen gefordert worden ist.

Ich glaube auch, daß der Genosse [Heinrich] Hoffmann das Bild von der Machtstellung der KPD in Thüringen nur unvollständig gezeichnet hat. Denn er hätte zur gleichen Zeit auch aufzeigen müssen, was wir dabei verloren haben. Ich weiß nicht, ob es für uns so selbstverständlich ist; bisher haben wir es jedenfalls nicht als so ganz selbstverständlich hingenommen. Daß das alles nur möglich gewesen ist – die Beseitigung des sozialdemokratischen Regierungspräsidenten, die gänzliche Reinigung der Präsidialkanzlei von Sozialdemokraten; es sitzt nicht ein einziger Sozialdemokrat in der einzig maßgebenden Stelle des Landes (Zuruf: Was ist denn [Georg] Appell?); [Georg] Appell sitzt nicht in der Präsidial-

---

busch als Schriftführer; Karl Buchmann als Kassierer; Gustav Brack, Otto Steinbrück, Curt Böhme, Ida Karthäuser, Otto Kästner und Marie Carnarius als Beisitzer. Adolf Bremer und Hans Freiburg fungierten als Landessekretäre.
83 Der vom 17. Juni bis zum 8. Juli 1924 in Moskau tagende V. Kongreß der Kommunistischen Internationale verabschiedete Thesen, die die Aufgabe stellten, die kommunistischen Parteien zu bolschewisieren, d. h. sie durch Übernahme des »Marxismus-Leninismus« in der damaligen russischen Interpretation nach dem Vorbild der Kommunistischen Partei Rußlands zu formen. Vgl. Thesen und Resolutionen des V. Weltkongresses der Kommunistischen Internationale, Hamburg 1924, S. 92. Den harten Kern aller Überlegungen bildete der Gedanke, die nichtrussischen kommunistischen Parteien befänden sich gegenüber der russischen Partei auf einem niedrigeren Niveau der politischen und organisatorischen Entwicklung, wie es auch in den »Thesen über die Bolschewisierung« des erw. Plenums des Exekutivkomitees der Komintern vom März/April 1925 zum Ausdruck kam. Vgl. *Yvonne Thron*, Bolschewisierung gleich Stalinisierung? Zur Bolschewisierungskonzeption der Komintern in den Jahren 1924 und 1925, in: BzG, Heft 5, 1990, S. 579–590; *Hermann Weber*, Die Wandlung des deutschen Kommunismus. Die Stalinisierung der KPD, 2 Bde., Frankfurt/Main 1969; *ders.*, Kommunismus in Deutschland 1918-1945, Darmstadt 1983.

kanzlei[84] – durch den Gebrauch der Macht der Besatzungstruppe, das ist selbstverständlich.

Daß die Kommunisten aus eigener Initiative, durch ihre Intelligenz, durch die geistigen Kräfte, die sie zur Verfügung haben, die Posten hätten besetzen können, die sie jetzt in Thüringen innehaben, das muß ich als gänzlich ausgeschlossen bezeichnen. Denn ich habe die Kommunisten wochenlang gebeten, mir für Posten, die ich ihnen bezeichnet habe, Kräfte zur Verfügung zu stellen. Vielleicht haben sie es damals schon vorsätzlich sabotiert und wollten es nicht tun; vielleicht wollten sie sich einige Leute aufheben für bestimmte Zwecke. Aber sie haben auch erklärt, daß sie leider nicht so viele intelligente Kräfte zur Verfügung hätten, wie sie eigentlich Posten auf Grund unserer Stärke zu besetzen wünschten.

Und nun ein Drittes. Meiner Meinung nach begeht der Genosse [Heinrich] Hoffmann einen prinzipiellen Fehler, wenn er die Frage des Zusammenschlusses – ich greife die Formulierung von Genossen [Theo] Gundermann, Sonneberg, auf – mit der Frage der Zusammenarbeit verwechselt. Für ihn ist das das gleiche; für mich sind es zwei verschiedene Dinge. Die Frage der Zusammenarbeit in den Verwaltungsorganen ist nur ein Teil – und ich glaube, der untergeordnete Teil – für die Frage des Zusammenschlusses und der Schaffung der Einheit der deutschen Arbeiterbewegung. Daß wir mit den Kommunisten überall zusammenarbeiten, wie auch der Genosse [Karl] Heintz unterstrichen hat, das ist selbstverständlich. Daß wir auch jeden Kommunisten zu stützen suchen im Kampf gegen bürgerliche Kreise, auch das ist selbstverständlich. Wenn es seitens der Kommunisten gegenüber den Sozialdemokraten genauso gemacht würde, ich glaube, dann lägen die Verhältnisse um ein vieles besser. Das ist leider nicht der Fall.

Es ist nicht ein zweiseitiger Bündnisvertrag, in dem wir zueinander stehen, sondern es ist ein einseitiges, diktiertes Verhältnis, in dem wir zueinander stehen, in dem wir zwangsläufig mitlaufen und versuchen müssen, in dem Raume, der für uns frei gelassen ist, uns selbst zu entwickeln. Und ich glaube, wenn wir es so – wenn ich mich so ausdrücken darf – von einem höheren Interesse aus sehen, dann müssen wir sogar Verwahrung einlegen, daß die Frage degradiert wird zur Frage der Erhaltung des Status quo und zur Frage der Postenverteilung zwischen Oberbürgermeistern und Landräten. Davon kann gar keine Rede sein. Ich selbst habe die Anweisung gegeben: Es wird jeder Dienstposten gehalten; so lange, bis der Sozialdemokrat fortgejagt wird, bleibt der Sozialdemokrat da, und jeder Posten, den wir neu besetzen können, wird besetzt. Aber das ist, glaube ich, etwas, was wir auf Grund der ganzen Stellung, die wir in Thüringen einnehmen, als das allermindeste für uns beanspruchen müssen.

Genossen, damit möchte ich auf das geantwortet haben, was Heinrich Hoffmann hier vorgebracht hat. Praktisch, stelle ich fest, ändert sich an unserer Linie nichts. Es ist maßgebend der Beschluß des Landesparteitages. Wir werden also versuchen, die Zusammenarbeit fortzusetzen, geleitet durch die zentralen Instanzen. Wir werden versuchen, die parteipolitisch unbestimmten Antifaschisten überall zu beseitigen. Wir werden versuchen, überall die Aktionsausschüsse wieder zu beleben und zu Fraktionsgemeinschaften zusammen-

---

84 Georg Appell wurde am 16. Juli 1945 von der SMAD als 2. Vizepräsident der Landesverwaltung Thüringen, zuständig für das Landesamt für Verkehr, eingesetzt. Appell war zunächst der einzige Sozialdemokrat in der Landesverwaltung. Nach einer ultimativen Forderung des SPD-Landesvorstandes wurde am 18. August 1945 Curt Böhme Landesdirektor des Innern. Dem Landesamt des Innern wurden jedoch im Laufe der folgenden Monate eine Reihe wichtiger Funktionen entzogen und dem kommunistischen 1. Vizepräsidenten Ernst Busse unterstellt, so vor allem die Polizeiverfügung. Die Präsidialkanzlei hatte besondere Bedeutung, da ihr zunächst auch das Personalamt untergeordnet war. Dieses wurde allerdings im Herbst 1945 aus der Präsidialkanzlei ausgegliedert und dem 1. Vizepräsidenten unterstellt. Vgl. SBZ-Handbuch, S. 173 ff.

[zu]fassen, und wir werden weiter dabei unsere organisatorische und ideelle Selbständigkeit aufrechterhalten (Bravo! Sehr richtig!) und vor allen Dingen versuchen, zu einem eigenen Aktionsprogramm zu kommen.

Was die Frage der Fr[iedrich-]Engels-Veranstaltungen anlangt[85] so ist sie durch die Kürze der Zeit sowieso erledigt und durch das, was hier gesagt worden ist. Es kommen also gemeinsame Kundgebungen oder Versammlungen in dieser Angelegenheit nicht in Frage.

Was die Frage der Schulreform anlangt, so werden wir zu einer Mitarbeit in dieser Frage erst dann kommen, wenn ein auf die besonderen Verhältnisse der Schulpolitik in Thüringen abgestelltes Aktionsprogramm ausgearbeitet worden ist, was insbesondere hinsichtlich der Frage des Religionsunterrichts und auch anderer Dinge ein einheitliches Zusammengehen vorsieht. Ich möchte persönlich anfügen: Auch dann muß meiner Meinung nach das Schwergewicht dieser schulpolitischen Arbeit in den beiden Parteien selbst liegen. Wir wollen dann einmal sehen, wer die wertvolleren schulpolitischen Kräfte entwickelt, die KPD oder wir.

Und nun, Genossen, komme ich zum Schluß. Es ist hier wiederholt offen oder verhalten der Wunsch ausgesprochen worden, man möchte doch nun einmal einen Weg sehen, wohin die Dinge laufen sollen, wie es denn praktisch werden soll. Ich bin der Auffassung: Die vordringlichste Aufgabe, die in der Einigungsfrage jetzt zu lösen ist, ist die Werbung und die Organisation der Gewerkschaften. Da haben wir die einheitliche Organisationsform, und da haben wir die Möglichkeit, ohne daß Absplitterungen in Frage kämen, die Werktätigen Deutschlands zusammenzufassen. Ich glaube, wir müssen uns da ein bestimmtes Ziel stecken. Wir müssen uns das Ziel stecken, daß die Zahl der Mitglieder des Freien Deutschen Gewerkschaftsbundes gegenüber dem früheren Verhältnis verdoppelt und verdreifacht werden muß. Wenn wir in Deutschland einen einheitlichen Freien Gewerkschaftsbund haben, der 12 bis 15 Millionen gewerkschaftlich organisierte Arbeiter umfaßt, und wenn dieser Gewerkschaftsbund gegenüber dem wilden Allgemeinen Arbeiterverein[86], der sich jetzt zeigt, wirklich Anspruch darauf erheben kann, als Gewerkschaft gewertet zu werden, dann haben wir den ersten Teil der Einigungsfrage gelöst.

Die zweite praktische Aufgabe, die gelöst werden muß, ist meiner Meinung nach der einheitliche Aufbau der Genossenschaften. Wenn wir in Deutschland 10 Millionen genossenschaftlich organisierte Mitglieder haben, die ihrerseits 20 bis 25 Millionen Familienangehörige umfassen, dann ist der zweite Teil gelöst.

Der dritte Teil, Genossen, ist die Organisation der SPD zunächst einmal, wie viele von Euch gesagt haben, nach innen. Wir haben eine ganze Menge dafür vorbereitet. Wir wollen vier Kurse für junge Parteigenossen durchführen, in denen wir über das Leben und das Werk von [Karl] Marx, [Ferdinand] Lassalle, [August] Bebel und [Wladimir I.] Lenin sprechen wollen. Wir haben den Plan schon vor 2 Wochen der SMA eingereicht. Ich weiß nicht, wieviele Male wir schon dort gewesen sind, um nachzufragen, ob er noch genehmigt werden wird. Heute vormittag ist der Genosse Hildebrandt wieder dort gewesen. Man hat ihm heute erklärt, der Plan sei in der ganzen Administration nicht zu finden. Und der erste Kursus sollte schon in der nächsten Woche beginnen.

Wir wollen einige Fachkonferenzen veranstalten, eine Konferenz für den Verwaltungsdienst, eine Frauenkonferenz, dann eine Landschaftskonferenz, dann eine Bildungskonferenz. Die Pläne liegen fertig vor. Wir werden versuchen, sie durchzudrücken.

---

85 Aus Anlaß des 125. Geburtstages von Friedrich Engels am 28. November 1945 versuchten die Kommunisten, die Sozialdemokraten analog den Revolutionsfeiern für gemeinsame Feierstunden zu gewinnen. Derartige Veranstaltungen fanden dann in Thüringen auch statt. Vgl. *Anweiler*, Zur Geschichte der Vereinigung von KPD und SPD in Thüringen, S. 91 ff.
86 Es konnte nicht geklärt werden, was damit gemeint ist.

Bevor wir aber bei dieser Arbeit nach innen die SPD auf dem ganzen deutschen Reichsgebiet nicht zu einer einheitlichen Partei zusammengeschlossen haben, Genossinnen und Genossen, können weitere organisatorische Schritte nicht in Frage kommen. Das ist die wichtigste Voraussetzung: daß wir eine einheitliche Reichspartei haben. Und auch dabei sollten wir uns ein bestimmtes zahlenmäßiges Ziel setzen. Ich glaube, wenn wir dahin streben, zwei bis drei Millionen sozialdemokratisch orientierte Menschen in Deutschland zusammen[zu]bekommen, dann ist das Ziel nicht zu hoch gesteckt. Der Zustrom zu unserer Partei ist groß, und ich glaube auch nicht, wie Genosse [Heinrich] Hoffmann das zu glauben scheint, daß wir etwa ein Reservoir oder Sammelbecken der reaktionären Elemente Deutschlands werden. Ich habe im Gegenteil gerade von den Jugendlichen, die zu uns kommen, den Eindruck, daß sie außerordentlich viel Elan mitbringen und über den Organisationstrott hinaus wollen.

Wenn wir diese Schritte getan haben, dann glaube ich, ist auch die Unterstellung erledigt, daß alles aus Parteiegoismus erfolge. Wir haben gar keinen Parteiegoismus, und jedem von uns ist die Parteiorganisation nur ein Instrument für die politische Arbeit. Ich habe sogar den Eindruck, daß der Parteiegoismus auf Seiten der KPD viel stärker ist (Sehr richtig!) als etwa auf unserer Seite. Denn mit welchen Mitteln, beispielsweise mit dem Mittel der Sammelliste, die Kommunisten versuchen, ihre Partei aufzubauen, das grenzt nach meinem moralischen Geschmack manchmal an das Verwerfliche.

Wenn wir die Partei so organisieren, wenn wir diesen Weg gehen, Genossen, dann werden wir, glaube ich, in zwei Jahren – und vor Ablauf von zwei Jahren wird die Rückkehr der Kriegsgefangenen nicht erledigt sein – so weit sein, daß wir einen konstituierenden Kongreß für die Gründung einer einheitlichen deutschen Arbeiterpartei einberufen können. Und dann, Genossen, ist es ganz klar, auf welcher Grundlage diese Partei aufgebaut werden muß: nicht auf der Grundlage wie in Gotha 1875[87] oder in Nürnberg 1922[88], daß sich zwei politische Parteien, nämlich die SPD und KPD organisatorisch zusammenschließen, sondern so, daß durch eine Zusammenfassung von Gewerkschaften, Genossenschaften und politischen Parteien eine neue Partei geschaffen wird. Wahlen, die bis dahin stattgefunden haben, werden uns ja einen Anhalt geben, wie ein solch konstituierender Kongreß zusammengesetzt sein könnte.

Damit komme ich zur letzten Frage, zu der Frage, welche Rolle dabei die KPD spielen wird. Genossen, solange es eine KPD gibt, wird die KPD ihren zentralistischen, bolschewistischen Charakter nicht aufgeben. Und deshalb wird die KPD die Rolle spielen, die der Genosse [Willi] Martin in etwas humoristischer Weise dargestellt hat. Es wird meiner Meinung nach so werden, daß die KPD als geschlossene politische Partei dieser neuen, einheitlichen Arbeiterpartei beitritt und daß wir diejenigen sind, die durch die Gewerkschaften und durch die Genossenschaften die breite tragende Grundlage für das neue Gebäude werden. Das ist nicht undenkbar. Wir haben etwa 2 Jahrzehnte lang in England genau das gleiche gehabt. Auch da gehörten beispielsweise die Unabhängige Arbeiterpartei Englands[89]

---

87 Im Jahre 1875 vereinigten sich der »Allgemeine Deutsche Arbeiterverein« und die »Sozialdemokratische Arbeiterpartei« in Gotha zur »Sozialistischen Arbeiterpartei Deutschlands«
88 Im Jahre 1922 wurde in Nürnberg der Zusammenschluß von SPD und Rest-USPD – der größte Teil der USPD war zur KPD gegangen – zur Vereinigten Sozialdemokratischen Partei Deutschlands vollzogen.
89 Im Januar 1893 wurde die Independent Labour Party (Unabhängige Arbeiterpartei) in Bradford gegründet. Sie war konstitutiver Bestandteil der im Februar 1900 gegründeten Labour Party (Arbeiterpartei). Im Juli 1932 trat die Independent Labour Party aus der Labour Party aus. Vgl. Geschichte der internationalen Arbeiterbewegung in Daten, Berlin (Ost) 1986, S. 97, S. 106, S. 288.

und die sogenannte Sozialistische Föderation[90] als geschlossene politische Organisationen der Arbeiterpartei an. Warum sollte das in Deutschland unter dem Druck von Verhältnissen, die wir heute noch gar nicht vollständig übersehen, nicht auch möglich sein?

Ich glaube, es ist möglich, und gerade das, Genossinnen und Genossen, verlangt, daß wir baldigst mit einem selbständigen sozialistischen Aktionsprogramm für die Gründung einer neuen deutschen Arbeiterpartei hervortreten (Sehr gut! Bravo!). Ich möchte sagen: Der Stier muß bei den Hörnern gepackt werden. Die Dinge müssen von uns in die richtige Bahn geleitet werden. Nicht Vereinigung von SPD und KPD, sondern die Gründung einer neuen deutschen Arbeiterpartei, die alles Bisherige und das hinzukommende Neue gestaltet; das ist meiner Meinung nach der Gesichtspunkt, auf den hinzuarbeiten ist und mit dem wir auch alle die Schwierigkeiten aus dem Weg räumen, die, glaube ich, der Genosse Niehoff hinsichtlich der Ärztegruppe aufgezeigt hat. Wenn wir den Leuten sagen: Bitte, Ihr könnt zu uns kommen, Ihr könnt Sozialdemokraten jetzt sein, Ihr könnt künftig in einer neuen deutschen Arbeiterpartei alles das vertreten, was Ihr zu vertreten wünscht, ohne daß Ihr in die Gefahr kommt, bolschewisiert zu werden, dann werden wir, davon bin ich überzeugt, dieses Ziel, das ich gesteckt habe, wenn ich sagte, wir brauchen 2 bis 3 Millionen Sozialdemokraten, unbedingt auch erreichen.

Denn, Genossen, wie ist es heute? Welches ist der tiefste Grund all der Schwierigkeiten, die wir haben? Die Menschen, die heute zu uns kommen, zu uns als SPD, organisieren sich bei uns doch nicht mit dem Wunsch, nun recht bald mit den Kommunisten vereinigt zu werden (Sehr richtig!), sondern sie kommen zu uns, weil sie keine Kommunisten werden wollen. Und deshalb müssen wir, wenn wir in der Frage der Herstellung der Einheit der deutschen Arbeiterklasse eine große politische Aufgabe sehen, ihnen einen Weg zu dieser Einheit zeigen, die dieser Entscheidung, die sie durch ihren Beitritt zur SPD getroffen haben, bestätigt und nicht aufhebt.

Es ist gesagt worden, ich hätte mir widersprochen; ich hätte gesagt, die Frage der Einheit sei eine politische Frage, aber nicht die wichtigste, und dann hätte ich gesagt, sie sei die Schicksalsfrage der deutschen Arbeiterklasse. Vielleicht habe ich mich da etwas unklar ausgedrückt, obgleich Verschwommenheit eigentlich nicht zu den geistigen Eigenschaften gehört, über die ich verfüge. Genossen, ich habe gesagt: Die Frage der gegenwärtigen Politik in der Einigungsfrage ist eine taktierende Frage, aber vielleicht nicht die wichtigste aktuelle politische Frage, und die Einigung der deutschen Arbeiterklasse ist die Schicksalsfrage, die über Tod und Leben entscheidet. Das sind zwei verschiedene Dinge. Denn die Aufgabe der Herstellung der sozialistischen Einheit der deutschen Arbeiterklasse, als Schicksalsfrage aufgefaßt, geht weiter als die Taktik, die wir im Augenblick unter der kommunistischen Agitationswelle zu betreiben haben.

Ich bleibe also dabei, daß die Arbeit und der Kampf für die Herstellung einer wirklich umfassenden sozialistischen Einheit der deutschen Arbeiterklasse die Schicksalsfrage ist, und ich vertraue darauf, Genossinnen und Genossen, daß unsere Partei in dieser Frage die Bannerträgerin des deutschen Proletariats sein wird.

In diesem Sinne bitte ich nun draußen zu arbeiten (Bravo!).

Damit, Genossinnen und Genossen, hätten wir, glaube ich, den ersten Punkt abgeschlossen.

---

90 Im Juni 1880 wurde die Democratic Federation (Demokratische Föderation) gegründet und im August 1884 in Social Democratic Federation (Sozialdemokratische Föderation) umbenannt. Sie war wie die Unabhängige Arbeiterpartei föderatives Gründungsmitglied der Labour Party. Vgl. Geschichte der internationalen Arbeiterbewegung in Daten, S. 85, S. 106.

[Heinrich] *Hoffmann* – (persönliche Bemerkung):
Ich habe eben von Genossen [Hermann] Brill zum ersten Male davon erfahren, daß ich der Kandidat der Sowjet-Militäradministration sei, und ferner, daß ich unter Umgehung des Genossen [Hermann] Brill im August [1945] zweimal bei der SMA gewesen sei.
(Dr. [Hermann] Brill: Das habe ich nicht gesagt!)
Das hast Du gesagt!
(Dr. [Hermann] Brill: Nein, unter Übergehung meiner Person, die Russen haben mich übergangen!)
Daraus könnte aber geschlußfolgert werden, als ob ich bei der SMA irgendetwas unternommen hätte. Das ist nicht der Fall. Wenn ich der Kandidat der SMA sein sollte, dann ohne mein Wissen und gegen meinen Willen. Im Gegenteil, ich kann darauf verweisen, daß ich freiwillig auf den Posten des stellvertretenden Vorsitzenden des Landesverbandes verzichtet habe und dem Vorstand nur als Beisitzer angehöre und daß ich weiterhin, um nicht in einen Gegensatz zu dem Vorsitzenden Genossen [Hermann] Brill zu kommen, mit [Erich] Gniffke vereinbart habe, mich so bald als möglich von Thüringen zu entfernen.
Vorsitzender Dr. [Hermann] *Brill*:
Ich habe niemals unterstellt – auch jetzt nicht –, als ob der Genosse [Heinrich] Hoffmann irgendetwas unternommen habe, um bei den Russen günstig zu liegen. Ich habe nur gesagt – um Euch zu zeigen, in welcher Situation wir uns befinden –, wie einzelne Genossen herausgesucht werden, wie man versucht, einen gegen den anderen auszuspielen, um mit diesem Mittel den Zwiespalt bei uns zu fördern. Mehr nicht.

2.2 Die Reaktion von Sozialdemokraten auf die gemeinsame Entschließung des Zentralausschusses der SPD und des Zentralkomitees der KPD vom 21. Dezember 1945, die Offensive der KPD für eine organisatorische Verschmelzung und die Verzögerungstaktik der Sozialdemokratie (Mitte Dezember 1945/Januar 1946)

Mecklenburg-Vorpommern

Nr. 93

Rundschreiben Nr. 30 des Landesvorstandes der SPD Mecklenburg-Vorpommern vom 30. Dezember 1945[1]

Den 30. Dezember 1945

Rundschreiben Nr. 30

Werte Genossen!

Am 20. und 21. Dezember 1945 fand in Berlin eine gemeinsame Konferenz der Zentralausschüsse der SPD und der KPD und der Bezirksvertreter statt.[2] Diese Konferenz beschäftigte sich mit folgenden Tagesordnungspunkten:

1. Die Einheit der Arbeiterklasse
2. Die Gemeindewahlen in der amerikanischen Besatzungszone
3. Wie helfen wir den Arbeiterparteien beim Aufbau der freien Gewerkschaften?

---

1 Mecklenburgisches Landeshauptarchiv, BPA der SED Schwerin, II/3.
2 Die Konferenz des Zentralausschusses der SPD und des Zentralkomitees der KPD mit Vertretern der Bezirks- und Landesverbände beider Parteien begann am 20. Dezember 1945 im Gebäude des Zentralausschusses in der Behrenstraße und endete am 21. Dezember 1945 mit der Unterzeichnung einer gemeinsamen Entschließung. Die Entschließung basierte auf einer Vorlage der KPD, in die Streichungen und Änderungen der Sozialdemokraten eingearbeitet worden waren. Der Passus über die Aufstellung gemeinsamer Kandidaten für die kommenden Wahlen wurde gestrichen, ebenso die Aufforderung, in gemeinsamen Mitgliederversammlungen und Funktionärsberatungen zur Frage der Einheitspartei Beschlüsse zu fassen. Desgleichen wurde auf die Forderung der KPD verzichtet, die Vereinigung der Organisationen im Landes- bzw. Provinzialmaßstab zu vollziehen. Die Sozialdemokraten bekräftigten damit ihre Auffassung, daß für sie nur ein Zusammenschluß im Reichsmaßstab in Frage komme. Auch der von der KPD angestrebte Zeitpunkt für eine Verschmelzung wurde nicht genannt. So blieb die konkrete Form eines möglichen Zusammenschlusses völlig ungeklärt. Vgl. *Hurwitz*, Demokratie und Antikommunismus in Berlin nach 1945, Bd. IV, Teil 2, S. 659 ff. Für eine zu bildende Einheitspartei waren in dieser Entschließung allerdings wesentliche programmatische Vorgaben formuliert worden: »Grundsätzlich soll im Programm dieser Partei im Minimum die Vollendung der demokratischen Erneuerung Deutschlands im Sinne des Aufbaus einer antifaschistisch-demokratischen, parlamentarischen Republik mit gesetzlich gesicherten weitgehenden politischen, wirtschaftlichen und sozialen Rechten der Arbeiter und Werktätigen festgelegt werden; im Maximum soll das Programm die Verwirklichung des Sozialismus auf dem Wege der Ausübung der politischen Herrschaft der Arbeiterklasse im Sinne der Lehren des konsequenten Marxismus sein, wie sie im Kommunistischen Manifest, im Eisenacher Programm der deutschen Sozialdemokratie und in der Kritik von Marx und Engels zum Gothaer Programm festgelegt sind.« Dokumente und Materialien zur Geschichte der deutschen Arbeiterbewegung, Reihe III, Bd. 1, S. 351.

Wir machen unsere Ortsvereine darauf aufmerksam, daß der Grundgedanke dieser Konferenz war, die gemeinsame Zusammenarbeit der beiden Arbeiterparteien freundlicher und enger zu gestalten, um ein möglichst festes Zusammenarbeiten der beiden Arbeiterparteien zu gewährleisten. Die historische Notwendigkeit einer solchen Zusammenarbeit benötigt keine nähere Begründung. Die beiden Arbeiterparteien müssen, wenn das Werk des demokratischen Wiederaufbaus gelingen soll, zum Hauptträger der politischen und wirtschaftlichen Neuordnung und zum Träger der politischen Macht werden.

Jede der beiden Arbeiterparteien ist sich bewußt, daß besonders örtlich noch außerordentlich starke Hemmungen und Hindernisse zu überwinden sind. Auf der einen Seite ist die Sozialdemokratische Partei stark traditionsgebunden. Viele ihrer alten Kämpfer haben auch den 12 Jahre langen verhängnisvollen Bruderkampf persönlich erlebt. Es wird eine geraume Zeit erfordern, bis alte Vorurteile und überholte Vorstellungen überwunden sind.

Zur Kommunistischen Partei sind sehr viele Mitglieder gestoßen, die mit der Praxis und der Tradition der Arbeiterbewegung sehr wenig vertraut sind. Aus dieser Tatsache ergeben sich Schwierigkeiten und Reibungen. Um diese zu überwinden und um sie aus der Welt zu schaffen, sollen von Fall zu Fall gemeinsame Aktionen veranstaltet werden. In der gemeinsamen Aktion, d. h. der Durchführung gemeinsamer politischer und wirtschaftlicher Aufgaben, soll sich ein gegenseitiges Vertrauensverhältnis herausbilden, das letzten Endes in eine feste politische Einheit münden muß. Nur so können die politischen und psychologischen Grundlagen für eine organisatorisch geeinigte Arbeiterbewegung geschaffen werden. Alles hängt also von dem praktischen Verhalten der beiden Parteien und ihrer Funktionäre ab.

Die organisatorische Selbständigkeit jeder Partei bleibt selbstverständlich bestehen. Die ordentlichen Mitgliederversammlungen und Funktionärsitzungen, insbesondere die alljährlich im Januar stattfindenden Generalversammlungen, in denen über innere Angelegenheiten der Partei, seien es Vorstandswahlen, Kassenfragen, Mitgliederangelegenheiten usw. beraten wird, werden nicht gemeinsam abgehalten. Zu diesen Versammlungen haben nur Mitglieder der Partei Zutritt.

Anders verhält es sich bei der Durchführung gemeinsamer politischer, wirtschaftlicher und sozialer Aufgaben, d. h. also Veranstaltungen im Zuge der gemeinsamen Aktion beider Parteien. Um diese wirkungsvoller zur Durchführung zu bringen, ist ein gemeinsames Vorgehen beider Parteien in öffentlichen Kundgebungen, gemeinsamen Parteiversammlungen und auf Funktionärsitzungen notwendig. Wieweit solche Versammlungen erforderlich sind, ist von Fall zu Fall zu prüfen und von der Entscheidung unserer örtlichen Parteiinstanz abhängig.

Auf der Berliner Konferenz wurde weiter ein gemeinsames Auftreten der KPD und SPD bei den kommenden Gemeindewahlen beschlossen.[3] Diese Gemeindewahlen sind von entscheidender politischer Bedeutung. Sie erfordern unter allen Umständen ein geschlossenes Vorgehen der beiden Arbeiterparteien im politischen Interesse der Arbeiterklasse. Diese Wahlen müssen durch das gemeinsame Auftreten der beiden Arbeiterparteien einen überragenden Sieg der marxistischen Arbeiterparteien gewährleisten. Ein gemeinsames Wahl-

---

3 Die Ankündigung über die Durchführung von Gemeindewahlen in der amerikanischen Besatzungszone hatte bei der KPD zu dem Angebot an die Sozialdemokraten geführt, bei kommenden Wahlen mit gemeinsamen Wahllisten und Wahlprogrammen aufzutreten. Die Sozialdemokraten hatten zwar die Aufstellung gemeinsamer Kandidatenlisten abgelehnt, der Wahlkampf sollte aber nicht gegeneinander, sondern auf der Grundlage eines gemeinsamen Wahlprogramms für eine Arbeitermehrheit geführt werden. Die Konferenz nahm in dieser Hinsicht ein gemeinsames Wahlprogramm für die in der amerikanischen Besatzungszone bevorstehenden Wahlen an, wobei der Zentralausschuß jedoch über keinerlei Einflußmöglichkeiten auf Entscheidungen und Optionen von Sozialdemokraten in der amerikanischen Zone verfügte.

programm wird der Öffentlichkeit vorgelegt werden. Die beiden Arbeiterparteien haben sich zur Durchführung positiver politischer Ziele verpflichtet, die auch in der Parteipresse veröffentlicht wurden.

Wir legen diesem Rundschreiben die vereinbarten Richtlinien und Ziele, die von großer informatorischer und agitatorischer Bedeutung sind, an. Die grundsätzlichen Forderungen, die die Sozialdemokratische Partei im Interesse der arbeitenden und schaffenden Menschen zu stellen hat, sind in diesen Richtlinien klar und eindrucksvoll formuliert. Sie können also gleichzeitig als Unterlage für eine Rededisposition dienen.

Selbstverständlich wird für den kommenden Wahlkampf noch weiteres Material herausgebracht werden. Unsere Ortsvereine handeln auf jeden Fall richtig, wenn sie sich schon heute mit dem Gedanken einer kommenden Gemeindewahl vertraut machen. Wann diese Wahlen in der sowjetischen Zone stattfinden werden, kann heute noch nicht mit Sicherheit gesagt werden. Es dürfte aber zweckmäßig sein, schon heute Umschau nach geeigneten Genossinnen und Genossen zu halten, die in den kommenden Gemeindevertretungen für die Sozialdemokratische Partei tätig sein können. Sicherlich werden wir zunächst auf alte erfahrene Genossen zurückgreifen müssen. Auf keinen Fall aber darf die jüngere Generation fehlen.

Wir machen unseren Ortsvereinen den Vorschlag, schon in einer der nächsten Funktionärversammlungen das Thema »Gemeindewahlen« zu behandeln. Bei dieser Gelegenheit kann dann auch gleichzeitig Umschau nach befähigten Genossen und Genossinnen gehalten werden. Es dürfte nicht notwendig sein, unseren Ortsvereinen die Bedeutung dieser Wahlen noch einmal vor Augen zu führen. Von dem Ausgang dieser Gemeindewahlen wird das politische Schicksal der deutschen Arbeiterklasse entscheidend beeinflußt werden.
Der Landesvorstand

gez. W[illy] Jesse

Nr. 94
Resolution der Versammlung von Funktionären der SPD Boizenburg vom 31. Dezember 1945[1]

Resolution

Die am 31. 12. [19]45 tagende Funktionärversammlung der Ortsgruppe Boizenburg nimmt mit Entrüstung Kenntnis von der Entschließung des Zentralausschusses unserer Partei, veröffentlicht in Nr. 34 der »Volksstimme«.[2]

1. Nach demokratischen Grundsätzen muß der Zentralausschuß durch eine Wahl bestätigt werden.
2. Erst nach Fallen der zonenmäßigen Verwaltung könnte über einen Zusammenschluß der beiden Arbeiterparteien verhandelt werden.
3. Die Funktionäre sind sich darüber klar, daß bei der heutigen zonenmäßigen Verwaltung Deutschlands unterschiedliche politische Bestrebungen vorhanden sind und fordern deshalb zur Einheit eine einheitliche Reichspartei, alles andere würde eine Spaltung unserer Partei nur fördern.

---
1 Mecklenburgisches Landeshauptarchiv, BPA der SED Schwerin, II/4.
2 Landeszeitung der SPD Mecklenburg-Vorpommern. Die Entschließung wurde ebenfalls in der Nr. 147 der sozialdemokratischen Tageszeitung »Das Volk« vom 23. Dezember 1945 veröffentlicht.

Nr. 95
Schreiben von Hermann Lüdemann an den Zentralausschuß der SPD vom 31. Dezember 1945[1]

Hermann Lüdemann
Ingenieur

Schwerin/Meckl[en]b[ur]g, Obotritenring 46, II
den 31. Dezember 1945

An den
Zentralausschuß der SPD
z[u] H[änden] des Herrn Grotewohl
Berlin W 8
Behrenstraße 35

Lieber Genosse [Otto] Grotewohl!

»Die Befreiung der Arbeiterklasse kann nur das Werk der Arbeiterklasse selbst sein«; dieser Satz wird auch Geltung haben für die Befreiung der Arbeiterklasse von dem Teufel der Uneinigkeit im eigenen Lager.

Deshalb mußte auch jetzt das große Werk der Einigung aus der Arbeiterklasse selbst erwachsen, mußte der Schaffung der organisatorischen Einheit die geistige Verschmelzung der beiden Mitgliedschaften (durch Schaffung einer weitgehenden Übereinstimmung in allen grundsätzlichen Fragen des Zieles und des Weges) vorausgehen.

Zu diesem Zweck war vor allem notwendig, zunächst
erstens: die Mitglieder und namentlich die Funktionäre beider Parteien zu gegenseitiger Achtung, brüderlichem Vertrauen und kameradschaftlicher Zusammenarbeit zu erziehen. Vor allem mußten die Hinderer der Einigung – das sind die Unversöhnlichen und die Unverträglichen, die Verleumder und die pathologischen Störenfriede – ausgeschaltet werden zugunsten solcher, die guten Willens sind. (Nach dem Satz in der Entschließung vom 20./21. Dezember [1945], die Kommunisten und Sozialisten sollen »noch viel kameradschaftlicher als bisher« zusammenarbeiten, scheint die Konferenz sich in der Meinung befunden zu haben, diese Voraussetzung sei bereits erfüllt. Nach meiner Kenntnis der Verhältnisse im Land Mecklenburg-Vorpommern beruht diese Meinung auf einem großen Irrtum.)

Zweitens mußte eine weitgehende Annäherung beider Mitgliedschaften in der praktischen politischen Arbeit, eine Angleichung der Temperamente gewissermaßen, herbeigeführt, mußte vor allem die Masse unserer Genossen zu größerer Regsamkeit, erhöhter Tatkraft und gesteigertem Selbstbewußtsein erzogen werden.

Drittens mußte – zur Erziehung gegenseitigen Vertrauens und zur praktischen Erweisung demokratischer Gesinnung – eine Besetzung aller einflußreichen politischen Ämter gemäß den nachgewiesenen Mitgliederzahlen beider Parteien erfolgen. Eine Aufteilung »auf der Grundlage der Gleichberechtigung«, die die vorhandenen großen Stärkeunterschiede außer Acht läßt, könnte kein Vertrauen erzeugen und wäre als undemokratisch grundsätzlich abzulehnen.

Viertens war zu klären, inwieweit über die vorliegenden Aktionsprogramme hinaus eine Übereinstimmung in der grundsätzlichen Zielsetzung (bzw. eine grundsätzliche Übereinstimmung in der Zielrichtung zum demokratischen Sozialismus) besteht und auf welcher

---
1 Archiv der Sozialen Demokratie, Nachlaß Hermann Brill, Kassette I/2.

Grundlage ein neues gemeinsames Parteiprogramm der geeinten Arbeiterklasse erzielt werden kann.

In diesem Sinne habe ich während meiner dreimonatigen Tätigkeit als hauptberuflicher Leiter der SPD in Mecklenburg-Vorpommern[2] für die Herbeiführung einer politischen Einheit der Arbeiterklasse gewirkt, und aus den Gesprächen, die ich Anfang Dezember [1945] im Berliner Parteihaus führen konnte, hatte ich den Eindruck gewonnen, daß ich mich in Übereinstimmung mit unseren führenden Parteigenossen befände.

Durch die von meinem Nachfolger in der hauptberuflichen Leitung der mecklenburgischen Parteiorganisation[3] erzwungene Ausschließung von der ersten gemeinsamen Tagung von Zentralausschuß und Parteiausschuß[4] ist mir die Möglichkeit genommen worden, meine Auffassung mit einem größeren Kreis von Parteigenossen der vordersten Linie abzustimmen. Und da Willy Jesse, obwohl die hochbedeutsame Entschließung vom 20./21. Dezember [1945] seine Unterschrift trägt, an den für unsere Partei lebenswichtigen Beratungen am 20./21. Dezember [1945] trotz seiner Zugehörigkeit zu dem bestellten Ausschuß gar nicht teilgenommen hat[5], besteht für mich zur Zeit keine Möglichkeit der Aufklärung über das Zustandekommen der für mich überraschenden Entschließung.

Trotz ehrlichsten Bemühens will es mir nicht gelingen, die Erfolgsaussichten des nunmehr anscheinend zu 99 [zu] Hundert festgelegten Einigungsplanes zu glauben. Vielmehr befürchte ich als unausbleibendes Ergebnis, daß ein sehr großer Teil unserer Mitglieder den Schritt nicht mitmachen, sondern nach rechts abwandern wird. Die neue Einheitspartei wird dann weniger Mitglieder und weniger Anhänger haben als die SPD allein, die Spaltung wird verewigt und nur auf eine andere, weit rechtsliegende Linie verschoben.

Woher kommt es, daß in der Frage der Schaffung einer Einheitsorganisation von unserer Seite niemals eine Initiative entfaltet, niemals ein eigenes Durchführungsprogramm entwickelt und den Mitgliedern niemals eine eigene Stellungnahme empfohlen wird?

Unsere Partei ist doch eine demokratische Organisation! Und in der Kilo-Resolution vom 20. Dezember [1945][6] steht, daß auch die neue(!) einheitliche Partei »auf dem Prinzip des demokratischen Bestimmungsrechtes der Mitglieder« beruhen soll. Nimm es mir bitte nicht übel, wenn ich ausspreche, daß dieser Charakter unserer Partei notgedrungen verlorengehen muß, wenn die Mitglieder fortgesetzt von entscheidungsträchtigen Entschließungen der Parteileitung überrascht werden, zu denen diese gar keine Legitimation besitzt, und wenn schließlich – was ich befürchte – ein spät[er] [ein]berufener Parteitag vor lauter fertige Tatsachen gestellt wird, die eine freie Entscheidung nicht mehr gestatten. Oder ist das überhaupt die Absicht? Ich meine, Eure Absicht? Dann vergiß bitte nicht, daß das letzte Wort nicht in Berlin gesprochen wird und daß die Geschichte ein unerbittlicher Richter ist.

Wie ich nun höre, bedeutet das »gemeinsame Wahlprogramm« nicht, daß auch gemeinsame Wahllisten aufgestellt werden. Das heißt also, die SPD wird überall selbständig und

---

2 Hermann Lüdemann war im Dezember 1945 als Sekretär des Landesvorstandes der SPD Mecklenburg-Vorpommern ausgeschieden.

3 Nach dem Ausscheiden Hermann Lüdemanns übernahm zunächst Willy Jesse, der seit Oktober 1945 Sekretär im Landesvorstand war, dessen Aufgaben.

4 Gemeint ist die Beratung am 4. Dezember 1945.

5 Ob Willy Jesse tatsächlich am 20. oder 21. Dezember 1945 ganz oder teilweise abwesend war, konnte nicht ermittelt werden. Er war der einzige Sozialdemokrat aus Mecklenburg-Vorpommern, der die Entschließung unterzeichnet hatte. Für die KPD Mecklenburg-Vorpommern unterzeichneten der Bezirksleiter Kurt Bürger und der Wismarer Kreissekretär Max Hollert. Einheitsdrang oder Zwangsvereinigung?, S. 164.

6 Damit wird die Resolution offensichtlich in die seit Dezember 1945 auf Initiative der Kommunisten beschlossenen Resolutionen zur Einheitspartei eingeordnet, die wegen ihrer Masse – sie gingen von der Anzahl her in die Tausende – oft als »Kilo-Resolutionen« bezeichnet wurden.

mit eigenen Kandidaten auftreten, nicht wahr? Und außerdem soll die letzte Entscheidung in der Verschmelzungsfrage einem Reichsparteitag vorbehalten werden? Wenn dies zutrifft und wenigstens in diesen beiden Punkten die bisher vermißte Festigkeit bewahrt wird, würde die übergroße Mehrzahl unserer Mitglieder vielleicht noch einmal der Verwirrung entrissen und – was mir in diesem Zusammenhang als das Wichtigste erscheint – mit einer echten Einigungsbereitschaft erfüllt werden können.

In dieser Erwartung begrüße ich das neue Jahr mit dem Wunsche, daß es für Dich, für die Partei und für das schwergeprüfte deutsche Volk ein Jahr des Glückes und des Aufstieges werden möge.[7]

---

7 Das Dokument trägt keine Unterschrift.

Nr. 96
Entschließung der Versammlung von Funktionären der Ortsgruppe der SPD Güstrow vom 3. Januar 1945[1]

Die am 3. Januar 1946 tagende Funktionärversammlung der Sozialdemokratischen Partei, Ortsgruppe Güstrow, hat nach eingehender Aussprache über die Einheitsbestrebungen folgende Entschließung gefaßt:
Die Versammlung begrüßt die Bestrebungen, die auf eine einheitliche, geschlossene deutsche Arbeiterbewegung hinzielen. Sie begrüßt insbesondere den gemeinsamen Kampf der Sozialdemokratischen Partei und der Kommunistischen Partei um die Errichtung eines neuen Deutschlands auf demokratischer Grundlage, erfüllt von sozialistischen Zielen. Sie ist mit den Ausführungen des Genossen Max Fechner, des Vorsitzenden im Zentralausschuß der Sozialdemokratischen Partei Deutschlands[2], einverstanden, die er in seinem Aufsatz, betitelt »Um die Einheit der Schaffenden«, überzeugend niedergelegt hat.[3]
Die Versammlung ersucht den Landesvorstand, der Mitgliedschaft Gelegenheit zu geben, ihre Meinung auf einem Landesparteitag kundzutun. Die gesamte Mitgliedschaft verlangt dringend eine klare und unzweideutige Stellungnahme in dieser so überaus wichtigen Frage. Es muß daher so schnell wie möglich, auf jeden Fall noch im Monat Januar [1946], ein Landesparteitag einberufen werden.[4] Die Funktionärversammlung ersucht den Landesverband, die erforderlichen Schritte unverzüglich einzuleiten.

Güstrow, den 4. Januar 1946

---

1 Mecklenburgisches Landeshauptarchiv, BPA der SED Schwerin, II/5.
2 Max Fechner war neben Otto Grotewohl und Erich Gniffke einer der drei gleichberechtigten Vorsitzenden des ZA der SPD.
3 Max Fechner hatte in der »Täglichen Rundschau« vom 1. Januar 1946 u. a. geschrieben, daß die Einheitspartei auf einer wahrhaften und innerparteilichen Demokratie beruhen solle und deshalb ein Einheitsbeschluß nur für die Gesamtpartei im deutschen Raum gefaßt werden könne. »Ein solcher Beschluß kann nur nach Bestätigung durch den Parteitag der gesamten deutschen Sozialdemokratie verwirklicht werden, nötigenfalls sogar durch eine Urabstimmung bei der Mitgliedschaft.« Der Artikel von Fechner wurde dann in der Nr. 5 der Parteizeitung der SPD »Das Volk« vom 8. Januar 1946 nachgedruckt.
4 In den Monaten Januar, Februar und März 1946 fand kein Landesparteitag der SPD Mecklenburg-Vorpommern statt.

Nr. 97
Aus dem Bericht über die Besprechung der Funktionäre der SPD und KPD des Kreises Wismar am 5. Januar 1946[1]

[...]
[Aus der] Rede des Gen[ossen] [Karl] Moritz (SPD) anläßlich der gemeinsamen Funktionärbesprechung am Sonnabend, dem 5. Januar 1946 im »Hotel zur Sonne« Wismar

Parteigenossinnen und Parteigenossen!
Noch dampft die Erde von dem Blut, das sie getränkt hat durch den furchtbaren Krieg, durch das Blutbad, das hinter uns liegt. Wir stehen heute vor einem Erbe, wie es die Weltgeschichte bis jetzt noch nicht gekannt hat. 1918 war ein Krieg beendet, der damals schon die wirtschaftlichen, politischen und Ernährungsgrundlagen nicht nur Deutschlands, sondern Europas zerrissen hat. 30 Jahre liegen hinter uns seit 1914. In diesen 30 Jahren mußte das deutsche Volk einen zehnjährigen Krieg durchmachen. Von 1918 bis 1933 tobte in Deutschland ein politischer Kampf zwischen den einzelnen Parteien, nicht dadurch entstanden, daß man willkürlich eine Spaltung einer Arbeiterpartei herbeigeführt hat, sondern dadurch, daß damals einzelne Mitglieder der alten sozialdemokratischen Partei die demokratischen Grundsätze verkannt haben und sich selbständig machten.
Wir stehen heute vor der Frage, eine Vereinigung bzw. eine demokratische Partei wieder zu errichten. Deshalb hat der Genosse [Otto] Grotewohl mit Recht die Frage gestellt: Soll die Partei in Zukunft auf zentralistischer oder auf demokratischer Grundlage aufgebaut werden?[2] Wir müssen aus der Vergangenheit lernen und dann eine Partei schaffen, die in Zukunft nicht mit heißen Nudeln zusammengenäht wird und bei der ersten besten Gelegenheit auseinanderbricht. Es kann deshalb nicht die Aufgabe des Zentralausschusses oder des Zentralkomitees sein, von oben eine Partei zu schaffen, die nur formell als einige Partei dasteht, aber unten die Kraft nicht so groß und so gewaltig ist, daß diese Partei bei dem ersten Anprall wie eine Seifenblase auseinanderplatzt.
Eine Parteiorganisation in der Arbeiterbewegung, die sich die Aufgabe stellt, ein solches großes Erbe, ein so furchtbar schlechtes Erbe, wieder in den Wohlstand zu bringen, diese Partei muß eine Partei der Volksbewegung sein. Sie muß eine Partei sein, die jederzeit imstande und in der Lage ist, all das zu überwinden und zu meistern, was ihr als Aufgabe gestellt wird.
Bei der Beratung in Berlin hat man einzelne Dinge aus einzelnen Provinzen herangezogen. Ich möchte in diesem Zusammenhang sagen, wenn ungeachtet dieser Dinge Beschlüsse gefaßt werden, dann ist die Gefahr umso größer, daß durch diese Beschlüsse zwar formell eine Einigung herbeigeführt ist, aber draußen in der Praxis die Bewegung an Boden verlieren wird. Und deshalb sagen wir, wir sind, diese Erklärung habe ich bereits in der Vorbesprechung abgegeben, grundsätzlich dazu bereit, das, was dort in Berlin beschlossen worden ist, zu beachten, durch unsere Zusammenarbeit dazu beizutragen, daß die Vorstufen zu einer späteren Verschmelzung der Arbeiterparteien gemacht sind.
Wie liegen nun aber die Dinge im einzelnen. Stellen wir uns zum Beispiel vor: Wie wollen wir in Neubukow eine Versammlung der Parteien herbeiführen, wenn wir dort aber sehen,

---
1 Mecklenburgisches Landeshauptarchiv, BPA der SED Schwerin, III/1.
2 Otto Grotewohl hatte in einem Artikel in der Parteizeitung »Das Volk« vom 24. Dezember 1945 diese Fragestellung aufgeworfen und dahingehend beantwort, daß die Einheitspartei auf dem Prinzip des demokratischen Bestimmungsrechts der Mitglieder und der freien Wahl der Parteileitungen beruhen solle.

daß unsere Genossen ihres Amtes enthoben werden wegen einer ganz kleinen Lappalie, weil angeblich das Benzin nicht richtig verteilt worden ist, wenn wir aber auf der anderen Seite sehen, daß ein Genosse der KPD in Warin sich sehr starke Verfehlungen hat zuschulden kommen lassen und dort der Kreisausschuß des Blocks eingreifen muß und beschließt, diesen Genossen der KPD seines Postens zu entheben, und zwar einstimmig, und dieser Beschluß wird nicht durchgeführt, dann sind wir der Meinung, hier fehlt es an Ehrlichkeit. Ich wollte denjenigen Genossen meiner Partei einmal kennenlernen, der es wagen würde, wenn ein solcher Beschluß vorliegt, nur noch 24 Stunden im Amt zu bleiben. Hier liegen die Dinge wesentlich anders.

Hierzu muß folgendes festgestellt werden: Es sind sehr viel Genossen zur Kommunistischen Partei gestoßen, die mit der Tradition der Arbeiterbewegung nicht verwachsen sind und sie nicht kennen, und diese Tatsache führt dazu, daß solche unangenehmen Erscheinungen auftreten können. Wie ist es nun möglich, in solchen Orten die Grundlagen zu schaffen, um die Vorarbeiten für die zukünftige Verschmelzung herbeizuführen? All diese Probleme müssen geklärt werden, das sind Vorarbeiten, die notwendig sind, um eine spätere Vereinigung herbeizuführen.

Genossinnen und Genossen! Das ist ja gerade der Beschluß, der in Berlin herbeigeführt ist; dort in Berlin wurde beschlossen, die ideologischen Voraussetzungen für eine spätere Vereinigung dieser beiden Parteien zu schaffen. Diese ideologischen Voraussetzungen müssen durchgeführt werden. Sie können aber nicht durchgeführt werden, und hier komme ich auf das, was der Genosse [Max] Hollert[3] vorerst gesagt hat, in den einzelnen Orten sollen Besprechungen stattfinden. Wie diese Besprechungen bereits vor sich gehen und wie ehrlich diese Zusammenarbeit gemeint ist, beweist uns ein ganz in der Nähe liegender Ort. Ich habe hier eine Bekanntmachung. Dort steht geschrieben:

Am 31. 12. [19]45 um 3 Uhr in der Schule Hornstorf Versammlung der Mitglieder der Kommunistischen Partei und der Sozialdemokratischen Partei zwecks Zusammenschluß der Parteien. Gez. Der Gemeindevorstand (Stempel).

Ich habe meine Genossen gefragt, ob sie von dieser Versammlung etwas wußten. Nein, nur der Genosse [Max] Hollert habe erklärt, das sei mit mir vereinbart. Ich weiß von diesen Dingen gar nichts. Ich sagte meinen Genossen, ihr habt in dieser Versammlung nichts zu suchen. Wenn eine örtliche Zusammenarbeit gemeint ist, dann ist es zum mindesten notwendig, daß man euch als Vorsitzende der einzelnen Ortsgruppen zu diesen Dingen hinzuzieht, daß ihr euch auszusprechen habt. Wenn das nicht geschehen ist, dann ist die Versammlung für euch nicht da.

Ein ähnlicher Fall hat sich zugetragen in Neukloster. Auch dort wird mitgeteilt, Gen[osse] [Max] Hollert habe mit mir vereinbart, dort eine gemeinsame Versammlung abzuhalten. Ich stelle fest, daß mir bis jetzt noch kein Ton gesagt worden ist. Auch dort habe ich erklärt: Wenn ihr am Ort mit den Funktionären der KPD euch hierüber nicht unterhalten habt, dann ist diese Versammlung von euch nicht einberufen, und ihr habt dort nichts zu suchen. Wir wollen keine Blutspender sein, sondern gleichmäßig auf demokratischer Grundlage arbeiten.

Und nun kommt folgendes: Gestern mußte ich zur politischen Abteilung[4] kommen, und dort werde ich gefragt, weshalb ich diese Versammlung verboten hätte. Ich habe dort erklärt, ich hätte nichts zu verbieten. Von uns sind keine Versammlungen einberufen. Ich

---

3 Max Hollert, geb. am 10. Oktober 1899. Beruf: Schlosser. Seit 1932 KPD. 1945/46 Sekr. KL KPD Wismar.
4 Gemeint ist die politische Abteilung der sowjetischen Kommandantur. Vgl. *Jan Foitzik*, Befehls- und Kommandostrukturen der Sowjetischen Militäradministration in Deutschland (SMAD), in: *Klaus Schönhoven/Dietrich Staritz* (Hrsg.), Sozialismus und Kommunismus im Wandel, S. 324–351.

habe lediglich unseren Genossen gesagt, wenn wir in dieser Form behandelt werden, dann lassen wir uns das nicht gefallen. Solche Fälle nichtpraktischer Zusammenarbeit kann ich Dutzende ausführen, die zurückliegen.

Was hat es zum Beispiel mit einer politischen Vorarbeit für eine spätere Vereinigung beider Arbeiterparteien zu tun, wenn beispielsweise am Arbeitsamt erklärt wird: »Komme hier nicht als SPD, du kannst als Kommunist oder als CDU kommen, dann wirst du eingestellt.« Das ist schwarz auf weiß festgelegt. Ich kann noch mehr solche Fälle anführen. Was soll es heißen, wenn einer unserer Genossen sagt: »Ich war bis 1933 Mitglied der KPD und habe mich jetzt entschlossen, bei der SPD zu sein.« Der Genosse geht zum Arbeitsamt, und dort wird ihm gesagt, das ist dasselbe, als wenn du in die Nazipartei eingetreten wärst. So werden wir beschimpft und beschmutzt, und diese Arbeit wird fortgesetzt.

Genossen, ich habe hier schriftliche Erklärungen von unseren Mitgliedern, von Parteilosen, die jederzeit bereit sind, das unter Eid zu stellen. Ist damit eine Einigung der Arbeiterklasse herbeizuführen, wenn man uns als Nazi-Organisation behandelt, wenn unsere Mitglieder schlechter behandelt werden wie CDU?

Der Gen[osse] [Max] Hollert stellt sich hin und erklärt, die CDU sei in Zukunft das Sammelbecken der Reaktion. Zuruf [Max] Hollert: »Das habe ich nicht gesagt.« Ich will bloß feststellen, es ist Tatsache, daß die bürgerliche Partei für mich als Organisation nicht in Frage kommt, darin bin ich mir mit Gen[ossen] [Max] Hollert einig. Aber wie ist es dann zu vereinbaren, daß man die Mitglieder dieser Partei gegenüber anderen Parteien bevorzugen will, und wie ist es dann zu vereinbaren, daß man mit uns über Vereinigung spricht? Ich wäre ein ärmlicher Lump und kein Vertreter meiner Partei, wenn ich diese Dinge nicht klar herausstellen würde.

Wir haben die Vereinigung anzustreben, wir haben gemeinsam zu arbeiten. Ich bin mir darüber vollständig im klaren, daß wir als Partei und daß eine Partei niemals in der Lage sein wird, das deutsche Volk von diesem furchtbaren Elend, von diesem Chaos, in dem es sich befindet, zurückzureißen. Wir sind darauf angewiesen, zusammenzuarbeiten, und diese Zusammenarbeit muß gepflegt werden, aber diese Zusammenarbeit muß ehrlich sein. Diese Zusammenarbeit muß darauf aufgebaut sein, daß jeder Genosse so zu behandeln ist, als wenn er nun einmal ein Arbeitervertreter, ein Mitglied einer Arbeiterpartei, wäre.

[...]

Ein ehrliches gegenseitiges Verstehen ist notwendig, um diese Dinge aus der Welt zu schaffen, und diese ehrliche Zusammenarbeit kann erst dann erreicht werden, wenn eine ehrliche Aussprache herbeigeführt wird und jedem einzelnen die Möglichkeit gegeben wird, das zu sagen, was er auf dem Herzen hat. Wenn diese Möglichkeit nicht notwendig ist und wenn durch Beschlüsse von oben eine Vereinigung möglich wäre, dann wäre sie schon längst durchgeführt. Wir haben also die Aufgabe, als Vorarbeiter für die zukünftige Vereinigung, für die zukünftige Verschmelzung den Dingen so in die Augen zu sehen, wie sie in Wirklichkeit sind. Wir haben all das wegzuräumen, was uns als Hindernis im Wege steht. Und wenn diese Arbeit aufgeräumt ist, dann ist es nachher nur eine Frage der formellen Durchführung.

Wenn wir diese Aufräumungsarbeiten aber nicht durchführen, das weiß jeder, der politisch oder gewerkschaftlich organisiert ist und schon einmal mitgearbeitet hat, daß zum Aufbau einer Organisation eine gemeinsame Kleinarbeit notwendig ist. Diese Kleinarbeit muß geschafft werden, und diese Kleinarbeit wird dazu beitragen, daß in Zukunft derartige Streitigkeiten und derartige Spaltungen nicht wieder vorkommen. Arbeiten in der Bewegung, Arbeiten in der Partei, haben nur Erfolg, wenn diese ehrlich, wenn diese gemeinsam getragen werden, und ich bin einer von denjenigen, ob in den Ausschüssen oder ob es den Administrationen ist, es ist mir gleichgültig, ich sehe die Dinge so, wie sie richtig sind nach meiner Auffassung und vertrete sie in aller Offenheit.

Der Erfolg dieser Arbeit wird niemals ausbleiben. Es wird aber immer ein Mißerfolg in der Arbeiterbewegung eintreten, wenn ich Dinge, die mir unangenehm sind, nicht sehen will. Diese Dinge werden mich aber zur Strecke bringen.

Also wir als Sozialdemokraten sind zu jeder Zusammenarbeit bereit. Wir sind bereit, all das durchzuführen, was in Berlin beschlossen worden ist, wir sind bereit, mitzuarbeiten, die Vorarbeiten zu treffen für eine spätere Verschmelzung der Arbeiterbewegung. Wir müssen aber verlangen, das kann nicht oft genug betont werden, daß diese Arbeit ehrlich von uns zu verstehen ist, und wir müssen verlangen, daß in der Arbeiterbewegung, ganz gleich ob bei uns oder woanders, Leute tätig sind, die kriminell reine Finger haben. Wir müssen verlangen, daß die Arbeiterschaft zu der Organisation Vertrauen gewinnt. Wir müssen vor allen Dingen erreichen durch unsere Arbeit, daß wir Leute, die zu uns stoßen, nicht abstoßen, sondern mehr als bisher für uns gewinnen.

Diese Arbeit und die daraus folgende Verschmelzung, eine Zusammenfassung der Parteien, kann nur dann erfolgen, wenn jedem einzelnen Mitglied das Recht gegeben wird, selbst über sein Schicksal zu bestimmen. Jedes Mitglied muß das Recht haben, so wie es selbst zu uns gekommen ist, genau dasselbe Recht müssen wir dem Mitglied geben, wenn es sich aus seiner ganzen Kraft, mit seiner ganzen Überzeugung dazu entschließen soll, seine Zustimmung zu erteilen zu einer geschlossenen Arbeiterbewegung.

Diese Arbeiterbewegung kann aber nicht begrenzt bleiben auf die Zone im russisch besetzten Gebiet, wir erstreben ein Deutschland, ein einheitliches Deutschland, und deshalb heißt die Partei auch nicht die Partei Mecklenburgs und nicht die Partei Wismars, sondern es ist die Sozialdemokratische Partei Deutschlands, und diese Sozialdemokratische Partei Deutschlands hat die Aufgabe, eine geschlossene Partei zu bleiben und nicht nur zu bleiben, sondern auch über die Zonen hinaus zu wirken, um dort wirtschaftliche Möglichkeiten zu haben, um zu arbeiten und nur auf dieser Grundlage kann Deutschland einst gesunden.

Wenn in Hornstorf oder Neukloster ein solcher Beschluß gefaßt wird, ist er praktisch unwirksam, aber dieser Beschluß schafft Verwirrung und böses Blut. Also Zusammenarbeit im Kreismaßstab; unsere Aufgabe ist, diese Steine wegzuräumen, die uns im Wege stehen, und dann in Zukunft eine geschlossene Arbeiterpartei über ganz Deutschland.

Nach den Referaten der Gen[ossen] [Max] Hollert (KPD) und [Karl] Moritz (SPD) setzte eine lebhafte Diskussion ein.

[...]

Nach Abschluß der Diskussion wurde beiliegende Resolution einstimmig von der Funktionärkonferenz angenommen.[5]

[...]

Anwesend waren etwa 70-80 SPD- und 124 KPD-Funktionäre.

Kommunistische Partei Deutschlands
Kreisleitung Wismar
[Karl] Schulz[6]

---

5 Zu der Beratung brachten die Vertreter der SPD und KPD jeweils eine Resolutionsvorlage mit, die sich erheblich voneinander unterschieden. Beide Vorlagen werden hier dokumentiert. Zur Abstimmung gelangte dann der ebenfalls hier abgedruckte Kompromißvorschlag. Zumeist legten die Kommunisten einen Resolutionsentwurf vor, wogegen sozialdemokratische Entwürfe kaum überliefert sind.

6 Unterschrift handschriftlich. Karl Schulz, geb. am 9. März 1899. Beruf: Maler. Seit 1928 KPD. 1945/46 stellv. Sekr. KL KPD Wismar.

Resolution [Vorlage der KPD]

Die am 5. Januar 1946 in Wismar versammelten Funktionäre beider Arbeiterparteien, der Sozialdemokratischen Partei und der Kommunistischen Partei des Kreises Wismar, begrüßen die Entschließung des Zentralausschusses der Sozialdemokratischen Partei und des Zentralkomitees der Kommunistischen Partei am 20./21. Dezember 1945 in Berlin und wollen von sich aus alles tun, um die politische und organisatorische Einheit beider Parteien zur Einheitspartei der deutschen Arbeiter baldigst zu verwirklichen.

Beide Parteien verpflichten sich, durch Abhaltung gemeinsamer Mitgliederversammlungen, gemeinsamer Funktionärbesprechungen, gemeinsamer Schulungsabende, gemeinsamer Arbeitsausschüsse und gemeinsamer Betriebsgruppen ihre Mitglieder gegenseitig näherzubringen, um die Einheitspartei in Kürze Wirklichkeit werden zu lassen. Auch begrüßt die Tagung die Aufstellung gemeinsamer Wahlprogramme.

Wir, die Vertreter der Sozialdemokratischen Partei und der Kommunistischen Partei, sind der Auffassung, daß nur eine einheitliche Arbeiterpartei die Gewähr dafür bietet, daß sich die Fehler von 1918 und 1933 nicht mehr wiederholen. Wir begrüßen die Einheit beider Parteien, um dadurch einen schnellen Wiederaufbau eines wirklich antifaschistisch-demokratischen Deutschlands zu gewährleisten.

Für die Sozialdemokratische
Partei Wismar

Für die Kommunistische
Partei Wismar

Entschließung [Vorlage der SPD]

Die am 5. Januar 1946 in Wismar tagende Sitzung der Funktionäre der SPD und KPD des Kreises Wismar haben Kenntnis genommen von den Vereinbarungen des Zentralausschusses der SPD und des Zentralkomitees der KPD vom 20. und 21. Dezember 1945 in Berlin.

Nach eingehender Erörterung der in Berlin gefaßten Beschlüsse ist sich die Versammlung einig in dem Willen zu einer ehrlichen und engen Zusammenarbeit der beiden Arbeiterparteien. Sie ist sich klar darüber, daß das Ziel dieser Zusammenarbeit eine spätere organisatorische Vereinigung beider Arbeiterparteien sein muß. Diese Vereinigung der Arbeiterparteien muß aber auf einem Wege erfolgen, der den demokratischen Grundsätzen entspricht. Sie kann deswegen nicht das Werk von Instanzen sein, und sie kann auch nicht von oben dirigiert werden. Deshalb muß in dieser entscheidenden Frage eine Urabstimmung der Mitglieder der einzelnen Parteien im Reiche überlassen bleiben. Nur so, auf dieser Grundlage, kann die erstrebte Einigung der Arbeiterklasse auf dauerhafter und endgültiger Grundlage erfolgen.

Entschließung [beschlossene Fassung]

Die am 5. Januar 1946 in Wismar versammelten Funktionäre beider Arbeiterparteien, der Sozialdemokratischen Partei und der Kommunistischen Partei, des Kreises Wismar begrüßen die Entschließung des Zentralausschusses der Sozialdemokratischen Partei und des Zentralkomitees der Kommunistischen Partei vom 20./21. Dezember 1945 in Berlin.

Beide Parteien wollen durch gemeinsame Funktionär- und Mitgliederversammlungen, auf denen wichtige Fragen behandelt und gelöst werden sollen, die Voraussetzung der organisatorischen Vereinigung beider Parteien schaffen.

Wir, die Vertreter der SPD und der KPD, sind der Auffassung, daß nur eine einheitliche Arbeiterpartei die Gewähr dafür bietet, daß sich die Fehler von 1918 und 1933 nicht mehr wiederholen. Wir begrüßen die Einheit beider Parteien, um dadurch einen schnellen Aufbau eines wirklich antifaschistisch-demokratischen Deutschlands zu gewährleisten.

Für die Sozialdemokratische Partei:
gez. [Karl] Moritz, Laskowski, [Wilhelm] Buchholtz

Für die Kommunistische Partei:
[Max] Hollert, [Hermann] Willbrandt, Härtel

Nr. 98

Entschließung der Mitgliederversammlung der Ortsgruppe der SPD Rostock vom 6. Januar 1946[1]

Sozialdemokratische Partei
Kreis Rostock

Entschließung

Die am 6. Januar 1946 im Stadttheater zu Rostock tagende überfüllte große Mitgliederversammlung der Ortsgruppe Rostock der Sozialdemokratischen Partei nimmt Kenntnis von den Vereinbarungen zwischen Vertretern der KPD und der SPD am 21. und 22. Dezember 1945 in Berlin.

Die Versammlung ist sich einig darin, daß eine ehrliche und vertrauensvolle enge Zusammenarbeit beider Arbeiterparteien, die später durch die organisatorische Verschmelzung gekrönt werden muß, eine politische Notwendigkeit ist.

Die Verschmelzung der Arbeiterparteien kann aber nicht das Werk von Vorständen, Ausschüssen oder anderen Instanzen sein, da in einer demokratischen Partei der Wille der Mitglieder oberstes Gebot sein muß. Deshalb muß eine durch Urabstimmung festgestellte Mehrheitsentscheidung der gesamten Parteimitgliedschaft Voraussetzung für eine wirkliche Einigung sein.

Eine Einigung, die diesen Namen verdient, kann auch nicht lediglich in einer Besatzungszone erfolgen. Eine solche Vereinigung würde die Zerschlagung der deutschen Sozialdemokratie herbeiführen, ohne die deutsche Arbeiterschaft zu einer Einheit zu verschmelzen. Sie würde die künftige Einigung der gesamten deutschen Arbeiterklasse mindestens erschweren, wenn nicht für lange Zeit unmöglich machen. Die Versammelten ersuchen deshalb den Zentralausschuß der Sozialdemokratischen Partei, gemeinsam mit dem Zentralkomitee der Kommunistischen Partei möglichst rasch an der Beseitigung aller Widerstände zu arbeiten, die der Bildung reichseinheitlicher Parteien der Sozialdemokratie und der Kommunistischen Partei entgegenstehen.

---

1 SAPMO-BArch, ZPA, II/2/11.

Nr. 99
Bericht[1] über ein Gespräch mit Carl Moltmann und Willy Jesse am 9. Januar 1946[2]

Schwerin, den 9. Januar 1946

Auf der Rückfahrt von der Geburtstagsfeier des Genossen [Wilhelm] Pieck[3], welche ich gemeinsam mit den Genossen [Carl] Moltmann und [Willy] Jesse in einem Pkw machte, unterhielten wir uns über die Zusammenarbeit und die sich daraus ergebende Zusammenschließung der Kommunistischen und Sozialdemokratischen Partei.

Der Genosse [Carl] *Moltmann* sagte: »Die KPD ist heute nicht mehr so zu betrachten wie vor 1933. Sie ist im Mai 1945, genau so wie wir damals im November 1918, zur verantwortlichen Mitarbeit an den Aufbau unseres Staates und der Wirtschaft herangezogen worden. Die KPD konnte sich diesem Aufbau und einer Mitarbeit in der Verwaltung im Mai [1945] ebensowenig entziehen, wie wir das im November 1918 tun konnten. Sie ist somit heute nicht mehr Oppositionspartei, sondern zählt zu den mit an verantwortlicher Stelle stehenden Kräften. Dies bedingte auch eine Änderung ihres vor 1933 angenommenen Programms, welches ja die KPD selbst durch ihr jetziges Aktionsprogramm klar und deutlich zum Ausdruck bringt.

Wenn wir uns mit den Kommunisten vor [19]33 so scharf bekämpften und nicht zu einer Verständigung kommen konnten, so lag das doch daran, daß die Kommunisten nur auf dem Boden der Diktatur standen und jede Demokratie ablehnten. Ihr heutiges Aktionsprogramm erkennt eine demokratische Wirtschaft an, wie sie ja überhaupt in vielen Punkten das Eigentumsrecht garantieren, ja in manchen Dingen doch viel stärker als wir selbst das früher und auch heute noch wollen. Es bestehen somit politische und ideologische Gegensätze ja überhaupt nicht mehr, und nun sagt mir einmal, welche praktischen Gründe könnte man denn überhaupt noch vorbringen, die gegen eine Einigung sprechen. Ich sehe solche Gründe einfach nicht mehr.

Wenn wir den Staat überhaupt wieder aufbauen und den Faschismus ausmerzen wollen, dann ist das nach meiner Auffassung überhaupt nur möglich, wenn die Arbeiterschaft sich nicht gegenseitig bekämpft, sondern sich eine Einheitspartei schafft.«

Der Genosse [Willy] *Jesse* sagte: »Es ist richtig. Politische und ideologische Gründe, die einer Einigung entgegenständen, sind nicht vorhanden, ich weiß aber auch, daß die Arbeitsmethode der Kommunisten in einer ganzen Reihe von Orten so unehrlich ist, daß es einfach schwer fällt, unseren Genossen nun klar zu machen, daß sie nun mit diesen Personen eine Einheitspartei bilden müssen. Es kommt doch in Dutzenden von Orten täglich vor, daß wir in den Arbeitsgemeinschaften gegenseitig Beschlüsse fassen, die dann doch nicht gehalten werden, wie z. B. bei Besetzung von Stellen, wo man in der gemeinsamen Sit-

---
1 Der Bericht ist nicht unterzeichnet. Er könnte von Wilhelm Höcker für die Bezirksleitung der KPD verfaßt worden sein. Höcker, der im Mai 1945 zunächst in die KPD eintreten wollte, dann aber der SPD beitrat, unterhielt enge Kontakte zur KPD-Bezirksleitung. Es ist jedoch nicht sicher, ob Höcker in seiner Eigenschaft als Präsident der Landesverwaltung Mecklenburg tatsächlich an der Geburtstagsfeier von Pieck teilgenommen hatte und im Auto zusammen mit Moltmann und Jesse die Rückfahrt antrat. Zu vermuten ist, daß in jedem Fall ein Sozialdemokrat der Verfasser des Berichtes ist.
2 Mecklenburgisches Landeshauptarchiv, BPA der SED Schwerin, I/1.
3 Aus Anlaß der Feier zum 70. Geburtstag von Wilhelm Pieck am 3. Januar 1946 waren kommunistische und sozialdemokratische Funktionäre aus den Ländern und Provinzen der sowjetischen Zone nach Berlin geladen worden.

zung sich auf einen Genossen unserer Partei geeinigt hat, im entscheidenden Moment aber dann doch die Stelle mit einem Kommunisten besetzt.

Es werden gegen unsere Genossen falsche Anschuldigungen erhoben, oder die Sätze, die unsere Genossen sprechen, werden umgedreht und entstellt, so daß dies in vielen Fällen zu Verhaftungen unserer Genossen führte. Dieses alles sind so schwere Gründe, daß ich bis jetzt noch nicht weiß, wie ich draußen in den Städten und auf dem Lande unsere Parteifreunde davon überzeugen soll, daß eine einheitliche Partei entstehen muß.«

Nachdem wir uns noch eine ganze Zeit gerade über diese Schwierigkeiten unterhielten, waren wir uns darin einig, daß, bevor diese Einheitspartei zustande kommen kann, die Kommunistische Partei in ihren Reihen noch recht starke Reinigungen vornehmen muß. Wir sind darüber übereingekommen, daß wir für Zukunft, mehr wie früher, diese Auswüchse, die die Einheit stören, der Landesleitung der KPD zu melden und daß von ihr verlangt werden muß, in diesen Dingen Abhilfe zu schaffen. Übereinstimmend war aber die Erkenntnis, daß alles daran gesetzt werden muß, die Arbeiterklasse zur Einheit zusammenzuführen.

Nr. 100
Protokoll über die Sitzung des Landesvorstandes der SPD Mecklenburg-Vorpommern am 14. Januar 1946[1]

Genosse [Carl] Moltmann eröffnete um 14 Uhr die Sitzung.
Anwesend waren die Genossen: [Carl] Moltmann, Schwerin; [Willy] Jesse, Schwerin; Xaver Karl, Schwerin; [Karl] Moritz, Wismar; [Herbert] Säverin, Wismar; [Albert] Schulz, Rostock; [Alfred] Starosson, Rostock; [Otto] Heynemann, Neustrelitz; Hermann Krüger, Greifswald; Heinz Pohlmeyer, Schwerin.

Tagesordnung:

[1.] Stellungnahme zu den Berliner Beschlüssen
[2.] Organisationsfragen

Zum Punkt 1 ergriff der Genosse [Carl] *Moltmann* das Wort und führte aus, daß wir in der Frage der Einigungsverhandlungen einen großen Schritt vorwärts gekommen sind. In der 1. Phase der gemeinsamen Zusammenarbeit hat es sich gezeigt, daß alle wirtschaftlichen, politischen und sozialen Probleme von beiden Arbeiterparteien gemeinsam gelöst werden müssen. Die Zusammenarbeit hat sich auch in den verflossenen 8 Monaten bewährt. Selbstverständlich gab es Reibungen und Hemmungen und auch Meinungsverschiedenheiten, aber einig war man sich immer im Grundsätzlichen. Es hat keine Aufgabe von größerer politischer Bedeutung gegeben, die nicht in voller Übereinstimmung gelöst werden konnte.

Nun treten wir in die 2. Phase ein. Die Berliner Beschlüsse vom 20. u[nd] 21. Dez[ember] [1945] bejahen wir hier in Mecklenburg aus vollem Herzen. Wir begrüßen es, daß die neue Partei auf demokratischer Grundlage aufgebaut wird und daß auch der Grundsatz der innerparteilichen Demokratie in den Berliner Beschlüssen verankert wurde.

Unsere Aufgabe wird es nun sein, den Gedanken der Einheit draußen bei den Massen populär zu machen. Wir beginnen mit dieser Arbeit durch die in Aussicht genommenen 20

---
1 Mecklenburgisches Landeshauptarchiv, BPA der SED Schwerin, II/1.

Kreiskonferenzen.[2] Dort werden die Redner beider Parteien zu den Funktionären und Aktivisten der Parteien sprechen. Gemeinsame Mitgliederversammlungen, die sich mit den Berliner Beschlüssen beschäftigen werden, müssen folgen. Die Einigung muß auch dann kommen, wenn eine Vereinigung im Reichsmaßstab vorläufig noch nicht vollzogen werden kann, so muß sie in der sowjetischen Zone hergestellt werden. Es kann kein Zweifel darüber bestehen, daß über kurz oder lang auch die westlichen Gebiete folgen werden. In diesem Sinne haben wir von hier aus auf unsere Genossen im Westen einzuwirken und denen zu sagen, daß wir auch dort die Einigung wünschen.

Was uns augenblicklich die Einigungsverhandlungen so erschwert, das sind die sicherlich in beiden Parteien vorhandenen schlechten Elemente, diese müssen erst abgestoßen werden. Auch das kameradschaftliche Verhalten vieler kommunistischer Funktionäre läßt noch viel zu wünschen übrig. Unsere Genossen in den Städten und kleinen Gemeinden werden dadurch recht verbittert. Dort, wo es zu größeren Zwischenfällen kommt, müssen die Landesleitungen eingreifen. Auch in der mecklenburgischen Polizei muß an manchen Stellen noch ein Personalwechsel vorgenommen werden. Das Banditenunwesen ist im Lande noch recht groß und bedroht die Sicherheit der Bevölkerung. Alle diese Aufgaben können wir nur gemeinsam mit unserer kommunistischen Bruderpartei lösen, und wenn wir vereinigt sind, wird alles viel besser gehen.

Zu den Ausführungen des Genossen [Carl] Moltmann ergriff zunächst der Genosse [Albert] Schulz, Rostock, das Wort. Genosse [Albert] *Schulz* sagte: Auch ich bin von der Notwendigkeit überzeugt, daß es im Interesse der gesamten deutschen Arbeiterklasse liegt, wenn die Einigung der beiden Arbeiterparteien so schnell wie möglich vollzogen wird. Die gewaltigen politischen und wirtschaftlichen Aufgaben können viel besser von einer vereinigten Arbeiterklasse bewältigt werden. Wir müssen in Deutschland ein so starkes demokratisches antifaschistisches Regime schaffen, daß wir immer in der Lage sein werden, jeden Versuch der Reaktion und der Militaristen, wieder Oberwasser zu gewinnen, zu zerschlagen. Die restlose Ausrottung des Faschismus ist ebenfalls eine gemeinsame Aufgabe der beiden Arbeiterparteien.

Zu der Frage der Einigung müssen wir allerdings unseren Mitgliedern die Gelegenheit zu einer freien und ungehinderten Aussprache und auch Entscheidung geben. Das ist alter sozialdemokratischer Grundsatz und demokratisches Recht. Die Mitglieder fordern auch dieses Recht, und keine Instanz darf sich über diese Forderung hinwegsetzen, soll es nicht zu einem Widerspruch kommen zwischen Führung und Mitgliedschaft.

Ich bin für die strikte Durchführung der Berliner Beschlüsse und vertrete dieselbe Auffassung, die der Genosse [Otto] Grotewohl gelegentlich eines Zwiegespräches im Rundfunk vertrat. Genosse [Otto] Grotewohl führte in diesem Zwiegespräch aus, daß die Einigung im Reichsmaßstab vollzogen und von einem deutschen Parteitag gutgeheißen werden muß. Auch auf diesen Standpunkt muß sich der Landesvorstand stellen. Nur so kann ich mir eine Einigung vorstellen, wenn sie von Dauer sein soll, und so wird sie auch von der gesamten Mitgliedschaft freudig vollzogen.

Genosse [Heinz] *Pohlmeyer* nimmt ebenfalls zu den Berliner Beschlüssen Stellung, deren sofortige Durchführung er in Mecklenburg fordert. Er schlägt weiter vor, in möglichst kurzer Zeit einen Landesparteitag einzuberufen, um dort den gewählten Vertretern der Partei die Möglichkeit zur Stellungnahme zu geben. Der Landesparteitag, der zweifellos positiv zu den Berliner Beschlüssen stehen wird, könnte die jetzt bei den Mitgliedern im Lande

---

2 Der Landesarbeitsausschuß der beiden Parteien hatte am 6. Januar 1946 beschlossen, am 20. und 26. Januar 1946 in allen Kreisen Mecklenburgs und Vorpommerns gemeinsame Konferenzen der Funktionäre beider Parteien durchzuführen.

vorherrschende Unsicherheit beseitigen und eine klare Front im Sinne der Berliner Beschlüsse herstellen.

Genosse [Heinz] Pohlmeyer geht noch auf die Schwierigkeiten ein, die er bei der Herausgabe der Zeitung hat. Er unterbreitet dieses dem Landesvorstand mit der Bitte, alles zu versuchen, um diese aus der Welt zu schaffen.

An der weiteren Debatte beteiligten sich nochmals die Genossen [Carl] Moltmann und [Albert] Schulz, außerdem die Genossen [Willy] Jesse, [Herbert] Säverin und [Karl] Moritz. Es wird angeregt, die Meinung des Landesvorstandes in einer Resolution festzulegen. Diese Resolution hat folgenden Wortlaut:

Der Landesvorstand der SPD Mecklenburg-Vorpommern begrüßt die Berliner Vereinbarung vom 20. und 21. 12. 1945. Um der Partei eine einheitliche Willensbildung nach demokratischen Grundsätzen zu ermöglichen, wird für den Monat Februar ein Landesparteitag einberufen. Für den Fall, daß der Zusammentritt eines Reichsparteitages von³ einer endgültigen Entscheidung über die Frage der Verschmelzung der beiden Arbeiterparteien nicht möglich sein sollte, fordert der Landesvorstand vom Zentralausschuß der Partei in Berlin die Einberufung eines sozialdemokratischen Parteitages für das Gebiet der sowjetischen Besatzungszone. Eine Verschmelzung der Parteien auf örtlicher oder provinzialer Grundlage wird vom Landesvorstand abgelehnt.

Nach einer regen Aussprache, an der sich fast alle anwesenden Mitglieder des Landesvorstandes beteiligten, wurde die Resolution einstimmig angenommen.

Zum 2. Punkt, Organisationsfragen, nimmt ausführlich der Genosse [Willy] Jesse Stellung. Genosse *Jesse* berichtet über die stetig ansteigende Mitgliederzahl. Besonders weist Genosse Jesse auf die Neugründung von Ortsvereinen in dem ländlichen Gebiet hin. In nicht allzulanger Zeit wird die Partei sicherlich die Zahl von 50 000 Mitgliedern erreichen.

Auch über Kassen- und Finanzfragen unterrichtet der Genosse Jesse den Landesvorstand. Er weist weiter darauf hin, daß der Landesvorstand die Absicht hat, eine Schule zu erwerben. Ein geeignetes Gebäude wurde bereits besichtigt und mit dem Genossen Haude, Neubrandenburg, Verhandlungen aufgenommen zwecks Übernahme der Schulleitung. Die Schule soll sobald wie möglich in Betrieb genommen werden.

Anschließend werden noch die einzelnen Redner für die demnächst stattfindenden Kreiskonferenzen bestimmt. Genosse [Willy] Jesse weist auch noch auf die Dienstag stattfindende Referentenbesprechung mit der Kommunistischen Partei hin.

Genosse [Carl] *Moltmann* schließt die Sitzung mit der Aufforderung, alle Kräfte einzusetzen für den weiteren Aufstieg der Partei.[4]

---

3 Hier müßte es eigentlich »vor« statt »von« heißen, damit der Satz einen Sinn ergibt.
4 Das Dokument trägt keine Unterschrift.

Nr. 101
Schreiben von Hermann Lüdemann an Max Fechner vom 17. Januar 1946[1]

Hermann Lüdemann
Ingenieur

Schwerin/Meckl[en]b[urg], Obotritenring 46
den 17. Januar 1946

An
Herrn Max Fechner
Vorsitzender im Zentralausschuß der SPD
Berlin W, 8
Behrenstr[aße] 35

Lieber Max Fechner,

warum fährst Du so grobes Geschütz auf?[2] Ist es nötig, Parteigenossen nur deshalb, weil sie über die Herbeiführung der Einheit andere Ansichten haben, als Unbelehrbare oder Reaktionäre zu bezeichnen? Willst Du wohlmeinende Stimmen zum Schweigen bringen?

Ich bin bestimmt kein »Gestriger« und unterschreibe überzeugten Herzens den Satz, daß »die Frage der Einheit der deutschen Arbeiterklasse eine Lebensfrage des deutschen Volkes und seiner Zukunft ist«. Ich teile auch vollkommen Deine Meinung, daß es »gegen unseren politischen Instinkt und gegen unseren realpolitischen Blick als deutsche Arbeiterführer spräche, wenn man uns zu dieser Einheit erst nötigen oder gar zwingen müßte«. Gleichwohl muß ich Dir sagen, daß Dein Aufsatz »Gegen die Brunnenvergifter« im »Volk« vom 12. Januar [1945] eine große Enttäuschung bedeutet.

Sieht man nämlich von der bestimmt kleinen Anzahl Genossen ab, die aus rückschauender Unversöhnlichkeit, Sturheit oder persönlicher Verärgerung um keinen Preis eine Vereinigung mit den Kommunisten wollen, so bleibt für die übrigen, also für die große Masse unserer Genossen, doch immer noch die Frage offen, auf welchem Wege die Einheit am besten – und das heißt nicht am schnellsten, sondern am wirksamsten, am vollkommensten – erreicht werden kann. Und hierzu muß ich sagen, daß das jetzige Verfahren, das einseitig darauf abgestellt ist, mit Fluggeschwindigkeit zwei Organisationskörper zu verschmelzen, anstatt zunächst oder zugleich eine geistige Übereinstimmung und innere Einigungsbereitschaft herbeizuführen, mich mit den größten Besorgnissen erfüllt, weil zu befürchten ist, daß viele Mitglieder und Anhänger unserer Partei diese Vereinigung nicht mitmachen und notgedrungen nach rechts abwandern werden.

---

1 Archiv der sozialen Demokratie, Nachlaß Hermann Brill, Kassette I/2.
2 Hermann Lüdemann nimmt in diesem Brief Bezug auf einen Artikel Max Fechners in der Nr. 9 der SPD-Parteizeitung »Das Volk« vom 12. Januar 1946, der mit »Gegen die Brunnenvergifter« überschrieben war. Fechner sprach sich in diesem Artikel prononciert für den organisatorischen Zusammenschluß aus und bezeichnete die Einheit der deutschen Arbeiterklasse als »eine Lebensfrage des deutschen Volkes und seiner Zukunft«. Er forderte eine Konferenz der Vertreter aller Zonen, um nach einer Meinungsklärung den Beschluß zur Einheit für ganz Deutschland zu fassen. Die Vorbehalte gegen den Zusammenschluß spielte er als unbegründet herunter. Die inquisitorische Diktion des Fechner-Artikels stieß in vielen unteren Parteieinheiten auf Widerspruch und trug dazu bei, die Auseinandersetzung um die Einheitspartei auf einer unsachlichen Ebene zu führen. Vor allem die Berliner Sozialdemokraten reagierten auf die Fechner-Argumentation sehr ungehalten. Vgl. *Hurwitz*, Demokratie und Antikommunismus in Berlin nach 1945, Bd. IV, Teil 2, S. 721 f.

Das Ergebnis wäre dann nicht eine Beseitigung der Spannung, sondern ihre Verewigung mit dem alleinigen Unterschied, daß der Riß in Zukunft sich dort befinden würde, wo die größeren Massen der für unsere sozialistischen Ziele noch zu gewinnenden Bevölkerung stehen. Aus diesem Grund erscheint mir die jetzt bevorstehende, mit allen überhaupt denkbaren Druckmitteln betriebene Einigung als zu eng, als eine zu kleine Lösung der großen Frage. Aber ist ein Sozialdemokrat, der bei einwandfreier Zielrichtung sich durch solche Besorgnisse beschwert fühlt, deswegen ein Reaktionär?

In Deinem (in der »Täglichen Rundschau« veröffentlichten) Weihnachtsaufsatz[3] schriebst Du: »Ein Einheitsbeschluß kann nur für die Gesamtpartei im deutschen Raum gefaßt werden«, und »ein solcher Beschluß kann nur nach Bestätigung durch den Parteitag der gesamten deutschen Sozialdemokratie verwirklicht werden, nötigenfalls sogar durch eine Urabstimmung der Mitgliedschaft«. Diese Sätze haben überall ein befreiendes Aufatmen hervorgerufen und in weitesten Mitgliederkreisen neues Vertrauen zu unserer Berliner Parteiführung erzeugt. Infolge dessen herrscht jetzt große Beunruhigung über Deine neue Erklärung, Du habest »klar gesagt, daß die letzte Phase der Einigung, der organisatorische Zusammenschluß, auf einer Reichskonferenz beider Parteien beschlossen werden muß«. Kannst Du mir mitteilen, daß diese letztgenannte Erklärung Deine vorerwähnte Erklärung nicht aufheben, sondern nur ergänzen soll?

Weiter hattest Du in Deinem Weihnachtsartikel gesagt, daß «auf die Aufstellung gemeinsamer Wahllisten verzichtet« worden sei, d. h. also, daß die SPD den Wahlkampf selbständig führen und überall mit eigenen Wahllisten auftreten werde. Die Befriedigung unserer Mitglieder über diese Äußerung war vielleicht noch stärker. Um so größer ist deshalb das Erstaunen über Deine jetzigen Fragen: »Geht es aber heute darum, festzustellen, wer jetzt stärker ist, die SPD oder die KPD? Versteckt sich nicht hinter dem Vorsatz, aus Wahrung der demokratischen Grundsätze das Kräfteverhältnis erst einmal festzustellen, der Pferdefuß, die alten abgestandenen Haß- und Rasse(?)empfindungen dadurch zu befriedigen, daß man dem Gegner von einst erst noch einmal eine Abfuhr gönnt, bevor man mit ihm an die gemeinsame Arbeit geht?«

Wie ist solche Wandlung möglich? In der Demokratie ist doch eine Wahl, eine Befragung der Volksmeinung, der natürlichste Vorgang. Allerdings, für die Feststellung, ob die SPD heute stärker ist oder die KPD, brauchten wir an sich keinen Wahlakt. Denn daß wir heute zehnmal (oder wenigstens siebenmal) so stark sind wie die Kommunisten, wissen wir auch so. Das Schlimme ist nur, daß die Kommunisten diese Tatsache nicht anerkennen, ich meine praktisch anerkennen wollen. Und dieses undemokratische Verhalten in Verbindung mit den ewigen Intrigen und Hetzereien gegen die wenigen Leute, die noch in politischen Ämtern von uns sind, macht sie unseren Genossen so verdächtig und gibt der Vermutung, daß ihr fortgesetztes Reden von der Demokratie nur ein taktisches Lippenbekenntnis sei, immer neue Nahrung.

Vorgestern haben die hiesigen Parteiführer im Schweriner Rundfunk sich in kurzen Reden über die Einigungsfrage geäußert. In der Ansprache unseres Genossen [Carl] Moltmann ist das Wort Demokratie überhaupt nicht vorgekommen, in der nachfolgenden Rede von [Gustav] Sobottkas Nachfolger [Kurt] Bürger[4] nicht weniger als 21 mal! Wer ist nun

---

3 Der Artikel erschien in der Täglichen Rundschau vom 1. Januar 1946 unter der Überschrift »Um die Einheit der Schaffenden«.
4 Kurt Bürger, geb. am 27. August 1894 in Karlsruhe. Beruf: Schlosser. 1912 SPD, 1919 KPD. 1929 bis 1933 hauptamtliche Tätigkeit ZK KPD. 1936/37 Teilnahme am Bürgerkrieg in Spanien. 1938 Emigration Sowjetunion. November 1945 bis April 1946 Ltr. BL KPD Mecklenburg-Vorpommern. April 1946 Vors. u. Sekr. LV SED Mecklenburg. April 1946 PV SED. 1949 MdV. 1951 Ministerpräsident Mecklenburg. 1951 gest.

der echtere Demokrat? Unter den vier mecklenburgischen Ministern ist ein Sozialdemokrat[5]; von 20 Landräten sind 5 Sozialdemokraten; von den 8 Oberbürgermeistern der kreisfreien Städte war bis vor kurzem kein einziger Sozialdemokrat.[6] (Allerdings müssen die kommunistischen Oberbürgermeister wohl überdurchschnittlich befähigt sein, denn einer von ihnen ist 28, einer 26 und einer 22 Jahre alt. Und solche Begabungen hat die stärkste Partei Deutschlands natürlich nicht aufzuweisen.) Von 76 Bürgermeistern sind 12 Sozialdemokraten usw.

Ist das nun Demokratie? Kannst Du von unseren Genossen im Ernst erwarten, daß sie einer kleinen Minderheitspartei, die solche Führungsansprüche erhebt und mit oft höchst zweifelhaften Mitteln verteidigt, demokratische Grundeinstellung und kameradschaftliche Zusammenarbeit zutrauen? Und ist es nicht billig und im Grunde selbstverständlich, wenn unsere Mitglieder im Zeitalter der Demokratie von einer Partei, die fortgesetzt Demokratie predigt, verlangen, daß sie sich bereitwillig der Entscheidung durch Stimmzettel unterwirft und aus dem so gewonnenen Volksurteil die üblichen Konsequenzen zieht, bevor sie von der anderen Arbeiterpartei, die sich einer jahrzehntealten demokratischen Tradition rühmen kann, letzte Entscheidungen zur Gewinnung der Einheit erwarten? (Angesichts der überragenden Bedeutung der Einigungsfrage lasse ich absichtlich ganz unerörtert die Erwägung, ob andererseits unserer Partei zugemutet werden kann, sich vor der Wahl mit der Verantwortung für Dinge zu belasten, deren maßgebende Beeinflussung oder Gestaltung ihr praktisch verwehrt gewesen ist.)

Wie kannst Du hier von einem »Vorwand« sprechen und von einem »politischen Gefühl, das aus der Vergangenheit kommt und uns heute nur stören kann«. Du meinst doch selbst, es »gehe darum, daß wir in Deutschland endlich eine Arbeiterpartei erhalten, die befähigt ist, den demokratischen und sozialistischen Aufbau Deutschlands im Interesse der Mehrheit des schaffenden Volkes zu garantieren.« Bist Du so sicher, daß die Mehrheit des schaffenden Volkes diese Befähigung bei unserer Partei nach der Verschmelzung besser garantiert finden wird?

Über den übrigen Inhalt Deines letzten Aufsatzes will ich mich nicht äußern, vielmehr nur gestehen, daß Deine Versicherung, die Annahme, daß die SPD im russischen Okkupationsgebiet nicht frei und unabhängig in ihren Entschlüssen sei, beruhe auf böswilligen Informationen, so unfaßlich ist, daß mir bei ihrer Lektüre einfach die Spucke weggeblieben ist, wie der Berliner zu sagen pflegt, und ich deshalb zu dieser Erklärung garnichts sagen kann. Wie Du diese Aussage einmal vor einem Reichsparteitag verteidigen willst, ist mir allerdings schleierhaft.

Der Zweck meines Schreibens ist ja nur der Wunsch, Dir in freundschaftlichster Gesinnung Ansichten und Besorgnisse der großen Mehrzahl unserer Mitglieder zu übermitteln, von denen Du in dieser schwierigen Zeit unbedingt Kenntnis haben mußt, und im Anschluß hieran die dringende Bitte an Dich zu richten: Tue alles, was in Deinen Kräften steht, um den beiden Versprechungen Deines Weihnachtsaufsatzes zur Erfüllung zu verhelfen: Entscheidung über die Einigung auf einem Reichsparteitag nach vorhergegangenen Wahlen mit eigenen Listen unserer Partei.

Sei bestens gegrüßt von Deinem
gez. [Hermann] Lüdemann

---

5 Am 4. Juli 1945 berief der Oberste Chef der SMAD, Marschall Schukow, das Präsidium der Landesverwaltung in folgender Zusammensetzung: Wilhelm Höcker (SPD) als Präsident, Hans Warnke (KPD) als 1. Vizepräsident und Gottfried Grünberg (KPD) sowie Otto Möller (parteilos) als weitere Vizepräsidenten.

6 Im Januar 1946 wurde Albert Schulz, Mitglied des Landesvorstandes der SPD Mecklenburg-Vorpommern, Oberbürgermeister von Rostock.

Nr. 102

Schreiben des SPD-Kreisvorstandes Usedom an den Vertreter des NKWD von Heringsdorf vom 12. Januar 1946[1]

SPD – Kreisleitung
Usedom

Seebad Heringsdorf, den 12. 1. 1946
Wilhelmstraße 23/24

An den
Kapitän der NKWD
Seebad Heringsdorf
Haus Hubertus

Wie wir erfahren, ist unser Genosse Kurt Bütow, derzeitiger Bürgermeister in Ahlbeck[-]Seebad, verhaftet worden. Als Grund zur Verhaftung soll angeblich die bei [Kurt] Bütow vorgenommene Beschlagnahme von Waffen angegeben sein.

Da uns [Kurt] Bütow als alter Marxist und Kriegsgegner durch seine frühere Zugehörigkeit zur Friedensgesellschaft bekannt ist und die Gewähr dafür besteht, daß er sich zu Maßnahmen gegen die Besatzungsbehörden nicht verleiten lassen könnte, bitten wir, [nach] Feststellung solchen Sachverhaltes Herrn Bütow aus der Haft zu entlassen.

gez. Freyer
Schriftführer

gez. Schulz
1. Vorsitzender

gez. Rich[ard] Döring[2]
2. Vorsitzender

---

1 Mecklenburgisches Landeshauptarchiv, BPA der SED Schwerin, II/1.
2 Richard Döring, SPD. 1945/46 KV SPD Usedom. April 1946 LV SED Mecklenburg-Vorpommern.

Nr. 103

Schreiben des Landesvorstandes der SPD Mecklenburg-Vorpommern an den Präsidenten der Landesverwaltung Mecklenburg-Vorpommern Wilhelm Höcker vom 26. Januar 1946[1]

Schwerin, den 26. 1. [19]46

An den
Herrn Präsidenten
des Landes Mecklenburg/Vorpommern
Schwerin

Der Vorsitzende des Kreisabschnittes Gadebusch, unser Genosse Andreas Knorr, ist heute gegen 10 Uhr verhaftet worden. Gegen diese Verhaftung legen wir

---

1 Mecklenburgisches Landeshauptarchiv, BPA der SED Schwerin, II/3.

Haftbeschwerde

ein. Zu einer Inhaftnahme liegt absolut kein Grund vor, da [Andreas] Knorr weder fluchtverdächtig ist, noch Verdunkelungsgefahr gegeben ist.

[Andreas] Knorr ist Besitzer einer Drogerie in Gadebusch und hat auch dort seine Familie. Die bei ihm durchgeführte Haussuchung, die mehrmals wiederholt wurde, rechtfertigt in ihrem Ergebnis keine Untersuchungshaft. Wir bitten deshalb, die Haftentlassung verfügen zu wollen.

Wir wollen hierbei nicht unerwähnt lassen, daß [Andreas] Knorr sich ununterbrochen seit dem Zusammenbruch in ehrlicher, starker Weise für den Neuaufbau unseres demokratischen Staates eingesetzt hat und für diesen Aufbau kein Opfer gescheut hat.

Der Landesvorstand
I[m] A[uftrag] gez. [Willy] Jesse

Nr. 104
Befehl des sowjetischen Militärkommandanten des Kreises Wismar vom 17. Januar 1946[1]

In der letzten Zeit häufen sich Fälle, daß Versammlungen oder Sitzungen der einzelnen Parteien oder Gewerkschaften, ohne mich davon in Kenntnis zu setzen und von mir die Genehmigung erhalten zu haben, durchgeführt wurden.

Solch ein Fall war in dem Dorf Blowatz, Bezirk Neubukow. Der Vorsitzende der Ortsgruppe der SPD, Kulinski, rief eine geheime Versammlung der Mitglieder der SPD zusammen, ohne davon den Militärkommandanten von Neubukow in Kenntnis zu setzen.

Ich befehle daher für weiterhin folgende Ordnung in der Durchführung von Versammlungen und Sitzungen beizubehalten:

1. Jeder Vorsteher der allgemein-politischen und antifaschistischen Organisationen hat von der vorgesehenen Sitzung oder Versammlung rechtzeitig, d. h. zwei Tage vorher, den Militärkommandanten in Kenntnis zu setzen.
2. Vor der Sitzung oder Versammlung dem Militärkommandanten
    a) den Vortrag
    b) den Entwurf der Entschließung
    vorzulegen.
3. Nach der durchgeführten Versammlung oder Sitzung hat der Vorsitzende der gegebenen Organisation unverzüglich noch am selben Tage dem Militärkommandanten ein Stenogramm der Versammlung oder Sitzung zu geben.
4. Bei Nichtausführung der obigen Anordnung verbiete ich jede Versammlung oder Sitzung.
5. Herrn Kulinski für die Durchführung einer geheimen Versammlung am 13. 1. 1946, ohne davon dem Militärkommandanten in Neubukow darüber Meldung zu machen, mit einer Geldstrafe von RM 300,– zu belegen.

---
1 Vorpommersches Landesarchiv, BPA der SED Rostock, I/3/28.

6. Diesen Befehl zur Kenntnis aller politischen Parteien, Gewerkschaften, antifaschistischen Block-, Frauen- und Jugendkomitees zu bringen.
7. Für Verletzung dieses Befehls werde ich schärfere Maßnahmen annehmen.

Der Militärkommandant der Stadt
und des Kreises Wismar
gez. Oberst Kusmitschew

Nr. 105
Aus der Rede von Albert Schulz auf der Kreiskonferenz der SPD und KPD in Waren (Müritz) am 20. Januar 1946[1]

[...]

Die Spaltung der Arbeiterklasse ging von Deutschland aus, es ist deshalb die historische Aufgabe der deutschen Arbeiterklasse, daß Deutschland, einmal das Mutterland des Sozialismus, daß Deutschland wieder vorangeht, um eine einige und geschlossene internationale Arbeiterbewegung zu schaffen. Um diese Voraussetzungen zur Einigung zu schaffen, fand in Berlin eine Besprechung statt zwischen dem Zentralkomitee der KPD und dem Zentralausschuß der SPD mit den Vertretern der verschiedenen Bezirke. Man hat sich auf dieser Konferenz verständigt über die Aufgaben, die uns bevorstehen, war sich vor allen Dingen – und das war das Entscheidenste – einig in dem Willen, in Deutschland die Partei der Arbeiterklasse zu einer einigen Partei zu verschmelzen. Dies alles wurde in einer langen Entschließung zusammengefaßt, die ja wohl allen bekannt ist (Absatz IV wurde nochmals verlesen).[2]

Über das Wesen der neuen Partei hat man sich in großen Richtlinien schon auf der Konferenz festgelegt. Einzelheiten werden von einer Studienkommission zu je 4 Mitglieder[n] einer Partei entsandt werden, ausgearbeitet werden und zu erneuter Stellungnahme den Parteien übergeben. Der Zentralausschuß der SPD hat den Inhalt und Sinn der Entschließung der Konferenz vom 21. 12. [1945] zusammengefaßt:[3]

1. Die Einheit der deutschen Arbeiterklasse ist eine Notwendigkeit. Sie wird von den Parteitagen für ganz Deutschland beschlossen werden. Bis dahin bleiben beide Parteien selbständig.
2. Die Einheitspartei wird eine unabhängige deutsche sozialistische Partei sein. Sie vertritt die Interessen der Werktätigen in Stadt und Land nach den für Deutschland gegebenen Notwendigkeiten.

---

1 Mecklenburgisches Landeshauptarchiv, BPA der SED Neubrandenburg, III/3/14/1.
2 Unter dem Punkt IV der Entschließung vom 21. Dezember 1945 wurde vereinbart, überall dort, wo Wahlen und Abstimmungen stattfinden, gemeinsame Wahlprogramme aufzustellen.
3 Auf Grund von erheblichen Irritationen in der sozialdemokratischen Mitgliedschaft über die in der Presse veröffentlichte Entschließung, deren kommunistische Federführung für jeden Sozialdemokraten klar erkennbar war, versandte der Zentralausschuß Mitte Januar 1946 Rundschreiben an die Parteibezirke mit einer Zusammenfassung der Konferenzergebnisse aus sozialdemokratischer Sicht. Darin stellte der Zentralausschuß jene Positionen heraus, die er in der Entschließung vom 21. Dezember 1945 nicht definitiv hatte zur Geltung bringen können oder wollen. Albert Schulz trug auf dieser Beratung die 7 Punkte aus dem Rundschreiben des Zentralausschusses vor.

3. Der Aufbau der Einheitspartei erfolgt nach demokratischen Grundsätzen: Freie Meinungsbildung, freie Meinungsäußerung und die freie Wahl aller Instanzen sind unveräußerliche Rechte der Mitglieder.
4. Die Einheitspartei will die parlamentarische, demokratische Republik. Ihr Ziel ist die Verwirklichung des Sozialismus in der sozialistischen Demokratie; in brüderlicher, internationaler Solidarität gewährt und erwartet sie Hilfe zur Befreiung der Arbeiterklasse.
5. Bei kommenden Wahlen stellen die beiden Parteien eigene Listen auf. Sie führen aber den Wahlkampf auf der Grundlage gemeinsamer Wahlprogramme.
6. Kameradschaftliche Verständigung und Zusammenarbeit beider Parteien soll den Zusammenschluß geistig vorbereiten.
7. Die Aufgabe und der Aufbau der Einheitspartei werden von einer Studienkommission geklärt, die sich aus je 4 Genossen der Parteien zusammensetzt.

Ich glaube, daß zu den Vereinbarungen selbst Einzelheiten kaum gegeben werden brauchen. Die Arbeitsgemeinschaft der KPD und SPD [Mecklenburg-Vorpommerns] wird ja Beschlüsse fassen, entsprechend den Berliner Vereinbarungen. Sie hat auch beschlossen, daß heute und Sonnabend eine gemeinsame Kreiskonferenz stattfindet und anschließend eine Mitgliederversammlung, in der über die Beschlüsse berichtet werden soll.

Aufgabe der Kreiskonferenz ist es in erster Linie, eine nähere personelle Verbindung der beiden Partei-Funktionäre herzustellen. Aufgabe muß es aber auch sein, alles zu besprechen, was als Hemmung und Hindernis vorhanden ist, und es soll versucht werden, dies zu beseitigen. Alle Schwierigkeiten sollen in gemeinsamen Mitgliederversammlungen besprochen und in ehrlicher Aussprache geklärt und, soweit es irgend möglich ist, beseitigt werden. Es ist ungeheuer wichtig, daß die kleinen Schwierigkeiten noch möglichst rasch ausgeräumt werden, damit auf beiden Seiten nicht nur von Verständigung geredet, sondern auch Verständigung erzielt wird.

Wir wollen nicht eine Fassade der Einheit aufrichten, hinter der der alte Kampf weitergeht. Wenn die Einheitspartei geschaffen ist, wenn die Einigung der Arbeiterklasse erfolgt ist, muß ein dicker Schlußstrich gezogen sein unter den Kampf der Vergangenheit. Dann darf es kein Nachtragen und keine Bitterkeiten mehr geben unter den Menschen, die gemeinsam in einer Partei vorhanden sind. Deshalb ist es so wichtig, alle Differenzen zu beseitigen.

Leider ist es so, daß unsere Freunde der KPD – nicht in der Landesleitung, aber in den Orten – sich immer noch fühlen, als ob sie diejenigen wären, die zu bestimmen hätten und die SPD von ihnen Befehle entgegenzunehmen hätte. So soll es nicht sein. Beide Leitungen sind sich einig, daß in einer Einheitspartei gleichgeschaltet wird. Und, es soll auch nicht so sein, daß die KPD »gleichgeschaltet« wird, sondern ein Zusammenschluß von gleichberechtigten Mitarbeitern, von denen jeder anerkennt, daß er das Beste für die deutsche Arbeiterklasse gewollt und daß man wieder gemeinsam an einem Strang zieht. Es müssen aus diesem Grunde in den einzelnen Orten diese Dinge einzeln besprochen werden. Die, die noch aus der Reihe tanzen, müssen zurückgepfiffen werden, es muß ihnen klar gemacht werden, wie die Dinge liegen.

Die Einigung kann auch nicht in den einzelnen Orten geschehen. Wir haben in Mecklenburg, und zwar in Kröpelin, schon 48 Stunden lang eine Einheitspartei gehabt. Am 9. 12. [19]45 fand in Kröpelin eine gemeinsame Versammlung statt, die eigentlich nur den Sinn hatte, eine gemeinsame Weihnachtsfeier zu besprechen. Inzwischen hatte man sich über die Einheitspartei ausgesprochen und am 9. 12. [1945] fand dann die Versammlung statt, die von dem Kommandanten stark beeinflußt war. Es wurde dann eine Entschließung angenommen und von Zeugen unterschrieben, wonach der Zusammenschluß der beiden Arbeiterparteien stattfand unter der Führung der KPD. Den Mitgliedern der SPD blieb nichts weiter übrig, als ebenfalls zu unterschreiben, da die ganze Veranstaltung unter dem Druck der Kommandantur erfolgte. Es wurde dann auch sofort Einspruch dagegen erhoben, und 48 Stunden später die Sache als ein Irrtum wieder rückgängig gemacht. Die ganze Sache war also nur eine »Köpenickiade«.

Solche Dinge sind aber nicht geeignet, dem Ernst der Sache gerecht zu werden. Unser Ziel ist ein einheitliches Deutschland, ein Deutschland der Arbeiterklasse, ein Deutschland, in dem sich die Arbeiterklasse so wohnlich einrichtet, wie nur irgend möglich, und innerhalb dieses einigen Deutschlands eine politisch einige Arbeiterklasse. Das ist unser Ziel, und das Ziel bleibt unverrückbar, auch wenn sich ihm größere oder kleinere Schwierigkeiten entgegenstellen. Wir werden dafür kämpfen, bis durch Deutschland wieder der Schritt der Arbeiterbataillone ertönt, die geeint marschieren unter einer Fahne, in einer Partei.

Brandenburg

Nr. 106

Stellungnahme des Vorstandes des SPD-Ortsvereins Stahnsdorf vom 29. Dezember 1945[1]

Ortsverein Stahnsdorf
Kreis Teltow der SPD

Stahnsdorf, den 29. Dezember 1945

Stellungnahme zu der gemeinsamen Konferenz des Zentralausschusses der SPD und des Zentralkomitees der KPD mit den Vertretern der Bezirke

Mit tiefstem Befremden, ja mit Bestürzung hat der Vorstand des Ortsvereins Stahnsdorf von dem Beschluß der Sechzig-Männer Konferenz[2] Kenntnis genommen, mit größter Beschleunigung die Verschmelzung der SPD mit der KPD herbeizuführen, die Zusammenarbeit beider Parteien sofort noch weit inniger zu gestalten und bei den kommenden Wahlen gemeinsame Wahlprogramme aufzustellen. Die Äußerungen unserer Parteigenossen aus den letzten Monaten hatten etwas anderes erwarten lassen.

Der Ortsverein Stahnsdorf hat sich in einer erweiterten Vorstandssitzung, an der neben den Vorstandsmitgliedern die Bezirksleiter teilnahmen, am 29. Dezember 1945 eingehend mit den durch obigen Beschluß aufgeworfenen Fragen beschäftigt und einstimmig die nachfolgende Entschließung gefaßt, die der nächsten Mitgliederversammlung am 13. Januar 1946 zur Genehmigung vorgelegt, schon jetzt aber unverzüglich sowohl der Kreis- und Bezirksleitung der Partei als auch dem Zentralausschuß zugeleitet werden soll.

Es ist selbstverständlich das Ziel der Sozialdemokratischen Partei, der Selbstzerfleischung der deutschen Arbeiterschaft durch den Bruderkampf der sozialistischen Arbeiterparteien ein Ende zu machen und die Wiederkehr von Verhältnissen, wie wir sie von 1918 bis 1933 erlebten und die zur Entstehung der Nazi-Diktatur beitrugen, zu verhindern. Wir sind aber außerordentlich überrascht, daß unsere führenden Genossen im Zentralausschuß den jetzigen Zeitpunkt unmittelbar vor den Wahlen für den gegebenen erachten, um diese Vereinigung vorwärtszutreiben.

Wir zweifeln nicht daran, daß der Zentralausschuß für sein Vorgehen besondere Gründe gehabt hat. Ohne Kenntnis dieser Gründe und ohne Kenntnis der Bedingungen, unter denen der Zusammenschluß erfolgen soll, ist uns aber eine Billigung seines Verhaltens unmöglich.

Die Kommunistische Partei in Stahnsdorf hat hier, teilweise auf Anweisung ihrer Kreisleitung, ein Verhalten an den Tag gelegt, das allen Grundsätzen der Demokratie Hohn spricht. Am 16. Juli d[es] J[ahres] wurde der Gemeindevorstand Stahnsdorf, dem unsere Genossen Levi und Skirk angehörten, diktatorisch und gewaltsam abgesetzt und durch einen Vorstand ersetzt, der vorwiegend aus Kommunisten besteht, eigenmächtig handelt, unseren Genossen, soweit sie noch irgendwo in führenden Stellungen der Verwaltung tätig sind, die größten Schwierigkeiten macht und unsere Partei ständig vor vollendete, oft höchst unangenehme Tatsachen stellt. Es ist gänzlich ausgeschlossen, daß wir dafür jetzt vor den Wählern die Verantwortung übernehmen und all das billigen und decken, was in den vergangenen 5 Monaten geschehen ist.

---

1 Brandenburgisches Landeshauptarchiv, Rep. 331, II/2/15.
2 Offiziell nahmen an der Konferenz am 20./21. Dezember 1945 von jeder Partei 30 Personen teil. Die Anwesenheitsliste vermerkt jedoch je 34 Personen. Vgl. SAPMO-BArch, ZPA, I/2/2/19.

Es entspricht den Grundsätzen der Demokratie, daß die Bevölkerung durch ihre Wähler entscheidet, wer die Verwaltungsgeschäfte ausüben soll. Wir auf jeden Fall sind entschlossen, falls die Stahnsdorfer Bevölkerung uns ihr Vertrauen schenkt und uns mit der Führung der Geschäfte beauftragt, alles Menschenmögliche zu tun, um diese Geschäfte ordentlich und sauber nach demokratischen Grundsätzen zu führen, Katastrophen jeder Art abzuwenden und allenthalben aufzubauen. Das erfordert aber entscheidende Maßnahmen innerhalb der Gemeindeverwaltung, und zwar leider im Gegensatz zu den bisherigen Gepflogenheiten der KPD.

In anderen Ortschaften des Kreises Teltow liegen die Verhältnisse, wie uns bekannt, ähnlich und vielleicht auch im ganzen Bezirk Brandenburg.

Wir haben innerhalb unseres Ortsvereins vor einigen Wochen eine umfassende Werbeaktion für unsere Partei eingeleitet und den als Anlage beigefügten Werbeplan aufgestellt.[3] Danach ist es unser Ziel, bis zum Sommer 1946 10 % der Bevölkerung als Mitglieder der Partei zu gewinnen. Die Durchführung dieses Planes wird uns durch die Berliner Entschließung vom 21. Dezember [1945] unmöglich gemacht.

Wir weisen mit Nachdruck darauf hin, daß es das Ziel der Sozialdemokratischen Partei nicht nur sein darf, die radikalen Arbeiter zu gewinnen, sondern ebenso den Mittelstand, also die Angestellten, Beamten, Handwerker, Kaufleute, Bauern usw. Der Sozialismus steht nicht mehr lediglich im Zeichen der Agitation durch Sammlung der klassenbewußten Arbeiter gegen die Kapitalisten, sondern ebenso im Zeichen und im Zeitalter der Verwirklichung. Dazu brauchen wir die obenerwähnten Gruppen des Mittelstandes, denen die sozialistische Bewegung nichts nehmen, sondern lediglich etwas geben will. Das kommt auch in der Berliner Entschließung zum Ausdruck. Diese Gruppen dürfen unter keinen Umständen unserer Bewegung entfremdet oder gar vor den Kopf gestoßen werden. Ihre Vereinigung mit einer großen sozialistischen Bewegung und Partei ist ebenso notwendig wie die mit den radikalen Arbeitern.

Als Fernziel kann uns, wenn man die Demokratie bejaht, nur eine sozialistische Bewegung vor Augen schweben, welche die Mehrheit, ja die überwältigende Mehrheit des deutschen Volkes hinter sich hat. Was dem englischen Volk auf seine Weise gelungen ist, daß sich $2/3$ der Bevölkerung für seine sozialistische Partei ausgesprochen haben, das muß auch uns auf unsere Weise gelingen. Ja bei uns kann dieser Prozentsatz noch weit höher sein, da die Kapitalisten abgewirtschaftet haben und ihre Bastionen, Kartelle, Trusts und Konzerne aller Art zerschlagen werden.

Ergänzen wir jetzt die politische Demokratie durch die wirtschaftliche und betriebliche, indem die Gewerkschaften und Betriebsräte zur Lenkung und Leitung der Produktion und zur Aufstellung und Durchführung der Wirtschaftspläne herangezogen werden, so wie es nach den Leitsätzen der freien Gewerkschaften vom 21. November d[es] J[ahres] vorgesehen ist[4], dann können wir Sozialisten weiten Schichten des Mittelstandes, qualifizierten Arbeitskräften aller Art, besonders Angestellten und Angehörigen der freien Berufe, schöpferische Arbeit und Aufstiegsmöglichkeiten in Fülle verschaffen, sie also für die sozialisti-

---

3 Der Werbeplan ist als Anlage nicht überliefert.
4 Vertreter von Bezirksausschüssen des FDGB beschlossen auf ihrer Konferenz am 21. November 1945 in Potsdam einen »Entwurf einer Plattform über die Grundsätze und Aufgaben der Freien Deutschen Gewerkschaften« als programmatische Grundlage für die vom 9. bis 11. Februar 1946 geplante Gewerkschaftsdelegiertenkonferenz. In bezug auf die hier erwähnten Wirtschaftspläne heißt es in dem Entwurf: »Die erste Aufgabe der Freien Gewerkschaften in der Wirtschaft ist die aktive Mitarbeit zur Vorbereitung und Durchführung des Wirtschaftsplanes für 1946. Damit im Zusammenhang gilt es, das Mitbestimmungsrecht zu erweitern und die Lebensverhältnisse des schaffenden Volkes zu verbessern.« Dokumente und Materialien zur Geschichte der deutschen Arbeiterbewegung, Reihe III, Bd. 1, S. 279.

sche Wirtschaft und damit auch für die sozialistische Idee gewinnen, sie der bürgerlich-kapitalistischen Ideologie entfremden.

Das sozialistische System kann diesen Männern mindestens dasselbe bieten wie das kapitalistische. Für den Sozialismus bietet sich somit zur Zeit in Deutschland eine Möglichkeit, in dieses mittelständlerische Lager einzubrechen, wie sie noch niemals bestand. Es wäre Wahnsinn, sie nicht auszunutzen. Die Einigung mit der KPD darf die Einigung aller Schaffenden nicht verhindern, sie darf nur ein Teilstück dieser Einigung sein. Das Ziel muß praktisch die sozialistische Einheitspartei aller Schaffenden sein, welche die Geschicke Deutschlands lenkt. Ob es daneben dann noch eine zweite Partei der Böswilligen oder ewig Gestrigen gibt oder nicht, ist unwesentlich. Aber auf jeden Fall gehören auch die Mitläufer der LDP und der CDU in unser Lager!

Werbetechnisch gesehen, muß die Erfassung dieser mittelständlerischen Kreise durch die SPD deren Vereinigung mit der KPD vorausgehen, denn die KPD kann sich an der Erfassung des Mittelstandes durch die sozialistischen Parteien nicht stoßen, ja sie umwirbt diese selbst mit viel Energie, während sich der Mittelstand wohl für die sozialistische Partei, kaum aber für die kommunistische erwärmen kann.

Wenn nun aber irgendwelche Gründe einer höheren Staatsraison, die hierorts unbekannt sind, eine sofortige Vereinigung von SPD und KPD unabweisbar erscheinen lassen sollten, dann wäre es notwendig, daß für dieses außerordentliche und höchst bedenkliche Opfer, das die SPD im jetzigen Stadium der Entwicklung bringt, mindestens Gegenleistungen von der anderen Seite gebracht werden. Dabei wäre das Minimum vor Eröffnung des Wahlkampfes:

1. Rückgängigmachung aller gegen Angehörige der SPD gerichteten und sachlich nicht gerechtfertigten Eingriffe in die Verwaltung
2. Paritätische Stellenbesetzung in der gesamten Verwaltung
3. Säuberung der Verwaltung von allen unsauberen Elementen

Da aber der Beschluß vom 21. Dezember [1945] die Einheit der Sozialdemokratischen Partei Deutschlands, ja sogar die Einheit des Deutschen Reiches gefährdet, wie aus vielen Äußerungen führender Sozialdemokraten des deutschen Südens und Westens ersichtlich[5], geht dieser Beschluß weit über die Kompetenzen des derzeitigen Zentralausschusses der SPD hinaus, und zwar materiell sowohl wie regional. Eine derartige Entscheidung kann nur von einem Reichsparteitag der SPD getroffen werden.

Wir beantragen daher die sofortige Einberufung eines Reichsparteitages und die Außerkraftsetzung des Berliner Beschlusses bis zur Entscheidung dieses Parteitages. Bis dahin empfehlen wir intensivste Werbearbeit im Reichsmaßstab nach den in unserem Werbeplan aufgestellten Grundsätzen.

Der Vorstand des Ortsvereins Stahnsdorf der SPD
gez. Wendt   gez. Hohmann jun.[6]

---

[5] Seit Ende des Jahres 1945 wurde sowohl von Kommunisten als auch von Sozialdemokraten in der sowjetischen Zone auf angebliche separatistische Tendenzen in den westlichen Besatzungszonen verwiesen und dabei verschiedentlich der sozialdemokratische Ministerpräsident des Landes Bayern, Wilhelm Hoegner, erwähnt. Innerhalb der Nachkriegssozialdemokratie entwickelte sich im Rahmen der Diskussion um die ersten Landesverfassungen in den westlichen Zonen eine gewisse föderale Komponente. Exponent gemäßigter föderaler Verfassungsvorstellungen war auch der bayrische Ministerpräsident Wilhelm Hoegner. Ihm lagen allerdings die traditionsbeladenen Partikularismen fern. Vgl. *Wilhelm Hoegner*, Der schwierige Außenseiter. Erinnerungen eines Abgeordneten, Emigranten und Ministerpräsidenten, München 1959, S. 222, S. 228, S. 277 ff.; *Peter Kritzer*, Wilhelm Hoegner. Politische Biographie eines bayerischen Sozialdemokraten, München 1979, S. 188 ff.

[6] Unterschriften handschriftlich. Die dritte Unterschrift ist nicht zu entziffern.

Nr. 107
Protokoll über die Besprechung der Funktionäre der Ortsgruppen der SPD und KPD Woltersdorf am 31. Dezember 1945[1]

Woltersdorf, den 2. 1. [19]46

Anwesend:

KPD: Gen[ossen] [Fritz] Ecke, [Hans] Schulze, Exler, [Bruno] Schuckert, Böhm, Gericke, (I[rmgard] Wolschon, Protokoll)
SPD: Gen[ossen] Scheffen, [Albert] Baerhold, [Paul] Waldheim, Lud[wig] Schulz, Czieslowicz, E. Block

Die Sitzung wurde um 17.15 Uhr durch Gen[ossen] [Hans] *Schulze*, KPD, eröffnet. Er legte seinen Ausführungen zugrunde die gemeinsame Entschließung der Vertreter des ZK [der KPD] und der Vertreter des ZA [der SPD] und der Bezirksvertreter, welche am 20. u[nd] 21. 12. [19]45 getagt haben.

Er verwies darauf, daß von seiten der KPD bereits am 4. Sept[ember] 1945 an die örtliche SPD-Leitung ein Brief gerichtet wurde mit dem Ersuchen, gemeinsame Mitgliederversammlungen durchzuführen. Um nun endlich in dieser Hinsicht weiterzukommen, sei die heutige Sitzung als unbedingt notwendig anzusehen. Es soll durch gemeinsame Aussprachen versucht werden, einmal zu hören, warum bisher keine Versammlung getagt hat, und 2. die Möglichkeiten solcher Versammlung durchzusprechen.

Eine von Gen[ossen] [Hans] Schulze, KPD, ausgearbeitete Entschließung wurde gleichzeitig den Funktionären zur Diskussion mit vorgelegt. Die Entschließung hat folgenden Wortlaut:

»Ausgehend von der Erkenntnis der Notwendigkeit einer noch viel engeren Zusammenarbeit zwischen KPD u[nd] SPD und um die schon zwischen beiden Parteien bestehende Aktionseinheit zu vertiefen, beschließen die den Aktionsausschuß bildenden Funktionäre in ihrer Sitzung vom 31. 12. [19]45:

1. sobald als möglich eine gemeinsame Mitgliederversammlung mit Referenten über ›Die Notwendigkeit der Einheit‹ einzuberufen.
2. In[2] Erkenntnis der Notwendigkeit des organisatorischen Zusammenschlusses der KPD und SPD zu einer einheitlichen Arbeiterpartei schon jetzt in beiden Ortsgruppen die gemeinsame Arbeit so einzustellen, als ob es sich schon um eine organisatorische Einheit handelt, um beim Geburtstage der Einheitspartei schon als geschlossenes Ganzes dazustehen.
3. Das ZK der KPD und den ZA der SPD zu ersuchen, in gemeinsamer Besprechung Delegiertenwahlen der beiden Arbeiterparteien vorzubereiten, für einen gemeinsamen Kongreß mit dem Ziel der Bildung einer einheitlichen Arbeiterpartei Deutschlands.
4. Getragen von dem ehrlichen Willen einer guten Zusammenarbeit, verpflichten sich die Funktionäre der beiden Ortsgruppen, ihrerseits alles zu tun, um die Arbeit in den Massen der Werktätigen zu vertiefen, um so den Weg vorzubereiten [zu] helfen, welcher zur Einheit führt.«

Gen[osse] [Hans] Schulze machte gleichzeitig den Vorschlag, die erste gemeinsame Mitgliederversammlung bis spätestens 15. 1. [19]46, dem Todesgedenktag für [Wladimir I.] Lenin, Karl Liebknecht u[nd] Rosa Luxemburg durchzuführen.

---

1 Brandenburgisches Landeshauptarchiv, Rep. 330, I/2/14.
2 Im Original: Die.

Als 1. nahm der Gen[osse] [Albert] *Baerhold*, SPD, das Wort. Er wünschte, die gemeinsame Mitgliederversammlung solange hinauszuschieben, bis die z[ur] Z[ei]t in der Gemeinde schwebende Kartoffelfrage gelöst sei. Gemeint ist die Untersuchung einer größeren Fehlmenge. Grundsätzlich ist er damit einverstanden, daß eine gemeinsame Mitgliederversammlung stattfinden soll.

Darauf ergriff Gen[osse] [Bruno] *Schuckert*, KPD, das Wort. Er sagte, er hätte den Eindruck, daß es sich hier wieder um eine bewußte Verschleppung der nun schon seit September 1945 gewünschten Regelung handelt. Daß wir vielleicht erst das Osterfest wieder abwarten müssen und dann muß man erst Pfingsten herankommen lassen, um zu dieser Frage Stellung zu nehmen. So geht die Sache nicht weiter!

Gen[osse] *Block*, SPD, sagte, es müsse vor allen Dingen volles Vertrauen zwischen KPD und SPD bestehen. Er, also Block, habe den Eindruck, als ob die ganze Arbeit immer noch unter ein bestimmtes Mißtrauen leide, welches auf beiden Seiten bestehe.

Darauf [sagte] Gen[osse] [Hans] *Schulze*, KPD, alles uns bisher taktisch und ideologisch Trennende nun als erledigt zu betrachten und unter die Vergangenheit einen dicken Strich zu machen. Denn nicht die eine oder die andere Partei wird in der Lage sein, von sich aus die Verhältnisse selbst zu meistern, sondern die engste Zusammenarbeit zwischen den Vertretern der KPD und SPD mit dem Bestreben, zu einer einheitlichen Partei zu gelangen, müssen uns heute beseelen, um unsere Arbeit darauf einzustellen. Wenn wir es als Funktionäre nicht verstehen, diese uns immer wieder trennenden Kleinigkeiten aus dem Wege zu räumen, dann wird die Arbeiterschaft niemals in der Lage sein, die ihr gestellten höheren Aufgaben zu erfüllen. Nur wenn man diese Erkenntnis hat, kann man an diese gemeinsamen Aufgaben herangehen.

Gen[osse] [Albert] *Baerhold*, SPD, nahm das Wort und sagte, man müsse erst innerhalb der Gemeindeverwaltung anfangen, zu einer Einheit zu kommen und zu einer reibungslosen Zusammenarbeit gelangen, alles andere würde sich dann zwischen den Parteien selbst ergeben.

Gen[osse] *Gericke*, KPD, ergriff das Wort und sagte, daß es ihn komisch berühre, daß es zwischen den Männern so schwer ist, zu einer einheitlichen Auffassung zu gelangen. Den Beweis hierfür erbringen immer wieder die gemeinsamen Funktionärbesprechungen. Er erwähnt demgegenüber die gute Zusammenarbeit der Frauen der KPD und SPD in Verbindung mit dem Frauenausschuß. Hier wurde nicht gefragt, bist du KPD oder SPD, sondern die Frauen haben ihr gemeinsames Ziel erkannt und haben einfach gearbeitet, und das ist das wesentliche; und sie haben gemeinsam ihre Aufgaben zur Zufriedenheit gelöst. Warum kann es nicht unter den Männern so sein?

Gen[osse] [Paul] *Waldheim*, SPD, welcher erst das erste Mal an einer gemeinsamen Funktionärbesprechung teilnimmt, sagte, er hätte sich als aufrichtiger Antifaschist bemüht, zu klären, wo die Fehler einer so schlechten Zusammenarbeit liegen. Er glaubt festzustellen, daß die Genossen der KPD die Arbeit der SPD-Genossen auf dem Gemeindeamt kritisieren und umgekehrt dasselbe geschieht. Die Arbeiten müßten mehr im kameradschaftlichen Sinne geschehen, dann würde die Atmosphäre auch eine andere sein. Man solle nicht danach fragen, ob SPD oder KPD Dezernent, sondern hier sind Antifaschisten! Diese wissen, was sie wollen. Diese enge Zusammenarbeit ist aber leider noch nicht feststellbar.

Dann griff[3] Gen[osse] [Fritz] *Ecke*, KPD, in die Debatte ein. Die Fehler der Genossen der KPD und SPD müssen in den gemeinsamen Funktionärbesprechungen erörtert werden. Jedes Persönliche müsse bei der Arbeit aufhören.

---

3 Im Original: ergriff.

Dann ergriff zum 3. Mal der Gen[osse] [Albert] *Baerhold*, SPD, das Wort. Er führte aus, daß es in ihrer Partei etwas anders aussieht als in der KPD. Die SPD hat auch ein Teil Bürgerliche und Spießbürger als neue Mitglieder, und man müsse sich nach der Einstellung der Leute etwas richten, um sie nicht zu verlieren. Man kann in der SPD nicht einfach sagen, ihr kommt zur Mitgliederversammlung, das würde nicht demokratisch sein, sondern man müsse die Mitglieder erst fragen, ob sie einverstanden sind mit einer gemeinsamen Mitgliederversammlung. Durch die verschiedensten Genossen wurden die Vorkommnisse auf dem Gemeindeamt behandelt, unter anderem der Fall Kugel – Wegner.

Gen[osse] *Scheffen*, SPD, spricht sich gegen eine voreilige Einberufung einer gemeinsamen Mitgliederversammlung aus und schlägt gleichzeitig vor, auch die vorgelegte Entschließung von den Funktionären der SPD nicht unterschreiben zu lassen, sondern diese Entschließung den Mitgliedern der SPD erst vorzulegen.

Gen[osse] [Hans] *Schulze*, KPD, ergriff nochmals das Wort und sagte zusammenfassend, es stehe wohl fest, daß beide Parteien Mitglieder neu in ihren Reihen haben, die durchaus nicht als Sozialisten zu betrachten sind, sondern an die erst eine bestimmte Schulung herangetragen werden muß, und gerade die gemeinsamen Schulungsabende wären gut, das solle man bedenken! Weiter sagte er, daß es möglich sein muß, am Todesgedenktag von Karl Liebknecht, [Wladimir I.] Lenin u[nd] R[osa] Luxemburg, also am 15. 1. [19]46, die erste gemeinsame Versammlung durchzuführen.

Gen[osse] [Albert] *Baerhold*, SPD, findet den Termin bis zum 15. 1. [19]46 etwas kurzfristig. Denn er befürchtet, die Mitglieder der SPD bis zu diesem Termin nicht genügend interessiert zu haben.

Gen[osse] *Exler*, KPD, meint, die Funktionäre sind von der Mitgliedschaft gewählt, haben demzufolge das Vertrauen der Mitgliedschaft, also haben die Funktionäre auch das Recht, um eine derartige Versammlung für die Mitglieder einzuberufen, ohne die Mitglieder danach zu fragen.

Die Genossen der SPD meinen, das sähe nach Diktatur aus!

Gen[osse] [Bruno] *Schuckert*, KPD. Wir als Funktionäre sind uns doch darüber klar, daß zur Erreichung des uns gesteckten Zieles die erste Voraussetzung ist, eine geeinte Arbeiterklasse zu schaffen. Warum so viel Winkelzüge?

Gen[osse] *Gericke*, KPD, schlägt vor, die KPD-Funktionäre sollen bei SPD-Versammlungsabenden sprechen und umgekehrt.

Gen[osse] [Fritz] *Ecke*, KPD, beteiligte sich nochmals an der Diskussion und verwies darauf, daß Woltersdorf sehr stark nazistisch durchsetzt war, auch dieses müsse man in Betracht ziehen und die Arbeit der beiden Arbeiterparteien darauf einstellen,[4] damit die CDU bei den zu erwartenden Abstimmungen nicht den Vorrang erhält.

Gen[osse] *Block*, SPD, wirft wieder die Frage der paritätischen[5] Zusammensetzung in der Gemeindeverwaltung auf und verspricht sich nur dann ein besseres Zusammenarbeiten zwischen den beiden Arbeiterparteien, wenn die einzelnen Ressorts von beiden Richtungen gleichzeitig besetzt sind.

Gen[osse] [Fritz] *Ecke*, KPD, erwiderte ihm darauf, die Frage der Parität steht für uns als KPD überhaupt nicht, sondern wir sind darin nicht kleinlich, wenn es sich darum handelt, irgendwelche freiwerdenden Stellen innerhalb der Gemeindeverwaltung neu zu besetzen. So fragen wir nicht nach der politischen Zugehörigkeit, sondern wir gehen einzig und allein von den fachlichen Fähigkeiten aus und sind bemüht, die besten Kräfte in die verantwortlichsten Stellen zu setzen.

Gen[osse] [Albert] *Baerhold*, SPD, erklärte sich damit einverstanden, wenn in Zukunft so gehandelt wird.

---

4 Im Original: einzustellen.
5 Im Original: paritäten.

Gen[osse] [Hans] *Schulze*, KPD, griff nochmals in die Debatte ein und bemängelte, daß sich jede Funktionärbesprechung immer in Kleinigkeiten verliert und man vom gestellten Thema immer abweicht. Von geschulten Funktionären müsse man erwarten, daß sie die brennendsten Probleme mit Klarheit behandeln. Wenn hier die Einheitsfrage steht und man braucht dazu bald 3 Stunden, dann ist das kein gutes Zeichen. Er forderte weiter, nun endlich wieder zu dem eigentlichen Thema zurückzukehren und zu der vorgelegten Entschließung endgültig Stellung zu nehmen.

So einigte man sich darauf, am Todestag von [Wladimir I.] Lenin, R[osa] Luxemburg, Karl Liebknecht am 15. 1. [19]46 eine Gedenkfeier zu veranstalten, welche vom Aktionsausschuß getragen wird. Die SPD wird einige Genossen benennen, die die vorbereitenden Arbeiten in Verbindung mit dem Agit[ations- und] Prop[aganda]-Apparat der KPD durchzuführen [haben].

Was die Entschließung anbetrifft, wurde festgelegt, dieselbe als Grundlage für die Diskussion innerhalb der Mitgliederversammlung der einzelnen Parteien zu nehmen, unter Hinweglassung des Absatzes 3.

Ende der Sitzung gegen 19.15 Uhr[6]

---

6 Das Dokument trägt keine Unterschrift.

Nr. 108

Offener Brief der SPD-Ortsgruppe Glienicke an die Ortsgruppe der KPD Glienicke vom 7. Januar 1946[1]

Glienicke/Nordb[a]h[n], den 7. Januar 1946

Offener Brief
an die Kommunistische Partei Deutschlands
Ortsgruppe Glienicke/Nordbahn
Glienicke/Nordbahn

Auf das Schreiben des politischen Leiters, des Genossen Schütz, vom 4. 1. 1946.[2]
Einstimmiger Beschluß sämtlicher Funktionäre der Sozialdemokratischen Partei Deutschlands, Ortsgruppe Glienicke/Nordbahn

Werte Genossen!

Wir bestätigen den Empfang des Schreibens vom 4. [Januar 1946] und erklären dazu folgendes:
Die Beschlüsse des Zentralvorstands der Sozialdemokratischen Partei Deutschlands und des Zentralkomitees der Kommunistischen Partei Deutschlands sind uns genauso be-

---

1 Archiv der sozialen Demokratie, Ostbüro, Ortsverein Glienicke (Nordbahn).
2 Der politische Leiter der KPD-Ortsgruppe Glienicke hatte in dem Schreiben vom 4. Januar 1946 dem Ortsvorstand der SPD vorgeschlagen, gemeinsame Funktionärsberatungen sowie gemeinsame Mitgliederversammlungen durchzuführen. Vgl. Archiv der sozialen Demokratie, Ostbüro, Ortsverein Glienicke (Nordbahn).

kannt wie Euch, und auch wir würden eine Einigung der Arbeiterklasse aufrichtig begrüßen. Allerdings gehen wir nicht mit Euch einig, daß wir irgendeine Schuld daran haben, wenn hier in Glienicke die Bevölkerung in der Kommunistischen Partei von Glienicke nicht diejenige Partei sieht, die mit berufen sein wird, das Los des deutschen Volkes zu bessern.[3]

Wir weisen Eure Vorwürfe mit Entrüstung zurück, dieses Urteil der Bevölkerung müßt Ihr Euch selbst zuschreiben. Eher könnten wir Euch den Vorwurf machen, daß Ihr gegen uns agitiert! Wir verweisen auf Eure eigenartige Art der Mitgliederwerbung. Mit welchem Nachdruck seid Ihr z. B. bestrebt, das Übergewicht im Amt zu haben, wo selbst der Herr Bürgermeister nicht versäumt, auf die Nachteile hinzuweisen, wenn ein Angestellter nicht Mitglied der KPD ist.

Wir als Partei bringen Euch als Partei keinerlei Mißtrauen entgegen. Was der Einigkeit noch im Wege steht, ist das Verhalten des Vorstandes der KPD und einiger leitender Genossen uns als Partei überhaupt gegenüber. Wir verweisen auf das Schreiben des Genossen Schütz vom 26. 6. [19]45[4] an die Bürgermeisterei und das Schreiben vom 28. 7. [19]45[5] an die Kreisleitung der KPD in Bernau, in denen wir in gemeinster Weise als Antikommunisten beschimpft, eine Überwachung unserer Versammlung durch ein »Mitglied der Zehn-Mann-Gruppe« angeordnet wird, erklärt wird, wir hätten den Sieg der Nazisten gewünscht, wir hätten uns zur Aufbauarbeit nicht zur Verfügung gestellt, usw. usw.

Wir erinnern in diesem Zusammenhang an die erste Sitzung am 13. 6. [19]45 beider Vorstände im Sitzungssaal des Gemeindehauses, in welcher der Bürgermeister Otto Weimann, der ja Euer Genosse ist, wörtlich schrie: »Wir werden Euch genauso zusammenschlagen wie die Nazis.« In dieser Unterredung ist von keinem Eurer Genossen der Versuch gemacht worden, eine Verständigung herbeizuführen, sondern Ihr standet uns in vollkommener Ablehnung, ja direkt feindlich gegenüber.

Wir sagen dieses alles aus dem Grund, weil festgestellt werden muß, daß Ihr erst jetzt, durch die Beschlüsse Eures Zentralkomitees verpflichtet, bemüht seid, eine Verständigung mit uns herbeizuführen.

Zu unserem Bedauern müssen wir Euch sagen, daß wir auch in diesem historischen Moment die Ehrlichkeit einiger leitender Genossen anzweifeln, da ihre Taten in letzter Zeit mit ihren Worten zum Thema Einheit der Arbeiterklasse nicht übereinstimmen. Wir erinnern an die fristlose Entlassung des Genossen Grunow aus dem Amt, die ausgesprochen wurde, ohne daß Ihr Euch mit uns darüber verständigt habt. Abgesehen davon, daß die Gründe zur Entlassung uns den Beweis bringen, daß Ihr es nicht ehrlich meint mit der Einigung der beiden Parteien, denn trotz der Vorwürfe, die Ihr dem Genossen Grunow macht, setzen wir weiter in ihn das vollste Vertrauen, daß er ehrlich am Aufbau mitarbeiten kann.

Wir sprechen dem Vorstand der Kommunistischen Partei in Glienicke das Recht ab, über irgendeinen Genossen von uns zu bestimmen, gleich um welche Person oder um wel-

---

3 Im Schreiben vom 4. Januar 1946 hieß es: »Ich weiß, daß uns von Eurer Seite ein ziemliches Mißtrauen entgegengebracht wird und daß Ihr auch nicht schuldlos seid, daß die Bevölkerung von Glienicke in der Kommunistischen Partei nicht diejenige Partei sieht, die mit berufen sein wird, das Los des deutschen Volkes zu bessern.«
4 In dem erwähnten Schreiben des Leiters der KPD-Ortsgruppe Glienicke an den Bürgermeister von Glienicke Otto Weimann vom 26. Juni 1945 hieß es: »Soweit ich in Erfahrung gebracht habe, findet morgen eine Mitgliederversammlung der SPD statt. Wir bitten Dich, uns mitzuteilen, wann und wo die Versammlung stattfindet, damit dieselbe von einem Mitglied der Zehnmanngruppe überwacht werden kann. Versuche ferner, dem Vorstand der SPD mitzuteilen, daß diese Überwachung stattfindet. Vielleicht erkundigst Du Dich einmal beim Kommandanten, wie die Überwachung zu erfolgen hat.« Archiv der sozialen Demokratie, Ostbüro, Ortsverein Glienicke (Nordbahn).
5 Das erwähnte Schreiben ist nicht überliefert.

chen Posten es sich handelt. Wir verweisen auf unseren Standpunkt Eurem Genossen [Otto] Weimann gegenüber.

Aus unseren Ausführungen, die noch erweitert werden können, sowie aus Eurem Verhalten sehen wir noch keine Möglichkeit für ein ersprießliches Arbeiten in einer gemeinsamen Funktionärsitzung. Aber selbstverständlich müssen wir trotz allem zu einer Einigung kommen, wollen aber die Gewähr haben, daß wir als gleichberechtigte Partner an diesem Tisch sitzen. Da Ihr uns aber seit Monaten ablehnend gegenübersteht, haben wir uns entschlossen, die Angelegenheit unseren beiderseitigen Bezirksvorständen zu unterbreiten.

Was den Zehnerausschuß anbetrifft, bleiben wir bei unserem Standpunkt, daß er gebildet wurde, um Gemeindefragen zu erledigen. Zur politischen Arbeit sind die Parteien berufen. Wir fordern nochmals nachdrücklichst sofortige Einberufung des Zehnerausschusses, da wichtige Fragen der Ernährung zu besprechen sind.

Mit proletarischem Gruß[6]

---

6 Das Dokument ist ohne Unterschrift.

Nr. 109
Schreiben von Friedrich Ebert an den Ortsverein der SPD Stahnsdorf vom 9. Januar 1946[1]

Sozialdemokratische Partei Deutschlands
Stahnsdorf
Kreis Teltow
                                                                Potsdam, Waisenstr[aße] 17
–29. 12. 1945[2]   9. 1. 1946

Werte Genossen!

Mit großem Interesse haben wir von den Werbeplänen des Ortsvereins Kenntnis genommen. Wir hoffen, daß es Eurer Tatkraft gelingt, das Programm im wesentlichen zu erfüllen. Der Bezirksvorstand freut sich über jede eigene Initiative der Ortsvereine und ist selbstverständlich gern bereit, im Rahmen seiner leider noch sehr bescheidenen Möglichkeiten beratend und unterstützend einzugreifen, wenn es gewünscht wird und erforderlich ist.

Zu Eurer Stellungnahme zu der gemeinsamen Konferenz des Zentralausschusses der SPD und des Zentralkomitees der KPD mit den Vertretern der Bezirke[3] möchte ich kurz skizzieren, was ich auf unserer Arbeitstagung in Potsdam am 4. 1. [19]46 zusammenfassend darüber gesagt habe:

»*Was wir Sozialdemokraten immer gefordert haben:*
Absolute Gleichberechtigung auf allen Gebieten des öffentlichen Lebens,
demokratische und saubere Gestaltung der Selbstverwaltungsorgane,

---

1 Brandenburgisches Landeshauptarchiv, Rep. 331, II/2/15.
2 Dies ist das Datum des Schreibens des Ortsvereins Stahnsdorf der SPD an den Brandenburger Landesvorstand. Vgl. Dokument Nr. 106.
3 Vgl. Dokument Nr. 106.

Voranstellung der besonderen deutschen Belange und ihre Vertretung durch eine unabhängige selbständige Partei,
Schaffung der Reichsparteien und dann Verwirklichung des Einheitswillens auf demokratischen Wegen durch den freien Willen der Mitglieder,
das ist nun in der Entschließung vom 21. 12. 1945 von allen verantwortlichen Führern beider Arbeiterparteien schriftlich anerkannt worden.«

Wir haben also in den zweitägigen Verhandlungen genau das erreicht, was der Genosse [Otto] Grotewohl schon am 14. 9. [19]45 in der großen Funktionärkonferenz in Berlin als unsere Stellungnahme zur Frage der Einheitspartei präzisiert hat.

Mit Parteigruß!

gez. [Friedrich] Ebert[4]
Bezirkssekretär

---

4 Unterschrift handschriftlich.

Nr. 110
Aus der Rede von Georg Spiegel auf der gemeinsamen Sitzung von Funktionären der SPD und KPD in Potsdam am 10. Januar 1946[1]

[...]
    Inzwischen hat sich jede Partei für sich aufgebaut und ein eigenes Parteileben entwickelt. Beide Parteien wollten eine ideologische Klärung, wollen dieses heute noch. Ist diese Klärung erfolgt? Da kann ich weder ja noch nein sagen. Aber der Vereinigung stehen noch einige Fragen im Wege, wir wollen ganz offen uns darüber aussprechen, nicht um der Einheit irgendwie Abbruch zu tun, sondern [um] auf beiden Seiten die Schmerzen auszusprechen, die die Mitgliedschaft hat und die sie bei uns auf den Versammlungen zum Ausdruck bringen und die ein gewisses Mißtrauen bestehen lassen.
    Wir fassen die Parität in der Besetzung der Verwaltungsstellen nicht so auf, daß sie mit dem Rechenschieber ausgetragen wird, aber eine Gleichberechtigung muß sich doch vor der Vereinigung zeigen. Auf unserer letzten Bezirksfunktionärskonferenz, wo 150 Genossen versammelt waren, wie auf der Generalversammlung der Potsdamer Ortsgruppe am letzten Sonntag wurde davon gesprochen, daß die Besetzung der wichtigsten politischen Stellen außerordentlich einseitig durchgeführt worden sei. Eine Aufstellung über die Besetzung der politischen Stellen nach Parteizugehörigkeit ergibt folgendes Bild: Oberbürgermeister KPD 11, SPD 6; Landräte und ihre Stellvertreter KPD 29, SPD 9; Oberlandräte KPD 2, SPD 1.
    Es wäre dumm, eine Vereinigung zu machen, ohne den Mut zu haben, die Bauchschmerzen, die noch bestehen, zum Vortrag zu bringen.
    Die zweite Frage. Die Vereinigung muß, wenn sie einen großen Sinn haben soll und eine große Reichweite, im Reichsmaßstab verwirklicht werden. Wir Sozialdemokraten haben aber noch einige Schwierigkeiten mit unseren Genossen im Westen und Süden.[2] Wir sind dabei, diese aus dem Weg zu räumen, und lassen nichts unversucht, um eine Politik des Fö-

---

1 Brandenburgisches Landeshauptarchiv, Rep. 330, I/2/14.
2 Vgl. Dokument Nr. 106, Anm. 5.

deralismus und Partikularismus zu verhindern und unsere Genossen in einer einheitlichen Partei zu sammeln. Die Vereinigung ist für uns auch eine Sache von Bedeutung für das ganze Volk. Was kann eine Einheit ausrichten, die auf den sowjetisch besetzten Sektor beschränkt bleibt? Wer die nationale Frage entscheidet, der führt in Deutschland, da die nationale Frage das Leben Deutschlands als einheitliches wirtschaftliches und kulturelles Ganzes zu entscheiden hat. Es schiene uns unverantwortlich, wenn Deutschland nicht wieder herangeführt werden könnte, nicht nur an die Produktion zur Selbstversorgung, sondern auch an die Produktion für den Export, als Gegenwert für den Import. Wir streben in dieser Beziehung eine Gesamtpartei an, von der wir eine verbindliche Erklärung verlangen.

Dann noch eins. Die Sozialdemokratische Partei ist von Anfang an demokratisch aufgebaut. Sie wählt ihre Führer in geheimer und freier Wahl. Am letzten Sonntag wurde in der Generalversammlung die neue Kreisleitung nach Stimmenmehrheit gewählt, genau wie auf dem Parteitag festgestellt wird, durch geheime Wahl, wer das Vertrauen der Mitgliedschaft hat und wer nicht. Die Kommunistische Partei ist aber zentralistisch aufgebaut. Unsere Mitglieder fragen da, werden bei einer Verschmelzung nicht unsere demokratischen Voraussetzungen aufgehoben werden?

Es gibt in der Sozialdemokratischen Partei keinen ernsthaften Funktionär mehr, der an die Gepflogenheiten der Weimarer Republik denkt, wenn er von Demokratie spricht. Eine Demokratie muß stark sein. Aber es muß ein gewisser Demokratismus bestehen innerhalb unseres Parteiapparates. Wir wollen ein offenes und freies Wort sprechen dürfen und sicher sein, daß uns nichts krumm genommen wird, wenn wir einmal eine andere Meinung haben als die Mehrheit. Ich würde heute unzufrieden aus dieser Versammlung herausgehen, wenn dies nicht gesagt würde, und ich glaubte daher, dies hier vortragen zu müssen.

Über die Einheit selbst ist eine Diskussion nicht mehr notwendig. Alle, die ich in meiner Partei befragt habe, habe ich nicht einen gefunden, der gesagt hatte, ich bin gegen die Einheit. Jeder will eine geeinigte Arbeiterklasse und eine geeinte Arbeiterpartei. Eine Diskussion ist nur notwendig über die Voraussetzungen, und einige Fragen in dieser Beziehung habe ich in sauberer und ehrlicher Weise vorgetragen.

Wir wollen keine ungleichen Brüder werden. Auf der 60er-Konferenz wurde gesagt, es besteht noch eine Kluft, die überwunden werden muß. Dort wurde gesagt, man müsse den sozialdemokratischen Mitgliedern das Vertrauen geben, daß sie gleichberechtigt sind. Ich nehme an, daß die Kommunisten unsere Einstellung verstehen werden.

Der gute Wille der Sozialdemokratischen Partei, der äußert sich darin, daß wir bereits eine Reihe gemeinsamer Aktionen durchgeführt haben, daß ein gemeinsames Wahlprogramm aufgestellt werden soll, das die Garantie dafür ist, daß der Wahlkampf nicht zu einem Kampf zwischen SPD und KPD führt. Wir werden uns nicht mehr gegenseitig mit Dreck bewerfen. Wir werden den Wahlkampf sauber und anständig führen, so daß jeder Gegner davor Respekt haben muß, und wir erwarten uns davon einen großen Zulauf. Wir führen einen gemeinsamen Kampf für eine gemeinsame Arbeitermehrheit im neuen deutschen Parlament. Beide Parteien stöbern in ganz Deutschland die örtlichen Schäden auf, die der Krieg verursacht hat, um im Interesse einer Arbeitermehrheit ein gemeinsames Wahlprogramm aufzustellen.

Das, Genossen, ist der Auftakt für eine neue Partei, für eine neue sozialistische Arbeiterpartei. Beide Parteien haben Fehler gemacht. Beide Parteien haben sich zu revidieren. Die neue Partei aber, die kommen muß, als Arbeiterpartei, muß eine demokratische sein, eine sozialistische und eine Arbeiterpartei. Die Partei aller Schaffenden, die Partei der Arbeiter.

Nr. 111
Schreiben von Wilhelm Freytag an den Politischen Leiter der KPD-Ortsgruppe Potsdam vom 10. Januar 1946[1]

Wilhelm Freytag
Gruppe 7

Potsdam, den 10. 1. [19]46
Jägerallee 39
Berufsanschrift:
Provinzialbank; Luisenplatz
Tel. 6737

Vertraulich!
An den
Pol[itischen] Sekr[etär] der KPD
Ortsgruppe Potsdam
Genosse Peschel

Lieber Genosse Peschel!
Eine Nachsitzung der heutigen gemeinsamen Funktionärbesprechung[2]

Nach Beendigung der Besprechung besuchte ich meinen Bankkunden, den Besitzer des »Alten Fritz«[3], Genosse der SPD, der als Funktionär auch an unserer gemeinsamen Sitzung teilgenommen hatte, Herrn Henkel.

Für Geschäftsfreunde und andere Bekannte ist die Küche mit einem Stammtisch der Treffpunkt. Als ich die Küche betrat, war gerade Gen[osse] [Georg] Spiegel und Gen[osse] [Fritz] Springer[4] dabei, ihre Mäntel, die sie in der Küche abgelegt hatten, zu holen, sich von dem auf dem Tisch stehenden Tabak-Vorrat ein Pfeifchen zu stopfen. Nach kurzer Begrüßung nahmen sie Abschied. Es kamen nun 6 andere Funktionäre der SPD hinzu, und wir tranken gemeinsam mit Henkel ein Glas Bier. Henkel ist bekannt, daß ich KPD-Genosse bin.

Ich brachte das Gespräch auf das erörterte Thema der obigen Sitzung. Henkel ließ sich hierzu nun wie folgt aus:

»Gewiß wollen wir alle einen Zusammenschluß, ... aber ... nach ... den Wahlen.[5] Die KPD soll erst einmal zeigen, was sie hinter sich hat. Wir (SPD) sind die stärkste Partei und es geht nicht, wie dies eben auch der Gen[osse] [Georg] Spiegel gerügt hat, daß z. B. in der Mark Brandenburg von den Landratsposten 80 % von der KPD besetzt werden, von der ungerechten Besetzung der Bürgermeisterposten durch die KPD ganz zu schweigen! Wir sind der Meinung, daß die SPD 2/3, die KPD höchstens 1/3 nach ihrer Stärke bei der Postenbesetzung fordern könne.

---

1 Brandenburgisches Landeshauptarchiv, Rep. 330, I/2/14.
2 Am 10. Januar 1946 fand in Potsdam eine Besprechung sozialdemokratischer und kommunistischer Funktionäre statt. Vgl. Dokument Nr. 110.
3 Bevorzugtes Versammlungslokal der SPD in Potsdam.
4 Fritz Springer, SPD. 1945/46 Vorstand Ortsverein SPD Potsdam.
5 Die Auslassungszeichen stehen so im Original.

Wir sind der Meinung wie Gen[osse] [Kurt] Schumacher[6], daß die SPD nicht der Blutspender für die KPD sein soll![6] Deshalb dränge auch die KPD auf eine Vereinigung. Auf meine geschickte Fragestellung in Bezug auf das Verhältnis [Kurt] Schumachers zu den westlichen Besatzungsbehörden bemerkte Henkel, daß die westlichen Besatzungsbehörden natürlich die SPD unterstützen, andererseits oft ganze Ortsgruppen der KPD verhaften. Die westlichen Besatzungsbehörden wären froh, das eine Gespenst (Faschismus) los zu sein, und wollten nicht ein neues Gespenst, die Bolschewisierung Deutschlands durch die KPD, dafür eintauschen.«

Es würde zu weit führen, noch weitere Beispiele Henkels anzuführen, die [ein] Funktionär und Bekannter von [Georg] Spiegel und [Fritz] Springer in seinem Gespräch erwähnte, womit dieser beweisen wollte, daß eine Bevorzugung in der östlichen Besatzungszone durch die russische Besatzung erfolgte und andererseits die KPD dies ausnutze, sodaß man von einer Diktatur der KPD im großen wie im kleinen sprechen müsse.

Die übrigen 6 SPD-Funktionäre stimmten jeweils Gen[ossen] Henkel zu. Es wäre bedauerlich, wenn die SPD-Funktionäre zu einer derartigen Einstellung gegenüber Rußland und der KPD erzogen würden. Jedenfalls glauben diese, mit ihrer Einstellung bei den Wahlen Geschäfte beim deutschen Volk machen zu können.

Mit komm[unistischem] Gruß!

gez. Wilhelm Freytag

---

6 Kurt Schumacher, geb. am 13. Oktober 1895. Beruf: Jurist u. Ökonom. Seit 1918 SPD. 1930 bis 1933 MdR. 1933 bis 1945 langjährige Haft u. KZ. 1945 Ltr. SPD Westzonen (»Büro Dr. Schumacher«). Mai 1946 Vors. SPD. 1949 MdB. 1952 gest.
7 Kurt Schumacher hatte auf der Konferenz von Sozialdemokraten der britischen, amerikanischen und französischen Zone in Wennigsen bei Hannover, an der auch Otto Grotewohl, Gustav Dahrendorf und Max Fechner als Vertreter des Zentralausschusses teilnahmen, in seinem Referat am 5. Oktober 1945 hierzu folgendes ausgeführt:»Im Sinne der deutschen Politik ist die Kommunistische Partei überflüssig. Ihr Lehrgebäude ist zertrümmert, ihre Linie durch die Geschichte widerlegt. Nachdem ihre Hoffnung, sich als führende Arbeiterpartei etablieren und zur einzigen Arbeiterpartei entwickeln zu können, von den Tatsachen so völlig unmöglich gemacht wird, muß sie nach dem großen Blutspender suchen.« *Kurt Schumacher*, Reden, Schriften, Korrespondenzen 1945–1952, Berlin/Bonn 1985, S. 311.

Nr. 112
Schreiben von Friedrich Ebert an die SMA der Provinz Brandenburg in Potsdam vom 11. Januar 1946[1]

An die
Sowjetische Militärische
Administration
Potsdam

Potsdam, Waisenstr[aße] 17
11. 1. 1946

Der Ortsverein Birkenwerder/Niederbarnim der SPD teilt uns unter dem 10. 1. 1946 mit, daß der dortige Herr Militärkommandant eine für den 6. 1. 1946 einberufene Kundgebung

---

1 Brandenburgisches Landeshauptarchiv, Rep. 331, II/2/5.

der KPD und SPD und eine für den 19. 1. 1946 vorgesehene Mitgliederversammlung der sozialdemokratischen Frauen verboten hat.

Wie bereits gestern Herrn Oberstleutnant Milchiker[2] mitgeteilt wurde, hat der Herr Kommandant von Hohen Neuendorf/Niederbarnim eine für den 17. 1. 1946 vorgesehene Mitgliederversammlung der SPD, in der der Bezirkssekretär Genosse [Friedrich] Ebert sprechen sollte, ebenfalls verboten. Desgleichen wurde eine für den 13. 1. [19]46 vorgesehene Versammlung der SPD in Borgsdorf/Niederbarnim, verboten.

In allen Fällen haben die Herren Kommandanten vor der Genehmigung einer Mitgliederversammlung oder öffentlichen Versammlung unserer Partei die Einberufung einer gemeinsamen Mitgliederversammlung der SPD und der KPD gefordert, auf der Beschluß gefaßt werden soll darüber, ob die verbotenen Kundgebungen und Versammlungen stattfinden sollen.

Wir bitten, die in Frage kommenden Herren Kommandanten möglichst umgehend darauf hinzuweisen, daß die Sozialdemokratische Partei Deutschlands das Recht hat, auch ohne Genehmigung der Kommunistischen Partei Deutschlands öffentliche Kundgebungen und Mitgliederversammlungen abzuhalten.

Der Bezirksvorstand
gez. [Friedrich] Ebert[3]
Bezirkssekretär

---

2 Oberstleutnant Milchiker war als sowjetischer Offizier Mitarbeiter in der SMA in Potsdam.
3 Unterschrift handschriftlich.

Nr. 113
Schreiben der SPD-Ortsgruppe Woltersdorf an den Zentralausschuß der SPD, den Provinzialvorstand Brandenburg und den Ortsverein der SPD Erkner vom 19. Januar 1946[1]

Ortsgruppe der SPD Woltersdorf
Woltersdorf, den 19. Januar 1946
An die
Genossen [Otto] Grotewohl, [Max] Fechner, [Otto] Meier[2], [Friedrich] Ebert, [Richard] Küter und Ortsgruppe Erkner

Die brennendste Frage, die Verschmelzung der beiden Arbeiterparteien, beschäftigt die Gemüter. Es ist leider für uns Parteifunktionäre durch Reden und Zeitungen unserer führenden Genossen kein leichtes Arbeiten. Für Parteigenossen, welche mit der Werbung für die Partei zu tun haben, ist es besonders schwierig, da keinerlei Richtlinien vorhanden sind.

In der Provinz ist die Stimmung folgende: Ein Wahlergebnis ist für die SPD bis zu 70 % zu erwarten, wenn keine Verschmelzung erfolgt. Bei einer Verschmelzung vor der Wahl ist

---

1 SAPMO-BArch, ZPA, NL 191/1.
2 Otto Meier, geb. 1889. Beruf: Handelsangestellter. 1911 SPD, 1917 USPD, 1922 SPD. 1933 bis 1945 illegale Arbeit u. zeitweise Haft. Juni 1945 bis April 1946 ZA SPD. Juli 1945 bis April 1946 Chefredakteur SPD-Tageszeitung »Das Volk«. April 1946 bis 1950 PV u. ZS SED. 1949 MdV. 1962 gest.

mit einem Stimmenabgang von 30–40 % zu rechnen, sogar mit einem Austritt aus der Partei mit 20 %.

Wir als Parteigenossen sehen selbst die ganze Sache sehr mißtrauisch an und wollen Euch Tatsachen schildern, welche uns zu dieser Ansicht gebracht haben.

In unserer Gemeinde wurden wir als SPD-Mitglieder von Anfang an als Feinde angesehen und behandelt. Man stellte lieber sogenannte neutrale Personen ein, um ja keine SPD in die Verwaltung kommen zu lassen. Als wir uns doch so langsam durchsetzten und die KPD mit uns rechnen mußte, bequemte man sich zu Zugeständnissen, aber gleich mit dem Vorsatz, diese nicht zu halten. Unsere erste Verhandlung zur Besetzung des Aktionsausschusses wurde von der KPD abgelehnt. Nach wochenlangen Verhandlungen wurden uns einige nebensächliche Stellen zugewiesen mit einem Stimmenverhältnis 5 zu 3 zugunsten der KPD.

Wir wurden bei Verhandlungen im Aktionsausschuß mit Prügel bedroht. Bei geheimen Verhandlungen über Pg-Fragen[3] wurden schriftliche Anträge der SPD in öffentlicher Versammlung, in denen meistens Pg vertreten waren, verlesen und für die KPD propagandistisch ausgenutzt. Bei Stimmengleichheit im Aktionsausschuß erklärten sie, daß sie sich die Zustimmung beim Kommandanten beschaffen werden. Sie binden sich an keine schriftliche sowie mündliche Vereinbarung. Eine Vereinbarung des Aktionsausschusses, Entlassungen, Einstellungen in der Gemeinde sind nur im Einvernehmen mit beiden Parteien zu tätigen, wird nicht eingehalten. Sie nehmen Neueinstellungen vor, um dafür unsere Parteigenossen auf die Straße zu setzen. Wir können uns nicht durchsetzen, da sie bei jeder Gelegenheit mit der Roten Armee drohen. Der 1. und 2. Vorsitzende unserer Ortsgruppe ist deswegen schon einmal nach Rüdersdorf gebracht worden. Wir sind in der Lage, noch mehr solcher Fälle zu berichten, denn täglich wiederholen sich dieselben Vorgänge.

Wir können uns nicht denken, daß dieses alles zu einer Verschmelzung beitragen kann. Wir können uns nicht vorstellen, daß dieses der Sinn der so viel gepriesenen neuen Demokratie sein soll. Für uns als alte Sozialdemokraten ist das Ganze ein Rätsel. Nach den ganzen Erfahrungen gibt es nur zwei Möglichkeiten, entweder betrügen uns die unteren Organe der KPD oder das ZK. So wie es bei uns aussieht, ist es in allen Ortsgruppen.

In dem Kongreß des FDGB in Bernau[4] wurden vom Genossen Meckemüller von der KPD unsere Genossen [Carl] Severing und [Gustav] Noske als Arbeiterverräter hingestellt. Von unseren Genossen zur Rede gestellt, erklärte er im Schlußwort, daß er das absichtlich getan habe. Es wurde von unseren Genossen in dieser Sitzung betont, daß solche Angriffe eine Verschmelzung der beiden Parteien nicht fördern.

Von den Ortsgruppen der KPD werden wir förmlich unter Druck zu gemeinsamen Versammlungen, ja sogar zu Resolutionen im Sinne baldiger Verschmelzung gepreßt.

Wir hoffen, daß wir durch diesen Stimmungsbericht zur Klärung in dieser Angelegenheit beitragen können und verbleiben

Mit Parteigruß der Funktionäre der
Ortsgruppe Woltersdorf

(Genosse [Albert] Baerhold)
(Genosse [Paul] Waldheim)
(Genosse Schulze, Ludwig)
(Genosse Sonnemann)
(Genosse Block)
(Genossin Zaduck)
(Genossin Sonnemann)
(Genossin Kübner)

---

3 Fragen, die ehemalige Mitglieder der NSDAP betreffen.
4 Im Januar fanden Delegiertenkonferenzen des FDGB in den Kreisen Brandenburgs statt.

Nr. 114

Schreiben der KPD-Kreisleitung Forst an die Bezirksleitung der KPD Brandenburg vom 26. Januar 1946[1]

KPD
Kreisleitung Forst
Uferstr[aße] 6–8

Forst/Lausitz, den 26. Januar 1946

An die
Bezirksleitung der KPD
Provinz Brandenburg
z[u] H[än]d[en] d[es] Genossen [Willy] Sägebrecht
Potsdam
Spandauerstr[aße] 5

Werter Genosse!

Wir erinnern Dich noch einmal an unser Ersuchen, am 6. Februar [1946] mit dem Genossen [Friedrich] Ebert vom Bezirksvorstand der SPD nach Forst zu kommen zu unserer gemeinsamen Mitgliederversammlung. Es ist dringend notwendig, daß diese Vereinbarungen aufrechterhalten werden, da sich innerhalb der SPD starke Widerstände gegen diese gemeinsame Mitgliederversammlung und darüber hinaus überhaupt gegen jegliches Zusammenarbeiten mit uns erneut entwickeln; aufgrund eines Rundschreibens des Zentralvorstandes und des Bezirksvorstandes der SPD an alle ihre unteren Organisationen, das Euch ja inzwischen auch bekannt sein dürfte.[2]

Am Donnerstag, den 24. Januar [1946] fand in Forst die erste gemeinsame Funktionärsitzung beider Parteien statt. Das einzige, was die SPD dazu getan hatte, war, daß sie einen großen Stab ihrer Parteimitglieder dazu mitgebracht hatte, was uns allerdings recht lieb war. Die Sitzung war von etwa 110 Personen besucht. Die Zusammensetzung war eine äußerst schlechte, da der aktive Funktionärstab der früheren SPD und die übergroße Mehr-

---

1 Brandenburgisches Landeshauptarchiv, Rep. 330, I/2/14.
2 Der Zentralausschuß versandte in der zweiten Januarhälfte 1946 ein Rundschreiben an die Parteibezirke, in dem u. a. der Wortlaut der Entschließung des Zentralausschusses vom 15. Januar 1946 enthalten war. In der Entschließung wurde noch einmal der Standpunkt des Zentralausschusses zur Zusammenschlußfrage wie folgt umrissen:
»1. Keine organisatorische Vereinigung beider Arbeiterparteien im Bereich von Bezirken, Provinzen, Ländern oder einer Besatzungszone.
2. Die Herstellung der organisatorischen Einheit kann nur durch den Beschluß eines Reichsparteitages erfolgen.
3. In logischer Konsequenz daraus treten beide Parteien bei etwaigen Wahlen mit getrennten Listen an.
4. Jede gegenseitige Bekämpfung beider Parteien muß unterbleiben, vielmehr die Zusammenarbeit im Geiste der Kameradschaftlichkeit und Gleichberechtigung auf jeden Fall sichergestellt werden.«
Die Landes- und Bezirksvorstände wurden aufgefordert, »an keinerlei Beschlüssen mitzuwirken, die den vorstehenden Feststellungen widersprechen oder auch Zweifel daran zulassen«. SAPMO-BArch, ZPA, II/2/1.

heit der SPD-Mitglieder bei uns organisiert sind.³ Die SPD hier am Ort hat höchstens 15 % ehemalige SPD-Mitglieder innerhalb ihrer Partei. Ehemalige Funktionäre, außer den Genossen Liebing und Heidenreich, hat sie überhaupt nicht. Trotz unserer Vereinbarung im Arbeitsausschuß, daß jede Partei einen Referenten zu dieser Funktionärsitzung stellen sollte, hat die SPD diese Vereinbarung nicht eingehalten und keinen Referenten gestellt.

Das Referat wurde mir als Kreisleiter unserer Partei übertragen. In der Diskussion traten nur Genossen unserer Partei auf. Innerhalb der SPD-Mitglieder herrschte eisiges Schweigen. Es hatte den Anschein, als wäre an die Genossen der SPD ein Verbot erfolgt, sich an der Diskussion zu beteiligen. Die einzige offizielle Stellungnahme der SPD auf dieser Sitzung war die Verlesung des bereits bekannten Rundschreibens durch den Genossen Liebing als Vorsitzenden der SPD.

Wir ersuchen Dich also nun nochmals dringend, dafür Sorge zu tragen, daß Du mit dem Genossen [Friedrich] Ebert am 6. Februar [1946] nach Forst kommst, da die SPD die Abhaltung dieser gemeinsamen Mitgliederversammlung abhängig machen will von Eurer direkten schriftlichen Zusage. Ich halte es deshalb für ratsam, daß Ihr uns sofort telefonisch benachrichtigt, daß Ihr auch wirklich kommt. Wir nehmen trotz alledem die Vorarbeiten dazu sofort auf.

Wir verweisen noch einmal auf unseren Vorschlag, sobald wie möglich eine breite Funktionärkonferenz beider Parteien im Bezirksmaßstab durchzuführen, um den Gedanken der Einheit immer weiter zu vertiefen, wenn uns auch noch so viel Widerstände entgegenwachsen.

Mit kommunistischem Gruß
KPD Kreisleitung Forst
gez. Rescher
Kreisleiter

---

3 Am 17. Juni 1945 war es in Forst zur Bildung der »Vereinigten Kommunistischen Partei von Forst, KPD« gekommen, in der auch viele ehemalige Sozialdemokraten organisiert waren. In einem Organisationsbericht der KPD Forst an das Zentralkomitee der KPD vom 14. Juli 1945 heißt es: »Von den Genossen der SPD wurde der Beschluß gefaßt, auf die Bildung einer eigenen Sozialdemokratischen Partei zu verzichten und geschlossen sich der neu formierenden Kommunistischen Partei anzuschließen«. *Benser*, Die KPD im Jahre der Befreiung, S. 121. Später nach Forst zurückkehrende Sozialdemokraten schlossen sich der Vereinigten Kommunistischen Partei von Forst jedoch nicht an und gründeten im Herbst 1945 einen Ortsverein der SPD.

Nr. 115
Bericht von Emil Schröder über eine Besprechung bei der SMA der Provinz Brandenburg in Potsdam am 29. Januar 1946¹

Vertraulich!

Am 29. Januar 1946 fand in der Administration, Neue Königstr[aße] 68, unter Vorsitz von Oberstleutnant Milchiker eine Pressekonferenz statt, bei der zugegen waren die Herren Schackwitz (Prov[inzial]verwaltung, Informationsamt), [Walter] Franze (Volkswille),

---

1 Brandenburgisches Landeshauptarchiv, Rep. 331, II/2/5.

[Emil] Schröder (Märker), Kobel, [Karl] Steiner[2] (Informationsamt). Von der SMA waren anwesend: Major Barsuk, Major Lewin und zwei andere mir namentlich nicht bekannte Herren.

Major Barsuk unterzog den »Märker«[3] sowie den »Volkswillen«[4] einer eingehenden Kritik in Hinsicht auf die publizistische Behandlung der Einheitsfrage. Nach seiner Ansicht hat der »Märker« zwar Berichte über die Einheitsfrage veröffentlicht, ist aber auf die Beschlüsse vom 20. und 21. Dezember [1945] nicht näher eingegangen.

Major Barsuk erklärte, die Provinzialleitung der SPD nehme mit Bezug auf die Frage der Einheit eine bestimmte Haltung ein, indem sie versuche, mit allgemeinen Sätzen und Redensarten um das Problem herumzureden, ohne jedoch konkrete Vorschläge für die praktische Durchführung der Einheit zu machen. In der Nummer 15 vom 26. Dezember [1945] habe der »Märker« einen Artikel von W. E[mil] Schröder veröffentlicht, in dem er nur allgemein auf die Resolutionen der SPD und KPD eingehe, ungeachtet der Tatsache, daß durch diesen historischen Beschluß der beiden Parteien den Organen der SPD und KPD eine bestimmte Pflicht auferlegt worden ist.

Von der Bezirksleitung der SPD sei keine Änderung der politischen Haltung vorgenommen worden. Im Leitartikel der Neujahrsnummer des »Märker« spreche W. E[mil] Schröder über einige Fehler, die die politischen Führer Deutschlands im Jahre 1918 begangen haben, deren Resultat der Sieg des Faschismus war, aber mit keinem Wort werde die Frage der Einheit berührt, obwohl die Resolution der SPD und KPD einen solchen Schluß verlangt.

Jedenfalls vermißt Major Barsuk im »Märker« eine schärfere Beleuchtung der Einheitsfrage, die im »Volkswillen« zwar stärker herausgestellt worden sei, doch auch die Stellungnahme des «Volkswillen« sei nicht genügend herausgearbeitet. Der «Volkswille« »entlarvt zu schwach die Gegner der Einheit in beiden Parteien«.

Man müsse klar sehen, daß die Frage des Kampfes um die Einheit beider Parteien im Mittelpunkt der Arbeit beider Zeitungen stehen müsse. Man müsse den Massen klar machen, welche Bedeutung die Einheit für das Schicksal des demokratischen Deutschland und des ganzen Volkes hat. Die Hauptsache bestehe darin, zu zeigen, wie die Einheit in der Praxis durchzuführen ist, im politischen Leben, in den Gewerkschaften, in der Selbstverwaltung. Man müsse in beiden Zeitungen die besten Reden der Vertreter der Einheit in beiden Parteien veröffentlichen, ebenso die besten Artikel zu dieser Frage aus den Berliner Zeitungen. Man müsse an den Gegnern der Einheit mehr Kritik üben und ihre Behauptungen mit Argumenten entkräften. Die Zeitungen müssen Informationen über den Sieg der Anhänger der Einheit bei den Gewerkschaftswahlen bringen.

Die Resolution vom 20. und 21. Dezember [1945] muß eingehender erklärt werden, ferner müssen Broschüren veröffentlicht werden, um die Einheit beider Parteien zu propagieren. Unter diesen Broschüren, deren Herausgabe geplant ist, soll eine Broschüre mit Reden von [Otto] Grotewohl, [Wilhelm] Pieck, [Friedrich] Ebert, [Willy] Sägebrecht [sein]. Es soll ein Redaktionskollegium aus Vertretern beider Parteien geschaffen werden für die Herausgabe dieser Broschüren. Dies muß sofort geschehen.

Ferner schlägt Major Barsuk vor, gegen die Haltung der westlichen Zone, vor allen Dingen gegen [Kurt] Schumacher, zu polemisieren und hierzu das Material der Zentralzeitung[5]

---
2 Karl Steiner, geb. 1899. Beruf: Bankkaufmann. 1945 PVW Brandenburg. 1946/47 Ltr. Berliner Preisamt. 1947 Vizepräs. DZW für Finanzen. 1949 Abtltr. Finanzministerium DDR. 1954 bis 1956 Haft. 1957 Finanzministerium DDR. 1983 gest.
3 Landeszeitung der SPD für Brandenburg.
4 Landeszeitung der KPD für Brandenburg.
5 Hier ist die zentrale Tageszeitung der SPD »Das Volk« gemeint.

auszunutzen, auch die Haltung Sachsens (Vereinigung bis zum 1. Mai) her[aus]zustellen. In der Frage der kleinen Pgs. ist eine nachsichtige Haltung einzunehmen, ebenso hinsichtlich der Verantwortlichkeit des ganzen deutschen Volkes. – Geplant ist die Herausgabe einer überparteilichen Potsdamer Tageszeitung mit 50 000 Auflage (Hupfeld)[6] sowie eines Organs der Provinzialverwaltung (als Tageszeitung).

gez. Emil Schröder[7]

---

6 Ob sich dahinter ein Name verbirgt, konnte nicht ermittelt werden.
7 Unterschrift handschriftlich.

Nr. 116
Bericht von Friedrich Ebert über eine Besprechung bei der SMA der Provinz Brandenburg in Potsdam am 30. Januar 1946[1]

Entwurf

Am 30. 1. 1946 fand in der Propagandaabteilung der SMA eine Besprechung mit Herrn Oberstleutnant Milchiker statt, an der neben Major Radianow auch noch ein Vertreter der Propagandaabteilung Berlin teilnahm. Thema der Besprechung war die Frage der Einheitspartei.

Die Administration machte den Vorschlag[2], die kommunistische Funktionärschule in Schmerwitz unter die gemeinsame Leitung der beiden Parteien zu stellen und die Schüler beiden Parteien zu entnehmen. Gegen diesen Vorschlag wurden Bedenken grundsätzlicher Art nicht von mir erhoben.

Alsdann wurde von der SMA sehr stark der Wunsch geäußert und begründet, mit der Bezirksleitung der KPD ein gemeinsames Büro zu schaffen zur Erledigung aller die Vorbereitung der Einheit betreffenden Arbeiten.[3]

Von den Vertretern der SMA, insbesondere aber auch von dem aus Berlin gekommenen Hauptmann, wurde die Frage aufgeworfen, wie wir uns zur Einigung, die nach unserer Auffassung nur durch einen Reichsparteitag erfolgen kann, stellen, wenn die Möglichkeit der Abhaltung einer solchen Tagung sich in den nächsten Jahren nicht schaffen lasse. Es sei leider so, daß entgegen dem Willen der Russen[4] die politische Einheit Deutschlands vermutlich sich in absehbarer Zeit nicht herstellen lassen werde.

Ich erklärte, daß der Beschluß des ZA vom 15. 1. 1946 für mich bindend sei[5], daß ich verpflichtet und auch aus meiner Überzeugung entschlossen sei, alles zu tun, was notwendig ist, um die organisatorische Einheit der deutschen Arbeiterschaft wieder herzustellen, daß ich aber unter allen Unständen ablehnen müsse, etwa, entgegen den getroffenen Vereinba-

---

1 Brandenburgisches Landeshauptarchiv, Rep. 331, II/2/5.
2 »machte den Vorschlag« wurde handschriftlich geändert in »Äußerte den Wunsch«.
3 Dieser Satz wurde handschriftlich wie folgt geändert: »Alsdann wurde von der SMA sehr stark der Wunsch geäußert und ferner ein gemeinsames Büro der Parteien zur Erledigung aller die Vorbereitung der Einheit betreffenden Arbeiten zu schaffen.«
4 »Russen« wurde geändert in »UdSSR«.
5 In diesem Beschluß hatte der Zentralausschuß noch einmal seinen Standpunkt bekräftigt, daß über einen Zusammenschluß nur auf einem Reichsparteitag der SPD entschieden werden könne.

rungen, einer Sonderregelung für die Mark Brandenburg zuzustimmen. Dieser Standpunkt wurde zustimmend zur Kenntnis genommen.

In der Debatte spielte der in Sachsen erwähnte Termin des 1. Mai [1946] eine Rolle.[6] Meine Stellung dazu präzisierte ich dahin, daß die Vereinigung der beiden Parteien ein entwicklungsgeschichtlicher Prozeß sei, der sich nicht nach Terminen richte. Man müsse alles tun, um ihn zu fördern, sich aber auch vor unüberlegten Schritten hüten. Zu dieser Vorsicht zwinge insbesondere auch die Haltung weiterer Mitgliederkreise. Es sei kein Geheimnis, daß besonders in Sachsen und in Berlin der Widerstand gegen die Politik der Landesleitung Sachsens bzw. des Zentralausschusses sehr erheblich ist. Die Kritik richte sich nicht gegen den Willen zur Einigung, der überall betont wird, als vielmehr gegen das z. B. in Sachsen angeschlagene Tempo und die nicht ganz klare und geradlinige Haltung, die verschiedene Mitglieder des Zentralausschusses in der letzten Zeit in dieser Frage angeschlagen[7] haben.

Es sei notwendig, ganz klar und eindeutig zu dieser Frage Stellung zu nehmen und insbesondere an dem Grundsatz festzuhalten, daß die Einigung der beiden Parteien nur auf Beschluß der Mitglieder verwirklicht werden könne. Bis das möglich sei, müsse, um es noch einmal zu betonen, jedes Hindernis beseitigt und die Einigung so vorbereitet werden, daß der Beschluß der Mitglieder nur noch einen bestehenden Zustand sanktioniere.

Oberstleutnant Milchiker erwähnte dann noch den Plan, einen Einheitsverlag zur Herausgabe marxistischer Literatur zu gründen.

gez. [Friedrich] Ebert
31. 1. [19]46[8]

---

6 In einer Rede auf der gemeinsamen Konferenz sozialdemokratischer und kommunistischer Funktionäre am 15. Januar 1946 in Dresden hatte erstmals Hermann Matern den 1. Mai 1946 als Vereinigungstermin öffentlich genannt: »Ich könnte mir kein schöneres Denkmal vorstellen, als daß dieser 1. Mai im neuen, demokratischen Deutschland der Geburtstag der einheitlichen deutschen Arbeiterpartei würde.« Dokumente und Materialien zur Geschichte der deutschen Arbeiterbewegung, Reihe III, Bd.1, S. 425. Im Ergebnis einer gemeinsamen Besprechung des SPD-Landesvorstandes und der KPD-Bezirksleitung Sachsen am 28. Januar 1946 wurde dagegen kein Termin erwähnt. Dort wurde die Bildung eines Einheitsbüros für das Land Sachsen beschlossen. Vgl. *Fritz Zimmermann*, Otto Buchwitz. Ein Lebensbild, Berlin 1984, S. 134.
7 »angeschlagen« wurde in »eingenommen« geändert.
8 Datum und Unterschrift handschriftlich.

Sachsen-Anhalt

Nr. 117

Rundschreiben des Bezirksvorstandes der SPD Halle-Merseburg an die Ortsvereine, Kreisvorstände und Unterbezirke vom 22. Dezember 1945[1]

Sozialdemokratische Partei Deutschlands
Bezirksverband Halle-Merseburg

Halle (Saale), den 22. 12. 1945
Waisenhausring 1b

An unsere Ortsvereine,
Kreisleitungen und Unterbezirke!

Genossen!

Noch vor der ersten Friedensweihnacht tagten in Berlin der Zentralausschuß der SPD und das Zentralkomitee der KPD mit den Vertretern der Parteibezirke in der russischen Zone. In einer zweitägigen kameradschaftlichen Aussprache wurden alle organisatorischen Sorgen und Nöte unserer Genossen besprochen und schließlich einmütig der Entschließung zugestimmt, die in ihrem vollen Wortlaut im »Volksblatt«[2] veröffentlicht wird.

Um ein einheitliches Vorgehen der beiden Organisationen im Bezirk zu gewährleisten, wollen wir hier einige Punkte der gemeinsamen Entschließung herausnehmen, damit Sonderaktionen in den einzelnen Orten bzw. Kreisen vermieden werden.

Zur Frage der organisatorischen Einheit der Arbeiterbewegung heißt es in der Entschließung:

»*Die baldige Verwirklichung der politischen und organisatorischen Einheit der Arbeiterbewegung ist eine dringende nationale Notwendigkeit.*«

Damit ist erneut zum Ausdruck gebracht, was jeder ehrliche und aufrichtige Genosse von uns schon immer innerlich fühlte.

Auch über den Weg zur Schaffung der Einheitspartei konnte eine weitgehende Übereinstimmung erzielt werden. Durch sachliche Aussprachen, so wie sie auf der Berliner Konferenz gepflegt wurden, sollen alle noch existierenden Streitfragen im Geiste gegenseitiger Achtung und beiderseitigen Entgegenkommen geklärt werden. Da der Weg zur Einheitspartei über den weiteren Ausbau der Aktionseinheit führt, herrschte Einmütigkeit auf der Konferenz darüber, daß die Organisationsleitungen Anweisungen an die Organisationen über die weitere Zusammenarbeit der Genossen beider Parteien geben.

Das muß bei uns schnellstens geschehen. Zu diesem Zweck tritt der Bezirksausschuß mit den Kreis- bzw. Unterbezirksvorsitzenden und den Sekretären am Freitag, dem 28. Dezember 1945[3], vor[mittag] 10 Uhr in Halle/Saale, Druckereigebäude, Gr[oße] Brauhausstraße zusammen. Für die Bezirksausschußmitglieder sowie für die Kreis- und Unterbezirksvorsitzenden und die Sekretäre gilt dieses Rundschreiben als Einladung zu dieser Konferenz.

Sozialdemokratische Partei
Bezirksverband Halle-Merseburg
gez. Bruno Böttge

---

1 Landesarchiv Merseburg, SPD-Provinzialleitung Sachsen-Anhalt, II/2/1/1.
2 Landeszeitung der SPD für die Provinz Sachsen-Anhalt.
3 Das Datum ist handschriftlich auf den 28. Dezember 1945 korrigiert worden.

Nr. 118
Rundschreiben des Bezirksvorstandes der SPD Magdeburg an die Ortsvereine vom 30. Dezember 1945[1]

Sozialdemokratische Partei Deutschlands
Bezirksverband Magdeburg

Magdeburg, den 30. Dezember 1945
Walther-Rathenau-Str[aße] 33b

An die
Ortsvereine

Werte Genossinnen und Genossen!

Zum Jahresende entbietet Euch der Bezirksvorstand seine Grüße und sagt Dank für die in den abgelaufenen Monaten geleistete Arbeit für die Partei.

Die hinter uns liegende schwere Vergangenheit, die in uns allen das Bewußtsein erweckte, daß es notwendig sei, die neuerstandene Partei aufzubauen und tatkräftig zu unterstützen, hat uns die Organisationsarbeit leicht gemacht. Die Partei ist seit der kurzen Zeit ihres Bestehens eine starke Organisation geworden. Das danken wir nebst den oben gewonnenen Erkenntnissen vor allem der Einsatzbereitschaft unserer Funktionäre. Die Organisation steht, das können wir mit Stolz zum Abschluß dieses Jahres sagen.

Mit dem neuen Jahr aber muß auch ein neuer Lebensabschnitt unserer Partei beginnen. Daß die Ortsgruppen regelmäßig ihre Zusammenkünfte abhalten, Beitragskassierung und -abrechnung pünktlich erfolgen, die örtlichen Tagesfragen in der Partei ohne Verzögerung erledigt werden, sind Selbstverständlichkeiten, die eigentlich nicht besonders erwähnt werden brauchen.

Heute erwachsen uns größere Aufgaben. Die Parteigenossenschaft muß neben einer intensiven Schulung an sich selbst den Willen haben, vorzustoßen in alle Kreise der Bevölkerung, die uns noch fern stehen, um sie mit unserem Gedankengut vertraut zu machen und sie für uns zu gewinnen. Vor allem gilt es, den starken Anteil der Frauenbewegung und die Jugend für uns zu mobilisieren. Es darf keinen Parteigenossen und -genossin geben, die sich nicht mit jeder Faser ihres Herzens dieser neuen Aufgabe widmen. Davon hängt der Erfolg unserer gesamten Arbeit, die Zukunft unserer Partei und unseres Volkes ab. So wie wir mit Stolz auf die bisher geleistete Arbeit blicken, muß unser künftiges Tun uns zu dem gleichen Stolz veranlassen. Die Stärke unserer Organisation und ihre unbedingte Sauberkeit müssen der Anlaß sein, daß jeder Mann und jede Frau ihre Ehre darin sehen, Mitglied der Sozialdemokratischen Partei zu sein.

In diesem Sinne wünscht Euch der Bezirksvorstand ein erfolgreiches und glückliches neues Jahr. Ein Jahr des Blühens und des Wachsens Eurer Ortsgruppe, ja der ganzen Organisation, auf daß wir erfolgreich schreiten auf dem Wege des Sozialismus.

---

1 Landesarchiv Magdeburg – Landeshauptarchiv, SPD-Bezirksverband Magdeburg, II/1. Dieses Dokument ist vor allem deshalb interessant, weil der Magdeburger Bezirksvorstand – anders als andere Bezirksvorstände – mit keinem Wort die Berliner Vereinbarung erwähnt, obwohl Gustav Schmidt als Bezirksvorsitzender die Entschließung vom 21. Dezember 1945 mit unterschrieben hatte.

Es lebe der Sozialismus!
Es lebe die Sozialdemokratische Partei!

Der Bezirksvorstand:
Gustav Schmidt, Albert Deutel,
Walter Weigelt[2], Reinhold Borrmann,
Otto Paul[3], Hermann Prübenau,
Willi Knobbe[4], Rudolf Dux

---

2 Walter Weigelt, SPD. Oktober 1945 bis April 1946 BV SPD Magdeburg. April 1946 SED, später Parteiausschluß.
3 Otto Paul, geb. am 12. Dezember 1907 in Magdeburg. Beruf: Tischler. Seit 1927 SPD. Juni bis Oktober 1945 Angestellter beim FDGB. Oktober 1945 bis April 1946 BV SPD Magdeburg.
4 Wilhelm Knobbe, geb. am 9. Januar 1899. Seit 1920 SPD. Oktober 1945 bis April 1946 BV SPD Magdeburg. April 1946 LV SED Sachsen-Anhalt.

Nr. 119
Gemeinsames Rundschreiben des Provinzialvorstandes der SPD und der Bezirksleitung der KPD Sachsen-Anhalt vom Januar 1946[1]

An sämtliche Ortsvereine und Kreisleitungen der Kommunistischen Partei und der Sozialdemokratischen Partei in der Provinz Sachsen[2]

Werte Genossen!

Die gemeinsame Konferenz der SPD und KPD am 20. und 21. Dezember 1945 in Berlin hat nach kameradschaftlicher Aussprache Beschlüsse gefaßt, die für die deutsche Arbeiterbewegung einmal historische Bedeutung bekommen werden. Auf dieser Konferenz wurde der Weg gesucht und gefunden, der zur »*einheitlichen sozialistischen Arbeiterpartei*«.

Von den Provinzialleitungen der KPD und SPD wurde am 29. Dezember 1945 als Parole für das Wiederaufbaujahr 1946 herausgegeben: »*Einheit der Arbeiterklasse*«.

Es wurde beschlossen, von beiden Parteien die gemeinsame Berliner Erklärung in Plakatform und als Flugblatt herauszubringen, sowie in Plakatstreifen Losungen aus dem Aufruf. Außerdem wird von den Provinzialleitungen beider Parteien gemeinsam eine Broschüre mit den wichtigsten Materialien zur Frage der Einheitsfront und Einheitspartei herausgegeben werden. Alle diese Materialien werden beiden Organisationen zugeleitet.

Im nachstehenden geben wir einige Hinweise und Richtlinien für die Durchführung der gemeinsamen Aufgaben in den Kreisen und in den Orten der Provinz Sachsen.

Wie für die Provinz, für einzelne Kreise und auch Betriebe Arbeitsausschüsse von Sozialdemokraten und Kommunisten gebildet worden sind und zum Teil auch schon seit Monaten in vorbildlicher Weise an der Lösung aller Fragen zusammenarbeiten, so sollen für alle anderen Kreise, für alle Orte und alle Betriebe, wo noch keine solche Ausschüsse bestehen, gemeinsame Ausschüsse der SPD und KPD gebildet werden, die zu allen Problemen Stellung nehmen.

---

1 Landesarchiv Merseburg, SPD-Provinzialleitung Sachsen-Anhalt, II/2/1/1.
2 Das Rundschreiben ist nicht datiert.

Der erfolgreiche Verlauf der vielen gemeinsamen Funktionärkonferenzen in allen Teilen des Landes ist uns ein Ansporn zur Durchführung weiterer Konferenzen der Funktionäre beider Parteien. Es sind im Anschluß an die gemeinsamen Konferenzen für die Bezirke bzw. Unterbezirke in Magdeburg, Halle und Dessau in allen Kreisen, Orten und in allen Betrieben der gesamten Provinz solche Konferenzen durchzuführen.

Als nächstes sind die Mitglieder beider Organisationen zusammenzufassen in den Ortsgruppen, Stadtteilen und Betrieben in Mitgliederversammlungen zur Durcharbeitung der Berliner Beschlüsse und zur Lösung der dort gestellten Aufgaben. Die mit so großem Erfolg, besonders im Bezirk Magdeburg, begonnene Kampagne gemeinsamer öffentlicher Versammlungen soll auf der Grundlage der Berliner Beschlüsse vom 21. Dezember 1945 fortgesetzt und gesteigert werden mit dem Thema: *»Auf dem Wege zur Einheit der Arbeiterklasse«.*

In den Versammlungen soll auch Stellung genommen werden zu den

Gewerkschaftswahlen

Schulreform – Neulehrer

Nürnberger Prozeß.

Ferner schlagen die Provinzialleitungen der beiden Parteien vor:

1. Die von beiden Parteien durchzuführenden gemeinsamen Kreiskonferenzen auf der Grundlage der Konferenzen in Magdeburg, Halle und Dessau müssen bis zum 13. Januar 1946 in allen Kreisen durchgeführt werden.
2. Sofort in allen Betrieben auf der Grundlage der Berliner Entschließung und der gewerkschaftlichen Plattform[3] gemeinsame Mitgliederversammlungen der SPD- und KPD-Betriebsgruppen durchzuführen und insbesondere dort, wo es noch nicht geschehen sein sollte, eine einheitliche Linie bei der Vorbereitung der Gewerkschafts-Delegiertenkonferenz festzulegen unter dem Motto: *Die Gewerkschaftswahlen stärken die Einheit! Die besten Gewerkschaftler auf die Kandidatenliste!*
3. Sofort in den Städten und Orten gemeinsame Funktionärbesprechungen und dann gemeinsame Mitgliederversammlungen beider Parteien durchzuführen und die Berliner Entschließung und die sich daraus ergebenden Aufgaben für beide Parteien durch[zu]besprechen. Referenten sollen von beiden Parteien gestellt werden.

Verantwortlich für alle angeführten Punkte sind die Unterbezirksleitungen der SPD und die Unterbezirksleitungen und Kreisleitungen der KPD.

Zur ideologischen Klärung ist überall eine intensive gemeinsame Schulungsarbeit, vor allem über die Probleme des Staates, der Demokratie (was ist kämpferische Demokratie?), des Imperialismus, des Faschismus durchzuführen. An die Provinzialleitung der SPD und die Bezirksleitung der KPD ist sofort ein Bericht darüber zu geben, ob schon gemeinsame Schulungen veranstaltet und wann und wie solche überall organisiert werden.

Die Provinzialleitungen der SPD und die Bezirksleitungen der KPD fordern alle sozialdemokratischen und kommunistischen Funktionäre und Mitglieder auf, im Sinne der Berliner Abmachungen beider Parteien die Vorbereitungen zu den gewerkschaftlichen Delegiertenwahlen in einheitlicher Weise überall, besonders in den Betrieben, zu besprechen und durchzuführen.

Die Schwierigkeit in der Zusammenarbeit in einzelnen Orten, die größtenteils auf Mißverständnissen beruhen und zumeist nur kleinlicher, persönlicher Natur sind, müssen un-

---

3 Gemeint ist der »Entwurf einer Plattform über die Grundsätze und Aufgaben der Freien Deutschen Gewerkschaften«, die auf einer Konferenz von Gewerkschaftern aus der sowjetischen Zone am 21. November 1945 als programmatische Grundlage für die Gewerkschaftsdelegiertenkonferenz im Februar 1946 verabschiedet wurde. Vgl. Dokumente und Materialien zur Geschichte der deutschen Arbeiterbewegung, Reihe III, Bd. 1, S. 276–282.

ter allen Umständen beseitigt werden. Nach der gemeinsamen Entschließung beider Provinzialleitungen müssen alle Meinungsverschiedenheiten in kameradschaftlicher Aussprache bereinigt werden. »*Beide Parteien werden energisch von denjenigen abrücken und sie zur Verantwortung ziehen, die trotz aller bitteren Erfahrungen der letzten 30 Jahre den Bruderkampf verewigen wollen. Eine gesunde, positive Kritik darf jedoch nicht verhindert werden.*«

Wenn Meinungsverschiedenheiten sachlicher oder persönlicher Natur vorhanden sind, die am Ort nicht bereinigt werden können, so sind diese unverzüglich den Bezirksleitungen beider Parteien zu melden, damit diese schnellstens ein gutes Einvernehmen herstellen können. In allen Fragen hat als oberster Grundsatz zu gelten: Die besten, ehrlichsten und tüchtigsten Vertreter des Gedankens der unbedingten Zusammenarbeit der beiden Arbeiterparteien sind überall bei der öffentlichen Betätigung der Parteien in den Vordergrund zu stellen.

Wir hoffen, mit Vorstehendem Klarheit geschaffen zu haben über den Weg, den wir in den nächsten Wochen gemeinsam gehen müssen, um das[4] uns vorschwebende große Ziel, nämlich »*die einheitliche Arbeiterpartei*«, auf dem Boden des konsequenten Marxismus recht bald zu erreichen.

Provinzialverband der SPD Sachsen
[Ernst] Thape, [Bruno] Böttge, [Paul] Peters,
[Fritz] Jungmann, [Gustav] Schmidt

Bezirksleitung der KPD für die Provinz Sachsen
[Bernhard] Koenen[5], [Alois] Pisnik[6], [Ludwig] Einicke[7],
Otto Walter[8], Otto Härtel[9]

---

4 Im Original folgt an dieser Stelle »von«. So ergibt der Satz jedoch keinen Sinn.
5 Bernhard Koenen, geb. am 17. Februar 1889 in Hamburg. Beruf: Schlosser/Dreher. 1907 SPD, 1917 USPD, 1920 KPD. Juni 1933 bis 1945 Emigration Sowjetunion. 1945/46 Ltr. BL KPD Provinz Sachsen. April 1946 bis 1964 PV bzw. ZK SED. April 1946 bis Juli 1952 Vors. u. Sekr. LV SED Sachsen-Anhalt. 1949 MdV. 1952/53 u. 1958 bis 1963 1. Sekr. BL SED Halle. 1953 bis 1958 Botschafter in der CSR. 1964 gest.
6 Alois Pisnik, geb. am 8. September 1911 in Leoben. Beruf: Maschinenschlosser. 1928 SPÖ, 1933 KPÖ. 1940 bis 1945 Zuchthaus. Juli 1945 bis April 1946 BL KPD Provinz Sachsen. April 1946 bis 1949 Sekr. LV SED Sachsen-Anhalt. 1949 bis 1952 Vors. bzw. 2. Sekr. LV SED Sachsen-Anhalt. 1950 ZK SED.
7 Ludwig Einicke, geb. am 12. August 1904 in Nordhausen. Seit 1925 KPD. 1933 bis 1945 illegale Arbeit, KZ (u. a. Buchenwald u. Auschwitz) u. Zuchthaus. Juni 1945 bis April 1946 BL KPD Provinz Sachsen. 1946 bis 1950 Sekr. LV SED Sachsen-Anhalt. 1950/51 Abtltr., 1951/52 Sckr. LV SED Thüringen. 1953 bis 1962 stellv. Dir. IML. 1975 gest.
8 Otto Walter, geb. am 2. Oktober 1902 in Tarnowitz. Beruf: Zimmermann. Seit 1920 KPD. 1933 bis 1945 illegale Arbeit u. Haft. Juli 1945 bis April 1946 BL KPD Provinz Sachsen. April 1946 bis 1950 Sekr. LV SED Sachsen-Anhalt. 1950 bis 1953 Inspekteur, 1953 Generalinspekteur DVP. 1983 gest.
9 Otto Härtel, geb. am 10. Februar 1886 in Magdeburg. Seit 1920 KPD. 1933 bis 1945 illegale Arbeit u. Haft. Juli 1945 bis April 1946 BL KPD Provinz Sachsen. April 1946 LV SED Sachsen-Anhalt.

Nr. 120
Bericht des Unterbezirks der SPD Oschersleben von Ende Januar 1946[1]

Unsere Mitglieder sprechen sich sehr häufig noch gegen die Einheitspartei aus, wenn sie nur für einen besetzten Teil Deutschlands Gültigkeit haben sollte. Sie sind der Meinung, daß ein Reichsparteitag über den endgültigen Zusammenschluß beider Parteien bestimmen müsse. Unsere Referenten und Funktionäre arbeiten in ihren Referaten für die Einheitspartei. Sie haben den Eindruck, daß unsere Mitglieder ideologisch für die Einheitspartei vorbereitet werden können. Der Erfolg wird in absehbarer Zeit sichtbar sein.

Am 27. 1. [19]46 fand in Oschersleben im Stadtpark die Gewerkschaftswahl statt.[2] Von unserer Partei war dazu der Gen[osse] Kinzel als Gast eingeladen. Vor Beginn der Wahl gestattete ein Major, daß sich die einzelnen Fraktionen zur Besprechung zurückziehen dürfen. In unserer Besprechung wurde weiter gestattet, daß die auf dem Stimmzettel vermerkten Delegierten verlesen werden durften und dabei auch die Parteizugehörigkeit genannt werden konnte.[3] Unsere Delegierten machten sich anhand von Abschriften des Stimmzettels Vermerke, zu welcher Partei jeder darauf vermerkte Delegierte gehört.

Nachdem nun das Ergebnis der Wahl am späten Abend feststand, wurde sie von dem russ[ischen] Major, der die Aufsicht hatte, als nicht einwandfrei angesprochen, weil er einige dieser Abschriften des Stimmzettels bei Delegierten unserer Fraktion gesehen hatte und sie abnahm.

Am Montagmorgen fand bei Herrn Oberleutn[ant] Schleskow im Beisein von Major Fendel und Major Terassow eine Besprechung über die Vorgänge bei der Delegiertenwahl statt. Es waren dazu erschienen von der SPD der Gen[osse] Schmidt und der Ortsvereinsvors[itzende], Gen[osse] Behrens; von der KPD die Gen[ossen] [Theo] Freyhold[4] und Stursberg, von der Gewerkschaft die Gen[ossen] Horn, Thiede, Hankel und Diebers.

Es wurde besprochen, daß die Wahl am Mittwoch, dem 30. [Januar 1946] wiederholt werden sollte. Die Aufstellung der Delegierten, die gewählt werden sollen, wurde am Dienstag im Gewerkschaftsbüro unter dem Beisein des Herrn Oberl[eu]t[nant] Schleskow vorgenommen. Es waren je ein Vertreter der Parteien dazu eingeladen. Von unserer Partei nahm daran teil der Ortsvereinsvors[itzende], Gen[osse] Behrens.

Am Sonntag, dem 27. 1. [1946], abends 11 1/2 Uhr wurden unsere Gen[ossen] Kinzel und Günther Mann durch die Polizei zur Kommandantur geholt und mußten bis Mittwoch dort bleiben. Ferner wurden am Dienstag, abends 18.30 Uhr unsere Gen[ossen] Pfuhl und Schmelzer ebenfalls zur Kommandantur befohlen und auch dort behalten.

Der Gen[osse] [Otto] Bock, Vors[itzender] des Unterbezirks unserer Partei und 2. Bürgermeister von Oschersleben, wurde nach Gröningen als erster Bürgermeister auf Befehl der Kommandantur versetzt. Er mußte mit seiner Familie Oschersleben am Dienstag vor-

---

1 Archiv der sozialen Demokratie, Ostbüro, SPD-Kreis Oschersleben.
2 Zwischen Dezember 1945 und Februar 1946 fanden in der sowjetischen Besatzungszone Kreis- und Landeskonferenzen des FDGB statt, die Delegierte für die vom 9. bis 11. Februar 1946 anberaumte Zonenkonferenz des FDGB wählten. In mehreren zeitgenössischen Berichten sind Wahlmanipulationen und Verstöße gegen die Wahlordnung überliefert. Vgl. *Hurwitz*, Demokratie und Antikommunismus in Berlin nach 1945, Bd. IV, Teil 2, S. 728 ff.
3 Auf zentraler Ebene war vereinbart worden, die Parteizugehörigkeit der Kandidaten nicht bekanntzugeben und auch nicht auf dem Stimmzettel zu vermerken.
4 Theodor Freyhold, geb. am 9. Mai 1901. Vor 1933 KAPD, 1945 KPD. 1945/46 Pol. Ltr. KL KPD Oschersleben. April 1946 Vors. KV SED Oschersleben.

mittag bis 8 Uhr verlassen haben. Aus Gröningen darf er sich nur mit Genehmigung des Kreiskommandanten, Herrn Major Fendel, entfernen.

Herr Major Fendel hat, solange der 1. Sekretär unserer Partei, Gen[osse] Kinzel, zur Befragung auf der Komm[andantur] weilte, den 2. Sekr[etär], Gen[osse] Schmidt, zum kommiss[arischen] ersten Sekr[etär] eingesetzt. Der Gen[osse] Schmidt führte nun auf der Kommandantur verschiedene Verhandlungen über den Grund der Befragung unserer Genossen. Es wurde ihm gesagt, daß diese Befragung nicht mit der Wahl in Zusammenhang zu bringen sei. Es handele sich vielmehr bei den Gen[ossen] Schmelzer und Pfuhl um den Spruchausschuß[5], bei dem Gen[ossen] Kinzel um seinen Lebenslauf. Herr Oberl[eu]t[nant] Schleskow hatte dem 2. Sekr[etär], Gen[ossen] Schmidt, gestattet, Einsicht in die Akten zu nehmen. Er hat jedoch davon keinen Gebrauch gemacht. Die Genossen waren am Mittwochabend wieder entlassen und somit die Angelegenheit für uns wieder erledigt.

Inzwischen hatte der Landrat des Kreises Oschersleben, Zaretzke, verfügt, daß die Gen[ossen] Mann und Schmelzer aus ihren Ämtern zu entlassen seien. Der Gen[osse] Schmidt führte daraufhin Verhandlungen mit Herrn Major Fendel und 2 Majoren aus Magdeburg, die ihm sagten, daß dies nicht auf Veranlassung der Kommandantur geschehen sei. Der Herr Major Fendel hat nichts dagegen, wenn der alte Zustand, d.h. also die Einsetzung der Entlassenen in ihre Ämter, wieder hergestellt wird. Dies ist bisher jedoch noch nicht durch den Herrn Landrat bzw. den Herrn Bürgermeister geschehen. Wir hoffen jedoch, daß dies in den nächsten Tagen geschehen wird.

Einige Mißverständnisse, die sich ergeben hatten, sind darauf zurückzuführen, daß der Dolmetscher des Herrn Maj[or] Fendel schlecht übersetzte. Mit der Entlassung und der Wiedereinsetzung der in Haft gewesenen Genossen ist also die Angelegenheit für uns erledigt.

Die Bevölkerung war der Meinung, daß das Festhalten der 4 Gen[ossen] auf der Kommandantur mit den Gewerkschaftswahlen in Zusammenhang zu bringen sei. Wir haben, wo solche Gerüchte auftraten, die Angelegenheit klargestellt und den Leuten gesagt, daß diese 4 Gen[ossen] nicht in Haft waren, sondern nur zu einer Befragung auf der Kommandantur weilten.[6]

Am 5. 1. [19]46 war der Leiter des Bezirksverbandes unserer Partei aus Magdeburg, Gustav Schmidt, in Oschersleben und sprach ebenfalls mit Herrn Maj[or] Fendel. Über diese Unterredung wird der Gen[osse] Gustav Schmidt selbst Bericht erstatten, wenn er im Laufe dieser Woche wieder hier erscheinen sollte.

Im Parteibüro ist inzwischen der alte Zustand wieder hergestellt worden; Gen[osse] Kinzel ist wieder 1. Sekretär, Gen[osse] Schmidt 2. Sekretär.[7]

---

5 Worum es sich hier handelt, ist unklar.
6 Die Eingriffe der SMA und örtlichen Kommandanturen in die Gewerkschaftswahlen waren vor allem in Sachsen-Anhalt gravierend, da sich hier auf den Kreis- und Bezirkskonferenzen des FDGB deutliche sozialdemokratische Mehrheiten abzeichneten. Im Bezirk Magdeburg standen im Ergebnis der Bezirks-Wahlen nach Informationen, die im Zentralausschuß gesammelt wurden, 987 Sozialdemokraten 676 Kommunisten gegenüber. Die Magdeburger Kommandantur bestand dann darauf, daß ungeachtet der Ergebnisse der Wahlen eine paritätisch zusammengesetzte Delegation zur Provinzialkonferenz reisen sollte. Bereits vorher wurde von sowjetischen Offizieren bei den Wahlen vor Ort und bei der Bestellung der Bezirkskonferenz Parität verlangt, so daß Abmachungen zwischen SPD und KPD, die Kandidatenlisten entsprechend den Wahlergebnissen zusammenzustellen, keine Beachtung mehr fanden. Die Kreisausschüsse im Bezirk Magdeburg wurden infolgedessen mit 113 Kommunisten und 112 Sozialdemokraten besetzt. Damit es dazu kam, wurden sozialdemokratische Gewerkschaftsfunktionäre von sowjetischen Offizieren gegängelt, verhört und mit Verhaftung bedroht. Vgl. *Hurwitz*, Demokratie und Antikommunismus in Berlin nach 1945, Bd. 4, Teil 2, S. 729.
7 Das Dokument trägt keine Unterschrift.

Sachsen

Nr. 121

Rundschreiben Nr. 8 des Bezirksvorstandes der SPD Görlitz vom 28. Dezember 1945[1]

Sozialdemokratische Partei Deutschlands
Bezirk Görlitz, Luisenstr[aße] 8

An alle Ortsgruppen
An die Unterbezirksleiter
An die Stadtteilleiter
An die Referenten der Partei

Rundschreiben Nr. 8 Görlitz, den 28. 12. 1945
Werte Genossen!

Am 20.–21. Dezember 1945 fand in Berlin eine bedeutsame Konferenz für die kommende Entwicklung der deutschen Arbeiterbewegung statt. Die Spitzenleitung unserer Partei und die Spitzenleitung der Kommunistischen Partei hatten sich zur gemeinsamen Beratung zusammengefunden, um den Weg festzulegen, der in der Frage der Einheitsfront und der endgültigen Vereinigung der beiden Arbeiterparteien in Zukunft beschritten werden soll. Zugleich sollte festgelegt werden, wie sich die beiden Parteien bei den voraussichtlichen Kommunalwahlen einstellen sollen.

In kameradschaftlicher Form wurden die Beratungen durchgeführt. Alle Teilnehmer waren sich des Ernstes dieser Entscheidungen bewußt. Das Ergebnis dieser Beratungen ist beiliegende Entschließung.[2] In dieser Entschließung ist all das niedergelegt, was jeden Sozialisten in dieser Zeit beschäftigt. Die Entschließung wird alle Zweifelsfragen, die bis jetzt bestanden haben, beseitigen und gibt uns die Grundlage für unsere kommende Arbeit.

Es ist deshalb Pflicht jedes Ortsgruppenvorsitzenden, jedes Referenten und jedes in der Öffentlichkeit tätigen Genossen, bei jeder sich bietenden Gelegenheit auf diese Entschließung hinzuweisen und, von dieser Entschließung ausgehend, unsere politische Haltung einzurichten.

Es ist der feste Wille der Parteileitung und auch der feste Wille unseres Bezirksvorstandes, daß es nunmehr auf diesem Gebiet innerhalb der Partei eine Diskussion nicht mehr gibt, sondern daß dieser Weg nunmehr bewußt und energisch beschritten wird, um das große politische Ziel der sozialistischen Arbeiterbewegung in Deutschland zu fördern. Wer sich den in dieser Entschließung festgelegten Grundsätzen nicht fügen kann oder will, stellt sich außerhalb der Partei und muß mit entsprechenden Maßnahmen der Parteileitung rechnen. Deshalb ist in jeder Ortsgruppe Gelegenheit zu nehmen, bei der nächsten Zusammenkunft diese Entschließung voll inhaltlich zur Kenntnis zu bringen mit den entsprechenden daraus sich ergebenden Folgerungen. Entsprechend den Vereinbarungen bitte ich, mit den Genossen von der KPD in den einzelnen Ortsgruppen in dem gleichen Sinn sofort die Fühlung aufzunehmen und die weitere Arbeit durchzuführen.

---

1 Sächsisches Hauptstaatsarchiv Dresden, SED-BPA Dresden, II/B/3.007.
2 Der vollständige Text der Entschließung sowie die sozialdemokratischen und kommunistischen Vorlagen sind abgedruckt in: Einheitsdrang oder Zwangsvereinigung, S. 39 ff.

Ich glaube, Ihr werdet alle derselben Meinung sein wie ich, wenn ich dieses Rundschreiben schließe mit der freudigen Feststellung, daß uns ein schöneres Neujahrsgeschenk nicht bereitet werden konnte, daß wir damit einen entscheidenden Schritt weitergekommen sind auf dem Wege unseres gemeinsamen politischen Kampfes und daß unter diesen Umständen der Erfolg unbedingt gesichert ist.

Auf gewissenhafte Durchführung des Rundschreibens Nr. 11 der Landesgruppe Sachsen weise ich nochmals hin.[3]

Ab 1. Januar 1946 sind von Mitglieds- und Sonderbeiträgen 80 %; aus Sammellisten und Kampffonds 85 %; aus Sammlungen 50 % und der Kulturbeitrag voll an das Bezirkssekretariat abzuführen. Ich grüße Euch mit besten Neujahrswünschen.

Mit Parteigruß
[Max] Rausch[4]
Parteisekretär

---

3 In dem Rundschreiben wurde die mangelhafte Berichterstattung über die Mitgliederbewegung in den sozialdemokratischen Ortsvereinen kritisiert und eine fristgemäße Meldung über die Mitgliederstärke sowie die Struktur der Mitgliedschaft gefordert.
4 Unterschrift handschriftlich.

Nr. 122
Rundschreiben Nr. 1 der Bezirksleitung der KPD Sachsen vom 3. Januar 1946[1]

Kommunistische Partei Deutschlands
Bezirksleitung Sachsen/Agitprop

Dresden, am 3. Januar 1946

Rundschreiben Nr. 1

Auswertung der gemeinsamen Konferenz von SPD und KPD am 20./21. 12. [19]45

Am 15. 1. [19]46 findet in Dresden eine gemeinsame Parteiarbeiterkonferenz statt, an der je 1 000 Funktionäre beider Arbeiterparteien teilnehmen werden. Nach dieser Konferenz muß sofort mit der Durchführung einer großen Versammlungskampagne begonnen werden. Dabei ist der größte Wert darauf zu legen, daß alle stattfindenden Veranstaltungen auch wirklich von den Funktionären beider Parteien gemeinsam organisiert werden, um eine stärkere Beteiligung der sozialdemokratischen Genossen und ein engeres aktives Zusammenarbeiten zu erreichen als bisher. Die Kampagne ist sofort nach folgenden Gesichtspunkten zu organisieren:

1. In den Kreisvororten und in den wichtigsten Betrieben sind gut vorbereitete Mitgliederversammlungen abzuhalten. Diese ersten Veranstaltungen sollen in Durchführung, Ausgestaltung und Auswirkung vorbildlich und richtunggebend für alle folgenden Veranstaltungen werden. Deshalb wird die Kreisleitung selbst dafür verantwortlich gemacht. Es sind schnellstens kurze begeisternde Berichte an die Presse zu geben. Im Anschluß daran sollen ebensolche Versammlungen in allen Orts- und Betriebsgruppen sowie in den Stadt- und Gemeindeverwaltungen stattfinden, bis der ganze Kreis durchgearbeitet ist.

---

1 Sächsisches Hauptstaatsarchiv Dresden, SED-BPA Dresden, I/A/006.

2. In allen stattfindenden Versammlungen sollen Zustimmungserklärungen zu den Berliner Einheitsbeschlüssen angenommen werden, die sofort an die B[ezirks]l[eitung] der SPD auf dem schnellsten Wege weitergeleitet werden müssen.[2] Vor allem ist größter Wert zu legen auf solche Zustimmungserklärungen aus den Kreisen der SPD, der Gewerkschaften, Konsumgenossenschaften, landwirtschaftlichen Genossenschaften, von Betriebsräten, Mitgliedern von Frauenausschüssen und anderen Organen.

3. Auf den gewerkschaftlichen Kreis-Delegierten-Konferenzen sowie auf der Landeskonferenz sollen die Anhänger der Einheit zu der gemeinsamen Entschließung der SPD und KPD sprechen und die Delegierten veranlassen, sich klar zur Einheit zu bekennen.

Entsprechende Zustimmungserklärungen sollen eingebracht und ordnungsgemäß abgestimmt werden. Es sei besonders betont, daß in allen Veranstaltungen ordnungsgemäß über die gemeinsam von den Vertretern beider Parteien einzubringenden Zustimmungserklärungen abgestimmt werden muß. Wo noch Gewerkschafts-Delegiertenwahlen in den Betrieben stattfinden, ist ebenfalls zu der gemeinsamen Entschließung Stellung zu nehmen und eine Zustimmungserklärung einzubringen.

4. Gleichzeitig mit der Führung der Versammlungskampagne sollem im Anschluß an die stattgefundenen Betriebs- und öffentlichen Versammlungen in allen Betriebs- und Ortsgruppen gemeinsame Schulungsabende zur gründlichen Durcharbeitung der gemeinsamen Entschließung der Berliner Konferenz vom 20./21. 12. [19]45 organisiert werden. Es ist eine wirksame Kontrolle der Kreisleitungen dafür einzusetzen, daß diese Schulung in allen Betriebsgruppen tatsächlich durchgeführt wird, um so eine politische Aktivierung derselben zu erreichen. Bei dieser Gelegenheit sind in allen Betrieben, in denen Parteimitglieder arbeiten, die jedoch noch nicht zusammengefaßt sind, Betriebsgruppen mit arbeitsfähigen Leitungen und eigener Kassierung zu bilden.

5. Die Kreisleitungen sind dafür verantwortlich, daß die B[ezirks]l[eitung] sofort und eingehend darüber informiert wird, wie in den verschiedenen Organisationen die Vereinbarungen der gemeinsamen Konferenz von SPD und KPD aufgenommen wurden, welche Argumente die Gegner der Einheit vorbrachten und ob und wie weit sie organisiert auftreten.

Zur Unterstützung der gesamten Kampagne wird folgendes Material herausgebracht werden:

a) Eine Broschüre mit den Referaten der Gen[ossen] [Hermann] Matern und [Otto] Buchwitz auf der gemeinsamen Parteiarbeiterkonferenz am 15. 1. [19]46, die auch die Berliner Entschließung, das Kommunique, die gemeinsame Erklärung zu den Gemeindewahlen in der amerikanischen Zone sowie die Artikel der Genossen [Wilhelm] Pieck und [Otto] Grotewohl enthält.[3]

b) Plakate mit der Berliner Hauptentschließung sowie mit besonders wichtigen Zitaten aus dieser. Diese Plakate bzw. Klebestreifen sollen vor allen Dingen in den Betrieben (besonders in Eß- und Aufenthaltsräumen), in den Parteibüros, Gebäuden der öffentlichen Verwaltungen und Ämter usw. angebracht werden. Sie werden bis 15. 1. [1946] fertigge-

---

2 Diese Methode wurde dann in der Folgezeit von den Kommunisten in der ganzen sowjetischen Besatzungszone mit außerordentlicher Konsequenz praktiziert, womit die Bezirksvorstände der SPD massiv unter Druck und Handlungszwang gesetzt wurden. Der Erfolg der kommunistischen Taktik zur Bildung der Einheitspartei beruht ganz wesentlich auf dem in diesem Rundschreiben klar formulierten Handlungsmuster. Vgl. *Dietrich Staritz*, Zur Gründung der SED. Forschungsstand, Kontroversen, offene Fragen, in: Einheitsfront/Einheitspartei, S. 38–75.

3 Otto Grotewohl hatte in Nr. 148 der SPD-Zeitung »Das Volk« vom 24. Dezember 1945, Wilhelm Pieck in Nr. 167 der KPD-Zeitung »Deutsche Volkszeitung« vom 24. Dezember 1945 die Ergebnisse der Konferenz vom 20./21. Dezember 1945 kommentiert.

stellt sein und müssen auf der Konferenz von den einzelnen Kreisen mitgenommen werden. Die Versammlungslokale sind mit folgenden Losungen auszuschmücken:

Die Spaltung der Arbeiterklasse brachte Faschismus und Krieg – ihre Einheit sichert Frieden und demokratischen Neuaufbau!

Die Aktionseinheit der Arbeiterparteien – der stärkste Motor für den Bau einer besseren Zukunft!

Die Aktionseinheit aller Sozialdemokraten und Kommunisten vernichtet die letzten Reste des Faschismus, Militarismus und Imperialismus! Nur die Einheit aller antifaschistisch-demokratischen Kräfte sichert die nationale Einheit Deutschlands!

Der historische Augenblick ist gekommen, die Lehren aus der Vergangenheit der Arbeiterbewegung zu ziehen und die Einheitspartei der Arbeiterklasse zu schaffen.

Nie wieder Spaltung der deutschen Arbeiterklasse!

Nie wieder Hetze und Feindschaft gegen die Sowjetunion!

Schafft die einheitliche marxistische Arbeiterpartei!

Der Weg zur Einheitspartei führt über den raschen Ausbau der Aktionseinheit!

Gemeinsames Handeln – gemeinsame Schulung – für die einheitliche deutsche Arbeiterpartei!

Genossen! Wir erwarten von allen Mitgliedern und Funktionären unserer Partei, daß sie die historische Aufgabe der Einigung der deutschen Arbeiterbewegung voll und ganz erkennen und daß sie alle Kräfte dafür einsetzen. Beginnt sofort mit den gründlichen Vorbereitungsarbeiten für die Führung dieser Kampagne! Sorgt dafür, daß die ganze Arbeiterschaft und alle Werktätigen unseres Bezirkes von ihr erfaßt werden! Setzt Euch sofort mit den Leitungen und Funktionären der SPD in Verbindung und schafft die Voraussetzungen für einen vollen überwältigenden Erfolg – für die geeinte deutsche Arbeiterpartei!

B[ezirks]l[eitung] der KPD Sachsen
Agitprop-Abt[ei]l[un]g

Nr. 123
Schreiben der KPD-Unterbezirksleitung Leipzig an den Bezirksvorstand der SPD Leipzig vom 8. Januar 1946[1]

Kommunistische Partei Deutschlands
Stadt und Kreis Leipzig[2]
Leipzig C 1

8. Jan[uar] [19]46

An die
Sozialdemokratische Partei
Bezirksvorstand
Leipzig C 1
Karl-Marx-Platz 7

Werte Genossen!

Nach unserer kurzen Aussprache von heute morgen bitten wir Euch, in Eurer heutigen Vorstands-Sitzung zu folgenden Fragen Stellung zu nehmen:

---

1 Sächsisches Staatsarchiv Leipzig, SED-BPA Leipzig, I/3/23.
2 Stadt- und Landkreis Leipzig bildeten den Unterbezirk der KPD Leipzig.

1. Aufgrund der Ereignisse in den letzten Wochen in den unteren Organisationen unserer Parteieinheiten halten wir es für erforderlich, ein Verbindungsbüro zu schaffen, das besetzt wird von einem Sekretär der Sozialdemokratischen Partei und einem Sekretär der Kommunistischen Partei. Diese beiden Sekretäre sollen alle die kleinen personellen Unstimmigkeiten klären und damit die Voraussetzungen für eine noch engere Zusammenarbeit der beiden verantwortlichen Leitungen in allen entscheidenden politischen Fragen schaffen.

2. Um den führenden Funktionären der beiden Arbeiterparteien die Möglichkeit zu geben, marxistisch[-]theoretische Fragen zu klären, schlagen wir Euch vor, eine marxistische Arbeitsgemeinschaft zu schaffen, Höchstzahl der Teilnehmer 40 bis 50 Genossen von beiden Parteien.

3. Wie Euch bekannt ist, findet am 15. Januar 1946 die große gemeinsame Parteiarbeiter-Konferenz in Dresden statt. Um unnötigen Kraftstoffverbrauch zu vermeiden, haben wir uns mit der Reichsbahndirektion von Halle in Verbindung gesetzt und für diese Fahrt einen Sonderzug beantragt. Im Prinzip ist dieser Sonderzug genehmigt. Es handelt sich nur noch um die Abfahrtszeiten. Wir bitten Euch, uns mitzuteilen, ob auch Ihr diesen Sonderzug benutzen wollt. Es besteht hierbei die Möglichkeit, daß die Genossen von Wurzen, Oschatz und Riesa in diesem Sonderzug mitfahren können.

4. Wir halten es für erforderlich, nach Abschluß der Dresdner Konferenz in Leipzig eine gemeinsame Sitzung des erweiterten Bezirksvorstandes der Sozialdemokratischen Partei und der Kreisleitung der Kommunistischen Partei zu veranstalten. In dieser gemeinsamen Sitzung müßte dann ein Arbeitsplan zur Auswirkung der Berliner Beschlüsse in den unteren und oberen Parteiorganen festgelegt werden.

5. Gleichzeitig bitten wir Euch, uns mitteilen zu wollen, ob Eure Vertreter an den gemeinsamen Schulungstagen in Döbeln teilnehmen, evtl. besteht auch hier die Möglichkeit der gemeinsamen Fahrt.

6. Für Sonntag, den 27. Januar 1946 planen wir mit Euch gemeinsam in Leipzig die Durchführung der Lenin-Liebknecht-Luxemburg-Feiern.

Es sind drei feierliche Veranstaltungen in Leipzig vorgesehen. In jeder Feier soll ein Vertreter der beiden Arbeiterparteien sprechen. Wir bitten Euch, uns mitzuteilen, ob Ihr hiermit einverstanden sein werdet.

Mit sozialistischem Gruß!
Unterbezirks-Leitung Leipzig
gez. [Ernst] Lohagen

Nr. 124

Schreiben des SPD-Bezirksvorstandes Leipzig an die Unterbezirksleitung der KPD Leipzig vom 9. Januar 1946[1]

An die
Kommunistische Partei Deutschlands
Unterbezirksleitung Leipzig
Leipzig C. 1
Goethestr[aße] 3-5

9. 1. 1946

Werte Genossen!

Mit Eurem Brief vom 8. Januar 1946[2] haben wir uns beschäftigt. Zu den uns gestellten Fragen haben wir wie folgt Stellung genommen:

Zu Punkt 1. Die Schaffung eines Verbindungsbüros halten wir nicht für erforderlich, sondern sind der Auffassung, daß etwaige Differenzen in den gemeinsamen Sitzungen besprochen und geklärt werden können. Darüber hinaus möchte weiter durchgeführt werden, daß je ein Vertreter unserer beiden Parteien an die betreffende Differenzstelle fährt, um dies durch eine gemeinsame Aussprache zu klären.

Zu Punkt 2. Die Angelegenheit wird in einer nächsten Bezirksvorstandssitzung behandelt werden.

Zu Punkt 3. Voraussichtlich wird unser Bezirk sich an der am 15. Januar 1946 großen gemeinsamen Parteiarbeiterkonferenz nicht beteiligen. Einzelheiten werden wir im Laufe dieser Woche noch mitteilen.

Zu Punkt 4. Erst nach Eingang unserer Richtlinien vom Zentralausschuß in Berlin werden wir selbstverständlich zu Eurem Vorschlag Stellung nehmen.

Zu Punkt 5. Wir werden 2-3 Genossen beauftragen, an der gemeinsamen Schulung in Döbeln mit teilzunehmen. Die Namen der Genossen werden Euch mitgeteilt werden, um die Möglichkeit einer gemeinsamen Fahrt abzusprechen.

Zu Punkt 6. An den gemeinsamen Feiern am Sonntag, den 27. Januar 1946, Lenin-Liebknecht-Luxemburg-Feiern, werden wir uns mit beteiligen. Unser Genosse [Valentin] Hartig wird beauftragt, mit Euch weitere Einzelheiten zu besprechen. Wir bitten im Interesse einer glücklichen Durchführung, Teilnehmerkarten rechtzeitig herstellen zu lassen.

Mit sozialistischem Gruß!
gez. [Curt] Kaulfuß

---

1 Sächsisches Staatsarchiv Leipzig, SED-BPA Leipzig, II/2/10.
2 Vgl. Dokument Nr. 123.

Nr. 125
Bericht über die Generalversammlung des Ortsvereins der SPD Probstheida am 5. Januar 1946[1]

Betr[ifft]: Generalversammlung des Ortsvereins der SPD Probstheida am Sonnabend, den 5. 1. 1946

In der stattgefundenen Versammlung referierte u. a. der Vorsitzende des Ortsvereins (Gen[osse] [Paul] Klotzsch) über die von den Zentralinstanzen gewünschte Verschmelzung der beiden Bruderparteien SPD u[nd] KPD.

Er führte u. a. aus, daß der Zusammenschluß nur auf demokratischer Grundlage und in paritätischer Form erfolgen könne. Über die Einigung könnten nicht die Berliner und Dresdner Stellen beschließen, sondern diese müßte von den gesamten Mitgliedern, Funktionären usw. in paritätischer Form beschlossen werden.

Zunächst müßten einmal die Ergebnisse der für Januar [1946] in Hessen, Baden und Bayern angesetzten Gemeindewahlen[2] und auch die Wahlen in der russischen Zone abgewartet werden, die das Kräfteverhältnis SPD zur KPD herausstellen.

Den endgültigen Beschluß über einen Zusammenschluß kann nur ein Reichsparteitag fassen. Er kann nicht zonenmäßig durchgeführt werden, sondern muß das gesamte Reichsgebiet umfassen.

Später kam der 2. Vorsitzende des Ortsvereins Probstheida (Gen[osse] [Heinz] Capitain) von einer am gleichen Abend stattgefundenen Versammlung sämtl[icher] Ortsvereinsvorsitzender Leipzigs der SPD und berichtete über die darin angenommenen Entschließungen u. a. wie folgt:

Es wurde eine Entschließung gegen eine Stimme des Ortsvereinsvorsitzenden Wahren angenommen, wonach gegen die Entsendung von je 1 000 Delegierten nach Dresden, so wie sie von den Dresdner Parteistellen gewünscht, Einspruch erhoben wurde, da das Kräfteverhältnis entsprechend der Zahl ihrer Mitglieder 4 : 1 (4 = SPD u[nd] 1 = KPD) und somit die Zahl von je 1 000 Delegierte nicht demokratisch und paritätisch wäre.

Im übrigen meinte er, daß bei den bevorstehenden Gemeinderatswahlen jede Partei getrennt marschieren würde, aber jedoch den Wahlkampf mit einem einheitlichen Aktionsprogramm führen und sich nicht gegenseitig bekämpfen würden. Dieses wäre an sich schon

---
1 Sächsisches Staatsarchiv Leipzig, SED-BPA Leipzig, III/05.
2 Durch die Proklamation Nr. 2 der amerikanischen Militärregierung vom 19. September 1945 wurden die Länder Bayern, Württemberg-Baden und Groß-Hessen gebildet. In diesen drei Ländern ließ die amerikanische Militärregierung im Januar 1946 Gemeindewahlen in Gemeinden bis zu 20 000 Einwohnern durchführen, an denen sich über 85 % der Wahlberechtigten beteiligten. Bezogen auf die gesamte amerikanische Zone, erhielten CDU bzw. CSU 37,9 %, SPD 21,5 %, KPD 3,5 % und Demokratische Volkspartei 3,1 % der Stimmen. Vgl. *Conrad Latour/Thilo Vogelsang*, Okkupation und Wiederaufbau. Die Tätigkeit der Militärregierung in der amerikanischen Besatzungszone Deutschlands 1944–1947, Stuttgart 1973, S. 111 ff. In Hessen errang die SPD die meisten Stimmen. Hier erreichten die SPD 44,5 %, die CDU 31 %, die KPD 5,7 %, die LDP 2,7 % und Sonstige 16 % der Stimmen. Vgl. *Walter Mühlhausen*, ». . . die Länder zu Pfeilern machen. . .«. Hessens Weg in die Bundesrepublik Deutschland 1945–1949, Wiesbaden 1989, S. 32; *Wolf-Arno Kropat*, Hessen in der Stunde Null 1945/47, Wiesbaden 1979, S. 92. In Bayern verteilten sich die Stimmen wie folgt: CSU 43,6 %, SPD 16,6 %, KPD 2,3 %, Sonstige 36,7 %. Vgl. *Hans Woller*, Gesellschaft und Politik in der amerikanischen Besatzungszone. Die Region Ansbach und Fürth, München 1986, S. 202. In Württemberg-Baden lag die CDU in der Wählergunst vorn.

notwendig, da sonst viele Stimmen der indifferenten Wähler, die innerlich zwar der SPD nahestünden, sich jedoch nicht mit dem Programm der KPD und deren früher propagierten Zielen abfinden könnten, den bürgerlichen Parteien zufallen würden.

gez. Günter Hecker[3]

---
3 Unterschrift handschriftlich.

Nr. 126
Resolution der Generalversammlung des SPD-Ortsvereins Wahren vom 7. Januar 1946[1]

Leipzig, den 7. 1. 1946

Die General-Mitgl[ieder]-Versammlung des Ortsvereins Wahren der SPD begrüßt auf das Wärmste die Berliner Entschließung der Vertreter der beiden Arbeiterparteien zur Wiederherstellung der politischen Einheit der deutschen Arbeiterbewegung. Die Mitglieder des Ortsvereins Wahren fordern vom Bez[irks]-Vorstand der Partei, daß er Maßnahmen ergreift, die ein Zusammengehen der unteren Einheiten der beiden Parteien ermöglicht.

Insbesondere stellen sich die Mitglieder des Ortsvereins Wahren hinter die Politik des Landesvorstandes und des Gen[ossen] [Otto] Buchwitz.

Diese Resolution wurde in Anwesenheit von über 200 SPD-Mitgliedern der Wahrener Ortsgruppe einstimmig angenommen.

---
1 Sächsisches Staatsarchiv Leipzig, SED-BPA Leipzig, III/05.

Nr. 127
Protokoll über die Unterredung der Bornaer Ortskommandantur mit dem Unterbezirksvorstand der SPD Borna vom 16. Januar 1946[1]

SPD Unterbezirk
Borna

Borna, den 16. 1. 1946

Protokoll

einer Sitzung der Bornaer Ortskommandantur mit dem Unterbezirksvorstand der SPD Borna

Betrifft: Gemeinsame Funktionär-Konferenz am 15. Januar 1946 SPD und KPD in Dresden

Die russ[ische] Militärbehörde drängte uns, die Konferenz mit 20 Delegierten zu beschicken. Da die Liste am 14. Jan[uar] [1946] der Kommandantur noch nicht vorlag, wurde der

---
1 Sächsisches Staatsarchiv Leipzig, SED-BPA Leipzig, II/3/19.

Unterbezirksvorstand für nachm[ittag] 16 Uhr zur Kommandantur geladen. Dort war[en] anwesend: Der russ[ische] Major Rubinski, ein Hauptmann, ein Oberleutnant, der 2. Unterbezirksleiter der KPD, Gen[osse] [Franz] Knoch, von unserer Partei der Genosse [Rudolf] Opitz, [Otto] Bauer[2], [Franz] Peter und Reindl und [Arno] Görke.[3]

Von seiten der russ[ischen] Besatzung wurde uns die Frage vorgelegt, warum die Liste der Delegierten nach Dresden nicht fertiggestellt wurde. Der Genosse [Rudolf] Opitz erklärte darauf, daß es ihm innerhalb 3 Tagen nicht möglich war, 20 Delegierte aus dem Unterbezirk zu bestimmen, überdies hat er für seinen Wagen weder Benzin noch Öl.

Die Russen, welche alle drei nur gebrochen deutsch sprachen, bezichtigten[4] uns der Sabotage der Einigungsbestrebungen. Wir erklärten, daß wir bereit sind, eine Einheit zu schaffen, aber in dieser kurzen Zeit konnten wir die Leute nicht bestimmen. Der Genosse [Rudolf] Opitz legte dar, daß die Bezirksvorständekonferenz am 5. Jan[uar] [1946] in Leipzig den Beschluß faßte, die Konferenz in Dresden nicht zu besuchen.

Darauf gab uns der Major Rubinski die Erklärung, daß der Zentralverband [Otto] Grotewohl sowie der Landesvorstand eine höhere Instanz seien und Leipzig nicht maßgebend sein könne.

Auf die Frage, was uns zwei Parteien trenne, gaben wir zur Erklärung, daß wir als SPD die wahrhafte Demokratie aller Schaffenden wollen. Der Vertreter der KPD sagte dazu, die KPD wünschte ebenfalls die Demokratie unter Freundschaft mit Rußland.

Die russ[ischen] Offiziere hielten uns vor die Beschlüsse der Konferenz vom 20. und 21. Dezember 1945 in Berlin und verlangten von uns, die Konferenz in Dresden zu beschikken. Die Kreisleitung der KPD hatte neben ihren 20 Delegierten auch eine Liste von 22 Delegierten aus den Betrieben resp[ektive] Betriebsgemeinschaften der SPD bestimmt. Wir haben unter Druck unser Einverständnis gegeben, diese angeblich gewählten SPD-Vertreter nach Dresden fahren zu lassen. Ausdrücklich bemerken wir, daß wir an diesen Vorschlägen nicht beteiligt waren und wir nicht nachprüfen können, ob sie wirklich alle SPD-Mitglieder sind.

Es war nicht möglich, in der Zeit von abends 18 Uhr bis zur Abfahrtszeit 5 Uhr morgens unsere Genossen zu informieren, wir stellen fest, daß viele aus den angeblichen Betriebsgemeinschaften fehlten.

Nachrichtlich: gez. Arno Görke

---

2 Otto Bauer, SPD. 1945/46 Sekr. UB SPD Borna.
3 Arno Görke, SPD. 1945/46 Vors. UB SPD Borna.
4 Im Original: bezüchtigten.

Nr. 128

Rundschreiben Nr. 20 des Landesvorstandes der SPD Sachsen vom 16. Januar 1946[1]

Sozialdemokratische Partei Deutschland
Landesgruppe Sachsen

Dresden, am 16. 1. 1946
N 6, Königsbrücker Str[aße] 8

An die

SPD-Bezirke Ostsachsen, Leipzig, Chemnitz, Zwickau, Görlitz sowie alle SPD-Unterbezirke im Bundesland Sachsen mit Anweisung, Nachstehendes sofort an die Ortsgruppen und Bezirksgruppen weiterzugeben

Rundschreiben Nr. 20

Werte Genossen!

Durch die am 15. Januar 1946 in Dresden stattgefundene gemeinsame Funktionär-Konferenz der SPD und KPD ist eine Lage geschaffen, die uns vor organisatorische Veränderungen stellt.[2]

Die Funktionäre der KPD werden in den nächsten Tagen an die Funktionäre unserer Partei zwecks Durchführung der in der gemeinsam festgelegten Entschließung[3] niedergelegten organisatorischen Arbeit herantreten. Über die Form der Zusammenarbeit muß von der SPD noch genaue Formulierung vorgenommen werden.

Wir bitten die Ortsgruppen, alle Anträge der KPD auf Durchführung der gemeinsamen Arbeit zunächst zurückzustellen, bis die von dem Landesvorstand der SPD herausgegebe-

---

1 Sächsisches Hauptstaatsarchiv Dresden, SED-BPA Dresden, II/A/1.004.
2 Die Konferenz hatte folgende Schritte zur Verwirklichung der politischen und organisatorischen Einheit der beiden Parteien beschlossen:
»1. Der bereits bestehende Aktionsausschuß beider Parteien für das Land Sachsen bildet ein gemeinsames Büro, das die Arbeit der beiden Arbeiterparteien in volle Übereinstimmung bringt und etwa auftretende Differenzen schlichtet, um ihre beiderseitigen Kräfte im Höchstmaß für die Lösung der gemeinsamen Aufgabe einzusetzen.
2. Bildung einer Schulungs- und Kultur-Kommission, die auf Grund der Berliner Beschlüsse a) die einheitliche Schulung der Funktionäre und Mitglieder im Geiste des konsequenten Marxismus organisiert, b) die gesamten kulturpolitischen und Erziehungsfragen studiert und Vorschläge für eine gemeinsame Kultur- und Erziehungspolitik der beiden Arbeiterparteien ausarbeitet.
3. Bildung einer Kommission für Fragen der Wirtschaft und der Sozialpolitik.
4. Gemeinsame Beratungen und Konferenzen der Landesleitungen beider Parteien, des Funktionärskörpers und Versammlungen der Mitglieder beider Organisationen, in denen die gemeinsamen Aufgaben behandelt werden, um dadurch die organisatorische Verschmelzung der beiden Parteien zu fördern.
5. Herausgabe von gemeinsamen Schulungsmaterialien, Richtlinien und Arbeitsplänen für die Arbeit der beiden Parteien, von Agitationsmaterial und gemeinsamen Veröffentlichungen in der Presse der beiden Parteien.
6. Periodische Zusammenkünfte der Redaktionen der Zeitungen beider Parteien zwecks Einstellung der Arbeiterpresse auf die gemeinsame Politik.« Sächsisches Staatsarchiv Leipzig, SED-BPA Leipzig, I/3/23.
3 Vgl. vorstehende Anmerkung.

nen Richtlinien an die Ortsgruppen zugeleitet sind. Die Richtlinien werden in der nächsten Sitzung des erweiterten Landesvorstandes der SPD Gegenstand der Beratung sein.

Alle Versuche der KPD, die organisatorische Arbeit der SPD in der nächsten Zeit schon mit der KPD zu vereinigen, sind abzulehnen. Die gegenwärtige Situation macht es erforderlich, daß die SPD in organisatorischer Geschlossenheit für die zukünftige Vereinigung beider Arbeiter-Parteien gewappnet bleibt. Das Bestreben, diese organisatorische Geschlossenheit zu durchbrechen, darf keine Stütze in unseren Gruppen finden.

Mit Parteigruß!
Landessekretariat der SPD
Bundesland Sachsen
i[m] A[uftrag] gez. Felix Kaden

Nr. 129
Entschließung der Unterbezirkskonferenz der SPD Dresden vom 20. Januar 1946[1]

Die Unterbezirkskonferenz der SPD vom 20. Januar 1946 in Dresden begrüßt die Berliner Beschlüsse vom 21. Dezember 1945.

Jeder Funktionär wird verpflichtet, die Einheit der deutschen Arbeiterbewegung mit ernster Entschlossenheit vorzubereiten und alles zu unterlassen, was der organisch wachsenden Einheit abträglich ist. Bis zur organisatorischen Verschmelzung arbeiten die beiden Arbeiterparteien in den Ländern, Kreisen und Orten kameradschaftlich zusammen. Jede Möglichkeit zur Vereinigung der Parteien im Reichsmaßstab muß bis auf das letzte ausgeschöpft werden.

Die Mitgliedschaft der SPD muß Gelegenheit haben, in Urabstimmung zur Frage der Vereinigung Stellung zu nehmen.

Jedem Versuch, den organisatorischen Zusammenhang der SPD durch lokale Aktionen der Verschmelzung zu schwächen, ist entgegenzutreten.

---

1 Volksstimme, Organ der Landesleitung der Sozialdemokratischen Partei Deutschlands, Landesverband Sachsen, 22. Januar 1946

Nr. 130
Resolutionsentwurf der Versammlung von Funktionären der SPD des Bezirkes Görlitz vom 18. Januar 1946[1]

20. 1. 1946

Redner: Genosse [Otto] Buchwitz, Dresden
Anwesend: 350 Funktionäre
Nachstehende Entschließung wurde gegen 1 Stimme abgelehnt.

1. Die Landesleitung der SPD Sachsen wird ersucht, mit der Leitung der KPD Sachsen eine Liquidationsbilanz beider Parteien bis zum 15. 2. [1946] aufzustellen, aus der nicht nur Sachkonten ersichtlich sind, sondern auch Passiven aus persönlichen und sachlichen Verträgen erkennbar werden. Diese Bilanzen sind den Unterbezirken zur Kenntnis zu bringen.

2. Der Ortsvorstand der SPD Görlitz veranstaltet eine Probabstimmung in den Stadtbezirken mit ihren Geschäftsstellen als Wahllokal und mit einem Stimmzettel, der 2 Fragen an die Mitgliedschaft zur Beantwortung stellt.
   a) Sind Sie für eine Verschmelzung der SPD und der KPD?
   b) Werden Sie im Falle der Verschmelzung ohne Rücksicht auf Ihre persönliche Einstellung der Einheitspartei weiter angehören?
   Diese Probabstimmung ist vor dem 15. 2. [19]46 an einem Sonntag vorzunehmen.

gez. Karl Pietsch
Mitgl[ieds-]Nr. 16

---

1 Sächsisches Hauptstaatsarchiv Dresden, SED-BPA Dresden, II/B/3.008.

Nr. 131
Resolution der Versammlung von Funktionären der SPD des Bezirkes Görlitz vom 18. Januar 1946[1]

20. 1. 1946

Redner: Genosse [Otto] Buchwitz, Dresden
Anwesend: 350 Funktionäre

Wir Funktionäre der SPD Görlitz sprechen dem Genossen [Otto] Buchwitz das Vertrauen aus.

Wir stehen geschlossen hinter der Entschließung der Berliner Konferenz. Die in dieser Entschließung niedergelegten Grundsätze und Forderungen sind die Grundlage, auf der die neue Partei entstehen soll, sie muß ihrer inneren Verfassung nach auf dem Prinzip des demokratischen Bestimmungsrechtes der Mitglieder und der freien Wahl der Parteileitung beruhen, wobei einmal gefaßte Beschlüsse für alle Mitglieder und Organisationen verbindlich sind.

Nur unter dieser Voraussetzung kann die Partei das Kraftzentrum der geschlossenen klassenbewußten Arbeiterschaft werden, nur auf dieser Grundlage werden wir den großen inneren und äußeren Aufgaben gewachsen sein.

gez. [Richard] Ressel
Vorsitzender

Vorstehende Entschließung wurde einstimmig angenommen.

1 Sächsisches Hauptstaatsarchiv Dresden, SED-BPA Dresden, II/B/3.008.

Nr. 132

Aus dem Schreiben von Otto Seiffert an Otto Buchwitz vom 22. Januar 1946[1]

Otto Seiffert[2]
Industrie- und Handelskammer
Dresden – N. 20, Wasastraße 15

Dresden, den 22. Jan[uar] 1946

Herrn
Otto Buchwitz
Landesleiter der SPD
Dresden – N.

Lieber Freund Otto Buchwitz!

Ich habe Deine Zeilen vom 17. Januar [1946] gestern erhalten. Zu Deiner persönlichen Information möchte ich Dir mitteilen, daß ich gestern in der Sitzung des erweiterten Landesvorstandes war.[3]

In dieser Sitzung sollte ja wohl in der Hauptsache die Leipziger Differenz behandelt werden.[4] Die Leipziger Genossen trafen infolge der starken Schneefälle in der Leipziger Gegend mit großer Verspätung ein.[5]

Inzwischen war aber auch im Parteihaus der Oberstleutnant von der SMA erschienen, dem die politischen Angelegenheiten unterstehen.[6] Er muß irgendwie von der Vorstandssitzung Kenntnis erhalten haben, denn er brachte sofort, als er kam, zum Ausdruck, daß er

---

1 SAPMO-BArch, ZPA, NL 95/56.
2 Otto Seiffert, SPD. Juni 1945 Vors. Vorbereitender Gewerkschaftsausschuß Sachsen. 1946 IHK Sachsen.
3 Das Protokoll über die Sitzung des erweiterten Landesvorstandes der SPD Sachsen am 21. Januar 1946 ist nicht überliefert. Über den Inhalt der dort verabschiedeten Entschließung gibt ein Rundschreiben des SPD-Unterbezirkes Freiberg Auskunft:
»*Der Landesvorstand begrüßt die gemeinsam in Berlin niedergelegte Entschließung vom 21. Dezember 1945 und fordert strikte Einhaltung der gefaßten Beschlüsse durch die Funktionäre.*
Jeder Funktionär der SPD wird verpflichtet, die Einheit der deutschen Arbeiterbewegung mit ernster Entschlossenheit vorzubereiten und alles zu unterlassen, was der organisatorisch wachsenden Einheit abträglich ist. Bis zur organisatorischen Verschmelzung arbeiten die beiden Arbeiterparteien in den Ländern, Kreisen und Orten kameradschaftlich zusammen.
Jede Möglichkeit, die Vereinigung der Parteien im Reichsmaßstab durchzuführen, muß bis auf das letzte ausgeschöpft werden.
Die Mitgliedschaft der SPD muß Gelegenheit haben, in Urabstimmung zur Frage der Vereinigung Stellung zu nehmen.
Jedem Versuch, den organisatorischen Zusammenhang der SPD in den Bezirken, Unterbezirken, Ortsgruppen und Betriebsgruppen durch lokale Aktionen der Verschmelzung zu schwächen, ist entgegenzutreten. Landesvorstand SPD – Bundesland Sachsen.« Archiv der sozialen Demokratie, Ostbüro, SPD-Ortsverein Mulda.
4 Bei diesen Differenzen ging es in der Hauptsache um die Nichtteilnahme der Leipziger Sozialdemokraten an der Parteiarbeiterkonferenz der SPD und KPD am 15. Januar 1946.
5 Otto Buchwitz konnte aus Krankheitsgründen nicht an der Landesvorstandssitzung teilnehmen.
6 Der Chef der Abteilung Propaganda/Information der SMA des Landes Sachsen war 1945/46 Oberstleutnant Weniamin W. Broder, danach Oberst Watnik.

an dieser Sitzung teilnehmen möchte. Der Genosse [Helmut] Lehmann[7] Berlin, hat sich zunächst einige Zeit mit ihm unter vier Augen auseinandergesetzt und erklärte uns dann, daß Herr Oberstl[eutnant] eine völlig freie Aussprache wünsche, bei der sich die Anwesenden keinerlei Beschränkung auferlegen sollten. Er wollte die Stimmung der Parteigenossen kennenlernen.

Die Sitzung ist dann auch in dem Sinne verlaufen. Die anwesenden Genossen haben ihrem Herzen Luft gemacht. Der Herr Oberstl[eutnant] selbst hat dazu nichts gesagt; er hat nur zugehört.

Über die dort vorgetragenen Dinge will ich nicht berichten. Ich gehöre ja dem Landesvorstand an und für sich nicht an, fühle mich also auch nicht berechtigt zu einer Berichterstattung. Du weißt ja, wie das mitunter ausgelegt wird. Außerdem kennst Du ja selbst am besten die Sorgen und Beschwerden der Genossen aus dem Lande und auch unserer Leipziger Freunde, so daß ich Dir besondere Erläuterungen gar nicht dazu zu geben brauche. Ich möchte nur sagen, daß die Aussprache sich durchaus in sachlichem und kameradschaftlichem Geiste bewegt hat.

Einmütigkeit besteht ja über die Notwendigkeit der Vereinigung. Es handelt sich immer nur wieder um die Frage des Tempos. Ich persönlich habe dort erklärt, daß Organisationsbeschlüsse, also auch die Beschlüsse der Berliner Konferenz, natürlich für uns alle bindend sind. Das schließt natürlich nicht aus, daß der oder jener eine andere Auffassung dazu hat und daß er das Recht hat, diese seine persönliche Auffassung zu vertreten.

Du weißt ja, auch ich bin der Meinung, daß wir auf einen Reichsparteitag und auf eine Vereinigung der beiden Parteien über das gesamte Reichsgebiet nicht warten können. Die Dinge laufen wie eine Lawine. Wenn auch hier und da von unseren kommunistischen Freunden manches in einer etwas überhasteten Art vorwärts getrieben wird, so ist es doch in der Grundlinie gesehen so, daß der Wille der Arbeiterschaft zur Einheit, der einem ganz natürlichen Empfinden entspricht, so stark und gewaltig ist, daß er wohl alle Hindernisse überwinden wird. Ich bin deshalb, wie Du, der Auffassung, daß es im Interesse nicht nur der sächsischen, sondern auch der deutschen Arbeiterbewegung läge, wenn wir zu einer Vereinigung im sowjetisch besetzten Sektor kommen würden, weil ich fest davon überzeugt bin, daß dann die Parteien in den westlichen Zonen diesem Beispiel folgen würden. Wir brauchen die Einheit der Arbeiterklasse so bitter notwendig wie den täglichen Bissen Brot. Zu dieser Auffassung haben sich außer mir in der gestrigen Aussprache noch bekannt die Genossen [Rudolf] Friedrichs und der Genosse [Max] Rausch aus Görlitz.

[...]

Ich hätte gern mit Dir persönlich in einer stillen Stunde noch einmal über manches gesprochen, aber Du weißt ja, uns fehlt immer die Zeit dazu, und dann will ich Dich in den Tagen, in denen Du Dir jetzt einmal Ruhe gönnen mußt, auch nicht stören. Wir wollen, so meine ich, den Weg weitergehen, den wir bisher eingeschlagen haben, weil wir, so glaube ich wohl sagen zu dürfen, das bestimmte und ebenso aufrichtige Gefühl haben, daß die Entwicklung uns recht geben wird. Ist diese Auffassung falsch gewesen, dann ist es eine der menschlichen Irrungen und Wirrungen geworden, denen jeder, der im Strudel unserer Zeit lebt, immer wieder ausgesetzt ist.

Jeder ehrlich empfindende und auch danach handelnde Mensch stellt aber nun in solchen Dingen in ruhiger Stunde, so gewissermaßen im engen Kämmerlein, seine besonderen Betrachtungen an, und damit komme ich zu einem Punkt, über den ich [mich] gern einmal etwas eingehender mit Dir unterhalten hätte. Ich habe Dir schon zum Ausdruck gebracht,

---

7 Helmut Lehmann, geb. 1882. Beruf: Zimmermann. Vor 1933 SPD. Juni 1945 bis April 1946 ZA SPD. Juli 1945 bis April 1946 Vizepräs. DZW für Arbeit u. Sozialfürsorge. April 1946 bis 1959 PV bzw. ZK SED. April 1946 bis 1949 ZS, Januar 1949 bis Juli 1950 PB SED. 1949 MdV. 1959 gest.

daß jeder das Recht hat, seine Meinung zu vertreten, soweit sich diese im Rahmen unserer parteigenössischen Disziplin bewegt. Er hat natürlich auch das Recht, danach zu handeln.

Aber ich glaube, lieber Otto, wir müssen an eines denken: Die Arbeiterschaft wünscht aus heißem Herzen heraus die Vereinigung. Dabei setzt aber jeder voraus, das weiß auch ich aus unzähligen persönlichen Gesprächen, daß unsere Partei alles daran setzt, die Bereinigung vieler kleiner und großer mißlicher Angelegenheiten vorher durchzusetzen. Wenn wir zu einer Vereinigung kämen und die große Masse unserer Parteifreunde müßte dann erkennen, daß wir wirklich nur zu einem in Gnaden aufgenommenen Anhängsel geworden sind, dann könnte das zu einer ungeheuren Enttäuschung und im weiteren Gefolge[8] zu einer Teilnahmslosigkeit nicht der Allerschlechtesten führen, die sich zum Schaden der Arbeiterbewegung auswirken müßte. Mit aus solchen Stimmungen heraus ist der Faschismus in den Jahren vor 1933 entstanden.

Ich meine deshalb, wir müßten alles daransetzen, uns jetzt in der Phase der Entwicklung, in der wir stehen, mit unseren kommunistischen Freunden so oft als möglich und so eindringlich als möglich auseinandersetzen. Und hier, glaube ich, trennt auch uns etwas. Diese notwendigen Auseinandersetzungen nämlich können nach meiner Auffassung nicht zum gewünschten Resultat führen, wenn sie unter zwei, drei oder vier Männern abgemacht werden. Ebenso falsch halte ich aber solche Auseinandersetzungen in einem Rahmen, wie es der der Dreitausend in der letzten Konferenz war.[9]

Ich glaube Dir wirklich ohne alles Bedenken, daß Dich mit dem Genossen [Hermann] Matern wirkliche und wahrhaftig menschliche Freundschaft verbindet, und will gern annehmen, daß das auch auf den Genossen [Hermann] Matern zutrifft. Aus diesem Verhältnis heraus habt Ihr in vergangener Zeit manches miteinander besprochen, festgelegt und erledigt. Ob das aber immer gut ist, das nur in so engem Rahmen zu machen, wage ich zu bezweifeln.

Ich glaube und habe das ja auch in der letzten Vorstandssitzung, an der ich teilnahm, zum Ausdruck gebracht, wir haben vielmehr die Verpflichtung, uns in einem etwas weiter gespannten Rahmen einander den Pelz zu waschen. Daraus entsteht menschliche Verbundenheit zueinander eben für einen größeren Kreis von Menschen und besonders unter den Funktionären, die die Träger unserer Bewegung sind. Hier liegt nach meiner Ansicht der Fehler, der Dich auch mit Deinen Genossen im Sekretariat etwas auseinandergebracht hat.

Unter der Last der Verantwortung, die auf Dir liegt, verstehe ich durchaus, daß Du ab und zu Stunden hast, in denen Du den ganzen Krempel satt hast und auf und davon gehen möchtest. Wem von uns ist es bisher im Leben nicht manchmal schon ähnlich zumute gewesen? Aber – und das möchte ich Dir als Freund und Genosse, der ich Dich nicht nur ehrlich und aufrichtig achte, sondern bewundere – mit allem Nachdruck sagen: Du darfst unter keinen Umständen jetzt von Dresden und damit vom Kraftzentrum unserer sächsischen Partei weggehen. Das will sicher auch kein Mensch, der irgendwie zu Dir im Gegensatz steht. Ich habe wirklich das Empfinden, daß Dich alle achten und halten wollen. Manövriere Dich nicht durch all die mißlichen Dinge, die wir ja schließlich doch durchstehen müssen, in einen Zustand der Verärgerung hinein. Ich meine: Du bleibst bei uns, weil Dein Name und Deine Person mit der gerade jetzt so historischen Entwicklung der sächsischen Arbeiterbewegung untrennbar verknüpft sind.

---

8 Im Original: Verfolge.
9 Gemeint ist die Parteiarbeiterkonferenz von SPD und KPD am 15. Januar 1946, die wegen ihrer Teilnehmerzahl als »Konferenz der Dreitausend« bezeichnet wurde. Vgl. *Zimmermann*, Otto Buchwitz, S. 133; *Walter Löscher*, Zur Geschichte des Vereinigungsprozesses von KPD und SPD zur SED im heutigen Bezirk Dresden (1945 bis 1946), Dresden 1976.

Mit den besten Wünschen für Deine Genesung, den allerherzlichsten Grüßen, auch an Deine Frau,

Dein
Otto Seiffert[10]

PS. Den Brief des Gen[ossen] Arndt vom 22. 12. [19]45 lege ich Dir in Abschrift noch einmal bei.[11]

Meine vorstehenden Zeilen bitte ich Dich, als vertraulich zu behandeln, weil ich sie nicht als eine Querverbindung irgendwelcher Art auffasse, sondern weil es mir Herzensbedürfnis war, mit Dir einmal über Dinge zu reden, über die man sonst in der Hast unseres Lebens und bei gelegentlichen Besuchen im Sekretariat doch nicht so sprechen kann, wie man das gern möchte.

D. O.

---

10 Unterschrift handschriftlich.
11 Der erwähnte Brief ist nicht überliefert.

Nr. 133
Schreiben von Otto Buchwitz an Otto Grotewohl vom 23. Januar 1946[1]

Dresden, d[en] 23. Jan[uar] 1946

Herrn
Otto Grotewohl
Berlin

Lieber Freund Otto!

Zu meinem Leidwesen ist es mir nicht möglich, an der Sitzung des Parteiausschusses teilzunehmen.[2] Das dumme Herz hat mir ein Warnungssignal gegeben, welches ich notgedrungen beachten muß. Das ist an sich nicht schlimm, die Geschichte wird trotzdem ihren Lauf nehmen. Doch es drängt mich, Dir einiges von meiner Auffassung über die Frage der Einigung mitzuteilen.

Mein Tempo in dieser Frage ist vielen Genossen zu schnell, so hat man ja wohl auch an Euch berichtet. Ich finde dies garnicht, dies liegt wohl daran, daß mich die unbedingte Notwendigkeit der organisatorischen Vereinigung der beiden Parteien tief durchdrungen hat. Liegt gewiß auch daran, daß ich im Gegensatz zu vielen meiner Mitarbeiter den wirklichen und tieferen Sinn dieser Notwendigkeit besser erkannt habe. Das soll durchaus keine Überheblichkeit sein.

---

1 SAPMO-BArch, ZPA, NL 95/56.
2 Für den 25. Januar 1946 war eine Sitzung des Parteiausschusses der SPD der sowjetischen Zone anberaumt worden. Der Parteiausschuß faßte an diesem Tage u.a. folgenden Beschluß: »Die aus der Aktionseinheit der beiden Arbeiterparteien erwachsende Einheit der Arbeiterbewegung ist ein entwicklungsgeschichtlicher Prozeß, der baldmöglich zum Abschluß gebracht werden muß, aber nicht gewaltsam beendet werden darf. Die Herstellung der organisatorischen Vereinigung ist nicht die Frage der Festlegung eines starren Termins, sondern ihrer sorgsamsten Vorbereitung.« SAPMO-BArch, ZPA, NL 101/15.

Ein Vorgang hat mich zu meinem schnelleren Tempo veranlaßt. In der Entschließung vom 21. Dez[ember] [1945] hatten unsere Genossen vom Zentralausschuß die ursprüngliche Forderung, »daß nur ein Reichsparteitag die Vereinigung beschließen könne«, fallengelassen.[3] Sie kommt in der gemeinsamen Entschließung nicht mehr zum Ausdruck. Es mußte also die Auffassung gerechtfertigt erscheinen, daß bereits auf eine Vereinigung im Sowjetsektor hingearbeitet wird. Plötzlich stellt Ihr Euch wieder auf den Standpunkt, daß ein Reichsparteitag entscheiden muß. Das muß Verwirrung schaffen.

Ich bin heute noch der Meinung, wenn wir starr festhalten, daß nur ein Reichsparteitag entscheiden soll, so bedeutet dies, die Einigung kommt nicht. Denn auch Du wirst nicht annehmen, daß in diesem oder kommenden Jahr ein Reichsparteitag möglich sein wird. Im Westen wird man mit allen Mitteln bestrebt sein, einen solchen zu verhindern.

Die Frage der Einigung ist aber nicht mehr von der Tagesordnung unserer politischen Aufgaben abzusetzen. Wird nicht sichtbar an der Verwirklichung des Zieles gearbeitet, kommt der Tag, wo die Partei zerbröckelt.

Ist es nicht möglich, in nicht allzulanger Zeit einen Parteitag für die Sowjetzone einzuberufen u[n]d dazu möglichst viele Vertreter aus dem Westen heranzuziehen? Wenn mit dem Westen nicht als ganzes zusammenzukommen ist, ist die Frage der Vereinigung im russ[ischen] Sektor ernsthaft zu überprüfen?

Der tiefste Grund zur Vereinigung soll doch sein, im Interesse der arbeitenden Menschen eine sozialistische Ordnung im neuen Deutschland herbeizuführen. Was sind wir Deutschen doch für komische Revolutionäre! Darüber wollen wir also erst abstimmen! Vielleicht können wir Tag und Stunde für diese Abstimmung in der Presse bekanntgeben. Hat im 18. Jahrhundert das Bürgertum auch erst darüber abgestimmt, ob die feudalistische Ordnung abgeschafft werden soll?

Es ist ja auch bei uns jetzt auf einer Konferenz beschlossen worden, daß unsere Mitglieder in Urabstimmung entscheiden sollen, ob die Vereinigung vorsichgehen soll.[4] Das klingt sehr demokratisch und macht populär, ist aber recht unpolitisch. Nach der Statistik unserer Mitgliederbewegung in Sachsen haben wir etwa 1/3 Mitglieder, die bereits vor 1933 bei uns waren. Die anderen sind neu gewonnene, darunter auch Menschen, die bei den Nazis eine Gastrolle gaben. Menschen, die noch kein Klassenbewußtsein haben, vom Sozialismus wenig wissen. Die sollen über die Einigung und damit über die Frage einer sozialistischen Ordnung entscheiden. Da komme ich nicht mit.

Die andere Seite. Ich bekomme seit Tagen viele, viele zustimmende Resolutionen aus zahlreichen Betrieben. In diesen Resolutionen wird die beschleunigte Einigung gefordert. Unterzeichnet sind die Resolutionen im Namen der gesamten Belegschaft. Parteipolitisch ist die Zusammensetzung gewöhnlich so, daß die Hälfte der Belegschaft z[um] T[ei]l in der KPD u[nd] SPD organisiert ist, die andere Hälfte sind Parteilose. Also hier fordern die Parteilosen mit die Herstellung der Einheit. Das kann einerseits erfreulich sein u[nd] bedeuten, daß bei Herstellung der Einheit die Bewegung viel gewinnen wird. Andererseits sind für mich diese Erscheinungen ein Beweis dafür, daß nach den 12 Jahren völliger politischer Verdummung die Arbeiterschaft geführt werden muß.

---

3 Otto Buchwitz hatte offenbar einen anderen Eindruck von den Intentionen der Zentralausschuß-Mitglieder als alle anderen sozialdemokratischen Teilnehmer der Konferenz vom 20./21. Dezember 1945 gewonnen. Die Forderung nach dem Reichsparteitag war nicht fallengelassen worden. Der Zentralausschuß hatte es vielmehr verabsäumt, aus welchen Gründen auch immer, diese Position eindeutig festzuschreiben. Diese Unterlassung führte in der sozialdemokratischen Mitgliedschaft dann tatsächlich zu Irritationen. Vgl. *Hurwitz*, Demokratie und Antikommunismus in Berlin nach 1945, Bd. IV, Teil 2, S. 680 ff.

4 Einen solchen Beschluß faßte die Unterbezirkskonferenz der SPD Dresden am 20. Januar 1946. Vgl. Dokument Nr. 129.

Lieber, lieber Freund Otto! Du wirst mir gewiß unbedingt glauben, daß ich nichts ohne Euch unternehmen werde. Ich mache der Partei in dieser schweren Zeit keine Schwierigkeiten. Aber sage mir um Himmelswillen, wenn die ganze Abstimmungsmaschinerie negativ stimmt, verzichten wir dann darauf, unsere geschichtliche Aufgabe zu erfüllen?

Du weißt wie ich, daß das Bürgertum unserem Tun u[nd] Treiben mit Interesse zusieht. Ja, ich weiß, sie haben bereits wieder große Hoffnungen, sie vertrauen der nächsten Zeit u[nd] haben starke Unterstützung im Westen. Lieber Otto, so trostlos, wie es um unser Vaterland aussieht, es scheint mir, als hätten wir die Möglichkeit, die Ehre der sozialistischen deutschen Arbeiterbewegung wieder vor der Welt herzustellen. Du vor allem, die Genossen vom Zentralausschuß, vielleicht auch ich als Vors[itzender] in Sachsen, werden einmal vor der Geschichte zur Rechenschaft gezogen werden. Mich drückt die Verantwortung mehr, als ich Dir zum Ausdruck bringen kann. Für unsere Bewegung gab ich alles, bin bereit, weiter alles zu geben, mag meine Gesundheit völlig zugrundegehen, das bedeutet gar nichts, ich mag aber nicht mitschuldig werden, wenn diesmal wieder die Arbeiterklasse um Recht gebracht wird.

Lieber Otto! Es war mir ein Bedürfnis, Dir meine Auffassung mitzuteilen. Mich bedrückt eines: Was sind wir doch für seltsame Revolutionäre, daß wir erst Abstimmungen herbeiführen müssen, wenn Handeln das Gebot der Stunde ist!

Die allerherzlichsten Grüße,
auch an Deine Familie
gez. Otto Buchwitz

Nr. 134
Aus dem Rundschreiben Nr. 3 des Bezirksvorstandes der SPD Leipzig an die Vorsitzenden der Ortsvereine vom 25. Januar 1946[1]

Sozialdemokratische Partei Deutschlands
Bezirk Leipzig
Leipzig C 1
Karl-Marx-Platz 7, Europahaus II. St.

Rundschreiben Nr. 3/46

An die Vorsitzenden unserer Ortsgruppen!

[...]
20a) Die Leipziger Vorständekonferenzen am Sonnabend, dem 22. 12. [19]45 und am Sonnabend, dem 5. 1. [19]46, haben sich wie der engere und erweiterte Bezirksvorstand einmütig hinter die Berliner Entschließung gestellt. Es kam in diesen Konferenzen zum Ausdruck, daß wir Leipziger die Spitzenreiter bei allen Maßnahmen für die Einheit der deutschen Arbeiterbewegung sein wollen.

Wenn die Konferenz am 5. 1. [19]46 beschlossen hat, nicht nach Dresden zu fahren[2], so waren folgende Erwägungen zu beachten:

---

1 Sächsisches Staatsarchiv Leipzig, SED-BPA Leipzig, II/2/07.
2 Der Leipziger Bezirksvorstand entsandte keine Abordnung zur Parteiarbeiterkonferenz am 15. Januar 1946 nach Dresden, die später als »Konferenz der 3 000« bezeichnet wurde. Der Ortsvereinsvorstand von Leipzig-Wahren mobilisierte dennoch eine Gruppe von Sozialdemokraten für den Besuch der Kundgebung, deren rein akklamative Funktion nicht zu übersehen war.

1. Die Einladung zu dieser Konferenz erfolgte ohne Anweisung des Zentralausschusses und widersprach demzufolge den Berliner Entschließungen.
2. Zu solchen Konferenzen können Delegierte nur durch Urwahlen gewählt werden.
3. Die Kürze der Zeit ermöglicht keine ordentliche Delegiertenwahl.

Dieser Beschluß wurde gegen 1 Stimme[3] gefaßt bei etwa 4–500 Vertretern aller Vorstände des gesamten Bezirks Leipzig (auch der Unterbezirke).

Der Bezirksvorstand hatte, um Differenzen zu vermeiden, den Antrag eingebracht, daß die Landesleitung sofort eine Bezirksvorständekonferenz Sachsens telegrafisch einberuft. Wir haben uns deshalb sofort telefonisch sowie auch schriftlich an die Genossen [Felix] Kaden und [Arno] Haufe von der Landesleitung gewandt. Genosse [Otto] Buchwitz war infolge Krankheit nicht zu erreichen. Die Landesleitung hat leider die von uns beantragte Bezirksvorständekonferenz nicht einberufen, zum Schaden unserer Parteiorganisation.

Am Sonnabend, dem 5. 1. [19]46 waren unsere Genossen [Rudolf] Rothe und [Stanislaw] Trabalski in Berlin beim Zentralausschuß vorstellig. Dort wurde die Konferenz (15. 1. [1946]) ebenfalls als übereilt angesehen, und wir sollten auf die Genossen der Landesleitung einwirken, daß sie erst Richtlinien abwarten sollen.

Wir bitten unsere Genossen und Genossinnen, sich mit dem Inhalt der Berliner Entschließungen auf das genaueste vertraut zu machen. Im Interesse der Förderung der Einheitsbestrebungen der Arbeiterschaft ist es dringend erforderlich, daß alle Anweisungen unserer Zentralorganisation abzuwarten sind, ehe irgendwelche Maßnahmen von Unterbezirken und Ortsgruppen erfolgen.

Uns Sozialdemokraten ist die Einheit der deutschen Arbeiterschaft von jeher eine Selbstverständlichkeit. Unsere Forderungen nach Einheit sind bekannt. Die Schuld daran, daß die deutsche Arbeiterschaft getrennt marschiert, liegt, historisch gesehen, nicht an uns. Wir sind der Auffassung, daß alle Vorbereitungen mit Überlegung getroffen werden müssen, damit die Voraussetzungen für eine dauernde Vereinigung der Arbeiterschaft möglich werden. Solange nicht Vertrauen zwischen den Mitgliedern und Funktionären beider Arbeiterparteien eingekehrt ist, besteht kaum die Möglichkeit zu einer dauernden Vereinigung. In den Kreisen beider Arbeiterparteien müssen Offenheit und Ehrlichkeit vorhanden sein in allen gemeinsamen Handlungen. Jeder Parteiegoismus hat zu unterbleiben, Freundschaft muß einkehren. Dann wird es kaum Schwierigkeiten für eine dauernde Vereinigung der gesamten Arbeiterschaft in Deutschland mehr geben. Auf diesem Gebiete wollen wir vorbildlich wirken.

Um alle Anweisungen und Maßnahmen des Zentralausschusses nicht zu stören, bitten wir dringend, selbständige Handlungen zu unterlassen.

---
3 Die Gegenstimme kam vom Ortsverein Wahren.

Nr. 135
Bericht über die Vorladung des Sekretärs und des Vorsitzenden des SPD-Unterbezirks Borna zur sowjetischen Kommandantur am 24. Januar 1946[1]

SPD Unterbezirk Borna

Borna, den 26. 1. [19]46

Am 24. 1. [1946] wurde der Unterzeichnete telefonisch für 17 Uhr zur SMA (Major Rubinski) geladen. Es wurde mir auch gesagt, daß Genosse [Rudolf] Opitz mit zu erscheinen habe. Dieser wurde von mir verständigt. Weil uns beiden der Zeitpunkt ungelegen war, machte ich noch den Versuch, eine andere Zeit zu vereinbaren. Dieser Versuch mißlang.

Zum festgelegten Zeitpunkt fand ich mich dort ein. Genosse [Rudolf] Opitz erschien nicht, wie ich vermutete und sich später herausstellte, hatte er eine Panne mit dem Auto. Die russ[ischen] Herrn waren über dieses Nichterscheinen sehr ungehalten. Nach 1 1/2stündigem Warten konnte ich wieder gehen, ohne den Anlaß zur Ladung zu kennen. Es wurde mir nur von untergeordneter Stelle gesagt, daß es eine schlechte Sache für mich sei.

Für 25. 1. [1946] 9 Uhr wurden wir erneut geladen. Ich habe mich wiederum eingefunden. Genosse [Rudolf] Opitz konnte wiederum nicht rechtzeitig erscheinen. Nach längerem Warten und mehrfachem Telefonieren begann die Verhandlung ohne Genossen [Rudolf] Opitz. Er erschien dann mitten in der Verhandlung. Ursache, wiederum Autopanne.

Nach einigem hin und her wurde ich gefragt, ob ich von brauner und roter Zwangsjacke gesprochen hätte. Ich bejahte dies. Damit hätte ich gegen die Sowjetunion gehetzt, denn nur die Bolschewisten seien die Roten. Ich wehrte mich gegen diese Unterstellung. In diesem Zusammenhang habe ich nicht von Rußland gesprochen. Ferner gelten in Deutschland die Sozialdemokraten seit ihrem Bestehen und später auch die Kommunisten als die Roten. Die Formulierung braune und rote Zwangsjacke stamme außerdem von [Fritz] Selbmann[2] und was dem recht sei, sei mir billig.

Die russ[ischen] Herren sagten mir, ich sage nicht die Wahrheit, sondern ich lüge. Man hätte mich erst an die Worte erinnern müssen, bevor ich davon spreche und es zugab. Ich hätte ein sehr schlechtes Gewissen, in meinem Versammlungsbericht sei davon nichts enthalten. Was ich tue, diene nicht der Demokratie, sondern dem Faschismus. Präsidenten und Vizepräsidenten kämen und gingen, ich aber hätte als politischer Führer eine andere Aufgabe. Auch sei ich ja ein Gegner der Einheit, dies sei hinreichend bekannt.

Die russ[ischen] Herren ließen sich nicht umstimmen. Es wurde befohlen, daß ich ab sofort nicht mehr sprechen dürfte und sofort von meinem Posten zu entfernen sei. Sowohl ich wie auch Genosse [Rudolf] Opitz erklärten, daß in dieser Angelegenheit das letzte Wort nicht gesprochen sei.

Die beanstandete Äußerung habe ich in mehreren Versammlungen gebraucht. Anlaß zum Einschreiten gab der SMA ein Bericht der Arbeitsgebietsleitung Bad Lausick der KPD über meine Versammlung in Hopfgarten am 11. 1. 1946. Der Bericht umfaßt mehrere Schreibmaschinenseiten, den Inhalt kenne ich nicht.

In jener Versammlung sprach in der Diskussion ein Kommunist, Genosse Riehl. Er fand gar keine Resonanz, also wird er sich gerächt haben. Die KPD ist in Hopfgarten im Besitz aller Positionen, lehnt es auch ab, mit unseren Genossen zusammenzuarbeiten. Dort sind Äußerungen geschehen wie: »Wenn Du nicht Mitglied der KPD wirst, wird Dir das Land

---
1 Sächsisches Staatsarchiv Leipzig, SED-BPA Leipzig, II/3/19.
2 Um welche Äußerungen es sich konkret handelte, konnte nicht ermittelt werden.

wieder abgenommen!« Sozialdemokraten wurden Motorräder von der Polizei beschlagnahmt und andere unsaubere Dinge getan. Dagegen habe ich in aller Schärfe gesprochen und im Zusammenhang damit von brauner und roter Zwangsjacke gesprochen. Es gehört sehr viel Demagogie dazu, um daraus eine Spitze gegen Rußland zu entnehmen.

Von der SMA waren an der Verhandlung beteiligt Major Rubinski, ein Hauptmann und ein Oberleutnant. Alle drei sind mir schon längere Zeit bekannt und sprechen deutsch. Major R[ubinski] verkehrte an jenem Tag nur über den Dolmetscher mit uns. Der beteiligte Hauptmann erklärte auf meinen Widerspruch, wenn ich gut für die Einheit arbeite, dürfte ich wieder reden.

gez. [Otto] Bauer[3]

---

3 Unterschrift handschriftlich.

Nr. 136
Aus dem Protokoll über die gemeinsame Sitzung der Landes- und Bezirksleitungen Sachsens der KPD und SPD am 28. Januar 1946[1]

Genosse [Otto] *Buchwitz* [SPD]: Ich hoffe, daß die heutige Aussprache zu einer Klärung all der Fragen führen wird, die in Zukunft eine weitere gute und schnelle Zusammenarbeit ermöglichen. Eine bestimmte Tagesordnung ist nicht vorgesehen. Es haben Vorverhandlungen stattgefunden, an denen ich nicht teilnehmen konnte. Es wurde zur Grundlage gemacht, daß eine allgemeine Aussprache stattfinden soll, daß die Genossen von Leipzig ihren Standpunkt entwickeln möchten, den sie in dieser Frage, die uns heute zusammenführt, eingenommen haben. Gen[osse] [Otto] Buchwitz bittet um Wortlaut.[2]

Als 1. spricht Gen[osse] [Stanislaw] *Trabalski* [SPD]. Der Anlaß zu unserer Stellungnahme war, daß wir von den Genossen der KPD angegriffen worden sind, weil wir es ablehnten, Delegierte zu der Konferenz in Dresden am 15. Januar [1946] zu entsenden. Wir waren der Auffassung, es hätte dieser Angriffe nicht bedurft. Wir hätten die Dinge abwarten müssen, um genügend Zeit zu finden für die Vorbereitungen.

Wenn festgestellt wird, was der Anlaß war, warum wir keine Delegierten nach Dresden sandten, so ist es dies, der Leipziger Bezirk hat die Berliner Entschließung unterschrieben und auch in der großen Konferenz des Leipziger Bezirks die Berliner Entschließung einstimmig angenommen.[3] Es kam in den Leipziger Beschlüssen zum Ausdruck, daß wir an der Spitze reiten wollen, wir wollen den Aufbau einer revolutionären Arbeiterbewegung.

Wir waren überrascht, als eines Tages in den beiden Arbeiterzeitungen eine Konferenz angekündigt wurde, wonach am 15. Januar [1946] an[4] der Konferenz 2 000 Funktionäre beider Arbeiterparteien teilnehmen, da Anweisungen noch nicht vorlagen und beide Organisationen rechtzeitig Anweisungen herausgeben müßten, damit alle notwendigen Vorbereitungsarbeiten durchgeführt werden können. Das war für uns der Anlaß, sofort nach dem Zentralausschuß in Dresden[5] zu fahren. Dort vertrat der Zentralausschuß unserer Partei

---

1 Sächsisches Hauptstaatsarchiv Dresden, SED-BPA Dresden, III/009.
2 Eigentlich müßte es heißen: Wortmeldungen.
3 Gemeint ist die Konferenz der Leipziger Unterbezirks- und Ortsvereinsvorstände der SPD am 5. Januar 1946.
4 Im Original: in.
5 Statt Dresden müßte hier Berlin stehen.

die gleiche Auffassung, daß die Konferenz, wie sie in Dresden angesetzt wird, nicht den Berliner Entschlüssen entspricht.[6]

Ich habe dann am gleichen Tag dem Vorstand der Konferenz berichten lassen, daß eine Reihe Anträge vorliegen, besonders von der Ortsgruppe Leutzsch, wonach festgestellt wird, daß diese Dresdner Konferenz im Widerspruch zu den Berliner Beschlüssen steht und zu allen wichtigen Konferenzen ordnungsgemäß Delegierte zu wählen sind und es in der Kürze der Zeit nicht möglich ist, Delegiertenwahlen im gesamten Bezirk Leipzig durchzuführen. Diese drei Gründe waren es, weswegen von einer Delegation nach Dresden abgesehen war.

Mir war das etwas zuviel, zu hart dieser Beschluß. Ich hatte daraufhin noch eine Entschließung eingebracht, worin wir die Landesleitung der Partei aufforderten, sofort eine Konferenz des Bezirksvorstandes Sachsen[7] einzuberufen, um zu der Angelegenheit Stellung zu nehmen. Dies wurde ebenfalls angenommen, und ich möchte gleich sagen, daß dieser Beschluß nur gegen 1 Stimme gefaßt wurde, daß sich alle gegen die Entsendung nach Dresden ausgesprochen hatten. Wir haben dann jedenfalls sofort telegraphisch und brieflich den Genossen von der Landesleitung Kenntnis gegeben und geglaubt, daß eine Konferenz des Bezirksvorstandes Sachsen[8] stattfindet. Es kam nicht dazu. Es bestand keine Möglichkeit, hieran etwas zu ändern. Das einzige war, daß beide Unterzeichner nach Dresden fuhren mit einem Redakteur.

Was dann unangenehm auftrat, war, daß einige Genossen der KPD an die Betriebe herangingen, die Betriebe sollten Delegierte entsenden. Dies hat das Stimmungsbild bei uns nicht gehoben, sondern die Schärfe nahm noch zu, da besonders eine große Anzahl Gastdelegierte nach Dresden entsandt worden sind, die nicht wußten, warum sie fuhren. Es wurden Dinge gesagt, die im Widerspruch beider Parteien stehen. Die Entschließung, die am 15. Januar [1946] vorgelegt wurde, war 3/4 der Gastdelegation überhaupt nicht bekannt. Selbstverständlich entstand hierdurch wieder eine unnötige Schärfe.

Die Konferenz am 15. Januar [1946] war nicht nötig, eine kleine Rückfrage hätte genügt, hier Klarheit zu schaffen. Wir sind grundsätzlich der Auffassung, und in Berlin wurde eine gemeinsame Entschließung gefaßt, daß Anweisungen noch nicht vorliegen.

Vergangene Woche hat eine Studienkommission getagt und die ersten Beschlüsse gefaßt.[9] Diese gehen den einzelnen Landesleitungen und Bezirksleitungen zu, damit Stellung genommen werden kann und Maßnahmen ergriffen werden können. Der Zentralausschuß wie die Landesleitungen der Partei bedauern außerordentlich sehr, daß diese Konferenz

---

6 Die Konferenz am 15. Januar 1946 nahm vor allem deshalb in den im Januar und Februar 1946 geführten Auseinandersetzungen zwischen Sozialdemokraten und Kommunisten in Sachsen einen zentralen Stellenwert ein, weil die KPD aus Ablauf und Ergebnis dieser Konferenz eine Legitimation für weitergehende Schritte zur organisatorischen Verschmelzung ableitete. Die Einberufung und Durchführung einer solchen Kundgebung entsprach den zentralen Vorgaben der KPD-Führung. Derartige Kundgebungen fanden im Januar/Februar 1946 in mehreren größeren Städten der sowjetischen Zone statt, sollten den »Einheitsdrang an der Basis« dokumentieren und gleichzeitig den Zentralausschuß unter Handlungszwang setzen.
7 Gemeint ist eine Konferenz der Bezirksvorstände der SPD des Landes Sachsen.
8 Wie Anm. 7.
9 Im Ergebnis der Konferenz am 20./21. Dezember 1945 wurde eine Studienkommission gebildet, die Grundsätze und Ziele sowie ein Parteistatut der zu bildenden Einheitspartei entwerfen sollte. Der Kommission gehörten von der SPD Otto Grotewohl, Max Fechner, Gustav Dahrendorf und Helmut Lehmann an. Seitens der KPD wurden Wilhelm Pieck, Anton Ackermann, Franz Dahlem und Walter Ulbricht benannt. Im Januar 1946 tagte die Studienkommission erstmals, um Absprachen über die inhaltliche Gestaltung der ersten Nummer der »Einheit«, der gemeinsamen theoretischen Zeitschrift, und über Themen für gemeinsame Schulungsabende zu treffen. Vgl. Einheitsdrang oder Zwangsvereinigung?, S. 21.

am 15. Jan[uar] [1946] stattfand. Es kam zum Ausdruck, die Konferenz hätte nicht durchgeführt werden müssen. Man hätte noch in letzter Minute zurücktreten müssen im Interesse der Einheit der Arbeiterschaft. Es wäre richtiger gewesen, die Konferenz nicht durchzuführen.

Grundlegend wollen wir jeden Beschluß achten und auch durchführen. Wir wollen eine geeignete[10] Arbeiterbewegung schaffen, die von Dauer ist. Wenn wir das nicht beachten, sondern jetzt Konferenzen abhalten, die nicht in Übereinstimmung mit den zentralen Instanzen gefaßt werden, wenn sie stattfinden, ohne daß abgestimmt worden ist und die Beratungen der Studienkommission nicht beachtet werden, dann schaden wir der Einheit der Arbeiterschaft noch mehr. Das ist der Grund, weswegen wir Leipziger uns ferngehalten haben, nachdem wir unsere Auffassung an die zentralen Instanzen, auch nach Dresden an unsere Genossen unterbreitet haben, daß wir uns einmütig hinter Leipzig gestellt haben. Unsere Auffassung ist, wenn einmal Beschlüsse gefaßt werden, dann wollen wir uns auch daran halten, dann wollen wir, daß wir eine Organisation haben, die wir auf demokratischer Grundlage aufbauen, die Organisation mit ihren Auffassungen achten. Und Beschlüsse werden dann selbstverständlich durchgeführt.

Der Ton, der in die Diskussion hineingebracht wurde, steht völlig im Widerspruch zu der Leipziger Auffassung. Wir wollen eine einige Arbeiterbewegung, wir wollen den Zusammenschluß der sozialistischen Bewegung, die von Dauer ist. Dazu bedarf es gewisser Zeit. Über die historische Aufgabe, was wir vorhatten, will ich nicht reden, seit dem Mai 1945 haben wir wiederholt versucht, die Sozialdemokratische Partei gar nicht wieder erstehen zu lassen. Wir haben die Dokumente da und können es beweisen. Wir wissen aber, wer die Schuld hat, daß es dazu gekommen ist. Wir vertraten damals die Auffassung am Tage des Zusammenbruchs, die Arbeiterschaft zusammenzufassen. Dann stünden wir heute anders da und brauchten uns heute nicht darüber zu streiten.

Gen[osse] [Ernst] *Lohagen* [KPD]: Ich glaube, daß der Gen[osse] [Stanislaw] Trabalski das Stimmungsbild von Leipzig völlig verdreht hat. Ich möchte von vornherein sagen, als wir in Berlin wegfuhren[11], hatten wir eine freundschaftliche Aussprache und waren der Auffassung, daß ein gutes Zusammenarbeiten der Parteien stattfindet. Wir haben daraufhin nochmals mit einigen Freunden des Bezirksvorstandes von Leipzig eine persönliche Aussprache gehabt, und dann wollten wir uns einig werden über die Durchführung der Berliner Beschlüsse. Die Durchführung der Berliner Beschlüsse sollte in 6 Punkten stattfinden, die dem Bezirksvorstand vorgelegt wurden.[12] Daraufhin bekamen wir ein Schreiben, daß das nicht den Berliner Beschlüssen entspräche und wir sollten die Ergebnisse der Studienkommission abwarten.[13] Es kam zu keiner Zusammenarbeit mit dem Vorstand der SPD.

Einige Tage später kam der Aufruf von Gen[osse] [Otto] Buchwitz und Gen[osse] [Hermann] Matern zur Landeskonferenz. Wir haben uns sofort schriftlich und persönlich an den Bezirksvorstand der SPD gewandt und baten ihn, mit uns zu verhandeln, wann wir abfahren nach Dresden und über die gesamte Delegation. Wir hatten ihnen mitgeteilt, daß wir einen Sonderzug hatten und daß es gut wäre, wenn die sozialdemokratischen und kommunistischen Delegierten gemeinsam nach Dresden fahren würden. Wir bekamen 2 Tage keine Antwort, aber inzwischen war bei den Betriebsarbeitern, und zwar bei den sozialdemokratischen Genossen, durchgesickert, daß der Bezirksvorstand der SPD keine Delegierten nach Dresden entsenden würde. Wir haben offiziell davon keine Kenntnis erhalten. Als die Arbeiter das erfuhren, nahmen die sozialdemokratischen Arbeiter Stellung zu Dresden.

---

10 Hier müßte es heißen: geeinte.
11 Nach der Konferenz am 20./21. Dezember 1945.
12 Vgl. Dokument Nr. 123.
13 Vgl. Dokument Nr. 124.

Wenn der Gen[osse] [Stanislaw] Trabalski anführt, daß die Ortsgruppe Leutzsch beschlossen hätte, keine Delegation zu entsenden, so muß ich betonen, daß die Ortsgruppenversammlung organisiert wurde, um die Beschlüsse zu torpedieren, und zwar durch den Gen[ossen] [Rudolf] Rothe. In meiner Mappe liegen 100 Original-Resolutionen, unterschrieben von den SPD-Funktionären, mit dem Stempel der Sozialdemokratischen Partei, wo protestiert wird, daß der Bezirksvorstand keine Delegierten nach Dresden entsendet, und sie fordern, daß die SPD-Arbeiter ganz von selbst Delegierte nach Dresden entsenden.

Ich muß mich entschieden dagegen verwahren, wenn uns Gen[osse] [Stanislaw] Trabalski erklärt, wir haben die Delegierten nach Dresden gewählt. Wir haben nicht gewählt, sondern diese Betriebsfunktionäre, die immerhin eine sehr wichtige Funktion haben, haben diese Resolution[en] abgefaßt. Es waren nicht nur die Betriebsgruppen, sondern auch die SPD-Ortsgruppen, die die Linie des Bezirksvorstandes verurteilen. Die Arbeiter warnen die Genossen [Rudolf] Rothe, [Curt] Kaulfuß und [Stanislaw] Trabalski, daß sie diese Politik nicht mehr durchführen sollen. Im Augenblick ist es jetzt so, daß die Leipziger Arbeiter nicht verstehen können, daß der jetzige Bezirksvorstand eine solche hinhaltende Politik durchführt.

Nach der Konferenz in Dresden haben wir einen kameradschaftlichen Brief an die Bezirksleitung der SPD gesandt.[14] Auch daraufhin [erhielten wir] keine Antwort, und ich glaube, das tollste Stück, was jemals gemacht worden ist, das war die Vorbereitung der Otto Buchwitz-Versammlung, die vor einigen Tagen stattfinden sollte. Ich habe mich geschämt, mit welchen Methoden diese Genossen gegen ihre eigenen Kameraden arbeiten, wo man mit bewußten Mitteln zu der Lüge greifen muß selbst der Kommandantur gegenüber[15],

---

14 In dem Schreiben der KPD-Unterbezirksleitung Leipzig an den Bezirksvorstand der SPD Leipzig vom 22. Januar 1946 heißt es u. a.: »Am 15. Januar 1946 tagte in Dresden die gemeinsame Landeskonferenz der Sozialdemokratischen und Kommunistischen Partei. 3 000 Funktionäre nahmen an dieser historischen Konferenz teil und beschlossen einstimmig, die Arbeit zwischen den beiden Bruderparteien noch enger zu gestalten mit dem Ziel, die organisatorische Einheit einer einheitlichen deutschen Arbeiterpartei weiter vorwärts zu treiben. Wir haben die Pflicht, gemeinsam den Willen der 3 000 Funktionäre in der praktischen Zusammenarbeit durchzuführen.

Auf dieser historischen Konferenz wurden dementsprechend auch Beschlüsse zur weiteren Vertiefung der Einheit und zur Durchführung der Verschmelzung beider Arbeiterparteien gefaßt. Wir fragen nun bei Euch an, wann wir in gemeinsamer Beratung zu den Beschlüssen der Dresdner Konferenz Stellung nehmen können.« Sächsisches Staatsarchiv Leipzig, BPA Leipzig, I/3/23.

15 Stanislaw Trabalski schrieb am 24. Januar 1946 an die sowjetische Militärkommandantur von Leipzig folgendes: »Aus den heutigen Tageszeitungen ›Volksstimme‹ und ›Sächsische Volkszeitung‹ ersehen wir, daß Sie nach Mitteilung der Redaktion eine Anzeige aufgegeben haben, wonach unser Genosse Buchwitz als Redner für Freitag, den 1. 2. [19]46, im Saal der Köllmann-Werke, Torgauer Straße, vorgesehen ist. Dazu möchten wir folgendes erklären:

Eine Versammlung unserer Parteiorganisation kann nur vom Bezirksvorstand Leipzig angesetzt werden.

Die Versammlung, die für den 25. 1. [19]46 vorgesehen war, mußte wegen Erkrankung des Genossen Buchwitz auf einen späteren Termin verlegt werden. In Dresden hatten wir vereinbart, daß wir am Freitag, den 25. 1. [19]46, mit dem Genossen Buchwitz den Termin für die vorgesehene Versammlung festlegen wollten. Nach unseren Informationen hat Genosse Buchwitz bisher noch nicht zugesagt, überhaupt in Leipzig zu sprechen. Es berührt uns sehr eigenartig, daß Sie über unsere Parteiredner disponieren und Versammlungen ansetzen, von denen wir keine Kenntnis haben. Im Interesse unserer Bestrebungen, für die Einheit der deutschen Arbeiterklasse zu arbeiten, bitten wir, unsere Vorbereitungen nicht zu stören. Wir bitten Sie höflich, aber ebenso bestimmt, von solchen Maßnahmen in Zukunft abzusehen.

Wir werden Sie von unserer vorgesehenen Rücksprache mit dem Genossen Buchwitz selbstverständlich in Kenntnis setzen.« Sächsisches Staatsarchiv Leipzig, BPA Leipzig, I/3/23.

wenn die Arbeiter Stellung nehmen für die Einheit der deutschen Arbeiterklasse. Ich bin gern bereit, die Originalresolutionen vorzulegen.

Genosse [Heinrich] *Bretthorst*[16] [SPD]: Genossen, alles, was der Genosse [Ernst] Lohagen hier vorgetragen hat, beweist eindeutig, daß er nicht die geringste Ahnung von den tatsächlichen Vorgängen in Leipzig und Bezirk Leipzig hat. Im gesamten Bezirk Leipzig wendet sich alles dagegen, daß die Frage so gestellt wird, ob es innerhalb der SPD Kräfte gibt, die gegen oder für die Einigung beider Parteien sind. Solchen Unterschied gibt es überhaupt nicht. Die SPD-Genossen des Bezirks Leipzig sind für die Vereinigung beider Arbeiterparteien. Von Anfang an hat es hier keinen anderen Standpunkt gegeben. Die Frage steht lediglich so, ob der jetzige Zeitpunkt dafür geeignet ist und ob ein besonderer Grund zu einer derartigen Eile vorliegt, nachdem man doch vorher so viel Zeit gehabt hat und letzten Endes die Einigung ja überhaupt abgelehnt hat.

Nun die Frage wegen der Dresdner Konferenz. Auch diese war unter vollkommen falschen Voraussetzungen aufgezogen. Der Bezirksvorstand in Leipzig ist ja überhaupt nicht das Karnickel, sondern die Dinge liegen doch so, daß in dieser Frage bereits zwei Sitzungen in Berlin stattgefunden hatten. An der ersten Sitzung hatte ich teilgenommen[17], an der zweiten nicht, so daß ich an dieser Entschließung nicht mitgewirkt habe.[18] [Rudolf] Rothe und [Stanislaw] Trabalski haben sie unterschrieben. Sie haben jedesmal, wenn eine solche Konferenz in Berlin stattfand, es für zweckmäßig gehalten, infolge der Wichtigkeit der dort besprochenen Angelegenheiten ein Plenum zu wählen, welches schon die Voraussetzung schafft, daß es niemals zu einem Zweiparteitag auslaufen kann, um die Genossen zusammenzunehmen, die für sich in Anspruch nehmen können, den gesamten Bezirk Leipzig zu vertreten.

So haben wir es jedesmal gehalten, auch diesmal wieder, obwohl der Genosse [Ernst] Lohagen nicht daran teilnahm. Wir haben unsere gesamten Vorstandsmitglieder aus Leipzig-Stadt und Leipzig-Land und aus den übrigen Unterbezirken zusammengerufen, um sie von den Beratungen in Berlin zu unterrichten. Das ist das erste und zweite Mal geschehen. Nach der Berliner Besprechung vom 20. und 21. Dez[ember] [1945] haben wir unmittelbar darauf unsere Genossen zusammengerufen. Damals, als das geschah, war von der geplanten Konferenz am 15. Jan[uar] [1946] hier in Dresden noch gar nichts bekannt, und erst in der Zwischenzeit lief die Nachricht ein, daß für 15. Jan[uar] [1946] diese Konferenz geplant wurde. Und so war es zu erklären, daß diese Konferenz, die eben geschildert [wurde], zu der Frage zu der Dresdner Veranstaltung nicht Stellung nehmen konnte, denn es war vom Bezirksvorstand kein Plenum zusammengerufen worden. Sie hat dazu Stellung genommen und sich restlos auf den Boden der Resolution gestellt und in keinem Punkt Einwendungen erhoben.

Auch heute noch steht die Leipziger SPD auf dem Boden der Berliner Entschließungen und hat als zweiten Punkt die Aufstellung dieser geplanten Dresdner Veranstaltung angenommen. Bis auf einen Genossen war die Konferenz einhellig der Meinung, daß diese Versammlung in Dresden abzulehnen sei, wie sie Gen[osse] [Stanislaw] Trabalski geschildert hat. Um [da]mit grundsätzlich die Frage aufzuwerfen, ob es die Sache des Landesausschusses sei, eine solche Konferenz einzuberufen, haben wir uns auf unsere Programmstatute gestellt, und dort kennt man eben derartige Dinge nicht.

---

16 Heinrich Bretthorst, SPD. September 1945 bis April 1946 Sekr. BV SPD Leipzig. April 1946 bis Januar 1947 Sekr. BV SED Westsachsen.
17 Gemeint ist die Beratung des Zentralausschusses mit Vertretern der Landes- und Bezirksverbände am 4. Dezember 1945.
18 Die Entschließung vom 21. Dezember 1945 hatten vom Leipziger Bezirksvorstand Rudolf Rothe und Stanislaw Trabalski unterschrieben.

So liegen die Dinge. Wir haben neue Kalender herausgegeben. Für uns ist das ganz einwandfrei, auch die[se] Frage spielt dabei eine Rolle. Die Ortsgruppe Leutzsch brachte diesen Antrag an[19], der einstimmig angenommen wurde. Er leuchtete ohne weiteres ein. Es ist richtig, daß Gen[osse] [Stanislaw] Trabalski sagte, wir müssen einen Ausweg schaffen. Wir machen deswegen einen anderen Vorschlag und sagen, wenn Gen[osse] [Otto] Buchwitz Wert darauf legt, daß die Konferenz stattfinden soll, müssen wir versuchen, die Möglichkeit zu schaffen, daß ein anderer Antrag eingebracht wird. Es soll [so] schnell wie möglich in Dresden in dieser Bezirksvorstands-Konferenz der Antrag dem Gen[ossen] [Otto] Buchwitz übertragen werden, und dann sei die Sache in Ordnung. Das war der Sinn des Antrags, der nachträglich auch noch angenommen wurde.

Der Bezirksvorstand hat selbstverständlich Kenntnis, daß sämtliche Ortsgruppen und Unterbezirke mit dem Beschluß dieser Konferenz einverstanden sind.

Nun haben unsere kommunistischen Freunde versucht, den Einbruch in unsere Organisation zu wagen.[20] Das ist hier und da gelungen und ist der Kürze der Zeit zuzuschreiben, sonst wäre auch das nicht möglich gewesen, da die Genossen damals auch übereilt gehandelt haben.

[...]

Genossen, zu diesem Einbruchversuch will ich sagen, parallel mit diesen Einbruchversuchen in unsere Reihen lief eine Aktion, die aus sich selbst heraus nun von den einzelnen Kommandanturen in Szene gesetzt wurden. Am 15. 1. [1946] war ich zu der Konferenz. Am 14. 1. [1946] erhielt ich den Befehl von der Kommandantur in Grimma, mich dorthin zu begeben. Ich sagte mir, nun, Befehl ist Befehl. Es wurde uns gesagt, daß wir mit 6 Genossen erscheinen sollten, dabei sollten 3 Befürworter und 3 Gegner der Einheit sein. Da haben wir gesagt, 3 Gegner, wo nehmen wir die her? Die haben wir gar nicht, deshalb haben wir nur 3 geschickt. Beim Kommandanten waren erst 3 Offiziere versammelt, die sich dann vermehrten auf 5, zuletzt waren es 7. Bei der Tür standen zwei kräftige Kerle in der Uniform mit den 3 Buchstaben.[21] Das sollte wohl das Zeichen sein, daß wir uns unter allen Umständen fügen müßten.

Zwischenruf des Gen[ossen] [Reinhold] Hentschke[22], Zittau: Vielleicht hatten sie auch Pistolen in der Hand? Darauf sagte er: In der Hand nicht gerade, aber hinten dran hängen, aber die sitzen ja bei denen sehr locker!

Wir haben gesagt, was wollt ihr, worauf wir die Antwort erhielten, ihr habt Delegierte zu der Konferenz zu entsenden. Warum habt ihr das nicht getan, ihr seid Saboteure usw. Das wurde uns gesagt. Es haben nur noch gemeinsame Konferenzen und Veranstaltungen stattzufinden, und zum Schluß habt ihr für den Bezirk bei den nächsten Wahlen gemeinschaftliche Kandidatenlisten aufzustellen. Da habe ich das Wort genommen und ihnen unverblümt meine Meinung gesagt.

[...]

Und nun fragen sich unsere Genossen, was ist nun in dieser Zeit vom 19. Juni 1945, was ist da nun passiert, daß nunmehr die Vereinigung so plötzlich und so schnell kommen soll.

---

19 Hierbei geht es um den Antrag, an der Konferenz am 15. Januar 1946 nicht teilzunehmen.
20 Damit sind Versuche gemeint, von sozialdemokratischen Ortsvereinen Resolutionen verabschieden zu lassen, die sich gegen den Bezirksvorstand der SPD Leipzig wenden sollten.
21 Es handelt sich hierbei um sowjetische Militärpolizei.
22 Reinhold Hentschke, geb. 1899. Vor 1933 KPD. 1933 bis 1945 illegale Arbeit, Emigration, Teilnahme am spanischen Bürgerkrieg, KZ. Juli 1945 bis April 1946 UBL KPD Chemnitz. April 1946 bis Januar 1947 Vors. u. Sekr. BV SED Chemnitz. April 1946 bis 1952 LV, 1947 bis 1950 Sekr. LV SED Sachsen. 1950/52 Abtltr. Ministerium für Landwirtschaft Sachsen, später NVA.

Sind da besondere Ereignisse eingetreten? Einwurf des Genossen [Rudolf] Friedrichs (Ministerpräsident): Jawohl, die sind eingetreten!

Ich muß Sie bitten, sich einmal die Stimmung in unserer Mitgliederschaft anzusehen, diese ist in dieser Zeit außerordentlich kritisch geworden, zumal wir sagen müssen, daß wir nirgends auch nur etwas merken können, daß die beiden Genossen[23] sich in dieser kurzen Zeit zusammengelebt hätten. Differenzen über Differenzen gibt es, wohin man sieht. Von allen Orten könnte ich Euch Material vorlegen, ob das in der Bodenreform ist oder sonst in irgendeinem anderen Amt, es ist überall dasselbe, unsere Genossen sollen nach wie vor springen, sollen Befehle entgegennehmen.

Ich möchte den kommunistischen Freunden dringend ans Herz legen, in den einzelnen Ortschaften nachzusehen, wie die Zusammenarbeit ist, überall Eigenmächtigkeiten, Amtsanmaßungen, Redensarten der Kommunisten, das geht auf keine Kuhhaut mehr. Haussuchungen über Haussuchungen bei unseren Genossen, sie legen sich sogar den Titel eines Polizeikommissars zu. Bei den Verteilungen von Boden fallen überall Äußerungen, die klipp und klar unseren Genossen sagen, ja, wärst du nicht in der SPD, dann würdest du auch bei der Landverteilung berücksichtigt werden.

Ich muß staunen über den Genossen [Ernst] Lohagen, daß er über diese Dinge gerade in unserem Bezirk so wenig unterrichtet ist oder daß er uns diese Dinge hier verschweigt. Ich habe eine Unterbezirkstagung in Rochlitz gehabt, wo der Landrat und der Kreisleiter, oder wie das heißt, der KPD dabei war. In deren Gegenwart habe ich ihnen gesagt, Genossen, ich bitte sie dringend, wenn sie einen Ort im ganzen Unterbezirk haben, wo sie gut zusammenarbeiten mit unseren kommunistischen Freunden, wo also alles in Ordnung ist, dann kommen wenigstens diese Genossen her und sagen das hier kurz, damit ich es berücksichtigen kann. Da riefen unsere Genossen alle: Nirgends!

Deswegen sagen wir, woran liegt das eigentlich, das weitere Verhalten der Genossen draußen?

Man merkt gar nichts, daß eine Änderung eintritt, und dann dieser Druck von seiten der Kommandantur. Ich komme nochmal auf meine Ausführungen von vorhin über Grimma zurück, wo wir 5 Stunden festgehalten wurden, um uns zu zwingen, das zu unterschreiben, und wir haben nicht unterschrieben, und nur zum Schluß haben zwei Genossen unterschrieben. Sie willigten ein, einige Genossen nach Dresden zu entsenden. Dasselbe ist gewesen in Oschatz, in Borna usw.

Einwurf des Genossen [Ernst] Lohagen: Aber nicht in Leipzig!

Nein, von Leipzig ist mir nichts bekannt.

Einwurf [Stanislaw] Trabalskis: Doch, in Leipzig war es auch so ähnlich!

Warum das in Leipzig nicht geschehen ist, darüber habe ich die Kommandantur nicht gefragt. Herrschaften, nur eine einheitliche Organisation aufzubauen, das halte ich für das größte Unglück, das es geben könnte. Darüber herrscht kein Zweifel. Und das ist nicht nur mein Standpunkt, sondern von uns allen, und ich teile ihn natürlich auch.

[...]

Kurz und bündig, weswegen unsere Genossen nicht verstehen, was die Vereinigung der Parteien zunächst bedingt, daß diese Differenzen beseitigt werden müssen. Das ist der Standpunkt unserer Partei. Wenn schon solche Differenzen vorhanden sind, dann ist es nicht gut, diese als Ballast in die vereinigte Partei mitzunehmen. Dann würde die erste Versammlung schon eine Radauversammlung sein. Diese Dinge müssen eben vorher bereinigt werden. Die Schlacken müssen beseitigt werden, nur so kann die Einheit gefördert werden. Von diesem Standpunkt hat sich Leipzig um keinen Jota entfernt. Aber zu dieser Vereinigung wird es eben nicht eher kommen, bis diese Dinge bereinigt sind.

Genosse [Hermann] *Matern* [KPD]: Ich habe hier einige Fragen zu stellen.

---

23 Hier sind Sozialdemokraten und Kommunisten im allgemeinen gemeint.

1. Warum ist die Leipziger Parteiorganisation nicht auf der ersten Schulungskonferenz gewesen?[24]
2. Warum ist die Leipziger Organisation nicht auf der 2. Schulungskonferenz gewesen? Da lagen alle diese Dinge nicht vor, die angeblich einer Teilnahme an der Konferenz vom 15. 1. [1946] entgegenstanden.
3. Wo steht in der Entschließung der Berliner Konferenz vom 20. und 21. Dezember [1945] eine Urabstimmung?

Ihr steht nicht auf dem Boden der Beschlüsse, Ihr seid gegen sie, das ist die Tatsache. Vielleicht stellen wir diese Dinge richtig.

Von der Einheit reden und die Einheit torpedieren kann man einige Zeit lang. Dann muß man aber die Dinge klar aussprechen. Wir sind der Meinung, daß man über alle Fragen in gemeinsamen Verhandlungen reden kann. Aber Ihr wollt sie nicht. Ihr sabotiert sie. Gerade Ihr wollt die gemeinsamen Versammlungen nicht haben, weil Ihr wißt, daß dabei die Mitglieder der beiden Parteien zusammenwachsen. Wir wollen keine Befehle von oben, sondern wir wollen einen logischen Prozeß von unten. Deswegen haben wir immer darauf gedrängt, daß die Organisationen zusammenarbeiten, um die auftauchenden Schwierigkeiten am besten überwinden zu können. Wir waren und sind der Meinung, daß nach der Konferenz in Berlin selbstverständlich in den Parteiorganisationen eine Berichterstattung über diese Konferenz erfolgen mußte.

Liebe Freunde, die Konferenz in Sachsen war nicht die erste dieser Art. Vordem haben gleiche Konferenzen in Thüringen[25] und in der Provinz Sachsen[26] stattgefunden, und Eure Parteifreunde dort haben nicht den Standpunkt von Leipzig eingenommen, daß dafür erst Anweisungen von Berlin erfolgen müssen. Dies ist eine willkürliche Verdrehung der Beschlüsse. Nach einer solchen historischen Konferenz mußten die Parteiorganisationen unterrichtet werden, um Stellung dazu zu nehmen. Die große Konferenz am 15. Januar [1946] sollte dieser Berichterstattung den Impuls geben.

Was dort zum Ausdruck gebracht wurde, entspricht der Tradition, daß wir auf dem Wege der Vereinigung vorangehen, aber Ihr macht Spiegelfechterei. Ihr redet für die Einheit und seid grundsätzlich gegen sie.

Genosse [Otto] *Buchwitz* [SPD)]: Genossen, laßt mich ein paar Worte sagen, gerade weil mich die Differenz persönlich angeht.[. . .]

Fußend auf dieser Entschließung [vom 21. Dezember 1945], mußte ich zu der Überzeugung kommen, jetzt gilt es alles zu tun, die Einheit vorwärtszubringen. Wir haben uns vor der Konferenz zusammengetan. Der Gen[osse] [Arno] Haufe war zur gleichen Zeit dabei. Wir haben uns verständigt. Ich gebe zu, es war ein Tempo, was atemberaubend war. Aber wir konnten die Leipziger Genossen, ehe sie nach Berlin fuhren, nicht nach Dresden kommen, um sich mit uns auseinanderzusetzen. Ich bin verblüfft, daß die Genossen vom Zentralausschuß die Stellung der Leipziger Genossen eingenommen haben. Ich höre das heute zum ersten Mal.

---

24 Zur Vorbereitung der Referenten für die gemeinsamen Feierstunden anläßlich des 125. Geburtstages von Friedrich Engels fand am 21. und 22. November 1945 in Ottendorf ein Lehrgang statt, an dem 56 Kommunisten und 36 Sozialdemokraten aus Sachsen teilnahmen. In Ottendorf referierten Arno Hennig, Bernhard Dohm, Rudolf Friedrichs und Kurt Fischer. Hermann Matern stellte noch während dieses Lehrganges weitere Schulungskonferenzen in Aussicht.
25 Am 19. Januar 1946 versammelten sich nach offiziellen Angaben 1 200 Thüringer Sozialdemokraten und Kommunisten in Jena, wo u. a. Otto Grotewohl und Wilhelm Pieck sprachen.
26 Am 31. Dezember 1945 fand in Magdeburg eine offiziell von 1 200 sozialdemokratischen und kommunistischen Funktionären besuchte Konferenz statt, auf der Bruno Böttge und Bernhard Koenen referierten.

Genossen, wir sind zusammengekommen, um die Luft zu reinigen, und so muß ich folgendes sagen: Als wir am 19. Dezember [1945] vor der gemeinsamen Konferenz zusammenkamen, lagen die Dinge ganz anders. Wir waren der Meinung, es müsse noch ein Reichsparteitag kommen und nur dieser könne die Vereinigung beschließen. Diese Meinung ist in der gemeinsamen Entschließung fallengelassen worden. Jetzt taucht der Satz wieder auf. Jetzt bringt man die Parteiorganisationen und die Führer durcheinander.[27] Da weiß keiner mehr, welchen Weg er zu gehen hat. Wenn man ein Ziel hat, muß man darüber klar sein und den Weg dazu gehen. Jetzt taucht dieser Beschluß wieder auf, jetzt bringt man die führenden Genossen in innere Konflikte, wenn keine Führung von der Zentrale aus vorhanden ist. Das muß ausgesprochen werden.

Es wurde gesagt: Ist seit Januar [1946] etwas geschehen? Seitdem ist furchtbar viel geschehen. Ohne viel zu reden, hat sich die Reaktion vereinigt. Die Dunkelmänner in [der] Hugenbergbewegung[28], die Wirtschaftspartei[29], die Volkspartei[30] haben sich vereinigt in zwei antifaschistische Parteien.[31] Sie reden nicht, sie einigen sich. In Bayern hat sich die Königspartei gebildet[32], das muß ein Warnsignal für uns sein, das müssen wir beachten.

Noch etwas anderes: Was ist eigentlich der tiefe Sinn der Vereinigung? Ich habe das Gefühl, daß ich mich frage, ob es denn alle begriffen haben: Wir wollen die Macht, und mit dieser Macht wollen wir zum Sozialismus kommen. Der Gedanke einer Urabstimmung auf demokratischem Wege kann populär machen. Wir haben in unserer Partei, die sich so schnell entwickelt hat, 1/3 Mitglieder, die vor 1933 bei uns waren. Von ihnen können wir voraussetzen, daß sie den Sozialismus begriffen haben, daß sie wissen, was wir wollen, aber wir haben 2/3 neue Mitglieder, sollen die mit entscheiden, ob wir zum Sozialismus kom-

---

27 Tatsächlich entstanden die Irritationen in der sozialdemokratischen Mitgliedschaft nicht durch das im Beschluß des Zentralausschusses vom 15. Januar 1946 bekräftigte Festhalten am Reichsparteitag, sondern durch die Auslassung dieses Standpunktes in der Entschließung vom 21. Dezember 1945.
28 Alfred Hugenberg war ab 1928 Vorsitzender der Deutschnationalen Volkspartei (DNVP). Die DNVP sprach sich nach 1918 für die Monarchie als staatsbildendes und -tragendes Element sowie ein Zusammengehen mit der NSDAP in der Endphase der Weimarer Republik aus. In der Ablehnung des Staates von Weimar, seiner Verfassung und seiner Gesellschaftsordnung bildeten die Deutschnationalen das rechtsradikale Gegenstück zu den Kommunisten. Vgl. *Martin Vogt*, Parteien in der Weimarer Republik, in: Die Weimarer Republik, S. 135 u. S. 150.
29 Die Reichspartei des deutschen Mittelstandes, die sogenannte Wirtschaftspartei, artikulierte in der Weimarer Republik Forderungen wirtschaftlicher Mittelstandsgruppen, wie z. B. Steuersenkungen und Abbau der Zahl der Kaufhäuser. Vgl. ebd., S. 148 f.
30 Die Deutsche Volkspartei, neben der Deutschen Demokratischen Partei eine von zwei liberalen Parteien in der Weimarer Republik, nahm in den Anfangsjahren der Republik eine monarchistische Grundhaltung ein und paßte sich nur allmählich den neuen staatlichen Verhältnissen nach 1918 an. Vgl. ebd., S. 142.
31 Welche Parteien sich hier konkret vereinigt haben sollen, ist nicht eindeutig, denn in den Westzonen gab es mehrere Parteien, die sich als Volkspartei bezeichneten (z. B. die liberale Parteigründung »Demokratische Volkspartei«). In der britischen Zone bildeten sich mit Schwerpunkt in Schleswig-Holstein und im späteren Niedersachsen Organisationen, die Traditionen der früheren Deutschnationalen Volkspartei fortzusetzen versuchten, woraus im März 1946 die Deutsche Konservative Partei-Deutsche Reichspartei hervorging, die allerdings kaum politisches Gewicht besaß. Vgl. *Steininger*, Deutsche Geschichte 1945–1961, S. 106 ff.; *Richard Stöß* (Hrsg.), Die Parteien der Bundesrepublik Deutschland 1945–1980, Bd. 1–4, Opladen 1986.
32 Die im Oktober 1945 in Bayern gebildete und später von der amerikanischen Militärregierung verbotene Bayerische Heimat- und Königspartei galt im Januar/Februar 1946 insbesondere für Kommunisten als ein schlagkräftiger Beweis dafür, daß die Reaktion an Boden gewann und deshalb die Einheitspartei gegründet werden müsse.

men? Wenn die Abstimmung negativ ausfällt, wollen wir dann wieder 1/4 Jahrhundert vorübergehen lassen, wollen wir auf einen Reichsparteitag warten und ihm die Frage vorlegen; wird dieser im nächsten Jahr möglich sein? Ich glaube kaum und Ihr wohl auch nicht.

Haben wir den Willen zur Macht, dann müssen wir auch alles hierfür tun. Jene Konferenz der 2 000, die zu 3 000 wurde[33], schaffte uns die Atmosphäre, weiterzumarschieren. Ich bin nach wie vor begeistert und restlos für die Einheit. Nicht physisch, aber seelisch bin ich langsam müde geworden. Die Dinge sind so einfach, daß sie jedes politische Kind begreifen müßte. Ich bin nicht ermüdet, müde aber werden unsere Parteifreunde werden. Seid offen zu mir. Ihr könnt es billig haben, einen anderen Vorsitzenden zu haben. Ich will das Beste. Hintergeht mich in der Zukunft nicht.

Genosse [Ernst] *Lohagen* [KPD]: Ich möchte nur die Frage aufwerfen: Wir wissen um die Schwierigkeiten in den kleinen Ortsgruppen, es sind auch von den kommunistischen Genossen Dummheiten gemacht worden, und um diesen Dummheiten aus dem Wege zu gehen, um die Fragen grundlegend zu bereinigen und zu prüfen, soll ein Verbindungssekretariat organisiert werden, bestehend aus einem kommunistischen und einem sozialdemokratischen Sekretär. Das wurde vom Bezirksvorstand abgelehnt. Ich frage heute die beiden Genossen, ob Ihr heute bereit seid, dieses Verbindungssekretariat zu schaffen, damit die Schwierigkeiten weggeräumt werden.

Gen[osse] [Eduard] *Amborn* [SPD]: Ich will vorausschicken, daß ich, soweit der Vorwurf des Genossen [Hermann] Matern mich betrifft, ich sei ein Saboteur, das natürlich zurückweise. Ich lasse mich nicht als Saboteur bezeichnen.

In meiner Gemeinde [Burghausen] fand am 9. Nov[ember] [1945] eine öffentliche Versammlung statt, wo ich das Referat hatte, wo ich einmütig und offen erklärte, daß ich vollkommen für die Vereinigung bin. Ich gehöre nicht zu denjenigen, die die Vereinigung auf den S[ank]t Nimmer[leins]tag vertagen möchten. Das ist der Grund, weswegen ich die heutige Konferenz beantragt habe. Ich sagte mir, daß nur aus einer solchen Konferenz, wo auch Vertreter der Kommunistischen Partei mit anwesend sind, daß nur auf diesem Wege diese Dinge bereinigt werden können.

Es darf nicht verkannt werden, das möchte ich dem Gen[ossen] [Ernst] Lohagen besonders sagen, daß es wichtig ist, die Differenzen in den einzelnen Orten zu bereinigen und zu beseitigen. Das geschieht aber nicht. Ich will nicht sagen, daß Du daran schuld bist. Es ist Dir aber bekannt, daß an Euch ein Brief geschrieben worden ist aus meiner Gemeinde, wo gesagt wird, daß wir vor Schwierigkeiten stehen, die nicht bestritten wurden. In dem Brief werden die Genossen aufgefordert, mit dem faschistisch eingestellten [Eduard] Amborn in der Gemeindeverwaltung nicht weiter zu arbeiten. Es wird in dem Brief aufgefordert, [Eduard] Amborn seines Postens zu entheben, da er in verbrecherischer Weise durch sein Eintreten für die Nazis die Einheitsfront sabotiert. Sollte diesem nicht stattgegeben werden, so wäre man gezwungen, bei der Kommandantur in Markranstädt vorstellig zu werden und die Entsetzung durchführen zu lassen. Beweismaterial stehe genügend zur Verfügung.

Aufgrund dieses Briefes fand eine Zusammenkunft mit Vertretern der KPD und SPD statt. Dort wurde einstimmig festgestellt, daß die behaupteten Angriffe zu Unrecht erfolgt sind. Es wurde weiter festgestellt, daß [Eduard] Amborn rehabilitiert wird und er seinen Posten als Bürgermeister wieder einnimmt. Aber geschehen ist noch nichts. Diese Zusammenkunft liegt 10 Wochen zurück. [...]

Solange diese Fragen nicht geklärt sind, setzen wir uns im Leipziger Bezirk nicht für ein schnelles Zusammengehen mit der KPD ein. Ich will die Sache beim richtigen Namen nennen. Wenn in 10 bis 14 Orten dasselbe geschehen würde, können Sie sich nicht vorstellen, welche Stimmung dann gegen die Einheit erzeugt wird? Das müssen Sie doch begreifen. Ich

---

33 Offiziell wurden 3 000 Teilnehmer der Konferenz vom 15. Januar 1946 angegeben.

wünsche, Gen[osse] [Hermann] Matern, Du könntest diese Dinge bereinigen und beseitigen. [...]

Gen[osse] [Karl] *Meißner*[34] [SPD]: Genosse [Otto] Buchwitz hat gesagt, wir sollen die Dinge nicht schwerer machen, als wie sie sind. Wir alle bestehen darauf, durch eine rege Aussprache einmal den Dingen auf den Grund zu gehen, und, wie ich meine, hat der FDGB das Recht, sich auch damit zu befassen, weil ich im Laufe der vergangenen Woche Gelegenheit hatte, an der Kreiskonferenz des FDGB teilzunehmen, als Beauftragter des Landesausschusses, die immerhin von 2 500 Funktionären beider Parteien besucht gewesen ist.

Diese Konferenz hat eine Reihe von Entschließungen gefaßt. Es ist nun meine Auffassung, daß darüber, was gestern bei uns geschehen ist, danach im kleinen Kreis nochmals gesprochen werden muß. Ich will hier nur sagen, die Leipziger Konferenz hat beschlossen, für die Konferenz in Berlin eine Reihe von Leuten zu entsenden, und zwar 55 Delegierte für Leipzig.

Gestern haben die Beschlüsse der Kreiskonferenz einfach eine Regelung erfahren, die nicht den Beschlüssen dieser Leipziger Konferenz entspricht. Leipzig hatte sich einmütig entschieden, und nun macht man einen Stimmzettel und streicht einfach alle von der Leipziger Konferenz gewählten SPD-Genossen darauf. Das ist kein Zustand, das trifft nicht nur Leipzig, sondern auch alle anderen.

Es wurde auch von der [Otto-]Buchwitz-Versammlung gesprochen.[35] Auch diese Versammlung hat auf dieser Konferenz eine Rolle gespielt. Ein Genosse ist aufgestanden und hat erklärt, wie stellt ihr euch als sozialdemokratische Arbeiter die Einigung vor, wenn der Bezirksvorstand der SPD beschließt, den Genossen [Otto] Buchwitz in Leipzig nicht reden zu lassen. Der Bezirksvorstand hat niemals einen entsprechenden Beschluß gefaßt, wie es nachher klar festgestellt wurde.

Warum muß man aber erst diese Dinge hereintragen? Es ist mir bekannt, daß der Bezirksvorstand von einer entsprechenden Versammlung keine Ahnung gehabt hat und auch niemals dazu Stellung genommen hat. Stellt Euch vor, 2 500 Leute auf dieser Konferenz, alles steht unter dem Eindruck und ist beseelt von dem Willen, sich gemeinsam zu verständigen. Über Einheit reden und sie torpedieren kann man nur eine Zeit lang, dann hört es aber auf, und das ist das, wo wir jetzt sind.

Genosse [Ernst] Lohagen! Wenn Du sagst, Ihr habt als Bezirksleitung der KPD in Leipzig nicht eingegriffen, ich weiß nicht, wer dann von sich aus das Recht nahm, beispielsweise bei den Neulehrern in Leipzig in einer Versammlung zu sagen, ihr habt die Aufgabe, Betriebsgruppen zu bilden, der KPD und SPD. Darauf sind sofort als weitere Aufgabe aus diesen Betriebsgruppen Gastdelegierte nach Dresden zu entsenden. Auf diese Art und Weise sind 50 Delegierte aus Leipzig nach Dresden gekommen. Ich hatte Gelegenheit, mit zwei dieser Neulehrer zu sprechen. Keiner von ihnen war an der Abfassung einer entsprechenden Entschließung beteiligt. So sieht es aus.

Wir sollen unter allen Umständen bestrebt sein, das Zutrauen, was erforderlich ist, um die Einheit weiter zu fördern, zu festigen. Wir haben innerhalb des FDGB in den vergangenen Monaten in dieser Art und Weise gearbeitet. Wenn nun von außenstehenden Stellen versucht wird, diese Dinge hineinzutragen, ich glaube nicht, daß wir dann in Leipzig eine andere Stimmung bekommen werden. Wir sind alle überzeugt, daß wir den Dingen, wie sie tatsächlich sind, ins Auge sehen müssen. Es hat keinen Zweck, daran vorbeizureden.

---

34 Karl Meißner, SPD. Juli 1945 LV FDGB Sachsen. 1946 Bundesvorstand FDGB. April 1946 LV SED Sachsen.
35 Hierbei geht es um die geplante SPD-Kundgebung in den Köllmann-Werken AG Leipzig, auf der Otto Buchwitz sprechen sollte. Die Veranstaltung fand schließlich am 7. Februar 1946 statt.

Ich betone nochmals, wir sollen uns in unserem Kreis nicht so bloßstellen. Wir haben alle gemeinsam den Willen, so schnell wie möglich zur Einheit zu kommen, aber tragt nicht unnötige Zwiespälte hinein. Es treibt nämlich alles einer gewissen Entwicklung zu, die wir nicht wollen. Es haben sich inzwischen eine ganze Reihe von Dingen ereignet, die heute uns schließlich zu einer anderen Meinung bringen, als es im Juli des vergangenen Jahres der Fall war. Stellt Euch nicht nur auf den Standpunkt, der ist einer anderen Ansicht, er will die Einheit nicht.

Der Landesausschuß des FDGB ist gewählt worden. Er setzt sich zusammen aus 15 KPD und 10 SPD. Dieses Wahlergebnis entspricht in keiner Art und Weise dem Willen der Betriebe. Es ist gewählt worden, wir haben eine gemeinsame Liste gemacht. Was ist jedoch gemacht worden? Auf dieser gemeinsamen Liste hat man durch eine Anregung von außen diejenigen Funktionäre gestrichen, die bisher die Arbeit geleistet haben. Wir haben die Arbeit gemeinsam geleistet, und wenn man etwas gegen den einen oder anderen gehabt hätte, so hätte es gar nicht zu dieser gemeinsamen Liste kommen dürfen.

Einwand: Ist es zufällig, daß 327 Stimmzettel abgegeben worden sind, auf denen sämtliche Kommunisten gestrichen und nur die Sozialdemokraten und Christlichen angeführt waren?

Wir werden nachher Gelegenheit nehmen, darüber zu reden. Umso mehr Arbeit ist notwendig, uns mit diesen Dingen zu befassen. Es sind so viel Spannungen vorhanden, die wir beseitigen müssen. Wir müssen zu einer klaren Linie gelangen, um schneller zu einer Einigung zu gelangen. Es wird die Einigung gefördert, wenn man die Arbeit in dieser Satzungskommission[36] in Berlin so weit beeinflussen kann, damit der Ausschuß sagen kann, das ist die gemeinsame Richtlinie, das gemeinsame Programm, nach dem in Zukunft gearbeitet wird.

[Ernst] *Lohagen*! Ich bitte Dich, in Leipzig dafür zu sorgen, daß die Kollegen, die unbewußt die Dinge noch nicht übersehen, daß man denen das beibringt, daß auf diese Art und Weise die Vereinigung in Leipzig nicht stattfinden kann.

[Ernst] Lohagen: »Wir sind so weit gegangen, daß wir dem verantwortlichen Genossen [Kurt] Kühn eine Rüge erteilt haben.«

Genosse [Arno] *Hennig* [SPD]: Es wäre vielleicht günstiger gewesen, man hätte den Leipziger Fall nicht am Anfang behandelt, sondern die Konsequenzen aus den Berliner Beschlüssen gezogen und dann die praktische Zusammenarbeit behandelt. Dies ist nicht geschehen, man hat sich im Gegenteil die Fragen vorgeworfen, die gegenseitig geschehen sind. Die Atmosphäre ist durch Zwischenrufe und Gegenäußerungen nicht sehr günstig geworden. Das soll uns aber nicht hindern[37], etwa aus Erbitterung nun auseinanderzureden, statt zusammenzuarbeiten.

Es sind zwei differente Punkte, die bestehen und auf der einen Seite beträchtliches Mißtrauen erregen, die Frage einer Einberufung eines gesamt[deutschen] Reichsparteitages und die Frage der Urabstimmung. Diese Urabstimmung ist auf einer Unterbezirkskonferenz in Dresden gefordert und von den Landesinstanzen akzeptiert worden. [...]

Weil die Menschen kopfscheu gemacht worden waren durch die Art, wie man in Dresden die Konferenz am 15. [Januar 1946] durchgeführt hat. Wenn man Leute, die aufstehen und Bedenken äußern, wie die[38] Gen[ossin] [Gertrud] Glöckner[39], als Dummköpfe bezeichnet,

---

36 Gemeint ist die gemeinsame Studienkommission von SPD und KPD.
37 Im Original: verhindern.
38 Im Original: der.
39 In der Diskussion äußerte sich Gertrud Glöckner, Mitglied der SPD, am 15. Januar 1946 wie folgt: »[...] Wir haben in Deutschland zur Zeit noch keine Demokratie. Wir geben uns unsere Gesetze noch nicht selbst. Sie sind in der Hauptsache Befehle der Besatzungsmacht, die wir auszuführen haben. Unser Verwaltungsapparat wurde nicht gewählt. Wir bemühen uns aber, demokratische

als Postenjäger hinstellt und sogar als Saboteure bezeichnet, wie der Gen[osse] [Hermann] Matern sagte[40] – gilt das überhaupt für uns alle oder nur für einzelne, möchte ich den Gen[ossen] [Hermann] Matern hierbei fragen?

Man darf die Frage stellen, wenn man von Anfang an dafür gearbeitet[41] hat, ich erinnere nur an die gemeinsamen Schulungskonferenzen. Auf der Döbelner Konferenz waren Leute aus Leipzig vertreten.

Einwurf: Mit einem Mann. Antwort des Gen[ossen] [Arno] Hennig: Nun, es waren immerhin einige.

In Ottendorf[42] war kein Leipziger Genosse dabei, aber man soll dahinter nicht immer etwas Böswilliges denken, sondern die verschiedenen Umstände berücksichtigen, wie die schlechten Fahrtverhältnisse und die zu späte Benachrichtigung.

Es ist nicht so, wie der Gen[osse] [Otto] Buchwitz sagt, daß ein Hin und Her stattfindet. Eigentlich, hat mir Gen[osse] [Otto] Grotewohl von vornherein gesagt, ist der Reichsparteitag das Ziel der sozialdemokratischen Zentrale immer gewesen. [Otto] Grotewohl hat mir gesagt, ich könne diese Forderungen auch nicht erfüllen, weil sie in den Berliner Beschlüssen nicht zu finden waren.

[...] Ob das erreichbar ist, das ist eine andere Frage. Und es kann uns darüber ja auch kein Zweifel bestehen, daß dies immer war. In der Neujahrsnummer der Täglichen Rundschau hat Gen[osse] [Max] Fechner in einem Artikel ausdrücklich diesen Passus hereingenommen (Liest den Artikel vor).[43] [...][44]

Wir sind dies den vielen Männern und Frauen schuldig, die der SPD in den ganzen schweren Jahren die Treue gehalten haben. Genosse [Otto] Buchwitz, ich weiß nicht, ob es sehr richtig ist, wenn Du sagst, wir hätten nur 1/3 alter Mitglieder. Die KPD hat in diesem Rahmen ihre Zahl nicht genannt.

Wege einzuschlagen. Eine Demokratie unter Freunden besteht aber nicht nur darin, daß man politische Freiheiten, Versammlungsfreiheit, Redefreiheit, Pressefreiheit gewährt, sondern auch ein Stärkeverhältnis berücksichtigt, indem man sie entsprechend in der Verwaltung und im Staatsapparat eingliedert. Das ist von seiten der KPD nicht geschehen. [...] Das sagen wir Euch, Genossen von der KPD. Ihr selbst habt uns ausgeschaltet an der Mitarbeit zum Neuaufbau. [...] Genossen, seid ehrlich, sind wir nicht immer als Menschen zweiter Klasse behandelt worden? [...] Wir wollen die Vereinigung, wir hoffen, daß die kommt, wir wollen sie aber erst dann, wenn der letzte Mißton beseitigt ist, wenn der letzte Parteigenosse ja sagen kann zu dem neuen, was kommen soll. An Euch wird es liegen, Genossen von der KPD, den Gleichklang herzustellen. [...]« Sächsisches Hauptstaatsarchiv Dresden, BPA Dresden, I/A/008.

40 Einzelne Redebeiträge von Sozialdemokraten auf der Konferenz am 15. Januar 1946, so wie die von Gertrud Glöckner, erregten das Mißfallen der kommunistischen Teilnehmer, die sich in entsprechenden Zwischenrufen Luft machten. Auf diese Weise entstand keineswegs der später vermittelte Eindruck von einer Atmosphäre der Harmonie. Hermann Matern forderte in seinem Schlußwort dazu auf, »endlich einmal Schluß mit der Diskussion über die Postenverteilung« zu machen. Mit Blick auf die kommunistischen Reaktionen versuchte Matern hingegen, die Wogen zu glätten: »Wir müssen alle zusammen lernen, daß wir offen, frei alle Probleme diskutieren und daß wir andere Auffassungen, ohne dabei in Erregung zu fallen, ertragen können.« Sächsisches Hauptstaatsarchiv Dresden, BPA Dresden, I/A/008.
41 Im Original: bearbeitet.
42 Vgl. Anm. 24.
43 In der »Täglichen Rundschau« vom 1. Januar 1946 hatte Max Fechner darauf verwiesen, daß ein Einheitsbeschluß nur nach Bestätigung durch den Parteitag der gesamten deutschen Sozialdemokratie verwirklicht werden könne, »nötigenfalls sogar durch eine Urabstimmung bei der Mitgliedschaft«.
44 An dieser Stelle ist das Manuskript unvollständig. Arno Hennig verwies offenbar mehrfach auf die Notwendigkeit einer Urabstimmung.

Einwurf des Gen[ossen] [Hermann] Matern: Bei uns ist es noch ungünstiger. Wir sprechen doch aber nicht von Urabstimmung.

Ich will nur sagen, wenn die Dinge so kommen, wie wir sie wünschen, brauchen wir sie nicht, wir würden die Urabstimmung verschieben.

Einwurf [der] Gen[ossen] [Hermann] Matern und [Arthur] Schliebs: Was machen wir aber, wenn die Urabstimmung negativ ausfallen würde?

[. . .][45] Der Zweck und das wichtigste Kapitel unserer Entschließung ist, wir wollen zusammenwachsen, und das braucht nicht verschoben werden, sondern kann sofort geschehen. Dafür gibt es im Lande viele Möglichkeiten. Ich bin in der Lage, davon Positives zu berichten. Ich habe von Anfang an diesen Kurs gesteuert, daß wir gemeinsam öffentliche Versammlungen durchführen. Wie gesagt, ich mißtraue allen Papieren und Resolutionen und glaube an die organische Kraft des Gewachsenen.

[. . .] Und warum soll man nicht in wenigen Monaten so weit kommen, wie wir das alle wünschen. Aber wenn man die auftauchenden Bedenken so abtut, daß man diejenigen, die sie vorbringen, als Saboteure, als Postenjäger hinstellt, dann führt das nicht zu der gewünschten Vereinigung, sondern im Gegenteil, daß Sie hier sitzen und eine scharfe Diskussion gegeneinander führen.

Genosse [Max] *Rausch* [SPD]: Ich bin in der angenehmen Lage, von meinem Bezirk, Stadt und Kreis Görlitz, zu berichten, daß wir mit unseren kommunistischen Freunden sehr gut zusammenarbeiten. Natürlich gibt es auch hier auftauchende Schwierigkeiten, die wir aber immer beseitigt haben. Aber dessen ungeachtet, zu der Kundgebung muß ich einiges sagen, nämlich generell über solche zentralen Veranstaltungen überhaupt.

Wir am Rande werden immer etwas stiefmütterlich behandelt, hinsichtlich der rechtzeitigen Benachrichtigung. Aber wir möchten dort auch stark beteiligt sein, wo die Fragen der Einheit besprochen werden. Wie wir zur Frage der Einheit stehen, das haben Sie aus der Entschließung gesehen, die in der Volksstimme[46] [veröffentlicht und] nach einem Referat des Genossen [Otto] Buchwitz gefaßt wurde.[47] Wir sprachen darin das Vertrauen gegenüber dem Genossen [Otto] Buchwitz aus und haben eine Entschließung angenommen, die sich nicht mit der Frage, ob Vereinigung oder nicht, sondern mit der Frage, was geschieht nach der Vereinigung, befaßt. Wird die Partei auch demokratisch aufgefaßt sein?

Solche Veranstaltungen wie diese Konferenz müssen eine Mißstimmung erwecken, wenn ich eine Mitteilung bekomme von der Landesleitung, daß binnen 5 Tagen 100 Mann Kommunisten und 100 Mann Sozialdemokraten zu einer Delegiertenkonferenz nach Dresden geschickt werden müssen.

Auch da bin ich mit dem Genossen [Artur] Ullrich[48] eins geworden. Ich bin verrückt geworden, entschuldigt bitte, Genosse [Hermann] Matern und Genosse [Otto] Buchwitz! Aber rein arbeitsmäßig ist das nicht zu machen. Wir haben uns geeinigt und statt 100 Mann dann nur 30 Mann geschickt. Aber dann kann dabei nicht das herauskommen, was soll.

In meinem Kreis Weißwasser-Rothenburg, davon bringe ich zwei Fälle. Ich muß [diese] vorbringen, um einmal hier zu sagen, daß es so nicht weiter gehen kann.

Fall Greiner: Uns ist es gelungen, im Kreis Görlitz gut zusammenzuarbeiten. Dann kann es nicht nur an uns liegen, was im Kreis Weißwasser vor sich geht. Wir haben seit Monaten mit dem Genossen Greiner über die Neubesetzung eines Bezirksbürgermeisters verhandelt. Leider ohne Ergebnis. Durch dieses Hin und Her ist nur eine vollkommene unnötige Verzögerung einer praktischen Durchführung einer Anordnung der Landesverwaltung ein-

---

45 An dieser Stelle ist der Redebeitrag von Arno Hennig unvollständig protokolliert.
46 Landeszeitung der SPD für Sachsen.
47 Vgl. Dokument Nr. 131.
48 Artur Ullrich, geb. am 26. März 1894. Vor 1933 KPD. 1945/46 Ltr. UB KPD Görlitz.

getreten. Wir sind uns einig darüber, es war bisher ein Genosse der KPD. Es soll jetzt der Genosse Berg von der SPD diese Position bekommen. Ich versichere mich nochmals mit dem Genossen Greiner, und es geht in Ordnung.

Nun erfahre ich plötzlich, der Genosse Petzold von der SPD soll diesen Posten bekommen gegen unseren Willen, ohne uns zu benachrichtigen. Ein Mann, den wir aufgrund seiner Fähigkeiten nie dahin gesetzt haben würden. Ich bitte hier, wenn ein Sozialdemokrat eingesetzt wird, dann bestimmen wir natürlich und nicht der Genosse Greiner. So weit kann das nicht gehen. Ich habe den Genossen Greiner gebeten, zu erklären, warum er überhaupt zu dieser Auffassung kommt.

Nun etwas anderes. Der Genosse Berg ist auch ein Flüchtling, wie so viele. Dem wird immer wieder etwas angehangen, was wir schon x-mal geklärt haben, nämlich sein Kompagnon in Schlesien war in der NSDAP. Und nicht ganz ohne Absicht wird er immer verwechselt, und dann wird immer wieder diese Sache aufgezogen.

Der zweite Fall: Muskau. Der Genosse Koschan von uns ist einer der einwandfreiesten Genossen von uns. Er ist Leiter der Arbeitsamtsnebenstelle. Seine Tochter ist ebenfalls dort tätig. Nun kommt der Arbeitsgebietspolleiter der KPD und erklärt ihm: »Sie haben sofort das Amt zu verlassen, Sie sind ihres Amtes enthoben«, und die beiden weichen natürlich der Gewalt. Es kommt nun der stellv[ertretende] Arbeitsamtsleiter Stuhlmacher. Er prüft den Fall und sagt: Ihr bleibt hier. Das ist ja Mist. Wir sind mit ihrer Arbeit sehr zufrieden.

Am 16. [Januar 1946] nun wird dem Genossen Koschan von dem dortigen Polizeimann mitgeteilt, in den nächsten Tagen wird etwas geschehen. Und richtig, am 21. [Januar 1946] wurde er angeblich wegen Waffenschmuggel verhaftet. Er ist jetzt noch in Haft. Aber ohne den Fall im einzelnen zu kennen.

Hier wirft Genosse [Kurt] Fischer von der Landesverwaltung die Frage ein: Ist das unter Mitwirkung der Kommandantur geschehen? [Max] Rausch bejaht.

Es ist geradezu lächerlich, der Genosse Koschan und Waffenschmuggel. Und nachdem ihm das 3 Tage vorher schon mitgeteilt wurde, es wird einer von euch verhaftet.

Das sind natürlich Dinge, die auch diejenigen, die für die Einheit sind und diese so schnell wie möglich wünschen, vor den Kopf stoßen[49] und die dann in der Mitgliedschaft die Neigung dazu nicht größer machen. Wie soll ich mich dafür dann einsetzen, wenn solche Dinge geschehen?

Genosse [Hermann] Matern! In der ganzen Kreisverwaltung in Weißwasser ist es nicht in Ordnung. Darüber reden und schreiben wir seit Monaten, und es ist bisher nichts geschehen. Der Fall Greiner ist überhaupt ein besonderer Fall.

Genosse [August] *Friedel* [SPD]: Genossen und Genossinnen, ich glaube, dieses Forum hat die Pflicht, alles das, was wir wollen, vom hohen Gesichtspunkt aus zu betrachten. Ich sage, daß es keinen Zweck hat, uns in kleine Streitigkeiten zu verlieren. Wir werden, wir wollen und müssen uns einigen, und wer die Kämpfe innerhalb der Arbeiterbewegung so wie ich mitgemacht hat, der kann es nicht wünschen, daß es lange so fortgehen kann, wie es gegenwärtig ist. Das ist kein geistiger Kampf, sondern das wird langsam ein Nervenkrieg, der zermürben muß.

Ich glaube, wenn es auch heute noch nicht so schwarz aussieht, so sind immerhin Anzeichen vorhanden, daß sich der Gegner sammelt. Wenn auch jetzt die Gefahr eines Putsches noch nicht zu befürchten ist, weil wir die Besatzung haben, so werden doch alle Vorbereitungen getroffen, die nicht ungefährlich sind.

---

49 Im Original: gestoßen.

Genossen, ich glaube, wir haben über 8 Tage unseren zweiten Bezirksparteitag in Chemnitz.[50] Ich konnte zum ersten Bezirksparteitag andeuten[51], daß wir bald zu einer einigen Arbeiterklasse verschmolzen sein werden. Ich werde nächsten Sonntag sagen können, daß dieser Zeitpunkt viel viel näher gerückt ist, das ist ein großer Schritt vorwärts. Ich kann feststellen, daß die Genossen von der KPD und von der SPD, so wie wir in den Leitungen sitzen, längst schon parteipolitisch gut zusammenarbeiten. Wenn schon einmal Verstöße vorkommen, dann soll leidenschaftslos und sachlich geprüft werden. Aber eins muß festgestellt werden, es ist draußen im Lande und in den Ortsgruppen noch nicht so weit, daß wir sagen können, Kinder, ihr könnt euch um den Hals fallen, ihr seid einig.

Ich habe Jahrzehnte in der Kulturbewegung gestanden und habe immer wieder den Akademikern und Schriftstellern gesagt, Kinder, so geht das nicht, ihr habt ein anderes Gesichtsfeld, wir müssen die Genossen von unten erst nachholen. Ihr könnt eure Kaffeehauspolitik nicht umsetzen in die Partei, das nur nebenbei.

Unten passiert noch sehr viel. In einer Unterbezirkskonferenz vor einigen Wochen sagten die Genossen, Genosse [August] Friedel, wir haben Sorge, daß du uns die Einigung bringen willst. Wir sind dir aber dankbar, du hast keinen Druck ausgeübt. Wir dürfen immer und immer das Organisatorische nicht außer Acht lassen, jedoch darf dieser Zustand nicht zu lange dauern.

Ich habe in der Annaberger Unterbezirks-Konferenz gehört, wie dort von der Leitung gesagt wurde, daß die Kommandantur sehr stark auf die SPD einwirke, daß unbedingt Einigungsversammlungen stattfinden müssen. Die Kommandeure sagen mir immer wieder, bitte sagen sie uns alles, Gen[osse] [August] Friedel, wir wollen, daß sich die Arbeiterklasse einigt. Es ist aber nicht gerade glücklich, wenn immer und immer wieder ein gewisser moralischer Druck ausgeübt wird. Ich erkläre immer wieder, wir wollen die Einheit, und ich werde es noch erleben, daß wir eine einige Arbeiterklasse sind, die das neue Deutschland aufbaut.

Der Ge[nosse] [Otto] Buchwitz wird es mir nicht übelnehmen, wenn ich sage, wir wollen doch nicht ein Eilzugtempo herbeiführen. Deshalb ist ja auch heute die Aussprache, und sie kann viel dazu beitragen, daß wir schneller vorwärts kommen.

Also, Genossen, alles was wir wollen, leidenschaftslos und sachlich einander sagen. Wir müssen als Menschen und als Parteigenossen gegenseitiges restloses Vertrauen haben. Das muß da sein, das müssen wir hineintragen von der Leitung bis in das letzte Mitglied.

Genosse [Fritz] *Selbmann* [KPD)]: Zu der Frage, was seit Juni [1945] vor sich gegangen ist, es habe sich doch nichts wesentliches geändert, ich glaube aber doch. In dem westlichen Sektor Deutschlands hat sich eine ausgesprochene föderalistische und separatistische Bewegung groß gemacht. Nicht nur innerhalb der Arbeiterbewegung wird auf eine Abspaltung von dem östlichen Sektor hingespielt, ich weise hin auf das Wirken von Dr. [Kurt] Schumacher.

Vor 7 oder 8 Monaten hatten wir im westlichen Sektor keine sozialdemokratische Partei, die es heute gibt.

(Es wird auf den Unterschied föderalistisch und separatistisch hingewiesen).

Damals gab es eine solche Bewegung nicht. Es war zu erwarten, daß das Zusammenwachsen ermöglicht werden könnte, heute sind die Dinge anders. Heute ist es so, daß Dr. [Kurt] Schumacher eine klare theoretisch fundierte Aufhetzung in der sozialdemokratischen Partei entwickelt hat, die gegen die Vereinigung ist, nicht nur faktisch, sondern aus strategischen und prinzipiell politischen Gründen.

---

50 Am 3. Februar 1946 tagte der 2. Bezirksparteitag der SPD in Chemnitz. Zum Problem der Einheitspartei wurden keine Entschließungen angenommen.
51 Am 9. September 1945 fand in Chemnitz der erste Bezirksparteitag der SPD statt, auf dem August Friedel zum Bezirksvorsitzenden gewählt wurde.

Es steht hier die Frage, ob wir in einem Teil Deutschlands, wo die Bedingungen und die Voraussetzungen für eine Vereinigung der Arbeiterbewegung geschaffen sind, ob wir zusehen wollen, wie sich föderalistische, separatistische Bewegungen im Hinterhalt der sozialdemokratischen Bewegung im Westen weiter entwickeln und stärker werden, daß die Einheit unmöglich sein wird.

Zum Föderalismus: Gen[osse] [Wilhelm] Hoegner[52], Min[ister]präsident in Bayern, propagiert einen Bundesstaat für Deutschland, er spricht davon, daß Deutschland verbündete Länder darstellen soll. Die Einheit Deutschlands ist entscheidend. Die Zukunft Deutschlands und die Zukunft der Arbeiterbewegung hängt von der Vereinigung ab. [...] Ich habe mit Gen[ossen] [Rudolf] Friedrichs und Gen[ossen] [Otto] Buchwitz gesprochen. Wir wollen die Einheit Deutschlands mit einer starken demokratischen Selbstverwaltung als Ziel. Wir propagieren nicht einen Bund deutscher Länder. [...]

Noch etwas: Im Bewußtsein der Arbeiterklasse hat sich ein Prozeß[53] vollzogen, der klar läuft in Richtung zur Einheit. Wir müssen deshalb die Notwendigkeit der Einheit sehen, die Frage der Zukunft beider Parteien. Wir wollen und müssen die Einheit, und deshalb müssen wir sie auch durchführen. Unsere Genossen sind der Auffassung, daß wir sie schnell und möglichst sofort durchführen müssen. Wer anderer Auffassung ist, handelt gegen die Zielsetzung beider Parteien, wenn er Argumente hervorholt, die gegen die Einheit sprechen.

Zur Frage des Reichsparteitags: Wir müßten vielleicht 2 Jahre auf das Zustandekommen warten. Das würde bedeuten, die Einheit ist nicht so wichtig, nicht so dringend notwendig, als daß sie jetzt durchgeführt werden müßte. Eine andere Frage, die ich auch noch stellen möchte: Was geschieht, wenn ein Parteitag zustandekommt und [Kurt] Schumacher und [Wilhelm] Hoegner gegen die Einheit sprechen und stimmen. Was geschieht dann? Heißt das, daß wir fortgeschrittene Funktionäre beider Parteien verzichten werden auf die Einheit. Oder wollen wir gegen die demokratischen Prinzipien verstoßen? Und somit auch gegen die Abstimmung? Dies würde eine Spaltung der sozialdemokratischen Partei in 2 Teile bedeuten. Es ist eine Spiegelfechterei, auf einen Parteitag überhaupt hinzuweisen.

Das Verhalten zwischen den alten und neuen Parteimitgliedern ist bei uns ungünstiger als bei Euch. Wenn ich sage, wo würden diese Leute hingehen, so ist das kein Vorwurf, aber es ändert nichts an der Tatsache, daß der größte Teil der Mitglieder bei Euch wie bei uns nicht aus klassenbewußten Arbeitern besteht. Ich könnte Euch Listen zeigen von der Sozialdemokratischen Partei. Wem wollen wir die Entscheidung überlassen, den Rückständigsten? Wer eine Entscheidung auf dem Wege der Urabstimmung will, hat entweder Angst, die Verantwortung zu übernehmen, oder er jongliert damit, die Einheit zu sabotieren.

Nun, Genossen, es heißt also die Spaltung zu beseitigen. Es kommt mir vor, wenn ich einen solchen historischen Vergleich ziehen darf, als wäre es bei uns so wie damals in Rußland. Man hat [Wladimir I.] Lenin den Vorwurf gemacht, er dürfte in Rußland die Revolution nicht durchführen, bevor nicht die Arbeiter bildungsmäßig auf einer Stufe stehen. [Wladimir I.] Lenin führte aber die Revolution durch, und aufgrund dessen konnten die Arbeiter bildungsmäßig gehoben werden.

Genossen! Ihr verlangt Beseitigung der Spannungen usw. Nun, wollen wir die Einheit erst dann schmieden, wenn es gar keine Spannungen mehr gibt? Das würde eine riesige Zeit in Anspruch nehmen, denn es wird auch nach der Einigung Spannungen geben. Natürlich müssen manche Sachen bereinigt werden und Schwierigkeiten beseitigt werden, die der Einigung im Wege stehen.

---

52 Wilhelm Hoegner, geb. am 23. September 1887 in München. Vor 1933 SPD. 1930 bis 1933 MdR. 1933 bis 1945 Emigration Österreich u. Schweiz. 1945/46 u. 1954 bis 1957 sozialdemokratischer Ministerpräsident des Freistaates Bayern.
53 Im Original: Protest.

Ich habe so den Eindruck, wo die KPD innerhalb ihrer Mitgliedschaft und in der Öffentlichkeit zur Frage der Einheit Stellung nimmt, tut sie es immer vorbehaltlos. Wo aber die Sozialdemokratische Partei Stellung nimmt, tut sie es immer unter einer ganzen Reihe von Vorbehalten. Es entsteht dadurch der Eindruck, als ob die Kommunistische Partei im Anklagezustand säße. Es wäre mir gar keine große Schwierigkeit, so viele Dinge nachzuholen, die gegen die Sozialdemokratische Partei stehen. Warum tun wir das nicht? Warum haben wir das nicht auf der Konferenz getan? Nur deshalb, weil wir glauben, unsere Aufgabe muß es nicht sein, Differenzen zu vergrößern, sondern unsere Aufgabe muß sein, alles wegzuräumen, was der Einigung im Wege steht. Dadurch ist der Eindruck entstanden, als ob wir uns verteidigen müßten. Es ist nicht unsere Aufgabe, mit Gegenantworten zu arbeiten. Wir brauchen es nicht, wir könnten es aber in Massen.
[...]
Nun zur Frage der Posten. Ihr tut immer so, Genossen, als wären wir undemokratisch, aber dort, wo Ihr seid, da ist die Demokratie. Nun, das könnt Ihr in der sowjetisch besetzten Zone nicht so beweisen als im Westen. Wie waren die Leipziger Verhältnisse aus der amerikanischen Zeit? Wer hat den Aufbau eingeleitet?
Gen[osse] [Stanislaw] Trabalski sagt, [Hans] Vierling[54] hat den Aufbau in Leipzig eingeleitet. Das ist ein großer Schwindel. Die Sozialdemokratische Partei sitzt im Rat der Stadt Leipzig mit Dr. [Hans] Vierling (früher Stahlhelmer).[55] Damals, als die Amerikaner da waren, war im Rat der Stadt Leipzig nicht ein einziger Kommunist. Wir haben wochenlang Verhandlungen geführt mit dem Leiter der Sozialdemokratischen Partei, man hat uns vor den Türen behandelt. Ihr wollt immer für Parität sein, damals stand es 17 zu 5. [Heinrich] Fleißner hat uns damals hinausgeworfen.
Also, Genossen, ist es nun so, wo Ihr die Macht habt, da seid Ihr vollkommen demokratisch? Wir brauchen nur nach dem Westen sehen, daß es dort noch viel schlechter ist. Wenn Ihr sagt, die Kommunisten nützen ihre bessere Position aus, um uns zu benachteiligen, das ist nicht der Fall.
Ich habe Beweise in der Hand, daß dort, wo Kommunisten an der Spitze stehen, daß dort in großzügiger Weise dem FDGB die Möglichkeit zur Mitarbeit gegeben wird. Überhaupt bin ich der Meinung, daß es nicht eine Frage der Parität, das ist im Zuge der Einigung eine Frage der Heranziehung der besten, aktivsten und klügsten aus der Arbeiterklasse. Wer deshalb das Problem «Posten» als ein Sonderfall fortgesetzt in die Debatte wirft und sogar zum Anlaß eines Artikels in der »Volksstimme« nimmt[56], der schadet dem Gedanken der Einheit.
[...]
Ihr wißt, ich leite die Abteilung Arbeit und Wirtschaft.[57] Da will ich Euch einige Zahlen nennen. Im Landesarbeitsamt sind von den Beschäftigten 11 KPD, 38 SPD. Ist das Parität? Von insges[amt] 18 Leuten sind 6 KPD und 8 SPD und 4 Bürgerl[iche]. Ist das Parität? Eine Übersicht über die politische Zugehörigkeit der im Arbeitsamt Angestellten 2 469 sind 537 KPD und 1 009 SPD. Ist das Parität? Ich müßte einige Hundert entlassen, um sie herbeizuführen. Ich will Euch sagen, daß bei den Direktoren im Arbeitsamt von 29 10 KPD und 19 SPD sind. Leitende Angestellte der Arbeitsämter 79 KPD, 94 SPD. [Die] Übersicht neueingestellter Inspektoren: 37 KPD und 38 SPD.

---

54 Hans Vierling, geb. 1888. Beruf: Rechtsanwalt. Vor 1933 DNVP. April bis Juli 1945 OB Leipzig.
55 Stahlhelm: Im Jahre 1918 als Bund der Frontsoldaten gebildet, einflußreicher militärischer Wehrverband in der Weimarer Republik. Vgl. *Michael Geyer*, Aufrüstung oder Sicherheit. Die Reichswehr in der Krise der Machtpolitik 1924–1936, Wiesbaden 1980.
56 Der Inhalt des Artikels konnte nicht ermittelt werden.
57 Nach seiner Abberufung als Unterbezirkssekretär der KPD Leipzig im August 1945 arbeitete Fritz Selbmann in der Landesverwaltung Sachsen zunächst als Leiter des Landesarbeitsamtes.

Dieses Material habe ich nicht zusammengestellt, sondern zusammenstellen lassen von meinem Stellvertreter, einem SPD-Genossen. Nun frage ich, ist dann der fortgesetzte Vorwurf in einer Behörde, an der ich an der Spitze stehe, berechtigt? Ich möchte bitten, auch die Frage der Parität und Posten so zu sehen, wie sie gesehen werden muß, nämlich als Frage, die die Einigung nicht einen Tag hemmen darf.

Vizepräsident [Kurt] *Fischer* [KPD]: Ich kann mich kurz fassen, denn einen großen Teil von dem, was ich sagen wollte, hat Genosse [Fritz] Selbmann gesagt. Genosse [Eduard] Amborn hat hier wieder die Frage der Stellenbesetzung, der Postenbesetzung aufgeworfen. Das Wort Parität ist zu einer Losung geworden. [. . .] Wir sollten Schluß machen mit dem Geschrei von der Parität. Damit dienen wir der Reaktion, damit geben wir ihr Wasser auf die Mühle. Wir sollten sehen, wo finden wir gute und tüchtige Menschen, die die Arbeit dort leisten. Wenn diese Menschen vorhanden sind, kommen sie an den Platz, wo sie hingehören.

Genosse [Arno] *Haufe* [SPD]: Genosse [Kurt] Fischer, wir haben von Deinen Ausführungen Kenntnis genommen und uns gefreut, daß die Personalpolitik nunmehr endlich in andere Bahnen gekommen ist, als sie früher war. Wir freuen uns, daß die Vorschläge, akzeptiert von beiden Parteien, weitergegeben werden. Die beiden Parteien sind die Stellen, die in allen Fragen an 1. Stelle gehört werden müssen. Diesem Wunsch muß auch das Landespräsidium Rechnung tragen, sie sind die Vertrauensleute der beiden Parteien. [. . .]

Unsere Leute fühlen sich als überrumpelt. Das kann in Zukunft beseitigt werden, wenn ein gemeinsames Büro geschaffen wird, wo die Vorarbeiten erledigt werden. Unsere Genossen sprechen von Schiebereien, sie haben recht. Man darf in dieser Form nicht arbeiten, wie es der Gen[osse] [Ernst] Lohagen in Leipzig gemacht hat. Diese Resolutionen haben für uns keinen Zweck.

Gen[osse] [Ernst] *Lohagen*: Aber das sind doch gemeinsame Resolutionen der Sozialdemokraten und Kommunisten.

Gen[osse] [Arno] *Haufe*: Dein ganzes Paket, leg es ad Akta. Das führt immer wieder zu Differenzen. Ich sehe, was sich in Leipzig entwickelt, weil man sich von Seiten der Kommunisten zu sehr mit unserer Partei beschäftigt hat.

Wir haben eine große Aufgabe: Die geeinte Arbeiterschaft in Deutschland. Das große Sowjetvolk will diese geeinte Arbeiterschaft, es will ein friedliebendes Deutschland. Unsere große Aufgabe ist es, diese Einheit herzustellen. Wir müssen uns auch um die Einheitsfrage bemühen, um auch im Westen zur Einheit zu kommen. Wir brauchen eine Einheit im ganzen Reich, nicht nur im russischen Sektor, so betrachtet es auch die Sozialdemokratische Partei. Wir haben Material zusammengetragen, das zeigt, daß auch im Westen sich eine Ernüchterung zeigt, die von [Kurt] Schumacher abrücken, die sich bemühen, mehr Menschen herüber zu uns zu gewinnen, um mehr Boden für uns zu gewinnen.

Es wäre falsch, die Frage einer Urabstimmung so zu behandeln, wie es hier ausgetragen wurde. Ich glaube nicht, daß es zu einer Urabstimmung kommen wird. Es sind kleine Fehler, die in der letzten Zeit eine große Rolle gespielt haben. Bei den Zentralinstanzen ist es noch anders. Wir haben noch keinen Fall gehabt, wo wir uns nicht mit Gen[ossen] [Hermann] Matern verständigt hätten. In den Bezirken und Orten ist es anders. Da haben wir ein trübes Bild. Es ist unsere große Aufgabe in der nächsten Zeit, unbedingt die Einigkeit in die Bezirke und Dörfer zu tragen. Auch die Kommunistische Partei wird hier kräftig zuzugreifen haben.

Unsere Partei in Sachsen gibt sich große Mühe, mit der Kommunistischen Partei in großer Form in Ordnung zu kommen, nicht ein Einziger, der anderer Meinung ist. Aber das Schreiben, das Gen[osse] [Eduard] Amborn in Leipzig bekommen hat[58], wenn so ein alter

---

58 Vgl. Redebeitrag von Eduard Amborn.

Genosse so behandelt wird, als Verbrecher bezeichnet wird, glaube ich nicht, daß das gut geheißen wird. Wollen Sie, daß es sich in Zukunft nicht mehr zeigt?

Gen[osse] [Fritz] Selbmann, seine Personalpolitik wird angegriffen, das muß heute einmal behandelt werden (Im Lande haben sich die Genossen verletzt gefühlt). Heute habe ich Gelegenheit, das zu sagen. Wir müssen aus der heutigen Konferenz gehen mit dem Bewußtsein, daß alle Differenzen bereinigt werden und daß der Anfang der Vereinheitlichung abgeschlossen ist. Dazuzukommen, wie wir in Zukunft weiterarbeiten wollen, wie wir zu den wichtigsten Dingen stehen, das muß unbedingt die heutige Konferenz bringen.

Genosse [Rudolf] *Friedrichs*, Dresden [SPD]: Genossen! Die Personalfragen spielen bei der Einigungsfrage eine verhältnismäßig wichtige Rolle. Ich bin vom 10. Mai [1945] ab, wo ich Oberbürgermeister von Dresden wurde, in der Personalfrage einen ganz konsequenten Weg gegangen. Ich habe mir gesagt, die entscheidenden Stellen und Posten geben wir nur Vertretern der Arbeiterklasse.

Genossen, wir mußten damals sofort handeln und schnell handeln, sofort arbeiten. Genossen, Ihr kennt unsere Arbeit, so ist noch nie in einer Stadt oder Regierung gearbeitet worden, und wir brauchen für diese Arbeit die Menschen, die geeignet sind und die in unserem Sinne arbeiten können und müssen, das ist das eine. Ich mußte mich also in Personalfragen sehr schnell entscheiden. Ich konnte nicht Monate und Wochen suchen nach Menschen, sondern ich mußte sie nehmen, wie sie kamen. Und wir haben Glück gehabt. Wir haben die entscheidenden Stellen besetzt mit hervorragenden Vertretern der Arbeiterklasse.

Die Parität ist, wie [die] Gen[ossen] [Kurt] Fischer und [Fritz] Selbmann sagten, durchaus vorhanden. Genossen, glauben Sie mir, die SPD überwiegt in den hohen Stellungen. Sie überwiegt nicht bei den kleinen Gemeinden, denn das kommt daher, daß am 10. Mai [1945] die KPD-Genossen die Arbeit übernahmen, ohne daß sie gerufen wurden. Es waren aktive Leute, die sich hergaben für diese Arbeit. Diese Arbeit war schwierig und schwer. Ich sage ganz offen, es überwiegt in den kleinen Gemeinden, soweit ich es überblicke, in gewissem Sinne die KPD. Aber soll ich nun nur, um eine Parität zu schaffen, nur um einen theoretischen Begriff zu verwirklichen 1 000 Leute hinausschmeißen, die sich bis jetzt gut gemacht haben? Das kann niemand verlangen.

Ich bin folgender Ansicht: Man darf die Personalfrage nicht nur theoretisch behandeln. Wenn Sie mir sagen, der Bürgermeister, der versagt, dann wird er eben entlassen. Ich bin aber folgender Überzeugung, wir müssen mit diesen Dingen einmal Schluß machen. Wir müssen heute damit Schluß machen. Und [wir] sollen diese Dinge nicht mit der Frage der Einheit so scharf in Verbindung bringen. Wenn irgendwo Bedenken bestehen, so geben Sie das Material in die Landesverwaltung.

Genossen, wir sind heute in eine entscheidende Zeit hineingestellt worden, und wir müssen uns klar darüber sein, daß wir alle über uns hinauswachsen müssen. Hinauswachsen müssen wir, um [der] ungeheuren Schwierigkeiten Herr zu werden. Wir müssen Arbeiten leisten, die noch niemals jemand geleistet hat. Wir müssen in der Frage der Einheit eine klare und schnelle Entscheidung fassen. Die Vorgänge in Bayern, die schon erwähnt wurden, sind eine Ungeheuerlichkeit, daß hier mit Genehmigung der Besatzungsmacht eine Königspartei zugelassen wird[59]

Ich würde mich so verhalten: Die bayrische Frage hernehmen und aufgrund dieser Frage die Einheit auf schnellstem Wege herstellen, dann weicht dieses feige Bürgertum zurück. Sie leben davon, daß wir uneinig sind. Ich schäme mich, wenn die Vertreter der bürgerlichen Parteien zu mir kommen und über unsere Uneinigkeit Bescheid wissen. Genossen, damit muß es aufhören. Ich schlage Ihnen vor, schaffen Sie die Einheit in Sachsen, wie es woanders ist, können wir nicht übersehen. Genossen, wenn wir uns die bayrische Frage

---

59 Vgl. Anm. 32.

vorlegen, dann haben wir einen derartigen Auftrieb, daß wir gewiß sein können, wir schaffen etwas riesiges, wenn die einige Partei die Frage der Reichseinheit an die Spitze ihrer Aussprache stellt. Wenn wir in Sachsen anfangen, werden in kurzem die anderen Länder hinterherkommen. Wenn wir sie hier haben, wird im Westen eine andere Stimmung in dieser Frage kommen.

Genosse [Otto] *Seiffert* [SPD]: Bei der Frage der Differenzen müssen wir auch solche berühren, die nicht nur die Frage der Personalpolitik sind, man muß es immer wieder unterstreichen, die Frage, wie man die Dinge behandelt. Wenn jemand beauftragt wird, Personalangelegenheiten zu regeln, dann muß er eben die Dinge so regeln, daß sie die Zustimmung von beiden Seiten auslösen.

Was gestern auf der Gewerkschaftskonferenz vorgekommen ist, ist ein Beispiel dafür, wie es nicht sein soll.[60] Gestern ging es nicht um [die] Besetzung von Posten, sondern [um die] Annahme von Anträgen für die Delegation unserer Kollegen zur Konferenz nach Berlin und die Wahl des Landesausschusses. Aber das sind nicht Posten, die etwa so hoch bezahlt werden, daß ein allgemeiner Andrang[61] dazu bestände.

Nun einige Beispiele, wie man es nicht machen sollte. Da müssen wir mit allerstärkstem Nachdruck auf unsere Funktionäre einwirken als Partei. Wenn gestern in dieser Konferenz die Delegierten zur Zonenkonferenz in Berlin gewählt werden sollten und vorher in 30 Kreiskonferenzen in geheimen Abstimmungen und mit demokratischen Gesichtspunkten dem Willen der Mitglieder entsprechend die Delegierten aufgestellt werden, diese zusammengetragen wurden auf einer gemeinsamen Liste – 327 Delegierte, mehr dürfen es nicht sein, sowie einige Stellvertreter –, aus irgendwelchen Motiven heraus, die noch nicht ganz durchleuchtet sind, ist der Wahlausschuß zu der Auffassung gekommen, wir können diesen Stimmzettel nicht benutzen, wir müssen einen anderen machen, alphabetisch die Namen rangieren, ihn gleich drucken lassen und dann als gültigen Stimmzettel ausgeben lassen, so ist das eine völlig demokratische Maßnahme?

Genosse [Paul] Gruner[62] hat eine Begründung dazu gegeben. Es sind so allerhand dunkle Dinge im Umlauf gewesen. Die einen haben Zettelchen, da stand darauf, die müssen gestrichen werden, und die anderen hatten Zettelchen, da stand darauf, die müssen stehen bleiben.

Einwurf: So etwas wird sich nie ganz vermeiden lassen!

Es wird eine neue Liste zusammengestellt. Wenn man aber auf dieser neuen Liste, auf der auch wieder 327 Namen aufgeführt sind und darunter 40 Leute als Stellvertreter, wenn man da Genossen wegläßt und dafür neue Leute hinzuschreibt, die vorher gar nicht darauf gestanden haben und nicht gewählt worden sind, was ist das dann?

Einwurf [Hermann] Matern: Ist der Landesausschuß souverän? Dann erübrigt sich ja diese Rede!

Wir wollen doch eine wirkliche Demokratie, das sind[63] doch politische Schiebergeschäfte, die in ihrer Auswirkung nicht weltbewegend sind, aber unter den Funktionären eine ungünstige Beeinflussung hervorrufen werden.

Ein anderes Beispiel: Da ich nicht mehr so in der Gewerkschaftsarbeit stehe durch meine neue Aufgabe, kann ich darüber gut sprechen.[64] Wenn sich der Landesausschuß wochen-

---

60 Am 27. Januar 1946 fand in Dresden die Landesdelegiertenkonferenz des FDGB statt.
61 Im Original: Antrag.
62 Paul Gruner, geb. 1890. Beruf: Schlosser. Vor 1933 KPD. 1933 bis 1945 illegale Arbeit u. KZ. 1945 1. Vors. Ortsausschuß FDGB Dresden. Januar 1946 bis Mai 1947 1. Vors. LV FDGB Sachsen. Februar 1946 Bundesvorstand FDGB. April 1946 bis Mai 1947 LV SED Sachsen. 1947 gest.
63 Im Original: sich.
64 Otto Seiffert arbeitete seit Anfang 1946 in der Sächsischen Industrie- und Handelskammer und war als Gründungsvorsitzender des Gewerkschaftsausschusses in Sachsen auf der Landesdelegiertenkonferenz am 27. Januar 1946 nicht wieder in den FDGB-Landesvorstand gewählt worden.

lang befaßt mit Satzungen und Statuten, die notwendig sind, um unser Organisationsgebilde auf feste Grundlagen zu stellen, und sich die Kommissionen wochenlang in langwierigen Beratungen mit der Schaffung eines solchen Statuts beschäftigen, dann einmütig abschließen und am letzten Tag den Entwurf der Kommission für die Zentralkonferenz der Satzungskommission als Material übergeben, um diese mit den Vorschlägen der anderen Länder zusammenzufassen, wenn dann aber nun in der Konferenz ein gedruckter Entwurf einer anderen neuen Satzung gleichsam verteilt wird – denn auch die Konferenz hat das Recht, von sich aus neue Entwürfe zu bringen –, wenn aber am Kopf des Entwurfs steht »ausgearbeitete Satzung von Genosse...«[65] und [dieser] wird von Genossen Neubert, Groß sowie zwei weiteren Genossen zur Annahme vorgeschlagen, ist das brüderliche Zusammenarbeit?

Solange ich tätig gewesen bin und mich mit Gewerkschaftsfragen befaßt habe, ich hätte nichts anderes tun können, als meinen Kollegen von der anderen Fakultät davon Mitteilung zu machen. Wenn wir uns seit August vorigen Jahres mit der Schaffung von Richtlinien [beschäftigen] und in den letzten Wochen wieder intensiv an langwierige Beratungen über die Schaffung eines neuen Betriebsrätegesetzes herangegangen sind, wenn dieser Entwurf fertiggestellt und dem Arbeitsrechtsausschuß der Landesverwaltung überreicht worden ist, dort nochmals mit uns gemeinsam durchberaten worden ist; von diesem Ausschuß aus dann geht an das Präsidium der Landesverwaltung zur Annahme und dann werden in einer Konferenz die Aufgaben und Rechte der Betriebsräte in einer ganz neuen Auflage verteilt – um nur ein einzelnes Beispiel herauszugreifen: das Wahlberechtigungsalter auf 18 Jahre und wir haben im Entwurf 16 Jahre vorgesehen, und dies einmütig –, was ist das, ist das brüderliche Zusammenarbeit?

Wir müssen unser Augenmerk unter allen Umständen auf die Auswirkung einer solchen Politik richten. Wenn heute die Arbeiterschaft Sachsens vor uns aufmarschieren würde und wir müßten ihnen sagen, wir sind noch nicht ganz einig geworden, dann würde das nicht verstanden werden. Wenn wir ihnen aber sagen würden, wir sind noch nicht einig geworden, weil es hier und da noch an der brüderlichen Zusammenarbeit fehlt, dann würden wir sicherlich starkes Verständnis finden.

Genosse [Walter] *Weidauer*[66] [KPD]: [...] Zum Schluß habe ich zwei Fragen, wenn wir vorhin den Genossen [Heinrich] Bretthorst gehört haben. Zum ersten Mal seit 8 Monaten ist es in einer Versammlung der Arbeiterparteien vorgekommen, daß ein Vertreter der Arbeiterklasse ausführt, daß bei der Roten Armee der Revolver leicht sitzt. Wer solche Ausführungen macht, der meint es nicht ehrlich in der Frage der Einheit. Wer eine solche Stellung zur Roten Armee einnimmt, mit der wir die Einigkeit und die Freundschaft anstreben, den muß man sehr ernst zurückweisen.

Genosse [Heinrich] Bretthorst! Solche Fälle wie Du könnten uns die Organisationsfreiheit und die Demokratie kosten, und wir wünschen und hoffen, und erfreulicherweise ist es auch so, daß es nicht oft diese Fälle gibt.

Die zweite Frage ist die der Urabstimmung. Schon einmal ist gesagt worden: Wollt Ihr den Leuten die Entscheidung überlassen, die neu in eine Arbeiterpartei gekommen sind? Einer Eurer besten Genossen, mit dem ich immer einig gehe, hat zu mir gesagt, es wäre eine Katastrophe für die deutsche Arbeiterschaft, wenn wir denjenigen, die den Weg zu den Parteien jetzt erst betreten, das letzte Wort über die zukünftige Politik überlassen würden. Diejenigen, die schon vor 1933 die Interessen der Arbeiterschaft vertreten haben und in den

---

65 Das Auslassungszeichen steht so im Original.
66 Walter Weidauer, geb. am 28. Juli 1899. Beruf: Zimmermann. 1920 USPD, 1922 KPD. 1933 bis 1945 mehrmalige Verhaftung u. Emigration (Prag, Dänemark). Juli 1945 BM, 1946 OB Dresden. 1986 gest.

KZ zusammengeschweißt worden sind, die wissen, was sie wollen, und niemals diejenigen, die aus irgendwelchen Konjunkturgründen den Weg zu uns gefunden haben.

Genosse [Stanislaw] *Trabalski* [SPD]: Genossen! Die heutige Zusammenkunft kann ich nur begrüßen. Ich muß feststellen, daß wir viel öfter zu solchen Sitzungen zusammenkommen müssen. Wenn ich nun Einzelheiten nicht behandeln will, dann möchte ich sie deswegen nicht behandeln, um [nicht] unnötigen Streit hervorzuzaubern.

Wenn wir Leipziger hier besonders in den Vordergrund gestellt worden sind, was ich bedauere, so bin ich doch der Auffassung, daß es hätte nicht so weit kommen sollen. Wir haben uns in Leipzig nicht nur in den Apriltagen mit der Einheit der Arbeiterklasse beschäftigt, sondern dies auch später immer wieder getan. Wir haben vom Zentralausschuß ein Aktionsprogramm verlangt und auch selbst einige Vorschläge unterbreitet, ehe wir am 20. Dezember [1945] zusammenkamen. [...]

Nun zu der Urabstimmung und der Frage des Reichsparteitages: Die Studienkommission hat vergangene Woche in Berlin getagt und hat sich einmütig auf den Standpunkt gestellt, daß die Einigung der Partei nur dort beschlossen werden kann. Dies ist ein Beschluß der Studienkommission.[67]

Gen[osse] [Hermann] *Matern*: Ich verstehe Dich richtig, wenn Du behauptest, die Studienkommission habe festgestellt, die Vereinigung [soll] auf einem Parteitag stattfinden.

Genosse [Stanislaw] *Trabalski*: übergibt dem Gen[ossen] [Hermann] Matern den entsprechenden Beschluß zur Kenntnisnahme und Durchsicht.

Diese Entschließung ist am 26. Jan[uar] 1946[68] nochmals im Zentralausschuß behandelt worden, und ich habe mich auch dort dafür eingesetzt.

[...]

---

67 Für einen derartigen Beschluß gibt es bislang keine archivalischen Belege. Die erste Sitzung der Studienkommission fand am 15. Januar 1946 statt. Entsprechend den Aufzeichnungen Wilhelm Piecks hatte das Problem des Reichsparteitages in der Debatte eine Rolle gespielt. Vgl. SAPMO-BArch, ZPA, NL 36/636. Zu einer Beschlußfassung dazu war es jedoch nicht gekommen.

Für die Sitzung der Studienkommission am 23. Januar 1946 hatte der Zentralausschuß einen Entwurf für ein gemeinsames Rundschreiben der Parteizentralen erarbeitet, in dem der Reichsparteitag erwähnt wurde: »Die Entschließung vom 21. Dezember wurde schließlich von vielen auch dahin mißverstanden, als wäre über den Kopf der Mitglieder hinweg schon etwas festgelegt worden, während im Gegenteil die Mitglieder über die Reichsparteitage allein über die Vereinigung der beiden Parteien zu entscheiden haben, nachdem es ja keinen Sozialisten geben kann, der nicht die Einheit der Arbeiterbewegung wollte.« SAPMO- BArch, ZPA, NL 182/876. Diese Passage akzeptierten die Kommunisten nicht, und sie wurde dann gestrichen.

68 Die Beratung fand nicht am 26., sondern am 25. Januar 1946 statt. Es handelte sich auch nicht um eine Sitzung des Zentralausschusses, sondern um eine Zusammenkunft des Parteiausschusses, an der also auch die Vertreter der Landes- und Bezirksverbände teilnahmen. In der entsprechenden Passage des dort angenommenen Beschlusses findet sich ein Hinweis auf den Reichsparteitag, indem dort auf ein gemeinsames Rundschreiben der beiden Parteizentralen hingewiesen wurde, welches Gegenstand der Debatte in der Sitzung der Studienkommission am 23. Januar 1946 war. In dem Beschluß des Parteiausschusses hieß es u. a.: »Der Parteiausschuß begrüßt es daher, daß sich der Zentralausschuß der SPD und das Zentralkomitee der KPD in ihrem gemeinsamen Rundschreiben an die Mitglieder beider Parteien auf folgende Grundsätze geeinigt haben: Wir wollen uns mit allen Kräften und überall dafür einsetzen, daß die Mitgliedermassen der beiden Parteien die Vereinigung vorbereiten und selber beschließen. Wir wünschen deshalb, daß den beiden Parteien in allen Zonen volle Freiheit in ihrer Tätigkeit zur Loslösung der Volksmassen vom Nazismus und für die Entfaltung der Demokratie, für die Sicherung des Friedens und der nationalen Einheit eingeräumt wird und damit die Voraussetzungen für eine feste Aktionseinheit und die organisatorische Einheit in ganz Deutschland geschaffen und durch den Willen der Mitglieder der beiden Parteien auf Reichsparteitagen endgültig beschlossen werden.« SAPMO-BArch, ZPA, NL 101/15.

In der Frage des Westens: Gerade im Zentralausschuß haben wir uns sehr intensiv damit befaßt, aber Ihr müßt doch zugeben, zwei Drittel der deutschen Bevölkerung leben augenblicklich im westlichen Sektor. Wenn wir die Menschen dort nicht überzeugen und heute, ohne daß sie uns verstehen, etwas unternehmen, zerreißen wir die Arbeiterbewegung, und das ist etwas, wovon sich der Zentralausschuß leiten läßt und vorsichtig an die Dinge herangeht.

[...]

Wenn wir so weiter arbeiten wie jetzt, laufen wir voneinander. Wir müssen versuchen, uns die Hände zu reichen, und es muß uns ernst werden um die Mitarbeit miteinander. Was hat der 20. und 21. Dezember [1945] für uns gebracht? Wir haben jetzt Diskussionsstoff, wir müssen nach Wegen suchen, eine Verständigung herbeizuführen. Ich kann Euch die Zusicherung geben, wir müssen die Spitzenreiter für die Einigung der Arbeiterparteien sein. Wir müssen die augenblickliche Situation meistern, den Schutt hinwegräumen und besonders das Klassenbewußtsein der Arbeiter stärken. Leider ist das Klassenbewußtsein krachen gegangen.

Wenn wir die Verständigung herbeiführen, dann werden die Berliner Entschlüsse für uns ein breites Arbeitsfeld sein. Wenn jetzt die Studienkommissionen arbeiten, es sind schon einige Broschüren unterwegs, dann werden viele Hindernisse beseitigt werden. Es gibt noch sehr viele sozialdemokratische Arbeiter, die den kommunistischen Arbeitern vorsichtig gegenüberstehen. Ihr Genossen der Kommunistischen Partei müßt uns mithelfen, daß sich die Mitglieder Mühe geben, sich zu verstehen. Wir müssen uns klar darüber werden, daß der Genosse, der sich einmal ungeschickt ausdrückt, kein Saboteur ist.

Genosse [Reinhold] *Hentschke* [KPD]: [...] Genossen, zum Schluß erlaubt mir noch eine kleine Bemerkung auf die Rote Armee. Liebe Genossen der SPD, ich habe nicht umsonst die Frage gestellt, haben sie auch die Pistole in der Hand gehabt. Genossen, sehen wir uns noch einmal an und die verschiedenen Kriegswirkungen. Die englische und amerikanische Kriegsführung hatte zum Ziel, Deutschland zu zertrümmern, so daß sich die Arbeiterklasse nicht selbst emporarbeiten kann. Das war das Ziel der internationalen Bourgeoisie.

Die Rote Armee kannte das nicht. Gen[osse] [Ernst] Thälmann![69] sagte, einen Kommunisten erkennen wir an der Stellung zur Sowjetunion. Nach der Vereinigung würde ich Euch sagen: Einen Sozialisten erkennen wir an der Stellung zur Sowjetunion.

Genosse [Arno] *Wend* [SPD]: Es wäre ganz falsch, wenn unsere heutige Debatte unter dem Gesichtspunkt stehen würde, daß wir Sozialdemokraten auf Besetzung der Posten bestehen, was leider auch in den Ausführungen des letzten Genossen zum Ausdruck gekommen ist. Entscheidend für uns ist das psychologische Moment, unter dem wir gerade in den letzten Wochen gearbeitet haben.

Es ist der Eindruck erweckt worden, als ob die KPD die Partei sei, die allein heute in der Arbeiterbewegung das entscheidende Wort zu reden hätte. Ich erinnere nur an einige Dinge, die mir bekannt sind, daß z. B. maßgebende Genossen der KPD erklären, das ist eine Kommandostelle, diese kommt nur in die Hände eines Kommunisten. Bei der nächsten Gelegenheit heißt es: »Wenn Ihr nicht so wollt, wie ich will als Bürgermeister, muß sich die Rote Armee für Euren Fall interessieren.« Wiederum der Fehlgriff eines Einzelnen. Wenn wir aber diese Dinge summieren, bildet sich etwas heraus, was bei den SPD-Genossen den Eindruck erweckt, als seien wir tatsächlich nur diejenigen, die einfach zu gehen hätten nach den Anordnungen und Befehlen der Kommunistischen Partei. Das ist es, was heute die Einigung gerade in den unteren Kreisen so ungeheuer erschwert, und unsere Auf-

---

69 Ernst Thälmann, geb. am 16. April 1886 in Hamburg. 1903 SPD, 1918 USPD, 1920 KPD. 1923 Zentrale bzw. ZK KPD. 1924 Vors. KPD. 1924 bis 1933 MdR. 1933 Verhaftung u. 1944 im KZ Buchenwald ermordet.

gabe ist es, gemeinsam diese Dinge abzustellen; diese Belastungen zu beseitigen. Dazu ist z. B. das Flugblatt der KPD Dresden auch ein Beispiel dafür, wie es nicht gemacht werden soll.[70] Solche Dinge können in Zukunft unterbleiben.

Über die Einheit ist leider schon allzuviel geredet worden. Wir sind den Dingen fast nicht nähergekommen, sondern wir haben gerade die Spitzen besonders herausgestellt. Das entscheidende wird sein, wie können wir in der Zeit unsere Zusammenarbeit gestalten. Wenn nun hier gesagt worden ist, es kommt darauf an, daß wir in der Zusammenarbeit einen Zustand herbeiführen, der überhaupt nicht mehr erkennen läßt, wer SPD oder KPD ist, dann sind wir der Einigung wirklich am nächsten gekommen. Die Zeit ist nach meinem Dafürhalten ein absolut untergeordneter Punkt, wenn es sich darum handelt, daß wir tatsächlich die Voraussetzung für die Einheit geschaffen haben. Es kommt darauf an, daß wir heute, morgen und übermorgen Maßnahmen treffen, die uns wirklich in der Arbeit näherbringen, und dann muß alles unterbleiben, was eine Belastung des anderen darstellt.

Ich habe keine Betriebsversammlung erlebt, wo nicht der kommunistische Redner mit Seitenhieben gegen die SPD vorgegangen ist. Ob das richtig ist? Psychologisch ist es jedenfalls ungeschickt. Die Arbeiter sagten, was spielt denn das heute für eine Rolle, wir wollen gemeinsam die Trümmer wegräumen, was damals war, ist ja gleich.

Ich möchte auf einen Gesichtspunkt noch hinweisen, den wir unter allen Umständen zu beachten haben, daß es keinen Sinn hat, uns in der Weise irgendwie beeinflussen zu wollen, das Zusammengehen der beiden Parteien aus der Tatsache der sowjetischen Besatzung herzuleiten.

Das, was das Zentralkomitee der KPD und SPD beschließen, muß für uns Bestandteil für unsere Arbeit sein. Kommen wir dazu, daß wir so schnell wie möglich im Bundesland Sachsen die Vereinigung vornehmen, so bin ich der Meinung, daß das die Probleme nicht erleichtern, sondern um ein Bedeutendes erschweren würde.

Wir wollen uns praktisch in den Fragen Kommunalpolitik, Ausbildung usw. zusammensetzen, wollen Vorschläge machen und an deren Verwirklichung gehen. Wenn wir das tun, sammeln wir Erfahrungen für unsere Arbeit. Damit kommen wir mit ehrlichem Willen dem Ziel der Vereinigung wahrscheinlich am ehesten nahe. Es ist ein Erfordernis, daß KPD und SPD tatsächlich einen Burgfrieden nach außen hin in ihrer Arbeit schließen. Daß alles unterbleibt, was möglicherweise eine Belastung bedeutet. Wenn wir das erreichen und unsere Funktionäre in dieser Richtung festlegen und zum anderen dafür sorgen, daß belastende Elemente, gleich welcher Seite, ausgemerzt und ausgeschieden werden, leisten wir Bausteine für das, was uns vorschwebt, nämlich die Einheit der Arbeiterbewegung.

Genosse [Heinrich] *Bretthorst* [SPD]: Ich habe mein Hauptaugenmerk bei meinen Ausführungen darauf gelegt, den Irrtum zu zerstören, als wenn gerade vom Bezirk Leipzig in der Einheitsfrage eine besondere Stellung eingenommen wurde, ich muß sagen, [wir] stehen voll und ganz hinter den Beschlüssen des Zentralausschusses. [. . .] Es ist vollkommen falsch, in uns Gegner der Einheit zu sehen. Genosse [Ernst] Lohagen, wir haben sicher noch Gelegenheit, Dir zu beweisen, daß wir nicht Feinde der Einheit sind.

Ich möchte noch etwas sagen, ich habe geschildert und halte das für richtig, ich möchte den Gedanken absolut zerstören, daß ich ein Gegner der Roten Armee wäre. Wer selbst im KZ war wie ich, der weiß, was es bedeutet.

[. . .]

Genosse [Hermann] *Matern* [KPD]: Genossen! Ich möchte nur ganz klar und eindeutig unseren Standpunkt präzisieren. Wir sind für die Vereinigung der beiden Arbeiterparteien in Sachsen so schnell als möglich. Das ist unser Standpunkt, und wir wollen mit allen Kräf-

---

70 Um welches Flugblatt es sich handelt, konnte nicht ermittelt werden.

ten dem Ziel zustreben und sind bereit, alles zu tun, um das, was sich hindernd in den Weg stellt, zur Seite zu räumen.

Dabei möchte ich eines sagen: Wo sich herausstellt, daß Menschen der Entwicklung zur Einheit sich entgegenstemmen, die bekommen von mir eine Unterschrift für eine Position nicht mehr. Ich beurteile Posten und Stellenbesetzung nach der Stellung, nach der politischen Stellung zur Einheit der Menschen. Damit wir uns alle darüber im Klaren sind. Wenn Ihr auch der Meinung seid, daß wir mit allen Kräften auf die Einigung lossteuern, schön, Ihr habt eine längere Perspektive, dann wollen wir alles tun, um die Einheit zu fördern. Wir wollen daher heute einige Dinge, wenn Ihr damit einverstanden seid, beschließen. Dabei habe ich einige Bedenken. Ich habe das Parteistatut der SPD nicht gekannt. Nach diesem ist der Landesvorstand und der Landesausschuß der SPD ungesetzlich.[71] Er existiert gar nicht nach dem Statut, wie Genosse [Heinrich] Bretthorst zitierte. Also seid Ihr jetzt eine Körperschaft, die im Namen der SPD in Sachsen entscheiden kann, ja oder nein?

Wir haben die Tatsache, Genosse [Arno] Hennig, Ihr habt einen Landesparteitag gehabt, Ihr habt einen Landesausschuß gehabt. Gut, das verlesene Statut ist die alte Satzung von vor 1933. Aus welchem Grunde zitiert Ihr die alte Satzung, die nicht mehr gültig ist?

Er will sagen, die Bezirksleitung in Leipzig schließt sich nicht den Beschlüssen an.

Genosse [Otto] *Buchwitz* [SPD]: Es ist hier eine falsche Auffassung einiger SPD-Genossen vorhanden. Die Partei ist neu gebildet, und was auf dem Landesparteitag beschlossen wurde, ist in Ordnung.

Genosse [Hermann] *Matern* [KPD]: Das muß man klarstellen, da die Leipziger Genossen auch in der Organisationsfrage auseinandergehen. Ich will wissen, wo die Leipziger stehen. Diese Frage muß geklärt werden. Die Leipziger sind dabei, Euren Landesparteitag auseinanderzureißen. Sie haben zwar die Beschlüsse mit gefaßt, vertreten aber den Standpunkt, daß sie nicht gültig sind. Sie sind auch gegen die Berliner Beschlüsse.

Warum verfolge ich das mit solcher Energie? Wir wollen Euch folgenden Vorschlag machen: Wenn ich etwas falsch sage, korrigiert das bitte sofort. Wir haben uns verständigt, zu schaffen für Sachsen ein Büro der Zusammenarbeit. Dabei wird Leipzig nicht ausgenommen. Stimmt das?

(Es erfolgt kein Einwurf)

Wir wollen schaffen folgende Kommissionen: (verliest Genosse [Arno] Haufe).[72] Die SPD ist damit einverstanden.

---

71 Entsprechend dem auf der Konferenz sozialdemokratischer Funktionäre am 17. Juni 1945 in Berlin bestätigten Organisationsstatut bildete der Bezirksverband die Grundlage der Organisation. Der Bezirksverband gliederte sich in Ortsvereine, die durch den Bezirksvorstand zu Unterbezirken zusammengefaßt werden konnten. Das Statut sah keine Festlegungen zur Bildung von Landesverbänden und jeweiliger Vorstände vor, die auch nicht zur traditionellen sozialdemokratischen Organisationsstruktur gehörten. Auf Grund des weitgehenden organisatorischen Eigenlebens der Sozialdemokraten in der sowjetischen Zone konstituierten sich im Juli/August 1945 in Anlehnung an die verwaltungstechnische Gliederung in Länder und Provinzen Landes- und Provinzialvorstände der SPD. Diese waren innerhalb der Bezirksverbände heftig umstritten, ihre Kompetenzen statutenmäßig nicht geregelt und zumeist auf Druck der jeweiligen SMA entstanden. Die faktische Existenz von Landesverbänden und Landesvorständen führte zu keiner Änderung des als verbindlich geltenden Organisationsstatuts der SPD in der sowjetischen Zone. Sie fand aber Niederschlag in den von den Landesverbänden erarbeiteten und beschlossenen Statuten, so beispielsweise in Thüringen und im Organisationsstatut der SPD Sachsens vom 22. September 1945.
72 Es handelt sich um folgende Kommissionen: Kommission Schule, Erziehung und Kultur; Wirtschaftskommission; Sozialpolitische Kommission; Kommunalpolitische Kommission; Baukommission.

Das sind Organisationen, die sich von oben nach unten fortsetzen. [...]

Was ist der Sinn? Der Sinn ist, daß wir nicht mehr reden, sondern organisatorisch Tatsachen schaffen. Ich rede also nicht darum herum. Niemand soll nachher sagen: »Ihr habt etwas anderes vorgemacht, als Ihr meint.« Wir meinen, wir wollen organisatorisch die Voraussetzung zu einer gemeinsamen Zusammenarbeit schaffen. Wir wollen ideologisch die Zusammenarbeit schaffen, in der Erziehung der Mitglieder, der Arbeiter, der werktätigen Masse. Wenn wir darin übereinstimmen, dann kann die Reise losgehen. Das haben wir also vorher besprochen. Wenn wir jetzt das einmütig festlegen, dann hoffe ich, daß das Gültigkeit für ganz Sachsen hat.

Genosse [Heinrich] *Bretthorst* [SPD]: Der Bildung steht natürlich von unserer Seite aus nichts entgegen, nach dem Wortlaut der Berliner Beschlüsse. Es heißt hier unter Absatz 6: (liest vor).[73]

Genosse [Hermann] *Matern* [KPD]: Wir kennen das alles, daß Ihr das macht.[74] Ihr seid zu keiner einzigen Sitzung nach Dresden gekommen. Ich kenne Euren Standpunkt: Ihr seid Feinde der Einheit. Ja. Und Deine Ausflüchte schiebst Du jetzt auf das organisatorische Gebiet. Ich habe Dich sehr gut verstanden! Das wollte ich klären. Ihr seid bisher zu keiner einheitlichen Konferenz gekommen. Die habt Ihr bisher nicht mitgemacht. Ihr habt immer versucht, die Teilnahme zu verhindern, eine Tatsache, die man nicht aus der Welt schaffen kann. Jetzt wollte ich klären, ob das, was wir hier machen, ob das gültig ist, auch für Leipzig. Wir wollen von Euch nicht an der Nase herumgeführt werden. Ich verlange von Euch eine klare Stellungnahme. Seid Ihr einverstanden, wenn wir solche Kommissionen bilden, ob diese bindend sind?

Genosse [Otto] *Buchwitz* [SPD]: Die Sache wird immer verwirrter. Wie ist parteirechtlich der Standpunkt für uns Sozialdemokraten in Sachsen? Wir waren die ersten, die einen Landesparteitag im Oktober vorigen Jahres gefaßt[75] haben. Die Beschlüsse wurden angenommen, dann wurde ein Landesvorstand gewählt. Da sitzen die Genossen in[76] Leipzig und sind mitverantwortlich für alles, was beschlossen wurde, und für uns gilt es: Halten wir uns nun an die Vereinbarungen, die Genosse [Arno] Haufe verlesen hat? Ich stehe dazu, ich bekenne mich dazu, und es soll auf der Linie der Beschlüsse vom 21. Dezember [1945] weitergearbeitet werden. Die Vorschläge liegen auf der Linie, wir müssen erklären, ob wir das annehmen. Wer nicht, der sucht einen Ausweg aus der Einheit.

Genosse [Hermann] *Matern* [KPD]: Wir müssen erst vollkommen klarwerden. Erkennen die Leipziger Genossen das, was wir hier beschließen, als für sich verbindlich an oder nicht? Erkennen[77] sie diese Kommissionen an oder nicht?

---

73 Unter Punkt VI der Entschließung vom 21. Dezember 1945 hieß es u. a.: »Der Weg zur Einheitspartei führt über den raschen weiteren Ausbau der Aktionseinheit. Im engsten Zusammenhang mit den täglichen Fragen und Aufgaben sollen alle Gruppen und Orts-Organisationen, Bezirks- und Landes- bzw. Provinzialleitungen eine gemeinsame und rege ideologische Aussprache pflegen, wobei besonders die in Punkt V der vorliegenden Entschließung kurz dargelegten Hauptgesichtspunkte über das Wesen der Einheitspartei behandelt werden sollen. Die bereits überall bestehenden Verbindungskomitees sollen in kurzer Frist durch die Schaffung gemeinsamer Ausschüsse (wie solcher für Wirtschaftsfragen, Sozialpolitik, Kultur- und Erziehungsfragen) ergänzt werden.« Einheitsdrang oder Zwangsvereinigung?, S. 163.

74 Offensichtlich hatte Heinrich Bretthorst zuvor noch einmal die organisatorische Gliederung der SPD entsprechend dem Organisationsstatut ins Spiel gebracht, wo die Landesverbände nicht erwähnt werden. Dies ist vom Protokollanten jedoch nicht festgehalten worden.

75 Hier müßte es heißen: veranstaltet haben.

76 Hier müßte es heißen: aus Leipzig, da Otto Buchwitz darauf anspielt, daß Vertreter aus Leipzig auch Mitglied im erweiterten Landesvorstand sind.

77 Im Original: Erkennt.

Genosse [Otto] *Buchwitz* [SPD]: Wir haben eine Sächsische Landeszeitung. Genossen, bringt uns nicht in die Gefahr, daß wir zu Recht gar nicht bestünden.

Genosse [Rudolf] *Friedrichs* [SPD]: Ich bin über diese Ausführungen hier erschüttert. Die Rechtslage ist vollkommen klar. Wir sind zugelassen für das ganze Land. Ihr habt eine Organisation über das ganze Land, habt eine Landesleitung. Wer das bezweifelt, der läuft Gefahr, daß er bald nicht mehr da ist. In Berlin wurden Richtlinien unterbreitet, die besagen: »organisatorisch für das ganze Land«.[78] Ich bedauere, daß wir das in die Debatte hineinwerfen. Ich sage nochmals, die Sache ist sehr gefährlich, und ich bitte, die Sache zu revidieren, aber sofort.

Genosse [Stanislaw] *Trabalski* [SPD]: Es werden hier Dinge behandelt, die Euch nichts angehen. Unsere Partei setzt sich zusammen aus Ortsgruppen, Bezirken und Zentralausschuß. Das ist auch die Meinung des Zentralausschusses.

Nochmals Genosse [Stanislaw] Trabalski: Ihr müßt mich ausreden lassen. Wir haben doch den Dingen zugestimmt in Dresden, in Freital.[79] Es besteht doch Klarheit. Wir brauchen doch darüber nicht zu diskutieren. Wir haben bereits darüber gesprochen und einmütig uns dafür eingesetzt.

Genosse [Hermann] *Matern* [KPD]: Ich will sehr präzis formulieren: Auch für die Leipziger Genossen der SPD des Bezirksvorstandes ist das, was wir heute hier beschließen, nämlich die Einsetzung der Kommission[en], verbindlich. Einverstanden?

(Es erfolgt kein Einwurf)

Gut, dann können wir diese Angelegenheit abschließen. Und nun ein persönlicher Rat: Bringt Eure Organisationsverhältnisse in Ordnung, sonst lauft Ihr Gefahr, daß sie aufgelöst werden. Das ist sehr gefährlich. Beklagt Euch nachher nicht. Wir haben Euch gewarnt.

Genosse [Eduard] *Amborn* [SPD]: Ich erkläre für meine Person, daß ich mich auf den Standpunkt stelle, der Landesparteitag hat mit uns seine Beschlüsse gefaßt, und wir müssen auch zu diesen Beschlüssen stehen. Ich bin Mitglied des Landesvorstandes und habe dort mitzuwirken, soweit es mir richtig und notwendig erscheint. Ebenfalls bin ich Mitglied des engeren Bezirksvorstandes von Leipzig.

Genosse [Hermann] *Matern* [KPD]: Du merkst aber, was sich hier abspielt?

Genosse [Fritz] *Selbmann* [KPD]: Ich habe teilgenommen an der Besprechung, als in Leipzig die Bezirksleitung legalisiert wurde. Die Genossen [Stanislaw] Trabalski, [Rudolf] Rothe, [Ernst] Schönfeld und ich waren in der Leipziger Kommandantur und haben die Frage [davon] abhängig gemacht, daß die Zustimmung der Landesleitung vorliegt und die Leipziger Parteiorganisation sich auf den Boden der Landesleitung stellt.

Genosse [Hermann] *Matern* [KPD]: Nun Genossen, ich wollte Euch nur andeuten, macht keine Dummheiten im Leipziger Partikularismus. Wir werden, wenn Dummheiten auftauchen, diese korrigieren. Genosse [Stanislaw] Trabalski, das ist doch kein Zufall, der Genosse verliest hier die Statuten, und niemand tritt von Euch dagegen auf. Hat denn niemand das verstanden, was das heißt. Niemand tritt von Euch auf, ein Zeichen, daß Ihr mit dem Genossen im Inneren Eures Herzens einverstanden seid.

(Einwurf eines SPD-Genossen: Otto Buchwitz hat doch auch nichts dagegen gesagt.)

Warum wird das auf der Konferenz hier zum Ausdruck gebracht, wenn bei Euch das Gegenteil der Fall ist? Schließlich redet der Genosse [Heinrich] Bretthorst das nicht ohne Absicht, und es kommt nicht jemand auf eine Konferenz und plappert einfach dahin, denn sie wissen alle, was sie wollen. Das war eine wichtige Frage.

Das übrige macht mit Euch allein aus, Genossen. Wir gehen jetzt von hier aus los und schaffen die organisatorischen Fundamente der Zusammenarbeit. Von großer Bedeutung

---

78 Welche Richtlinien hier gemeint sein könnten, war nicht zu ermitteln.
79 Gemeint ist der Landesparteitag der SPD im Oktober 1945.

ist, wenn wir gemeinsam im ganzen Land für das zentrale Parteihaus der Einheitspartei sammeln werden. Ihr versteht, das ist eine große politische und keine finanzielle Frage. Das wird von großer Bedeutung sein. Wir freuen uns, daß wir das einmütig beschlossen haben. Ich nehme an, alle Anwesenden sind einverstanden. Oder gibt es gegenteilige Meinungen?
(Pause)
Ich stelle fest, einmütig angenommen.[80]

Genosse [Felix] *Kaden* [SPD] verliest die Zusammensetzung des gemeinsamen Büros und der Kommissionen. Die Namen werden noch genannt. Wir werden uns darüber sehr schnell verständigen.

Genosse [Otto] *Buchwitz* [SPD]: Es seien mir noch ein paar kurze Schlußworte gestattet. Der Genosse [Hermann] Matern hat gesagt, wir sind jetzt auf dem Weg, die Einigung in Sachsen zu vollziehen. Der Aufbau unserer Partei ist ein anderer als der der Kommunistischen Partei. Mein Standpunkt war von jeher, die Einigung in Sachsen herbeizuführen, und er ändert sich auch nicht, trotzdem unser Zentralausschuß sich wieder auf einen Parteitag festgelegt hat. Wir sprechen hier von Parteidisziplin, ich sage Parteidemokratie. Es muß auch mir als Vorsitzenden der Sächsischen Partei gestattet sein, meine eigene Meinung zu sagen. Das Erstbestimmende für mich ist das, was die Massen und die Arbeiter wollen. Meine Auffassung liegt in der Linie dessen, was wir zu tun haben, und dem können wir einiges weitere hinzufügen. Mir kann jeder glauben, für mich wäre nicht nur der 1. Mai [1946], sondern schon der erste nächste Monat der Tag, um die Vereinigung zu schaffen.

Es muß jetzt eine Versammlungswelle einsetzen in den Betrieben. Wir müssen die Stimmung der Massen feststellen und nicht nur feststellen, sondern wir müssen sie für unser Ziel begeistern. Da der überwiegende Teil der Bevölkerung Frauen sind, müssen wir vor allen Dingen auch Frauenversammlungen einberufen, um auch unsere Frauen für diese Frage mehr zu interessieren.

Ich habe darüber hinaus geglaubt, daß wir vielleicht in beiden Zeitungen jede Woche ein- oder zweimal eine Beilage bringen, die sich mit der Frage der Einheit befaßt. Wir können

---

80 Der vollständige Beschluß lautet wie folgt:
»Um die Verschmelzung der beiden Arbeiterparteien zu beschleunigen und um vor allen Dingen ein organisatorisches Zusammenwachsen der unteren Organisationen zu ermöglichen, wurde auf der gemeinsamen Sitzung in Dresden folgendes beschlossen:
1. a) Bildung eines Einheitsbüros der Landesleitung der SPD und der Bezirksleitung Sachsen der KPD, das aus je zwei Vertretern der beiden Arbeiterparteien bestehen wird.
b) Bildung einer aus je fünf Vertretern der beiden Arbeiterparteien bestehenden Kultur- und Schulungskommission.
c) Bildung einer aus je fünf Vertretern der beiden Arbeiterparteien bestehenden Wirtschaftskommission.
d) Bildung einer aus je fünf Vertretern der beiden Arbeiterparteien bestehenden Sozialpolitischen Kommission.
e) Bildung einer aus je fünf Vertretern der beiden Arbeiterparteien bestehenden Kommunalpolitischen Kommission.
Entsprechend diesen für das Land Sachsen zu bildenden Kommissionen werden dieselben Kommissionen für die unteren Organisationen der beiden Arbeiterparteien gebildet.
2. Bildung einer aus je drei Vertretern der beiden Arbeiterparteien bestehenden Baukommission, der die Schaffung des zukünftigen Hauses der Einheitspartei übertragen wird. Zur Finanzierung dieses Bauvorhabens wird von den beiden Arbeiterparteien in Sachsen eine gemeinsame Geldsammlung durchgeführt.
3. Gemeinsame Herausgabe einer illustrierten Wochenzeitung der beiden Arbeiterparteien.
4. Gemeinsame Veröffentlichung von Beiträgen für die marxistische Schulung der Funktionäre und Mitglieder der beiden Arbeiterparteien in der Presse.« Dokumente und Materialien zur Geschichte der deutschen Arbeiterbewegung, Reihe III, Bd. 1, S. 460.

die Frage der Einheit immer wieder nur behandeln, ausgehend vom tieferen Sinn der Einheit. Wir wollen doch nicht nur die Trümmer wieder aufbauen, wir wollen doch endlich daran gehen, die Macht zu erobern. Ich habe den Eindruck, solange man in Versammlungen steht, bekommt man Beifall. Aber ob wir überall verstanden worden sind, wage ich zu bezweifeln. Unsere Aufgabe muß es sein, die Meinung der einen oder anderen vom Negativen ins Positive umzuwandeln. Anders kann keine Massenbewegung ans Ziel kommen.
[...]
Ich glaube unentwegt an unser Ziel, denn wenn ich kein Ideal mehr hätte, dann könnte ich sterben, dann ginge es mir wie dem Christen, der an einen Gott glaubt, den es zwar nicht gibt; mein Glaube ist der für das große Ziel. Betrachten wir uns die große Masse der politisch Heimatlosen, ich getraue mir auch diese für meinen Glauben zu gewinnen. Mir fehlt es nicht an Mangel an Selbstbewußtsein. Wir werden diese politisch Heimatlosen nicht kriegen, wenn wir uns nicht vereinigen. Wir werden sie aber erst recht bekommen, wenn wir sie vereinigen. Ich glaube, wenn wir unsere Aufgabe so auffassen, dann muß es uns gelingen. Gewiß gibt es hier und da noch Schwierigkeiten, gewiß mag es für den einzelnen Menschen etwas bedeuten, aber für uns ist es ein Dreck, und über den müssen wir hinweg zum großen Ziel.
Genosse [Hermann] *Matern* [KPD]: Es ist das erste Mal, daß wir in einem solchen Kreis zusammengekommen sind. Darf ich den Wunsch aussprechen, daß das öfter geschieht, daß wir uns über die schwebenden Fragen unterhalten. Wir beiden Leitungen können das als Direktive und gemeinsame Auffassung der heutigen Konferenz aufnehmen. Dann hoffe ich, daß wir in unserer Arbeit das in den Vordergrund stellen, das brennend ist, und nicht das, was noch an Schwierigkeiten vorhanden ist. Wir reden nur über Schwierigkeiten, beginnen wir darüber gemeinsam zu reden, was wir tun müssen. Ich glaube, Genossen, wenn wir so an die Dinge herangehen, dann war unsere Sitzung heute für die Entwicklung in Sachsen von größter Bedeutung.

Nr. 137
Aus dem Schreiben des Bezirksvorstandes der SPD Leipzig an den Zentralausschuß der SPD vom 30. Januar 1946[1]

An den
Zentralausschuß der
Sozialdemokratischen Partei Deutschlands
Berlin W 8
Behrenstr[aße] 35–39

Einschreiben
30. 1. [19]46

Werte Genossen!

Am Montag, dem 28. 1. [19]46 fand eine gemeinsame Konferenz des erweiterten Landesausschusses unserer Parteiorganisation und der Bezirksleitung der KPD in Dresden statt. Es wurden einige Beschlüsse gefaßt, die wir als Anlage beifügen.[2]

---
1 Sächsisches Staatsarchiv Leipzig, SED-BPA Leipzig, II/2/10.
2 Vgl. Dokument Nr. 136.

Folgender Vorgang erscheint uns so wichtig, daß wir um Eure Stellungnahme bitten: Der Genosse [Hermann] Matern von der KPD sowie weitere Genossen der KPD (Vizepräs[ident] Dr. [Kurt] Fischer und andere) nahmen Stellung gegen unsere Organisationseinteilung, die in dem Statut des Zentralausschusses, Paragraph 3 festgelegt sind (siehe Mitgliedskarte).[3] Unsere Auffassung, daß die Grundlage unserer Organisation der Bezirksverband bildet und daß der Bezirksverband sich in Ortsvereine gliedert, die in Unterbezirke zusammengelegt sind, wurde abfällig beurteilt mit der Begründung, daß wir in Sachsen eine Landesleitung der Partei haben und demzufolge es dem zur Zeit bestehenden Bezirksverband verboten sein müßte, sich direkt mit dem Zentralausschuß der Partei in Verbindung zu setzen. Es wäre ungehörig, sich über die Landesleitung unserer Parteiorganisation hinwegzusetzen. Die Genehmigung unserer Parteiorganisation wäre seinerzeit davon abhängig gemacht worden, daß wir eine Leitung Sachsens anerkennen, die auch später in Freital gewählt worden ist.

Von den Genossen der KPD sowie von unserem Präsidenten der Landesverwaltung Sachsen, Dr. [Rudolf] Friedrichs, wurde uns gesagt, wenn wir in Leipzig weiterhin unsere Auffassung vertreten, daß wir mit erheblichen Schwierigkeiten von Seiten der russischen Kommandantur und ev[en]t[uel]l mit Verbot zu rechnen hätten. Unsere Erklärung, daß unsere seinerzeitige Registrierung von der russischen Kommandantur lediglich von der Anerkennung des Zentralausschusses abhängig gemacht worden ist, wurde als unrichtig angesehen.

Wir nehmen an, daß das Statut unserer Partei für alle Bezirke verbindlich und sicherlich auch von der russischen Administration in Karlshorst seinerzeit genehmigt worden ist und auch heute noch demzufolge seine Gültigkeit besitzt.

Wir vertreten die Auffassung, daß die Notwendigkeit von Landesausschüssen zum Zwecke einheitlicher Regelung spezifisch Sächsischer Fragen, einheitlichem Vorgehen bei Aktionen, die die Landesangelegenheiten betreffen, angebracht ist. Die Landeszentrale kann jedoch kein Organ sein, das als Zwischenglied Bezirksverband/Zentralausschuß den Bezirksverbänden vorgeordnet wäre. Wir vertreten auch weiterhin die Auffassung, daß Beschlüsse der Landesleitung mit den Beschlüssen des Zentralausschusses nicht in Widerspruch stehen dürfen und daß etwaige Beschlüsse keine Bindekraft ohne Zustimmung der Bezirke und des Zentralausschusses haben können. Wir bitten Euch dringend, hier Klarheit zu schaffen. [...]

Mit Parteigruß![4]

---

3 Dieser Paragraph des Organisationsstatuts der SPD lautet wie folgt: »Die Grundlage der Organisation bildet der Bezirksverband, der vom Zentralausschuß nach politischer und wirtschaftlicher Zweckmäßigkeit abgegrenzt wird. Der Bezirksverband gliedert sich in Ortsvereine, die durch den Bezirksverband in Unterbezirke zusammengefaßt werden können. Zur Durchführung der Organisationsarbeiten und politischen Aktionen kann das Gebiet des Ortsvereins in Agitationsgruppen gegliedert werden. Für öffentlich-rechtliche und private Unternehmungen können besondere Organisationseinrichtungen vom zuständigen Bezirksverband mit Zustimmung des Zentralausschusses geschaffen werden.« SAPMO-BArch, ZPA, II/2/16.
4 Das Dokument trägt keine Unterschrift.

Thüringen

Nr. 138

Artikelentwurf[1] von Hermann Brill zu den Ergebnissen der Dezemberkonferenz für die Thüringer SPD-Zeitung »Tribüne« von Ende Dezember 1945[2]

Ein wichtiger Schritt zur Einheit der Arbeiterklasse

Von Dr. Hermann L. Brill

Die Menschen vergessen schnell, am schnellsten in der Politik. Das ist eine Einsicht, aus der diejenigen Politiker, die gern Politik durch Propaganda ersetzen möchten, die Lehre von der unausgesetzten Wiederholung gewisser Sätze ableiten. Auch in unserer Zeit wird schnell vergessen, so schnell, daß viele Menschen am Ende des Jahres 1945 das tausendjährige Dritte Reich schon nur noch wie einen bösen Traum empfinden. Eins aber wird uns unvergessen bleiben und bedarf keinerlei Propaganda: Wir hätten uns den 30. Januar 1933 ersparen können, wenn die Arbeiterklasse nur die Hälfte ihrer Kräfte, die im Bruderkampf verzehrt wurden, gegen den gemeinsamen faschistischen Feind gerichtet haben würden. Das ist mehr als Erkenntnis, das ist ein Erlebnis, so wie ein großer Wahlkampf, ein gewaltiger Massenstreik, eine entscheidende Schlacht unverlierbare Erlebnisse sind. Darum gibt es heute nichts Kostbareres in der Politik als die glühende Sehnsucht der breitesten Massen, zu einer wirklich sozialistischen Einheit der Arbeiterklasse zu kommen, die mit allem Schluß macht, was vor 1933 falsch und unzulänglich gewesen ist.

In den Monaten April bis Juni 1945 haben viele geglaubt, daß die Zeit gekommen sei, die es uns erlaubt, auf die alten Parteien zu verzichten. Sie meinten, es bedürfe nur geringer Vorbereitungen, um sowohl die SPD wie die KPD in die Gedenkhalle der Geschichte zu versetzen und etwas völlig Neues zu schaffen. Es ist müßig, darüber zu streiten, ob diese Stimmung berechtigt war. Wir haben uns nur noch mit der Tatsache abzufinden, daß in dieser Zeit Chancen, wie sie vielleicht nie wieder kommen, nicht genutzt wurden und die Politik andere Wege gegangen ist.

Als sich die Sozialdemokratische Partei am 8. Juli 1945 für Thüringen neu konstituierte[3], war jedoch der Drang nach der Einheit die Dominante aller Ausführungen. In meinem einführenden Referat habe ich damals unter dem Beifall aller Vertreter, die aus ganz Thüringen herbeigeeilt waren, gesagt:

Die Einheit der Arbeiterbewegung ist nicht nur notwendig, sie ist auch möglich. Nichts darf geschehen, was die Sehnsucht nach dieser Einheit verletzen könnte.

Und für meine Person habe ich hinzugefügt:

Ich werde eher resignieren und mich völlig aus dem politischen Leben zurückziehen als darauf verzichten, für eine wirkliche und wahrhafte sozialistische Einheit der Arbeiterbewegung zu wirken.

In diesem Sinn hat der Vorstand des Landesverbandes Thüringen der SPD – und er befand sich darin in Übereinstimmung mit den Bemühungen des Zentralausschusses und gleicher oder ähnlicher Bestrebungen in anderen Landesteilen Deutschlands – am 10. Juli 1945 der Kommunistischen Partei das Angebot der alsbaldigen organisatorischen Ver-

---

1 Der Artikelentwurf von Hermann Brill wurde nicht gedruckt.
2 Archiv der sozialen Demokratie, Nachlaß Hermann Brill, Kassette I/2.
3 Am 8. Juli 1945 fand die erste Landeskonferenz der Thüringer Sozialdemokraten statt.

schmelzung gemacht. Das ist seinerzeit leider zurückgewiesen worden. Es kam jedoch zu den Vereinbarungen über eine Aktions-Einheit vom 8. August 1945.

Diese Vereinbarungen haben sich in den einzelnen Teilen unseres Landes und unserer Organisation verschieden ausgewirkt. Im Ganzen kann jedoch gesagt werden, daß sie sich als geeignet erwiesen haben, einen Rückfall in diese Verhältnisse von vor 1933 zu verhüten. Das mag manchem wenig erscheinen. Wer die Dinge jedoch objektiv betrachtet und die in Tausenden von Fällen gerade in kleinen Gemeinden bis zur persönlichen Feindschaft gesteigerte politische Gegnerschaft zwischen SPD und KPD gekannt hat, weiß, daß die Vereinbarungen vom 8. 8. 1945 in dieser Auswirkung ein bedeutender Schritt vorwärts waren. Allein die Bereitschaft der KPD, anstelle der früheren grundsätzlichen Opposition gegen sozialdemokratische Minister, Landräte und Bürgermeister die Zusammenarbeit nicht nur mit den Sozialdemokraten, sondern auch mit bürgerlichen Parteien zu setzen, ist ein so großer Wandel der praktischen Politik, daß er in seiner Bedeutung für die Herstellung einer konkreten, materialistisch verstandenen Einheit des Handelns und Lebens gar nicht hoch genug angesetzt werden kann.

Wir haben daraus auf dem ersten Landesparteitag der SPD in Thüringen am 28. Oktober 1945 die Folgerungen gezogen. Gemäß einem von mir eingebrachten Antrag wurde ausgesprochen, daß ein neues Stadium der Entwicklung zur Einheit der sozialistischen Bewegung erreicht werden müsse. Als Schritte dazu bezeichneten wir die Bereinigung des politischen Feldes zwischen SPD und KPD durch die Beseitigung der im Oktober [1945] noch vorhandenen sogenannten Antifa-Ausschüsse, die Ersetzung dieser Ausschüsse durch Fraktionsgemeinschaften aus beiden Parteien und die Stützung der Arbeiten der Gewerkschaften durch ein Hand-in-Hand-Gehen von Sozialdemokraten und Kommunisten auf allen Gebieten gewerkschaftlicher Tätigkeit.

Heute stellen wir mit Genugtuung fest, daß die Anregungen, die durch den Beschluß des sozialdemokratischen Landesparteitages vom 28. Oktober 1945 gegeben worden sind, trotz aller Schwankungen, die wir eine Zeit lang zu verzeichnen hatten, Früchte getragen haben. Die Konferenz, die am 20. und 21. Dezember 1945 vom Zentralausschuß unserer Partei unter Zuziehung der Vorsitzenden der Landes-, Provinz- und Bezirksverbände mit dem Zentralkomitee der KPD, das ebenfalls die politischen Leiter der Bezirke der KPD eingeladen hatte, in Berlin stattfand, hat durch zwei Entschließungen zur Einheitsfrage und zur Frage der Gemeindewahlen das bestätigt, was wir in Thüringen immer vertreten haben, und einige Linien entwickelt, die zur Fortführung unserer Einheitsarbeit nützlich sind.

In der Entschließung zur Einheitsfrage ist in den ersten Absätzen die jetzige historisch-politische Frage so zutreffend gezeichnet, daß es überflüssig ist, diesem Bild auch nur einen einzigen Zug hinzuzusetzen. Genug: Die Konsolidierung eines neuen demokratischen Staates in Deutschland steht und fällt mit der Herstellung der sozialistischen Einheit der Arbeiterklasse. Außerhalb einer geeinten Arbeiterklasse gibt es keine gesellschaftliche Kraft, die ein neues öffentliches Gemeinwesen schaffen könnte.

Deshalb ist die nunmehrige Leitung der Zusammenarbeit zwischen SPD und KPD nach Anweisungen der zentralen Instanzen eine Selbstverständlichkeit. Ebenso selbstverständlich ist aber, daß die Zusammenarbeit sich nicht auf die sowjetische Zone beschränken darf. Daraus ergeben sich zwei Aufgaben:

1. Die Ausdehnung der Tätigkeit der Parteien auf das ganze Gebiet Deutschlands.
2. Die Neukonstituierung der Parteien, einschließlich der Neubildung der jetzt in Berlin vorhandenen Zentral-Leitungen im Reichsmaßstab.

Wir werden alle an dieser Arbeit teilnehmen müssen. Wir werden auch versuchen müssen, diese Zusammenarbeit auf alle Gebiete unseres Lebens in den Selbstverwaltungsorganen, in Organen der Wirtschaft, der Gewerkschaften usw. noch besser, umfassender und tiefgreifender zu organisieren als bisher. Das ist nicht eine Frage von Beschlüssen, sondern von

Kräften. Die Einheit der Arbeiterbewegung muß vor allen Dingen in dieser Hinsicht von völlig neuen gesellschaftlichen Kräften, die vor 1933 noch nicht im politischen Leben gestanden haben, getragen werden. Wenn die Jugend nicht in ganz erheblichem Maße die Selbstverwaltung der Länder, Kreise und Gemeinden, der Wirtschaft, der Gewerkschaften, der Betriebsräte in die Hände nimmt, wäre die Einheit der Arbeiterbewegung eine phantastische Konstruktion, ein Gebäude, das auf Flugsand gebaut wird.

Wir sind in Thüringen glücklich, daß die Berliner Entschließung auch die Konferenzen von Landes-, Kreis- und Ortsleitungen, die wir schon vor Monaten begonnen haben, zur allgemeinen Richtlinie macht und empfiehlt, weiter gemeinsame Zusammenkünfte von Fachausschüssen zu veranstalten. Schon vor drei Wochen ist durch meine Veranlassung in Thüringen eine solche erste gemeinsame Ausschuß-Besprechung in Bildungsfragen zustandegekommen[4]; ich hoffe, daß sich das auf allen anderen Gebieten fortsetzt.

Es entspricht ebenfalls einer bereits im April dieses Jahres in Thüringen ausgegebenen Aufforderung[5], eine Studienkommission für die Frage der Einheit einzusetzen. Ihr werden von der Seite der Sozialdemokraten die Genossen Otto Grotewohl, Max Fechner, Gustav Dahrendorf und Helmut Lehmann, seitens der KPD die Genossen Wilhelm Pieck, Walter Ulbricht, Franz Dahlem und Anton Ackermann angehören. Wie wir vorgeschlagen haben, soll sich diese Kommission vornehmlich mit der Frage des Programms und der Statuten einer neuen Organisation beschäftigen. Hier eröffnet sich ein ungeheuer weites und reiches Feld der politischen Tätigkeit. Alle Parteimitglieder, ja alle, die an der Erneuerung Deutschlands interessiert sind, sollten dieser Kommission ihre Vorschläge einreichen, damit sie ganz und ungeteilt ein Bild von den Wünschen, die in den Massen vorhanden sind, bekommt. Auch die geordnete organisatorische Arbeit der gemeinsamen Sitzungen von leitenden Instanzen, wie [wir] sie für Thüringen bereits am 18. 10. 1945 begonnen haben[6], muß alles tun, um die Studienkommission bei der Lösung ihrer so außerordentlich verantwortungsvollen Aufgabe zu unterstützen.

Die Berliner Konferenz hat die Vorschläge, durch Verschmelzung von Ortsvereinen, Kreis- und Bezirksorganisationen in Kongressen der Länder und Provinzen eine territorial begrenzte organisatorische Einheit herzustellen, ausdrücklich abgelehnt. Damit ist eine Streitfrage aus der Welt geschafft, die in den letzten Monaten in Thüringen Anlaß zu mancherlei Verwirrung gegeben hat. Wir können stolz darauf sein, daß sich mit dieser Ablehnung diejenige Linie fortsetzen konnte, die die Thüringische Sozialdemokratie von Anfang an vertrat.

---

4 Auf der ersten SPD-Landeskonferenz am 8. Juli 1945 konstituierten sich Fachausschüsse zu verschiedenen Sachthemen, darunter der von Franz Lepinski geleitete Jugend- und Bildungsausschuß. Innerhalb der KPD Thüringens arbeiteten ähnliche Gremien. Über die von Brill hier erwähnte erste gemeinsame Sitzung der jeweiligen Bildungsausschüsse konnten keine näheren Hinweise gefunden werden.

5 Damit ist eine entsprechende Forderung des Buchenwalder Manifestes gemeint. Dort heißt es unter dem Punkt »Sozialistische Einheit«: »Wir erwarten, daß die auf dem Boden des Klassenkampfes stehenden Parteien und Gewerkschaften nach den unerläßlichen Vorbesprechungen alsbald einen Organisationsausschuß einsetzen und dieser einen Gründungskongreß beruft, der Statuten und Aktionsprogramm festzustellen und die neuen Parteiorgane zu wählen hat.« Buchenwalder Manifest für Frieden, Freiheit, Sozialismus, in: *Brill*, Gegen den Strom, S. 96 ff.

6 Gemäß einer Absprache zwischen dem Landesvorstand der SPD und der Bezirksleitung der KPD sollten Funktionäre beider Parteien auf Veranstaltungen »zur Klärung ideologischer Fragen« gemeinsam auftreten und von je einem Hauptreferenten bestritten werden. Eine erste derartige Veranstaltung fand am 18. Oktober in Erfurt statt, wo Georg Schneider über die Bodenreform referierte und Hermann Brill »zur Frage der Demokratie« sprach. Vgl. *Overesch*, Hermann Brill in Thüringen, S. 373 ff.

Die Entschließung zur Frage der Gemeindewahlen[7] ist für die praktische Politik vielleicht noch bedeutungsvoller als der vorerwähnte Beschluß zur Einheitsarbeit. Wer eine Erinnerung daran besitzt, in welch gehässiger Weise zwischen 1920 und 1933 der Wahlkampf zwischen SPD und KPD geführt worden ist, kann es nur aus tiefstem Herzen begrüßen, daß das nicht wiederkehren soll. Die Berliner Konferenz hat sich verständigt, ein gemeinsames Wahlprogramm aufzustellen, auf jeden Kampf zwischen SPD und KPD zu verzichten und die gesammelte Kraft beider Parteien ausschließlich gegen die Reaktion zu richten. Beide Parteien werden jedoch mit getrennten Listen auftreten. Das verlangt die gesamte politische Situation.

Auch hierin hat die Konferenz die Stellung bestätigt, die der Vorstand des Landesverbandes Thüringen der SPD schon vor zwei Monaten eingenommen hatte.[8] Die selbständigen Listen der SPD und der KPD werden dem Volk die Möglichkeit geben, seine Meinung klar zu sagen. Das ist ein wirklicher Schritt zur Demokratie; er ermöglicht gegenüber dem jetzt nur durch die Partei repräsentierten politischen Willen, die wirkliche öffentliche Meinung festzustellen.

Das Jahr 1946 beginnt auf einer neuen Stufe der Entwicklung der sozialistischen Arbeiterbewegung. Es wird von unserem unerschütterlichen Willen zur Einheit, unserer Einsicht und unserer Disziplin abhängen, wie weit es uns gelingt, dieser Stufe früher oder später eine weitere folgen zu lassen. Die Verhältnisse sind schwierig, sie fordern eine Einstellung, wie wir sie bisher niemals gekannt haben, sie verlangen, daß wir auf jede Schablone verzichten. Wenn wir aber wissen, daß die große politische Aufgabe unserer Zeit nicht die Restauration der Dinge von vor 1933, sondern die Einleitung einer großen sozialistischen Revolution zur neuen Gestaltung der Gesellschaft nach den Ideen einer kämpferischen Demokratie und eines praktischen Sozialismus ist, wird uns die Arbeit für die sozialistische Einheit der Arbeiterklasse das beste Werkzeug zur Lösung der Aufgabe unseres Lebens sein und uns befähigen, das deutsche Volk aus der nachfaschistischen Situation in ein sozialistisches Zeitalter zu führen.

---

7 Im Ergebnis der Berliner Konferenz am 20./21. Dezember 1945 wurde die Vereinbarung »Gemeinsames Auftreten der beiden Parteien bei den Gemeindewahlen« erzielt, welche in 10 Punkten gemeinsame kommunalpolitische Ziele für die bevorstehenden Kommunalwahlen in der amerikanischen Zone formulierte. Vgl. Einheitsdrang oder Zwangsvereinigung?, S. 167 ff.
8 In welcher Form sich der Landesvorstand der SPD gegen die Einheitslisten aussprach, ist aus den Vorstandsprotokollen nicht ersichtlich.

Nr. 139
Aus dem Protokoll über die Sitzung des Landesvorstandes der SPD Thüringen am 29. Dezember 1945[1]

Anwesend waren die Vorstandsmitglieder:
Dr. [Hermann] Brill (ab 16 Uhr); [Elisabeth] Zajac-Frölich; [Curt] Böhme; [Gustav] Brack; [Heinrich] Hoffmann; [Hugo] Hose; der geschäftsführende Vorsitzende des Landesverbandes, Gen[osse] [August] Frölich[2]; der Organisations-Sekretär des Landesverbandes,

---

1 Thüringisches Hauptstaatsarchiv Weimar, BPA der SED Erfurt, II/2003.
2 Im Ergebnis der Sitzung des Landesvorstandes der SPD Thüringen vom 12. Dezember 1945 wurde August Frölich mit der Wahrnehmung der Geschäfte des Landesvorsitzenden betraut, wobei Hermann Brill noch offiziell Landesvorsitzender blieb.

Gen[osse] [Adolf] Bremer; von 16.30 Uhr an nahm außerdem Gen[osse] Dr. Sarow von der »Tribüne«[3] an der Sitzung teil.

Nicht anwesend war die Genossin [Marie] Carnarius.

[...]

Zu Punkt 9. Gen[osse] Dr. [Hermann] *Brill* verliest das Schreiben der Bezirksleitung Thüringen der KPD vom 28. Dezember [1945] bezüglich der Stellungnahme zu seinem Artikel »Ein wichtiger Schritt zur Einheit der Arbeiterklasse«.[4] In diesem Zusammenhang berichtet Gen[osse] Dr. [Hermann] Brill über die Verhandlungen in Berlin am 20./21. 12. [1945] und das Zustandekommen der beiden Entschließungen zur Frage der Einheit und der Gemeindewahlen, wobei er besonders darauf hinweist, daß auch sehr wesentlich sei, was aus den vom Zentralkomitee [der KPD] vorgelegten Entwürfen herausgestrichen worden ist. Er bringt diese Streichungen bzw. Änderungen im Wortlaut zur Kenntnis. U[nter] a[nderem] bemerkt er, daß [Wilhelm] Pieck wegen seiner Angriffe gegen die SPD in der Erfurter Rede vom 14. Oktober [1945] gesagt habe[5], er hätte doch nur in einer internen Funktionärkonferenz gesprochen, die Rede sei keineswegs zur Veröffentlichung bestimmt gewesen.

Gen[osse] Dr. [Hermann] Brill berichtet dann über seine Besprechung mit [Werner] Eggerath am 22. Dezember [1945], wobei vereinbart wurde:

1. daß sie beide einen Artikel zu den Berliner Entschließungen schreiben,
2. daß gemeinsame Sitzungen beider Vorstände stattfinden sollen. Gen[osse] Dr. [Hermann] Brill machte dazu folgende Vorschläge:
   a) regelmäßige Zusammenkünfte unseres Vorstandes mit der Bezirksleitung der KPD,
   b) regelmäßige monatliche Zusammenkünfte der Vorstände und Hauptreferenten beider Parteien (Vorschlag: jeden dritten Donnerstag im Monat), die die Aufgabe haben, die Arbeit der Studienkommission zu unterstützen und zu wichtigen Tagesfragen Stellung zu nehmen,
3. die Herausgabe eines gemeinsamen Rundschreibens der Leiter beider Landesorganisationen an die Kreis- und Ortsinstanzen, in dem das Arbeitsprogramm mitgeteilt wird. In allen Gemeinden sollen aus den örtlichen Parteileitungen Fraktionsgemeinschaften gebildet werden, die die Arbeit der kommunalen Beiräte untersützen sollen, Streitfälle zu schlichten und die Aufnahme ehemaliger Pgs[6] durchzuführen haben. Von Fall zu Fall soll über eine Erweiterung dieser Arbeit verhandelt werden. [Werner] Eggerath hat diese Vorschläge angenommen. Weiter wurde vereinbart, daß für das künftige Verhältnis beider Parteien nur noch die Berliner Beschlüsse maßgebend seien.

---

3 Landeszeitung der SPD Thüringens.
4 Hermann Brill und Werner Eggerath hatten nach der Konferenz am 20./21. Dezember 1945 die Absprache getroffen, daß jeder für seine Thüringische Landeszeitung jeweils einen Artikel über diese Konferenz schreiben sollte. Das hier erwähnte Schreiben verfaßte Eggerath nach der Durchsicht des Brill-Manuskripts (vgl. Dokument Nr. 138), welches er vor dem geplanten Abdruck in der sozialdemokratischen »Tribüne« von dem dortigen Chefredakteur Karl Dörr erhalten hatte. Eggerath teilte dem Landesvorstand der SPD am 28. Dezember 1945 mit, daß das Sekretariat der Bezirksleitung keine Möglichkeit einer weiteren Zusammenarbeit mit Hermann Brill mehr sehe, denn dieser habe »die alte Linie« fortgesetzt. Eggerath drohte damit, falls der Artikel zum Abdruck komme, würde er einen »offenen Brief an die Sozialdemokratische Partei« schreiben und »eine breite Diskussion« entfachen. *Overesch*, Hermann Brill in Thüringen, S. 394.
5 In dieser Rede hatte Wilhelm Pieck an die sozialdemokratischen Arbeiter appelliert, sie sollten nicht zulassen, daß »solche Gestalten wie Noske, Severing, Stampfer und ähnliche« die SPD wieder zu einer einheitsfeindlichen Politik führten. Vgl. *Pieck*, Reden und Aufsätze, Bd. II, S. 27.
6 Parteimitglieder der NSDAP.

Anschließend bringt Gen[osse] Dr. [Hermann] Brill den von ihm verfaßten Artikel zu den Berliner Beschlüssen zur Kenntnis.

Anschließend verliest er ein Schreiben der Bezirksleitung der KPD an die Redaktion der »Tribüne«, in dem die Veröffentlichung einer von den beiden Parteileitungen in Rudolstadt am 22. 12. [1945] gefaßten Entschließung bezüglich gemeinsamer Funktionärsitzungen in diesem Kreisgebiet, gemeinschaftlicher Schulungsabende in allen Orten des Kreises usw. gewünscht wird. Diese Forderung wird gestellt unter Berufung auf die Berliner Beschlüsse. Wir müssen uns demgegenüber jedoch darauf berufen, daß dort beschlossen wurde, daß die Zusammenarbeit nach den Weisungen der Zentralinstanzen zu erfolgen habe.

Gen[osse] Dr. [Hermann] Brill weist kurz auf die Wirkung der Berliner Beschlüsse außerhalb der sowjetischen Zone und innerhalb unserer Mitgliedschaft in Thüringen hin und unterrichtet über die Auffassung des Zentralausschusses bezüglich des Schwergewichtes der Arbeit in den nächsten Monaten, wonach dieses bei der Studienkommission zu liegen habe und außerdem die Partei im Reichsmaßstab organisiert werden muß.

Zur Lösung der Lage in Thüringen teilt Gen[osse] Dr. [Hermann] Brill mit, daß er sich am 28. 12. 1945 entschlossen habe, den Vorsitz im Landesverband Thüringen niederzulegen. Seine Aufgaben in Berlin sind materiell so umfangreich und von so ungeheurer Verantwortung[7], daß er nicht imstande ist, auch nur über das Wochenende in Weimar die Geschäfte zu führen. Er bittet, diese Mitteilung der SMA und der KPD erst am 2. Januar 1946 zu machen.

Der Landesvorstand beschließt, der KPD außerdem mitzuteilen, daß die SPD als selbständige Partei es ablehnen muß, in der KPD eine Zensurbehörde für ihre Artikel zu sehen.

Gen[osse] [Gustav] *Brack* bemerkt, daß an dem Artikel des Gen[ossen] Dr. [Hermann] Brill wenig Anstößiges gefunden werden könne. Er tritt dafür ein, daß so bald wie möglich eine gemeinsame Sitzung mit der Bezirksleitung der KPD stattfindet, die von unserer Seite gut vorbereitet werden muß. Er regt weiter an, in der nächsten Vorstandssitzung dazu Stellung zu nehmen, daß dem Gen[ossen] [August] Frölich ein jüngerer tatkräftiger Genosse als Hilfe zur Seite gestellt wird.

Gen[osse] [August] *Frölich* berichtet über die Vorkommnisse in Altenburg, wo, wie auch in anderen Städten, die Genossen aufgefordert worden sind, gegen Dr. [Hermann] Brill Stellung zu nehmen.[8]

Gen[osse] Dr. *Brill* erklärt sich damit einverstanden, daß den Kreisverbänden bereits morgen telefonisch von seinem Rücktritt Mitteilung gemacht wird, bleibt aber dabei, daß SMA und KPD erst am 2. Jan[uar] [19]46 benachrichtigt werden.

Gen[osse] Dr. *Sarow* bittet den Landesvorstand, einen Kommentar zu den Berliner Beschlüssen zu schreiben, der den Mitgliedern etwas mehr sagt als der bereits von [Otto] Grotewohl veröffentlichte[9]; er weist weiter darauf hin, daß nach den Berliner Beschlüssen zwischen SPD und KPD die Parität gewahrt werden soll. Danach muß mit allem Nachdruck dafür eingetreten werden, daß die SPD in Thüringen ebenfalls eine Tageszeitung erhält und sich nicht mit der nur dreimal wöchentlich erscheinenden »Tribüne« zufriedengibt.

Gen[osse] [Heinrich] *Hoffmann* macht darauf aufmerksam, daß Gen[osse] [Curt] Böhme und er von der SMA den Auftrag erhalten haben, in einer Vorstandssitzung zum

---

7 Am 6. Dezember 1945 wurde Hermann Brill in Berlin zum Chiefconsultant (Chefberater) der amerikanischen Militärregierung ernannt und mit Dienstleistungen für die Manpower Division beauftragt. Vgl. *Overesch*, Hermann Brill in Thüringen, S. 393.
8 Vgl. Dokument Nr. 140.
9 Ein Kommentar von Otto Grotewohl zu den Berliner Vereinbarungen erschien in der zentralen SPD-Zeitung »Das Volk« am 24. Dezember 1945.

Rundschreiben Nr. 18[10] und der Rede des Gen[ossen] Dr. [Hermann] Brill in Probstzella[11], Stellung zu nehmen.[12] Der SMA sei also noch formell mitzuteilen, daß diese Dinge jetzt als erledigt anzusehen seien.

Die nächste Sitzung des geschäftsführenden Vorstandes findet am Montag, den 31. Dezember 1945 um 8 Uhr morgens statt. Die nächste Sitzung des Gesamtvorstandes ist für den 5. oder 6. Januar 1946 geplant. Den Kreisvorständen ist mitzuteilen, daß sie nichts Entscheidendes unternehmen sollen, bevor gemeinsam beschlossene zentrale Anweisungen vorliegen.

Ende der Sitzung um 18 Uhr.

Weimar, den 29. Dezember 1945 gez. August Frölich

---

10 Vgl. Dokument Nr. 89.
11 Hermann Brill hatte am 30. September 1945 im Rahmen der ersten Schulungstage der thüringischen SPD in Probstzella ein Referat gehalten, das von SMA und KPD gleichermaßen als Provokation vor allem deshalb betrachtet worden war, weil Brill deutliche Parallelen zwischen den Herrschaftspraktiken der Nationalsozialisten und der SMA bzw. der KPD zog. Vgl. *Overesch*, Hermann Brill in Thüringen, S. 371 ff.
12 Vgl. Dokumente Nr. 141 und 142.

Nr. 140
Schreiben von Oskar Thieme aus Altenburg an den Landesvorstand der SPD Thüringen vom 29. Dezember 1945[1]

Altenburg, den 29. 12. [19]45

An den
Landesvorstand der SPD
Weimar

Werte Genossen!

Am Donnerstag, den 27. 12. [1945] wurde ich telefonisch zur hiesigen Kommandantur befohlen. Dort wurde ich einem anderthalbstündigen Verhör unterzogen, und zwar ausschließlich über die Person des Genossen [Hermann] Brill. Das Ergebnis dieses Verhörs war folgendes:

Man verlangte von mir, innerhalb drei Tagen eine Mitgliederversammlung einzuberufen, in dieser Versammlung den Mitgliedern zu sagen, [Hermann] Brill sei gegen die Einheit der Arbeiterschaft. [Hermann] Brill rede anders, als wie er handle. [Hermann] Brill zerstöre die Einheit der Partei usw. Das alles soll in einer Entschließung festgehalten werden, die nach Annahme der Kommandanturstelle auszuliefern sei.

Ich habe dies natürlich abgelehnt aus politischen sowie aus persönlichen Gründen. Man gab mir zu bedenken, daß ich die Partei sowie auch meine Person gefährde, falls ich es nicht tun würde. Ich habe zugesagt, sofort Vorstand und Funktionäre zusammenzurufen und ihnen die Entscheidung zu überlassen.

Ich bekam den Befehl, anderentags mit 5 Vorstandsmitgliedern wieder zu erscheinen und den Entwurf der Entscheidung mitzubringen. Vorstand und Funktionäre waren der-

---

1 Archiv der sozialen Demokratie, Nachlaß Hermann Brill, Kassette I/2.

selben Ansicht wie ich, Genossen [Hermann] Brill nicht fallenzulassen. Um die Partei nicht zu gefährden, wurde vorgeschlagen, eine Entschließung vorzulegen, welche am Montag, den 31. Dezember [1945] den Kreisfunktionären vorgelegt werden soll. Zur Kenntnisnahme füge [ich] die Entschließung bei.[2]

Dieselbe wurde in der Verhandlung am anderen Tag glatt abgelehnt, sie müsse ausführlicher sein und vor allem [Hermann] Brills parteischädigendes Verhalten zum Ausdruck bringen. Wir haben abermals gebeten, nach Weimar zu fahren und mit dem Landesvorstand zu verhandeln. Das wurde wiederum abgelehnt. Und wir sollen nach wie vor am Montag in der Kreiskonferenz die gewünschte große Entschließung einreichen und zur Abstimmung bringen.

Ich bin fest entschlossen, nicht gegen [Hermann] Brill zu reden, selbst auf die Gefahr hin, daß die Partei darunter leiden muß.

Bitte sofort Eure Stellungnahme oder wenn möglich, für Montag früh einen Genossen des Landesvorstandes nach hier [zu] kommen.

Der Überbringer dieses [Schreibens] ist der Fahrer von Genossen [Otto] Kästner, welcher in Weimar an einer Besprechung teilnimmt.

Mit Parteigruß!
gez. Oskar Thieme, Altenburg

Es geht in Eile, das Auto fährt gleich ab.

---

2 Die Entschließung lag diesem Dokument nicht bei.

Nr. 141
Niederschrift von Heinrich Hoffmann über eine Unterredung mit Mitarbeitern der SMA Thüringen am 31. Dezember 1945[1]

Während der Sitzung des Landesvorstandes am 31. 12. [19]45 wurde um 11 Uhr vormittags von der SMA telefonisch im Landes-Sekretariat angerufen und dem Genossen Heinrich Hoffmann befohlen, um 12 Uhr zur SMA ins Kreishaus, Zimmer 125 zu kommen. Der Genosse [Heinrich] Hoffmann ist diesem Befehl nachgekommen. Über die in der SMA geführten Verhandlungen erstattet der Unterzeichnete nachstehenden Bericht.

Im Zimmer 125 des Kreishauses empfing mich Hauptmann Powolowski. Da dieser sich gerade mit dem Geschäftsführer der [Liberal-]Demokratischen Partei, Dr. Büchsenschütz, in einer Unterredung befand, mußte ich etwa eine 1/4 Stunde auf dem Flur warten. Nachdem Dr. Büchsenschütz fortgegangen war, bat Hauptmann P[owolowski] mich in sein Zimmer. Es entspann sich folgender Prolog:

H[auptmann] P[owolowski]: Kennen Sie August Frölich?
Ich: Jawohl, sehr gut.
H[auptmann] P[owolowski]: Wie lange schon?
Ich: Etwa 25 Jahre.
H[auptmann] P[owolowski]: Wer ist August Frölich?
Ich: Alter Sozialdemokrat und Gewerkschaftler, von 1905–1919 in Altenburg Staatsminister. Er hat die ersten Fürsten und Herzoge aus Thüringen verjagt und Thüringen zu einem einheitlichen Staat gemacht.

---

1 Archiv der sozialen Demokratie, Nachlaß Hermann Brill, Kassette I/2.

H[auptmann] P[owolowski]: Wie stehen Sie zu ihm?
Ich: Gut. Ich schätze ihn sehr.
H[auptmann] P[owolowski]: Wie kommt es, daß August Frölich Nachfolger von Dr. [Hermann] Brill geworden ist?
Ich: Er ist kein Nachfolger von Dr. [Hermann] Brill. Er führt nur vorübergehend die Geschäfte des 1. Landesvorsitzenden.
H[auptmann] P[owolowski]: Wie kommt er dazu?
Ich: Der Landesvorstand hat ihn damit beauftragt.
H[auptmann] P[owolowski]: Mit welchem Recht?
Ich: August Frölich ist Vorsitzender der Kontrollkommission[2] und daher der berufene Mann, zunächst bis zum Landesparteitag die Geschäfte des L[andes]v[orstandes] zu führen.
H[auptmann] P[owolowski]: Das geht nicht. Der Vorsitzende der Kontrollkommission kann nicht zugleich Vorsitzender der Instanz sein, die er zu kontrollieren hat. Er kann sich nicht selbst kontrollieren.
Ich: Das sehe ich wohl ein. Aber der Genosse [August] Frölich ist Ehrenpräsident des Landesverbandes, Senior der Partei. Deshalb glaubte der Landesvorstand, richtig zu handeln, als er ihn bat, einstweilen die Geschäfte des L[andes]v[orstandes] zu übernehmen.
H[auptmann] P[owolowski]: Gibt es darüber eine Bestimmung in ihrem Organisationsstatut?
Ich: Nein.
H[auptmann] P[owolowski]: Dann hat der L[andes]v[orstand] seine Befugnisse überschritten. Er hat nicht demokratisch gehandelt. Er darf nur aus seiner Mitte einen Nachfolger für Dr. [Hermann] Brill wählen.
Ich: Ich werde dem L[andes]v[orstand] von der Auffassung der SMA Kenntnis geben.
H[auptmann] P[owolowski]: Wo ist Dr. [Hermann] Brill?
Ich: Das kann ich Ihnen leider nicht sagen; vermutlich ist er in Berlin.[3]
H[auptmann] P[owolowski]: Was macht er in Berlin?
Ich: Genaues darüber weiß ich nicht.
H[auptmann] P[owolowski]: Dr. [Hermann] Brill muß dem L[andes]v[orstand] doch gesagt haben, warum er nach Berlin geht.
Ich: Er hat nur gesagt, daß er eine Stellung bei dem Alliierten Kontrollrat antreten müsse.
H[auptmann] P[owolowski]: Wie kommt es, daß sie das nicht genauer wissen?
Ich: Da ich in den letzten Wochen nicht mit Dr. [Hermann] Brill persönlich zusammengekommen bin, weiß ich nur das, was er in der Sitzung des L[andes]v[orstandes] gesagt hat.
H[auptmann] P[owolowski]: Warum haben wir von dieser Sitzung kein Protokoll bekommen?
Ich: Weil es meines Wissens bisher nicht üblich war, daß die SMA Auszüge der Protokolle[4] erhalten hat.
H[auptmann] P[owolowski]: Aber über eine so wichtige Sache, wie den Rücktritt Dr. [Hermann] Brills und die Übernahme seines bisherigen Amtes müssen wir das Protokoll oder wenigstens einen ausführlichen Bericht haben. Sie werden jetzt mit mir zu meinem Chef gehen.

---

2 Auf dem Landesparteitag der SPD Thüringens im Oktober 1945 waren verschiedene Kommissionen gewählt worden. Die Kontrollkommission, dessen Vorsitzender August Frölich war, sollte über Einsprüche gegen die Aufnahme oder gegen die Aufnahmeverweigerung neuer Mitglieder entscheiden.

3 Hermann Brill fand seit Ende Dezember 1945 zunächst in Berlin bei Erich Gniffke, später in Berlin-Zehlendorf Unterkunft.

4 An dieser Stelle wurde eine Umstellung der Wörter vorgenommen, da der Satz sonst keinen Sinn ergeben hätte.

Nachdem wieder 25 Minuten Wartezeit vergangen waren, wurde ich von dem Herrn Major Babenko empfangen. In Gegenwart des Hauptmann P[owolowski] und weiterer 2 Offiziere entspann sich dann die gleiche Form des Fragens und des Antwortens. Selbst der von mir gewählte Vergleich [Michail I.] Kalinin – [Jossif I.] Stalin[5], (der immerhin sehr gewagt war), brachte den Major nicht davon ab, daß der L[andes]v[orstand]

1. nicht befugt sei, selbstherrlich einen Genossen, der nicht dem L[andes]v[orstand] angehöre, mit der Führung der Geschäfte zu betrauen. Der L[andes]v[orstand] sei auf dem Landes-Parteitag demokratisch gewählt und könne daher nur aus eigener Mitte einen Ersatz für den ausgeschiedenen Dr. [Hermann] Brill stellen.
2. Der Vorsitzende der Kontrollkommission solle seine Funktion behalten. Er könne sich aber nicht selbst kontrollieren.
3. Die SMA würde es gerne sehen, wenn eine junge Kraft mit modernen Anschauungen die Leitung der Partei übernehmen würde.

Schließlich wollte er noch wissen, wer den Vorschlag gemacht habe, August Frölich an die Stelle von Dr. [Hermann] Brill zu bestellen. Wahrheitsgemäß habe ich gesagt, daß der Vorschlag zwar von den Genossen [Gustav] Brack und [Curt] Böhme gekommen, aber von uns einstimmig beschlossen sei.

Major Babenko wollte von mir wissen, welche Meinung ich von August Frölich hätte. Als ich unter anderem auch den Ausdruck gebrauchte, August Frölich genösse bei allen, bei Freund und Feind, das beste Ansehen, schaltete der Major [sich] mit entsprechender Miene ein: Auch beim Feind? Worauf ich sagte: Jawohl, wegen der Lauterkeit seines Charakters, der Ehrlichkeit seiner Gesinnung und seiner unbedingten Wahrheitsliebe.

Es folgten dann die gleichen Fragen nach Dr. [Hermann] Brill wie bei dem Hauptmann P[owolowski], die ich in gleicher Weise beantwortet habe. Nun kam noch eine lange Verhandlung wegen der Zusammenarbeit mit der KPD in Thüringen und meiner Meinung über die Berliner Beschlüsse vom 20./21. 12. [1945], er verlangte von mir:

1. eine Resolution, die eine Zustimmung zu den Berliner Beschlüssen, eine Widerrufung des Rundschreibens Nr. 18[6], eine Verurteilung des Verhaltens Dr. [Hermann] Brills enthalten und eine Bereitschaft zur engsten Zusammenarbeit mit der KPD enthalten müsse.
2. einen Artikel von mir, in welchem ich:
   a) besonders die Doppelzüngigkeit Dr. [Hermann] Brills scharf geißeln und ihn als Saboteur der Einheitsbestrebungen demaskieren solle, indem ich das Rundschreiben Nr. 18 und die Berliner Beschlüsse, die seine Unterschrift trügen, gegenüberstellen müßte.
   b) Die Notwendigkeit einer baldigen organisatorischen Vereinigung von SPD und KPD wegen des Kampfes gegen den Faschismus begründen solle.

Den Parteiartikel zu schreiben, soweit das unter Punkt 2b Gewünschte in frage komme, habe ich zugesagt. Über die Desavouierung des Genossen Dr. [Hermann] Brill, die ich abgelehnt habe, ist es zu einer sehr langen Debatte gekommen.

Schließlich wurde ich von Major Babenko und Hauptmann Powolowski zu dem Obersten Kirosow geführt. Wieder wurden die gleichen Fragen an mich gerichtet und die gleichen Antworten erteilt, wie oben erwähnt. Als der Oberst mich fragte, welchen Eindruck es

---

5 Bei diesem Vergleich ging es offensichtlich um eine Ämterteilung. Michail I. Kalinin war seit 1922 Vorsitzender des Zentralexekutivkomitees der UdSSR und von 1938 bis 1946 Vorsitzender des Präsidiums des Obersten Sowjets der UdSSR, während Jossif W. Stalin von 1922 bis zu seinem Tode im Jahre 1953 die Funktion des Generalsekretärs ausübte.
6 Vgl. Dokument Nr. 89.

auf mich gemacht habe, als ich erfahren hätte, daß Dr. [Hermann] Brill die Berliner Entschließungen unterschrieben hätte, antwortete ich, daß ich mich darüber gefreut hätte, denn das zeugt doch von der Einsicht des Genossen Dr. [Hermann] Brill.

Der Oberst: Aber wie bringen sie die Unterschrift Dr. [Hermann] Brills mit dem Rundschreiben Nr. 18 in Einklang?

Ich: Es ist eine Schwenkung von 180 Grad, die manchmal in der politischen Taktik angebracht und erforderlich ist.

Der Oberst: Nein, bei Dr. [Hermann] Brill ist es anders. Er redet anders, als er schreibt, und handelt [anders], als er schreibt. Er ist kein politischer Taktiker. Er ist ein Betrüger, ein Saboteur am Willen der Arbeiterschaft. Das müssen Sie Ihren Mitgliedern sagen und in Ihrer Zeitung schreiben.

Ich habe immer wieder versucht, dem Oberst und dem Major klar zu machen, daß man die Dinge so nicht sehen dürfe. Schließlich erhielt ich folgende Direktiven (denn anders kann man die Wünsche des Obersten ja nicht bezeichnen):

1. Der Name Dr. [Hermann] Brill soll weder in Resolutionen noch in der Zeitung mehr erwähnt werden.
2. Die Resolution des Landes-Vorstandes und mein Leitartikel zu den Berliner Beschlüssen sollen aber eindeutige Sätze gegen Saboteure der Einigungsbestrebungen enthalten.
3. August Frölich wird von der SMA nicht als geschäftsführender Landes-Vorstand[7] anerkannt, wohl aber als Vorsitzender des Kontrollausschusses.
4. Die SMA wünscht, daß der Landes-Vorstand aus seinen Reihen einen geschäftsführenden Vorsitzenden wählt.
5. Die SMA würde es begrüßen, wenn der Landes-Vorstand einen jüngeren Genossen mit modernen Anschauungen als Landes-Vorsitzenden wählen würde.
6. Die SMA erwartet baldigen Bericht über die vom Landes-Vorstand getroffenen Maßnahmen. Sie sichert der SPD jegliche Hilfe und Unterstützung zu, wenn diese ihren Wünschen Rechnung trägt.

Ich habe dem Obersten die Übermittlung dieser Wünsche an den Landes-Vorstand zugesagt, aber darum gebeten, auch den Genossen [August] Frölich zu empfangen und ihm diese Wünsche mitzuteilen.

Weimar, den 31. 12. 1945[8]

---

7 Hier müßte es heißen: Landesvorsitzender.
8 Das Dokument trägt keine Unterschrift.

Nr. 142
Niederschrift von August Frölich über eine Unterredung mit einem Mitarbeiter der SMA Thüringen am 31. Dezember 1945[1]

Niederschrift

Am 31. 12. 1945 um 14 Uhr wurde ich zur SMA bestellt. Ich wurde in das Zimmer eines Majors, dessen Namen ich erst später erfuhr, geführt. Es war Major Babenko. Nachdem ich die Frage nach meinem Alter beantwortet hatte, wurde mir erwidert, ich sähe aber noch gut aus. Es folgte die weitere Frage:

---

1 Archiv der sozialen Demokratie, Nachlaß Hermann Brill, Kassette I/2.

Wie stehen Sie zu der Berliner Entschließung?
Ich: Ich bejahe sie. Im Rahmen der Reichseinheit soll die Einheit auf einem Reichsparteitag beschlossen werden. Es sollen gemeinschaftlich die Vorarbeiten in Ausschüssen und in der Verwaltung auf bestimmten Gebieten zur Vereinigung getroffen werden.
M[ajor] B[abenko]: Von unten nach oben, nicht auf Befehl von oben.
Ich: Nicht Zusammenschluß in Ortsvereinen, Kreisen, Provinzen, Ländern oder Zonen, sondern in allen vier Zonen auf Reichsparteitagen, die von gewählten Delegierten beschickt werden sollen.
M[ajor] B[abenko]: In der Entschließung steht nichts von [einem] Reichsparteitag.
Ich: Anders halte ich einen Beschluß für den Zusammenschluß nicht für gut und möglich.
M[ajor] B[abenko]: Heißen sie [das] Rundschreiben Nr. 18 gut? Sie werden es ablehnen.
Ich: Ich muß es erst noch einmal lesen.
M[ajor] B[abenko]: Am 2. Januar [1946] um 10 Uhr kommen Sie zum General?[2]
Ich: Davon weiß ich nichts.
M[ajor] B[abenko]: Sie und Herr [Heinrich] Hoffmann.
Ich: Ich kann Ihnen mitteilen, daß Herr Dr. [Hermann] Brill aus eigenem Willen zum heutigen Tage von seinem Amt zurückgetreten ist. Diese Mitteilung wäre Ihnen sonst am 2. Januar [1946] schriftlich zugegangen.
M[ajor] B[abenko]: Sie werden das Rundschreiben nicht gutheißen.
Ich: Die Angelegenheit dürfte durch den Rücktritt des Genossen Dr. [Hermann] Brill erledigt sein. Wenn Sie von einem Ihrer Kameraden abrücken sollen, weil er nach der Meinung anderer falsch gehandelt haben soll, würden Sie das auch nicht tun können.
M[ajor] B[abenko]: Die Mitglieder draußen handeln nach dem Rundschreiben.
Ich: Ich werde das Rundschreiben prüfen; vielleicht schlage ich dann vor, daß das Rundschreiben, soweit es Anstoß erregt hat, zurückgezogen wird.

Weimar, den 2. Januar 1946   gez. A[ugust] Frölich

---

2 Gemeint ist Generalmajor Kolesnitschenko.

Nr. 143
Aus dem Protokoll über die Vorstandssitzung des SPD-Ortsvereins Zella-Mehlis am 4. Januar 1946[1]

[...]
Zu Punkt 1. berichtet der Vorsitzende, Gen[osse] Alf[red] *Barthelmes*[2], daß die KPD ein Schreiben an ihn gerichtet habe, in dem eine gemeinsame Mitgliederversammlung beider Parteien geplant war. Unser Vorsitzender hat hierauf dem Vorsitzenden der KPD, Gen[ossen] Riedler, eine gemeinsame Vorstandssitzung beider Parteien für den 9. 1. [19]46, am kommenden Mittwoch vorgeschlagen, da zu einer gemeinsamen Mitgliederversammlung erst die Genehmigung unserer Landesleitung eingeholt werden muß. Riedler erklärte sich damit einverstanden, so daß die Sitzung am 9. 1. [19]46 im kleinen Sitzungssaal des Rathauses stattfindet.

---

1 Thüringisches Staatsarchiv Meiningen, BPA der SED Suhl, II/3/6.
2 Alfred Barthelmes, geb. am 18. Juni 1901. Vor 1933 SPD. 1945/46 Vors. SPD Zella-Mehlis. April 1946 KV SED Suhl.

Nach dieser Vereinbarung wird unser Gen[osse] Alfred Barthelmes zum politischen Kommissar unseres Ortes gerufen, der ihn fragt, warum die SPD keine gemeinsame Versammlung mit der KPD durchgeführt. Gen[osse] [Alfred] Barthelmes hat ihm hierauf erklärt, daß die Berliner Abmachungen beider Parteien eine Aktionseinheit der Vorstände und Ausschüsse zur Klärung aller bestehenden Fragen betreffs beider Parteien vorstellen soll; von gemeinsamen Mitgliederversammlungen sei nichts beschlossen worden. Um diese Aktionseinheit zu gewährleisten, werden wir von der SPD alles tun, was dazu beiträgt. Der Kommissar erwiderte hierauf, daß er mit dieser Aufklärung zufrieden sei, und entläßt unseren Gen[ossen] [Alfred] Barthelmes.

Kurz darauf wird von Suhl angerufen: »Der politische Kreiskommandant wünsche den Kreisvorsitzenden der SPD zu sprechen, Gen[ossen] Alfred Barthelmes.« Mit unserem Kreissekretär [Alfred] Schuch läßt er sich kurz darauf bei ihm melden. Der Kreiskommandant macht ihm dieselben Vorhaltungen betreffs der Einheitsbildung beider marxistischer Parteien. Gen[osse] [Alfred] Barthelmes hat ihm hierauf erwidert, daß es seine Aufgabe sei, die Richtlinien von der Landesleitung bzw. vom Zentralausschuß einzuhalten und alle örtlichen Machenschaften, die nicht damit im Einklang stehen, nicht zu erlauben.

Der Kr[eis]kommandant erwiderte ihm hierauf, daß die Einheit auf alle Fälle hergestellt werden müsse und jeder wilde Radikalismus verschwinden werde, der den vereinbarten Richtlinien entgegenarbeite.

Nach einer kurzen Aussprache in diesem Sinne wurden die Gen[ossen] [Alfred] Barthelmes und [Alfred] Schuch wieder entlassen. [...]

Der Schriftführer:
gez. E[rich] Dietz
Der Vorsitzende:
[Alfred] Barthelmes[3]

---

3 Beide Unterschriften handschriftlich.

Nr. 144
Resolution des Landesvorstandes der SPD Thüringen vom 5. Januar 1946[1]

Der am 5. Januar 1946 in Weimar tagende erweiterte Landesvorstand der SPD in Thüringen begrüßt die entschiedenen Fortschritte auf dem Wege zur organisatorischen Einheit der Arbeiterklasse, die mit den Berliner Vereinbarungen vom 20. und 21. Dezember 1945 geschaffen worden sind. Die Thüringer Sozialdemokraten stellen sich voll und ganz auf den Boden dieser Berliner Vereinbarungen und werden mit allen Kräften daran arbeiten, diese so rasch wie möglich in die Tat umzusetzen.

Im Hinblick auf die epochale Bedeutung, die diesen Vereinbarungen zukommt, dürfen sich in der praktischen Arbeit jedoch keine Differenzen über die Auslegung ergeben, weil derartige Differenzen geeignet wären, das große Werk der organisatorischen Einheit der Arbeiterklasse zu gefährden. Bei genauer Betrachtung der Berliner Vereinbarungen ergeben sich zu einigen wichtigen Punkten jedoch noch Unklarheiten, die der Landesvorstand erst nach Fühlungnahme mit dem Zentralausschuß in Berlin klären muß. Deshalb be-

---

1 Archiv der sozialen Demokratie, Nachlaß Hermann Brill, Kassette I/2.

schließt der erweiterte Landesvorstand, zunächst nur informatorische Besprechungen mit den Vertretern der KPD abzuhalten und keinerlei bindende Abmachungen zu treffen, bevor die in den Berliner Vereinbarungen angekündigten organisatorischen Anweisungen des Zentralausschusses vorliegen.

Der erweiterte Landesvorstand Thüringen bittet den Zentralausschuß in Berlin, einen maßgeblichen Vertreter so rasch wie möglich nach Thüringen zu entsenden, um die wichtigen Punkte der Berliner Vereinbarungen noch besonders zu erläutern. Insbesondere ist zu beachten, daß die Vorbereitung der organisatorischen Einheit der deutschen Arbeiterklasse nicht das Werk einer Provinz oder eines Landes und auch nicht das Werk einer Zone allein sein kann. Soll die kommende Einheitspartei der klassenbewußten deutschen Arbeiter ein Ganzes werden, so muß sie das gesamte Reichsgebiet umfassen.

Um diesen Gleichschritt auf dem Wege zur Einheit der Arbeiterklasse in allen Ländern und Provinzen zu wahren, ist der erweiterte Landesvorstand Thüringen der Auffassung, daß alle Abmachungen und Vereinbarungen zwischen SPD und KPD in Thüringen nur in engster Fühlungnahme und mit Billigung des Zentralausschusses in Berlin erfolgen sollen.

Nr. 145
Bericht von August Frölich über eine Besprechung beim Stellvertreter für Zivilangelegenheiten des Chefs der SMA Thüringen, Generalmajor Iwan S. Kolesnitschenko, am 23. Januar 1946[1]

23. 1. [19]46

Von kurz nach 14 Uhr bis 16.15 Uhr bei General Kolesnitschenko.[2]
G[eneral] [Kolesnitschenko]: Wie Konferenz in Jena verlaufen?[3]
Warum nicht vereinigen?
Nicht gerade 1. Mai [1946]?
Organisierung zur Arbeit nicht am Freitag.
Warum nicht in Zone oder in Thüringen vereinigen?
Arbeiterklasse verlangt Einheit!
Geschichte wird über die, die auf Posten ausgehen oder Papier-Mitglieder hinweggehen.
Ich: Nach Berliner Entschließung und Ausführungen von [Wilhelm] Pieck und [Otto] Grotewohl[4] in Jena soll ein Reichsparteitag entscheiden!
G[eneral] [Kolesnitschenko]: In Entschließung steht nichts davon.
Ich: Die Geschichte der deutschen Arbeiterbewegung beweist, daß zentral zu beschließen

---
1 Archiv der sozialen Demokratie, Nachlaß Hermann Brill, Kassette I/2.
2 An der Unterredung nahm seitens der KPD Werner Eggerath teil.
3 Am 19./20. Januar 1946 hatte in Jena eine gemeinsame Delegiertenkonferenz stattgefunden, an der von jeder Partei etwa 600 Funktionäre teilgenommen hatten. Für die SPD hatten Otto Grotewohl und Heinrich Hoffmann gesprochen. Wilhelm Pieck und Werner Eggerath hatten in ihren Reden erstmals in Thüringen den 1. Mai 1946 als Vereinigungstermin ins Spiel gebracht.
4 In seiner Rede am 19. Januar 1946 in Jena hatte Otto Grotewohl nur ganz kurz die Einheitsdebatte gestreift und folgendes ausgeführt: »Wer zur Einheit Deutschlands steht, der muß auch zur Einheit der Arbeiterklasse stehen. Aus diesen Sorgen heraus verlangen wir ja auch die Bildung der Reichsparteien und die Beschlußfassung über [die] Vereinigung auf einem Reichsparteitag im Reichsmaßstab.« SAPMO-BArch, ZPA, NL 90/126.

notwendig ist. Nur durch Beteiligung der Vertreter aus allen Zonen keine Absplitterung zu befürchten.

G[eneral] [Kolesnitschenko]: Beispiel geben. Was getan, um Einheit herbeizuführen?

Auf mein Ersuchen gibt [Werner] Eggerath die Beschlüsse der Konferenz vom 6. 1. [1946] zur Kenntnis.[5] Fügt hinzu, in Jena sei prinzipiell die Entscheidung gefallen.

G[eneral] [Kolesnitschenko]: Wie in der Praxis?

[Werner] E[ggerath]: In Rudolstadt und Nordhausen die Einheit praktisch hergestellt.

G[eneral] [Kolesnitschenko]: Welchen Namen Partei?

[Werner] E[ggerath]: Vielleicht Vereinigte Arbeiterpartei Deutschlands.

G[eneral] [Kolesnitschenko]: Ich kenne die Stimmung der Arbeiter. Rudolstädter und Nordhäuser Arbeiter haben es recht gemacht.

Nach Zusammenschluß sozialistische Arbeiterjugend möglich, die der Kern für die Jugend sein würde und aus der die Kräfte für die Demokratie entstände. Jetzt sei der Kampf zwischen den Parteien nur Schaden für die Demokratie und kein Nutzen.

Nicht reden, sondern handeln, gleichzeitig zur organisatorischen Arbeit übergehen, sonst verläuft alles im Sande, im luftleerem Raum.

Ich: Wir werden in Versammlungen die Beschlüsse weitertragen, denn die Delegierten waren von den Leitungen bestimmt. Nach ihren Worten, Herr General, (2. 1. [19]46)[6] die Mitglieder zur Vereinigung reif machen.

[Werner] E[ggerath]: Wir stehen vor luftleerem Raum, man schlägt zu ohne Ziel!

G[eneral] [Kolesnitschenko]: Ideologisch Stimmung für Einheit auswerten und organisatorisch verwirklichen. Von unten, wo reif, verwirklichen, d.h. wo geringsten Hemmungen. Anfangen: Gemeinschaftliche Versammlungen, einheitliche Leitung, in Fabriken anfangen, gemeinschaftl[iche] Leitung Mitglieder registrieren. Ihm sei bekannt, daß nicht alle Mitglieder der beiden Parteien in Einheitspartei gehen wollten. Das sei nicht von Interesse. Die neu Registrierten seien dann Mitglieder der Einheitspartei. In den untersten Organisationen würden alle kommen.

[Werner] E[ggerath]: In den Betrieben würden [sich] die Mitgliederzahlen nach dem Zusammenschluß verdoppeln.

G[eneral] [Kolesnitschenko]: Später sollen neue Mitglieder registriert werden. Also Versammlungen mit Vorträgen. Aufgaben im Betrieb. Wahl von Delegierten zur Kreiskonfe-

---

5 Am 6. Januar 1946 hatten sich 56 Vertreter der SPD und 55 der KPD in Weimar zu einer gemeinsamen Kundgebung versammelt. In der verabschiedeten Entschließung wurde die Absicht erklärt, man werde die Aktionseinheit weiter ausbauen, die bestehenden Aktionsausschüsse durch weitere gemeinsame Ausschüsse ergänzen sowie in Betriebsversammlungen, im »Komitee für gegenseitige Bauernhilfe«, in der »Thüringen-Aktion gegen Not«, bei der Schulreform, in gemeinsamen Funktionärsversammlungen und in gemeinsamen Schulungskursen zusammenarbeiten. Vgl. Thüringisches Hauptstaatsarchiv Weimar, BPA der SED Erfurt, II/2-003.

6 Auf der Sitzung des Landesvorstandes der SPD Thüringen am 2. Januar 1946 war über die Unterredung bei der SMA wie folgt berichtet worden: »Für den 2. Januar 1946 waren die Genossen Frölich und Hoffmann gemeinsam für 10 Uhr vormittags zu General Kolesnitschenko bestellt worden. Bis 11 Uhr unterhielten sich mit ihnen Major Babenko und Oberst Kirosow. Dann wurde ihnen eröffnet, daß der General besetzt sei und sie um 12 Uhr wiederkommen sollten. Gegen 12.15 Uhr wurden die Genossen Frölich und Hoffmann mit den Genossen Busse, Eggerath und Schneider von der Bezirksleitung der KPD von General Kolesnitschenko empfangen, der ihnen in längeren Ausführungen, die stückweise von Major Babenko übersetzt wurden, seine Meinung über die Art der Durchführung der Berliner Entschließung zu erkennen gab. Bemerkenswert daran war, daß er zweimal die Gleichberechtigung beider Parteien unterstrich. Seine Ausführungen gipfelten darin, daß es zum Nachteil der Arbeiterklasse auslaufen müsse, wenn die Einheit der Arbeiterklasse nicht hergestellt würde.« Thüringisches Hauptstaatsarchiv Weimar, BPA der SED Erfurt, II/2003.

renz in den Versammlungen. In Kreiskonferenzen Wahl der Delegierten zu Bezirks-Konferenz usw.
Öffentliche Wahl.
Bezirks-Konferenz wählt Leitung des Bezirks. Diese Aufgabe sei die der beiden Parteien Thüringens. Nach diesem Schema würde es wohl gehen!
Kampf um Posten dürfe es nicht geben, es sei keine prinzipielle Frage. Es sei völlig gleich, welcher Partei der zu Wählende vorher angehört habe, denn die große Masse wähle!
Bürgerliche Gegner und Politikaster aus den beiden Parteien müßten bloßgestellt werden in der Presse und in Versammlungen.
Im Kampf muß jemand geschlagen werden! Nicht nur reden! Zur Tat übergehen! Einwirkung auf Arbeiter notwendig. Interessen der Arbeiterklasse vertreten. Um Arbeiterklasse muß sich alles scharen, sie muß die Hauptrolle bei der Verwirklichung der Demokratie haben. Wenn Einheit fehlt, wird Bourgeoisie und Faschismus kommen. Dies der Arbeiterklasse beibringen, die traurig darüber sei, daß die Einheit noch nicht da sei.
In Thüringen sei die Voraussetzung für den Zusammenschluß gegeben. Politisch sei alles und nicht schlecht vorbereitet. Thüringen müsse das Beispiel geben, dann würden die anderen Teile und auch in den anderen Zonen folgen. Wenn das in Thüringen nicht geschehe, würden die Mitglieder das nicht verstehen, insbesondere ihre Führung nicht verstehen. Zentrale Ausschüsse hätten die Linie anzugeben! Nun müsse das durchgeführt werden! Die Arbeiter müßten in die politische Arena geführt werden! Solange zwei Parteien bestehen, kann die Arbeiterklasse nicht einig sein! Beispiel sei die russische Revolution. Die Geschichte zu ignorieren, sei nicht angängig. Wenn die revolutionäre Linie eingehalten und Einheit durchgeführt würde, sei die Arbeiterklasse dankbar dafür.
Also entschieden vorgehen, Initiative ergreifen, nicht warten, bis Befehl komme (wie 1. Mai 1946).
[Werner] E[ggerath]: Er habe in Jena zum Ausdruck gebracht, daß am 1. Mai [1946] Arbeiter vereint marschieren werden. Jetzt Redakteure verständigt, daß gegenseitig in Zeitungen schreiben. Unterstreicht Auffassung des Generals und ist erfreut, diese Meinung zum ersten Mal zu hören.
Ich: Diese Auffassung hätte mir Major Babenko am 31. 12. [19]45[7] zur Kenntnis gebracht. Am 2. 1. [19]46 hätte der General zum Ausdruck gebracht, daß die Mitglieder reif für die organisatorische Einheit gemacht werden sollten. Deshalb seien die Vorsitzenden notwendig.
Ich sei kein Gegner der Einheit. Wenn [August] Frölich einmal ja gesagt hätte, dann bleibe das dabei, dafür bürge seine Vergangenheit und sein Name. Ich würde berichten, auch dem Zentralausschuß. Die Entscheidung läge nicht nur bei mir.
G[eneral] [Kolesnitschenko]: Versammlungen für die Einheit von unten, Kreiskonferenzen, Bezirkskonferenzen seien jetzt notwendig. Leute seien zu ernennen, wie organisatorisch vorzugehen sei. Vortragende für Vereinigung seien zu bestimmen. Zur Tat übergehen! Thür[inger] Organisation könne nur gewinnen, wenn sie vorangeht. Linie sei gezeigt! Über Politikaster hinweggehen! Wenn jemand gegen die Einheit was getan, beseitigen.
[Karl] Marx – Anleitung zum Handeln gezeigt.
[Wladimir I.] Lenin: Was gestern zu früh war, ist morgen zu spät.
Günstige Momente wiederholen sich nicht. Das Leben steht nicht still. Die Entschließung [vom 21. Dezember 1945] spricht vom Minimum und vom Maximum.
Nun zusammensetzen und Plan aufstellen! Niemand soll fragen dürfen: Warum handelt ihr nicht? Die Arbeiter warten auf die Entscheidung. Ihr habt [Otto] Grotewohl und [Wilhelm]

---

7 Vgl. Dokument Nr. 142.

Pieck gehört, die Linie ist Euch gezeigt. Es beginnt eine neue Geschichte.
Es heißt vollendete Tatsachen schaffen!
Wann haben sich die Arbeiterorganisationen so entwickeln können wie jetzt? Sie können tun und machen, was richtig ist. Die Betriebsorganisationen haben unsere Unterstützung.
Die Bodenreform ist zum Nutzen der Demokratie durchgeführt.
Notwendig Einheit der Arbeiterklasse. Nicht hören, was Westen sagt ([Kurt] Schumacher).
Gefahr besteht, daß richtiger Moment verpaßt und durch Hinauszögern Reaktion in die Hände gespielt wird.
Praktisch beginnen! Das sei sein guter Rat. Unsere Parteiangelegenheiten selber regeln und nun das machen, was richtig sei. Einen schlechten Rat wolle er nicht geben und nicht befehlen!
Ich: Das können sie auch, wir können nichts dagegen tun.
   G[eneral] [Kolesnitschenko]: Die Administration kann das, ich tue es nicht. Wir wollen, daß ein demokratisches Deutschland, in dem die Arbeiterklasse geeint ist. Wir haben daran ein Interesse.
Wenn die Arbeiterklasse den Staat beherrscht, haben wir hier nichts mehr zu tun.
Wir wollen sicher sein, daß Faschismus nicht wieder kommt. Sicherheit bietet nur die einige Arbeiterklasse.
Guter Rat: Nicht hinauszögern!
Eine wirkliche Organisationseinheit schaffen, kein Fixum. Einheitskonferenz hätte folgende Fragen zu lösen:
Redakteure der Presse zu wählen. Presse haben die Linie der Partei zu bestimmen. Der[8] Partei habe sie Rechenschaft abzulegen. Gegen Elemente, die nicht mitgehen, die die Einheit der Arbeiterklasse sabotieren, habe die Presse vorzugehen. – Entlarven – Feinde der Arbeiterklasse.
In Thüringen anfangen, die anderen folgen, das sei Dialektik des Lebens.
   Er, (General), wolle alles unterstützen, was zur Demokratisierung beiträgt. Es sei nicht notwendig, auf Zentralausschuß zu warten. Arbeiter würden sonst antworten: Ihr seid doch keine kleinen Kinder. Lest die Reden von [Otto] Grotewohl und [Wilhelm] Pieck!
Wir wollen helfen, daß Deutschlands Wirtschaft und Verwaltung demokratisiert wird, daß Deutschland demokratisch wird.
Ich: Ich werde berichten, meine Antwort habe ich gegeben.

gez. August Frölich

Nachtrag:
An einer Stelle sagte der General [Kolesnitschenko]: Im Zentralausschuß seien noch Mitglieder, die gegen die Einheit seien.
Ich: Davon weiß ich nichts.
   Auf meine Bitte an General [Kolesnitschenko], daß er für Möglichkeit eintreten möge, daß wir nach dem Westen könnten, um dort zu reden, antwortete er, die Ausreiseerlaubnis würden sie geben.

---

8 Im Original: Die.

Nr. 146
Protokoll über die Sitzung des Sekretariats der Bezirksleitung der KPD Thüringen am 24. Januar 1946[1]

Genosse [Werner] *Eggerath*: Zur Auswertung der Jenaer Konferenz. Die Situation ist für uns in Thüringen außerordentlich günstig. Das legt uns gegenüber der gesamten Arbeiterschaft eine ungeheure Verpflichtung auf und zwar, die Einheit der beiden Arbeiterparteien soweit als möglich voranzutreiben. Gegenüber der Auffassung der SPD, die Einheit auf einem Reichsparteitag zu vollziehen, müssen wir die sehr rasche Entwicklung bei uns ausnützen und vorantreiben. Dazu ist notwendig, der Einheitsbewegung ein Ziel zu geben, sonst tritt eine Erstarrung der Bewegung ein. Dieses Ziel ist die unmittelbare und sofortige Vereinigung.

Er gibt einen Vorschlag des Garde-General[s] Kolesnitschenko bekannt[2], und zwar Auflösung der beiden Arbeiterparteien, also Schluß mit ihnen und eine ganz neue Partei aufbauen. Es werden neue Listen zum Einzeichnen angelegt und jeder Kandidat der Leitung muß sich persönlich vorstellen, und dann wird über ihn abgestimmt, und zwar in Orts-, Kreis- und Bezirksleitungen. Wir müssen uns hier auf einen politischen Kampf vorbereiten, der noch alle unsere Kräfte erfordert. Als Vorbereitung und Einleitung diente ein Brief des Genossen [Werner] Eggerath an den Genossen [Heinrich] Hoffmann.[3]

Zur Diskussion

Genosse [Georg] *Schneider*: In der Geschichte der deutschen Arbeiterbewegung wurden die Vereinigungen immer von oben vollzogen (Eisenach[4], Gotha[5]). Jetzt müssen wir die neue Einheitsbewegung von unten zum Ziele führen. Die Angst innerhalb der SPD vor einer kommunistischen Parteidiktatur müssen wir ausschalten. Die unteren Einheiten müssen alle Vorbereitungen weitgehendst vorantreiben, und zwar in solchen Kreisen [wie] Nordhausen, Rudolstadt, Gera usw.

Genosse [Erich] Kops[6]: Durch eine Vereinigung in Thüringen ist keine Isolierung im Westen zu befürchten, denn auch dort ist die Einheitsbewegung in verschiedenen Punkten weit fortgeschritten (Hamburg).[7] Er ist der Auffassung, daß besonders an schwachen Punk-

---
1 Thüringisches Hauptstaatsarchiv Weimar, BPA der SED Erfurt, I/2002.
2 Das ist der Vorschlag, den General Kolesnitschenko am 23. Januar 1946 in einem Gespräch mit August Frölich und Werner Eggerath unterbreitete. Vgl. Dokument Nr. 145.
3 Vgl. Dokument Nr. 147.
4 Im Jahre 1869 entstand auf dem Allgemeinen Deutschen Sozialdemokratischen Arbeiterkongreß in Eisenach aus dem Verband Deutscher Arbeitervereine um August Bebel und Wilhelm Liebknecht und einer Oppositionsgruppe des Allgemeinen Deutschen Arbeitervereins die Sozialdemokratische Arbeiterpartei.
5 Im Jahre 1875 vereinigten sich in Gotha der Allgemeine Deutsche Arbeiterverein und die Sozialdemokratische Arbeiterpartei zur Sozialistischen Arbeiterpartei Deutschlands.
6 Erich Kops, geb. 1905. Beruf: Schlosser. 1922 SPD, 1923 KPD. 1935 bis 1937 Emigration Sowjetunion. 1937/39 Teilnahme am Bürgerkrieg in Spanien. 1943/45 Haft KZ Sachsenhausen. Juli 1945 bis April 1946 Sekr. BL KPD Thüringen. April 1946 Sekr. LV, September 1947 bis Dezember 1949 Vors. LV SED Thüringen. 1947 bis 1950 PV SED. 1949 MdV. 1951 Botschafter DDR in Ungarn. 1961 gest.
7 Derartige Verweise auf die Einheitsbewegung in Hamburg gründeten sich auf den seit Sommer 1945 bestehenden zehnköpfigen Aktionsausschuß von Sozialdemokraten und Kommunisten Hamburgs. Auch in Bremen, Braunschweig, München und anderen westdeutschen Städten entstanden Aktionsgemeinschaften zwischen KPD und SPD, die rein äußerlich als Ausdruck eines gewissen Ein-

ten wie Arnstadt, Erfurt usw. die Vorbereitungen konkret zu treffen sind, und schlägt vor, solche sozialdemokratischen Funktionäre, welche besonderes Ansehen genießen.

Genosse [Fritz] *Heilmann*:[8] Die Einheitsbewegung wird besonders unsere Schulungsarbeit notwendig machen, denn die Sozialdemokraten, die zu uns stoßen, bedürfen dieser Schulung ganz besonders dringend. Die Schulung soll unten und oben zugleich organisiert werden. Besonderer Wert ist auf Resolutionen und Entschließungen mit der Forderung der sofortigen Vereinigung zu legen, um Beispiele zu schaffen.

Gen[osse] [Fritz] *Roth*[9], Gera: In der breiten Masse herrscht die Stimmung vor, etwas konkreter in der Frage der Einheit zu verfahren. Deshalb wäre es gut, wenn in der Frage des Programms schon eine Aufklärung gegeben würde. Er befürchtet, daß in der SPD Mißtrauen entsteht, sie werden sagen, eine neue Kommunistische Partei wird hier aufgezogen. Wir müssen alles tun, um vor allen Dingen die Angst der Sekretäre wegen Verlust ihrer Stellung zu zerstören. Er betont, daß die Parteidisziplin innerhalb der SPD sehr stark ist, deshalb sei es gut, die Einheit auch von oben gleichzeitig zu bewerkstelligen.

Gen[osse] [Stefan] *Heymann*: Die organisatorische Vereinigung und ihre Notwendigkeit ist klar, deshalb haben wir nur die besonderen Schwierigkeiten, die sich in konkreten Fällen äußern, zu beachten.

1. Programm
Von unten die politische Grundlage schaffen, von oben die Formulierungen aufstellen.
2. Frage der Zerreißung
Sie ist nicht stichhaltig. Der Wille zur Einheit ist auch im Westen sehr stark (Beschlüsse liegen vor).[10] Deshalb bei uns jetzt alle organisatorischen Fragen in den Vordergrund stel-

---

heitswillens gedeutet werden konnten. Vor allem in München, Frankfurt/Main und Hamburg standen seit Frühjahr 1945 Funktionäre von SPD und KPD in direkten Verhandlungen über eine Vereinigung der entstehenden Organisationen. Bereits Ende August und dann in den folgenden Monaten ließ das Interesse der sozialdemokratischen Vertreter an einer einheitlichen Partei allerdings merklich nach. In Hamburg sprachen sich die Sozialdemokraten im Laufe der Herbstmonate mehr und mehr gegen die Veröffentlichung gemeinsam erarbeiteter Erklärungen aus, und nach der offiziellen Legalisierung der Parteien – die SPD wurde am 21. November zugelassen – wurden kaum mehr substantielle Einheitsgespräche geführt. Im Oktober 1945 war der Höhepunkt der Einheitsbestrebungen bereits überschritten, und sie sanken in den Westzonen bis Anfang des Jahres 1946 nahezu auf den Null-Punkt, so daß die Hervorhebung einer angeblichen Einheitsbewegung im Westen auf einer Fiktion der KPD beruhte. Vgl. *Moraw*, Die Parole der »Einheit« und die Sozialdemokratie, S. 122 ff.; *Werner Müller*, Die KPD und die »Einheit der Arbeiterklasse«, Frankfurt/Main etc. 1979; *Lutz Niethammer/Ulrich Borsdorf/Peter Brandt* (Hrsg.), Arbeiterinitiative 1945. Antifaschistische Ausschüsse und Reorganisation der Arbeiterbewegung in Deutschland, Wuppertal 1976.

8 Friedrich (Fritz) Heilmann, geb. am 1. März 1892 in Berlin. Beruf: Vergolder. 1910 SPD, nach 1919 KPD. 1934 bis 1945 Emigration Sowjetunion. 1945/46 Chefredakteur KPD-Zeitung für Thüringen »Thüringer Volkszeitung«. April 1946 Chefredakteur SED-Landesorgan »Thüringer Volk«. Juli 1945 bis April 1946 BL KPD Thüringen. April 1946 Sekr. LV SED Thüringen. Nach 1950 Abtlr. Ministerium für Volksbildung Thüringen. 1963 gestorben.

9 Fritz Roth, KPD. 1945/46 KL KPD Gera. April 1946 SED.

10 Mit diesen Beschlüssen waren lokale Verlautbarungen über die Fortsetzung der Zusammenarbeit zwischen Sozialdemokraten und Kommunisten in den Westzonen gemeint, mit denen die KPD den Einheitswillen auch im Westen dokumentieren wollte, so zum Beispiel mit der Entschließung des Aktionsausschusses der KPD und der SPD des Bezirks Konstanz vom 19. Januar 1946, in der die Landesvorstände der beiden Arbeiterparteien aufgefordert wurden, Aktionsgemeinschaften zu bilden. Vgl. Dokumente und Materialien zur Geschichte der deutschen Arbeiterbewegung, Reihe III, Bd. 1, S. 434. Derartige Initiativen stellten jedoch Anfang 1946 Einzelfälle dar, so daß von einer Einheitsbewegung nicht mehr gesprochen werden konnte. Die Einheitspartei-Frage war selbst in den industriellen Ballungsgebieten zu diesem Zeitpunkt kein Thema mehr. Vgl. *Helga*

len; konkret jetzt sofort Referentenmaterial speziell mit Argumenten gegen die [Gegner der] Einheit herausgeben.

Gen[osse] [Fritz] *Heilmann*: weist noch einmal auf die Rückwirkung der Wahlen im Westen hin.[11]

Zum Schluß Gen[osse] [Werner] *Eggerath*: Wir müssen hier die Kräfte des Fortschritts entwickeln und weitertreiben. Die besonderen Bedingungen der Wahlen im Westen müssen von uns klar herausgestellt und ihre Erfahrungen bei uns beachtet werden.

Entschließungen sollen angenommen werden. Wir sind schon so weit, wir warten schon auf die Einheit usw. Die Zeitung soll diese Diskussion eröffnen. Thema: Nach Jena, 3. Phase der Einheit in Thüringen.

Die Berichte sollen eine politische Problemstellung enthalten und nicht in abstrakter Berichtsform gebracht werden. Wir sollen uns bewußt sein der historischen Bedeutung der politischen Vereinigung der Arbeiterklasse in Thüringen.[12]

Grebing, Entscheidung für die SPD. Briefe und Aufzeichnungen linker Sozialisten 1944–1948, München 1984, S. 24 f.

11 Am 20. und 27. Januar 1946 fanden in den Ländern der amerikanischen Besatzungszone – Hessen, Württemberg-Baden und Bayern – Wahlen in Gemeinden bis zu 20 000 Einwohnern statt. Bezogen auf die gesamte amerikanische Zone entfielen auf die CDU bzw. CSU 37,9 %, auf die SPD 21,5 %, auf die KPD 3,5 % und auf die Demokratische Volkspartei 3,1 % der Stimmen. Vgl. *Latour/Vogelsang*, Okkupation und Wiederaufbau, S. 111.

12 Das Protokoll trägt keine Unterschrift.

Nr. 147
Schreiben der Bezirksleitung der KPD Thüringen an den Landesvorstand der SPD Thüringen vom 24. Januar 1946[1]

Kommunistische Partei Deutschlands
Bezirksleitung Thüringen

Weimar, den 24. 1. 1946

An den
Landesvorstand der
Sozialdemokratischen Partei Deutschlands
Weimar
Frauentorstr[aße] 3

Werte Genossen!

In unserer heutigen erweiterten Sekretariatssitzung haben wir zu den Fragen, die gestern mit dem Genossen [August] Fröhlich besprochen wurden[2], Stellung genommen. Nach einer sorgfältigen Untersuchung des augenblicklichen Standes der Entwicklung haben wir beschlossen, Euch einen Vorschlag von entscheidender Bedeutung zu unterbreiten.

Wir haben in Deutschland eine sehr komplizierte, aber auch sehr interessante Situation. Die Entwicklung verläuft in den einzelnen Teilen Deutschlands sehr verschiedenartig. Wir in Thüringen sind im Augenblick in der Entwicklung zur Einheit der Arbeiterklasse am weitesten fortgeschritten. Bei uns gibt es keine nennenswerten Widerstände, aber einen

---

1 Thüringisches Hauptstaatsarchiv Weimar, BPA der SED Erfurt, III/1-001.
2 Vgl. Dokument Nr. 145.

stürmischen Willen zur Vereinigung. Diese Lage erfordert von uns Selbständigkeit, Entschlossenheit, Kühnheit und zielbewußtes Handeln. Wir müssen jetzt zeigen, ob wir die Qualität zur Führung haben oder geführte sind.

Die Jenaer Konferenz und ihre Auswirkungen, der Widerhall in den Betrieben zeigt, daß wir den richtigen Weg gegangen sind. Es sind weit größere Kräfte in Bewegung gekommen, als wir erwartet haben. Jetzt nach der Jenaer Konferenz gilt es, diesen Kräften Richtung und Ziel zu geben. Es besteht die Gefahr, daß dieser Strom, der jetzt fließt und von Tag zu Tag stärker wird, wieder erstarrt, wenn wir ihn nicht zu einem bestimmten Punkt führen. Ist dieser Strom einmal erstarrt, werden wir ihn kaum wieder in Bewegung setzen können. Mehr denn je trifft heute der lapidare Satz zu: »Man muß das Eisen schmieden, solange es noch heiß ist.«

Kurz gesagt, nach unserer Einschätzung erfordert die augenblickliche Lage, gebieterisch die Frage der Vereinigung der beiden Parteien auf die Tagesordnung zu setzen und damit den Wunsch und den Willen der Massen zu erfüllen.

Wir schlagen wor: Sofortige Einberufung einer gemeinsamen Sitzung des erweiterten Landesvorstandes und der erweiterten Bezirksleitung mit der Tagesordnung:
»Beschluß über die Vereinigung der beiden Parteien in Thüringen«[3].

Nach dieser Beschlußfassung in allen Betrieben und in allen Ortsgruppen gemeinsame Versammlungen durchzuführen mit derselben Tagesordnung.

Nach diesen Versammlungen ist eine neue Liste der Mitglieder der bisherigen 2 Parteien anzulegen und dann in neuen Versammlungen die Wahl der Leitungen in Betriebsgruppen, Ortsgruppen und Kreisen durchzuführen und dann in einer Landes-Delegierten-Konferenz die Leitung für die Landesorganisation zu wählen. Genossen! Wenn wir diesen Weg gehen, werden wir die Entwicklung in Deutschland entscheidend beeinflussen. Thüringen, das traditionelle Land in der Geschichte der Arbeiterbewegung, wird der deutschen Arbeiterklasse dann den Weg zeigen. Wir müssen jetzt von den Worten zur Tat kommen.

Werte Genossen! Laßt uns alle kleinlichen Hemmungen beiseite werfen. Wir wollen erkennen, wie groß die Verantwortung ist, die wir in diesen Tagen tragen. Laßt uns angesichts dieser Lage Mut und Kühnheit zeigen.

Wir wollen durch eine historische Tat den Markstein setzen für die weitere Entwicklung der deutschen Arbeiterbewegung, und dann werden wir in die Geschichte eingehen.

Mit Genossengruß!
Kommunistische Partei Deutschlands
Bezirksleitung Thüringen
gez. [Werner] Eggerath
Pol[itischer] Sekretär

---

3 So wurde dann auch verfahren. Die von der KPD initiierte gemeinsame Tagung der erweiterten Bezirksleitung Thüringen der KPD und des erweiterten Landesvorstandes Thüringen der SPD fand am 5. Februar 1946 statt. Sie beschloß, am 7. April 1946 in Gotha den Vereinigungsparteitag in Thüringen durchzuführen. Es wurde ein gemeinsamer Organisationsausschuß gebildet, der den Parteitag und die Wahl der Landesleitung der vereinigten Partei vorbereiten sollte.

3. Abschnitt

Intentionen der Sozialdemokraten während der Phase der organisatorischen Verschmelzung (Februar bis April 1946)

Mecklenburg-Vorpommern

Nr. 148

Aus dem Protokoll über die gemeinsame Fraktionssitzung von SPD und KPD der Stadt Waren am 4. Februar 1946[1]

[...]
[Hans] *Klein*[2] [KPD]: Ich komme gerade aus Schwerin und kann nur sagen, daß beide Parteien es ernst meinen mit dem Zusammenschluß, das bewies die Konferenz.[3] Die nötigen Vorbereitungen sind zu treffen, um den Zusammenschluß so schnell wie möglich durchführen zu können. Im ganzen Land werden Organisations-Komitees gewählt. Das Organisations-Komitee soll und wird sich mit den Fragen, die unsere beiden Organisationen betreffen, und mit der Vorbereitung zum baldigen Zusammenschluß beschäftigen. Ich schlage vor, noch heute abend darüber zu diskutieren und Vorschläge für das Komitee zu machen. Ich schlage 5 Mann von jeder Partei vor, die die weitere Arbeit vornehmen.
[Kurt] *Müller*[4] [SPD]: Ich bin der Meinung, 3 Genossen genügen. Wir haben im Wirtschaftsausschuß 3, im Kulturausschuß 3, im Sozialausschuß 3.
[Hans] *Klein* [KPD]: schlägt vor, die anderen Ausschüsse durch je 2 Mann zu ergänzen. Wir wollen sie heute wählen, warum auf die lange Bank schieben.
[Kurt] *Müller* [SPD]: Ich sehe nicht ein, daß wir die Dinge aus dem Ärmel schütteln, man muß die Sache überlegen.
[Friedrich] *Dethloff*[5] [KPD]: Wenn wir betrachten, was wir durchzuführen haben, dann müssen wir an die Bildung des Organisations-Komitees gehen, es hat eine bestimmte Arbeit zu erfüllen, jetzt bei der 2. Phase der Bodenreform.[6] Wenn wir jetzt gemeinsam das Organisations-Komitee aufstellen, dann stelle ich mir das so vor, daß wir gemeinsam, SPD und KPD, in die Dörfer gehen und die endgültige Aufteilung vornehmen, alles, was noch fehlt, muß gemeinsam überholt werden, wir müssen den Neubauern mit Rat und Tat zur

---

1 Mecklenburgisches Landeshauptarchiv, BPA der SED Neubrandenburg, III/3/14/1.
2 Hans Klein, geb. am 5. Mai 1904. Vor 1933 KPD. 1945/46 KL, 1946 Sekr. KL KPD Waren. Nach 1946 Instrukteur LV SED Mecklenburg.
3 Am 2. und 3. Februar 1946 versammelten sich in Schwerin 697 Delegierte zur Landesdelegiertenkonferenz des FDGB. In einer Entschließung forderten die Delegierten »die sofortige Inangriffnahme der organisatorischen Vereinigung beider Parteien«. Geschichte der Landesparteiorganisation der SED Mecklenburg, S. 172.
4 Kurt Müller, SPD. 1945/46 KV SPD Waren. April 1946 Vors. KV SED Waren u. LV SED Mecklenburg.
5 Friedrich Dethloff, geb. am 24. Januar 1897. Beruf: Klempner. Seit 1920 KPD. 1945/46 BL KPD Mecklenburg-Vorpommern.
6 Bei der sogenannten 2. Phase der Bodenreform stand die materielle Hilfe für die Neubauern im Mittelpunkt. Ferner waren noch nicht alle landwirtschaftlichen Güter entsprechend den Verordnungen der Landesverwaltung enteignet.

Seite stehen. Wenn wir das gemeinsam machen, werden wir keine Kräfte mehr verzetteln, und wir arbeiten besser, das muß doch jeder anerkennen. Wenn sonst von jeder Partei einer hinausginge in denselben Ort, dann ist das eine Kräftevergeudung, die wir uns nicht mehr leisten können.

[Hans] *Klein* [KPD]: Ich kann die Worte des Gen[ossen] [Friedrich] Dethloff nur unterstreichen, denn zur Durchführung der Bodenreform ist der Termin am 15. 2. [1946] abgelaufen. Wenn nun jeder für sich versucht, die Frage der Bodenreform zu lösen, so ist es noch nicht gesagt, daß wir zu dem Termin die Sache vollenden. Wenn wir aber gemeinsam aufteilen und wir der SPD das Vertrauen schenken und die SPD uns, dann können wir noch zum festgesetzten Termin abschließen.

Die Frage der Ernährung macht uns allen Schwierigkeiten. Um die Frühjahrsbestellung so durchführen zu können, daß wir in diesem Jahr nicht hungern, sondern besser leben können als bisher, ist es notwendig, daß beide Parteien gemeinsam einen Plan ausarbeiten und daß wir uns einig werden, in welcher Form wir die Arbeit durchführen.

Wir wissen, daß der Garant des neuen demokratischen Deutschland nur eine geeinte Arbeiterklasse ist. Um die Voraussetzungen für ein besseres Deutschland zu schaffen, müssen wir zusammengehen. Wir müssen den Alliierten beweisen, es gibt ein besseres Deutschland, ein demokratisches, trotz nazistischer Ideologie und Tendenzen, die sich noch vorfinden. Durch praktische, wahre Demokratie, durch die Einheit der Arbeiterklasse können wir die Alliierten überzeugen vom neuen Deutschland und uns schneller unsere Selbständigkeit erkaufen. Der versteckten und offenen Reaktion werden wir dann auch besser zu Leibe gehen können und schneller mit ihr fertig werden.

Wir wollen heute abend ja noch nicht die gemeinsame Partei schaffen, aber das Org[anisations]-Kom[itee], das die Vorbereitungen für die gemeinsame Partei trifft. In der praktischen Arbeit wollen wir endlich eine gemeinsame Partei gründen. Wir müssen zu einem Entschluß kommen und es nicht wieder von heute auf morgen schieben. Wir tun das nicht, weil wir einem Zwang gehorchen, sondern wir tun es beide aus Überzeugung. Die SPD-Mitglieder sind damit einverstanden, sie wollen nur noch nicht, weil ihnen das Tempo nicht gefällt. Aber je schneller desto besser für uns alle. Wären die Mitglieder der SPD hier, da würden wir schnell zur Einigung kommen. Die haben deutlich ausgesprochen, wie sie die Sache wünschen. Die von oben und von unten, beide wollen die Einigkeit, nur die mittleren Genossen wollen nicht. Laßt Euch von Euren Genossen aus der Mitgliedschaft überzeugen und vom Genossen [Otto] Grotewohl. Laßt uns heute abend dazu übergehen, je 5 Genossen beider Parteien zu wählen.

[Friedrich] *Dethloff* [KPD]: Wir kennen die Tendenzen im Westen, in Bayern und anderswo. Die Zeit, in der die Amerikaner und Engländer bewußt gesäubert haben, ist vorbei[7], und die Reaktion kriecht aus ihren Mauselöchern hervor. Wenn wir gemäß den Beschlüssen der Berliner Konferenz die Einheit Deutschlands anstreben wollen, müssen wir in der russischen Zone den Genossen in den westlichen Zonen mit gutem Beispiel vorangehen. Bestritten wird nur von einigen das Tempo.

---

7 Hier ist die von den Besatzungsmächten praktizierte Entnazifizierung gemeint. Dabei ging es um die politische Säuberung des deutschen Volkes vom Nationalsozialismus. Sein Einfluß auf das öffentliche Leben, auf Wirtschaft und Erziehung in Deutschland sollte ausgeschaltet, die aktiven Nationalsozialisten sollten bestraft werden. Die Amerikaner hatten ihre Ziele und Methoden in der Direktive JCS 1067 vom 26. 4. 1945 niedergelegt, die in wesentlichen Punkten auch Eingang in das Potsdamer Abkommen fand, auf deren Grundlage der Kontrollrat entsprechende Gesetze und Direktiven verkündete. Vgl. *Lutz Niethammer*, Entnazifizierung in Bayern. Säuberung und Rehabilitierung unter amerikanischer Besatzung, Bonn 1982; *Justus Fürstenau*, Entnazifizierung. Ein Kapitel deutscher Nachkriegspolitik, Neuwied 1969.

[Walter] *Nath* [KPD]: Ich schlage folgende Genossen vor: Kinzel [SPD]; [Friedrich] Dethloff [KPD]; [Kurt] Müller [SPD]; [Walter] Nath [KPD]; [Hans] Nevermann [KPD]; Sikorra [SPD]; [Fritz] Schröder [KPD]; Bremig [SPD]; Perkuhn [SPD]; [Friedrich] Menzel [KPD].
(Einwurf: es muß eine ungerade Zahl sein.)
[Kurt] *Müller* [SPD]: Ich setze mich immer der Gefahr aus, daß Gen[osse] [Hans] Klein die Dinge so darzustellen versucht, daß die Genossen, die noch ein Wort dazu sagen, in einer unfairen Weise angegriffen werden und man sie von den anderen Genossen zu trennen versucht. Als ob die Mitglieder alle damit einverstanden sind, was ihnen von der KPD vorgeschlagen wird, und [Bruno] Westen und [Kurt] Müller, wenn es auch nicht gerade als sabotieren zu bezeichnen ist, doch dagegen sind. Ich möchte daher nichts mehr dazu sagen. Ich lasse mir das nicht gefallen, ich lasse mir nicht den Mund verschließen, und Ihr versucht, uns von den anderen Mitgliedern zu trennen. Wir wissen besser, wie unsere Mitglieder denken. Wenn sie zu allem schweigen, sind sie nicht mit allem einverstanden. Das ist keine feine Taktik. Ich sage nichts mehr, sollen die Genossen sich dazu äußern. Ich weise dieses Manöver zurück.
[Friedrich] *Dethloff* [KPD]: Die Mehrheit Eurer Mitglieder ist nicht gewillt, dieses Tempo mitzumachen.
[Kurt] *Müller* [SPD]: Ich bin immer für Zusammenarbeit gewesen, ich habe praktisch Vorschläge gemacht, wie wir weiterkommen. Aber, wenn man ein Wort sagt, das nicht 100 %ig mit Euch übereinstimmt, so wird mit unfairen Mitteln Stellung dagegen zu machen versucht.
[Hans] *Klein* [KPD]: Wenn wir zum praktischen Handeln kommen, werden wir dabei sein. Ich habe nicht unfair gehandelt, ich meine, jeder soll seine Meinung sagen. Ich habe meine Meinung gesagt. Ich habe es gesehen, die Mitglieder der SPD haben sich alle für die Einheit erklärt, in Schwerin haben sie sich ganz entschieden dafür ausgesprochen.[8] So sieht die Sache aus.
Wir haben immer wieder gesagt: [Bruno] Westen und [Kurt] Müller, wir wollen zur gemeinsamen Mitgliederversammlung kommen. Endlich ist es besprochen. Ich glaube, deswegen sind die Mitglieder weiter, weil sie im praktischen Leben stehen und die Notwendigkeit der Einheit sehen. Sie befürchten eine Entwicklung wie drüben im Westen.
[Friedrich] *Menzel* [KPD]: Bis zum 15. 2. [1946] müssen die restlichen Güter aufgeteilt sein und auch noch ein beträchtlicher Teil Wald. Das ist von einer Partei nicht allein durchzuführen. Ich möchte die SPD ersuchen, noch heute zu der Frage der Komiteebildung Stellung zu nehmen. Wir können dann noch heute das Org[anisations]-Kom[itee] gründen und dieses kann dann die Arbeit in Angriff nehmen.
Wismin [KPD]: Wir haben viel und oft gehört von Sachen, die der Zusammenschluß bringt. Jetzt muß der, der dagegen ist, angeben, weshalb er dagegen ist, damit wir dagegen angehen können.
Horn [SPD]: Man kann nicht sagen, daß die SPD dagegen ist, wenn die Funktionäre der SPD schweigen, dann tun sie es aus einem unsicheren Gefühl heraus, weil sie nicht zu reden wagen und erst alles im engeren Kreis besprechen wollen, was zu den einzelnen Punkten notwendig ist. Sie sind gewöhnt, daß ihre Führer ihnen alles klarlegen. Die Funktionäre sträuben sich nicht, es ist nur bemängelt worden, daß das Tempo zu schnell ist. Da sind die Kommunisten immer voran. Das ist für die SPD zu atemraubend. Daß man nun drängt, ist verkehrt. Etwas mehr Geduld, so kommen wir weiter, nicht zu stürmisch. Wir wollen mithelfen, aber das Tempo ist zu scharf.
[Friedrich] *Dethloff* [KPD]: Es steht jedem zu, seine Meinung frei zu äußern. Wir sind in einer demokratischen Gesellschaft zusammen. Wir sollen keinem unsere Meinung auf-

---

8 Gemeint ist die Landesdelegiertenkonferenz des FDGB am 2. und 3. Februar 1946 in Schwerin.

zwingen, sondern wir diskutieren als Genossen, und als Genossen können wir auch verlangen, daß alle Funktionäre zu diesem Problem Stellung nehmen und ihrer Meinung Ausdruck geben. Es kann von jedem Funktionär erwartet werden, daß er genügend geschult ist, um die Dinge zu übersehen.

[Kurt] *Müller* [SPD]: Wenn es so wäre, wäre es ganz schön. Hier wird eine Niederschrift aufgenommen, und morgen hält der Kommandant unseren Leuten vor, ihr seid westlich orientiert, mit dem sind wir nicht einverstanden. Der ist gegen die Einheit. Das sind gewisse Bedenken. Das sind Dinge, die es unsere Genossen immer wieder für richtig halten lassen, zu schweigen. Ich weiß nicht, ob es aus diesem Grund geschieht, aber ich glaube, daß es so ist. Sie sind noch in ihrer ganzen Haltung befangen, jeder hat Angst vor seinem eigenen Wort. Am nächsten Tag ist es bei der richtigen Stelle. Wir haben es in der letzten Zeit erlebt, da sind wir gehalten, leider zu schweigen.

Der Genosse sagt, die Genossen, die gegen die Einheit sind, sollen ihre Meinung begründen, ich glaube, es gibt keinen, der dagegen ist. Die Einigung der Arbeiterklasse soll keine Angelegenheit der sowjetischen Zone sein, wir sollen Anstrengungen machen für das ganze Reichsgebiet. Das ist der Punkt, der auch zu wenig berücksichtigt wird. Wir sind der Auffassung, wenn wir die Einigung im Tempo von Euch mitmachen, dann kommen wir zu einer Spaltung der SPD im Westen, da ist das Tempo nicht so weit, da ist es nicht möglich, die Einigung vorwärts zu treiben. Ihr glaubt, es sind andere Tendenzen, das Tempo zu bremsen, es sind aber diese Gesichtspunkte, die ich dargelegt habe.

Wir fürchten, daß eine Decke zugemacht wird und es unter der Decke weiter schwelt und eine neue Spaltung herbeigeführt wird. Nicht persönliche Motive sind es, die uns veranlassen, etwas einzugreifen. Wenn Ihr das nicht anerkennen könnt, ist es Euer Recht. Ich kann es verstehen, wenn Ihr versucht, die Dinge vorwärts zu treiben. Ihr seht die Gefahr der Reaktion, wir sehen die Gefahr der Spaltung für größer an. Die SPD ist eine sehr alte Organisation, es gibt Genossen, die ein Menschenleben lang Mitglied sind. Jetzt sollen sie sie aufgeben und die Einigung von heute auf morgen durchführen. Daß da gewisse Hemmungen bestehen, müßte Euch einleuchten.

[Friedrich] *Dethloff* [KPD]: Dann müßten die Kommunisten, die seit 1919 in der Partei sind, weil der Name der KPD verschwindet, dieselben Hemmungen zeigen. Hinzu kommt noch, daß [Otto] Grotewohl und [Max] Fechner diejenigen wären, die eine Spaltung herbeiführen wollten, sie sind diejenigen, die die sofortige Verschmelzung herbeiführen wollen.

[Kurt] *Müller* [KPD]: Die Genossen von Rostock hatten eine Entschließung angenommen[9]; diese ist in der sozialdemokratischen »Volksstimme« gebracht worden, wonach grundsätzlich die Einigung anerkannt ist. Wenige Tage später kam eine Entschließung, in der die Rostocker angegriffen wurden, sie seien nicht geeignet, der Einigung zu dienen.[10] Demokratisch war die Sache nicht, keiner der sozialdemokratischen Genossen hatte die Sache in der Zeitung geschrieben.

[Hans] *Klein* [KPD]: Auf den Reichsparteitag warten, heißt die Einheit verzögern. Die Mitglieder der SPD haben sich für die Einheit ausgesprochen. Daß Genosse [Kurt] Schumacher im Westen eine andere Meinung hat, ist nicht entscheidend. Er steht dort, wo er 1933 aufgehört hat. Von den Kommunisten wünscht er, daß sie als reuige Sünder in die »große« Mutterpartei zurückkommen. Er scheint wenig zu kennen von der deutschen Arbeiterbewegung, sonst wüßte er, daß die Kommunisten die alten und besseren Sozialdemokraten geblieben sind.

Wenn man sagt, das sei nicht demokratisch, ein Organisations-Kom[itee] nach diesen Methoden, die einer Vergewaltigung gleichen, zu bilden, dann sage ich, daß die Demokra-

---

9 Vgl. Dokument Nr. 98.
10 Die sozialdemokratische Landeszeitung für Mecklenburg »Volksstimme« vom 12. Januar 1946 distanzierte sich in einem Leitartikel von der Rostocker Entschließung für die Urabstimmung.

tie nicht besser zum Ausdruck kommen kann, wie es durch die Äußerung der sozialdemokratischen Mitglieder auch auf unserer gemeinsamen Kreiskonferenz geschehen ist. Als Karl Liebknecht[11] 1914 gegen die Kriegskredite stimmte, warf man ihm auch vor, er hätte nicht demokratisch gehandelt, weil er gegen den Mehrheitsbeschluß verstoßen habe. Er hatte aber nur gegen den Mehrheitsbeschluß der sozialdemokratischen Reichstagsfraktion verstoßen und dem Mehrheitswillen der sozialdemokratischen Wähler Ausdruck gegeben, denn die Mehrheit des Volkes wollte Frieden.

Heute will die Mehrheit der sozialdemokratischen Mitglieder die Einheit. Alles, was man für die Einheit tut, entspricht dem Mehrheitswillen der Mitglieder und ist demokratisch. Ihr wißt, wenn wir nur die Einheit in der östlichen Zone zustande bringen, hätten wir zwei Parteien. Hier die Einheitspartei und drüben noch die SPD. Ich bin der Meinung, das würde nur eine kurze Zeit so sein, denn unser Beispiel wird zünden und überzeugen und bald werden wir die Einheitspartei fürs ganze Reich haben.

[Walter] *Nath* [KPD]: Wir wollen jetzt einen Tag benennen, an dem die 9 Genossen zusammenkommen und über die praktischen Schritte beraten zur Durchführung der Bodenreform und zur Unterstützung der Bauern. Außerdem müssen wir einen ständigen Sitz nennen und dort ein Plakat anbringen. [...][12]

---

11 Karl Liebknecht, geb. am 13. August 1871. Beruf: Jurist. 1900 SPD. 1912 MdR. 1918/19 Mitbegründer KPD. 1919 ermordet.
12 Das Protokoll trägt keine Unterschrift.

Nr. 149
Aus dem Protokoll über die Mitgliederversammlung des SPD-Ortsvereins Neubukow am 10. Februar 1946[1]

[...]

Genosse *Moritz*, Neubukow: Genossen und Genossinnen, wir haben schon lange versucht, im Rahmen einer eigenen Mitgliederversammlung Bericht zu erstatten über die Parteiarbeit und den Stand der »Einigungsverhandlungen«. Das ist uns aber bisher leider noch nicht möglich gewesen. Als die letzte große und grundlegende Besprechung stattfand, haben wir leider seitdem keine Mitgliederversammlung genehmigt erhalten. Es wurde uns von Seiten der Administration gesagt, es würden künftighin nur noch gemeinsame Versammlungen genehmigt werden. Nachdem in der Zwischenzeit sowohl von der KPD wie auch von uns der Wunsch geäußert wurde, sind wir nochmals vorstellig geworden und haben zu heute eine Mitgliederversammlung erhalten, in der nun alle geschäftlichen Dinge besprochen werden können.

Über die Notwendigkeit einer »Einigung« ist schon so viel geschrieben und gesprochen worden, daß man darüber eigentlich nichts mehr Neues sagen kann. Die Erfahrungen, die beide Parteien in der Vergangenheit gemacht haben, haben in beiden Parteien den Wunsch laut werden lassen, daß es zu einer «Einigung« kommen muß. Die gespaltenen Arbeiterparteien müssen sich wieder zurückfinden, und diese Bestrebungen sind eigentlich schon sehr alt, so alt wie die Spaltung der Parteien selber. Es ist nur ein Unterschied, daß die Bestre-

---

1 Vorpommersches Landesarchiv, BPA der SED Rostock, II/3/21.

bungen vor 1931[2] nicht zu Ende kamen und jetzt nicht mehr aus agitatorischen, sondern jetzt aus ehrlichen Gründen angestrebt werden müssen.

Es ist nicht ganz leicht, nachdem nun einmal die Gründung beider Parteien zugelassen war, dieselben zu vereinigen. Es wäre viel besser und richtiger gewesen, nachdem das »tausendjährige« Hitlerreich zerschlagen ist, sofort zu einer »Einheitspartei« zu schreiten. Es ist auch schon von der SPD, als Berlin noch nicht gefallen war, dieses Anerbieten gemacht worden.[3] Von der KPD und von Genosse [Wolf] Reichardt, Wismar, wurde auf der letzten gemeinsamen Versammlung erklärt, daß dieser Zusammenschluß damals noch nicht möglich war, weil die Parteien erst ihre alten Anhänger versammeln wollten, um zu sehen, wer überhaupt noch vorhanden wäre. Dies ist gewiß ein Grund, aber ein triftiger Grund ist es nicht, denn nach meinem Dafürhalten hätten sich die SPD und die KPD bestimmt auch in der neuen Einheitsfront getroffen, und die beiderseitigen Anhänger wären genauso schnell und sicher eingetreten wie in die beiden getrennten Parteien. Wir hätten dann unsere Kraft schon für die gemeinsame Arbeit verwenden können.

Nachdem nun aber mal beide Parteien gegründet worden sind, kostet es auf beiden Seiten gewisse Überwindung, die jedem inzwischen lieb gewordene Partei aufzugeben zu Gunsten einer Organisation, von der man nicht weiß, wie sie die Zukunft überstehen wird. Es sind eben auf beiden Seiten alte Kämpfer, die nicht ohne weiteres ihre Vergangenheit von sich werfen können, wie es von der Spitze in Tempo verlangt wird. Es ist zwar von jeder von beiden Parteien sofort ins Auge gefaßt worden, eine Arbeitsgemeinschaft zu schaffen. Wir haben auch hier in Neubukow schon eine Arbeitsgemeinschaft gegründet, die allerdings bisher noch nicht benutzt worden ist. Es besteht eben auf beiden Seiten gewisses Mißtrauen, das nicht zu einer ehrlichen und offenen Arbeit hat kommen lassen. Wir müssen aber diese ehrliche Zusammenarbeit unbedingt anstreben.

Es kann nicht so kommen, daß der Zusammenschluß von irgendeiner Spitze befohlen wird, sondern der Zusammenschluß muß von unten her, von den Mitgliedern kommen. Es muß also nicht eine Sache der Spitze oder ein Kommando der Landesleitung sein, das hat uns die Erfahrung mit dem Hitlerreich gezeigt, sondern der Zusammenschluß muß von innen heraus erfolgen, von der Mitgliederversammlung.

Wir hatten versucht, mit der KPD eine Einigung über unser Versammlungsprogramm zu erzielen, wir wurden aber nur einen Tag vor ihrer Versammlung aufgefordert, an der gemeinsamen Versammlung teilzunehmen. Wir hatten daher unsere Mitglieder nicht vorher fragen und vorbereiten können. Es ist also nicht ganz einfach, dieses Arbeiten mit dem Ziel der »Einheit«, wenn man nicht Klarheit in der Mitgliedschaft schaffen kann. Wir jedenfalls sind an der Spaltung der Parteien nicht schuld gewesen, sondern es war so, daß die Minderheit sich von der Mehrheit abgesondert hat. Diese Minderheit hatte vollkommen gleiche Rechte und konnte Beschlüsse fassen. Wenn nun diese Minderheit andere Punkte vertrat als wir, so bestand das darin, daß wir seit 80 Jahren die Demokratie vertreten, während die andere Seite die »Diktatur« auf die Fahne geschrieben hatte und jetzt wieder zur Demokratie zurückgekehrt ist. Wenn sich jemand in einem Irrtum befindet, so steht es ihm gut an, sich aus diesem Irrtum wieder zu lösen, denn er gibt damit zu, daß er heute klüger ist wie gestern.

Auf der Berliner Konferenz am 20. und 21. Dezember 1945, auf die bei allen Versammlungen immer Bezug genommen wird, erfolgte die grundlegende Entschließung über die »Einheit«. Die Einheit der deutschen Arbeiterpartei ist eine Notwendigkeit, sie wird für

---

2 Gemeint ist sicherlich die Zeit vor 1933.
3 Gemeint ist der immer wieder von Sozialdemokraten ins Spiel gebrachte Brief Max Fechners an Walter Ulbricht vom 28. April 1945, in dem Fechner eine sofortige Verschmelzung in Erwägung zog.

ganz Deutschland beschlossen werden. Bis dahin bleiben die beiden Parteien selbständig. Wir fordern die »Einigkeit« in Stadt und Land nach den für Deutschland gegebenen Notwendigkeiten; freie Meinungsäußerung und freie Wahl aller Instanzen sind unveräußerliche Rechte unserer Mitglieder.

Die Kreisleitung in Wismar hat am 4. 1. [1946] eine gemeinsame Konferenz gehabt und hat sich die Beschlüsse der Berliner Konferenz zu eigen gemacht.[4] Wir haben diese Beschlüsse der Mitgliederversammlung noch nicht vortragen können, daher macht man uns den Vorwurf, daß wir nicht ehrlich um die »Einheit« bemüht sind und die Arbeiten sabotieren. Wir haben immer darauf hingewiesen, daß wir alle Mißverständnisse beseitigen müssen, um so eher werden wir zu einer »Einheit« kommen. Aber so lange wir nicht wie Gleichberechtigte behandelt werden, haben wir Mißtrauen, und es geht keiner gerne eine Zwangsehe ein.

Es kann uns auch nicht der Vorwurf gemacht werden, ja, die Mitglieder, die wollen schon, aber die Bonzen, die sind sich noch nicht einig. An uns liegt es nicht, wenn die »Einheit« nicht in dem Tempo zustandekommt wie es den Spitzen wünschenswert erscheint. Es fehlt eben an der Ehrlichkeit der Zusammenarbeit. Diese Zusammenarbeit hat eben bisher noch nicht geklappt. Wenn nun endlich alles Mißtrauen und alle Steine aus dem Weg geräumt sind, muß es zu einer guten Zusammenarbeit kommen.

Es ist nicht das erste Mal, daß unsere Partei schwere Zeiten hinter sich hat. Ich erinnere an die Zeit, von der Wilhelm Liebknecht[5] sagte, »das Sozialistengesetz ist der eiserne Reifen, der unsere Partei zusammenhält«.[6] Aber 12 Jahre Hitlerregiment und Gestapotyrannei, die sollten noch stärkere Reifen um die Sozialdemokratie geschlagen haben.

Es ist unser ehrliches Bestreben, und auch unseren Mitgliedern gegenüber vertreten wir es, daß es unser ehrliches Bestreben ist, zu einer »Einheit« zu kommen. Es liegt nicht an unserer Ehrlichkeit, wenn es noch nicht dazu gekommen ist.

Ich möchte nun der Mitgliederversammlung vorschlagen, eine Entschließung, die später vorgelesen wird, anzunehmen.

(Entschließung siehe Anlage)

Ich stelle nun diesen Vortrag zur Diskussion.

Genosse *Wehnde*, Neubukow: [. . .] Der Genosse Moritz hat sehr treffend zum Ausdruck gebracht, daß der Zusammenschluß der Parteien von unten herauf kommen muß. Es geht nicht an, daß dieses über den Kopf der Mitgliederversammlung hinweg von der Spitze erfolgt. Was an Unebenheiten noch bei den Parteien besteht, muß von den Ausschüssen weggeschafft werden. Es soll aber endlich zusammengearbeitet werden und nicht hinter dem Rücken. Wenn sich die Arbeitsausschüsse einig sind, dann wird auch die Mitgliederversammlung gerne die Zustimmung zu dem Zusammenschluß geben.

Genosse *Helm*, Neubukow: Als ehemaliger Bürgermeister der Stadt Neubukow habe ich die Erfahrung in Verschiedenem gemacht und möchte daher einige Worte zu der Ver-

---

4 Eine Besprechung der Funktionäre der SPD und KPD des Kreises Wismar fand am 5. Januar 1946 in Wismar statt, auf der eine Entschließung zur Einheitsproblematik verabschiedet wurde. Vgl. Dokument Nr. 97.

5 Wilhelm Liebknecht, geb. am 29. März 1826. 1869 Mitbegründer SDAP. Seit dem Gothaer Vereinigungsparteitag 1875 Führungsmitglied SAP, 1890 SPD. 1900 gestorben.

6 Im Oktober 1878 wurde das Reichsgesetz »wider die gemeingefährlichen Bestrebungen der Sozialdemokratie« erlassen, womit außer der Reichstagsfraktion alle sozialdemokratischen und sozialistischen Organisationen und die Presse verboten wurden. Trotz aller Verbote und Verhaftungen, Verurteilungen und Ausweisungen waren die Organisationen der Sozialdemokratie und der Gewerkschaften mit dem Gesetz nicht mehr zu zerstören. Ab 1890 wurde das Sozialistengesetz nicht mehr verlängert.

sammlung sprechen. Als der Einmarsch der Russen hier stattfand, hatten wir keine Parteien, wir hatten aber auch keine Verbindung mit Rostock oder Wismar. Wir haben dann die notwendigen Arbeiten selbst in die Hand genommen. Wir haben also gleich gearbeitet. Wir hätten also gleich von Anbeginn eine »Einigkeit« haben können. Da aber dann die Gründung der beiden Parteien zugelassen wurde, ist dadurch die Spaltung schon entstanden. Nach der Gründung der beiden Parteien wußten wir, daß nun wieder ein Kampf beginnen würde.

Wir sind also ehrlich bereit zu einer guten Zusammenarbeit. Beide Parteien müssen sich darüber bewußt sein, wenn wir jetzt eine »Einheitspartei« gründen, daß wir dann den Staat zu lenken haben, und das muß bewußt und mit Ehrlichkeit geschehen. Denn es wird die Zeit kommen, daß wir nicht mehr sagen können, der Faschismus ist an allem schuld, sondern daß man uns verantwortlich macht. Es muß also nochmals betont werden, daß beide Parteien mit unbedingter Ehrlichkeit und ohne Mißtrauen zusammenarbeiten, denn nur so kann gewährleistet werden, daß die Lenkung des Staates zum Wohle des ganzen Volkes geschieht.

[...]

Genossin *Volkmann*, Neubukow: Es ist schon so viel über die «Einheitspartei« geschrieben und gesprochen worden, warum wird denn nun nicht endlich mal gehandelt? Wir Frauen müssen ja auch mal ein Wort dazu sagen, denn wir wissen, daß auch wir Frauen in der Vergangenheit Fehler gemacht haben. Wir Frauen sind dafür, daß sich die beiden Arbeiterparteien nicht fortgesetzt beschimpfen, sondern endlich zusammenarbeiten und dazu auch die Frauen heranziehen. Nur der Aufbau allein ist wichtig und nicht die Rederei darüber. Die Frauen und auch die Jugendlichen werden sich dazu bereit finden. Wir wissen, daß wir uns selber helfen müssen, denn es gibt wirklich niemanden, der uns heraushelfen könnte.

[...]

Genosse *Hopp*, Neubukow: Jeder alte Sozialist hat es immer bedauert, daß es zu einer Spaltung der Arbeiterparteien gekommen ist. Die Folgen dieser Spaltung haben wir jetzt ja alle richtig zu spüren bekommen. Wir wollen die »Einheit«. Diese darf uns aber nicht aufgezwungen werden, sondern nach richtiger und klarer Aussprache mit der KPD sollen die Mitglieder entscheiden. Es kann nicht Sache einer Parteibehörde sein, diese »Einheitsbestrebungen« zu diktieren, sondern beide Parteien müssen das Gefühl haben, als gleichberechtigte Partner zusammenzukommen. Die Arbeiterklasse ist die größte Klasse in Deutschland und muß sich dessen bewußt werden.

Dann möchte ich noch sagen, daß alle Mitglieder mit der Arbeit des Vorstandes einverstanden waren. Der Vorstand und die Funktionäre haben gut gearbeitet, und die Partei ist in kurzer Zeit groß geworden. Die Einheitsbestrebungen an sich sind schon alt, und wir haben uns auch schon oft mit alten Genossen darüber ausgesprochen. Es darf eine Teilung in der Sozialdemokratie nicht mehr geben. In einem kommunistischen Manifest heißt es: »Völker aller Länder vereinigt euch«, bei uns muß es heißen: »Arbeiter Deutschlands einigt euch.«

Genosse *Fahs*: fordert zur Abstimmung über die Bildung der »Einheitspartei« auf. Diese Entschließung wird von der Mitgliederversammlung einstimmig angenommen.

[...]

Entschließung

Die am 10. Febr[uar] [19]46 im Hotel Stadt Hamburg stattgefundene Mitgliederversammlung der SPD-Ortsgruppe Neubukow hat Kenntnis genommen von den Vereinbarungen des Zentralausschusses der SPD und des Zentralkomitees der KPD vom 20. und 21. 12. [19]45 in Berlin.

Nach Bekanntgabe der sieben wesentlichen Punkte, welche den Zusammenschluß fördern und beschleunigen sollen, ist sich die Mitgliederversammlung einig in dem Willen zu einer einheitlichen und engen Zusammenarbeit der beiden Arbeiterparteien. Sie ist sich darüber klar, daß eine spätere organisatorische Vereinigung beider Arbeiterparteien sein muß.

Diese Vereinigung der Arbeiterparteien muß aber auf einem Weg erfolgen, der den demokratischen Grundsätzen der Sozialdemokratie entspricht. Sie kann deswegen nicht das Werk von Instanzen sein, und sie kann auch nicht von oben diktiert werden. Deswegen soll in dieser entscheidenden Frage ein Reichsparteitag beraten und eine Urabstimmung aller Mitglieder der Sozialdemokratischen Partei im ganzen Reich endgültig entscheiden. Nur so, von dieser Grundlage, kann die auch von uns erstrebte Einigung der Arbeiterklasse auf dauerhafter und endgültiger Grundlage erfolgen.

Die Versammelten fordern daher den Zentralausschuß in Berlin auf, den Mitgliedern der SPD die Möglichkeit zu geben zu einer Urabstimmung, und damit zu einer klaren und eindeutigen Entscheidung.

Sozialdemokratische Partei
Ortsgruppe Neubukow

Nr. 150
Aus einem Bericht[1] über das Verhältnis der SPD zur KPD in der Stadtverwaltung Rostock vom März 1946[2]

[...]

Die maßgebenden hiesigen SPD-Funktionäre Albert Schulz, [Alfred] Starosson, Walter Schultz[3] usw. haben sich damit abgefunden, daß die Einheitspartei »unvermeidlich« ist. Sie arbeiten nicht mehr offen oder versteckt gegen die Einigung, wie sie es noch im Januar 1946 taten (siehe Resolution der SPD vom 6. 1. 1946[4], im Hamburger Sender[5] als klare und erste Stellungnahme der SPD in der sowjetischen Zone gegen die Einigung veröffentlicht).

Der Sozialdemokrat [Alfred] Starosson hat des weiteren bei der Einführung des neuen Oberbürgermeisters Albert Schulz[6] kein Wort von der Einheitspartei gesagt, lediglich die Beziehungen [von] Albert Schulz zu seiner Partei in Vergangenheit und Zukunft gewürdigt, sondern sie haben ihre Taktik dahin geändert, daß sie unter allen Umständen vor der Einigung soviel wichtige Positionen in der Hand haben wollen, daß die Führung in der neuen Einheitspartei zwangsläufig ihnen zufallen muß.

Wir beobachten in den letzten Wochen täglich Zusammenkünfte der maßgebenden SPD-Funktionäre aus Partei und Verwaltung. Die Arbeit in den verschiedenen Kommissionen des Organisationsausschusses wird offensichtlich und bewußt in den Hintergrund gedrängt, um reine SPD-Arbeit betreiben zu können.

---

1 Der Bericht wurde von einem KPD-Mitglied verfaßt.
2 Mecklenburgisches Landeshauptarchiv, BPA der SED Schwerin, I/1.
3 Walter Schultz, 1920 SPD. 1946 bis 1948 stellv. Abtltr. LV, September 1947 Sekr. LV SED Mecklenburg.
4 Vgl. Dokument Nr. 98.
5 Wann die Resolution im Nordwestdeutschen Rundfunk (NWDR) verlesen und kommentiert wurde, konnte nicht ermittelt werden.
6 Seit Februar 1946 war Albert Schulz Oberbürgermeister der Stadt Rostock.

Der schriftlich beigefügte Brief an den Oberbürgermeister Albert Schulz fiel mir in die Hände.[7] Er beweist, daß die SPD Positionen auf jedem Verwaltungs- oder Wirtschaftsgebiet in ihre Hand bekommen will, um stärker als die KPD in die neue Partei eintreten zu können.
[...]
Ich habe diesen Bericht absichtlich so breit und ausführlich angelegt, weil er bezeichnend für die taktische.Methode ist, mit der die SPD die »Einigung« vorbereitet. Es ist bekannt, daß die SPD Rostock, vor allem in der Person von Albert Schulz, weit über die Grenzen Rostocks und auch Mecklenburgs hinaus Einfluß auf die Linie der gesamten SPD hat. Vielleicht lassen sich deshalb aus diesem Bericht Schlüsse ziehen, die die Einstellung der SPD in bezug auf die neue Einheitspartei etwas deutlicher beleuchten, als es bisher überall möglich war.
Unabhängig von dieser theoretischen Erwägung ergibt sich aber auch die Notwendigkeit praktischer Konsequenzen. Rostock ist schließlich die größte in der sowjetischen Zone gelegene Stadt nördlich Berlins. Die hiesige Kommunistische Partei hat bisher allen Forderungen der SPD nachgegeben, weil sie nach den Richtlinien der Landesleitung im Hinblick auf die zu schaffende Einheitspartei es keinesfalls zu einem Bruch kommen lassen durfte. Muß diese Linie nun angesichts der hier beobachteten veränderten Taktik der SPD (früher: versteckter Kampf gegen die Einheitspartei, jetzt: Sicherung der SPD-Macht-Positionen für die neue Einheitspartei) um jeden Preis beibehalten werden? Können wir es uns leisten, wie es in Rostock leicht der Fall sein könnte, machtpolitisch so geschwächt in die neue Partei zu treten, daß der unbedingt von uns zu fordernde Kurs schwer gesteuert werden kann?
Albert Schulz z. B. hat unmißverständlich geäußert, daß er stets für die Interessen des Berufsbeamtentums eintreten wird. Wenn er – als Vertreter des reaktionären Flügels der SPD – uneingeschränkten Einfluß auf die Personalpolitik der Stadtverwaltung Rostock erhält, dann ist zu ernsten Bedenken für die kommende Entwicklung Anlaß gegeben.[8]

---

7 Dieser Brief ist im Rostocker Archiv nicht überliefert.
8 Das Dokument trägt keine Unterschrift.

Nr. 151
Aus dem Protokoll über die Konferenz der SPD des Kreises Schönberg am 24. März 1946[1]

[...]
Gen[osse] [Hermann] *Wilken*[2]: Parteigenossinnen und Parteigenossen! Leider bin ich ja nicht so in der Verfassung, wie ich sein möchte, das hilft nichts, wir sind hier zusammengekommen, um uns noch einmal klar zu werden über die Grundsätze und Ziele der Sozialistischen Einheitspartei.[3] Es ist daher notwendig, daß wir noch einmal eingehend Stellung nehmen über die Fehler und Schwächen beider Parteien.

---

1 Mecklenburgisches Landeshauptarchiv, BPA der SED Schwerin, II/2.
2 Hermann Wilken, SPD. 1945/46 Vors. KV SPD Schönberg. April 1946 Vors. KV SED Grevesmühlen u. LV SED Mecklenburg.
3 Die zweite »Sechziger-Konferenz« bestätigte am 26. Februar 1946 den von der gemeinsamen Studienkommission überarbeiteten Entwurf der Grundsätze und Ziele der SED, der in der Nr. 2 der gemeinsamen theoretischen Zeitschrift »Einheit« vom März 1946 veröffentlicht wurde. Vgl. Einheitsdrang oder Zwangsvereinigung?, S. 262 ff.

Wir müssen in der neuen Einheitspartei in allen Funktionärstellen und darüber hinaus in allen öffentlichen Verwaltungsstellen sowie in der freien Wirtschaft nur Menschen einsetzen, die ehrlich, frei und zuverlässig sind. Unter den bisherigen Zuständen muß endgültig ein Schlußstrich gezogen werden. Wir sind uns mit den Genossen der KPD hier in der Kreisleitung und dem Organisationsausschuß des Kreises Schönberg in all und jeder Beziehung einig dahingehend, beide Parteien müssen eine grundsätzliche Säuberung aller Verwaltungsstellen der öffentlichen Wirtschaft sowie auch innerhalb der Parteiorganisation vornehmen. Alle Elemente, die glauben, heute als Leichenfledderer an unserem kranken Wirtschaftskörper sich betätigen zu müssen, müssen rücksichtslos entfernt werden. Wir werden dabei auch keinen Halt machen, wenn es notwendig sein sollte, in den höchsten Verwaltungsstellen.

Ich glaube sagen zu können, wenn diese Aktion beendigt ist, daß dann die Voraussetzungen gegeben sind, innerhalb der SEPD in vertrauensvoller, ehrlicher Zusammenarbeit, wie es sich unter Parteigenossen gehört, zusammenzuarbeiten. Gewaltige Aufgaben stehen uns bevor, deren Lösung wir nur meistern können unter Hinzuziehung aller aktiven Funktionäre der geschlossenen Einheitspartei der werktätigen Massen. [. . .]

Parteigenossinnen und Parteigenossen, zusammenfassend will ich noch einmal folgendes sagen: In der nun folgenden Diskussion hat jeder Genosse das Recht, noch einmal seinen Standpunkt sowie auch den Standpunkt der Mitglieder des Ortsvereins hier herauszukristallisieren. Mit der Beendigung der Aussprache und der Beschlußfassung über die Vereinigung beider Parteien hat jegliche Diskussion draußen zu unterbleiben. Wir haben uns als Funktionäre in freiem Willen hier auszusprechen und zu entscheiden und ab morgen überall dort, wohin Ihr gestellt seid, den Standpunkt der neuen Einheitspartei zu vertreten. Jegliche Kritik, auch unter den Mitgliedern, muß unterbleiben. Wir haben auch dort, wo Menschen auftreten, die sich als Schädlinge innerhalb der Partei herausstellen, diese rücksichtslos auszumerzen. Nun, Genossen, an die Arbeit, für die Einheitspartei, für ein demokratisch-sozialistisches Deutschland, für ein Deutschland des Friedens und der Arbeit.

In der folgenden Diskussion nahm als erster der Gen[osse] *Sammann* das Wort und führte aus: Ich habe selten im letzten halben Jahr so hervorragende Worte von so drastischer Ausdrucksweise, von so offener Aufrichtigkeit gehört, wie sie der Gen[osse] [Hermann] Wilken hervorgebracht hat. Gerade seine letzten Ausführungen dahingehend, daß, wenn wir geschlossen mit unserem gesamten Funktionärkörper in die Einheitspartei hineingehen, wir keine Befürchtungen zu haben brauchen. Wenn wir mit den Grundsätzen und Tendenzen, wie wir sie von uneren Vätern gelernt haben und wie wir sie 12 Jahre in uns verborgen gehalten haben, in die Einheitspartei hinausgehen, dann haben wir eine große Möglichkeit vor uns, alles das, was sich als Gefahr in der Frage der Einheit sich uns entgegenzustellen droht, zu überwinden. [. . .]

Gen[osse] *Duesing*, Dassow: [. . .] Wir wollen unser Recht, dafür haben wir 50 Jahre gekämpft. Wir wollen ritterlich vorgehen, aber nicht geführt werden von der Minderheit.

Gen[osse] *Behliebe*, Grevesmühlen: [. . .] Ich erinnere mich immer noch der wüsten Tumulte bei Abhalten von politischen Versammlungen. Auch dieser Zustand darf niemals wieder eintreten. Unser Kampf gilt vor allen Dingen der Reaktion und den Überresten des Faschismus. [. . .] Ich will ausdrücklich betonen, daß nur die Einheitspartei in der Lage ist, die Verhältnisse und Schwierigkeiten des Wirtschaftslebens zu enden und zu meistern. Wir wollen unseren Kreisleitern mit auf den Weg geben, daß im neuen Parteivorstand nur solche Menschen aufgenommen werden, die etwas können und aktive Sozialisten sind. [. . .]

Gen[osse] *Schulz*, Schönberg: [. . .] Wenn der Zusammenschluß der beiden Arbeiterparteien auf ehrlicher sozialistischer und demokratischer Grundlage getätigt wird, soll in den Vordergrund immer die Könnenfrage gestellt werden. Ich als stellvertretender Landrat werde jederzeit allen Menschen und besonders den Genossen der Einheitspartei mit Rat und Tat zur Seite stehen. Mit dem Zusammenschluß werden wir auch die Korruption un-

terbinden. Ein weiterer Faktor wird sein, daß der Verwaltungsapparat reduziert werden kann, es dürfen nicht mehr Personen in den Verwaltungen tätig sein, als wie unbedingt erforderlich sind.
[...]
Genossin *Scheffler*, Grevesmühlen: Ende gut, alles gut. Obwohl nicht viel Frauen unter uns sind, will [ich] doch zu den Frauen sprechen. Wir stehen vor der Einigung. Vor Wochen ist mir bei dem Gedanken daran noch sehr schwer geworden. Ich habe mich nun aber damit abgefunden. Mit dem Verschwinden der Zeichen SPD begrabe ich ein[en] Teil meiner Kindheit, einen Teil meiner Jugend, einen Teil meines Lebens. Aber wir haben uns entschlossen.

Denken Sie sich die Arbeit nicht so einfach. Als bei uns der Frauenausschuß gebildet wurde, war es keine Wahl. Der Zettel war fertig, das Komitee war bestimmt, anhängend zwei Frauen der SPD, um der Form genüge zu tun. In Zukunft haben wir die Einheitspartei. Ich weiß heute schon, die erste Zeit wird sich nicht viel ändern. Viele Frauen der KPD glauben, auf Grund der Besatzungsmacht uns gegenüber ein Vorrecht zu haben, die führenden Posten in einem Komitee besetzen zu müssen. Und ich muß Sie hierzu bitten, die anwesenden Männer, schickt Eure Frauen zur Mitarbeit, werdet aktiver. Mir bangt um das kleine Häufchen der SPD-Frauen.

Ich habe mich genug rumgeärgert. Als wir zum[4] Polit-Major kamen, hörte ich von einer KPD-Frau über mich: »Na, was will die denn hier« (Hört, hört). Nach zwei Tagen nach Eröffnung des Umsiedlerausschusses, in dem ich mich um die Flüchtlingsdinge kümmerte, hieß es: »Die muß raus«. Ein KPD-Genosse sagte mir: »Ja, Sie sind den Frauen etwas geistig überlegen, und das paßt ihnen nicht« (Zuruf: so ist es). Ich will mich nicht herausstreichen, daß ich vielleicht eine andere Schule besucht habe, das haben andere auch, daß ich reden kann, mehr gelernt habe. Ich will nur sagen, was uns bevorsteht bei gemeinsamer Arbeit und was uns genau so weiter erwartet. Das kann sich nur mit der Zeit kristallisieren. Wir müssen uns durchsetzen. Ölt Eure Nerven. Wir dürfen nicht auf der Strecke bleiben. Wir müssen uns durchsetzen. Kommt zur Mitarbeit. Wir müssen arbeiten, wenn wir führend sein wollen, auch wir Frauen. Das Gebiet der Frau ist so groß. Die Anzahl unserer mitarbeitenden Frauen ist sehr spärlich. Helft arbeiten, helft kämpfen. Es wird nicht einfach sein. Wir von der SPD müssen immer und immer wieder unsere Ideale im Auge haben (Lebhafter Beifall).

Im Schlußwort faßte der Genosse [Hermann] *Wilken* noch einmal die getätigte Aussprache und die Arbeit der Ortsvereine zusammen und hob noch folgendes hervor:

Die Aussprache hat ergeben, daß noch sehr viel in den Ortsvereinen zu bereinigen war und noch bereinigt werden muß. Genossen, ich habe diese Aussprache ausdrücklich herbeigeführt, weil ich wußte, daß innerhalb der Ortsvereine Gegenströmungen vorhanden waren, die besonders darauf fußten, daß unser Partner von links nicht 100%ig als würdig befunden wurde und daher ein Teil dieser Genossen in der neuen Einheitspartei nicht übernommen werden konnte. Auch wollte ich mich weiter mit der Auffassung auseinandersetzen, die darin gipfelt, daß die Kommunistische Partei noch alten Doktrinen anhängt, die in einer Diktatur münden.

Ich habe aus Ihrer Aussprache entnommen und festgestellt, daß nunmehr die hauptsächlichen Unklarheiten beseitigt sind, und ich habe weiter entnommen, daß Sie alle, meine Genossinnen und Genossen, mit mir einer Auffassung sind, daß die Schaffung der Einheitspartei eine Lebensnotwendigkeit für das deutsche Volk einmal ist und im anderen für uns als Sozialisten eine Bürgschaft gibt, daß wir die wahre Demokratie in der Besatzungszone des Ostens voll inhaltlich festigen können. Natürlich nur in der Zusammenarbeit mit

---

4 Im Original: beim.

der russischen Besatzungsmacht. Ich bitte Sie daher, wenn wir ab heute diesen Saal verlassen, bilden wir ein geschlossenes Ganzes der neuen sozialistischen Einheitspartei und haben daher mit unseren Genossen von links ab morgen die Dinge des täglichen Lebens gemeinsam in vertrauensvoller Arbeit zu meistern. [...][5]

---

5 Das Dokument trägt keine Unterschrift.

Nr. 152
Rede des SPD-Ortsvorsitzenden[1] von Katzow auf einer Versammlung von SPD und KPD bei Stolzenburg am 30. März 1946[2]

Wir nehmen als Sozialdemokraten Stellung zu der von den Parteileitungen ausgehenden Forderung, die sozialistische Einheitspartei vorzubereiten. Als Partei Stellung nehmen ist ein politischer Akt. Sentimentalitäten sind hier nicht am Platze. Es ist daher unerfreulich, unsere Presse so häufig mit sentimentalen Motiven arbeiten zu sehen. Aus der Brüderlichkeit folgt noch nicht die Uniform. Es macht einen agitatorischen Eindruck, die Genossen mit dem Argument der »Bruder«partei zu bewegen; es wird darum aber auch nicht richtiger, was von dem Bruderzwist geredet wird.

Auch ohne die Tatsache der Trennung der Parteien wären die Nazis an die Macht gekommen. Der kommunistische zweite Bürgermeister Rauh hat politisch richtiger in der Funktionärsitzung im Stadttheater die großen antifaschistischen und sentimentalen Reden der Genossen zurückgewiesen und den Finger darauf gelegt, daß gerade die Arbeiterschaft die Trägerin des Nationalsozialismus gewesen sei, indem sie bedingungslos in die Rüstungsfabrikation gegangen sei und Geld verdient habe.

Als Sozialdemokraten sind wir für einen demokratischen Aufbau von unten her. Aus diesem traditionellen Gefühl heraus haben die Berliner Funktionäre am 1. März [1946] die Durchführung einer Urabstimmung beschlossen.[3] Dieser Beschluß kam doch nicht aus blauem Himmel, sondern war vorbereitet durch eine ganze Reihe von Äußerungen führender Sozialdemokraten. Die Rundschreiben des Landesvorstandes mit ihrer zögernden Taktik, mit ihren Anordnungen betr[effend] die organisatorische Selbständigkeit in der Aktionseinheit mit der KPD, wiesen in dieselbe Richtung.

---

1 Der Name des Ortsvorsitzenden geht aus den archivalischen Unterlagen nicht hervor.
2 Vorpommersches Landesarchiv, BPA der SED Rostock, II/3/1.
3 Eine am 1. März 1946 tagende Konferenz sozialdemokratischer Funktionäre Berlins nahm eine Entschließung an, die die Durchführung einer Urabstimmung in der Mitgliedschaft forderte. Die Mitglieder sollten zwei Fragen beantworten: »Bist Du für den sofortigen Zusammenschluß beider Arbeiterparteien? Ja/Nein oder bist Du für ein Bündnis beider Parteien, welches gemeinsame Arbeit sichert und den Bruderkampf ausschließt? Ja/Nein.« Die Urabstimmung konnte nur in den Westsektoren Berlins ordnungsgemäß abgeschlossen werden. Von 23 755 abgegebenen Stimmen entschieden sich am 31. März 1946 19 529 gegen und nur 2 938 für einen sofortigen Zusammenschluß. Allerdings befürworteten 14 663 (bei 5 559 Gegenstimmen) ein Bündnis. Vgl. *Moraw*, Die Parole der »Einheit« und die Sozialdemokratie, S. 159 ff. In der Literatur existieren unterschiedliche Zahlenangaben zu den Ergebnissen der Urabstimmung, die aber am Gesamtbild nichts ändern. Vgl. *Hurwitz*, Demokratie und Antikommunismus in Berlin nach 1945, Bd. IV, Teil 2, S. 1218.

Wenn nun der Parteiausschuß am 12. März [1946] dieser demokratischen Forderung von unten ein »demokratisches« Diktat von oben entgegensetzt[4] – »grundsätzlich und aus technischen Gründen« –, dann müssen politische Realitäten vorliegen, die nicht beim Namen genannt werden. Warum wird nun dem »demokratischen Bestimmungsrecht der Mitglieder weitgehendst Rechnung getragen« durch eine Erweiterung der Delegiertenzahl[5], wenn diese Delegierten keine handgreiflichen Ergebnisse der politischen Stimmung und Meinung ihrer Ortsvereine in Form von Abstimmungsresultaten mitbringen können oder dürfen?

Warum baut man Paragraphen gegen die Möglichkeit einer »organisierten Opposition« auf?[6] Werden durch eine Opposition die demokratischen Prinzipien unserer Partei verletzt? Warum bringt man politische Gefühlsurteile auf gegen die »Wühlarbeit«? Ja sogar die Selbstverpflichtung, »den schärfsten Kampf gegen alle, die die Einheitsarbeit stören wollen, aufzunehmen«?[7] Der wortreiche offene Brief an Dr. [Kurt] Schumacher von Max Fechner[8] geht ebenso vorsichtig um die politische Realität herum, oder sind die Genossen [Kurt] Schuhmacher und seine Freunde schlechtere Sozialdemokraten, die die Gefahr der Reaktion ebensowenig sehen wie die Gefahr einer unfruchtbaren Gegnerschaft zwischen den beiden Arbeiterparteien?

So könnte vieles bei einer kritischen Analyse der politischen Äußerungen von unserer Seite in den letzten Monaten gefragt werden, und das wären Fragen aus politischer Haltung, die auf eine politische Antwort zielen.

Politisch scheint die Situation für uns sehr einfach zu sein. Wir leben unter der sowjetischen Besatzungsmacht und müssen deren Willen[9] tun, was unsere kommunistischen Freunde in der Öffentlichkeit anstreben. Glaubt man wirklich mit Genossen [Max] Fech-

---

4 Der Parteiausschuß der SPD beschäftigte sich am 12. März 1946 mit der Forderung der Berliner Funktionärskonferenz vom 1. März 1946 nach Durchführung einer Urabstimmung in der Mitgliedschaft. Zu der Berliner Entschließung stellte er fest: »Von der in diesem Beschluß ausgesprochenen Empfehlung, in den Ländern und Provinzen der sowjetischen Besatzungszone eine Urabstimmung vorzunehmen, ist der Parteiausschuß grundsätzlich und aus technischen Gründen nicht in der Lage, Gebrauch zu machen.« Der Parteiausschuß hielt die Durchführung eines Parteitages für angemessen, »um dem demokratischen Bestimmungsrecht der Mitglieder Rechung zu tragen«. Das Volk, Nr. 61, 14. März 1946.

5 Der Parteiausschuß erhöhte am 12. März 1946 die Zahl der Delegierten für den Bezirksparteitag, der über die Vereinigung entscheiden sollte: Auf je 100 Mitglieder entfiel ein Delegierter, der direkt in den Mitgliederversammlungen gewählt werden sollte.

6 In Nr. 2 der theoretischen Zeitschrift »Einheit« vom März 1946 wurde der Entwurf für ein Parteistatut veröffentlicht, der am 26. Februar 1946 von der »zweiten Sechziger-Konferenz« gebilligt worden war. Ein Paragraph über »organisierte Opposition« war darin nicht enthalten. Den Bezugspunkt für die Erwähnung der »organisierten Opposition« könnte die Kampagne von Zentralausschußmitgliedern gegen die Opposition in der Berliner Bezirksorganisation in der Parteizeitung »Das Volk« bilden.

7 Diese Zitate stammen aus verschiedenen Artikeln und Aufrufen in der zentralen Parteizeitung »Das Volk«. Mehrfach polemisierten Zentralausschußmitglieder gegen die Opposition in der Berliner Bezirksorganisation, so beispielsweise in einem »Aufruf an die Gesamtmitgliedschaft« in der Ausgabe vom 14. März 1946. Hierin appellierten Otto Grotewohl, Max Fechner und Erich Gniffke an die Mitglieder, »den Versuchen zur Zersetzung und Spaltung der Partei energisch entgegenzutreten«.

8 In Nr. 67 der Parteizeitung »Das Volk« vom 21. März 1946 wurde ein »Offener Brief an Dr. Schumacher« von Max Fechner veröffentlicht. In diesem Brief polemisierte Fechner gegen den »Zonenstandpunkt« von Schumacher und versuchte damit nachzuweisen, daß Schumacher Schuld daran sei, daß die Durchführung eines »Reichsparteitages« der SPD nicht realisiert werden könne und somit die Abhaltung des Parteitages für die sowjetische Zone die einzige Alternative sei.

9 In der vorliegenden Durchschrift wurde »deren Willen« handschriftlich hinzugefügt.

ner dem Genossen [Kurt] Schumacher vorwerfen zu können, er denke in Zonengrenzen, während wir Deutschland sähen?[10]

Wenn es so wäre, daß die Genossen innerhalb der verschiedenen Zonen nicht mehr selbständig, sondern von oben her inspiriert denken müßten, dann fiele die Überheblichkeit in dem Gegeneinander der politischen Beschuldigungen weg, und wir sähen nüchtern, daß es hüben und drüben um Deutschland geht, aber um ein Deutschland, das ohnmächtig gehalten werden soll. Unsere Besatzungsmacht versucht es, indem sie um das Vertrauen der Arbeiterschaft wirbt und diese durch sozialistische Gedanken in die Richtung ihres politischen Willens zu leiten versucht. Die westlichen Besatzungsmächte versuchen es durch Stärkung der bisherigen demokratischen Gedanken und suchen dadurch die Kleinstaaterei und die Vielzahl sich gegenseitig in Schach haltender Parteien zu erreichen, indem sie auf die deutsche Eigenbrötlerei und Individualismus bauen.

Die russische Politik der konkreten Gestaltung unseres öffentlichen und Wirtschaftslebens wird eine längere Besatzung nötig machen als die westliche Methode; daher wird auch drüben häufger vom Ersatz der Militär- durch eine Zivilverwaltung geredet.[11] Die Herstellung einer sowjetischen Provinz erfordert natürlich eine längere Erziehung der Bevölkerung als die Herstellung eines sich selbst im Gleichgewicht haltenden demokratischen Kräftespiels westlicher Prägung, zumal, wenn man nach französischem Wunsch dem Westen Deutschlands etwa noch den Rhein oder die Ruhr abschneidet.[12]

Wir sind als Parteien gesehen so und so der Spielball der fremden Mächte und ihrer politischen Struktur. Ich nehme an, daß die leitenden Genossen hüben und drüben über diesen politischen Tatbestand sich keinerlei Illusionen hingeben, und bedauere es daher, wenn in

---

10 In dem offenen Brief hatte Fechner formuliert: »Sie denken in Zonengrenzen, meine politischen Freunde und ich sehe Deutschland.«
11 Die alliierten Militärregierungen fungierten in ihren jeweiligen Zonen als oberste legislative Gewalt und waren mit der praktischen Ausübung ihrer Verwaltungshoheit gleichzeitig als Exekutivorgane tätig. Als zunächst unpolitische Auftragsverwaltungen der Militärregierungen arbeiteten die nach dem Einmarsch der Westalliierten eingesetzten deutschen Bürgermeister, Landräte und Provinzial- bzw. Landesverwaltungen. Seit Herbst 1945 schritt die Schaffung zentraler deutscher Verwaltungsinstitutionen in den jeweiligen Zonen voran, die im politischen Leben eine zunehmend größere Rolle zu spielen begannen. Im Oktober 1945 errichtete die amerikanische Militärregierung für ihre Zone den Länderrat des amerikanischen Besatzungsgebietes. In diesem Gremium wurden nach den Auflagen der Militärregierung wichtige administrative und wirtschaftliche Maßnahmen koordiniert. Ab Oktober 1945 wurden in der britischen Zone Zentralämter ins Leben gerufen, die nach Fachbereichen organisiert waren und zunehmend exekutive Befugnisse erhielten. Als Parallele zum Länderrat der amerikanischen Zone fungierte hier die Konferenz der Regierungschefs der Länder und Provinzen sowie Hamburgs. Im März 1946 wurde der Zonenbeirat konstituiert. Die französische Militärregierung verzichtete auf die Errichtung zentraler Koordinierungsorgane für die deutschen Auftragsverwaltungen. Vgl. *Heribert Schwan/Rolf Steininger*, Besiegt-Besetzt-Geteilt. Von der Landung der Alliierten in der Normandie 1944 bis zur Teilung Deutschlands 1949, Oldenburg/München 1979; *Heinrich August Winkler* (Hrsg.), Politische Weichenstellungen im Nachkriegsdeutschland 1945–1953, Göttingen 1979.
12 Die provisorische französische Regierung unter General de Gaulle legte auf der Außenministerkonferenz in London im September 1945 einen radikalen Plan zur Lösung der Ruhrfrage vor. In dem berühmten Memorandum vom 13. September 1945 forderte Frankreich die politische Abtrennung des Rheinlandes und Westfalens - einschließlich des Ruhrgebietes – vom Deutschen Reich als »unerläßlich für den Schutz der französischen Grenze und als wesentliche Voraussetzung für die Sicherheit Europas und der Welt«. Zitiert in: *Steininger*, Deutsche Geschichte 1945–1961, S. 169. Vgl. *Claus Scharf/Hans-Jürgen Schröder* (Hrsg.), Die Deutschlandpolitik Frankreichs und die Französische Zone 1945–1949, Wiesbaden 1983.

der Öffentlichkeit unserer Parteien diese unerfreuliche[13] pharisäerhafte Überheblichkeit des einen oder anderen zu Wort kommt.

Wenn wir einen Reichsparteitag beschicken, der die Einheit der Arbeiterparteien und die Einheit Deutschlands fordern helfen soll, dann handeln wir ebenso politisch unfrei wie der Genosse Dr. [Kurt] Schumacher und seine Freunde, die die Teilnahme an diesem Reichstag ablehnen bzw. ihren Genossen verbieten müssen. Der einfache Genosse, der vor 14 Tagen an der Kreiskonferenz[14] teilnahm und berichtete, das Aufschlußreichste an der ganzen Tagung wäre die Mitteilung gewesen, daß hinter Dr. [Kurt] Schumacher während seiner politischen Rede in Berlin 2 englische Offiziere gestanden hätten[15], die ihn vor der Erörterung des wichtigen Ruhrproblems unter Vorzeigen der Uhr zum Auto hinausbegleitet hätten, hat mehr politischen Instinkt bewiesen, als aus den Aufsätzen unserer Parteipresse hervorleuchtet. Wenn man nicht der Meinung ist, daß das geschlossene Visier und die Tarnung jetzt der politischen Weisheit besserer Schluß sei. Der einfache Genosse hat nämlich diese Mitteilung auf der Kreiskonferenz ergänzt durch die Feststellung, daß neben unseren Genossen, die für die Einheit reden, 2 russische Offiziere stünden.

Wenn das zweifellos richtig gesehen ist, mag es falsch sein, die Dinge beim Namen zu nennen. Dann aber sollte man doch vorsichtiger sein mit der Auffuhr moralischen Geschützes. Da wir die Einheit Deutschlands wollen, schaffen wir [auf] diesem Weg Gegensätze unechter Natur, die sich später einmal verhängnisvoll auswirken können. Unsere gegenwärtige politische Aufgabe ist es, der politischen Struktur und dem politischen Willen der Besatzungsmächte entsprechend die Einheit der beiden Arbeiterparteien herzustellen und zu versuchen, sauber und echt den Anordnungen der Besatzungsmacht zu entsprechen, auf diesem Weg ein Vertrauen zu erwerben und einen Aufbau sozialistischer Geschäfts- und sozialistischer Gesellschaftsordnung im russischen Sinne tatkräftig zu unternehmen.

Wir werden entgegen dem Westen hier noch stärker proletarisiert werden, als es die Kriegsnot schon besorgt hat, werden auf der anderen Grenze des vom Obersten Kontrollrat[16] festgesetzten Lebensstandards eines kleinen mitteleuropäischen Volkes gehalten, dadurch aber in den Stand gesetzt, größere Hungerkatastrophen zu vermeiden.

Wir müssen es schweren Herzens geschehen lassen, daß der Aufbau aus dem Kriegschaos im Westen andere Methoden vorgeschrieben bekommt. Wenn wir aber mit nüchternen Augen die verschiedenen Entwicklungen diesseits und jenseits der Elbe ständig verfolgen, wird die Verantwortung für das eine Deutschland zweifellos besser realisiert als durch unfruchtbares Geschimpfe herüber und hinüber. Daß wir in dieser Situation zugleich die Spannungen zwischen den östlichen und westlichen Besatzungsmächten erdulden müssen, trifft für uns wie für die Genossen jenseits der Demarkationslinie zu. In diesem Erleiden liegt aber auch eine Garantie für die Einheit des Reiches.

Ob über diesen Gegensatz hinaus, der durch die Rede [Winston] Churchills[17] hell be-

---

13 In der vorliegenden Durchschrift wurde »unerfreuliche« handschriftlich hinzugefügt.
14 Am 17., 23. bzw. 24. und 29. März 1946 fanden in Mecklenburg-Vorpommern Kreiskonferenzen der SPD und der KPD statt.
15 Kurt Schumacher hielt sich vom 19. bis 24. Februar 1946 in Berlin auf. Am 21. Februar 1946 fand ein Treffen der Mitglieder des Zentralausschusses mit Kurt Schumacher in einem der Sitzungsräume des Schöneberger Ratskellers statt, in der Schumacher in einer Rede seine Haltung zur Einheitsproblematik erläuterte. Er wurde von einem britischen Offizier des German Political Branch begleitet. Vgl. *Hurwitz*, Demokratie und Antikommunismus in Berlin nach 1945, Bd. IV, Teil 2, S. 975 ff.
16 Gemeint ist der Alliierte Kontrollrat.
17 Am 5. März 1946 hielt Winston Churchill, seit August 1945 britischer Oppositionsführer, in Fulton (Missouri) im Beisein des amerikanischen Präsidenten Truman eine Rede, in der er die expan-

leuchtet wurde (besonders durch seinen Angriff gegen die Vereinigung der Arbeiterparteien), nicht bereits die politische Entwicklung eine neue Situation zu schaffen im Begriff ist, vermag ich noch nicht klar zu sehen. Wenn in Finnland die beiden Arbeiterparteien sich vereinigen[18], so ist das nur eine Parallele zu der Entwicklung im östlichen Deutschland; wenn aber in England die Vereinigung der beiden Arbeiterparteien von 170 Delegierten gefordert wird[19] und diese Forderung zum Ziele führt, dann scheint sich mir anzudeuten, daß der Totalitarismus (auf russisch: Bolschewismus) das unvermeidbare Schicksal des Abendlandes ist. Hier steht das eigentliche politische Problem vor uns, zu dem man Stellung genommen haben muß, wenn man in den aktuellen Teilfragen sauber und wahrhaftig entscheiden will.

Der Katzower Ortsverein der SPD tritt aus politischer Abwägung der Machtverhältnisse und der uns bedrängenden lebenswichtigen Aufbauaufgaben für die Vereinigung der beiden Arbeiterparteien ein; er spricht die Hoffnung aus, daß die sowjetische Besatzungsmacht darin einen Beweis politischer Reife sieht und mit wachsendem Vertrauen antworten wird. Wir lehnen aber jegliche Verlogenheit und sentimentale Verkleisterung in der politischen Führung ab, da das Beispiel der nazistischen Verlogenheit uns offenbar gemacht hat, daß das Ende der Lüge Zusammenbruch, Vertrauenslosigkeit und Chaos ist. Eine innenpolitische Diskussion, die nicht bei jedem ihrer Sätze die außenpolitischen Probleme im Bewußtsein hat, wird zum unerträglichen, unfruchtbaren Geschwätz, wie andererseits eine Außenpolitik, die nicht bei jeder ihrer Maßnahmen die innenpolitischen Kräfteverhältnisse im Auge hat, zur Katastrophe führen muß, wie sie 1945 eingetreten ist.

---

sionistische Politik der Sowjetunion verurteilte und von einem »Eisernen Verhang« sprach, der in Europa niedergegangen sei.
18 In Finnland diskutierten die Kommunisten seit Anfang des Jahres 1946 Möglichkeiten weitergehender Initiativen in der Einheitsfrage. Seit Februar 1946 wurde die Vereinigung von Sozialdemokratischer Partei, Kommunistischer Partei und dem Demokratischen Bund des Finnischen Volkes zum Nahziel der finnischen Kommunisten erklärt. Trotz eines öffentlichen Briefwechsels und mehrfacher Verhandlungen waren die finnischen Sozialdemokraten nicht zu einem Zusammenschluß bereit. Vgl. *Hermann Beyer-Thoma*, Die Frage der Einheit der Arbeiterklasse in Finnland 1944–1948, in: Einheitsfront/Einheitspolitik, S. 424–452.
19 Die britischen Kommunisten beantragten seit 1942 mehrfach – allerdings ohne Erfolg – den Anschluß an die Labour Party. Vgl. *Dietrich Geyer*, Einheitsfrontpolitik und Vereinigungsprozesse in Ost- und Westeuropa 1944-1948. Historische Voraussetzung und Perspektiven, in: Einheitsfront/Einheitspartei, S. 34.

Nr. 153
Protokoll über die Sitzung des Organisationsausschusses[1] der SPD und KPD Wismar am 1. April 1946[2]

Die Sitzung wurde um 1/2 5 Uhr eröffnet. Erschienen waren:
Von der SPD: Gen[osse] [Wilhelm] Buchholtz; Gen[osse] Ballerstaedt; Gen[osse] Dettmann, Frau[3], Gen[osse] [Karl] Moritz, Gen[osse] [Herbert] Säverin.
Von der KPD: [Hans] Mierau; Rachow; Blumtritt; Fritz; [Bernhard] Härtel[4]; [Paul] Hübner[5]; [Wolf] Reichardt; [Hermann] Willbrandt; [Hildegard] Wruck[6]
sowie die beiden Geschäftsführer des Org[anisations]ausschusses Wismar, der Gen[osse] Schoof (SPD) und der Gen[osse] [Karl] Schulz (KPD).

Der Gen[osse] [Karl] *Schulz* eröffnete die Sitzung und gab folgende Tagesordnung bekannt:

1. Stellungnahme zum sofortigen Zusammenschluß
2. Beschaffung eines gemeinsamen Parteihauses
3. Vorbereitungen zum 1. Mai [1946]
4. Verschiedenes

Gen[osse] [Karl] *Schulz* [KPD]: Genossen! Wir wollen heute hier ohne Zwang, aber doch aus innerer Überzeugung zu der Frage, die akut für unseren Kreis steht, den Zusammenschluß beider Arbeiterparteien, Stellung nehmen. Da ja in allen Kreisen die neuen Kreisleitungen, die ja die neuen Leitungen der sozialistischen Einheitspartei werden sollen, in den Kreisen gewählt sind[7], steht praktisch dem Zusammenschluß der beiden Parteien nichts mehr im Wege.
Es ist, wie dies in der Presse zum Ausdruck gebracht wird, nur ein gegenseitiges Nebeneinanderarbeiten und eine Kräftevergeudung, und ich glaube, da es in allen Ortsgruppen in den Mitgliederversammlungen zum Ausdruck gekommen ist, daß die Einheit geschaffen worden ist, da wollen wir das, was uns vorschwebt, den sofortigen Zusammenschluß der beiden Arbeiterparteien, heute hier besprechen, und ich bitte die Mitglieder der beiden Parteien, die heute hier anwesend sind, dazu Stellung zu nehmen, wie wir uns das denken. Mein Vorschlag wäre, daß wir heute schon zu einer Einigung kommen und morgen in der Mitgliederversammlung, auf der die Genossen [Carl] Moltmann und [Kurt] Bürger sprechen werden, den Zusammenschluß vollziehen.

---
1 Im Verlauf des Monats Februar wurden in Mecklenburg-Vorpommern paritätische Organisationsausschüsse auf Kreisebene gebildet, die den Zusammenschluß organisatorisch vorbereiten sollten. Diese Ausschüsse gingen zumeist aus den bisherigen gemeinsamen Arbeitsausschüssen hervor.
2 Vorpommersches Landesarchiv, BPA der SED Rostock, III/8.
3 Der Name fehlt in dem Dokument.
4 Bernhard Härtel, geb. 1896. Beruf: Tischler. Seit 1920 KPD. 1945/46 Pol. Ltr. KPD Wismar.
5 Paul Hübner, geb. am 1. Juni 1900. Beruf: Schlosser. Seit 1926 KPD. 1945/46 KL KPD Wismar.
6 Hildegard Wruck, geb. 1910. Beruf: Buchhalterin. Seit 1930 KPD. 1945/46 Frauenausschuß Wismar.
7 Die im März 1946 tagenden Kreiskonferenzen von SPD und KPD wählten anteilig die Mitglieder für die paritätisch zu bildenden Kreisvorstände der SED. Die KPD führte in Mecklenburg-Vorpommern ihre Konferenzen am 17. März 1946 und an den beiden folgenden Wochenenden durch. Die Kreiskonferenzen der SPD fanden in 19 Kreisen am 24. März 1946 statt.

Gen[osse] [Karl] *Moritz* [SPD]: Ich habe mit dem Genossen [Willy] Jesse über die Geschichten gesprochen, die fortlaufend in die Zeitungen kommen.[8] Das ist eine Reklame, die erforderlich ist. Das hat mit der praktischen Durchführung wenig oder gar nichts zu tun. In Wirklichkeit ist es so, daß bis zum 1. Mai [1946] jede Partei ihre eigenen Beitragsmarken behält, ihre eigene Kassierung durchführt. Ob bis dahin Einheits-Aufnahmescheine fertig sein werden, ob Einheits-Beitragsmarken fertig sein werden, ob Bücher fertig sein werden, ist alles eine Frage, die davon abhängt, wie weit das organisatorisch von Berlin aus durchführbar ist.

Die Folge davon ist, daß wir uns mit der Frage zu beschäftigen haben zunächst, wo bekommen wir ein Parteibüro? Wir haben uns lang und breit mit der Frage beschäftigt. Dann wurde gesagt, das Meyer'sche Grundstück, dann die Gewerkschaften sollten dort hinziehen, wo jetzt die KPD wohnt. Wir glaubten alle, daß das der richtige Weg ist und daß er auch gangbar sein wird. Die nähere Nachprüfung hat ergeben, daß dieses Haus vollständig ungeeignet ist. Dort sind Bauten durchgeführt, das geht alles durcheinander, das Gebäude kommt gar nicht in Frage.

Dann haben wir uns mit der Frage beschäftigt, ob es möglich ist, in dem Haus, wo sich das Einheitsbüro befindet. Das habe ich mir auch angesehen mit dem Organisationsausschuß. Auch das ist nicht geeignet. Es sind dort kollossale Umbauten erforderlich, das wird auch nichts. Dann haben wir uns das Haus angesehen, das Bergmann'sche, wo jetzt die Landkrankenkasse ist. Die nähere Betrachtung dieses Grundstücks führte auch dazu, daß es vielleicht geeignet erscheinen würde, aber immerhin mit vielen Schwierigkeiten, und zwar deshalb, weil einzelne Räume vorhanden sind, wo es fraglich erscheint, ob sie überhaupt beziehbar sein werden.

Dann ist das Grundstück Lübsche Straße 15. Dort sind 15 brauchbare Zimmer drin. Dazu käme die Küche, die ev[en]t[uell] mit benutzt werden könnte, insgesamt 3, sodaß 18 Zimmer vorhanden wären. Das Haus macht einen sehr guten Eindruck. Es sind einzelne Reparaturen erforderlich, die herrühren aus dem letzten Bombenangriff. Dort sind 6 Familien drin, die dann anderweitig untergebracht werden können. Wir sind der Meinung, daß dies vielleicht das geeignete Grundstück sei unter Berücksichtigung, daß nebenbei das Büro von unserer Partei ist. Dieser Raum würde sich gut eignen für den Zeitschriftenvertrieb.

Dann treffe ich heute den Genossen Kletzin, der mir voller Begeisterung erzählte, daß er mit Oberleutnant Pisarewski unterwegs gewesen sei und er hätte die Kreisbank Wismar entdeckt und gesagt, das Ding wollen wir uns ansehen. Pisarewski hat gesagt, das wird beschlagnahmt. Daraus ist aber auch nichts geworden.

Gen[osse] [Herbert] *Säverin* [SPD]: Wir können nichts beschlagnahmen. Der Kreiskommandant kann auch nichts beschlagnahmen. Wir haben das Erfassungsamt auch auflösen müssen, weil der Kommandant es verlangte. Also, wir können das Haus nicht beschlagnahmen.

Gen[osse] [Hans] *Mierau* [KPD]: Wir haben heute auf unsere Tagesordnung das Thema gestellt »Vereinigung beider Arbeiterparteien« und die Schaffung eines gemeinsamen Parteihauses. Es ist schon richtig so, wie der Gen[osse] [Karl] Moritz sagte, daß wir beide Fragen miteinander verknüpfen müssen, denn wenn wir die Frage der Arbeit stellen, dann muß auch der geeignete Raum vorhanden sein. Aber stellen wir die Raumfrage beiseite, das ist eine Frage, die in einem kleineren Rahmen besprochen werden kann. Man muß sich

---

8 Sowohl in der sozialdemokratischen als auch in der kommunistischen Landespresse wurden Berichte aus Orten und Gemeinden veröffentlicht, in denen praktisch bereits nur eine Ortsgruppe der SED existierte, obwohl der Landesparteitag erst den entsprechenden Vereinigungsbeschluß fassen sollte.

vorher dann mit dem Eigentümer in Verbindung setzen und von ihm erfahren, wie er über diese Frage denkt.

Viel wichtiger ist die andere Frage, der Zusammenschluß beider Arbeiterparteien. Das ist die wesentliche Frage. Der Zusammenschluß der beiden Arbeiterparteien ist nicht davon abhängig, ob wir morgen schon ein gemeinsames Parteihaus haben für die sozialistische Einheitspartei oder nicht, sondern die Frage ist die, sind wir von dem Gedanken beseelt, so schnell wie möglich die Einheitspartei zu schaffen. Wir könnten noch in den Räumen bleiben, die der SPD und der KPD bisher zur Verfügung standen unter Entfernung der Parteibezeichnungen, bis die Frage des gemeinsamen Parteihauses entschieden ist, denn bis zum 1. Mai [1946] läuft ja noch die getrennte Kassierung, was uns jedoch nicht daran hindert, jetzt schon praktisch die sozialistische Einheitspartei zu gründen.[9] Es kommt nur darauf an, daß wir von der Notwendigkeit überzeugt sind, schon vor dem Landesparteitag den Zusammenschluß herbeizuführen.

Zur Frage des Parteihauses möchte ich noch einmal die Frage unseres Parteihauses stellen. Wir werden über Schwerin die Urkunde erhalten, daß das Haus in der Karl-Liebknecht-Straße Eigentum der Kommunistischen Partei Deutschlands ist. Die Räume, die dort vorhanden sind, wären ausreichend. Die Zeitung kommt heraus, ebenso die Nähstuben, so daß 15 Arbeitsräume vorhanden wären. Für die eigene politische Leitung sind die großen hellen Räume in der oberen Etage vorhanden, ebenso die Ausstattung. Wenn hier die Frage gestellt wird, daß der Zusammenschluß davon abhängig ist, ob ein geeignetes Parteihaus vorhanden ist, so möchte ich diese Frage mit nein beantworten, denn der Zusammenschluß hat mit dieser Frage im Moment nichts zu tun.

Gen[osse] [Wolf] *Reichardt* [KPD]: Es ist richtig, ab 1. Mai [1946] läuft die Arbeit vollkommen zusammen. Es erfordert eine gewisse Zeit, in der die Arbeit koordiniert werden muß, und zwar nicht nur durch den Organisations-Ausschuß, sondern durch unmittelbares Zusammensitzen der Funktionäre, zum Beispiel, daß der Kreissekretär der Sozialdemokratischen Partei und der Kreissekretär der Kommunistischen Partei zusammensitzen müssen, um am 1. Mai [1946] bereits als eine Partei zusammen zu sein.

Ich schlage daher folgendes vor: Schließen wir die Kreisleitung der sozialistischen Einheitspartei zusammen und nehmen wir das Büro der KPD für die Kreisleitung und das Büro der Sozialdemokratischen Partei für die Ortsleitung und lassen wir die beiden Kreis- und Ortsleitungen schon unmittelbar nebeneinandersitzen, so daß bis zum 1. Mai [1946] die Vorarbeiten abgeschlossen sind und nur die Formalitäten zu erledigen sind.

Gen[osse] [Karl] *Schulz* [KPD]: Genossen, sollten noch Bedenken vorhanden sein wegen des KPD-Parteihauses, so möchte ich noch einen Vorschlag machen: Die Kreis- sowie Ortsleitung soll das jetzige Gebäude der KPD beziehen, die Zeitung kommt raus, ebenso die Nähstube. Dieses Gebäude wird von der SEPD nur solange benutzt, bis das neue Haus für die Einheitspartei steht.

Gen[osse] [Herbert] *Säverin* [SPD]: Genossen! Für mich liegt die Frage anders, und zwar, ich bin, solange ich in der Arbeiterbewegung stehe, gewöhnt, Disziplin zu halten. Meine Partei hat beschlossen: Am 20./21. April [1946] findet der Parteitag statt, also bin ich bis dahin Sozialdemokrat. Ich würde mich meines Rechtes begeben, am 6./7. April [1946] an dem Landesparteitag teilzunehmen, denn bei einer Vereinigung bin ich nicht mehr Sozialdemokrat oder Kommunist, sondern Einheitsparteiler. Als Einheitsparteiler habe ich auf dem Parteitag, sei es für Mecklenburg oder für die ganze Zone, nichts mehr zu suchen. Zuruf: Sehr richtig!

Wir werden uns im Landesvorstand mit dieser Frage beschäftigen. Ihr könnt nicht verlangen, daß wir ortsweise einen Beschluß vornehmen, nachdem die Zentralinstanzen be-

---

[9] In dem Protokoll wurde »gründen« handschriftlich in »schaffen« geändert.

schlossen haben, daß die Vereinigung am 20./21. April [1946] stattfinden soll. Man muß versuchen, alle Reibungsflächen zu beheben. Wir haben einen Organisationsausschuß, ob er zweckmäßig ist, weiß ich nicht. Ich bin dafür, daß [man] diese Übergangszeit von 4 Wochen bis zur vollzogenen Einigung dazu ausnutzt, um alles das beseitigen zu lassen, was uns noch für eine spätere Zusammenarbeit zur Seite steht.

Aber das verlange ich nicht von Euch und Ihr nicht von uns, daß wir nicht noch im letzten Augenblick disziplinlos handeln. Ihr wißt, wie es bei uns aussieht, daß es einen persönlichen Kampf kostet. Wir wissen nicht, wie nach unserem Reichsparteitag[10] das Verhältnis nach der Berliner Geschichte[11] sich entwickeln wird. Wir begeben uns das Recht, gewählt zu werden. Das ist für unsere Einigung das allerwichtigste. Es kommt nicht darauf an, wollen wir die ersten oder die letzten sein, es kommt darauf an, daß wir im Augenblick Disziplin halten.

Gen[osse] [Karl] *Moritz* [SPD]: Der Gen[osse] [Wolf] Reichardt sprach erst vom Kreiskassierer. Bei uns ist es so, daß wir mit der Kreiskassierung bis jetzt nichts zu tun gehabt haben. Bei uns ist ein Ortskassierer. Der Ortskassierer rechnet mit Schwerin ab, und wir kriegen unseren Anteil zugewiesen bzw. gutgeschrieben, so daß wir bis jetzt keinen Kreiskassierer hatten. Es ist nun so, daß in Zukunft sämtliche Abrechnungen über den Kreiskassierer zu gehen haben.

Zu dem, was der Gen[osse] [Herbert] Säverin gesagt hat: Das ist das, was ich auch sagen wollte. Für uns ist es untragbar gegenüber unseren Mitgliedern, jetzt eine Verschmelzung durchzuführen, weil wir dann damit rechnen müssen, daß die Mitglieder sagen, was hast du auf unserem Parteitag zu suchen, du hast Beschlüsse über unsere Köpfe gefaßt, wozu du nicht berechtigt bist. Es hat mich heute ein Mitglied gefragt, ob es Zweck hat, noch in der Partei zu bleiben. Die Geschichte ist bei uns gar nicht so leicht, wie Ihr denkt. Wir müssen da sehr vorsichtig sein.

Die Sache ist folgende: mit der Ortsleitung. Auch hier muß noch eine Klarheit geschaffen werden, wie das in Zukunft laufen soll. Darüber muß in der nächsten Woche eine Mitgliederversammlung entscheiden. Wir haben die Ortsleitung und die Kreisleitung in einer Hand vereinigt gehabt, und zwar bei mir. In jeder Ortsgruppe der Vorsitzende war Mitglied des Kreisvorstandes. Auf dem Bezirksparteitag[12] sind sie gewählt, und da ist die Zusammensetzung so, daß 5 aus Wismar sind und 5 Auswärtige. Auch hier macht sich eine Gegenströmung bemerkbar. Genosse Freiberg sagte mir bei einer Gelegenheit, sie hätten in Bruel 500 Mitglieder, und sie legten Wert darauf, daß sie im Kreisvorstand vertreten sind. Wir dürfen auch nicht vergessen, daß wir das Doppelte haben an Mitgliedern wie Ihr.

Ich bin der Ansicht, daß wir die endgültige Verschmelzung durchführen, wie der Parteitag besprochen hat, und zunächst zusehen, daß wir ein geeignetes Gebäude kriegen und nach außen dokumentieren können, daß wir tatsächlich zusammen sind. Das andere ist nur zu Reklamezwecken, weiter nichts. Ich bin der Meinung, wir müssen jetzt auf dem schnellsten Weg sehen, daß wir einen vernünftigen Bau kriegen. Ich zweifle nicht daran, daß der Landesparteitag und der Zonenparteitag die Einigung beschließen wird, ich möchte mir aber für die Zukunft nicht die Arbeit erschweren dadurch, daß ich mir bei jeder

---

10 Der Zentralausschuß der SPD vermittelte den Bezirks- und Landesvorständen den Eindruck, als würde es sich bei dem Parteitag der SPD der sowjetischen Besatzungszone am 20./21. April 1946 nun doch tatsächlich um einen Reichsparteitag handeln, indem ausgewählte Gäste aus den Westzonen zum Parteitag geladen wurden und auch Delegiertenmandate zugesprochen bekamen.
11 Hier ist offensichtlich die organisationspolitische Spaltung des Berliner Bezirksverbandes der SPD gemeint.
12 Einen Bezirksparteitag gab es in Mecklenburg-Vorpommern 1945/46 nicht. Hier ist sicherlich der Kreisparteitag für den Kreis Wismar gemeint.

Gelegenheit sagen lassen muß, du hast die Verschmelzung durchgeführt, nachdem der Bezirksparteitag beschlossen hat, daß der Landesparteitag und der Zonenparteitag diesen Beschluß fassen sollen.

Gen[osse] [Bernhard] *Härtel* [KPD]: Die Bedenken, die die Gen[ossen] [Herbert] Säverin und Gen[osse] [Karl] Moritz vorbrachten, sind nicht stichhaltig. Ich begreife nicht, wie so etwas möglich ist, wo der Wille in der Arbeitermasse vorhanden ist. Wie kommt es, daß sie an dem Alten noch festhalten. Das ist doch das Elementare unter den Massen, lieber heute als morgen.

Gen[osse] [Herbert] *Säverin* [SPD]: Warum beschließt das Zentralkomitee [der KPD] und der Zentralausschuß [der SPD] nicht, daß die Verschmelzung bereits jetzt und nicht erst nach dem 20. April [1946] stattfinden soll?

Gen[osse] [Bernhard] *Härtel* [KPD]: Wenn Gen[osse] [Herbert] Säverin sagt, daß sie Disziplin halten müssen, so verstehe ich es nicht, daß zum Beispiel in Stralsund der Zusammenschluß gerade von seiten der sozialdemokratischen Mitgliedschaft gefordert worden ist und herbeigeführt wurde.

Gen[osse] [Karl] *Schulz* [KPD]: Gen[osse] [Karl] Moritz, Du hast große Verdienste in der Arbeiterbewegung hier in Wismar und im Kreis. Wir fragen Dich, ist es mit Deinem Gewissen zu vereinbaren, wenn der Zusammenschluß hier oder im Kreis noch verzögert wird? Wir wollen keinen Druck ausüben, wir wollen frei und offen entscheiden. Was in der Presse steht, ist keine Reklame. Ich kann den Standpunkt des Gen[ossen] [Willy] Jesse nicht verstehen. Gen[osse] [Karl] Moritz, Du hast einen offenen Brief an die Berliner unterschrieben.[13] Es soll aus unserem innersten Herzen kommen, daß wir zum Zusammenschluß kommen.

Ich sehe auch keine Schwierigkeiten in der Frage des Parteihauses. In Stralsund ist es so, daß Sozialdemokraten und Kommunisten in den Räumen der KPD zusammen sind, bis ein geeignetes Parteihaus vorhanden ist. Ich nehme an, daß die Sozialdemokraten und Kommunisten dort im Kreis und überall, wo der Zusammenschluß stattgefunden hat, dies auch ohne Reklame und aus innerer Überzeugung getan haben.

Gen[osse] [Karl] *Moritz* [SPD]: Man beruft sich auf [Max] Fechner. Diese Tage waren Genossen hier aus Berlin, die mir folgendes gesagt haben: In Berlin wäre es bestimmt nicht zu dieser Auseinandersetzung gekommen, wenn man im Zentralausschuß unserer Partei vorsichtiger gewesen wäre. Dort hat man ebenfalls unüberlegte Schritte getan, und die Mitglieder legen das als Diktatur aus, und da liegt eine bestimmte Wahrheit darin. Man soll mit solchen Dingen vorsichtiger umgehen. Auf einzelne Auseinandersetzungen in Berlin einzugehen, erübrigt sich, das werden wir in unserer Partei abmachen, und ich vermute, daß deshalb auch unser Zentralausschuß auf dem Zonenparteitag stark angegriffen werden wird. Sie haben Fehler gemacht, die zu dieser Auseinandersetzung geführt haben.

Wie liegt es praktisch bei uns im Kreis. Wenn wir solch einen Beschluß fassen würden, ich befürchte, daß Neubukow und Warin nicht mitgehen werden.[14] Ich war gestern in Neubukow. Dort wurde mir gesagt, dort sei anstelle Senkpiel, Altenberg eingesetzt worden, ohne im Block[15] dazu Stellung zu nehmen. In Neubukow ist der Bürgermeister, der weder

---

13 Am 24. März 1946 hatte die Parteizeitung »Das Volk« einen Brief von Carl Moltmann, Willy Jesse, Xaver Karl, Alfred Starosson, Herbert Säverin und Karl Moritz an die Berliner Sozialdemokraten veröffentlicht. Darin forderten sie dazu auf, den Gedanken der Einheit in den Vordergrund aller politischen Entscheidungen zu stellen, und sprachen sich gegen die Durchführung einer Urabstimmung sowie für die Praktizierung des Delegiertensystems aus.
14 Warin und Neubukow sind Gemeinden im Kreis Wismar.
15 Damit ist der Ortsausschuß des Blocks der antifaschistisch-demokratischen Parteien gemeint.

vom Block noch vom Landrat, sondern lediglich vom Kommandanten bestätigt ist. Dieser hat sich so weit vergessen, daß er eine Frau, die Mitglied unserer Partei ist, angegriffen hat. Es sind noch andere Dinge im Gange, die haarsträubend sind.

Die Genossen der SPD verlangen von mir, wie ist es überhaupt möglich, daß dort ein Polizeichef eingesetzt ist, wo wir überhaupt nicht gefragt werden. Dasselbe trifft auf den Bürgermeister zu. So sieht es doch auch in Warin aus.

Gen[osse] [Wolf] *Reichardt* [KPD]: Der Genosse Senkpiel, der abberufen worden ist, war Kommunist. Der Genosse Altenberg ist kommissarisch mit der Führung der Geschäfte beauftragt worden.

Gen[osse] [Karl] *Moritz* [SPD]: Gen[osse] [Wolf] Reichardt, Du bist taktisch mit der Arbeiterbewegung nicht verwachsen. Es fehlt Dir jedes Taktgefühl.

Gen[osse] [Wolf] *Reichardt* [KPD]: Wenn ein Genosse, der Polizeichef ist, von seinem Posten zurücktritt, bin ich berechtigt, einen Genossen mit der Führung der Geschäfte zu beauftragen. Er ist noch nicht endgültig eingesetzt. Ich bin dafür verantwortlich, daß die Schlagkraft der Polizei nicht nachläßt. Der Mann ist noch nicht eingesetzt. Es ist ein Hauptwachtmeister der Polizei mit der Führung der Geschäfte beauftragt worden.

Gen[osse] [Karl] *Moritz* [SPD]: Ich habe meinen Standpunkt klargelegt, ich warte den Parteitag ab und mache den anderen Mist nicht mit, ob es politisch richtig oder falsch ist, ist mir gleich. Ich habe ein Ehrgefühl, meine Mitglieder sind keine Hasen, ich habe das gegenüber meinen Mitgliedern zu verantworten.

Gen[osse] [Karl] *Schulz* [KPD]: Wir haben morgen eine gemeinsame Mitgliederversammlung, und wenn wir morgen die Mitglieder fragen, dann werden sie uns klipp und klar die Antwort geben.

Gen[osse] [Karl] *Moritz* [SPD]: Wenn Du glaubst, das auf dieses Gebiet schieben zu können, dann werde ich dazu sprechen, und dann werden wir sehen, was kommt.

Gen[osse] *Schoof* [SPD]: Für die Vereinigung als solche bestehen überhaupt keine Zweifel.

Gen[osse] [Karl] *Moritz* [SPD]: Zumindest müssen diese Dinge örtlich geklärt werden. Du kannst von mir nicht verlangen, daß ich einen Beschluß fasse als Kreisvertreter, der mich bindet, und ich soll dafür Rede und Antwort stehen vor meinen Mitgliedern.

Gen[osse] [Bernhard] *Härtel* [KPD]: Solche Dinge werden auch nach der Vereinigung noch ab und zu vorkommen.

Gen[osse] [Karl] *Moritz* [SPD]: Dann hat der Parteitag entschieden, dann ist es mir gleich, dann ist es für mich klar. Ich bin kein Tollpatsch, der fortgesetzt Scherben macht, dann scheide ich aus.

Gen[osse] [Paul] *Hübner* [KPD]: Die Aussprache hat ergeben, daß die Frage morgen abend in der Mitgliederversammlung nicht stehen kann. Die Leitungen haben beschlossen, die Frage einheitlich aufzuziehen. Es wird angeführt, die Genossen der SPD erwarten, daß die örtlichen Bereinigungen stattfinden, und versteifen sich auf den Beschluß des Parteitages. Wir haben das zur Kenntnis genommen. Politisch gesehen ist das für Wismar eine Schlappe. Wismar ist eine proletarische Stadt. Wir sollten in unserer Stadt in dieser Frage überhaupt vorbildlich sein.

Genossen! Warten wir ab solange, bis Ihr politisch davon überzeugt seid. Wir brauchen nicht unnütz die Zeit totzuschlagen.

Gen[osse] [Karl] *Moritz* [SPD]: Ich verlange, daß die Geschichte weiter bearbeitet wird und im Land und auch örtlich geklärt wird, wie das in einer Arbeiterorganisation nötig ist. Dann kommen wir auch zum Ziel, wo wir hinwollen. Ich denke nicht daran, jetzt mit 7 800 Mann abzuschneiden, und nachher laufen mir 2 000 weg. Wenn ich in die Verschmelzung hineingehe, will ich die ganzen Mitglieder mitnehmen, zumindest 90 %.

Gen[osse] [Herbert] *Säverin* [SPD]: Mein Vorschlag wäre, sofort jede Woche mit den neugewählten Ausschüssen zusammenzukommen, damit wir uns organisatorisch aufeinander einstellen, ohne die Selbständigkeit der Parteien bis zu den Parteitagen aufzugeben, denn zusammenarbeiten wollen wir, und warum kann das nicht schon vorher geschehen.

Gen[osse] [Karl] *Moritz* [SPD]: Wir wollen zusammenarbeiten, das soll einen Sinn haben. Wenn ich heute einen Beschluß fasse und ihn bekanntgebe, und die Mitglieder sagen, mach deine Versammlung allein, wo kommen wir da hin.

Gen[osse] [Karl] *Schulz* [KPD]: Genossen, Ihr habt einen Kreisparteitag gehabt, genau wie die Kommunistische Partei. Ihr habt zu dieser Frage Stellung genommen, und neben Eurem Bericht ist eindeutig dazu Stellung genommen. Ich verstehe das nicht, nachdem sie einmal den Beschluß gefaßt haben und zum Zusammenschluß ihre Zustimmung gegeben haben und der Gen[osse] [Karl] Moritz jetzt sagt, die Beschlüsse, die gefaßt sind, sind nicht bindend für die Partei.

Gen[osse] [Herbert] *Säverin* [SPD]: Warum habt Ihr noch Ende Februar [1946] einen Parteitag gehabt, dann wäre das alles nicht nötig gewesen. Als Parteigenosse kann ich nur das eine, Disziplin bewahren, wenn ich auch mit dem einen oder anderen nicht einverstanden bin.

Gen[osse] [Bernhard] *Härtel* [KPD]: Wenn es darauf ankommt, schneller dem großen Ziel zu dienen, dann gibt es keine Hemmungen.

Gen[osse] [Karl] *Moritz* [SPD]: Ich bin damit einverstanden, daß wir ein Grundstück bekommen, daß wir die Büroräume einrichten, daß alles in Ordnung gebracht wird und daß wir sofort und so schnell wie möglich, sofern die Parteitage entschieden haben, den Zusammenschluß durchführen. Ich kann mir keine andere Zwischenorganisation vorstellen, die einen Sinn haben soll und obendrein noch eine Verschmelzung der Mitglieder herbeiführt.

Gen[osse] [Karl] *Schulz* [KPD]: Es sind ganze Betriebe zur Einheit geschritten, andere Kreise haben es gemacht. Es wurde gutgeheißen. Der Zentralausschuß ist davon in Kenntnis gesetzt. Wenn es falsch gewesen wäre, hätte der Zentralausschuß dazu Stellung genommen.

Gen[osse] [Karl] *Moritz* [SPD]: Ich habe zu [Carl] Moltmann gesagt: Ihr könnt in den Kreisen machen, was ihr wollt. Ich mache es hier, wie ich es für richtig befinde. Gen[osse] [Carl] Moltmann hat mir erklärt: »Das hängt von Eurem Fingerspitzengefühl ab.« Ihr hättet zuhören müssen in unserer Funktionärversammlung bei Weedekin, da gab es keinen Redner, der uns nicht die bittersten Vorwürfe gemacht hätte.

Gen[osse] *Rachow* [KPD]: Ich möchte glauben, daß von ganz falschen Voraussetzungen ausgegangen wird. Wenn die Genossen der SPD sagen, sie haben die nötige Parteidisziplin zu wahren, so ist das von ihrem Gesichtspunkt aus berechtigt. Aber Disziplin kann zur Disziplinlosigkeit führen, wenn man sich gegenüber der Mitgliedschaft auf einen Standpunkt stellt, der nicht tragbar ist.

Wir sagen, soll die Einheit von unten oder soll sie von oben kommen. Ich kann mir nicht denken, daß die Mitglieder gegen eine Einheit sind, im Gegenteil, sie wird gerade von seiten der Arbeiterschaft dringlichst erwartet und gefordert, und wenn wir dem Willen beider Parteien insofern entgegenkommen, ohne daß wir uns festlegen auf die Vorschläge der noch stattzufindenden Parteitage, so stellen wir uns damit bestimmt nicht in Gegensatz der für uns maßgebenden Instanzen. Wir arbeiten damit nur vor und dokumentieren, daß aus den Reihen der Arbeiterschaft selbst heraus die Einheit, die wir als Sachwalter der Arbeiterinteressen in organisatorischer Beziehung vornehmen, gefordert wird.

Ich glaube kaum, daß diese Gegensätze, die hier zur Debatte gestellt werden, auch wenn die Einheit vollzogen ist, vollkommen aus der Welt geschafft sind, denn es wird immer wieder vorkommen, daß dieser oder jener mit dem einen oder anderen nicht einverstanden ist, das liegt in der Natur der Menschen selbst begründet. Ich sehe, weil ich mich heute schon als Einheitsparteiler betrachte, keine Bedenken darin, daß wir von uns aus, als Wismaraner Arbeiterschaft bzw. als Ausdrucksorgane der Wismaraner Arbeiterschaft, erklären, jawohl, wir nehmen die Einheit, ohne daß sie von oben diktiert wird, jetzt schon vor.

Gen[osse] *Dettmann* [SPD], Jugend: So oft wie wir zusammengekommen sind zu einer Sitzung, werden immer wieder dieselben Dinge aufgetischt. Die einzige Stelle, wo sofort mit der praktischen Arbeit begonnen worden ist, ist der Kulturausschuß. Ich habe mir auch die Arbeit im Organisationsausschuß ganz anders vorgestellt. Ich hatte mir die Arbeit schon so vorgestellt, daß der die Sache schon so vorbereitet, daß sie schon organisatorische Maßnahmen treffen, aber es wird nur geredet und geredet, und es kommt nichts Positives dabei heraus.

Gen[osse] *Rachow* [KPD]: Wir können immer wieder feststellen, daß die Kommunistische Partei tatsächlich diejenige ist, die arbeitet. Wenn die Sozialdemokratische Partei in einer Stärke von 3 000 Mitgliedern in Wismar nicht in der Lage ist, 300 Theaterkarten für eine Veranstaltung, in der der Gen[osse] [Erich] Weinert[16] spricht, zu verkaufen, dann sieht das beinahe nach Sabotage aus.

Gen[osse] [Karl] *Moritz* [SPD]: Es wird hier ganz anders geredet wie gehandelt. Es wird alles mögliche versprochen und vereinbart, und draußen wird es nicht gehalten.

Gen[osse] [Bernhard] *Härtel* [KPD]: Kannst Du uns nachweisen, daß wir nicht den ehrlichen Willen zur Einheit haben? Es kommen Tausende von Flugblättern und Tausende von Broschüren; diese Arbeit kann nicht nur alleine auf uns hängen, warum sollen diese Fragen nicht gemeinsam geklärt werden.

Gen[osse] *Fritz* [KPD]: Ich bin aus ehrlicher Überzeugung für die Einheitspartei, aber wenn ich die Sitzung anhöre, habe ich doch ein bestimmtes Bedenken, als wenn die Parteien unter sich noch nicht richtig verstanden haben, innerhalb ihrer Mitgliedschaft die nötigen Vorbereitungsarbeiten für die Einheitspartei vorzunehmen. Man kritisiert jeden persönlichen Kram, den wir als Politiker längst ablehnen müßten. Für uns kann es nur eine Frage geben, eine praktische Arbeit. Die kann nur vorgenommen werden, wenn wir das durchführen, was allgemein besprochen wird und wonach wir dann handeln sollen.

Es wurden verschiedene Ausschüsse gebildet und von der Sozialdemokratischen Partei und auch von der Kommunistischen Partei in den verschiedensten Ausschüssen Genossen bestimmt, die nach meiner Ansicht die Arbeit fördern sollten, und hier kommt wieder zum Ausdruck, daß man nicht verstanden hat, diese einzelnen Ausschüsse zusammenzuholen, um festzulegen, wie auf den einzelnen Gebieten gearbeitet wird. Wenn man heute die Sitzung sich anhört, dann kommt allgemein nichts Positives zum Ausdruck. Ich bin der Ansicht, daß man diesen Kleinkram grundsätzlich beiseite lassen soll. Die Bereinigung der einzelnen Streitfälle würde viel energischer vor sich gehen, wenn wir eine Einheitspartei schon geschaffen hätten. Man könnte viel konkreter die einzelnen Fälle prüfen und dann schnell handeln. Ich bin der Ansicht, daß wir heute uns auf etwas Positives festlegen müssen, damit morgen auf der Mitgliederversammlung das zum Ausdruck kommt, was allgemein gefordert wird.

Gen[osse] [Karl] *Moritz* [SPD]: Wollt Ihr denn morgen in der Versammlung diesen Punkt behandeln?

Gen[ossin] [Hildegard] *Wruck* [KPD]: Die Mitglieder nehmen an, daß morgen abend die Gründungsversammlung der sozialistischen Einheitspartei stattfindet.

Gen[osse] [Karl] *Moritz* [SPD]: Wenn Ihr das behandeln wollt, gehen unsere Mitglieder morgen nicht zur Versammlung, dann telefoniere ich [Carl] Moltmann ab, und die Versammlung fliegt auf. Wir haben noch keinen Ortsvorstand gewählt, dann macht den Kram alleine.

---

16 Erich Weinert, geb. 1890. Beruf: Maschinenbauer, Schriftsteller. Seit 1929 KPD. 1933 bis 1945 Emigration (Schweiz, Frankreich, UdSSR). Juli 1943 Mitbegründer u. Präs. NKFD. März 1946 bis Juli 1948 Vizepräs. DZW für Volksbildung. 1950 Gründungsmitglied DAK. 1953 gest.

Ich werde die Versammlung leiten als stärkste Partei. [Carl] Moltmann und [Kurt] Bürger werden sprechen und die Versammlung nimmt einen ordnungsmäßigen Verlauf, wie sich das gehört und damit basta. Die Versammlung morgen abend wird von mir geleitet. In dieser Versammlung werden die beiden Genossen sprechen.

Wir werden uns heute abend einig dahingehend, ein Grundstück zu bekommen. Es muß ein Vertrag gemacht werden. Dann haben wir Mittwoch eine Landesausschuß-Sitzung. Auf dieser werden alle weiteren Dinge geklärt. Am Sonnabend und Sonntag findet der Landesparteitag statt, und nächste Woche kommen wir zusammen und fassen daraus die notwendigen Schlüsse und Maßnahmen.

Gen[osse] [Herbert] *Säverin* [SPD]: Dann ist es hier auch vor Berlin fertig. Wir haben, wie man so sagt, das Pferd am Hintern aufgezäumt. Wir haben einen Organisationsausschuß gewählt, einen kommunalpolitischen Ausschuß usw. Wir haben alles mögliche gewählt, aber wir haben nichts getan. Es gibt eine Unmenge [von] Aufgaben. Der Organisationsausschuß ist zweimal zusammengekommen. Er hat nur geredet, und wenn wir bis zum Landesparteitag alles fertig machen wollen, dann wird es allerhöchste Zeit, daß wir uns damit beschäftigen.

Gen[osse] [Bernhard] *Härtel* [KPD]: Wir müssen zumindest eine Resolution verfassen, denn eine große Versammlung ohne Resolution ist nichts wert.

Gen[osse] [Herbert] *Säverin* [SPD]: So stur wie Ihr glaubt, ist [Karl] Moritz auch nicht. Er hat schon zugesagt, daß Sonntag der Landesorganisationsausschuß stattfindet und dann nächste Woche der Zusammenschluß stattfindet.

Gen[osse] [Karl] *Moritz* [SPD]: Ich möchte ausdrücklich betonen, daß es nachher nicht wieder heißt, [Karl] Moritz ist gegen die Vereinigung. Ich habe am Sonnabend auf der Bezirkskommandantur gesagt, wenn ihnen irgendjemand Berichte gibt, daß ich gegen die Vereinigung bin, dann sind die Gründe die, in Neubukow und in Warin sieht es so und so aus. Da gab er mir zur Antwort: »Das kann ich verstehen.« Ich kenne nur eine saubere organisatorische Arbeit und kein Flickwerk.

Grundsätzlich sind wir uns über die Verschmelzung einig. Voraussetzung ist dafür, daß uns auf dem schnellsten Weg ein Bau zur Verfügung steht, in dem wir unterkommen können. Diesen Bau haben wir uns ausgesucht, es handelt sich darum, daß wir diesen Bau bekommen.

Gen[osse] *Rachow* [KPD]: Gen[osse] [Herbert] Säverin meinte, wir haben die verschiedenen Ausschüsse. Notwendig ist aber, wenn die Sache klappen soll, daß der eine Ausschuß mit dem anderen im stärksten Einvernehmen arbeitet, und nicht, daß gesagt wird, geht mir mit euerm Kram los. Das fällt den Genossen vom Organisations-Ausschuß auf die Nerven, so daß gesagt wird, wir haben die Nase voll, wir wollen von Theater nichts mehr wissen.

Gen[osse] [Herbert] *Säverin* [SPD]: Wenn die SPD nur 100 Theaterkarten verkauft hat, so ist das eine Schweinerei.

Es wurden die Genossen [Bernhard] Härtel [KPD] und Gen[osse] Dettmann [SPD] damit beauftragt, zu der am Dienstag, den 2. April [1946] stattfindenden gemeinsamen Mitgliederversammlung eine Resolution zu entwerfen, die dann gemeinsam unterschrieben werden soll.

Schluß der Sitzung 18 Uhr[17]

---

17 Das Protokoll trägt keine Unterschrift.

Brandenburg

Nr. 154
Entschließung des Kreisvorstandes Belzig der SPD vom 2. Februar 1946[1]

Brandenburg/H[avel], den 6. 2. 1946

Anläßlich einer Tagung des erweiterten Kreisvorstandes, die am 2. 2. [19]46 in Belzig, Parteihaus, stattfand, wurde folgende Entschließung gefaßt:

Die Versammelten stellen sich auf den Boden der Entschließung vom 15. 1. [19]46[2] und begrüßen die Bestrebungen für die Einigung der Arbeiterklasse. So sehr die Funktionäre eine einheitliche Arbeiterbewegung herbeisehnen, erwarten sie aber vom Zentralausschuß, daß er unbedingt an seinen Grundsätzen vom 15. 1. [19]46 festhält, so daß die Vereinigung nur im Reichsmaßstab durch Urabstimmung sämtlicher Parteimitglieder erfolgen kann.

Wir erwarten vom Zentralausschuß, daß die neue Einheitspartei demokratisch in sich aufgebaut wird und in erster Linie den Interessen des deutschen Volkes zu dienen hat.[3]

---

1 Brandenburgisches Landeshauptarchiv, Rep. 331, II/3/30.
2 In der Entschließung vom 15. Januar 1946 hatte der Zentralausschuß noch einmal seine Auffassung bekräftigt, daß ein Zusammenschluß auf Länder- oder zonaler Ebene nicht möglich sei und der Beschluß über die organisatorische Einheit der Arbeiterparteien nur auf einem Reichsparteitag gefaßt werden könne.
3 In dem Dokument wurden handschriftliche Notizen hinzugefügt, die nicht vollständig entschlüsselt werden konnten.

Nr. 155
Aus dem Protokoll über die Sitzung des Aktionsausschusses der SPD und KPD Brandenburg am 5. Februar 1946[1]

Anwesend: SPD: [Paul] Voigt, [Otto] Schwarz, [Willi] Weichenhain, [Karl] Schulz
KPD: Knüppel, [Ernst] Altenkirch, Kofke, Beil

Behandelt wurde:

I. Einheitsfront, Schaffung eines Organisationsbüros
II. Personalfragen im Magistrat
III. Unsere Stellung zu den Pgs[2]

Zum Punkt I. behandelte Gen[osse] [Ernst] *A[ltenkirch]* [KPD] die Notwendigkeit der Schaffung eines Organisationsbüros auf Grund der bisher aufgetretenen Mängel in der Arbeit. Die besten der führenden Genossen, [die] auf dem Boden der Vereinigung stehen, sol-

---

1 Brandenburgisches Landeshauptarchiv, Rep. 333, III/3/3. Die Sitzung wurde von einem KPD-Vertreter protokolliert.
2 Parteimitglieder der NSDAP.

len in diesem Organisationsbüro alle organisatorischen und politischen Arbeiten durchführen. Eine Trennung soll nur noch in der Erfassung der Mitgliedsbeiträge und in der Mitgliedswerbung bestehen.

Zur Diskussion sprach Gen[osse] [Paul] *Voigt* [SPD]: Die Schaffung eines Büros stehe noch nicht zur Debatte, die Schaffung sei zu voreilig, zentrale Stellen noch nicht einverstanden, zum anderen müssen die Mitglieder darüber entscheiden, die noch nicht genügend auf diese Verschmelzung eingestellt seien. Es sind eben noch sehr viele Schwierigkeiten zu überwinden. Er wies besonders auf die verschiedensten Vorkommnisse in der Gewerkschaftsdelegiertenwahl hin, daß bei der Aufstellung der Kandidaten eine Partei versuchte, die andere zu überlisten.

Auf die Frage des Gen[ossen] [Ernst] A[ltenkirch], ob er solche Dinge in Brandenburg benennen kann, war es ihm nicht möglich, Antwort zu geben. Gen[osse] [Ernst] A[ltenkirch] betonte, daß gerade in Brandenburg auf diesem Gebiet die Zusammenarbeit ziemlich gut war.

Gen[osse] *Knüppel* [KPD] nahm zum Anlaß, die Gewerkschaftsarbeit zu behandeln. Die Delegiertenkonferenzen in Berlin[3] sind ein Ausdruck der wirklichen Demokratie, und die Parteien müssen in der Gewerkschaft führend sein, entgegen den Auffassungen von [Paul] Voigt und [Otto] Schwarz, die die Meinung vertraten, die Parteien sollen sich nicht zu sehr in den Vordergrund stellen.

Auf den Einwand des Gen[ossen] [Ernst] A[ltenkirch], daß doch die Parteileitungen die Mitgliedschaft von der Notwendigkeit der Schaffung eines organisatorischen Büros überzeugen können, daß also das Tempo der Vereinigung beschleunigt werden kann, gaben die SPD-Genossen zur Antwort, daß es bei ihnen in der Partei anders wäre, ihre Mitglieder müssen erst davon hören und dann darüber entscheiden.

Gen[osse] *Beil* [KPD] wies auf den Widerspruch hin, daß sie anfangs erst für die Vereinigung gewesen seien und sie nunmehr die Verschmelzung hinauszögen.

Im weiteren Verlauf der Diskussion wurde auch die Person des Oberbürgermeisters erwähnt, die sich störend in der Zusammenarbeit auswirke. Auf die konkrete Fragestellung des Gen[ossen] [Ernst] A[ltenkirch], ob sie Beispiele geben können, machte man nur allgemeine Redewendungen, z. B. daß selbst in der KPD offensichtlich in Erscheinung tritt, daß eine Mißstimmung über das Auftreten des Oberbürgermeisters gegenüber Magistratsmitgliedern vorhanden ist. Man bezeichnete das Auftreten des Oberbürgermeisters als Affekthandlungen, als Heuschreckenpolitik ([Paul] Voigt). Konkrete Angaben wurden jedenfalls nicht gegeben.

Das Ergebnis der Diskussion war, daß es zur Schaffung des Organisationsbüros nicht kam, daß man aber einen anderen Beschluß faßte.[4]
[...]

Brandenburg, den 7. 2. [19]46[5]

---

3 Vom 9. bis 11. Februar 1946 fand in Berlin die zentrale Delegiertenkonferenz des FDGB für die sowjetische Besatzungszone statt. Es wurde ein aus 45 Mitgliedern bestehender Bundesvorstand sowie drei Vorsitzende gewählt: 1. Vorsitzender: Hans Jendretzky (KPD); 2. Vorsitzender: Bernhard Göring (SPD); 3. Vorsitzender: Ernst Lemmer (CDU). Vgl. SBZ-Handbuch, S. 648.

4 Der Beschluß lautet wie folgt: »In der Aktionsausschußsitzung am 5. Februar 1946, an der je 4 Vertreter der beiden Parteien teilnahmen, wurde aufgrund der in Erscheinung getretenen Mängel bei der Durchführung gemeinsamer Versammlungen die Notwendigkeit der Schaffung einer zentralen Stelle, die alle organisatorischen Vorarbeiten zu übernehmen hat, erkannt. Je 3 Vertreter der Parteien finden sich wöchentlich 2–3 Mal zur Ausarbeitung des erforderlichen organisatorischen und politischen Materials zusammen. Ferner wurde beschlossen:
1. Alle Betriebsgruppen der SPD und KPD tagen nur gemeinsam und führen gemeinsam ihre Schulung durch. 2. Als besonders wichtig und vordringlichst ist die Schaffung einer gemeinsamen Be-

triebsgruppe beim Magistrat, um alle Fragen der Kommunalarbeit gemeinsam zu klären und zu lösen. 3. Einstellung und Entlassung von Mitgliedern in führenden Stellen in der Verwaltung sind nur mit Zustimmung des Aktionsausschusses der SPD und KPD unter Hinziehung der Oberbürgermeister durchzuführen. 4. Schaffung von gemeinsamen Kommissionen, wie a) für Wirtschaft b) für Sozialwesen c) für Kultur.
Jede Partei hat 2 Genossen für diese Kommissionen zu benennen. Die Parteileitungen haben nach 14 Tagen eine Kontrolle durchzuführen, ob diese Beschlüsse verwirklicht wurden.« Brandenburgisches Landeshauptarchiv, Rep. 333, III/3/3.
5 Das Protokoll trägt keine Unterschrift.

Nr. 156
Entschließung des erweiterten Vorstandes des Kreises Potsdam der SPD vom 5. Februar 1946[1]

Sozialdemokratische Partei
Groß-Potsdam   6. 2. [19]46

Entschließung

Der am 5. Februar 1946 tagende erweiterte Vorstand des Kreises Potsdam hat von dem Beschluß der 60er Konferenz vom 20. und 21. 12. 1945 und dem Beschluß des Zentralausschusses vom 15. 1. 1946 Kenntnis genommen und gebilligt.

Aus der Kenntnis der Stimmung der gesamten Mitgliederschaft heraus vertritt der erweiterte Vorstand die Ansicht, daß diese Beschlüsse das weiteste Entgegenkommen der Sozialdemokratischen Partei darstellen und die Vollmachten des Zentralausschusses erschöpft sind.

Mit größter Sorge verfolgen die versammelten Vorstandsmitglieder die Berichte der Zeitungen in der russischen Zone über gehaltene Reden des Genossen [Otto] Grotewohl und des Gen[ossen] [Wilhelm] Pieck in Thüringen[2], bei Geburtstagsfeiern usw.[3] und stellen fest, daß dieselben wenig im Einklang mit den gefaßten Beschlüssen stehen.[4]

---

1 SAPMO-BArch, ZPA, II/2/10.
2 Am 19./20. Januar 1946 referierten Otto Grotewohl und Wilhelm Pieck vor 1 200 sozialdemokratischen und kommunistischen Funktionären des Landes Thüringen in Jena. Zur Einheitsfrage äußerte sich Grotewohl wie folgt: »Wer zur Einheit Deutschlands steht, der muß auch zur Einheit der Arbeiterklasse stehen. Aus diesen Sorgen heraus verlangen wir ja auch die Bildung der Reichsparteien und die Beschlußfassung über die Vereinigung auf einem Reichsparteitag im Reichsmaßstab.« Thüringer Volkszeitung, Nr. 18 vom 22. Januar 1946. Wilhelm Pieck sah vor allem »große Schwierigkeiten in dem bisherigen Mangel der Entfaltung der Parteien innerhalb der westlichen Besatzungszonen«. Deshalb wollte er die Vereinigung nicht davon abhängig machen, »daß sie in allen Zonen gleichzeitig erfolgt.« Vielmehr müsse man sich damit begnügen, »nunmehr die Vereinigung der beiden Parteien innerhalb einer Zone vorzunehmen, wo die günstigsten Bedingungen dafür geschaffen sind«. Ebd.
3 Anläßlich des 70. Geburtstages von Wilhelm Pieck am 3. Januar 1946 fand in der Deutschen Staatsoper in Berlin eine Feierstunde statt, auf der u. a. Otto Grotewohl eine kurze Ansprache hielt.
4 Damit ist offensichtlich die Forderung Wilhelm Piecks gemeint, die Verschmelzung lediglich in der sowjetischen Zone zu vollziehen. Die SPD stellte demgegenüber, so wie in der Entschließung des Zentralausschusses vom 15. Januar 1946, weiterhin die Losung vom Reichsparteitag heraus. Otto Grotewohl argumentierte in den hier erwähnten Reden auf dieser Basis.

In letzter Zeit macht sich auch ein starker Druck von außen auf die Partei bemerkbar, der zum Ziel hat, die Vereinigung der beiden Parteien unter allen Umständen noch vor den Wahlen und ohne Befragung der Mitglieder durchzuführen. Dadurch entsteht in den Ortsgruppen naturgemäß berechtigte Unruhe.

Um die Geschlossenheit der Partei zu gewährleisten und die Arbeiterschaft vor neuen Erschütterungen zu schützen, möchten die versammelten Vertreter der SPD Potsdam auf derartige Zwiespältigkeiten und Zwangsmaßnahmen aufmerksam machen. Die Mitgliedschaft hat in dieser Zeit für schwankende Personen kein Verständnis, sie wünscht eine gerade Haltung der führenden Genossen, wie in den 12 Jahren der Naziherrschaft. Eine entschlossene und klare Stellungnahme der Parteileitung ist unbedingt erforderlich.

Die versammelten Vorstandsmitglieder sind der Ansicht, daß diese Warnung vorerst genügen möge, da sie der wirklichen Stimmung der Parteigenossen entspricht. Der Zusammenschluß kann nur durch Urabstimmung erfolgen.

Potsdam, den 5. Februar 1946　　　　　　　　　　　　Sozialdemokratische Partei
　　　　　　　　　　　　　　　　　　　　　　　　　　Groß-Potsdam
　　　　　　　　　　　　　　　　　　　　　　　　　　Parteileitung

Nr. 157
Bericht von Friedrich Ebert über eine Besprechung bei der SMA der Provinz Mark Brandenburg am 5. Februar 1946[1]

Bericht

Gestern abend fand zwischen 6 Uhr und 8.30 Uhr auf der SMA eine Besprechung mit Herrn Generalmajor Scharow statt, an der mit dem Unterzeichneten Oberstleutnant Milchiker und der Bezirksleiter der KPD, [Willy] Sägebrecht, teilnahmen.

Der General ließ sich zunächst von den beiden Parteiführern Bericht über die Arbeit der Parteien in der letzten Zeit geben. Seine Frage an mich, ob wir irgendwelche Schwierigkeiten hätten, beantwortete ich dahin, daß leider einige Kommandanten die Versammlungen unserer Partei mit der Begründung verbieten, daß nur noch gemeinsame Versammlungen und Funktionärkonferenzen mit der KPD stattfinden dürfen. Ich hätte solche Fälle bereits Herrn Oberstleutnant Milchiker gemeldet, sei aber gerade heute in Berlin wieder von Vorfällen ähnlicher Art unterrichtet worden. Zunächst handle es sich wohl in der Hauptsache um die Herren Kommandanten in Niederbarnim und im Bezirk Cottbus, aber auch in Potsdam machen sich seit kurzer Zeit ähnliche Bestrebungen bemerkbar.

Herr General erklärte, die Veranstaltung von Versammlungen sei Angelegenheit der Parteien und nicht der Administration. Er gab Herrn Oberstleutnant Milchiker Anweisung, sofort das Notwendige zu veranlassen, und erklärte, daß er selbst auch den Kommandanten entsprechende Anweisungen geben werde.

[Willy] Sägebrecht behauptete in seinem Bericht, daß neben dem Einfluß der Arbeiterparteien der der LDP und der CDU nicht von Bedeutung sei. Bei dieser Stelle unterbrach der General den Berichterstatter und machte ihn darauf aufmerksam, daß seine Auffassung einen Irrtum umschließe. Die CDU sei beachtlich, wenn auch nicht zahlenmäßig, so doch in ihrer Wirksamkeit, besonders auf die bürgerliche Masse.

---
1 Brandenburgisches Landeshauptarchiv, Rep. 331, II/2/5.

[Willy] Sägebrecht gestaltete den Schluß seines Berichtes recht pathetisch, indem er die ungeheure Begeisterung hervorhob, die die Massen stets den Rednern zollen, die eine Vereinigung der beiden Arbeiterparteien bis zum 1. Mai [1946] forderten. Hier unterbrach der General mit einer ziemlich energischen Handbewegung und der Bemerkung [Willy] Sägebrecht, die Vereinigung der beiden Arbeiterparteien ist eine Frage der Entwicklung und nicht eine Angelegenheit von Terminen.

Im Anschluß an die Berichterstattung entwickelte sich eine sehr lebhafte Aussprache, die allerdings lediglich vom General und dem Unterzeichneten geführt wurde. Der General wollte insbesondere offen und ehrlich wissen, wie weit die Massen die Notwendigkeit der Vereinigung erkannt hätten. Ich setzte ihm auseinander, daß die Führungsschicht der Partei die Wiederherstellung des vor 1914 bestandenen Zustandes der Einheit nicht nur aus innerer Überzeugung, sondern auch aus politischer Erkenntnis anstrebe. Dasselbe gelte für alle die Funktionäre, die schon vor [19]33 der SPD angehörten. Man müsse aber in Betracht ziehen, daß sich seit dem Wiederbeginn der politischen Arbeit in Deutschland auch der Sozialdemokratischen Partei viele Leute angeschlossen hätten, die ihr früher nicht angehörten, teils weil sie kein politisches Interesse aufbrachten, teils aber auch, weil ihre wirtschaftliche Situation sie von der Mitgliedschaft in einer Arbeiterpartei abhielt. Dazu seien die Jahrgänge gekommen, die seit 1933 in die Politik eingetreten seien und der Frage der Vereinigung der SPD mit der KPD rein gefühlsmäßig ablehnend gegenüberstehen.

Die Kritik, die in der Mitgliedschaft an den Einheitsbestrebungen geübt werde, richte sich nicht gegen die grundsätzliche Bereitschaft zur Schaffung einer einzigen Arbeiterpartei, sondern vielmehr gegen die Hindernisse, die sich ihrer Verwirklichung entgegenstellen. Und die seien vielfach geboren aus persönlichen Gründen, aus den engen Verhältnissen, in denen die Menschen heute in den Dörfern und Kleinstädten zu leben gezwungen sind. Es gelte, den Blick aller, die noch zweifelnd und ablehnend beiseite stehen, auf das Ganze lenken, nämlich nicht nur das Schicksal der Arbeiterschaft, sondern auch des deutschen Volkes, dessen Gestaltung sehr wesentlich abhängt davon, ob die Arbeiterklasse sich politisch einig sei.

Die Bemerkung des Generals, daß möglicherweise die Einigung dadurch behindert wird, daß einzelne Führer Angst um ihre Stellung hätten, beantwortete ich dahin, daß davon bei der SPD keine Rede sein könne, schon aus dem Grunde nicht, weil die SPD in der Mark Brandenburg noch nicht einmal 10 besoldete Kräfte beschäftigt.

Der General kam noch auf die Frage der Presse zu sprechen und stimmte meinem Vorschlag auf Erhöhung der Auflage des »Märkers« zu.[2] [Willy] Sägebrecht beklagte sich darüber, daß er immer noch in Berlin drucken müsse; der General machte den Vorschlag, zu überlegen, ob man nicht eine gemeinsame Druckerei schaffen könne. Von ihm wurde auch, wie schon unlängst bei einer Besprechung bei Oberstleutnant Milchiker, noch einmal auf die Möglichkeit hingewiesen, mit Hilfe des Rundfunks die Parteimitgliederschaft auf die Notwendigkeit der Einigung hinzuweisen.

Als ich gegen Ende der Unterhaltung noch einmal die Auffassung des Generals unterstrich, daß die Verschmelzung der Arbeiterschaft eine Angelegenheit der Entwicklung und nicht der Termine sei, bekannte er sich erneut zu dieser marxistischen Auffassung. Das entbinde aber die Parteiführer nicht, die Entwicklung mit aller Kraft und unter Ausnutzung aller Möglichkeiten zu fördern. Es müsse sozusagen ein Kampf um die Vereinigung geführt werden, und [Willy] Sägebrecht und ich müßten uns schon als die Führer der neuen Partei fühlen. Die Tatsache, daß man über die Einigung spreche und auch schon Maßnahmen zu ihrer Vorbereitung getroffen habe, weise darauf hin, daß die neue Partei ja eigentlich schon im Entstehen begriffen sei. Die alten Parteien würden so mehr und mehr an Berechtigung einbüßen, und eines Tages wird aus dieser Entwicklung dann das Neue entstehen.

---

2 »Der Märker« war die sozialdemokratische Landeszeitung für die Provinz Mark Brandenburg.

Mit dieser sehr interessanten Äußerung des Generals war die Besprechung beendet. Er gab zum Schluß dem Wunsche Ausdruck, uns öfter sehen zu lassen, insbesondere dann, wenn es gelte, auftretende Schwierigkeiten mit seiner Hilfe zu beseitigen.

Potsdam, den 6. 2. 1946
gez. [Friedrich] Ebert[3]

---

3 Unterschrift handschriftlich.

Nr. 158
Resolution des Ortsvereins der SPD Zehdenick vom 10. Februar 1946[1]

Zehdenick, den 9. 2. [19]46[2]

An den
Zentralausschuß der
Sozialdemokratischen Partei Deutschlands

Bezirk Mark Brandenburg!

Resolution!

Die Mitgliederversammlung der SPD, Ortsverein Zehdenick, vom 10. Februar [1946] gibt dem Zentralausschuß der SPD folgende Resolution zur Kenntnis!
Wir begrüßen den Beschluß des Zentralausschusses vom 15. 1. [19]46 und erklären uns mit den genannten 4 Punkten[3] voll und ganz einverstanden. Wir Sozialdemokraten von Zehdenick haben bisher leider feststellen müssen, daß von seiten der KPD nicht so gehandelt wurde, so daß es den Zusammenschluß gefördert hätte. Wir wünschen, daß dieser Zusammenschluß der beiden Arbeiterparteien lediglich durch eine Urabstimmung innerhalb der Ortsvereine getätigt werden soll. Auch kann ein Zusammenschluß nur im gesamten Deutschen Reich erfolgen. Wir wünschen ehrlich und aufrichtig den Zusammenschluß, verlangen aber dieselbe Ehrlichkeit und Aufrichtigkeit von seiten unserer Freunde der KPD. Diese Resolution wurde von der Mitgliederversammlung einstimmig angenommen.

Der Vorstand[4]

---

1 SAPMO-BArch, ZPA, II/2/11.
2 Bei der Datierung des Schreibens an den Zentralausschuß handelt es sich möglicherweise um einen Schreibfehler, denn das Schreiben konnte ja nur nach der Verabschiedung der Resolution verfaßt worden sein.
3 Diese vier Punkte sind: »1. Keine organisatorische Vereinigung beider Arbeiterparteien im Bereich von Bezirken, Provinzen, Ländern oder einer Besatzungszone. 2. Die Herstellung der organisatorischen Einheit kann nur durch den Beschluß eines Reichsparteitages erfolgen. 3. In logischer Konsequenz daraus treten beide Parteien bei etwaigen Wahlen mit getrennten Listen an. 4. Jede gegenseitige Bekämpfung beider Parteien muß unterbleiben, vielmehr die Zusammenarbeit im Geiste der Kameradschaftlichkeit und Gleichberechtigung auf jeden Fall sichergestellt werden.« SAPMO-BArch, ZPA, II/2/1.
4 Das Dokument trägt folgenden Stempel: Sozialdemokratische Partei Deutschlands Ortsverein Zehdenick/Havel.

Nr. 159
Aus dem Bericht über die gemeinsame Mitgliederversammlung der KPD und SPD Woltersdorf am 8. Februar 1946[1]

Woltersdorf b[ei] Erkner, den 9. Februar 1946

Bericht über die 1. gemeinsame Mitgliederversammlung zwischen KPD und SPD am 8. Februar 1946 im »Alten Krug«

Nach vorherigen Vereinbarungen wurde für diese Versammlung ein Präsidium von je 1 Genosse und Genossin jeder Partei festgelegt und die Versammlungsleitung dem Genossen [Paul] Waldheim von der SPD im beiderseitigen Einverständnis übertragen. Um 19 Uhr eröffnet der Gen[osse] [Paul] Waldheim, SPD, die 1. gemeinsame Mitgliederversammlung, welche für Woltersdorf eine besondere Bedeutung hat. Auf der Tagesordnung steht als einzigster Punkt:

»*Die Notwendigkeit der Einheit*«

mit anschließender Diskussion.

Gen[osse] [Paul] Waldheim fragte, ob jeder Genosse nach Ausweis und Parteizugehörigkeit überprüft ist. Dies wurde bestätigt. Weiter bat Gen[osse] [Paul] Waldheim jeden Redner langsam und deutlich in zusammenhängenden Sätzen zu sprechen, um ein klares, einwandfreies Protokoll zu führen.

Als 1. Redner wurde dem Gen[ossen] [Hans] Schulze, KPD, das Wort erteilt. Für die SPD war der Genosse [Karl] Jörn als Redner bestimmt. In Anbetracht der Wichtigkeit der gemeinsamen Versammlung waren die Mitglieder beider Parteien fast restlos erschienen. Demzufolge der Saal voll besetzt.

[...]

Gen[osse] [Karl] *Jörn*, SPD, sagte zu Anfang seiner Rede, daß es überflüssig wäre, von seiner Seite nochmals die Vergangenheit grundlegend zu streifen, da der Gen[osse] Schulze das meiste grundlegend gesagt hat. Er ging dann kurz ein auf die Spaltung, die sich vor dem 1. Weltkrieg innerhalb der Sozialdemokratie vollzog. Er würdigte in seinen Ausführungen dann die Entstehung des Spartakusbundes[2] und der USP[3] und bedauerte, daß es damals zur Spaltung der Arbeiterschaft kommen mußte. Er hätte die ganze Bewegung persönlich mitgemacht und ist in dieser Hinsicht ein erfahrener Funktionär, und er hat immer geglaubt, wenn die 12 Jahre Hitlerfaschismus (die von ihm kurz gestreift wurden) mit diesem unglückseligen Krieg einmal zu Ende sein werden, es nur noch eine einzigste Arbeiterpartei geben wird (Beifall). Zu seinem Erstaunen hat aber die KPD diese Spaltung gemacht.

Wenn man die örtlichen Verhältnisse in Betracht ziehe, so kann man nicht von einer Einigkeit sprechen. Er hat den Eindruck, daß die SPD von seiten der KPD bewußt ausgeschaltet werden sollte, um sie nicht hochkommen zu lassen. Es steht fest, daß die KPD nach Einzug der Roten Armee sofort angefangen hat, nach ihrem Sinne zu arbeiten und auch so-

---
1 Brandenburgisches Landeshauptarchiv, Rep. 330, I/2/14.
2 Auf dem äußersten linken Flügel der SPD bildete sich 1916 eine oppositionelle Gruppe, nach ihrem illegal erscheinenden Presseorgan »Spartakusbriefe« zunächst »Spartakusgruppe« genannt, die sich nach der Abspaltung der USPD 1917 dieser Partei anschloß. Aus dem Spartakusbund entstand am 30. Dezember 1918 bzw. 1. Januar 1919 die Kommunistische Partei Deutschlands. Vgl. *Hermann Weber*, Kommunismus in Deutschland 1918–1945, Darmstadt 1983.
3 Die Unabhängige Sozialdemokratische Partei Deutschlands entstand 1917 durch Abspaltung von der SPD. Vgl. *Hartfried Krause*, USPD. Zur Geschichte der Unabhängigen Sozialdemokratischen Partei Deutschlands, Frankfurt/Main 1975.

fort die Partei illegal in Woltersdorf aufgebaut zu haben. Am 11. Juni 1945 beim Bekanntwerden des Befehls von Marschall Schukow über Parteibildung ist dann die KPD in Woltersdorf sofort aus der Illegalität in die Legalität gegangen. Sie bestand also früher wie die SPD. Die SPD dagegen wurde erst am 15. Juli [1945] zur Registrierung angemeldet und lief diese Zulassung bis Mitte August 1945. Es steht einwandfrei fest, daß die KPD die Initiative sofort ergriffen hat.

Die Dinge liegen nun heute nicht so einfach, wie wir[4], die Genossen von der KPD, es sehen. Man muß innerhalb der Gemeindeverwaltung nach seiner Meinung erst zu einem völligen Einvernehmen innerhalb der bestehenden Arbeitsgemeinschaft gelangen und hier eine völlige klare Linie schaffen, um dann die Frage der organisatorischen Einheit diskutieren zu können. Wir von seiten der SPD üben in jedem Fall Parteidisziplin und warten, was die organisatorische Einheit betrifft, die Richtlinien ab, die uns in dieser Hinsicht vom Zentralausschuß der SPD zugehen werden. Die Zentralinstanzen der beiden Parteien können nur auf Grund der Berichte aus den einzelnen Ortsgruppen ein Stimmungsbild haben, wonach sie arbeiten können. Die Ortsgruppen sind nicht befugt, den Zentralinstanzen den Weg vorzuschreiben.

Es soll nicht an der SPD liegen, daß diese unbedingt notwendige Einheit einmal kommen muß. Aber dieser erstrebenswerten Einheit muß erst eine saubere Arbeit in den örtlichen Aktionsausschüssen oder Arbeitsgemeinschaften vorausgehen. Dieses ist der Standpunkt seiner Partei.

Die KPD hat bisher die Diktatur des Proletariats auf ihre Fahne geschrieben und will nunmehr eine Demokratie. Das ist etwas, was immerhin befremdet. Während die SPD seit ihrem Bestehen für Demokratie, für soziale Demokratie eingetreten ist. Für uns als SPD war gerade die Demokratie der wesentlichste Bestandteil unseres Programms. In diesem wesentlichen Punkt unterscheiden wir uns grundsätzlich von der KPD. Wollen wir eine Einheit erreichen, dann müssen die Genossen der KPD in dieser Hinsicht eine grundlegende Wendung ihrer politischen Ansichten vollziehen.

Auch die Weimarer Republik hat ihr gutes gehabt, und sie befand sich auf dem richtigen Weg, nur haben die Menschen die guten Absichten, die in der Weimarer Verfassung lagen, nicht zu würdigen gewußt. Wir wissen, daß 1919 die SPD das Bollwerk war, die das Reich nicht verfallen ließ. Aber in der Meinung, daß erst die Arbeitereinheit und dann die Reichseinheit geschaffen werden muß, gehen wir mit der KPD nicht konform. Wir vertreten den entgegengesetzten Standpunkt, daß erst die Reichseinheit garantiert werden muß, und dann ist es erst möglich, die Arbeitereinheit zu bilden. Diese unsere Ansicht beruht auf der Tatsache, daß Deutschland in 4 Besatzungszonen aufgeteilt ist und demzufolge die Verbindung der einzelnen Zonen mit der Zentralstelle in Berlin eine mangelhafte ist.

Ich glaube, somit die wesentlichsten Grundsätze, die uns als SPD beherrschen, zum Ausdruck gebracht zu haben, und möchte meine kurzen Ausführungen mit dem Bekenntnis beschließen, daß es zu der von allen gewünschten Einheit kommen wird und auch kommen muß, und wir als SPD sind für die Einheit (Beifall).
[...]

gez. Fritz Ecke, gez. Johanna Gericke,
gez. K[arl] Jörn, gez. Sonnemann

Für die Protokollführung verantwortlich: Irmgard Wolschon, KPD

---

4 »Wir« taucht im Text mit unterschiedlicher Bedeutung auf. In diesem Fall bezieht sich »wir« auf die Wahrnehmung der Protokollantin als Mitglied der KPD. An anderen Textstellen wird der Beitrag aus der Sicht des Redners wiedergegeben, der Sozialdemokrat war.

Nr. 160
Protokoll über die gemeinsame Mitgliederversammlung der KPD und SPD Woltersdorf am 21. Februar 1946[1]

Woltersdorf b[ei] Erkner, den 22. 2. [19]46

Protokoll über die 2. Mitgliederversammlung zwischen den Genossen der KPD und SPD am 21. Februar 1946 im »Alten Krug«

Vereinbarungsgemäß wurde das Präsidium von den Genossen Johanna Gericke, Fritz Ecke (KPD); Gen[osse] [Paul] Waldheim, Gen[osse] Zadock (SPD) besetzt. Die Versammlungsleitung lag in Händen des Gen[ossen] [Fritz] Fengler (KPD). Als Redner für die SPD war Gen[osse] [Karl] Jörn vorgesehen. Für die KPD Gen[osse] Hans Schulze.

Nach Eröffnung der 2. gemeinsamen Mitgliederversammlung durch den Gen[ossen] [Fritz] Fengler (KPD) erteilte er dem Genossen [Karl] Jörn (SPD) das Wort.

Gen[osse] [Karl] *Jörn* (SPD): Wir haben uns heute zusammengefunden, wie schon vor 14 Tagen, um nochmals über den Einheitsgedanken zu sprechen. Es ist notwendig geworden auf Grund des Wunsches des Kommandanten.

Es wäre vieles noch hinzuzusetzen zu dem, was wir schon besprochen haben. Es hat sich einiges noch geändert, wovon wir in der letzten gemeinsamen Versammlung noch nichts wußten. Die Delegiertenversammlung der Funktionäre beider Parteien in Bernau am 6. 2. [19]46 war für uns (SPD) eine Überraschung, denn wir waren nicht so weit vertraut, daß wir annehmen konnten, daß die Sache in ein derartiges Stadium getreten war.[2] Die KPD-Funktionäre, von denen aus die Sache ging, waren schon mehr oder weniger orientiert. Doch wir von der SPD standen den Dingen vollständig fremd gegenüber. Daraufhin wurde am 10. 2. [1946] nach Bernau eine Kreisdelegiertentagung der SPD einberufen, wo nochmals alles gründlich zur Aussprache kam.

Heute, nach 14 Tagen, sehen die Dinge wesentlich anders aus. Auf der Kreisfunktionärsitzung am 10. 2. [19]46 kam zum Ausdruck, daß für die SPD die Verschmelzung erst akut wird, wenn entweder ein Reichsparteitag oder eine Urabstimmung innerhalb der SPD stattgefunden hat. In diesem Zusammenhang bringt er dann 2 Entschließungen zur Verlesung. 1. Über Inhalt und Sinn der Entschließung vom 21. 12. [19]45, welche im Anhang beigefügt ist. 2. Eine Entschließung des Zentralausschusses vom 15. 1. [19]46, welche ebenfalls im Anhang beigefügt ist.[3]

In seinen weiteren Ausführungen gab er bekannt, daß der Zentralvorstand der SPD beschlossen hat, am 6. u[nd] 7. 4. [19]46 einen Bezirksparteitag in Berlin stattfinden zu lassen, welchem am 20. u[nd] 21. 4. [19]46 der Reichsparteitag unter Hinzuziehung der Parteivertreter der westlichen Zonen erfolgt.[4] Hier können wir dann erwarten, daß das zu-

---
1 Brandenburgisches Landeshauptarchiv, Rep. 333, III/2/1.
2 Auf dieser Delegiertenversammlung hatte die KPD offensichtlich eine Entschließung eingebracht und verabschieden lassen, die den sofortigen organisatorischen Zusammenschluß forderte.
3 Beide hier erwähnten Materialien waren vom Zentralausschuß der SPD in Form von Rundschreiben an die Parteibezirke versandt worden, nachdem die Entschließung vom 21. Dezember 1945 in der Mitgliedschaft zu erheblichen Irritationen geführt hatte. In diesen Dokumenten konkretisierte der Zentralausschuß das, was er in der Entschließung vom 21. Dezember 1945 nicht zum Ausdruck bingen konnte oder wollte, nämlich den Standpunkt, den Zusammenschluß nur in gesamtdeutschem Maßstab zu vollziehen.
4 Am 11. Februar 1946 hatte der Zentralausschuß nach äußerst kontroverser Debatte den Beschluß gefaßt, sofort einen Parteitag für die sowjetische Besatzungszone, einschließlich Berlin, einzuberufen, »nachdem die Verhandlungen mit den Vertretern der westlichen Zonen über die Einberufung

stande kommt, was wir alle wünschen. Bis dahin liegt kein Grund vor, irgendeinen Umbau herbeizuführen, denn es wird von jeder Führung erwartet, daß sie eine Disziplin wahrt. Die KPD wird auch kein anderes Ansinnen [haben]. Denn die KPD ist ihren Führern stets mit Disziplin gefolgt.

Zu der Versammlung selbst. Diese ist auf Wunsch des Kommandanten zurückzuführen, um ein Bild zu haben über die Situation, wie sie hier im Ort herrscht. Er verweist dann auf örtliche Bestrebungen innerhalb der Gemeinden Rüdersdorf, Herzfelde usw. Er verweist darauf, daß hier keine sofortige Vereinigung vollzogen werde. Er hofft auf einen glatten, guten Verlauf der heutigen Versammlung.

Er verweist dann darauf, daß am Tag zuvor der Arbeitsausschuß der KPD u[nd] SPD getagt hat und sich über die Durchführung der heutigen Versammlung im klaren ist. Wir wollen heute nicht lange reden, denn wir haben die Probleme, die zur Debatte stehen, ja das letzte Mal eindeutig genug behandelt. Wir sind schon übereingekommen, daß wir die Arbeitsgemeinschaft vertiefen wollen. Wir wollen nach Möglichkeit das, was hinter uns liegt, vergessen und in der Zukunft eine Arbeitsgemeinschaft errichten bis zur Einheit, wie sie im Interesse der ganzen schaffenden Masse liegt. Beide Parteien geben ihre besten Männer und deren bestes Können. Egoistische Interessen dürfen nicht zum Ausdruck kommen. Wir müssen zusammenstehen in der schweren Zeit, die uns das Hitlerregime hinterlassen hat. Es wird sich herausstellen müssen, wo der gute Wille zur Einheit liegt. So wie er sich bisher eingesetzt hat im Interesse der Bevölkerung, so erwartet er dasselbe von jedem einzelnen (starker Beifall). Von mir aus werden keine Konzessionen nach irgendeiner Richtung gemacht. Wer nicht sauber ist, hat abzutreten (starker Beifall). Dies [ist] im Interesse aller und im Interesse der über uns stehen schützenden Macht. Im Interesse der über uns schützenden Hand kann es nur liegen, daß sich unter ihrer Obhut die Dinge gut gestalten.

Wir von der SPD waren wenig an der Gestaltung der Dinge in Woltersdorf selbst oder gar nicht beteiligt, konnten einen namhaften Einfluß nicht ausführen. Er hofft auf Grund einer guten Zusammenarbeit, welche unbedingt erstrebt werden muß, unsaubere Verhältnisse in Zukunft abzustellen und zu ändern. Im Kampf gegen Nazismus sind wir hart und kennen keine Konzessionen. Wer sich auf dieser Grundlage mit uns zusammenfinden will, kann ohne Bedenken dann in die Zukunft sehen. Wir wollen in Zukunft hart, aber gerecht urteilen, in jeder Beziehung. Wer die SPD-Geschichte kennt, wird von ihren Männern nichts anderes erwarten!

Hoffen wir, daß in Zukunft das Kräfteverhältnis ein anderes wird, und jeder, der willens ist, zur Mitarbeit, zur verantwortungsvollen Mitarbeit herangezogen wird. Ich bin somit ziemlich am Schluß meiner Ausführungen. Es liegt nicht im Interesse aller, zu lange Reden zu führen. Soll jeder das kurz sagen, was er will und was ihn beseelt.

Wir sind uns alle darüber einig, daß es in Deutschland in Zukunft nur noch eine geeinte Arbeiterpartei geben darf. Wie und wann wir zu der Einheit kommen, ist in dieser Zeit, in der wir leben, gar nicht von großer Tragweite. Es kann nicht eine Ortsgruppe die Zukunft bestimmen. Ein Schritt der Vereinigung muß klar überlegt werden und bedarf einer gewissen Durcharbeitung. In der SPD sind Kräfte vorhanden, die es verstehen, die Zukunft zu meistern. Wir lassen uns auf diesem Weg nicht beirren. Wir wünschen eine bis ins kleinste

---

eines Reichsparteitages gescheitert sind«. »Dieser Parteitag, dem Bezirks- bzw. Landesparteitage vorausgehen, soll über eine Vereinigung der beiden Parteien entscheiden.« Der Parteiausschuß bestätigte am 19. Februar 1946 die Entschließung des Zentralausschusses, indem er festlegte, »am 6. und 7. April 1946 in allen Bezirken zu gleicher Zeit Bezirksparteitage zu veranstalten, die sich mit der Vereinigung der beiden Arbeiterparteien befassen«, sowie am 19. und 20. April 1946 ein Parteitag in Berlin durchzuführen, »zu dem auch die Genossen aus den westlichen Zonen geladen werden«. Dokumente und Materialien zur Geschichte der deutschen Arbeiterbewegung, Reihe III, Bd. 1, S. 504.

vorbereitete Arbeit, die über die Jetztzeit hinaus Bestand haben wird (Beifall). Darum keine erzwungene Einheit, sondern eine Einheit, die auf viele Jahre hinaus Bestand haben wird. Wir sind dafür, etwas Beständiges zu schaffen, und sind gewillt, gemeinsam den Weg zu gehen.

Zusammenfassend und abschließend möchte ich sagen: Wir brauchen Zeit, um die Vereinigung genügend vorbereiten zu können. Wir haben bisher in einem Arbeitsausschuß zusammengearbeitet und werden heute zur Bildung eines vorbereitenden Organisationsausschusses für die Verschmelzung der beiden Parteien kommen, wo jeder einzelne sein bestes Können einsetzen wird. In zwangloser Zusammenarbeit kann erst einmal jeder seine Bewährungsprobe ablegen. Wir werden am Schluß der Referate dazu übergehen, einen vorbereitenden Ausschuß von je 6 Genossen oder 6 Genossinnen jeder Partei zu wählen. Somit möchte ich meine Ausführungen beschließen (Beifall).

Der Versammlungsleiter, Gen[osse] [Fritz] Fengler (KPD), gibt dem Gen[ossen] [Hans] Schulze (KPD) d[as] Wort.

Gen[osse] [Hans] *Schulze* (KPD): Diese 2. gemeinsame Mitgliederversammlung ist nicht nur meines Erachtens nach notwendig geworden, weil es der Bezirkskommandant so wünschte, sondern weil die Zeit einfach dazu drängt! (Beifall). Ich muß meiner Bewunderung darüber Ausdruck geben, daß man die Frage so aufwirft. Wir von seiten der KPD sind uns im klaren darüber, daß die Frage der Einheit überhaupt keinen Aufschub duldet.

In der 1. gemeinsamen Mitgliederversammlung habe ich versucht, die Gefahr, die bereits am politischen Horizont wieder aufsteigt, in seiner ganzen Tragweite hier zu würdigen, und der Verlauf der 1. Versammlung hat mir bewiesen, daß die versammelten Genossen und Genossinnen beider Parteien wohl die Stunde erkannt haben. Wir von seiten der KPD müssen uns nur immer wieder wundern, daß man die Frage so stellt, nämlich alle 8 Tage anders!

Wir sind bedingungslos für die Einheit, und je schneller, je lieber! Was ist in den letzten 2 Wochen [seit] der letzten Mitgliederversammlung in Deutschland alles geschehen? In fast allen deutschen Gauen hat man sich mit der Frage der Einheit der beiden Parteien beschäftigt und hat die Resolutionen dementsprechend gefaßt. Wir alle sind davon unterrichtet, daß in Sachsen und Thüringen die Sache bereits so weit gediehen ist, daß es einer Erörterung der Sache überhaupt nicht mehr bedarf. Und wir, die wir so nahe bei Berlin liegen, die wir immer einen Anspruch erhoben haben, Berlin in dieser Hinsicht mustergültig zu stellen, wir hinken hinter diesen Gauen hinterher.

Uns allen ist bekannt von der großen Delegiertentagung des FDGB.[5] Und alle Delegierten, ganz gleich, welcher Parteirichtung er angehörte, waren in dem Willen einig, den organisatorischen Zusammenschluß beider Parteien durchzuführen. Man sollte auch jene Stimmen in Betracht ziehen, die in den letzten Tagen in der Presse veröffentlicht wurden, wo Arbeiter, welche bisher politisch unorganisiert sind, ihren Willen bekundet haben, bei Vereinigung der beiden Arbeiterparteien ihren Eintritt zu vollziehen. Es gibt einen großen Teil innerhalb der Arbeiterschaft, die sich bis heute noch nicht entschieden haben und nur auf den Moment der Vereinigung warten, um ihren Beitritt in die Partei zu vollziehen. Oder glaubt jemand, daß dies nicht wahr sei. Wer das denkt, der hinkt hinter den Tagesfragen hinterher.

Gen[osse] [Hans] Schulze berichtete dann von der Kreiskonferenz in Bernau, welche vom Gen[ossen] [Karl] Jörn gestreift wurde und betonte, daß die kommunistischen Funktionäre genauso unvorbereitet nach Bernau gefahren sind wie die SPD-Funktionäre. Wir haben uns nicht überrumpelt gefühlt! Die Tagesordnung war der KPD genauso unbekannt

---

5 Vom 9. bis 11. Februar 1946 fand in Berlin die zentrale Delegiertenkonferenz des FDGB für die sowjetische Zone statt. Vgl. SBZ-Handbuch, S. 634 f.

wie der SPD. Man kann auch nicht von Überrumpelung sprechen, denn diese Tagung war notwendig auf Grund der Beschlüsse der Zentralinstanzen.

Gen[osse] [Hans] Schulze behandelte dann das Rundschreiben des Kreisorganisationsausschusses, welches alle Ortsgruppen auffordert, einen örtlichen Organisationsausschuß zu bilden. Dieses Rundschreiben befindet sich in den Händen der KPD so gut wie der SPD. Des weiteren sind in den letzten 14 Tagen 2 weitere Rundschreiben, eins vom Einheitsausschuß der Mark Brandenburg und ein weiteres vom Einheitsausschuß des Kreises Niederbarnim, den beiden Parteien zugegangen.[6] Diese Rundschreiben kommen ebenfalls zur Verlesung.

Nach Verlesung der Rundschreiben sind aus den Ausführungen des Gen[ossen] [Hans] Schulze hervorzuheben: Es kommt nicht darauf an, wer den größten Mund hat, sondern wer sich uneigennützig für das Gelingen des großen Ziels einsetzt. In unserer ganzen Diskussion kommt es nicht mehr darauf an, doktrinäre Parteipolitik zu treiben, sondern die Diskussion muß sich auf der Linie bewegen, welche das große, gemeinsame Ziel im Auge hat. Jeder Tag, den wir mit kleinlichen Debatten verlieren, schädigt uns und nutzt den Feinden der Arbeiterklasse.

Gen[osse] [Hans] Schulze wendet sich dann einem Teil der Rede des Gen[ossen] [Karl] Jörn zu und meint, es wäre nicht richtig, Beschlüsse des Z[entral]a[usschusses] vom Dez[ember] [1945] und Jan[uar] [1946] in der Diskussion zugrunde zu legen, sondern die Beschlüsse der jüngsten Zeit, welche der veränderten Lage Rechnung tragen, sind zu diskutieren. Da ist vor allen Dingen zu nennen der Beschluß des Z[entral]a[usschusses], eine Delegiertenkonferenz für die sowjetisch besetzte Zone, einschl[ießlich] Berlin, einzuberufen.[7] Die KPD hat für den 2. und 3. März 1946 eine Parteikonferenz nach Berlin angesetzt. Auch hier beweist sich wieder, daß die KPD aktiver ist wie die SPD.

Man soll nicht so viel von Erfahrungen reden, maßgebend ist, Erfahrungen auszunützen (Beifall). Wir von seiten der KPD haben die Frage der heutigen Versammlung bereits in unserer Funktionärsitzung am Montag, den 18. 2. [19]46 und im Schulungsabend am 19. 2. [19]46 genügend durchgesprochen, und [es] besteht bei uns Klarheit in allen Fragen. Es ist bekannt geworden, daß in der Mitgliederversammlung der SPD die Frage aufgeworfen wurde, ob die Vereinigung diktatorisch oder demokratisch vollzogen werden soll. Wir erklären: Eine diktatorische Vereinigung lehnen wir ab, da sie nicht von Bestand sein wird. Die Vereinigung wird auf Grund der festgestellten Richtlinien der eingesetzten Studienkommission erfolgen.

Es ist auch die Frage aufgetaucht, wie sich die KPD zu den Bestrebungen der Franzosen in punkto Löslösung des Ruhrgebietes stellt.[8] Gen[osse] [Hans] Schulze weist da auf die Potsdamer Beschlüsse [hin], wonach Deutschland als wirtschaftliches Ganzes betrachtet

---

6 In diesen Rundschreiben wird über die Einberufung von getrennt tagenden Kreisdelegiertenkonferenzen beider Parteien zum 23. März 1946 sowie von gemeinsamen Kreiskonferenzen zum 24. März 1946 informiert.
7 Gemeint ist der Beschluß des Zentralausschusses vom 11. Februar 1946. Vgl. Anmerkung 4.
8 In einem Memorandum vom 13. September 1945 forderte Frankreich die politische Abtrennung des Rheinlandes und Westfalens - einschließlich des Ruhrgebietes – vom übrigen Deutschland. Für das Ruhrgebiet verlangte Frankreich ein völkerrechtlich neuartiges Gebilde, das »Ruhr-Territorium«. Das neugeschaffene Territorium sollte entsprechend den französischen Plänen von den vier Alliierten und Belgien, Luxemburg und den Niederlanden besetzt und von einer alliierten Neunerkommission regiert werden. Die Industriekonzerne sollten vollständig in den Besitz der Besatzungsmächte übergehen, Rüstungsbetriebe zerstört und die Produktionskapazitäten, mit Ausnahme der Kohleförderung, abgebaut werden. Vgl. *Steininger*, Deutsche Geschichte 1945–1961, S. 168 f.

werden muß⁹, und die vereinigte Arbeiterpartei wird stark genug sein, um auch diese Frage im nationalen Sinn zu meistern. Eine zerrissene Arbeiterschaft allerdings nicht. Ich habe an dieser Stelle schon einmal erklärt, eine bürgerliche Demokratie lehnen wir unter allen Umständen ab, wir wollen die kämpferische Demokratie. Und in diesem Wort ist auch schon die Antwort enthalten, warum es die KPD mit der Vereinigung so eilig hat. Wir betrachten uns als den Motor der Entwicklung und werden dafür sorgen, daß der Motor, den wir angekurbelt haben, niemals wieder zum Stillstand gelangt.

Wir wissen, daß es innerhalb der SPD Ortsgruppen gibt, die der Vereinigung hinderlich im Weg sind, z. B. die Charlottenburger Ortsgruppe, bekannt unter 57 B[10], welche Stellung gegen [Otto] Grotewohl genommen hat.[11] Was bedeutet so etwas? Das ist die Frage! Das sind Saboteure der Einheit, das sind Handlanger der Reaktion. Das sind [Kurt-]Schumacher-Jünger. Darum rufe ich heute erneut, versucht die Saboteure der Einheit zu erkennen! Macht Schluß mit diesen Söldlingen des Kapitals. Der Standpunkt einiger SPD-Funktionäre kann nicht maßgebend sein, sondern die Erkenntnis der breiten Mitgliedermassen, und die Funktionäre haben weiter nichts zu tun, als dem Rechnung zu tragen.

Gen[osse] [Hans] Schulze umreißt dann noch kurz die geschichtlichen Aufgaben, die die Arbeiterschaft zu erfüllen hat. Wenn wir uns alle bewußt sind, daß wir berufen sind, eine völlig neue Ära einzuleiten, kann der Verschmelzung nichts im Wege stehen.

Im Zusammenhang mit dem Vorerwähnten brachte der Gen[osse] [Hans] Schulze dann eine Entschließung zur Verlesung, und zwar von der Ortsgruppe 57 B, Charlottenburg, welche den Rücktritt des Z[entral]a[usschusses] fordert. Genossen von der SPD, haltet die Augen auf. Nicht Reichseinheit, sondern erst Parteieinheit, so stellt sich[12] erneut die Frage. Und wenn wir in nächster Zeit nur dazu kommen, in der russischen Zone, einschl[ießlich] Berlin, die Vereinigung zu vollziehen, so bin ich der Meinung, daß dieses befruchtend für das übrige Deutschland sein wird, oder ist jemand anderer Meinung?

Den Weg, den wir zu gehen haben, ist uns klar vorgezeichnet. Blicken wir vertrauensvoll in die Zukunft. Lassen wir kein Wenn und Aber aufkommen. Das Endziel, welches wir erstreben, ist das gleiche, nämlich über die Demokratie zum Sozialismus zu gelangen. Wer sich diesem Ziel entgegenstellt, der wird von der Wucht dieser Lawine hinweggespült werden.

Getrennt sind wir nichts! Vereint sind wir alles!

Ende des Referates um 20.35 Uhr (Beifall).

Gen[osse] [Hans] Schulze beendete seine Rede mit der 3. Strophe aus dem Lied »Brüder zur Sonne zur Freiheit!«, nämlich: »Brüder in eins nun die Hände, Brüder das Sterben verlacht, ewig der Sklaverei ein Ende, heilig die letzte Schlacht!« (starker Beifall belohnte seine Ausführungen.)

---

9 Im Potsdamer Abkommen wurde diese Passage wie folgt formuliert: »Während der Besatzungszeit ist Deutschland als eine wirtschaftliche Einheit zu betrachten.« Zitiert in: *Steininger*, Deutsche Geschichte 1945–1961, S. 77. Mit der am 31. Juli 1945 in Potsdam erfolgten Einteilung Deutschlands in ein westliches und ein östliches Reparationsgebiet wurde diese Absicht jedoch ad absurdum geführt.

10 Die Berliner Kreisverbände waren in Abteilungen unterteilt, die jeweils eine bestimmte Nummer erhielten.

11 Am 16. Februar 1946 bestätigte der Kreisvorstand der SPD Charlottenburg unter Hinzuziehung von Funktionären aus anderen Kreisen eine Resolution, die ein Mißtrauensvotum gegen den Berliner Bezirksvorstand sowie gegen den Zentralausschuß forderte, weil sich der Zentralausschuß als eine »nicht gewählte Körperschaft gegen den Willen der Berliner Mitglieder der SPD gestellt und Maßnahmen eingeleitet hat, die geeignet sind, die organisatorische Einheit der SPD zu zerbrechen und damit die Spaltung der Arbeiterschaft zu verewigen«. *Hurwitz*, Demokratie und Antikommunismus in Berlin nach 1945, Bd. 4. Teil 2, S. 951.

12 Im Original: stellte ich.

Nun trat man die Diskussion an.

Als 1. Diskussionsredner ergriff Gen[osse] [Albert] *Baerhold* (SPD) das Wort. Einigkeit macht stark! In der SPD befinden sich heute viele Genossen, die früher einmal Mitglied der USPD waren, und diese sind immer für Einheit gewesen. Deswegen sind sie ja seinerzeit wieder in die SPD zurückgegangen. Wenn wir heute nicht bedingungslos für die Einheit sind, so kann man uns nicht als Saboteure bezeichnen! Die SPD lehnt jedes Führungsprinzip ab. Sie vertrauen ihrerseits auf den eingesetzten 30er Ausschuß[13], welcher im Interesse der Partei diese Fragen zu klären hat und der auch die für die Verschmelzung notwendigen Vorarbeiten in die Wege leiten und den endgültigen Termin der Verschmelzung festsetzen soll.

Den Standpunkt, den der Gen[osse] [Hans] Schulze (KPD) im Fall [Otto] Grotewohl einnimmt, kann er nicht teilen, denn in dem Fall ist [Otto] Grotewohl weiter nichts als wie Parteimitglied, und er hat nur das zu tun, was [die] Mitglieder beschließen. Er kann nicht von sich aus selbstherrliche Anordnungen geben. Wenn die Charlottenburger Genossen das Vorgehen von [Otto] Grotewohl in dieser Hinsicht mißbilligen, dann mit Recht. Die Funktionäre der SPD werden in diesem Sinn nicht als Führer angesehen, sondern sie haben höchstens das Recht, Termine in diesem Falle festzulegen, wenn die gesamte Mitgliedschaft damit einverstanden ist.

Gen[osse] [Albert] Baerhold ging dann im Verlauf seiner Rede auf Verhältnisse ein, wie sie sich nach dem Einmarsch der Roten Armee gestaltet haben, und betonte, daß die SPD diejenige war, die die Einheit zuerst wollte. Die KPD müßte noch sehr viel von Demokratie lernen. Auf den Vorschlag des Gen[ossen] [Hans] Schulze eingehend betreffs der Schulung der Mitglieder, betonte [Albert] Baerhold, daß jeder die Möglichkeit hat, sich selbst zu schulen. Wer es für notwendig hält, könne ja 4 oder 5 Zeitungen lesen. Seine Schlußworte waren: Wir sind für die Einheit, aber nur Geduld und nicht zu stürmisch!

Gen[osse] *Nossol* (KPD) brachte in seinen Ausführungen zum Ausdruck, daß man in der Frage der Einheit nicht so viel reden sollte, es wäre ein unnötiger Kalorienverbrauch, man sollte zur Tat schreiten. Vor allem gilt es, die Tagespresse zu verfolgen über die Meldungen der Störenfriede der Einheit. Die Einheit der Arbeiterklasse ist das Gebot der Stunde. Einheit tut Not! Jede Diskussion wäre überflüssig, sondern schreiten wir zur Tat und bilden wir sofort einen vorbereitenden Organisationsausschuß für die beiden Ortsgruppen Woltersdorf, welcher die Vorarbeiten für die Verschmelzung durchführt.

Helft alle mit, das große Ziel der Vereinigung zu erreichen, stehe niemand abseits! Die Einheit ist der Garant dafür, daß die Interessen der Werktätigen in Zukunft in der geeinten Arbeiterpartei hundertprozentig vertreten werden. Es lebe die Einheit! (Beifall).

Block, E. (SPD): Die letzten 14 Tage haben uns bewiesen, daß die Bestrebungen innerhalb der Arbeiterschaft zur Erreichung der Einheit vor[an]schreiten. Vertrauen wir auf die Arbeit des Zentralvorstandes, welcher für den 20. und 21. April [1946] einen Parteitag der SPD unter Hinzuziehung von Funktionären aus der westlichen Zone angesetzt hat. Das Grundsätzliche für die Verschmelzung wird sich auf den Parteitagen der SPD sowie KPD regeln.

Im weiteren Verlauf seiner Ausführungen forderte er ebenfalls die Bildung eines Organisationsausschusses für Woltersdorf.

Als nächster ergriff Gen[osse] [Kurt] *Thiedke* (KPD) das Wort. Er hatte sich für seine Rede alles schriftlich zurechtgelegt und brachte in dieser Rede alles das zum Ausdruck, was schon des öfteren erörtert war, und [es] konnten seine Worte demzufolge nicht begeistern,

---

13 Hier sind offenbar die 30 sozialdemokratischen Teilnehmer der Konferenz vom 20./21. Dezember 1945 gemeint.

sondern riefen zum Teil den Unwillen eines Teils der Versammlungsteilnehmer auf. Es verlohnt sich nicht, die Rede hier näher zu würdigen.

Gen[osse] [Fritz] *Fengler* (KPD) griff dann in die Debatte mit ein und kam vor allen Dingen auf den Aufbau und die Stärke und die Tagung des FDGB zu sprechen.[14] Er ermahnte die Versammelten, sich hieran ein Beispiel zu nehmen. Wenn die zu erstrebende Einheit auf derselben Grundlage vollzogen wird, wie der Aufbau des FDGB erfolgte, so ist die Gewähr für ein gutes Arbeiten gegeben.

Inzwischen lief ein Antrag des Gen[ossen] [Kurt] Thiedke (KPD) bei der Versammlungsleitung ein, welcher die sofortige Verschmelzung der beiden Ortsgruppen verlangte. Nach kurzer Diskussion wurde der Antrag bis zum Schluß der Debatte zurückgestellt.

Als nächster Redner erhielt der Gen[osse] *Käske* (SPD) das Wort. Er brachte zum Ausdruck, daß er hier nicht als Parteimensch sprechen möchte, sondern als einfacher Arbeiter, dem die Einheit besonders am Herzen liegt. Seine Ausführungen gipfelten darin, man solle nicht lange reden und diskutieren, sondern man solle die Notwendigkeit der Einheit erkennen, und daß dies geschehen ist, von beiden Seiten, hat der Verlauf der 1. sowie der heutigen Versammlung bewiesen, und man sollte ohne viel Umschweife die Einigung vollziehen.

Seine weiteren Ausführungen gipfelten an dieser Erkenntnis, und er betonte zum Schluß, geredet wäre genug, es müsse gehandelt werden (Beifall).

Als einzigste Frau sprach in der Diskussion die Gen[ossi]n Johanna *Gericke* (KPD) kurze, aber markante Sätze. »Ihr habt die Macht in den Händen, wenn Ihr nur einig seid. Wer nach all dem Furchtbaren und Schrecklichen, was wir durchgemacht haben, noch nicht weiß, wo er hingehört, der wird es nie begreifen. Wir wollen doch alle dasselbe, die Freiheit und daß auch wir, die wir alle so viel Herzleid hinter uns haben, dieses große Ziel erleben werden. Die Frauen haben Euch zu Weihnachten bewiesen, daß sie zusammenarbeiten können und wollen, und darum, Genossen, treten wir zusammen an. Um so schneller haben wir es geschafft!

Auf, Sozialisten, schließt die Reihen, die Trommel ruft, die Banner wehen! Es gilt, die Arbeit zu befreien, es gilt, der Freiheit auferstehn.« (sehr starker Beifall).

3. Punkt

Die Funktionäre beider Parteien hatten einen Antrag vorgelegt, wonach der zu bildende Organisationsausschuß aus je 6 Genossen oder Genossinnen bestehen sollte. Ein weiterer Antrag verlangte von jeder Seite noch 3 Ersatzgenossen oder -genossinnen. Nach aufklärenden Worten durch den Gen[ossen] [Hans] Schulze kam man zur Abstimmung über den Antrag der Funktionäre.

Der Gen[osse] [Kurt] Thiedke (KPD) hatte einen Antrag eingereicht, wonach die sofortige Vereinigung vorgenommen werden sollte. Es kam zu längeren Geschäftsordnungsdebatten, und man beschloß, den Antrag [Kurt] Thiedke (KPD) dem Organisationsausschuß als Material zuzuweisen.

Man kommt jetzt zur Wahl und stimmt über jeden einzelnen Vorschlag ab.

Von seiten der KPD wurden gewählt:
Gen[osse] Hans Schulze – gegen 2 Stimmen
Gen[osse] Fritz Ecke – gegen 20 Stimmen
Gen[osse] Kurt Thiedke – einstimmig
Gen[osse] Fritz Fengler – einstimmig

---

14 Gemeint ist die vom 9. bis 11. Februar 1946 tagende zentrale Delegiertenkonferenz des FDGB in Berlin.

Gen[ossi]n Mimi Duscheck – einstimmig
Gen[osse] Frömel – einstimmig

Von seiten der SPD wurden gewählt:
Gen[osse] Karl Jörn – gegen 28 Stimmen
Gen[osse] Albert Baerhold – gegen 23 Stimmen
Gen[osse] Paul Waldheim – einstimmig
Gen[osse] Otto Model – gegen 6 Stimmen
Gen[ossi]n Sonnemann – gegen 3 Stimmen
Gen[osse] Krüger, jun[ior] – einstimmig

Schlußausführungen Gen[osse] [Karl] *Jörn* (SPD): Im Interesse der Einheit verzichte ich, auf das einzugehen, was vielleicht notwendig wäre. Ich will mich an dem hier Gesagten jeder Kritik enthalten. Ich will nur hoffen, daß jeder einen guten Eindruck mit nach Hause nimmt, und wir alle wollen und müssen nur von dem einen Gedanken beseelt sein, daß wir recht bald zu der Einheit gelangen werden (Beifall).

Schlußausführungen Gen[osse] [Hans] *Schulze* (KPD): Er wies erst einmal darauf hin, daß gemeinsame Mitgliederversammlungen nach seiner Meinung in Zukunft anders aussehen müßten. Er ist sich aber bewußt, daß die Diskussion in der Frage der Einheit notwendig war, um zu einer Klärung zu kommen. Auch in Zukunft wird man Diskussionen nicht vermeiden können oder dürfen.

Im weiteren Verlauf seiner Ausführungen widerlegte er manches von den Diskussionsrednern Gesagte oder unterstrich anderseits gemachte Äußerungen als gut und brauchbar. Wenn man z. B. sagt, wir kleben an unseren Posten, so ist hierzu ganz klar zu sagen, wir betrachten unsere Stellung nicht als Posten, sondern als Arbeit. [Wir] können demzufolge keine Posten verlieren, sondern man würde uns nur Arbeit abnehmen. Aber wir kleben an unserer Idee und dies mit ganzer Seele.

Er machte erneut den Vorschlag, gemeinsame Zusammenkünfte [zu organisieren], und hält vor allem Schulung und nochmals Schulung für das Notwendigste, was durchgeführt werden muß. Wenn in Zukunft gegenseitiges Vertrauen aufgebracht wird und neben dem Wort Genosse das Wort Kamerad steht, dann muß es uns gelingen, allen Feinden zum Trotz das große Ziel zum Wohle des gesamten Volkes zu erreichen (starker Beifall).

Mit der 1. Strophe der »Internationale« wurde die Versammlung um 22.15 Uhr geschlossen.

Für das Protokoll verantwortlich: I[rmgard] Wolschon, KPD

Nr. 161
Schreiben der Ortsgruppe der SPD Oranienburg an Otto Grotewohl vom 20. Februar 1946[1]

Sozialdemokratische Partei Deutschlands
Ortsgr[uppe] Oranienburg

Oranienburg, den 20. Februar 1946
Geschäftsstelle: Bernauer Str[aße] 31

An den
Vorsitzenden der
Sozialdemokratischen Partei Deutschlands
Otto Grotewohl
Berlin W 8
Behrenstr[aße] 35/36

Werter Genosse [Otto] Grotewohl!

Im Namen des Zentralausschusses haben Sie auf dem Zonenkongreß des FDGB, welcher in Berlin tagte, eine Erklärung abgegeben, wonach für die östliche Zone Deutschlands ein Parteitag unserer Partei zur Frage der Einheit der Arbeiterparteien Stellung nehmen soll.[2] Diese Erklärung hat bei dem größten Teil unserer Mitgliederschaft stärkste Verwunderung und Verärgerung hervorgerufen. Ehe wir zu weiteren Ausführungen kommen, stellen wir fest, daß uns erst vor kurzem das Schreiben des Zentralausschusses vom 15. 1. [19]46 zugesandt wurde, in dem klar und deutlich an erster Stelle steht: »*Keine organisatorische Vereinigung beider Arbeiterparteien im Bereich von Bezirken, Provinzen, Ländern oder einer Besatzungszone*« und zweitens: »*Die Herstellung der organisatorischen Einheit kann nur durch den Beschluß eines Reichsparteitages erfolgen.*«

Wir werden nicht ganz klug daraus, warum der Zentralausschuß seine erst vor 3 Wochen gefaßten einwandfreien und klaren Richtlinien durchbrochen hat. Vielleicht haben die 12 Jahre Naziherrschaft bewirkt, daß auch unsere führenden Genossen nicht mehr mannhaft und mutig zu Erklärungen stehen, welche von der gesamten Mitgliederschaft unserer Partei freudig begrüßt worden sind. Vielleicht – und das könnte der Zentralausschuß in einem Brief an uns festlegen – ist auch die letzte Erklärung unter irgendeinem Druck abgegeben worden.

Wir alle sind ebenfalls beseelt von dem Gedanken, eine baldige Vereinigung der Arbeiterparteien zu erreichen. Aber auch die Konferenz vom 20./21. 12. [19]45, welche als die 2. Phase der Einheit bezeichnet wird, weist in klarer Weise den Weg, den wir zu gehen haben. Es sind noch längst nicht alle Voraussetzungen geschaffen, schon jetzt so überstürzt zu einem sofortigen Parteitag in der östlichen Zone zu schreiten.

Jeden aufmerksamen Leser der Zeitungen wird es wundern, daß nur wir einen Parteitag einberufen, während die angeblich so demokratische Kommunistische Partei keinen Parteitag einberuft, sondern die Frage der Vereinigung von seiten dieser Partei vom Zentralkomitee bestimmt wird. Hier sieht man schon Theorie und Praxis, denn wir können uns nicht

---

1 SAPMO-BArch, ZPA, II/2/10.
2 Am 11. Februar 1946 hatte Otto Grotewohl während der Abschlußtagung der zentralen Delegiertenkonferenz des FDGB den am gleichen Tag gefaßten Beschluß des Zentralausschusses bekanntgegeben, einen Parteitag der SPD der sowjetischen Zone einzuberufen, der über die Verschmelzung entscheiden sollte.

vorstellen, daß die kommunistischen Funktionäre, welche heute noch in vielen Dörfern und Städten unsere sozialistischen Funktionäre und Genossen bekämpfen, plötzlich Demokraten geworden sind und in wirklich ehrlicher Art und Weise schon jetzt die Einheitspartei wünschen. Wir wissen auch, daß von seiten der Führung der Kommunistischen Partei von den Genossen Wilhelm Pieck, Walter Ulbricht, [Anton] Ackermann usw. die Frage der Einheit wirklich ehrlich gemeint ist, aber wir geben unseren führenden Genossen den Rat, mal tiefer herabzusteigen, und sie werden sehen, daß die kleinen Funktionäre – speziell die der Kommunistischen Partei – nicht nach den Richtlinien handeln, welche das Zentralkomitee der KPD herausgegeben hat.

In letzter Zeit sind in den Orten Arbeitsausschüsse SPD/KPD gebildet worden. Diese Arbeitsausschüsse haben noch nicht allzuoft getagt. Es ist unbedingt wichtig, daß vor einer Vereinigung der beiden Arbeiterparteien diese Arbeitsausschüsse in allen Orten und Kreisen erst alle Konfliktpunkte beseitigen, welche trennend einer Vereinigung entgegenstehen. Auf der Konferenz des Kreises Niederbarnim, welche am 10. 2. [19]46 in Bernau tagte, hat die übergroße Mehrzahl der Delegierten zur Frage der Einheit wie folgt Stellung genommen:

»*Wir sind für eine Vereinigung der Arbeiterparteien, aber erst nachdem alle Konfliktstoffe, welche sich zwischen SPD und KPD noch befinden, restlos beseitigt sind.*«

Es wäre sehr wünschenswert, wenn sich der Zentralausschuß von dem Verlauf dieser Konferenz unterrichten würde.

Wir werfen auch die Frage auf, ob der Zentralausschuß die Möglichkeit erwogen hat, daß bei einer wirklichen Vereinigung in der östlichen Zone nicht doch die große Gefahr besteht, daß die Sozialdemokratie Deutschlands in 2 Teile – einen westlichen und einen östlichen – gespalten wird. Will der Gen[osse] [Otto] Grotewohl mit dem Zentralausschuß als Einiger der Arbeiterparteien in der östlichen Zone und als Spalter der deutschen Sozialdemokratischen Partei für ganz Deutschland in die Geschichte der Arbeiterbewegung eingehen?

Außerdem erhebt sich für uns noch die Frage: Welcher Internationale schließt sich die neue einheitliche Partei dann an? Wollen wir mit den französischen, italienischen Sozialisten und der englischen Arbeiterpartei einerseits oder mit der Komintern[3] andererseits die weiteren bedeutsamen Wege beschreiten?

Hier muß unbedingt Klarheit geschaffen werden. Unserer Meinung nach ist das Streben großer Teile der Kommunistischen Partei für eine Vereinigung nur deswegen so brennend, weil sie bei kommenden Wahlen – siehe Hessen[4] – große Enttäuschungen befürchten. Für uns kann immerhin bis zu einer wirklichen Vereinigung mit der KPD die alte Losung »Getrennt marschieren - vereint schlagen« bestehen bleiben. Komme uns niemand mit dem Einwand, daß das deutsche Volk nur durch eine geeinte Arbeiterklasse aus diesem von Hitler hinterlassenen Chaos herauskommen kann. Eine Wiederholung des Jahres 1918/19 dürfte aus dem Grund schon unmöglich sein, weil durch die Zerschlagung des Großgrundbesitzes, der Kartelle, Trusts und Syndikate und das Verbot sämtlicher militaristischer Organisationen die Gefahr einer reaktionären Bewegung nicht mehr zu befürchten ist.

Wenn auf dem Gewerkschaftskongreß ein Redner gefordert hat, daß die Geburt einer einheitlichen Arbeiterpartei ev[en]t[uel]l auch durch Kaiserschnitt erfolgen müßte, so kann man wohl sagen, daß dieser Kaiserschnitt von seiten eines Chirurgen nur in dem Fall ausgeführt wird, um Mutter und Kind oder eins von beiden zu retten. Was nun unsere bei-

---

3 Kommunistische Internationale.
4 In den Ländern der amerikanischen Besatzungszone fanden im Januar 1946 Kommunalwahlen statt. In Hessen errang die SPD die meisten Stimmen. Hier erreichten die SPD 44,5 %, die CDU 31 %, die KPD 5,7 %, die LDP 2,7 % und Sonstige 16 % der Stimmen. Vgl. *Kropat*, Hessen in der Stunde Null, S. 92.

den Parteien anbetrifft, so ist die Mutter – und zwar sind wir das als SPD – durchaus lebensfähig, und man kann auch dem Kind – der KPD – eine gewisse Lebensfähigkeit nicht absprechen. Wir lehnen also diesen Kaiserschnitt ab und sind genau derselben Auffassung, wie es der Zentralausschuß bei der ersten und zweiten Phase der Einheit war.

Wir betonen am Schluß, daß auch uns als alte Sozialisten die Frage der Einheit tief bewegt und wir nach Beseitigung aller Hindernisse in ehrlicher Überzeugung unseren kommunistischen Genossen die Hand reichen wollen zu einer einheitlichen deutschen Arbeiterpartei. Wenn die Vollendung dieser Einheit erreicht werden soll, müssen wir nach dem Motto arbeiten: »Rastlos mußt du vorwärts streben, nie ermüdet stille stehn, willst du die Vollendung sehn!«

Werter Genosse [Otto] Grotewohl! Wir bitten Sie, zu diesen Darlegungen möglichst schriftlich Stellung zu nehmen, oder wir erwarten eine kurze mündliche Aussprache mit Ihnen. Bitte setzen Sie einen Termin zu einer mündlichen Aussprache fest. Sollten Ihre Darlegungen und Gründe, welche Sie veranlaßt haben, eine sofortige Vereinigung der beiden Arbeiterparteien für die östliche Zone zu fordern, so durchschlagend sein, daß sie auch uns überzeugen, dann erklären wir hiermit, daß auch wir als alte Sozialdemokraten unsere bisher gegenteilige Auffassung ändern würden. Besteht[5] auch die von der englischen Labour-Partei gewünschte große, starke, demokratisch-sozialistische Partei auf die geeinte Arbeiterpartei in Deutschland? Viele Fragen erheischen viele Antworten.

Wir verbleiben
mit sozialistischem Gruß
Bezirksleitung der
Sozialdemokratischen Partei Deutschlands
Kommandanturbezirk Oranienburg
gez. Klenke[6]

---

5 In dem maschinenschriftlichen Durchschlag wurde »Besteht« in »Bezieht sich« verändert.
6 Die zweite Unterschrift, handschriftlich, ist nicht zu entziffern.

Nr. 162
Entschließung der gemeinsamen Mitgliederversammlung der SPD und KPD Birkenwerder am 21. Februar 1946[1]

Die Spaltung der deutschen Arbeiterklasse hat mit der Herrschaft [Adolf] Hitlers zur Unfreiheit und Schändung der deutschen Nation und zu den mit jeder Okkupation verbundenen Leiden und Opfern geführt. Aus diesen Erfahrungen haben die beiden Arbeiterparteien gelernt. Sie wollen eine einige deutsche Arbeiterklasse und das Ende des Bruderkampfes. Sie fordern deshalb:

1. Die Einheit der deutschen Arbeiterklasse ist eine Notwendigkeit. Sie wird von den Parteien für ganz Deutschland beschlossen werden. Die Parteileitungen haben dahin zu wirken, daß für diesen Zweck die Zonengrenzen fallen. Über die endgültige Vereinigung haben die Mitglieder in einer Urabstimmung zu entscheiden.

2. Die Einheitspartei soll eine unabhängige deutsche sozialistische Partei sein. Sie vertritt die Interessen der Werktätigen in Stadt und Land nach den für Deutschland gegebenen

---

1 Brandenburgisches Landeshauptarchiv., Rep. 333, III/4/11.

Notwendigkeiten. Die Aufgaben und der Aufbau der Einheitspartei werden von einem Aktionsausschuß der beiden Parteien zusammengesetzt.

3. Der Aufbau der Einheitspartei erfolgt nach demokratischen Grundsätzen. Freie Meinungsbildung, freie Meinungsäußerung und die freie Wahl aller Instanzen sind unveräußerliche Rechte der Mitglieder.

4. Die Einheitspartei will die sozialistische Republik. Ihr Ziel ist die Verwirklichung des Sozialismus in der sozialen Demokratie. In brüderlicher internationaler Solidarität erwartet sie die Hilfe der Arbeiterparteien aller Länder zur Durchführung ihrer Ziele.

5. Kameradschaftliche Verständigung und Zusammenarbeit beider Parteien soll den Zusammenschluß geistig vorbereiten.

Die Einheitspartei will die Mitarbeit aller schaffenden Deutschen zur Schaffung einer neuen Freiheit des deutschen Volkes und als das Werk selbstbewußter Bürger eines wirklich demokratischen und friedlichen Deutschlands. Ihr unerbittlicher Kampf gilt dem Faschismus und jeder Reaktion.

Nr. 163
Schreiben von Friedrich Ebert an den 1. Vizepräsidenten der Provinzialverwaltung Mark Brandenburg Bernhard Bechler vom 4. März 1946[1]

Potsdam, Waisenstr[aße] 17

An die
Provinzialverwaltung
Mark Brandenburg
z[u] H[än]d[en] Herrn 1. Vizepräsidenten
Dr. [Bernhard] Bechler
(2) Potsdam

4. 3. 1946

Als Anlage übersenden wir den Bericht über die Mitgliederbewegung mit dem Stichtag vom 28. 2. 1946.[2]

Die politische Arbeit der SPD in der Berichtszeit erstreckte sich in der Hauptsache auf die Vorbereitung der geplanten Vereinigung der beiden Arbeiterparteien. Diesem Zweck dienten zahlreiche Konferenzen und Versammlungen internen und öffentlichen Charakters.

Für die Sozialdemokratische Partei, Mark Brandenburg, kann gesagt werden, daß ihre Mitglieder sich im wesentlichen zu der Entschließung bekennen, die der Zentralausschuß der Sozialdemokratischen Partei Deutschlands mit dem Zentralkomitee der Kommunistischen Partei Deutschlands und den Vertretern beider Parteien aus den Bezirken am 21. 12. 1945 in Berlin gefaßt hat. Die Zustimmung kam bereits auf der sozialdemokratischen Arbeitstagung am 4. Januar 1946 zum Ausdruck. Allerdings machten sich zu der Zeit in den unteren Instanzen noch mancherlei innere Widerstände bemerkbar, die sich insbesondere auf personelle Ursachen zurückführen lassen. Im Zusammenwirken mit der Bezirksleitung der Kommunistischen Partei Deutschlands ist es erfreulicherweise gelungen, einen wesent-

---
1 Brandenburgisches Landeshauptarchiv, Rep. 331, II/2/18.
2 Die Anlage ist im Potsdamer Archiv nicht überliefert.

lichen Teil dieser Gründe auszumerzen. Daher konnte auf der gemeinsamen Konferenz beider Parteien, die am 16. 2. [19]46 in Potsdam stattfand, eine weitgehende Übereinstimmung erzielt werden. Es muß allerdings betont werden, daß die überwiegende Mehrheit der Mitgliedschaft eine wirklich demokratische Lösung dieser politisch wichtigen Frage nur durch eine Urabstimmung gegeben sieht.

Zu unserem Bedauern kommen leider auch immer noch Klagen darüber, daß von den der Provinzialverwaltung nachgeordneten Dienststellen eine Personalpolitik getrieben wird, die den Verdacht aufkommen läßt, als wolle man hier und da noch kurz »vor Toresschluß« möglichst viele Mitglieder einer Partei zum Nachteil der anderen Partei in amtlichen Stellen unterbringen. Eine solche Politik muß von uns als im schroffen Widerspruch zu den Einheitsbestrebungen stehend mit Nachdruck abgelehnt werden.

Die Situation, die aus der Einheitsbewegung entstand, war nicht immer leicht; sie hat besonders von den leitenden sozialdemokratischen Funktionären viel Sorgfalt erfordert, um eine möglichst geschlossene Meinung ihrer Mitgliedschaft zu erzielen. Dabei hat im besonderen mitgewirkt die Versicherung, daß auch die beamteten Funktionäre der KPD Anspruch auf durchaus ehrliche Absichten erheben können. Wenn von den nachgeordneten Dienststellen immer noch eine parteigebundene Personalpolitik getrieben wird, erweckt sie erneutes und sogar begründet erscheinendes Mißtrauen, das geeignet ist, neue Schwierigkeiten zu verursachen.

Wir hoffen, daß dieser Hinweis ausreicht, um die Provinzialverwaltung zu veranlassen, allen Dienststellen eine Politik zur Pflicht zu machen, die nicht wie eine Sabotage der Einheitsbewegung wirkt, sondern sie durch die Anwendung einer ehrlichen Demokratie unterstützt.[3]

Der Bezirksvorstand
gez. [Friedrich] Ebert[4]
Bezirkssekretär

---

3 Bernhard Bechler hatte dann am 7. März 1946 wie folgt geantwortet: »[. . .] Mir sind in letzter Zeit keinerlei Klagen über eine einseitige Personalpolitik zugegangen. [. . .] Solange noch keine konkreten Beispiele von Ihnen genannt werden, besteht von seiten der Provinzialverwaltung keine Veranlassung, den nachgeordneten Dienststellen die bereits bekannten Weisungen erneut in Erinnerung zu bringen.« Landeshauptarchiv Brandenburg, Rep. 331, II/2/18.
4 Unterschrift handschriftlich.

Nr. 164
Aus dem Schreiben von Gerhard Hoffmann an den Sekretär des Unterbezirks der SPD Teltow vom 7. März 1946[1]

Gerhard Hoffmann
Kreis – Sekr[etär] Osthavelland

Nauen, den 7. März 1946

An den
Unterbezirkssekretär Gen[osse] Walter Gnädig
Teltow

Lieber Walter!

Ich bedauere außerordentlich, am Mittwoch nicht in Nauen anwesend gewesen zu sein, um Dich persönlich sprechen zu können. Deine Sorgen und Wünsche kenne ich genau so gut, wie Du auch meine Sorgen kennst. Ich bin ewig auf der Achse und versuche dem Kreis und der Kreisleitung das Gebilde und das Renommee zu geben, das uns eigentlich zusteht. Wenn ich als einzelner Mann gegen die Gegenüberstehenden Sturm laufe, kannst Du Dir denken, daß die Brüder zwar zu vielen Dingen »Ja« sagen, uns aber im Grunde des Herzens mitleidig belächeln. Die SPD brauchte tatsächlich eine Kämpferspitze, um etwas lebendiger und selbstbewußter zu werden.

Die Unterstützung seitens der K[omman]d[an]t[u]r besteht nach wie vor in Versprechungen. Wir haben bisher weder die Schreibmaschine noch den fahrbaren Untersatz bekommen. Wir sind nach wie vor auf den LK-Wuppdich[2] der Kreisleitung [der] KPD angewiesen, der aber nur zu gemeinsamen Versammlungen benutzt wird. Eine unserer Ortsgruppen einmal zu besuchen, ist deshalb nur per Beene[3] möglich. Die Gewerkschaft bekommt den Wagen bevorzugt zur Verfügung gestellt. Ab und zu – und wenn es brennend ist – leihen wir uns einen Wagen in Brieselang, dem wir neben dem Benzin noch einen beträchtlichen Obulus geben müssen, und das hält unsere ach so schwache Kreis-Kasse nicht aus.

Ich persönlich sehe schwarz für die Zeit nach der Verschmelzung. Man wird versuchen, uns das Heft so langsam aber sicher aus der Hand zu nehmen. Ich weiß, daß Du sagst, es liegt an uns und an unserer Initiative. Sei unbesorgt, wir arbeiten bis zum Umfallen, weil jetzt in diesen Wochen so eminent wichtige Entscheidungen fallen, daß wir schon deshalb all unsere Kraft einsetzen, um den Anschluß nicht zu verpassen und zum anderen der SEP[4] das Gepräge zu geben, das sie den Statuten nach haben soll.

Was wir aber immer wieder vermissen, ist die Unterstützung und Zusammenarbeit seitens und mit der Bezirksleitung und den Berliner Dienststellen. Wir lavieren uns mit viel Diplomatie über die Zeit und versuchen aus dem Geschäft das Mögliche herauszuholen. Informationen müssen wir uns grundsätzlich bei der KPD holen, denn deren B[ezirks]l[eitung] arbeitet vorzüglich. Da die Organisation in den KPD-Geschäftsstellen (und auch die finanziellen Mittel) erheblich besser ist, werden wir zwangsläufig den kürzeren ziehen, wenn sich unsere Berliner nicht ganz gewaltig auf den Hosenboden setzen. Die Konkurrenz

---
1 Brandenburgisches Landeshauptarchiv, Rep. 331, II/3/23.
2 LKW.
3 Zu Fuß.
4 Für die Sozialistische Einheitspartei Deutschlands war häufig die Abkürzung SEP, mitunter auch SEPD gebräuchlich.

weist jeweils eine Verfügung oder Anweisung vor, während wir klein beigeben müssen oder aus uns heraus diese oder jene These aufstellen. Wir hoffen, daß wir recht bald aufklärende und richtungsweisende Kurzbriefe bekommen. Wir verlangen von Berlin ja gar nicht, daß man uns ein Auto oder finanzielle Mittel zur Verfügung stellt, dazu verhelfen wir uns schon selbst, aber dauernd die Neuigkeiten aus dem Parteileben von der KPD erfahren zu müssen, sind deprimierende Zustände. Wenn schon ein Organisationsbüro im Provinz-Verband besteht, dann sollten die Anweisungen auch gemeinsam verfaßt sein und an gemeinsame Adresse gerichtet sein. [...]

Am 23. und 24. März [1946] ist der Kreisparteitag in Nauen. Vorarbeiten sind im Gang. Wir würden uns freuen, wenn Du am Sonnabend, dem 23. [März 1946] unser Gast sein würdest. Verpflegung wird bis dahin hoffentlich von dem Kommandanten genehmigt und zur Verfügung gestellt sein.

Was macht die Urabstimmung?[5] Genosse [Richard] Küter machte Andeutungen. Wir hätten hierüber gern mehr gewußt.

Der Entwurf des Parteistatuts der SEP wird in den Ortsgruppen diskutiert (oder auch nicht)![6] Entsprechende Resolutionen oder Verbesserungsvorschläge bekommen wir bis zum 15. 3. [1946]. Mir persönlich gefällt dabei nicht, daß zwei gleichberechtigte Vorsitzende amtieren sollen. Es ist zwar nichts Neues im Parteileben, da bei dem Zusammenschluß der US[PD] und SP[D] ähnliche Zustände herrschten.[7] Hier muß die Zeit lehren, wer der Stärkere und damit Überlegenere sein wird. Dabei bleibt aber die Frage offen, wie weit die K[omman]d[an]t[u]r ihre Finger dazwischen steckt und ob der oder jene laute Sprecher für die Ziele der wahren Demokr[atie] ev[en]t[uel]l einige Nackenschläge bekommt und damit die Lust an der Arbeit für die Ziele der Demokratie verliert. [...]

Wir wollen trotz alledem unseren Mut nicht sinken lassen und den Glauben an die Menschheit und damit an eine bessere Zukunft nicht verlieren. Einmal muß es ja wieder werden. Mir persönlich geht es den Zeitumständen entsprechend. Ewig Hunger, wenig oder gar nichts zu rauchen und nie Zeit zum Schlafen.

Ich hoffe, daß es Dir mindestens ebenso schlecht geht.

In diesem Sinne wollen wir weitermachen.

Recht herzliche Grüße auch von
unserem Kreisleiter Blaffert
Dein
gez. Gerhard Hoffmann[8]

---

5 Eine Urabstimmung war schließlich nur in den Berliner Westsektoren möglich.
6 In Nr. 2 der gemeinsamen theoretischen Zeitschrift »Einheit« vom März 1946 wurde der Entwurf für ein Parteistatut der Sozialistischen Einheitspartei Deutschlands veröffentlicht.
7 Am 24. September 1922 vereinigte sich in Nürnberg die SPD und die USPD zur VSPD. Nach diesem Zusammenschluß gab es allerdings drei neue Parteivorsitzende: Hermann Müller (SPD), Artur Crispien (USPD), Otto Wels (SPD). Zwei Vorsitzende hatte die SPD (damals noch SAP) seit dem Vereinigungsparteitag 1875 in Gotha.
8 Unterschrift handschriftlich.

Nr. 165
Schreiben des Kreisvorstandes der SPD Osthavelland an den Zentralausschuß der SPD vom 25. März 1946[1]

Sozialdemokratische Partei Deutschlands
Kreisleitung Osthavelland

Nauen, den 25. März 1946
Potsdamerstraße 1/2
Telefon Nr. 569

An den
Zentralausschuß der SPD
Berlin W 8
Behrenstraße 35/39

Werte Genossen!

Die Mitglieder der Sozialdemokratischen Partei Osthavelland haben mit Interesse den bisherigen Verlauf der Einheitsbestrebungen, insbesondere die Bemühungen des Genossen Otto Grotewohl, um die Sozialistische Einheitspartei verfolgt.

Es ist uns unverständlich, daß es in der heutigen Zeit noch Mitglieder oder Funktionäre gibt, die da glauben, daß eine Vielzahl von Parteien die Grundlage der Demokratie bilden. Es erweckt recht oft den Anschein, als ob diese Mitglieder oder Funktionäre aus den Ereignissen der letzten Jahre überhaupt nichts gelernt haben und bei der Politik von 1918 stehengeblieben sind.

Wir geben zu, daß auch wir in einzelnen Ortsgruppen unseres Kreises im Anfangsstadium der Einheitsbestrebungen Mißtrauen und Schwierigkeiten zu überwinden hatten, die sich aber bei näherer Betrachtung der Gründe für dieses Mißtrauen in der Regel als persönliche und recht oft kleinliche Dinge herausstellten, welche nach offenherziger Aussprache in allen Fällen beseitigt werden konnten. Nach den bisher gemachten Erfahrungen mit unseren Freunden der KPD können wir mit Fug und Recht behaupten, daß auch sie mit anständigen und ehrlichen Absichten in diese Vereinigung gehen in der Erkenntnis, daß nur eine starke und geeinte Arbeiterschaft die Aufgaben erfüllen kann, die in der heutigen Zeit des Wiederaufbaues gefordert werden müssen.

Die heute in Nauen tagende Delegation spricht im Namen der gesamten Mitgliedschaft des Kreises Osthavelland den Genossen des Zentralausschusses, insbesondere dem Genossen Otto Grotewohl, den Dank für die aufopfernde Arbeit und das volle Vertrauen für seine Handlungsweise aus. Wir bitten nur, daß die Interessen und Ziele der Arbeiterschaft weiterhin so vertreten werden, wie es bisher der Fall war.

Die Mitglieder des Kreises Osthavelland fordern den sofortigen Zusammenschluß der beiden Arbeiterparteien und werden in der heute Nachmittag stattfindenden gemeinsamen Delegiertentagung den Zusammenschluß für den Kreis Osthavelland beschließen, um damit den Berliner Zweiflern[2] den Beweis zu erbringen, daß sie mit ihrer irreführenden Meinung allein dastehen.

---

1 Brandenburgisches Landeshauptarchiv, Rep. 331, II/2/22.
2 Im Berliner Bezirksverband der SPD hatte sich im Zusammenhang mit der Forderung der Funktionärsversammlung vom 1. März 1946 nach Durchführung einer Urabstimmung eine starke innerparteiliche Opposition gegen den Zentralausschuß und den Berliner Bezirksvorstand artikuliert. Vgl. *Ditmar Staffelt*, Der Wiederaufbau der Berliner Sozialdemokratie 1945/46 und die Einheitsfrage, Frankfurt/Main etc. 1986.

Die noch erforderlichen verwaltungstechnischen und organisatorischen Maßnahmen sollen für uns kein Hinderungsgrund sein, schon jetzt die kostbare Zeit für die vor uns liegenden Arbeiten auf wirtschaftlichem und politischem Gebiet gemeinsam zu nutzen und damit unter Beweis zu stellen, daß die Sozialistische Einheitspartei den Weg findet, der aus diesem Chaos über die Demokratie zur sozialistischen Gesellschaftsordnung und damit zum Wohle der gesamten Menschheit führt.[3]

---

3 Das Schreiben trägt keine Unterschrift.

Nr. 166
Aus der Rede von Friedrich Ebert auf dem Vereinigungsparteitag der SPD und KPD der Provinz Mark Brandenburg am 7. April 1946[1]

Es gibt mehr als eine Stelle, an der sich ein Fluß in den anderen ergießt, um unter dem Namen des einen dem Meer entgegenzurollen. Aber nur einmal trifft der Wanderer einen Ort, an dem sich zwei Ströme Werra und Fulda zu einem, die Weser, vereinigen. Im Angesicht dieses Naturereignisses schweigen alle an das Irdische gebundenen Gedanken. So kann es auch in dieser nicht nur geschichtlichen, sondern auch bewegenden Stunde, in der sich zwei alte Parteien zu einer neuen vereinigen, banal erscheinen, noch einmal das Wort zu nehmen, um dieses politische Ereignis zu begründen.
    Und dennoch müssen wir, um mit voller Klarheit das Neue zu schöpfen, uns nicht nur mit einigen theoretischen, sondern auch mit ganz nüchternen Fragen der Praxis beschäftigen.
    Der Aufbau und das Wesen unserer neuen Partei werden von dieser Stunde an nicht nur unsere politische Arbeit, sondern auch unser politisches Leben bestimmen, und darum ist es durchaus berechtigt, noch einmal die geplanten Formen und ihren Inhalt vor unseren Augen passieren zu lassen.
    Das Gesetz unserer neuen Partei soll unantastbar sein, wie das Gesetz, das wir alle als Menschen in uns tragen. Aber das, was Natur und Erbe der Ahnen uns gegeben hat, ist unbeeinflußt da durch uns und daher unabänderlich. Die Gesetze aber, die wir uns zur Regelung unseres irdischen Lebens geben, unterliegen unseren Entschlüssen, und daher ist es erforderlich, sich mit ihnen, bevor sie Gesetz werden, ernst zu beschäftigen.
    Unser neues Parteistatut ist aufgebaut auf dem Grundsatz der Demokratie, die wir nicht nur für unseren Staat, nicht nur als Voraussetzung für die Erringung der politischen Macht der Arbeiterklasse und für ihre Befreiung von wirtschaftlicher Ausbeutung und politischer Unterdrückung durch die bürgerliche Klasse, sondern auch für unser innerparteiliches Wesen benötigen wie die Luft zum Atmen. [. . .]
    Eine lebhafte Debatte hat, besonders in der Sozialdemokratischen Partei, über die Gliederung der Sozialistischen Einheitspartei Deutschlands eingesetzt.[2] Der Begriff der Be-

---

1 Brandenburgisches Landeshauptarchiv, Rep. 332, L IV/1/1.
2 Dieser Satz wurde von Friedrich Ebert handschriftlich wie folgt verändert: »Eine rege, lebhafte Debatte hat es, besonders in der Sozialdemokratischen Partei, über die Gliederung der Sozialistischen Einheitspartei Deutschlands gegeben.«

triebsgruppen war uns Sozialdemokraten bisher fremd.[3] Wir stimmen aber diesem Gedanken und seiner Verwirklichung grundsätzlich zu. Nur können wir uns nicht mit dem Gedanken befreunden, daß diese Betriebsgruppen auch – sagen wir einmal – politische Autorität besitzen sollen.

Wir sehen in der Betriebsgruppe ein wichtiges Mittel, die Arbeit in den Betrieben, insbesondere die wirtschaftliche, zu aktivieren. Das ist zwar im wesentlichen die Aufgabe des FDGB, aber wir sehen nicht nur keinen Grund, uns dieser Mitarbeit zu entziehen, wir wünschen sogar im Interesse der Allgemeinheit, an dieser Arbeit sehr aktiv teilzunehmen.

Die Betriebsgruppen sollen nach unserem Wunsch darüber hinaus die unorganisierten Angehörigen der Belegschaft zu politischen Menschen erziehen, sie so mobilisieren, daß sie gemeinsam mit uns zu jeder Zeit, wenn die Situation es erfordert, abwehrend oder fördernd in den politischen Tageskampf eingreifen können. Die Notwendigkeit der politischen Aktionsbereitschaft aller arbeitenden Menschen hat uns sinnfällig der große Generalstreik bewiesen, mit dem wir – trotz unserer sonstigen Gegnerschaft – in drei Tagen den militärischen Putsch des Herrn [Wolfgang] Kapp niedergeschlagen haben.[4]

Darüber hinaus aber sollte nach unserer Meinung die Betriebsgruppe keine besonderen organisatorischen Rechte, auch nicht das Recht der Beitragskassierung haben. [...]

Aber eine andere Frage hat die Gemüter zum Teil sehr heftig bewegt. Zwischen der Organisationsform der ehemaligen SPD und der ehemaligen KPD bestand ein Unterschied, der allerdings nicht grundsätzlicher Art war. Die KPD kannte in ihren Organisationen keine ehrenamtlichen Vorsitzenden. Ihre Vorsitzenden waren zugleich die leitenden und besoldeten Sekretäre. Wir nannten das die zentralistische Organisationsform und liebten sie deshalb nicht, weil sie uns zu wenig demokratisch erschien. Dabei darf ich allerdings darauf hinweisen, daß wir zum Beispiel in so bedeutenden Parteiorten wie Hamburg und Berlin dieselbe Personalunion zwischen Vorsitzendem und leitendem Sekretär hatten.

Im allgemeinen war es aber in der Sozialdemokratischen Partei so, daß der ehrenamtliche Vorsitzende sozusagen das Kontrollorgan, die Aufsichtsinstanz gegenüber den Sekretären war. Wir wollten damit eine »Sekretärsdiktatur« über die Mitgliedschaft verhindern und die absolute Demokratie sichern. Es ist verständlich, wenn sich aus dieser Verschiedenartigkeit der bisherigen Organisationsform beider Parteien jetzt sogenannte ideologi-

---

3 Über Rolle und Funktion der Betriebsgruppen gab es in allen Gliederungen der SPD in der sowjetischen Zone eine heftige Diskussion, insbesondere nach der Veröffentlichung des von der zweiten Sechziger-Konferenz bestätigten Entwurfs für ein Parteistatut der SED. In diesem wurden die Wohnbezirks- und Betriebsgruppen als die Grundeinheiten der vereinigten Partei bezeichnet. Zur bestimmenden Grundeinheit wurde praktisch allerdings die Betriebsgruppe erklärt, denn es heißt im Entwurf: »Parteimitglieder, die in einem Betrieb tätig sind, in denen eine Betriebsgruppe besteht, sind verpflichtet, dieser Betriebsgruppe anzugehören und darin mitzuwirken. Sie sind berechtigt, an den Versammlungen der Gruppe ihres Wohnbezirks mit beratender Stimme teilzunehmen.« Einheitsdrang oder Zwangsvereinigung?, S. 270.
Auf Grund des fast geschlossenen Protestes der sozialdemokratischen Landesparteitage gegen diese Regelung wurde bis zum Vereinigungsparteitag zwischen den Parteispitzen der SPD und KPD kontrovers diskutiert. Es wurde schließlich ein Kompromiß erzielt, nach dem die Wohnbezirksgruppen und Betriebsgruppen nominell gleichgestellt waren, aber bei der letztlichen Entscheidung der Ortsverbände, welche der beiden Grundeinheiten vorherrschen sollte, die realen Machtverhältnisse ausschlaggebend wurden.

4 Unter Führung des ostpreußischen Generallandschaftsdirektors Wolfgang Kapp sowie einiger höherer Reichswehroffiziere wurde am 13. März 1920 in Berlin versucht, die sozialdemokratisch geführte Regierung unter Gustav Bauer abzusetzen und eine Militärregierung zu installieren. Auf Grund eines von den Vorständen der SPD, USPD sowie den Gewerkschaften ausgerufenen Generalstreiks scheiterte der Putsch am 17. März 1920. Vgl. *Heinz Hürten*, Der Kapp-Putsch als Wende. Über Rahmenbedingungen der Weimarer Republik seit dem Frühjahr 1920, Opladen 1989.

sche Schwierigkeiten ergaben. Wir haben in unserem Bezirksverband um diese Frage bis zur letzten Minute gestritten und gekämpft. Zum Schluß hat aber doch die höhere Einsicht gesiegt.

Wir müssen davon ausgehen, daß unsere neue Partei sich in einer bisher in Deutschland nicht gekannten Situation befindet. Die Sozialistische Einheitspartei Deutschlands soll nicht die einzige Partei Deutschlands sein, aber die den Staatsapparat tragende, das politische Leben entscheidende. Sie soll die Partei werden, die verantwortlich ist, nicht nur für das Schicksal der Nation, sondern für das Schicksal jedes einzelnen ihrer Mitglieder. Die Lösung dieser Aufgabe erfordert den unteilbaren Menschen.

Es kann nicht jemand diese Aufgabe erfüllen, der am Tag seinem bürgerlichen Beruf nachgeht, sei er Arbeiter, Angestellter oder Beamter, und sich nur in den Abendstunden oder Sonntags ihr zu widmen vermag. Das mag für einen kleinen Ortsverein zur Not noch angehen, für unsere großen Städte[5], für die Kreise, Bezirke und den Landesverband ist es unmöglich. Hier müssen Leute her, die jede Stunde ihres Lebens der Partei, d. h. dem Volk und dem Staat, bedingungslos zur Verfügung stehen. Darum kann nach unserer Auffassung auch der Vorsitzende der höheren Parteiinstanzen nur ein hauptamtlich angestellter Genosse sein.

Dabei[6] kommt das demokratische Recht der Mitgliedschaft keineswegs zu Schaden. In jedem Jahr sollen nach dem Statut die beschließenden höchsten Instanzen der Partei mindestens einmal tagen. Jede Ortsgruppe, jeder Kreis und Bezirk haben daher die Möglichkeit, ihre Sekretäre, die sich nicht bewährt haben, abzuberufen. Niemand wird sie daran hindern, neue zu wählen, nachdem das Recht der höheren Parteiinstanz, dieser Wahl zuzustimmen, gefallen ist.[7]

Der Bezirksparteitag der SPD hat daher gestern gegen nur wenige Stimmen alle Anträge abgelehnt, die da forderten, daß der Vorsitzende nicht hauptamtlich angestellt sein darf. [...]

Die bisherigen Mitglieder der beiden Parteien werden im allgemeinem vorbehaltlos ohne jede Gesinnungsschnüffelei in die Sozialistische Einheitspartei übernommen. Wo sich in Einzelfällen eine Nachprüfung der politischen Vergangenheit des Mitglieds als notwendig erweist, muß sie selbstverständlich in der bisher schon üblichen Form und mit der notwendigen Gewissenhaftigkeit durchgeführt werden. Das im Entwurf vorgesehene Recht der höheren Parteiinstanz, die Sekretäre der nachgeordneten Stellen zu bestätigen, ist – wie ich bereits ausführte – im allgemeinen aufgehoben. Es ist aber bestehen geblieben in Paragraph 20 Abs[atz] 7, dessen letzter Satz die Bestimmung enthält »die Aufstellung von Kandidaturen bedarf der Zustimmung des Vorstandes der übergeordneten Gliederung.«[8]

---

5 Von Friedrich Ebert wurden in dem Manuskript folgende Städtenamen handschriftlich eingefügt: »Potsdam, Brandenburg, Frankfurt.«
6 An dieser Stelle wurde »Genossinnen und Genossen« handschriftlich eingefügt.
7 In dem von der zweiten Sechziger-Konferenz am 26. Februar 1946 bestätigten Parteistatut war die Anstellung von Sekretären in der Ortsgruppe, im Kreisverband sowie im Bezirks- und Landesverband von der Zustimmung der jeweils nächsthöheren Instanz abhängig gemacht worden. Diese Festlegung wurde dann fallengelassen. Geblieben ist jedoch die Formulierung in Paragraph 20, daß die Aufstellung von Kandidaturen für die Wahl zu einem Ehrenamt, zum Sekretär im Landes- bzw. Provinzialverband oder zu einem Landesparlament der Zustimmung des Vorstandes der übergeordneten Gliederung der Partei bedürfe.
8 Die Formulierung in Paragraph 20 des Entwurfs zu dem Parteistatut, daß die Aufstellung von Kandidaturen für die Wahl zu einem Ehrenamt, zum Sekretär im Landes- bzw. Provinzialverband oder zu einem Landes- oder Reichsparlament der Zustimmung des Vorstandes der übergeordneten Gliederung der Partei bedürfe, ist in dem vom Vereinigungsparteitag beschlossenen Statut gestrichen worden. Statt dessen wurde im Absatz 8 formuliert: »Die Aufstellung von Kandidaturen zu einem

Der sozialdemokratische Bezirksparteitag hat einstimmig beschlossen, die Streichung auch dieser Bestimmung zu beantragen.

Unsere Mitgliedschaft ist der Meinung, daß es sich hierbei um einen Eingriff in das demokratische Selbstbestimmungsrecht handelt, das schwer tragbar ist. Nur die Mitgliedschaft der Ortsgruppe selbst kann nach unserer Auffassung darüber entscheiden, wer zum Beispiel Stadtverordneter werden kann. Wir werden also entsprechend dieser Auffassung die Streichung dieser Bestimmung bei unserem Reichsparteitag[9] beantragen.

Zu sehr lebhaften Erörterungen kam es bei uns auch in der Frage der Parteiorgane für den Provinzialverband Mark Brandenburg. Wir haben leider keine Einigung der beiden Verlagsleitungen und Redaktionen über die Gestaltung der Parteipresse erzielen können. Unser Parteitag hat aber einem Vorschlag zugestimmt, der nach unserer Auffassung allen Anforderungen gerecht wird. Wir schaffen in einer eigenen Druckerei mit einer gemeinsamen Redaktion ein Zentralorgan für den Provinzialverband. Über seinen Namen werden wir uns noch einigen.[10] [...]

Stadt-, Kreis-, Provinzial- oder Reichsparlament erfolgt im Einvernehmen mit dem Vorstand der übergeordneten Gliederung.« Protokoll des Vereinigungsparteitages der SPD und KPD am 21. und 22. April 1946 in der Staatsoper »Admiralspalast« in Berlin, Berlin 1946, S.193.

9 Durch gezielte Einladungen von Sozialdemokraten aus den Westzonen ist seitens des Zentralausschusses versucht worden, den ostzonalen Parteitag der SPD in Berlin doch noch als Reichsparteitag stattfinden oder zumindest so erscheinen zu lassen. Auf dem Berliner Parteitag am 19./20. April 1946 nahmen dann zwar Sozialdemokraten aus den Westzonen teil, doch verfügten sie über keinerlei Delegiertenmandat.

10 Seit dem 18. April 1946 erschien die »Märkische Volksstimme« als Organ des Landesvorstandes der SED Brandenburg.

Sachsen-Anhalt

Nr. 167
Aus dem Bericht[1] über die Vorbereitung der Vereinigung von SPD und KPD im Unterbezirk Magdeburg vom 4. Februar 1946[2]

Magdeburg, den 4. Februar 1946

Bericht über die gemeinsamen Konferenzen der SPD und KPD im Unterbezirk Magdeburg mit dem Thema: Der Weg zur Einheitspartei

In Auswertung der Beschlüsse der Berliner Konferenz des Zentralausschusses der SPD und des Zentralkomitees der KPD vom 20. und 21. Dezember 1945 in Berlin fand am 31. Dezember [19]45 in Magdeburg eine große Funktionärsitzung beider Parteien statt. Es nahmen daran von jeder Partei 600 Funktionäre aus Magdeburg und die Kreissekretäre der KPD und Unterbezirkssekretäre der SPD teil. Die Referate wurden gehalten von Bruno Böttge (Provinzialausschuß der SPD) und Bernard Koenen (Bezirksleitung der KPD Halle).

Es ist besonders bemerkenswert, daß Bruno Böttge die Ursachen der Spaltung und deren Vertiefung durch die Koalitionspolitik der SPD mit dem Bürgertum nach 1918 schonungslos aufdeckte.[3]

Festgelegt wurde anschließend, in allen größeren Städten gemeinsame Funktionärsitzungen und für alle Landkreise gemeinsame Kreiskonferenzen durchzuführen, um auf diesem Weg die Berliner Beschlüsse in die Mitgliedschaft der Parteien hineinzutragen und die Zusammenarbeit weiter zu verstärken. [...]

Zu den Referenten der Sozialdemokraten auf diesen Konferenzen ist zu sagen, daß sie ganz allgemein gehalten waren und zur Frage der Einheit selbst sehr wenig enthielten. Keiner der Referenten nahm zu den Fehlern der Vergangenheit in der Form Stellung, wie Bruno Böttge das getan hat. Meist wurde sehr viel über das Verhältnis zwischen Lassalleanern und Marxisten gesprochen, aber nicht über das Verhältnis der SPD, USPD und Spartakusbund und damit der Ursache der heutigen Spaltung der Arbeiterklasse.

Aus allen Referaten klang heraus, daß erst die Einheit des Reiches hergestellt sein müsse, um auf einem Reichsparteitag Beschlüsse zur organisatorischen Vereinigung fassen zu können. Der Referent [Rudolf] Dux ging sogar so weit, in Genthin und Haldensleben zu erklären, man muß vielleicht eine Urabstimmung machen, um jedes einzelne Mitglied nach seiner Meinung zu fragen. Auch der Genosse [Walter] Weigelt soll nach Angabe des Genos-

---

1 Der Bericht wurde von einem Kommunisten verfaßt. Der Name des Verfassers ist aus dem Dokument nicht ersichtlich.
2 Landesarchiv Merseburg, KPD-Bezirksleitung Sachsen-Anhalt, I/2/3/3.
3 Bruno Böttge hatte am 31. Dezember 1945 zu dieser Problematik in seiner Rede folgendes ausgeführt: »Der imperialistische Krieg 1914–18 suchte die Menschheit mit großen Katastrophen heim und löste tiefgehende Krisen aus. Auch [in] Deutschland trat damals der Weltkrieg in Erscheinung. Nach dem Weltkrieg wollte die deutsche Arbeiterschaft die Macht ergreifen, um den gleichen Weg zu gehen wie die russische Arbeiterklasse im Jahre 1917. Durch die ausgebrochene Spaltung der Arbeiterklasse wurde dieser Weg vereitelt. Die Uneinigkeit der Arbeiterklasse führte zu einer raschen Schwächung des Proletariats und zur Stärkung der Konterrevolution.« Landesarchiv Magdeburg – Landeshauptarchiv, KPD-Unterbezirk Magdeburg, I/2.

sen [Willi] Wallstab[4] auf der Konferenz des Kreises Wernigerode in Heudeber die Frage der Urabstimmung gestellt haben.

Am schlechtesten wurde die Einheit von den Referenten [Rudolf] Dux und [Albert] Deutel behandelt. [Albert] Deutel erklärte in Tangermünde, der Zentralausschuß könne keine Abmachungen mit dem Zentralkomitee der KPD treffen, die für alle SPD-Mitglieder bindend sind, weil er ja keine gewählte Leitung ist. Er meinte auch, es wäre absolut falsch, eine Einheitspartei in der sowjetischen Zone zu schaffen, wenn dies nicht gleichzeitig im Westen geschieht, da dann nicht eine, sondern 3 Arbeiterparteien existieren würden.

Die Diskussion zeigte überall den Willen der Funktionäre, die organisatorische Einheit so schnell wie möglich zu schaffen. Dies kam auch zum Ausdruck in den Resolutionen, die auf allen Konferenzen einstimmig angenommen wurden und die eine schnelle Arbeit der in Berlin eingesetzten Studienkommission wünschten. Nach diesen Konferenzen haben bereits in vielen Orten gemeinsame Mitgliederversammlungen stattgefunden, und auch hier wurde überall die schnelle Herstellung der Einheitspartei verlangt.

Auf der am Dienstag, dem 29. Januar [1946] in Magdeburg durchgeführten Delegierten-Konferenz des FDGB gab nun der Vizepräsident der Provinz Sachsen, Genosse Robert Siewert, die Losung, den 1. Mai [1946] als eine vereinte Arbeiterpartei zu feiern. Diese Losung findet überall starken Widerhall bei den Mitgliedern beider Parteien, da man der Auffassung ist, daß bereits genug über die Notwendigkeit der Einheit geredet ist und diese nun endlich vollzogen werden muß.

Als neues Moment ist jetzt in dieser Aktion die Entschließung des Bezirksausschusses der SPD für den Bezirk Magdeburg zu werten, welche auf einer Sitzung am 31. 1. [1946] in Magdeburg angenommen wurde.[5] In dieser Entschließung wird von einer vollkommen neuen Situation gesprochen und die sofortige Vorbereitung der Vereinigung gefordert. Es steht noch nicht fest, was zu diesem plötzlichen Wandel in den Ansichten der Mitglieder des Bezirksausschusses geführt hat.

In der Anlage die Entschließung der SPD.[6]

---

4 Willi Wallstab, KPD. 1945 Polizeipräs. Magdeburg.

5 Die Entschließung des Bezirksvorstandes und der Unterbezirkssekretäre der SPD Magdeburgs vom 31. Januar 1946 hat folgenden Wortlaut: »Die am 31. 1. 1946 stattgefundene Tagung des Bezirksvorstandes und der Unterbezirkssekretäre des Bezirksverbandes Magdeburg der Sozialdemokratischen Partei hat zur Frage der organisatorischen Einheit beider Arbeiterparteien Stellung genommen.

Die organisatorische Einheit beider Arbeiterparteien ist nicht nur eine historische Notwendigkeit, sondern überhaupt die Lebensfrage der deutschen Arbeiterklasse und somit des gesamten deutschen Volkes. Nur die organisatorische Vereinigung beider Arbeiterparteien verhindert das Wiedererstarken von Reaktion und Faschismus.

Gewisse Anzeichen im Westen Deutschlands beweisen, daß Faschismus und Reaktion unter dem Deckmantel föderalistischer und separatistischer Bestrebungen die politische und wirtschaftliche Einheit Deutschlands verhindern wollen. Aus dieser Erkenntnis heraus entsteht für uns in der sowjetischen Besatzungszone eine andere Situation als die vom Z[entral]a[usschuß] am 15. 1. 1946 erfolgte Stellungnahme.

Bezirksvorstand und Unterbezirkssekretäre des Bezirksverbandes Magdeburg sind bereit, sofort alle Vorarbeiten für den organisatorischen Zusammenschluß beider Arbeiterparteien durchzuführen, und erwarten vom Zentralausschuß der SPD die dazu notwendigen Anordnungen schnellstens.

Bezirksvorstand und Unterbezirkssekretäre setzen sich für den Neuaufbau des demokratischen Deutschlands ein und führen den Kampf gegen Reaktion und Faschismus zum Wohle der Arbeiterklasse für Demokratie und Sozialismus durch.« Landesarchiv Merseburg, KPD-Bezirksleitung Sachsen-Anhalt, I/2/3/3.

6 Das Dokument trägt keine Unterschrift.

Nr. 168
Aus dem Protokoll über die außerordentliche Sitzung des Vorstandes des Ortsvereins Köthen der SPD am 18. Februar 1946[1]

Tagesordnung:
1. Organisationskomitee
2. Volkshaus
3. Verschiedenes

Punkt 1.: Rückschauend ging der Vorsitzende nochmals auf die am 13. 2. [1946] im Thälmannhaus angenommene Resolution ein[2], die später von den Spitzenfunktionären beider Parteien unterschrieben worden sei. Das Magistratsgebäude in der Promenade 12a sei nunmehr endgültig als das künftige Dienstgebäude der Einheitspartei ausersehen.

Morgen früh soll das Organisationskomitee eine Arbeitssitzung abhalten[3], in der die 10 Kommissionen besetzt werden sollen. In mehreren verschiedenen Sitzungen der letzten Tage, die Gen[osse] [Otto] Ochsenfahrt berührte, sei ihm allerdings das Gefühl aufgekommen, daß schon jetzt Machtkämpfe auftauchen, noch ehe die neue Sozialistische Einheitspartei fest gebildet sei. Es liege an uns, im Komitee gebührend aufzutreten, zwar die Harmonie anzustreben, aber auch Rückgrat zu zeigen, da es morgen bei der Besetzung der Kommissionen wahrscheinlich auch hier zu Machtkämpfen kommen werde. Die Kommandantur fordere lediglich, die tüchtigsten Funktionäre als Vorsteher der einzelnen Kommissionen zu sehen. Wir fordern Parität, d. h., daß die SPD die Hälfte der 10 Kommissionen führend besetze und daß die 3-Mann-Kommissionen jeweils durch 2 Genossen der anderen Parteien ergänzt werden. [...]

An diese Ausführungen schloß sich eine ausgedehnte und teilweise erregte Aussprache an. In ihr kam offen zum Ausdruck, daß die sog[enannte] »kämpferische Demokratie« mehr gegen uns als gegen rechts zur Anwendung käme und daß unsere Parteispitzen in gewissen Punkten hätten stärker sein müssen, als sie sich tatsächlich gezeigt haben. Was wir unter Demokratie verstehen, käme in der jetzt durchlebten Situation erneut in harte Bedrängnis.

---

1 Landesarchiv Merseburg, SPD-Ortsverein Köthen, II/411/1.
2 In einer gemeinsamen Versammlung von Funktionären der SPD und KPD Köthens wurde am 13. Februar 1946 u. a. beschlossen, »auf dem Wege zur Einheitspartei der deutschen Arbeiterklasse« folgende Kommissionen zu bilden, »welche aus je 3 Genossen bestehen: 1. Industrie und Wirtschaft; 2. Landwirtschaft; 3. Ernährung; 4. Wiederaufbau; 5. Agitation und Propaganda; 6. Frauen; 7. Jugend; 8. Kommunalpolitik; 9. Gewerkschaften und Genossenschaften; 10. Kultur, Volksbildung und Parteischulung«. Landesarchiv Merseburg, SPD-Ortsverein Köthen, II/411/1.
3 In einer Vorstandssitzung der SPD Köthens am 8. Februar 1946 war die Bildung eines Organisationskomitees befürwortet worden. Der Vorsitzende hatte die Notwendigkeit einer solchen Gründung wie folgt erläutert:»Gen[osse] [Otto] Ochsenfahrt gab eine Unterredung mit der örtlichen Kommandantur zur Kenntnis, die das Zusammenwirken mit der KPD und die Frage der Einheitspartei betraf. Danach wird die Verschmelzung der beiden Arbeiterparteien, gefördert durch die SMA, wahrscheinlich doch schon zum 1. Mai [1946] erfolgen. Die Stadt Zeitz ist vorangegangen in der Bildung eines sogenannten Organisationskomitees, dessen Aufgabe die Leitung und Lenkung der Gesamtarbeit beider Parteien in Stadt und Kreis ist. [...] Der hiesige Kommandeur (Buchmann) fordert analog dem Zeitzer Vorgehen ein ebensolches ›Organisationskomitee‹ für Köthen und bestimmte in der gehabten Aussprache unseren Vorsitzenden als dessen Leiter; sein Stellvertreter oder 2. Vorsitzender solle der Gen[osse] Petersen von der KPD werden.« Landesarchiv Merseburg, SPD-Ortsverein Köthen, II/411/1.

Gen[osse] [Otto] Ochsenfahrt stellte nochmals zusammenfassend die Belange der Arbeiterklasse in den Vordergrund, es gelte, sich mit aller Kraft dahinter zu stellen, sonst sei alle Arbeit umsonst gewesen. Freilich werde das Wort Demokratie in Zukunft eine andere Bedeutung erhalten. Aber kein Funktionär dürfe Schwäche zeigen, wo er auch stehe.

Nach der Verschmelzung würden im russ[ischen] Sektor große Wahlen stattfinden. Für den 26. 2. [1946] sei eine gemeinsame Mitgliederversammlung vorgesehen und für den 17. März [1946] eine Kreiskonferenz. Es gäbe heute kein Verhandeln mehr, sondern nur noch Handeln. Der Vorsitzende ließ darauf abstimmen, um festzustellen, ob alle Anwesenden mit der vorgeschlagenen Linie einverstanden seien. Die Abstimmung ergab volle Einmütigkeit im Hinblick auf das angestrebte Ziel. [...]

gez. [Ernst] Bichtler
Schriftführer

Nr. 169
Aus dem Protokoll über die Sitzung der Funktionäre der SPD Köthens am 1. März 1946[1]

Protokoll
über die Funktionärsitzung v[om] 1. 3. 1946 im Hall[eschen] Tor, 20 Uhr (46 Anwesende)

Tagesordnung:

1. Sozialist[ische] Einheitspartei Deutschlands
   Referent: Gen[osse] [Paul] Verdieck, Dessau
2. Verschiedenes

Punkt 1: In einem zweistündigen Referat behandelte Gen[osse] [Paul] Verdieck in grundsätzlichen und tiefschürfenden Ausführungen alle Gedanken und Probleme, die mit der Einheit im gegenwärtigen Stadium im Zusammenhang stehen. Er sah seine Aufgabe darin, in einem weitgespannten Überblick allen aktiven Funktionären zu einer positiven und bejahenden Einstellung zu verhelfen, um auch die letzten noch hier und da bestehenden Bedenken zu zerstreuen.

Nichts sei sehnlicher zu wünschen als die Aktionseinheit der deutschen Arbeiterklasse, wie sie drei Jahrzehnte lang vor dem ersten Weltkrieg bestanden habe. Diese Kampfkraft müsse unter allen Umständen wieder erlangt werden. Eine wichtige Voraussetzung hierbei sei die Tatsache, daß weder die SPD noch die KPD die gleiche sei wie aus der Zeit vor [19]33. Die erste ideologische Annäherung schuf die Verlautbarung der KPD vom Juni [19]45[2], in der sie sich für positive staatliche Mitarbeit aussprach. Seither habe das Gen[osse] [Wilhelm] Pieck immer wieder betont. Damit sei die KPD für die Wahrung nationaler Interessen gewonnen.

Die Frage, ob wir nicht bald wieder aus dem gemeinsamen Ehebett herausfliegen würden, sei absurd. »Das müßte mit dem Teufel zugehen.« Unser starker Funktionärkörper verfüge über gereifte Erfahrungen auf allen Gebieten, ohne die es heute nicht gehe, und darin seien wir führend.

---
1 Landesarchiv Merseburg, SPD-Ortsverein Köthen, II/411/1.
2 Gemeint ist der Aufruf des Zentralkomitees vom 11. Juni 1945.

Bezüglich des Zeitpunkts der Verschmelzung, der in einem Reichsparteitag zum Beschluß erhoben werden sollte, lag ein Trugschluß insofern vor, als der Zentralausschuß der SPD das Zustandekommen einer Zentralregierung und damit die Öffnung der Zonengrenzen näher glaubte, wie das in der Potsdamer Erklärung der großen 3 in Aussicht gestellt war.³ Darin sei das sozialist[isch] orientierte Frankreich heute das Haupthemmnis.⁴ Weiter hätten die kapit[alistischen] Westmächte gewisse Befürchtungen, Deutschland könne durch eine baldige Zentralisation wirtschaftlich rasch wieder erstarken.

Bunt sei das Bild in Berlin, wo 11 Tageszeitungen in den verschiedenen Zonen in der Einheitsfrage ein ebenso verschiedenes Serum der Bevölkerung einimpfen. Der west[deutsche] Gen[osse] Dr. [Kurt] Schumacher habe während seines Berliner Aufenthalts auf die an ihn gestellten Fragen nicht viel zu sagen gewußt.⁵ Typisch war, daß er sich in ständiger Begleitung eines engl[ischen] Überwachers befand.

Unsere Sympathie gehöre nicht dem kapital[istischen] Westen, sondern dem sozialist[ischen] Osten, auch wenn uns dort noch manches unverständlich sei. Wichtig sei, allen unseren Überlegungen eine marxistische Betrachtungsweise zugrunde zu legen. Der Westen befinde sich momentan voller kapitalist[ischer] Schwierigkeiten. Während der Osten im sozialist[ischen] Aufbau wieder im vollen Gange sei. Es sei klar, daß Deutschland nach diesem verlorenen Krieg auf Jahre hinaus der Spielball der Mächte sein werde. Die Befürchtung, wir könnten eine russ[ische] Provinz werden, verneinte der Redner. Nach seiner Meinung sind die Sowjetrussen Diplomaten größeren Formats, die am Mittelmeer weitgehendere Interessen hätten als in Deutschland.⁶

Jedenfalls hätten wir hier bedeutend mehr politische Freiheiten als die Westzonen, wo die SPD bisher noch über keine Parteizeitung verfüge und auch in ihrem Parteiaufbau noch nicht über Anfänge hinauskommen konnte.⁷ Anscheinend wolle man dort der Arbeiterschaft nicht die Machtposition zukommen lassen, die ihr zustehe.

---

3 Der Passus über eine zentrale Regierung in Deutschland lautete im Potsdamer Abkommen wie folgt: »Bis auf weiteres wird keine zentrale deutsche Regierung errichtet werden. Jedoch werden einige wichtige zentrale deutsche Verwaltungsabteilungen errichtet werden, an deren Spitze Staatssekretäre stehen, und zwar auf den Gebieten des Finanzwesens, des Transportwesens, des Verkehrswesens, des Außenhandels und der Industrie. Diese Abteilungen werden unter der Leitung des Kontrollrates tätig sein.« Zitiert in: *Steininger*, Deutsche Geschichte 1945–1961, S. 77.

4 Frankreich war an der Konferenz von Potsdam nicht beteiligt gewesen und lehnte nun jene Beschlüsse, die der französischen Politik zuwiderliefen, ab. Dazu gehörten vor allem die geplanten gesamtdeutschen Verwaltungsstellen für Finanzen, Transport, Verkehr, Außenhandel und Industrie, die die Beschlüsse des Kontrollrates einheitlich in den vier Zonen in die Tat umsetzen sollten. Im Kontrollrat, der seine Beschlüsse einstimmig fassen mußte, legte der französische Vertreter bereits im Sommer 1945 sein erstes Veto ein: Ohne Fortschritte in der französischen Rheinland-, Ruhr- und Saarpolitik würde es keine zentralen Verwaltungsstellen geben. Vgl. *Hans-Peter Schwarz*, Vom Reich zur Bundesrepublik. Deutschland im Widerstreit der außenpolitischen Konzeptionen in den Jahren der Besatzungsherrschaft 1945–1949, Stuttgart 1980. Jedoch stand nicht nur die Regierung Frankreichs der Bildung einer deutschen Zentralregierung ablehnend gegenüber.

5 Kurt Schumacher hielt sich vom 19. bis 24. Februar 1946 in Berlin auf. Die in einigen Dokumenten enthaltenen Bezüge zum Aufenthalt Kurt Schumachers in Berlin sind zumeist einem Artikel der zentralen SPD-Zeitung »Das Volk« vom 24. Februar 1946 entnommen, in dem gegen Schumacher polemisiert wurde.

6 Damit sind die Länder Südeuropas (Griechenland) und Südosteuropas (Jugoslawien) gemeint.

7 Nach einer Phase der von den westlichen Besatzungsmächten verordneten »politischen Quarantäne« ergingen von den Militärregierungen Anordnungen – am 27. August für die amerikanische, am 14. September für die britische und am 13. Dezember 1945 für die französische Zone –, politische Parteien zu lizenzieren. Seitdem machte der Aufbau der SPD in den Westzonen rasche Fortschritte. Im Oktober 1945 war das organisatorische Gefüge der SPD in den Westzonen wieder hergestellt, vor allem in den Großstädten, während in den kleinstädtischen und ländlichen Gebieten

Scharf kritisierte Gen[osse] [Paul] Verdieck sodann die wesensfremde Einstellung des bayr[ischen] Ministerpräsidenten, unseres früheren Reichstagsabgeordneten [Wilhelm] Hoegner. Das auf die Zerstückelung Deutschlands gerichtete Streben müsse mit aller Kraft verhindert werden.[8]

Dieser Gang der Dinge, die geschilderten Umstände und die Gefahr eines vorzeitigen Erstarkens der Reaktion habe den Zentralausschuß und die dorthin entsandten Delegierten bewogen, den vorherigen Standpunkt, bezügl[ich] des Zeitpunkts der Verschmelzung, abzuändern.

Im übrigen sei die KPD viel zu sehr auf uns angewiesen, als daß sie den Wunsch haben könne, uns an die Wand zu drücken. Der Führerstab der KPD sei für die bestehenden Aufgaben bei weitem nicht ausreichend, und alle anständigen Kommunisten von unten bis hinauf zur Spitze seien froh, mit uns zusammengehen zu können.

Gen[osse] [Wilhelm] Pieck habe in dieser Woche auf der Berliner Tagung erst wieder erklärt, daß oberster Grundsatz in der Einheitspartei die volle Parteidemokratie sein müsse.[9] Daraus könne abgeleitet werden, daß nicht tragbare Mitglieder der heutigen KPD durch Beschluß der Einheitspartei ausgestoßen werden könnten.

Zugegeben werden müsse allerdings die vielfach gehörte Behauptung, die Russen seien am Zustandekommen der Einheitspartei stark interessiert. Das könne aber nicht als Einwand gelten. Vom obersten Stab der SMA liege eine Zusage vor, in die innere Parteiorganisation nicht einzugreifen, und das sei wichtig.[10]

---

ein politisches Leben nur zögernd in Gang kam. Am 30. September 1946 zählte die SPD in den drei Westzonen und Berlin 633 244 Mitglieder und gewann bis zum Ende des Jahres über 70 000 weitere dazu, damit war der Mitgliederbestand von Ende 1931 im gleichen Gebiet um 18 % übertroffen. Ende 1946 bestanden im Westzonengebiet über 8 000 sozialdemokratische Ortsvereine, fast 3 000 mehr als 1931 im gleichen Raum. Sozialdemokraten in der sowjetischen Besatzungszone waren offensichtlich kaum über die organisationspolitischen Vorgänge innerhalb der SPD der Westzonen informiert. Vgl. *Miller/Potthoff*, Kleine Geschichte der SPD, S. 176; *Kaden*, Einheit oder Freiheit, S. 125 ff.; *Hans Peter Ehni*, Der Wiederaufbau der SPD nach dem Zweiten Weltkrieg, in: Arbeiterbewegung an Rhein und Ruhr, Wuppertal 1974; *Theo Pirker*, Die SPD nach Hitler. Die Geschichte der Sozialdemokratischen Partei Deutschlands 1945–1964, München 1965; *Kurt Klotzbach*, Der Weg zur Staatspartei. Programmatik, praktische Politik und Organisation der deutschen Sozialdemokratie 1945 bis 1965, Berlin 1982.

8 Innerhalb der Nachkriegssozialdemokratie entwickelte sich im Rahmen der Diskussion um die ersten Landesverfassungen in den westlichen Zonen eine gewisse föderale Komponente. Exponent gemäßigter föderaler Verfassungsvorstellungen war auch der bayrische Ministerpräsident Wilhelm Hoegner. Ihm lagen allerdings die traditionsbeladenen Partikularismen fern. Vgl. *Kritzer*, Wilhelm Hoegner.

9 Wilhelm Pieck kam während der zweiten Sechziger-Konferenz am 26. Februar 1946 u. a. auf das Wesen der künftigen Einheitspartei zu sprechen. Von voller Parteidemokratie war in seinem Beitrag allerdings nicht die Rede, sondern er hob vielmehr den demokratischen Zentralismus hervor: »Die zwei elementarsten Grundsätze, unter denen eine Partei nur wirklich ihre Aufgaben erfüllen kann, sind einmal der demokratische Zentralismus und eine eiserne Disziplin in der Durchführung der gefaßten Beschlüsse.« Einheitsdrang oder Zwangsvereinigung?, S. 207.

10 Ein Schreiben von Otto Grotewohl an die SMAD in Berlin-Karlshorst vom 6. März 1946 enhält den Hinweis auf eine derartige Zusicherung: »Bei unserem Empfang durch Marschall Schukow am 14. 2. 1946 wurde uns ausdrücklich erklärt, daß eine Anweisung an alle militärischen Stellen ergehe, wonach sich die Kommandanten in allen Fragen, die die Einigung betreffen, weitgehendst zurückhalten sollen. Im Gegensatz zu dieser Anordnung mehren sich die Fälle aus der Sowjetischen Besatzungszone, in denen wir das Bestreben solcher Eingriffe feststellen, die sich überwiegend nur hindernd der Vereinigungsbewegung in den Weg stellen.« SAPMO-BArch, ZPA, NL 90/314.

Uns bleibe keine andere Wahl, als die Einheit baldigst herbeizuführen. [Kurt] Schumacher werde auch im Westen von vielen Genossen abgelehnt, wie uns vorliegende Zuschriften bestätigen. Er wolle unseren Berliner Parteitag nicht beschicken, trotz des großzügigen Angebots der Russen[11], aber [Kurt] Schumacher werde sich dadurch selber isolieren.

Nun ging Gen[osse] [Paul] Verdieck über zu einer Besprechung der Berliner Ausschuß-Sitzung (30:30), an der er als Delegierter teilgenommen hatte.[12] Dort sei das von dem Vierer-Ausschuß entworfene neue Parteiprogramm diskutiert worden. [Der] Redner verliest hierauf den 1. Teil mit seinem 14 Punkte umfassenden Gegenwartsprogramm, der von allen Anwesenden gebilligt wurde. Der ebenfalls erläuterte 2. Teil enthält die programmatischen Forderungen im Kampf um den Sozialismus. In ihm kommt eindeutig zum Ausdruck der sozialistisch-marxistische Charakter der neuen Partei. Das Ziel sei ein demokratischer Sozialismus mit allen seinen Konsequenzen.

Einen Bruchteil seiner Freude, die Gen[osse] [Paul] Verdieck dort als Mitbearbeiter des sozialist[ischen] Gedankengutes empfunden hatte, wollte er allen Anwesenden übermitteln. Seine Schlußworte galten der Notwendigkeit einer großen, geschlossenen Organisation. Nun keine kleinlichen Gesichtspunkte mehr. »Die führenden Köpfe werden sich bald herausstellen, und die dann folgenden demokratischen Wahlen würden alsdann die nötige Entscheidung bringen« (Beifall).

Der Vorsitzende dankte dem Gen[ossen] [Paul] Verdieck für sein Referat und schlug darauf eine Pause vor. Nach der Pause erfolgten Wortmeldungen nicht. Gen[osse] [Otto] Ochsenfahrt unterstrich in einem Nachwort, daß es nun Diskussionen über den Zusammenschluß nicht mehr geben dürfe. [. . .]

gez. E[rnst] Bichtler[13]
Schriftführer

---

11 Während seines Berlin-Aufenthalts Mitte Februar 1946 gab Kurt Schumacher dem Zentralausschuß zu verstehen, daß die westdeutsche SPD keine Delegierten zu einem sozialdemokratischen Parteitag nach Berlin schicken würde. Zugleich dachte Schumacher am 21. Februar 1946 daran, an den vom Zentralausschuß für April angekündigten Vereinigungsparteitagen für den Berliner Bezirk und die sowjetische Zone in Berlin teilzunehmen. Ob ein dementsprechendes Angebot der SMAD vorlag, muß offen bleiben. Wie ernst Schumacher dieses Vorhaben nahm, bleibt ebenso unklar. Offiziell lehnte er dann ein Gastmandat für den SPD-Parteitag der sowjetischen Zone ab. Vgl. Hurwitz, Demokratie und Antikommunismus in Berlin nach 1945, Bd. IV, Teil 2, S. 985.
12 Auf der am 26. Februar 1946 tagenden zweiten Sechziger-Konferenz, an der überwiegend Funktionäre teilnahmen, die auch schon auf der Dezemberkonferenz der SPD und KPD anwesend gewesen waren, standen der von der gemeinsamen Studienkommission vorgelegte Entwurf der Grundsätze und Ziele der SED, der Entwurf eines Parteistatuts sowie der Entwurf zu einem Organisationsbeschluß zur Debatte. Alle drei Dokumente fanden durch die Konferenzteilnehmer ihre Bestätigung.
13 Unterschrift handschriftlich.

Nr. 170
Aus dem Bericht über den Parteitag des Bezirksverbandes Dessau der SPD am 30./31. März 1946[1]

[...]

[Heinz] *Kammerahl*[2], Bernburg: Ich glaube, es wäre vermessen, über den Vortrag des Gen[ossen] [Otto] Meier[3] in eine Diskussion einzutreten. Wir könnten die ungeheuerliche Wucht der Eindrücke, die er in bezug auf die Notwendigkeit des Zusammenschlusses zum Ausdruck gebracht hat, nur beeinflussen im ungünstigen Sinne. Ich glaube nicht, daß es im östlichen Sektor jemand geben könnte, der sich der Einigung der Arbeiterschaft verschließen wird. Wenn man heute in Berlin zur Urabstimmung[4] angetreten ist, um dem Gedanken des Zusammenschlusses der beiden Parteien etwas widersetzen[5] zu wollen, dann verschließt man sich nur einer geschichtlichen Notwendigkeit.

Ich möchte etwas anderes sagen. Wir haben in den Abänderungsanträgen zu dem Organisationsstatut in der Vorlage gegensätzliche Auffassungen über die Betriebsorganisation, und diese grundsätzlichen Auffassungen haben dazu geführt, Abänderungsanträge zu stellen, daß das Schwergewicht, wie es im Betriebsstatut[6] zum Ausdruck kommt, nicht auf die Betriebsorganisation, sondern auf die Wohnbezirke legt. Das ist für uns Sozialdemokraten als alte Organisatoren immer etwas Selbstverständliches gewesen, daß die Wohnbezirke die Grundlage der Organisation sind, und wenn man heute in den Gemeinschaftsbesprechungen in Berlin ein starkes Schwergewicht auf die Betriebsorganisation gelegt hat, daß man sogar die Kassierung und Durchdringung der politischen Willensäußerung in die Betriebe legen will, dann soll man das nicht mit einer Handbewegung abtun.[7]

Wenn ich mir den Bericht des Genossen [Otto] Meier vor Augen führe, daß wir einen verschwindend geringen Prozentsatz politisch erfaßt haben, dann weiß ich, daß wir sehr stark in die Betriebe hineingehen müssen. Es ist doch so gewesen: Wir sind organisatorisch gewiß ein starker Machtfaktor immer, auch bis 1933, gewesen, aber politisch erfaßt haben wir einen verschwindenden Teil der Einwohnerschaft, auch der Arbeiterschaft. Und daß es

---

1 Landesarchiv Merseburg, SPD-Bezirksvorstand Dessau, II/2/3/1.
2 Heinz Kammerahl, geb. am 15. März 1893. Beruf: Klempner u. Installateur. Vor 1933 SPD. 1945/46 Sekr. UB SPD Bernburg. April 1946 BV SED Dessau.
3 Am zweiten Beratungstag, am 31. März 1946, hatte Otto Meier ein Referat über die Notwendigkeit der Einheitspartei gehalten.
4 Die Urabstimmung konnte nur in den Westsektoren Berlins ordnungsgemäß abgeschlossen werden. Von den 23 755 an der Urabstimmung teilnehmenden Sozialdemokraten lehnten 19 529 den sofortigen Zusammenschluß von SPD und KPD ab, nur 2 938 sprachen sich dafür aus. Eine klare Mehrheit, 14 663 Stimmen, trat für ein Bündnis mit den Kommunisten ein und wollte erneuten »Bruderkampf« vermeiden. Nur 5 559 Stimmberechtigte lehnten ein solches Bündnis ab. Vgl. *Moraw*, Die Parole der »Einheit« und die Sozialdemokratie, S. 161.
5 In dem Protokoll wurde »widersetzen« handschriftlich in »entgegensetzen« geändert.
6 Hier müßte es heißen: Parteistatut.
7 Über den Verlauf der Arbeit am Entwurf des Parteistatuts innerhalb der zentralen Studienkommission geben die bislang zur Verfügung stehenden Quellen keine nähere Auskunft. Im Zentralausschuß schien man bereit zu sein, sich der Argumentation der Kommunisten für die Betriebsgruppe als den politischen Entscheidungsträger der vereinigten Partei anzuschließen. Jedenfalls agitierte Helmut Lehmann noch auf dem letzten Parteitag der SPD für die sowjetische Zone zur Begründung des Statutenentwurfs ähnlich wie die Kommunisten, indem er die Bedeutung der Betriebsgruppen für die Verwirklichung einer demokratischen Wirtschaftspolitik heraushob. Vgl. 40. Parteitag der Sozialdemokratischen Partei Deutschlands, 19. und 20. April 1946 in Berlin, Berlin 1946, S. 106 ff.

nicht[8] richtig ist, daß wir uns im Betrieb positiver für die Organisation der Massen einsetzen, ist eine absolute Frage der Zweckmäßigkeit. Sie können sich heute für dieses oder jenes entscheiden. Ich bin der Meinung, daß dieses Organisations-Statut nur etwas organisatorisch Grundlegendes ist, ob sich das in der praktischen Ausführung so durchführen läßt, wie das festgelegt ist, scheint mir zweifelhaft zu sein.

Ich weiß, daß Vertreter der KPD schon an mich herangetreten sind und gesagt haben, ich glaube, diese Organisation in bezug auf die Betriebsgruppen müssen wir noch sehr weit zurückstellen. Wahrscheinlich aus der Zweckmäßigkeitsfrage heraus. Wir wollen doch nicht päpstlicher sein als der Papst. Wir wollen uns darauf einstellen, was sich aus der Organisationsform heraus als Notwendigkeit ergibt. Ich denke, daß man in Berlin in den beiden Ausschuß-Kommissionen[9] sich überlegt hat, was man schaffen wollte, niemand kann für die Zukunft das Schwergewicht der Betriebe außer Acht lassen, wenn wir einen großen Organisationskörper schaffen wollen. Ich bin der Meinung, daß wir für die Zukunft 90 % des politischen Lebens beeinflussen müssen, und wenn wir das wollen, müssen wir in die Betriebe hineingehen; wie das zweckmäßig in der Organisationsauswirkung sein wird, wäre vermessen, heute bis in alle Einzelheiten zu entscheiden.

Es wäre nicht richtig, heute Abänderungsanträge anzunehmen. Sie können das entscheiden, ich würde mich nicht dagegen wenden. Ich will nur sagen, daß vielleicht hier etwas beschlossen würde, was wir in Berlin nicht durchsetzen. Wir sind davon überzeugt, daß wir als Sozialisten, ganz gleich, in welchem Sektor wir leben, uns durchzusetzen verstehen, unseren Willen zum Ausdruck bringen können, und das werden wir auch künftighin bei allen Zusammenkünften durchsetzen.[10]

Deshalb möchte ich Sie bitten, nicht groß zu diskutieren, sondern unter dem Eindruck des Vortrags unseres Gen[ossen] [Otto] Meier spontan zum Ausdruck zu bringen, daß wir uns vorbehaltlos für den Zusammenschluß der Arbeiterschaft aussprechen. Alles, was da herumgeredet wird im westlichen Sektor, das mag persönlich gesehen Interessenpolitik sein, aber der geschichtlichen Notwendigkeit kann sich niemand verschließen, und ich glaube, wir dürfen unserem alten Genossen [August] Bebel, der deutlich hier vor uns im Bild steht, Recht geben, wenn er einmal in der Reichstagsdebatte zum Ausdruck gebracht hat: »Die Geschichte in ihrem Lauf hält weder Ochs' noch Esel auf.« Und niemand, keine Macht der Welt, kann die Arbeiterschaft in ihrer Entwicklung aufhalten, sie mag im Westen oder im Osten stehen. Wir haben eine geschichtliche Notwendigkeit, und die Voraussetzung dafür ist die Einheit der Arbeiterklasse.

Genosse [Paul] *Verdieck*: Es war nicht meine Absicht, irgend etwas zu sagen. Über die Frage, wie der Paragraph 9 eine endgültige Form in unserem Statut haben soll[11], sind in den Beratungen, die die 60er, die Genossen der KPD und SPD[12] in Berlin, gepflegt haben[13],

---

8 Durch die Verneinung entsteht hier ein Widerspruch, denn der Redner sprach ja für die Betriebsgruppe.
9 Hier sind offensichtlich die gemeinsame Studienkommission und die Teilnehmer der zweiten Sechziger-Konferenz gemeint.
10 Im Protokoll wurde »durchsetzen« handschriftlich in »tun« verändert.
11 Der Paragraph 9 des Entwurfs zum Parteistatut hatte folgende Fassung: »1. Die Wohnbezirks- und Betriebsgruppen sind die Grundeinheiten der Partei. [...] Parteimitglieder, die in einem Betriebe tätig sind, in denen eine Betriebsgruppe besteht, sind verpflichtet, dieser Betriebsgruppe anzugehören und darin mitzuwirken. Sie sind berechtigt, an den Versammlungen der Gruppe ihres Wohnbezirks mit beratender Stimme teilzunehmen. 2. Die Grundeinheiten wählen eine Leitung zur Führung der Betriebs- oder Wohnbezirksgruppen.« Einheitsdrang oder Zwangsvereinigung?, S. 270.
12 SPD ist handschriftlich hinzugefügt worden.
13 Während der Debatte auf der zweiten Sechziger-Konferenz am 26. Februar 1946 hatte der Paragraph 9 des Parteistatuts eine Rolle gespielt. Am deutlichsten setzte sich Hermann Schlimme für

keine abschließenden Meinungen zu Tage getreten, und es ist uns, die wir als Vertreter da sind, mit auf den Weg gegeben worden, gerade über die Formen des Paragraphen 9 zu beraten und Stellung zu nehmen.

Aus der Erkenntnis und dem Ablauf unserer Kreiskonferenzen muß ich erklären, daß in den Kreiskonferenzen unsere Genossen alle der Auffassung sind, daß die Formulierung des Paragraphen 9, wie er vorliegt, keine glückliche ist, daß die Statuten-Beratungskommission in Berlin nochmals angewiesen werden muß, über die endgültige Formulierung des Paragraphen 9 zu beraten, und weiter sollen die Anträge, die gestellt worden sind, nichts bedeuten.

Ich gebe dem Genossen [Heinz] K[ammerahl] Recht. Wir müssen unsere politische Stoßkraft unbedingt in die Betriebe hineinlegen. Das wollen wir. Es ist wohl zu erwägen, ob man diese politische Stoßkraft...[14] Ich glaube, daß uns die Geschichte Recht gegeben hat, daß diese Organisationsform der tragende Pfeiler der Bewegung gewesen ist. Aus dieser Erkenntnis heraus stehe ich auf dem Standpunkt, daß dieser Antrag als Material mit nach Berlin gegeben werden muß, damit die Statuten-Kommission noch einmal Stellung nehmen kann.

Zu Paragraph 20 und den Abänderungsanträgen, die wir stellten, will ich sagen, es war in der SPD selbstverständlich, daß Genossen, die von der Partei herausgestellt werden sollen als Funktionäre, erst eine gewisse Bewährungsfrist ablegen mußten.[15] Ohne irgendeinem Genossen wehe zu tun, müssen wir in der jetzigen Zeit, in der wir leben, ganz besonderen Wert darauf legen, daß wir unsere Funktionäre kennen, ehe wir sie hinausstellen können. Und darum bitte ich Sie, diese Formulierung, wie wir sie gewählt haben, anzunehmen und sie als Material auch nach Berlin gehen zu lassen.

[Paul] *Becker*, Jeßnitz: Wir stehen heute das letzte Mal in unserem Kreis als Sozialdem[okraten] zusammen zu einer gemeinsamen Tagung. Deswegen kann ich die Ausführungen [Heinz] K[ammerahls] nicht verstehen, wenn er sagt, man sollte von einer Debatte absehen. Wir, d. h. die Sozialdem[okraten], haben in unseren Mitgliedern die Köpfe, den Geist, unsere Bruderpartei hat die Aktivität und die Gewalt.[16] Wenn von unserer Bruderpartei eine Versammlung oder eine Tagung stattfindet, dann melden sich von 50 Anwesenden mindestens 30 zur Diskussion, und wenn wir uns zu[17] 500 zusammensetzen, dann melden sich nur 2 oder 3 zur Diskussion.

---

    eine Abänderung und eine Verlagerung des politischen Schwergewichts auf die Wohnbezirke ein: »Ich kann mir vorstellen, daß hier die Frage zur Entscheidung steht: Soll die politische Willensbildung vom Betriebe ausgehen oder sich im Wohnbezirk, d. h. in der Parteiorganisation, entfalten? Ich möchte nicht, daß Betrieb und Wohnbezirk gegeneinander arbeiten. [...] Ich bin der Meinung, daß die politische Willensbildung in den Wohnbezirken, d. h. im Kreis, in der Stadt usw., erfolgen muß und daß sich die Betriebsgruppen dort eingliedern müssen, nicht umgekehrt.« Einheitsdrang oder Zwangsvereinigung?, S. 229.

    Der Entwurf zum Parteistatut wurde in der vorliegenden Form am 26. Februar 1946 bestätigt. Die zahlreichen Abänderungsvorschläge zum Statutenentwurf sind der Studienkommission, die in einen zentralen Organisationsausschuß umgewandelt wurde, zugeleitet worden.

14 An dieser Stelle bricht der Satz ab. Die Auslassungszeichen stehen so im Manuskript. Der Satz ist später handschriftlich ergänzt worden, jedoch unleserlich.
15 Der Paragraph 20 regelte u. a. die Bedingungen für die Ausübung eines Parteiamtes: »Zu einem Ehrenamt oder zum Sekretär kann nur gewählt werden, wer seit mindestens einem Jahr Mitglied der Partei ist. Zu einem Ehrenamt oder zum Sekretär im Landes(Provinzial-)Vorstand oder im Parteivorstand oder für die Wahl zu einem Landes- oder Reichsparlament kann nur gewählt werden, wer seit mindestens drei Jahren Mitglied der Partei ist.« Einheitsdrang oder Zwangsvereinigung?, S. 275.
16 Dieser Satz ist im Manuskript später gestrichen worden.
17 »zu« wurde handschriftlich eingefügt.

Wir wissen, daß wir an der Entwicklung nichts mehr ändern können. Wie sind auch in Jeßnitz für die Einigung, und zwar mit vollem Herzen. Wir verlangen aber von der Gegenseite ebenso ein aufrichtiges Bekenntnis und eine absolute Ehrlichkeit und Sauberkeit des Wollens und des Handelns. Und das haben wir, die draußen im täglichen Leben stehen, nicht immer feststellen können, daß dieser ehrliche Wille vorhanden ist, und wir können aus der Praxis reden und nicht vom grünen Tisch.

Wenn es in meiner Stadtgruppe mit 2/3 nazistischem Einschlag möglich war, eine Ortsgruppe mit 160 Mann aufzubauen und die KPD macht eine Frauenversammlung und bei der Wahl des Frauenausschusses die Anfrage unserer Frauen, ob darin[18] nicht auch SPD-Vertreterinnen sein könnten, mit jawohl beantwortet wird, aber die Führung des Frauenausschusses liegt selbstverständlich in den Händen der KPD. Wenn das 8 Tage vor der Ehe geschieht, kann wohl von einem ehrlichen Wollen nicht gesprochen werden. Deshalb sind wir etwas skeptisch und legen auch Kritik daran an und wünschen eine Aussprache. Denn nur dadurch können wir ja zu einem klaren Bild kommen. Die Zeit ist immer zu kurz, und wir werden es eines Tages erleben, daß wir von unseren Freunden überfahren werden.[19]

Warum gehen wir gerade von den großen Industriebetrieben auf die Änderung des Paragraphen 9 ein.[20] Das muß ich dem Gen[ossen] K[ammerahl] schon sagen, wir wollen selbstverständlich auch eine politische Aktivität in den Betrieben haben. Aber wie ist denn das gewesen? Als der Amerikaner abzog und der Russe einzog, war am ersten die Arbeit der KPD erlaubt und wurden die wichtigsten Posten von der KPD besetzt. Wir wissen, daß die Industriearbeiterschaft immer revolutionärer ist als die übrige Einwohnerschaft.[21] Wir wenden uns gegen den Paragraphen 9. Wir wollen das Schwergewicht verlegt wissen in die Ortsgruppen. In den Betrieben können wir niemals alle erfassen, weil die große Mehrzahl nicht am Orte wohnt. Wir lehnen diesen Paragraphen ab.

Bedauerlich ist es, daß wir jetzt so wenig Zeitungen bekommen. Ich hoffe und wünsche, daß das in Bälde wieder geändert werden kann. Die Zeitungslieferung ist bereits gekürzt, während andere noch die volle Auflagenhöhe bekommen. Es ist schwer, den Leuten, die bestellt und bezahlt haben, einzureden, daß sie umständehalber verzichten müssen. Es müßte sich ein Weg finden lassen, um alle krassen Fälle zu vermeiden.

[Armin] *Gerber*, Bernburg: Der Gen[osse] [Otto] Meier hat ausdrücklich gewünscht, daß wir zu seinen Ausführungen Stellung nehmen sollen. Ich lehne das ab, was der Genosse [Heinz] Kammerahl vorschlug, nicht zu diskutieren. Ich muß dem Genossen aus Jeßnitz beipflichten, wenn er sagt, wir haben Mangel an Zeit.

Es ist eine dankbare Aufgabe, Bezirks-Funktionär zu sein; man muß ein ganzer Kerl sein, daß man das, was die Partei will, den Leuten klarmachen kann. Gen[osse] [Otto] Meier hat recht, wenn er sagt, die Beschlüsse, die wir heute fassen, sind, geschichtlich gesehen, die bedeutsamsten überhaupt. Er sprach von der Tragik der deutschen Arbeiterschaft. Hätten wir seinerzeit die Barrikaden bestiegen, dann wären nicht so viele Opfer gewesen wie in den K[on]z[entrationslagern]. Wir sind es selbst, die die Geschicke in der Hand haben. Noch einmal darf uns das nicht passieren.

Nun zur Sache der Berliner Genossen.[22] Das können wir hier in unserem Bezirk nicht be-

---

18 Im Original: daran.
19 Der ganze letzte Absatz ist im Manuskript gestrichen worden.
20 Das Wort »ein« ist für »herum« handschriftlich ersetzt worden.
21 Die letzten beiden Sätze sind im Manuskript gestrichen worden.
22 Die Auseinandersetzungen um das Für und Wider einer Einheitspartei in Berlin hatte seit März 1946 praktisch zur organisationspolitischen Spaltung des Berliner Bezirksverbandes geführt, die sich schließlich in der Abhaltung gesonderter Bezirksparteitage für die West- bzw. Ostsektoren Berlins manifestierte. Vgl. *Hurwitz*, Demokratie und Antikommunismus in Berlin nach 1945, Bd. IV, Teil 2, S. 1220 ff.

urteilen. Wir können es nur verurteilen. Wenn die Genossen in Berlin eine andere Meinung haben als Dr. [Kurt] Schumacher, so verstehe ich das nicht, und die, die wir hier sitzen, werden das alle nicht verstehen.[23] Wir haben die Vereinigung vor uns, und wir begrüßen sie. Die Vereinigung ist innenpolitisch wie auch außenpolitisch eine zwingende Notwendigkeit. Wir wollen einst die Regierungspartei Deutschlands werden, und wenn wir die werden wollen, dann müssen wir die absolute Mehrheit hinter uns haben.

Man muß den kleinen Funktionär verantwortlich mit in den Vorstand einbauen. Jedenfalls ist mehr oder weniger die Tendenz vorhanden, daß man Vorschläge[24] [macht]. Ich bitte dringend, sich nicht von der mangelnden Zeit totschlagen zu lassen, alles widerspruchslos hinzunehmen. Auch der kleine Funktionär macht sich Gedanken darüber.

Man redet so viel von der Jugend. Gewiß kann man heute von einer Jugendbewegung in der Partei nicht reden. Es gibt aber eine Menge Genossen aus der soz[ialdemokratischen] Jugendbewegung vor 1933, die ihren Mann gestanden haben, die tüchtige Kerle sind. Laßt ihnen den Weg offen nach oben, damit sie den alten und ältesten Genossen ein würdiger Nachfolger sein können.

Zu dem Abänderungsvorschlag. Wir haben auch in dem Sinne gegen den Paragraphen 9 Sturm gelaufen. Wir begrüßen den Vorschlag des Gen[ossen] [Paul] Verdieck und die Formulierung. Desgleichen Paragraph 20. Was die Resolution betrifft[25], so kann man kaum anderer Meinung sein, und von uns Bernburgern kann empfohlen werden, sie anzunehmen.[26]

[...]

Gen[osse] [Fritz] *Jungmann*: Abstimmung/Resolution. Es wurde ein Übereinkommen darin erzielt, daß die Paragraphen 9 und 20 als Material mit nach Berlin gegeben und abgeändert werden[27] und daß die Resolution ebenfalls einstimmig angenommen wurde.[28]

[...]

---

23 Dieser Satz ist im Manuskript gestrichen worden.
24 An dieser Stelle bricht der Satz im Manuskript ab und ist gestrichen worden.
25 »betrifft« wurde handschriftlich für »ist« ersetzt.
26 Die Resolution enthielt eine Zustimmungserklärung zu den Entwürfen über die Grundsätze und Ziele sowie die Statuten der SED.
27 Die Abänderungsvorschläge zum Entwurf des Parteistatuts haben folgenden Wortlaut:
»Paragraph 9: Die Parteimitglieder werden in Wohnbezirks- und Betriebsgruppen zusammengefaßt. Das Schwergewicht der organisatorischen Arbeit liegt jedoch in den Wohnbezirksgruppen, die allein als Grundeinheiten der Partei gelten.

Paragraph 20: In Absatz 7 (Berufung zu einem Ehrenamt oder zum Sekretär) wird der Satz: ›Von diesem Grundsatz kann nur in Ausnahmefällen abgewichen werden, wenn es das Parteiinteresse erfordert‹ gestrichen.«
28 In der Resolution wurde der Zusammenschluß befürwortet.

Sachsen

Nr. 171
Aus der Niederschrift über die Sitzung des erweiterten Landesvorstandes der SPD Sachsen am 4. Februar 1946[1]

Sozialdemokratische Partei Deutschlands
Landesgruppe Sachsen
– Verwaltung –

Dresden, N 6, den 5. 2. 1946
Königsbrücker Str[aße] 8

Anwesend: Landesleitung Sachsen: [Otto] Buchwitz, [Arno] Haufe, [Felix] Kaden, [Fritz] Heinicke, [Karl] Meißner, [Elise] Thümmel, [Gerhard] Förster, [Paul] Gärtner, [Otto] Seiffert, [Kurt] Gentz, [Arno] Hennig, [Walter] Leipert;
Groß-Dresden: [Arno] Wend, [Albert] Meier, [Rudolf] Bergner, Linden, [Hans] Hackebeil, [Erich] Schuster und Höring, Bautzen;
Leipzig: [Stanislaw] Trabalski, [Eduard] Amborn, [Heinrich] Bretthorst;
Chemnitz: [August] Friedel, [Richard] Engelmann, [Horst] Nendel;
Zwickau: [Karl] Kautzsch, [Richard] Hentsch, Hartzsch;
Görlitz: [Hermann] Neubauer, [Max] Rausch;
Gäste: Zimmermann aus Berlin, Dr. [Rudolf] Friedrichs, Prof. [Richard] Woldt, [Gertrud] Glöckner[2]

Genosse [Otto] *Buchwitz* eröffnete gegen 11 Uhr die Sitzung und gab zunächst Bericht darüber, wie es zur Beschlagnahme der Nummer der »Volksstimme« vom Sonnabend, dem 2. 2. [19]46 kam. Die Einziehung der Zeitung wurde durch die SMA veranlaßt mit der Begründung, daß der SMA von den Resolutionen, die in dieser Nummer veröffentlicht werden sollten, nichts bekannt sei.[3] Nach der Beschlagnahme dieser Nummer hat sich die SMA bereit erklärt, diese Nummer nicht ausfallen zu lassen, sondern doch noch herauszubringen; lediglich die Artikel mußten gestrichen werden.

Weiter wird heute die Frage der Behandlung der Pg's diskutiert werden müssen, da diese Frage bereits durch den Genossen Fritz Große[4], KPD, in der »Sächsischen Volkszeitung« angeschnitten wurde.[5] Genosse [Otto] Buchwitz hatte Gelegenheit, dieserhalb mit einem

---

1 Sächsisches Hauptstaatsarchiv Dresden, SED-BPA Dresden, II/A/1.001.
2 Gertrud Glöckner, geb. 1902. Beruf: Kaufmännische Angestellte. Seit 1922 SPD. April 1946 Sekr. LV SED Sachsen. 1968 gest.
3 Bei diesen Resolutionen handelt es sich um den Abdruck der Entschließung des Zentralausschusses vom 15. Januar 1946 sowie um den Beschluß des Parteiausschusses der SPD vom 25. Januar 1946. In beiden Dokumenten wurde betont, daß der Zusammenschluß nur durch einen Beschluß des Reichsparteitages der SPD erfolgen könne.
4 Fritz Große, geb. 1904. Beruf: Holz- u. Bauarbeiter. Vor 1933 KPD. 1932 Vors. KJVD. 1932 MdR. 1934 illegale Arbeit u. Verhaftung, bis 1945 Zuchthaus u. KZ. Juni 1945 bis April 1946 BL KPD Sachsen. April 1946 Sekr. LV SED Sachsen. 1948/49 Vors. LPKK Sachsen. 1949 bis 1953 Ltr. DDR-Mission in der ČSR. 1953 bis 1957 Abtltr. Ministerium für Auswärtige Angelegenheiten DDR. 1957 gest.
5 In dem Artikel in der kommunistischen Landeszeitung für Sachsen »Sächsische Volkszeitung« sprach sich Fritz Große für eine Lockerung der Aufnahmepraxis für Mitglieder in dem Sinne aus, daß unter bestimmten Umständen ehemalige Mitglieder der NSDAP auch Mitglieder der KPD werden könnten.

russischen Offizier zu sprechen: Wenn die Partei eine Prüfungskommission hätte und mindestens 3–4 Zeugen von dem Betreffenden beizubringen seien, bestünde durchaus die Möglichkeit, den Betreffenden in die Partei aufzunehmen.

Ein russischer Offizier von Karlshorst hat zugestanden, daß gegen jeden örtlichen Kommandanten vorgegangen wird, der in der Frage der Vereinigung beider Parteien auf die SPD einen Druck ausüben würde.

Genosse [Kurt] *Gentz*: Die Beschlagnahme sämtlicher Zeitungen wurde durch mehrere russische Offiziere ausgesprochen. Alle Exemplare sind vernichtet worden. Auf Verlangen der SMA ist die Zeitung im letzten Moment doch noch erschienen. Eine weitere Erhöhung der Auflage der »Volksstimme« ist abgelehnt worden. Desgleichen wurde abgelehnt, daß dreimal in der Woche die Zeitung in stärkerer Auflage erscheint. Auch nach der Einigung sollen beide Zeitungen weiter bestehen bleiben.

Genosse [Stanislaw] *Trabalski* teilt mit, daß die KPD in vielen Bezirken Lokalzeitungen aufkauft. Es müsse also doch genügend Papier vorhanden sein.
[...]
Genosse [Karl] *Meißner* ist erstaunt darüber, daß die Zeitung am Sonnabend beschlagnahmt wurde wegen zwei Resolutionen, die der Parteiausschuß am 15. bzw. 25. Januar [1946] gefaßt hat. Ein gemeinsames Rundschreiben beider Parteien an sämtliche Untergliederungen besagt inhaltlich dasselbe, weswegen die »Volksstimme« verboten wurde. Die Tatsache ist zu verzeichnen, daß wir im Augenblick drei Meinungen und Richtungen innerhalb unserer Partei haben:

1. diejenige Richtung, die hinter den Berliner Beschlüssen steht und den Reichsparteitag propagiert;
2. diejenigen, die die Vereinigung im russischen Sektor wünschen, und
3. diejenigen, die mindestens in Sachsen die Vereinigung beider Parteien erstreben.

Wenn wir uns in Sachsen vereinigen, dann können wir noch lange nicht die Reaktion in Bayern schlagen.[6]

Die Aktionsfreiheit innerhalb der Partei ist uns als Partei zugestanden worden. Auf der einen Seite stößt man sich daran, daß nur ein Drittel alte SPD-Genossen sind und zwei Drittel der Mitglieder neu zu uns gestoßen sind, denen man es aber nicht überlassen sollte, über das Schicksal unserer Partei zu bestimmen, während man aber auf der anderen Seite den Betrieben und allen Indifferenten das Recht einräumt, in der Frage der Einigung und Verschmelzung ein gewichtiges Wort mitzureden.

Genosse [Karl] Meißner schildert kurz die Vorgänge, die sich bei der Wahl der Landesleitung des FDGB zugetragen haben.[7] Die Wahl ist als ein Sieg der Einheit in der KPD-Presse bezeichnet worden. Obwohl der größte Teil der Delegierten der SPD angehörte, ist eine Mehrheit der KPD zustande gekommen. Nicht nur, daß man die Reihenfolge der Kandidaten umgestellt hat, sondern man hat ohne weiteres 50 der aktivsten SPD-Genossen von der Liste der gemeinsamen Wahlvorschläge gestrichen. Der Großbetrieb »Universelle« hat bereits zu dem neuen Landesvorstand des FDGB Stellung genommen und hat in einer Entschließung diese Form der Wahl abgelehnt.

---

6 Als reaktionär galten für Kommunisten und Sozialdemokraten in der sowjetischen Zone damals die im Oktober 1945 gebildete und bald von den Amerikanern wieder verbotene Heimat- und Königspartei sowie, mit bestimmten Einschränkungen, die am 13. Oktober 1945 gegründete Christlich-Soziale Union in Bayern (CSU). Vgl. *Ernst Deuerlein*, CDU/CSU 1945–1957, Köln 1957.
7 Am 27. Januar 1946 wurden auf einer Delegiertenkonferenz in Dresden Paul Gruner (KPD) zum 1. Vorsitzenden, Rudolf Eckert (SPD) zum 2. Vorsitzenden und Grete Groh-Kummerlöw (KPD) zur 3. Vorsitzenden des Landesvorstandes des FDGB Sachsen gewählt. SBZ-Handbuch, S. 651.

Diktatur des Proletariats, nicht über das Proletariat, das sei das Ziel, hat einmal ein russischer Offizier gesagt. Der Wahlausschuß hat weder den Auftrag erhalten, noch ist er dazu berechtigt gewesen, den Wahlzettel umzustellen. Er muß immer und immer wieder die Frage stellen, wie es um die Meinungsfreiheit innerhalb der neuen Partei bestellt ist. Die Machinationen von seiten der KPD sind nicht im Geiste der Vereinigung gehalten. Er gibt zu, daß auch wir Zettel herausgegeben haben, welche den Genossen zeigen sollten, wer zur SPD gehört. Aber er stellt ausdrücklich fest, erst nachdem die KPD dies ausreichend vorgenommen hatte. Die Wahlzettel sind also gefälscht. Trotz der so viel gepriesenen Demokratie ist es nicht möglich, aus den Kreisen der bürgerlichen Gewerkschaften[8] einen Vertreter in die Landesleitung zu wählen. Es verlangt von allen Genossen Disziplin.

Genosse [Otto] *Buchwitz* (Zwischenbemerkung): Nach Rücksprache mit der SMA hat dieselbe erklärt, daß die Wahl der Landesleitung des FDGB nicht rückgängig gemacht bzw. bereinigt werden kann, wenigstens eine Parität herzustellen. Dies könne aus außenpolitischen Gründen nicht geschehen.

Genosse [Otto] Buchwitz macht den Zentralausschuß für die jetzt entstehende Verwirrung in der Mitgliedschaft verantwortlich durch die verschiedenen Entschließungen und Resolutionen von seiten des Parteiausschusses. In der Entschließung vom 20. bzw. 21. 12. [19]45 ist von einem Reichsparteitag nicht die Rede. Jetzt wird der Reichsparteitag wieder in den Vordergrund geschoben. Er ist nicht der Meinung, daß in den nächsten Jahren ein Reichsparteitag einberufen werden kann. Das würde auch heißen, die Vereinigung hinauszuschieben.

Er verurteilt auf das Entschiedenste die Unzuträglichkeiten mit der KPD, die selbstverständlich bereinigt werden müßten, und begründet nochmals eingehend seine grundsätzliche Stellung zur Einigungsfrage. Er hält nach wie vor daran fest, daß, wenn alle Verhandlungen mit dem Westen scheitern sollten, die Vereinigung wenigstens in Sachsen durchgeführt wird. Wir kennen die Meinung von seiten der Bürgerlichen, die bald ein Parlament erhoffen und heute schon erklären, daß verschiedenes, was geleistet wurde, bereinigt werden müsse. Das bisher Geleistete sei aber zu schützen. Der Herr [Kurt] Schumacher, den er nicht mehr Genosse nennen kann, ist der anerkannte Führer der SPD im westlichen Sektor. Die Einigung der Bürgerlichen wird vollzogen sein, während wir reden.

Auch [Otto] Grotewohl scheine seinen Standpunkt geändert zu haben, da er in Chemnitz zum Bezirksparteitag das Wort »Reichsparteitag« vermied.[9]

Er habe die Absicht gehabt, sein Amt zur Verfügung zu stellen. Er wird es jedoch nicht tun, da ihm das Amt des Vorsitzenden im Landesparteitag im Oktober [1945] in die Hand gegeben wurde. Er muß immer als Vorsitzender des Landes reden können, überall und jederzeit.

Genosse [Karl] *Kautzsch*: Die Person des Genossen [Otto] Buchwitz ist jetzt sehr umstritten. Die Schuld daran trägt er zum Teil selbst, und zwar durch sein Schlußwort auf der

---

8 Damit sind ehemalige Mitglieder bzw. Funktionäre aus den christlichen Gewerkschaften und aus den Hirsch-Dunckerschen Gewerkschaften gemeint, die in Berlin im Frühjahr 1945 an der Gründung der Einheitsgewerkschaft beteiligt waren.
9 Am 3. Februar 1946 veranstalteten die Chemnitzer Sozialdemokraten ihren zweiten Bezirksparteitag. Otto Grotewohl streifte mit seinem Appell an die Delegierten das Thema der Einheitspartei eher unverbindlich: »Sorgen wir dafür und schaffe jeder von uns in sich selbst die Voraussetzungen, daß die beiden Kraftströme der deutschen Arbeiterbewegung sich wieder vereinen.« Schafft die Einheit. Die Gründung der Sozialistischen Einheitspartei Deutschlands in Chemnitz, Karl-Marx-Stadt o. J., S. 73.

Konferenz der 2 000 bzw. 3 000.[10] Es ist oft die Frage aufgeworfen worden: Hat [Otto] Buchwitz oder [Hermann] Matern für die Partei gesprochen? Die Willenskundgebungen der 2 000 bzw. 3 000 sind keine Konferenzen, sondern sind vielmehr als Schaustücke zu werten.

Wenn wir etwas zusammenschweißen, dann soll es doch etwas Festes und Dauerhaftes sein. Wie soll denn das Innenleben innerhalb der Partei aussehen? Darauf ist immer noch keine Antwort erfolgt. Es wird doch notwendig sein, zu wissen, mit wem man sich zusammenschließt und unter welchen Bedingungen und Voraussetzungen diese Ehe geschlossen wird. Es ist doch überall Tatsache, daß mit viel Falschheit gearbeitet wird. Der Widerstand richtet sich nicht gegen die Einigung, sondern lediglich gegen die Methoden. Man wird einen Großteil der guten Arbeiter für uns nicht gewinnen können. Er glaubt nicht, daß eine vorzeitige Einigung der beiden Parteien im östlichen Sektor zur Einigung Deutschlands beitragen wird. Uns als Sozialdemokraten braucht man es nicht zu sagen, was eine einige Partei bedeutet, aber unseren Freunden von der KPD muß dies sehr nachdrücklich beigebracht werden.

Genosse [Arno] *Wend*: Die Ortsgruppen sind für eine einheitliche Arbeiterbewegung. Es gibt einzelne unserer Genossen, die über die Beschlüsse unserer Partei hinweggehen. Die Methoden der KPD gehen doch darauf hinaus, uns als Organisation zu zerschlagen. Durch das Vorprellen einiger unserer Genossen ist ein Teil der Beschlüsse illusorisch geworden. Wir müssen die Organisation unbedingt in Takt halten. Das sind wir der Sache der Arbeiterbewegung schuldig.

Über das »Wie« ist von seiten der KPD noch nicht gesprochen worden, und das mit Absicht, weil sie das gar nicht wollen und darüber hinaus unsere Stellungnahme hierzu fürchten. Das Wort »Urabstimmung« in den Resolutionen tut der KPD weh, weil sie genau weiß, daß die Stimmung gegen sie ist. Ebensogut wie angenommen werden kann, daß ein Reichsparteitag in den nächsten Jahren nicht stattfindet, kann man nur annehmen, daß eine Einigung im östlichen Sektor beispielgebend ist. Wir müssen unseren Genossen klar machen, daß unsere Organisation in Takt gehalten werden muß. Auch ein Vorsitzender einer so großen Organisation wie unsere muß unsere Beschlüsse hochhalten.

Genosse [August] *Friedel*: Der Bezirk Chemnitz hat auf seinem gestrigen Bezirksparteitag auf die Fassung einer Entschließung verzichtet, um die Verwirrung nicht noch zu vergrößern. Wenn die Vereinigung von uns aus nicht bald vorgenommen wird, dann werden wir zwangsweise zusammengeschoben. Wir müssen uns die Disziplin angewöhnen, wie sie die KPD hat. Im Augenblick scheinen wir zu pendeln und müssen nunmehr dazu kommen, die Bedingungen zu der Einheitsfrage zu stellen.

Genosse [Heinrich] *Bretthorst*: Die Frage der Einigung der bürgerlichen Parteien ist noch nicht akut. Er wirft gleichzeitig die Frage auf, was aus unserer Partei bei der jetzigen Stimmung unserer Mitglieder wird. Der Bezirk Leipzig ist jedem Sturm gewachsen.

Präsident [Rudolf] *Friedrichs*: Je länger debattiert wird, um so mehr wird man sich auseinander manövrieren. Im Westen gibt es heute noch keine einheitliche Partei; an einen Reichsparteitag kann er ebenfalls nicht glauben. In Sachsen wird die Einigung auf jeden Fall kommen. Es wird Kampf geben zwischen denen, die die Einigung wollen, und denen, die Bedenken haben.

---

10 In seinem Schlußwort zur Konferenz am 15. Januar 1946 hatte Otto Buchwitz die Überzeugung ausgesprochen, die Einheit noch zu erleben, »denn ich werde sicher über dieses Jahr hinaus noch leben. Es wird oft vorkommen, daß wir uns die Wahrheit sagen, aber am anderen Tage werden wir wieder Genossen sein. [...] Auf unserem nächsten Parteitag da wird dieser oder jener seinen Nachbarn fragen, bist Du Kommunist oder bist Du Sozialdemokrat, beide werden es vergessen haben.« Sächsisches Hauptstaatsarchiv, BPA Dresden, I/A/008.

Die Einheitspartei wird im Staat eine Stelle einnehmen, wie sie sie bis jetzt noch nicht inne hatte.

Genosse [Arno] *Hennig*: Wenn unsererseits die Frage nach dem Wie und Wozu aufgeworfen wird, wird leider sofort scharf dagegen Stellung genommen, als Sabotage und als Feindschaft der Einheit bezeichnet. Was wird mit unserem Willen in der neuen Arbeiterpartei? Nach seiner Ansicht ist die Art der Vereinigung der Eintritt der SPD in die KPD. Wir hätten die Vereinigung schon, wenn die KPD nicht so ungeschickt und so unsauber operiert hätte.

Eine der wichtigsten Fragen, die noch nicht angeschnitten wurde, scheine doch zu sein: Was erbringt der erste Wahlgang bei einer eventuellen Wahl? Tatsache sei doch, daß das Vertrauen auf seiten der SPD ist, wenn er auch zugibt, daß nicht alle Schuld bei der KPD liege, sondern daß manches auf Veranlassung der russischen Besatzungstruppe geschehen sei.

In der Frage der Vereinigung hat sich unserer Mitglieder eine gewisse Verzweiflung bemächtigt. Unsere Funktionäre und auch das ganze deutsche Volk sind erschreckt über die vergangene Diktatur und sehnen sich nach Demokratie auch innerhalb der neuen Arbeiterpartei. Sie befürchten, daß von einer Demokratie und einer freien Willensäußerung innerhalb der neuen Partei auf Grund der bisher gemachten Erfahrungen nicht die Rede sein kann.

Von den Wahlen wird sehr viel abhängen. Die SPD ist im Augenblick der Magnet, der die Arbeitermassen und die aufbauwilligen Kräfte im deutschen Volk heranzieht und gewinnt. Es darf des weiteren nicht übersehen werden, daß 2/3 der Deutschen in der westlichen Zone wohnen. Wenn wir also Wert auf ein einiges Deutschland legen, müssen wir versuchen, die Einheit auch der Sozialdemokratischen Partei zu wahren. Wir müssen jedenfalls dafür sorgen, daß sich Sachsen nicht von Berlin trennt, daß sich die Differenzen mit Leipzig nicht noch verstärken oder daß sogar in den einzelnen Ortsgruppen Verschärfungen und Spaltungen hereingebracht werden.

Genosse [Max] *Rausch*: In dem Aufruf der Sozialdemokratischen Partei bei der Gründung der SPD ist als Programmpunkt mit aufgenommen, die Einheitspartei zu fördern.[11] Der Reichsparteitag sollte nur ein Versuch sein, die Einheit Deutschlands zu forcieren. Dies sei taktisch notwendig gewesen.

Er erwartet von dem neuen Büro[12], daß es Richtlinien ausarbeitet, unter welchen Bedingungen die Vereinigung durchgeführt werden soll. Wir brauchen ein Programm. Er stellt deshalb den Antrag, an die Studienkommission heranzutreten und [sie] aufzufordern, in diesem Sinne zu arbeiten.

Genosse *Hartzsch*: Die große Hoffnung der KPD ist nach dem Zusammenbruch des Hitler-Regimes zusammengebrochen. Die Bevölkerung will von jeder Schattierung einer Diktatur nichts wissen. Es stehe fest, daß wir dem Westen gegenüber die größeren politischen Freiheiten genießen.

---

11 Der Aufruf des Zentralausschusses vom 15. Juni 1945 enthielt dazu folgenden Passus: »Wir wollen vor allem den Kampf um die Neugestaltung auf dem Boden der organisatorischen Einheit der deutschen Arbeiterklasse führen! Wir sehen darin eine moralische Wiedergutmachung politischer Fehler der Vergangenheit, um der jungen Generation eine einheitliche politische Kampforganisation in die Hand zu geben.« Dokumente und Materialien zur Geschichte der deutschen Arbeiterbewegung, Reihe III, Bd. 1, S. 31.

12 Am 28. Januar 1946 vereinbarten der Landesvorstand der SPD und die Bezirksleitung der KPD die Bildung eines Einheitsbüros für das Land Sachsen, »um die Verschmelzung der beiden Arbeiterparteien zu beschleunigen und ein organisches Zusammenwachsen der unteren Organisationen zu ermöglichen«. Sächsische Volkszeitung, Nr. 32, 8. Februar 1946.

Wenn wir heute schon eine so große Partei sind, so ist das darauf zurückzuführen, daß wir bisher getrennt marschiert sind. Die KPD ist auf freundschaftliche Arbeit mit der SPD nicht eingestellt. Wir können zusammenarbeiten auch ohne organisatorische Vereinigung. Die Methoden werden auch in der neuen Partei beibehalten werden.

Er begrüßt die Urabstimmung, da sie einen Schlag ins Gesicht gegenüber dem westlichen Sektor bedeuten würde, die an eine wahre Demokratie im russischen Sektor nicht glauben wollen. Das Entscheidenste für ihn ist und bleibt die Einheit Deutschlands. Für ihn bedeutet die Einigung beider Arbeiterparteien eine Krönung, nicht der Anfang.

Genosse [Otto] *Seiffert*: Die bisherigen Resolutionen haben uns keinen Schritt weiter gebracht. Es müssen Formulierungen gefaßt werden, die man in der Öffentlichkeit diskutieren kann.

Genosse [Richard] *Woldt*: Wir sind innerlich sehr zerrissen, und es gibt wohl noch sehr viel grundsätzliche Gegensätze, die erst bereinigt werden müßten. Die Einigung muß kommen, weil uns das Schicksal dazu zwingt. Unsere bessere Sachkenntnis, unser besseres Niveau und unsere Sauberkeit werden sich durchsetzen.

Genosse [Karl] *Bielig*[13]: Die Einigung darf man nicht nur vom Standpunkt der Organisation ansehen. Das Tragische dabei ist, daß uns die Entscheidung aufgezwungen werden wird. Die SMA hat immer wieder darauf gedrungen, daß in der Zeitung stets wieder auf die Vereinigung beider Arbeiterparteien hingewiesen wird. Warum wollen die Russen so plötzlich die Vereinigung? Sie haben die Absicht, ein Außenwerk zu schaffen, auf das sie sich verlassen können.

Die KPD hat in letzter Zeit Töne angeschlagen, die mitunter grotesk sind. Wir als Sozialdemokraten werden darüber zu entscheiden und zu wachen haben, ob wir Deutschland zu einer wahren Demokratie machen wollen oder nicht. Wir erstreben eine deutsche Demokratie. Unter den Mitgliedern der Partei, die neu zu uns gestoßen sind, sind nicht immer Nazis oder Faschisten, sondern sind Menschen, die in unserer Partei den wahren Hüter der Demokratie sehen. Wo kommt sonst das Vertrauen im Westen her?

Genosse [Otto] *Buchwitz* verliest eine Entschließung, die zur Debatte steht und folgenden Wortlaut hat:

»*Die am 4. Februar [1946] stattfindende Sitzung des Landesvorstandes der Sozialdemokratischen Partei (Landesgruppe Sachsen) stellt an die Studienkommission der beiden Arbeiterparteien folgenden Antrag:*
Die Studienkommission hat umgehend ein Aktionsprogramm der kommenden Einheitspartei auszuarbeiten und den Ortsgruppen beider Parteien als Diskussionsgrundlage zuzustellen. Ferner soll noch klarer und eindeutiger als in der Entschließung vom 21. Dezember 1945 der demokratische Aufbau der Einheitspartei herausgestellt werden.«

Genosse [Arno] *Wend* wünscht, daß diese Entschließung durch die Schaffung eines Organisationsstatuts ergänzt wird. Vorschläge können jetzt schon von uns gemacht werden.

Genosse *Hartzsch* steht auf dem Standpunkt, daß die Vorschläge von uns auszugehen haben.

Genosse [Max] *Rausch* empfielt beides.

Genosse [Stanislaw] *Trabalski* weist auf das bereits ergangene Rundschreiben beider Parteien hin, wo grundsätzliche Themen schon vorgesehen sind.

Zur Ausarbeitung dieser Vorschläge und Weiterleitung an die Studienkommission werden die Genossen [Arno] Hennig, [Otto] Buchwitz, [Arno] Wend, [Karl] Meißner, [August] Friedel und [Albert] Meier bestellt.

---

13 Karl Bielig, vor 1933 SPD. Bis 1933 Redakteur »Volkszeitung« in Meißen. 1945/46 Redakteur SPD-Landeszeitung für Sachsen »Volksstimme«.

Genosse [Otto] *Buchwitz* hat den Eindruck, daß [Otto] Grotewohl eingesehen hat, daß ein Reichsparteitag in nächster Zeit unmöglich ist. Die Frage ist noch nicht beantwortet worden, ob die Genossen im erweiterten Landesvorstand ebenfalls der Meinung sind, daß eine Vereinigung im russischen Sektor notwendig ist. Wir werden eine klare Antwort von Berlin fordern müssen. Auch im westlichen Sektor wird man von seiten der englischen und amerikanischen Besatzungsbehörde einen gewissen Druck auf die Parteien ausüben.

[Otto] Buchwitz verspricht hiermit nochmals, daß er sich auf keinen Fall und von keiner Seite unter Druck setzen lassen wird. Was er bisher getan hat, hat seiner inneren Einstellung entsprochen.

[...]

gez. [Fritz] Heinicke

Nr. 172
Niederschrift über die Sitzung des engeren Landesvorstandes der SPD Sachsen am 13. Februar 1946[1]

Sozialdemokratische Partei Deutschlands
Landesgruppe Sachsen
– Verwaltung –

Dresden N 6, den 15. 2. 1946
Königsbrücker Str[aße] 8

Anwesend: [Otto] Buchwitz; [Arno] Haufe; [Albert] Meier; [Fritz] Heinicke; [Arno] Wend; [Walter] Leipert; [Arno] Hennig; [Elise] Thümmel; [Paul] Gärtner

Genosse [Otto] *Buchwitz* gab Bericht aus der Sitzung des Zentralausschusses in Berlin am Montag, dem 11. 2. [19]46.[2] Zweck dieser Sitzung war [die] Bereinigung von Differenzen zwischen dem Zentralausschuß und den Gewerkschaften in bezug auf die Besetzung des Vorstandes. Die Einigung wurde jedoch inzwischen hergestellt, desgleichen die Parität im Vorstand. Es wurde festgelegt, daß die Parität bis zu den einzelnen Bezirken gewahrt werden müsse.

---

1 Sächsisches Hauptstaatsarchiv Dresden, SED-BPA Dresden, II/A/1.001.
2 Die Entscheidung des Zentralausschusses am 11. Februar 1946, den Zusammenschluß bis zum 1. Mai 1946 in der sowjetischen Zone zu vollziehen, kam in erster Linie durch das Einwirken der Landesvorsitzenden Carl Moltmann (Mecklenburg-Vorpommern), Otto Buchwitz (Sachsen) und Heinrich Hoffmann (Thüringen) zustande. Sie drohten, sich im Falle einer Ablehnung des Vereinigungstermins durch den Zentralausschuß von diesem loszusagen und die Vereinigung in ihren Ländern unter allen Umständen durchzuführen. Über den Ablauf der Zentralausschußsitzung am 10. und 11. Februar 1946 gibt es unterschiedliche Erinnerungsberichte. Gemeinsam betonen sie die ausschlaggebende Rolle der Landesvorsitzenden, die nach den Mitteilungen von Erich Gniffke auf die am 10. Februar 1946 erfolgte Ablehnung des Vereinigungstermins 1. Mai durch eine Mehrheit der Zentralausschuß-Mitglieder wie folgt reagierten: »[...] es wurde geschrien und wild gestikuliert – Hoffmann, Moltmann und Buchwitz sprangen auf, auch einige Zentralausschuß-Mitglieder hatten sich erhoben. Hoffmann schrie irgend etwas, was keiner verstehen konnte, weil alle auf einmal sprachen. [...] Die Sitzung drohte aufzufliegen. Laute Rufe wie: ›Wir sagen uns los vom Zentralausschuß!‹ – ›Wir machen die Vereinigung auf Landesebene!‹ wurden vernehmbar.« *Gniffke*, Jahre mit Ulbricht, S. 142. Unter dem Eindruck dieser heftigen Reaktion korrigierten einige Zentralausschuß-Mitglieder am folgenden Tag ihr Abstimmungsverhalten.

Genosse [Otto] Grotewohl gab Bericht über die Verhandlungen im Westen, die er mit den maßgebenden Parteikreisen betreffend Einigung hatte.[3] Leider muß festgestellt werden, daß es dem Genossen [Otto] Grotewohl nicht gelungen ist, Übereinstimmung in dieser Frage zu erzielen, daß also diese Verhandlungen als abgebrochen und gescheitert zu gelten haben. Der Genosse [Kurt] Schumacher vertritt den Standpunkt, daß eine Vereinigung mit der KPD nicht infrage kommen könne.

Die Situation hat sich also für uns als Partei im östlichen Sektor vollständig geändert, zumal ein Reichsparteitag, einberufen von der gesamten deutschen Sozialdemokratie, in nächster Zeit nicht zu erwarten ist. Die Moskauer Regierung interessiert sich sehr für die Vereinigung und ist bereit, die geeinte Arbeiterschaft in allen ihren Fragen zu unterstützen zur Erhaltung der Einigung Deutschlands.[4] Das Ruhrgebiet für Deutschland zu erhalten, haben die Russen anerkannt. Durch diese veränderte Lage bleibt uns kein anderer Weg mehr übrig als der, wenigstens in der östlichen Zone die Vereinigung vorzunehmen. Es steht ihr nun nichts mehr im Wege.

Es werden deshalb in den nächsten Wochen Bezirks[partei]tage, Landesparteitage und dann ein Zonenparteitag stattfinden. Die Bezirke Thüringen, Halle-Merseburg, Magdeburg und andere bestanden auf Einigung bis 7. 4. 1946. Die Einigung ist also nicht mehr aufzuhalten. Jedoch erscheine die Zeit etwas kurz. Es wird deshalb unser Bestreben sein müssen, den Zeitpunkt noch etwas hinauszuschieben zur Festlegung eines Programms bzw. eines neuen Statuts, in dem festgehalten wird, wie die neue Partei auszusehen hat, welches unsere Ziele und gemeinsamen Wege sind.

Nicht in einzelnen Ortsgruppen oder Bezirken ist die Vereinigung durchzuführen, sondern die gesamte Partei mit ihrer ganzen Organisation ist in die neue Partei hineinzubringen. Genosse [Otto] Buchwitz glaubt, daß es ein Mangel an Selbstbewußtsein ist, wenn man der Ansicht zuneigt, überfahren zu werden. Auch in der neuen Partei wird es Kämpfe geben, und wir müssen auch in der neuen Partei fest zusammenhalten. Rußland will einen Garanten und einen Freund haben. Die Einigung soll unter keinem Druck durchgeführt werden.

Genosse [Arno] *Haufe*: Wir haben bis jetzt daran geglaubt, den Westen für uns gewinnen zu können. Nachdem, was uns nunmehr bekannt ist, muß sich auch die Meinung derjenigen ändern, die gewisse Bedenken äußerten. Es bleibt uns also nichts anderes übrig, als im russischen Sektor die Einigung durchzuführen. Bis zum Landesparteitag müssen wir die Zeit nützen, um aufzuklären und unsere Genossen von der Notwendigkeit zu überzeugen versuchen. Eine einheitliche Meinung ist zu erzielen.

---

3 Am 8. Februar 1946 fand in Braunschweig eine Besprechung zwischen Gustav Dahrendorf und Otto Grotewohl als Vertreter des Zentralausschusses und Kurt Schumacher sowie Herbert Kriedemann statt. Die Hoffnung Grotewohls, mit Schumacher zu einer Verständigung über die Einberufung eines Reichsparteitages der SPD zu gelangen, erfüllten sich nicht. Schumacher forderte Grotewohl und Dahrendorf auf, die SPD in der sowjetischen Zone aufzulösen – eine Forderung, die er einige Tage später im Gespräch mit den Mitgliedern des Zentralausschusses in Berlin wiederholte. Schumacher schätzte den Versuch, »sozialdemokratisches Gedankengut organisatorisch zusammenzufassen« und in der Einheitspartei »politisch zum Einsatz zu bringen«, als aussichtslos ein. Grotewohl dagegen hielt eine Auflösung der SPD in der sowjetischen Zone für nicht realisierbar, da sich die Landes- und Bezirksverbände nicht einfach von oben her auflösen lassen würden. Vgl. *Hurwitz*, Demokratie und Antikommunismus in Berlin nach 1945, Bd. IV, Teil 2, S. 830 ff.
4 Ende Januar/Anfang Februar 1946 hatte Walter Ulbricht in Konsultationen mit Stalin in Moskau die Zustimmung zur Vereinigung erhalten. Gleichzeitig teilte Stalin seine Auffassung über die französischen Abtretungsforderungen mit: »Deutschland kann ohne Ruhrgebiet nicht leben / Saargebiet möglicherweise als Kompromiß / Zustimmung nicht gegeben, daß Abtrennung, obwohl Franzosen gefordert / Einheit ist richtig.« *Rolf Badstübner/Wilfried Loth*, Wilhelm Pieck – Aufzeichnungen zur Deutschlandpolitik 1945–1953, Berlin 1994, S. 23.

Der Brief vom Landesverband Thüringen wurde vom Genossen [Otto] Buchwitz zur Kenntnis gebracht.[5] Der Landesverband Thüringen hat als endgültigen Einigungstermin den 7. April 1946 vorgesehen.

Der engere Vorstand bringt in der Debatte zum Ausdruck, die Thüringer dahingehend zu beeinflussen, von der Festlegung dieses Termins abzusehen und die Bestimmungen von seiten des Zentralausschusses abzuwarten. Auch der Genosse [Hermann] Matern soll seinen Einfluß gegenüber seinen KPD-Genossen in Thüringen geltend machen. Der Reichsparteitag müsse auf jeden Fall abgewartet werden.[6]

Genosse [Otto] *Buchwitz* schildert aus der Rede des Genossen [Gustav] Dahrendorf[7], daß der Genosse [Wilhelm] Leuschner[8], der in der Affäre des 20. Juli 1944 zum Tode verurteilt wurde, dem Genossen [Gustav] Dahrendorf immer und immer wieder von seiner Zelle aus zurief und ihm das Vermächtnis hinterließ, die Einigung der Arbeiterschaft auf jeden Fall durchzuführen und alles zu vermeiden, was der Uneinigkeit oder der Spaltung der Arbeiterschaft Vorschub leisten könnte.[9] Trotzdem stand der Genosse [Gustav] Dahrendorf auf dem Standpunkt, wie die Verhältnisse jetzt liegen, die Partei aufzulösen.

Genosse [Arno] *Hennig*: Der Gedanke der Selbstauflösung ist unmöglich. Ein Großteil unserer Genossen würde zur KPD laufen. Eine Übergangszeit muß gewonnen werden, nicht um die Vereinigung zu verzögern, sondern um uns für die Vereinigung so vorzubereiten, daß wir in jeder Beziehung gewappnet sind. Deshalb muß unser gesamter Parteiapparat ausgebaut und unsere besten Kräfte mobilisiert werden. Die Demokratie innerhalb der neuen Partei ist selbstverständlich zu wahren.

Genosse [Otto] *Buchwitz* glaubte in letzter Zeit, von seinen engsten Mitarbeitern und Sekretären eingemauert zu werden, um ihn politisch unschädlich zu machen. Er hat es immer bitter empfunden, mit uns nicht in allen Fragen konform zu gehen. Er bedauerte aufs Lebhafteste, daß von einer Zusammenarbeit nicht mehr die Rede sein konnte, sondern daß im Gegenteil ein Neben-, sogar ein Gegeneinanderarbeiten zu spüren war. Er persönlich kann nicht arbeiten, wenn er keine Freunde neben sich hat. Er will und wird aber arbeiten; deshalb wünscht er für die Zukunft, daß sich alle Mitarbeiter und Sekretäre einig sind in der grundsätzlichen Einigungsfrage. Jetzt erst recht müßten wir zusammenhalten, wenn wir als die Stärkeren hervorgehen wollen.

---

5 Der Landesvorstand der SPD Thüringens brachte darin den Beschluß der Landes- bzw. Bezirksleitung der SPD und KPD Thüringens vom 5. Februar 1946 zur Kenntnis, wonach beide Parteien am 6. April 1946 ihre Landesparteitage abhalten wollten, auf denen sie ihre Auflösung beschließen würden. Am 7. April 1946 sollte dann der gemeinsame Landesparteitag der Einheitspartei stattfinden. Vgl. *Anweiler,* Zur Geschichte der Vereinigung von KPD und SPD in Thüringen, S. 121 f.
6 In diesem Fall ist der Parteitag der SPD für die sowjetische Zone gemeint, zu dem auch einige Sozialdemokraten aus den Westzonen geladen wurden.
7 Auf welche Rede sich Otto Buchwitz bezieht, konnte nicht ermittelt werden. Möglicherweise handelt es sich um die Rede Gustav Dahrendorfs auf der Zentralausschuß-Sitzung am 10./11. Februar 1946.
8 Wilhelm Leuschner, geb. am 15. Juni 1890. Aktiv engagiert in der sozialdemokratischen Widerstandsbewegung gegen die NS-Diktatur und bei der Vorbereitung des Attentats auf Hitler am 20. Juli 1944. Am 22. September 1944 hingerichtet.
9 Gustav Dahrendorf war ein enger Mitarbeiter Wilhelm Leuschners und infolge des gescheiterten Attentatsversuchs vom 20. Juli 1944 inhaftiert worden. Dahrendorf wies insbesondere im Sommer 1945 mehrmals auf das Vermächtnis von Leuschner hin, die »Einheit« zu schaffen, so im »Volk« vom 20. Juli 1945. Otto Grotewohl ging während einer Berliner Funktionärskonferenz am 14. März 1946 auf den »Fall Dahrendorf« ein: Dahrendorf habe sich Leuschners letzten Worten (»Schafft die Einheit«) stets verpflichtet gefühlt. Vgl. *Hurwitz,* Demokratie und Antikommunismus in Berlin nach 1945, Bd. IV, Teil 2, S. 1101 f.

Genosse [Arno] *Hennig*: Wenn er in vielen anderen Fragen anderer Meinung gewesen ist als [Otto] Buchwitz, so sind diese Bedenken immer getragen worden von der Sorge um die Arbeiterbewegung überhaupt. Darüber hinaus sei ihm kein Vorwurf zu machen. Nach außen hin habe er immer den Standpunkt von [Otto] Buchwitz vertreten. Persönlich habe er ihn nie angegriffen.

Auf Grund der veränderten Verhältnisse dürfen die Segel nicht gestrichen werden, im Gegenteil ist die Chance, die uns durch die Hinausschiebung des Termins gegeben wird, voll und kräftig auszunutzen.

Genosse [Arno] *Wend*: Für ihn ging es nur immer darum, die Partei als ganzen Block in die neue Partei einzubringen. Ein Herausbrechen einzelner Bezirke oder Länder wäre zum Schaden der Arbeiterbewegung geworden. Wir sind eine Partei, die um einen Standpunkt ringt, und es müsse in der neuen Partei mehr Haltung, Rückgrat, Selbstbewußtsein und Aktivität von unseren Genossen gezeigt werden. Die Tatsache besteht, daß die Einigung vollzogen wird. Der Zeitpunkt der Hemmung gelte als abgeschlossen.

Genosse [Otto] *Buchwitz*, der vor dieser Sitzung zur SMA geladen war, teilte mit, daß der Bezirksparteitag in Leipzig, der am 16./17. Februar 1946 stattfinden sollte, verboten ist, da sie die Genossen [Rudolf] Rothe, [Heinrich] Bretthorst und [Heinrich] Fleißner für den dortigen Bezirk nicht mehr als tragbar hält. Es liegen Akten vor, wonach der Genosse [Heinrich] Fleißner beim Einmarsch der Amerikaner RM 33 000,- als Entschädigung für die Zeit von 1933 bis 1945 erhalten hätte. Weiter könne sie auf keinen Fall dulden, daß [Heinrich] Bretthorst maßgeblich im Vorstand beteiligt ist, der Äußerungen ausspricht, wie er es anläßlich der gemeinsamen Konferenz beider Parteien getan hat.[10] Der der Versammlung beiwohnende russische Offizier hatte damals sein Wort gegeben, daß alle frei und offen ihre Meinung äußern könnten. Er fühle sich an sein Wort gebunden, deshalb ist [Heinrich] Bretthorst bisher noch nicht verhaftet worden. Desgleichen ist der Genosse [Rudolf] Rothe als untragbar bezeichnet worden, da er in Oschatz bei einer geheimen Konferenz gesprochen hat, die sich gegen die Einigung richtete. Die SMA hat nichts dagegen einzuwenden, wenn [Rudolf] Rothe an einen anderen Posten gestellt wird.[11]

Der Parteitag des Bezirkes Leipzig wird um acht Tage verschoben. Die Genehmigung liegt hierfür bereits vor.[12]

Der Genosse [Arno] *Wend* verliest die grundsätzlichen Richtlinien, die eine Kommission festgelegt hat, die beauftragt war, organisatorische Vorbereitungen für die Vereinigung beider Parteien auszuarbeiten.

In der Angelegenheit Weise wird vereinbart, daß ein Schiedsgericht diese Sache zu bereinigen hat.[13] Als Vertreter der Partei gelten die Genossen [Otto] Buchwitz und [Arno] Wend (Vorsitzender), 2 Vertreter nennt Weise. Der Tag wird noch bekanntgegeben.

Schluß der Sitzung 18.30 Uhr

gez. [Fritz] Heinicke

---

10 Um welche Äußerungen es sich handelte, konnte nicht ermittelt werden.
11 Rudolf Rothe wurde dennoch im April 1946 Mitglied, Heinrich Bretthorst Sekretar des Bezirksvorstandes der SED Westsachsen (Leipzig).
12 Der geplante Parteitag fand im Februar 1946 nicht statt. Die Leipziger Sozialdemokraten veranstalteten am 30. März 1946 schließlich ihren Bezirksparteitag, der die sofortige Vereinigung befürwortete.
13 Verhandelt worden ist offensichtlich der Einspruch eines Sozialdemokraten gegen den Ausschluß aus der SPD.

Nr. 173
Schreiben von Arno Wend [?] an Otto Buchwitz und Arno Haufe vom 18. Februar 1946[1]

An die Genossen [Otto] Buchwitz und
Genossen [Arno] Haufe

Für die mit der KPD zu führenden Verhandlungen über die Gestaltung der Einheitspartei gestatte ich mir, folgende Bemerkungen zu unterbreiten:

Die Grundsätze des organisatorischen Aufbaues der SPD müssen unter allen Umständen garantiert werden. Es kann unter gar keinen Umständen in Frage kommen, daß die Organisationsprinzipien der Kommunistischen Partei einfach auf die neue Partei übertragen werden.

Zu beachten ist, daß eine Abgrenzung der Bezirke und Unterbezirke nach Zweckmäßigkeitsgesichtspunkten erfolgt.

Die Grundlage der Organisation muß die Ortsgruppe sein. Die Versuche, Straßen- oder Betriebsgruppen zur Organisationsgrundlage zu machen, dienen nur der Verwirrung und Durchkreuzung. Die Erfahrungen der Vergangenheit haben das mit aller Deutlichkeit erkennen lassen.

Die Ortsgruppen müssen im Verband mit den Unterbezirken die tragenden Faktoren in unserer Partei sein. Sämtliche Funktionäre in den Ortsgruppen, Unterbezirken, Bezirken und im Landesmaßstabe sind durch die Mitglieder in entsprechenden Versammlungen

a) Mitgliederversammlungen;
b) Unterbezirkskonferenzen;
c) Bezirksparteitag;
d) Landesparteitag

zu wählen. Die Wahl ist rechtsgültig, wenn die Mehrheit der abgegebenen Stimmen vorliegt.

Den Versuchen, bereits vor Durchführung des Parteitagsbeschlusses auf Vereinigung in den Ortsgruppen, Unterbezirken und Bezirken gemeinsame Sache zu machen, muß entgegengetreten werden. Erst nach Vorliegen des Beschlusses des Zonenparteitages treten beide Organisationen in paritätischer Besetzung zusammen. Anschließend müssen überall Hauptversammlungen, Unterbezirkskonferenzen, Bezirks- bzw. Landesparteitag[e] stattfinden und die Wahlen für die Führung der neuen Einheitspartei vornehmen.

Alle Versuche, anders zu verfahren, müssen zurückgewiesen werden, da wir sonst Gefahr laufen, von vornherein wieder in eine Position gedrängt zu werden, die [anderen][2] Parteien das Übergewicht geben.

Mir ist bekannt geworden, daß schon jetzt der Versuch unternommen wird, in die Vertretung der neuen Einheitspartei über Betriebsgruppen bzw. Großbetriebe Leute aufzunehmen. Diese Art dient einzig und allein dem Zweck, von vornherein ein Übergewicht zu schaffen, das zugute kommen soll der KPD.

Soweit ich unterrichtet bin, wurden bereits Vorschläge für das Programm und Organisationsstatut der neuen Partei durch die KPD vorgelegt. Ehe über Zustimmung oder An-

---

1 Sächsisches Hauptstaatsarchiv Dresden, SED-BPA Dresden, III/7/1. Der Verfasser ist nicht eindeutig identifizierbar.
2 Im Original: unseren.

nahme zu diesen Vorschlägen durch das Einheitsbüro Stellung genommen werden kann, halte ich es für dringend erforderlich, zunächst einmal über diese Dinge zu diskutieren und unsere Vorschläge dazu anzufordern.³

Dresden, am 18. 2. [19]46

---

3 Das Dokument trägt keine Unterschrift.

Nr. 174

Niederschrift über die Sitzung des Landesvorstandes Sachsen der SPD mit den Bezirks- und Unterbezirkssekretären am 25. März 1946¹

Sozialdemokratische Partei Deutschlands
Landesgruppe Sachsen
– Verwaltung –

Dresden N 6, den 26. 3. 1946
Königsbrücker Str[aße] 8

Anwesend: siehe Anwesenheitsliste!²

Genosse Otto Buchwitz war früh zur SMA bestellt. Genosse Arno Haufe hatte Sitzung beim Oberbürgermeister der Stadt Dresden. Beide erschienen später.

Genosse [Felix] *Kaden* eröffnete die Sitzung und gab nochmals die Veränderungsvorschläge für die Statuten der Einheitspartei bekannt.³ Weitere Vorschläge wurden nicht gemacht. Man erklärte sich allgemein mit diesen einverstanden.

---

1 Sächsisches Hauptstaatsarchiv Dresden, SED-BPA Dresden, II/A/1.001.
2 Die Anwesenheitsliste war der Niederschrift nicht beigefügt.
3 Die Veränderungsvorschläge betrafen insbesondere jene Paragraphen im Entwurf des Parteistatuts, die die Rolle der Orts- und Betriebsgruppen behandelten. Diese Vorschläge wurden auf dem Landesparteitag der SPD Sachsens am 6. April 1946 bestätigt und an den zentralen Organisationsausschuß weitergeleitet. Es handelt sich u. a. um folgende Abänderungsanträge:
» Paragraph 8: Die Partei gliedert sich in:
a) Ortsgruppen
b) Kreise
c) Bezirke
d) Landes-(Provinzial)Verbände.
Zur Begründung: Durch diese Abänderung würde der Paragraph 8 in Übereinstimmung mit dem Paragraphen 2 gebracht; denn nach Paragraph 2 heißt es: ›Die Mitgliedschaft beginnt mit der Aufnahme durch den Ortsgruppen-Vorstand.‹ Dazu ist noch folgendes zu sagen: Den politischen Willensträger der Partei hat die Ortsgruppe darzustellen.
Paragraph 9: Der im Entwurf vorgesehene Paragraph 9 wird gestrichen und erhält folgende Fassung: 1. Die Ortsgruppe ist die organisatorische Grundeinheit und die zuständige unterste Willensträgerin der Partei. In Städten können mehrere Ortsgruppen bestehen, wie auch mehrere Gemeinden nur eine Ortsgruppe bilden können. Die Mitglieder müssen der Ortsgruppe angehören, die für ihren

Über die Besetzung des Sekretariats entstand eine längere Debatte, in deren Verlauf Genosse [Karl] Kautzsch, Zwickau, den Vorschlag machte, die Zahl des Sekretariats auf je 7 Genossen zu erhöhen, um den Genossen Arno Hennig unbedingt für das Sekretariat zu erhalten. Das Statut sieht vor, daß das Sekretariat aus 10–12 Genossen bestehen kann und daß mindestens 3 Frauen dabei sein müßten. Bei einer weiteren Erhöhung auf 12 wäre uns als SPD zugefallen, die 3. Frau zu stellen.

Die Vorsitzenden werden beauftragt, die Frage der ehrenamtlichen Mitglieder im Sekretariat nochmals mit der KPD zu erörtern. Sollten diese Verhandlungen scheitern, soll dahingehend gewirkt werden, den Vorstand auf 12 Personen zu erhöhen.

Genosse [Ernst] *Schönfeld*, Leipzig, wendet sich gegen diesen ungeheuren Parteiapparat und deutet an, daß in nächster Zeit wirtschaftlich noch viel zu überwinden ist und daß die Mitgliedschaft nicht verstehen könne, wie in dieser Zeit dieser Apparat aufgebaut werden soll.

Genosse [Karl] *Kautzsch*, Zwickau, wünscht vorher erst die Finanzierungsfrage der Partei erledigt zu wissen.

Da die KPD die Absicht hat, jedes einzelne Referat mit einem Referenten zu besetzen, macht Genosse [Karl] Meißner den Vorschlag, die KPD von dieser Absicht abzubringen, im Gegenteil Referate so viel wie nur irgend möglich zusammenzulegen.

Die von der KPD niedergelegten Vorschläge in der Finanzierungsfrage werden als sehr schwach empfunden, und es wird allgemein der Wunsch ausgesprochen, unbedingt einen Finanzierungsplan aufzustellen, um einwandfrei festzustellen, ob dieser Apparat überhaupt tragbar ist. Desgleichen liegen Vorschläge der KPD vor für die Einteilung der Bezirksleitungen, die grundsätzlich ebenso aufgebaut werden sollen wie die Landesleitung. Nach längerer Aussprache wird jedoch vereinbart, daß jeder Bezirk diese organisatorischen Arbeiten selbst erledigt. Bericht von jedem einzelnen Bezirk wird jedoch erwartet. Vorhandene Grenzstreitigkeiten sowie Zuständigkeitsfragen müssen noch geklärt werden.

Gen[osse] [Karl] *Kautzsch*, Zwickau, wünscht, daß das ehrenamtliche Element auch in der neuen Partei in Erscheinung tritt. Er befürchtet eine Vertrauenskrise, wenn die Genossen, die durch das Vertrauen der SPD-Genossen an die Spitze der Partei gestellt wurden,

---

Wohnbezirk zuständig ist. Eine doppelte Mitgliedschaft ist nicht gestattet. Die Beitragseinzahlung erfolgt nur über die Ortsgruppen. [...]

Der im Entwurf vorgesehene Paragraph 9 läßt die Parteimitglieder, die außerhalb ihres Wohnbezirkes arbeiten und dort der Betriebsgruppe anzugehören haben, für die Entscheidung kommunalpolitischer Dinge nur mit beratender Stimme zu. Damit würde sich z.B. in der Praxis folgendes ergeben: Dörfer, die an der Peripherie von Industrie-Städten liegen, würden beinahe ihre gesamte männliche Mitgliedschaft nicht aktiv am Gemeindeleben ihres Wohnortes entscheidend teilnehmen lassen. Es würde über kommunalpolitische Belange, die zu einem Teil das wesentliche politische Leben ausmachen, die im Ort wohnenden Frauen und einige der Gewerbetreibenden des Ortes abstimmungsgemäß zu verantworten haben. Dies wäre ein völlig unmöglicher Zustand; dazu kommt noch die Erwägung, daß die Parteimitglieder aus den Nachbarorten und -städten in der Stadt ihrer Betriebsgruppe – wo sie also die entscheidende Stimme abzugeben hätten – an dem kommunalpolitischen Leben des Betriebsortes meist keinerlei oder nur sehr geringes Interesse haben. Aus diesem Grunde muß es folgerichtig heißen, daß Parteimitglieder in der Ortsgruppe ihres Wohnbezirkes oder Wohnortes die Entscheidung in politischen Dingen zu fällen haben.

Anmerkungen zu Paragraph 10: Den Betriebsgruppen müssen ganz bestimmte aktive Aufgaben zugewiesen werden, z.B. Mitgliederwerbung, Agitation für die Partei, Durchführung laufender Schulungs-Veranstaltungen, Einflußnahme auf die innere Gestaltung des Betriebes, soweit sie sich nicht dadurch in die Aufgabengebiete des Freien Deutschen Gewerkschaftsbundes einmischen, Stellungnahme zu allgemeinen politischen Dingen usw.« Sächsisches Hauptstaatsarchiv Dresden, BPA Dresden, III/005.

nicht mehr in dem Maße mitzureden und mitzubestimmen haben, nur weil sie nicht als hauptamtliche Parteiangestellte gelten, sondern irgendwo anderweitig tätig sind. Man muß diesen Genossen Gelegenheit geben, bis in die Spitze innerhalb der Partei mitarbeiten zu können, wenn man es nicht zu einer Diktatur des Parteisekretariats kommen lassen will.

Gen[osse] [Erich] *Schuster* hat vom Unterbezirk Bautzen den Auftrag, zu erklären, daß bei der paritätischen Besetzung des Vorstandes die SPD weiterhin einen ehrenamtlichen Vorsitzenden nominiert, auch wenn die KPD ihrerseits ihre Vorsitzenden als hauptamtlich nominiert.

Auch Genosse [Arno] *Hennig* vertritt die Beibehaltung der ehrenamtlichen Vorsitzenden, da diese gleichzeitig Kontroll- und Aufsichtsorgan darstellen sollen. Es soll dadurch verhindert werden, daß die Sekretäre allein die gesamte Politik innerhalb der Partei machen. Da diese Frage eine grundsätzliche ist, muß sie in Berlin erörtert und endgültig beschlossen werden.

Genosse [Karl] *Meißner* wünscht, daß in dieser Frage der Paragraph 18 der Statuten hinzugezogen wird, aus welchem nicht hervorgeht, daß das ehrenamtliche Element ausgeschaltet wird.[4]

Nach längerer Debatte wird folgende Entschließung einstimmig angenommen:

»*Der erweiterte Landesvorstand und die Sekretäre des Landes Sachsen sprechen sich einmütig und eindringlich aus für die möglichst starke Beibehaltung des ehrenamtlichen Elements auf allen Stufen der Organisation der Einheitspartei. Ein vollständig bürokratisierter Apparat muß die Blutadern der Demokratie verstopfen und die Kampfkraft der Partei in den kommenden wirtschaftlichen Nöten schädigen.*«

Genosse [Felix] *Kaden* teilt mit, daß zum Zonenparteitag am 21. und 22. April [1946] die Bezirke für die Verpflegung ihrer Delegierten selbst zu sorgen haben. Es wird den Bezirks- und Unterbezirkssekretären zur Aufgabe gemacht, sofort über die Arbeit der Einheitsbüros in den Bezirken und Unterbezirken zu berichten, desgleichen Bericht zu geben über die ersten Anfänge der Partei nach dem Einmarsch der Roten Armee.

Der erweiterte Landesvorstand legt Wert darauf, daß die Schulungsburg Oberreinsberg-Bieberstein in den Händen des bisherigen Kuratoriums weiterhin verbleibt. Vor allem das anschließende Gut muß für unsere Schulungsburg erhalten bleiben, um die Verpflegung der Lehrgangsteilnehmer zu sichern. Diese Stellungnahme soll auf dem Landesparteitag am 6. April [1946] durch Beschluß noch erhärtet werden.[5]

---

4 Paragraph 18 hatte im Entwurf folgende Fassung: »Die Partei wird von dem Parteivorstand geleitet. Er besteht aus achtzig Mitgliedern. Dem Parteivorstand müssen Frauen und jugendliche Parteimitglieder in angemessener Form angehören.« Einheitsdrang oder Zwangsvereinigung?, S. 274.
5 Das Protokoll ist nicht unterzeichnet.

Nr. 175
Schreiben von Hans Hermsdorf an den Bezirksvorsitzenden der SPD Chemnitz August Friedel vom 31. März 1946[1]

Hans Hermsdorf[2]

Chemnitz, den 31. März 1946

An den
1. Bezirksvorsitzenden der SPD
des Bezirkes Chemnitz
Chemnitz

Lieber Genosse [August] Friedel!

Nach der Neugründung unserer Partei gingen wir wieder offiziell, jeder an seinem Platz, mit Eifer und voller Ideale an die Arbeit. Am 15. 6. [19]45 wurde ich Bürgermeister in Oberlichtenau, und Ende Oktober [1945] wurde ich durch die Partei als Bürgermeister nach Chemnitz berufen. Ich war der jüngste Bürgermeister einer Großstadt und wußte, welches große Vertrauen mir unsere Partei durch diese Berufung entgegenbrachte. Ich ging als Sozialdemokrat ins Amt und versuchte, mich des entgegengebrachten Vertrauens würdig zu erweisen, und glaubte auch, daß mir dies gelang.

In der Frage der Verschmelzung mit der KPD habe ich von Anfang an eine ablehnende Haltung eingenommen und bei allen Sitzungen und Versammlungen stets auf die Gefahr hingewiesen, die eine solche Fusion unter den augenblicklichen Verhältnissen in sich trägt. Die Mehrheit unserer Genossen ging und geht auch heute noch hier restlos mit mir einig. Ich erklärte in aller Form und Öffentlichkeit, daß es für uns als Sozialdemokraten einen Punkt gibt, wo wir nicht mit uns verhandeln lassen – die Demokratie. Ist diese nicht garantiert, dann entstehen für uns hieraus Konsequenzen, wir müssen die Verhandlung abbrechen und sagen, jeder Diktatur, wie sie sich auch nennen und tarnen möge, den Kampf an.

Ich habe jedoch auch weiter in der Frage der Verschmelzung, wenn sie überhaupt diskutiert werden mußte, den Reichsparteitag und die Urabstimmung gefordert und nicht zuletzt auf die Gefahr hingewiesen, daß eine zonenmäßige Verschmelzung eine Gefahr für die Einheit unseres Vaterlandes darstellt. Ich war hier kein Einzelgänger, sondern der größte Teil unserer Mitglieder vertrat dieselbe Meinung, und auch der Zentralausschuß stellte sich noch bis Anfang Februar [1946] auf diesen Standpunkt. Es ist mir unerklärlich, warum diese Meinung heute nicht mehr gültig sein soll. Es kommt jedoch außer den bereits aufgeführten Gründen noch etwas hinzu, was einer Vereinigung entgegensteht. Die Kommunistische Partei ist keine unabhängige Partei und allein diese Tatsache schon macht eine Verschmelzung unmöglich.

Lieber Genosse [August] Friedel! Du stehst fast ein halbes Jahrhundert in den vordersten Reihen der Sozialdemokratie des Bezirkes Chemnitz. Du hast in all den Jahren für die Grundsätze unserer Partei einen ehrlichen und gerechten Kampf geführt. Du hast uns als junge Menschen zu Demokratie erzogen und niemals in Deinen politischen Handlungen die Grundsätze der Demokratie außer acht gelassen. Meinungsfreiheit, Pressefreiheit usw. waren für Dich Selbstverständlichkeiten, und für diese Ideale bist Du auch abermals eingetreten, als in den 12 Jahren des Nazismus Mut dazu gehörte.

---
1 Kopie im Besitz des Verfassers.
2 Hans Hermsdorf, geb. am 23. Dezember 1914 in Spandau. Seit 1932 SPD. 1933 bis 1945 illegale Arbeit u. 2 Jahre Haft. 1945 BM Lichtenau, 1945/46 BM Chemnitz. Februar 1946 stellv. Vors. BV SPD Chemnitz. März 1946 Übersiedlung nach Hannover.

Nach dem Zusammenbruch der Nazis war es für jeden Chemnitzer selbstverständlich, daß Du unser Bezirksvorsitzender wurdest und in alter Frische und mit altem Kampfgeist wieder an der Spitze unserer Bewegung den Kampf für unsere Ziele führtest. Du hast dabei in so manchen Ausführungen das Wort Würde gebraucht. Genosse [August] Friedel, bin noch ein junger Genosse, aber ich glaube, an dieser Stelle sagen zu müssen, die 80jährige Geschichte einer so großen und starken Partei legt uns Verpflichtungen auf, und wir dürfen uns daher keinem Druck beugen, der von uns verlangt, daß wir die elementarsten Grundsätze unserer Partei und unserer Ziele preisgeben. Wir sind gegenüber den Kommunisten die weitaus größere und saubere Partei, und nicht wir, sondern die Kommunisten haben einmal gespalten, nicht wir, sondern die Kommunisten haben einmal in der fanatischsten und heftigsten Form für die proletarische Diktatur plädiert und damit den Bruderkampf in der gehässigsten Form vom Zaune gebrochen. Wenn sie nun heute wieder sehr viel von Demokratie reden, dann haben nicht wir, sondern sie es nötig gehabt, sich in dieser Hinsicht zu revidieren, und wenn sie es daher ehrlich meinen mit der Einheit der Arbeiterschaft, nun dann sollen sie ihre Partei auflösen und einzeln um die Aufnahme in die SPD nachsuchen.

Nur die Landesleitung der Partei (sprich [Otto] Buchwitz) und nunmehr auch ein Teil des Zentralausschusses haben hier entgegen der Meinung der Mitglieder eine andere Haltung verfügt, denn von einer freien Willensäußerung unserer Genossen kann in der ganzen sowjetischen Zone nicht mehr gesprochen werden. Die Einheit wird eben gemacht, und wehe dem, der sich erlaubt, eine andere Meinung zu haben, er ist ein Verräter, ein Saboteur, und was haben wir nicht alles für schöne Worte in den letzten Wochen hier von den Nazis übernommen. Ich betone nochmals, unter Mißachtung auch der elementarsten Grundregeln wird die Einheit verfügt und vollzogen, ohne der Mitgliedschaft das Recht der freien Entscheidung zu gewähren, denn die Abstimmung per Akklamation ist doch Theater, wie es früher im Sportpalast vollzogen wurde.[3]

Ich habe in den letzten Wochen schwere, innere Kämpfe mit mir durchgefochten, aber unter diesen Voraussetzungen, die ein Verlassen der Demokratie bedeutet, bin ich gezwungen, alle Konsequenzen auf mich zu nehmen und meine Ämter zur Verfügung zu stellen. Ich erwarte von Dir als so altem Genossen, daß Du mich verstehst und darüber hinaus auch nicht übersichst, daß die Mehrheit unserer Genossen gegen eine Vereinigung ist, und dies ebenso aus politischen wie aus menschlichen Erwägungen heraus.

In jeder Zwangsvereinigung liegt bereits wieder der Kern des Zerfalls, und so weiß ich, daß unsere tapferen Genossen, die im Augenblick zwangsweise in die Einheit getrieben werden, morgen, wenn sie einmal wieder das Recht freier, demokratischer Entscheidung haben, sich sofort gegen den Terror der KPD auflehnen und wieder das Banner der Sozialdemokratie entfalten werden.

gez. [Hans] Hermsdorf

---

3 Der Berliner Sportpalast war vor 1945 häufig Schauplatz nationalsozialistischer Massenveranstaltungen.

Thüringen

Nr. 176

Bericht über eine Unterredung mit einem Offizier der sowjetischen Kreiskommandantur Schmalkalden am 4. Februar 1946[1]

Sozialdemokratische Partei Deutschlands
Kreisverband Schmalkalden

Schmalkalden, den 4. 2. [19]46
Auergasse 30

Inhalt einer Besprechung vor dem russischen politischen Offizier der Kreiskommandantur Schmalkalden am 4. 2. 1946

Die Besprechung stand unter dem Gesichtspunkt der Einheit der Arbeiterklasse. Der Sinn, der zwar nicht mit offenen Worten zum Ausdruck kam, war der örtliche Zusammenschluß der SPD und KPD im Ort, vielleicht auch im Kreis Schmalkalden.

Eine Frage meinerseits, ob man Parteidisziplin kenne, sollte als »Angst« ausgelegt werden. Ein[em] Einwand meinerseits, durch einen wilden Zusammenschluß der Parteien die Arbeiterschaft noch mehr zu zersplittern, indem neben der KPD und SPD ein neues Gebilde ohne Bindung nach oben und daneben [existiert], wurde entgegnet, daß der Zentralausschuß auf solche Anregungen warte und daß solche Maßnahmen die oberste Führung veranlassen würden, die Angelegenheit schneller voranzutreiben.

Ein gemeinschaftliches Schnellfeuer des Offiziers und der anwesenden 4 Kommunisten, nicht zu warten, bis auch der Westen so weit vorangetrieben sei, beantwortete ich, daß das Argument, das Eisen zu schmieden, solange es warm sei, erst stichhaltig würde, wenn das Eisen erst wirklich warm ist.

Hauptmann K.: Ein russisches Sprichwort heißt, je schneller man fährt, desto schneller ist man am Ziel.

Ich: In Deutschland gibt es ein Sprichwort, das heißt: Wer langsam fährt, kommt auch zum Ziele. Wir haben es mit Menschen zu tun. Ebensowenig wir einen Zusammenschluß haben werden durch einen Befehl von oben, so wird ohne das organisatorische Hineinwachsen in die Einheit keine Einheit von Dauer bestehen. Es liegt uns daran, eine Partei von festem organisatorischem Gefüge und mit einer klaren Haltung zu schaffen. Dazu ist die Zeit zu jung.

Eine längere Debatte befaßte sich mit der Größe und Aufgabe des Aktionsausschusses. Die Absicht ging unverhüllt dahin, den Aktionsausschuß nur von einer Person, ob SPD oder KPD sei gleich, zu leiten. Ich bemerkte hierzu, daß diese Maßnahme nur Sinn und Zweck habe, wenn beide Organisationen ihr Eigenleben aufgeben müssen. Das liegt aber nicht im Sinne der Berliner Entschließung.

Antwort: Ich habe keinen Mut, ich sei noch nicht selbst durchdrungen von dem Gedanken der Einheit.

Meine Antwort: Ich bin nicht dazu Parteifunktionär, um für mich etwas zusammenzuwursteln. Dazu stellen wir uns unter Parteidisziplin, um solche Angelegenheiten durch allgemeine Maßnahmen durchzuführen. Außerdem sei am 5. 2. [1946] eine gemeinschaftliche Landesvorstandssitzung im erweiterten Maßstab, der wohl die nächsten Aufgaben umreißen wird.

---

1 Archiv der sozialen Demokratie, Nachlaß Hermann Brill, Kassette I/2.

Die Besprechung dauerte von 11.15 Uhr bis 14.45 Uhr. Gegen Schluß wurden die anliegenden 6 Fragen zur Beantwortung zum 5. 2. [19]46, morgens 9 Uhr gestellt.
Anliegend die Fragen und Antworten.[2]

Frage 1. Die Charakteristik der gemeinsamen Versammlungen, Besprechungen, des Aktivs, der Vorträge und Auftritte und ebenso der angenommenen Beschlüsse.

Sitzungen der aktiven Funktionäre standen im Zeichen der ehrlichen Überzeugung zur Einheit der Arbeiterklasse. Der hervorstehende Eindruck war die offene Bereitschaft und das ehrliche Wollen.

Die Versammlungen hingegen waren nicht ganz so überzeugend, indem die Diskussionen vielfach sehr mangelhaft waren. Mitbestimmend mag in diesem Falle die erzwungene Passivität unter der 12jährigen Nazibedrückung sein. Der Gedanke der Einheit ist wohl in jedem vertreten, doch bestehen darüber noch sehr unklare Vorstellungen. Der Bruderkampf vor 1933 hinterläßt immer noch ein gewisses Mißtrauen. Um dieses Mißtrauen öffentlich darzulegen, fehlt der Mut. Deshalb wurden alle vorgelegten Entschließungen zwar einstimmig angenommen, doch kann man nie sagen, ob damit wirklich die wahre Stimmung gekennzeichnet ist.

Frage 2. Übersicht der Meinung einzelner Mitglieder der beiden Parteien und ihre Stellungnahme zur Aussicht der Vereinigung beider Parteien.

Die unter Frage 1. angedeutete Unklarheit der Mitglieder in bezug des Ansehens der vereinigten Arbeiterpartei spiegelt sich auch in den Meinungen der einzelnen Mitglieder. Im allgemeinen hält man die Beschlüsse vom 20. und 21. Dez[ember 1945] für bindend. Die Parteidisziplin will nicht darüber hinaus gehen.

Vereinzelt hört man auch Stimmen, die das Argument in die Waagschale werfen, daß die Vereinigung unter dem Druck der russ[ischen] Besatzungsmächte erfolgte und man zwar eine marxistische Partei schaffen wolle, aber nicht ein offensichtliches Aufgehen in der KPD. So ist zum Beispiel mein offensichtliches und vorbehaltloses Eintreten für die Einheit mißdeutet worden. Die Mehrzahl der Mitglieder steht auf dem Standpunkt eines organischen Zusammenwachsens beider Parteien, wobei man sich klar ist, daß die Vereinigung in Wechselwirkung von unten nach oben schrittweise durchgeführt werden muß. Ein eigenmächtiges Vorgehen einzelner Ortsgruppen in der Vereinigung wird im Interesse der angestrebten Einheit nicht gutgeheißen; das Bestreben zur Einheit ist von dem tiefen Gedanken getragen, eine wirkliche und dauerhafte Einheit zu schaffen, aber keine neue Zersplitterung. Eine Zersplitterung sieht man in allen impulsiven Zusammenschlüssen, da dann neben SPD und KPD eine Einheitspartei tritt, die organisatorisch keine Fortsetzung nach oben findet.

Frage 3. Charakteristik der Lebensdauer und Tätigkeit großer sozialdemokratischer Vereinigungen und ihrer Führer (vor 1933).

Bevor das Hitler-Regime sämtliche Organisationen der Arbeiterbewegung zerschlug, bestanden im Kreis Schmalkalden eine Reihe von Organisationen unter sozialdemokratischer Führung neben einer immerhin gut zu bezeichnenden Sozialdemokratischen Partei in allen Orten des Kreises. Wir verzeichnen die Arbeitersänger, die Arbeiterturner, den Deutschen Freidenkerverband, die freien Gewerkschaften, zusammengeschlossen im ADGB, und eine Reihe kleiner kulturpolitischer Organisationen.

---

2 Zu beachten ist hierbei, daß die sozialdemokratischen Verfasser von Berichten an die sowjetischen Kommandanturen mit äußerster Vorsicht vorgehen mußten, um sich nicht durch unbedachte Einschätzungen in persönliche Gefahr zu begeben. Dies trifft insbesondere auf die Einschätzung der Haltung sozialdemokratischer Mitglieder zur Einheitspartei und das Herausstellen von Argumenten gegen die Einheit zu.

Der erklärte und anerkannte Führer war der Gen[osse] Ludwig Pappenheim, jüdischer Herkunft, Redakteur der hiesigen sozialdemokratischen Zeitung »Volksstimme«, Kommunallandtagsabgeordneter in Kassel, stellv[ertretender] Landrat in Schmalkalden, hervorragend beteiligt an allen Errungenschaften der Arbeiterbewegung im Kreis Schmalkalden. Er starb als erstes Opfer des Faschismus im Konzentrationslager im Jahre 1934. Allen alten Sozialdemokraten ist er unvergeßlich.

Die Partei wie auch die sozialdemokratischen Kulturverbände blickten auf eine lange Tätigkeit zurück. Die Stärke und Geschlossenheit, die einstmals ein hervorragendes Merkmal war, wurde in den letzten Jahren vor 1933 stark gestört durch den Bruderkampf der beiden Arbeiterparteien. Neben diesen alten Vereinen stellten sich schwache kom[munistische] Organisationen. Gewisse Teile der Mitgliederschaft, die angewidert durch die oft persönlich ausgeführten Kämpfe beider politischen Richtungen, stellten sich abseits. 1933 wurden diese Vereinigungen durch den Nazismus aufgelöst und zerstört.

Frage 4. Die Analyse des Wachstums des Einflusses der kommunistischen und sozialdemokratischen Parteien nach dem Berliner Beschluß[3]

Der stetige Zugang zur SPD wurde durch die Berliner Entschließung weder gefördert noch gehemmt. In Orten, in denen noch keine soz[ial]dem[okratischen] Ortsgruppen bestanden, wurde trotz des Gedankens der Einheit keine abwartende Haltung eingenommen, sondern es wurden neue Ortsgruppen gegründet. Die Kreisleitung sah kein Hindernis, diese Bestrebungen zu unterbinden, da man der Ansicht war, die SPD-Ortsgruppe als zweites Sammelbecken aufzufassen. Ein zeitweiliges Anschwellen der Aufnahmeanträge war lediglich auf behördliche Maßnahmen zurückzuführen, die die Weiterbeschäftigung früherer nomineller NSDAP-Mitglieder vom Eintritt in eine der antifaschistischen Parteien abhängig machten. Dieses Anschwellen hatte mit dem Gedanken der Einheit nichts zu tun.

Frage 5. Übersicht sämtl[icher] Formen und Methoden der gemeinsamen Tätigkeit in den Betrieben und Kreisen.

Als Grundlage für die gemeinsame Tätigkeit wurden hauptsächlich die sogenannten Aktionsausschüsse gebildet. Sie waren unter Einhaltung der Parität zusammengesetzt. Die Tätigkeit dieses Aktionsausschusses erstreckte sich auf die gemeinschaftliche Abhaltung von öffentlichen Versammlungen, Besprechungen von Gemeindeangelegenheiten und Sonderaufgaben, z. B. Thüringenaktion gegen Not usw.[4]

Die Organisationsform der SPD hat sich bisher von der der KPD wesentlich unterschieden. In letzter Zeit gleichen sich die Formen der SPD der KPD an. Dies gilt insbesondere für die Betriebsgruppen. Infolge der Neuheit muß sich das einspielen, und deshalb ist kein abschließendes Urteil möglich. In größeren Ortsgruppen bahnt sich die Zusammenarbeit über den Aktionsausschuß hinaus mit der Aufstellung von Sonderausschüssen wirtschaftlicher, kultureller und propagandistischer Art an. Es ist zur Zeit ein Suchen und Tasten nach den zweckmäßigsten Methoden im Gange.

Frage 6. Hinweise auf die Gründe, Motive und Beweise der Gegner der Vereinigung und ihre Taktik im Kampf gegen die Vereinigung beider Parteien.

Spezielle Gegner gegen die Einheit haben sich offensichtlich nicht gezeigt. Einzelne Fälle, die den Anschein erwecken, beruhen meines Erachtens in Gründen persönlicher Eitelkeit, daß also jemand glaubt, nach einer Vereinigung nicht mehr die Rolle spielen zu können. Die Taktik derjenigen zeigt sich meist in Verhinderung bzw. Obstruktion gegen-

---

3 Gemeint ist die Entschließung der »ersten Sechziger-Konferenz« am 20./21. Dezember 1945.
4 Die »Thüringen-Aktion gegen Not« wurde seit Herbst 1945 als karitative Aktion der zugelassenen Parteien durchgeführt.

über gemeinsamen Veranstaltungen sowie Hineinwerfen von rein persönlichen Angelegenheiten in die politische Diskussion. Das Hervorheben des Arguments, die Vereinigung beider Parteien nur im Reichsmaßstab durchzuführen, hat seine Begründung in der Ansicht, die Arbeiterschaft nicht noch mehr zu zersplittern. (siehe Frage 2.) Zumindest wird verlangt ein einheitlicher Zusammenschluß innerhalb russ[isch] besetzter Zone.

Soweit Mitglieder der anderen antifaschistischen Parteien darüber zu urteilen versuchen, so sind diese Ansichten durchsichtig genug, um als für uns gültige Argumente gewertet zu werden. Gegner gegen die Einheitsfront würden in dem Moment geschaffen, wenn die Einheitspartei ein zu starkes kommunistisches Gepräge erhielt, da in weiten Kreisen immerhin noch ein gewisses Mißtrauen besteht in bezug auf die Einstellung der KPD zur Demokratie.[5]

---

5 Das Dokument trägt keine Unterschrift.

Nr. 177
Aus dem Protokoll über die Sitzung des Landesvorstandes Thüringen der SPD am 4. Februar 1946[1]

Anwesend sind die Vorstandsmitglieder: [Heinrich] Hoffmann, [Gustav] Brack, [Elisabeth] Zajac-Frölich, ab 17.45: [Curt] Böhme u[nd] [Hugo] Hose;
der Vorsitzende des Kontrollausschusses: August Frölich;
der Vertreter des erkrankten politischen Sekretärs: Gründler, Berlin;
die Partei-Sekretäre [Adolf] Bremer und [Ingo] Wachtel und der Volontär Schümann.
Nicht anwesend ist die Genossin [Marie] Carnarius.[2]

[...]

Zu Punkt 3.: Gen[osse] [Heinrich] *Hoffmann* gibt Kenntnis von den Wünschen der SMA bezüglich einiger Artikel für die »Tribüne« und berichtet weiter über den Verlauf des Bezirksparteitages in Chemnitz, dem er gestern mit Genossen [Curt] Böhme beiwohnte, und die dort stattgefundene Unterredung mit dem Gen[ossen] [Otto] Grotewohl.[3]

Nach einer eingehenden Aussprache über die Haltung, die auf der morgigen gemeinsamen Konferenz mit der KPD einzunehmen sei, an der sich alle Anwesenden beteiligen, wird als Marschroute festgelegt:

Einzelne Zusammenschlüsse kommen nicht in Frage, die Anweisungen des Z[entral]a[usschusses] werden auf jeden Fall befolgt, Disziplinlosigkeiten müssen unterbleiben, auch von seiten der KPD, es dürfen keine Diffamierungen bei Dritten erfolgen, separatistische Mitgliederwerbungen müssen unterbleiben, keine Überstürzung; an einem bestimmten Tag findet ein Landesparteitag statt, was jedoch frühestens in 6 Wochen möglich ist, der über die Zukunft der Sozialdemokratischen Partei in Thüringen entscheidet, eine gemein-

---

1 Thüringisches Hauptstaatsarchiv Weimar, BPA der SED Erfurt, II/2003.
2 Dieser Satz wurde handschriftlich hinzugefügt.
3 Otto Grotewohl referierte auf dem Bezirksparteitag der SPD Chemnitz am 3. Februar 1946 als Vertreter des Zentralausschusses.

same Kommission für den Entwurf einer Satzung kann eingesetzt werden. Dabei muß alles versucht werden, damit in der ganzen Zone ebenfalls so vorgegangen wird.[4]
[...]
Ende der Sitzung um 19.30 Uhr.
Weimar, den 6. 2. 1946 gez. [Heinrich] Hoffmann[5]

---

4 Auf der gemeinsamen Tagung des Landesvorstandes der SPD und der Bezirksleitung der KPD Thüringens am 5. Februar 1946 verließ Heinrich Hoffmann die abgesprochene Marschroute. Er überraschte die meisten sozialdemokratischen Vorstandsmitglieder sowie auch die anwesenden Kommunisten mit dem Antrag, daß jede Partei im April 1946 einen Landesparteitag abhalten sollte, und zwar am ersten Tag getrennt und am zweiten Tag gemeinsam. Die Mehrheit der Sozialdemokraten war sprachlos. Auf diese Weise kam ohne weitere Diskussion folgender Beschluß zustande:
»[...] 1. Beide Parteien halten am 6. April in Gotha ihre eigenen Landesparteitage ab, auf denen sie ihre Auflösung beschließen. Am 7. April wird in Gotha der gemeinsame Landesparteitag der neuen Einheitspartei stattfinden.
Jede Partei entsendet 500 Delegierte, die entsprechend den Satzungen jeder Partei auf demokratischer Grundlage in den unteren Organisationen gewählt werden. Diese Wahlen sowie die Kreiskonferenzen beider Parteien sollen im Monat März in eigenen Versammlungen jeder Partei durchgeführt werden. Bis zur Vereinigung behalten die einzelnen Ortsgruppen jeder Partei ihre organisatorische Selbständigkeit.
2. Zur Vorbereitung des ersten Landesparteitages der Einheitspartei wird ein gemeinsamer Organisationsausschuß gebildet mit folgenden Aufgaben:
a) Vorbereitung der Satzungen der Einheitspartei;
b) Entwurf einer Geschäftsordnung des Landesparteitages der Einheitspartei;
c) Vorbereitung der Wahl der neuen Landesleitung der neuen Einheitspartei.
Diesem Organisationsausschuß gehören die beiden Vorsitzenden, die beiden Organisationssekretäre und die beiden Chefredakteure an.
Ferner ist durch eine Programmkommission ein Parteiprogramm für die Einheitspartei zu entwerfen, das auf den Richtlinien der Berliner Vereinbarungen vom 20. und 21. Dezember 1945 beruht und der Berliner Studienkommission als Vorschlag einzureichen ist. Damit hat Thüringen die dritte Phase der Einheit begonnen. [...]« Dokumente und Materialien zur Geschichte der deutschen Arbeiterbewegung, Reihe III, Bd. 1, S. 480 f.
5 Unterschrift handschriftlich.

Nr. 178
Aktennotiz des Sekretärs des Landesvorstandes der SPD Thüringen Adolf Bremer vom 4. März 1946[1]

Am Sonnabend, den 2. März 1946 besuchte ich in der sowjetrussischen Militär-Administration für das Land Thüringen Herrn Hauptmann Powolowsky, und er besprach mit mir die organisatorischen Vorbereitungen des Landesparteitages in Gotha.
Es ergab sich folgende Diskussion:

Hauptmann Powolowsky: Die Vorbereitungen für die Wahl der Delegierten zum Landesparteitag in Gotha wären nicht auf demokratischer Grundlage erfolgt. Die Delegiertenwah-

---

1 Archiv der sozialen Demokratie, Nachlaß Hermann Brill, Kassette I/2.

len, so wie sie von der Landesleitung unserer Partei den einzelnen Kreisvorständen mitgeteilt worden sind, entsprächen nicht den demokratischen Prinzipien.
Ich bat Hauptmann Powolowsky, mir das näher zu begründen.
Hauptmann Powolowsky: Nach seiner Ansicht müßte die Wahl der Delegierten zum Landesparteitag so vor sich gehen, daß die einzelnen Ortsvereine der Kreise Delegierte wählen für die Kreiskonferenz. Die Verteilungsquote müßte so festgelegt werden, daß auf ca. 40 Mitglieder 1 Delegierter für die Kreiskonferenz zu bestellen ist. Außer den von den Mitgliedern gewählten Delegierten müßten dann noch die Vorsitzenden der Ortsvereine an der Kreiskonferenz teilnehmen. Auf den jeweiligen Kreiskonferenzen müßten dann von den Delegierten und den einzelnen Ortsvereins-Vorsitzenden die Wahl der Delegierten für den Landesparteitag in Gotha stattfinden.[2]

Ich erwiderte Hauptmann Powolowsky, daß es nach meiner Ansicht der Wunsch des Landesvorstandes gewesen wäre, die breiteste Mitgliedschaft für die Wahlen der Delegierten zum Landesparteitag zu mobilisieren bzw. daran teilnehmen zu lassen, und entspräche dies doch auch durchaus demokratischen Prinzipien.

Hauptmann Powolowsky sagte, daß das Rundschreiben des Genossen [Heinrich] Hoffmann, in welchem er die Wahl der Delegierten zum Landesparteitag festlegte[3], im Widerspruch zu dem gemeinsamen Rundschreiben der Bezirksleitung der KPD und der Landesleitung unserer Partei stände. Er bedauerte, daß, bevor derartige Rundschreiben zu den Ortsvereinen zum Versand kämen, der Genosse [Heinrich] Hoffmann bzw. Gen[osse] [Ingo] Wachtel nicht mit ihm Rücksprache genommen hätten. Dann wäre einmal dieser Widerspruch vorher geklärt worden, und im anderen Fall wären die Ortsvereine bzw. die Mitgliedschaft durch derartige Widersprüche nicht unnötig falsch unterrichtet worden.

Bis jetzt wäre nur ich zu ihm in irgendwelchen Dingen gekommen, und er wünschte, daß auch die Genossen zu ihm kommen, die die politischen Fragen bearbeiten.

Er wies ferner darauf hin, daß es unsere Pflicht wäre, ihm sämtliche Rundschreiben zur Kenntnis zu bringen, die von seiten des Landesvorstandes an die Kreisverbände bzw. Ortsvereine zum Versand kommen.

Ich machte ihn darauf aufmerksam, daß der Genosse [Heinrich] Hoffmann z[ur] Z[ei]t die Kreisverbände besucht und die Wahlordnungen für die Delegierten des Landesparteitages nicht von mir umgeworfen werden könnten, und bat ihn, bis zur Rücksprache des Genossen [Heinrich] Hoffmann zu warten.

---

2 Der Landesvorstand der SPD Thüringen hatte in einem Rundschreiben hingegen darauf orientiert, in den Mitgliederversammlungen der Ortsvereine sowohl die Delegierten für die Kreiskonferenzen als auch für den Landesparteitag zu wählen. Dies entsprach auch sozialdemokratischer Tradition. Für eine mögliche Artikulation von Vorbehalten gegen den Zusammenschluß war es durchaus nicht bedeutungslos, ob die Delegierten zum Landesparteitag in den Ortsvereinen oder auf den weit mehr in der Öffentlichkeit und unter Kontrolle stehenden Kreiskonferenzen gewählt werden würden.
3 In einem Rundschreiben des Landesvorstandes Thüringen der SPD an die Kreis- und Ortsvereinsvorstände vom 7. Februar 1946 hieß es u. a.: »Die Kreisverbände und Ortsvereine haben sofort alle Vorbereitungen für eine ordnungsmäßige Durchführung der beiden Parteitage zu treffen. Nach Paragraph 13 unserer Satzung setzt sich der Landesparteitag unserer Partei zusammen:
1. Aus den in den Ortsvereinen und Kreisverbänden gewählten Delegierten. Die Verteilung der Delegierten auf die einzelnen Kreise erfolgt nach der Mitgliederzahl, für die im vorausgegangenen Geschäftsjahr Pflichtbeiträge an den Landesvorstand abgeführt worden sind.
2. Aus den Mitgliedern des Landesvorstandes und des Ehrenpräsidiums (Kontrollausschuß).
3. Aus den Mitgliedern des Pressekommission des Landesvorstandes.
4. Aus den vom Landesvorstand berufenen Referenten.
Die Mitglieder des Landesvorstandes, des Kontrollausschusses und der Pressekommission haben in allen die geschäftliche Leitung betreffenden Fragen nur beratende Stimme.« Thüringisches Hauptstaatsarchiv Weimar, BPA der SED Erfurt, II/2-004.

Hauptmann Powolowsky wünschte den Besuch des Genossen [Ingo] Wachtel und forderte mich auf, den Genossen Wachtel sofort mit zur Administration zu bringen. Außerdem sollte ich ihm sofort unsere Rundschreiben sowie das Organisations-Statut bringen.

Ich kam dem Wunsch des Hauptmanns Powolowsky nach. Leider war es mir nicht möglich, den Genossen Wachtel noch zu treffen, da derselbe bereits nach Gotha abgereist war.

Am Montag, den 4. März 1946 vormittags war ich dann mit dem Genossen Wachtel zusammen noch einmal bei Hauptmann Powolowsky und ergab sich dort dasselbe Redespiel. Der Genosse Wachtel wurde vom Hauptmann Powolowsky aufgefordert, nach seinem Vorschlag die Wahlordnung für die Wahl der Delegierten zum Landesparteitag in Gotha umzustellen.

Es sind demzufolge Mitgliederversammlungen abzuhalten, in welchen die Wahl der Delegierten zu den Kreiskonferenzen stattzufinden hat. Es sollen, wie eben bereits schon erwähnt, auf 40 Mitglieder 1 Delegierter für die Kreiskonferenz fallen. Weiterhin nehmen an den Kreiskonferenzen die Vorsitzenden der Ortsvereine teil.

Die bis jetzt stattgefundenen Kreiskonferenzen müssen in der vom Hauptmann Powolowsky vorgeschlagenen Form noch einmal tagen.

Weimar, den 4. März 1946　　　　　　　　　　　　　　　　　gez. [Adolf] Bremer[4]

---

4 Unterschrift handschriftlich.

Quellen- und Literaturverzeichnis

1. Quellen

1.1. Archivmaterialien

Stiftung Archiv der Parteien und Massenorganisationen der DDR im Bundesarchiv (SAPMO-BArch)
a) Zentrales Parteiarchiv (ZPA)
Bestände: KPD (I), SPD (II), Aktions- und Arbeitsgemeinschaft KPD/SPD (III);
Nachlässe: Otto Grotewohl (NL 90), Wilhelm Pieck (NL 36), Walter Ulbricht (NL 182), Anton Ackermann (NL 109), Karl Litke (NL 73), Otto Buchwitz (NL 95), Max Fechner (NL 101), Friedrich Ebert (NL 191);
Erinnerungen: Otto Buchwitz (EA 0122), Friedrich Ebert (EA 0177), Max Fechner (EA 1274), Xaver Karl (EA 1290), Karl Steinhoff (EA 1307), Werner Bruschke (EA 1319/1,2), Ernst Altenkirch (EA 1318), August Karsten (EA 1328), Heinrich Hoffmann (EA 1365/1,2).

b) Zentralarchiv des FDGB
Büro Bernhard Göring, Büro des Präsidiums (Vorstandssekretariat);
Nachlässe: Bernhard Göring, Hermann Schlimme, Walter Maschke, Theodor Leipart, Otto Braß.

Mecklenburgisches Landeshauptarchiv Schwerin (Bestände der ehemaligen SED-Bezirksarchive Neubrandenburg und Schwerin)
Bestände: KPD (I), SPD (II), Aktionseinheit (III), SED-Landesleitung (IV);
Nachlässe: Johannes Warnke (Schwerin, V/6/24), Erich Wiesner (Schwerin, V/6/1), Fritz Kahmann (Schwerin, V/6/2), Hans Kollwitz (Schwerin, V/6/5), Carl Moltmann (Schwerin, V/6/9), Xaver Karl (Schwerin, V/6/10/, Kurt Bürger (Schwerin, V/6/18), Benno Voelkner (Schwerin, V/6/27).

Vorpommersches Landesarchiv Greifswald (Bestände des ehemaligen SED-Bezirksarchivs Rostock)
Bestände: KPD (I), SPD (II), Aktionseinheit (III), SED-Landesleitung (IV);
Nachlässe: Otto Nowack (Rostock, V/6/10), Ernst Puchmüller (Rostock, V/6/13), Josef Schares (Rostock, V/6/20), Alfred Starosson (Rostock, V/6/14).

Brandenburgisches Landeshauptarchiv (Bestände der ehemaligen SED-Bezirksarchive Potsdam, Frankfurt (Oder) und Cottbus)
Bestände: KPD-Bezirksleitung (Rep. 330, I), SPD-Bezirksvorstand (Rep. 331, II), Aktionsgemeinschaft (Rep. 333, III), SED-Landesvorstand (Rep. 332, L IV).

Landesarchiv Merseburg des Landes Sachsen-Anhalt (Bestände des ehemaligen SED-Bezirksarchivs Halle)
Bestände: KPD (I), SPD (II), Aktionseinheit (III), SED-Landesvorstand (IV).

Landesarchiv Magdeburg – Landeshauptarchiv (Bestände des ehemaligen SED-Bezirksarchivs Magdeburg)
Bestände: KPD (I), SPD (II), Aktionseinheit (III);
Nachlässe: Walter Kassner (Magdeburg, V/6/001-017), Otto Bovensiepen (Magdeburg, V/6/018-020), Richard Eyermann (Magdeburg, V/6/029-043), Hermann Prübenau (Magdeburg, V/6/122/123), Paul und Ernst Brandt (Magdeburg, V/6/141-152), Otto Baer (Magdeburg, V/6/153), Alois Pisnik (Magdeburg, V/6/117-118).

Sächsisches Hauptstaatsarchiv Dresden (Bestände des ehemaligen SED-Bezirksarchivs Dresden)
Bestände: KPD (I), SPD (II), Aktionsgemeinschaft (III), SED-Landesleitung (A);
Nachlässe: Otto Buchwitz (Dresden, V/2/01), Paul Gärtner (Dresden, V/2/03).

Sächsisches Hauptstaatsarchiv, Zweigstelle Chemnitz (Bestände des ehemaligen SED-Bezirksarchivs Chemnitz)

Bestände: KPD (I), SPD (II), Aktionsgemeinschaft (III), SED-Bezirksvorstand (IV);
Nachlässe: Kurt Kretzschmar (Chemnitz, V/6/02), Otto Hofmann (Chemnitz, V/6/03), Gertrud Keller (Chemnitz, V/6/5), Anton Bauer (Chemnitz, V/6/13).

Sächsisches Staatsarchiv Leipzig (Bestände des ehemaligen SED-Bezirksarchivs Leipzig)
Bestände: KPD (I), SPD (II), Aktionsgemeinschaft (III), SED-Bezirksvorstand (IV);
Nachlässe: Willy Allihn (Leipzig), Karl Dünkeloh (Leipzig), Bruno Eisert (Leipzig), Paul Fröhlich (Leipzig), Fritz Globig (Leipzig), Helmut Holtzhauer (Leipzig), Karl Reiß (Leipzig), Johannes Vogelsang (Leipzig);
Erinnerungen: Heinrich Bretthorst (Leipzig), Max Broßelt (Leipzig), Ernst Lohagen (Leipzig), Fritz Selbmann (Leipzig).

Thüringisches Hauptstaatsarchiv Weimar (Bestände des ehemaligen SED-Bezirksarchivs Erfurt)
Bestände: KPD (I), SPD (II), Aktionseinheit (III), SED-Landesleitung (IV/L);
Nachlässe: Emma Sachse (Erfurt, V/6/1), August Frölich (Erfurt, V/6/5), Heinrich Hoffmann (Erfurt, V/6/6), Ernst Busse (Erfurt, V/6/9), Werner Eggerath (Erfurt, V/6/12), Georg Schneider (Erfurt, V/6/14);
Erinnerungen: Johannes Brumme (Erfurt, V/5/113), Georg Schneider (Erfurt, V/5/239), Werner Eggerath (Erfurt, V/5/240), Viktor Stephanowitsch Babenko (Erfurt, V/5/190), Richard Eyermann (Erfurt, V/5/028), August Frölich (Erfurt, V/6/5), Stefan Heymann (Erfurt, V/5/085), Heinrich Hoffmann (Erfurt, V/5/263), Otto Steinbrück (Erfurt, V/5/079), Walter Zopf (Erfurt, V/5/018).

Thüringisches Staatsarchiv Meiningen (Bestände des ehemaligen SED-Bezirksarchivs Suhl)
Bestände: KPD (I), SPD (II), Aktionseinheit (III);
Nachlässe: Fritz Sattler (Suhl, V/6/1), Karl Heym (Suhl, V/6/5), Alwin Günther (Suhl, V/6/8).

Thüringisches Staatsarchiv Rudolstadt (Bestände des ehemaligen SED-Bezirksarchivs Gera)
Bestände: KPD (I), SPD (II), Aktionseinheit (III);
Nachlässe: Curt Böhme (Gera, V/6/1).

Archiv der sozialen Demokratie der Friedrich-Ebert-Stiftung Bonn
Bestände: Ostbüro: Ortsverein Oranienburg, Ortsverein Glienicke, Ortsverein Königs Wusterhausen, SPD-Leipzig, Ortsverein Senzig, Ortsverein Angermünde, Ortsverein Euper-Abtsdorf, Ortsverein Mulda, Kreis Oschersleben;
Nachlässe: Hermann Brill, Erich Gniffke, Erich Lübbe, Ernst Thape, Arno Hennig, Stanislaw Trabalski, Erich Schilling (Materialsammlung);
Sammlung Interviewprotokolle.

1.2. Gedruckte Quellen, Dokumentensammlungen, Reden und Schriften

Akten zur Vorgeschichte der Bundesrepublik Deutschland 1945–1949, Bd. 1, September 1945–Dezember 1946. Bearb. v. Walter Vogel u. Christoph Weisz, München/Wien 1974.

Willy Albrecht (Hrsg.), Kurt Schumacher. Reden-Schriften-Korrespondenzen 1945–1952, Berlin/Bonn 1985.

Rolf Badstübner, »Beratungen« bei J. W. Stalin. Neue Dokumente, in: Utopie kreativ, Heft 7, März 1991, S. 99–116.

Rolf Badstübner/Wilfried Loth (Hrsg.), Wilhelm Pieck – Aufzeichnungen zur Deutschlandpolitik 1945–1953, Berlin 1994.

Horst Bednareck/Albert Behrendt/Dieter Lange (Hrsg.), Gewerkschaftlicher Neubeginn. Dokumente zur Gründung des FDGB und seiner Entwicklung von Juni 1945 bis Februar 1946, Berlin (Ost) 1975.

Befehle des Obersten Chefs der Sowjetischen Militärverwaltung in Deutschland, Sammelheft 1, Berlin 1946.

Günter Benser (Hrsg.), Die Vereinigung von KPD und SPD zur Sozialistischen Einheitspartei Deutschlands in Bildern und Dokumenten, Berlin (Ost) 1976.

Günter Benser/Hans-Joachim Krusch (Hrsg.), Dokumente zur Geschichte der kommunistischen Bewegung in Deutschland. Reihe 1945/46. Bd. I: Protokolle des Sekretariats des Zentralkomitees der KPD Juli 1945 bis April 1946, München 1993.

Bericht über die Verhandlungen des 15. Parteitages der Kommunistischen Partei Deutschlands, 19. und 20. April 1946, Berlin 1946.

Berichte der Landes- und Provinzialverwaltungen zur antifaschistisch-demokratischen Umwälzung 1945/46. Quellenedition, Berlin (Ost) 1989.

Buchenwald. Mahnung und Verpflichtung. Dokumente und Berichte, Berlin (Ost) 1961.

Franz Dahlem, Ausgewählte Reden und Aufsätze, Berlin (Ost) 1980.

Ernst Deuerlein, Potsdam 1945. Quellen zur Konferenz der »Großen Drei«, München 1963.

Die Sowjetunion auf internationalen Konferenzen während des Großen Vaterländischen Krieges 1941–1945: Die Teheraner Konferenz der höchsten Repräsentanten der drei alliierten Mächte – UdSSR, USA und Großbritannien (28. November–1. Dezember 1943). Eine Dokumentensammlung, Moskau/Berlin 1986.

Die Sowjetunion auf internationalen Konferenzen während des Großen Vaterländischen Krieges 1941–1945: Die Krim(Jalta)konferenz der höchsten Repräsentanten der drei alliierten Mächte – UdSSR, USA und Großbritannien (4.–11. Februar 1945). Dokumentensammlung, Moskau/Berlin 1986.

Die Sowjetunion auf internationalen Konferenzen während des Großen Vaterländischen Krieges 1941–1945: Die Potsdamer(Berliner)Konferenz der höchsten Repräsentanten der drei alliierten Mächte – UdSSR, USA und Großbritannien (17. Juli–2. August 1945). Eine Dokumentensammlung, Moskau/Berlin 1986.

Dokumente und Materialien zur Geschichte der deutschen Arbeiterbewegung, Reihe III, Bd.1, Berlin (Ost) 1959.

Dokumente zur Deutschlandpolitik der Sowjetunion. Hrsg. v. Deutschen Institut für Zeitgeschichte, Bd. 1, Berlin (Ost) 1957.

Dokumente zur Geschichte der SED, Bd.1, 1847 bis 1945, Berlin (Ost) 1988.

Dokumente zur Geschichte der SED, Bd. 2, 1945 bis 1971, Berlin (Ost) 1988.

Dieter Dowe/Kurt Klotzbach (Hrsg.), Programmatische Dokumente der deutschen Sozialdemokratie, Bonn 1990.

Friedrich Ebert, Einheit der Arbeiterklasse – Unterpfand des Sieges. Ausgewählte Reden und Aufsätze, Berlin (Ost) 1959.

Ders., Der Sozialismus – das Glück und das Wohl des Vokes, Berlin (Ost) 1969.

Max Fechner, Wege und Ziele der Sozialdemokratie. Rede des Vorsitzenden des Zentralausschusses der Sozialdemokratischen Partei Deutschlands Max Fechner am 13. Oktober 1945 in der Sozialistischen Tribüne, Berlin 1945.

Ossip Flechtheim (Hrsg.), Dokumente zur parteipolitischen Entwicklung in Deutschland seit 1945, Bd. 1-9, Berlin 1962-1971.

Geschichte des Staates und des Rechts der DDR. Dokumente 1945-1949, Berlin (Ost) 1984.

Helga Grebing, (Hrsg.), Lehrstücke in Solidarität. Briefe und Biographien deutscher Sozialisten 1945-1949, Stuttgart 1983.

Dies. (Hrsg.), Entscheidung für die SPD. Briefe und Aufzeichnungen linker Sozialisten 1944-1948, München 1984.

Otto Grotewohl, Im Kampf um Deutschland. Reden und Aufsätze, 1. Bd., Berlin 1948.

Ders., Im Kampf um die einige deutsche demokratische Republik. Reden und Aufsätze, Bd.1, Berlin (Ost) 1959.

Ders., Rede am 17. Juni 1945 vor Funktionären in Berlin, in: An die Arbeit! Aufruf der Sozialdemokratischen Partei Deutschlands vom 15. Juni 1945 und Begründungsrede ihres Vorsitzenden Otto Grotewohl, Berlin 1945.

Ders., Wo stehen wir, wohin gehen wir? Der historische Auftrag der SPD. Rede des Vorsitzenden der Sozialdemokratischen Partei Deutschlands, Otto Grotewohl, am 14. September 1945 vor den Funktionären der Partei in der »Neuen Welt«, Berlin 1945.

Ders., »Hier stehe ich, ich kann nicht anders!« Die Rede Otto Grotewohls am 11. November 1945. Dokumentiert von Andreas Malycha, in: Beiträge zur Geschichte der Arbeiterbewegung, Heft 2, 1992, S. 167-184.

Ders., Einheit der Werktätigen, Einheit Deutschlands. Die große Rede des Genossen Otto Grotewohl, Berlin, Vorsitzender des Zentralausschusses der Sozialdemokratischen Partei Deutschlands in der Berliner Funktionärversammlung am Freitag, 1. März 1946, Leipzig 1946.

Ders., Der unsterbliche Sozialismus. Rede des Genossen Grotewohl in »Zwickaus Neue Welt«, o. O. 1946.

Gert Gruner/Manfred Wilke (Hrsg.), Sozialdemokraten im Kampf um die Freiheit. Die Auseinandersetzungen zwischen SPD und KPD in Berlin 1945/46. Stenographische Niederschrift der Sechziger-Konferenz am 20./21. Dezember 1945, München 1981.

Jakob Kaiser. Gewerkschafter und Patriot. Eine Werkauswahl. Hrsg. u. eingel. v. Tilman Mayer, Köln 1988.

Gerhard Keiderling (Hrsg.), »Gruppe Ulbricht« in Berlin. April bis Juni 1945, Berlin 1992.

Hans-Joachim Krusch/Andreas Malycha (Hrsg.), Einheitsdrang oder Zwangsvereinigung? Die Sechziger-Konferenzen von KPD und SPD 1945 und 1946. Mit einer Einführung der Herausgeber, Berlin 1990.

Hermann Matern, Im Kampf für Frieden, Demokratie und Sozialismus. Ausgewählte Reden und Schriften, Bd.1, Berlin (Ost) 1963.

Neubeginn und Restauration. Dokumente zur Vorgeschichte der Bundesrepublik Deutschland 1945-1949. Hrsg. v. Klaus-Jörg Ruhl, München 1982.

Erich Ollenhauer, Reden und Aufsätze, Hannover 1964.

Wilhelm Pieck, Reden und Aufsätze, Bd. 2, Berlin (Ost) 1954.

Ders., Gesammelte Reden und Schriften, Bd. 6, Berlin (Ost) 1979.

Ders., Junkerland in Bauernhand. Rede zur demokratischen Bodenreform, Kyritz, 2. September 1945, Berlin (Ost) 1955.

Protokoll des Vereinigungsparteitages der Sozialdemokratischen Partei Deutschlands (SPD) und der Kommunistischen Partei Deutschlands (KPD) am 21. und 22. April 1946 in der Staatsoper »Admiralspalast« in Berlin, Berlin 1946.

Protokoll vom Parteitag der Sozialdemokratischen Partei Deutschlands, Landesgruppe Sachsen, Dresden 1945.

Protokolle des Landesblockausschusses der antifaschistisch-demokratischen Parteien Brandenburgs 1945–1950. Eingel. u. bearb. v. Fritz Reinert, Bd. 30, Weimar 1994.

Arno Scholz/Walther Oschilowski (Hrsg.), Turmwächter der Demokratie. Ein Lebensbild von Kurt Schumacher, Bd. 2: Reden und Schriften, Berlin 1953.

Kurt Schumacher, Nach dem Zusammenbruch. Gedanken über Demokratie und Sozialismus, Hamburg 1948.

Siegfried Suckut (Hrsg.), Blockpolitik in der SBZ/DDR. Sitzungsprotokolle des zentralen Einheitsfront-Ausschusses, Köln 1986.

Walter Ulbricht, Zur Geschichte der deutschen Arbeiterbewegung. Aus Reden und Aufsätzen, Bd. 2, Berlin (Ost) 1963.

Ders., Zur Geschichte der deutschen Arbeiterbewegung. Aus Reden und Aufsätzen, Zusatzbd., Berlin (Ost) 1966.

Ders., Zur Geschichte der deutschen Arbeiterbewegung. Aus Reden und Aufsätzen, 2. Zusatzbd., Berlin (Ost) 1968.

Um ein antifaschistisch-demokratisches Deutschland. Dokumente aus den Jahren 1945–1949, Berlin (Ost) 1968.

40. Parteitag der Sozialdemokratischen Partei Deutschlands, 19. und 20. April 1946 in Berlin, Berlin 1946.

Hermann Weber (Hrsg.), Parteiensystem zwischen Demokratie und Volksdemokratie. Dokumente und Materialien zum Funktionswandel der Parteien und Massenorganisationen in der SBZ/DDR 1945–1950, Köln 1982.

1.3. Zeitgenössische Periodika

Das Volk. Tageszeitung der Sozialdemokratischen Partei Deutschlands, Berlin, Jahrg. 1945 u. 1946.

Der Märker. Organ der Sozialdemokratischen Partei Deutschlands für die Provinz Mark Brandenburg, Potsdam, Jahrg. 1945 u. 1946.

Deutsche Volkszeitung. Zentralorgan der Kommunistischen Partei Deutschlands, Berlin, Jahrg. 1945 u. 1946.

Einheit. Monatsschrift zur Vorbereitung der Sozialistischen Einheitspartei, Berlin, Jahrg. 1946, Heft 1–3.

Tägliche Rundschau. Tageszeitung des Kommandos der Roten Armee für die deutsche Bevölkerung, Berlin, Jahrg. 1945.

Volksblatt. Tageszeitung der Sozialdemokratischen Partei Deutschlands für die Provinz Sachsen, Halle, Jahrg. 1945 u. 1946.

Volksstimme. Landeszeitung der Sozialdemokratischen Partei Deutschlands, Landesverband Sachsen, Dresden, Jahrg. 1945 u. 1946.

Volksstimme. Organ der Sozialdemokratischen Partei Deutschlands Mecklenburg-Vorpommern, Schwerin, Jahrg. 1945 u. 1946.

1.4. Erinnerungen

Hermann Brill, Gegen den Strom (= Wege zum Sozialismus, Heft 1), Offenbach 1946.

Willi Brundert, Es begann im Theater...»Volksjustiz« hinter dem Eisernen Vorhang, Berlin/Hannover 1958.

Ders., Spiegelbild eines deutschen Schicksals. Ein Lebensweg, Hannover 1964.

Werner Bruschke, Für das Recht der Klasse – für die Macht der Arbeiter und Bauern, Halle 1981.

Otto Buchwitz, Brüder, in eins nun die Hände, Berlin (Ost) 1966.

Gustav Dahrendorf, Die Zwangsvereinigung der Kommunistischen und der Sozialdemokratischen Partei in der russischen Zone, in: Ders., Der Mensch, das Maß aller Dinge. Reden und Schriften zur deutschen Politik 1945–1954, hrsg. u. eingel. v. Ralph Dahrendorf, Hamburg 1955, S. 89–124.

Werner Eggerath, Die fröhliche Beichte. Ein Jahr meines Lebens, Berlin (Ost) 1981.

Karl J. Germer, Von Grotewohl bis Brandt. Ein dokumentarischer Bericht über die SPD in den ersten Nachkriegsjahren, Landshut 1974.

Erich Gniffke, Jahre mit Ulbricht, Köln 1966 (Neuauflage 1990).

Iwan S. Kolesnitschenko, Im gemeinsamen Kampf für das neue antifaschistisch-demokratische Deutschland entwickelte und festigte sich unsere unverbrüchliche Freundschaft, Erfurt 1985.

Wolfgang Leonhard, Die Revolution entläßt ihre Kinder, Köln/Berlin 1955 (Neuauflage 1990).

Ders., Spurensuche. 40 Jahre nach »Die Revolution entläßt ihre Kinder«, Köln 1992.

Marschall Montgomery, Memoiren, München 1958.

Ernst Niekisch, Erinnerungen eines deutschen Revolutionärs, Bd. 2: Gegen den Strom 1945–1967, Köln 1974.

Fritz Selbmann, Alternative, Bilanz, Credo. Versuch einer Selbstdarstellung, Halle 1969.

Georgi K. Schukow, Erinnerungen und Gedanken, Bd.2, Berlin (Ost) 1969.

Ernst Thape, Von Rot zu Schwarz-Rot-Gold. Lebensweg eines Sozialdemokraten, Hannover 1969.

Sergej I. Tjulpanow, Erinnerungen an deutsche Freunde und Genossen, Berlin/Weimar 1984.

Ders., Deutschland nach dem Kriege (1945-1949). Erinnerungen eines Offiziers der Sowjetarmee. Hrsg. v. Stefan Doernberg, Berlin (Ost) 1986.

Nikolai I. Trufanow, Auf dem Posten des Militärkommandanten der Messestadt, in: Leipzig. Aus Vergangenheit und Gegenwart. Beiträge zur Stadtgeschichte, Teil 1, Leipzig 1981.

Vereint sind wir alles. Erinnerungen an die Gründung der SED, Berlin (Ost) 1971.

Wir sind die Kraft. Der Weg zur Deutschen Demokratischen Republik. Erinnerungen, Berlin (Ost) 1959.

2. Ausgewählte Darstellungen

Wolfgang Abendroth, Aufstieg und Krise der deutschen Sozialdemokratie, Köln 1978.

Änne Anweiler, Zur Geschichte der Vereinigung von KPD und SPD in Thüringen 1945-1946, Erfurt 1971.

Rolf Badstübner/Siegfried Thomas, Restauration und Spaltung. Entstehung und Entwicklung der BRD 1945-1955, Köln 1975.

Rolf Badstübner/Heinz Heitzer (Hrsg.), Die DDR in der Übergangsperiode. Studien zur Vorgeschichte und Geschichte der DDR 1945 bis 1961, Berlin (Ost) 1979.

Rolf Badstübner, Friedenssicherung und deutsche Frage. Vom Untergang des »Reiches« bis zur deutschen Zweistaatlichkeit (1943 bis 1949), Berlin 1990.

Ders., Zum Problem der historischen Alternativen im ersten Nachkriegsjahrzehnt. Neue Quellen zur Deutschlandpolitik von KPdSU und SED, in: Beiträge zur Geschichte der Arbeiterbewegung, Heft 5, 1991, S. 579-592.

Egon Bahr, Zwangsvereinigung. Zur Erinnerung an den April 1946 und die Gründung der SED, in: Die Neue Gesellschaft/Frankfurter Hefte, Heft 1, 1986, S. 9-25.

Michael Balfour, Vier-Mächte-Kontrolle in Deutschland, Düsseldorf 1959.

Horst Barthel, Die wirtschaftlichen Ausgangsbedingungen der DDR. Zur Wirtschaftsentwicklung auf dem Gebiet der DDR 1945-1949/50, Berlin 1979.

Winfried Becker (Hrsg.), Die Kapitulation von 1945 und der Neubeginn in Deutschland, Köln/Wien 1987.

Viktor N. Belezki, Die Politik der Sowjetunion in den deutschen Angelegenheiten in der Nachkriegszeit 1945-1976, Berlin (Ost) 1977.

Günter Benser, Die KPD im Jahre der Befreiung. Vorbereitung und Aufbau der legalen kommunistischen Massenpartei (Jahreswende 1944/45 bis Herbst 1945), Berlin (Ost) 1985.

Ders., Antifa-Ausschüsse – Staatsorgane – Parteiorganisation. Überlegungen zu Ausmaß, Rolle und Grenzen der antifaschistischen Bewegung am Ende des Zweiten Weltkrieges, in: Zeitschrift für Geschichtswissenschaft, Heft 9, 1978, S. 785-802.

Ders., Das Jahr 1945. Vom antifaschistischen Widerstand zur antifaschistisch-demokratischen Umwälzung, in: Ebd., Heft 4, 1980, S. 311-323.

Ders., Zur historischen Bedeutung des Aufrufs des Zentralkomitees der KPD vom 11. Juni 1945, in: Ebd., Heft 4, 1985, S. 302-315.

Ders., Das Jahr 1945 und das Heute. Brüche-Rückgriffe-Übergänge, in: Krise-Umbruch-Neubeginn. Eine kritische und selbstkritische Dokumentation der DDR-Geschichtswissenschaft 1989/1990. Hrsg. v. Rainer Eckert/Wolfgang Küttler/Gustav Seeber, Stuttgart 1992, S. 68–73.

Ders., 1945–1989: Zwei Niederlagen von Basisdemokratie, in: Eberhard Fromm/Hans-Jürgen Mende (Hrsg.), Vom Beitritt zur Vereinigung. Schwierigkeiten beim Umgang mit deutsch-deutscher Geschichte. Akademische Tage des Luisenstädtischen Bildungsvereins e.V. vom 21. bis 27. Oktober 1993. Protokoll, Berlin 1993, S. 34–45.

Manfred Bensing, Im revolutionären Kampf geschmiedet. Über das Ringen um die Aktionseinheit der Arbeiterklasse und die Vereinigung von KPD und SPD zur Sozialistischen Einheitspartei Deutschlands in Leipzig 1945/46, Leipzig 1978.

Wolfgang Benz (Hrsg.), Die Bundesrepublik Deutschland. Geschichte in 3 Bänden, Frankfurt/Main 1983.

Ders., Potsdam 1945. Besatzungsherrschaft und Neuaufbau im Vier-Zonen-Deutschland, München, 1986.

Wilhelm Bleek, Einheitspartei und nationale Frage 1945–1955, in: Der X. Parteitag der SED, Deutschland-Archiv, Sonderheft 1981, S. 87–99.

Ulrich Borsdorf/Lutz Niethammer (Hrsg.), Zwischen Befreiung und Besetzung. Analyse des US-Geheimdienstes über Positionen und Strukturen deutscher Politik 1945, Wuppertal 1976.

Beatrix W. Bouvier, Antifaschistische Zusammenarbeit, Selbständigkeitsanspruch und Vereinigungstendenz. Die Rolle der Sozialdemokratie beim administrativen und parteipolitischen Aufbau in der sowjetischen Besatzungszone 1945 auf regionaler und lokaler Ebene, in: Archiv für Sozialgeschichte, Bd. XVI, 1976, S. 417–468.

Beatrix W. Bouvier/Horst-Peter Schulz (Hrsg.), ». . . die SPD aber aufgehört hat zu existieren«. Sozialdemokraten unter sowjetischer Besatzung, Bonn 1991.

Karl Dietrich Bracher (Hrsg.), Geschichte der Bundesrepublik Deutschland, Stuttgart 1983.

Karl Dietrich Bracher/Manfred Funke/Hans-Adolf Jacobsen (Hrsg.), Die Weimarer Republik. Politik. Wirtschaft. Gesellschaft, Bonn 1988.

Martin Broszat/Norbert Frei (Hrsg.), Das Dritte Reich im Überblick, München/Zürich 1989.

Martin Broszat/Hermann Weber (Hrsg.), SBZ-Handbuch. Staatliche Verwaltungen, Parteien, gesellschaftliche Organisationen und ihre Führungskräfte in der Sowjetischen Besatzungszone Deutschlands 1945–1949, München 1990.

Marlis Buchholz/Bernd Rother, Der Parteivorstand der SPD im Exil. Protokolle der Sopade 1933–1940, Bonn 1994.

Walrab v. Buttlar, Ziele und Zielkonflikte der sowjetischen Deutschlandpolitik 1945–1947, Stuttgart 1980.

Lucio Caracciolo, Alba di Guerra Fredda. All'origine delle due Germanie, Rom 1986.

Ders., Der Untergang der Sozialdemokratie in der sowjetischen Besatzungszone, in: Vierteljahrshefte für Zeitgeschichte, Heft 2, 1988, S. 281–318.

Ders., Grotewohls Positionen im Vereinigungsprozeß (1945–1946), in: Einheitsfront/Einheitspartei, S. 76–107.

Ernst Deuerlein, Deklamation oder Ersatzfrieden? Die Konferenz von Potsdam 1945, Stuttgart 1979.

Deutsche Geschichte, Bd. 9: Die antifaschistisch-demokratische Umwälzung, der Kampf gegen die Spaltung Deutschlands und die Entstehung der DDR von 1945–1949, Berlin (Ost) 1989.

Wolfgang Diepenthal, Drei Volksdemokratien. Ein Konzept kommunistischer Machtstabilisierung und seine Verwirklichung in Polen, der Tschechoslowakei und der Sowjetischen Besatzungszone Deutschlands 1944–1948, Köln 1974.

Errichtung des Arbeiter- und Bauern-Staates der DDR, 1945–1949, Autorenkoll. u. Ltg. v. Karl-Heinz Schöneburg, Berlin (Ost), 1983.

Theodor Eschenburg, Jahre der Besatzung 1945–1949. Geschichte der Bundesrepublik Deutschland, Bd. 1, Stuttgart/Wiesbaden 1983.

Jörg Fisch, Reparationen nach dem Zweiten Weltkrieg, München 1992.

Alexander Fischer, Sowjetische Deutschlandpolitik im zweiten Weltkrieg 1941–1945, Stuttgart 1975.

Ders. (Hrsg.), Teheran, Jalta, Potsdam. Die sowjetischen Protokolle von den Kriegskonferenzen der »Großen Drei«, Köln 1972.

Ders., Die Sowjetunion und die »deutsche Frage« 1945–1949, in: Die Deutschlandfrage und die Anfänge des Ost-West-Konflikts 1945–1949, Berlin, 1984, S. 41–57.

Ders. (Hrsg.), Studien zur Geschichte der SBZ/DDR, Berlin 1993.

Jan Foitzik, Die Sowjetische Militäradministration in Deutschland. Organisation und Wirkungsfelder in der SBZ 1945–1949, in: Aus Politik und Zeitgeschichte, Beilage zur Wochenzeitung Das Parlament, B11/1990, 9. März 1990.

Ders., Befehls- und Kommandostrukturen der Sowjetischen Militäradministration in Deutschland (SMAD), in: Klaus Schönhoven/Dietrich Staritz (Hrsg.), Sozialismus und Kommunismus im Wandel, S. 324–351.

Josef Foschepoth, Britische Deutschlandpolitik zwischen Jalta und Potsdam, in: Vierteljahrshefte für Zeitgeschichte, Heft 30, 1982, S. 675–714.

Ders. (Hrsg.), Deutschland in der Nachkriegspolitik der Alliierten, Stuttgart 1984.

Ders. (Hrsg.), Kalter Krieg und Deutsche Frage. Deutschland im Widerstreit der Mächte 1945–1952, Göttingen/Zürich 1985.

Karl Wilhelm Fricke, Opposition und Widerstand in der DDR. Ein politischer Report, Köln 1984.

Friedrich-Ebert-Stiftung (Hrsg.), Einheit oder Freiheit? Zum 40. Jahrestag der Gründung der SED, Bonn 1985.

Geschichte der deutschen Sozialdemokratie 1917 bis 1945. Autorenkoll. u. Ltg. v. Heinz Niemann, Berlin (Ost) 1982.

Geschichte der Landesparteiorganisation Brandenburg der SED 1945–1952, Potsdam 1985.

Geschichte der Landesparteiorganisation der SED Mecklenburg 1945–1952, Rostock 1986.

Dietrich Geyer, Deutschland als Problem der sowjetischen Europapolitik am Ende des Zweiten Weltkrieges, in: Josef Foschepoth (Hrsg.), Kalter Krieg und Deutsche Frage. Deutschland im Widerstreit der Mächte 1945–1952, Göttingen/Zürich 1985, S. 50–65.

Ders., Einheitsfrontpolitik und Vereinigungsprozesse in Ost- und Westeuropa 1944–1948. Historische Voraussetzungen und Perspektiven, in: Einheitsfront/Einheitspartei, S. 22–37.

Johannes Glasneck (Hrsg.), 1945 – der Sieg über den Faschismus und die Politik der internationalen Sozialdemokratie, Halle (Saale) 1987.

Hermann Graml, Zwischen Jalta und Potsdam. Zur amerikanischen Deutschlandplanung im Frühjahr 1945, in: Vierteljahrshefte für Zeitgeschichte, Heft 24, 1976, S. 308–323.

Ders., Die Alliierten und die Teilung Deutschlands. Konflikte und Entscheidungen 1941–1948, Frankfurt/Main 1985.

Helga Grebing, Die Nachkriegsentwicklung in Westdeutschland 1945–1949, Stuttgart 1980.

Dies., Politische und soziale Probleme der Arbeiterbewegung am Ende des Zweiten Weltkrieges und in der unmittelbaren Nachkriegszeit, in: Internationale wissenschaftliche Korrespondenz zur Geschichte der deutschen Arbeiterbewegung, Heft 1, 1986, S. 1–20.

Helga Grebing/Christoph Kleßmann/Klaus Schönhoven/Hermann Weber, Zur Situation der Sozialdemokratie in der SBZ/DDR im Zeitraum zwischen 1945 und dem Beginn der 50er Jahre. Gutachten für die Sozialdemokratische Partei Deutschlands, Marburg 1992.

Oswald Hauser (Hrsg.), Das geteilte Deutschland in seinen internationalen Verflechtungen, Göttingen/Zürich 1987.

Andreas Hillgruber, Deutsche Geschichte 1945–1972. Die deutsche Frage in der Weltpolitik, Frankfurt/Main 1978.

Ders., Europa in der Weltpolitik der Nachkriegszeit (1945–1963), München/Wien 1981.

Ders., Der Zweite Weltkrieg 1939–1945, Stuttgart 1982.

Harold Hurwitz, Demokratie und Antikommunismus in Berlin nach 1945, Bd. 1: Die politische Kultur der Bevölkerung und der Neubeginn konservativer Politik, Köln 1983.

Harold Hurwitz/Klaus Sühl, Autoritäre Tradierung und Demokratiepotential in der sozialdemokratischen Arbeiterbewegung, Köln 1984.

Harold Hurwitz, Die Eintracht der Siegermächte und die Orientierungsnot der Deutschen 1945–1946, Köln 1984.

Ders., Die Anfänge des Widerstands. Teil 1: Führungsanspruch und Isolation der Sozialdemokraten; Teil 2: Zwischen Selbsttäuschung und Zivilcourage: Der Fusionskampf, Köln 1990.

Ernst-Ulrich Huster, Die Politik der SPD 1945–1950, Frankfurt/Main/New York 1978.

Albrecht Kaden, Einheit oder Freiheit. Die Wiedergründung der SPD 1945/46, Hannover 1964, 3. Aufl. 1990.

Ernstgert Kalbe, Antifaschistischer Widerstand und volksdemokratische Revolution in Südosteuropa. Das Hinüberwachsen des Widerstandskampfes gegen den Faschismus in die Volksrevolution (1941–1944/45). Ein revolutionsgeschichtlicher Vergleich, Berlin (Ost) 1974.

Rainer Karlsch, Allein bezahlt? Die Reparationsleistungen der SBZ/DDR 1945–1953, Berlin 1993.

Christoph Kleßmann, Die doppelte Staatsgründung. Deutsche Geschichte 1945–1955, Bonn 1982.

Kurt Klotzbach, Der Weg zur Staatspartei. Programmatik, praktische Politik und Organisation der deutschen Sozialdemokratie 1945 bis 1965, Berlin 1982.

Elmar Krautkrämer, Besetzung, Teilung, Neubeginn. Das Schicksal Deutschlands 1945–1949, Freiburg/Basel/Wien 1981.

Henry Krisch, German Politics under Soviet Occupation, New York/London 1974.

Hans-Joachim Krusch, Auf dem Wege zur Gründung der SED. Der 15. Parteitag der KPD, in: Beiträge zur Geschichte der Arbeiterbewegung, Heft 2, 1981, S. 194–207.

Ders., Für eine neue Offensive. Zur Septemberberatung 1945 der KPD, in: Ebd., Heft 3, 1980, S. 349–360.

Ders., Von der Dezemberkonferenz 1945 zur Februarkonferenz 1946. Programmatische Arbeit der KPD vor der Gründung der SED, in: Ebd., Heft 1, 1986, S. 16–28.

Ders., Die Reichskonferenz der KPD am 2. und 3. März 1946, in: Ebd., Heft 2, 1986, S. 178–191.

Ders., Neuansatz und widersprüchliches Erbe. Zur KPD 1945/1946, in: Ebd., Heft 5, 1991, S. 615–627.

Horst Lademacher u. a., Der Weltgewerkschaftsbund im Spannungsfeld des Ost-West-Konflikts, in: Archiv für Sozialgeschichte, Bd. XVIII, 1978, S. 119–216.

Horst Laschitza, Kämpferische Demokratie gegen den Faschismus. Die programmatische Vorbereitung auf die antifaschistisch-demokratische Umwälzung in Deutschland durch die Parteiführung der KPD, Berlin (Ost) 1969.

Wilfried Loth, Die Teilung der Welt. Geschichte des kalten Krieges 1941–1955, München 1990.

Ders., Ziele sowjetischer Deutschlandpolitik nach dem Zweiten Weltkrieg, in: Klaus Schönhoven/ Dietrich Staritz (Hrsg.), Sozialismus und Kommunismus im Wandel, S. 303–323.

Ders., Stalins ungeliebtes Kind. Warum Moskau die DDR nicht wollte, Berlin 1994.

Walter Löscher, Zur Geschichte des Vereinigungsprozesses von KPD und SPD zur SED im heutigen Bezirk Dresden (1945 bis 1946), Dresden 1976.

Andreas Malycha, Der Zentralausschuß der SPD im Jahre 1945 und seine Stellung zur Sowjetunion, in: Beiträge zur Geschichte der Arbeiterbewegung, Heft 2, 1986, S. 236–247.

Ders., Der Aufruf des Zentralausschusses der SPD vom 15. Juni 1945. Entstehung und historische Bedeutung, in: Ebd., Heft 5, 1988, S. 606–619.

Ders., Der Zentralausschuß der SPD und der gesellschaftliche Neubeginn im Nachkriegsdeutschland, in: Zeitschrift für Geschichtswissenschaft, Heft 7, 1990, S. 581–595.

Ders., Der Zentralausschuß, Kurt Schumacher und die Einheit der SPD, in: Beiträge zur Geschichte der Arbeiterbewegung, Heft 2, 1991, S. 182–193.

Werner Matschke, Die industrielle Entwicklung in der Sowjetischen Besatzungszone Deutschlands (SBZ) 1945 bis 1948, Berlin 1988.

Norbert Mattedi, Gründung und Entwicklung der Parteien in der Sowjetischen Besatzungszone Deutschlands 1945–1949, Bonn/Berlin 1966.

Erich Matthias/Klaus Schönhoven (Hrsg.), Solidarität und Menschenwürde. Etappen der deutschen Gewerkschaftsgeschichte von den Anfängen bis zur Gegenwart, Bonn 1984.

Boris Meissner, Rußland, die Westmächte und Deutschland. Die sowjetische Deutschlandpolitik 1943–1953, Hamburg 1954.

Susanne Miller, Die SPD vor und nach Godesberg, Bonn 1974.

Susanne Miller/Heinrich Potthoff, Kleine Geschichte der SPD, Bonn 1983.

Frank Moraw, Die Parole der »Einheit« und die Sozialdemokratie. Zur parteiorganisatorischen und gesellschaftspolitischen Orientierung der SPD in der Periode der Illegalität und in der ersten Phase der Nachkriegszeit 1933–1948, Bonn-Bad Godesberg 1973, Neuaufl. 1990.

Werner Müller, Die KPD und die »Einheit der Arbeiterklasse«, Frankfurt/Main/New York 1979.

Ders., Die Gründung der SED – Das unfreiwillige Ende der Sozialdemokratie in der SBZ 1946, in: Vor 40 Jahren. Hrsg. v. Vorstand der SPD, Bonn 1986.

Ders., Sozialdemokratische Politik unter sowjetischer Militärverwaltung. Chancen und Grenzen der SPD in der sowjetischen Besatzungszone zwischen Kriegsende und SED-Gründung, in: Internationale Wissenschaftliche Korrespondenz zur Geschichte der deutschen Arbeiterbewegung, Heft 2, 1987, S. 170–206.

Ders., Sozialdemokratie und Einheitspartei. Eine Fallstudie zur Nachkriegsentwicklung in Leipzig, in: Einheitsfront/Einheitspartei, S. 129–166.

Ders., SED-Gründung unter Zwang – Ein Streit ohne Ende? Plädoyer für den Begriff »Zwangsvereinigung«, in: Deutschland Archiv, Heft 1, 1991, S. 52–58.

Lutz Niethammer/Ulrich Borsdorf/Peter Brandt (Hrsg.), Arbeiterinitiative 1945. Antifaschistische Ausschüsse und Reorganisation der Arbeiterbewegung in Deutschland, Wuppertal 1976.

Franz Osterroth/Dieter Schuster, Chronik der deutschen Sozialdemokratie, Bd. II: Nach dem Zweiten Weltkrieg, Berlin/Bonn 1978.

Manfred Overesch, Hermann Brill und die Neuansätze deutscher Politik in Thüringen 1945, in: Vierteljahrshefte für Zeitgeschichte, Heft 4, 1979, S. 524–569.

Ders., Hermann Brill in Thüringen 1895–1946. Ein Kämpfer gegen Hitler und Ulbricht, Bonn 1992.

Ders., Machtergreifung von links. Thüringen 1945/46, Hildesheim 1993.

Theo Pirker, Die SPD nach Hitler. Die Geschichte der Sozialdemokratischen Partei Deutschlands 1945–1964, München 1965.

Joachim Piskol/Christel Nehrig/Paul Trixa, Antifaschistisch-demokratische Umwälzung auf dem Lande (1945–1949), Berlin (Ost) 1984.

Alexander v. Plato (Hrsg.), Auferstanden aus Ruinen...Von der SBZ zur DDR (1945–1949). Ein Weg zur Einheit und Sozialismus?, Köln 1979.

Ulla Plener, SPD 1945–1949. Politische Konzeption und Praxis – Ergebnisse und Ursachen, Berlin (Ost) 1979.

Dies., Zum ideologisch-politischen Klärungsprozeß in der SPD der sowjetischen Besatzungszone 1945, in: Beiträge zur Geschichte der Arbeiterbewegung, Heft 1, 1972, S. 35–59.

Lya Rothe/Erich Woitinas, Hermann Matern. Aus seinem Leben und Wirken, Berlin (Ost) 1981.

Hans Karl Rupp, Sozialismus und demokratische Erneuerung. Die ersten Konzeptionen der Parteien in den Westzonen nach 1945, Köln 1974.

Jürgen Schmädeke/Peter Steinbach (Hrsg.), Der Widerstand gegen den Nationalsozialismus. Die deutsche Gesellschaft und der Widerstand gegen Hitler, München/Zürich 1994.

Klaus Schönhoven/Dietrich Staritz (Hrsg.), Sozialismus und Kommunismus im Wandel. Hermann Weber zum 65. Geburtstag, Köln 1993.

Klaus-Peter Schulz, Sorge um die deutsche Linke. Eine kritische Analyse der SPD-Politik seit 1945, Köln 1955.

Ders., Auftakt zum Kalten Krieg. Der Freiheitskampf der SPD in Berlin 1945/46, Berlin 1965.

Hans-Peter Schwarz, Vom Reich zur Bundesrepublik. Deutschland im Widerstreit der außenpolitischen Konzeptionen in den Jahren der Besatzungsherrschaft 1945–1949, Stuttgart 1980.

Ilse Spittmann (Hrsg.), Die SED in Geschichte und Gegenwart, Köln 1987.

Ditmar Staffelt, Der Wiederaufbau der Berliner Sozialdemokratie 1945/46 und die Einheitsfrage, Frankfurt/Main/Bern/New York 1986.

Dietrich Staritz, Sozialismus in einem halben Land. Zur Programmatik und Politik der KPD/SED in der Phase der antifaschistisch-demokratischen Umwälzung, Berlin 1976.

Ders., Die Gründung der DDR. Von der sowjetischen Besatzungsherrschaft zum sozialistischen Staat, München 1984.

Ders., Ein »besonderer« deutscher Weg zum Sozialismus? in: Ziele, Formen und Grenzen der »besonderen« Wege zum Sozialismus. Zur Analyse der Transformationskonzepte europäischer Parteien in den Jahren 1944/45 und 1948. Wissenschaftliche Fachtagung in Mannheim vom 29. 9.–1. 10. 1982, Mannheim 1984.

Ders., Zur Gründung der SED. Forschungsstand, Kontroversen, offene Fragen, in: Einheitsfront/Einheitspartei, S. 38–75.

Ders., Die SED, Stalin und die Gründung der DDR. Aus Akten des Zentralen Parteiarchivs, in: Aus Politik und Zeitgeschichte, Beilage zur Wochenzeitung Das Parlament, B 5/91, 25. Januar 1991.

Dietrich Staritz/Hermann Weber (Hrsg.), Einheitsfront/Einheitspartei. Kommunisten und Sozialdemokraten in Ost- und Westeuropa 1944–1948, Köln 1989.

Rolf Steininger, Deutsche Geschichte 1945–1961. Darstellung und Dokumente in zwei Bänden, Frankfurt/Main, 1983.

Carola Stern, Porträt einer bolschewistischen Partei. Entwicklung, Funktion und Situation der SED, Köln 1957.

Rolf Stöckigt, Der Kampf der KPD um die demokratische Bodenreform, Mai 1945 bis April 1946, Berlin (Ost) 1964.

Richard Stöß (Hrsg.), Die Parteien der Bundesrepublik Deutschland 1945–1980, 4 Bde., Opladen 1986.

Frank Thomas Stößel, Positionen und Strömungen in der KPD/SED 1945–1954, Teil 1 u. 2, Köln 1985.

Peter Stößel, Die Sowjetische Militäradministration in Deutschland (SMAD), in: Hans Lemberg (Hrsg.), Sowjetisches Modell und nationale Prägung, Marburg 1991, S. 143–176.

Siegfried Suckut, Die Betriebsrätebewegung in der sowjetisch besetzten Zone Deutschlands (1945–1948). Zur Entwicklung und Bedeutung von Arbeiterinitiative, betrieblicher Mitbestimmung und Selbstbestimmung bis zur Revision des programmatischen Konzepts der KPD/SED vom »besonderen deutschen Weg zum Sozialismus«, Frankfurt/Main 1982.

Klaus Sühl, Arbeiterbewegung, SPD und deutsche Einheit 1945/46, in: Rolf Ebbighausen/Friedrich Tiemann (Hrsg.), Das Ende der Arbeiterbewegung in Deutschland? Ein Diskussionsband zum sechzigsten Geburtstag von Theo Pirker, Opladen 1984, S. 274–300.

Ders., Schumacher und die Westzonen-SPD im Vereinigungsprozeß, in: Einheitsfront/Einheitspartei, S. 108–128.

Arnold Sywottek, Die »fünfte Zone«. Zur gesellschafts- und außenpolitischen Orientierung und Funktion sozialdemokratischer Politik in Berlin 1945–1948, in: Archiv für Sozialgeschichte, Bd. XIII, 1973, S. 53–129.

Ders., Deutsche Volksdemokratie. Studien zur politischen Konzeption der KPD 1935–1946, Düsseldorf 1971.

Siegfried Thomas, Entscheidung in Berlin. Zur Entstehungsgeschichte der SED in der deutschen Hauptstadt 1945/1946, Berlin (Ost) 1967.

Karl Urban/Joachim Schulz, Die Vereinigung von KPD und SPD zur Sozialistischen Einheitspartei Deutschlands in der Provinz Brandenburg. Der Beginn der antifaschistisch-demokratischen Umwälzung 1945–1946, Potsdam 1985.

Vereint auf dem Weg zum Sozialismus. Geschichte der Landesparteiorganisation Sachsen-Anhalt der SED 1945–1952, Halle/Magdeburg 1986.

Heinz Voßke, Die Vereinigung der KPD und der SPD zur SED in Mecklenburg/Vorpommern. Mai 1945 bis April 1946, Rostock 1966.

Ders., Otto Grotewohl. Biographischer Abriß, Berlin (Ost) 1979.

Ders., Walter Ulbricht. Biographischer Abriß, Berlin (Ost) 1984.

Ders., Friedrich Ebert. Ein Lebensbild, Berlin (Ost) 1987.

Heinz Voßke/Gerhard Nitzsche, Wilhelm Pieck. Biographischer Abriß, Berlin (Ost) 1975.

Franz Walter/Tobias Dürr/Klaus Schmidtke, Die SPD in Sachsen und Thüringen zwischen Hochburg und Diaspora. Untersuchungen auf lokaler Ebene vom Kaiserreich bis zur Gegenwart, Bonn 1993.

Hermann Weber/Fred Oldenburg, 25 Jahre SED. Chronik einer Partei, Köln 1971.

Hermann Weber, Die Wandlung des deutschen Kommunismus. Die Stalinisierung der KPD, 2 Bde., Frankfurt/Main 1969.

Ders., Die Sozialistische Einheitspartei Deutschlands, 1946–1971, Hannover 1971.

Ders. (Hrsg.), Parteiensystem zwischen Demokratie und Volksdemokratie, Köln 1982.

Ders., Kommunismus in Deutschland 1918–1945, Darmstadt 1983.

Ders., Zwangsvereinigung oder freiwilliger Zusammenschluß? Zur Gründung der SED vor 40 Jahren, in: Die Neue Gesellschaft/Frankfurter Hefte, Heft 1, 1986, S. 26–31.

Ders., Einheitsfrontpolitik in Europa nach Kriegsende, in: Einheitsfront/Einheitspartei, S. 13–21.

Ders., DDR. Grundriß der Geschichte 1945–1990, Hannover 1991.

Ders., Aufbau und Fall einer Diktatur. Kritische Beiträge zur Geschichte der DDR, Köln 1991.

Ders., Gab es eine demokratische Vorgeschichte der DDR?, in: Gewerkschaftliche Monatshefte, Heft 4/5 1992, S. 272–280.

Hermann Weber/Dietrich Staritz/Günter Braun/Jan Foitzik (Hrsg.), Jahrbuch für Historische Kommunismusforschung, Bd. 1, 1993.

Heinrich August Winkler, Arbeiter und Arbeiterbewegung in der Weimarer Republik, Bd. 2: Der Schein der Normalität, 1924 bis 1930, Berlin/Bonn 1985.

Ders., Arbeiter und Arbeiterbewegung in der Weimarer Republik, Bd. 3: Der Weg in die Katastrophe, 1930 bis 1933, Bonn 1990.

Ders. (Hrsg.), Politische Weichenstellungen im Nachkriegsdeutschland 1945–1953, Göttingen 1979.

Wolfgang Zank, Wirtschaft und Arbeit in Ostdeutschland 1945–1949. Probleme des Wiederaufbaus in der Sowjetischen Besatzungszone Deutschlands, München 1987.

Erich Zeigner. Eine biographische Skizze, Leipzig 1985.

Fritz Zimmermann, Otto Buchwitz. Ein Lebensbild, Berlin (Ost) 1984.

Zur Geschichte der Bezirksparteiorganisation Gera der SED, Gera 1986.

Zur Geschichte der Bezirksparteiorganisation Karl-Marx-Stadt der SED (1945–1961), Karl-Marx-Stadt 1986.

Personenregister

Verzeichnet sind alle in den Dokumenten (nicht in den Anmerkungen) erwähnten Personen. Die kursiv gedruckten Seitenzahlen weisen auf eine Kurzbiographie oder auf biographische Vermerke hin.

Ackermann, Anton *147*, 187, 348, 410
Ahsmann 16
Albrecht, Willi *114*, 235
Altenberg 388 f.
Altenburg, Ernst von 99
Altenkirch, Ernst *137* f., 145, 149, 393 f.
Amborn, Eduard *182*, 324 f., 333, 342, 433
Angermann 15
Apel, Bernhard 186
Appell, Georg *89*, 96, 238
Arndt 310

Babenko, Viktor S. 355–357, 360 f.
Baerhold, Albert 271–273, 282, 406, 408
Ballerstaedt 384
Bär 45
Barsuk 285
Bartelt 16
Barthelmes, Alfred 186, *357* f.
Barthling, Emil 44 f.
Bauer 163
Bauer, Else *22*, 139
Bauer, Gustav 418
Bauer, Hans 19–22
Bauer, Otto *303*, 315
Baumeister, Heinz *90*
Baumgart, Wilhelm 53
Bebel, August 101, 149 f., 218, 240, 363, 429
Bechler, Bernhard *38*, 412
Becker, Franz 27 f.
Becker, Paul 430 f.
Behrens 293
Beil 393 f.
Beljejew 62 f.
Bendig 16
Berg 329
Bergner, Rudolf *55*, 433
Besser, Erich 42, *161*
Bevin, Ernest 196
Bichtler, Ernst 45, 424, 427
Bielig, Karl *438*
Bieligk, Bruno 113
Blaffert 415

Blank 117, 119, 129
Blauhöfer 191
Blei, Arthur 181
Block, E. 271–273, 282, 406
Blumentritt 128 f., 384
Bobe, Walter 42
Bock, Otto 293
Böhm 271
Böhm, Albert 21
Böhme, Curt *89*–91, 109 f., 113–116, 192, 231, 349, 351, 355, 452
Bommel, Alfons 19, 22, 29
Born, Walter 4
Borrmann, Reinhold *50*, 290
Böttcher 16
Böttge, Bruno *46* f., 51, 154 f., 158–160, 288, 292, 421
Brack, Gustav *89*, 91, 102, 109 f., 113–116, 192, 349, 351, 355, 452
Brandt, Ernst *41* f., 44, 48
Braun, Hans 43
Braun, Otto 101
Braun, Ernst *90*
Bredow 20
Bremer, Adolf *102*, 109, 192 f., 350, 452–455
Bremig 369
Bretthorst, Heinrich *319*–321, 336, 339–342, 433, 436, 442
Breuer 129
Brill, Hermann *89*–93, 95–97, 102–105, 188–194, 207, 209–213, 215, 217, 220–222, 224, 227, 229–231, 237, 242, 346–357
Brincker, Karl 5 f.
Brinkmann, Robert *13* f.
Brockhoff, Bruno *145* f.
Brösicke, Fritz 19 f.
Brumme, Johannes 92
Brüning, Franz *146*
Bruschke, Werner *46* f., 51 f., 158 f., 161
Buchanow 69 f.
Büchel, Franz 33, 36
Büchel, Hugo 186

Buchholtz, Wilhelm *129*, 255, 384
Buchmann, Karl *102*
Büchsenschütz 353
Buchwitz, Otto *54* f., 67, 80, 86–88, 169 f., 176–179, 181–185, 297, 302, 306 f., 309–313, 315, 317 f., 320, 322, 325, 327 f., 330 f., 340–344, 433–436, 438–444, 448
Bürger, Kurt *261*, 384, 392
Busack 127
Busse, Ernst *92* f., 96, 109 f., 113–116, 201, 209, 226, 231, 236, 360
Bütow, Kurt 263

Capitain, Heinz 301
Carnarius, Marie *90* f., 102, 104, 109, 114, 192, 350, 452
Cassel 155
Christiansen, Bertholdt H. 10, 13 f.
Churchill, Winston 382 f.
Crispien, Artur 415
Czichanow 5 f.
Czieslowicz 271

Dahlem, Franz 348
Dahms, A. 26
Dahrendorf, Gustav *76*–79, 84 f., 348, 440 f.
Demidow 155
Dethloff, Friedrich 367–370
Dettmann 384, 391 f.
Deutel, Albert *153*, 290, 422
Diebers 293
Dietrich, Karl 53 f.
Dietz, Erich 186, 358
Dittrich, Arthur 64, 79
Dohlus, Max 64, 80 f., 84
Dölitzsch, Clemens *54* f., 177
Döring II. 16
Döring 16
Döring, Richard *263*
Dörr, Karl 350
Drescher, Fritz *40*
Drügemüller, Willi 148
Duesing 377
Duscheck, Mimi 408
Dux, Rudolf *50*, 290, 421 f.

Ebert, Friedrich sen. 125, 149
Ebert, Friedrich jun. *22*, 29–32, 37, 39, 135 f., 139–141, 142, 145–147,
149–152, 276 f., 280 f., 283–287, 396–398, 412 f., 417–420
Echse, Rudi 8
Ecke, Fritz 271–273, 400 f., 407
Eckert, Rudolf 434
Eggerath, Werner 201, 225, *235* f., 350, 359–361, 363, 365 f.
Ehmcke, H. Hr. 6
Eichler, Otto *86*
Eichler 38 f.
Eichwald 21
Eilers, Willi 64
Einicke, Ludwig *292*
Ellrodt, Gerhard *74*
Elstermann, Franz 44
Engelmann, Richard *182*, 184, 433
Engels, Friedrich 205 f., 213, 240
Evert, H. 6
Exler 271, 273
Eyermann, Richard *109*

Fahs 374
Fank, Max *3* f.
Farbowski 16–18
Fechner, Max *65*, 105, 130, 139, 182 f., 249, 260, 281, 327, 348, 370, 372, 380 f., 388
Federbusch, Walter *102*
Fendel 293 f.
Fengler, Fritz 401, 407
Feurich 84, 171, 173
Fink 16, 18
Finster 16
Fischer, Kurt *179*, 329, 333 f., 345
Fissow 144
Fleisch, Paul *89*
Fleißner, Heinrich *61*, 79, 82–84, 332, 442
Först 62
Förster 27 f.
Förster, Gerhard *54* f., 169 f., 177, 181, 433
Frank 88
Franze, Walter *146*, 284
Freiberg 387
Freiburg, Hans *192*, 220, 237
Frenzel, Ernst 64
Freyer 263
Freyhold, Theodor *293*
Freytag, Wilhelm 279 f.
Friedel, Augustin *182*, 329 f., 433, 436, 438, 447 f.
Friedrichs, Rudolf *54* f., 78, 87, 179, 184,

472

308, 321, 331, 334 f., 342, 345, 433, 436 f.
Fritz 384, 391
Frölich, August *89* f., 349, 351–357, 359–362, 365, 452
Frömel 408
Frommhold, Ernst *115* f.
Fuchs, Max *216*
Fütterer 228

Gaertner, Alphons *113*
Gärtner, Paul *55*, 169, 177, 179, 181, 184, 433, 439
Gaschler 133
Gentz, Kurt *181*, 183, 433 f.
Gerber, Armin 431 f.
Gericke 271–273
Gericke, Johanna 400 f., 407
Geschke, Ottomar *201*
Geyer, Walter 112
Glöckner, Gertrud 326, *433*
Gniffke, Erich Walter *78* f., 80–86, 222, 243, 439
Goldstein, Kurt 225
Göring, Bernhard *149*, 152
Görke, Arno *303*
Gnädig, Walter 414
Greiner 328 f.
Groh-Kummerlöw, Grete 434
Groß 336
Große, Fritz *433*
Großkopf, Wilhelm 9
Grotewohl, Otto *51* f., 84, 86, 88, 131, 154 f., 159, 174, 178 f., 182–184, 197, 205, 237, 247, 250, 258, 277, 281, 285, 297, 303, 310, 312, 327, 348, 351, 359, 361 f., 368, 370, 395, 405 f., 409–411, 416, 426, 435, 439–441, 452
Gruner, Paul *335*, 434
Grunert 169
Gründler 452
Grunow 275
Gundermann, Theo *222*, 239
Günther, Richard 64, 66
Günther, Hugo *92*

Hackebeil, Hans *182*, 433
Hahn 42
Hamann 119
Hamjakow 155

Hankel 293
Härtel 255
Härtel, Bernhard *384*, 388–392
Härtel, Otto *292*
Hartig, Valentin 64, 300
Hartzsch 433, 437 f.
Haseney, Alfred 186
Haufe, Arno *169*, 177, 181, 313, 322, 333 f., 340 f., 433, 439 f., 443 f.
Hausmann 214
Hausmann, Adolf 20
Hecker, Günter 302
Heese 20
Heidenreich 284
Heilmann 89
Heilmann, Friedrich (Fritz) 225, *364* f.
Heinicke, Fritz *55*, 169 f., 177, 179, 181, 185, 433, 439
Heintz, Karl *236*, 239
Heinze, Hermann 4
Held, Kurt 64
Helm 373 f.
Henkel 279 f.
Hennig, Arno *169* f., 177, 182, 184, 326 f., 340, 433, 437–439, 441 f., 445 f.
Hennig 79
Hentsch, Richard *62*, 433
Hentschke, Reinhold *320*, 338
Henze, Paul 160
Herm, Max *37*, 137 f.
Hermann Meske 47 f.
Hermsdorf, Hans *447* f.
Herzog, Richard 64
Hesselbarth 27
Heunemann 111
Heusinger, Rudolf 90
Heymann, Stefan *92* f., 109 f., 114, 116, 206, 225, 364 f.
Heynemann, Otto 129, 257
Hildebrandt 90
Hildebrandt 240
Hildebrandt, Paul 4
Hitler, Adolf 30, 162, 164, 207, 235, 411, 450
Hoch, Ludwig 55
Höcker, Wilhelm *7*, 127, 130, 263
Hoegner, Wilhelm *331*, 426
Höfer, Ernst 113
Hoffmann, Gerhard 415
Hoffmann, Heinrich *89*–93, 97–101, 102–106, 111, 192 f., 197, 216, 230,

235–239, 241, 243, 349, 351, 353–357, 359 f., 363, 439, 452454
Hofmann 53
Hohle 44
Hohmann 270
Hollert, Max *251*–253, 255
Hopp 374
Höring 433
Horn 293
Horn 369
Hörnig 119
Hose, Hugo *192*, 349, 452
Hübner, Paul *384*, 389
Hugenberg, Alfred 323
Hümer 16
Hutschenreuther 69

Jahn, Rudolf *75*, 173
Jatzlau 27
Jenssen 191
Jentoch, Heinrich *218*
Jesse, Willy *117*–122, 129–131, 246, 248, 256 f., 259, 264, 385, 388
Jobke 22
Jöhren 16 f.
Jörn, Karl 399–404, 408
Jungmann, Fritz *46*, 51 f., 155, 158–163, 292, 432

Kade, Olga 62 f.
Kaden, Felix *55*, 169, 177, 182, 305, 313, 343, 433, 444, 446
Kaiser 15
Kalinin, Michail I. 355
Kallenbach 27
Kalusa 45
Kammer, Reinhard *62*
Kammerahl, Heinz *428*–431
Känsche 89
Kapp, Wolfgang 418
Karl, Xaver *6*–8, 117 f., 129, 133, 257, 388
Karsten, August *131*, 156, 161 f., 192 f.
Karthäuser, Ida *102*
Käske 407
Kassner, Walter 43
Kästner, Otto *102*, 353
Kaulfuß, Curt 64, *69* f., 74, 78–85, 171 f., 175, 318
Kauschke, Karl 20
Kautzsch, Karl *181*, 184, 433, 435 f., 445 f.
Keller 47

Kemeter 89
Kempf 236
Kindt, Wilhelm 4
Kinzel 293 f.
Kinzel 369
Kirbach, Waldemar 81 f., 84, 165 f.
Kirosow 355 f., 360
Klare, Hugo *54* f.
Klein 64
Klein, Hans *367*–370
Kleinert, Franz 53
Klenke 411
Kletzin 385
Klug, Willy *62* f.
Klotzsch, Paul 301
Knobbe, Wilhelm *290*
Knoch, Franz 303
Knorr, Andreas 6, 263 f.
Knüppel 393 f.
Kobel 285
Koch, Otto *207*
Koenen, Bernhard *292*, 421
Kofke 393
Kolesnitschenko, Iwan S. 98–101, 103, 237, 357, 359–363
Kolter, Max *96*
Kops, Erich 225, *363*
Korspeter, Wilhelm *159*, 163
Koschan 329
Kotikow, Alexander G. *154* f., 158–164
Kreutlein 23
Kriedemann, Herbert 440
Kroneberg, August 64
Krüger 408
Krüger, Hermann *117*, 121, 129, 257
Krylenko 171, 173
Kübner 282
Kugel 273
Kühler 141
Kuhn, Harry *65*
Kühn, Kurt *70*, 72, 74 f., 171, 173, 326
Kulinski 264
Kusmitschew 265
Küter, Richard *22*, 147, 281, 415

Lang 38
Lärtz 224
Laskowski 255
Lassalle, Ferdinand 240, 421
Lau 16
Laub 21

Lauter 180
Leber, Annedore *130*
Lehmann, Helmut *308*, 348
Leipert, Walter *169*, 177, 433, 439
Lenin (Uljanow), Wladimir I. 99, 240, 271, 273 f., 299 f., 331, 361
Lepinski, Franz *115* f.
Leps, Georg *146*
Leuschner, Wilhelm *441*
Levi 268
Levi, Paul 101
Lewin 285
Liebing 284
Liebknecht, Karl 271, 273 f., 299 f., *371*, 386
Liebknecht, Wilhelm 363, *373*
Linden 433
Linke 43
Lipinski, Richard 58
Lohagen, Ernst *70*, 75, 80 f., 83, 299, 317–319, 321, 324–326, 333
Lohde, Willy 56
Lorius, Franz 64
Lübbe, Paul 8
Lüdemann, Hermann *12*, 117, 119–122, 124–127, 247, 260, 262
Luxemburg, Rosa 101, 271, 273 f., 299 f.

Magedanz 15 f.
Mamerow 16
Mann, Günther 293 f.
Manzke 35
Martin, Willi *225*, 230, 241
Marx, Karl 71 f., 100, 240, 361, 421
Matern, Hermann *66* f., 80, 83, 87 f., 169–172, 174–176, 179, 297, 309, 317, 321 f., 324 f., 327–329, 333, 335, 337, 339–345, 436, 441
May, Paul 68
Mayer, Willi 134, 143
Meckemüller 282
Meier, Otto *281*, 428 f., 431
Meier, Albert *54* f., 169, 177, 181, 433, 438 f.
Meißner, Karl *325* f., 433–435, 438, 445 f.
Melzer, Hanna 114
Menzel, Friedrich 369
Meyer, Max 5 f.
Mhetten 127
Mickin 149
Mielius, Hermann 42

Mierau, Hans 384–386
Miethke 27
Milchiker 281, 284, 286, 396 f.
Möbus 210, 213, 216
Model, Otto 408
Moltmann, Carl *6*–8, 117–122, 129–132, 256–259, 261, 384, 388, 390–392, 439
Moog, Leonhard *113*
Moritz 371–373
Moritz, Karl *9*, 13 f., 118 f., 121, 128 f., 131, 250, 253, 255, 257, 259, 384 f., 387–392
Morosow 71, 81, 84–86, 173
Müller 16
Müller, Kurt *367*, 369 f.
Müller, Hermann 101
Müller, Hermann 415
Müller, Max *74* f., 81–83, 172 f., 175

Nath, Walter 369, 371
Nendel, Horst 433
Neubauer, Hermann *182*, 433
Neubert 336
Neumann, Arno 19–22
Nevermann, Hans 369
Nicklas 234
Niehoff, Karl 215
Noack 172 f.
Noack, Frieda 53
Noack, Klara 177
Noack, Walter 33, 37
Noske, Gustav 187, 197, 236, 282, 350
Nossol 406

Ochsenfahrt, Otto 423 f., 427
Oehme, Walter 87 f.
Oelkers 76
Olhorn 13
Ölschläger, Walter *46* f., 51 f.
Opitz, Rudolf 303, 314
Opeitz 133
Osberg 44
Ott, Erich 85

Paatz, Max 35–37
Paesel, Ernst 4
Pappenheim, Ludwig 451
Paul, Rudolf *96*, 116, 195, 230
Paul 21
Paul, Otto *290*
Paulus, Friedrich *201*

Perkuhn 369
Peschel 279
Peter, Franz 303
Peters, Paul *51*, 158, 160, 292
Peters 98
Petzold 329
Pfefferkorn, Georg 171, 173
Pfeil, Karl 44
Pfuhl 293 f.
Pieck, Wilhelm *51*, 141, 147, 187, 201, 256, 285, 297, 348, 350, 359, 361 f., 395, 410, 424, 426
Pietsch, Karl 306
Pisarewski 385
Pisnik, Alois *292*
Plechanow, Georgi W. *100*
Plesse, Karl 74
Ploss 217
Plubohm, Willi 43
Podeyn, Hans 134, 137, 143
Pohle 90
Pohle, Wilhelm *235*
Pohlmeyer, Heinz Albert *117*, 130, 257-259
Polzer 225
Popow 81
Porazik, Max 142
Powolowski 353-355, 453-455
Prehn, Wilhelm 4
Prietzel, Friedrich 64
Prübenau, Hermann *158*, 290

Rabe 133
Rachow 384, 390-392
Radek, Karl 101
Radianow 286
Rauh 379
Rausch, Max *168*, 181, 184, 296, 308, 328 f., 433, 437 f.
Reichardt, Wolf *129*, 372, 384, 386 f., 389
Reindl 303
Rescher 284
Ressel, Richard *53* f., 306
Rhode 16
Rieba 20
Riedel, Paul *113*
Riedler 186, 357
Riehl 314
Riehl, Walter 64, *182*
Roßberg, Kurt 82
Roth, Fritz *364*

Rothe, Rudolf *58*, 75, 79-85, 313, 318 f., 342, 442
Rubinski 303, 314 f.
Rungenhagen 14 f.

Sammann 377
Sägebrecht, Willy *139*, 141, 145, 147, 283, 285, 396 f.
Sarow 350 f.
Saupe, Hugo *86*, 215
Saupe, Paul *40*
Säverin, Herbert *117*-119, 121 f., 128 f., 131, 257, 259, 384-390, 392
Schackwitz 284
Schäfer, Hermann 74, 83, 171
Scharow, Wassili M. *140*, 396-398
Scheffen 271, 273
Scheffler 378
Scheidemann, Philipp 125
Schilling, Erich *70*-75, 78, 80-85, 171-176
Schiffler 216
Schleskow 293 f.
Schliebs, Arthur *87*, 328
Schlimme, Hermann 429
Schmelzer 293 f.
Schmidt 214
Schmidt 225
Schmidt 293 f.
Schmidt, Paul 157
Schmidt, Willy *220*
Schmidt(-Küster), Gustav 42, *48* f., 158 f., 290, 292, 294
Schneeberg, Carl 7 f.
Schneider, Georg *109* f., 112, 114, 116, 188, 201, 225, 360, 363
Schön, Otto *74*, 171, 174 f.
Schönfeld, Ernst 64, *75*, 78, 83, 342, 445
Schoof 384, 389
Schrader, Walter 42
Schreiber, Fritz *65*
Schrenk, Otto *181*
Schröder, Emil 142, 284-286
Schröder, Fritz 369
Schröder, Max 20-22
Schuch, Alfred *208*, 358
Schuckert, Bruno 271-273
Schukow, Georgi K. 29, 59, 79, 96, 105, 140, 144, 160, 173, 178 f., 184, 233, 400, 426
Schultes, Karl *89*
Schultz, Walter 375

Schulz 263
Schulz 377
Schulz, Albert *117*, 119–121, 129, 131 f., 257–259, 265, 375 f.
Schulz, Karl *253*, 384, 386, 388–390
Schulz, Karl 393
Schulz, Ludwig 271, 282
Schulze, Hans 271–274, 399, 401, 403–408
Schumacher, Kurt *280*, 285, 330 f., 333, 362, 370, 380–382, 405, 425, 427, 432, 435, 440
Schumann 111 f.
Schümann 452
Schuster 179
Schuster, Erich *182*, 184, 433, 446
Schütz 26, 274 f.
Schwager, Paul 40
Schwarz, Gerhard 225
Schwarz, Otto *138*, 393 f.
Seibt, Kurt *145*, 147
Seiffert, Otto *307*–310, 335 f., 433, 438
Selbmann, Fritz *80*, 314, 330–334, 342
Semmler 16
Senkpiel 388 f.
Severing, Carl 101, 119, 179, 187 f., 197, 220, 236, 282, 350
Seydlitz, Walther von *201*
Siewert, Robert *162*, 422
Sikorra 369
Simon 32
Skirk 268
Soback, Grete 90
Sobottka, Gustav *118* f., 261
Sonnemann 282, 400, 408
Sonnemann 282
Sonntag 69
Sosnow 238
Späther, Alfred 64, 78
Spiegel, Georg *19*–22, 29 f., 32, 138 f., 141, 145–147, 149, 277, 279 f.
Spiegel 47
Springer, Fritz 21 f., 29, 279 f.
Stalin, Jossif W. 355, 440
Stampfer, Friedrich 187, 197, 350
Starosson, Alfred *129*, 257, 375, 388
Steinbrück, Otto *102*
Steiner, Karl *285*
Steinhoff, Carl *38*
Stephan 16 f.
Stephan 225
Strobel 70

Strobel, Carl 171, 173
Stursberg 293
Suffa 224
Szillat, Paul *149*

Terassow 293
Thalheim, Werner 165
Thälmann, Ernst *338*
Thape, Ernst *41* f., 44, 46 f., 51 f., 158–164, 292
Theuerjahr, Wilhelm 44 f.
Thiede 293
Thiedke, Kurt 406 f.
Thieme, Oskar *228*, 352 f.
Thierfelder, Cäsar *89*–91, 102, 109 f., 114–116
Thümmel, Elise *177*, 433, 439
Trabalski, Stanislaw *58*, 64 f., 80 f., 83, 85, 171, 174–176, 185, 313, 315–321, 332, 337 f., 342, 433 f., 438
Treyße, Bruno 90
Trillitzsch, Otto *92*
Trufanow, Nikolai I. 57, 62, 82
Tschuikow, Wassili I. 97

Ulbrich 179
Ulbricht, Walter *38*, 196, 201, 348, 372, 410, 440
Ullrich, Artur *328*
Urich 201
Utrott, Ernst 64

Vahle, Wilhelm 20
Varga, Eugen 101
Verdieck, Paul *51*, 155, 158–161, 424–427, 429 f., 432
Vierling, Hans *332*
Voigt, Paul 38, *137* f., 393 f.
Volkmann 374

Wachtel, Ingo 452, 455
Wagner, Kurt 82–84
Waldheim, Paul 271 f., 282, 399, 401, 408
Wallstab, Willi *422*
Walter, Otto 292
Walter 15 f.
Watzel, Paul *156* f.
Wauer 181 f.
Wegner 273
Wehnde 373
Weichenhain, Willi *138*, 393

477

Weidauer, Walter *336*
Weigelt, Walter *290*, 421
Weimann, Otto 25, 275 f.
Weimann, Richard 105
Weinert, Erich *391*
Weise 442
Weiss, Richard 43
Weisser 43
Wels, Otto 415
Wend, Arno *169*, 177, 181, 338 f., 433, 436, 438 f., 442–444
Wendt 270
Westen, Bruno 369
Wielepp 51
Wildt, Albert 42
Wilke, August *128* f.
Wilken, Hermann *376–379*
Willbrandt, Hermann *128*, 255, 384
Winkler, Emil 8
Wirth 54
Wismin 369
Witter 112

Wöhl, Paul *117* f., 121, 129, 131
Woldt, Richard *54* f., 433, 438
Wolf, Otto 42 f.
Wolf, Walter *92*, 109 f., 230
Wolschon, Irmgard 271, 400, 408
Worlitz, Rosa 158, 160
Woytinski 225
Wruck, Hildegard *384*, 391

Zadock 401
Zahn 20
Zajak-Frölich, Elisabeth *89*, 192, 349, 452
Zaremba 16
Zaretzke 294
Zeigner, Erich *78* f., 85, 165
Zetkin, Klara 101
Ziebarth 136
Zietlow, Walter 20
Zimmermann 127
Zimmermann 433
Zorn 213
Zumhasch, Felix 113

Ortsregister

Verzeichnet sind alle in den Dokumenten (nicht in den Anmerkungen) erwähnten Städte und Ortschaften sowie die Kreise, Regierungs- und Parteibezirke.

Ahlbeck (Seebad) 263
Altenburg 102, 228, 352 f.
Altenburg (Kreis) 228
Amsterdam 72, 74
Anklam 121
Annaberg 330
Arnstadt 102, 364

Bad Lausick 314
Bad Muskau 329
Bad Schmiedeberg 47
Banzkow (Mecklenburg) 133
Bautzen 179, 183 f., 433, 446
Beeskow 148
Beeskow (Kreis) 148
Belzig 393
Berlin 21 f., 25, 27, 37 f., 45, 47, 51 f., 55, 57, 59, 61 f., 64 f., 77, 84, 86, 88, 99 f., 103, 105, 109, 115, 120 f., 130, 135, 140, 145 f., 154, 156, 158–162, 173 f., 177–179, 182–184, 189, 191–193, 201, 222, 225, 244 f., 248, 250 f., 253–255, 257–259, 261 f., 265 f., 269 f., 277, 285–288, 290 f., 295, 297, 299–303, 305 f., 308, 310, 312 f., 315–317, 319, 322, 325–327, 335, 337 f., 340, 342, 344, 347–351, 354–359, 372, 374–376, 379, 382, 385, 387 f., 392, 394, 396 f., 403–405, 409, 412, 414–416, 418, 421, 425, 427–434, 439, 446, 451 f.
Berlin-Charlottenburg 405 f.
Berlin-Karlshorst 80 f., 345, 434
Berlin-Wedding 135
Bernau 275, 282, 401, 403, 409 f.
Bernburg 45, 428, 431
Bielefeld 188
Biendorf (Mecklenburg) 10
Birkenwerder (Niederbarnim) 280, 411
Bleicherode 222
Blowatz 264
Boizenburg 246
Boppau (Anhalt) 156
Borgsdorf (Niederbarnim) 281
Borna 181, 302, 314 f., 321

Borna (Parteibezirk) 314
Bornstedt (Brandenburg) 19
Brandenburg (Havel) 20, 30, 37 f., 135, 137 f., 145, 149 f., 393 f., 419
Brandenburg (Kreis) 140
Brandenburg (Provinz) 34, 38 f., 138, 150, 279 f., 283 f., 286 f., 396, 404, 412, 417
Brandenburg (Parteibezirk) 140, 145, 149 f., 281, 398, 420
Bruel (Mecklenburg) 387
Buchenwald (NS-Konzentrationslager) 73, 94, 98–101, 103, 105 f., 195, 200
Burg 49
Burghausen 324

Camburg (Kreis) 227
Chemnitz 180, 182, 184, 330, 435, 447 f., 452
Chemnitz (Kreis) 180
Chemnitz (Parteibezirk) 66, 304, 433, 436, 447
Cottbus (Kreis) 140, 396
Crivitz (Mecklenburg) 133

Dassow (Mecklenburg) 377
Dessau 52, 155 f., 158, 158–161, 291, 424
Dessau (Parteibezirk) 156, 161 f., 291, 428
Dierhagen 119
Döbeln 299 f., 327
Dresden 54 f., 58, 66, 80 f., 83, 86, 167, 169, 173, 176–179, 181, 183 f., 197, 296, 299, 301–304, 306 f., 309 f., 312, 315–322, 325 f., 328, 334, 339, 341 f., 344, 433, 439, 444
Dresden/Ostsachsen (Parteibezirk) 66, 304 f., 433

Eberswalde 146
Eberswalde (Kreis) 140
Eisenach 198, 218 f., 231
Ellrich 222
Erfurt 96, 102, 109, 122, 187 f., 195, 198, 215 f., 223, 228, 232, 235, 350, 364

479

Erfurt-Weißensee 228, 232
Erkner 281, 399, 401

Finsterbergen 236
Forst (Lausitz) 283 f.
Frankfurt (Oder) 419
Freital (Sachsen) 182, 184, 342

Gadebusch 5, 263 f.
Genthin 421
Gera 96, 187, 190, 195, 198, 216–218, 232, 363 f.
Glienicke 25, 274 f.
Gotha 198, 207, 236, 241, 453, 455
Görlitz 53 f., 87, 167, 181, 184, 295, 306, 308, 328
Görlitz (Parteibezirk) 66, 167, 295, 304, 306, 328, 433
Görlitz-Senftenberg (Regierungsbezirk) 65
Gransee 135
Gräfentonna 214
Greifswald 117, 121, 129, 257
Grevesmühlen 377 f.
Grimma 320 f.
Gröningen 293 f.
Grünheide 33, 35
Güstrow 7, 117 f., 120, 122 f., 129, 249

Haldensleben 421
Halle (Saale) 46 f., 52, 154, 158, 160 f., 215, 288, 291, 299, 421, 424
Halle-Merseburg (Parteibezirk) 154, 288, 291, 440
Hamburg 363, 374 f., 418
Hannover 131
Heidelberg 122
Hennigsdorf 22
Heringsdorf (Seebad) 263
Herzfelde 402
Heudeber 422
Hildburghausen 235
Hohen Neuendorf (Niederbarnim) 281
Hopfgarten 314
Hornstorf 251, 253
Hoyerswerda 182
Hoyerswerda (Parteibezirk) 167

Jena 102, 198, 230, 359–361, 363, 365 f.
Jeßnitz 430 f.
Jüterbog 136

Kassel 451
Katzow (Mecklenburg) 379, 383
Klettstedt (Thüringen) 214
Königs Wusterhausen 144
Köthen 44 f., 162, 423
Kröpelin 119, 132, 266
Kühlungsborn 132

Langensalza 213 f., 232
Lehnin 137
Leipzig 57–62, 64–66, 69, 74–76, 78–81, 83–86, 165, 171–173, 176 f., 182, 185, 197, 298–303, 308, 312, 315–319, 321 f., 325 f., 332 f., 337, 340–342, 344 f., 442, 445
Leipzig (Parteibezirk) 57 f., 60 f., 66, 70, 76, 176, 298–300, 304, 312 f., 319, 324, 327, 339, 344, 433, 436, 442
Leutzsch 316, 318, 320
London 75, 196
Luckenwalde 134, 136, 143

Magdeburg 41 f., 44, 47–50, 52, 153, 155, 159 f., 289, 291, 294, 421 f., 440
Magdeburg (Parteibezirk) 41 f., 48, 50, 131, 153, 289, 291, 421 f.
Magdeburg (Regierungsbezirk) 43
Malchin (Kreis) 14
Malchow 119
Markranstädt 324
Meißen 182
Moskau 74, 202, 218, 440

Nauen 414 f., 416
Neubukow (Mecklenburg) 250, 264, 371, 373–375, 388, 392
Neukloster 251, 253
Neuruppin 135
Neustadt (am Rennsteig) 111 f.
Neustadt (Orla) 190
Neustrelitz 129, 257
New York 187
Niederbarnim (Kreis) 33, 35, 396, 404
Niesky (Oberlausitz) 68
Nordhausen 220–222, 232, 360, 363
Nürnberg 241, 291

Oberhof 236
Oberlichtenau 447
Oberreinsberg-Bieberstein 446
Oranienbaum 156, 159 f., 162

Oranienburg 409
Oschatz 299, 321, 442
Oschersleben 293 f.
Osterburg 49
Osthavelland (Kreis) 414, 416
Ottendorf 327

Potsdam 19–22, 29 f., 65, 138 f., 211, 233, 276 f., 279 f., 283 f., 286, 395 f., 398, 404, 412 f., 416, 419, 425
Potsdam-Babelsberg 19–22, 142
Probstheida 301
Probstzella 190, 196, 222, 230, 352

Quedlinburg 163

Rerik 9 f., 13 f.
Rheinsberg 135
Riesa 185, 299
Rochlitz 321
Rostock 117, 119–121, 129, 132 f., 255, 257 f., 370, 374–376
Rostock (Kreis) 255
Rothenburg (Parteibezirk) 167
Rüdersdorf 282, 402
Rudolstadt 234, 351, 360, 363
Ruppin (Kreis) 135
Rügen (Insel) 120
Saalfeld 210, 212, 232
Schleiz 231
Schmalkalden 449–451
Schmalkalden (Kreis) 451
Schmerwitz 286
Schönberg 120, 377
Schönberg (Kreis) 376 f.
Schwerin 6–8, 11, 117–121, 123, 126, 129 f., 132 f., 247, 256 f., 260 f., 263, 367, 369, 387
Schwerin (Kreis) 133
Seebach (Thüringen) 214
Sonneberg 222 f., 239
Sonneberg (Kreis) 223 f.
Stadtroda 225
Stadtroda (Kreis) 226 f.
Stahnsdorf 268 f., 276

Stavenhagen 14
Steinach 224
Stettin 85
Stolzenburg 379
Storkow 27
Stralsund 3 f., 119, 121, 127, 388
Suhl 208, 358

Tangermünde 422
Teltow 414
Teltow (Kreis) 268 f., 276
Teltow (Parteibezirk) 414
Torgelow 9, 126

Ueckermünde 126 f.
Ummerstadt (Thüringen) 236
Usedom 16
Usedom-Wollin (Kreis) 17, 263

Wahren 301 f.
Waren (Müritz) 265
Warin (Mecklenburg) 119, 251, 388 f., 392
Weedekin (Mecklenburg) 390
Weimar 89–98, 102, 104, 106 f., 110 f., 114, 126, 148, 187, 189 f., 192–194, 201, 209, 223–226, 230, 238, 278, 352 f., 356–358, 365, 400, 453, 455
Weißenfels 40
Weißwasser-Rothenburg (Kreis) 328 f.
Werlsee (Brandenburg) 33, 35, 37
Wernigerode (Kreis) 422
Wichmannsdorf (Mecklenburg) 10
Wischuer (Mecklenburg) 10
Wismar 9, 13, 117–122, 128 f., 250, 253 f., 257, 372–374, 384 f., 387–389, 391
Wismar (Kreis) 250, 264 f.
Wittenberg 47
Woltersdorf 271, 273, 281 f., 399–402
Wurzen 299

Zehdenick 398
Zella-Mehlis 186, 357
Zittau 56 f., 320
Zwickau 62 f., 181, 184, 445
Zwickau (Parteibezirk) 66, 304, 433

Der Bearbeiter

Andreas Malycha, Dr. phil., geb. 1956. Studium der Geschichte in Leipzig. 1983-1989 wissenschaftlicher Mitarbeiter des Instituts für Marxismus/Leninismus beim Zentralkomitee der SED in Berlin, 1990-1992 Leiter einer Forschungsgruppe des nunmehr umbenannten Instituts für Geschichte der Arbeiterbewegung, seit 1992 freiberuflicher Historiker.

1989 Promotion zum Thema: Die Sozialdemokratische Partei Deutschlands (SPD) im Jahre 1945. Zu Rolle und Wirksamkeit des Zentralausschusses (ZA) im Ringen um antifaschistische Umgestaltungen in der Etappe der Aktionseinheit von KPD und SPD (Mai 1945 bis Dezember 1945); 1990 Veröffentlichung der Protokolle der Sechziger-Konferenzen von KPD und SPD 1945/46, gemeinsam mit Hans-Joachim Krusch: Einheitsdrang oder Zwangsvereinigung?, Berlin 1990.

Die Deutsche Bibliothek – CIP-Einheitsaufnahme

[Archiv für Sozialgeschichte/Beiheft]
Archiv für Sozialgeschichte/hrsg. von der Friedrich-Ebert-Stiftung in Verbindung mit dem Institut für Sozialgeschichte Braunschweig, Bonn. Beiheft. – Dietz
  Früher Schriftenreihe
  Reihe Beiheft zu: Archiv für Sozialgeschichte

16. Auf dem Weg zur SED. – 1995

Auf dem Weg zur SED: die Sozialdemokratie und die Bildung einer Einheitspartei in den Ländern der SBZ; eine Quellenedition / Andreas Malycha. – Bonn: Dietz, 1995
  (Archiv für Sozialgeschichte : Beiheft ; 16)
  ISBN 3-8012-4052-5

NE: Malycha, Andreas [Hrsg.]